de Gruyter Lehrbuch

Georg Strecker

Theologie des Neuen Testaments

Bearbeitet, ergänzt und herausgegeben von
Friedrich Wilhelm Horn

Walter de Gruyter · Berlin · New York
1996

♾ Gedruckt auf säurefreiem Papier,
das die US-ANSI-Norm über Haltbarkeit erfüllt.

Die Deutsche Bibliothek – CIP-Einheitsaufnahme

Strecker, Georg:
Theologie des Neuen Testaments / Georg Strecker. Bearb., erg. und hrsg. von Friedrich Wilhelm Horn. – Berlin ; New York : de Gruyter, 1995
(De-Gruyter-Lehrbuch)
ISBN 3-11-014896-X brosch.
ISBN 3-11-012674-5 Gb.

Printed in Germany
Diskettenkonvertierung: Ready made, Berlin
Druck: Gerike GmbH, Berlin
Buchbinderische Verarbeitung: Lüderitz & Bauer GmbH, Berlin

VORWORT

Georg Strecker hat seit 1975 zwei größere wissenschaftliche Publikationen im Blick gehabt, deren Fertigstellung er mit der Emeritierung als Hochschullehrer anstrebte: ‚Die Ethik des Neuen Testaments' und ‚Die Theologie des Neuen Testaments'. Verschiedene Verpflichtungen und weitere Projekte, wie die Kommentierung der Johannesbriefe und der Bergpredigt, wie die Herausgabe der Pseudoklementinen und die Erstellung der mit der Doktorarbeit begonnenen Konkordanz zu diesen Schriften, haben eine zügige Anfertigung beider Bücher verhindert. Die Grundgedanken für beide Werke finden sich in den Aufsätzen ‚Strukturen einer neutestamentlichen Ethik, ZThK 75, 1978' und in ‚Das Problem der Theologie des Neuen Testaments, WdF 367, 1975'.

Nach schwerer Krankheit hat der Tod den Abschluß beider Werke durch den Autor verhindert. Als Georg Strecker wußte, daß seine Lebenszeit nach ärztlichem Ermessen nur noch wenige Wochen betragen würde, hat er mich gebeten, dafür Sorge zu tragen, daß ‚Die Theologie des Neuen Testaments' zum Abschluß gebracht wird. Die Vorarbeiten an der ‚Ethik des Neuen Testaments' waren hingegen noch nicht so weit vorangeschritten, daß eine Publikation in absehbarer Zeit möglich gewesen wäre.

Zu diesem Zeitpunkt lagen wesentliche Teile der ‚Theologie des Neuen Testaments' als Manuskript oder als Diktat auf Tonband vor. Allein zu den Teilen E IV, F II und F III gab es keinerlei Vorarbeiten, für sie trage ich allein die Verantwortung. Die Manuskripte wurden sodann durchgehend redigiert. Hierbei war der Grundsatz leitend, daß die von Georg Strecker verfaßten Teile keine wesentlichen inhaltlichen Änderungen erfahren sollten, auch wo ich meinte, andere Akzentuierungen treffen oder anders argumentieren zu sollen. Allerdings mußte einige Arbeit im Anmerkungsteil und in der Einarbeitung der Sekundärliteratur geleistet werden. Darüber hinaus wurden alle Belege, Stellenangaben, Literaturhinweise und Zitate überprüft, gegebenenfalls korrigiert und ergänzt. Viele Aktenordner mit im Lauf der Jahre angesammelten Notizen waren einzusehen. Für die Auswahl und Übernahme in den Text trage ich allein die Verantwortung. Manches war bereits in der ‚Literaturgeschichte des Neuen Testaments, 1992' genannt. Auf dieses Werk ist daher hier ausdrücklich zu verweisen.

Über die Anlage der ‚Theologie des Neuen Testaments' hat Georg Strecker auf dem SNTS-Kongreß in Madrid am 28.7.1992 berichtet. Die einleitenden Sätze des Vortrags sollen hier noch einmal wiedergegeben werden: „Es soll der hier vorzustellende Entwurf von der Endfassung der neutestamentlichen Texte ausgehen, also eine redaktionsgeschichtliche Theologie des Neuen Testaments intendieren. Dies meint, daß die einzelnen neutestamentlichen Schriften nach ihren individuellen theologischen Konzeptionen gewürdigt werden sollen, so daß der Begriff ‚Theologie des Neuen Testaments' präziser die Komplexität von Theologien im Neuen Testament bezeichnet. Kennzeichnend für eine Theologie des Neuen Testaments in redaktionsgeschichtlicher Perspektive ist das Verhältnis von Diachronie und Synchronie. Die synchronisch zu ordnende theologische Eigenart der neutestamentlichen Autoren steht auf dem Hintergrund eines weiter zurückreichenden, diachronisch zu erfassenden Traditionsstoffes, der seinerseits durch eine Mehrzahl von theologischen Konzeptionen geprägt ist. Entsprechend ist in der Darstellung der Theologien der neutestamentlichen Schriftsteller deren Aufnahme und Interpretation des Traditionsgutes zu würdigen."

Der Abschluß der ‚Theologie des Neuen Testaments' wäre nicht möglich gewesen ohne vielfache Hilfe und großzügiges Entgegenkommen. Die geschäftsführende Leitung der Vereinigten Theologischen Seminare in Göttingen hat mir personelle und organisatorische Hilfe zukommen lassen. Stellvertretend für viele studentische und examinierte Hilfskräfte der vergangenen Jahre seien die Mitarbeiterinnen und Mitarbeiter des letzten Jahres genannt: Heidi Abken, Martina Janßen, Christina Lange, Elke Rathert, Manfred Sablewski, sowie Frank Kleinschmidt als examinierte Hilfskraft. Jörg Sievert darf für sich das paulinische περισσότερον αὐτῶν πάντων ἐκοπίασα in Anspruch nehmen. Frau Gisela Strecker und Herr Pastor i. R. Klaus-Dietrich Fricke haben alle Belege überprüft und sich um die sprachlich-stilistische Überarbeitung des Manuskripts verdient gemacht. Frau Margret Lessner besorgte die Endfassung der Druckvorlage. Sie hat in der zurückliegenden, durch längeren Krankenhausaufenthalt und Tod von Georg Strecker gezeichneten Zeit die Fertigstellung der ‚Theologie des Neuen Testaments' in selbstloser Weise auch ihre eigene Sache sein lassen und hat dadurch wie die oben Genannten auch den Dank der Leser verdient. Herr Verlagsdirektor Dr. Hasko von Bassi hat dem Projekt die Treue gehalten, auch wenn die ursprünglichen Terminvorgaben nicht eingehalten werden konnten.

Göttingen/Duisburg, im März 1995 Friedrich Wilhelm Horn

INHALTSVERZEICHNIS

Wir vermögen nichts wider die Wahrheit, sondern nur für die Wahrheit (2 Kor 13,8).

EINFÜHRUNG

1. *Was ist ‚Theologie des Neuen Testaments'?*

F. Kattenbusch, Die Entstehung einer christlichen Theologie. Zur Geschichte der Ausdrücke θεολογία, θεολογεῖν, θεολόγος, ZThK 11, 1930, 161-205, Nachdruck: Libelli 69, Darmstadt [2]1962.

R. Bultmann, Theologie des Neuen Testaments. Durchgesehen und ergänzt von O. Merk, Tübingen [9]1984, 585-600 (Epilegomena).

G. Strecker, Das Problem der Theologie des Neuen Testaments, in: ders., Eschaton und Historie. Aufsätze, Göttingen 1979, 260-290; Erstdruck: ders. (Hg.), Das Problem der Theologie des Neuen Testaments, WdF 367, Darmstadt 1975, 1-31.

Die Aufgabe der Theologie ist Sinnerhellung des Mythos, der Jenseitiges diesseitig zur Sprache bringt. So deutet es schon der älteste Beleg für das Wort ‚Theologie' (θεολογία) in Platons Dialog ‚Staat' an (Resp 379 A). Hier läßt Platon seinen Lehrer Sokrates nach den ‚Merkmalen der Gotteslehre' (τύποι περὶ θεολογίας) fragen. Danach hat die Theologie es mit Mythen zu tun; ihr ist die Aufgabe gestellt, den tieferen Sinn der Göttererzählungen offenzulegen. Musische Erziehung kann dazu verhelfen, diesen Sinn zu erkennen. Theologie hat demnach das Ziel, die Strukturen zu entdecken, welche den Mythen zugrundeliegen, und solche Nachfrage hat – wenn sie in der rechten Ausbildung geschieht – eine politische Konsequenz. Ist im platonischen wie auch im aristotelischen System die Philosophie die eigentliche Wissenschaft von der Welt und vom Menschen und weist dies der Theologie einen minderen, vorläufigen Rang zu, so wird dagegen in der Stoa die Theologie an der letzten Stelle einer Folge von sechs philosophischen Disziplinen (Dialektik, Rhetorik, Ethik, Politik, Physik, Theologie)[1] genannt; sie kann aus diesem Grund als ‚Krone' des stoischen Systems bezeichnet werden. Da sie unmittelbar auf die Physik folgt, steht sie auch für ‚Metaphysik', was nicht nur die

---

1 So für Kleanthes von Assos, den Nachfolger des Schulgründers Zenon, gest. um 232 v.Chr., bezeugt; vgl. F. Kattenbusch, Entstehung 9f.

formale Reihenfolge benennt, sondern darüber hinaus besagen kann, daß die theologische Frage das zum Gegenstand hat, was die Physik transzendiert. Nach stoischem Verständnis handelt sie von dem, was den Menschen in seinem Wesen unausweichlich angeht. Dieser weiß sich von dem allumfassenden Weltgesetz, der Physis, bestimmt, das mit der göttlichen Vernunft (νοῦς) identisch ist. Im Einklang mit der göttlichen Weltvernunft muß er sein Leben gestalten. Theologie spricht von solcher Weltorientierung, die den Menschen als Bestandteil der Ordnung des Kosmos begreift.

Im Neuen Testament findet sich der Begriff ‚Theologie' nicht. Er begegnet in der christlichen Literatur zuerst bei den Kirchenvätern: so im 2. Jh. bei Justin (Dial 56.113), auch bei Clemens Alexandrinus und Euseb. Er hat hier die allgemeine Bedeutung von ‚Lehre von Gott' und reflektiert darin eine Hellenisierung des christlichen Glaubens, die in der nachapostolischen Zeit das frühchristliche dem griechisch-hellenistischen Denken angleicht. Demgegenüber ist im Neuen Testament ein rationaler Ausgleich mit der antiken Welt noch nicht beabsichtigt. Die neutestamentlichen Schriftsteller reden nicht in einer distanzierenden philosophischen Weise von Gott; sie sind auch nicht um eine systematische Darstellung ihres Glaubens bemüht. Sie sprechen vielmehr jeweils in konkrete Situationen hinein. So Paulus in seinen als ‚Gelegenheitsschriften' bezeichneten Briefen. In ihnen richtet er die ihm aufgetragene Botschaft, das Evangelium, an seine Gemeinden aus und versteht solche Botschaft als eine ‚Kraft Gottes' (Röm 1,16). Sein Ziel ist nicht eine abstrakte Reflexion über den christlichen Glauben, sondern die dynamische Kundmachung des Evangeliums Jesu Christi.

Jedoch wird die im Neuen Testament angesagte Botschaft nicht ohne eine systematische Struktur dargeboten. Ist der ganze Mensch hiervon in Anspruch genommen, so ist zwar auch das menschliche Gefühl Bestandteil der Realität des Glaubens. Aber der christliche Glaube ist nach neutestamentlichem Verständnis nicht identisch mit einem ausschließlichen ‚Abhängigkeitsgefühl', sondern er enthält und erschließt ein Verstehen. Implizieren alle Äußerungen von Frömmigkeit Strukturen glaubenden Verstehens, ohne daß hiermit notwendig gegeben ist, daß die Verfasser der neutestamentlichen Schriften sich dies jeweils bewußt gemacht haben, so liegen solche Strukturen auch dem neutestamentlichen Zeugnis vom Handeln Gottes in Jesus Christus zugrunde. Hiernach wird im folgenden zu fragen sein. Dabei ist zu beachten, daß die neutestamentlichen Autoren sich als Betroffene äußern und in ihrem Zeugnis etwas sie selbst und ihre Mitmenschen unbedingt Angehendes zur Sprache bringen wollen.

Auch wenn die eingeführte Bezeichnung übernommen wird, ist Gegenstand dieser Darstellung nicht ‚die' Theologie des Neuen Testaments; denn eine theologische Einheit der neutestamentlichen Schriften, wie sie durch diesen Begriff nahegelegt wird, kann nicht vorausgesetzt werden. Vielmehr tritt uns im neutestamentlichen Schrifttum eine Vielzahl von verschiedenen theologischen Konzeptionen entgegen. Diese sollen nach den ihnen eigenen Strukturen erfragt und vorgeführt werden, wobei auch der historische und literarische Kontext mitbedacht werden muß. Insbesondere soll aus dem Zusammenklang von diachronischer und synchronischer Textüberlieferung die spezifische Aussage der neutestamentlichen Schriftsteller, der ‚Redaktoren' des Traditionsgutes, erhoben werden. Demnach ist das Ziel nicht eine Geschichte der urchristlichen Religion oder der urchristlichen Theologie, wie es der liberalen Theologie des ausgehenden 19. Jahrhunderts vorschwebte, die eine historische Linie, beginnend mit Jesus, über die Urgemeinde, die hellenistische Gemeinde bis zu Paulus und den späteren frühchristlichen Autoren nachzeichnen wollte und hierbei mehr an den historischen als an den theologischen Aussagen der neutestamentlichen Überlieferung sich interessiert zeigte.[2] Demgegenüber soll nach den theologischen Konzeptionen gefragt werden, welche die neutestamentlichen Schriftsteller auf der Grundlage der ihnen vorgegebenen theologischen (Gemeinde-)Überlieferungen vertreten.

Vorausgesetzt wird der neutestamentliche Kanon als eine historisch gewachsene Größe, die an der Relativität aller historischen, also auch literaturgeschichtlichen Erscheinungen Anteil hat. Daher gibt es bedenkenswerte Gründe, bei der Darstellung einer Theologie des Neuen Testaments über die Kanonsgrenzen hinauszugehen und beispielsweise auch die theologischen Äußerungen der Apostolischen Väter oder der frühchristlichen Apologeten einzubeziehen. Jedoch ist eine Abgrenzung gegenüber gleichzeitigen oder nachneutestamentlichen Konzeptionen nicht ohne Schwierigkeiten durchzuführen, so daß eine relative Beschränkung auf die kanonischen Schriften und ihre theologischen Voraussetzungen aus praktischen Gründen vorzuziehen ist. Darüber hinaus sollte die Wirkungsgeschichte des Neuen Testaments nicht außer acht gelassen werden. Das Neue Testament ist in seinem gegebenen Umfang Grundlage der christlichen Dogmen- und Theologiegeschichte. Seine Anerkennung als die älteste Urkunde des christlichen Glaubens ist die Voraussetzung des christlichen Lebens in Theorie und Praxis, insbesondere im Gottesdienst der Gemeinde. Hierbei sollte auch die kritische Funktion des Neuen Testaments deutlich werden. Der neutestamentliche Text enthält einen Anspruch, der sich nicht zuletzt an unsere Gegenwart richtet. Im Hören auf das, was die Schrift sagt, versteht sich die Kirche als eine ‚ecclesia semper reformanda', vergewissert sie sich neu ihres Ursprungs und läßt sich kritisch befragen, ob sie in ihrer konkreten Erscheinungsform diesem für sie grund-

---

2 Vgl. W. Wrede, Über Aufgabe und Methode der sogenannten neutestamentlichen Theologie, Göttingen 1897; wieder abgedruckt in: G. Strecker (Hg.), Das Problem der Theologie 81-154.

legenden Anspruch gerecht wird. Eine biblizistische Auslegung kann diesem Anspruch nicht genügen, da sie die Spannung zwischen der Vergangenheit des Textes und der gegenwärtigen Wirklichkeit des Glaubens nicht reflektiert. Unverzichtbar ist, daß sich heutige kirchliche Gestalt und gegenwärtiges christliches Selbstverständnis an diesem Anspruch messen lassen müssen und durch historische und theologische Wahrnehmung des Neuen Testaments, in einer umfassenden Begegnung mit dem neutestamentlichen Text den Weg des Glaubens beschreiten, der vom Erkennen über das Anerkennen zum Bekennen führt; denn dies ist die den neutestamentlichen Schriften zugrundeliegende Intention (vgl. Joh 20,31).

2. Das Problem einer ‚Biblischen Theologie'

G. Ebeling, Was heißt „Biblische Theologie"?, in: ders., Wort und Glaube I, Tübingen [3]1967, 69-89.

O. Merk, Biblische Theologie des Neuen Testaments in ihrer Anfangszeit. Ihre methodischen Probleme bei Johann Philipp Gabler und Georg Lorenz Bauer und deren Nachwirkungen, MThSt 9, Marburg 1972.

Ders., Biblische Theologie II. Neues Testament, TRE 6, 1980, 455-477.

Ders., Theologie des Neuen Testaments und Biblische Theologie, in: Bilanz und Perspektiven gegenwärtiger Auslegung des Neuen Testaments, hg. v. F.W. Horn, BZNW 75, Berlin-New York 1995, 112-143.

E. Grässer, Offene Fragen im Umkreis einer Biblischen Theologie, ZThK 77, 1980, 200-221.

G. Strecker, „Biblische Theologie"? Kritische Bemerkungen zu den Entwürfen von Hartmut Gese und Peter Stuhlmacher, in: Kirche, FS G. Bornkamm zum 75. Geburtstag, hg. v. D. Lührmann u. G. Strecker, Tübingen 1980, 425-445.

H. Hübner, Biblische Theologie und Theologie des Neuen Testaments. Eine programmatische Skizze, KuD 27, 1981, 2-19.

Ders., Biblische Theologie des Neuen Testaments. Band 1. Prolegomena, Göttingen 1990.

H. Graf Reventlow, Hauptprobleme der Biblischen Theologie im 20. Jahrhundert, EdF 203, Darmstadt 1983.

M. Oeming, Gesamtbiblische Theologien der Gegenwart. Das Verhältnis von AT und NT in der hermeneutischen Diskussion seit Gerhard von Rad, Stuttgart [2]1987.

H. Räisänen, Beyond New Testament Theology. A Story and a Programme, London-Philadelphia 1990.

P. Stuhlmacher, Biblische Theologie des Neuen Testaments, Bd. 1, Göttingen 1992.

Auch in der voraufklärerischen Zeit, als der Begriff ‚Biblische Theologie' noch nicht gebräuchlich war, handelt es sich bei dem damit Gemeinten um eine gängige Vorstellung; er setzt die Einheit von Altem und Neuem Testament voraus. So bezeugt es 1671 das ‚collegium biblicum' von Sebastian Schmidt, in dem eine die Aussagen des Alten Testaments und des Neuen Testaments harmonisierende Glaubenslehre entsprechend den unterschiedlichen theologischen Loci vorgetragen wurde. Vorausgesetzt ist hierbei die orthodoxe Anschauung von der Inspiriertheit nicht nur der Gesamtaussage, sondern auch der Einzelheiten der Heiligen Schrift (‚Verbalinspiration'). Die Bibel gilt als ein einheitliches, in sich widerspruchsfreies Offenbarungsbuch: Die biblischen Autoren schreiben vom Heiligen Geist geleitet und bieten mit ihren Schriften eine zuverlässige Grundlage für die christliche Dogmatik.

Die Anlage einer so verstandenen ‚Biblischen Theologie' geht von drei grundlegenden Voraussetzungen aus:

1. Einheit von Altem und Neuem Testament. Hiernach besteht grundsätzlich kein sachlicher Unterschied zwischen dem Alten und dem Neuen Testament. Der alttestamentliche wie auch der neutestamentliche Kanon enthält die eine Offenbarung Gottes. Grundlegend ist das Dogma der ‚Widerspruchslosigkeit': Die Überlieferungen des Alten und des Neuen Testaments widersprechen sich nicht. Wo dennoch Gegensätze und Widersprüche aufzutreten scheinen, ist es Aufgabe der Exegeten, durch ihre Interpretation solche Widersprüche auszuschalten.

2. Integrität des biblischen Kanons. Der Kanon des Alten und des Neuen Testaments wird als eine in sich geschlossene Größe vorausgesetzt. Nur solche Isoliertheit läßt die Bibel als ein unbezweifelbares Offenbarungsbuch erscheinen. Die Auslegung erfolgt, ohne den Zusammenhang der biblischen mit der weiteren jüdischen Literatur der Antike zu reflektieren. Auch das Schrifttum, das gleichzeitig mit dem Neuen Testament in der christlichen Kirche entstanden ist, die frühchristliche außerkanonische Literatur, wird nicht herangezogen.

3. Identität von Schriftlehre und dogmatischer Theologie. Grundsätzlich wird zwischen Schrift und Dogmatik nicht unterschieden. Dies ist die Voraussetzung der von S. Schmidt vorgelegten, alttestamentlich und neutestamentlich ausgearbeiten Topoi der Glaubenslehre, und sie stimmt sachlich zur Position der Theologie vor der Aufklärung.

Die anschließende Geschichte der Theologie des Neuen Testaments ist als Geschichte der Kritik und Auflösung der vorgegebenen Vorstellung von einer ‚Biblischen Theologie' zu verstehen.

Zu 1): Die Sacheinheit von Altem Testament und Neuem Testament ist unter dem Einfluß einer aufgeklärten Theologie erstmals durch Johann Philipp Gabler kritisiert worden. Sein am 30. März 1787 in der Universität Altdorf gehaltener Vortrag trägt den Titel ‚De iusto discrimine theologiae biblicae et dogmaticae regundisque recte utriusque finibus' (Über die rechte Unterscheidung zwischen biblischer und dogmatischer Theologie und die rechte Bestimmung ihrer beider Ziele). Auch wenn Gabler die Vorstellung einer biblischen Dogmatik nicht aufgibt, sondern dogmatische Topoi aus dem Vergleich von mehreren Schriftstellen erschließt, so achtet er doch auf die historischen Unterschiede und sachlichen Verschiedenheiten der einzelnen Schriftsteller. Anders als die orthodoxe Lehre vertritt er nicht mehr die Anschauung von der göttlichen Inspiration der Schrift, welche die Sacheinheit von Altem Testament und Neuem Testament garantiert. Dem stellt sich vielmehr die historische Erkenntnis entgegen, daß zwischen einzelnen Perioden der alten und der neuen Religion unterschieden werden muß. Hierdurch ist der Weg gebahnt zu einem Entwicklungsmodell, das – anstatt zeitlose dogmatische Wahrheiten aus der Bibel begründen zu wollen – die zeitgebundene, historische Situation der alttestamentlichen und neutestamentlichen Konzeptionen zur Geltung bringt.

Zu 2): Die ‚Integrität des biblischen Kanons' ist schon in der Reformation Martin Luthers durch die Anwendung des hermeneutischen Prinzips ‚Was Christum treibet' in Frage gestellt worden.[3] Eine literarhistorische Kanonkritik begründet J. Ph. Gabler, wenn dieser bei der Darstellung des ‚Systems einer biblischen Theologie' die sprachlichen und sachlichen Unterschiede zwischen den einzelnen Schriftstellern beachten und darüber hinaus die apokryphen Schriften berücksichtigen möchte. Solche historische Relativierung des biblischen Kanons findet in dem geschichtsdialektischen Entwurf Ferdinand Christian Baurs eine Fortsetzung, wenn dieser mit der Zuordnung der einzelnen Schriften zu der ihnen entsprechenden Entwicklungsstufe der christlichen Religion zugleich entscheidet, was im Neuen Testament ein Zeugnis echt evangelischen Geistes, also von kanonischer Autorität ist. – Die Religionsgeschichtliche Schule ist diesen Weg konsequent zu Ende gegangen. Für sie bedeutet das Erklären eines Textes diesen „in den Zusammenhang einer geschichtlichen Entwicklung stellen"[4]. Von hier aus werden Begriff und Abgrenzung des Kanons zu einem Problem. So bestreitet Gustav Krüger die Berechtigung, „mit dem Begriff ‚Neues Testament' in irgendeiner Form bei der geschichtlichen Betrachtung einer Zeit zu operiren, die noch kein Neues Testament kennt"[5]. W. Wrede zieht daraus die Folgerung, das geschichtliche Interesse verlange, „*alles das* aus der Gesamtheit der urchristlichen Schriften

3 M. Luther, Vorrede auff die Epistel S. Jacobi und Jude, WA.DB 7, 385.

4 W. Wrede, Das theologische Studium und die Religionsgeschichte, in: ders., Vorträge und Studien, Tübingen 1907, 75.

5 G. Krüger, Das Dogma vom Neuen Testament, Gießen 1896, 10.

zusammen zu betrachten, was geschichtlich zusammengehört". Die Grenze ist demnach für den Stoff der Disziplin nur dort zu ziehen, wo die Literatur einen wirklichen Einschnitt erkennen läßt.[6]

Zu 3): Was die Identität von biblischer und dogmatischer Theologie angeht, so unterscheidet schon das reformatorische Schriftprinzip ‚sola scriptura' zwischen der Autorität der Schrift und ihrer Auslegung in der dogmatischen Theologie bzw. in der kirchlichen Tradition, auch wenn dies nicht systematisch durchreflektiert worden ist.[7] Hatte Sebastian Schmidt noch die biblischen Texte als ‚dicta probantia' für seine Glaubenslehre verwendet und hierbei die Einheit von Schrift und Dogmatik vorausgesetzt, so beginnt im Pietismus ein Verselbständigungsprozeß, in dem die schlichte biblische Lehre mit der scholastischen, dogmatischen Theologie konkurriert.[8] Das historische Denken der Aufklärung hat schon J. Ph. Gabler zur konsequenten Gegenüberstellung von einer biblisch-historischen und einer dogmatisch-didaktischen Theologie geführt. Erstere ist auf menschlich-zeitgebundene Lehrformen ausgerichtet; letztere bezieht sich auf ‚die christliche Religion aller Zeiten'. Auch bei der Darstellung der Schriftlehre wird unterschieden zwischen Allgemeinbegriffen mit ihrer bleibenden Form einerseits und ihrer Begrenzung auf ein bestimmtes Zeitalter oder auf bestimmte Lehrformen andererseits, zwischen dem, „was in den Aussprüchen der Apostel wahrhaft göttlich und was zufällig und rein menschlich ist". Bei dieser Unterscheidung kommt dem Vernunftkriterium eine wichtige Aufgabe zu.[9]

Die ‚Methode der Lehrbegriffe', wie sie in der neutestamentlichen Theologie des ausgehenden 19. Jahrhunderts vorgetragen wurde[10], hat die Frage zu beantworten versucht, was in der Bibel als bleibende Glaubensaussage und was als nur zufällige Begleiterscheinung zu bewerten ist. Sie hat das Ziel, die

---

6 W. Wrede, Über Aufgabe und Methode, in: G. Strecker (Hg.), Das Problem der Theologie 86.

7 Vgl. M. Luthers Auseinandersetzung mit dem vierfachen Schriftsinn der mittelalterlichen kirchlichen Tradition (WA Tr 5,5285; WA 7,97,23f); auch WA 39/I, 47,19f (neben zahlreichen Anwendungen im Rahmen der Schriftauslegung).

8 Vgl. z.B. A.F. Büsching, Gedanken von der Beschaffenheit und dem Vorzuge der biblisch-dogmatischen Theologie vor der alten und neuen scholastischen, Lemgo 1758.

9 J. Ph. Gabler, Über die rechte Unterscheidung zwischen biblischer und dogmatischer Theologie und die rechte Bestimmung ihrer beider Ziele, in: G. Strecker (Hg.), Das Problem der Theologie 41f.

10 Beispiele: B. Weiß, Lehrbuch der Biblischen Theologie des Neuen Testaments, Berlin 1868, [6]1895, § 2, S. 6ff; H.J. Holtzmann, Lehrbuch der Neutestamentlichen Theologie I.II, Tübingen [2]1911, besonders Bd. I, 20-26.

Lehrbegriffe der einzelnen neutestamentlichen Autoren möglichst vollständig zu rekonstruieren, und das Verdienst, die Individualität der neutestamentlichen Schriftsteller hierdurch darzustellen. Aber sie gerät in Gefahr – wie W. Wrede zu Recht einwandte –, die zu schmale Basis der Texte zu überschätzen und dem Neuen Testament eine Gleichförmigkeit zu unterstellen, die nicht nur die konkrete Situation und geschichtliche Entwicklung, sondern auch die ‚Macht der religiösen Stimmung' des neutestamentlichen Denkens zu vernachlässigen droht.[11] Allerdings, der christliche Glaube ist nicht mit religiösen Stimmungen gleichzusetzen, sondern er enthält ein ‚Verstehen', dessen Grundzüge aus seiner geschichtlichen, insbesondere literarhistorischen Konkretisierung, nicht zuletzt in der Gegenüberstellung von Traditionsgegebenem und redaktioneller Ausgestaltung zu erheben sind. Eine konsequente Differenzierung zwischen Schriftlehre und Dogmatik, zumal wenn sie von einem ‚uninteressierten Erkenntnisstreben' geleitet wird[12], würde zur Folge haben, daß die theologischen Aussagen des Neuen Testaments nur noch im Zusammenhang einer ‚urchristlichen Religionsgeschichte' erscheinen.[13] Solche Einordnung in die Historie, die von außen betrachtet durchaus berechtigt ist, würde die Selbstaussage der im neutestamentlichen Kanon zusammengestellten Schriften vernachlässigen und das glaubende Selbstverständnis ihrer Autoren nicht zur Kenntnis nehmen. Zu Recht hat sich die ‚dialektische Theologie' gegen eine liberalistisch-historizistische Verengung der exegetischen Auslegung gewandt. So hat Karl Barth den Anspruch der neutestamentlichen Schriftsteller, Zeugen des ‚Wortes Gottes' zu sein, hervorgehoben[14], und Rudolf Bultmann hat das in den biblischen Urkunden sich reflektierende theologische Denken mit Hilfe der ‚existentialen Interpretation' darzustellen versucht.[15] Diese erschließt aus dem neutestamentlichen Text ein Selbstverständnis, das nicht mit menschlichem Selbstbewußtsein identisch ist, vielmehr der Bewußtmachung vorausgehen kann. Das Selbstverständnis des Glaubenden impliziert mit der Frage nach dem Woher und dem Wohin des Menschen sowohl Weltzuwendung als auch Diastase gegenüber der Welt. Es hat in den neutestamentlichen Schriften unterschiedliche Auslegungen erfahren, ist jedoch ohne Ausnahme auf das Christusereignis bezogen.

Das im urchristlichen Kerygma bezeugte Christusereignis ist der entscheidende Ausgangspunkt der theologischen Konzeption der neutestament-

---

11 Vgl. W. Wrede, Über Aufgabe und Methode 91ff.

12 W. Wrede, a.a.O. 84.

13 W. Wrede, a.a.O. 153f.

14 K. Barth, Der Römerbrief, München [2]1922.

15 R. Bultmann, Das Problem der Hermeneutik (1950), in: ders., Glauben und Verstehen II 211-235.

lichen Schriftsteller. Es ist dem Schema einer ‚Biblischen Theologie' nicht unterzuordnen. Es sprengt die Sacheinheit von Altem Testament und Neuem Testament, da es trotz vorhandener Kontinuität zur alttestamentlichen Überlieferung zu dieser literaturgeschichtlich wie auch theologisch in einem diskontinuierlichen Verhältnis steht. Es ist nicht Garant der Integrität des biblischen Kanons, da seine Sachaussage nicht nur in Diastase zum Alten Testament steht, sondern auch im Neuen Testament unterschiedlich ausgelegt worden ist. Und es ist nicht die selbstverständliche Voraussetzung der Einheit von biblischer und dogmatischer Theologie. Vielmehr stellt das neutestamentliche Kerygma der dogmatischen Theologie die Aufgabe, die Einheit der Theologie in Vergangenheit und Gegenwart der Kirche zu erfragen und zu entfalten. Wird in Gegenüberstellung zur religiösen und profanen Literatur des Hellenismus wie auch im Vergleich mit dem alttestamentlich-jüdischen Schrifttum die Eigenart der neutestamentlichen Christusbotschaft erkannt, so besagt dies als Folge der konsequenten Historisierung, wie sie durch die liberale Religionsgeschichtliche Schule erschlossen wurde, und zugleich unter Anwendung der Ergebnisse der dialektischen Theologie, daß die Aufgabe lauten muß: ‚Theologie des Neuen Testaments'.

A. ERLÖSUNG UND BEFREIUNG – DIE THEOLOGIE DES PAULUS

F.C. BAUR, Paulus, der Apostel Jesu Christi (2 Bde.), hg. v. E. Zeller, Leipzig ²1866/1867.

W. WREDE, Paulus, RV I 5-6, Halle ²1907.

A. SCHWEITZER, Geschichte der Paulinischen Forschung von der Reformation bis auf die Gegenwart, Tübingen 1911.

DERS., Die Mystik des Apostels Paulus, Tübingen 1930; wieder abgedruckt in: ders., Ausgewählte Werke IV, Berlin ²1973, 15-510.

A. DEIßMANN, Paulus. Eine kultur- und religionsgeschichtliche Skizze, Tübingen ²1925.

P. FEINE, Der Apostel Paulus. Das Ringen um das geschichtliche Verständnis des Paulus, BFChTh II/12, Gütersloh 1927.

E. LOHMEYER, Grundlagen der paulinischen Theologie, BHTh 1, Tübingen 1929.

R. BULTMANN, Art.: Paulus, ²RGG IV, 1930, 1019-1045.

G. BORNKAMM, Art.: Paulus, ³RGG V, 1961, 166-190.

DERS., Paulus, Stuttgart ⁷1993.

W.D. DAVIES, Paul and Rabbinic Judaism. Some Rabbinic Elements in Pauline Theology, London ³1965.

U. LUZ, Das Geschichtsverständnis des Paulus, BEvTh 49, München 1968.

E. KÄSEMANN, Paulinische Perspektiven, Tübingen 1969.

O. KUSS, Paulus. Die Rolle des Apostels in der theologischen Entwicklung der Urkirche, Regensburg ²1976.

G. STRECKER, Befreiung und Rechtfertigung. Zur Stellung der Rechtfertigungslehre in der Theologie des Paulus, in: ders., Eschaton und Historie 479-508.

G. LÜDEMANN, Paulus, der Heidenapostel. I. Studien zur Chronologie, FRLANT 123, Göttingen 1980.

DERS., Paulus, der Heidenapostel. II. Antipaulinismus im frühen Christentum, FRLANT 130, Göttingen 1983.

S. PEDERSEN, Die Paulinische Literatur und Theologie. Skandinavische Beiträge, Teologiske Studier 7, Göttingen 1980.

K.H. SCHELKLE, Paulus. Leben-Briefe-Theologie, EdF 152, Darmstadt 1981.

H. HÜBNER, Das Gesetz bei Paulus. Ein Beitrag zum Werden der paulinischen Theologie, FRLANT 119, Göttingen ³1982.

DERS., Paulusforschung seit 1945, ANRW II 25.4, 2649-2840.

K.H. RENGSTORF (Hg.), Das Paulusbild in der neueren deutschen Forschung, WdF 24, Darmstadt ³1982.

G. EICHHOLZ, Die Theologie des Paulus im Umriß, Neukirchen-Vluyn ⁴1983.

J.CHR. BEKER, Paul the Apostle. The Triumph of God in Life and Thought, Philadelphia ²1984.

E.P. SANDERS, Paul, the Law, and the Jewish People, Philadelphia 1983.

DERS., Paulus und das palästinische Judentum, StUNT 17, Göttingen 1985.

DERS., Paul. Oxford-New York 1991.

D.-A. Koch, Die Schrift als Zeuge des Evangeliums. Untersuchungen zur Verwendung und zum Verständnis der Schrift bei Paulus, BHTh 69, Tübingen 1986.
U. Schnelle, Gerechtigkeit und Christusgegenwart. Vorpaulinische und paulinische Tauftheologie, GTA 24, Göttingen ²1986.
Ders., Wandlungen im paulinischen Denken, SBS 137, Stuttgart 1989.
O. Merk, Paulus-Forschung 1936-1985, ThR 53, 1988, 1-81.
J. Becker, Paulus. Der Apostel der Völker, Tübingen 1989.
C. Breytenbach, Versöhnung. Eine Studie zur paulinischen Soteriologie, WMANT 60, Neukirchen-Vluyn 1989.
O. Hofius, Paulusstudien, WUNT 51, Tübingen 1989.
F.W. Horn, Das Angeld des Geistes. Studien zur paulinischen Pneumatologie, FRLANT 154, Göttingen 1992.
Ders., Paulusforschung, in: ders., Bilanz und Perspektiven gegenwärtiger Auslegung des Neuen Testaments, BZNW 75, Berlin-New York 1995, 30-59.
H.D. Betz, Art.: Paul, ABD V, 186-201.

a) Methodologische Vorbemerkungen[1]

Die Theologie des Neuen Testaments läßt sich nach chronologischen oder nach systematischen Gesichtspunkten entwerfen. Für den Einsatz mit der Theologie der Schriften des Apostels Paulus sprechen sowohl chronologische als auch sachliche Gründe.

Chronologisch: Obwohl die neutestamentlichen Evangelisten sich auf eine frühere Zeit, auf das Leben Jesu, zurückbeziehen und dieses Gegenstand ihrer Darstellung ist, gehören sie selbst der zweiten und dritten christlichen Generation an, so daß ihre theologischen Konzeptionen die Situation einer späteren Zeit reflektieren. Dagegen sind die Paulusbriefe die ältesten Schriften des Neuen Testaments. Versteht man die Theologie des Neuen Testaments als eine Theologie der neutestamentlichen Schriften, so ist der Einsatz mit den Paulusbriefen von vornherein nahegelegt. Dabei sollte nicht übersehen werden, daß in den neutestamentlichen Schriften ältere Traditionen verarbeitet worden sind; sie werden entsprechend ihrer Funktion im literarischen Kontext, d.h. ‚redaktionsgeschichtlich' zur Sprache gebracht werden.[2]

---

1 Vgl. E. Käsemann, The Problem of a New Testament Theology, NTS 19, 1973, 235-245, 243; G. Strecker, Das Problem der Theologie des Neuen Testaments 29-31; H. Hübner, Biblische Theologie 32 Anm. 73.

2 Vgl. dazu unten A I. – Dem Verständnis der Einheit der ntl. Theologie wäre es zweifellos zuträglicher, wenn man nicht bei den Schriften des NT, sondern beim Kerygma des Urchristentums einsetzen würde. Jedoch ist der Begriff ‚Kerygma' (ursprünglich = ‚Heroldsruf') nicht eindeutig zu definieren (vgl. H. Conzelmann,

Sachlich: Paulus ist der einzige neutestamentliche Schriftsteller, der in seinen Briefen ein theologisches System nicht nur impliziert, sondern zu einem erheblichen Ausmaß auch ausgearbeitet hat. Auch wenn man den Römerbrief nicht als ‚christianae religionis compendium' (Melanchthon) bezeichnen sollte, da er keineswegs sämtliche Topoi der traditionellen Dogmatik anspricht, so handelt es sich hierbei doch um die am weitesten systematisch ausgeführte Schrift des Neuen Testaments. Ist aus diesem Grund Paulus der herausragende christliche Theologe des Urchristentums, so kommt hinzu, daß eine Theologie des Neuen Testaments, welche die Wirkungsgeschichte der neutestamentlichen Schriften nicht aus den Augen verliert, auch aufgrund der bis in die Gegenwart hineinreichenden Bedeutung der paulinischen Theologie diese mit zu bedenken hat. Dies legt nahe, besonders da, wo der Rahmen einer reformatorisch geprägten Kirche vorgegeben ist, den Heidenapostel zum Ausgangspunkt der Darstellung zu wählen.

b) Die Quellenlage

1. Die sekundären Quellen

Von den Texten, die für das Verständnis der Voraussetzungen, Grundlagen und Zusammenhänge der paulinischen Theologie wichtig sind, ist an erster Stelle die *Apostelgeschichte* zu nennen. In ihr zeichnet Lukas den Weg des Paulus, seine Mission unter den Heiden bis zur Ankunft in Rom (Apg 13,1-28,31). Einzelne Angaben nehmen schon vorher auf Paulus Bezug (Apg 7,58; 8,1.3; 9,1ff; 11,25-30). Das aus diesen Nachrichten zu erhebende Paulusbild ist nicht nur in den zeitlichen Rahmen von Paulusreisen eingebettet, sondern es enthält auch grundlegende theologische Aussagen. So wird in der sogenannten Areopagrede (Apg 17,22-31) in Anknüpfung an stoische Traditionen dem Apostel eine natürliche Theologie in den Mund gelegt (vgl. V.28: „Wir sind seines <Gottes> Geschlechts"). Darüber hinaus stellt Paulus nach Darstellung des Lukas seine Mission unter die Autorität der zwölf Jerusalemer Apostel. Das Aposteldekret (15,23-29 und 21,25; vgl. dagegen

---

Theologie 7: Verkündigung der „frühen Gemeinde"; anders ders., Was glaubte die frühe Christenheit?, in: ders., Theologie als Schriftauslegung. Aufsätze zum Neuen Testament, BEvTh 65, München 1974, 106-119: Frühchristliche Bekenntnisformeln; auch W. Thüsing, Die neutestamentlichen Theologien und Jesus Christus, I. Kriterien, Düsseldorf 1981, 47-52), wonach das NT verschiedene ‚Interpretationen des Kerygmas von Jesus Christus' dokumentiert und die einzelnen ntl. Schriften ‚Neuinterpretationen des Kerygmas' darstellen. Jedoch bleibt der Kerygmabegriff ein Abstraktum.

Gal 2,1-10) veranlaßt, daß Paulus die Heidenmission einem judenchristlichen Minimalprogramm zeremonialgesetzlicher Forderungen unterordnet. Ist dies die Vorbedingung der Mission des Paulus und Barnabas unter den Heiden, so meidet Paulus nach Darstellung der Apostelgeschichte selbst den Anschein, daß er das jüdische Gesetz bei der Ausrichtung seines Auftrages außer acht gelassen habe (Apg 16,3; 21,26). Dies ist nicht der historische Apostel, wie wir ihn aus den paulinischen Briefen kennen, sondern ein lukanischer Paulus. Sein Ziel ist es, die heilsgeschichtliche Einheit zwischen Judentum und Christentum, zwischen Judenchristen und Heidenchristen zu wahren. Er ist einer grundsätzlichen Harmonie verpflichtet und praktiziert den organisatorischen und theologischen Gleichklang mit der Jerusalemer Urgemeinde bis zur Selbstaufgabe. Die echten Paulusbriefe zeigen ihn demgegenüber im Streit mit Gegnern, die außerhalb und innerhalb seiner Gemeinden auftreten, und auch das Verhältnis zur Urgemeinde ist nicht spannungsfrei (vgl. Gal 2,11ff). Der authentische Paulus stellt über die kirchliche und theologische Harmonie die Forderung der Wahrheit, über das Diktat der Organisation die Freiheit, über den bedingungslosen Gehorsam gegenüber den kirchlichen Vorgesetzten die Autorität des Pneumatikers. Er beansprucht, nicht weniger als seine Gegner den Geist zu besitzen (2 Kor 6,6; 11,4) und grundsätzlich nicht anders als die Jerusalemer den Auferstandenen geschaut zu haben (1 Kor 15,7-11).

Der Verfasser der Apostelgeschichte ist nicht allein für dieses Paulusbild verantwortlich zu machen. Er ist schwerlich ein Begleiter des Paulus gewesen, sondern gehört der zweiten oder dritten christlichen Generation an. Später wird er mit einem Paulusbegleiter identifiziert, den wir aus Phlm 24 nur dem Namen nach kennen und der nach Kol 4,14 die Bezeichnung ‚Lukas der Arzt' trägt. Die Berichte des Verfassers der Apostelgeschichte stammen offenbar aus sekundärer Überlieferung, übermittelt durch die vorlukanischen Gemeinden, die ihrerseits am Bild des Paulus gearbeitet haben. Dies wird an den Erzählungen erkennbar, die in der Apostelgeschichte von der Bekehrung des Paulus überliefert werden (Apg 9; 22; 26). Hier hat der Verfasser eine Legende, die er in der Tradition vorgefunden hat, verdreifacht und an den dazu geeigneten Stellen seines Werkes eingearbeitet. Dabei hat er die Bekehrungstradition zunehmend gekürzt, um Wiederholungen zu vermeiden. Diese Darstellung geht auf eine Überlieferung zurück, die schon vor ihrer Aufnahme in die Apostelgeschichte als Paulus legende abgefaßt worden war – eine idealisierende, erbauliche Erzählung von der Wende des Verfolgers in einen überragenden Verfechter des Glaubens, den Apostel der heidnischen Welt. Ihren legendarischen Charakter verdeutlicht ein Vergleich mit authentischen paulinischen Äußerungen (Gal 1,15f), auch mit hellenistisch-jüdischen Überlieferungen zur Bekehrung eines Verfolgers (2 Makk 3; vgl. auch Apg 10,1-48; JosAs 1-21). Anpassung an die Vorstellungen einer späteren Generation zeigen auch die Elemente legendarischer Paulustradition, die Lukas in der Apg verarbeitete (z.B. Apg 13,8-12; 19,11f.14-16; 22,3), nicht zuletzt der genuin-lukanische Einschlag bei der Darstellung der paulinischen Missionsreisen.

Auch die *Pastoralbriefe* (1 und 2 Tim, Tit) repräsentieren nicht den authentischen Apostel. Trotz scheinbar konkreter Züge aus dem Leben des Paulus (z.B. 2 Tim 4,13; Tit 3,12f) reflektieren diese nicht die ‚historia Pauli', sondern gehören zu einem Paulusbild, das gegen Ende des 1. Jahrhunderts entstand. Der Paulus der Pastoralbriefe ist der Kirchenlehrer, der seinen Schülern die rechte Lehre vermittelt. Sein anerkanntes apostolisches Ansehen dient dazu, den ‚Irrlehrern' mit fundiertem kirchlichem Anspruch zu begegnen. Er stützt das kirchliche Amt, die Bischöfe, Presbyter, Diakone, Witwen, in diesem Kampf; denn er ist der erste in einer apostolisch qualifizierten Traditionskette, deren einzelne Glieder in der Verbindung mit ihm ‚Sicherheit' haben und nicht nur gegenüber den Angriffen der Häretiker, sondern auch beim innergemeindlichen Umgang mit der Wahrheitsfrage sich auf seine unanfechtbare Autorität berufen können.

Ebenfalls unter dem Namen des Paulus ist der *zweite Thessalonicherbrief* geschrieben worden. Die Einheitlichkeit dieses Schreibens vorausgesetzt, steht der Paulus des 2 Thess dem der Pastoralbriefe nahe. Hier wie dort wird die Autorität des Apostels in Anspruch genommen, um falsche Lehren abzuweisen. Im 2 Thess dient der Rückgriff auf die Autorität des Paulus dazu, die christlich-prophetische Ankündigung von der unmittelbar bevorstehenden Parusie zu dämpfen und eine unmittelbare Naherwartung abzuwehren (2 Thess 2,2). Hierbei korrigiert der Verfasser offenbar bewußt den 1 Thess, in dem sich eine ungebrochene, akute Parusieerwartung findet. Demgegenüber gleicht der Paulus des 2 Thess einem apokalyptischen Seher, der sich über die Phasen der Endzeit wohl unterrichtet zeigt und eine aufgestörte Gemeinde, die im Blick auf das Ende verunsichert ist, beruhigen möchte. Dies entspricht der Situation einer Kirche, die das Problem der Parusieverzögerung für sich längst gelöst hat, aber nun mit einem neu erwachenden apokalyptischen Enthusiasmus konfrontiert wird. Demnach kann der 2 Thess nicht viel früher als die Pastoralbriefe abgefaßt worden sein. Auch wenn die echten Paulusbriefe in der Frage der Naherwartung unterschiedliche Positionen reflektieren, die einen Entwicklungsgang in der Theologie des Paulus erkennen lassen[3], so ist der authentische Apostel doch weit entfernt von dem apokalyptischen Denken des 2 Thess, welcher ihn in Anspruch nimmt, um die Probleme einer späteren Epoche zu lösen.

Nicht weniger übermitteln der *Kolosser- und der Epheserbrief* ein Paulusbild, das sich von dem der echten Paulusbriefe erheblich unterscheidet. So

---

3 Dazu unten A V.

zeigt es die stereotype Berufung auf das Bekenntnis und auf den Apostolat des Paulus. Solcher Rückverweis geht über das hinaus, was der historische Paulus als selbstverständlich voraussetzt, sowohl an Bekenntnistradition als auch an apostolischer Autorität, die er für sich beansprucht. Darüber hinaus wird der Spielraum der theologischen Reflexion erweitert und zugleich differenziert. Erweitert insofern, als Kol und Eph sich zu einer kosmologischen Funktion des Christus bekennen. Christus ist nach Kol 1,15 der ‚Erstgeborene' (πρωτότοκος) der Schöpfung und zugleich deren Mittler. Er hat den eschatologischen Sieg über die kosmischen Mächte errungen; denn er ist auch der Erstgeborene von den Toten (Kol 1,18). Gründet sich die Auferstehungshoffnung auf diese kosmische Funktion des Christus, so läßt sich dies als Erweiterung von dem verstehen, was sich bei Paulus an kosmologischen christologischen Aussagen findet.[4] Daneben zeigt sich eine genauer differenzierende Reflexion gegenüber der paulinischen Theologie. Ist in den echten Paulusbriefen oft nicht ohne weiteres zu entscheiden, wo die Grenze zwischen dem Individuum und der kirchlichen Gemeinschaft zu ziehen ist, werden in ihnen die einzelnen Gemeindeglieder und damit zugleich die Gemeinde als Gesamtheit angesprochen und ist umgekehrt mit der Anrede an die Gesamtkirche auch der einzelne gemeint, so findet sich im Kol und Eph demgegenüber eine weiterführende Unterscheidung, sowohl hinsichtlich des Sprachgebrauchs als auch des theologischen Denkens, da nunmehr der ekklesiologische Aspekt in den Vordergrund tritt. Hier wird primär die Kirche zum Adressaten. Beispielhaft ist Kol 1,24: Der Christusleib wird mit der Ekklesia identifiziert. Der christologische Universalismus führt zu entsprechenden Konsequenzen in der Ekklesiologie, zu einem ekklesiologischen Universalismus. In ihn hinein ist der Apostel gestellt; auch er hat für die gesamte Schöpfung eine Aufgabe. In diesen Zusammenhang gehört die wichtigste Differenz zwischen dem Kol/Eph einerseits und den echten Paulusbriefen andererseits: Christus wird als das ‚Haupt' (κεφαλή) der Kirche, die Kirche aber als der ‚Leib' (σῶμα) verstanden (Kol 1,18; Eph 1,22f; 4,15; 5,23). Solche Unterscheidung ist dem authentischen Paulus nicht möglich; er identifiziert vielmehr die Kirche mit dem Leib Christi, d.h. mit Christus selbst (Röm 12 und 1 Kor 12). Auch das Verständnis des Apostels ist von der Unterscheidung zwischen der Kirche als dem Leib und dem Christus als dem Haupt bestimmt. Es bedeutet eine Veränderung des paulinischen Denkens, wenn Paulus in das Spannungsfeld vom kosmischen Christus und universaler Ekklesia hineingestellt wird. Sein Apostolat ist verkirchlicht worden. Von hier aus liegt das Urteil der Unechtheit gegenüber Kol und Eph nahe. Es ist für den Eph unumstößlich; denn der Epheserbrief hat den Kolosserbrief zur Vorlage. Es ist aber auch für den Kol

4 Vgl. 1 Kor 2,8; 8,6; 2 Kor 4,4; Gal 4,3.9; Phil 2,10.

nicht auszuschließen, obwohl hier andere Faktoren mit einer größeren Nähe zu den echten Paulusbriefen zu nennen sind (vgl. z.B. den Briefschluß Kol 4,7-18, der eine große Ähnlichkeit zu Phlm 23f aufweist).[5]

2. Die echten Paulusbriefe

1. *1. Thessalonicherbrief.* Das älteste Schriftstück, das im Neuen Testament überliefert ist, ist der erste Thessalonicherbrief, dessen literarische Integrität vorausgesetzt werden soll. Hier ist eine Naherwartungsvorstellung vorgetragen (1 Thess 4,13ff;5,1ff), wie sie in den späteren Paulusbriefen so nicht wiederholt wird. Darüber hinaus werden wesentliche Vorstellungsinhalte der späteren Paulusbriefe (z.B. Gesetzes- und Rechtfertigungsverständnis) nicht zur Sprache gebracht. Die spezifische Weise, wie im 1 Thess die Parusienaherwartung ausgesagt wird, macht erste Anzeichen einer Parusieverzögerungshaltung sichtbar. Dies stellt den 1 Thess an den chronologischen und sachlichen Anfangspunkt nicht nur der paulinischen Eschatologie, sondern der Theologie des Paulus überhaupt.

2. *1. und 2. Korintherbrief.* Die beiden Korintherbriefe sind der Rest einer umfassenderen Korrespondenz, die Paulus mit der korinthischen Gemeinde geführt hat. 1 Kor 5,9-11 weist auf einen älteren, unbekannten Korintherbrief hin. Ähnliches ergibt sich für den 2 Kor, auch wenn die Ergebnisse der Literarkritik im einzelnen umstritten bleiben werden. In seinem letzten Teil (2 Kor 10-13) enthält 2 Kor den ‚Tränenbrief', der nach dem Zwischenbesuch des Paulus geschrieben wurde. Auf den Tränenbrief folgte der sogenannte ‚Versöhnungsbrief', der im wesentlichen in 2 Kor 1-8(9) erhalten ist. Der Apostel, der in dieser Korrespondenz erkennbar wird, verteidigt den ihm übertragenen Auftrag gegenüber auseinanderstrebenden Gruppen in der korinthischen Gemeinde. Hier hat es nicht nur eine Pauluspartei, sondern auch eine Petrus- und Apollospartei, unwahrscheinlicher auch eine Christuspartei gegeben (1 Kor 1,12; 3,4). Vor allem wendet sich Paulus in der korinthischen Korrespondenz gegen Angriffe, die aus innergemeindlichen pneumatisch-enthusiastischen Kreisen gegen ihn vorgetragen wurden. Ihm geht es um die Ordnung der Gemeinde und ihre Stellung in der Welt. In Auseinanderset-

---

5 Vgl. im übrigen die Einleitungen in das NT. – Die Annahme, daß Kol eine spätere Entfaltung des paulinischen Denkens und Stils darstellt (z.B. A. Wikenhauser, Einleitung in das Neue Testament, Freiburg [4]1961, 298f) hat keine überzeugenden Argumente für sich; vgl. dazu W. Bujard, Stilanalytische Untersuchungen zum Kolosserbrief als Beitrag zur Methodik von Sprachvergleichen, StUNT 11, Göttingen 1973.

zung mit der Bestreitung einer künftigen Totenauferstehung (1 Kor 15) behauptet er den eschatologischen Horizont von Kreuz und Auferstehung Jesu Christi. Dieses Kerygma begründet christliche Hoffnung und legitimiert die Botschaft des Apostels von der Versöhnung, wie sie im 2 Kor gegenüber christlichen Wandermissionaren jüdisch-hellenistischer Herkunft verteidigt wird.

3. *Galaterbrief.* Für die Auslegung des Gal hat die sogenannte Judaistenhypothese ein relatives Recht. In keinem anderen Paulusbrief ist die Bedrohung der paulinischen Gemeinden durch judenchristliche Gesetzeslehrer deutlicher ausgesprochen worden. Hier wird zum ersten Mal die Rechtfertigungsbotschaft im Sinn des Paulus artikuliert. Sie besagt, daß der Apostel die freie Gnade Gottes verkündigt, welche die Menschen ohne jede Vorbedingung und ohne jede Vorleistung zu Gerechten macht. Gesetzesfreiheit und Gerechtmachung des Menschen aufgrund des Glaubens sind ihre unverzichtbaren Strukturelemente. Aus der rechtfertigenden Heilstat Jesu Christi (Indikativ) folgt der Imperativ, sich dem Joch der Gesetzesversklavung nicht wieder zu beugen (Gal 5,1), sondern in Liebe einander zu dienen (5,13).

4. *Römerbrief.* Der Römerbrief des Apostels ist nach den korinthischen und galatischen Kontroversen geschrieben worden und reflektiert in einmaliger Weise die systematische Struktur des paulinischen Denkens. Das Schreiben geht auf konkrete Probleme der römischen Gemeinde ein und setzt eine echte briefliche Situation voraus, da es den Besuch des Apostels in Rom und seine Reise nach Spanien vorbereiten soll (Röm 15,22ff). Auch wenn es sich nicht um ein umfassendes systematisch-theologisches Kompendium handelt, so überwiegt doch die theoretische Intention: Grundlegend ist das Thema ‚Glaubensgerechtigkeit' (1,17). Es wird im folgenden gegenüber der menschlichen Solidarität der Ungerechtigkeit entfaltet, indem nicht nur die Notwendigkeit (1,18-3,20), sondern auch die Möglichkeit (3,21-4,25) und die Wirklichkeit (5-8) der Gottesgerechtigkeit dargestellt wird, wie sie sich im Christusgeschehen offenbart hat. Das heilsgeschichtliche Problem ‚Israel' (9-11) wie auch der paränetische Teil (12,1-15,13) ziehen Konsequenzen, die sich einerseits aus der Verbundenheit des Paulus mit seinem Volk ergeben, andererseits aus der Folge Indikativ-Imperativ (vgl. 12,1) erwachsen sind. Wird die Einheitlichkeit des Schreibens mit Ausnahme von einzelnen nachpaulinischen Glossen vorausgesetzt, so gilt dies jedoch nicht für Kap.16, das in sich disparat ist, aber in wesentlichen Bestandteilen auf ein Empfehlungsschreiben für die ‚Schwester Phöbe' zurückgehen wird.

5. *Philipperbrief.* Der Brief des Paulus an die Gemeinde zu Philippi zählt zu den Gefangenschaftsbriefen. Er ist – da die Hypothese einer Gefangenschaft des Apostels in Ephesus unbeweisbar bleibt – vermutlich gegen Ende der Wirksamkeit des Paulus geschrieben worden. Ist auch die literarkritische Be-

urteilung umstritten – häufig geht man von zwei oder drei Brieffragmenten aus, die sekundär zusammengefügt worden seien –, so läßt sich doch auch die These der literarischen Einheitlichkeit vertreten. Sie wird durch die übergreifende Zielsetzung gestützt: Vor dem Hintergrund der Gefangenschaftssituation, dem Leiden als Apostel, stellt Paulus das Wesen der christlichen Freude dar und versucht die Gemeinde in der von ihr ebenfalls wahrgenommenen Freude zu bestätigen. Die eschatologische Freude ist durch die Rückschau auf das vergangenheitliche Christusgeschehen und durch das Sich-Ausrichten auf den künftigen Tag Jesu Christi inhaltlich bestimmt. Der Apostel ermahnt die Gemeinde zu realisieren, daß ihr ethisches Verhalten auf ihrem Weg durch die Zeit dieser Freude entsprechen muß.

6. *Philemonbrief.* Dieser Brief ist der kleinste und persönlichste Paulusbrief. Es geht um das Verhältnis zwischen dem Sklaven Onesimus und dessen Herrn Philemon. Onesimus war seinem Herrn entlaufen, hatte Paulus an seinem Gefangenschaftsort aufgesucht, ist von ihm bekehrt worden und wird nun zu seinem Eigentümer zurückgeschickt. Es handelt sich demnach um das erste Dokument einer christlichen Stellungnahme zur Sklavenfrage. Paulus stellt nicht die bestehende Ordnung in Frage, wohl aber überholt er ihre Problematik, indem er mitmenschliches Verhalten neu begründet. Daß Onesimus nicht als Sklave, sondern als Bruder (V.16) aufgenommen werden soll, kennzeichnet die ethische Zielsetzung dieses Schreibens: Christliche Bruderliebe soll die sozialen Unterschiede überwinden.

c) Nachwirkungen

Die Briefe des Apostels sind nicht lediglich aufgrund der Initiative eines einzelnen entstanden, sondern sie verdanken sich einer umfassenden Gemeindewirklichkeit. In ihnen spiegelt sich das Lehrer-Schülerverhältnis, die ‚Schule des Paulus', in der der Apostel gegenüber seinen Mitarbeitern eine dominierende Funktion eingenommen haben wird. Nicht nur die echten Paulusbriefe, sondern auch die unter dem Namen des Paulus abgefaßten späteren Schreiben lassen sich in einem weiteren Sinn der Paulusschule zurechnen. Sie bezeugen Nachwirkungen, die teils auf mündliche, teils auf literarische Tradition zurückgehen. So reflektieren es die schon genannten Schriften (Pastoralbriefe, Kol, Eph, 2 Thess, Apg), welche die Person und die Verkündigung des Apostels in unterschiedlicher Weise widerspiegeln. Aber auch in den späteren Schriften des Neuen Testaments sind Nachwirkungen der Paulusschule aufzuzeigen. So ergibt es sich aus dem Briefformular (Präskript, Proömium, Briefschluß) und aus den spezifisch paulinischen Denkstrukturen. Diese sind z.B. im 1. Petrusbrief deutlich zu erkennen. Möglich ist, daß der

Hebräerbrief, der durch eine eigenständige, hellenistisch-jüdisch gefärbte Theologie gekennzeichnet ist, nachträglich als Paulusbrief deklariert wurde, wie der vermutlich sekundäre Schlußteil (Hebr 13,18.22-25) nahelegt. Ein wesentlicher Teil der Thematik des Jakobusbriefes mit dem Thema ‚Glaube und Werke' ist nicht ohne die Einflußnahme der paulinischen Überlieferung zu verstehen. Nicht nur die deuteropaulinischen Briefe, sondern auch die johanneische Literatur ist in Kleinasien, also in einem ursprünglich paulinischen Missionsgebiet entstanden. Dies erklärt, daß in ihnen Einwirkungen des paulinischen Denkens vorhanden sind. Daß solche Aufnahme sich auch in einem gegensätzlichen Sinn vollziehen konnte, zeigt der Verfasser des 2. Petrusbriefes, der zu den Briefen „unseres geliebten Bruders Paulus" erklärt, daß sie schwer Verständliches enthalten, was „die Unwissenden und Ungefestigten" zu ihrem eigenen Verderben verdrehen (2 Petr 3,15f).

Es ist denn auch kein Zufall, daß die Nachwirkungen am Anfang und in der Mitte des 2. Jahrhunderts verhältnismäßig gering sind. Zwar gibt der römische Bischof Clemens ein Zeugnis von der Anerkennung des Paulus in der römischen Gemeinde und zitiert in seinem an die Korinther adressierten Schreiben bevorzugt den 1 Kor (vgl. 1 Clem 47,1-3). Ähnlich unterstellt sich Ignatius von Antiochien der Autorität des Paulus wie auch der des Petrus (IgnRöm 4,3); neben dem 1 Kor sind ihm offenbar auch andere Paulusbriefe (Röm, Thess) bekannt. Besonders Polykarp anerkennt die Autorität des Apostels; er beruft sich in seinem (zweiten) Brief an die Gemeinde zu Philippi auf den Philipperbrief des Paulus (Polyk 11,3). Auch der Diognetbrief zeigt einige Berührungen mit Paulus, ebenso der Apologet Justin oder der Hirt des Hermas. Andererseits fehlt jedoch eine Bezugnahme auf den Apostel bei nicht wenigen Schriftstellern des 2. Jahrhunderts (2 Clem, Barn, Pap, Heg, Aristid), und wenn auch die christliche Gnosis dieser Zeit, etwa die Schule des Valentinus, ihre Grundbegriffe durch den Rückbezug auf die paulinische Theologie zu belegen sucht oder im 3. Jahrhundert Mani, der Begründer des Manichäismus, sich auf Paulus beruft, so spielt das Denken des Apostels doch nicht die Rolle, die ihm wegen der angeblichen Nähe seines theologischen Systems zur Gnosis gelegentlich zugeschrieben wird.[6] Im Gegenteil, gnostisch inspirierte judenchristliche Schriften, wie die Quellenschrift ‚Kerygmata Petrou' der Pseudoklementinen, sind wie die Sekte des Elkesai aufgrund der von ihnen befürworteten jüdischen Observanz antipaulinisch ausgerichtet. Selbst Marcion, von Adolf von Harnack noch als ‚Ultrapauliner'

---

6 Vgl. dazu A. Lindemann, Paulus im ältesten Christentum. Das Bild des Apostels und die Rezeption der paulinischen Theologie in der frühchristlichen Literatur bis Marcion, BHTh 58, Tübingen 1979.

bezeichnet[7], dessen Kanon neben dem Lukasevangelium die wichtigsten Paulusbriefe enthielt, ist nach seinen theologischen Anschauungen von dem paulinischen Denken kaum berührt. Entscheidend ist für ihn ein spezifisches Offenbarungsverständnis, die Unterscheidung zwischen den beiden Göttern, dem alttestamentlichen Weltschöpfer einerseits und dem guten Gott, dem Vater Jesu Christi andererseits. Hier zeigt sich – wie dies für die Zeit der Entstehung der Großkirche im allgemeinen zutrifft –, daß die Autorität des Paulus zwar formal anerkannt wird, daß aber die grundlegende Rechtfertigungsanschauung des Paulus kaum nachvollzogen ist. Wie die altkirchliche Vorliebe für den 1 Kor verdeutlichen kann, waren es vor allem die ethischen Anweisungen des Apostels, die Gehör finden konnten. So entspricht es einer kirchlichen Situation, die sich der hellenistischen Welt öffnen, einem verbreiteten stoisch-ethisch geprägten Selbst- und Weltbewußtsein anpassen und mit dessen praktischer Verwirklichung auseinandersetzen mußte.

Überblickt man den Verlauf der Kirchengeschichte, so sind es nur die Ausnahmen, in denen der Apostel den Rang erhielt, der ihm aufgrund der zentralen Stellung seiner Schriften im neutestamentlichen Kanon zuerkannt worden zu sein scheint. An einer der wenigen Sternstunden kommt Augustinus durch das Studium der Paulusbriefe zu seiner Gnadenlehre, die von der radikalen Verfallenheit der Menschheit unter die Sünde und von der Alleinwirksamkeit der Gnade Gottes spricht.[8] Der Reformator Martin Luther hat seine bahnbrechende Erkenntnis, daß die Gerechtigkeit Gottes den Menschen nicht vernichtet, sondern ihn gerecht macht, nicht nur der Lektüre der Schriften Augustins zu verdanken, sondern vor allem der Theologie des Paulus (Röm 1,17).[9] Der Begründer des Methodismus, John Wesley, ist zur entscheidenden Wende seines Lebens durch die Lektüre der Vorrede Luthers zum Römerbrief geführt worden. Und die Grundlage der ‚dialektischen Theologie' wurde durch den Kommentar Karl Barths zum Römerbrief gelegt, in dem in Auseinandersetzung mit dem liberalen Denken Paulus' Botschaft von der alleinwirksamen Gerechtigkeit Gottes entfaltet wird.[10]

---

7 A. v. Harnack, Marcion: Das Evangelium vom fremden Gott. Eine Monographie zur Grundlegung der katholischen Kirche, TU III 15, Leipzig ²1924, 199ff.

8 Augustinus, Ad Simplicianum de diversis quaestionibus I 1.2, CCSL XLIV, Brepols 1970.

9 Vgl. M. Luther, Vorrede zu Band 1 der Opera Latina (1545), WA 54, 185,12-186,20.

10 K. Barth, Der Römerbrief, München ²1922.

I. Die religionsgeschichtlichen Voraussetzungen – Vorpaulinisches in der paulinischen Theologie

A. SCHWEITZER, Geschichte der Paulinischen Forschung von der Reformation bis auf die Gegenwart, Tübingen 1911.

H. J. SCHOEPS, Paulus. Die Theologie des Apostels im Lichte der jüdischen Religionsgeschichte, Darmstadt 1972, 1-42.

H. HÜBNER, Die Paulusforschung seit 1945. Ein kritischer Literaturbericht, ANRW II 25.4, 1987, 2649-2840.

O. MERK, Paulus-Forschung 1936-1985, ThR 53, 1988, 1-81.

Die Geschichte der Forschung ist durch eine große Verschiedenartigkeit der Paulusauslegungen und damit auch des Bildes des Apostels gekennzeichnet. Paulus wird einmal als Rabbi, ein anderes Mal als Hellenist oder als hellenistischer Judenchrist dargestellt. Es werden auf ihn die Bezeichnungen Chiliast, Mystiker, Gnostiker oder Mysterienadept angewendet. Solche Urteile zeigen nicht nur die Disparatheit der gegenwärtigen Forschung auf, sie haben vielmehr jeweils Anhaltspunkte in der paulinischen Theologie selbst.[1] Das paulinische Denken ist religionsgeschichtlich gesehen wie das Urchristentum allgemein ein synkretistisches Phänomen. In ihm stoßen religiöse Strömungen verschiedener Herkunft aufeinander. Zur Uneinheitlichkeit trägt darüber hinaus die Situationsbezogenheit der paulinischen Briefe (='Gelegenheitsschriften') bei. Dies alles erschwert eine Antwort auf die Frage, was angesichts der Vielfalt als Einheit im paulinischen Denken, als die ‚Mitte' der Theologie des Paulus zu verstehen ist.[2] Solche Nachfrage stellt sich auch einer historischen Aufgabe. Heißt – wie W. Wrede sagte – „Erklären ... in den Zusammenhang einer geschichtlichen Entwicklung stellen"[3], so scheint – wie dies in der im Bann des Historismus stehenden Religionsgeschichtlichen Schule aner-

---

1 Unzulässig ist eine Alternativsetzung, wie sie die Position der liberalen Theologie prägte, in der der religiöse Genius des Paulus gegen den Theologen, das Naive gegen das Reflektierte, die Frömmigkeit gegen die Scholastik ausgespielt wurde (vgl. A. Deißmann, Paulus. Eine kultur- und religionsgeschichtliche Skizze, Tübingen ²1925, 2-4). Solche Gegenüberstellung lebt aus romantischen Ressentiments; denn das theologische Denken des Paulus steht dem gelebten Glauben nicht alternativ entgegen.

2 Vgl. z.B. W. Thüsing, Per Christum in Deum. Studien zum Verhältnis von Christozentrik und Theozentrik in den paulinischen Hauptbriefen, NTA 1, Münster ²1965, 264-270; zum Problem auch G. Eichholz, Die Theologie des Paulus im Umriß, Neukirchen-Vluyn 1972, 8f.

3 Vgl. W. Wrede, Das theologische Studium und die Religionsgeschichte 75.

kannt war – die historische Interpretation mit dem Erweis existentieller Wahrheit zusammenzufallen. Dies macht auf die Geschichtsbezogenheit einer jeden Wahrheitsaussage aufmerksam, reflektiert aber doch einen unbegründeten Wissenschaftsoptimismus und setzt voraus, daß Wahrheitsbewußtsein aus der Historie objektiv zu motivieren und erkennbar zu machen sei.

Dennoch hat die Religionsgeschichtliche Schule das unbestreitbare Verdienst, den historischen Kontext des Urchristentums beispielhaft erschlossen zu haben. Hermann Gunkel ist für die alttestamentliche Wissenschaft vorausgegangen und hat auch für das Verständnis der paulinischen Pneumatologie wesentliche Grundlagen gelegt. Albert Eichhorn, Johannes Weiß, Wilhelm Heitmüller, William Wrede, Wilhelm Bousset u. a. haben die religionsgeschichtlichen Voraussetzungen des Neuen Testaments aus verschiedenen Perspektiven untersucht und maßgeblich zur Erhellung der Methodik der religionsgeschichtlichen Auslegung beigetragen. Diese hat eine ursprünglich doppelte Zielrichtung: Sie fragt erstens nach dem religionsgeschichtlichen *Analogon*, d.h. nach den Parallelvorstellungen, die im religionsgeschichtlich zu verifizierenden Umfeld des Neuen Testaments vorhanden sind. Und sie fragt zweitens nach dem *genetischen Zusammenhang*, d.h. nach den direkten Einwirkungen, die für die neutestamentliche Vorstellungswelt bestimmend sind. Soweit dies möglich ist, wird im folgenden primär der genetische Zusammenhang zu bedenken sein. Im Gegenüber zu den vorgegebenen, religionsgeschichtlich nachweisbaren Vorstellungsinhalten ist das genuin Paulinische zu erheben. Durch den Vergleich mit den vorpaulinischen Aussagen erkennen wir nicht nur die Übereinstimmungen, sondern auch die Unterschiede, die für das Verständnis der paulinischen Theologie von Bedeutung sind. Auch das Ergebnis eines solchen Vergleichs bleibt im Horizont der religionsgeschichtlichen Fragestellung. Er ist Teil des Verfremdungsprozesses, den die historische Kritik prima facie leistet. Dies macht auf die mythologischen Elemente im paulinischen Denken aufmerksam, die durch den Apostel zu einer eigenständigen Konzeption verarbeitet und dabei nicht unwesentlich modifiziert worden sind.

Steht bei der Analyse der religionsgeschichtlichen Voraussetzungen das Problem des genetischen Zusammenhangs im Vordergrund, so ist damit zugleich eine traditionsgeschichtliche Zielrichtung vorgezeichnet, da nach der vorpaulinischen Tradition innerhalb der paulinischen Theologie zu fragen sein wird. Im Gegenüber zur vorgegebenen Tradition läßt sich das genuin Paulinische als ‚Redaktion' der vorpaulinischen Überlieferungseinheiten erschließen. Paulus hat sich in seinen Briefen nicht nur an außerchristliche Überlieferung gebunden, sondern auch christliche Tradition übernommen und verarbeitet. Demnach verlangt die Frage nach den religionsgeschichtlichen Voraussetzungen der paulinischen Theologie die Dreiteilung: Judentum, heidnisch-hellenistische Umwelt und vorpaulinische christliche Überlieferung.

a) Judentum

A. OEPKE, Probleme der vorchristlichen Zeit des Paulus, wieder abgedruckt in: K.H. Rengstorf (Hg.), Das Paulusbild in der neueren deutschen Forschung, Darmstadt 1964, 410-446.

E.P. SANDERS, Paulus und das palästinische Judentum. Ein Vergleich zweier Religionsstrukturen, StUNT 17, Göttingen 1985.

M. HENGEL-U. HECKEL (HGG.), Paulus und das antike Judentum, WUNT 58, Tübingen 1991.

K.-W. NIEBUHR, Heidenapostel aus Israel. Die jüdische Identität des Paulus nach ihrer Darstellung in seinen Briefen, WUNT 62, Tübingen 1992.

Nach verbreiteter Anschauung hat die Kontinuität zwischen dem Judentum und dem paulinischen Denken eine für das Verständnis der Theologie des Paulus ausschlaggebende Bedeutung. Danach ist Paulus auch als Christ ein Jude geblieben. Dem steht gegenüber, daß Paulus sich als Apostel an die Heiden verstanden hat und durch seine Berufung zum Heidenapostel, die zugleich seine Bekehrung einschließt, nach eigenem Verständnis sich fundamental vom Judentum geschieden wußte (Gal 1,13ff; Phil 3,7). Freilich lebte der Apostel auch nach seiner Bekehrung in jüdischer Vorstellungswelt und machte von ihr in seiner Verkündigung wie auch in seinem theologischen Denken umfassend Gebrauch. Die Grundlagen jüdischer Vorstellungen, die sich in den paulinischen Briefen finden, reichen bis in die Zeit vor der Bekehrung des Paulus zurück; denn vor seiner Berufung zum Heidenapostel war Paulus allerdings nach Auftreten und Selbstverständnis ein Jude, verwurzelt in der nationalen, religiösen und geistigen Existenz seines Volkes.

Obwohl die paulinischen Briefe kaum biographische Einzelheiten aus dem Leben des Paulus berichten, zeigt die kurze Notiz über die Bekehrung und Berufung des Apostels (Gal 1,13-16), daß der vorchristliche Paulus sich als Jude in der ‚jüdischen Lebensweise' (Ἰουδαϊσμός) gegenüber seinen Altersgenossen hervortat und sich in einem hohen Maße für die väterlichen Überlieferungen einsetzte und die christliche Gemeinde verfolgte.

Nach Adolf Schlatter[4] ist diese Aussage auf der Grundlage von Apg 26,10f zu interpretieren. Die von den Oberpriestern bevollmächtigte Verfolgertätigkeit des Paulus würde danach eine richterliche Funktion einschließen. Funktionen eines Richters aber, so wird weiter gefolgert, durfte nur ein ordinierter Rabbi ausüben. Danach wäre Paulus ein ordinierter Rabbi gewesen (zu diesem Ergebnis kommt auch J. Jeremias: War Paulus Witwer?, ZNW 25, 1926, 310-312; ders., Nochmals: War Paulus Witwer?, ZNW 28, 1929, 321-323). Jedoch ist fraglich, ob zur Zeit des Apostels eine

4 A. Schlatter, Die Geschichte der ersten Christenheit, Göttingen [6]1983 (Nachdruck hg. v. R. Riesner), 112-129; vgl. A. Oepke, Probleme 412f.

rabbinische Ordination praktiziert wurde (vgl. R. Riesner, Jesus als Lehrer, WUNT II 7, Tübingen ³1988, 266-276). Zudem gibt Apg 26,10f eine spätere, legendarische Tradition wieder, aus der Folgerungen hinsichtlich des historischen vorchristlichen Paulus nicht abgeleitet werden dürfen. Von den Einzelheiten der Verfolgung der christlichen Gemeinden durch den vorchristlichen Paulus wissen wir nichts. Paulus bestätigt in Gal 1 nur die Tatsache; er interpretiert sie in dem Sinn, daß er als Verfolger die Tradition der Väter zu verteidigen suchte. So entspricht es seiner von ihm selbst bezeugten pharisäischen Herkunft.

Genauere Auskunft über die vorchristliche Zeit des Paulus gibt der Abschnitt Phil 3,5-6 („Beschnitten am achten Tage, aus dem Volk Israel, vom Stamm Benjamin, ein Hebräer von Hebräern, nach dem Gesetz ein Pharisäer, mit Eifer die Gemeinde verfolgend, untadelig in der Gerechtigkeit, die durch das Gesetz erworben wird"). Der Kontext reflektiert eine Auseinandersetzung mit judenchristlichen oder (wahrscheinlicher) jüdischen Gegnern. Diese rühmen sich jüdischer Errungenschaften, insbesondere des Besitzes des Gesetzes, das den Juden gegenüber den Heiden eine Vorrangstellung verleiht. Dem entgegnet der Apostel: Als Christ hält er solchen Vorzug für ‚Dreck' (V.8: σκύβαλα), in seiner vorchristlichen Zeit aber war er dem jüdischen Gesetz unterstellt. Seit seiner Geburt (‚Beschneidung am achten Tage') war er durch die Rechtsordnung dieses Gesetzes bestimmt, das nicht nur Anspruch, sondern zugleich Vorzug bedeutet: ‚Israel' ist eine das jüdische Volk auszeichnende Benennung, ein Würdename des von Gott erwählten Volkes.[5] Die Zugehörigkeit zum Stamm Benjamin betrifft einen bevorzugten Teil dieses Volkes, ist doch Benjamin als der Jüngste der Jakobsöhne im jüdischen Ursprungsland geboren. Auch ‚Hebräer' ist eine ehrenvolle jüdische Bezeichnung[6], im Unterschied zu dem Begriff ‚Juden' als einem vor-

---

5 Vgl. 2 Kor 3,7; 11,22; Röm 9,6.31; 10,19;11,1f.25f u.ö. – Paulus hat diesen Ehrentitel auf die christliche Gemeinde übertragen (Gal 6,16).

6 Vgl. 2 Kor 11,22. – Der Terminus Ἑβραῖος läßt gelegentlich eine Beziehung auf die hebräische Sprache zu; so vermutlich Apg 6,1 (in Gegenüberstellung zu den ‚Hellenisten'). Jedoch ist daraus weder für Paulus noch für seine Gegner palästinische Herkunft oder Kenntnis des Hebräischen zu erschließen. Vielmehr ist ‚Hebräer' im hellenistischen Judentum wie auch im paganen Griechentum weithin eine Bezeichnung für das jüdische Volk in alter Zeit, so daß dem Ausdruck eine archaisierende Färbung eigen ist (W. Gutbrod, ThWNT III 374-376; J. Wanke, EWNT I 892-894, 894: In Entsprechung zur jüdisch-hellenistischen Propaganda „ist wahrscheinlich, daß sich Paulus hier vornehmlich als ‚Vollblutjude' <H. Lietzmann, 1/2 Kor, HNT, 150> bekennen will, der den väterlichen Gebräuchen und Sitten treu geblieben ist ..."). Auch der neutestamentliche ‚Hebräerbrief' wendet sich in seiner sekundären Überschrift nicht an palästinische oder hebräisch sprechende Juden, sondern an Christen, denen der altjüdische Ehrenname zuerkannt wird.

wiegend von Außenstehenden gebrauchten Terminus.[7] – Die Familie des Paulus lebte bewußt in der jüdischen Tradition; sie war in der Lage, sich genealogisch auf den Stamm Benjamin zurückzuführen. Dem entspricht die Selbstbezeichnung des Paulus als ‚Pharisäer'; er gehörte einer einflußreichen religiösen Gruppe an, die besonderen Wert auf eine streng jüdische Lebenshaltung legte[8], im Unterschied zu den ‚Sadduzäern', die geneigt waren, mit der römischen Besatzungsmacht Kompromisse einzugehen und sich heidnisch-kulturellen Einflüssen zu öffnen.

Aus diesem Selbstzeugnis wird das Urteil abgeleitet, daß Paulus primär als ein palästinischer Jude anzusehen ist, dessen religionsgeschichtliche Voraussetzungen im Land der Väter, in Palästina, zu suchen sind. Für diese Ansicht werden vor allem zwei Argumente angeführt: 1. Paulus bezeichnet sich selbst als Pharisäer (Phil 3,5); der Pharisäismus aber ist genuin-palästinisch und auf den palästinischen Raum beschränkt. 2. Paulus war ein Schüler des jüdischen Toragelehrten Gamaliel I., der etwa in den Jahren 25-50 n.Chr. in Jerusalem lehrte (vgl. Apg 5,34; 22,3). – Beide Argumente sind jedoch nicht stichhaltig. Zu 1: Die Pharisäer sind zwar nahezu ausschließlich für Palästina nachzuweisen, aber sie waren weit über die palästinischen Grenzen hinausgehend tätig, bis in die jüdisch-hellenistische Diaspora hinein. Der nicht in Palästina schreibende erste Evangelist setzt dies voraus, wenn Mt 23,15 den Pharisäern und Schriftgelehrten vorgeworfen wird, daß sie Meer und Land befahren, nur um einen Proselyten zu gewinnen. Demnach ist gut denkbar, daß Paulus in der jüdischen Diaspora an den Pharisäismus Anschluß gefunden hat. – Zu 2: Die Herkunft der Notiz über Paulus' Beziehung zu Gamaliel ist unbekannt. Möglicherweise ist sie Bestandteil der legendarischen Paulustradition, die Lukas bei seinen Nachforschungen sammelte, wenn sie nicht genuin-lukanischer Herkunft ist; denn sie entspricht der Tendenz der lukanischen Geschichtsschreibung, die den Weg der Apostel ‚von Jerusalem nach Rom', ‚von den Juden zu den Heiden' und ‚von den Judenchristen zu

---

7 Ἰουδαῖοι wird von Paulus auch in distanzierender Weise gebraucht; so in der Parallelisierung zu den ‚Heiden' (ἔθνη): 1 Kor 1,23f; 10,32; 2 Kor 11,24; Röm 1,16; 2,9f; 3,9 u.ö.

8 In der Darstellung des Josephus (Ant VIII.XV.XVII.XVIII; Bell I u. II; Vita 38) repräsentieren die Pharisäer in Leben und Lehre das jüdische Volk nach seinen besten Seiten. Kennzeichnend für sie ist die Verbindung von Frömmigkeit und politischem Engagement. Dies läßt die Verfolgertätigkeit des vorchristlichen Paulus nicht primär dogmatisch-theoretisch (etwa: Gesetzesverständnis) motiviert sein und erschwert auch, zwischen dem Pharisäismus vor 70 n.Chr. und den Rabbinern nach 70 n.Chr. einen kontinuierlichen Zusammenhang zu rekonstruieren. Vgl. P. Schäfer, Der vorrabbinische Pharisäismus, in: M. Hengel-U. Heckel (Hgg.), Paulus und das antike Judentum 170.

den Heidenchristen' in der Apg darzustellen sucht.[9] Darüber hinaus ist durchaus zweifelhaft, ob Paulus vor seiner Bekehrung jemals in Jerusalem gewesen ist. Die genuinen Paulusbriefe weisen in eine andere Richtung: Der erste Besuch in Jerusalem, von dem Paulus berichtet, erfolgte drei Jahre nach seiner Bekehrung, um Kephas aufzusuchen (Gal 1,18). Dieser erste exakt bezeugte Aufenthalt ist vermutlich auch der erste Jerusalembesuch im Leben des Paulus gewesen; denn nach Gal 1,22 war Paulus den christlichen Gemeinden in Judäa unbekannt. Der erste Besuch war so kurz bemessen, daß er nicht zu einer näheren Bekanntschaft mit den Christen innerhalb Jerusalems und der näheren Umgebung führen konnte. Dies macht auch wahrscheinlich, daß Paulus sich vor diesem Besuch nicht in Jerusalem aufgehalten hat.[10]

Paulus ist nicht in Jerusalem, sondern in der jüdischen Diaspora aufgewachsen. Nach dem Zeugnis der Apostelgeschichte stammt er aus Tarsus in Kilikien (Apg 9,11; 21,39; 22,3) und verfügte über das römische Bürgerrecht (Apg 16,37f; 22,25f u.ö). Hierzu stimmt der Doppelname, der von ihm überliefert wird. Während er in den Briefen gegenüber den heidenchristlichen Gemeinden den Namen Παῦλος trägt, wird er in der Apostelgeschichte bis zum Beginn seiner eigentlichen Heidenmission (Apg 13,9) Σαῦλος (hebr. שָׁאוּל) genannt (Apg 7,58; 8,1.3; 9,1.8 u.ö.). Offenbar war ‚Saulus' der ursprüngliche jüdische Name, dagegen ‚Paulus' ein ‚cognomen', das sich der römischen und griechischen Umwelt anpaßt und den Träger des Namens als Diasporajuden ausweist.

Die Wurzeln des Denkens des vorchristlichen Paulus sind demnach im Diasporajudentum, d.h. im hellenistischen Judentum zu suchen. Tarsus mit einer Mischbevölkerung von Griechen, Juden und Orientalen ist im Altertum wegen seiner philosophischen und anderer wissenschaftlicher Ausbildungsstätten berühmt gewesen. Selbstverständlich ist Paulus in diesem geistigen Umfeld nicht zu einem herausragenden Exponenten griechischer Gelehrsamkeit geworden; aber die geistige und theologische Bildung des vorchristlichen Paulus ist doch von der palästinisch-jüdischen zu unterschei-

---

9 Dies stimmt zu anderen wahrscheinlich lukanischen Paulusnachrichten: Apg 7,58; 8,1; 11,30.

10 Gal 1,22f bezeugt nicht, daß Paulus die judäischen Gemeinden verfolgte, sondern sagt lediglich das aus, was diese gehört hatten, daß nämlich der einstige Verfolger (der Christen in der jüdischen Diaspora; vgl. Gal 1,13.17) zum Verkündiger geworden war. – Der Versuch von M. Hengel, entgegen dem negativen Befund in den paulinischen Briefen eine Verfolgertätigkeit des vorchristlichen Paulus für Jerusalem zu behaupten, ist vom lukanischen Geschichtsbild inspiriert (M. Hengel, Der vorchristliche Paulus, in: ders. – U. Heckel <Hgg.>, Paulus und das antike Judentum 177-293).

den. Das, was oftmals als rabbinische Denkweise des Paulus in Anspruch genommen wird, ist den Einflüssen des Diasporajudentums zu verdanken, wie Paulus es in seiner Heimatstadt durch jüdische Lehrer kennenlernte. Die Torakenntnisse des vorchristlichen Paulus stammen aus der Überlieferung des hellenistischen Judentums. So ist es am paulinischen Schriftgebrauch aufzuzeigen.

1. Der Gebrauch des Alten Testaments

J.R. HARRIS, Testimonies I.II, Cambridge 1916.1920.
C.H. DODD, According to the Scriptures. The Sub-Structure of New Testament Theology, London 1952 (Repr. 1957).
E.E. ELLIS, Paul's Use of the Old Testament, Edinburgh 1957.
DERS., Prophecy and Hermeneutic in Early Christianity, WUNT 18, Tübingen 1978.
O. MICHEL, Paulus und seine Bibel, Darmstadt ²1972 (Nachdruck).
A.T. HANSON, Studies in Paul's Technique and Theology, London 1974.
PH. VIELHAUER, Paulus und das Alte Testament, in: ders., Oikodome, Aufsätze zum Neuen Testament, TB 65, hg. v. G. Klein, München 1979, 196-228.
E. HIRSCH, Das Alte Testament und die Predigt des Evangeliums (1936), hg. v. H. M. Müller, Tübingen 1986.
D.-A. KOCH, Die Schrift als Zeuge des Evangeliums, BHTh 69, Tübingen 1986.
D. HELLHOLM, Paulus von Tarsos – Zum Problem der hellenistischen Ausbildung, Manuskript 1992; norwegische Fassung ‚Paulus Fra Tarsos. Til spørsmålet om Paulus' hellenistiske utdannelse', in: T. Eide – T. Hägg (Hgg.), Dionysos og Apollon. Religion og samfunn i antikkens Hellas (Skrifter utgitt av det norske institutt i Athen 1), Bergen 1989, 259-282.
R.B. HAYS, Echoes of Scripture in the Letters of Paul, New Haven-London 1989.

Wie sehr die Theologie des Paulus von hellenistisch-jüdischen Voraussetzungen bestimmt ist, läßt sich an dem in den Paulusbriefen benutzten Text des Alten Testaments nachweisen.

Für die paulinische Schriftverwendung ist zunächst festzustellen, daß der Apostel eine Sammlung von Schriften voraussetzt, die später als alttestamentlicher Kanon bezeichnet wird.

Der Bestand an jüdischen autoritativen Schriften war noch nicht endgültig festgelegt, aber doch nahezu feststehend. Anders H. Gese (Erwägungen zur Einheit der biblischen Theologie, ZThK 67, 1970, 417-436; in: ders., Vom Sinai zum Zion, BEvTh 64, München 1974, 11-30), wonach die ntl. Tradition in eine noch lebendige Traditionsbildung eingreift: ... „Wir haben es eben nur mit *einer*, der biblischen Traditionsbildung zu tun ... Das Alte Testament entsteht durch das Neue Testament; das Neue Testament bildet den Abschluß eines Traditionsprozesses, der wesentlich eine Einheit, ein Kontinuum ist" (a.a.O. 14). Jedoch vernachlässigt das Postulat einer zeitlichen (und sachlichen) Priorität des Neuen Testaments vor dem Alten Testament, daß Josephus die Existenz eines alttestamentlichen ‚Kanons' schon für eine Zeit belegt, in der sich das neutestamentliche Schrifttum noch in der Entstehung befand (Jos Ant Prooem 12f;I 27ff); zudem ist die jüdische Definition des Kanons weniger als Abgrenzung gegenüber dem Christentum denn als Resultat der allgemeinen (auch innerjüdischen) Situation im 1. Jh. n. Chr. zu verstehen.

Es besteht nicht der geringste Zweifel, daß Paulus (bzw. seine Mitarbeiter, soweit diese als Mitglieder der ‚Schule des Paulus' an den Vorarbeiten und der Abfassung der Paulusbriefe mitbeteiligt waren) die griechische Übersetzung des Alten Testaments benutzt hat. Er zitiert den Septuagintatext selbst dort, wo dieser gegenüber dem masoretischen Text Fehler aufweist.[11] Und er folgt auch dann der Septuaginta, wenn der masoretische Text für ihn einen passenderen Wortlaut bereitgestellt hätte.[12]

Soweit Abweichungen von dem Septuagintatext in den paulinischen Zitaten vorliegen, sind diese unterschiedlich zu erklären. Zunächst ist damit zu rechnen, daß Paulus selbst dort, wo er einen schriftlichen Text vor sich hat, diesen nicht Wort für Wort zitiert. Vielmehr können Änderungen des Textes bewußt vorgenommen worden sein, um den gemeinten und hineingedeuteten Sinn herauszustellen.[13] Darüber hinaus ist mit der Möglichkeit zu rechnen, daß Paulus frühe Septuagintarezensionen verwendet, die mit dem überlieferten Septuagintatext nicht immer identisch sind.

Ein aufschlußreiches Beispiel bietet 1 Kor 15,54. Das Zitat κατεπόθη ὁ θάνατος εἰς νῖκος weicht vom masoretischen Text (Jes 25,8) ab, aber auch von der Septuagintaüberlieferung (so im Passiv κατεπόθη und in der Lesart εἰς νῖκος für das hebräische לָנֶצַח). Dagegen finden sich wörtliche Übereinstimmungen bei den jüdischen Übersetzern Theodotion und Aquila, Parallelen auch bei Symmachus.[14] Umstritten ist, ob die Übereinstimmung mit Theodo-

11 Z.B. Gal 3,17.

12 Z.B. 1 Kor 2,16: zitiert ist Jes 40,13 LXX (νοῦς κυρίου); das masoretische רוּחַ יְהוָה = πνεῦμα κυρίου hätte dem Kontext entsprechend näher gelegen.

13 Vgl. unten zu Röm 1,17 (Hab 2,4) u.a. – Vgl. weitere derartige Textverkürzungen in 2 Kor 3,16 (Ex 34,34); Gal 3,13 (Dtn 21,23c); Röm 10,15 (Jes 52,7). Die Auslassung Gal 3,12 (Lev 18,5; diese Stelle wird vollständig zitiert in Röm 10,5) ist eine Angleichung an die im Text benachbarten Zitate. Eine Hinzufügung liegt Röm 10,11 (Jes 28,16c) vor; dasselbe Zitat findet sich unverändert Röm 9,33. Der genaue Wortlaut des Jesaja-Zitates ist Paulus somit bekannt, die Hinzufügung geschieht bewußt. Vgl. auch Röm 4,3; Gal 3,6 (Gen 15,6).

14 Während der Septuagintatext zu Jes 25,8 κατέπιεν ὁ θάνατος ἰσχύσας lautet, existieren für Theodotion zwei unterschiedliche Übersetzungen, die לָנֶצַח mit εἰς νῖκος wiedergeben. Aquila übersetzt καταποντίσει τὸν θάνατον εἰς νῖκος und der etwas spätere Symmachus καταποθῆναι ποιήσει τὸν θάνατον εἰς τέλος.

tion ein Beweis für die Abhängigkeit des Paulus von einem ‚Ur-Theodotion' ist[15], auch, ob hieraus auf ein höheres Alter des Theodotion geschlossen werden kann.[16] Jedenfalls ist davon auszugehen, daß die Septuagintavorlage des Paulus mit unseren Septuagintatexten nicht immer gleichgesetzt werden kann; daher dürfte in 1 Kor 15,54 eine vorchristliche jüdische Vorlage zugrunde liegen, welche den Septuagintatext entsprechend der Zwölfprophetenbuchrolle von Murabba'at (Mitte 1. Jh. n. Chr.) nach dem hebräischen Text korrigiert. Solche frühen Rezensionen haben vermutlich Einfluß auf die späteren Übersetzer Theodotion, Aquila und Symmachus gehabt.[17]

Dies kann auch die beiden Stellen erklären, in denen Paulus andernfalls auf den hebräischen Text zurückgegriffen haben würde[18]: Röm 11,35 (Hi 41,3) und 1 Kor 3,19 (Hi 5,12f). Da sich trotz Anzeichen von sprachlichen Verbesserungen kein paulinischer Übersetzungsstil feststellen läßt, liegt auch hier eine griechische AT-Übersetzung zugrunde, die als Überarbeitung des Septuagintatextes anzusehen ist.[19] Daher steht bei Beachtung der genannten Variationen die Septuagintagrundlage fest, und es ist ausgeschlossen, daß Paulus jemals den hebräischen Urtext benutzte. Insofern ist der Apostel in seinem Schriftgebrauch ein Repräsentant des hellenistischen Judentums.

Exkurs: Die Testimonienbuch-Hypothese

Nach J. Rendel Harris hat es im Urchristentum eine Sammlung von Zitaten (= ‚Testimonien') gegeben, die für antijüdische Polemik benutzt wurde. Dieses älteste christliche Dokument sei nicht nur von den neutestamentlichen Schriftstellern, sondern auch in den Schriften der Kirchenväter verwendet

---

15 Dagegen z.B. A. Rahlfs, Über Theodotion-Lesarten bei Justin, ZNW 20, 1921, 182-199.

16 Die Möglichkeit, daß Theodotion nicht um 180 n.Chr. gewirkt hat, wie es die Erwähnung bei Epiphanius (de mensuris et ponderibus, PG XLIII 264f) darstellt, sondern die Notiz des Irenäus (Haer III 24) glaubhafter sei, wird von S.P. Brock, Art.: Bibelübersetzungen I 2, TRE 6, 163-172, vermutet. Danach wäre die Übersetzung Theodotions in die Mitte des 1. Jh. n. Chr. zu datieren – was aber eine Abhängigkeit des Paulus von Theodotion nicht wahrscheinlicher macht.

17 Vgl. hierzu R. Hanhart, Das Neue Testament und die griechische Überlieferung des Judentums, TU 125, Berlin 1981, 293-303; ders., Septuaginta, in: W.H. Schmidt-W. Thiel-R. Hanhart, Altes Testament, GKT 1, Stuttgart 1988, 176-196. Ähnlich D.-A. Koch, Die Schrift als Zeuge, der von hebraisierenden Überarbeitungen der Septuaginta spricht, die Paulus z.T. in schriftlicher Form vorgelegen haben (a.a.O. 57-81).

18 So E.E. Ellis, Paul's Use 144 Anm. 3.

19 Vgl. D.-A. Koch, a.a.O. 78f.

worden. Auch in den paulinischen Briefen sei mit dem Gebrauch dieses Buches zu rechnen. – Eine Testimonienbuch-Hypothese hat im gegenwärtigen Forschungsstand ein größeres Anrecht auf Beachtung, als dies ihr seinerzeit zugebilligt wurde: Seit in der vierten Höhle von Qumran eine Zitatensammlung gefunden wurde (4 QTest: Dtn 5,28f; 18,18f; Num 24,15-17; Dtn 33,8-11; Jos 6,26), ist die Möglichkeit, daß auch in der urchristlichen Unterweisung und Verkündigung derartige Sammlungen benutzt wurden, nicht mehr zu bestreiten.[20] Für die Reflexionszitate im Matthäusevangelium kann angenommen werden, daß sie zu einem großen Teil auf eine Zitatensammlung zurückgehen, die dem Evangelisten Matthäus vorgelegen hat.[21] Auch Melito von Sardes schrieb im 2. Jahrhundert ‚sechs Bücher mit Auszügen aus dem Gesetz und den Propheten', also ein Testimonienbuch.[22] Dennoch läßt sich Harris' weitreichende Hypothese in der vorgetragenen Form im wesentlichen aus zwei Gründen nicht akzeptieren:

1. Ein derartiges Dokument ist in der urchristlichen Literaturgeschichte nicht bezeugt; dies macht es schwierig, sein Vorhandensein bis in die Schriften der späten Kirchenväter hinein zu postulieren.

2. Das Problem der neutestamentlichen Zitatüberlieferung darf nicht allein unter literarischem Gesichtspunkt betrachtet werden. Harris' Hypothese läßt die mündliche Tradition unberücksichtigt. Diese ist auch in den Schultraditionen vorauszusetzen, wie sie für die Gestaltung der neutestamentlichen Literatur von Einfluß gewesen sind.

C.H. Dodd stellte Harris' Vorschlag eine andere Hypothese entgegen, in der das mündliche Überlieferungselement stärker zum Zuge kommt. Seine These lautet: In der mündlichen Überlieferung gab es Blöcke von ausgewählten Abschnitten aus dem Alten Testament.[23] Diese Abschnitte, auch ‚Perikopen' genannt, fanden in der urchristlichen Unterweisung als Beweistexte Verwendung. Sie hätten Ausführungen zur apokalyptisch – eschatologischen Vorstellungswelt, auch über das neue Israel und den Gottesknecht enthalten. Jedoch bleibt die Anordnung der genannten ‚Blöcke' hypothetisch. Manche Zitatübereinstimmungen sind durch die Sache, gelegentlich

---

20 Vgl. zu 4 QTest: J.M. Allegro, Further Messianic References in Qumran Literature, JBL 75, 1956, 174-187; J. A. Fitzmyer, ‚4QTestimonia' and the New Testament, in: ders., Essays on the Semitic Background of the New Testament, London 1971, 59-89.

21 Vgl. G. Strecker, Weg der Gerechtigkeit 49-85.

22 Vgl. Eus HistEccl IV 26, 13-26.

23 C.H. Dodd, Scriptures 126f.

auch durch literargeschichtliche Abhängigkeit bedingt. Daher sollten die Zitatübereinstimmungen, die im Neuen Testament und in der anschließenden frühchristlichen Literatur nachzuweisen sind, nicht zu weitgehend überlieferungsgeschichtlich ausgewertet werden. Jedoch hat Dodd mit Recht auf den Einfluß der mündlichen Tradition aufmerksam gemacht: Urchristliche Verkündigung und Unterweisung benutzen alttestamentliche Texte, um das Christuskerygma verständlich zu machen oder auch um dieses durch den Erfüllungsbeweis zu legitimieren. Paulus setzt dies in einer mündlichen Traditionsschicht voraus, also in christlichen Überlieferungen, die hellenistisch-jüdische Züge tragen. Der Hebräerbrief mit zahlreichen Parallelen zu Zitaten in den Paulusbriefen kann hierfür als Beispiel herangezogen werden; denn es handelt sich um ein neutestamentliches Schriftstück, das unter hellenistisch-jüdischen Voraussetzungen geschrieben worden ist. Solche Traditionsschicht, deren Umfang und Einheitlichkeit bisher allerdings nicht eindeutig nachgewiesen werden konnte, ist christlicher Herkunft und von Paulus nach seiner Berufung zum Apostel aufgenommen bzw. von ihm und seiner Schule ausgearbeitet worden.[24]

Die jüdischen Voraussetzungen der paulinischen Theologie zeigen sich auch an der Art und Weise, wie Paulus den Text des Alten Testaments benutzt. Hier sind die Schlußverfahren zu nennen, die teilweise im rabbinischen Judentum belegt sind, aber auch schon im griechischsprachigen Judentum des 1. Jahrhunderts v. Chr. bekannt waren.[25]

1. Häufig gebraucht wird der *Schluß a minori ad maius*, ‚vom Geringeren auf das Größere'. Dieses Schlußverfahren ist an der griechischen Steigerungsform πολλῷ μᾶλλον bzw. πόσῳ μᾶλλον erkennbar. Es findet sich in der Adam-Christus-Typologie (Röm 5,15.17), in der Darstellung der Bedeutung des Todes Christi ‚für uns' (Röm 5,9f), des heilsgeschichtlichen Problems Israels (Röm 11,12: Ps 68,23 LXX in 11,9; auch 11,24), ferner in der Gegenüberstellung des Dienstes Moses zum Dienst des Geistes (2 Kor 3,7-9.11: Ex 34,30). Dieses Auslegungsverfahren wird in der rabbinischen Überlieferung mit קַל וָחֹמֶר (‚Leichtes und Schweres') bezeichnet. Andererseits ist auch das

24 Das Vorhandensein von vorpaulinischen christlichen Zitatensammlungen wird von D.-A. Koch entschieden bestritten; seine These ist, „daß Paulus im Zuge seiner eigenen Schriftlektüre sich selbst geeignete Exzerpte von Schriftstellen angefertigt hat, auf die er dann bei der Abfassung der Briefe zurückgreifen konnte" (a.a.O. 253). Diese These rechnet nicht unbegründet mit der Eigenarbeit des Paulus, läßt aber die Aktivität der Paulusschule unberücksichtigt.

25 Siehe dazu O. Michel, Paulus und seine Bibel 91ff; D.-A. Koch, Die Schrift als Zeuge 199ff; G. Mayer, Art.: Exegese II, RAC VI 1197f; zu den paulinischen Argumentationstypen und -strukturen vgl. D. Hellholm 15-19.

umgekehrte Schlußverfahren belegt, nämlich der Schluß vom ,Größeren auf das Geringere' (*a maiori ad minus*; vgl. Röm 8,32; 1 Kor 6,2f).

2. Der *Analogieschluß* (in der rabbinischen Überlieferung: גְּזֵרָה שָׁוָה = ,gleiche Entscheidung'). Hier werden zwei Bibelstellen, die gleiche Begriffe verwenden, aufeinander bezogen und die eine durch die andere erläutert (so Röm 4,3-8: Gen 15,6 und Ps 31,1f LXX; beide Male erscheint das Verb λογίζεσθαι in verschiedener Weise; Paulus verbindet beide Stellen miteinander, so daß λογίζεσθαι sowohl ,den Glauben zur Gerechtigkeit anrechnen' als auch ,die Sünde nicht anrechnen' bedeutet).

Die beiden eben genannten Auslegungsverfahren zählen zu den sieben Regeln (,Middot') des Rabbi Hillel, die eine „Zusammenstellung von damals üblichen Hauptarten des Beweisverfahrens" waren.[26] Jedoch ergibt sich daraus nicht die Folgerung, Paulus habe die Regeln Hillels gekannt oder er sei ein Hillelit gewesen[27]; denn Hillel verwendete noch weitere Beweisverfahren und die eben genannten waren nicht nur in der jüdischen Lehre üblich, sondern haben Entsprechungen in der hellenistischen Rhetorik, so daß auch für das rabbinische Schlußverfahren eine Beeinflussung aus dem hellenistischen Bereich anzunehmen ist.

3. *Argumentum e silentio.* Dieses Schlußverfahren zieht die Konsequenz daraus, daß in einem Text etwas nicht gesagt ist. Zum Beispiel wird Röm 4,6-8 David nach Ps 31,1f LXX zitiert: „Selig ist der Mann, dem der Herr die Sünde nicht anrechnet." Ist in diesem Text nicht gesagt, daß der Mensch eigene Werke aufweisen muß, wenn ihm Gottes Gerechtigkeit geschenkt werden soll, so zieht Paulus hieraus den Schluß, daß die Gerechtigkeit nicht aus Werken, sondern aus dem Glauben kommt.

Zu erwähnen ist auch

4. das *argumentum e contrario*, das sich Röm 3,4; 1 Kor 14,22; 15,44 findet und auch im rabbinischen Schrifttum (Mekh zu Ex 12,1) bezeugt ist.

---

26 H.L. Strack-G. Stemberger, Einleitung in Talmud und Midrasch, München[7]1982, 27.

27 Anders J. Jeremias, Paulus als Hillelit, in: Neotestamentica et Semitica, FS M. Black, hg. von E.E. Ellis und M. Wilcox, Edinburgh 1969, 88-94; hier werden zusätzliche Parallelen zu Hillel genannt. Als drei weitere hillelitische Regeln seien bei Paulus auszumachen: Die fünfte Regel (Generelles und Spezielles) läßt umfassende und spezielle Gebote sich gegenseitig bestimmen. Paulus benutze diese Regel Röm 13,9; Gal 5,14. Die sechste Regel (Näherbestimmung einer Bibelstelle mit Hilfe einer verwandten Stelle) sei in Gal 3,16 verwendet und der Gebrauch der siebten Regel (die Folgerung aus dem Zusammenhang) in Röm 4,10-11a; Gal 3,17 belegt.

5. *Namensetymologie.* Verwendet wird schon in der hellenistisch-jüdischen Exegese die theologische Deutung von alttestamentlichen Namen (vgl. Philo All III 244; auch Ber 7b; San 19b). In diesem Sinne läßt sich nach verbreiteter Auslegung Gal 4,25 („Das Wort Hagar bedeutet den Berg Sinai in Arabien") verstehen. Paulus interpretiert dies ‚bildlich': Hagar, die Sklavin und Nebenfrau Abrahams, erhält eine besondere Funktion in der Zuordnung von Gesetz und Evangelium; sie symbolisiert das Gesetz, das auf dem Berg Sinai gegeben wurde.

Von grundlegender Bedeutung sind zwei weitere, über die genannten hinausführende Methoden der Schriftauslegung:

6. *Allegorische Interpretation.* Eine Allegorie ist eine erzählerische Darstellung, die in wesentlichen Teilen bildhafte Züge trägt und aus der überlieferten Erzählung einen tieferen Sinn, die eigentliche Meinung des Textes erhebt. Alttestamentliche Erzählungen werden bei Paulus oftmals unter der Voraussetzung gelesen, daß sie allegorische Darstellungen sind, also auf einen in ihnen verborgenen, eigentlich gemeinten Sinn verweisen. Wenn auch das Verb ἀλληγορεῖσθαι in Gal 4,24 erscheint, so ist doch umstritten, ob die Gegenüberstellung von Hagar und Sara (Gal 4,21-31) wirklich eine Allegorie und nicht richtiger eine typologische Exegese darstellt.[28] Jedenfalls liegt 1 Kor 9,9 eine Allegorie vor, wenn Dtn 25,4 („Du sollst einem Ochsen, der da drischt, das Maul nicht verbinden") in dem Sinn ausgelegt wird, daß der Apostel von der Gemeinde Lebensunterhalt beanspruchen kann. Ebenso läßt sich Gal 3,16 mit der typischen Identifikationsformel ὅς ἐστιν Χριστός (‚der ist Christus') zur Allegorie rechnen. Nahe steht auch der Vergleich Christus – Passalamm mit der Gegenüberstellung von altem und neuem Sauerteig (1 Kor 5,6-8). Die hellenistisch-jüdischen Voraussetzungen werden vor allem

---

28 D.-A. Koch, Die Schrift als Zeuge 210f, und H.-J. Klauck, Allegorie und Allegorese in synoptischen Gleichnistexten, NTA 13, Münster ^{2}1986, 116-122, entscheiden sich zur Gegenüberstellung der beiden durch Hagar und Sara repräsentierten διαθῆκαι für eine ‚Allegorese' von Gen 21. – Anders Ph. Vielhauer, Paulus und das Alte Testament 200, wonach es sich trotz der Namensallegorien um eine Typologie handelt, da „die hier erwähnten Gestalten und Ereignisse nicht bildliche Chiffren zeitloser Wahrheiten, sondern einmalige historische Phänomene und darin Modelle, Vorabbildungen gegenwärtiger Wirklichkeiten" sind. – Daß das Wort ἀλληγορεῖσθαι an dieser Stelle mißverständlich verwendet wurde, ist seit Johannes Chrysostomos (PG LXI, 662) weithin anerkannt; vgl. z.B. A. Oepke, Der Brief des Paulus an die Galater, ThHK 9, Berlin ^{4}1979, 148; O. Michel, Paulus 110; E.E. Ellis, Paul's Use 52f; ähnlich R. Bultmann, Ursprung und Sinn der Typologie als Hermeneutischer Methode, in: ders., Exegetica 369-380 (377: „Vermischt mit Allegorese ist die Typologie in der Deutung der Sara-Hagar-Geschichte <Gal 4,21-31>").

durch Philo von Alexandria dokumentiert.[29] In der christlichen Schriftauslegung nach Paulus ist die Allegorese zunehmend praktiziert worden, wie der Barnabasbrief als ein wichtiges Beispiel für die frühchristliche Literatur belegt.

7. *Typologische Schriftauslegung.* Diese versteht die alttestamentlichen Erzählungen von wirklichen Personen oder Vorgängen als Vorausdarstellungen für andere künftige Personen oder Vorgänge. Auf letzteren liegt der Schwerpunkt der Argumentation. Der Ausgangspunkt dieser Entgegensetzung ist die Überzeugung der christlichen Gemeinde, daß ihre Vergangenheit, Gegenwart oder Zukunft durch die in den alttestamentlichen Texten ausgesagten ‚Typoi' erhellt werden können und daß hierdurch das christliche theologische Bewußtsein eine Bestätigung erfährt. Der Zeitfaktor, d.h. die Unterscheidung zwischen Damals und Heute ist für diese Auslegungsmethode konstitutiv. Das Alte Testament wird aus der Sicht des Neuen interpretiert. In diesem Sinn läßt sich die Hagarepisode in Gal 4,21ff verstehen. Auch die Gerechtsprechung Abrahams aufgrund des Glaubens wird als Typus für die Rechtfertigung des Gottlosen erkannt (Röm 4,1-25). Von typologischer Auslegung läßt sich darüber hinaus dann sprechen, wenn einem Typus ein Antitypus entgegengesetzt wird. So 1 Kor 15,21f, wo Adam als dem Urheber des Todes Christus als der Bringer des Lebens antitypisch gegenübergestellt ist. Solche gegensätzliche Zuordnung von Adam und Christus findet sich auch in 1 Kor 15,45-47 und Röm 5,12-21.[30] Ferner wird die ‚neue Willenserklärung' Gottes, die im ‚Dienst des Geistes in Herrlichkeit' wahrgenommen wird, dem Sinaigesetz, in dem sich der ‚Dienst des Todes' artikuliert, antitypisch entgegengestellt (2 Kor 3,6-11). Sind die hier genannten Begriffe und Vorstellungen im religionsgeschichtlichen Umfeld vorgegeben und benutzt Paulus möglicherweise im Zusammenhang seiner Schule vermutlich vorgeformte Überlieferungseinheiten, so gilt dies auch für 1 Kor 10,1-13, wo unter Verwendung von verschiedenen jüdischen und hellenistischen Elementen die christlichen Sakramente Taufe und Herrenmahl der sakramentalen Heilswirklichkeit der Wüstengeneration gegenübergestellt sind

29 Vgl. Philo Jos 28: σχεδὸν γὰρ τὰ πάντα ἢ τὰ πλεῖστα τῆς νομοθεσίας ἀλληγορεῖται („nahezu alles oder das meiste der Gesetzgebung <konkret: der gegebenen Gesetze> wird allegorisiert"; auch die Septuaginta ist Paulus in der Benutzung der allegorischen Methode vorausgegangen; vgl. R. Mayer, Geschichtserfahrung und Schriftauslegung. Zur Hermeneutik des frühen Judentums, in: O. Loretz-W. Strolz (Hgg.), Die hermeneutische Frage in der Theologie (Schriften zum Weltgespräch 3), hg. von der Arbeitsgemeinschaft Weltgespräch, Wien-Freiburg-Barcelona-Daressalam-New York-São Paulo-Tokio 1968, 328ff.

30 Vgl. dazu unten A I b 3 ‚Gnosis'.

und die positive typologische Verhältnisbestimmung paränetische Folgerungen, nämlich die Warnung vor Sünde und Abfall veranlaßt.

Nach R. Bultmann[31] setzt die typologische Schriftauslegung ein zyklisches Geschichtsverständnis voraus. Für den Vollzug der Geschichte ist die Idee von der Wiederkehr der Dinge konstitutiv (vgl. die Vorstellung von der Seelenwanderung). Jedoch ist solche Interpretation durch die Feststellung einzuschränken, daß in der Typologie des Paulus stets ein lineares futurisch-eschatologisches Moment zu konstatieren ist. Auch das zyklische Schema, wonach die Endzeit der Urzeit entspricht[32], kann eine teleologische Orientierung implizieren, also einer Zielgerichtetheit des Geschichtsablaufs Ausdruck geben. Intentionalität ist auch im Schema ‚Weissagung und Erfüllung' gegeben. Im Unterschied hierzu handelt es sich in der Typologie nicht um ursprünglich im Alten Testament intendierte bewußte prophetische Voraussagen (2 Kor 6,2: Jes 49,8), vielmehr wird der geheimnisvolle Sinn des Alten Testaments erst im Nachhinein in den Texten erkannt. Anders als die Allegorie ist das typologische Denken geschichtsbezogen; dennoch ist es nicht mit einer heilsgeschichtlichen Konzeption gleichzusetzen; denn letztere ist daran interessiert, Gottes Handeln in der Geschichte als eine einsichtige zeitliche Bewegung zu demonstrieren.[33]

Alttestamentliche Zitate finden sich vor allem in den großen Briefen, besonders im Römer- und 1. Korintherbrief, auch im Galaterbrief[34], nicht dagegen in den kleineren Briefen (1 Thess, Phil, Phlm). Dies ist wohl nicht durch die Überlegung zu begründen, das Alte Testament werde von Paulus dann zitiert, wenn er sich mit seinen Gegnern auseinandersetzt, sondern richtiger, daß insbesondere theoretische Reflexionen nach einer Bestätigung aus dem Alten Testament verlangen. Dem entspricht, daß nicht die Position der Gegner, sondern Fragen des Glaubens und der innergemeindlichen Diszi-

---

31 R. Bultmann, Exegetica 369-380.

32 Vgl. G.v. Rad, Typologische Auslegung des Alten Testaments, EvTh 12, 1952/53, 17-33; danach ist der Grundgedanke der Typologie „weniger in dem Gedanken der ‚Wiederholung' als in dem der ‚Entsprechung'" zu sehen. Die Entsprechung ist hier zeitlich bestimmt: Das „urzeitliche Geschehen ist Typus des endzeitlichen" (a.a.O. 19). Ein anderes Entsprechungsverhältnis findet sich z.B. Sach 1,11 (zwischen Irdischem und Himmlischem); vgl. auch Ex 25,9 (Stiftshütte entsprechend dem himmlischen Vorbild), Jes 11,1f (David als Typus für den Messias), Jes 43,14-21 (Exoduserzählung als Vorabbildung des göttlichen Handelns). Eine Mose-Messias-Typologie kennt die rabbinische Literatur: ‚Wie der erste Erlöser (Mose) so der letzte Erlöser (Messias)'; vgl. PesK 49b, PesR 15 (72b), NuR 11 (162b), anon. MidrHld 2,9 (100a) (vgl. Bill I 69).

33 Vgl. das markinische δεῖ (dazu unten).

34 In Röm finden sich 51 atl. Zitate, 18 in 1 Kor, weitere 11 in 2 Kor und 10 in Gal.

plin durch Zitate aus dem Alten Testament beleuchtet werden, auch, daß das Alte Testament nicht so sehr als Gewährstext für den ethischen Imperativ[35], sondern vor allem für die Christologie und – damit zusammenhängend – für die paulinische Soteriologie herangezogen wird.

Zwar unternimmt Paulus nicht den Versuch, die Messianität Jesu durch einen Schriftbeweis abzusichern, aber es besteht kein Zweifel, daß er *Person und Werk Jesu Christi* als in der Heiligen Schrift ausgewiesen ansieht. So zeigen es die Verbindungslinien, die – auch ohne direkte Zitate zu enthalten – die Schriftgemäßheit des *Christusgeschehens* aussagen: die Ankündigung des Evangeliums vom Gottessohn-Davidsohn durch die atl. Propheten (Röm 1,2f), Tod und Auferweckung Jesu ‚nach den Schriften' (1 Kor 15,3f) und die Herrschaft des Isai-Sprosses über die Völker (Röm 15,12). Ein besonderes Gewicht haben die direkten Zitate, die Jesus Christus als den ‚Nachkommen' Abrahams und hierdurch als den Repräsentanten der Abrahamverheißung bestätigen (Gal 3,16) und seine Passion[36] oder auch seine eschatologische Herrschaft[37] aus der Schrift begründen.

Christologisch orientiert ist auch die *Soteriologie*, wie dies in der Gegenüberstellung des ersten psychischen und des zweiten pneumatischen Adam (1 Kor 15,45: Gen 2,7) oder im Verständnis des Abrahamsegens als Gegenstand der Verheißung für alle Völker (Gal 3,8: Gen 12,3) zum Ausdruck kommt. Im Zusammenhang der Abraham-Christus-Typologie wird die in Christus erfüllte Zusage der Glaubensgerechtigkeit aufgrund von Gen 15,6 in Röm 4,3 (Gal 3,6) verdeutlicht. Dieser locus classicus der Rechtfertigungslehre, die Offenbarung der Gottesgerechtigkeit aus Glauben zu Glauben (Röm 1,17), zugleich das Thema des Römerbriefes, wird durch das Zitat Hab 2,4 LXX („Der Gerechte wird aufgrund meiner Treue leben") ausgewiesen, wobei Paulus durch Streichung des μου den Text aus seiner ursprünglichen theologischen Orientierung herauslöst, ihn zu einer anthropologischen Aussage modifiziert und so die Vorstellung von der Gerechtigkeit aus Werken antithetisch mitdenkt. Die Hagar-Sara-Typologie zieht aus Jes 54,1 und Gen 21,10.12 Folgerungen auf das gesetzesfreie, im Glauben gerechtfertigte Sein der Geistgezeugten (Gal 4,21ff). Ähnlich hat der in 2 Kor 3 wiedergegebene ‚Mose-Midrasch' in der Gegenüberstellung zu Ex 34 die Freiheit und Herrlichkeit des neuen Israel zum Gegenstand. Daß die gesamte Menschheit vor

---

35 So allerdings Röm 12,19f (Dtn 32,35a; Spr 25,21f); 13,8-10 (Lev 19,18b); 1 Kor 5,13 (Dtn 17,7c) und Gal 5,14 (Lev 19,18b).

36 Röm 15,3: Ps 68,10 LXX; die Kreuzigung Jesu als Befreiung vom Fluch des Gesetzes, „indem er für uns zum Fluch wurde" (Gal 3,13), aufgrund von Dtn 21,23 („Verflucht ist jeder, der am Holz hängt").

37 1 Kor 15,25.27: Kombination von Ps 110,1 und Ps 8,7 LXX.

und ohne Christus der Schuld verfallen ist, wird durch eine Aneinanderreihung von Zitaten in Röm 3,10-18 belegt und die Erwählung der Heiden aus einer Mehrzahl von alttestamentlichen Texten erschlossen (Röm 15,9-12). Auch die Reflexionen über das heilsgeschichtliche Problem Israels in Röm 9-11 bezeugen mit unterschiedlichen Zitatbelegen die intensive exegetische Arbeit des Paulus und seiner Schule.

Ist das Alte Testament nach paulinischem Verständnis wesentlich durch Verheißung bestimmt, enthält es nicht das Evangelium, sondern Verheißung und Gesetz[38], so ist nicht zu bestreiten, daß solche Schriftauslegung weder der alttestamentlichen Selbstaussage noch der jüdischen Auffassung gerecht wird und in der Perspektive der historischen Kritik, wie sie die Bibelexegese der Gegenwart anwendet, nicht nachzuvollziehen ist. Zu eindeutig ist der Widerspruch zwischen der ursprünglichen Textaussage und dem Textsinn, den Paulus in das Alte Testament hineinlegt, der ihn nicht selten auch zu einer Änderung der vorgegebenen biblischen Textfassung führt. Um so wichtiger ist es, den hermeneutischen Schlüssel zur Kenntnis zu nehmen, der Paulus' Zitierungen des Alten Testaments bestimmt. Dabei geht es an dieser Stelle nicht um das Problem der Verwendung von alttestamentlichen Zitaten in der paulinischen Ethik, sondern um das der theologischen Interpretation. Mag man, wenn man nach der ‚theologischen Mitte' des Alten Testaments fragt, mit E. Hirsch cum grano salis feststellen, daß im Zentrum der Pentateuchtheologie wie auch der Verkündigung der alttestamentlichen Propheten die Überzeugung steht, daß das israelitische Volk durch Jahwe erwählt wurde und daß dieses Erwählungsbewußtsein sämtliche Erscheinungsformen der Volksordnung Israels bestimmt, so ist demgegenüber für die paulinische Auslegung der Gedanke ausschlaggebend, daß nicht der alttestamentliche Volksnomos, sondern die durch Jesus Christus offenbarte Gnadenwirklichkeit Gottes, nicht die Geschichtsmächtigkeit des alttestamentlichen Gottesbundes, sondern die durch Christus erschlossene Unmittelbarkeit des Menschen zu Gott den Weg zum Verständnis der alttestamentlichen Überlieferung bahnt. Daher kommt der spezifischen Interpretation des Gesetzes durch Paulus auch in seinem Verhältnis zu den heiligen Schriften des jüdischen Volkes eine grundlegende Bedeutung zu, wie dies 2 Kor 3 und die Rechtfertigungslehre der paulinischen Hauptbriefe dokumentieren. Aus diesem Grund hat es Paulus auch nicht unternommen, eine Erwählungsgeschichte zu entwerfen, in der die christliche Kirche als Fortsetzung oder Anhängsel der Geschichte des jüdischen Volkes erscheinen würde. Auch das Theologumenon von der durch

---

38 So zu Recht L. Goppelt, Theologie des Neuen Testaments 382f. – Daß die Geschichte des alten Israel unter den Begriff ‚Verheißung' (ἐπαγγελία) gestellt ist, zeigt sich besonders Röm 4,13ff, 9,4ff; Gal 3,14ff; 4,23.28.

Christus erschlossenen ‚Selbigkeit Gottes' hebt das diskontinuierliche Verhältnis der paulinischen Schriftauslegung zum Alten Testament nicht auf; denn zwar ist für Paulus der Vater Jesu Christi zugleich der Gott Israels, der mit den Vätern gesprochen und gehandelt hat. Aber die alttestamentliche Vorstellung vom Bundesgott Jahwe, der sein Volk auf die unteilbare Tora verpflichtet und seinen Willen auch mit kriegerischer Gewalt durchsetzt, unterscheidet sich erheblich von dem Gottesbild des Paulus, wonach Gott in Christus die Menschheit erlöst und den Gottlosen gerecht gesprochen hat. So wenig die Vorstellung von dem *einen* Gott ein Kontroverspunkt ist, so sehr tragen die verschiedenen Gottesbilder zur Diskontinuität zwischen dem Alten und dem Neuen Testament bei. Der Gedanke von einem Geschichtskontinuum wird auch nicht durch das Lehrstück von der Schöpfung und von dem alles durchwaltenden Schöpfergott belegt, so sehr es in den paulinischen Briefen vorausgesetzt ist (vgl. Röm 1,18ff; 1 Kor 8,6).[39] Dieses besitzt keine eigenständige Funktion, wird vielmehr aus seiner unterschiedlichen Beziehung zum Christuskerygma erhellt.[40]

Das Christusgeschehen ist demnach der entscheidende Ausgangs- und Zielpunkt, von dem ausgehend die alttestamentliche Exegese des Paulus entworfen ist. So wenig es universalgeschichtlich ausgewiesen wird, so wenig ist es auf ein aus der Zeitlinie herausgehobenes punctum mathematicum beschränkt. Seine zeitliche Dimension ist auch durch das eine Heilsereignis von Kreuz und Auferstehung Jesu Christi nicht vollständig zu charakterisieren. Obwohl Paulus über die Vita Jesu nicht reflektiert, setzt er doch die irdische Existenz Jesu voraus (vgl. Gal 4,4; 1 Kor 11,23). Die Vergangenheit Jesu Christi beginnt aber nicht erst mit der Inkarnation, sondern ist die des Präexistenten, der vor der Erschaffung der Welt bei Gott war (Phil 2,6). Die über die Zeiten hinweggreifende Christuswirklichkeit läßt das Alte Testament zu einem christlichen Glaubensdokument werden; denn nicht die Schrift ist im Verhältnis zum Christusgeschehen, sondern das Christusgeschehen ist im Verhältnis zur Schrift die oberste Norm, welche die Schriftauslegung des Paulus bestimmt.[41]

---

39 Vgl. dazu unten A I a 3.

40 Vgl. Röm 1,18ff: Die Notwendigkeit der Christusoffenbarung folgt aus der schuldhaften Verstrickung des natürlichen Menschen, der Gott an seinen Schöpfungswerken erkennen kann. Röm 8,39: Die in Jesus Christus offenbarte Liebe Gottes setzt sich gegenüber den Weltmächten durch.

41 Dies hat Wilhelm Vischer konsequent ausgeführt, wenn er Christus bereits im AT ausgesagt findet und dem Zeugnis der Kirche nur dann die Bezeichnung ‚christlich' zuerkennen will, wenn diese sich zur Einheit der beiden Testamente bekennt; solche Einheit sei durch die Identität des Christus Jesus mit dem Messias Israels gewährleistet (Das Christuszeugnis des Alten Testaments, Bd. 1: Das

Die Präexistenzvorstellung wird von Paulus mehr vorausgesetzt als ausgeführt. Neben Phil 2,6 ist vor allem die Gottessohntitulatur zu nennen, die mit der Sendungsbegrifflichkeit die Vorzeitlichkeit des Sohnes impliziert (vgl. Gal 4,4: „Als die Zeit erfüllt war, sandte Gott seinen Sohn"). Auch die Bezeichnung des Christus als ‚Bild Gottes' (εἰκὼν τοῦ θεοῦ: 2 Kor 4,4) legt nicht nur durch Gen 1,26, sondern insbesondere durch die entsprechenden Vorstellungen in der philonischen Logoslehre (SpecLeg I 81; Conf 97; Her 231) den Gedanken der Präexistenz nahe. Als religionsgeschichtliche Parallele ist darüber hinaus die jüdische Weisheitslehre von Bedeutung. Ähnlich wie für Christus (1 Kor 8,6) ist auch für die Sophia Schöpfungsmittlerschaft und Präexistenz ausgesagt.[42] Paulus' Anliegen ist allerdings nicht die Ausgestaltung eines objektiven Geschichtssystems, das dem Präexistenzgedanken zugeordnet wäre, sondern das ‚Jetzt' der Verkündigung und der Annahme der Gnade Gottes bringt die Vorzeitlichkeit des Sohnes zur Erfüllung und aktualisiert ‚heute' die eschatologische Wirklichkeit des Präexistenten.[43]

Gesetz, München 1934 <Zürich ^{6}1943>, Bd. 2,1: Die Propheten 1.H. Die frühen Propheten, Zürich 1942). Jedoch ist das AT historisch gesehen ein Dokument des jüdischen Glaubens, so daß die Differenz zwischen alttestamentlich-jüdischer Messianologie und neutestamentlicher Christologie nicht eingeebnet werden kann. – Anders *Rudolf Bultmann*, der zwar die atl. Explikation des Gesetzes als bleibende sittliche Forderung anerkennen möchte und feststellt, daß in der Unbedingtheit der sittlichen Forderung die prinzipielle Unverfügbarkeit der Welt und des menschlichen Seins als eines zeitlich – geschichtlichen Seins vor Gott und dem Nächsten vorausgesetzt ist und darin eine Übereinstimmung zwischen dem atl. und dem ntl. Gottesglauben besteht. Aber er erkennt dem AT keine Unmittelbarkeit der Offenbarung des göttlichen Wortes zu, so daß die atl. Gnadenzusagen unwiderruflich an die Geschichte des Volkes Israel gebunden sind: Da der atl. Mensch am Widerspruch zwischen seinem Geschaffensein auf Gott hin und seinem Verhaftetsein in der Geschichte scheitert, ist das AT insgesamt als Dokument des Scheiterns der Geschichte des Volkes Israel keine Offenbarungsgeschichte. In ihm konkretisiert sich vielmehr die Verheißung, die sich in der ntl. Erfüllung realisiert (Die Bedeutung des Alten Testaments für den christlichen Glauben, in: ders., Glauben und Verstehen I 313-366; ders., Weissagung und Erfüllung, in: ders., Glauben und Verstehen II 162-186). – Über die genannten Verständnisweisen hinausgehend kann die Interpretation des AT Möglichkeiten des menschlichen Selbstverständnisses im Zusammenhang der vorausgesetzten Gottesbegegnung erschließen; so insbesondere durch Analyse der anthropologischen Strukturen, wie sie z.B. in den Psalmgebeten gegeben sind. Bei der Auslegung und Anwendung des AT auf die ihr eigene Situation wird die christliche Verkündigung von dem für sie grundlegenden Christusereignis nicht absehen dürfen.

42 S. dazu unten A I a 2: Die Sophia-Tradition.

43 Vgl. 2 Kor 5,16f; 6,2; Röm 3,26; 5,9.11; 8,1; 11,30-32; 13,11; Gal 2,20; 4,9.29.

2. Die Sophia-Tradition

H. WINDISCH, Die göttliche Weisheit der Juden und die paulinische Christologie, in: Neutestamentliche Studien, FS G. Heinrici, UNT 6, Leipzig 1914, 220-234.

N.A. DAHL, Formgeschichtliche Beobachtungen zur Christusverkündigung in der Gemeindepredigt, in: Neutestamentliche Studien für R. Bultmann, BZNW 21, Berlin ²1957, 3-9.

H. GESE, Lehre und Wirklichkeit in der alten Weisheit. Studien zu den Sprüchen Salomos und zu dem Buche Hiob, Tübingen 1958.

E. SCHWEIZER, Zur Herkunft der Präexistenzvorstellung bei Paulus, in: ders., Neotestamentica, Zürich-Stuttgart 1963, 105-109.

H. CONZELMANN, Die Mutter der Weisheit, in: Zeit und Geschichte, FS R. Bultmann, Tübingen 1964, 225-234.

U. WILCKENS, Art.: σοφία, ThWNT VII, 1966, 465-475.497-529.

G. v.RAD, Theologie des Alten Testaments I, München ⁵1966.

G.W. MACRAE, The Jewish Background of the Gnostic Sophia Myth, NT 12, 1970, 86-101.

H. LIETZMANN, Geschichte der Alten Kirche. I. Die Anfänge, Berlin ⁴/⁵1975.

M. KÜCHLER, Frühjüdische Weisheitstraditionen, OBO 26, Freiburg-Göttingen 1979

K. RUDOLPH, Sophia und Gnosis, in: Altes Testament-Frühjudentum-Gnosis, hg. v. K. W. Tröger, Berlin 1980, 221-237.

H. STADELMANN, Ben Sira als Schriftgelehrter, WUNT II/6, Tübingen 1980.

G. SELLIN, Der Streit um die Auferstehung der Toten, FRLANT 138, Göttingen 1986.

H. v.LIPS, Weisheitliche Traditionen im Neuen Testament, WMANT 64, Neukirchen-Vluyn 1990.

Die Weisheitsdichtung, die auf altisraelitische, aber auch auf allgemein orientalische Wurzeln zurückgeht, hat im hellenistischen Judentum eine nicht geringe Bedeutung. Anders als die apokalyptische Literaturgattung handelt es sich bei diesen Schriften[44] nicht um den Ausdruck eines dualistischen, auf das Ende der Geschichte ausgerichteten und von hier aus geprägten Denkens, sondern um Sprüche und Reden, welche die Welt des Menschen mit ihrer Gesetzmäßigkeit zu verstehen suchen und dem einzelnen vernunftgemäße Weisungen vermitteln, mit denen er die alltäglichen Probleme bewältigen, die Diskrepanz zwischen Ideal und Wirklichkeit überbrücken und das Verhältnis zwischen Tun und Ergehen einsichtig machen kann. Insofern ist das Weisheitsschrifttum des Alten Testaments wie auch der späteren Zeit Bestandteil der jüdischen Ethik, die in vielfältiger Weise das neutestamentliche Schrifttum beeinflußt hat.

Unterscheiden läßt sich eine ‚Erfahrungsweisheit', die sich den grundlegenden Ordnungen des menschlichen Zusammenlebens widmet, und eine mehr didaktisch ausgerichtete Weisheitslehre, die den Menschen zu einer

44 Z.B.: Hi, Koh, Spr, Sir, Weish.

höheren Stufe der Bildung heraufführt.[45] Beides setzt unterschiedliche soziale Gegebenheiten in der jüdischen Gesellschaft voraus.[46]

Die theologische Bedeutung der Weisheitsüberlieferung liegt darin, daß sie das ethische Wissen des Menschen unter den Anspruch Gottes stellt und das menschliche ethische Verhalten an den göttlichen Geboten mißt. Ist doch die ‚Furcht des Herrn' der Anfang der Weisheit (Spr 1,7; Ps 111,10; Hi 28,28). Anerkennt der von Weisheit geleitete Mensch die Gebote Gottes und meidet er die Sünde (Sir 18,27; vgl. Spr 16,17), so führt umgekehrt die Unkenntnis der Wege des Herrn in Irrtum und Schuld (Weish 5,7). Zielpunkt ist, das Vernünftige im Umgang mit dem Mitmenschen zu gestalten, entsprechend der Überzeugung, daß das Gute immer zugleich das Vernunftgemäße und Nützliche ist (Spr 3,1f; 10,9; 15,10).

Die Weltordnung, deren Erkenntnis die Grundlage der Weisheit bildet, ist im letzten Sinn für den Menschen unverfügbar. So sagt die weisheitliche Ordnung: Der Fleißige wird reich, der Faule arm; der Reiche findet verdientes Glück im Gegensatz zum Armen (Spr 10,4f.15; 11,16b; 12,11.24.27; 13,18; 14,20; 19,4). Dennoch gibt es die Mahnung, sich des Armen zu erbarmen (Spr 14,21.31; 17,5; 19,17; 21,13). Dies wäre sinnlos, wenn der Zusammenhang zwischen Reichtum und menschlicher Leistung bzw. zwischen Armut und Schuld als unmittelbar einsichtig, gleichsam berechenbar erschiene. Wäre dies so, dürfte der Mensch diese einmal gesetzte Ordnung nicht stören. Über die von Gott gegebene Ordnung kann der Mensch nicht verfügen; andererseits wird sie auch nicht fatalistisch nur zur Kenntnis genommen; vielmehr reflektiert das Beispiel der weisheitlichen Mahnung die Verantwortlichkeit und ethische Selbständigkeit des Menschen.

In der nachexilischen Zeit des jüdischen Volkes mehrt sich die theologische Deutung der Weisheit. So zeigt es die Zäsur zwischen der älteren,

---

45 Die Erfahrungsweisheit ist darauf ausgerichtet, die verborgenen Ordnungen der Welt aufzudecken, um so das Leben selbst besser bewältigen zu können. Wichtig ist dabei, daß die Erfahrungsweisheit nicht einen letzten, absoluten und endgültigen Wahrheits- und Gültigkeitsanspruch erhebt. Dies unterscheidet die Weisheit von der Philosophie, da ein weisheitliches System stets für neue weisheitliche Erfahrungen offen ist und von daher auch theoretisch niemals als abgeschlossen gedacht werden kann.

Bei der didaktisch ausgerichteten Weisheit ist an eine Lehre zu denken, die zum Ziel hat, den Menschen zu lehren, seine Affekte zu beherrschen, Langmut zu üben, in Selbstbeherrschung und Gottesfurcht seinem Wesen eine Form zu geben, die in guten wie in schlechten Zeiten stets dieselbe bleibt. Ein aufschlußreiches Bild dieser Intention der didaktisch ausgerichteten Weisheit bietet die Josephnovelle in Gen 37.39-50. Vgl. G.v.Rad, Theologie I 433-445.

46 Vgl. H. v. Lips, Weisheitliche Traditionen.

vorexilischen Überlieferung der ‚Sprüche Salomos' (Spr 10-29)[47], in der weisheitliche Sentenzen aneinander gereiht sind, und dem nachexilischen Bestand (Spr 1-9), der von dem Ruf der *personifizierten Weisheit* und ihrer Zurechtweisung der Unverständigen geprägt ist (Spr 1,20ff; 8,1ff). Die Sophia wird von Gott unterschieden, da sie durch den Geist Gottes erschaffen wurde[48]; sie geht ‚vom Mund des Höchsten' aus (Sir 24,3), aber sie tritt als eine selbständige Größe auf, wenn sie Himmel und Erde durchwandert (Sir 24,5f), bei den Menschen Wohnung sucht, ohne sie dort finden zu können (Sir 24,7; äthHen 42,2). Nur bei Jakob und in ihrem ‚Erbbesitz' Israel erhält sie eine Heimstatt (Sir 24,8b.10f). Wie der heilige Geist, so ist sie selbst eine Gabe Gottes (Weish 8,21; 9,1ff; vgl. 1 Kön 3,9ff; Hi 28,23). Sie lädt zum Gastmahl ein (Spr 9,1-6). Ihr Ziel ist die Rettung der Menschen (Weish 9,19) und die Gabe eines unvergänglichen Lebens, der Unsterblichkeit, die im Gottnahesein besteht (Weish 6,19f; 8,17).

Für die jüdische Weisheitsdichtung und ihre Beeinflussung durch den Hellenismus ist bezeichnend, daß in ihr – anders als etwa in der Priesterschrift des Alten Testaments – nicht die Heilsgeschichte des jüdischen Volkes mit der Schöpfungsgeschichte verbunden, sondern umgekehrt von der Schöpfung her das Gebotshandeln Jahwes an seinem Volk verständlich gemacht wird.[49] Das geschöpfliche Sein der Weisheit wird in den *Präexistenzaussagen* sachlich begrenzt und zugleich überboten: Daß die Weisheit vor der Welt geschaffen wurde, garantiert, daß sie über den Kosmos hinaus Bestand hat und ewig bleiben wird.[50] Ist sie auch Gottes Geschöpf, so ist sie doch vor allen anderen Geschöpfen ins Sein gerufen worden (Sir 1,4-9). Ihr Wesen ist göttlich; denn sie ist der „Abglanz des ewigen Lichtes und fleckenloser Spiegel des göttlichen Wirkens" (Weish 7,26). Konsequentermaßen

---

47 Obgleich Salomo nur in Spr 10,1-22,16; 25,1-29,27 ausdrücklich als Verfasser genannt wird, dürfte doch der gesamte Abschnitt 10-29 vorexilisch sein.

48 Mit Sicherheit begegnet die Vorstellung der hypostasierten Weisheit erstmals in Spr 8,22ff; der angebliche Beleg Hi 28 ist unsicher. Vgl. hierzu auch H. Lietzmann, Geschichte I 95f; anders M. Hengel, Judentum und Hellenismus 275-318.

49 Vgl. G. v. Rad, Theologie I 464. – Wie Gen 1 zeigt, eröffnet der Verfasser der ‚Priesterschrift' (P) die Dimension der Geschichte und damit auch die der Heilsgeschichte auf der Grundlage der Schöpfung. Ohne den theologischen Sachverhalt der Schöpfung ließ sich nach P nicht von Israel reden. Daher wurde die Heilsgeschichte mit der Schöpfung verbunden. Anders die Theologie der Weisheit: sie sieht sich der geschaffenen Welt als gegenüberstehend und versucht von der geschaffenen Welt her eine Verbindung zur Heilsgeschichte zu ziehen.

50 Sir 24,9; Aristobul bei Eus PraepEv XIII 12,10f.

trägt sie die Bezeichnung ‚Gottes Liebling'.[51] Darüber hinausgehend kann sie als *an der Weltschöpfung mitbeteiligt* betrachtet werden (vgl. Spr 3,19: „Der Herr hat die Erde durch Weisheit gegründet"); denn ‚sie ist die Schöpferin aller Dinge' (Weish 7,21; vgl. 9,9), und so geheimnisvoll ihr Wesen auch ist, so eindeutig ist sie mit der göttlichen Schöpfungsmacht verbunden (Hi 28,25-27); daher wird ihr eine den Kosmos erhaltende Funktion zuerkannt (Weish 7,27: τὰ πάντα καινίζει). Dies alles verdeutlicht, daß die jüdische Weisheitsliteratur stärker an der kosmologischen als an einer geschichtlichen Deutung der Weisheitsvorstellung interessiert ist. Darüber hinaus fällt auf, daß auch der jüdische Kultus in diesem Zusammenhang zurücktritt.

Wo die Weisheit mit der Tora identifiziert wird, da steht nicht die zeremonialgesetzliche Observanz zur Debatte, sondern das rechte ethische Verhalten. So können die Begriffe ‚Gesetz' und ‚Weisheit' miteinander wechseln (Sir 24,25-27; syrBar 38,2 vgl. 44,14), oder es kann auch die Weisheit der Nichtbeachtung des Gesetzesweges entgegengestellt oder die Weisheit als Furcht des Herrn mit der Einsicht, das Böse zu meiden, gleichgesetzt werden (Hi 28,28); denn die Worte der Weisheit lehren die Gerechtigkeit (Weish 8,7). Grundsätzlich gilt: Die Weisheit lehrt das, was Gott wohlgefällt (Weish 9,10).

Weisheitsüberlieferung ist im hellenistischen Judentum verbreiteter und vielfältiger, als die uns zugänglichen Texte erkennen lassen. Bei Aristobul[52] verschmilzt jüdisches Denken mit den Vorstellungen der griechischen stoischen Kosmologie und Erkenntnislehre. Noch anders Philo von Alexandria, der unter dem Einfluß synkretistischer Strömungen die Weisheitsvorstellung auslegt. Die Weisheit ist einerseits im Einklang mit der alttestamentlich-jüdischen Tradition eine Offenbarungsmittlerin. Sie wird andererseits auch mythologisch interpretiert, so daß sich Verbindungslinien zur späteren gnostischen Anschauung ziehen lassen.[53]

Obwohl ein planvolles System der philonischen Hypostasenvorstellung nicht zu gewinnen ist[54] und Philo einmal den Logos mit einem System von

---

51 Spr 8,30: אָמוֹן eigentlich = ‚Hätschelkind'; Luther übersetzt: ‚Werkmeister', wodurch die Beteiligung der Weisheit an der Weltschöpfung vorausgesetzt ist.

52 Die erhaltenen Fragmente stammen aus der Mitte des 2. Jh. v. Chr.; vgl. N. Walter, Aristobulos, in: Jüdische Schriften aus hellenistisch-römischer Zeit III 2, Gütersloh 1975, 262.

53 Vgl. Philo Fug 105-112: Der alttestamentliche Hohepriester wird mit dem λόγος identifiziert, der Gott zum Vater und die Weisheit zur Mutter hat. Ob es sich hierbei um Einflüsse der Mysterienreligionen handelt, ist umstritten; vgl. U. Wilckens, ThWNT VII 501 Anm. 233.

54 Vgl. H. Lietzmann, Geschichte I 91f.

fünf Kräften verbindet, während er ein anderes Mal mit dem Logos eine Vereinigung von lediglich zwei Urkräften bezeichnet, ist doch deutlich, daß die philonische Spekulation von einer Gottesvorstellung ausgeht, in der Gott als das absolute Sein der menschlichen Erkenntnis völlig entzogen ist. Zu einer direkten Verbindung Gottes mit der als niedrig geachteten Materie kommt es nicht. Gott bedient sich vielmehr körperloser Kraftwesen, die als Ideen bezeichnet werden. Diese sind zu einer Gesamt-Ideenwelt vereinigt, die auch als Ideeneinheit aufgefaßt werden kann und mit dem Begriff ‚Logos' identifiziert wird. Der Logos ist danach das schaffende Organ Gottes, das zwischen Gott und Welt steht und zwischen beiden vermittelt. Charakteristisch für ihn ist seine fürsprechende Tätigkeit als Anwalt der Menschen vor Gott; er wird auch mit dem Terminus ‚Sophia' bezeichnet.

In diesem religionsgeschichtlichen Umfeld befindet sich Paulus, wenn dieser von der göttlichen Weisheit spricht oder weisheitliche Überlieferungen aufnimmt. Die hymnische Doxologie *Röm 11,33-36* erinnert an weisheitliche Sprache und Inhalte, wenn sie antithetisch zur gängigen Weisheitsvorstellung das menschliche Unvermögen angesichts der unerforschlichen Entscheidungen Gottes ansagt. Hierauf bezieht sich der dem Lobpreis unmittelbar vorangestellte Vers 32, der besagt, daß Gott allen Menschen mit seinem Erbarmen begegnen werde, obgleich niemand dies verdient habe, da die Menschen im Ungehorsam gegen Gott leben. Dieses Faktum ist dem menschlichen Denken nicht nachvollziehbar, und es muß sich dem Menschen als unbegreiflich erweisen (V.33). Daß Gott ohne alles menschliche Verdienst seine Kreatur errettet, veranlaßt die paulinische Antwort mit dem hymnischen Lobpreis. Gegenstand ist der Reichtum der göttlichen Weisheit. Was in der jüdisch-hellenistischen Weisheitsüberlieferung gesagt war, gilt auch für Paulus: Der göttlichen Weisheit ist die Tiefe der Erkenntnis ursprünglich zu eigen; sie ist bei der Weltschöpfung als Ratgeberin Gottes mitbeteiligt und hat an den reichen Schätzen Gottes Anteil. Einen solchen Reichtum der Erkenntnisfähigkeit von Gottes Wegen kann Paulus von Menschen nicht behaupten, die sich vielmehr als Sünder vor Gott schuldig bekennen und ihre Zuflucht zum ‚deus absconditus' nehmen müssen, welcher sich in Jesus Christus offenbart hat.

Der den ersten Hauptabschnitt des Römerbriefes abschließende Lobpreis ist daher nicht nur auf das Mysterium der Heilsgeschichte Israels zurückbezogen (Röm 9-11), sondern – wie der unmittelbare Anschluß an 11,32 verdeutlicht – auf den Ungehorsam aller Menschen, gegenüber denen Gott sein menschlich unbegründetes Erbarmen zeigt. So wird es als Ergebnis des ersten Teils des Römerbriefes festgehalten, an dessen Beginn der Nachweis steht, daß niemand, weder ein Heide noch ein Jude, durch Gesetzeswerke vor Gott gerecht ist (1,18-3,20), daß vielmehr nur eine Gerechtigkeit ‚von Glauben zu Glauben' den Menschen bestehen läßt (1,17).

Der Mythos der präexistenten, in der irdischen Welt sich offenbarenden Sophia ist, obwohl Paulus ihn nicht unmittelbar zitiert, vermutlich *1 Kor 2,6-16* vorausgesetzt. Denn die Weisheit Gottes, die Gegenstand der apostolischen Verkündigung ist, darf nicht lediglich als Lehre über Christus verstanden werden[55], sondern sie tritt als Lehrerin der von Gott geleiteten Menschen auf. Sie wird mit dem Geist, der die Tiefen Gottes erforscht, gleichgesetzt (V.10-13). Dies steht im Einklang mit der jüdischen Weisheitsüberlieferung, wonach die hypostasierte Weisheit mit dem Geist Gottes identisch ist (Weish 1,4-7) und als solcher alle Dinge durchdringt, das All regiert und erneuert, zugleich die Verständigen unterweist und zu Freunden Gottes macht (Weish 7,21-8,1).

Die Nähe der paulinischen christologischen Auffassung zur weisheitlich-jüdischen Tradition ist nicht zu übersehen. Kennt die alte Weisheitslehre die Vorstellung, daß die Weisheit an der Weltschöpfung beteiligt war, so scheint Paulus diese Vorstellung in *1 Kor 8,6* aufzugreifen, wenn er sagt, daß neben Gott es Christus ist, „durch den alle Dinge sind und wir durch ihn". Eine ähnliche Vorstellung dürfte auch *1 Kor 10,4* motiviert haben. Dort wird Ex 17,6 herangezogen, um aufzuweisen, daß das Volk Israel seinerzeit auf seinem Zug durch die Wüste von Christus in sichtbarer Erscheinung begleitet worden ist. Erläutert Dtn 30,12ff, daß das von Gott gegebene Gebot nicht im Himmel oder jenseits des Meeres zu finden ist, sondern dem Menschen nahe ist, so bezieht sich Paulus auf diese Stelle in seiner Ausführung in *Röm 10,6-13*. Das dem Menschen nahe seiende Wort wird in direkter sprachlicher Anlehnung an die deuteronomische Stelle mit Christus gleichgesetzt.

Der personhaften Gestalt der den Menschen verborgenen, mit dem Geist Gottes identischen Weisheit eignet Vorzeitlichkeit. Diese Auffassung der Weisheit trägt soteriologische Züge (1 Kor 2,7.9). Dies zeigt sich vornehmlich darin, daß als ihre Grundlage der vor den Äonen gefaßte göttliche Heilsratschluß vorausgesetzt ist. Dies besagt zugleich: Ähnlich dem jüdischen Sophiamythos hat die Weisheit nach paulinischem Verständnis einen kosmischen Hintergrund. Allerdings ist auffallend, daß das Auftreten der Weisheit nicht von allen Menschen wahrgenommen wird. So finden die ‚Archonten dieses Äons', die ‚den Herrn der Herrlichkeit gekreuzigt' haben (V.8), keinen Zugang zu ihr. Ihre Unfähigkeit, die Weisheit zu erkennen oder gar ihrer teilhaftig zu werden, demonstriert sich in dem paradox anmutenden Geschehen, daß sie sich der heilvollen Weisheit Gottes widersetzen. Indem sie solches tun, werden sie, ohne es zu wissen, zu Vollstreckern der göttlichen Heilswirklichkeit und tragen dazu bei, daß der Heilswille Gottes im Gekreuzigten

---

55 Vgl. H. Conzelmann, Der erste Brief an die Korinther, KEK V, Göttingen 1969, 88 Anm. 69.

zur Vollendung kommt. Die ‚Archonten' sind dem Tun der göttlichen Weisheit unterworfen, während sie im selben Moment meinen, ihrer habhaft zu sein. Die der göttlichen Weisheit feindlichen Mächte sind offenbar mit dem kosmischen Sein zugeordneten dämonischen Kräften identisch, die durch irdische Gewalten ihre Macht ausüben. Zu ihrem Wesen gehört nicht nur das Nichtwissen um die Offenbarung der göttlichen Weisheit im Christusgeschehen, sondern damit verbunden ist eine widergöttliche Aktivität, die in der Kreuzigung Jesu ihren Höhepunkt gefunden hat. Ihr Handeln setzt ein Verkennen des weisheitlich aussagbaren Heilsplanes Gottes, der sich im Gekreuzigten manifestiert, voraus und ist Kennzeichen für eine ontische Bestimmtheit, die im dualistischen Gegenüber von himmlischer und irdischer Welt, von göttlicher Weisheit und Dämonenwelt einen nicht nur apokalyptisch aussagbaren Ausdruck findet. Daher ist auch die Descensus-Vorstellung, der Herabstieg der göttlichen Weisheit in die irdische, widergöttliche Welt notwendig impliziert, wenngleich Konsequenzen, die das dualistische System der späteren christlichen Gnosis vorwegnehmen würden, noch nicht gezogen worden sind (vgl. Joh 1,5.11).

Umstritten ist, ob Paulus in *1 Kor 2,6ff* das für die paulinische Schule zu rekonstruierende Revelationsschema, das möglicherweise Bestandteil der mündlichen Unterweisung gewesen ist, voraussetzt. Dieses Schema wurde von N.A. Dahl[56] in zwei Varianten vorgestellt. Variante 1: Das einst vor der Welt verborgene Geheimnis ist jetzt offenbart worden (Kol 1,26f; Eph 3,4-7.8-11; Röm 16,25f); Variante 2: Was vor Grundlegung der Welt vorhanden war, das ist jetzt am Ende der Zeiten offenbar geworden (2 Tim 1,9-11; Tit 1,2f; 1 Petr 1,18-21 u.ö.). Hier ist zwar die vorpaulinische, also nicht genuin-paulinische Antithese von Verborgenheit und Offenbarung des Geheimnisses Gottes als Hintergrund vorausgesetzt. Doch ist denkbar, daß die spezifische Ausprägung in den Deuteropaulinen durch Paulus angeregt worden ist. Wohl bindet Paulus im Unterschied zu den deuteropaulinischen Autoren die Offenbarung der göttlichen Weisheit an das Kreuzesgeschehen (1 Kor 2,2.8), auch unterscheidet er zwischen elementarer Kenntnis und höherer Weisheit (2,6.14f), und er bringt die prägnante Gegenüberstellung ‚einst – jetzt' in solchem Erkenntniszusammenhang (noch) nicht, aber die Verwandtschaft mit dem späteren Revelationsschema ist nicht zu bestreiten; sie wird an der betont temporalen Beziehung der Gegenüberstellung von Verborgenheit und Offenbarung der göttlichen Weisheit sichtbar (vgl. 2,7).

Hellenistisch-jüdische Weisheitstradition ist schon zu Beginn der Auseinandersetzungen des Paulus mit seinen korinthischen Gegnern spürbar, wenn *1 Kor 1,17-31* der Weisheitsrede der Pneumatiker in Korinth, die sich durch rhetorische Fertigkeiten auszeichnet (1,17; 2,4), die Torheit des Kreuzes Jesu Christi gegenübergestellt wird. Die rettende ‚Kraft Gottes' (V.18), die sich im Kreuzesgeschehen manifestiert hat, wird nach der Ansicht des Pau-

56 N.A. Dahl, Formgeschichtliche Beobachtungen.

lus durch den zu Korinth gepflegten Umgang mit der Weisheitsrede gerade nicht zum Ausdruck gebracht. Die paulinische Auffassung wird verständlich, wenn erkannt ist, womit es die weisheitliche Rede im ‚ursprünglichen' Sinn zu tun hat. Bezieht sich die korinthische weisheitliche Rede und Erkenntnis auf die den Menschen einsichtige, immanente Wirklichkeit, so geht es Paulus nicht um die Erklärung oder um das Verständnis einer der Empirie zuzuordnenden Gegebenheit, sondern um das Geheimnis der in der Geschichte sich vollziehenden Offenbarung Gottes. Ist diese nur im Glauben zu begreifen, so läßt sie sich auch nicht durch das Instrumentarium der menschlichen Weisheitslehre erfassen (1 Kor 2,4f). Paulus selbst betont gegenüber den Korinthern zwar, daß er in Weisheit redet, aber er füllt diesen Begriff anders als die Griechen. Ist deren Weisheit ‚von dieser Welt', so spricht der Apostel demgegenüber von der Weisheit Gottes (1 Kor 2,6f). Hatte die antike Philosophie das Ziel, bis zur Gotteserkenntnis vorzudringen, so ist sie in ihrem Versuch, das Transzendente in der Immanenz aufzuweisen und darzulegen, nach paulinischem Verständnis gänzlich gescheitert. Die Unfähigkeit, die der Welt vorgegebene, sie umgebende und bewahrende Weisheit Gottes (1 Kor 1,21) zu erkennen, zeigt sich darin, daß die Weltmächte den Herrn der Herrlichkeit ans Kreuz schlugen (1 Kor 2,8). Nach diesem selbst erstellten Armutszeugnis der menschlichen Weisheit wird von Gott die Rettung der Menschen eingeleitet, aber nicht durch das Medium menschlicher rationaler Möglichkeiten, sondern durch die als Torheit erscheinende Verkündigung vom gekreuzigten Christus (1 Kor 1,21.23). Diese zuvor dem Verborgenen zugehörende Weisheit (1 Kor 2,7) ist nun denen offenbart worden, die hierzu vorherbestimmt worden waren. Die göttliche Weisheit ermöglicht so, was der menschlichen Weisheit versagt bleibt: die heilbringende Erkenntnis Gottes (1 Kor 2,10f). Darin spiegelt sich die Aufnahme alttestamentlicher Weisheitsauffassung wider, da der Weisheit die Rolle einer Mittlerin zugeschrieben wird, die dem Menschen Gottes Heilsmacht kund tut.

Es wird hier also vorausgesetzt, daß sich die Welt einerseits ‚in der Weisheit Gottes'[57] befindet, andererseits der Raum der göttlichen Weisheit der Sphäre des Kosmos ausschließend gegenübersteht. Für den so verstandenen Kosmos ist charakteristisch, daß er sein Vertrauen nicht auf Gott, sondern auf sich selbst setzt und sich der Selbstüberschätzung schuldig macht. Für die Offenbarung der Heilstat Christi ist demgegenüber kennzeichnend, daß sie sich nicht in Entsprechung zu den Kategorien der vorfindlichen Weisheit

57 1 Kor 1,21: ἐν τῇ σοφίᾳ τοῦ θεοῦ hat eine lokale Bedeutung; dies ist auch dann nicht völlig auszuschließen, wenn man ἐν adverbial faßt, also den Begleitumstand des ‚Nichterkennens' des Kosmos hierdurch ausgesagt sieht (so A.J.M. Wedderburn, ἐν τῇ σοφίᾳ τοῦ θεοῦ – 1 Kor 1,21, ZNW 64, 1973, 132-134).

ereignet, sondern paradox in dem Scheitern Jesu am Kreuz. So ist der Gekreuzigte der irdischen Welt, ohne Unterschied von Juden oder Heiden, zum Skandalon und zur Torheit, dagegen den Glaubenden zur Kraft und Weisheit Gottes geworden (1,23f). Mag hier eine rein begriffliche Identifizierung von Christus und Weisheit Gottes und nicht die Gleichsetzung des Christus mit der hypostasierten Weisheit überwiegen[58], so steht Paulus doch andererseits auf dem Boden einer Präexistenzchristologie, die auch sonst nahe Parallelen zur hellenistisch-jüdischen personhaften Weisheit aufweist, so daß die Sophia-Tradition des Judentums als ein nicht unwesentliches Grundelement der paulinischen bzw. vorpaulinischen Christologie zu werten ist. Darüber hinaus ist die paulinische Briefparänese durch ethische Inhalte gekennzeichnet, wie sie für die jüdische Weisheitsüberlieferung charakteristisch sind. Diese sind indirekt mit der Vorstellung von der personhaften Weisheit verbunden und stehen darüber hinaus im Rahmen des in den obigen Ausführungen häufiger genannten komplexen hellenistisch-jüdischen Überlieferungsstromes, der die grundlegenden Bausteine für das Denken des Paulus bereitgestellt hat.

3. Jüdische Ethik

C.H. Dodd, The Ethics of the Pauline Epistles, in: E.H. Sneath (Hg.), The Evolution of Ethics, New Haven 1927, 293-326.

S. Wibbing, Die Tugend- und Lasterkataloge im Neuen Testament, BZNW 25, Berlin 1959.

O. Merk, Handeln aus Glauben. Die Motivierungen der paulinischen Ethik, MThSt 5, Marburg 1968.

H.D. Wendland, Ethik des Neuen Testaments, GNT 4, Göttingen 1970.

G. Strecker, Strukturen einer neutestamentlichen Ethik, ZThK 75, 1978, 117-146.

Ders., Autonome Sittlichkeit und das Proprium der christlichen Ethik bei Paulus, ThLZ 104, 1979, 865-872.

---

58 Im einzelnen bleiben Fragen offen: Ist z.B. in 1 Kor 1,24.30 eine Identifikation des Christus mit der personifizierten Weisheit Gottes beabsichtigt? (Vgl. H. Windisch, Die göttliche Weisheit 225). Ist mit E. Schweizer, Präexistenzvorstellung 109, davon auszugehen, daß Paulus die Präexistenzvorstellung der jüdischen Weisheitsspekulation und nicht einem älteren Mythos entliehen hat? Zu beachten ist, daß die Präexistenzvorstellung einem weiten Bereich des hellenistischen und jüdischen Denkens angehört. Über die oben zitierten Texte hinausführend weisen auch der Philipperbriefhymnus wie auch die paulinische ἐν Χριστῷ-Christologie Parallelen zur hellenistisch-jüdischen Weisheitsüberlieferung auf. Allerdings gilt dies nicht weniger in Hinsicht auf den weiteren Horizont des nicht nur durch Philo vertretenen hellenistisch-jüdischen Synkretismus.

E. REINMUTH, Geist und Gesetz, ThA 44, Berlin 1985.
R. SCHNACKENBURG, Die sittliche Botschaft des Neuen Testaments, HThK.S 1+2, Freiburg 1986.1988.
K.-W. NIEBUHR, Gesetz und Paränese, WUNT II 28, Tübingen 1987.
S. SCHULZ, Neutestamentliche Ethik, Zürich 1987.
E. LOHSE, Ethik des Neuen Testaments, ThW 5,2, Stuttgart 1988.
W. SCHRAGE, Ethik des Neuen Testaments, GNT 4, Göttingen ²1989.

Zu den religionsgeschichtlichen Voraussetzungen der Theologie des Paulus gehören die Formen und Inhalte der Ethik, die in den Paulusbriefen einen erheblichen Umfang einnehmen. So ist der zweite Teil des Römerbriefes ausschließlich ethisch-paränetisch bestimmt (Röm 12,1-15,33). Gleiches trifft für den Galaterbrief zu (Gal 5,1-6,10). Da auch die übrigen Briefe auf konkrete Verhältnisse in den Gemeinden eingehen, hat in ihnen das werbende oder ermahnende Element ebenfalls ein erhebliches Gewicht; zum Beispiel sind der 1. Korintherbrief wie auch der Philemonbrief vollständig der paränetischen Thematik gewidmet. Auch im Philipperbrief nimmt die Paränese einen großen Raum ein (Phil 1,27-2,18; 3,2-4,9), und ein Beispiel für die Frühform paulinischer Ethik bietet der 1. Thessalonicherbrief in seinem paränetischen Teil (4,1-5,22).

Ist die paulinische Ethik eine *christliche* Ethik? Diese Frage ist in Hinsicht auf den theologischen und soziologischen Kontext eindeutig zu bejahen. Die ethischen Normen für das christliche Leben gelten im Raum des Christus; sie sind durch das Christusgeschehen begründet, durch den Indikativ, welcher vom Erlösungshandeln des Christus spricht. Hieraus folgt der Imperativ des neuen Lebens.[59] Kennzeichnet die christologisch begründete Heilszusage mit der aus ihr folgenden Forderung das spezifisch Christliche der paulinischen Ethik, so ist doch zu den Einzelheiten der Paränese des Paulus festzustellen, daß hier eine grundlegende Differenz zur geistigen Umwelt nicht besteht. Zwar können wir nicht für jeden ethischen Lehrsatz des Paulus eine Parallele in der Antike aufzeigen. Aber im allgemeinen gilt doch, daß grundsätzlich wie auch im einzelnen weitgehende Übereinstimmungen nachzuweisen sind. Viele ethische Einzelaussagen des Paulus könnten auch auf dem Boden des nichtchristlichen Judentums oder der hellenistischen Welt gesprochen sein.

Mit der jüdischen Überlieferung teilt Paulus den Glauben an den Schöpfergott.[60] Auch wenn eine isolierte *Schöpfungslehre* nicht vorgetra-

---

59 Vgl. Gal 5,25; Röm 6,1ff.

60 Es ist allerdings zu beachten, daß die alttestamentlich-jüdische Vorstellung vom Schöpfergott sich mit der hellenistisch-stoischen überschneidet; vgl. Epict Diss I 9,7 (τὸν θεὸν ποιήτην ἔχειν καὶ πατέρα).

gen wird und schöpfungstheologische Aussagen primär im christologisch-soteriologischen Kontext erscheinen (Röm 4,17; 9,19ff; 2 Kor 4,6), so bekennt sich der Apostel doch eindeutig zum Gott des Alten Testaments als dem Schöpfer der Welt. Daher können jüdische Normen aus ihrem Zusammenhang mit der Schöpfung abgeleitet werden: Ist Gottes unsichtbares Wesen an den Schöpfungswerken zu erkennen, so hätte solche Erkenntnis, die Gott als ‚prima causa' des kosmischen Geschehens wertet, die heidnische Welt davon abhalten müssen, sich dem Polytheismus und der Unsittlichkeit hinzugeben (Röm 1,18-21). Wenngleich an dieser Stelle der Einfluß hellenistisch-jüdischer Apologetik nicht zu übersehen ist[61], so hat solche ‚theologia naturalis' doch keine eigenständige Funktion, sondern ist im gegebenen Kontext der paulinischen Beweisführung untergeordnet, wonach die Heiden dem Zorn Gottes verfallen sind und ihr schuldhaftes Verhalten keine Rechtfertigung aufgrund menschlicher Leistung zuläßt. So wird es Röm 2,12-16 entfaltet: Die Heiden stehen ebenso wie die Juden unter dem Zorn Gottes (Röm 2,5.9-11); denn auch ihnen ist die Gesetzesforderung Gottes bekannt; diese ist eine naturgegebene Wirklichkeit (2,14: φύσει τὰ τοῦ νόμου ποιῶσιν), weil „das Werk des Gesetzes ihnen ins Herz geschrieben" ist. So bezeugen es ihr Gewissen wie auch ihre sie anklagenden und entschuldigenden Gedanken (2,15). Es ist deutlich: Der universalen kosmischen Herrschaft des Schöpfergottes (vgl. noch 1 Kor 10,26: Ps 24,1) entspricht die allgemeine Verpflichtung der gesamten Menschheit auf das am Sinai oder in der Natur gegebene Gesetz Gottes.

Kein Zweifel, daß diese Begründung der ethischen Aussagen nicht allein durch die vorausgesetzte hellenistisch-jüdische Tradition bestimmt ist, sondern auch durch Anleihen aus der stoischen Ethik, speziell aus der im alltäglichen Leben praktizierten Volksmoral. So zeigen es nicht nur die grundsätzliche Verpflichtung auf die kosmischen Grundlagen des Gesetzes, die eine ‚natürliche Theologie' zur Voraussetzung haben, wie Röm 1,18ff zum Ausdruck bringt, sondern auch Einzelaussagen. Exemplarisch stellt Paulus dem widernatürlichen Sexualverkehr die verpflichtende Norm des Natürlichen gegenüber (Röm 1,26: φύσις). Auch die Entscheidung über die rechte Haartracht gründet sich auf die ‚Lehre der Natur' (1 Kor 11,14f). In der Motivierung und Ableitung der paulinischen Ethik greifen alttestamentlich-jüdischer

61 Dazu E.J. Goodspeed, A History of Early Christian Literature, Chicago-Illinois 1942, 129ff. – Es ist zu beachten, daß Röm 1,21 (γνόντες) nicht nur die Möglichkeit, sondern die Realität der Gotteserkenntnis bei den Heiden feststellt. So entspricht es verbreiteter antik-jüdischer Auffassung; z.B. Jos Ap II 190ff; auch äthHen 2-5; syrBar 54,17f; vgl. E. Reinmuth, Geist und Gesetz 43ff.

Glaube an den Schöpfer der Welt und die stoische Lehre von der Gesetzmäßigkeit des kosmischen Geschehens ineinander. Dies impliziert, daß auch die Grenze zwischen genuin-christlichen und nichtchristlichen ethischen Aussagen nicht sicher zu ziehen ist.[62]

Die allumfassende Gegenwart des Schöpfergottes macht es möglich, daß *ethische Einzelanweisungen* auf das Alte Testament zurückgeführt werden bzw. von diesem abgeleitet sind. Sie werden mit direkten Zitaten, welche eine ethische Aussage enthalten, verbunden; z.B. Röm 12,19 („Rächet euch nicht selbst", mit der aus Dtn 32,35 entlehnten Begründung: „Gott wird vergelten"). Die Kollektensammlung wird 2 Kor 8,15 durch Ex 16,18 (Ausgleich des gegenseitigen Mangels) motiviert und 2 Kor 9,9 der Maßstab angelegt, den der reichlich schenkende Gott vorbildhaft demonstriert (Ps 112,9: „Er hat den Armen gegeben"). Insbesondere bietet die griechischsprachige Weisheitstradition des Judentums umfassendes Material, das in die ethischen Mahnungen des Apostels Eingang gefunden hat. So verdeutlicht es der paränetische Abschnitt Röm 12,9-21.[63] Hierher gehören die sogenannten *Laster- und Tugendkataloge*[64], die in zumeist asyndetischer Folge sittliche Verfehlungen oder (seltener) Tugenden aufreihen; sie reflektieren keineswegs primär persönliche Erlebnisse des Apostels, sondern setzen einen weit zurückreichenden traditionsgeschichtlichen Hintergrund voraus.[65] Die im wesentlichen nicht religiösen, sondern sozialen Verpflichtungen gehen in der Substanz (möglicherweise über eine christliche Zwischenstufe) auf die Überlieferung des hellenistischen Judentums zurück. Von literarischen Eingriffen des Paulus sind sie weitgehend unberührt. Charakteristisch für den Einfluß der jüdisch-apologetischen Überlieferung auf die Kataloge sind ‚Un-

---

62 Beispiel: Zwar läßt sich behaupten, daß der Begriff ‚Niedrigkeit' (ταπεινοφροσύνη) in der Profangräzität, auch bei Josephus, grundsätzlich im negativen Sinn gebraucht wird und sich darin vom christlichen Verständnis unterscheidet (W. Schrage, Ethik 207), aber das ‚Sichunterordnen' kann durchaus auch Bestandteil der profanethischen Weisung sein (vgl. PsCallisth I 22,4; Plut Mor II 142 E), so daß ‚Unterordnung' als solche noch nichts spezifisch Christliches ist und trotz Phil 2,8 nicht nur christologische, sondern auch allgemein soziologisch umschreibbare Grundlagen hat.

63 Vgl. im einzelnen Röm 12,15: Sir 7,38 (7,34 LXX); 12,16: Spr 3,7; 12,17: Spr 3,4; 12,19: Dtn 32,35; 12,20: Spr 25,21f.

64 Röm 1,29-31; 13,13; 1 Kor 5,10f; 6,9f; Gal 5,19-23; vgl. auch Kol 3,5-8.12-14par; Mk 7,21fpar; Apk 9,21; 21,8; 22,15.

65 Ansätze finden sich schon im AT (Hos 4,1f; Jer 7,9; Spr 6,17ff); vgl. Weish 8,7; 14,24f; 4 Makk 1,18-30; TestIss 7,2-6; TestAss 2,5ff; 5,1; auch bei Philo (Sacr 22; 27; Op 73; All I 86) und in der Popularphilosophie (Epict Diss II 16,5; III 2,3.14; III 22,13; Diss Frgm IV.XIV; Plut LibEduc 13 A; Dio Or LXVI 1; LXIX 6).

zucht' (πορνεία) und ,Götzendienst' (εἰδωλολατρεία), da nach gängiger Auffassung der heidnische Polytheismus durch ,Hurerei' geprägt ist (Dtn 31,16; Jes 1,21; Weish 14,12-31) und die Verehrung von Götzenbildern mit Unsittlichkeit zusammenfällt (OrSib III 29ff). Daher stehen in den Lasterkatalogen Unzucht und Götzendienst gelegentlich nebeneinander (1 Kor 6,9 vgl. 5,11). Auch ,Ausschweifung' (ἀσέλγεια) gilt als Begleiterscheinung des heidnischen Kultes (2 Kor 12,21; Gal 5,19f). Zweifellos auf jüdische Wurzeln geht die Hochschätzung der Ehe zurück (vgl. Mt 5,31fpar; 1 Kor 7,2ff; dazu Gen 1,28; 2,24).

Für den prägenden Einfluß der jüdischen Ethik auf die Paränese des Paulus kann insbesondere der 1. Korintherbrief herangezogen werden. Ohne die alttestamentliche Tora in einem statischen Sinn zu interpretieren, weist die allgemeine Forderung, die ,Gebote Gottes' (ἐντολαὶ θεοῦ) zu bewahren (1 Kor 7,19), auf das Gesetz Moses zurück. Der alttestamentliche *Dekalog* wird als für den Christen verbindlich zitiert. Als Zusammenfassung und als ,Erfüllung des Gesetzes' ist ihm das *Gebot der Nächstenliebe* nachgestellt (Röm 13,9f; vgl. Lev 19,18). Auch in anderem Zusammenhang erscheint die grundlegende, zusammenfassende Bedeutung des Gebotes, den Mitmenschen zu lieben (1 Kor 13,1-13). Anders als in der synoptischen Überlieferung (Mt 22,37-40par) verbindet Paulus hiermit nicht das Gebot der Gottesliebe (Dtn 6,5). Aber der vom Geist geleitete Christ lebt aus der Erfahrung der in Christus offenbarten Gottesliebe (Röm 5,5), wie denn auch die Gemeinde insgesamt als von Gott ,Geliebte' (ἀγαπητοί) bezeichnet wird (1 Thess 1,4: ἠγαπημένοι). Das Agape-Geschehen setzt die *Liebe zu Gott* frei (Röm 8,28). Hier finden sich die nächstliegenden Verbindungslinien zu der von Paulus nicht zitierten ersten Tafel des Dekalogs. Der Schwerpunkt der paulinischen Ethik liegt jedoch auf dem ,Gesetz Christi' mit der Forderung, die ,Lasten' der christlichen Brüder und Schwestern zu tragen (Gal 6,2) und in solcher Verwirklichung des Gebotes der Nächstenliebe ,das ganze Gesetz' zu erfüllen (Gal 5,14).

Ist mit dem Gebot der Agape nach paulinischem Verständnis nicht nur ein Modus christlicher Verhaltensweise, sondern – z.B. durch die darin eingeschlossene Opferbereitschaft und den Verzicht auf egoistische Selbstverwirklichung – eine auf Konkretion drängende Forderung erhoben, so ist hierdurch eine programmatische *Trennung zwischen dem Zeremonial- und dem Moralgesetz* vorbereitet. Nicht erst in den Hauptbriefen, in denen Paulus die Kritik am Gesetz im Zusammenhang seiner Rechtfertigungsbotschaft radikalisiert und systematisiert, sondern seit dem Beginn seines Heidenapostolates vertritt der Apostel nicht mehr die Heilsnotwendigkeit des alttestamentlich-jüdischen Gesetzes, die freilich schon durch das Christusbekenntnis der Jerusalemer Urgemeinde implizit außer Kraft gesetzt wurde. Seine apostolische ethische Weisung hat ausnahmslos das eschatologische, als Forderung

Gottes interpretierte Sittengesetz zum Gegenstand. So ist es im Diasporajudentum vorweggenommen worden. Schon Philo von Alexandrien gelangte durch eine konsequente Allegorisierung der Moseüberlieferung zur Relativierung der Verbindlichkeit des Zeremonialgesetzes (Conf 190; Sobr 33). Und der Verfasser des Aristeasbriefes stellte die Gebote, welche ‚die Frömmigkeit und Gerechtigkeit betreffen', über die alttestamentlich-jüdischen Reinheitsvorschriften, die seiner Ansicht nach lediglich die Aufgabe haben, die hervorragende Bedeutung des Judentums im Vergleich mit anderen Religionen zu bewahren.[66]

Die differenzierte Stellungnahme zum Problem des alttestamentlichen Gesetzes (vgl. Röm 7,1-25a), insbesondere die prinzipielle Bedeutung des Agapegebotes macht deutlich, daß das Alte Testament nicht die einzige Grundlage für die ethische Orientierung des Paulus ist. Der Apostel greift auf anerkannte Normen seiner gesellschaftlichen Umwelt zurück.[67] Nicht zuletzt das pneumatisch motivierte Selbstbewußtsein relativiert überkommene kasuistische Gesetzesvorschriften und gibt – darin in Übereinstimmung mit den korinthischen Gegnern – der apostolischen Autorität und Freiheit Ausdruck. Die Unabhängigkeit von der jüdischen Gesetzestradition zeigt sich an der Gegenüberstellung des Zustandes von Beschnitten- und Unbeschnittensein einerseits und dem Halten der göttlichen Gebote andererseits (1 Kor 7,19). Die Christusgemeinschaft überwindet den Gegensatz von Judentum und Griechentum (Gal 3,28); denn das christologisch motivierte Freiheitsbewußtsein ist durch die Überzeugung bestimmt, „daß nichts an und für sich unrein ist, sondern nur für den, der meint, es sei etwas unrein" (Röm 14,14). Daher kann Paulus sich mit den korinthischen Unruhestiftern zu dem Grundsatz bekennen „Alles ist erlaubt"; jedoch fügt er hinzu: „Nicht alles ist heilsam" (1 Kor 10,23). Christliche Freiheit begrenzt sich selbst in der Verantwortung gegenüber dem Nächsten und der Gemeinschaft. Durch solche Selbstbeschränkung erteilt sie jeder Form von unchristlicher ‚Selbstverwirklichung' eine unmißverständliche Absage.

---

66 Arist 128ff.131. – Zu Recht hebt D.J. Moo, ‚Law', ‚Works of the Law', and Legalism in Paul, WThJ 45, 1983, 73-100, hervor, daß Paulus mit dem Begriff νόμος weithin die Einheitlichkeit der Tora bezeichnet und eine terminologische Trennung von Sitten- und Zeremonialgesetz nicht bezeugt. Andererseits ist nicht zu bestreiten, daß Paulus de facto nicht das Zeremonial-, wohl aber das Sittengesetz des AT als das für die christliche Gemeinde Verbindliche herausstellt (vgl. Röm 13,8-10; Gal 5,13ff).

67 Vgl. 1 Kor 11,16: die ‚Sitte' als ethisch verpflichtende Norm; auch das ‚Gewissen': Röm 13,5; 1 Kor 10,25ff u.ö.

b) Heidnisch-hellenistische Einwirkungen

R. Bultmann, Der Stil der paulinischen Predigt und die kynisch-stoische Diatribe, FRLANT 13, Göttingen 1910 (Nachdruck mit einem Geleitwort von Hans Hübner, Göttingen 1984).
Ders., Das Urchristentum im Rahmen der antiken Religionen, Zürich ²1954.
K. Prümm, Religionsgeschichtliches Handbuch für den Raum der altchristlichen Umwelt, Rom 1954.
K.L. Schmidt, Paulus und die antike Welt, in: K.H. Rengstorf (Hg.), Das Paulusbild in der neueren deutschen Forschung, WdF 24, Darmstadt ³1982, 214-245.
K. Berger, Apostelbrief und apostolische Rede. Zum Formular frühchristlicher Briefe, ZNW 65, 1974, 190-231.
St.K. Stowers, The Diatribe and Paul's Letter to the Romans, SBL.DS 57, Chico (Cal.) 1981.
D. Aune, The New Testament in Its Literary Environment, LEC 8, Philadelphia 1987.
T. Schmeller, Paulus und die „Diatribe". Eine vergleichende Stilinterpretation, NTA NF 19, Münster 1987.
H.D. Betz, Der Apostel Paulus und die sokratische Tradition, BHTh 45, Tübingen 1972.
Ders., Der Galaterbrief, München 1988.
Ders., Paulinische Studien. GAufs. III, Tübingen 1994.
D. Hellholm, Paulus von Tarsos – Zum Problem der hellenistischen Ausbildung, Manuskript 1992; norwegische Fassung ‚Paulus Fra Tarsos. Til spørsmålet om Paulus' hellenistiske utdannelse', in: T. Eide – T. Hägg (Hgg.), Dionysos og Apollon. Religion og samfunn i antikkens Hellas (Skrifter utgitt av det norske institutt i Athen 1), Bergen 1989, 259-282.
J. Schoon-Janßen, Umstrittene ‚Apologien' in den Paulusbriefen, GTA 45, Göttingen 1991.
C.J. Classen, Paulus und die antike Rhetorik, ZNW 82, 1991, 1-33.

Ist der vorchristliche Paulus dem hellenistischen Judentum zuzuordnen, so lassen sich genuin-jüdische und genuin-hellenistische Elemente in seiner Theologie nicht eindeutig trennen. Allerdings hat Paulus in seiner Jugend nicht nur jüdisch-pharisäische Unterweisung, sondern auch pagane griechische und hellenistische literarische Erziehung erhalten. So legt es der (einzige) Text nahe, den der Apostel aus der griechischen Hochliteratur 1 Kor 15,33 zitiert, ein Vers des griechischen Komödiendichters Menander (4. Jh. v.Chr.) aus dessen Komödie Thais:

φθείρουσιν ἤθη χρηστὰ ὁμιλίαι κακαί: Böser Umgang verdirbt gute Sitten.

Dies ist ein jambischer Trimeter, bestehend aus sechs Jamben (⏑–), von denen je zwei ein Metrum bilden.[68] Das Zitat steht bei Paulus im paränetischen

68 Ein Jambus besteht aus einer kurzen und einer langen Silbe (im Deutschen: einer Senkung und einer Hebung); 6 Jamben ergeben 3 Metra = 1 Trimeter. Andere

Kontext; es verdeutlicht, daß Christen mit der Welt nicht konform gehen dürfen, und warnt speziell vor der Gemeinschaft mit den Leugnern der Auferstehung. Es belegt, daß Paulus nicht nur in hellenistischer, griechischsprachiger Umgebung aufgewachsen ist, sondern auch mit griechischer Literatur vertraut war.

Ein anderes Problem enthält die Frage, in welcher Weise Paulus' Literaturformung und theologische Vorstellungswelt von seiner hellenistischen Umwelt beeinflußt worden ist. Was die Argumentationsweise in den Paulusbriefen angeht, so hat schon Rudolf Bultmann in seiner Lizentiatendissertation die paulinische Rhetorik analysiert und nachzuweisen versucht, daß Paulus in seinen Briefen sich an die Redeformen der kynisch-stoischen Popularphilosophie anschließt. Auch wenn die Einzelheiten umstritten bleiben werden, da Begriff und Inhalt der ‚Diatribe' keineswegs gesichert sind und es ‚die' Diatribe nicht gegeben hat, ist davon auszugehen, daß Paulus' Sprachstil von der Lehrweise der paganen (Wander-)Philosophen nicht unbeeinflußt geblieben ist. Hierzu gehören Wortspiele, rhetorische Fragen, Parallelismen, Antithesen, Metaphern, auch die Einführung von Einwänden, die von fiktiven Gegnern stammen und mit dem Ruf μὴ γένοιτο („Das sei ferne!") abgewiesen werden.[69]

Hinsichtlich des Galaterbriefes ist zu fragen, ob dieser entsprechend dem 18. Typ der τύποι ἐπιστολικοί des Ps.-Demetrius als ‚apologetisches Schreiben' verstanden werden kann[70], oder aber, ob hier unterschiedliche Briefformen einwirken. Es ist noch nicht gelungen, durch rhetorische Analyse und epistolographischen Vergleich eine eindeutige Klassifizierung der paulinischen Briefe im Zusammenhang mit den antiken Briefen zu erstellen; denn eine für die Zeit des Paulus vorauszusetzende anerkannte Theorie der antiken Briefliteratur fehlt. Auch der häufiger genannte Begriff ‚Freundschaftsbrief' ist zu allgemein, als daß er das Spezifische der paulinischen Gemeindebriefe erfassen könnte. Dennoch ist nicht zu bestreiten, daß die Briefe des Apostels von der Form der antiken Briefliteratur geprägt worden sind. Und wenn auch

---

Zitate aus griechischen Dichtern im Neuen Testament (Apg 17,28; Tit 1,12) sind nicht auf Paulus zurückzuführen.

69 A.J. Malherbe, ΜΗ ΓΕΝΟΙΤΟ in the Diatribe and Paul, HThR 73, 1980, 231-240; (ebenfalls ders., Moral Exhortation. A Greco-Roman Sourcebook, LEC 4, Philadelphia-Pennsylvania 1986); auch J. Schoon-Janßen, Umstrittene ‚Apologien' 82ff.

70 So H.D. Betz, Apostel Paulus 40. – Ps.-Demetrius (2.Jh.v.-1.Jh.n.Chr.). Die Datierung zu Person und Werk des Ps.-Demetrius schwankt erheblich. Die Ähnlichkeit mit anderen byzantinischen Briefstellern läßt die Vermutung zu, daß der anonyme Autor in der späten Kaiserzeit lebte (vgl. F. Wehrli <Hg.>, Die Schule des Aristoteles. Texte und Kommentar, Heft IV. Demetrios von Phaleron, Basel-Stuttgart ^{2}1968, 88).

Paulus im Briefpräskript dem orientalisch-jüdischen Formular folgt, so sind auch hier hellenistische Einwirkungen nicht zu verkennen, wie auch der Briefschluß Anklänge an den griechischen Brief aufweist.[71]

Der Einfluß des hellenistischen Denkens auf die Theologie des Paulus ist vor allem drei Problemkreisen der Religionsgeschichte zu entnehmen, die nicht nur für die Sprache, sondern auch für das Denken des Apostels von Bedeutung sind, auch wenn sich direkte, genetische Verbindungslinien nicht immer ziehen lassen.

1. Die Mysterienreligionen

R. Reitzenstein, Die hellenistischen Mysterienreligionen nach ihren Grundgedanken und Wirkungen, Leipzig-Berlin ³1927 (= Darmstadt 1956).

F. Cumont, Die orientalischen Religionen im römischen Heidentum, Leipzig-Berlin ³1931.

M.P. Nilsson, The Dionysiac Mysteries of the Hellenistic and Roman Age, Lund 1957.

G. Wagner, Das religionsgeschichtliche Problem von Röm 6,1-11, AThANT 39, Zürich-Stuttgart 1962.

A.D. Nock, Hellenistic Mysteries and Christian Sacraments, Essays on Religion and the Ancient World II, Oxford 1972, 791-820.

Ders., Christianisme et Hellénisme, LD 77, Paris 1973.

H.J. Klauck, Herrenmahl und hellenistischer Kult, NTA NF 15, Münster 1982.

W. Burkert, Ancient Mystery Cults, Harvard University Press 1987.

K. Berger-C. Colpe, Religionsgeschichtliches Textbuch zum Neuen Testament, TNT 1, Göttingen 1987.

A.J.M. Wedderburn, Baptism and Resurrection. Studies in Pauline Theology against Its Graeco-Roman Background, WUNT 44, Tübingen 1987.

C.K. Barrett-C.J. Thornton (Hgg.), Texte zur Umwelt des Neuen Testaments, UTB 1591, Tübingen ²1991.

Richard Reitzenstein hat eine direkte Abhängigkeit des Paulus von den antiken Mysterien behauptet und dies besonders für die dualistische Anthropologie des Paulus nachzuweisen versucht. Hierdurch wurden Thesen der Religionsgeschichtlichen Schule aufgenommen und fortgeführt, wonach das Urchristentum weitgehend von den Mysterienreligionen abhängig ist, wenn es nicht sogar im antiken Raum selbst eine Spielart der Mysterienfrömmigkeit darstellt.

Mysterienkulte begegnen im Griechentum als Mysterien von Eleusis, Samothrake u.a., nicht zuletzt als der Dionysoskult. Sie finden sich in hellenistischer Zeit in allen Bereichen des römischen Imperiums. Aus Phrygien

71 Vgl. G. Strecker, Literaturgeschichte 75-80.

stammt der Kult der Kybele und des Attis, welcher ursprünglich eine syrische Gottheit war; aus Syrien der Kult des Adonis und der Atargatis (= ‚Dea Syria'); aus Ägypten der Kult der Isis und des Osiris. In späterer Zeit bedeutend ist der persische Mithraskult, der zum Kult der römischen Soldaten wurde.

Die Mysteriengottheiten sind im wesentlichen Vegetationsgottheiten; in ihnen personifiziert sich das Werden und das Vergehen in der Natur. Ein Mysteriendrama schildert das Sterben und das Wiederauferstehen der Gottheit. Der Kult vergegenwärtigt das Schicksal des Gottes, und der Myste vollzieht dieses Schicksal nach, wenn er in den Kult eingeweiht wird und über verschiedene Weihegrade bis zu höchsten Stufe, zu den ‚Vollkommenen' (τέλειοι), aufsteigt. Ziel der Mysterienfrömmigkeit ist die Vergottung des Mysten (ὁμοίωσις θεῷ). Dazu dienen die Mysteriensakramente. So verdeutlicht es das sog. Taurobolium, das Ausgießen von Stierblut über den Geweihten[72], das zur christlichen Taufe eine Reihe von Parallelen aufweist, oder auch die Weihehandlung im Attis- oder Osiriskult. Hier erfolgt eine Salbung, und der Priester ruft den Mysten zu:

> Freut euch, ihr Mysten; gerettet ist der Gott; so wird auch uns aus der Mühsal Rettung zuteil werden.[73]

Daß der Osirispriester nicht erklärt, die Rettung sei schon geschehen, erinnert an Röm 6,1ff: Der Glaubende vollzieht nach paulinischer Anschauung wie der Myste das Sterben und Auferstehen Christi sakramental nach. Dies bedeutet in keinem Fall eine magische Inkorporation in die Gottheit; vielmehr kennen auch die Mysterien – entsprechend dem paulinischen eschatologischen Vorbehalt – eine Dialektik, die das Leben des Mysten bestimmt. Im irdischen Leben gibt es keine absolute ‚Vollkommenheit'; auch für die τέλειοι ist ein anthropologischer Dualismus bestimmend.

Eine weitere wichtige Parallele besteht darin, daß auch in den Mysterienkulten heilige Mahlzeiten gefeiert werden. Hierdurch erfolgt die Vergottung des Mysten:

> Aus der Pauke habe ich gegessen, aus der Zymbel habe ich getrunken, ein Attismyste bin ich geworden.[74]

bekennt der Attisverehrer nach dem sakralen Mahl. Die Parallele 1 Kor 11,23ff ergibt: Hier wie dort geht es um Speise und Trank, naht sich durch das Mahl der Myste dem Kultgott, erfolgt eine Eingliederung in die kultische Gemeinschaft und ist das Ziel die ‚Entweltlichung', nämlich die Befreiung von Sünde und Vergänglichkeit.

---

72 Vgl. Prudentius, Peristephanon 10.

73 Vgl. Firm Mat ErrProfRel 22,1.

74 Vgl. Firm Mat ErrProfRel 18,1 (vgl. ClAl Prot II 15).

Freilich sollten die Parallelen der christlichen Sakramente zu den Mysterienkulten nicht überbewertet werden. Die christliche Taufe leitet sich primär von der Johannestaufe ab; sie ist schon aus diesem Grund in erster Linie ein eschatologisches Sakrament. Und das Herrenmahl weist auf das Leben Jesu zurück, indem sich in ihm das letzte Mahl Jesu abbildet. Einen vergleichbaren Geschichtsbezug kennen die Mysterienkulte nicht. Das Mysteriendrama ist ein ungeschichtlicher Mythos, auch dann, wenn es sich als sagenhafte Erzählung vom Schicksal eines Kultheros gibt. Dagegen ist für die Feier der urchristlichen Sakramente der Rückbezug auf das in Zeit und Raum sich ereignet habende Christusgeschehen konstitutiv. Wie das Kerygma ist auch das christliche Sakrament in der Historie verankert. Solcher ‚historische Vorbehalt' verhindert, die urchristliche Frömmigkeit vor und bei Paulus mit einer Mysterienfrömmigkeit gleichzusetzen. Andererseits haben die Mysterienreligionen eine hohe Bedeutung für das Verständnis auch der paulinischen Theologie. Sind sie zwar nicht als der religionsgeschichtliche Ursprungsort auszuweisen, doch sind sie gleichwohl als Analogon zu würdigen. Hierbei geht es einmal um das Verständnis einzelner theologischer Termini[75], andererseits um die grundlegende Struktur der Anthropologie, wie sie im Verhältnis des Glaubenden zu Christus (Mitsterben und Mitauferstehen) sowie in der Dialektik der christlichen Existenz zum Ausdruck kommt. Die dem Menschen in den Mysterien übereignete Heilsgabe hat einen stark sakramentalsubstanzhaften Charakter. Dies wird bei den analogen paulinischen Aussagen zu bedenken sein.[76]

2. *Die Stoa*

A. Bonhoeffer, Epictet und die Stoa. Untersuchungen zur stoischen Philosophie, Stuttgart 1890 (= Stuttgart-Bad Cannstatt 1968).

Ders., Epiktet und das Neue Testament, RVV 10, Gießen 1911.

M. Pohlenz, Grundfragen der stoischen Philosophie, AGG III 26, Göttingen 1940.

Ders., Die Stoa. Geschichte einer geistigen Bewegung I-II, Göttingen [6]1984.[5]1980.

H. Braun, Die Indifferenz der Welt bei Paulus und Epiktet, in: ders., Gesammelte Studien zum Neuen Testament und seiner Umwelt, Tübingen [3]1971, 159-167.

---

75 Z.B. τέλειος: vgl. etwa 1 Kor 2,6; Phil 3,15; σωτηρία: Röm 1,16; πνευματικός: 1 Kor 2,13 u.ö.

76 Vgl. die ontologische Reflexion, die Paulus 1 Kor 15,44 vom ‚pneumatischen Leib' (σῶμα πνευματικόν) sprechen läßt. – Umstritten ist, ob der Gegensatz πνεῦμα-ψυχή in 1 Kor 15 auf ‚hellenistische Wiedergeburtsmysterien' zurückgeht und speziell Anhaltspunkte im Eingangsgebet der Mithrasliturgie hat, wie R. Reitzenstein, Mysterienreligionen 70-77, vermutete; kritisch hierzu F.W. Horn, Das Angeld des Geistes 192-194.

A. ERSKINE, The Hellenistic Stoa: Political Thought and Action, London 1990.
Texte:
J. LEIPOLDT – W. GRUNDMANN, Umwelt des Urchristentums II, 315-333.
C.K. BARRETT – C.J. THORNTON, Texte zur Umwelt des Neuen Testaments, UTB 1591, Tübingen [2]1991, 80-94.

Die stoische Philosophie, die durch Zenon um 310 v.Chr. in Athen begründet wurde und deren Hauptvertreter in neutestamentlicher Zeit Epiktet und Seneca gewesen sind, geht von einer spezifischen Interpretation der Natur (φύσις), des vom Pneuma belebten Kosmos, aus; in der physischen Welt offenbart sich der Weltlogos als die Gottheit, welche die Ordnungen des Kosmos bestimmt, und zwar in einem solchen Ausmaß, daß es nahezu zu Identitätsaussagen kommen kann: Die Gottheit ist der Kosmos, der Kosmos die Gottheit! Aufgabe des Menschen ist es, sich der hierdurch gegebenen Gesetzmäßigkeit anzupassen; denn der Weltlogos ist die Vorsehung (πρόνοια); indem er die Naturordnung setzt, unterwirft er alles, was geschieht, dem unabwendbaren Geschick (der ἀνάγκη bzw. der εἱμαρμένη). Es ist das Ziel des stoischen Menschen, sein Leben im Einklang mit diesen Notwendigkeiten zu gestalten (κατὰ φύσιν ζῆν).[77] Das stoische philosophische System ist von der Kosmologie her entworfen. Entspricht es insofern dem gnostischen, so kennt es doch nicht den einschneidenden Dualismus der Gnosis, sondern ist monistisch konstruiert, daher grundsätzlich optimistisch und vom Vernunftglauben geprägt. Folgerichtig wird auch die alte religiöse Tradition des Griechentums rational interpretiert. Die Göttermythen werden entmythologisiert, indem die Gottheiten als kosmische Vorgänge erscheinen.

Der Kosmologie der Stoa korrespondiert die Anthropologie: Dem Weltlogos entspricht die Vernunft (λόγος oder νοῦς) des Menschen.[78] Solche Korrelation hat zum Inhalt, daß der Mensch die Möglichkeit besitzt, das Gute und Göttliche zu wollen und zu tun. Wer die göttlichen Weltgesetze kennt, wird sich auch nach ihnen richten. Das Tun des Unrechts beruht also auf einem selbstverschuldeten Irrtum, weil hierdurch der Anspruch des Weltlogos verfehlt wird, auf den der Mensch seinem eigentlichen Wesen nach ausgerichtet ist. Die Freiheit, die dem stoischen Menschen eignet, besteht darin, daß der Mensch in der Lage ist, das der Natur Entsprechende zu tun (= ‚Freiheit zu'). Zugleich besagt sie, daß der Mensch ‚frei von' allem ist, was der Unterordnung des Menschen unter den Weltlogos widerstrebt (Affekte, Leidenschaften). Daher ist der Stoiker im Grunde ein entgeschichtlichter Mensch, den weder

77 Chrysippus fr 16, in: Stoicorum Veterum Fragmenta collegit Ioannes ab Arnim, Vol. III, Leipzig-Berlin 1923.

78 Vgl. Epict Diss I 9 (Leipoldt-Grundmann II 322, 9-16); II 8,1 (325, 3-5).

Freude noch Leiden berühren können. Auch der Tod ist kein Schreckbild, da sich im Tod eine naturhafte Notwendigkeit (ἀνάγκη) realisiert. Im Wissen um solche Naturnotwendigkeit ist der weise Mensch ein Sieger über den Tod.

Von diesem Ideal des stoischen weisen Menschen unterscheidet sich die paulinische Position gerade dort, wo man im paulinischen Briefkorpus stoische Einwirkungen vermutet:

α) *Röm 1,18-32* steht im Eingang des Römerbriefes und markiert den Anfang des ersten Teils (1,18-3,20: „Die Notwendigkeit der Gerechtigkeit Gottes für Heiden und Juden"). Paulus will den Nachweis erbringen, daß weder Heiden noch Juden Gerechtigkeit besitzen, daher allein auf die Gnade, auf die Gerechtigkeit Gottes und auf den Glauben angewiesen sind. Der Unterabschnitt 1,18-32 thematisiert das Problem im Hinblick auf die Heiden. Ausgangspunkt ist hierbei die Aussage: Gott hat sich den Heiden offenbart; sein unsichtbares Wesen ist seit Erschaffung der Welt an seinen Werken (= an der Schöpfung) erkannt worden. Diese Aussage enthält eine ursprünglich stoische Anschauung; denn der Stoiker kann allerdings von dem Kosmos auf den alles durchwaltenden Weltlogos zurückschließen. Dabei geht es Paulus nicht darum, einen Gottesbeweis zu führen; es handelt sich nicht um die theoretische Frage nach der Erkennbarkeit Gottes, die in eine Reflexion über das Sein und das Wesen Gottes einmünden könnte, sondern – dies ist der zweite Gedanke, der in der stoischen Philosophie eine Parallele hat – Paulus setzt voraus, daß Gotteserkenntnis Erkenntnis eines allem zugrundeliegenden Nomos bedeutet. So entspricht es der stoischen Anschauung, daß der Weltlogos ein bindendes Gesetz enthält und unbedingten Gehorsam verlangt. Daraus folgt ein dritter stoischer Gedanke: Das Sich-Verschließen gegenüber dieser Gotteserkenntnis bedeutet Leben in der Ungerechtigkeit (ἀδικία), die zugleich ein Verfehlen des eigenen Selbst ist.

Paulus benutzt diese Vorstellungen als Anknüpfung für seine theologische Darlegung. Die paulinische Theologie akzeptiert also eine natürliche, allgemeine Gotteserkenntnis, ohne daß hierbei ein christologisches Vorzeichen vorausgesetzt würde. Paulus schließt sich der ebenfalls stoischen Konzeption an, wonach ein Gottesbeweis ‚e consensu gentium' geführt werden kann: Alle Völker besitzen Gotteserkenntnis, unabhängig von der Verkündigung des Evangeliums. Aber solche Übernahme geschieht nur im Sinn der ‚Anknüpfung'; denn daß Gott an seinen Werken erkannt worden ist, besagt für die Heiden: „Sie haben keine Entschuldigung" (V.20). Die Menschheit steht unter dem Zorngericht Gottes und befindet sich in einer ausweglosen Situation, aus der sie sich aus eigener Kraft nicht befreien kann. Bei der genannten Anknüpfung geht es Paulus also nicht um eine positive Aufnahme des stoischen Systems und nicht um die Bestätigung eines kosmologisch begründeten Optimismus, sondern um die Aufdeckung der Eigenmächtigkeit des menschlichen Lebens vor dem Glauben und außerhalb des Glaubens. Der ‚consensus gentium' kann also nicht dazu dienen, sich einer übergreifenden Harmonie mit einem göttlichen Wesen zu vergewissern, das nach ewigen Gesetzen den Kosmos durchwaltet, unter dessen Leitung der Mensch sich geborgen fühlen mag, sondern er hat die Aufgabe, den Graben sichtbar zu machen, der Gott und Mensch voneinander trennt, um die Menschen in ihrer Schuld zu behaften. Dadurch ergibt sich für Paulus die Notwendigkeit der Gottesoffenbarung im Christusgeschehen, einer Offenbarung, mit der die Gerechtigkeit Gottes aufs neue eine menschliche Möglichkeit wird, die das Ende der Macht der Sünde und des Gesetzes bedeutet.

Stoische Gedankengänge sind demnach unzweifelhaft von Paulus vorausgesetzt worden. Sie waren in der hellenistischen Zeit weit verbreitet und sind auch vom hellenistischen Judentum benutzt worden, wie Philo Op 3-12 oder auch Weish 12,1 zeigen.

β) *1 Kor 7,29-31.* Dieser Text steht im Zusammenhang der Eheproblematik und beantwortet Anfragen der korinthischen Gemeinde: Wie hat sich ein Christ zur Ehe zu verhalten? Welcher Stand ist zu bevorzugen, das Verheiratetsein oder das Nichtverheiratetsein? Paulus antwortet, daß es im Blick auf die bevorstehende Endkatastrophe gut ist, unverheiratet zu bleiben; so entspricht es seiner eigenen Entscheidung. Doch legt er hier eine differenziertere Haltung an den Tag: Zwar ist Unverheiratetbleiben besser, aber auch das Heiraten ist nicht verboten. Ausschlaggebend ist nicht eine bestimmte Form des Standes, sondern ein Verhalten, das beide Möglichkeiten in sich begreift: die Haltung der Distanz! Diese Haltung bezeichnet Paulus mit dem Ausdruck ‚als ob nicht' (ὡς μή):

> Diejenigen, die verheiratet sind, sollen sein, als ob sie nicht verheiratet wären; die Weinenden, als ob sie nicht weinten; die Sich-Freuenden, als ob sie sich nicht freuten; die Kaufenden, als ob sie nichts behalten; diejenigen, die mit den Dingen der Welt umgehen, als ob sie sie nicht hätten.

Oberstes Gebot ist, sich nicht zu binden, den Dingen der Welt par distance gegenüberzustehen und sich gegenüber der Welt indifferent zu verhalten.

Solche Haltung empfiehlt auch der stoische Philosoph Epictet (bis 138 n.Chr. in Griechenland). Der Mensch soll nicht an der Vergänglichkeit haften; er soll mit den ihm liebgewordenen Menschen umgehen, als ob sie zerbrechliche Gefäße wären; er soll sich nicht von Trieben bestimmen lassen, die das klare Urteil trüben; er soll sich durch nichts erschüttern lassen, vielmehr in Leidenschaftslosigkeit (ἀταραξία) leben. Die Haltung des ‚als ob nicht' zeichnet sich durch Distanz gegenüber den vergänglichen Dingen aus. Sie ist durch die Einheit des Menschen mit dem Weltlogos begründet. Das Einssein mit dem Weltgesetz ist der archimedische Punkt, von dem aus das

Geschehen in der Natur und Menschheitsgeschichte mit Abstand betrachtet werden kann.

Das ‚als ob nicht' wird von Paulus nicht durch die vorausgesetzte Einheit mit dem Weltlogos, sondern in einer doppelten Weise motiviert: 1. durch die Ausrichtung der menschlichen Existenz auf das Eschaton (1 Kor 7,29: „Die Zeit ist kurz"; V.31: „Die Gestalt dieser Welt vergeht"); das Nahen der Parusie begründet eine Haltung, die den Dingen der Welt die von ihnen beanspruchte absolute Mächtigkeit nimmt; und 2. bestimmt der Indikativ des Christusgeschehens die Haltung des ‚als ob nicht'. So zeigt es 1 Kor 6,11: „Ihr seid (durch die Taufe) abgewaschen, seid heilig geworden, seid gerechtgesprochen durch den Namen des Kyrios Jesus Christus". Durch die Taufe ist der Getaufte mit Christus eins geworden; er ist aus der Welt herausgenommen, so daß die Welt keine Macht an ihm hat.

Mit diesem unterschiedlichen Bezugspunkt entscheidet sich auch die Frage, ob Paulus in 1 Kor 7 von stoischem Gedankengut abhängig ist. Die Gemeinsamkeit besteht in der formalen negativen Tatsache, daß das ‚als ob nicht' in jedem Fall eine Haltung voraussetzt, die sich nicht an den Dingen der Welt orientiert. Jedoch ist die Begründung der einander ähnlichen Verhaltensweisen sehr verschieden. Wenn Paulus in Röm 12,15 fordert: „Freut euch mit den Fröhlichen, weint mit den Weinenden", so widerspricht dies der von den Stoikern geforderten Ataraxie, welche besagt, daß man sich von jedem Affekt freizuhalten habe. Grundlegend für Paulus ist die Forderung der Agape. Die Forderung, sich dem Nächsten und der menschlichen Gemeinschaft in Liebe zuzuwenden, steht in Spannung zu dem am Individuum orientierten stoischen Ideal der Selbstvervollkommnung und Selbstverwirklichung des weisen Menschen.

3. Gnosis (Adam-Mythos)

W. Bousset, Hauptprobleme der Gnosis, FRLANT 10, Göttingen 1907 (Nachdruck 1973).

W. Schmithals, Paulus und die Gnostiker, ThF 35, Hamburg 1965.

Ders., Die Gnosis in Korinth, FRLANT 66, Göttingen [3]1966.

Ders., Neues Testament und Gnosis, EdF 208, Darmstadt 1984.

L. Schottroff, Der Glaubende und die feindliche Welt, WMANT 37, Neukirchen-Vluyn 1970.

R.McL. Wilson, Gnosis und Neues Testament, UB 118, Stuttgart 1971.

K.-W. Tröger (Hg.), Gnosis und Neues Testament, Gütersloh 1973.

Ders., (Hg.), Altes Testament-Frühjudentum-Gnosis, Gütersloh 1980.

G. Strecker, Das Judenchristentum in den Pseudoklementinen, TU 70, Berlin [2]1981.

J. Büchli, Der Poimandres. Ein paganisiertes Evangelium, WUNT II/27, Tübingen 1987.

H. Jonas, Gnosis und spätantiker Geist I, Göttingen [4]1988, II 1993.
K. Rudolph, Die Gnosis, UTB 1577, Göttingen 1990.
J. Holzhausen, Der ‚Mythos vom Menschen' im hellenistischen Ägypten. Eine Studie zum ‚Poimandres' (= CH I), zu Valentin und dem gnostischen Mythos, athenäums monografien Theophaneia. Beiträge zur Religions- und Kirchengeschichte des Altertums 33, Bodenheim 1994.

Daß Paulus in einem komplexen Geflecht religionsgeschichtlicher Vorstellungen lebt, läßt sich an der Adam-Christus-Typologie ablesen, die 1 Kor 15,20-22.45-53 und Röm 5,12-21 vorgetragen wird. Der Kontext in 1 Kor 15 bezieht sich auf eine schriftliche Anfrage aus der korinthischen Gemeinde bezüglich der Auferstehungsleugnung, wie sie von einigen korinthischen Christen vertreten wurde (V.12: „Einige unter euch sagen, daß es keine Auferstehung der Toten gibt"). Obwohl es sich hierbei nicht um die Bestreitung der Auferstehung Jesu, sondern um die einer allgemeinen Totenauferstehung handelt, setzt Paulus bei dem Kerygma vom Sühntod und von der Auferstehung Jesu ein und belegt letztere durch eine Reihe von Zeugen, welche den auferstandenen Herrn gesehen haben, zu denen er sich – wenn auch nur als letztes Glied – rechnet.[79] Dies leitet zu der Aussage über, daß der christliche Glaube konstitutiv Auferstehungsglaube ist (V.12-19), zur ‚Ordnung der Auferstehung', welche die Reihenfolge der Auferstehungsereignisse anzeigt (V.20-28). Paulus' Apologie des Auferstehungsglaubens beruft sich auf die Adam-Christus-Parallele. Adam steht als der ‚erste Mensch' (ὁ πρῶτος ἄνθρωπος) dem Christus als dem ‚zweiten Menschen' (ὁ δεύτερος ἄνθρωπος) gegenüber.[80] Sie verhalten sich zueinander wie Typos und Antitypos: Adam als der Urheber und Repräsentant des Todes, Christus als der Urheber und Repräsentant des Lebens. Dieser Gegensatz besitzt eine grundlegende anthropologische Bedeutung. Der erste Adam hat einen psychischen Leib, der letzte Adam dagegen einen pneumatischen; der erste stammt von der Erde, der letzte vom Himmel; sie stehen einander gegenüber wie das Vergängliche und das Unvergängliche, das Sterbliche und das Unsterbliche. Solches Gegenüber bestimmt Möglichkeit und Wirklichkeit der Seinsweise des einzelnen Menschen: Er ist mit dem ersten Adam dem Tod verfallen, als Glaubender hat er dagegen in Christus die Möglichkeit des Lebens (V.21f).

Die Entgegensetzung des irdischen und des himmlichen Anthropos läßt sich nicht allein auf die Anschauung der korinthischen Gegner des Paulus zurückführen; denn der Apostel setzt die Bekanntschaft mit dieser Vorstellung in der Gemeinde voraus; er benutzt sie nicht so, als ob sie eine lediglich

---

79 1 Kor 15,1-11.

80 V.45.47; vgl. dazu die rabbinische Parallelsetzung von dem ersten Erlöser (Mose) und dem letzten Erlöser (Messias).

auf die Gegner in Korinth beschränkte Anschauung sei; im Gegenteil, auch Röm 5,12-21 greift er unabhängig von der Situation in Korinth auf sie zurück. Hier ist neu, daß der erste Mensch nicht nur als Urheber des Todes, sondern auch der Sünde gilt (V.12). Dies ist eingespannt in den übergeordneten Argumentationsgang, wonach die Gerechtigkeit Gottes nicht allein eine menschliche Möglichkeit, sondern eine Wirklichkeit ist, nämlich in Christus manifest wurde: Christus repräsentiert das Leben und die Gerechtigkeit. Damit ist andererseits die Vorstellung vorausgesetzt, daß für den Menschen ohne Christus der Tod und die Sünde reale Gegebenheiten sind.

Bei der Beantwortung der Frage nach der Herkunft dieser Anschauung wird man weniger auf die Gegner des Paulus rekurrieren dürfen. Für die traditionsgeschichtliche Herleitung bieten sich im wesentlichen drei Möglichkeiten: 1. Paulus selbst ist der Schöpfer dieser Anschauung.[81] 2. Paulus greift auf eine vorpaulinische christliche Adam-Christus-Typologie zurück. Hierfür spricht, daß in 1 Kor 15,27 eine christliche Zitatentradition herangezogen sein könnte, die Hebr 2,8 wiederkehrt; eine Tradition, der vielleicht auch 1 Kor 15,45 entnommen ist. 3. Die Adam-Christus-Typologie hat vorchristliche, vorpaulinische, jüdische Wurzeln. Dies legt sich durch den Begriff ‚Adam' und die Beziehung auf die alttestamentliche Schöpfungsgeschichte nahe. Philo unterscheidet zwei Arten von Menschen: a) den himmlischen, geistigen Menschen (das Ebenbild) und b) den irdischen, aus Erde gebildeten Menschen.[82] Allerdings ist hier anders als bei Paulus der himmlische Mensch der erste, der irdische Mensch der zweite, und Philo zieht keinen Vergleich zwischen dem himmlischen Menschen und Adam.

Läßt sich die mythologische Anschauung, wonach die beiden ἄνθρωποι Repräsentanten zweier sich ausschließender Mächte (der Macht des Todes und der Macht des Lebens) sind, aus Gen 1-3 direkt ableiten? Ist anzunehmen, daß Paulus mit der Adam-Christus-Typologie nichts anderes als eine Exegese zu Gen 1,26f und 2,7 beabsichtigt? Entscheidend ist die Feststellung: Adam ist nach dem alttestamentlichen Schöpfungsbericht zwar mitschuldig am Todesgeschick der Menschheit, aber doch nur als der erste einer sich anschließenden Kette. Die (vor)paulinische Adam-Christus-Typologie versteht dagegen Adam als Repräsentanten der Menschheit; in ihm haben alle gesündigt, in ihm vollzieht sich das Todesgeschick an allen. Hier ist eine physische Einheit zwischen *dem* Menschen und *den* Menschen vorausgesetzt, auch wenn Paulus dies selbst nicht ungebrochen übernimmt (vgl. Röm 5,12). Offenbar steht im Hintergrund die Anschauung, daß die Menschen dem ersten

81 So z.B. W.D. Davies, Paul and Rabbinic Judaism. Some Rabbinic Elements in Pauline Theology, London [3]1965, 41-44.

82 Vgl. Philo All I 31f; Op 134.

Anthropos ‚inkorporiert' sind, daß sie ἐν τῷ 'Αδάμ sind (1 Kor 15,22; vgl. Röm 5,15) und eben deshalb das Geschick Adams teilen. Dies macht es unmöglich, die paulinische bzw. vorpaulinische Adamtypologie direkt auf den Genesisbericht zurückzuführen.

Ist Paulus nicht selbst Schöpfer der Adam-Christus-Gegenüberstellung, so wird man zwischen der vorpaulinischen christlichen und ihrer zugrundeliegenden vorchristlichen Struktur nur relativ differenzieren dürfen. Vorausgesetzt ist in jedem Fall eine Überlieferung, in der Adam eine über den alttestamentlichen Schöpfungsbericht hinausgehende Bedeutung erhalten hat. Wo findet sich in der religionsgeschichtlichen Umwelt des Paulus eine Vorstellung, in der der ‚Protoplast' Adam eine derart universale, die Menschen physisch inkorporierende Funktion besitzt? Das genuine Judentum kennt nicht die Vorstellung, nach der durch den ersten Menschen die Menschheit deterministisch zum Tod und zur Sünde bestimmt ist; ihm ist auch ein entsprechender Dualismus fremd, wonach Adam auf der Seite einer nichtigen, der Vergänglichkeit unterworfenen Welt steht; im Gegenteil, es gibt jüdische und gnostische Überlieferungen mit der Tendenz, den Genesisbericht über den Sündenfall derart zu modifizieren, daß nicht Adam sündigte, sondern daß allein seine Frau Eva an allem Unheil der Welt schuldig ist.[83] Ist für das genuine Judentum die Vorstellung von dem Schöpfergott konstitutiv, den seine Werke loben müssen und mit dem der Kosmos grundsätzlich in Einklang steht, so ist der hier zutage tretende Dualismus eher jüdisch-häretisch oder genauer: einem hellenistischen Judentum eigener Prägung zugehörig.[84]

Zum besseren Verständnis ist – nicht im Sinn der religionsgeschichtlichen Genese, wohl aber als Analogon – das System zu nennen, das in der christli-

---

83 Vgl. PsClem Hom III 23-25; VitAd 3.18; slHen 31,6; Exc ex Theod 21,2; EvPhil 71; EvBarth 4; Der Brief des Paulus an Philippus 139,28-140,1 (W. Schneemelcher, NTApo I[6] 283).

84 Die Überlegungen von H.J. Schoeps, wonach „Gnosis ... nie etwas anderes als pagane Gnosis" ist und der Vorstellung von einer jüdischen oder christlichen Gnosis der Abschied gegeben werden müsse (Urgemeinde, Judenchristentum, Gnosis, Tübingen 1956, 39), sind bedenkenswert, da sie den Hiatus zwischen mythologischer Gnosis eines radikal dualistischen Zuschnittes und der durch den Glauben an den Schöpfergott oder an den historischen Erlöser geprägten jüdischen bzw. christlichen Vorstellungswelt deutlich benennen. Jedoch ist eine reine Form auch von paganer Gnosis nicht nachzuweisen. Global geurteilt, handelt es sich um jüdischen oder hellenistischen Synkretismus, der sich in verschiedenen Erscheinungen äußert. Im Rahmen der neutestamentlichen Wissenschaft sollte für die Bestimmung des Begriffs ‚Gnosis' von den christlichen mythologischen Systemen des 2. Jahrhunderts ausgegangen werden, die eine relativ durchsichtige Gliederung besitzen. Vgl. hierzu und zum folgenden: G. Strecker, Judenchristentum und Gnosis, in: K.-W. Tröger (Hg.), Altes Testament – Frühjudentum – Gnosis 265ff.

chen Gnosis des 2. Jahrhunderts ausgebildet wurde; denn es ist begründet zu vermuten, daß zwar nicht das gnostische System als solches, wohl aber seine wesentlichen Strukturelemente vorchristlichen Ursprungs sind. Konstitutiv für die gnostischen Systeme ist ein dualistisches Denken: der qualitative Unterschied zwischen Gott und Welt, die Gespaltenheit zwischen der göttlichen Welt (πλήρωμα) und der Materie (ὕλη). Hierdurch begründet sich die Notwendigkeit, eine Weltentstehungslehre zu entwerfen. Aus dem πλήρωμα lösen sich die Bestandteile des Göttlichen; sie sinken wie Lichtfunken durch die Äonenwelten hinab, bis sie in die stoffliche Welt gelangen, von welcher sie gefangengehalten werden. Durch die Vereinigung von ὕλη und der göttlichen Substanz entsteht der Kosmos. Auf diese Weise ist ‚Adam' nicht allein der erste Mensch, sondern er repräsentiert die Menschheit überhaupt als Teil des Kosmos, der Materie verhaftet, der Vergänglichkeit unterworfen, versklavt durch die Todesmächte, angewiesen auf eine von außen kommende Befreiung. Entsprechend der Kosmologie vollzieht sich das Erlösungsdrama: Der himmlische Erlöser steigt vom göttlichen Pleroma in den Kosmos herab, bringt den Menschen die Gnosis, hierdurch den in der Materie gefangenen Lichtfunken die Befreiung und führt sie durch die feindlichen Äonen (Archonten) zur himmlischen Welt zurück.

Die Parallelität dieser Grundzüge des Systems der mythologischen christlichen Gnosis zu den paulinischen christologischen und anthropologischen Vorstellungen wird noch deutlicher, wenn verwandte, von Paulus genutzte Begriffe zum Vergleich herangezogen werden.[85] Zweifellos besteht eine Analogie zwischen dem paulinischen ‚ersten Menschen' und dem gnostischen Urmenschen, der durch den Fall aus der himmlischen Welt in der Materie gefangengehalten wird und mit diesem Schicksal die Menschheit in sich begreift. Das Geschick, welchem der Urmensch unterworfen ist, ist das, was über jeden einzelnen Menschen verhängt wird. So ist es in der Gnosis naturhaft-ontologisch gedacht worden; es sagt eine ontologische Gleichzeitigkeit aus. Andererseits begreift der himmlische Erlöser der Gnosis (der ‚zweite Mensch') die erlösten Menschen in sich, er ‚verleibt' die in die Materie versunkenen Lichtfunken in sich ein, erlöst sie durch den Himmelsaufstieg und befreit sie durch die Vermittlung der Gnosis von den sie versklavenden Mächten. Allerdings ist die paulinische Adam-Christus-Typologie nicht direkt von

85 Vgl. die Anwendung des εἰκών-Begriffs auf Christus in 2 Kor 4,4 (s.a. Philo Conf 96f); auch Röm 8,29; 1 Kor 15,49; Kol 1,15. – πνεῦμα (in unterschiedlicher Wertigkeit): 2 Kor 3,17f; 11,4; 1 Kor 2,14f; 7,40; Röm 8,5ff. – σῶμα: 2 Kor 5,6.10; 1 Kor 12,12ff. – Dazu W. Schmithals, Die gnostischen Elemente im Neuen Testament als hermeneutisches Problem, in: K.W. Tröger (Hg.), Gnosis und Neues Testament 359-381; ders., Die Gnosis in Korinth, FRLANT 66, Göttingen[2]1965, 299ff.

der gnostischen abzuleiten. Eine wesentliche Differenz besteht darin, daß die gnostischen Systeme von einer Weltentstehungslehre ausgehen. Obwohl in Röm 8,19ff kosmologische Vorstellungen anklingen (die Schöpfungswelt hofft auf die zukünftige Offenbarung; sie bedarf der Erlösung!), ist die paulinische Adamlehre nicht kosmologisch, sondern anthropologisch ausgerichtet. Auch darin zeigt sich eine Parallelität zum gnostischen Denken: Beide Male handelt es sich um eine dualistische Anthropologie und wird unterschieden zwischen dem der Vergänglichkeit unterworfenen, durch die Todesmächte versklavten Menschen einerseits und dem pneumatischen Selbst des Menschen andererseits, das auf seine Befreiung wartet. Dieser Dualismus ist grundsätzlich ein physisch-ontologischer; das ‚In-Sein in Adam' ist ein ‚Der-Welt-unterworfen-Sein'. Entspricht insoweit das gnostische Menschenbild der paulinischen Vorstellung vom ersten Adam und von seiner anthropologischen Bedeutung, so ist einschränkend zu sagen, daß Paulus nicht nur von der physischen Versklavung, sondern auch von dem freiwilligen Tun des Menschen, das in den Tod hineinführt, reden kann.[86] Entsprechungen zeigen ferner die soteriologischen Vorstellungen: Das Heil besteht in der Befreiung von den versklavenden Weltmächten; der Erlösungsvorgang ist auch ein ontologisches Geschehen. Der paulinische anthropologische Dualismus steht den gnostischen Systemen näher als etwa dem genuinen Judentum.

Doch besteht ein weiterer Unterschied zwischen der paulinischen Theologie und den analogen Vorstellungen in der genuinen Gnosis. Kennzeichen der christlichen Gnosis ist die soteriologische Überzeugung, daß der himmlische Erlöser das vollkommene ‚Heil' (σωτηρία) bringt; denn er vermittelt die ‚Erkenntnis' (γνῶσις) und dadurch die Möglichkeit, in der Gegenwart die Welt hinter sich zu lassen. Dies ist der Grund, weshalb der Gnostiker die Auffassung vertreten kann, von der Welt letztlich absolut geschieden zu sein. Dies ist auch der Ausgangspunkt für die Verschiedenartigkeit der ethischen Verhaltensweisen in der Gnosis. Hier ist beides möglich: ein radikaler Asketismus, der sich von jeder Befleckung durch die Welt freizuhalten versucht, und andererseits ein (wenn auch in gnostischen Systemen selten bezeugter) konsequenter Libertinismus, für den alles erlaubt ist, weil der Gnostiker sich von der Versklavung der Welt befreit weiß.

Paulus kennt eine so extreme Vergegenwärtigung der σωτηρία nicht. Röm 5,17 spricht davon, daß der Tod „durch den einen (Adam) zur Herrschaft gekommen ist" (= ein gegebener Tatbestand, der unverrückbar feststeht), daß aber diejenigen, die durch Christus Gnade und Gerechtigkeit erhalten haben, „im Leben herrschen *werden*" (ἐν ζωῇ βασιλεύσουσιν).[87] Paulus

86 Vgl. Röm 5,12; dazu unten A III a 3.

87 Vgl. ähnlich 1 Kor 15,49: „Wie wir das Bild des irdischen (Menschen) getragen haben, so *werden* wir auch das Bild des himmlischen (Menschen) tragen."

redet also nicht in gleicher Weise von der Gegenwart des Lebens, wie er von der naturhaften Gegenwärtigkeit des Todes spricht. Darin gibt er dem *eschatologischen Vorbehalt* Ausdruck. Die Vollendung steht noch aus; sie wird sich in der endzeitlichen Zukunft ereignen. Hier zeigt sich ein Einfluß apokalyptischen Denkens. Ist Paulus auch nicht in einem engen literarischen Sinn als Apokalyptiker zu bezeichnen, so ist seine Theologie jedenfalls auf die endzeitliche Zukunft ausgerichtet. Dabei enthält sie eine Reihe von Faktoren, welche die Gegenwärtigkeit des Heils aussprechen. Hierfür ist die zentrale Bedeutung des ‚in Christus' kennzeichnend.[88] Gegenüber einer Überbetonung der apokalyptischen Elemente in der Theologie des Paulus ist besonders die Vorstellung von dem erhöhten Christus geltend zu machen, der seine Gemeinde in der Gegenwart leitet (*mythologischer Vorbehalt*). Darüber hinaus hat die paulinische Soteriologie nicht nur eine Gegenwarts- und Zukunftsausrichtung, sondern sie bezieht sich fundamental auf die Vergangenheit zurück; denn sie wurzelt im Kreuzes- und Auferstehungsgeschehen, wie es das von Paulus übernommene Christuskerygma verdeutlicht *(historischer Vorbehalt).*[89]

c) *Vorpaulinisch-christliche Traditionen*

W. BAUER, Der Wortgottesdienst der ältesten Christen, SGV 148, 1930 (= Aufsätze und Kleine Schriften, hg. v. G. Strecker, Tübingen 1967, 155-209).

R. DEICHGRÄBER, Gotteshymnus und Christushymnus in der frühen Christenheit, StUNT 5, Göttingen 1967.

K. WENGST, Christologische Formeln und Lieder des Urchristentums, StNT 7, Gütersloh 1972.

H. CONZELMANN, Was glaubte die frühe Christenheit?, in: ders., Theologie als Schriftauslegung. Aufsätze zum Neuen Testament, BEvTh 65, München 1974, 106-119.

U. SCHNELLE, Gerechtigkeit und Christusgegenwart. Vorpaulinische und paulinische Tauftheologie, GTA 24, Göttingen ²1986.

H. v.LIPS, Paulus und die Tradition, VF 36, 1991, 27-49.

G. STRECKER, Literaturgeschichte des Neuen Testaments, UTB 1682, Göttingen 1992, 95-106.

Im Galaterbrief spricht Paulus von seiner Berufung zum Apostel und sagt in diesem Zusammenhang, daß er nach der mit seiner Beauftragung zum Heidenapostel zeitlich zusammenfallenden Bekehrung bei Damaskus niemanden um

88 Vgl. dazu unten A III a 1.

89 Vgl. unten zu A II c und A III c 2.

Rat gefragt hat, auch nicht nach Jerusalem hinaufzog, sondern daß er sich sogleich nach Arabien begab, doch wohl, um dort zu missionieren (Gal 1,16f). Hierdurch erscheint die Schlußfolgerung nahegelegt, daß Paulus seine Verkündigung allein auf den göttlichen Auftrag zurückführt, ohne daß menschliche Zwischenträger eingeschaltet worden wären; denn der paulinische Bericht in Gal 1 will die Unabhängigkeit des Apostels von menschlichen Autoritäten, speziell von den Vertretern der Urgemeinde in Jerusalem darlegen. Dies besagt allerdings nicht, daß Paulus nach seiner Wende vom Verfolger zum Verkündiger keine christliche Unterweisung erhalten hätte. Im Gegenteil, es ist vorauszusetzen, daß der Neubekehrte mit anderen Christen Verbindung aufgenommen hat. Wie Apg 9,10-18 berichtet, wurde Paulus in Damaskus getauft. Eine entsprechende Bedeutung haben Taufbelehrung und die Taufe selbst in seinen Briefen (1 Kor 12,13; Röm 6,3). Paulus erhält also unmittelbar nach seiner Berufung mit einem christlichen Traditionsstrom Kontakt. Aus dieser Tradition übernimmt er wesentliche Bausteine, mit denen das Gebäude seiner Theologie errichtet wird.

Da Paulus als Christ in eine Kultgemeinde eintritt, sind die ihm vorgegebenen Überlieferungen hauptsächlich Kulttraditionen. Bei der sakramentalen Begehung des Abendmahles wird die vorpaulinische Traditionseinheit 1 Kor 11,23-25 zitiert. Zum vorpaulinischen christlichen Gottesdienst gehört die aramäische Akklamation ‚Maranatha' (1 Kor 16,22: „unser Herr, komm!"); sie gibt der eschatologischen Erwartung der vorpaulinischen Christen Ausdruck. Ein kultischer Ruf ist auch κύριος Ἰησοῦς (1 Kor 12,3). Im gottesdienstlichen Bekenntnis, wie auch in der Verkündigung allgemein, wurden kurzgefaßte kerygmatische Formeln verwendet.[90] Das Bekenntnis zu Jesus dem Auferweckten findet sich Röm 10,9 (vgl. 1 Thess 4,14). Röm 1,3f und Phil 2,6-11 liegen ausgeführtere christologische Konzepte zugrunde. Auch der Gebrauch von christologischen Hoheitstiteln (Gottessohn, Christus, Kyrios u.a.) setzt unabhängig von geprägtem Formelgut vorpaulinische christologische Reflexionsstufen voraus. Die Paränese des Paulus greift teilweise auf Gemeindeüberlieferung zurück, besonders in der Zitierung von ‚Herrenworten', die einen normsetzenden Charakter haben (vgl. 1 Kor 7,10f.12.25). Daß die Adam-Christus-Typologie vorpaulinischen Ursprungs ist und Paulus sie möglicherweise aus christlicher Tradition übernommen haben könnte, wurde schon gesagt. Denkbar ist dies auch für die Testimonien, die in den

90 Z.B. Röm 3,25; 4,25; auch 1 Thess 1,9f: eine Formel, die in der Bekehrungspredigt an die Heiden gebraucht werden konnte, da sie zwei für den christlichen Glauben grundlegende Aussagen enthält: a) Dienst gegenüber dem wahren Gott und b) Erwartung seines Sohnes Jesus, der von den Toten auferweckt wurde. – Weitere Nachweise von vorpaulinischer Akklamation, Doxologie etc. bei K. Wengst, Christologische Formeln; G. Strecker, Literaturgeschichte 95ff.

Paulusbriefen verwendet werden (vgl. den Exkurs nach A I a 1). Auch in seinen apokalyptischen Ausführungen greift Paulus auf Gemeindetraditionen zurück, wie 1 Thess 4,13ff und 5,2 zeigen.

Beispielhaft für den verschiedenartigen christlichen Traditionsstoff, der Paulus vorgelegen hat, sollen die folgenden drei Stücke stehen: Röm 1,3f; Phil 2,6-11; 1 Kor 15,3ff. Diese nach Form, Inhalt und traditionsgeschichtlicher Herkunft sehr unterschiedlichen Einheiten werden zum kerygmatischen Formelgut gerechnet, das durch eine stilisierte, geprägte Sprache gekennzeichnet ist: poetisch und formelhaft in Rhythmus, strophischem Aufbau und/oder Relativsätzen und Partizipien. ‚Kerygma' bezeichnet ursprünglich den Heroldsruf als eine Proklamation, die einen neuen Tatbestand setzt. Obwohl im neutestamentlichen Sprachgebrauch κήρυγμα die allgemeine Bedeutung von ‚Verkündigung' hat (1 Kor 1,21; 2,4), ist der eigentliche Sinn (= Anruf, Entscheidungsruf) erkennbar: Das Kerygma impliziert eine Umkehrforderung und ist zugleich inhaltlich bestimmt. Es ist geschichtsbezogen; denn es vermittelt nicht eine zeitlose Wahrheit, sondern ist in einem dreifachen Sinn an seine Zeit gebunden:

a) Die Sprache des Kerygmas ist die Sprache der Zeit des Neuen Testaments.

b) Der Aussagecharakter ist geschichtlich, da sich das Kerygma an spezifische Hörer wendet und von ihnen verbindliches Hören und Entscheidung fordert. Es ist Entscheidungsruf in eine bestimmte Situation hinein.

c) Der Inhalt des Kerygmas bezieht sich auf das Christusgeschehen zurück, d.h. auf ein Ereignis, das von der nachösterlichen Gemeinde aus gesehen in der Vergangenheit liegt. Nicht der ‚historische Jesus', wie er sich in der Zeit von 1 bis 30 darstellte, ist Gegenstand des neutestamentlichen Kerygmas, sondern der Jesus, wie ihn die Gemeinde von ihrem Osterglauben her sieht. Das neutestamentliche Kerygma ist aus dem nachösterlichen Gemeindeglauben entstanden und zugleich dessen Zeugnis.

1. Röm 1,3b-4a

E. Schweizer, Röm 1,3f. und der Gegensatz von Fleisch und Geist vor und bei Paulus, EvTh 15, 1955, 563-571; wiederabgedruckt in: ders., Neotestamentica, Zürich-Stuttgart 1963, 180-189.

P. Stuhlmacher, Theologische Probleme des Römerbriefpräskripts, EvTh 27, 1967, 374-389.

E. Linnemann, Tradition und Interpretation in Röm 1,3f, EvTh 31, 1971, 264-276.

F. Hahn, Christologische Hoheitstitel. Ihre Geschichte im frühen Christentum, FRLANT 83, Göttingen [4]1974, bes. 251ff.

M. Theobald ‚Dem Juden zuerst und auch dem Heiden, in: Kontinuität und Einheit, FS F. Mußner, hg. v. P.-G. Müller u. W. Stenger, Freiburg 1981, 376-392.

	(Jesus Christus),
3b) τοῦ γενομένου	der geboren wurde aus
ἐκ σπέρματος Δαυὶδ κατὰ σάρκα	der Nachkommenschaft Davids nach dem Fleisch,
4a) τοῦ ὁρισθέντος	der eingesetzt wurde
υἱοῦ θεοῦ	zum Sohn Gottes
ἐν δυνάμει κατὰ πνεῦμα ἁγιωσύνης	in Vollmacht nach dem Geist der Heiligkeit
ἐξ ἀναστάσεως νεκρῶν	seit (seiner) Auferstehung von den Toten.

Im dreiteiligen Präskript des Römerbriefes (Röm 1,1-7) ist die Absenderangabe mit einer kerygmatischen Formel extrem erweitert worden; es folgen Adressat und Gruß. Paulus stellt sich der ihm unbekannten Gemeinde in Rom als Apostel vor. Die Formel umschreibt den wesentlichen Inhalt des Evangeliums, zu dessen Verkündigung Paulus beauftragt wurde.

Der unpaulinische Sprachgebrauch in V.3b-4a deutet auf eine traditionelle Formel hin. Die Bezeichnung ἐκ σπέρματος Δαυίδ findet sich nur hier bei Paulus (unpaulinisch 2 Tim 2,8). Ebenso ist ὁρίζειν ein paulinisches Hapaxlegomenon. Der Partizipialstil (γενομένου, ὁρισθέντος) und der zweigliedrige Parallelismus sind charakteristisch für liturgische Sprache. Der Formel war vermutlich ein Ἰησοῦς Χριστός (wie in 2 Tim 2,8) oder ein einfaches ὁ Ἰησοῦς vorangestellt, an das sich die Partizipien anschlossen.

Nach E. Schweizer und F. Hahn waren κατὰ σάρκα und κατὰ πνεῦμα ἁγιωσύνης in der ursprünglichen Formel enthalten. Schweizer weist auf das unpaulinische πνεῦμα ἁγιωσύνης hin, das Ps 50,13 LXX; Jes 63,10f und TestLev 18,11 als alter jüdischer Ausdruck ausgewiesen sei; σάρξ – πνεῦμα meine hier den Gegensatz von irdischer und himmlischer Sphäre im gleichen Schema wie in 1 Tim 3,16; 1 Petr 3,18 und 1 Petr 4,6, während Paulus mit σάρξ – πνεῦμα den Gegensatz zwischen dem sündigen Menschen und dem heiligen Gott bezeichnet. Dem ist entgegenzuhalten, daß die LXX-Fassung in den angegebenen Stellen außer in TestLev keinesfalls πνεῦμα ἁγιωσύνης, sondern τὸ πνεῦμα τὸ ἅγιόν σου (Ps 50,13; ähnlich Jes 63,11) und τὸ πνεῦμα τὸ ἅγιον αὐτοῦ (Jes 63,10) belegt. Von einer breiten jüdischen Bezeugung kann nicht die Rede sein. Gegen die genannten Belegstellen für einen nichtpaulinischen Fleisch-Geist-Gegensatz im Rahmen eines Sphärendenkens spricht einerseits die unterschiedliche grammatische Struktur (1 Petr 3,18 und 4,6 steht der Dativ, in 1 Tim 3,16 der Dativ mit ἐν). Andererseits liegen ganz andere Bedeutungen von Fleisch und Geist vor: 1 Tim 3,16 sind die vier weiteren parallelen Bestimmungen zu beachten; eine Übersetzung von Fleisch und Geist mit ‚in der Sphäre von...' ist unmöglich. In 1 Petr 4,6 beziehen sich die Fleisch-Geist-Bestimmungen auf die Christen, nicht auf Christus. Dagegen läßt sich bei Paulus κατὰ σάρκα nicht nur als Umschreibung für das sündige Sein, sondern auch als Bezeichnung für die irdische Sphäre verstehen (vgl. Röm 9,3; 1 Kor 10,18.). Sind κατὰ σάρκα und κατὰ πνεῦμα als paulinische Einschübe zu interpretieren, so stellt sich die Frage nach der Herkunft von ἁγιωσύνης neu. E. Linnemann machte den

Vorschlag, für die Tradition ἐν δυνάμει πνεύματος ἁγιωσύνης vorauszusetzen. Problematisch, weil sprachlich hart, sind dann die beiden unverbunden nebeneinandergestellten Genitive; außerdem müßte Paulus den Genitiv πνεύματος in κατὰ πνεῦμα verändert haben. Da Paulus πνεῦμα durch eine Genitivappositon erläutern kann (z.B. Röm 8,2: πνεῦμα τῆς ζωῆς) und das Wort ἁγιωσύνη im NT ausschließlich in den paulinischen Briefen belegt ist (auch 2 Kor 7,1 und 1 Thess 3,13), ist davon auszugehen, daß κατὰ σάρκα und κατὰ πνεῦμα ἁγιωσύνης paulinische Interpretamente sind, die dem paulinischen σάρξ – πνεῦμα -Schema entsprechend nachträglich von dem Apostel in das vorgegebene Traditionsstück eingefügt wurden.

Die vorpaulinische Einheit läßt sich demnach als zweizeilige Formel rekonstruieren, die nach der Namensnennung ein gleichmäßiges dreihebiges Metrum aufweist:

Ἰησοῦς (Χριστός)

γενόμενος ἐκ σπέρματος Δαυὶδ

ὁρισθεὶς υἱὸς θεοῦ ἐν δυνάμει ἐξ ἀναστάσεως νεκρῶν.

Diese Fassung umfaßte eine Reflexion sowohl über die irdische Wirklichkeit Jesu als auch über seine himmlische Existenz. Es handelt sich nicht um das Nebeneinander der beiden (menschlichen und göttlichen) Naturen Jesu, sondern es ist ein geschichtlicher Vorgang ausgesprochen: Jesus, der Nachkomme Davids, ist zum Sohn Gottes inthronisiert worden. Beide Existenzweisen folgen aufeinander und sind voneinander geschieden; ἐξ ἀναστάσεως νεκρῶν besagt nicht den Grund der Einsetzung Jesu, sondern den Zeitpunkt seiner Erhöhung. Diese läßt sich auch als ‚Adoption' bezeichnen (vgl. Mk 1,11); die zweite Stufe überhöht die erste; der Gottessohn ist mehr als der Davidsohn; denn die Gottessohnschaft schließt die Überwindung des Todes ein.

Die Titel ‚Gottessohn' und ‚Davidsohn' werden im Neuen Testament zahlreich, aber im allgemeinen isoliert verwendet. Außer in Röm 1,3f ist nur noch Act 13,33ff eine direkte Kombination belegt. Den alttestamentlichen Hintergrund bilden Texte wie Ps 2,7; 89,1ff und die Nathanweissagung 2 Sam 7; in ihnen klingt das judäische Königsritual an. In der Nathanweissagung verheißt Jahwe dem Davidsnachkommen ein einzigartiges Gottesverhältnis: „Ich will ihm Vater sein, und er soll mir Sohn sein" (2 Sam 7,14a). Diese Aussage war Bestandteil des judäischen Königsrituals, in dem der Davidide von Gott als Sohn adoptiert bzw. legitimiert und in seine königliche Machtstellung eingesetzt wurde. Davidsnachkommenschaft und Gottessohnschaft lösen ursprünglich einander nicht ab, sondern bedingen sich gegenseitig. Die davidische Erwählung ist die Voraussetzung des Status des Gottessohnes und wird hierdurch nicht ersetzt. Daß es sich um eine Überordnung handelt, erhellt Hebr 1,1-4: Der ererbte Name Sohn ist einzigartig und höher als die Engel, die als himmlischer Hofstaat bei der Einsetzungsszene in Gottes Thronsaal als gegenwärtig gedacht sind. Daß der Davidide Jesus zum Zeitpunkt seiner Auferstehung von den Toten zum Sohn Gottes adoptiert wird, engt in Röm 1,3f die alte Inthronisationsformel durch ihre Beziehung auf den einen Davidsnachkommen Jesus Christus ein: ihm allein gilt jene Vater-Sohn-Verheißung.

Die griechische vorpaulinische Traditionseinheit stammt vermutlich aus dem hellenistischen Judenchristentum; der jüdische Heilbringer wird mit dem Nachkommen Davids identifiziert.[91] Die Formel nimmt keinen Bezug auf das Leiden Jesu und reflektiert die Sühnkraft seines Todes nicht. Demgegenüber ist der Inthronisationsgedanke zentral, der sich zeitlich mit der Auferstehung Jesu von den Toten verbindet. Die apokalyptische jüdische Erwartung der allgemeinen Totenauferstehung ist mit der Auferweckung Jesu Christi kombiniert worden, ohne daß die Erwartung Jesu, seine Parusie, angedeutet wird. Nicht die bevorstehende Ankunft Jesu als die des Menschensohnes, sondern seine Machtstellung und Herrschaft als Gottessohn ist der sachliche Inhalt dieser kerygmatischen Formel. Möglicherweise ist hiermit die Überhöhung einer ursprünglich partikularistisch-judenchristlichen Heilserwartung gegeben: Der ‚Gottessohn' durchbricht die partikularistische Beschränkung; er ist mit δύναμις begabt und ist als Herr der Gemeinde der Sieger über den Tod.

Paulus hat durch den Kontext angedeutet, wie er die Formel verstanden wissen will. Wenn er auch an anderer Stelle von der Präexistenz Jesu Christi ausgeht (z.B. Phil 2,6), so ist hier auch durch die vorangestellte prophetische Vorankündigung (V.2) alles auf die in der Formel beschriebene Doppelung von sarkischer und himmlischer Existenzweise des David- und Gottessohnes ausgerichtet. Das paulinische κατὰ σάρκα unterstreicht den irdischen sarkischen Bereich, in den die Davidsohnschaft Jesu hineingestellt ist.[92] Vielleicht ist damit sogar eine negative Qualifikation der historischen Existenz Jesu[93] bzw. seiner Einbindung in die realistische jüdische Messiaserwartung verbunden. Jedenfalls wird die irdische Seinsweise zurückgelassen und überhöht von dem Auferstandenen, dessen Auferstehung die Inthronisation zum Gottessohn bedeutet. Auch wenn die Zweigliedrigkeit der Formel sich nicht exakt auf die paulinische Missionsgeschichte anwenden läßt, so deutet sie doch einen Richtungssinn an, der in der Konzeption des Römerbriefes spürbar ist: „den Juden zuerst, und dann den Heiden" (Röm 1,16).

---

91 Vgl. die messianische Erwartung des Davidsohnes in PsSal 17,21 (1. Jh. v.Chr.).

92 Vgl. Röm 4,1: Abraham unser Vater ‚nach dem Fleisch'.

93 Möglicherweise haben die Gegner des Apostels in Korinth sich darauf berufen (vgl. D. Georgi, Die Gegner des Paulus im 2. Korintherbrief, WMANT 11, Neukirchen-Vluyn 1964, 290: „Glorifikation des irdischen Jesus"); nicht so sehr 2 Kor 5,16 als vielmehr allgemein der gegnerische Rekurs auf Jerusalem mag hiermit in Verbindung stehen.

Der Ausdruck κατὰ πνεῦμα ἁγιωσύνης als ebenfalls paulinischer Einschub macht einerseits den Herrschaftsbereich des Erhöhten sichtbar. Dieser Bereich hat eine pneumatische Qualität, so daß auch die, die ihm zugehören, in die Sphäre des Geistes eingeordnet sind. Andererseits bedeutet ἁγιωσύνη ‚Heiligung', nämlich eine ethisch einwandfreie Verhaltensweise (auch 2 Kor 7,1 und 1 Thess 3,13). Wo die Geistwirklichkeit des Erhöhten vorhanden ist, da muß auch ‚Heiligung' praktiziert werden. So wird es Paulus im Verlauf des Römerbriefes verdeutlichen (vgl. schon 1,18ff; besonders Kap. 12-15).

2. Phil 2,6-11

A. DEIẞMANN, Licht vom Osten. Das Neue Testament und die neuentdeckten Texte der hellenistisch-römischen Welt, Tübingen ^{4}1923.

K. BARTH, Erklärung des Philipperbriefes, Zürich ^{6}1947.

E. KÄSEMANN, Kritische Analyse von Phil 2,5-11, ZThK 47, 1950, 313-360, = ders., Exegetische Versuche und Besinnungen I, Göttingen ^{6}1970, 51-95.

J. JEREMIAS, Zur Gedankenführung in den paulinischen Briefen, in: Studia paulina, FS J. de Zwaan, Haarlem 1953, 146-162; wiederabgedruckt in: ders., Abba. Studien zur neutestamentlichen Theologie und Zeitgeschichte, Göttingen 1966, 269-276.

E. LOHMEYER, Kyrios Jesus. Eine Untersuchung zu Phil 2,5-11, SHAW.PH 4, Heidelberg 1927.1928; = Darmstadt ^{2}1961.

D. GEORGI, Der vorpaulinische Hymnus Phil 2,6-11, in: Zeit und Geschichte, FS R. Bultmann, Tübingen 1964, 263-293.

G. STRECKER, Redaktion und Tradition im Christushymnus Phil 2,6-11, ZNW 55, 1964, 63-78; wieder abgedruckt in: ders., Eschaton und Historie. Aufsätze, Göttingen 1979, 142-157.

R.P. MARTIN, Carmen Christi. Philippians II: 5-11 in Recent Interpretation and in the Setting of Early Christian Worship, MSSNTS 4, Cambridge ^{2}1983.

O. MICHEL, Zur Exegese von Phil 2,5-11, in: ders., Dienst am Wort. Gesammelte Aufsätze, hg. v. K. Haacker, Neukirchen-Vluyn 1986, 123-134.

U.B. MÜLLER, Der Christushymnus Phil 2,6-11, ZNW 79, 1988, 17-44.

DERS., Die Menschwerdung des Gottessohnes, SBS 140, Stuttgart 1990.

O. HOFIUS, Der Christushymnus Phil 2,6-11, WUNT 17, Tübingen ^{2}1991.

Die kerygmatischen Formulierungen sind geschichtsbezogen. So kann es die Unterscheidung zwischen den traditionsgegebenen Inhalten und der paulinischen Redaktion eines Textes verdeutlichen. Der vorpaulinische Christushymnus in Phil 2,6-11 bestätigt dies in einer anderen Weise.

	(Jesus Christus),
I. 6 α) ὃς ἐν μορφῇ θεοῦ ὑπάρχων	der, obwohl er in Gottes Gestalt war,
β) οὐχ ἁρπαγμὸν ἡγήσατο τὸ	sein Gottgleichsein
εἶναι ἴσα θεῷ	nicht wie einen Raub festhielt,
7a α)ἀλλὰ ἑαυτὸν ἐκένωσεν	sondern sich selbst entleerte,

	β) μορφὴν δούλου λαβών,	Sklavengestalt annahm,
7b	α) ἐν ὁμοιώματι ἀνθρώπων γενόμενος·	den Menschen ähnlich
	β) καὶ σχήματι	und in seiner Erscheinung wie ein
	εὑρεθεὶς ὡς ἄνθρωπος,	Mensch erfunden wurde.
8	ἐταπείνωσεν ἑαυτὸν	Er demütigte sich selbst,
	γενόμενος ὑπήκοος μέχρι θανάτου,	wurde gehorsam bis zum Tod,
	θανάτου δὲ σταυροῦ.	bis zum Tod am Kreuz.
II.9	α) διὸ καὶ ὁ θεὸς αὐτὸν ὑπερύψωσεν	Deswegen hat Gott ihn auch erhöht
	β) καὶ ἐχαρίσατο αὐτῷ τὸ ὄνομα	und hat ihm den Namen verliehen,
	τὸ ὑπὲρ πᾶν ὄνομα,	der über jedem Namen ist,
10	α) ἵνα ἐν τῷ ὀνόματι Ἰησοῦ	damit im Namen Jesu
	πᾶν γόνυ κάμψῃ	jedes Knie sich beuge,
	β) ἐπουρανίων καὶ ἐπιγείων	der Himmlischen, der Irdischen
	καὶ καταχθονίων,	und der Unterirdischen,
11	α) καὶ πᾶσα γλῶσσα ἐξομολογήσηται	und jede Zunge bekenne,
	β) ὅτι κύριος Ἰησοῦς Χριστὸς	daß Jesus Christus (der) Herr ist
	εἰς δόξαν θεοῦ πατρός.	zur Ehre Gottes des Vaters.

Ohne auf die Teilungshypothesen des Philipperbriefes einzugehen[94], läßt sich feststellen, daß dieses Traditionsstück in einem einheitlichen Zusammenhang steht. Im Großabschnitt 1,1-3,1 beschreibt Paulus das Wesen der eschatologischen Freude (χαρά) und die Art und Weise, wie sie sich im verantwortlichen Leben der Gemeinde zu bewähren hat. Dahinein ist der himmlische Lobpreis auf den Kyrios Jesus Christus gestellt. Die christologischen Aussagen des Hymnus stehen in formaler Diskrepanz zum paränetischen Kontext. Partizipial- und Relativstil reflektieren liturgische Sprache, die Terminologie ist im wesentlichen unpaulinisch. Diese Beobachtungen sprechen dafür, daß Paulus eine vorpaulinische Traditionseinheit zitiert. Außerdem läßt sich das Traditionsstück strophisch gliedern: Das Lied hat ursprünglich sechs Doppelzeilen; es besteht aus zwei Teilen, deren zweiter Teil durch διό in V. 9 markiert ist.[95] Geht man davon aus, daß der Hymnus durch eine Folge von parallelen Zeilen bestimmt ist, so ist der gesamte Vers 8 als paulinische Erläuterung von der Tradition abzugrenzen, um so mehr, als er durch paulinisches Vokabular und durch Verbindungslinien zum paulinischen Kontext geprägt ist.

---

94 Vgl. W.G. Kümmel, Einleitung 291-294; Ph. Vielhauer, Geschichte 159-162.

95 E. Lohmeyer, Kyrios Jesus 4-7, unterschied sechs Strophen zu je drei Zeilen, was sich aber syntaktisch nicht durchführen läßt. Er wies auf die Zweiteilung hin und bestimmte V.8c (θανάτου δὲ σταυροῦ) als paulinisches Interpretament.

Zur Forschungsgeschichte

Von besonderem Einfluß auf die Exegese ist die Auslegung von *K. Barth*, der sich einer konservativen orthodoxen Auslegungstradition (J.Chr.K. v. Hofmann, J. Koegel)[96] anschließt, wenn er jeden ,Verweis auf das Beispiel Christi' ablehnt. Worauf es Paulus ankomme, sei nicht die ethische Vorbildlichkeit Jesu, sondern das Hineinrufen in die Wirklichkeit der in Christus sich offenbarenden Gnade. Dies bestimmt den Christuspsalm im einzelnen; er bezeugt das Ereignis der Inkarnation. – Eine andere Auslegungstradition repräsentiert *O. Michel*. Dieser versucht, den Hymnus aus aramäischer Sprach- und Vorstellungswelt zu verstehen. Der Hymnus ist danach in der palästinischen Urgemeinde entstanden und ein Zeugnis für die älteste urchristliche Christologie, die auf Jes 53 zurückzuführen sei (Zur Exegese 124.129f). Doch ist die exegetische Begründung anfechtbar: Eindeutige Zitate aus Jes 53 bzw. aus den Knecht-Jahwe-Liedern in Deuterojesaja finden sich nur in späten Schichten des Neuen Testaments. Die für den Christushymnus als einzige auszuweisende, relativ eindeutige Zitatanspielung an Deuterojesaja läßt sich in V.10-11 ausmachen (= Jes 45,23). Sie ist nicht aramäisch, sondern griechisch geprägt (LXX-Fassung!), stammt auch nicht aus einem Knecht-Jahwe-Lied, sondern ist ursprünglich eine alttestamentliche Selbstaussage Jahwes und legt eine Identifizierung Jesu mit dem leidenden Gottesknecht nicht nahe. – Allerdings versteht *J. Jeremias* das ἑαυτὸν ἐκένωσεν (V.7) als Übersetzung des hebräischen Textes von Jes 53,12 („Er hat sein Leben in den Tod dahingegeben").[97] Aber eine derartige Übersetzung wäre unvollständig und berücksichtigt nicht, daß in V.7 von dem präexistenten Christus die Rede ist, der keineswegs mit dem irdischen Gottesknecht gleichgesetzt werden kann. – Es ist das Verdienst von *A. Deißmann*, durch die Erschließung der griechischen Papyri neue Auslegungsmöglichkeiten der neutestamentlichen Exegese eröffnet zu haben. Auch *W. Bauer* hat in seinem Wörterbuch eine große Anzahl von Parallelen zur neutestamentlichen Sprache im griechischen Raum nachgewiesen. Das urchristliche Evangelium stand in seinen Anfängen der ,Welt' in grundsätzlicher Offenheit gegenüber. So nutzt auch der Verfasser des Christushymnus bei der Interpretation des Christusereignisses Sprache und Vorstellungen seines geistigen, nicht palästinensischen, sondern hellenistischen Umfeldes.

Die vorpaulinische Fassung des Hymnus hat zwei Strophen, von denen die erste vom Abstieg, die zweite von der Erhöhung des Präexistenten handelt. Der erste Teil steht dem hellenistischen Denken sehr nahe, wie z.B. der

96 J.Chr.K. v. Hofmann, Die heilige Schrift des neuen Testaments zusammenhängend untersucht IV/3. Der Brief Pauli an die Philipper, Nördlingen 1871. – J. Koegel, Christus der Herr. Erläuterungen zu Phil 2, 5-11, BFChTh 12, 2, Gütersloh 1908.

97 J. Jeremias, ThWNT V 708; ders., Zu Phil 2,7: ἑαυτὸν ἐκένωσεν, in: ders., Abba. Studien zur neutestamentlichen Theologie und Zeitgeschichte, Göttingen 1966, 308-313. Dagegen O. Michel, Zur Exegese; auch G. Bornkamm, Zum Verständnis des Christus-Hymnus Phil 2,6-11, in: ders., Studien zu Antike und Urchristentum. GAufs. II, BEvTh 28, München ^{2}1963, 177-187.

Gebrauch des Wortes μορφή anzeigt; der zweite Teil verrät Einfluß der jüdischen Tradition durch die Zitatanspielung (V.10f). Der Hymnus entstammt offensichtlich einem vorpaulinischen hellenistischen Judenchristentum.

Wenn dieses Judenchristentum sich im Anschluß an das überkommene Schema vom Himmelsabstieg und -aufstieg eines Himmelswesens zum Christus bekennt, so in der Weise, daß der Christus sich des göttlichen Seins, des Gottgleichseins entäußerte, um sich in die menschliche Seinssphäre zu erniedrigen. Das grammatische Subjekt ist ‚Christus Jesus' (V.5). Christus bleibt auch in seiner Niedrigkeit mit sich selbst identisch. Er ist auch als der Inkarnierte das himmlische Wesen; er ist nicht Gott *und* Mensch, sondern als göttliches Wesen wurde er Mensch. Das entscheidende Faktum im Erlösungsdrama ist die Erniedrigung dieses himmlischen Wesens. Von hier aus begründet sich die Inthronisation (διό in V.9 weist ursprünglich auf V.7 zurück). Der Abstieg ist der Anlaß zur Erhöhung. Hierdurch erhält der Christus mehr als je zuvor; war er zuvor als der Präexistente seinem Wesen nach ‚Gott gleich', so erhält er nun eine überragende Machtstellung. Sinn der Inthronisation ist die Einsetzung zum Kosmokrator. Die Gemeinde bekennt sich zum Namen des Christus als des Kyrios, des Herrschers über den Kosmos (V.9b). Hiervon zu unterscheiden ist das Bekenntnis der kosmischen Mächte (V.10-11), das durch den ἵνα-Satz grammatisch von der Situation der gegenwärtigen Gemeinde abgegrenzt ist. Die allumfassende Huldigung der Schöpfungswelt gegenüber Christus als dem Kyrios wird erst in der Zukunft erfolgen. Die Aussagerichtung des Hymnus weist auf diese apokalyptische Zukunft. Mag auch in der Gegenwart die Weltherrschaft des Kyrios Jesus Christus verborgen sein und lediglich im glaubenden Bekenntnis der Gemeinde vergegenwärtigt werden, von der endzeitlichen Zukunft ist die alles umfassende Offenbarung der Herrschaft Jesu zu erwarten.

Die Frage nach der Soteriologie des vorpaulinischen Hymnus ist aus dem Zusammenhang mit der Christologie und ihrer apokalyptischen Ausrichtung zu beantworten; denn wenn auch eine Soteriologie ohne christologische Voraussetzungen grundsätzlich denkbar ist, so impliziert doch jede Christologie auch eine Soteriologie. Die Verbindung zwischen dem Soter und denen, die von ihm gerettet werden, besteht darin, daß der Erlöser den Weg vorangeht, den die Erlösten noch beschreiten werden. Die Überwindung der Leiblichkeit, d.h. der irdisch-vorfindlichen Welt, wie sie durch die Erhöhung Jesu Christi zum Kyrios sich ereignet hat, bedeutet für die Gemeinde Begründung ihrer eschatologischen Hoffnung. So wie der Christus an der Sphäre der irdischen Leiblichkeit Anteil hatte und ihr sodann entnommen wurde, so wird es auch den Glaubenden geschehen; spätestens dann, wenn dem Kyrios als dem Kosmokrator von allen Weltmächten gehuldigt wird. Die apokalyptische Aussageintention hat in Phil 3,20f eine nahe Entsprechung, die vermutlich derselben Traditionsschicht wie der Hymnus angehört („unser Staatswesen ist in den Himmeln; aus ihm erwarten wir auch den Herrn Jesus Christus als Retter").

Durch Hinzufügung von V.8 und durch die Einordnung des Traditionsstückes in den Kontext hat Paulus die ursprüngliche christologisch-soteriologische Aussage des Hymnus spezifisch interpretiert. Es handelt sich nun nicht mehr primär um den Ausdruck der apokalyptischen Erwartung, sondern um die Feststellung, daß das Christusgeschehen eine ethisch-normative Bedeutung hat. Der Tiefpunkt des Abstiegs des Christus ist nicht die Inkarnation, sondern das in Gehorsam ertragene Todesleiden. Darin entspricht der Erniedrigte dem Willen Gottes, wie dieser sich im Erlösungsdrama konkretisiert. Der am Kreuz sich realisierende Gehorsam des Christus ist das Motiv seiner Inthronisation. Dies bedeutet für die Gemeinde, daß der Menschgewordene durch seinen Gehorsam ihr zum Vorbild wird.[98] Dies setzt den paulinischen Indikativ voraus und zeigt eine enge Verbindung zwischen Indikativ und Imperativ. Weiß sich die Gemeinde durch den Indikativ des Erlösungsgeschehens bestimmt, ist sie in den Christusbereich eingeordnet, so wird ihr auch die Verhaltensweise des Kyrios zu einer ethisch-vorbildhaften Norm. Dieser Sinn der paulinischen Interpretation zeigt sich an der Verklammerung von V.8 (ἐταπείνωσεν: ‚er demütigte sich':) mit V.3, der Forderung, sich in Demut (ταπεινοφροσύνη) zu bewähren, und an der Verbindung von ὑπήκοος (V.8) mit ὑπηκούσατε (V.12). Eine ähnliche ethische Interpretation des Personseins Christi findet sich auch in Röm 15,3ff. Nicht das sittliche Vorbild des historischen Jesus, sondern Erniedrigung und Erhöhung des präexistenten Kyrios haben für die Gemeinde eine solche ethisch-normative Bedeutung. Die Frage, ob eine Alternative zwischen dem Verständnis des erniedrigten Präexistenten als Urbild oder als Vorbild zu sehen ist, wie dies in der älteren Exegese mit unterschiedlichen Ergebnissen vorgeschlagen wurde[99], läßt sich nicht bejahen. Der Hymnus enthält beides: indikativische und imperativische Elemente. Dies ist auch gegenüber neueren Interpretationen festzustellen.[100]

---

98 Entsprechend ist der elliptische Einleitungssatz τοῦτο φρονεῖτε ἐν ὑμῖν ὃ καὶ ἐν Χριστῷ Ἰησοῦ (2,5) nicht eindeutig in einem christologischen oder ekklesiologischen Sinn auszulegen. Das Fehlen des Verbs in V.5b läßt beide Möglichkeiten zu: die Erinnerung an die fundamentale Konstituierung der Gemeinde durch das voraufgehende Christusgeschehen (‚was auch in Christus Jesus war'), aber auch die Reflexion über die das ethische Leben der Gemeinde normierende Verhaltensweise (‚was auch in Christus Jesus sich ereignen soll'). Das Einbezogensein in die Christuswirklichkeit bedeutet für die christliche Gemeinde Gabe und Aufgabe.

99 Vgl. E. Käsemann, Kritische Analyse 81.

100 U.B. Müller, Der Brief des Paulus an die Philipper, ThHK 11/1, Berlin 1993, 111-113, führt Mt 23,12par als Parallele für das paränetische Erniedrigungs-

3. 1 Kor 15,3a-5a

H. Conzelmann, Zur Analyse der Bekenntnisformel 1 Kor 15, 3-5, EvTh 25, 1965, 1-11.

K. Lehmann, Auferweckung am dritten Tag nach der Schrift. Früheste Christologie, Bekenntnisbildung und Schriftauslegung im Lichte von 1 Kor 15,3-5, QD 38, Freiburg 1968.

H. Grass, Ostergeschehen und Osterberichte, Göttingen ^{4}1970.

H. v.Campenhausen, Der Ablauf der Osterereignisse und das leere Grab, SHAW.PH, Heidelberg ^{4}1977.

F. Mußner, Zur stilistischen und semantischen Struktur der Formel 1 Kor 15,3-5, in: Die Kirche des Anfangs, FS H. Schürmann, Freiburg 1978, 405-416.

P. Hoffmann (Hg.), Zur neutestamentlichen Überlieferung von der Auferstehung Jesu, WdF 522, Darmstadt 1988.

G. Lüdemann, Die Auferstehung Jesu. Historie. Erfahrung. Theologie, Stuttgart 1994.

3a		(παρέδωκα γὰρ ὑμῖν ...	(Ich habe euch weitergegeben...,
		ὃ καὶ παρέλαβον)	was ich auch übernommen habe),
3b	I	ὅτι Χριστὸς ἀπέθανεν	daß Christus gestorben ist
		ὑπὲρ τῶν ἁμαρτιῶν ἡμῶν	für unsere Sünden
		κατὰ τὰς γραφὰς	nach den Schriften
4	II	καὶ ὅτι ἐτάφη	und daß er begraben wurde
	III	καὶ ὅτι ἐγήγερται	und daß er auferweckt wurde
		τῇ ἡμέρᾳ τῇ τρίτῃ	am dritten Tage
		κατὰ τὰς γραφὰς	nach den Schriften
5a	IV	καὶ ὅτι ὤφθη Κηφᾷ.	und daß er dem Kephas erschien.

Durch den Einsatz ὅτι Χριστός ist die Traditionseinheit deutlich nach oben abgegrenzt. Die Abgrenzung nach unten ist schwieriger, da die Aufzählung der Auferstehungszeugen erst mit der Nennung des Paulus (V.8) endet, die selbstverständlich nicht zu einer vorpaulinischen Formel gehört haben kann. Die in V.6-7 genannten Glieder bilden keine ursprüngliche Einheit. Dagegen ist die gleichmäßige Aufzählung des ersten Teils durch das nebengeordnete καὶ ὅτι bestimmt; dies legt nahe, das Traditionsstück mit V.5a zu begrenzen. Hierfür spricht nicht nur die allein auf Simon Petrus bezogene Erscheinungsformel Lk 24,34, sondern auch die paulinische Anreihungspartikel εἶτα, mit der die Aufzählung in V.5b fortgesetzt wird.

Erhöhungsschema an und will eine Nähe zur Weisheitstradition (Prov 29,23; Sir 2,3f u.a.) nachweisen. Der Hymnus (ohne V.8c und 11c) fordert demnach zur Imitatio Christi auf, preist die freiwillige Erniedrigung Christi und zeigt, daß Gott mit Christus die Gültigkeit des alten Tun-Ergehens-Zusammenhang demonstriert hat.

Die Einsicht, daß an dieser Stelle ein Traditionsstück vorliegt, findet sich zuerst bei J.W. Straatmann[101]. Nach A. Seeberg[102] referiert Paulus in 1 Kor 15, 3-5 eine Formel. A.v. Harnack[103] rekonstruiert zwei konkurrierende traditionsgegebene Formeln: 1) V.3b-5: eine Doppelerscheinung des Auferstandenen vor Petrus und den Zwölf, 2) V.7 eine Doppelerscheinung vor Jakobus und allen Aposteln. Diese Doppelüberlieferung reflektiere die Gegensätze in der Jerusalemer Urgemeinde, in der sich die Ansprüche des Petrus und des Jakobus gegenüberstehen. Gegen diese Hypothese ist jedoch einzuwenden, daß beide Formeln nicht gleichwertig sind, da die zweite lediglich Namen aufzählt und kaum jemals selbständig gestanden haben wird; demgegenüber muß die Verbindung mit einer kerygmatischen Aussage ursprünglich gewesen sein. Wahrscheinlicher hat Paulus die vorgefundene Formel (V.3b-5a) sekundär erweitert, indem er weitere Namen aus mündlicher Tradition anfügte.

Die vorpaulinische Formel enthält vier Zeilen von unterschiedlichem Gewicht. Betont sind die Zeilen I und III; hier wird der wesentliche Inhalt des Kerygmas dargestellt: Tod und Auferweckung Jesu. Die zweite Textzeile (II) hat die Aufgabe, den Tod Jesu zu bestätigen; durch die Grablegung wird das Faktum des Todes demonstriert. Diese Zeile hat demnach kein Eigengewicht, bezeugt auch nicht etwa vorbereitend das Faktum des leeren Grabes. Auch Zeile IV bezieht sich auf die voraufgehende Zeile (III) zurück; sie unterstreicht die Aussage, daß Jesus auferweckt wurde: Die Erscheinung vor Kephas demonstriert die Tatsache der voraufgegangenen Auferweckung Jesu.

Jedoch ist die Formel nicht allein an dem Faktum von Tod und Auferweckung Jesu interessiert, sondern sie interpretiert: der Tod geschah ‚für unsere Sünden nach den Schriften'; der Tod Jesu wird als ‚Sühntod' verstanden. So entspricht es dem Zeugnis der Schrift und damit dem Willen Gottes, wie dieser im Alten Testament aufgezeichnet wurde.[104] Intendiert ist die allgemeine Feststellung: Das sühnende Sterben Jesu ist schriftgemäß; eine bestimmte Schriftstelle braucht nicht vorausgesetzt zu sein (vgl. Mk 14,49).

Auch Zeile III ist durch einen Schriftbezug erweitert worden; dieser schließt an den Ausdruck ‚auferweckt am dritten Tag' unmittelbar an.[105] Es

---

101 J.W. Straatmann, De realiteit van's Heeren opstanding uit de dooden en hare verdedigers, Groningen 1862.

102 A. Seeberg, Der Katechismus der Urchristenheit, Leipzig 1903 (= TB 26, München 1966, 50ff).

103 A. v.Harnack, Die Verklärungsgeschichte Jesu, der Bericht des Paulus 1 Kor 15,3ff und die beiden Christusvisionen des Petrus, SPAW.PH, Berlin 1922, 62-80.

104 Die Vermutung, daß Jes 53,8f („aus dem Lande der Lebenden wurde er hinweggetilgt, wegen der Sünde meines Volkes zu Tode getroffen; und man gab ihm sein Grab bei den Gottlosen") zugrundeliegt (J. Jeremias, Die Abendmahlsworte Jesu, Göttingen [4]1967, 97), ist nicht zweifelsfrei abzusichern.

105 Verfehlt ist die Behauptung von B.M. Metzger (Ein Vorschlag zur Bedeutung von

ist wiederum fraglich, ob an eine bestimmte Schriftstelle gedacht ist (etwa Hos 6,2: „am dritten Tag wird er uns aufrichten, daß wir leben vor ihm"). Auch hier könnte die allgemeine Feststellung im Hintergrund stehen, daß das Ereignis der Auferweckung am dritten Tag prinzipiell schriftgemäß ist. Dabei kann an dieser Stelle offenbleiben, ob ‚am dritten Tag' die ersten Erscheinungen des Auferstandenen stattgefunden haben oder ob dieses Datum lediglich aus Hos 6,2 abgeleitet worden ist.[106]

Die Erwähnung des Erscheinungszeugen gibt einen Hinweis auf den Entstehungsgrund der Formel. Kephas ist der aramäische Name für Simon Petrus. Da er an der Spitze des Zwölferkreises gestanden hat und zeitweilig Leiter der Urgemeinde gewesen ist, könnte man vermuten, daß die Formel aus Jerusalem stammt. Jedoch sind die Argumente für eine Rückübersetzung ins Aramäische nicht stichhaltig.[107] Der Ausdruck κατὰ τὰς γραφάς ist keine semitische Wendung. Gleiches gilt für das artikellose Χριστός. Die Formel stammt aus dem griechischen Sprachbereich. Dies muß nicht ausschließen, daß sie auf palästinischen Boden zurückgeht. Sie weist dann aber wohl nicht nach Jerusalem[108], sondern eher nach Galiläa; denn die ersten Auferstehungserscheinungen haben in Galiläa stattgefunden. Möglicherweise waren die Verfasser hellenistisch-judenchristliche Missionare. Es spricht nichts dafür, daß die Formel speziell in Antiochien abgefaßt worden ist. Theoretisch kommen alle Gebiete in Frage, in denen vor Paulus ein hellenistisches Judenchristentum verbreitet war.

---

1 Kor 15,4b, in: P. Hoffmann <Hg.>, Zur neutestamentlichen Überlieferung von der Auferstehung Jesu, WdF 522, Darmstadt 1988, 126-132), wonach sich ‚nach den Schriften' nur auf ‚er wurde auferweckt' bezieht. Ähnlich J. Roloff, Neues Testament, Neukirchen-Vluyn[4]1985, 197: „Tod und Auferweckung Jesu gelten hier als die zwei entscheidenden Heilsereignisse. Jedes von ihnen ist von zwei Interpretamenten begleitet: die Sterbensaussage durch ‚für unsere Sünden' und ‚nach den Schriften', die Auferweckungsaussage durch ‚am dritten Tage' und wiederum ‚nach den Schriften'" ... „die Schriftgemäßheit wird nicht vom Sterben Jesu für unsere Sünden, sondern generell von seinem Sterben und analog nicht von seiner Auferweckung am dritten Tage, sondern generell von seiner Auferweckung ausgesagt." – Die grammatische Struktur der Verse spricht gegen diese Hypothese.

106 Weniger wahrscheinlich Mt 12,40 (Jona 2,1); vgl. die Auflistung von weiteren, aber noch weniger überzeugenden Erklärungsversuchen bei H. Graß, Ostergeschehen 127ff.

107 Anders J. Jeremias, a.a.O.; vgl. dazu die Kritik von H. Conzelmann, EvTh 25, 1965, 1-11, bes. 5.

108 Gegen H. Conzelmann, a.a.O. 8; dieser hält die These, daß die Formel bzw. ihre vorbereitende Tradition in Jerusalem entstanden sein könnte, nicht für ausgeschlossen, aber nicht für wahrscheinlich. Die Überlieferung von den Erscheinungen wanderte bald nach Jerusalem, wo der Zwölferkreis beheimatet ist.

Die Formel sagt für Predigt und Unterweisung das Faktum und die Heilsbedeutung des Todes Jesu aus und ebenso die Tatsache der Auferweckung Jesu, wie sie durch die Erscheinungszeugen belegt wird. Wie der Tod Jesu an seiner Grablegung demonstriert wird, so ist auch die Auferweckung Jesu nicht ein Faktum an sich, sondern nur insoweit als Tatsache zu verifizieren, als sie in den Erscheinungen erfahren wird. Die Auferweckung Jesu wird nicht durch das leere Grab ‚bewiesen', sondern in den Visionen der Zeugen erfahren. Das Christuskerygma ist demnach wesenhaft Kerygma der Zeugen. Das Jesusereignis als Inhalt des Kerygmas ist von der Zeugenschaft nicht ablösbar. Dies bedeutet freilich nicht, daß Jesus ausschließlich in das Kerygma eingegangen und zu einer bloßen Idee verflüchtigt wäre, vielmehr enthält das Kerygma konstitutiv einen Bezug auf historische Ereignisse. Diese sind jedoch nicht ‚bruta facta historiae', sondern gedeutete Geschehnisse; denn der Verweis auf die Historie geschieht nicht außerhalb des Kerygmas.

Paulus hat die gegebene Formel erweitert, indem er nach ‚Kephas' weitere Erscheinungszeugen nennt (V.6-7): die Zwölf, den führenden Kreis der Urgemeinde, zu dem Petrus als Leiter gehörte; dann die Erscheinung vor den fünfhundert Brüdern, die nicht mit dem Pfingstereignis zu identifizieren ist[109], sondern eine im übrigen unbekannte Erscheinungsepisode widerspiegelt. Daß von den fünfhundert Brüdern die meisten am Leben sind, sprengt den reinen Aufzählungsstil und zeigt die paulinische Intention an; sie besagt: Diese Angaben sind nachprüfbar.

Jakobus ist der Herrenbruder; ‚alle Apostel' meint einen Kreis von Missionaren, die den Ap326teltitel trugen und nicht mit den Zwölf identisch sind. Paulus stellt sich selbst in diese Reihe als der letzte hinein. Hierdurch wird sein Zeugnis wie das der anderen Zeugen autorisiert. Als der letzte Erscheinungszeuge steht er am Endpunkt einer historischen Reihe, welche seinen Anspruch, Apostel zu sein, legitimiert. So sagt er es in der Konfrontation mit den korinthischen Pneumatikern. Spiritualisieren diese das Auferstehungsgeschehen und setzen sie sich enthusiastisch über den Tod hinweg, so hat demgegenüber die paulinische Beweisführung die Intention, den historischen Vorbehalt zum Ausdruck zu bringen: Die Auferstehung Jesu ist nicht nur auf ein innerliches Erleben beschränkt, sondern sie ist eine ‚historische' Wirklichkeit. Daher wird auch die künftige Auferstehung ‚wirklich' geschehen.

109 Diese These wurde von C.H. Weiße, Die evangelische Geschichte kritisch und philosophisch bearbeitet, Leipzig 1838, 416-420, vertreten, später von E. v.Dobschütz und A. v.Harnack; vgl. dazu S. MacL. Gilmour, Die Christophanie vor mehr als fünfhundert Brüdern, in: P. Hoffmann (Hg.), a.a.O. 133-138. Weitere Veröffentlichungen von S. MacL. Gilmour bei G. Lüdemann, Auferstehung 240 Anm. 403.

Mit dieser Argumentation betont Paulus in einer für ihn singulären Weise die historische Grundlage seiner Verkündigung. So wurde es ihm durch die Auseinandersetzung mit den Gegnern aufgezwungen. Das ursprüngliche Kerygma ist in Richtung auf die Historie ausgeweitet worden, so daß die Auferweckung Jesu den Anschein eines beglaubigenden Mirakels erhält.[110]

II. Die Person des Christus

Seine Bekehrung und Berufung zum Apostel führt Paulus auf eine ,Offenbarung des Gottessohnes' zurück, d.h. auf die Erkenntnis Christi, welche die Grundlage zu einem neuen Sein legt (Gal 1,16). Daher hat die Theologie des Paulus einen christologischen Ausgangspunkt. An ihrem Anfang steht weder eine Gottes- noch eine Schöpfungslehre, auch ist nicht vom paulinischen Gesetzes- oder Rechtfertigungsverständnis auszugehen. Ist Christus die Zuwendung und der Anspruch Gottes an den Menschen, so bedeutet dies, daß das Gottesverständnis in die paulinische Interpretation des Christusgeschehens einbezogen ist. Aus diesem Grund soll das Folgende bei der Person des Christus einsetzen. Erst an zweiter Stelle wird von der Befreiung durch Christus zu handeln sein. Dies entspricht der klassischen Unterscheidung zwischen Person und Werk Jesu Christi. Das Werk des Christus ist nicht zu erkennen ohne das Objekt dieses Werkes, den Menschen. Die Befreiung durch Christus kann nicht dargestellt werden, ohne vom erlösten Menschen zu reden. Deshalb wird der dritte Abschnitt zugleich die anthropologischen Elemente der paulinischen Theologie zur Sprache bringen.

Sind Christen nach paulinischem Verständnis Menschen, die durch das Christusgeschehen befreit worden sind, so ist die Kirche die Gemeinschaft der Freien (Teil IV). Dies bedeutet: Paulus kann das eschatologische Heilsgut als eine gegenwärtige Größe verstehen. Aber es gilt auch für die Zukunft:

---

110 So etwa Apg 17,31. – R. Bultmann sieht einen Widerspruch zwischen der paulinischen Beweisführung in 1 Kor 15,1ff und dem eigentlichen Inhalt der Verkündigung des Apostels; er stellt in Auseinandersetzung mit K. Barth fest, daß und „wie fatal diese Argumentation ist" (Neues Testament und Mythologie, in: Kerygma und Mythos I, Hamburg 1948, 15-53, 48). In der Tat steht die Beweisführung des Paulus in Spannung zur vorausgesetzten Unableitbarkeit seiner christlichen Überzeugung wie auch zu der Tatsache, daß das Kreuzes- und Auferstehungsgeschehen von ihm sonst als Teil des eschatologischen Heilsereignisses verstanden ist, das sich der rationalen Beweisführung entzieht und in seinem eigentlichen Sinn nur durch den Glauben erfahren werden kann.

Die Kirche ist die Gemeinschaft derer, die ‚auf Hoffnung' (Röm 8,24) erlöst sind. Dementsprechend wird der letzte Teil die Entfaltung der eschatologischen Vorstellungen in extenso darstellen (Teil V: Die Zukunft der Freien). Die Eschatologie des Paulus umschreibt keinen ‚locus de novissimis', ist also kein dogmatischer Lehrtopos, der am Ende der Dogmatik abgehandelt wird, sondern die Eschatologie ist in allen theologischen Aussagen enthalten.

a) Die Namen des Christus

R.H. FULLER, The Foundation of New Testament Christology, London 1965.

K. BERGER, Zum traditionsgeschichtlichen Hintergrund christologischer Hoheitstitel, NTS 17, 1970/71, 391-425.

H. BRAUN, Der Sinn der neutestamentlichen Christologie, Gesammelte Studien zum Neuen Testament und seiner Umwelt, Tübingen[3]1971, 243-282 (zuerst in: ZThK 54, 1957, 341-377).

F. HAHN, Christologische Hoheitstitel. Ihre Geschichte im frühen Christentum, FRLANT 83, Göttingen [4]1974.

J.D.G. DUNN, Christology in the Making, London 1980.

S. KIM, The Origin of Paul's Gospel, WUNT II/4, Tübingen [2]1984.

H. Braun hat die Disparatheit der neutestamentlichen Christologien aufgezeigt, wie sie z.B. in der Differenz der Christologie des Johannes und Paulus einerseits und der Synoptiker andererseits zum Ausdruck kommt, und daraus die Folgerung gezogen: Die Anthropologie ist die Konstante, die Christologie jedoch die Variable. Dagegen ist einzuwenden, daß die anthropologischen Aussagen der neutestamentlichen Schriftsteller von den christologischen nicht zu isolieren sind. Da sie in einem engen Zusammenhang mit der Christologie stehen, muß die Disparatheit der Christologie auch eine Disparatheit der Anthropologie zur Folge haben. So können es die unterschiedlichen christologischen Hoheitstitel, die sich bei Paulus finden, verdeutlichen: Die ausnahmslos vorpaulinischen Christustitel repräsentieren ursprünglich verschiedenartige theologische Konzeptionen.

1. Davidsohn

W. WREDE, Jesus als Davidssohn, in: ders., Vorträge und Studien, Tübingen 1907, 147-177.

E. LOHSE, Art.: υἱὸς Δαυίδ, ThWNT VIII, 1969, 482-492.

C. BURGER, Jesus als Davidssohn, FRLANT 98, Göttingen 1970.

F. HAHN, Art.: υἱός, EWNT III, 1983, 912-937.

M. KARRER, Der Gesalbte. Die Grundlagen des Christustitels, FRLANT 151, Göttingen 1991.

Der Titel υἱὸς Δαυίδ findet sich bei Paulus nicht, aber er ist in der vorpaulinischen Bekenntnisformel Röm 1,3 vorausgesetzt. ‚Davidsohn' ist eine jüdische Messiasbezeichnung, die allerdings exakt erst nachalttestamentlich belegt ist.[1] Sie nimmt die alttestamentliche Verheißung von einem ewigen davidischen Königtum (2 Sam 7,12-16) bzw. die Erwartung eines ‚Davidsprosses' (Jer 23,5; 33,15; Sach 3,8; 6,12) auf und kennzeichnet nicht allein den Nachkommen des jüdischen Königs David, sondern mit der Vorstellung von der physischen davidischen Abstammung verbinden sich Heilserwartungen. Im antiken Judentum ist der ‚ben David' der erwartete Messias, ein Heilbringer, der die Zukunft des jüdischen Volkes zu einem großartigen Abschluß bringt. Ein solcher Messias ist ein messianischer Heerführer. Das Heil, das er bringt, ist politisches Heil. Die Erwartung seines Kommens trägt apokalyptische Züge.[2]

Das Urchristentum hat diesen Titel übernommen und auf Jesus übertragen. Die Stammbäume Jesu (Mt 1,1ff; Lk 3,23ff) wollen aufzeigen, daß Joseph, der Vater Jesu, ein Nachkomme Davids gewesen ist. Die beiden Genealogien im Matthäus- und Lukasevangelium differieren jedoch erheblich. Es handelt sich offenbar um sekundäre Konstruktionen, die das Theologumenon von der Davidsohnschaft Jesu voraussetzen. Dabei scheint die hellenistische Vorstellung von der Jungfrauengeburt erst später eingearbeitet zu sein (Mt 1,16), da die Stammbäume ursprünglich auf Joseph als den natürlichen Vater Jesu angelegt sind. Beachtung verdient in diesem Zusammenhang die Notiz Eusebs (Eus HistEccl III 19f), die sich auf den Bericht des Hegesipp beruft. Danach hat der Kaiser Domitian zwei Nachkommen des Herrenbruders Judas vorgeladen, weil sie zur Sippe Davids gehörten und von ihnen offenbar politische Unruhen befürchtet wurden. Wenn die Datierung dieser Notiz zutrifft, haben am Ende des 1. Jahrhunderts christliche Herrenverwandte ihren Stammbaum auf David zurückgeführt. Jedoch ergibt sich daraus keine Authentizität des Stammbaums Jesu. Möglicherweise ist in seiner Familie das Bewußtsein, zur Verwandtschaft Davids zu zählen, erst als Folge des Theologumenons von Jesus als dem messianischen Davidsohn aufgekommen.

Die Perikope von der Davidsohnfrage (Mk 12,35-37par; vgl. Apg 2,34) enthält mit der Gegenüberstellung von Davidsohn und Kyrios eine deutliche Kritik an der Davidsohnchristologie. Sie ist nur unter Schwierigkeiten als schriftgelehrte Disputation über das Verhältnis der beiden Titel zueinander

---

1 Ps Sal 17,21; vgl. Jes 11,1-9; Ez 34,23; 37,24; Ps 89,21; vgl. auch Am 9,11-15; Mi 5,1-5; Sach 4,1-14.

2 Vgl. äthHen 45,3ff; 46; 4 Esr 7,28ff; 12,32; PsSal 17,21; 4 QJes 11; 4 QPatr 3-5; 4 QFlor 10-13.

zu begreifen[3], auch versucht sie nicht, das gegebene Problem im Sinn einer Zweistufenchristologie (vgl. Röm 1,3f) aufzulösen.[4] Sie läßt erkennen, daß die Übertragung des Titels ‚Davidsohn' auf Jesus in der frühchristlichen Überlieferung umstritten gewesen ist.

Die Davidsohnchristologie entstand vermutlich im Judenchristentum, das Jesus als den an das jüdische Volk gesandten Heilbringer, als den Erfüller der den Vätern gegebenen Verheißungen verehrte. So gehört sie ursprünglich einer nationalen, partikularistischen Religiosität an. Von dem jüdischen Verständnis hat sich die heidenchristliche Christologie entfernt. Der Begriff ‚Davidsohn' ist entpolitisiert worden; auch eine apokalyptische Ausrichtung ist in den frühen christlichen Zeugnissen nicht nachzuweisen.[5] Überleben konnte dieser Titel als Bestandteil von kerygmatischen Formeln (‚Nachkomme Davids': neben Röm 1,3 besonders 2 Tim 2,8) oder der biographischen Überlieferung (Lk 1,27; 2,11) und vor allem aber im Zusammenhang mit Heilungsperikopen, die im Leben Jesu spielen und so den jüdisch-nationalen Hintergrund zur erzählerischen, literarischen Voraussetzung haben.[6] Sie dienen der erbaulichen Absicht des Erzählers. Doch auch in den Bekenntnisformeln hat das Verständnis Jesu als eines Nachkommens des Königs David keine überragende Bedeutung, sondern ist anderen christologischen Bezeichnungen untergeordnet.

2. Gottessohn

G.P. Wetter, Der Sohn Gottes, FRLANT 26, Göttingen 1916.

E. Norden, Die Geburt des Kindes, Geschichte einer religiösen Idee, SBW 3, Leipzig-Berlin ²1931.

H. Windisch, Paulus und Christus. Ein biblisch-religionsgeschichtlicher Vergleich, UNT 24, Leipzig 1934.

W. Kramer, Christos, Kyrios, Gottessohn, AThANT 44, Zürich-Stuttgart 1963.

Ph. Vielhauer, Erwägungen zur Christologie des Markusevangeliums, in: ders., Aufsätze zum Neuen Testament, TB 31, München 1965, 199-214.

E. Lohse, Art.: υἱός, ThWNT VIII, 1969, 361-363.

P. Pokorný, Der Gottessohn. Literarische Übersicht und Fragestellung, ThSt 109, Zürich 1971.

---

3 So E. Lohse, ThWNT VIII 488.

4 Vgl. J. Gnilka, Das Evangelium nach Markus, EKK II 2, Zürich-Einsiedeln-Köln-Neukirchen-Vluyn 1979, 171.

5 Anders F. Hahn, Christologische Hoheitstitel 242-251; danach ist die älteste Tradition der Davidsohnchristologie apokalyptisch (Belege: Lk 1,68-75 und Apk 5,5).

6 Mk 10,47fpar; Mt 9,27; 12,23; 15,22; vgl. 21,9.15.

G. DELLING, Die Bezeichnung ‚Söhne Gottes' in der jüdischen Literatur der hellenistisch-römischen Zeit, in: J. Jervell and W.A. Meeks (edd.), God's Christ and his People, Oslo 1977, 18-28.

M. HENGEL, Der Sohn Gottes. Die Entstehung der Christologie und die jüdisch-hellenistische Religionsgeschichte, Tübingen ²1977.

C.H. TALBERT, What is a Gospel? The Genre of the Canonical Gospel, Philadelphia 1977.

H. MERKLEIN, Zur Entstehung der Aussagen vom präexistenten Sohn Gottes, in: G. Dautzenberg-H. Merklein-K. Müller (Hgg.), Zur Geschichte des Urchristentums, QD 87, Freiburg-Basel-Wien 1979, 33-62.

Der Titel υἱὸς (τοῦ) θεοῦ verweist zunächst auf das Judentum, in dem der König Israels indirekt als ‚Gottessohn' bezeichnet werden konnte. Ps 2,7 bietet einen Beleg, der von einer königlichen Inthronisation spricht, die dadurch erfolgt, daß Jahwe den König Israels als seinen Sohn anerkennt, d.h. ihn adoptiert bzw. legitimiert.[7] Ebenso läßt sich die Nathanprophezeiung an den König David in 2 Sam 7,11f.14 im Sinn einer königlichen Messianologie verstehen.[8] Adoption, Amtseinsetzung und Herrschaftsübertragung sind die Kennzeichen der israelitisch-jüdischen Gottessohn-Messianologie.[9] Von hier aus ist ein unmittelbarer Zugang zur paulinischen Gottessohnchristologie nicht zu gewinnen. Der israelitische König als Sohn Jahwes hatte selbstverständlich nationale und politische Funktionen. Wenn der Jesus der Evangelien ‚Gottessohn' genannt wird, so nicht, um ihn als politischen Herrscher darzu-

---

7 Vgl. auch Ps 89, 4-5.20-38.

8 Vgl. 2 Sam 7,14a („Ich will ihm Vater sein, und er soll mir Sohn sein"). Eine messianologische Interpretation der Stelle findet sich in 4 QFlor I 11-13; s. auch 1 QSa II 11.

9 E. Lohse, ThWNT VIII 361-363, zeigt, daß das nachbiblische Judentum vom ‚Sohn Gottes' nur in Zitaten der messianischen Verheißung (Ps 2,7; 2 Sam 7,14a) geredet hat, sonst aber diese Bezeichnung für den Messias vermied; so wird in 4 QFlor I, 11-13 zwar 2 Sam 7,14 zitiert, aber der Begriff ‚Sohn Gottes' nicht gebraucht. Im äthHen 105,2 ist ‚mein Sohn' sekundär, in 4 Esr 7,28; 13,32.37.52; 14,9 wird für das Griechische der Ausdruck παῖς zugrundeliegen. – Die Vermutung von F. Hahn, daß in der alttestamentlich-jüdischen Tradition „neben der Vorstellung vom Messias als Gottessohn auch der Titel Sohn Gottes verwendet wurde" (EWNT III 916), hat in den Texten bisher keine Grundlage. Aufgrund des monotheistischen jüdischen Gottesverständnisses und der mit dem Titel ‚Sohn Gottes' nahegelegten physischen Komponente ist ein derartiger messianologischer Sprachgebrauch eher unwahrscheinlich. Das schließt nicht aus, daß das antike Judentum die Israeliten als ‚Söhne Gottes' (Dtn 14,1; Weish 9,7; 12,19.21) oder auch das Volk Israel (Ex 4,22; Weish 18,13) oder einen einzelnen Frommen (Weish 2,18; JosAs 21,4) als ‚Sohn Gottes' bezeichnen konnte.

stellen[10], sondern er ist einem mit übernatürlicher Kraft begabten Gottmenschen vergleichbar, wie er im Griechentum und im Hellenismus als ‚Sohn Gottes' bekannt ist. Ein θεῖος ἀνήρ ist ein Göttersohn, der wie Herakles oder andere antike Heroen über die Erde schreitend wunderbare Machttaten vollbringt. So vollzieht Jesus Heilungswunder, Exorzismen und Machttaten, die ihn als ein übernatürliches, übermenschliches Wesen ausweisen. Schon das hellenistische Judentum übertrug die Gottmensch-Vorstellung auf alttestamentliche Gestalten.[11] Im hellenistischen Bereich wird diese Vorstellung in einem physischen Sinn ausgelegt. Die Übernatur dieses himmlischen Wesens kommt in seinen Werken, aber auch in seiner naturhaften Beschaffenheit zum Ausdruck. Im Neuen Testament wird solche physische Qualität vorausgesetzt, wenn Jesus als der Jungfrauensohn verstanden ist. Hier macht hellenistisches Judenchristentum den Christus des Glaubens in einer hellenistischen Umwelt heimisch (Mt 1,18ff; Lk 1,26ff). Dagegen ist die Adoption Jesu bei der Taufe in größerer Nähe zur alttestamentlich-jüdischen Königsmessianologie zu sehen, wobei möglicherweise – wie vielleicht auch auf die Verklärungsperikope (Mk 9,2), in der Jesus als Gottessohn proklamiert wird – ein altägyptisches Thronritual einwirkt.[12]

---

10 Verhältnismäßig selten ist zwar die Bezeichnung von hellenistischen Herrschern mit dem Titel ‚Gottessohn' (vgl. aber A. Deißmann, Licht vom Osten 294-296). In der Regel wird die Herrscherdynastie mit dem jeweiligen Staatsgott in Verbindung gebracht. In der griechischen Welt gab es die Vorstellung, daß Heroen wie Herakles Zeus als Vater und eine Sterbliche als Mutter hatten (Hom Il 19,98ff). Von berühmten Philosophen wie Plato oder Aristoteles wurde behauptet, sie seien von Apollo gezeugt (Plut QuaestConv VIII 1,2; Orig Cels I 37; Diog Laert 3,2; 5,1; Apul De Platone I). In der stoischen Popularphilosophie wird aus der alten Vorstellung von Zeus als Vater von Göttern und Menschen diejenige einer allgemeinen Vaterschaft des Zeus (Epict Diss I 3,1). Auch wird im griechischen Raum vom Gottessohn Herakles behauptet, er sei zum Olymp gefahren und habe dort göttliche Funktionen übernommen (Apollodor II 7,7), ebenso auch von θεῖοι ἄνδρες, etwa von Apollonius von Tyana (Philostr VitAp VIII 30) oder Peregrinos Proteus (Luc PeregrMort 36,39). Vgl. W. v. Martitz, ThWNT VIII 336; vgl. auch unten B III c 3.

11 Siehe auch zum Ganzen H. Windisch, Paulus und Christus; C.H. Holladay, THEIOS ANER in Hellenistic Judaism: A Critique of the Use of This Category in New Testament Christology, SBL.DS 40, Missoula-Montana 1977. Vgl. Philo Gig 60ff (Abraham), Sacr 9 (Mose), Plant 29 (David), Imm 138f (Elia); auch Jos Ant III 180.318 (Mose), X 35 (Jesaja). Philo bezeichnet aufgrund von Dtn 33,1 Mose auch als ‚Gottesmann' (Mut 25.125); vgl. auch JosAs 21,4 (Joseph als ‚Sohn des Höchsten').

12 Vgl. E. Norden, Geburt des Kindes 166ff; Ph. Vielhauer, Erwägungen zur Christologie 212f.

Bei Paulus ist der Titel υἱὸς θεοῦ primär nicht auf den irdischen Jesus, sondern auf den erhöhten Christus bezogen. Er begegnet in Formeln vorpaulinischer Tradition und in paulinischen Wendungen.[13] Für die vorpaulinische Gottessohn-Überlieferung ist zu unterscheiden:

1. die *Adoption* zum Gottessohn[14] und

2. die *Sendung* (ἐξαποστέλλειν) des Gottessohnes. Eine Sendungsformel findet sich Gal 4,4f („Als die Erfüllung der Zeit gekommen war, sandte Gott seinen Sohn, von einer Frau geboren, dem Gesetz unterworfen, damit er die dem Gesetz Unterworfenen loskaufte, so daß wir die Sohnschaft erlangten.").[15] Die Sendung des Sohnes begründet die Sohnschaft der Christen. Paulus interpretiert dies, indem er die ‚Sohnschaft' mit Geistbesitz und Erbschaft identifiziert (Gal 4,6f).

3. Die *Dahingabe* des Sohnes ist Röm 8,32 ausgesagt („Er hat seinen eigenen Sohn nicht verschont, sondern ihn für uns alle dahingegeben"), auch Gal 2,20 (der Gottessohn, „der mir Liebe erwiesen und sich für mich dahingegeben hat"). Das ‚Dahingeben' (παραδιδόναι) kann mit der Annahme der irdischen Existenz identisch sein (so Phil 2,7: λαβών), im paulinischen Sinn handelt es sich primär um die Übernahme der Passion. Gott ist das handelnde Subjekt: Der Sohn ist durch den göttlichen Beschluß dem Todesleiden ausgeliefert. Er gibt sich dem Willen seines Vaters hin, der von ihm Unterwerfung unter das Kreuzesgeschick verlangt. Dies bedeutet für die Glaubenden: Ihre Existenz gründet sich auf das ‚extra nos', auf den Kreuzestod des Gottessohnes Jesus Christus als des Offenbarers. Diese Tatsache wird dadurch unterstrichen, daß Paulus Christus als den präexistenten Gottessohn versteht (vgl. Phil 2,6). In diesem Sinne interpretiert Paulus auch die Sendungs- und Dahingabeformeln.

Eine besondere Stellung innerhalb der Gottessohnchristologie hat 1 Thess 1,9b-10, eine vorpaulinische Formel, die vermutlich aus der hellenistisch-judenchristlichen Mission stammt.[16] Sie ist zweigliedrig, indem sie zum Dienst gegenüber Gott und zur Erwartung seines Sohnes vom Himmel her auffordert.[17] Die vorausgesetzten Adressaten sind Heiden; denn für Juden ist der

---

13 Paulus verwendet den Titel in eigener Formulierung: Röm 1,3.9; 5,10; 8,29; 1 Kor 1,9; 15,28; 2 Kor 1,19; Gal 1,16; 4,6.

14 Vgl. Röm 1,4.

15 Vgl. auch Röm 8,3 (πέμψας).

16 Vgl. anders T. Holtz, Der erste Brief an die Thessalonicher, EKK VIII, Zürich-Einsiedeln-Köln-Neukirchen-Vluyn 1986, 60ff; dazu oben.

17 E. Schweizer, Art.: υἱός, ThWNT VIII 372, geht von einem ursprünglich vom

monotheistische Glaube selbstverständlich. Der Gottessohnbegriff findet sich hier im Zusammenhang der Parusieerwartung. Gilt der Gottessohn als der ‚Retter' vor dem zukünftigen Zorn, so ist er Garant für die Sicherheit der Glaubenden beim künftigen Gericht. Ein so dezidiert apokalyptischer Zug ist im Rahmen der Gottessohnchristologie singulär.

Das letzte Beispiel zeigt im Vergleich mit den übrigen Stellen, daß die neutestamentliche Gottessohnchristologie disparat ist. Schon aufgrund der verschiedenartigen Beeinflussung durch jüdische und hellenistische Vorstellungswelt konnte dieses Prädikat in unterschiedlichem christologischen Zusammenhang Verwendung finden. Im wesentlichen sind zwei Elemente substantiell schon vor Paulus mit diesem Titel verknüpft: 1. die Vorstellung der Adoption in Entsprechung zur alttestamentlich-jüdischen bzw. altägyptischen Königsideologie, 2. die physische Komponente, wie sie sich vor allem mit dem Theologumenon der Jungfrauengeburt verbunden hat, die dem hellenistisch-paganen Bereich nähersteht. Im einzelnen war der Begriff υἱὸς (τοῦ) θεοῦ adaptionsfähig. Dies ist der Grund, weshalb er bei Paulus nicht auf bestimmte theologische Topoi beschränkt ist. Er ist in der paulinischen Theologie zur allgemeinen Bezeichnung für den Träger des eschatologischen Heilsgeschehens geworden.

3. Kyrios

W. Bousset, Jesus der Herr. Nachträge und Auseinandersetzungen zu Kyrios Christos, FRLANT 25, Göttingen 1916.

Ders., Kyrios Christos. Geschichte des Christusglaubens von den Anfängen des Christentums bis zu Irenaeus, FRLANT 21, Göttingen [2]1921.

W. Foerster, Art.: κύριος, ThWNT III, 1938, 1038-1056.1081-1095.

W. Fauth, Art.: Kyrios, Kyria, KP III 413-417.

S. Schulz, Maranatha und Kyrios Jesus, ZNW 53, 1962, 125-144.

Ph. Vielhauer, Ein Weg zur neutestamentlichen Christologie? in: ders., Aufsätze zum Neuen Testament, TB 31, München 1965, 141-198.

R. Hanhart, Drei Studien zum Judentum, TEH 140, München 1967, 57-62.

J.A. Fitzmyer, Der semitische Hintergrund des neutestamentlichen Kyriostitels, in: G. Strecker (Hg.), Jesus Christus in Historie und Theologie, FS H. Conzelmann, Tübingen 1975, 267-298.

Ders., Art.: κύριος, EWNT II, 1981, 811-820.

Eine zentrale Stellung innerhalb der paulinischen Theologie nimmt der Kyriostitel ein. Bousset stellte die einflußreiche These auf, daß κύριος ein

---

Menschensohn ausgesagten Satz aus, den Paulus durch Einfügung des Gottessohntitels neu interpretiert habe.

hellenistisch-orientalischer Titel sei, der ursprünglich auf pagane Kultgottheiten angewendet und vom hellenistischen Christentum auf Jesus übertragen wurde. Hierdurch sei Jesus als Heilbringer des christlichen Glaubens von den Gottheiten der hellenistischen Kulte abgesetzt worden. Gegen diese These scheint zunächst zu sprechen, daß Jesus nach Ausweis der synoptischen Evangelien mit Kyrios angeredet wurde; doch muß gefragt werden, ob der Titel in die Zeit Jesu zurückreicht[18]; denn es ist zu beachten, daß das Bild Jesu in den synoptischen Evangelien übermalt wurde. Soweit dort ein kultischer Sprachgebrauch erkennbar ist, entstammt er der christlichen Gemeindeüberlieferung. Für den historischen Jesus läßt sich allenfalls die Anrede mit dem aramäischen ‚Mare' (מָרֵא) vermuten, das dann ins Griechische übersetzt wurde (= κύριε).[19] Freilich ist dies nicht gesichert, und in keinem Fall ließe sich aus solchem Sprachgebrauch eine Aussage über den christologischen Hoheitscharakter Jesu ableiten.

Gegen Boussets These sprechen schwerwiegendere Bedenken: So die frühchristliche Akklamation ‚Maranatha' 1 Kor 16,22: מָרַנָא תָא ‚Unser Herr, komm!'.[20] Die aramäische Formel dürfte aus der palästinischen Urgemeinde stammen; sie ist unübersetzt in den Gottesdienst der hellenistischen Gemeinden des Paulus übernommen worden. Hier erhält Jesus in Verbindung mit dem Suffix der 1. Pers. plur. die aramäische Prädikation ‚Mare'. Die Urgemeinde konnte dabei an die Gottesbezeichnung anknüpfen, wie sie schon im Danielbuch vorliegt.[21] Auch aramäische Inschriften zeigen, daß orientalische Gottheiten als ‚Mare' angesprochen wurden.[22] Die Qumranliteratur hat drei Belege für die Verwendung des absoluten (מָרֵא) bzw. des status emphaticus (מָרְאָ) als Gottesbezeichnung.[23] Allerdings ist die vollständige Gleichung ‚Jahwe-מָריא-κύριος' hiermit noch nicht gegeben.[24] Auch ist sol-

---

18 So F. Hahn, Christologische Hoheitstitel 74ff.

19 So F. Hahn, a.a.O. 81f; danach war die ursprüngliche Form mit dem Suffix der 1. Person מָרִי wechselnd mit רַבִּי in Umlauf.

20 Eine andere Möglichkeit ist, ‚Maranatha' (מָרַן אֲתָא = ‚Unser Herr ist gekommen') zu lesen. Jedoch ist aufgrund von Apk 22,20 die imperativische Interpretation wahrscheinlicher.

21 מָרֵא steht hier freilich nur in der Konstruktusverbindung: Dan 2,47 וּמָרֵא מַלְכִין (Herr der Könige) und Dan 5,23 מָרֵא שְׁמַיָּא (Herr des Himmels).

22 Vgl. die Belege bei H. Donner-W. Rölling, KAI 1-3, Wiesbaden 1962-1964; [3]1973 (Band 2: Kommentar Nr. 201.246-248.251.256).

23 11 QTgIjob 34,12 (24,6); 1 QGenApoc 20,12f.15; 4 QEn[b] 1, IV 5 = äthHen 10,9; vgl. K. Beyer, Die aramäischen Texte vom Toten Meer samt den Inschriften aus Palästina, des Testamentes Levi aus der Kairoer Genisa, der Fastenrolle und den alten talmudischen Zitaten, Göttingen 1984, 175.238.292.

24 Zu Recht: J.A. Fitzmyer, Der semitische Hintergrund 293.

cher religiöser Sprachgebrauch nicht verbreitet gewesen. Jedoch wird hierdurch der christlich-aramäische Sprachbereich erkennbar, der ermöglichte, mit der Suffixform ‚Maranatha' eine spezifische Würde Jesu auszusagen, die im Zusammenhang der apokalyptischen Vorstellungswelt steht. Sie entspricht der ebenfalls apokalyptischen Menschensohnvorstellung: Wie der ‚Tag des Menschensohnes' für die Endzeit erwartet wird[25], so ist in der Akklamation Maranatha die Überzeugung ausgesprochen, daß Jesus als der Mare-Kyrios bei seiner Parusie erscheinen wird.[26]

Die Anrufung Jesu als ‚unser Herr' oder auch als ‚mein Herr' läßt sich nicht mit dem absoluten ὁ κύριος bzw. dem Vokativ κύριε identifizieren, der im griechischsprachigen Urchristentum aufgekommen ist.[27] Dieser Sprachgebrauch ist bis in die heidenchristliche Gemeinde zurückzuverfolgen. Hier wirkt – wie W. Bousset zu Recht erkannte – die hellenistisch-kultische Kyriosvorstellung ein. Für sie ist charakteristisch, daß Jesus der gegenwärtige Kultheros ist.[28] Setzt Paulus solche Vorstellung voraus[29], so bezeugt er daneben die Verbindung mit dem genetivus possessivus, wie sie dem palästinischen Sprachgebrauch entspricht.[30]

Den traditionsgeschichtlichen Übergang von der apokalyptischen Mare-Kyrios-Anrede der palästinischen Urgemeinde zur hellenistisch-christlichen Prädikation für den gegenwärtigen Kyrios dokumentiert der Philipperbriefhymnus (Phil 2,6-11). Die zweite Strophe unterscheidet eine Zeitfolge: V.9 enthält das Bekenntnis der Gemeinde zu ihrem Herrn, dessen Name von ihr ‚jetzt' verehrt wird. Dagegen richten sich die folgenden Verse 10-11 auf die endzeitliche Zunkunft; erst dann wird die apokalyptische Huldigung der kosmischen Mächte stattfinden. Hier ist die apokalyptisch-palästinische Mare-

---

25 Dan 7,13f; äthHen 45,3; 62,1; 61,5 (Tag des Auserwählten); 4 Esr 13,3; 13,52 (Tag des Knechts); Lk 17,22-30 (Tage des Menschensohnes).

26 R. Bultmann, Theologie 54f, entzieht sich dieser Erkenntnis, wenn er postuliert, daß מָרֵא in dieser Formel ursprünglich nicht auf Jesus, sondern auf Gott bezogen worden sei; dies ist kaum wahrscheinlich, da Gott im Judentum nur selten mit מַר angeredet wurde und außerdem die griechischen Übertragungen dieses Rufes eindeutig auf Jesus ausgerichtet sind (Apk 22,20; Did 10,6).

27 Vgl. Lk 6,46: κύριε κύριε; Apk 22,20: ἔρχου κύριε Ἰησοῦ. – Anders J.A. Fitzmyer, a.a.O. 267-298.

28 Ebenso werden heidnische Kultgottheiten, z.B. Asklepios, in ihrem Kult als gegenwärtig gedacht; vgl. auch die Bezeichnung der Mysteriengöttin Isis als Kyria; W.Foerster, ThWNT III 1048ff.

29 Vgl. zum absoluten ὁ κύριος Phil 2,11; 1 Kor 8,6; Phlm 5 u.ö.

30 Z.B. 1 Thess 1,3: Hoffnung auf *unseren* Herrn Jesus Christus; Röm 1,4; 1 Kor 1,7f; 9,1; Gal 6,14 u.ö.

Kyrios-Christologie verwendet worden.[31] Der Christushymnus des Philipperbriefes vereinigt die judenchristlich-palästinische mit der heidenchristlich-hellenistischen Christologie.

Während Paulus mit der apokalyptischen Maranathaakklamation also einen aramäisch-palästinischen Hintergrund in der Gemeindeliturgie voraussetzt, greift er beim absoluten Sprachgebrauch auf die hellenistische Tradition zurück.[32] Dies könnte nahelegen, die Einwirkungen des Septuagintatextes auf die Ausprägung des Kyriostitels nicht allzu hoch zu veranschlagen. Damit steht in Einklang, daß in den Septuagintafassungen, die von Juden für Juden geschrieben wurden und vermutlich für den gottesdienstlichen Gebrauch bestimmt waren, das Tetragramm יהוה in hebräischen Buchstaben wiedergegeben und nicht übersetzt wurde.[33] Demnach ist die Übersetzung des Tetragramms mit ‚Kyrios' für die paulinische Zeit nicht allgemein vorauszusetzen. Jedoch zitiert Paulus Septuagintatexte, in denen das Tetragramm mit Kyrios wiedergegeben ist.[34] Schwerlich handelt es sich hierbei ausschließlich um paulinische oder christliche Eigenprägungen[35], sondern Paulus greift auf von Juden für Griechen angefertigte Übersetzungen zurück; auch mag man mit dem Einfluß der mündlichen Tradition rechnen.[36] Wie dies auch im Einzelfall beurteilt wird: Paulus kann den Titel, der in der überwiegenden Anzahl der von ihm zitierten Texte auf Jahwe bezogen ist, sowohl auf Gott als auch auf Christus anwenden.

Wahrscheinlich wurde schon in der vorpaulinischen christlichen Überlieferung im Anschluß an das griechische Alte Testament der Titel Kyrios auf Jesus als den Christus bezogen. Das wörtliche Zitat aus Joel 2,23

---

31 Vgl. außer der Zitatanspielung von Jes 45,23 LXX auch Jes 45,25 LXX (ἀπὸ κυρίου).

32 Vgl. 1 Kor 8,5: „wie es ja viele Götter und Herren gibt"; κύριοι steht hier als Bezeichnung für Kultgottheiten.

33 Umstritten ist, ob dies eine alte Textfassung repräsentiert oder nicht vielmehr das Tetragramm an die Stelle eines ursprünglicheren κύριος getreten ist; so allerdings mit überzeugenden Gründen A. Pietersma, Kyrios or Tetragram: A Renewed Quest for the Original LXX, in: De Septuaginta, FS J.W. Wevers, Missisauga/Ont. 1984, 85-101.

34 Vgl. 1 Kor 3,20; Röm 9,28f; 10,16; 11,3.34 u.ö.; s. auch 1 Thess 4,6.

35 Gegen Ph. Vielhauer, Ein Weg zur neutestamentlichen Christologie; vgl. zu Recht R. Hanhart, Drei Studien zum Judentum 59f.

36 So D.A. Koch, Die Schrift als Zeuge 86f: z.Zt des Paulus war es selbstverständlich, das Tetragramm mündlich durch κύριος zu ersetzen. So war die schriftliche Verwendung von κύριος durch Paulus keine besondere Neuerung. Dies entspricht dem Sprachgebrauch des antiken hellenistischen Judentums; vgl. Philo Somn I 163; Abr 121; All 96; Plant 86; Mut 15.19.24; Weish 3,10; 4,18; 2 Makk 2,8; 3,33 u.ö. (gegen H. Conzelmann, Theologie 102).

(LXX: 3,5) in Röm 10,13 ist bei Paulus nicht mit Gott, sondern mit Christus in Verbindung gesetzt.[37] Entsprechend wird die korinthische Gemeinde als Gemeinschaft von Menschen bezeichnet, die ‚den Namen unseres Herrn Jesus Christus anrufen'.[38] In dieser vorpaulinischen Bezeichnung für die christliche Gemeinde ist der Kyriostitel der Septuaginta auf Jesus übertragen worden.[39] Der Vorgang der Übertragung der Gottesbezeichnung der Septuaginta auf Jesus steht neben den übrigen Faktoren, die den Kyriostitel prägen, hat aber für das Verständnis des Titels bei Paulus eine wichtige Bedeutung. Jesus Christus kann mit den Eigenschaften des alttestamentlichen Schöpfergottes ausgestattet werden. So ist in 1 Kor 10,26 auf der Grundlage von Ps 23,1 (LXX) die universale (Schöpfer-)Macht Jahwes auf Christus übertragen worden: „Dem Kyrios gehört die Erde und was sie füllt." Ähnlich zeigt es der Philipperbriefhymnus, in dem die kosmische Huldigung vor Jahwe nunmehr dem Kyrios Jesus Christus gilt.[40]

Kyrios bezeichnet den kosmischen Herrn der Gemeinde. So sagt es auch die vorpaulinische Formel 1 Kor 8,6:

> Ein Gott, der Vater, von dem alle Dinge sind und wir zu ihm, und ein Kyrios, Jesus Christus, durch den alle Dinge sind und wir durch ihn.

Hier sind Präexistenz- und Schöpfungsvorstellung mit dem Kyriostitel verbunden. In dieser Weise wird sie im hellenistischen Judenchristentum im Einflußbereich des stoischen Denkens entstanden sein. Die ‚Herrschaft' Christi zeigt sich an der gegenwärtig wirksamen kosmischen Dimension seines Wirkens. Dies kommt jeweils im Schlußgruß der paulinischen Briefe zur Sprache[41] und ebenso im Briefeingang.[42] Neben dem Schöpfergott der alttestamentlich-jüdischen wie auch der hellenistischen Tradition steht der Kyrios

37 Röm 10,13: Πᾶς γὰρ ὃς ἂν ἐπικαλέσηται τὸ ὄνομα κυρίου σωθήσεται.

38 1 Kor 1,2; vgl. Apg 2,21; 9,14.21; 22,16.

39 Vgl. Dtn 4,7; Ps 98,6 LXX; 1 Chr 13,6.

40 Phil 2,10f.

41 1 Thess 5,28: „Die Gnade unseres Kyrios Jesus Christus sei mit euch." Der Genitiv τοῦ κυρίου ist ein genetivus auctoris (die Gnade wird von dem Kyrios Jesus gegeben), erst an zweiter Stelle ein genetivus obiectivus: die χάρις, die der Kyrios Jesus gewährt, ist er selbst. – Vgl. Röm 16,20; 1 Kor 16,23; Gal 6,18; Phil 4,23; 2 Kor 13,13.

42 1 Kor 1,3: „Gnade sei mit euch und Friede von Gott, unserem Vater, und dem Kyrios Jesus Christus." In dieser Salutatio sind hellenistische und jüdische Elemente vereinigt: χάρις scheint den Gruß χαίρειν des griechischen Briefes widerzuspiegeln, während εἰρήνη orientalischen Grußgewohnheiten entspricht. Vgl. 2 Kor 1,2; Gal 1,3; Phil 1,2; 1 Thess 1,1; Röm 1,7 u.ö.

Jesus, der – anders als die ‚vielen Herren' der heidnischen Kulte – an der umfassenden Herrschaft seines Vaters teilhat.

Kyrios ist ursprünglich ein Appellativum, eine Bezeichnung, die der Ergänzung durch einen Namen bedarf. Daher ruft die Gemeinde ursprünglich nicht κύριε, sondern κύριος Ἰησοῦς (1 Kor 12,3; Röm 10,9), und das endzeitliche Bekenntnis der kosmischen Mächte lautet: κύριος Ἰησοῦς Χριστός (Phil 2,11). Daß sich solche Erwartung in der Gegenwart der Gemeinde schon realisiert hat und der Kyriostitel mit der Vorstellung der gegenwärtigen Herrschaftsausübung des Kyrios Jesus verknüpft ist, zeigt die Verbindung mit dem Begriff ‚Name' (ὄνομα): Im Namen des Kyrios Jesus vereinigt sich die Versammlung der Gemeinde, um den Sünder dem Satan zu übergeben (1 Kor 5,4f). Der Name Ἰησοῦς ist mehr als eine bloße Benennung; er hat eine fast magische Kraft und umschreibt nicht nur das Bestehen eines Machtbereiches, vielmehr wird mit der Nennung des Namens der Machtbereich des Kyrios Jesus aufgerichtet. Wo der Name Jesu ausgesprochen wird, da ist der Kyrios Jesus mächtig.

Auch das Wesen der apostolischen Verkündigung läßt sich in dieser Perspektive erfassen. Nach 2 Kor 4,5 geschieht in der Predigt die Ausdehnung des Herrschaftsbereiches des Christus; denn durch das Wort des Apostels wird die Gemeinschaft derer begründet, die den Namen des Kyrios Jesus anrufen und sich in den Machtbereich Jesu einfügen. Im übrigen hat die Nennung des Namens des Kyrios Jesus für das gottesdienstliche Leben eine konstitutive Bedeutung: In der Taufe wird im Zusammenhang mit dem Akt des Taufens der Name des Kyrios Jesus ausgesprochen und so der Täufling der Macht des Kyrios Jesus unterstellt. 1 Kor 6,11 spiegelt den Einfluß der Taufliturgie wider:

> Ihr seid abgewaschen worden, ihr seid geheiligt worden, ihr seid gerechtfertigt worden durch den Namen des Kyrios Jesus Christus und durch den Geist unseres Gottes.

Der Geist ist die Taufgabe; er bezieht den Täufling in die eschatologische Heilswirklichkeit ein. Dasselbe geschieht bei der Erwähnung des Namens des Kyrios Jesus Christus. Es ist nicht allein das Wasser, das in der Verbindung mit dem Geist eine eschatologische Qualität besitzt, sondern das Anrufen des Namens Jesu setzt einen neuen Tatbestand; es bedeutet Verleihung der eschatologischen Heilsgabe durch Einordnung des Getauften in den Herrschaftsbereich des Kyrios Jesus.

Das Abendmahl trägt bei Paulus die Bezeichnung ‚Herrenmahl' (1 Kor 11,20: κυριακὸν δεῖπνον), weil es unter dem Gebot und der Verheißung des Kyrios vollzogen wird. Es vermittelt Gemeinschaft mit dem erhöhten Herrn; dem entspricht die Bezeichnung 'Tisch des Herrn' (1 Kor 10,21: τράπεζα κυρίου).

Durch Wort und Sakrament werden die Glaubenden dem Machtbereich des Kyrios unterstellt. Das gesamte Leben der Glaubenden erhält von dem Kyrios die Norm des Handelns. Aufgabe der Christen ist ‚dem Herrn zu dienen' (Röm 12,11: τῷ κυρίῳ δουλεύειν), bzw. ‚dem Herrn zu gefallen' (1 Kor 7, 32: ἀρέσκειν τῷ κυρίῳ). Das konkrete Tun und Erleben der Glaubenden ist nicht vom Kyrios abgelöst; es geschieht vielmehr ‚im Herrn' (ἐν κυρίῷ)[43]: Der Kyrios ist die in der Gemeinde gegenwärtige Autorität, die alle Äußerungen des Lebens der Glaubenden umfaßt.[44]

Kyrios meint im wesentlichen den erhöhten, gegenwärtigen Herrn der Gemeinde; so auch 2 Kor 3,17, wo die Weise der Gegenwart des Kyrios zugleich erklärt wird: „Der Herr ist der Geist" (ὁ κύριος τὸ πνεῦμά ἐστιν).[45] W. Bousset hielt diese Textstelle für die Zentralaussage der paulinischen Christologie. Christusglaube ist danach wesentlich Geistglaube. Man darf die Textaussage sicherlich nicht aus ihrem Kontext herauslösen – es handelt sich um eine exegetische Erläuterung des Paulus zu einem vorausgehenden alttestamentlichen Zitat (Ex 34,34), in dem der Gegensatz ‚Buchstabe – Geist' angesprochen ist –, aber es gilt doch: Wer dem Kyrios angehört, der ist nicht mehr der alten Ordnung des Buchstabens, sondern der neuen des Geistes eingegliedert (2 Kor 3,6). Die Kopula ἐστίν hat demnach nicht nur eine explikative Funktion, wonach Kyrios lediglich πνεῦμα ‚bedeutet'. Vielmehr legt V.18 nahe, daß dem erhöhten Herrn der Gemeinde ein pneumatisches Sein eignet. Paulus beabsichtigt hier nicht nur eine Interpretation des Kyriosbegriffs durch die Pneumavorstellung, sondern führt in die Nähe einer Identifikation: Wer in der Gemeinschaft mit dem Kyrios lebt, der befindet sich in der Sphäre des Geistes. Freilich kennt Paulus keine mystische Einheit von Christus bzw. den Christen und dem Geist, sondern er unterscheidet zwischen dem ‚Geist Christi' und den Glaubenden (Phil 1,19), und er differenziert, wenn er von der göttlichen Sendung des Geistes Christi spricht (Gal 4,6). Andererseits kann ‚Geist Gottes' durch ‚Geist Christi' aufgenommen werden (Röm 8,9); und es überbrückt die unterschiedliche Begrifflichkeit, wenn Paulus feststellt, daß die ‚Gemeinschaft des heiligen Geistes' zugleich

---

43 So besonders im paränetischen Zusammenhang: Röm 14,14; 1 Kor 4,17; 7,22.39; 9,1f; 11,11; 15,58; Gal 5,10; Phil 3,1; 4,1; 1 Thess 3,8.

44 Aus diesem Grund kann F. Neugebauer, Das Paulinische ‚In Christo,, NTS 4, 1957/58, 124-138, 128; ders., In Christus. Eine Untersuchung zum paulinischen Glaubensverständnis, Göttingen 1961, zu der Feststellung gelangen, ‚Christus' bei Paulus sei ein personifizierter Indikativ, dagegen bezeichne Kyrios den personifizierten Imperativ. Ist diese Auslegung auch einseitig, wie sich im folgenden zum Christustitel zeigen wird, so ist doch zu Recht betont, daß Kyrios im paränetischen Zusammenhang eine wichtige Funktion hat.

45 Vgl. F.W. Horn, Angeld des Geistes 324-345.

Gemeinschaft mit der ‚Gnade des Kyrios Jesus Christus' und der ‚Liebe Gottes' ist (2 Kor 13,13).

Paulus bezeichnet aber nicht nur den gegenwärtigen, sondern auch den vergangenen, irdischen Jesus als den Kyrios. Dieser setzte das Herrenmahl in der Nacht ein, als er verraten wurde (1 Kor 11,23). Das Heilsgeschehen der Vergangenheit ist ein Geschehen um den Kyrios Jesus: Er wurde von den Juden getötet (1 Thess 2,15), ist am Kreuz gestorben (Gal 6,14) und wurde vom Tod auferweckt (Röm 4,24).

Wie die Vergangenheit, so ist auch die Zukunft durch die ‚Herrschaft' (κυριότης) Jesu bestimmt. Konkretes Ziel der Hoffnung der Gemeinde ist die Parusie des Kyrios Jesus (1 Thess 2,19). Zielpunkt der Zukunftserwartung ist der ‚Tag des Kyrios Jesus' (1 Kor 1,8; 2 Kor 1,14). In der Zukunft wird der Kyrios als der ‚Retter' (σωτήρ) erscheinen (Phil 3,20). Diese Zukunftsausrichtung entspricht der Akklamation ‚Maranatha' in ihrer apokalyptischen Bedeutung und reflektiert die jüdisch-palästinische Wurzel des Kyriostitels.

Kyrios ist das zentrale christologische Prädikat der paulinischen Theologie. Paulus verwendet es bevorzugt, wenn er ohne Bindung an die Überlieferung formuliert. Dies ist der Grund, weshalb sich wesentliche Strukturen des paulinischen Denkens an dem Gebrauch dieses Titels in den Briefen des Apostels ablesen lassen.

4. Christus

W. Grundmann, Art.: χρίω etc., ThWNT IX, 1973, 482-476.

M. Hengel, Erwägungen zum Sprachgebrauch von Χριστός bei Paulus und in der ‚vorpaulinischen Überlieferung', in: M.D. Hooker-S.G. Wilson (edd.), Paul and Paulinism. Essays in honour of C.K. Barrett, London 1982, 135-159.

M. de Jonge, The Earliest Christian Use of Christos. Some Suggestions, NTS 32, 1986, 321-343.

M. Karrer, Der Gesalbte. Die Grundlagen des Christustitels, FRLANT 151, Göttingen 1991.

Bei dem Titel ὁ Χριστός (‚der Gesalbte') handelt es sich ursprünglich um die Übersetzung des alttestamentlich-hebräischen מָשִׁיחַ, das im alten Israel den politischen Herrscher kennzeichnete. Eine ‚Salbung' ist auch für Propheten[46] und für Priester[47] überliefert. Als ‚Gesalbter Jahwes' (מְשִׁיחַ יְהוָה)[48] hat der israelitische König eine die übrigen Volksgenossen überra-

46 1 Kön 19,15f; vgl. Jes 61,1.

47 Num 4,3.5.16; 6,15.

48 1 Sam 24,7ff; 2 Sam 1,14ff; vgl. Ps 2,2; in den Davidpsalmen 18,51; 20,7; 28,8.

gende, übernatürlich qualifizierte Autorität. Zur Bezeichnung des eschatologischen Heilbringers, des ‚Messias', wird der Titel erst durch die Beziehung auf die Zukunft. Diese Funktion besitzt der Terminus in der vorexilischen Heilsweissagung wie der eines Jesaja noch nicht, in der die königliche Gestalt eines messianischen Heilbringers zwar für die Zukunft erwartet wird, aber der Titel ‚Messias' nicht belegt ist. In der nachexilischen Prophetie (Haggai und Sacharja) werden Hoffnungen auf einen König und einen Hohenpriester als Heilbringer ausgesprochen; diese werden Sach 4,14 in Anwendung des Bildes von zwei Ölbäumen die beiden בְּנֵי־הַיִּצְהָר (‚Söhne des Öls'), d.h. Gesalbte, genannt, allerdings nur im Rahmen einer bald wieder erlöschenden eschatologischen Naherwartung. Erst in der apokalyptischen Literatur des nachbiblischen Judentums bezeichnet ‚Messias' den eschatologischen Heilbringer.[49] Zur Zeit Jesu ist die jüdische Messianologie außerordentlich disparat. In Qumran werden zwei Messiasse der Endzeit erwartet, ein priesterlicher Messias aus Aaron und ein politischer, königlicher Messias aus Israel.[50]

Jesus hat sich wahrscheinlich nicht als Messias ausgegeben.[51] Wenn Jesus sich für den Messias gehalten und ausgegeben hätte, müßte man erwarten, daß die synoptische Überlieferung eine klare Auseinandersetzung mit der jüdischen Messianologie der Zeit Jesu tradiert hätte. Das ist nicht der Fall; der sogenannte Titulus am Kreuz (Mk 15,26par: ὁ βασιλεὺς τῶν Ἰουδαίων) kann für diese These nicht herangezogen werden. Das Auftreten des historischen Jesus ist mit dem Johannes' des Täufers zu vergleichen. Demnach hat Jesus nicht den Anspruch erhoben, der nationale Messias des jüdischen Volkes, vielmehr ein Prophet der Endzeit zu sein. Erst nach Ostern ist der Titel auf Jesus übertragen worden, entsprechend anderen Hoheitstiteln, die dem Auferstandenen zuerkannt wurden. Möglicherweise ist Apg 2,36 dafür als Beleg heranzuziehen:

> Gott hat diesen Jesus, den ihr gekreuzigt habt, zum Kyrios und zum Christos gemacht.

Der Kontext ist zwar auf Lukas zurückzuführen; aber die Kurzformel reflektiert die Tatsache, daß die Gemeinde mit dem Zeitpunkt der Auferste-

---

49 PsSal 18,5.8; auch PsSal 17,32 (eventuell christliche Interpolation); äthHen 48,10; 52,4; ‚mein Messias': syrBar 39,7; 40,1; 72,2.

50 וּמְשִׁיחֵי אַהֲרֹן וְיִשְׂרָאֵל (die Messiasse von Aaron und Israel): 1 QS IX 11; CD XII 23; XIII 1; XIV 19; XIX 10f; XX 1.

51 Zu diesem Ergebnis kam schon W. Wrede, Das Messiasgeheimnis in den Evangelien. Zugleich ein Beitrag zum Verständnis des Markusevangeliums, Göttingen 1901 ([4]1969); dabei mag man gegenüber seiner Begründung im einzelnen Bedenken haben.

hung Jesu eine messianologische Christologie ausgearbeitet hat und Jesus als Χριστός bezeichnete.

Der Sprachgebrauch des frühen Christentums schwankt zwischen dem titularen Gebrauch und dem Verständnis von Χριστός als eines Eigennamens. Die titulare Verwendung, oftmals erkennbar am vorangestellten Artikel, findet sich besonders häufig in der Gesprächsausrichtung auf das Judentum (Joh 7,26f.41; 11,27), auch im Petrusbekenntnis von Caesarea Philippi (Mk 8,29par: „Du bist der Christus") und archaisierend vermutlich in Apg 2,31; 3,18. Die traditionsgeschichtliche Tendenz geht dahin, den titularen Gebrauch zugunsten des Eigennamens zurücktreten zu lassen.

In den paulinischen Briefen ist nicht immer deutlich zu erkennen, ob Χριστός als Titel oder als Eigenname verstanden worden ist. Es überwiegt Χριστός als Eigenname. Der Artikel wird oft nur aus formalen Gründen hinzugefügt; so beim Gebrauch des Genitivs. Die Verwendung als Eigenname wird in der Verbindung Ἰησοῦς Χριστός deutlich (Gal 3,1; Phil 1,11 u.ö.). Nicht selten wird der bestimmte Artikel vor Χριστός auch anaphorisch gebraucht; er bezieht Χριστός auf Bekanntes zurück (z.B. 1 Kor 15,15: der eben genannte Christus). Hierbei ist nicht so sehr der Titel als vielmehr der Eigenname vorausgesetzt. Andererseits scheint der titulare Gebrauch an manchen Stellen durch: Röm 9,3.5; 1 Kor 10,4; 12,12. Allerdings besteht oftmals kein Grund für eine Alternativdeutung. Wenn Paulus von ,dem Christus' spricht, denkt er immer an Jesus Christus; selbst beim titularen Gebrauch schwingt das ,nomen proprium' mit, so daß allenfalls unterschiedliche Akzente zu setzen sind.

Kennzeichnend für den paulinischen Gebrauch von Χριστός ist, daß das Wort in der Verbindung mit Aussagen über den Sühntod Jesu erscheint (z.B. Röm 5,8) und daß Christus derjenige ist, der durch Gott von den Toten auferweckt wurde (Röm 8,11; Gal 1,1; 1 Kor 15,3ff.12.20). So stammt es aus vorpaulinischer formelhafter Tradition, vermutlich aus dem griechischsprachigen Judenchristentum, und ist von Paulus selbst ausgeführt worden: ,Christus' ist auf's engste verbunden mit dem im Tod und in der Auferwekkung Jesu sich ereignenden Heilsgeschehen.[52]

Daneben findet Χριστός bevorzugt im Rahmen von ekklesiologischen Aussagen Verwendung: so in der grundlegenden Bezeichnung der Kirche als ,Leib Christi' (σῶμα Χριστοῦ), aber auch der Gemeinden als ,Versammlungen' bzw. ,Gemeinden Christi' (Röm 16,16: ἐκκλησίαι Χριστοῦ). Vor allem hat ,in Christus' (ἐν Χριστῷ) zuallererst einen ekklesiologischen Sinn (1 Thess 2,14; Gal 1,22)[53]; so findet es sich in paulinischen und deuteropaulinischen

52 Vgl. Gal 3,1; 6,14 (Kreuzigung).

53 Vgl. andererseits ,mit Christus' (σὺν Χριστῷ): Röm 6,8; Phil 1,23; entsprechend ,mit Jesus' (σὺν Ἰησοῦ): 2 Kor 4,14 u.ö.

Briefen sowie in der johanneischen Literatur und ist möglicherweise von Paulus selbst gebildet worden.[54] Hierher gehören auch paränetische Aussagen, z.B. Röm 15,7 („Nehmt einander auf, wie Christus euch aufgenommen hat") und Röm 15,2f. Diese Weisungen sind am Heilsgeschehen in Christus orientiert, richten sich aber auf die Gemeinde, die ‚in Christus' lebt.

Schließlich wird Χριστός im Zusammenhang der Verkündigung gebraucht. ‚Christus' ist Gegenstand der Verkündigung[55] und wird im Zusammenhang mit εὐαγγέλιον oder auch mit der Sendungsaufgabe des Apostels (ἀπόστολος τοῦ Χριστοῦ) genannt. Verhältnismäßig spät und im großen und ganzen isoliert steht die Verbindung von Χριστός mit Parusieaussagen (z. B. ‚Tag Christi': Phil 1,6.10; 2,16); so tritt sie im Philipperbrief an die Stelle von entsprechenden apokalyptischen Kyrios-Aussagen. Auffallend ist, daß der Philipperbrief eine Vorliebe für die Bezeichnung Χριστός anzeigt. Anders als beim Kyriostitel liegt bei Χριστός der Schwerpunkt ohne Zweifel auf den beiden als Heilsgeschehen verstandenen Ereignissen Tod und Auferweckung Jesu, aber im übrigen finden sich dieselben Elemente, wie sie sich auch zu ‚Kyrios' ergeben haben: Der Christus ist nicht nur der Vergangene, sondern auch der Erhöhte und der Zukünftige. Das begründet, weshalb die beiden christologischen Bezeichnungen miteinander ausgetauscht werden können.[56] Seinen ursprünglichen Sinn als nationaler Messias hat Χριστός bei Paulus verloren; hierin ist Paulus offenbar von dem Sprachgebrauch hellenistischer Judenchristen abhängig[57], auf die auch zuerst der Name ‚Christen' (Χριστιανοί) bezogen worden ist (Apg 11,26).

5. Jesus

W. Foerster, Art.: Ἰησοῦς, ThWNT III, 1938, 284-294.

Ἰησοῦς, auch ὁ Ἰησοῦς, ist bei Paulus kein christologischer Hoheitstitel, sondern ein Name. An die ursprüngliche hebräische Bedeutung des Wortes ‚Jahwe hilft' denkt Paulus im Unterschied zu Mt 1,21 offenbar nicht. In der christlichen Gnosis wird später unterschieden zwischen dem irdischen Jesus und dem himmlischen Christus, in der doketischen Gnosis zuungunsten des

---

54 H.H. Schade, Apokalyptische Christologie bei Paulus. Studien zum Zusammenhang von Christologie und Eschatologie in den Paulusbriefen, GTA 18, Göttingen ²1984, 146.

55 Als Objekt zu κηρύσσειν: 1 Kor 15,1ff; Phil 1,15ff.

56 Röm 6,23; 16,18; 2 Kor 4,4f; Phlm 20.

57 Vgl. die nicht-titulare Verwendung im vorpaulinischen Traditionsgut (Röm 6,3f).

irdischen Jesus. Paulus kennt eine solche Differenzierung nicht und setzt sie auch nicht voraus.[58] Ebensowenig wie Χριστός nur auf den vergangenheitlichen oder den erhöhten Christus zu beschränken ist, gilt dies auch für den Namen Jesus. Jesus ist der Name für den eschatologischen Heilbringer, der in Vergangenheit, Gegenwart und Zukunft der Gemeinde Heil manifestiert. Dieser Name führt auf die Tradition vom historischen Jesus zurück, ist aber bei Paulus nicht darauf beschränkt. Die Akklamation κύριος 'Ιησοῦς, wie sie im frühchristlichen Gottesdienst ausgesprochen wird (1 Kor 12,3), richtet sich nicht auf den irdischen, sondern sie enthält ein Bekenntnis zum erhöhten Herrn der Gemeinde. Das parallele ἀνάθεμα 'Ιησοῦς (,verflucht ist Jesus') ist eine Gegenbildung, die vermutlich eine paulinische rhetorische Ergänzung ist und nicht zu der Annahme führen muß, die Gegner des Paulus hätten Jesus im Gottesdienst verflucht.

Der Gebrauch von 'Ιησοῦς geht demnach weithin dem von Χριστός parallel; so erklärt es sich aus der Tatsache, daß es sich beide Male für Paulus primär um Namen des eschatologischen Heilbringers handelt.

b) Jesus und Paulus

W. Wrede, Paulus, RV 1, Halle 1904 (=^{2}1907); wieder abgedruckt in: K.H. Rengstorf (Hg.), Das Paulusbild in der neueren deutschen Forschung, WdF 24, Darmstadt ^{3}1982, 1-97.

J. Weiß, Die Predigt Jesu vom Reich Gottes, hg. v. F. Hahn, Göttingen ^{3}1964 (= 1892).

R. Bultmann, Die Bedeutung des geschichtlichen Jesus für die Theologie des Paulus, in: ders., Glauben und Verstehen I, Tübingen ^{8}1980, 188-213.

Ders., Das Verhältnis der urchristlichen Christusbotschaft zum historischen Jesus, SHAW. PH ^{3}1962, auch in: ders., Exegetica, Tübingen 1967, 445-469.

E. Käsemann, Sackgassen im Streit um den historischen Jesus, in: ders., Exegetische Versuche und Besinnungen II, Göttingen ^{3}1970, 31-68.

E. Fuchs, Zur Frage nach dem historischen Jesus. GAufs. II, Tübingen ^{2}1965, 143-167.

W.G. Kümmel, Jesus und Paulus, in: ders., Heilsgeschehen und Geschichte, GAufs. 1933-1964, MThSt 3, Marburg 1965, 81-106.

E. Jüngel, Paulus und Jesus. Eine Untersuchung zur Präzisierung der Frage nach dem Ursprung der Christologie, HUTh 2, Tübingen ^{6}1986.

K.H. Schelkle, Paulus, EdF 152, Darmstadt ^{2}1988.

---

58 Auch nicht in der Vorstellung der korinthischen Gegner; gegen W. Schmithals, Die Gnosis in Korinth. Eine Untersuchung zu den Korintherbriefen, FRLANT 66, Göttingen ^{2}1965, 123f; L. Schottroff, Der Glaubende und die feindliche Welt, WMANT 37, Neukirchen-Vluyn 1970, 166f.

Wie verhalten sich Jesus und Paulus zueinander? W.G. Kümmel verweist auf das Problem der Verhältnisbestimmung: „Denn wenn Paulus ... im Ansatz eine andere Predigt verkündigt als Jesus, so ist sein Anspruch, der Apostel Christi zu sein, ein Irrtum; und wenn Jesus mit seiner Predigt nicht den Grund gelegt hat für die Verkündigung der Urgemeinde und damit des Paulus, dann hat Jesus in der Tat nicht den Grund gelegt für das Christentum."[59] Diese These nimmt vorweg, was zu beweisen wäre, daß nämlich Paulus, wenn er sich ‚Apostel Christi' nennt, sich in der Tat in grundsätzlicher und grundlegender Kontinuität zum historischen Jesus sieht. Jedoch: Da Paulus seine Berufung zum Heidenapostel auf eine Offenbarung vom Sohn Gottes zurückführt (Gal 1,15f), ist sein Apostolat primär durch die Beziehung zum erhöhten Gottessohn (Gal 1,16: τὸν υἱὸν αὐτοῦ) bestimmt. Dennoch hat die Frage nach dem Verhältnis des Apostels zum historischen Jesus eine wichtige Funktion, wenn ihr auch i.w. eine die paulinische Christologie von anderen christologischen Konzeptionen abgrenzende Aufgabe zukommt.

1. Forschungsgeschichte

W. Wrede hat sein Paulusbuch unter dem Einfluß der religionsgeschichtlichen Fragestellung geschrieben und ist darin zu dem vielbeachteten Ergebnis gekommen, daß Paulus ‚der zweite Stifter des Christentums' ist[60] und die paulinische Theologie einen Bruch mit der christlichen Traditionsgeschichte darstellt. Das Verhältnis Paulus – Jesus wäre demnach allein im Sinn einer historischen Diskontinuität zu bestimmen.

W. Wrede hatte sein Ergebnis aufgrund von zwei Vorstellungsreihen gewonnen, die für die Theologie des Paulus grundlegend sind: a) die Erlösungslehre des Paulus, der das mythologische Schema vom erniedrigten und erhöhten Erlöser zugrunde liegt und die deshalb nicht aus dem Eindruck der Persönlichkeit des historischen Jesus gewonnen sein könne; b) die Rechtfertigungslehre des Paulus, die W. Wrede als ‚Kampfeslehre' gegenüber dem Judentum und dem Judenchristentum versteht[61] und die ebensowenig wie die paulinische Mythologie für das Leben Jesu nachzuweisen sei. Das Ergebnis ist eine absolute Differenz zwischen Jesus und Paulus. Es ist keine Frage, für welche Seite sich Wrede entscheidet: entsprechend dem liberalen Jesusbild für den historischen Jesus als den Verkünder der wahren Sittlichkeit. Demgegenüber hat die konservative Forschung im Einklang mit der christli-

59 W.G. Kümmel, Jesus und Paulus 83.

60 W. Wrede, Paulus 104 (= Rengstorf, Paulusbild 96).

61 W. Wrede, Paulus 72 (Rengstorf, a.a.O. 67).

chen Tradition daran festgehalten, daß das Jesusgeschehen durch das Kerygma von Kreuz und Auferstehung Jesu Christi und damit auch durch den Apostel Paulus sachgemäß interpretiert wird.[62]

Wredes Standpunkt ist also von einem spezifischen Jesusverständnis geprägt, dem Jesusbild der liberalen Theologie. Durch die wissenschaftliche Arbeit desselben ‚Forschungsteams', dem Wrede angehörte, der Religionsgeschichtlichen Schule, wurde dieses Bild fast gleichzeitig zerbrochen. *Johannes Weiß'* Entdeckung, daß der historische Jesus in die apokalyptische Vorstellungswelt seiner Zeit einzuordnen ist, hat zur Folge, daß der Verfremdungsprozeß, der Wredes Paulusbild bestimmt, nun schon bei Jesus einsetzt.[63]

R. Bultmann hat diese These seines Lehrers J. Weiß aufgenommen und in positiven Aussagen weiterentwickelt. In der Frage nach dem sachlichen Verhältnis zwischen Jesus und Paulus gelangt er zu dem Ergebnis, daß keine historische Kontinuität, wohl aber eine sachliche Übereinstimmung besteht, die im Gesetzesverständnis zum Ausdruck kommt: Jesus und Paulus unterscheiden beide zwischen menschlichem Recht und ursprünglichem Gotteswillen, auch wenn sie dies sprachlich unterschiedlich fassen. Ihnen ist gemeinsam, daß der Mensch sich aus eigener Kraft vor Gott nicht rechtfertigen kann, daß er, wie es das Gleichnis vom verlorenen Sohn aussagt, auf Gottes Gnade angewiesen ist. Die Gemeinsamkeit besteht also im Menschenverständnis, in der Weise, wie sich der Mensch vor Gott versteht. – Demgegenüber differieren Jesus und Paulus in ihren eschatologischen Konzeptionen. Jesus blickt auf eine noch ausstehende Zukunft voraus; er kündigt die kommende Gottesherrschaft an. Paulus dagegen erklärt, daß sich die Wende der Äonen schon ereignet hat: Durch das Auftreten Jesu, sein Kreuz und seine Auferweckung ist die Situation der Welt eine andere geworden, lebt der Mensch im dialektischen ‚schon jetzt' und ‚noch nicht' der Gegenwart des Eschatons.

Bultmanns Verhältnisbestimmung trägt entscheidend zum Verständnis der Einheit der neutestamentlichen Botschaft bei, bedeutet aber nicht, daß eine historische Kontinuität zwischen Jesus und Paulus behauptet wird. Die Frage, inwiefern der historische Jesus für Paulus wichtig geworden ist, wird in Hinsicht auf das Daß des historischen Faktums Jesus bejahend beantwortet, in einem weit geringeren Ausmaß jedoch im Blick auf das Was.

---

62 Vgl. das Vorwort des Sammelbandes von K.H. Rengstorf, a.a.O. VII-XV.

63 Dies steht bei J. Weiß im Gegensatz zum Gottesreichverständnis A. Ritschls, der das Gottesreich als innerweltliches Reich der sittlichen Gemeinschaft der Menschen verstand; dagegen wird nunmehr das Gottesreich als ein apokalyptisches Phänomen interpretiert (vgl. J. Weiß, Predigt Jesu 106ff). Dazu: B. Lannert, Die Wiederentdeckung der neutestamentlichen Eschatologie durch Johannes Weiß, TANZ 2, Tübingen 1989.

Ernst Fuchs hat den ‚garstigen Graben' zwischen dem historischen Jesus und dem kerygmatischen Christus zu füllen versucht, indem er auf das Verhalten Jesu rekurrierte: Jesus wagt es, an Gottes Stelle zu handeln, denn er zieht die Sünder in seine Nähe. Die Gleichnisse Jesu sind nichts anderes als Demonstrationen dieses Verhaltens; denn Jesus spricht die Sprache der Liebe, welche die Sprache der Wirklichkeit Gottes ist. Das Heilsgeschehen ist ein Wortgeschehen, indem es das Geschehen der Liebe ist. Die Frage nach dem Verhältnis Jesus – Paulus ist von hier aus im Sinn einer grundsätzlichen Übereinstimmung zu beantworten; denn hat sich in Jesus die Sprache der Liebe ereignet, so kann Paulus nicht darüber hinausgehen. Allenfalls auf eine andere Weise müßte die Theologie des Paulus dasselbe aussagen, was durch Jesus zur Sprache gekommen ist, kann doch unter der hier genannten Voraussetzung der historische Jesus mit dem kerygmatischen Christus identifiziert werden. Für das Problem Jesus – Paulus hat daraus *Eberhard Jüngel* die Folgerungen gezogen. Hier wird der Rechtfertigungslehre als Mitte der paulinischen Theologie die Verkündigung Jesu, die im wesentlichen aus den Gleichnisreden erhoben wird, gegenübergestellt. Sowohl bei der paulinischen Rechtfertigungslehre als auch bei der Verkündigung Jesu handelt es sich um einen „genuin eschatologischen Entwurf..., in dem sich das Eschaton selbst in jeweils verschiedener Weise entworfen hat".[64] Bei Paulus ist es die Gottesgerechtigkeit, die seine Theologie bestimmt, bei Jesus ist es das Reich Gottes, das das Thema der Gleichnisse Jesu ist und ebenfalls als ein eschatologisches Phänomen verstanden werden muß. Sowohl bei Jesus als auch bei Paulus kommt also das Eschaton zur Sprache: In der Ansage der eschatologischen Gottesherrschaft durch Jesus und in der Ansage der eschatologischen Gottesgerechtigkeit bei Paulus gewährt Gottes eschatologisches Ja dem Menschen ein neues Sein, und bei Paulus wie bei Jesus ist Gottes eschatologisches Ja das Wort der Liebe.

Freilich läßt sich die Erkenntnis Bultmanns nicht vernachlässigen, daß Jesus und Paulus in verschiedener Weise über das Eschaton denken. Paulus blickt auf das Eschaton insofern zurück, als in der Offenbarung der Gottesgerechtigkeit durch Christus das Eschaton schon in der Vergangenheit zur Sprache gekommen ist. Dagegen ist Jesu Eschatologie eindeutig und einlinig auf die Zukunft ausgerichtet, in der sich das Eschaton eo ipso ereignen wird. Aber, so E. Jüngel, diese Differenz zwischen Jesus und Paulus wiegt leicht; denn in Jesu Verkündigung ist Gott nahe, und dies unabhängig von dem Problem einer eschatologischen Naherwartung, das erst als Folge der eschatologischen Verkündigung Jesu auftritt, so daß die ursprüngliche Zukunftserwartung zugunsten der Heilsansage der Gegenwart Jesu schwindet. Im

---

64 E. Jüngel, Paulus und Jesus 266.

Grunde handele es sich daher bei den Unterschieden zwischen Jesus und Paulus nur um eine sprachliche Differenz. Beide Male gehe es um das eschatologische Ja Gottes, das beiden Sprachereignissen vorgegeben ist. Vor aller historischen Kontinuität liegt die eschatologische Kontinuität.[65]

Hier ist zu fragen, ob der Jesus, der auf diese Weise zur Sprache kommt, wirklich der historische Jesus oder ein von jeder Konkretion entblößtes Abstraktum ist. Der Vorstellung einer eschatologischen Kontinuität, die der historisch-soziologischen vorausgeht, scheint ein griechisches Gottesverständnis zugrunde zu liegen, wonach Gott ein zeitloses, ewiges, stets mit sich selbst identisches Phänomen ist, so daß die verschiedenen Glaubensweisen nur Reflexionen sind, die auf diesen mit sich selbst identischen Gott bezogen und in ihm zur Einheit gebracht werden können. Jedoch begegnet in den neutestamentlichen Schriften das Phänomen ‚Gott' nicht als ein Abstraktum, sondern von ihm läßt sich nur so reden, daß man von dem Menschen spricht, der mit Gott zu tun hat. Gott kommt nur so zur Sprache, wie er in den Glaubensweisen der Menschen reflektiert wird. Diese sind außerordentlich verschiedenartig, und es ist zu fragen, ob und wie sie miteinander zur Deckung zu bringen sind. Daher bleibt das Problem ‚Jesus – Paulus' als Aufgabe bestehen; es ist nur im Zusammenhang und bei angemessener Würdigung seiner historischen Konkretion zu beantworten.[66]

2. Das Zeugnis vom historischen Jesus

Der Apostel Paulus hat den historischen Jesus nicht kennengelernt. Eine mögliche persönliche Kenntnis Jesu läßt sich selbst dann nicht erschließen, wenn man Lukas' Notiz für historisch hält, wonach Saulus als Zeuge bei der Steinigung des Stephanus in Jerusalem zugegen war (Apg 7,58-8,3); denn es handelt sich hierbei nicht um ein Zeugnis vom Leben Jesu, sondern um ein Ereignis, das der Frühgeschichte der Jerusalemer Urgemeinde zugehört. Wahr-

---

65 Vgl. E. Jüngel, ebd.

66 Ähnlich wie E. Jüngel auch H. Weder, Das Kreuz Jesu bei Paulus, FRLANT 125, Göttingen 1981. Hier scheint eine Vermischung von historischem und geschichtlichem Denken vorzuliegen, wenn im Blick auf Paulus gesagt wird, daß vieles dafür spreche, „daß der Ursprung seiner Kreuzestheologie und mithin des Zentrums seines theologischen Denkens sich der ihm widerfahrenen Offenbarung des Gekreuzigten als des Sohnes Gottes verdankt" (a.a.O. 229). Jedoch: Paulus spricht im allgemeinen nicht isoliert vom Kreuz Jesu, sondern im Anschluß an das überkommene Kerygma von Kreuz *und* Auferweckung Jesu Christi. Das Zentrum der paulinischen Theologie ist die (unterschiedliche) Auslegung dieses einen, im Kerygma angesagten Heilsereignisses.

scheinlich liegt dieser Notiz keine authentische, sondern eine sekundäre, vielleicht genuin-lukanische Pauluslegende zugrunde. Wie schon oben gesagt, bestehen große Bedenken, Paulus als Schüler des Rabbi Gamaliel zu betrachten, und es ist problematisch anzunehmen, Paulus sei jemals vor seiner im Galaterbrief bezeugten Reise zu Kephas (Gal 1,18f) in Jerusalem gewesen.[67] Soweit Paulus Informationen vom Auftreten Jesu erhalten hat, können sie aus seiner Begegnung mit Kephas-Petrus stammen. Andererseits hat Paulus seine Kenntnisse auch der Überlieferung der hellenistisch-judenchristlichen Gemeinden, zu der er nach seiner Bekehrung Zugang erhielt, zu verdanken.

Jesusüberlieferung ist in den paulinischen Briefen in begrenztem Maße zu erkennen; so die Tradition vom Kreuz (z.B. 1 Kor 1,18ff) oder von der Passion Jesu (2 Kor 1,5; Phil 3,10). Daneben finden sich Spuren von Herrenwortüberlieferung. Paulus betont in 1 Kor 7,25, zur Frage der Jungfrauen habe er vom Kyrios keine Weisung. Hier ist vorausgesetzt, daß dem Apostel eine Sammlung von Herrenworten zur Verfügung stand. Aus dieser Sammlung wird vermutlich in 1 Kor 7,10f zitiert: „Den Verheirateten befehle nicht ich, sondern der Kyrios, daß eine Frau sich von ihrem Manne nicht trennen soll ... und daß ein Mann seine Frau nicht entlassen soll"[68], ferner in 1 Kor 9,14: „So hat es auch der Herr angeordnet für die Verkündiger des Evangeliums, daß sie vom Evangelium leben sollen"[69]. Außerdem entstammen dieser Sammlung vielleicht das Logion über die Parusie des Kyrios (1 Thess 4,15f)[70] und – wahrscheinlicher aus unabhängiger liturgischer Tradition – die Einsetzungsworte des Herrenmahls (1 Kor 11,23ff).[71] Daneben lassen sich Anklänge an synoptische Herrenworte nennen, ohne daß deutlich ist, ob sie einer Sammlung entnommen wurden (Röm 12,14; 14,14; 1 Thess 5,2).[72]

Paulus kennt also Überlieferungen von Herrenworten. Im einzelnen ist allerdings fraglich, ob es sich jeweils um echte Jesusworte handelt oder um Bildungen der christlichen Gemeinden, in denen prophetische Charismatiker im Auftrag des Erhöhten Weisungen erteilten. Auffallend ist, daß der Bestand der Traditionsstücke, die in das Leben Jesu zurückreichen, bei Paulus sehr gering ist. Historisch gesehen läßt Paulus kaum mehr als ein Wissen von der Existenz des Menschen Jesus, von seinem Tod und von einigen seiner

---

67 S. oben A I a.

68 Vgl. Mk 10,12par.

69 Vgl. Mt 10,10par.

70 Vgl. Mk 13,26f par.

71 Vgl. Mk 14,22ffpar. – Dazu A III c 3.

72 Röm 12,14: „Segnet, die euch verfolgen" (vgl. Mt 5,44); Röm 14,14: „Nichts ist an und für sich unrein" (vgl. Mt 15,11); 1 Thess 5,2: „Der Tag des Herrn kommt wie ein Dieb in der Nacht" (vgl. Mt 24,43).

Worte erkennen. Vermutlich stand Paulus in einem christlichen Traditionsstrom, der nur wenige Bestandteile an Jesusüberlieferung enthielt. Zweifellos war Paulus an einer historischen Rückfrage nach dem Leben Jesu nicht interessiert.

Es wird noch zu klären sein, weshalb sich Paulus zwar an dem Daß, kaum jedoch an dem Was der Historizität Jesu interessiert zeigt. Vorweggenommen sei an dieser Stelle, daß der in diesem Zusammenhang oft zitierte Vers 2 Kor 5,16 („Wenn wir auch Christus nach dem Fleisch gekannt haben, so kennen wir ihn doch jetzt nicht mehr") aus diesem Zusammenhang ausgeklammert werden sollte. Diese Stelle ist nicht als Glosse aus dem Text zu streichen[73], aber doch auch kein Beleg für die Ansicht, Paulus habe den historischen Jesus gekannt. Χριστός ist hier wie auch sonst der Christus des Glaubens, d.h. der kosmische Kyrios der Gemeinde. In Antithese zu den korinthischen Pneumatikern stellt Paulus fest: Das Erkennen des Christus auf fleischliche Weise bedeutet nichts. Zwar kann man Christus z.B. durch eine ekstatische Schau in fleischlicher Weise erkennen, wie sie auch Paulus für sich in Anspruch nimmt (2 Kor 12,1ff), aber dies heißt, daß man der Sarx anheimgegeben ist. Mit dem Christusgeschehen ist die Macht des Fleisches gebrochen, der Glaubende ist ‚ein neues Geschöpf' (2 Kor 5,17). Daher darf auch die Christuserkenntnis nicht mehr auf fleischliche, äußere Weise geschehen, sondern sie muß sich in radikalem Gehorsam verwirklichen. Es geht an dieser Stelle also nicht um den irdischen Jesus, sondern um das Erkennen des kosmischen Christus.

Es ist demnach nicht aussichtsreich, eine kontinuierliche Linie vom historischen Jesus zur Theologie des Paulus im einzelnen zu ziehen. Solcher Versuch müßte zudem realisieren, daß jede geschichtliche Bewegung das Moment der Diskontinuität einschließt. Ein Rückgriff der paulinischen Theologie auf den historischen Jesus war im wesentlichen nur über die Zwischenglieder der palästinischen und hellenistischen Gemeinden möglich. Gegenüber den nachzuweisenden kontinuierlichen Elementen ist die Diskontinuität der paulinischen Theologie im Verhältnis zur Verkündigung Jesu gewichtiger. Darüber hinaus ist der Versuch, ein solches Kontinuum herzustellen, in sich selbst problematisch. W. Pannenbergs[74] These, die christliche Botschaft stehe ohne den Zusammenhang mit der Geschichte Jesu ohne Grund da und der Glaube wäre in diesem Fall nichts anderes als eine Illusion, läßt fragen, ob nicht gerade dies zum Schicksal des Glaubens würde, wenn er meint, sich durch den Rückgriff auf den historischen Jesus absichern zu können. In Wahrheit würde hierdurch allein das Datum zurückverlegt, an dem sich entscheidet, ob christlicher Glaube wahrhaft begründeter Glaube oder aber eine Illusion ist. Die Alternative ‚Glaube oder Illusion' ist dem Glauben

---

73 Gegen W. Schmithals, Zwei gnostische Glossen im Zweiten Korintherbrief, EvTh 18, 1958, 552-573.

74 W. Pannenberg, Grundzüge der Christologie, Gütersloh [7]1990, 20; vgl. ders., Die Auferstehung Jesu und die Zukunft des Menschen, KuD 24, 1978, 104-117.

zu jeder Zeit und in jeder Situation eigentümlich. Sie ist auch dann nicht zu eliminieren, wenn Jesus zum Garanten des Glaubens aufgerufen wird.[75]

3. Jesus im Kerygma des Paulus

Im Rahmen der paulinischen Theologie liegt der Schwerpunkt der Fragestellung Jesus – Paulus nicht auf dem historischen Jesus, sondern auf der Frage nach Jesus im Kerygma, also nach dem geschichtlichen Christus bei Paulus. Dies meint: Welche Bedeutung hat der vergangenheitliche, irdische Christus in der paulinischen Theologie?[76] Der kerygmatische Christus ist zugleich Faktum und Deutung des personalen Christusgeschehens der Vergangenheit. In diesem Sinn gilt R. Bultmanns These: „die geschichtliche Person Jesu macht die Verkündigung des Paulus zum Evangelium".[77] So verstanden ist der Mensch Jesus für das paulinische Kerygma konstitutiv; er ist Ausdruck des *historischen Vorbehalts* in der paulinischen Theologie. Freilich handelt es sich um einen gedeuteten Jesus, der vom Ereignis von Kreuz und Auferweckung seine Eigentlichkeit, seine Würde und seine eschatologische Qualität erhält. Nach paulinischer Interpretation ist der verkündigte Kyrios keine Idee, auch nicht ein nur mythisches Himmelswesen, sondern die Selbstbezeugung Gottes in der Menschheitsgeschichte. Hierdurch wird das doketische Verständnis ausgeschlossen, die Menschheit Jesu sei kein wesentliches Element der Christologie.

Der vergangenheitliche Christus ist noch weniger allein in historischen, nur-menschlichen Kategorien zu begreifen; denn er ist kein Rabbi oder ein

---

75 Vgl. G. Strecker, Die historische und theologische Problematik der Jesusfrage, EvTh 29, 1969, 453-476, auch in: ders., Eschaton und Historie 159-182. – Zum Problem ‚implizierte Christologie' bei R. Bultmann, Theologie 46: sie für das Auftreten des historischen Jesus zu behaupten, widerspricht Bultmanns eigener Darstellung zu Beginn seiner Theologie des Neuen Testaments, wonach Jesus zum Judentum gehört, also einen – wenn auch hervorragenden – Propheten des alten Bundes darstellt, der die Heilszeit ankündigt, aber nicht mit dem Bringer des Heils identisch ist. Im Sinn Bultmanns ist zu modifizieren: Jesu eschatologischer Entscheidungsruf impliziert nicht eine Christologie, wohl aber eine Soteriologie, da Jesu Ruf ein heilvoller ist.

76 Wenn wir von dem vergangenheitlichen Christus sprechen, so setzen wir voraus, daß die Aussage des Christuskerygmas einen Bezug zur historischen Vergangenheit hat, aber wir verzichten darauf, über das historische Daß hinausgehend das historische Was dieses Geschehens im einzelnen zu erfassen. Dabei sollte nicht bestritten werden, daß das Daß des historischen Jesus im Sinn des Paulus mit einer inhaltlichen Vorstellung verbunden ist.

77 R. Bultmann, Glauben und Verstehen I 202.

Philosoph, der zeitlose Wahrheiten vorträgt. Soweit Paulus den Kyrios als Lehrautorität versteht, handelt es sich primär um die Autorität des Erhöhten. Paulus würdigt Jesus auch nicht als eine menschliche Persönlichkeit, die mit hervorragenden menschlichen Eigenschaften ausgezeichnet und für eine psychologische Deutung offen wäre, sondern der vergangenheitliche Christus bleibt auch in seiner Menschheit der mythologisch aussagbare Kyrios. Hier tritt *der mythologische Vorbehalt* dem ebionitischen Verständnis entgegen, wonach Jesus nur Mensch gewesen sei.

Die Frage nach dem vergangenheitlichen Jesus des Paulus ist die Frage nach dem tragenden Grund der paulinischen Christologie:

α) Der vergangenheitliche Jesus des paulinischen Kerygmas ist der präexistente, inkarnierte und erhöhte Christus

Der Jesus des Paulus ist aus dem Bereich des Mythos nicht auszuklammern. Er ist eingespannt in das mythologische Schema von Erniedrigung und Erhöhung. So hat es Paulus aus der vorpaulinischen christlichen Gemeinde übernommen (vgl. Phil 2,6ff). Daher kann Jesus das ‚Ebenbild Gottes' (2 Kor 4,4: εἰκὼν τοῦ θεοῦ) genannt werden. Solche gnostisierende Redeweise verweist auf das vorzeitliche Sein des Christus, seine Präexistenz, die auch die Voraussetzung der Dahingabe- und Sendungsformeln und der Adam-Christus-Typologie ist. Als ein himmlisches Wesen ist der vergangenheitliche Jesus des Paulus ein Exponent des Pneuma und gehört der Sphäre des Geistes an (vgl. 1 Kor 15,45: Christus als πνεῦμα ζῳοποιοῦν = ‚lebendig machender Geist'). Das Pneuma steht im Gegensatz zu Welt, Sünde und Gesetz. In dem vergangenheitlichen Jesus vollzieht sich das scheinbar Unmögliche: Der Geistchristus ist dem Gesetz unterworfen (Gal 4,4). Der Präexistente wurde in der Gestalt des sündigen Fleisches gesandt (Röm 8,3; vgl. 2 Kor 8,9). Das Paradox, das dem Jesus des Paulus eigentümlich ist, ergibt sich aus der Vereinigung des Unvereinbaren, aus der Einung von Geist und Fleisch, von Gott und Welt. Dieser christologische Dualismus ist der Ausgangspunkt für die Soteriologie des Paulus und impliziert eine paradoxale Anthropologie.

Die Inthronisation Jesu zum Kyrios und Kosmokrator intendiert die Aufhebung des christologischen Paradoxes (vgl. Phil 2,9-11). Weil dies zum Raum des Mythos, nicht des Logos gehört, ist entsprechend der kerygmatische Jesus des Paulus nicht von der Person des mythischen Christus zu trennen. Das Christusgeschehen eint sich nicht so mit der Historie, daß es zum Objekt des rationalen Verstehens würde; sein eigentliches Wesen ist nicht dem Wissen zugänglich, sondern dem glaubenden Verstehen; denn es ist der Glaube, der sich in den christologischen Aussagen des Paulus artikuliert und zugleich das Ziel der paulinischen Verkündigung ist. Der vergangenheitliche Jesus des paulinischen Kerygmas ist nur aus dem Glauben zu erkennen. Er ist nicht Zeuge und Grund des Glaubens abgesehen vom Glauben. Menschlich gesehen gibt es keinen anderen Grund des Glaubens als den Glauben selbst. Der Glaubende jedoch weiß, daß er aus einem Grund lebt, der dem Verstand nicht zugänglich ist.

β) *Der vergangenheitliche Jesus des paulinischen Kerygmas ist die Norm für das ethische Verhalten*

Wenn Paulus von dem zurückliegenden Jesusgeschehen spricht, unterscheidet er die Inkarnation des Christus von der voraufgehenden Existenzweise des Präexistenten und der folgenden Existenzweise der Herrschaft des Kyrios. Das Sein des Inkarnierten ist nicht zuletzt dadurch bestimmt, daß sich in ihm die ethische Norm der Gemeinde realisiert. Daß Paulus das mythologische Schema der Erniedrigung und Erhöhung des Christus in diesem Sinn interpretieren kann, zeigt der paulinische Vers Phil 2,8 („Er erniedrigte sich selbst, wurde gehorsam bis zum Tode, ja, bis zum Tode am Kreuz"). Die Inkarnation des Präexistenten wird als Ausdruck des Gehorsams Jesu verstanden, nur so fügt sich der Hymnus in den paulinischen Kontext der Gemeindeparänese.[78]

In der paränetischen Aussage 2 Kor 10,1 („Ich ermahne euch bei der Sanftmut und Freundlichkeit Christi, der ich bei der persönlichen Begegnung unter euch zwar demütig, abwesend aber mutig gegen euch bin ...") bezieht sich Paulus auf ‚Sanftmut' (πραΰτης) und ‚Milde' (ἐπιείκεια) des Christus. Beides manifestiert sich in der Schwachheit des Apostels. Ist er ‚demütig' (ταπεινός), so befindet er sich in Übereinstimmung mit dem Menschgewordenen. Zielpunkt der Paränese ist, daß die Gemeinde sich ebenfalls zu dieser Niedrigkeit bekennt und sie in ihrem Leben verwirklicht. Das Verhalten der Niedrigkeit, des Gehorsams und der Selbstaufgabe des vergangenheitlichen Jesus als des inkarnierten Christus hat exemplarische Bedeutung: nicht im Sinn eines sittlichen Vorbildes, das am Erscheinungsbild des historischen Jesus abzulesen wäre, sondern als Ausdruck der Menschwerdung des Gottessohnes. In ihr manifestieren sich Gehorsam und Selbstaufgabe, wie dies der Gemeinde zugemutet wird und zugemutet werden kann, weil der ethischen Forderung das Ereignis der Menschwerdung voraufgeht.

Folgerichtig werden die Gemeindeglieder zu Thessalonich zu ‚Nachahmern' des Paulus und des Kyrios, und der Apostel kann die Korinther aufrufen, sein Beispiel nachzuahmen, wie er das des Christus nachahmt (1 Kor 11,1). Daß Christus als ethisches Vorbild anerkannt werden soll, zeigt auch Röm 15,3: Die Mahnung, „sich nicht selbst zu Gefallen" zu leben, sondern dem Schwachen zu helfen, wird mit dem Hinweis auf Christus, der sich selbst nicht zu Gefallen lebte, begründet. Denn das Ziel seiner Menschwerdung ist,

78 Vgl. die Einzelnachweise bei G. Strecker, Redaktion und Tradition im Christushymnus Phil 2,6-11, ZNW 55, 1964, 63-78 (wieder abgedruckt in: ders., Eschaton und Historie 142-157).

den Menschen zu dienen. Daher ist Christus als ‚Diener' (διάκονος) aufgetreten, der ‚euch angenommen hat'; hieraus resultiert die Forderung, einander anzunehmen (Röm 15,7f).[79]

γ) Der vergangenheitliche Jesus des paulinischen Kerygmas ist der gekreuzigte und vom Tod auferweckte Christus

Wie sich oben zeigte[80], versuchte Paulus in der Auseinandersetzung mit den korinthischen Gegnern die Auferweckung Jesu durch einen historischen Beweis zu legitimieren. Dies widerspricht einerseits der sonstigen Argumentationsweise des Paulus, der zwar Kreuz und Auferstehung Jesu besonders im Anschluß an gegebenes Formelgut konstatiert, aber sich nicht um eine Beweisführung bemüht. Andererseits gerät der Apostel hierbei mit einer zentralen These seiner Theologie in Widerspruch, wonach das eschatologische Heil nicht menschlich ableitbar ist, sondern allein dem vorbehaltlos Glaubenden zugesprochen wird, der auf eigene Leistungen und damit auch auf rationale Beweise verzichtet. Als gepredigte Heilsereignisse verlangen Kreuz und Auferweckung Jesu den Glauben der Hörer, aber nicht das wissende Nachprüfen. Als Ereignisse in Zeit und Raum scheinen sie dem Historiker zugänglich zu sein, aber nur in der Deutung des Glaubens werden sie als Grund für das Heilsgeschehen begriffen und zu Konstituenten für das glaubende Selbstverständnis. Kreuz und Auferstehung haben mit dem historischen Jesus zu tun, insofern dieser als der inkarnierte präexistente Christus anerkannt wird. Auch Kreuz und Auferstehung Jesu als den Glauben begründende Heilsereignisse sind eingebettet in den Christusmythos vom erniedrigten und erhöhten Kyrios.

c) Kreuz und Auferstehung Jesu Christi[81]

J. Herrmann, Art.: ἱλαστήριον, ThWNT III, 1938, 319f.

H. v.Campenhausen, Der Ablauf der Osterereignisse und das leere Grab, SHAW.PH 1952, Abh. 4, Heidelberg ³1966.

79 W.G. Kümmel, Jesus und Paulus 87, meint aus den oben genannten Angaben über die Vorbildlichkeit des Christus schließen zu können, daß für Paulus nicht allein die Existenz Jesu, sondern die konkrete Person Jesu von Bedeutung ist. Dem ist im grundsätzlichen zuzustimmen. Aber es handelt sich hierbei nicht um die Person des historischen Jesus, sondern um die des menschgewordenen mythischen Christus. Solche Konkretisierung kann der Historiker nicht nachvollziehen. Die Begegnung mit dem geschichtlichen Christus kann das Kerygma nicht negieren; sie vollzieht sich im Glauben.

80 Siehe oben I c 3 zu 1 Kor 15,3b-5a.

81 Wenn Paulus vom Tod Jesu spricht, so benutzt er die seinerzeit üblichen Termini

E. KÄSEMANN, Die Heilsbedeutung des Todes Jesu nach Paulus, wieder abgedruckt in: ders., Paulinische Perspektiven, Tübingen 1969, 61-107.
H. GRASS, Ostergeschehen und Osterberichte, Göttingen [4]1970.
M. HENGEL, Der stellvertretende Sühnetod Jesu, IKaZ 9, 1980, 1-25.135-147.
G. FRIEDRICH, Die Verkündigung des Todes Jesu im Neuen Testament, BThSt 6, Neukirchen-Vluyn 1982.
P. POKORNÝ, Die Entstehung der Christologie, Stuttgart 1984.
H. MERKLEIN, Der Tod Jesu als stellvertretender Sühnetod. Entwicklung und Gehalt einer zentralen neutestamentlichen Aussage, in: ders., Studien zu Jesus und Paulus, Tübingen 1987, 181-191.
C. BREYTENBACH, Versöhnung. Eine Studie zur paulinischen Soteriologie, WMANT 60, Neukirchen-Vluyn 1989.
W. KRAUS, Der Tod Jesu als Heiligtumsweihe, WMANT 66, Neukirchen-Vluyn 1991.
G. BARTH, Der Tod Jesu Christi im Verständnis des Neuen Testaments, Neukirchen-Vluyn 1992.

Befragt der Historiker die Theologie des Paulus nach verwertbaren historischen Daten, so kann er an dem Faktum des Kreuzestodes Jesu nicht vorübergehen. Paulus geht es jedoch nicht um die Überlieferung von der historischen Tatsache des Todes Jesu, sondern um die Interpretation dieses Todes. Schon die vorpaulinische Tradition kennt verschiedenartige Deutungen, deren Komplexität sich in den paulinischen Briefen widerspiegelt. Es ist zu unterscheiden:

1. In Verbindung mit der Vorstellung von der Vergebung der Sünden wird der Tod Jesu als *Sühnopfer* verstanden. So geschieht es dort, wo von dem ‚Blut' Jesu gesprochen wird; vgl. 1 Kor 11,25.27 (im Zusammenhang mit der

---

für ‚sterben'; so ἀποθνῄσκειν: 1 Thess 4,14; 5,10; Gal 2,21; Röm 5,8; 8,34 (1 Kor 15,3); ἀποκτείνειν (= ‚töten'): 1 Thess 2,15; θάνατος: Röm 5,10; 1 Kor 11,26; Phil 2,8 u.ö.; darüber hinaus das konkrete σταυρός: 1 Kor 1,17f; Gal 5,11; 6,12.14; σταυροῦν: 1 Kor 1,23; 2,2.8; Gal 3,1 u.ö. Der Ausdruck παθήματα τοῦ Χριστοῦ (2 Kor 1,5; Phil 3,10) bezieht sich auf das Todesleiden Jesu Christi; darüber hinaus besitzt Paulus Kenntnisse von der Passionsüberlieferung (vgl. 1 Kor 11,23).

Was die Termini für Auferstehung bzw. Auferweckung Jesu angeht, so benutzt das Neue Testament die Substantive ἀνάστασις (z.B. Röm 1,4), ἐξανάστασις (Phil 3,11) oder ἔγερσις (Mt 27,53) nur im Sinn einer allgemeinen Totenauferstehung. Das Verb lautet ἀνιστάναι (1 Thess 4,14: ‚auferstehen') bzw. ἐγείρειν (= ‚auferwecken'); zu letzterem ist umstritten, ob der verhältnismäßig häufige passive Sprachgebrauch (Röm 4,25; 6,4.9; 7,4; 8,34 u.ö.) als passivum divinum auszulegen ist. Das Passiv kann auch eine mediale Bedeutung besitzen (= ‚sich erheben', ‚auferstehen') und so mit ἀνιστάναι synonym gebraucht sein (vgl. J. Kremer, EWNT I 906). Andererseits wird das Aktiv oft mit dem Subjekt ‚Gott' konstruiert (1 Thess 1,10; 1 Kor 6,14; 15,15; Gal 1,1; Röm 4,24; 8,11; 10,9), so daß sich auch die Passivformeln nicht selten im Sinn eines passivum divinum verstehen lassen.

Begründung der καινὴ διαθήκη = der neuen Willenserklärung Gottes; Ex 24,8: Bundesopfer); 1 Kor 15,3f (Tod Jesu ὑπὲρ ἁμαρτιῶν); auch 2 Kor 5,14 (εἷς ὑπὲρ πάντων ἀπέθανεν) oder Röm 5,6.8 (ὑπὲρ ἡμῶν). Voraussetzung ist die kultische Vorstellung, daß das Blut die Bedeutung eines Sühnemittels hat; hierdurch erscheint Gott als ein Gerechtigkeit zusprechender Richter; vgl. Röm 5,9 („Wir sind gerechtgesprochen durch sein Blut“); Röm 3,25 („Gott hat Jesus vorgestellt als ἱλαστήριον in seinem Blut“); ἱλαστήριον ist an dieser Stelle weniger entsprechend der Septuaginta für כַּפֹּרֶת (= ‚Gnadenstuhl‘: Ex 25,17-22; Lev 16,13-15) zu verstehen als vielmehr im Sinn des üblichen hellenistisch-jüdischen Sprachgebrauchs (= ‚Sühnemittel‘).[82]

2. Der Tod Jesu wird darüber hinaus als *Stellvertretung* interpretiert. Hiermit können sich strafrechtliche Vorstellungen verbinden; so Röm 8,3 („Gott sandte seinen Sohn ... und hat die Sünde im Fleisch verurteilt“); Gal 3,13aβ („Christus ist für uns <= an unserer Stelle> zum Fluch geworden“); ähnlich 2 Kor 5,14 („einer ist für alle gestorben“); 2 Kor 5,21 (Christus wurde „für uns zur Sünde gemacht, damit wir in ihm ‚Gerechtigkeit Gottes‘ würden“).[83]

3. Schließlich kann der Tod Jesu als *Loskauf* verstanden werden. Nach Gal 3,13aα hat Christus die Menschen „vom Fluch des Gesetzes losgekauft“; er hat den Preis bezahlt, durch den die Sklaven befreit werden können. Die Freiheit, welche die Menschen durch den Loskauf gewinnen, ist Freiheit von der Strafe, die wegen der Übertretungen verhängt wurde. Im Sinn des Paulus handelt es sich darüber hinaus um die Freiheit von den Mächten der Sünde und des Todes, die den Menschen versklaven. Dabei ist nicht zu fragen, wem der Kaufpreis gezahlt wird (dem Teufel?); vielmehr wird der Gedanke vom ‚Loskauf‘ durch den Tod Jesu bildlich gebraucht (vgl. Gal 4,5 mit dem Zielpunkt: Sohnschaft).

---

82 So 4 Makk 17,21f; vgl. O. Michel, Der Brief an die Römer, KEK IV, Göttingen ^{14}1978, 151f; E. Käsemann, An die Römer, HNT 8a, Tübingen ^{4}1980, 91. Anders F. Büchsel, ThWNT III 321-323. – Daß nach atl. Verständnis ‚Sühne‘ nicht Besänftigung oder Versöhnung Gottes, sondern die von Gott gesetzte Überwindung der todbringenden Auswirkung der Sünde im Tun-Ergehen-Zusammenhang meint, versucht B. Janowski zu begründen; vgl. ders., Sühne als Heilsgeschehen. Studien zur Sühnetheologie der Priesterschrift und zur Wurzel KPR im Alten Orient und im Alten Testament, WMANT 55, Neukirchen-Vluyn 1982; vgl. auch H. Merklein, Der Tod Jesu als stellvertretender Sühnetod 182f.

83 Sowohl die Sühnopfer- wie auch die Stellvertretungsformeln setzen oftmals Gott als den Handelnden voraus; so zeigt es insbesondere der Ausdruck ‚dahingeben‘ (παραδιδόναι), z.B. in der vorpaulinischen Formel Röm 4,25 (wo vermutlich Jes 53,6.12 einwirkt; vgl. 1 Clem 16,7.14); ähnlich Röm 8,32. Andererseits kann auch die Souveränität des für die Seinen sich hingebenden Christus hervorgehoben werden: Gal 2,20; auch mit einfachem διδόναι: Gal 1,4; vgl. Mk 10,45.

In enger Verbindung mit den Aussagen vom Tod Jesu wird die Auferweckung genannt. Das vorpaulinische Kerygma läßt sich zu der Bekenntnisformel abstrahieren: „Christus ist gestorben und auferweckt worden." So klingt es im Grundbestand von 1 Kor 15,3ff an; insbesondere in den Dahingabeformeln, z.B. Röm 4,25: „Christus ist dahingegeben wegen unserer Übertretungen, und er wurde auferweckt wegen (= zu) unserer Rechtfertigung." Das Passiv ἠγέρθη kann auf das Handeln Gottes, der als Subjekt vorgestellt ist, gedeutet werden: Er hat den Kyrios Jesus von den Toten auferweckt. Daneben ἀνέστη: Jesus ist gestorben und auferstanden (1 Thess 4,14).

Kreuz und Auferweckung/Auferstehung Jesu sind Ereignisse der Vergangenheit. Wenngleich auf den vergangenheitlichen Jesus bezogen, sind sie doch nicht einheitlich mit historischen Tatsachen gleichzusetzen. Ist der Tod Jesu ein historisches Faktum, so läßt sich von der Auferstehung Jesu dies nicht in gleicher Weise sagen. Der Auferstehungsvorgang wird in den Osterüberlieferungen nicht geschildert. Faßbar ist allein die Vision der Auferstehungszeugen. Das visionäre Sehen des Auferstandenen kann nicht die Historizität einer leiblichen Auferstehung Jesu, sondern allein das Datum des Anfangs des Auferstehungsglaubens bezeugen.

Die Frage nach der Historizität der Auferstehung Jesu wird oftmals mit der Tradition vom ‚leeren Grab' verknüpft. Jedoch handelt es sich hierbei nicht um eine alte Vorstellung, sondern die Überlieferung dieses Motivs hat erst allmählich Gestalt gewonnen.

Der Evangelist Markus erzählt davon, daß die Frauen am Grabe stehen und die Stimme des Engels hören: „Er ist auferstanden; er ist nicht hier" (16,6). Matthäus kennt eine Erzählung von dem Betrug der jüdischen Hierarchen, welche die Grabeswächter überreden, das Gerücht auszustreuen, der Leichnam Jesu sei von den Jüngern bei Nacht aus dem Grab entwendet worden. Sie soll begründen, weshalb bei ‚den Juden bis auf den heutigen Tag' davon die Rede sein kann, daß der Leichnam Jesu gestohlen wurde (28,15). Das Motiv vom leeren Grab ist also in der Auseinandersetzung mit (jüdischen) Gegnern ausgestaltet worden. Besonders wurde im Johannesevangelium das Motiv ausgearbeitet: Die Leintücher, mit denen der Leichnam Jesu eingewickelt war, sind im Grab sorgfältig zusammengelegt worden (20,6f), Maria Magdalena hat eine Erscheinung des Auferstandenen am leeren Grab (20,11ff). So mag es in der Tradition der johanneischen Schule von antidoketischem Interesse geprägt worden sein.

Paulus hat kein Interesse am leeren Grab. Wie sich zeigte, ist aus 1 Kor 15,4a (ἐτάφη) nicht zu folgern, daß das Bekenntnis zur Auferstehung Jesu die Vorstellung vom leeren Grab notwendig einschließt. Vielmehr wird in diesem Zusammenhang lediglich die Realität des Todes Jesu bezeugt. Die Auferstehungszeugen von 1 Kor 15 sind nicht Zeugen für das Leerwerden des Grabes, sondern für die Erscheinungen des Auferstandenen. Aus der apokalyptischen Vorstellungswelt des Paulus, der Erwartung der künftigen Auferstehung von den Toten, lassen sich Motive erschließen, die auch für das Verständnis der Auferstehung Jesu aufschlußreich sind. Von der Vorstellung der künftigen Auferstehungsleiblichkeit der glaubenden Christen ist rückzuschließen auf die der Auferstehungsleiblichkeit des Christus. Setzt also die künftige Auferstehungsleiblichkeit eine Auferweckung des irdischen Leibes und damit das Leerwerden der Gräber voraus?

1 Thess 4,13-18 handelt vom künftigen Geschick der gestorbenen Mitchristen wie auch der noch lebenden Christen bei der Parusie. Die Glaubenden werden bei der Parusie vor den kommenden Kyrios gestellt werden, und zwar sowohl die Toten als auch die Lebenden. Vorausgesetzt ist die Identität der Personen, also des irdischen mit dem auferweckten Menschen. Dies besagt jedoch nicht notwendig, daß der irdische Leib aufersteht.

1 Kor 15,35-49: Auch hier wird die Identität des irdischen mit dem auferweckten Menschen vorausgesetzt. Jedoch ist die neue Leiblichkeit eine völlig andere. Der auferstandene Mensch wird mit einem pneumatischen Leib (dem σῶμα πνευματικόν) bekleidet, der alte Leib (σῶμα ψυχικόν) wird abgelegt. Dadurch ist der Gedanke ausgeschlossen, daß für die künftige Existenz der Auferstandenen notwendig der irdische Leib wiederbelebt, also das Grab leer wird.

2 Kor 5,1-10 besagt, daß für die Glaubenden ein ewiges Haus im Himmel bereitsteht und daß die irdische Zeltwohnung abgebrochen wird. Wie man auch die Frage entscheiden mag, ob Paulus daran denkt, daß der Mensch nach dem Tod unmittelbar die neue Leiblichkeit empfängt oder aber ein Zwischenzustand vorausgesetzt wird, in jedem Fall ist deutlich, daß die irdische Zeltwohnung (= die irdische Leiblichkeit) durch den Tod abgebrochen und aufgelöst wird. Dies besagt, daß der irdische Leib nicht entsprechend 1 Kor 15 verwandelt wird, vielmehr, daß er von einer neuen Leiblichkeit, der ‚himmlischen Behausung' abgelöst wird. Die neue Leiblichkeit entsteht durch göttliche Setzung. Charakteristisch ist, daß hier weit weniger jüdisch-apokalyptische Auferstehungshoffnung anklingt, als vielmehr eine hellenistisch-synkretistische (‚gnostische'). Dies schließt die Tendenz aus, das Auferstehungsgeschehen in einem leiblich-irdischen Sinn zu interpretieren, wie dies in der apokalyptischen Überlieferung eher vorausgesetzt zu sein scheint.

Phil 3,20-21 verwendet Paulus ein apokalyptisches Traditionsstück. Auch hier ist die Verwandlung ausgesagt, die bei der Parusie geschieht: Der irdische, der Vergänglichkeit unterworfene Mensch (τὸ σῶμα τῆς ταπεινώσεως) wird in den ‚Leib der Herrlichkeit' (σῶμα τῆς δόξης) verwandelt. Diese Verwandlung ist vollständig. Der Auferstehungsleib unterscheidet sich von dem irdischen wie die Welt der δόξα von der irdischen Welt.

Röm 8,23 zeigt das Seufzen der Geschöpfe in einer Leiblichkeit, die der vergänglichen Welt angehört. Dies bedeutet für die Auferstehungswirklichkeit: Die Erlösung des Menschen, wie sie im Eschaton geschieht, ist Erlösung nicht nur des Leibes, sondern auch Erlösung vom irdischen Leib.[84]

---

84 Gegen F. Büchsel, ThWNT IV 355.

Der paulinische Auferstehungsglaube enthält nicht die Vorstellung, daß die irdische Leiblichkeit nach dem Tode fortgesetzt oder wiederaufgenommen wird. Kontinuität über den Tod hinaus hat allein die personale Existenz (= σῶμα).[85] Das personale Sein des Menschen ist nicht an den irdischen, materiellen Leib gebunden. Paulinischer Auferstehungsglaube bedeutet nicht, daß die Gräber leer werden, sondern daß die an Christus Glaubenden hoffen dürfen, in die himmlische δόξα einzugehen.

Von hier aus lassen sich Rückschlüsse ziehen auf das paulinische Verständnis der Auferstehung Jesu. Die Überlieferung, daß Jesus auferweckt wurde, besagt nicht, daß das Grab Jesu leer wurde. Diese Vorstellung ist für Mißverständnis und Unglauben offen, wie das Beispiel vom Betrug der Hierarchen zeigt (Mt 28,11-15). Mißverständlich ist die Rede vom leeren Grab auch deshalb, weil hierdurch die Auferstehung Jesu als ein Mirakel verstanden werden könnte. Bei der Auferstehung Jesu geht es nach paulinischem Verständnis jedoch nicht um ein demonstrierbares ‚miraculum', sondern um das Heilsgeschehen. Dieses sagt: Jesus lebt! Ist historisch gesehen die Auferstehung Jesu – von den Auferstehungsvisionen der Zeugen abgesehen – nicht nachprüfbar, so ist sie für Paulus gleichwohl ‚geschehen'; sie gehört der pneumatischen Sphäre, dem πνεῦμα θεοῦ an; sie ist dem zugänglich, der vom Geist ergriffen ist, dem Glaubenden, der sich zu diesem Geschehen als einem Heilsereignis bekennt. – Der Historiker mag dagegen zu dem Ergebnis gelangen, daß das Auferstehungsereignis historisch nicht verifizierbar ist; es ist in Zeit und Raum nicht nachprüfbar. Dem entspricht die von W. Marxsen aufgenommene These R. Bultmanns, die Auferstehung sei lediglich die Interpretation des Todes Jesu.[86] Dies ist eine Auslegung, die unter dem Primat der historisch-kritischen Methode konsequent zu sein scheint. Jedoch handelt es sich für Paulus bei der Auferweckung Jesu nicht nur um eine Interpre-

---

85 So sehr Paulus den Begriff σῶμα auch im Sinn des menschlichen Körpers verstehen kann (z.B. 1 Kor 5,3; 6,18; Röm 1,24; 8,10.13 u.ö.; 1 Thess 5,23) und der formale Aspekt (‚Gestalt') eine Rolle spielt (1 Kor 15,35.37f.40), so unbestreitbar ist andererseits, daß σῶμα auch den allgemeinen Sinn von ‚Person' (= ‚Ich') haben kann (vgl. Röm 12,1; Phil 1,20). Daher läßt sich sagen: „der Mensch *hat* nicht ein σῶμα, sondern er *ist* σῶμα" (R. Bultmann, Theologie 195). Der Mensch ist σῶμα, sofern er ein Verhältnis zu sich selbst hat. In diesem Zusammenhang besagt der paulinische Auferstehungsglaube ein doppeltes: a) Die Überwindung der irdischen Seinsweise durch die himmlische, die eine radikale Veränderung der irdischen Gegebenheiten einschließt, und b) die Identität des Personseins des Menschen vor und nach dem Tode (vgl. 1 Thess 4,17; Phil 1,23).

86 R. Bultmann, Die Bedeutung des geschichtlichen Jesus für die Theologie des Paulus, in: ders., Glauben und Verstehen I 188-213, 208; W. Marxsen, Die Auferstehung Jesu als historisches und als theologisches Problem, Gütersloh [7]1969; ders., Die Auferstehung Jesu von Nazareth, Gütersloh [4]1970, 141-151.

tation des Todes Jesu, sondern um ein heilvolles Geschehen, eingeordnet in den Bereich des pneumatischen Christus, der durch die Auferstehung von dem ‚Christus incarnatus' zum ‚Christus praesens' der Gemeinde erhöht worden ist. Entsprechend dem paulinischen Auferstehungszeugnis ist das Heil unwiderruflich an die Person Jesu Christi gebunden. Die Gemeinde weiß sich von dem vergangenheitlichen Christusgeschehen bestimmt und zugleich begründet sich hieraus ihre Zukunftserwartung. Denn die Person des vergangenheitlichen Jesus ist mit der des auferstandenen Christus identisch, so wie nach paulinischer Vorstellung bei der künftigen Auferstehung die Glaubenden mit sich selbst identisch sein werden. Der auferstandene und erhöhte Kyrios steht in Kontinuität zum irdischen Jesus. Die Einheit von dem Erhöhten und dem Irdischen wird durch das mythologische Schema von Erniedrigung und Erhöhung des Präexistenten motiviert. Gekennzeichnet ist solche ‚mythologische Identität' durch die beiden Heilsereignisse, die in Wahrheit nur *ein* Heilsereignis darstellen: Tod und Auferweckung Jesu, worin das eschatologische Ja Gottes gegenüber den Menschen zur Sprache kommt. Solche Zusage ist nicht anschaubar; aber sie wird erfahren im Glauben an das in der Verkündigung und im Sakrament zugesprochene Wort. Hier zeigt sich, daß Jesus Christus im Wort lebendig ist, d.h. in der Gemeinde, die von diesem Wort gebaut wird. Nicht zuletzt ist er im Sakrament gegenwärtig; denn der Glaubende vollzieht in der Taufe das Sterben Jesu an sich nach, um mit dem auferstandenen Christus leben zu können (Röm 6,1ff).

d) Gott und Christus

E. Peterson, Εἷς θεός. Epigraphische, formgeschichtliche und religionsgeschichtliche Untersuchungen, FRLANT 41, Göttingen 1926.

P. Althaus, Das Bild Gottes bei Paulus, ThBL 20, 1941, 81-92.

O. Cullmann, Die Christologie des Neuen Testaments, Tübingen [2]1958, 241-244.

D.E.H. Whiteley, The Theology of St. Paul, Oxford 1964, 118-123.

G. Bornkamm, Die Offenbarung des Zornes Gottes Röm 1-3, in: ders., GAufs. I, BEvTh 16, München [5]1966, 9-33.

G. Delling, ΜΟΝΟΣ ΘΕΟΣ, in: ders., Studien zum Neuen Testament und zum hellenistischen Judentum. GAufs. 1950-1968, Göttingen 1970, 391-400.

Ders., Zusammengesetzte Gottes- und Christusbezeichnungen in den Paulusbriefen, in: ders., Studien zum Neuen Testament und zum hellenistischen Judentum, s.o., 417-424.

T. Holtz, Theologie und Christologie bei Paulus, in: Glaube und Eschatologie, FS W.G. Kümmel, hg. v. E. Gräßer u. O. Merk, Göttingen 1975, 105-121.

W. Schrage, Theologie und Christologie bei Paulus und Jesus auf dem Hintergrund der modernen Gottesfrage, EvTh 36, 1976, 121-154.

A. Lindemann, Die Rede von Gott in der paulinischen Theologie, ThGl 69, 1979, 357-376.

E. GRÄẞER, ‚Ein einziger ist Gott' (Röm 3,30). Zum christologischen Gottesverständnis bei Paulus, in: ‚Ich will euer Gott werden', SBS 100, Stuttgart 1981, 177-205.
J. WHITTAKER, Neopythagoreanism and Negative Theology, in: ders., Studies in Platonism and Patristic Thought, London 1984 (deutsch in: C. Zintzen (Hg.), Der Mittelplatonismus, WdF 70, Darmstadt 1981, 169-186).
L.J. KREITZER, Jesus and God in Paul's Eschatology, JSNT 19, Sheffield 1987.
P.G. KLUMBIES, Die Rede von Gott bei Paulus in ihrem zeitgeschichtlichen Kontext, FRLANT 155, Göttingen 1992.

Die Frage nach dem Verhältnis von ‚Gott' und ‚Christus' ist nicht als eine innertrinitarische Problemstellung zu verstehen, sondern bezieht sich auf die Zuordnung zweier Personen.

1. Religionsgeschichtlicher Hintergrund. Auch bei der Frage der Zuordnung von Gott und Christus treten die beiden Wurzeln der paulinischen Theologie in Erscheinung: zunächst die alttestamentlich-jüdische Gotteslehre; denn Paulus' Glaube ist monotheistisch, indem er sich auf Gott den Schöpfer ausrichtet. Darüber hinaus ist die hellenistisch-orientalische Kyriosverehrung vorausgesetzt, wie sie auch an anderer Stelle auf Jesus übertragen wird. Jesus ist der Kyrios im Gegenüber zu anderen Kyrioi; als der Erhöhte ist er der Kosmokrator. Von hier aus scheint sich nahezulegen, daß Paulus ein ditheistisches Konzept vertritt. – Jedoch ist solche religionsgeschichtliche Ableitung einzuschränken. Auch der alttestamentlich-jüdische Schöpfergott bedient sich eines ‚Messias'; dieser ist durch eine besondere Nähe zu Gott ausgezeichnet und oftmals nicht-menschlicher Herkunft.[87] Andererseits schließt der hellenistische Kyrioskult die olympische Götterwelt und damit die Idee eines übergeordneten Gottwesens[88] nicht aus, so daß auch die Zu- oder Nebenordnung des Kyrios im Verhältnis zu der einen Gottheit nicht unmöglich sein mußte.

2. Das sachliche Verhältnis. Das Verhältnis ‚Gott-Christus' wird in liturgischen Formeln ausgesprochen; z.B. Röm 15,6: „Rühmet Gott und den Vater unseres Herrn Jesus Christus" (δοξάζητε τὸν θεὸν καὶ πατέρα τοῦ κυρίου ἡμῶν Ἰησοῦ Χριστοῦ). Dieselbe liturgische Formel findet sich im deutero-

87 Vgl. die Vorstellung vom Menschensohn (Dan 7,13).

88 Vgl. den Zeushymnus des Kleanthes; dazu S. Lauer, Der Zeushymnus des Kleanthes, in: M. Brocke u.a. (Hgg.), Das Vaterunser, Freiburg 1974, 156-162; vgl. auch M. Pohlenz, Die Stoa I 108-110. – Im einzelnen: G. Delling, ΜΟΝΟΣ ΘΕΟΣ 391-395. Vgl. zur Sache auch den Lobpreis der Zaubergöttin Selene (K. Preisendanz, Papyri Graecae magicae I. Die griechischen Zauberpapyri I-II (griech./deutsch), Leipzig 1928-1931, I 160-165); auch das Enkomion des Aristeidos auf Zeus (E. Norden, Agnostos Theos 164).

paulinischen Brief 2 Thess 1,12. Da Paulus schwerlich der Gemeinde zumuten will, zwei Götter zu verehren, wird das καί epexegetisch zu verstehen sein. Gemeint ist: Gott, welcher der Vater des Herrn Jesus Christus ist (καί = ‚nämlich'). Gott ist so Gott, daß er sein Vatersein offenbart, im Verhältnis zu Jesus Christus als dem Kyrios und Gottessohn. Die Beziehung zwischen Gott und Christus ist durch das Vater-Sohn-Verhältnis definiert. So entspricht es Phil 4,20: „Gott, nämlich unserem Vater, sei die Ehre ..." (vgl. auch 1 Thess 3,11). Hier ist Gott der Vater der Menschen. So findet es sich auch in der hymnischen Formel 1 Kor 8,6 („Ein Gott, der der Vater ist, von dem alle Dinge sind und wir zu ihm, und ein Herr, Jesus Christus, durch den alle Dinge sind und wir durch ihn"). Der Kyrios Jesus ist zwar in besonderer Weise der Sohn des Vaters, aber sein Verhältnis zu Gott ist durch eine Unterordnung bestimmt. Paulinische Christologie ist im wesentlichen subordinatianisch ausgerichtet. Das entspricht der Tatsache, daß Paulus weitgehend theozentrisch denkt, wie die christologischen Sendungs- und Dahingabeformeln verdeutlichen.[89]

Ist das Verhältnis Gott-Christus subordinatianisch zu interpretieren, so ist auch die Reihenfolge charakteristisch, die 1 Kor 11,3 genannt wird: „Das Haupt des Mannes ist Christus, das Haupt der Frau aber ist der Mann, das Haupt Christi aber ist Gott." Hier findet sich eine klare Stufenfolge von unten nach oben: von der Frau über den Mann zu Christus und von Christus zu Gott. Die Subordination des Christus zeigt sich auch 1 Kor 3,23 („Ihr gehört zu Christus und Christus gehört zu Gott"); 1 Kor 15,28 (von den Endereignissen: „Wenn ihm alles unterworfen sein wird, dann wird auch der Sohn sich selbst unterwerfen dem, der ihm alles unterworfen hat, damit Gott alles in allem ist"); auch Phil 2,8f (der Gehorsam des Christus unter den Willen Gottes führt zur Erhöhung und Einsetzung Christi zum Kyrios).

Die Unterordnung des Sohnes unter den Vater darf nicht scholastisch ausgelegt werden. Paulus entwickelt keine Ontologie oder metaphysische Konzeption. Das paulinische Verständnis des Gott-Christus-Verhältnisses ist vielmehr primär funktional ausgerichtet. Es geht Paulus weniger um die Beschreibung von Seinsweisen als um das konkrete Handeln Gottes an und in dem Christus. Gott vollzieht durch den ihm untergebenen Sohn sein Befreiungswerk. Weil Paulus das Verhältnis Gott-Christus nicht ontologisch ausarbeitet, ist zu verstehen, daß die Beschreibung dieses Verhältnisses keineswegs konsequent erfolgt. Liegt 2 Kor 5,19 („Gott war in Christus und versöhnte die Welt mit sich") der Gedanke einer Identität nahe, so ist solche Aussage doch auch hier funktional gemeint: In Christus begegnet Gott. Das Werk Christi ist das Heilswerk Gottes (vgl. Phil 2,6). So ist es noch aus-

89 Vgl. oben A II a 2.

schließlicher in Röm 9,5 ausgesprochen („Von den Vätern, von denen Christus dem Fleisch nach abstammt, der Gott ist über allem; gelobt sei er in Ewigkeit"). Hier ist Christus als θεός bezeichnet[90]; so hat es Parallelen im johanneischen Schrifttum (Joh 1,18; 20,28; 1 Joh 5,20) und im Pliniusbrief, wonach die Christen morgens dem Christus Lieder singen ‚wie einem Gott'.[91]

Oft unterscheidet Paulus nicht zwischen Gott und Christus. Wie zu Gott, so können auch an den Kyrios Christus Gebete gerichtet werden. Die Christen sind diejenigen, „die den Namen des Kyrios anrufen" (1 Kor 1,2: ἐπικαλεῖσθαι τὸ ὄνομα τοῦ κυρίου). Paulus selbst wendet sich im persönlichen Gebet an den Kyrios, damit der ‚Pfahl im Fleisch' (vermutlich eine chronische Krankheit) beseitigt wird[92], und er betet zum Kyrios für das Heil der Gemeinde, daß sie mit Agape erfüllt werde (1 Thess 3,12). Der Apostel nimmt damit vorweg, was am Ende der Zeiten der Kosmos tun wird: die Anbetung des Kyrios als des Kosmokrator.[93]

Daß die subordinatianische Zuordnung in der paulinischen Christologie keinen absoluten Rang einnimmt, zeigt sich an der Nebenordnung von Gott und Christus, wie sie die schon genannte vorpaulinische Formel in 1 Kor 8,6 reflektiert. Sie findet sich auch in der Salutatio des Briefpräskripts (z.B. 2 Kor 1,2; Phil 1,2: „Gnade und Friede von Gott, unserem Vater, und dem Herrn Jesus Christus"). Hier ist der Kyrios derjenige, dem die Macht zugetraut wird, in gleicher Weise wie Gott über die eschatologischen Gaben zu verfügen und diese Gaben verfügbar machen zu können.

Die Verschiedenartigkeit der Zuordnungen darf nicht dazu führen, das Verhältnis Gott-Christus bzw. den Christus allein nur als eine ‚Chiffre' für das Heilsgeschehen zu verstehen. Paulus geht es nicht um die Manifestation einer Idee, sondern um die Begegnung mit einem Du. Das Christusgeschehen ist wie die Beziehung zwischen Gott und Christus personal strukturiert. Zweifellos läßt sich mit R. Bultmann fragen, ob das Reden vom Tun Gottes mit mythologischer Rede identisch ist.[94] Und man wird diese

90 Dies ist freilich nicht unumstritten; bei einer Veränderung der Satzzeichen läßt sich mit ὁ ὢν ein neuer Satz beginnen: „von denen Christus dem Fleisch nach abstammt. Gott, der über allem ist, sei gepriesen in Ewigkeit". Jedoch spricht die lectio difficilior für den obigen Text.

91 Vgl. Plin Ep X 96; eine weitergehende Gleichsetzung findet sich in den Ignatianen, wo Vater und Sohn als Gott bezeichnet werden: IgnEph 1,1; ἐν αἵματι θεοῦ; besonders 7,2; 18,2 (θεὸς ἡμῶν); IgnTrall 7,1; IgnRöm Präskript; IgnRöm 3,3; IgnSm 1,1.

92 2 Kor 12,8. Daß das Wort κύριος sich nicht auf Gott, sondern auf Christus bezieht, geht aus dem folgenden Vers hervor, wonach die ‚Kraft des Christus' (ἡ δύναμις τοῦ Χριστοῦ) in der Schwachheit des Apostels wohnt (2 Kor 12,9).

93 Vgl. Phil 2,10f; auch ‚maranatha' (1 Kor 16,22); dazu oben A II a 3.

94 R. Bultmann, Neues Testament und Mythologie, in: ders., Kerygma und Mythos I, Hamburg 1948, 52.

Frage bejahen, wenn man ‚Mythos' in einem entsprechend weiten Sinn faßt. So hat es jedenfalls H. Braun verstanden, wenn er das Reden von Gott zu entmythologisieren versuchte, so daß Gott „eine bestimmte Art der Mitmenschlichkeit" wäre.[95] Diese Interpretation eliminiert jedoch zugleich, was für das paulinische Denken typisch ist: das ‚extra nos' des Heils. Daß das Heilsgeschehen nicht mit einem innermenschlichen Geschehen identisch ist, sondern sich auf Außermenschliches gründet, kommt in einer solchen Definition nicht mehr zum Ausdruck. Das Reden von Gott und Christus als Personen wahrt demgegenüber das ‚extra nos' und läßt Gott und Christus als ein Gegenüber begreifen. Die personale Begrifflichkeit, das Reden von Gott als dem Vater oder von dem präexistenten Christus als dem Sohn ist Bestandteil des mythologischen Denkens und macht das Unangemessene im menschlichen Reden von Gott sichtbar. Daß solche Rede nicht dem Sein Gottes entsprechen kann, haben die Mittel- und Neuplatoniker erkannt, die von der Gottheit nur ‚via negativa' reden wollten.[96] So ist es in die paulinische Sprache eingedrungen, wenn Gott als der ‚Unsichtbare' (ἀόρατος: Röm 1,20) bezeichnet wird oder als der Unvergängliche (ἄφθαρτος: Röm 1,23). Auch die Kategorie der Personalität bedarf daher der Interpretation; sie muß durch das Wissen ergänzt werden, daß für das Reden von Gott jede Vorstellung und jede Bezeichnung inadäquat ist; ebendies verweist wiederum auf das für die Christologie und Gotteslehre des Paulus konstitutive ‚extra nos'.[97]

Wie wenig die personale Vorstellung verabsolutiert werden darf, zeigt sich an der liturgischen Formel 2 Kor 13,13 („Die Gnade des Herrn Jesus Christus und die Liebe Gottes und die Gemeinschaft des Heiligen Geistes sei mit euch allen"). Diese triadische Formel ist in späterer Zeit im Sinn einer trinitarischen Aussage ausgelegt worden. Zwar kann Paulus gelegentlich den Begriff πνεῦμα personifizieren, aber dies geschieht wie an dieser Stelle in einem uneigentlichen Sinn.[98] Primär ist das Pneuma ein ‚Es', eine Substanz oder eine Kraft, die räumlich gedacht ist.

3. Der *Inhalt der paulinischen Gotteslehre* entspricht dem vorausgesetzten religionsgeschichtlichen Hintergrund. Das paulinische Verständnis von Gott

---

95 H. Braun, Die Problematik einer Theologie des Neuen Testaments, in: ders., Gesammelte Studien zum Neuen Testament und seiner Umwelt, Tübingen 1962 (= ^{3}1971), 325-341; 341.

96 Nach J. Whittaker, Neopythagoreanism 169ff, bezeichnet die Ausdrucksweise der negativen Theologie nicht primär eine verneinende Beziehung, vielmehr ein Verhältnis des Übertreffens zu den bezeichneten Eigenschaften. Die Eigenschaft ἀόρατος bedeutet nicht primär ‚unsichtbar', sondern jenseits von Sichtbarkeit und Unsichtbarkeit, so daß die Gottheit nur in einem mystischen Sinn erfaßbar wäre. Jedenfalls geht es auch Paulus um das transzendente, den menschlichen Horizont übersteigende göttliche Wesen.

97 Vgl. auch Röm 11,33-36: Der hymnische Lobpreis enthält jüdische wie auch stoische Züge und läßt erkennen, daß das Bekenntnis zur ‚Unerforschlichkeit der Wege Gottes' auch einen alttestamentlichen Hintergrund hat (vgl. Jes 40,13; Hi 41,3; darüber hinaus: ApkBar 14,8ff); E. Norden, Agnostos Theos 242ff; E. Käsemann, An die Römer, HNT 8a, Tübingen ^{4}1980, 304ff.

98 Vgl. Röm 8,16.26; 15,30; 1 Kor 2,10.12.

ist alttestamentlich-jüdisch. Obwohl die Analogien in der griechisch-hellenistischen Gotteslehre nicht außer acht gelassen werden dürfen, ist doch zuerst der alttestamentlich-jüdische Kontext gewichtig: Gott ist der Schöpfer der Welt; er ist derjenige, der Licht aus der Finsternis aufstrahlen ließ (2 Kor 4,6: Gen 1,3), der den Menschen geschaffen hat (1 Kor 11,8ff), dem die Erde gehört (1 Kor 10,26). Solches Schöpfertum bedeutet, daß Gott eine umfassende Macht besitzt (Röm 11,36; 1 Kor 8,6). Die Allmacht Gottes kommt vor allem in der Vorstellung vom Weltgericht zur Sprache: Gott ist der Richter der Welt (1 Thess 1,10; Röm 2,5 = Tag des Zornes; Röm 3,5). Paulus unterscheidet auch hier nicht wirklich zwischen Gott und Christus; denn auch Christus wird als Richter vorgestellt, der bei der Parusie sein Urteil fällen wird (1 Thess 2,19; 1 Kor 4,5); entsprechend kann der Ort, von dem aus das Gerichtsurteil gesprochen wird, einmal ‚Richterstuhl Gottes' (Röm 14,10), ein anderes Mal ‚Richterstuhl Christi' (2 Kor 5,10) heißen.

Das Endgericht bedeutet die abschließende Offenbarung und den Vollzug des ‚Zornes Gottes', der ὀργὴ θεοῦ (Röm 5,9; 1 Thess 1,10). Auch dies ist jüdisch-apokalyptisches Denken. Die paulinische Gotteslehre ist auf die Zukunft bezogen. Die ὀργὴ θεοῦ ist wesentlich eine apokalyptische Größe. Und doch manifestiert sie sich in der Gegenwart. Wenn es 1 Thess 2,16 heißt: ἔφθασεν δὲ ἐπ' αὐτοὺς ('Ιουδαίους) ἡ ὀργὴ εἰς τέλος, so bedeutet εἰς τέλος entweder ‚in Ewigkeit', ‚immerdar' (so daß die Juden von nun an unter dem ewigen Zorngericht stehen)[99], oder aber ‚bis zuletzt', ‚endgültig', wodurch die ganze Geschichte Israels als Ausdruck von Ungehorsam und Abkehr vom Gotteswillen verstanden ist. In jedem Fall ist der ‚Zorn Gottes' eine in der Gegenwart wirksame Größe. Dies begründet sich für Paulus aus der Tatsache, daß die Juden ihre christlichen Landsleute verfolgen (2,15). Daß die Verheißungen an Israel nicht in Erfüllung gegangen sind und die Predigt des Evangeliums von den Juden abgelehnt wurde, ist nach Röm 9 durch den Zorn Gottes begründet, so daß die Juden als ‚Gefäße des Zorns' bezeichnet werden können (V.22). Gott hat die Macht, frei nach seinem unumschränkten Willen über sie zu verfügen, so wie ein Töpfer mit seinen Werken umgeht (V.21). Erwählung und Verwerfung erfolgen nach der souveränen Entscheidung Gottes (vgl. Röm 9,13: „den Jakob habe ich geliebt, den Esau habe ich gehaßt"); die Menschen stehen unter der göttlichen ‚praedestinatio'. Die ὀργὴ θεοῦ ist zwar an der Ablehnung des Evangeliums durch die Menschen wahrzunehmen, aber sie ist nicht einsichtig zu begründen. Gottes Handeln bleibt letztlich ein verborgenes Handeln. Es ist der ‚deus absconditus', der in seiner ὀργή in Erscheinung tritt.

Der Zorn Gottes wendet sich nicht nur gegen Juden, sondern in gleicher Weise gegen die Heiden: Sie haben Gott an den Werken der Schöpfung er-

99 Vgl. dazu unten A IV c.

kannt, aber ihm nicht die Ehre gegeben (Röm 1,18ff). Darum offenbart sich der Zorn Gottes über sie schon in der Gegenwart; denn weil sie sich weigern, Gottes Macht und Willen anzuerkennen, fallen sie Gottlosigkeit und Ungerechtigkeit anheim.[100] Dies ist der Ausgangspunkt für die paulinische Botschaft von der Gottesgerechtigkeit, die sich im Christusgeschehen ereignet hat: Das Christusgeschehen bewirkt Versöhnung mit Gott, nämlich die Errettung vor dem Zorn Gottes (Röm 5,9f). Allein im Römerbrief ist vom Zorn Gottes und seiner Überwindung die Rede. So ist es Bestandteil der paulinischen Rechtfertigungsvorstellung. Der Apostel reflektiert nicht abstrakt über die Existenz oder Essenz Gottes, sondern in der mythologischen Redeweise vom Handeln Gottes kommt das Sein Gottes so zur Sprache, wie es im Christusgeschehen sich für die Menschheit erschlossen hat.

III. Die Befreiung durch Christus

Das Folgende wird nach dem ,Werk des Christus' nicht im Sinn eines objektiv erfaßbaren Heilswerkes fragen, wonach als Ergebnis des Christusgeschehens ,objektive Heilstatsachen' dargestellt werden könnten; denn von dem Werk Christi läßt sich nicht anders reden, als daß man zugleich von dem Menschen spricht, dem dieses Werk zugeeignet wird. Als Objekt des christologisch aussagbaren Heilshandelns ist der Mensch nicht ein willenloses Wesen, sondern eine sich engagierende, dem Angebot Glauben schenkende, personhafte Größe. Das Heilshandeln Christi, auf das der Mensch im Glauben antwortet, ist zuallererst:

a) Die Befreiung von der Macht der Sarx, der Sünde und des Todes

W. WREDE, Paulus, RV 1, Halle 1904 (=²1907), wieder abgedruckt in: K.H. Rengstorf (Hg.), Das Paulusbild in der neueren deutschen Forschung, WdF 24, Darmstadt ³1982, 1-97.

A. SCHWEITZER, Die Mystik des Apostels Paulus, Tübingen ²1954; wieder abgedruckt in: ders., Ausgewählte Werke IV, Berlin ²1973, 15-510.

W. FOERSTER, Art.: σῴζω etc., ThWNT VII, 1964, 966-970.981-1012.1014-1024.

K. NIEDERWIMMER, Der Begriff der Freiheit im Neuen Testament, TBT 11, Berlin 1966.

DERS., Art.: ἐλεύθερος etc., EWNT I, 1980, 1052-1058.

---

100 Vgl. P. Feine, Theologie des Neuen Testaments 195 („Gott straft Sünde durch Sünde").

W. THÜSING, Per Christum in Deum, NTA NF 1, Münster ²1969.
G. STRECKER, Befreiung und Rechtfertigung, in: Rechtfertigung, FS E. Käsemann, Tübingen 1976, 479-508; wiederabgedruckt in: ders., Eschaton und Historie. Aufsätze, Göttingen 1979, 229-259.
K.H. SCHELKLE, Art.: σωτήρ etc., EWNT III, 1983, 781-788.
F.S JONES, „Freiheit" in den Briefen des Apostels Paulus, GTA 34, Göttingen 1987.
S. VOLLENWEIDER, Freiheit als neue Schöpfung. Eine Untersuchung zur Eleutheria bei Paulus und in seiner Umwelt, FRLANT 147, Göttingen 1989.
U. HECKEL, Kraft in Schwachheit. Untersuchungen zu 2 Kor 10-13, WUNT II 56, Tübingen 1993.

William Wrede hatte in der paulinischen Theologie zwei Vorstellungsreihen unterschieden: die Erlösungs- und die Rechtfertigungslehre. Man kann die Theologie des Paulus auch unter das übergeordnete Thema ‚die Erlösung' stellen, wenn dieser Begriff weit gefaßt wird. Gleiches gilt für das Thema ‚Befreiung', das ebenfalls das Ganze der paulinischen Theologie umfassen kann. Wichtig ist für das Verständnis des Folgenden, daß die Befreiungsvorstellung zunächst als Befreiung von den Mächten des Fleisches, der Sünde und des Todes begriffen und aus sachlichen wie auch aus formalen Gründen von der paulinischen Rechtfertigungsverkündigung abgegrenzt wird. Solche Abgrenzung legt sich durch die Erkenntnis nahe, daß die Rechtfertigungsvorstellung des Paulus auf alttestamentlich-jüdischem Gedankengut aufgebaut und durch eine juridische Terminologie gekennzeichnet ist, während die Erlösungs- oder Befreiungsvorstellung im engeren Sinn neben den jüdischen auch hellenistisch-synkretistische Züge trägt und eine für sie (und erst hierdurch auch für die Rechtfertigungsanschauung) grundlegende ontologische Struktur besitzt.

1. Die Formel ‚in Christus'

A. DEIẞMANN, Die neutestamentliche Formel „In Christo Jesu", Marburg-Tübingen 1892.
F. BÜCHSEL, „In Christus" bei Paulus, ZNW 42, 1949, 141-158.
F. NEUGEBAUER, Das paulinische „in Christo", NTS 4, 1957/58, 124-138.
DERS., In Christus. Eine Untersuchung zum paulinischen Glaubensverständnis, Göttingen 1961.
A.J.M. WEDDERBURN, Some Observations on Pauls's Use of the phrases ‚in Christ' and ‚with Christ', JSNT 25, 1985, 83-97.
U. SCHNELLE, Gerechtigkeit und Christusgegenwart. Vorpaulinische und paulinische Tauftheologie, GTA 24, Göttingen ²1986.

Die Frage der religionsgeschichtlichen Ableitung der Formel ἐν Χριστῷ ist bis heute umstritten. Nicht selten wird an den Einfluß der (Prä-)Gnosis gedacht oder auch an alttestamentlich-jüdische Tradition. In jedem Fall wird durch diese Formel die Beziehung des einzelnen wie auch die der Gemeinde insgesamt zu Christus als dem Vermittler des eschatologischen Heils ausgesprochen.

Adolf Deißmann hat in seiner grundlegenden Untersuchung die These aufgestellt, daß ἐν Χριστῷ lokal zu verstehen ist. Gemeint ist der Raum des Christus, die Sphäre, in die der Christ hineingestellt ist. In diesem Zusammenhang wird oft von der ‚Christusmystik' des Apostels Paulus gesprochen. Die spätere Forschung ist von dieser These erheblich beeinflußt worden. Sie hat vor allem dort Zustimmung gefunden, wo man die Theologie des Paulus aus dem Zusammenhang mit der Gnosis zu erklären suchte. Auch schien der Begriff ‚Mystik' geeignet, das Problem der Übertragbarkeit der paulinischen Aussagen in die Gegenwart zu lösen.[1] Doch sollte man von einer paulinischen Christusmystik nicht sprechen; denn während es für den Mystiker charakteristisch ist, daß er in seinem Gegenüber aufgeht und mit Gott bzw. mit Christus identisch wird (‚Ich bin du'), versteht Paulus das Verhältnis des Menschen zu Christus im Sinn eines personalen Gegenüber; die Person des Christus wird nicht aufgelöst.

Friedrich Büchsel hat Deißmanns These energisch widersprochen. Danach ist das ἐν der Formel i.w. nicht lokal (‚in Christus'), sondern meistens instrumental (‚durch Christus': Gal 2,17), daneben aber auch modal (‚wie Christus': Kol 2,6) oder kausal (‚im Kyrios': Phil 4,4 u.ö.) zu verstehen. Nur einige Male sei eine lokale Bedeutung festzustellen, und zwar im übertragenen Sinn.[2] Dies besagt: Die paulinische ἐν Χριστῷ-Formel ist primär aus einem alttestamentlich-jüdischen Hintergrund zu interpretieren, und insbesondere die instrumentale und kausale Deutung lassen den alttestamentlichen Opfergedanken (ἐν = בְּ) als wesentlichen Bestandteil dieser Formel mitschwingen. – So sehr hier zu Recht auf den komplexen Zusammenhang der In-Christus-Formel hingewiesen und auf ihre Beziehung ‚auf das gesamte Offenbarungshandeln Gottes' aufmerksam gemacht wird, so wäre es doch verfehlt, die lokale Bedeutung so gut wie ausnahmslos auszuschließen. Paulus hat ἐν Χριστῷ εἶναι auch stereotyp für ‚Christsein' gebrauchen können; denn wer ‚in Christus' ist, der ist Christ. So sind nach Röm 16,7 Andronikos und Junia(s) diejenigen, „die vor mir in Christus gewesen sind", d.h. die vor mir Christen waren; dieser Sprachgebrauch verweist in Einklang mit dem pneu-

---

1 Vgl. A. Schweitzer, Mystik 367.

2 Z.B. Kol 1,19; 2,3.9; dazu aber F. Büchsel, „In Christus" 148 („Die Stellen reden von der Bedeutung Christi für die Gläubigen, die er kraft seiner beherrschenden Stellung in dem gesamten Offenbarungshandeln Gottes hat").

matischen Hintergrund (‚Geist-Christus') auf einen lokalen Deutungszusammenhang.[3]

Fritz Neugebauer hat in seiner Arbeit den Vorschlag gemacht, ἐν Χριστῷ εἶναι als ‚Bestimmtsein vom Christusgeschehen' zu verstehen, da der Dativ Χριστῷ sich auf das christologisch zu interpretierende Heilsgeschehen bezieht. Ist hier das Christusgeschehen als eine vergangenheitliche Größe gesehen und die Beziehung auf den ‚Christus incarnatus' zu Recht betont, so darf der ‚Christus praesens' davon doch nicht getrennt werden. Das ἐν Χριστῷ εἶναι richtet sich nicht nur auf den Christus in der Vergangenheit, sondern zugleich auf den gegenwärtigen Herrn der Gemeinde.

Daher sollte man die Formel umschreiben mit *Einbezogensein in die Christuswirklichkeit*, was nicht nur eine christologische, sondern ebenso eine ekklesiologische Aussage enthält. Es geht nicht nur um die Heilstatsache der Vergangenheit, sondern auch um die gegenwärtige, durch göttliche Dynamis qualifizierte Herrschaft des Kyrios[4], die mit dieser Formel angesagt ist. Dies besagt zugleich, daß ein ekklesiales Element eingeschlossen ist: Wer in Christus ist, der gehört der Gemeinde an; denn er ist Glied des Leibes Christi (vgl. 1 Kor 12,12ff).

Ist der Christ in die Christuswirklichkeit einbezogen, so ist er durch den Indikativ des Heilsgeschehens bestimmt. So wird es durch die Taufe vermittelt[5] und impliziert die Trennung von einer Welt, die der Sarx, dem Tod und der Sünde unterworfen ist, und bedeutet positiv ein neues Sein haben (vgl. 2 Kor 5,17). Das neue Sein ist nicht von Kontemplation abhängig und nicht mit einem mystischen Sein zu identifizieren, sondern unabhängig von Gefühl und Kontemplation ist es eine die Ganzheit des Menschen bestimmende Wirklichkeit. Deshalb kann Paulus neben die häufig gebrauchte Formel vom Sein ‚in Christus' auch die Aussage stellen: „Christus lebt in mir" (Gal 2,20;

---

3 Vgl. auch 1 Thess 2,14; 4,16; Gal 1,22. – „Aus dieser lokalen Grundvorstellung läßt sich die gesamte Prägnanz der Formel ἐν Χριστῷ Ἰησοῦ und ihrer Parallelformeln ableiten. Auch hier jedoch mischt sich dann ein zuständliches und ein instrumentales Moment ein" (A. Oepke, Art.: ἐν, ThWNT II 538).

4 Vgl. Röm 1,4; 1 Kor 1,24; 5,4 u.ö.

5 Daß der Ursprungsort des paulinischen ἐν Χριστῷ die frühchristliche Taufüberlieferung ist, zeigt aufschlußreich U. Schnelle, Gerechtigkeit und Christusgegenwart 109ff; so wird es durch die Taufvorstellung vom ‚Anziehen des Christus' (Gal 3,27) nahegelegt; das Bild vom Anziehen eines Gewandes stützt das lokale Verständnis ‚in Christus' und verweist auf hellenistisch-synkretistischen Hintergrund; vgl. OdSal 8,22; 17,4.13ff u.ö.; W. Schmithals, Die Gnosis in Korinth, FRLANT 66, Göttingen [3]1969, 377-382; E. Brandenburger, Adam und Christus. Exegetisch-religionsgeschichtliche Untersuchung zu Röm 5,12-21 (1 Kor 15), WMANT 7, Neukirchen-Vluyn 1962, 139-153.

Röm 8,10). Wer in Christus ist, der gehört nicht mehr sich selbst, sondern dem Kyrios. Er ist mit Christus gestorben, um mit Christus aufzuerstehen.[6] Er ist in die Sphäre des Pneuma einbezogen, das von ihm Besitz ergriffen hat und ihn lehrt, ἀββὰ-πατήρ zu rufen; denn der Geist ist das Unterpfand der Sohnschaft (Röm 8,14ff).

Demnach ist ἐν Χριστῷ εἶναι ein zusammenfassender Ausdruck für das paulinische Verständnis des Christseins und entspricht weitgehend den indikativischen Parallelkonstruktionen ἐν κυρίῳ[7] bzw. ἐν πνεύματι[8]. Daneben stellen sich einige Termini, die in anderer Weise das neue Sein umschreiben. Ausdrucksstark ist ἀπολύτρωσις als Bezeichnung für ‚Freilassung' (gegen Bezahlung von Lösegeld), auch in der Bedeutung von ‚Loskauf', oft mit ‚Erlösung' (demnach = ‚Befreiung') übersetzt; vgl. 1 Kor 1,30 („Ihr lebt in Christus Jesus, der uns geworden ist göttliche Weisheit, Gerechtigkeit, Heiligung und Befreiung"); Röm 3,24 (Gerechtfertigtsein = Befreiung in Jesus Christus haben). Dies hat auch einen futurisch-eschatologischen Sinn: Röm 8,23 bezieht sich auf die Erlösung des Leibes im Eschaton. Subjekt der ἀπολύτρωσις ist Gott; es reflektiert sich hier das ‚theozentrische' Denken des Paulus.

Für das Sein ‚in Christus' ist die ἐκλογή ein konstitutives Element. Das Motiv der ‚Erwählung' der christlichen Gemeinde durch den in der Verkündigung wirksamen Geist begegnet im Frühstadium der paulinischen Theologie. Es steht nicht in Konkurrenz zur ἐν Χριστῷ-Vorstellung, vielmehr konkretisiert sich die Erwählung in der Taufe und in der glaubenden Annahme des Evangeliums (1 Thess 1,4f). Die Vorstellung bleibt allerdings ein marginales Thema und ist nicht eine Konstante in der paulinischen Theologie.[9]

Eine ebenfalls nicht zentrale Funktion hat die Versöhnungsbegrifflichkeit, deren theologischer Sinn (profan: 1 Kor 7,11) sich nur im 2. Korinther- und im Römerbrief nachweisen läßt (καταλλαγή: 2 Kor 5,18f; Röm 5,11; 11,15; καταλλάσσειν: 2 Kor 5,18-21; Röm 5,10). Im Zusammenhang der Ausle-

---

6 Vgl. Röm 6,4; möglicherweise Bestandteil einer vorpaulinischen Tauftradition (U. Schnelle, a.a.O. 76f); vgl. auch 1 Kor 12,13; Gal 3,27f; 2 Tim 2,11.

7 Röm 6,23; 8,39; 16,2.8.11ff; 1 Kor 4,17; 7,22.39; 9,1f; 11,11; 15,31.58; 2 Kor 10,17; Gal 5,10; Phil 1,14; 2,19.24.29; 3,1; 4,1f.4.10.

8 Vgl. Röm 2,29; 8,9; 9,1; 14,17; 15,16 (ἐν πνεύματι ἁγίῳ); 1 Kor 6,11 (θεοῦ); 12,3.9; 2 Kor 6,6; Phil 1,27; 1 Thess 1,5. – Pneuma und Christus/Kyrios lassen sich nicht ohne weiteres identifizieren (vgl. etwa die personale Parusieerwartung des kommenden Kyrios); andererseits überschneiden sich indikativische und imperativische Aussagen; vgl. die Aufstellung von F.W. Horn, Angeld des Geistes 342f.

9 Abgesehen von 1 Thess 1,4 begegnet das Substantiv nur im Israelabschnitt des Römerbriefes (Röm 9,11; 11,5.7.28). Das Verb nur 1 Kor 1,27. – Anders J. Becker, Paulus. Der Apostel der Völker 138-148.

gung seines apostolischen Auftrags versucht Paulus, die mit seinem Amt gegebene δόξα darzustellen: Gegenüber dem sarkischen Urteil der Menschen (2 Kor 5,16) gilt für die christliche Existenz, daß sie eine ,neue Schöpfung' ist (V.17). So begründet es sich aus der ,Versöhnung', die Gott durch Christus geschaffen hat. Diese ist ursprünglich nicht mit der durch Opfer vermittelten ,Sühnung' identisch[10], vielmehr verwendet schon das hellenistische Judentum das Wort καταλάσσειν für die Besänftigung des Zornes Gottes (2 Makk 1,5; 7,33). Ausschlaggebend ist das souveräne und universale Handeln Gottes. V.18: „Er hat uns versöhnt"; V.19: „Durch Christus versöhnte Gott den Kosmos mit sich", wobei κόσμος die Menschenwelt im allgemeinen Sinn ist, dagegen Röm 11,15 die Heidenwelt. Unter Anwendung von juridischen Kategorien bedeutet dies: das Nichtanrechnen der Verfehlungen (V.19; vgl. Röm 4,8: Ps 32,2). Hieraus leitet sich die Aufgabe des Apostels ab, nämlich ,das Wort von der Versöhnung' (τὸν λόγον τῆς καταλλαγῆς) auszurichten (V.19) und hierdurch die menschliche Möglichkeit des Mit-Gott-Versöhntwerdens zu begründen (V.20: „Laßt euch versöhnen mit Gott!"). Erst im Römerbrief steht das Wort im Zusammenhang der paulinischen Rechtfertigungstheologie (vgl. Röm 5,1.15; Stichworte: Glaube, Gnade) und bezeichnet die umfassende eschatologische Heilstat. Das Versöhnungsgeschehen ist durch Christus ,jetzt' den Glaubenden übereignet worden (5,11); so korrespondiert es im Kontext der Gegenüberstellung zwischen Christus, dem letzten Adam, als dem Spender des Lebens und dem ersten Menschen als dem Urheber des Todes (5,12ff).

Auch der Begriff ,Freiheit' umschreibt das neue Sein. Das Wort ἐλευθερία ist mit seinen Derivaten im Neuen Testament überwiegend durch die Paulusbriefe belegt[11], davon der größte Teil in den sogenannten Hauptbriefen Gal und Röm, welche die Rechtfertigungsbotschaft reflektieren. Der gelegentliche soziologische Aspekt hat eine ethisch-theologische Bedeutung; so wird in der Gegenüberstellung von Freien und Sklaven der Sklave paradox als ,Freigelassener des Kyrios' und umgekehrt der Freie als ,Sklave Christi' bezeichnet (1 Kor 7,22); der eschatologische Christusleib impliziert die Überbrückung der sozialen Unterschiede (Gal 3,28; 1 Kor 12,13). Die Interpretation der ,theologischen' Belegstellen muß aus dem jeweiligen Kontext erfolgen; der paulinische Freiheitsbegriff ist nicht harmonistisch zu egalisieren, sondern entfaltet sich ausschließlich in der Beziehung auf die vorausgesetzte gesellschaftliche oder gemeindliche Situation. In Anlehnung an die pagan-hellenistische

---

10 Vgl. C. Breytenbach, Versöhnung. Eine Studie zur paulinischen Soteriologie, WMANT 60, Neukirchen-Vluyn 1989, 180f.

11 Von 11 ἐλευθερία-Belegen finden sich 7 bei Paulus, von 7 ἐλευθεροῦν 5, von 23 ἐλεύθερος 14; außerdem ἀπελεύθερος nur einmal im Neuen Testament: 1 Kor 7,22.

Überlieferung geht es Paulus in den Korintherbriefen um seine Unabhängigkeit als Apostel; dies in Auseinandersetzung mit den korinthischen Kontrahenten, insbesondere hinsichtlich seines Rechtes auf Lebensunterhalt (1 Kor 9,1ff), aber auch im Blick auf die Bedrängung des christlichen Gewissens durch die in Unfreiheit gefangen gehaltenen Mitmenschen (1 Kor 10,29). Im Galaterbrief gewinnt das paulinische Freiheitsbewußtsein ein spezifisches, durch die Rechtfertigung geprägtes Profil, in Konfrontation zu den judaistischen Gegnern, ihrer Abhängigkeit von den Elementarmächten (Gal 4,1ff) und ihrer Unterwerfung unter das jüdische Gesetz (Gal 4,4f; vgl. 5,1: Beschneidung als ‚Joch der Sklaverei'). Der Begriff ‚Freiheit' kann auch durch den des ‚Loskaufs' ersetzt werden (4,5: ἵνα τοὺς ὑπὸ νόμον ἐξαγοράσῃ); er steht im Römerbrief im Zusammenhang der paulinischen systematisierenden Tendenz, wie sie sich beispielhaft in der Tauflehre und in der Pneumatologie ausspricht.

Der paulinische Freiheitsbegriff konkretisiert die Vorstellung der ‚Freiheit von': Der Christ weiß sich in Christus von der Macht der Sünde (Röm 6,18-22) bzw. des Todes (8,2) befreit. Die ‚Rettung' vom Todesleib (7,24) bedeutet zugleich Befreiung von der Macht des Gesetzes und damit von menschlicher Selbstentfremdung (7,4ff), darüber hinaus von dem Geschick der ‚Vergänglichkeit' (8,21: φθορά). Hiermit verbindet sich die Vorstellung der ‚Freiheit zu' einem geistbegründeten und geistgeleiteten Leben; denn wo der Geist Christi herrscht, da ist Freiheit (2 Kor 3,17). Im Raum des lebenspendenden Geistes (Röm 8,2) praktiziert der Apostel seine persönliche Freiheit. Wie auch die Typologie des Alten Testaments verdeutlicht (Gal 4,22ff: Sara als Prototyp der Freiheit), ist der Herrschaftsbereich Christi ein Raum der Freiheit (Gal 2,4). Entsprechend verschränkt sich mit dem *Freiheitsindikativ* der aus der durch Christus begründeten Freiheit sich ableitende *ethische Imperativ.* Hat Christus uns zur Freiheit berufen, so folgt daraus die Forderung, festzustehen und sich nicht wieder der δουλεία zur Verfügung zu stellen (Gal 5,1), nicht dem Fleisch zur Sünde Anlaß zu geben, sondern die Berufung zur Freiheit im gegenseitigen Dienst der Agape in der Gemeinde zu aktualisieren (5,13). Ist solche Freiheit gegenwärtige Gabe (vgl. 1 Kor 9,1; Gal 2,4 u.ö.), so ist sie doch zugleich für die Zukunft verheißen, in der sie sich als ein universales, die gesamte Schöpfung umfassendes, der δόξα der Gotteskindschaft vergleichbares Gottesgeschenk verwirklichen wird (Röm 8,18ff.21).

Eine umfassende Bezeichnung für das durch Christus bewirkte und in Christus wirkliche ‚Heil' ist der Ausdruck σωτηρία. So gehört in der LXX das ‚nomen agentis' σωτήρ zur häufig gebrauchten Gottestitulatur (Jes 12,2; Mi 7,7 u.ö.), ohne eindeutig auf den Messias bezogen zu werden (in Sach 9,9; Jes 49,6; 4 Esr 13,26 finden sich bestenfalls Andeutungen). Im griechisch-hellenistischen Umfeld des Neuen Testaments ist eine breite Verwendung bezeugt: Die griechische Mythologie wendet das Wort nicht selten auf die

Gottheit an (vgl. Xenoph An I 8,16: Ζεὺς σωτὴρ καὶ νίκη), und in der hellenistischen Herrscherverehrung ist es als Herrschertitel (θεὸς σωτήρ) in Gebrauch[12], ebenso im römischen Kaiserkult. In den paulinischen Briefen ist der einzige, zugleich traditionsgegebene Beleg Phil 3,20: Jesus Christus wird von seiner Gemeinde als der ,Retter' oder ,Heiland' angerufen, der als der Kosmokrator die Verwandlung des irdischen vergänglichen Leibes in den Leib der Doxa bewirken wird.

Ist hier der Titel futurisch-eschatologisch ausgelegt, so gilt gleiches für σωτηρία. Das zugesprochene und im Glauben angenommene ,Heil' ist primär Hoffnungsgut. Die ,Rettung' wird sich bei der Parusie des Kyrios ereignen (Röm 13,11); der Apostel erwartet sie für sein eigenes Leben (Phil 1,19: Hi 13,16); sie ist allgemein Gegenstand der gemeindlichen Hoffnung (1 Thess 5,8f; vgl. 2 Clem 1,7), die Folge der Umkehr (2 Kor 7,10), aber auch das Ziel des menschlichen Bemühens (Phil 2,12). Andererseits handelt es sich um eine gegenwärtige Größe. Der ,Tag des Heils' wird in der Verkündigung des Apostels zur Gegenwart (2 Kor 6,2: Jes 49,8). Die ,Rettung' vollzieht sich ,schon jetzt' in der Berufung der Heidenwelt (Röm 11,11); sie ist eine in der Gemeinde gegenwärtige apostolische Gabe (2 Kor 1,6 neben παράκλησις). Was das ,Heil' inhaltlich besagt, läßt sich am deutlichsten aus der Negation beschreiben: Es steht der ,Vernichtung' (ἀπώλεια) gegensätzlich gegenüber (Phil 1,28), ebenso dem ,Tod' (2 Kor 7,10) oder dem göttlichen ,Zorngericht' (1 Thess 5,9; vgl. Röm 5,9). Grund des künftigen Heils ist die Offenbarung der Gottesgerechtigkeit durch die apostolische Verkündigung (Röm 1,16f; vgl. 10,10). Die Rettung ist gleichbedeutend mit der Gabe der ζωὴ αἰώνιος (Röm 5,21; 6,22f; Gal 6,8).

Auch das Verb σῴζειν bezieht sich im wesentlichen auf die Zukunft. Wenn die Christen die Bezeichnung ,die gerettet werden' (οἱ σῳζόμενοι) tragen, so ist auf das ihnen zugesagte Heil vorausgewiesen (1 Kor 1,18; 15,2; 2 Kor 2,15; vgl. 1 Thess 2,16: für die Heiden). Für das Volk Israel erwartet der Apostel, daß am Ende der Tage die rettende Vollendung sich ereignen wird (Röm 11,26). Allgemein gilt für die christliche Gemeinde, daß das Heil als Folge von Bekenntnis und Glaube eintreffen wird (Röm 10,9; vgl. 1 Kor 1,21). Es wird als Ergebnis der Bemühung des Apostels jedem einzelnen Christen zugesagt (1 Kor 7,16; 9,22; 10,33), selbst dem sündigen Gemeindeglied, dessen Fleisch zwar zur Vernichtung überantwortet, dessen Geist aber am Tag des Herrn Rettung finden wird (1 Kor 5,5; vgl. 3,15 für das Werk des

---

12 In einer Ehreninschrift für Cäsar aus Ephesus (48 v.Chr.) erscheint die Titulatur: ,Sichtbar erschienener Gott und allgemeiner Heiland des menschlichen Lebens' (τὸν ... θεὸν ἐπιφανῆ καὶ κοινοῦ τοῦ ἀνθρωπίνου βίου σωτῆρα); vgl. Dittenberger, Sylloge[3] 760; Umwelt des Urchristentums, hg. v. J. Leipoldt und W. Grundmann, II, Berlin [6]1982, 105.

Verkündigers). Haben die ,Versöhnten' eine solche Hoffnung (Röm 5,9f), so gilt dialektisch das Ineinander von gegenwärtiger Heilserfahrung und Heilshoffnung (Röm 8,24: τῇ ἐλπίδι ἐσώθημεν).[13]

2. Die Macht der Sarx

H. SASSE, Art.: κόσμος, ThWNT III, 1938, 867-896.

M. DIBELIUS, Paulus und die Mystik, München o.J. (1941); wieder abgedruckt in: ders., Botschaft und Geschichte II, Tübingen 1956, 134-159; = K.H. Rengstorf (Hg.), Das Paulusbild in der neueren deutschen Forschung, WdF 24, Darmstadt ^{3}1982, 447-474.

W.D. DAVIES, Paul and the Dead Sea Scrolls: Flesh and Spirit, in: K. Stendahl (ed.), The Scrolls and the New Testament, New York 1957, 157-182.

A. SCHWEITZER, Die Mystik des Apostels Paulus, Tübingen ^{2}1954; wieder abgedruckt in: ders., Ausgewählte Werke IV, Berlin ^{2}1973, 15-510.

E. SCHWEIZER-F. BAUMGÄRTEL-R. MEYER, Art.: σάρξ, ThWNT VII, 1964, 98-151.

R. SAND, Der Begriff ,Fleisch' in den paulinischen Hauptbriefen, BU 2, Regensburg 1967.

E. BRANDENBURGER, Fleisch und Geist. Paulus und die dualistische Weisheit, WMANT 29, Neukirchen-Vluyn 1968.

R. JEWETT, Paul's Anthropological Terms, AGJU 10, Leiden 1971.

G. STRECKER, Befreiung und Rechtfertigung, in: Rechtfertigung, FS E. Käsemann, Tübingen 1976, 479-508; wieder abgedruckt in: ders., Eschaton und Historie. Aufsätze, Göttingen 1979, 229-259.

Paulus knüpft an die alttestamentlich-jüdische Tradition an: σάρξ[14] als materielle Leiblichkeit des Menschen; hierdurch wird der Mensch als solcher gekennzeichnet, da er ein irdisches, an die materielle Leiblichkeit gebundenes Wesen ist. So bezeichnen die Verbindungen σὰρξ καὶ αἷμα (בָּשָׂר וָדָם; Gal 1,16)[15] oder πᾶσα σάρξ (כָּל בָּשָׂר: Röm 3,20; Gal 2,16; 1 Kor 1,29) jeweils die Körperlichkeit der menschlichen Person.

---

13 Die Dialektik von Gegenwart und Zukunft zeigt sich auch im Gebrauch des Verbs ῥύεσθαι: 1 Thess 1,10; 2 Kor 1,10; Röm 7,24 u.ö.

14 M. Luther übersetzt σάρξ mit ,Fleisch'; diese Übersetzung ist mißverständlich; die englische Sprache unterscheidet eindeutiger zwischen ,meat' und ,flesh'. Es ist jeweils zu fragen, welche theologische Vorstellung sich mit dem Begriff σάρξ verbindet.

15 Vgl. Mt 16,17. – 1 Kor 15,50 steht σὰρξ καὶ αἷμα parallel neben φθορά und bezeichnet die substanzhafte Körperlichkeit des Menschen, die zur ἀφθαρσία der himmlischen Welt keinen Zugang hat. Dies schließt weder eine somatische (personhafte) Kontinuität zwischen dem irdischen und dem Auferstehungsmenschen aus noch die Vorstellung, daß letzterer zu einem σῶμα mit pneumatischer Wesenheit verwandelt werden wird (vgl. 1 Kor 15,51f).

Darüber hinausgehend bezieht sich σάρξ allgemein auf die Sphäre des Irdisch-Natürlichen, auf das Vergängliche im Unterschied zum Unvergänglichen (z.B. Röm 2,28f). Dies kann ohne weitere Qualifizierung neutral verstanden werden, so daß auch der Ausdruck ἐν σαρκί zunächst nichts anderes meint als das, was in der Sphäre des Irdisch-Natürlichen geschieht oder vorhanden ist (2 Kor 10,3; Gal 2,20; Phil 1,24).

Der eigentliche paulinische Sprachgebrauch ist negativ qualifiziert; ἐν σαρκὶ εἶναι bedeutet nicht allein, daß jemand in der Sphäre des Irdisch-Vorfindlichen lebt, sondern darüber hinaus, daß er durch solches In-Sein dem Zwang der Vergänglichkeit unterworfen ist (Röm 7,5; 8,8f). Dies überschreitet den für Paulus vorauszusetzenden alttestamentlich-jüdischen Horizont[16]; es erinnert an die Gnosis, in der der Kosmos als von Gott abgefallen, der Vernichtung preisgegeben verstanden ist. Wie in der Gnosis die Materie den Charakter einer Macht hat, welche den Menschen gefangenhält, so kann auch Paulus σάρξ als eine Macht verstehen, die als Subjekt des Menschen die Ursache zur Sünde wird (Röm 8,3; Gal 5,13.17.19); denn jeder Mensch, der sich der Sarx ausliefert, ist gezwungen, sich ihr entsprechend zu verhalten. Er steht in der Bewegung des φρόνημα τῆς σαρκός; er richtet sich nach dem Fleisch aus und ist ihm unterworfen (Röm 8,6f).

Die Situation des Menschen unter der Macht der Sarx ist die eines Menschen, der κατὰ σάρκα lebt. Auch κατὰ σάρκα ist keine eindeutige Bezeichnung. Wenn Abraham προπάτωρ ἡμῶν κατὰ σάρκα genannt wird (Röm 4,1), so meint σάρξ zunächst die natürliche Abstammung, ohne daß diese von vornherein negativ qualifiziert ist. Die Verbindung mit einem Substantiv läßt sich in diesem neutralen Sinn weithin interpretieren.[17] Jedoch dort, wo κατὰ σάρκα in der Verbindung mit einem Verbum gebraucht wird, kommt der negative, gottfeindliche Charakter zum Ausdruck: κατὰ σάρκα περιπατεῖν besagt, daß das Fleisch zur den Menschen bestimmenden Norm geworden ist.[18] Wo der Mensch sich κατὰ σάρκα rühmt, gründet er seinen Ruhm nicht auf Gott, sondern setzt sein Vertrauen auf die verderbenbringende Macht des Fleisches (2 Kor 11,18). Wer das γινώσκειν κατὰ σάρκα ausübt, der beweist

---

16 Eine negative Qualifikation des hebräischen בשׂר wird gelegentlich in den Qumrantexten angenommen (so zu 1 QS 11,10f; 1 QH 4,29f.37 u.a.). Jedoch handelt es sich nicht um eine Bezeichnung für eine sündige oder nichtige Sphäre, sondern um die Beschreibung von Sündentaten innerhalb der Qumrangemeinde; vgl. R. Meyer, Art.: σάρξ, ThWNT VII 109-113; E.P. Sanders, Paulus und das palästinische Judentum, StUNT 17, Göttingen 1985, 260-265.

17 Vgl. noch Röm 9,3.5; 1 Kor 10,18.

18 Vgl. 2 Kor 10,2f; Röm 8,4f (Gegensatz: κατὰ πνεῦμα περιπατεῖν); 2 Kor 1,17; 10,3 u.ö.

damit, daß er sein Urteil nach menschlichen, vergänglichen Maßstäben ausübt und nicht recht urteilt, sondern sich im Irrtum befindet (2 Kor 5,16).

Wer der Sarx anheimgegeben ist, dessen Tun ist ohne Hoffnung. Er ist bedingungslos dem Schicksal des Vergehens und der Nichtigkeit ausgeliefert. Sein Bemühen, sich diesem Schicksal zu entziehen, kann ihn nur noch tiefer in die Verstrickung der Sarx hineinführen. Es ist so realistisch wie der Bravourakt des Freiherrn von Münchhausen, der behauptete, er habe sich samt Roß am eigenen Zopf aus dem Sumpf herausgezogen. Paulus betont, daß Möglichkeit und Wirklichkeit des natürlichen Menschen von den ihn umgebenden Bedingungen bestimmt sind und er als sarkisches Wesen zur Ausweglosigkeit verurteilt ist. Anders der Mensch, der im Bereich der Christusherrschaft lebt: Er hat sein Fleisch zusammen mit den ‚Leidenschaften' (παθήματα) und ‚Begierden' (ἐπιθυμίαι) gekreuzigt (Gal 5,24) und ist aufgerufen, der Versklavung unter die Macht der Sarx und ihrer ‚Triebe' zu entsagen (Röm 13,14). Deren Knechtschaft ist Kennzeichen der heidnischen Welt (1 Thess 4,5; Röm 1,24), begleitet aber auch als ständige wirkliche oder mögliche Gefahr den Weg der pneumatischen Gemeinde (Gal 5,16).

Der Begriff κόσμος enthält eine umfassende Spannweite zwischen einem mehr positiven oder neutralen Inhalt einerseits und einer negativen Interpretation andererseits. Das Wort kann allgemein Inbegriff von allem Vorhandenen sein (1 Kor 3,22; 8,4; Phil 2,15), zum Beispiel für alles, was von Gott geschaffen wurde (Röm 1,20: ἀπὸ κτίσεως κόσμου). Er bezeichnet auch im neutralen Sinn die Wohnstätte der Menschen, also die Erde[19], oder auch die Menschenwelt, d.h. die Menschheit (Röm 3,6.19). Hier deutet sich bereits der Gegensatz zwischen Gott und Welt an, der in der distanzierenden Redeweise von ‚dieser Welt' (κόσμος οὗτος) prägnant zur Sprache kommt (1 Kor 3,19; 5,10; 7,31); dies ist gleichbedeutend mit ‚dieser Äon' (αἰὼν οὗτος)[20]. Auch wenn die apokalyptische Entsprechung ‚zukünftige Welt' (αἰὼν μέλλων o.ä.) bei Paulus nicht genannt wird, kann der Zusammenhang mit dem apokalyptischen dualistischen Denken nicht übersehen werden; er deutet sich in Wendungen wie ‚in die Welt kommen', ‚in der Welt sein', ‚aus der Welt gehen' an.[21] Die gegenwärtige Welt ist dem kommenden Gottesreich (1 Thess 2,12; 1 Kor 6,9f; 15,50; Gal 5,21) bzw. der künftigen δόξα (Röm 8,18) gegenübergestellt. Die Gottfeindschaft wird auf die Sünde zurückgeführt, die durch den ersten Menschen in die Welt kam und den Tod mit sich brachte (Röm 5,12). Alle Menschen (πᾶς ὁ κόσμος) sind vor Gott schuldig geworden (Röm 3,19) und dem Gericht verfallen (Röm 3,6; 1 Kor 6,2; 11,32).

19 Vgl. 1 Kor 14,10; Röm 4,13; 1,8: vom Glauben der römischen Gemeinde wird in der ganzen Welt (ἐν ὅλῳ τῷ κόσμῳ) erzählt.

20 Vgl. Röm 12,2; 1 Kor 1,20; 2,6 u.ö.; Gal 1,4: der ‚gegenwärtige böse Äon'.

21 Röm 5,12. – 1 Kor 1,12; 5,10; 8,4; 14,10.

Ähnlich wie die Sarx kann auch der Kosmos zu einer verderbenbringenden Macht werden und als Subjekt agieren; er verschließt sich der Weisheit Gottes (1 Kor 1,21); die Weisheit des Kosmos aber ist vor Gott Torheit (1 Kor 3,18f). Die ‚Traurigkeit', die sein Wesen kennzeichnet, bewirkt den Tod (2 Kor 7,10).

Daß im Bereich der Sarx und des Kosmos der Mensch ein gefährdetes Wesen ist, wird nicht zuletzt durch die Tatsache begründet, daß in der Welt gottfeindliche, dämonische Mächte ihr Wesen treiben. Der ‚Gott dieses Äons' (2 Kor 4,4) übt seine Macht in der Welt aus, ebenso die ‚Archonten' (1 Kor 2,6.8), die verschiedenen ‚Gewalten und Kräfte', die in der Welt herrschen, bis sie am Ende der Zeit entmachtet werden (1 Kor 15,24.26). Hierzu zählen auch die Dämonen, die im heidnischen Götzenkult in Erscheinung treten (1 Kor 10,19-21: δαιμόνια, εἴδωλα) und die schwachen Gewissen ängstigen. Der alttestamentliche Gegenspieler Gottes, der Satan, ist zwar nicht einem Exponenten des gnostischen Dualismus vergleichbar; er steht nicht als widergöttliches Prinzip dem Schöpfergott eigenständig gegenüber, aber er übt nicht zuletzt durch seine Diener, die konkret als falsche Lehrer auftreten (2 Kor 11,4; vgl. Röm 16,17-20), seine Macht in der Gegenwart aus. Er begegnet in den Widrigkeiten des alltäglichen Lebens (1 Thess 2,18; 2 Kor 12,7) und stellt als der ‚Versucher' die Glaubenden auf die Probe und bringt sie in Gefahr (1 Kor 7,5; 2 Kor 2,11). Ist seine Herrschaft durch Tod und Verderben gekennzeichnet (vgl. 1 Kor 5,5), so wird ihm doch auch selbst die Vernichtung angesagt (Röm 16,20).

Ist die christliche Gemeinde durch das widergöttliche Sein des Satans und der Dämonenmächte bedroht, so ist sie dem doch nicht ausgeliefert. Die christliche Hoffnung spricht von der endzeitlichen Entmachtung der Satansmächte (1 Kor 15,24ff; 1 Kor 2,6). Für den Christen gilt darüber hinaus, daß er sich von den Götzen zu dem einen Gott bekehrt hat (1 Thess 1,9; vgl. 1 Kor 12,2; 2 Kor 6,16). Die gegenwärtige, durch Christus begründete Wirklichkeitserfahrung der Glaubenden besagt, daß die Dämonen und Götzen keine Macht an sich besitzen (1 Kor 8,4: „Wir wissen, daß es keinen Götzen in der Welt gibt und keinen Gott außer einem"). Soweit die Dämonenwelt sich dennoch wirksam zeigt, so doch nur, insofern ihr Macht von den Menschen zugestanden ist; denn weder das Götzenopferfleisch noch die Götzen bedeuten etwas an und für sich; sie entfalten ihre Wirksamkeit aufgrund des schwachen Gewissens (1 Kor 8,7; 10,19). Christen sind aufgerufen, sich im Kampf mit den gottfeindlichen Mächten zu bewähren und das zu ergreifen, was ihnen die Zuwendung Gottes zugesagt hat (vgl. 1 Kor 9,24-27; Phil 3,12).

Durch das göttliche Versöhnungshandeln in Christus ist der Gegensatz Gott-Welt überbrückt (2 Kor 5,19; Röm 11,15) und die Versklavung unter die Elementarmächte des Kosmos aufgehoben (Gal 4,3). Dies besagt für das Leben der Glaubenden: Fremdheit in und gegenüber der Welt und Distanz zu der hiermit gegebenen sarkischen Existenz. Denn Christen leben nicht aus dem ‚Geist der Welt', sondern aufgrund der Gabe des Geistes Gottes (1 Kor 2,12). Sie erfahren eine Umwertung der in der Welt gültigen Werte. Nicht Starke und Weise der Welt hat Gott erwählt, sondern die Schwachen und Narren (1 Kor 1,27f). Christen führen zwar ihr Leben in der Welt, aber sie wissen um deren Vergänglichkeit (1 Kor 7,31b) und lassen die Regeln der Welt nicht zu einer sie bestimmenden Norm werden (1 Kor 7,33-35). Sie werden diesem Äon nicht konform, sondern sie lassen sich erneuern und praktizieren einen ‚vernünftigen Gottesdienst' im Alltag der Welt (Röm 12,1f). Auch hier gilt das paulinische ‚als ob nicht': Sie nutzen die Welt, als ob sie sie nicht benutzten (1 Kor 7,31a). Dem christlichen Glauben angemessen ist die Haltung der Distanz: „Durch Christus ist mir die Welt gekreuzigt und ich der Welt" (Gal 6,14).

3. Die Macht der Sünde und des Todes

E. Brandenburger, Adam und Christus. Exegetisch-religionsgeschichtliche Untersuchung zu Römer 5,12-21 (1 Kor 15), WMANT 7, Neukirchen-Vluyn 1962.
G. Schunack, Das hermeneutische Problem des Todes. Im Horizont von Römer 5 untersucht, HUTh 7, Tübingen 1967.
M. Wolter, Rechtfertigung und zukünftiges Heil. Untersuchung zu Röm 5,1-11, BZNW 43, Berlin 1978.
G. Röhser, Metaphorik und Personifikation der Sünde, WUNT II 25, Tübingen 1987.

Wenn Paulus von der Befreiung des Menschen spricht, so tut er dies nicht primär im Zusammenhang mit der Rettung von der Macht der Sarx oder von dem kosmischen Sein. Im Zentrum des paulinischen Erlösungsgedankens steht vielmehr die Aussage, daß der Mensch von der Sünde und vom Tod befreit wird. Hierfür ist die paulinische Interpretation des Adam-Mythos charakteristisch, welche die Adam-Christus-Typologie mit dem eschatologischen Vorbehalt verbindet[22]: Das neue Leben, das durch Christus gebracht wird, ist wesentlich Hoffnungsgut (1 Kor 15,49; Röm 5,17). Das neue Sein des Christen ist also nicht vom Schicksal gegeben, sondern läßt der Freiheit der menschlichen Existenz Raum. Weil es ein geschichtliches ist, besteht für den Menschen immer die Möglichkeit, es zu verfehlen.

Was für das neue Leben gilt, ist mutatis mutandis auch für die Existenz des Menschen vor Christus, für den (noch) Nicht-Glaubenden kennzeichnend. Wohl leben alle ἐν σαρκί, aber dies bedeutet nicht, daß jeder Mensch notwendig der Sünde unterworfen ist. So zeigt es *Röm 5,12ff.* Der Kontext spricht von der Wirklichkeit der ζωή, die mit dem Christusgeschehen gegeben ist. Zur Illustration dessen, was in Christus neu geworden ist, zieht Paulus das Adam-Beispiel heran. Wie sich schon zeigte, ist Adam, der πρῶτος ἄνθρωπος, nicht allein der Urheber des Todes (so 1 Kor 15,21), sondern auch der Urheber der Sünde. Durch Adam ist die Sünde in die Welt hinein-

22 Vgl. oben A I b 3.

gekommen (V.12). Die adamitische Menschheitsgeschichte vor Christus ist die Geschichte der Menschen, die unter der Sünde stehen.[23] Adam ist Antitypos zu Christus und in keiner Weise dessen positive Entsprechung. Im Sinn der lutherischen Tradition: Adam und Christus verhalten sich zueinander wie Gesetz und Evangelium. Die Frage, in welcher Weise die Menschheit in den Sündenfall Adams einbezogen worden ist, beantwortet Paulus nicht mythologisch, sondern in einem ‚geschichtlichen' Sinn. Besteht nach Auffassung der gnostischen Mythologie eine physische Einheit zwischen dem Urmenschen und dem in dessen Schicksal eingegliederten Menschen, so argumentiert Paulus in Röm 5 (anders noch 1 Kor 15,20ff.45ff) nicht physisch; er bezieht sich nicht auf die Vorstellung, daß die Menschen durch ihre Natur von der Erbsünde geprägt seien. Er erkennt wohl an, daß Sarx und Tod das menschliche Schicksal unausweichlich bestimmen; aber der Gedanke einer naturhaft sich übereignenden Sünde ist ihm fremd. V.12 sagt vielmehr aus, daß die adamitische Seite der Menschheit zwar von der Sünde bestimmt wurde, aber οὕτως εἰς πάντας ἀνθρώπους ὁ θάνατος διῆλθεν, ἐφ' ᾧ πάντες ἥμαρτον („so kam auf alle Menschen der Tod, *weil* alle gesündigt haben")[24]. Mit Adam ist zwar die Möglichkeit des Sündigens in die Welt gekommen, aber diese Möglichkeit bedeutet keinen Zwang; sie wird vielmehr von jedem einzelnen

---

23 Anders K. Barth, Christus und Adam nach Römer 5, ThSt 35, Zürich ^{2}1964, der in Anwendung seiner Verhältnisbestimmung von Evangelium und Gesetz Adam in indirekter Weise am Evangelium teilhaben lassen will. Dabei wird die Folgeordnung Adam-Christus so umgekehrt, daß Christus als der erste Mensch alle anderen Menschen in sich schließt, so daß die Geschichte der Menschheit im Verhältnis zur Geschichte Christi „nur so etwas wie deren Nachzeichnung und Abbild sein kann" (a.a.O. 8). Daher sei in Röm 5 „das Geheimnis und die Wahrheit der *menschlichen Natur* als solcher" ausgesagt (a.a.O. 50). Dagegen R. Bultmann, Adam und Christus nach Römer 5, ZNW 50, 1959, 145-165 = ders., Exegetica 424-444: Paulus unterscheidet in Röm 5 zwischen zwei Menschheitsperioden, der Epoche der Sünde und der Epoche der Gnade. Adam ist entsprechend dem von Paulus vorausgesetzten heilsgeschichtlichen Rahmen ein ‚Typos des Zukünftigen' (V.14). Gemeint ist demnach, „daß das menschliche Sein seine Eigentlichkeit nur gewinnt als christliches Sein, d.h. im Glauben an die Gnade Gottes, die sich in Christus offenbart hat" (a.a.O. 443).

24 ἐφ' ᾧ= ἐπὶ τοῦτο ὅτι: ‚weil', ‚unter dem Umstand, daß' sie alle gesündigt haben; anders die lateinische Übersetzung: in quo omnes peccaverunt (in quo = Adam); danach hätte Adam stellvertretend gesündigt und die Menschen wären hierdurch bestimmt; daran schließt sich die Vorstellung von der Erbsünde, wonach die Sünde als böse Erbschaft gedacht ist, welche sich durch die Generationen hindurch fortpflanzt, so daß eigentlich die Vorfahren, d.h. letztlich Adam, nicht aber der einzelne Mensch selbst verantwortlich sind. – Die orthodoxe Lehre von der imputativen Übertragung der Schuld Adams auf die Menschen (Formula Concordiae I 9) kann sich im Grunde beider Übersetzungsmöglichkeiten bedienen. Vgl. einerseits M.

Menschen wahrgenommen: von den Menschen ohne Gesetz, der Menschheit von Adam bis Mose, und von den Menschen unter dem Gesetz, der Menschheit seit Mose. Seit Adam ist die Sünde eine Möglichkeit; diese Möglichkeit wird ohne Ausnahme realisiert. Jeder einzelne ist verantwortlich!

Es gibt für den Menschen vor und außer Christus keinen sündlosen Zustand. So zeigt es Röm 1,18ff. Paulus spekuliert nicht über theoretische Möglichkeiten, sondern konstatiert einen Tatbestand: Die Menschheit steht in der Sünde, daher ist sie schuldig. Deshalb bedarf sie der Rettung, der Befreiung von ihrer Schuld. Auch wenn Paulus der Ansicht ist, daß Adam als der erste Mensch das Geschick der Menschheit vorwegnehmend bestimmt, spekuliert er doch nicht über einen paradiesischen sündlosen Urzustand der Menschheit. Aber er gerät in schwierige gedankliche Konstruktionen, wenn er zwischen zwei Epochen (‚ohne Gesetz' und ‚unter dem Gesetz') unterscheidet (Röm 5,13f; vgl. Gal 5,18). Paulus geht im Kontext des Römerbriefes davon aus, daß allein das Gesetz die Sünde zur wirklichen Sünde macht; so wird er es in Kap. 7 ausführen. Andererseits kann er die Realität der Sünde und des Todes auch vor Mose nicht bestreiten und das Theologumenon von der Allgemeinheit der Sünde nicht aufgeben. Dieses ist ja die notwendige negative Voraussetzung für den Nachweis des Kontextes, daß die Rettung durch Christus eine universale Wirklichkeit ist. Daher die Konstruktion: Es gab auch in der Menschheit vor Mose Sünde, aber sie konnte nicht ‚verbucht' werden. Der Ausdruck λογίζεσθαι hat das göttliche Handeln zum Inhalt, das im voraufgehenden Kapitel auf den Glauben Abrahams bezogen wurde, der von Gott ‚als Gerechtigkeit angerechnet' wurde (Röm 4,3ff). Paulus denkt hierbei an das göttliche Gericht. Gottes Urteil wird aufgrund der am Gesetz zu messenden Taten des Menschen gesprochen werden und den Übertreter des Gesetzes treffen. Aber auch vor dem Erlaß des Sinaigesetzes gab es Strafe für Sünde und Schuld, nämlich das allgemeine Todesgeschick für diejenigen, die zwar nicht wie der erste Mensch das Gebot Gottes übertraten[25], aber doch sündigten, wie dies als allgemeines Faktum schon 1,18ff konstatiert wurde.

Daß die Sünde im grundsätzlichen kein unausweichliches Schicksal ist, ergibt sich aus dem Unterschied von σάρξ und ἁμαρτία. Die sarkische Existenz des Menschen ist nicht eo ipso sündig. Der Mensch ist nicht allein schon deswegen ein Sünder, weil er als Mensch in der Welt lebt, wie es der Gnostiker allerdings formulieren könnte, da für ihn die Materie schlechthin böse ist. Sünder wird der Mensch vielmehr dadurch, daß er sich nach der Sarx

---

Luther, Brief an die Römer (hg. v. J. Ficker) WA 56, 1938, 52.314f: „... in quo omnes peccaverunt"; andererseits J. Calvin, Commentarius in Epistolam Pauli ad Romanos, (ed. T.H.L. Parker) SHCT 22, Leiden 1981, 109: „... quandoquidem omnes peccaverunt".

25 Die Lesart μή in 5,14 wird von einigen wenigen Minuskeln und altlateinischen Handschriften ausgelassen; dies im Sinn der Vorstellung, daß durch Adam die Erbsünde in die Welt gekommen ist. Jedoch ist das handschriftliche Gewicht dieser Überlieferung gering.

ausrichtet und das Vergängliche der Welt einen für ihn konstitutiven und normativen Charakter erhält. Ein Sünder ist der Mensch, wenn erκατὰ σάρκα lebt, d.h. wenn er gott-los sein Leben führt und sich dem Anspruch Gottes verschließt (vgl. Röm 1,18ff). Solcher ‚Ungehorsam' (Röm 11,32; vgl. Gal 3,22) ist die Ursünde, die sich auf verschiedene Weise äußern kann; z.B. im ἐπιθυμεῖν: Sünde ist Herrschaft der triebhaften Leidenschaften; sie besagt, daß der Mensch den ‚Begierden' (ἐπιθυμίαι) untertan wird (Röm 6,12). Auch im μεριμνᾶν konkretisiert sich die Sünde, in der ‚Sorge', die dadurch gekennzeichnet ist, daß sich der Mensch nicht am Kyrios, sondern am Kosmos orientiert (1 Kor 7,32ff; Phil 4,6). Sünde ist auch mit ‚Selbstruhm' (καυχᾶσθαι) gleichzusetzen, wie ihn die Gegner des Paulus in Korinth üben; denn wer sich rühmt, der richtet sein Leben nach dem Fleisch aus, nach vorfindlichen Gegebenheiten, nicht jedoch ist er dem Willen Gottes geöffnet und vom Kyrios bestimmt (2 Kor 10,17f).

Wenn auch der Mensch für sein sündhaftes Sein verantwortlich ist, so ist damit die Sünde doch nicht etwas nur Äußerliches und Unwesentliches. Sie ist vielmehr allgemein und umfassend. Sie ist wie die Sarx eine universale, alles beherrschende Macht. Wer fleischlich ist, also κατὰ σάρκα lebt, der ist verkauft unter die Sünde, die wie ein Sklavenhalter die Menschen in ihre Fesseln schlägt (Röm 7,14). Wenn Paulus in Gal 5,1 vom ‚Joch der Sklaverei' (ζυγὸς δουλείας) spricht, so ist damit die Sünde gemeint. Trotz (oder besser: wegen) seiner Verantwortlichkeit ist der Mensch durch die Sünde versklavt. Dies ist der Tatbestand, den Paulus konstatiert, von dem seine Verkündigung ausgeht.

Daß die Menschheit vor Christus allgemein unter der Sünde lebt, ist einmal in der Tatsache begründet, daß für den Menschen als Sarx, der in der Welt des Vorfindlichen lebt, es naheliegend ist, sich nach der Welt auszurichten und dem geschaffenen Kosmos, nicht aber dem Schöpfer die Ehre zu geben. So wird es für alle Menschen, Heiden und Juden, festgestellt (Röm 3,23). – Die Allgemeinheit der Sünde ergibt sich aber auch aus der besonderen Funktion des Gesetzes für die Menschen, wie sie in den von der Rechtfertigungslehre geprägten Paulusbriefen zur Sprache kommt. Das Gesetz reizt zur Übertretung, indem es Verbote aufrichtet (Röm 7,7), so daß Paulus auch sagen kann, daß die Sünde ohne Gesetz tot war (7,8).[26] Das Gesetz hat also

26 Diese Aussage darf nicht verallgemeinert werden; sie ist aus der Argumentation des Kontextes heraus zu verstehen, in dem es Paulus nicht um die Funktion der Sünde, sondern um die des Gesetzes geht, und in dem er die verderbenbringende Macht des Gesetzes aufzeigen will. Daß es auch für die Menschheit zwischen Adam und Mose Sünde gab, obwohl sie nicht unter dem Gesetz stand, zeigt ja Röm 5,13f. Paulus sagt in Röm 7,7 präzise, daß es keine *Erkenntnis* der Sünde gab, bevor das Gesetz kam. So gilt es für die Menschheit zwischen Adam und Mose und bezeichnet die Allgemeinheit der Sünde.

geradezu die Aufgabe, zur Sünde zu verführen. Auch dies kann begründen, weshalb die Menschheit allgemein unter die Sünde versklavt ist. Denn wie die Sünde ist auch das Gesetz eine allgemeine, umfassende Größe; so hat es Paulus in Röm 1,18-3,20 darzustellen versucht. Dies alles besagt, daß die Herrschaft der Macht der Sünde total ist.[27]

Wie im Verhältnis zur Macht der Sarx und des kosmischen Seins ist der Mensch auch in der Beziehung zur Macht der Sünde auf außermenschliche Hilfe angewiesen. Rettung bringt das Christusgeschehen, wie in unterschiedlichen Vorstellungsweisen ausgesagt wird, so in Sühntod- (z.B. 1 Kor 15,3) oder Stellvertretungsformeln (2 Kor 5,21). Die Inkarnation des sündlosen Christus (vgl. noch Gal 2,17) ist nicht nur ein Eingehen in die Welt der Sarx, sondern auch in die Sphäre der Sünde (Röm 8,3). Der todbringende Zwang zum Sündigen wird durch die von der Sünde befreiende Norm des Geistes aufgehoben (Röm 8,2). So spricht es der Römerbrief auch in der juridischen Rechtfertigungsterminologie aus (vgl. Röm 4,7f: das Christusgeschehen bedeutet ‚keine Anrechnung' der Sünden) und wird inbesondere im Zusammenhang mit dem Gesetzesproblem abgehandelt (Röm 3,20; 5,13; 7,5.7f).[28]

Die Überwindung der Sündenmacht durch Christus ist der Gemeinde nicht nur zugesagt, sondern eine in ihr sich ereignende gegenwärtige Wirklichkeit. Die paulinische Tauflehre besagt, daß die Glaubenden mit Christus der Sünde gestorben sind (Röm 6,2-11). Jedoch ist die Gemeinde kein ‚sündenfreier Raum'.[29] Die Macht der Sünde ist zwar gebrochen; dennoch stellt die Sünde für die Christen eine bleibende Bedrohung dar. Paulus rechnet damit, daß es postbaptismale Sünden gibt.[30] Daß die Gemeinde nicht eine ethisch-vollkommene Größe ist, motiviert die apostolische Paränese. Diese wird in dem Satz zusammengefaßt: „Seid in gerechter Weise nüchtern und sündigt nicht!" (1 Kor 15,34). Wie der Apostel selbst sich nicht immer von sündigem Tun frei weiß (2 Kor 11,7), muß auch die Gemeinde aus dem sie befreienden Indikativ die notwendigen Konsequenzen ziehen; sie tritt den Sündern in ihren Reihen entgegen, wie der Ausschluß des Unzuchtsünders in Korinth beispielhaft verdeutlicht (1 Kor 5,1ff). Allgemein bezeugt das sakramentale Handeln, daß die Gemeinde nicht nur auf in der Vergangenheit liegende, nunmehr als abgetan angesehene Verfehlungen zurückblickt (so in der Taufe: Röm 3,25; 4,25 u.ö.), sondern Sünde und Schuld in ihrer

---

27 Vgl. im übrigen unten zu Röm 7 A III a 4.

28 Vgl. dazu unten A III b 1.

29 Gegen H. Windisch, Die Entsündigung des Christen nach Paulus, Leipzig 1908, 94f.

30 Vgl. I. Goldhahn-Müller, Die Grenze der Gemeinde. Studien zum Problem der Zweiten Buße im Neuen Testament unter Berücksichtigung der Entwicklung im 2. Jahrhundert bis Tertullian, GTA 39, Göttingen 1989, 117.

Gemeinschaft zu überwinden sucht (im Herrenmahl: 1 Kor 11,23ff). Für sie gilt die umfassende Devise: „Alles, was nicht aus Glauben geschieht, ist Sünde“ (Röm 14,23).

Zum Begrifflichen: Paulus bevorzugt im eigenen Sprachgebrauch, auch im Anschluß an alttestamentliche Überlieferung (vgl. Röm 4,8), den Singular ἁμαρτία. Dennoch läßt sich nicht behaupten, daß der Plural nur bei Zitaten (Röm 4,7; 11,27; 1 Kor 15,3) oder im traditionsgegebenen Zusammenhang (so möglicherweise 1 Thess 2,16; Gal 1,4) Verwendung findet; er ist auch in paulinischen Formulierungen belegt (1 Kor 15,17; Röm 7,5). Paulus denkt also nicht allein an die Sünde als eine Machtsphäre (so z.B. der singularische Sprachgebrauch in Röm 6,1), sondern bezieht sich auch auf einzelne Tatsünden (Plural). Die versklavende Sündenmacht wird in den einzelnen menschlichen Verfehlungen zur konkreten Gegenwart. So ist es nicht nur mit dem pluralischen, sondern auch mit dem singularischen Sprachgebrauch gegeben (2 Kor 11,7; Röm 14,23). Dem entsprechen andere Vokabeln: ἁμάρτημα bezeichnet die Tatsünde vor dem Glauben (Röm 3,25trad.) wie auch im Leben des Christen (1 Kor 6,18); ähnlich παράπτωμα: vorchristlich (Röm 4,25trad.; 2 Kor 5,19 plur.) und christlich (Gal 6,1). Auch ἁμαρτωλός kennzeichnet sowohl die vorchristliche Existenz (Gal 2,15; Röm 5,8.19 u.ö.) als auch das Verhalten von Christen (Gal 2,17: Wiederunterordnung unter das mosaische Gesetz). Gleiches gilt vom Verb ἁμαρτάνειν: Es bezieht sich nicht selten auf das Leben vor dem Glauben (Röm 2,12; 3,23; 5,16), aber auch auf das Leben der Glaubenden, als eine nicht realisierte Möglichkeit (Röm 6,15) und als tatsächliches Sündigen von Christen, das sich gegen Christus richtet (1 Kor 8,12; vgl. 6,18). Konsequentermaßen werden auch die Christen am Endgericht nach ihrem ethischen Verhalten beurteilt werden (2 Kor 5,10).

Die Situation des Menschen vor und ohne Christus ist demnach durch die Mächte Sarx und Sünde bestimmt. Sie ist aber auch geprägt durch die Herrschaft des Todes (θάνατος). Der Tod ist eine biologische Notwendigkeit; denn der Mensch ist als Person σάρξ; er ist als vorfindlicher Mensch Teil des Irdisch-Vorfindlichen, des Vergänglichen. Aber Paulus sieht im Tod nicht nur den Abschluß des biologischen Seins, sondern versteht ihn entsprechend dem vorgegebenen Adam-Mythos als die geschichtliche Konsequenz des Seins ἐν σαρκί; insoweit der Mensch der Sarx zugehört und sich ihrer Macht unterstellt, ist er ein φθαρτόν, ist er der ‚Vergänglichkeit‘ unterworfen (1 Kor 15,50; Gal 6,8). Das Sein des Menschen, soweit es durch die Macht der Sarx bestimmt wird, ist ein Sein zum Tode. Dies ist schicksalhaft gedacht und läßt den mythischen Hintergrund noch durchschimmern: Die adamitische Menschheit ist mit dem ersten Menschen der stofflichen Welt unterworfen und muß mit ihr vergehen.[31] Rettung kann es für sie nur geben, wenn der zweite Adam für sie die Möglichkeit des Seins zum Leben begründet.

---

31 So entspricht es der Beurteilung der Hyliker in der Schule des Valentin, von der die der himmlischen Welt zuzurechnenden Gnostiker und ebenso die Psychiker, die „lediglich eine niedere Seligkeit erwarten können“ (A. v. Harnack, Lehrbuch der Dogmengeschichte, Tübingen [7]1931, 75), unterschieden werden.

Paulus kennt daneben eine andere, stärker betonte juridische Aussagerichtung: Die Sünde zieht den Tod nach sich. Sie bestraft den Übertreter des Gesetzes mit dem Tod (Röm 1,32; 5,12.17); denn „der Tod ist der Sold der Sünde", d.h. die Sünde bezahlt diejenigen, die von ihr versklavt sind, mit dem Tod (Röm 6,23). Dabei ist der Tod zunächst wieder eine physische, natürliche Gegebenheit (Röm 5,12ff). Aber als Strafe für die Sünde ist der natürliche Tod zugleich ein eschatologisches Phänomen: der (ewige) Tod, aus dem es kein Entrinnen gibt, im Gegenüber zur ζωὴ αἰώνιος als der Folge der Heiligung (Röm 6,21f). Wenn das Endgericht nach den Werken vollzogen wird, wird es strafend ahnden, was der Mensch sich schuldhaft verdient hat: den Tod (Röm 2,1ff). Dies ist apokalyptisches Denken. Das Sein zum Tode vollendet sich im Endgericht, das den natürlichen Tod gleichsam abschließend überhöht und bestätigt.[32]

Aber der Tod, der als Strafe über den Ungehorsam verhängt wird, ist bei Paulus doch nicht nur ein zukünftiges Geschehen. Er bestimmt vielmehr Gegenwart und Vergangenheit des Menschen. Wenn die adamitische Menschheit sich nach der Sarx ausrichtet, ist sie in ihrem Sein durch Vergänglichkeit und Vergeblichkeit total beherrscht. So zeigt es Röm 7,9-11: Wenn die Sünde auflebt, stirbt der Mensch; denn die Sünde betrügt ihn über sein wahres Sein und sein wahres Ziel und tötet ihn. Der Tod ist demnach in der Menschheit vor Christus eine gegebene eschatologische Tatsache. Und der adamitische Mensch, der Mensch des Unglaubens, wird in diesem Zustand nicht nur belassen, sondern darin fixiert durch die Verkündigung; ist doch die Predigt des Evangeliums den Nichtglaubenden ‚ein Duft vom Tode zum Tode'; sie bewirkt bei denen, die schon dem Tod verfallen sind, nichts anderes als den Tod (2 Kor 2,16). Die Radikalität und Totalität der Versklavung des Menschen vor Christus unter Sarx, Sünde und Tod ist nicht zu übertreffen. Aus dieser Versklavung gibt es allein die Rettung, die durch das Christusgeschehen bewirkt wird.

4. Das Ich im Widerstreit

P. ALTHAUS, Paulus und Luther über den Menschen. Ein Vergleich, SLA 14, Gütersloh ³1958.

G. BORNKAMM, Sünde, Gesetz und Tod, in: ders., Das Endes des Gesetzes, GAufs. I, BEvTh 16, München ⁵1966, 51-69.

---

32 Gibt es auch für die Nichtchristen ein Endgericht? 2 Kor 5,10 („Wir müssen alle offenbar werden vor dem Richterstuhl Christi") gilt scheinbar nur für die Glaubenden, aber Heiden und Juden stehen unter der Rechtsforderung des Gesetzes und werden im Endgericht nach den Werken gefragt, vgl. dazu unten A V.

R. BULTMANN, Römer 7 und die Anthropologie des Paulus, in: ders., Exegetica, Tübingen 1967, 198-209.
K. KERTELGE, Exegetische Überlegungen zum Verständnis der paulinischen Anthropologie nach Römer 7, ZNW 62, 1971, 105-114.
W.G. KÜMMEL, Römer 7 und das Bild des Menschen im Neuen Testament. Zwei Studien, TB 53, München 1974.
W. SCHMITHALS, Die theologische Anthropologie des Paulus. Auslegung von Röm 7,17-8,39, Stuttgart 1980.
H.-J. ECKSTEIN, Der Begriff der Syneidesis bei Paulus, WUNT II/10, Tübingen 1983.
H. LICHTENBERGER, Studien zur paulinischen Anthropologie in Römer 7, habil. masch. Tübingen 1985.
U. SCHNELLE, Neutestamentliche Anthropologie. Jesus – Paulus – Johannes, BThSt 18, Neukirchen-Vluyn 1991.
G. THEISSEN, Psychologische Aspekte paulinischer Theologie, FRLANT 131, Göttingen [2]1993.

Paulus fragt in Röm 7,24: „Ich elender Mensch, wer wird mich retten aus diesem Todesleib?“ Er meint hiermit die Erlösung von der Macht der Sarx, des Todes, der Sünde und des Gesetzes, und er selbst gibt die Antwort: „Dank sei Gott durch Jesus Christus, unseren Herrn.“ (V.25a) – Das Christusgeschehen ist die Rettung von den Mächten, die den Menschen versklaven. Auf welche Weise solche Rettung vorgestellt ist, wurde schon gesagt: Durch den Opfertod des erniedrigten und sodann erhöhten Christus vollzieht sich die Befreiung. Wenn die Befreiung auch noch nicht eine vollkommene ist, sondern auf die Endzeit vorausweist, in der sie sich vollenden wird, so läßt sich doch davon sprechen, daß der Christ schon in der Zeit in einem neuen Sein lebt, weil er ‚in Christus' ist.

Die christliche Existenz ist demnach durch ein dialektisches Gegenüber, das ‚schon jetzt' und ‚noch nicht' des eschatologischen Heils bestimmt. Hierbei werden Strukturen erkennbar, welche das Sein des Menschen vor Christus prägen. Davon gibt Röm 7,14ff im Kontext der juridisch geprägten paulinischen Rechtfertigungstheologie Auskunft.

Das Kapitel befindet sich in dem Korpus des Römerbriefes, in dem der Nachweis geführt wird, daß die ‚Gerechtigkeit Gottes', das neue Sein in Christus, eine Realität ist (Röm 5-8). Trotz der Mächte, die den Menschen umgeben, ist das eschatologische Heil nicht nur eine Möglichkeit, sondern gegenwärtige Wirklichkeit. Daher behandelt Paulus in Röm 5 das Problem der Freiheit vom Tod, einsetzend beim Beispiel Adams, dem als Antitypos der solche Freiheit realisierende Christus gegenübergestellt ist, und in Röm 6 die Freiheit von der Sünde, wie sie im Mitsterben und in der Hoffnung auf das Mitauferstehen mit Christus sich vergegenwärtigt. Die Freiheit vom Tode wie auch die Freiheit von der Sünde werden in Röm 8 mit der Pneumavorstellung in Beziehung gesetzt: Das neue Leben als Freiheit von Tod und Sünde ist ein Leben ἐν πνεύματι; es steht unter der Leitung des Geistes.

Röm 5-8 soll also die Wirklichkeit des neuen Lebens demonstrieren. Hier hinein ist *Röm 7* mit der Thematisierung der Gesetzesproblematik gestellt. Wenn die neue Wirklichkeit bedeutet, daß der Mensch von Tod und Sünde befreit ist, so besagt dies auch, daß er von der Macht des Gesetzes frei geworden ist (7,1-6). Dies aber führt zu der Frage, welchen Sinn das Gesetz hat, das doch faktisch eine Fessel ist, die den Menschen versklavt, so daß er davon befreit werden muß. Neben dieser Frage, die im folgenden beantwortet werden wird[33], ist für Paulus von großer Bedeutung, wie der Mensch sich unter dem Anspruch des Gesetzes versteht. Hierbei kommt es zu der Unterscheidung von dem ‚inneren' und dem ‚äußeren Menschen' (ἔσω ἄνθρωπος und ἔξω ἄνθρωπος), die sich nicht auf das Verhältnis Adam-Christus eingrenzen läßt, sondern auf den Menschen allgemein bezieht, der gespalten ist, so daß er gleichsam zwei Ichs besitzt. Es ist der Mensch, der nicht das tut, was er will, sondern das vollbringt, was er nicht will (V.15). Der innere, eigentliche Mensch will das Gute und erstrebt das Leben (V.22); so entspricht es der Intention des Gesetzes, das zum Leben führen soll. Aber solcher Mensch steht faktisch unter dem Gesetz der Sünde, so daß er ein Sklave ist und die Sünde ihn zu ihrem Objekt erniedrigt; der äußere Mensch ist der Sünde unterworfen.

Seit Augustin, dessen Auslegung von Martin Luther übernommen wurde[34], wird daran gedacht, daß hier das Sein des Christen, also das christliche Leben in der Anfechtung reflektiert ist. Luther erschließt daraus die Gleichzeitigkeit des sündigen und des gerechten Seins des Christen („simul iustus et peccator'). Diesen Gegensatz muß der Christ bewußt mit sich ausfechten; er ist zu täglicher Reue und Buße aufgefordert.[35] Man stützt sich für diese Auslegung auf V.25b („Also diene ich mit meiner Vernunft dem Gesetz Gottes, mit dem Fleisch aber dem Gesetz der Sünde"). Vorauf geht der Dank gegenüber Gott durch Christus (V.25a); von hier aus scheint V.25b die christliche Existenz kennzeichnen zu sollen. Vermutlich ist jedoch V.25b (möglicherweise auch 8,1) eine sekundäre Glosse. Der voraufgehende Abschnitt spricht nicht von dem Menschen nach Christus, sondern von dem Menschen, der in der Zeit vor Christus lebt. Nur so ist zu verstehen, daß im 7. Kapitel des Römerbriefes Christus sonst nicht erwähnt wird, bis in V.24-25a gleichsam als Zielpunkt auf das Christusgeschehen Bezug genommen ist.

---

33 Vgl. dazu auch unten A III b 1.

34 Augustinus, contra Julianum III 26.62; M. Luther, Der Brief an die Römer, hg. v. J. Ficker, WA 56, 342.

35 So A. Nygren, Der Römerbrief, Göttingen ²1954, 208-222: Der Christ gehört zwar durch Christus dem neuen Äon an, steht aber noch im alten Äon, im Fleisch. Dies ist auch der Grund für die Spannung zwischen Willen und Tat im Leben eines Christen, wie Paulus sie beschreibt.

Daher ist als andere Auslegungsmöglichkeit zu bevorzugen, daß Paulus an den Menschen vor und ohne Christus denkt.[36] Für diese Auslegung spricht das Verhältnis von V.5 zu V.23: In V.5 wird imperfektisch gesprochen („Als wir im Fleisch waren, da waren die Leidenschaften der Sünde ... in unseren Gliedern wirksam"); diese Aussage bezieht sich eindeutig auf den vergangenheitlichen, vorchristlichen Menschen. Sie wird in V.23 fast wörtlich aufgenommen, nun aber in der Form der Gegenwart („Ich sehe aber ein anderes Gesetz in meinen Gliedern, das dem Gesetz meiner Vernunft widerstreitet und mich durch das Gesetz der Sünde, das in meinen Gliedern ist, gefangenhält"): Auch das Präsens bezieht sich auf den vergangenheitlichen Menschen, und zwar so, wie er vom Glauben aus gesehen ist.

Bedeutet dies, daß Paulus gleichsam eine Autobiographie in Röm 7 übermittelt? Legt er von seinem Leben als eines Verfolgers der Christen vor seiner Bekehrung Zeugnis ab? Von hier aus scheinen sich Parallelen zum Leben Luthers nahezulegen. Martin Luther kam zu seiner reformatorischen Entdekkung von der rechtfertigenden Gerechtigkeit Gottes nach einer Zeit der Anfechtung, in der ihm der Weg der Kirche und ihr Gesetz fragwürdig geworden waren. Ist für Paulus dasselbe vorauszusetzen, indem er etwa durch die Begegnung mit christlichen Märtyrern Zweifel an der Richtigkeit des jüdischen Gesetzesweges bekommen hätte und von hier aus zu seiner Bekehrung geführt würde? In diesem Fall würde Röm 7 eine nachträgliche Rechenschaft vom Leben des Paulus unter der Anfechtung ablegen. Jedoch spricht Paulus in Phil 3,5ff von seinem vorchristlichen Leben in der Weise, daß er ohne Gewissensskrupel sich als Pharisäer ‚nach dem Gesetz' bewährt habe. Er ist stolz auf seine jüdische Vergangenheit; sie war für ihn Gewinn, bis er sie um Christi willen für Schaden betrachtet hat. Daher gibt Paulus in unserem Kapitel weder einen autobiographischen Bericht noch schildert er einen subjektiven Tatbestand. Es handelt sich vielmehr um eine objektivierende Darstellung vom Zustand des Menschen vor dem Glauben, wie er in der Perspektive des Glaubens sich ausnimmt. Das ‚Ich' hat einen generellen Sinn. Der Mensch vor dem Glauben ist der unbekehrte Mensch schlechthin. Er ist dadurch gekennzeichnet, daß zwei Ichs im Widerstreit miteinander liegen: das eine Ich, das eigentliche Selbst des Menschen, das auf das Leben aus ist und das Gute will; und das andere Ich, das uneigentliche Selbst des Menschen, das durch die Sarx bestimmt ist und irrtümlich meint, auf dem Weg der Sarx zum Leben kommen zu können. Es durchschaut nicht, daß hierdurch das im Menschen ursprünglich angelegte Sich-Ausrichten auf das Le-

36 In diesem Sinn die Auslegungen der Kirchenväter und des Pietismus; auch P. Althaus, Paulus und Luther; R. Bultmann, Römer 7 und die Anthropologie des Paulus; W.G. Kümmel, Römer 7 und das Bild des Menschen u.a.

ben pervertiert wird und daß sich von der Vergänglichkeit der Sarx das Leben nicht erwarten läßt, sondern hierdurch allein die Sünde mächtig und der Mensch in den Tod geführt wird.

Der Zustand des Menschen nach Röm 7 ist für Paulus nicht ein subjektiver, sondern ein objektiver Tatbestand, der in der Vergangenheit liegt. Besagt dies, daß den Menschen vor Christus der Widerstreit des Ich bewußt ist?[37] Über den menschlichen Bewußtseinszustand wird jedoch nicht reflektiert. Daß dem Menschen vor Christus seine verzweifelte Situation nicht bewußt ist, geht aus V.15 hervor („Das, was ich vollbringe, weiß ich nicht"): Der Mensch vor Christus ist sich über seinen eigentlichen Zustand nicht im klaren.[38]

Von hier aus ist eine kritische Stellungnahme gegenüber der These von Paul Althaus[39] zu begründen, wonach Röm 7 von einer ‚Uroffenbarung' Gottes spricht, als ob der Mensch vor Christus – wenn auch in einem eingeschränkten Ausmaß – von einer vorchristlichen Offenbarung Gottes weiß. P. Althaus versucht dies durch den Vergleich mit Röm 1-2 zu belegen, wonach dem heidnischen Menschen das Erkennen Gottes aufgrund der Werke der Schöpfung möglich ist (Röm 1,20). Doch spricht Paulus hier nicht in einem abstrakten Sinn von einer Uroffenbarung, sondern mit dem Ziel, die Menschen zu überführen und aufzuweisen, daß sie alle schuldig sind. Noch weniger läßt sich nach Röm 7 von einer Uroffenbarung gegenüber dem vorchristlichen Menschen allgemein sprechen, da – wie wir gesehen haben – dieser sich des Zwiespalts in seinem Ich nicht bewußt ist. Anstatt von einer ‚Uroffenbarung' ließe sich im Sinn von Röm 7 richtiger von einer ‚Urverborgenheit' sprechen: Der vor- und außerchristliche Mensch weiß nicht, wie es um ihn steht, bevor es ihm nicht gesagt ist. Er weiß nicht, daß seine Ausrichtung auf das Leben, weil er sich unter dem Gesetz befindet, gerade nicht zum Leben, sondern in den Tod führt. Er braucht diese Information über sich selbst; sie geschieht durch die Verkündigung. Ob solche Bewußtmachung in der Weise des Evangeliums oder in der des Gesetzes geschieht, ist offen. Paulus ist in seiner Missionspredigt vermutlich von der indikativischen Evangeliumsverkündigung ausgegan-

---

37 Diese Frage ist auch dann zu stellen, wenn man V.25b als nachpaulinische Interpolation ausgeschlossen hat; denn V.23 spricht ebenfalls von dem νοῦς, was für Paulus gewöhnlich mit ‚Verstand', ‚Gedanke' identisch ist (spezifischer R. Bultmann, Theologie 213f: ‚ein verstehendes Wollen'). Der innere Mensch stimmt der Norm Gottes zu, die mit der Norm τοῦ νοός μου identisch ist, also der ‚Norm meines Verstandes'. Dies scheint vorauszusetzen, daß der Mensch vor Christus sich seines Zustandes bewußt ist. Jedoch bezeichnet der Begriff νοῦς offenbar nur den inneren Menschen (vgl. V.22).

38 Daher ist eine psychologische Reflexion über den Bewußtseinszustand des vorchristlichen Paulus an dieser Stelle nicht nahegelegt, zumal Röm 7 mit der ausgeprägten Rechtfertigungsproblematik ein späteres Stadium der paulinischen Theologie repräsentiert (zu G. Theißen, Psychologische Aspekte 181-268).

39 P. Althaus, Paulus und Luther 44f Anm.3.

gen, auch wenn seine Briefe eher das Gegenteil nahelegen könnten. Entscheidend ist, daß der dem Tod verfallene Zustand des Menschen vor Christus erst durch den Glauben aufgedeckt werden kann.

Demnach unterscheidet sich der Mensch im Glauben, der ‚in Christus lebt', radikal von dem Menschen vor Christus außerhalb des Glaubens; denn er lebt nicht mehr unter dem Zwang des Gesetzes, das ja den Zwiespalt des ‚Ich' hervorgerufen hat. Doch ist auch das Sein des Christen in eine spezifische Dialektik eingespannt. Denn da sich der Christ unter der Herrschaft und der Norm des Geistes befindet, steht seine Existenz der vorfindlichen Welt, dem Gesetz der Sarx gegensätzlich gegenüber.[40] Der Zustand des Glaubens ist kein Habitus, wie sich auch an dem paradoxalen Verhältnis von Indikativ und Imperativ aufzeigen läßt.[41]

b) Die Rechtfertigung

P. Wernle, Die Anfänge unserer Religion, Tübingen-Leipzig 1901.

W. Wrede, Paulus, RV 1, Halle 1904 (=²1907), wieder abgedruckt in: K.H. Rengstorf (Hg.), Das Paulusbild in der neueren deutschen Forschung, WdF 24, Darmstadt ³1982, 1-97.

A. Schweitzer, Die Mystik des Apostels Paulus, Tübingen ²1954; wieder abgedruckt in: ders., Ausgewählte Werke IV, Berlin ²1973, 15-510.

P. Stuhlmacher, Gerechtigkeit Gottes bei Paulus, FRLANT 87, Göttingen ²1966.

E. Käsemann, Rechtfertigung und Heilsgeschichte im Römerbrief, in: ders., Paulinische Perspektiven, Tübingen 1969, 108-139.

K. Kertelge, ‚Rechtfertigung' bei Paulus. Studien zur Struktur und zum Bedeutungsgehalt des paulinischen Rechtfertigungsbegriffs, NTA 3, Münster ²1971.

E. Lohse, Die Gerechtigkeit Gottes in der paulinischen Theologie, wieder abgedruckt in: ders., Die Einheit des Neuen Testaments, Göttingen 1973, 209-227.

H. Conzelmann, Die Rechtfertigungslehre des Paulus: Theologie oder Anthropologie?, in: ders., Theologie als Schriftauslegung, BEvTh 65, München 1974, 191-206.

M. Wolter, Rechtfertigung und zukünftiges Heil, BZNW 43, Berlin 1978.

U. Schnelle, Gerechtigkeit und Christusgegenwart. Vorpaulinische und paulinische Tauftheologie, GTA 24, Göttingen ²1986.

M.A. Seifrid, Justification by Faith. The Origin and Development of a Central Pauline Theme, NT.S 68, Leiden 1992.

---

40 Vgl. auch den Begriff Kosmos, der zur negativen Seite des paulinischen Dualismus weitgehend zählt.

41 Vgl. anders W. Schmithals, Theologische Anthropologie 39ff. Dieser unterscheidet zwischen der σάρξ als dem Vorfindlichen, in dem die Sünde wohnt (= Interpretation des Ich), und zweitens dem Ich des Menschen selbst; es sei also nicht gesagt, daß Paulus den Menschen wesenhaft mit der Sünde identifiziert. Jedoch: Das Ich des Menschen vor und außer Christus ist gespalten!

Seitdem Martin Luther sich in seinem reformatorischen Ansatz auf die paulinische Theologie berufen hatte, ist Paulus weithin zu einem Theologen der Rechtfertigung geworden. Eine solche pauschale Beurteilung bedarf der Korrektur, und zwar nicht allein aus dem Grund, daß die Kritik an Paulus sich wesentlich an der Rechtfertigungslehre orientiert. So hat Paul Wernle die paulinische Rechtfertigungsanschauung als ‚eine der unglückseligsten Schöpfungen' des Apostels bezeichnet, die in der späteren Zeit zu Fanatismus, Engherzigkeit und zu einer kleinlichen Auffassung geführt habe.[42] Und wenn W. Wrede die Rechtfertigungslehre des Paulus als ‚Kampfeslehre' definierte[43], so war damit zumindest die Gefahr gegeben, die paulinische Rechtfertigungsbotschaft ausschließlich als ein apologetisches Kampfmittel zu verstehen, dessen Bedeutung sich darin erschöpft, den christlichen Glauben von den Fesseln seiner jüdischen Vergangenheit zu befreien, und die positive Funktion, welche die Rechtfertigungsverkündigung für das Ganze der paulinischen Theologie beizutragen hat, nicht zur Sprache zu bringen. – Albert Schweitzer ist ein weiterer Kritiker der paulinischen Rechtfertigungstheologie. Er bezeichnet sie als einen ‚Nebenkrater', neben dem andere theologische Aussagen – etwa die Eschatologie oder die mystische Erlösungslehre – stehen, so daß der paulinischen Rechtfertigung eine zentrale Funktion im paulinischen Denken nicht zuerkannt werden kann.[44]

An dieser Kritik ist berechtigt, daß Paulus nicht ausschließlich zu einem Rechtfertigungstheologen gemacht werden darf. Der älteste Paulusbrief (1 Thess) zeigt keine Kenntnis von der Rechtfertigungslehre. Darin liegt ein Hinweis, daß diese Anschauung nicht an den Anfängen des paulinischen Denkens gestanden hat, sondern erst später von Paulus aufgenommen und entfaltet wurde.[45] Der Apostel kann dabei auf judenchristliche Traditionen

---

42 P. Wernle, Anfänge 185.

43 W. Wrede, Paulus 72 (K.H. Rengstorf, Paulusbild 67).

44 A. Schweitzer, Mystik 220.

45 Auch die dem 1 Thess nächstfolgende Korintherkorrespondenz des Paulus enthält kein wirkliches Zeugnis der paulinischen Rechtfertigungsverkündigung: Steht 1 Kor 15,56 im Verdacht eine Glosse zu sein (so F.W. Horn, 1 Korinther 15,56 – ein exegetischer Stachel, ZNW 82, 1991, 88-105), so ist ohnehin in diesem Vers nur von der negativen Deutung des Gesetzes, nicht aber von der für die Rechtfertigungsbotschaft charakteristischen Alternative ‚Glaube – Werke' die Rede. Auch die Entgegensetzung von Buchstabe und Geist in 2 Kor 3,6 spricht zwar eine Antithese zum jüdischen Nomos aus, ohne die Rechtfertigungsverkündigung vorwegzunehmen. Solche ‚argumenta e silentio' wiegen um so schwerer, als für die verbreitete Anschauung, Paulus' Bekehrung vor Damaskus sei der Ausgangspunkt seiner Rechtfertigungslehre (so Chr. Dietzfelbinger, Die Berufung des Paulus als

zurückgreifen. Das entscheidende Movens zur Entfaltung des Paulinischen in der Rechtfertigungslehre ist die Konfrontation mit den Gegnern. Veranlaßt durch die galatische Krise wird die Rechtfertigungsbotschaft des Paulus zum ersten Mal im Galaterbrief entfaltet. Hier werden Falschlehrer bekämpft, welche von den christlichen Gemeinden verlangen, die Beschneidungsforderung einzuhalten. Dabei handelt es sich um nomistische Judenchristen, die möglicherweise in Verbindung zu Jerusalem gestanden haben. Insofern läßt sich mit W. Wrede die Rechtfertigungsbotschaft des Paulus in der Tat als eine ‚Kampfeslehre' bezeichnen.[46] Paulus hat seine Rechtfertigungsanschauung im Römerbrief weiter ausgearbeitet. Hier sind es auch die Heiden, die auf ihre gesetzliche Haltung angesprochen werden und damit auf derselben theologischen Ebene stehen wie die Juden, die nach der Erfüllung des Gesetzes streben. Hier wird im Anschluß an den Galaterbrief die Rechtfertigungsverkündigung umfassend dargestellt. Man kann sie als das Zentrum der Theologie des Paulus bezeichnen. Aber sie ist nicht deren Grundlage. Die Grundlage ist die Befreiungs- oder Erlösungslehre, wie sie schon im 1. Thessalonicherbrief vorausgesetzt ist, die Botschaft von der Befreiung des durch Sarx, Sünde und Tod versklavten Menschen, die durch das Christusereignis bewirkt worden ist. Hierdurch ist die Bedeutung der Rechtfertigung für Paulus nicht verringert, wohl aber ist damit angezeigt, wie diese zu verstehen ist: Nur auf dem Hintergrund der Befreiungslehre läßt sich die paulinische Rechtfertigungsvorstellung recht erfassen. Dies vermeidet, sie lediglich in einem juridischen Sinn zu interpretieren. Sie ist weit mehr als eine nur rechtliche Straf- und Gnadenlehre; ihr forensischer, juridischer Charakter hat eine ontologische Grundlage. Der Ausgangspunkt für das Verständnis der Rechtfertigung ist mit dem Gesetzesbegriff des Paulus gegeben.

Ursprung seiner Theologie, WMANT 58, Neukirchen-Vluyn 1985, 90ff; P. Stuhlmacher, „Das Ende des Gesetzes". Über Ursprung und Ansatz der paulinischen Theologie, in: ders., Versöhnung, Gesetz und Gerechtigkeit. Aufsätze zur biblischen Theologie, Göttingen 1981, 166-191; 182 u.a.) plausible historische Gründe nicht geltend zu machen sind.

46 Man kann demnach nicht mit W. Schmithals behaupten, daß Paulus die Gesetzes- und Rechtfertigungsthematik in die galatischen Auseinandersetzungen erst eingetragen habe und daß seine Gegner Anhänger von gnostischen Lehren gewesen seien (Paulus und die Gnostiker. Untersuchungen zu den kleinen Paulusbriefen, ThF 35, Hamburg-Bergstedt 1965, 29). Selbst wenn man einen gnostischen Einschlag für die Gegner zugestehen sollte, so muß für diese die Gesetzeslehre doch konstitutiv gewesen sein. Dies gilt, auch wenn die Paulusbriefe ein subjektives Bild der Ereignisse in Galatien wiedergeben.

1. Das paulinische Verständnis des Gesetzes

K. STENDAHL, The Apostle Paul and the Introspective Conscience of the West, HThR 56, 1963, 199-215.
G. EBELING, Erwägungen zur Lehre vom Gesetz, in: ders., Wort und Glaube I, Tübingen ³1967, 255-293.
G. BORNKAMM, Wandlungen im alt- und neutestamentlichen Gesetzesverständnis, in: ders., Geschichte und Glaube II, GAufs. IV, BEvTh 53, München 1971, 73-119.
F. HAHN, Das Gesetzesverständnis im Römer- und Galaterbrief, ZNW 67, 1976, 29-63.
H. HÜBNER, Das Gesetz bei Paulus, FRLANT 119, Göttingen ³1982.
U. WILCKENS, Zur Entwicklung des paulinischen Gesetzesverständnisses, NTS 28, 1982, 154-190.
J. LAMBRECHT, Gesetzesverständnis bei Paulus, in: K. Kertelge (Hg.), Das Gesetz im Neuen Testament, QD 108, Freiburg-Basel-Wien 1986, 88-127.
D. MOO, Paul and the Law in the Last Ten Years, SJTh 40, 1987, 287-307.
H. RÄISÄNEN, Paul and the Law, WUNT 29, Tübingen ²1987.
G. ZELLER, Zur neueren Diskussion über das Gesetz bei Paulus, ThPh 62, 1987, 481-499.
J.D.G. DUNN, The New Perspective on Paul, in: ders., Jesus, Paul and the Law. Studies in Mark and Galatians, London 1990, 183-214.
D. LUCIANI, Paul et la Loi, NRTh 115, 1993, 40-68.
M. BACHMANN, Rechtfertigung und Gesetzeswerke bei Paulus, ThZ 49, 1993, 1-33.
F.W. HORN, Paulusforschung, in: ders. (Hg.), Bilanz und Perspektiven gegenwärtiger Auslegung des Neuen Testaments, BZNW 75, Berlin-New York 1995, 30-59.

Dem Apostel Paulus ist die reformatorische Unterscheidung von Gesetz und Evangelium unbekannt. Wenn der Apostel von dem εὐαγγέλιον spricht, so denkt er an die Predigt vom Christusgeschehen, nicht jedoch an die Gegenüberstellung Gesetz – Evangelium bzw. Evangelium – Gesetz.[47] Auch der Begriff νόμος läßt sich durch eine solche Alternativstellung nicht einengen. Was mit der Gegenüberstellung Gesetz – Evangelium gemeint ist, wird von Paulus durch den Gegensatz von ‚alter und neuer διαθήκη'[48] bzw. von ‚Buchstabe (γράμμα) und Geist (πνεῦμα)' umschrieben (2 Kor 3,6ff; Gal 4,24). Daher ist auch der Terminus ‚Gesetz' aus einem anderen Zusammenhang zu verstehen.

Wenn Paulus das Wort νόμος verwendet, bezieht er sich überwiegend auf das Gesetz des Alten Testaments. Hierbei schließt er sich dem Sprachgebrauch des antiken Judentums an, in dem תּוֹרָה zunächst die alttestament-

47 Vgl. G. Ebeling, Erwägungen 263-266.

48 Zum Begriff διαθήκη: das Wort ist zwar die Septuaginta-Übersetzung des hebräischen Wortes בְּרִית (Vertrag, Bund), hat aber im Griechischen lediglich die Bedeutung von Testament oder Anordnung; vgl. Bauer-Aland, Wb. 366f.

liche Tora (im Unterschied zu den prophetischen und erzählenden Schriften des Alten Testaments) meint, sodann das Einzelgebot und schließlich das Alte Testament insgesamt. – Hinzu kommt, daß νόμος auch den allgemeineren Sinn von ‚Norm' oder ‚Gebundenheit' haben kann (vgl. Röm 7,2f.23-25). Statt des Wortes νόμος kann Paulus auch den Begriff ἐντολή gebrauchen, der meistens das Einzelgebot bezeichnet (z.B. Röm 13,9; 1 Kor 7,19), aber auch mit νόμος gleichgesetzt wird (Röm 7,8ff).

Demnach ist für Paulus das ‚Gesetz' im wesentlichen mit dem alttestamentlichen Gesetz identisch, so wie es dem jüdischen Volk durch Mose gegeben wurde. Als summarische Bezeichnung für den alttestamentlichen Gotteswillen enthält es sowohl kultische wie auch ethische Forderungen. Es ist der νόμος θεοῦ, dessen Besitz das jüdische Volk vor anderen Völkern auszeichnet, wie noch der Christ Paulus nicht ohne Stolz bekennt (Röm 9,4). Es konstituiert das jüdische Volk als Volk; denn durch die Tora sind Nation und Religion zu einer Einheit verschmolzen. Der νόμος des Alten Testaments, wie ihn Paulus in seinem Sprachgebrauch voraussetzt, ist demnach der Volksnomos des Judentums. In diesem Sinn versteht Paulus den Gesetzesbegriff seiner galatischen Gegner. Ihre Absicht ist es, mit der Beschneidungsforderung die Tora des Judentums in den christlichen Gemeinden Galatiens aufzurichten und die durch die Verkündigung des Apostels verursachte Infragestellung der Einheit von jüdischer Nationalität und Frömmigkeit rückgängig zu machen. Von hier aus ist die paulinische Rechtfertigungslehre zu einem wesentlichen Teil motiviert: in Auseinandersetzung mit der Behauptung des nationalen Nomos des Judentums, dessen Gültigkeit von judaistischen Lehrern auch für den christlichen Glauben durchgesetzt werden soll.

Im Römerbrief trägt Paulus eine erweiterte Fassung des Gesetzesbegriffs vor. Hier sind es nicht mehr nur die Juden, die den Willen Gottes in ihrem Volksgesetz offenbart bekommen haben, sondern Paulus versucht, die allgemeine, umfassende Bedeutung des Rechtfertigungsgeschehens nachzuweisen.[49] Dies führt zu der Aussage: Den Heiden ist das Werk des Gesetzes in ihr

---

49 Zum Verhältnis Gesetzesverständnis im Galater- und Römerbrief vgl. H. Hübner, Das Gesetz bei Paulus bes. 27ff.38f, der mit Recht die dynamische, direkte Auseinandersetzung im Galaterbrief der systematischen Reflexion im Römerbrief entgegenstellt. Jedoch mag man fragen, ob Gal 3,19 in der Tat die Aussage enthält, daß das Gesetz ‚durch dämonische Engelmächte' gegeben wurde; auch, ob Gal 5,14 tatsächlich eine ironische Aussage enthält. Vgl. dazu U. Schnelle, Gerechtigkeit und Christusgegenwart 89ff: Die Rechtfertigungslehre des Römerbriefes unterscheidet sich von der des Galaterbriefes durch (erstens) die Einführung des nomen actionis δικαιοσύνη θεοῦ, (zweitens) durch eine neue (systematisierende) Bewertung des νόμος und (drittens) durch die Erörterung des Verhältnisses Gottesgerechtigkeit – Erwählung Israels.

Herz geschrieben (Röm 2,15: ἔργον τοῦ νόμου bezeichnet nicht das Gesetz selbst, selbstverständlich auch nicht Gebotserfüllungen, sondern die inhaltliche Forderung des Gesetzes)[50], so daß Paulus auch sagen kann, daß die Heiden die Forderungen des Gesetzes beachten (Röm 2,26). Die Intention des Apostels ist es herauszustellen, daß Heiden und Juden unter der Rechtsforderung des Gesetzes stehen, wofür auch ihr Gewissen Zeugnis ablegt (Röm 2,15). Daher werden sowohl Juden als auch Heiden im Endgericht nach den ,Werken' gefragt werden (Röm 2,16; 2 Kor 5,10). Mit solcher Ausweitung des Gesetzesbegriffs hat Paulus das jüdische Toraverständnis entnationalisiert. Daran ändert nicht, daß Paulus gelegentlich in den jüdischen Sprachgebrauch zurückfallen kann, wenn er die Nichtjuden als diejenigen bezeichnet, die kein Gesetz haben (1 Kor 9,21; Röm 2,14). Vielmehr versteht er die menschliche Existenz allgemein als eine Existenz unter dem Gesetz (vgl. Gal 5,18; Röm 2,12ff; 6,14f).

Das Gesetz ist demnach eine ,Norm', nach der sich das Verhalten eines jeden Menschen ausrichtet. Es ist nicht eo ipso negativ qualifiziert, im Gegenteil: Das Gesetz ist die Stimme Gottes, durch die sich der Wille Gottes offenbart. Es ist eine verbindliche, heilige Forderung, die für den Menschen das Gute will (Röm 7,12); denn es ist von Gott gegeben und sein Ziel ist das Leben (Röm 2,7). Daher kann das Gesetz auch als ein ,geistliches' verstanden werden, dem der ,innere Mensch' zustimmt (Röm 7,14.22). Es ist eine pneumatische Forderung, weil es als Gabe Gottes und wegen seiner Ausrichtung auf das Leben nicht zur Welt der Sarx gehört.

Jedoch stellt Paulus Röm 7,10 fest: „Das Gebot, das zum Leben führen sollte, führte mich in den Tod". Das Gesetz ist zu einer verderbenbringenden Macht geworden, die den Menschen nicht anders als Sünde und Sarx versklavt und ihn seiner eigentlichen Bestimmung beraubt. Wer mit dem Gesetz umgeht, der steht unter dem Fluch des Gesetzes (Gal 3,10). Da Juden und Heiden mit dem Gesetz zu tun haben, sind sie alle der Sünde unterworfen (Röm 3,9). Wer dem Gesetz dient, der dient dem Tod (2 Kor 3,7.9); denn es führt in den Tod (2 Kor 3,6; Röm 8,2). Dies ist in einer doppelten Weise

50 Vgl. M. Bachmann, Rechtfertigung und Gesetzeswerke 29: Verweis auf 4 QMMT. – Nach K. Stendahl handelt es sich bei der Freiheit von ,Werken des Gesetzes' nicht um einen Gewissenskonflikt, wie dies im Sog der lutherischen Tradition verstanden worden sei, sondern lediglich um ein Zugeständnis an die Heiden, um diesen Zulassung zur christlichen Gemeinde zu ermöglichen. Ähnlich J.D.G. Dunn, wonach die ,Werke des Gesetzes' ausschließlich die jüdischen ,identity markers' (Beschneidung, Speisegebote und Sabbat) bezeichnen, also nicht die Bestimmungen der Tora insgesamt (Perspective 194). Jedoch sollte nicht bestritten werden, daß für Paulus im Streit um das Recht der Heidenmission es um die grundsätzliche Beurteilung der ganzen Tora geht. Vgl. auch J. Lambrecht, Gesetzesverständnis 102.

begründet: 1. Weil das Gesetz zur Sünde reizt, wenn es Gebote aufstellt, wird der Mensch zur Übertretung des Gesetzes verleitet und hierdurch der Macht der Sünde und des Todes unterstellt (Röm 7,7ff; Gal 3,19).[51] 2. Die Todesmacht des Gesetzes verwirklicht sich mit der Tatsache, daß die Gesetzeserfüllung zum Selbstruhm führt; sie verleitet den Menschen, auf seine eigene Leistung zu vertrauen, sich sein Leben selbst beschaffen zu wollen, also nicht auf Gottes Gabe zu gründen (Phil 3,3-6; vgl. Röm 3,27; 4,2; 2,17.23; 1 Kor 1,29). Hieraus folgt: Durch das Gesetz gibt es keine wirkliche Gerechtigkeit; man findet dadurch nicht zum Leben, sondern verfällt dem Zorn Gottes (Röm 4,15). Dies begründet die Notwendigkeit, daß der Mensch von der Macht des Gesetzes befreit werden muß, entsprechend der Befreiung von der Macht der Sünde und des Todes: τέλος γὰρ νόμου Χριστὸς εἰς δικαιοσύνην παντὶ τῷ πιστεύοντι (Röm 10,4). Mit dem Christusgeschehen ist die Macht des Gesetzes gebrochen und der Fluch getilgt; der Mensch ‚in Christus' ist von der Versklavung durch die Gesetzesforderung frei.[52]

1. Der Sinn des Gesetzes für die Nichtglaubenden

Das Gesetz ist παιδαγωγὸς εἰς Χριστόν (Gal 3,24: ‚Zuchtmeister', ‚Aufseher' oder ‚Erzieher auf Christus hin'), nicht in der Weise, daß es in pädagogischer Abzweckung die Kräfte des Menschen allmählich entfaltet, um ihn zum größten Gut, Christus, hinzuführen; auch nicht in dem negativen Sinn, daß das Gesetz die Einsicht über das Unvermögen, das Leben aus eigener Kraft zu

51 Vgl. dazu R. Bultmann, Römer 7 und die Anthropologie des Paulus, in: ders., Exegetica 198-209; bes.200.

52 Zum Begriff τέλος (Röm 10,4): Das Wort hat im Griechischen eine weite Bedeutungsvielfalt, die von ‚Vollendung' über ‚Ziel' bis zu ‚Ende' reicht (vgl. dazu U. Wilckens, Der Brief an die Römer, EKK VI 2, Neukirchen-Vluyn ²1987, 222; H. Hübner, Art.: τέλος, EWNT III 832-835; 832; C.E.B. Cranfield, Romans II, ICC, Edinburgh ²1981, 516). Zu Röm 10,4 sind grundsätzlich die beiden Übersetzungsmöglichkeiten ‚Ziel' oder ‚Ende' denkbar. Christus ist das ‚Ziel' des alttestamentlichen Gesetzes, insofern durch ihn die Gerechtigkeit erschlossen worden ist, die durch das alttestamentliche Gesetz zwar erstrebt, nicht aber erreicht wurde. Dies entspricht dem Verständnis des Gesetzes als eines ‚Zuchtmeisters' (Gal 3,24f). Andere Möglichkeit: Christus ist das ‚Ende' des Gesetzes, da die Gerechtigkeit nicht mehr aufgrund der Befolgung des Gesetzes, sondern allein aufgrund des Glaubens dem Menschen zuerkannt wird. Für letztere Auslegung spricht der unmittelbare Kontext, in dem Paulus einander ausschließend die Gerechtigkeit des mosaischen Gesetzes, die mit der ἰδία δικαιοσύνη identifiziert wird (10,3.5), der ‚Gottesgerechtigkeit' gegenüberstellt, die durch die Predigt des Evangeliums vermittelt und im Glauben zum Heil angenommen wird (10,3.6ff). Hiermit ist nicht nur der Mißbrauch des Gesetzes, sondern das Gesetz selbst, insofern es außer und vor Christus als Heilsweg anerkannt und praktiziert wurde, abgetan.

erlangen, vermittelt und so die Verkündigung vom Christusgeschehen vorbereitet; denn daß das Gesetz in die Sünde führt, ist Aussage des Glaubens und wird erst vom Christusgeschehen her rückschauend erkannt. ‚Zuchtmeister auf Christus hin' bedeutet vielmehr: Das Gesetz verhaftet den Menschen in dem, was er ist, in seinem sündigen, dem Tod Verfallensein. Um es pointiert zu sagen: Seine erzieherische Funktion besteht darin, keine positive oder negative erzieherische Funktion zu haben; sein Verhältnis zum Christusgeschehen ist dadurch gekennzeichnet, daß es nicht, auch nicht in einem vorbereitenden Sinn, das Christusgeschehen vorwegnimmt. Daß es keinen soteriologischen Sinn haben kann und soll – darin kommt der Wille Gottes im alttestamentlichen Gesetz zur Sprache.

2. Die Bedeutung des Gesetzes für die Glaubenden

Wenn Christus das Ende des Gesetzes ist, so müßte man erwarten, daß Paulus zwischen dem Christen und dem Gesetz keine Beziehung sieht. Jedoch kann der Begriff νόμος auch auf das Leben des Christen angewendet werden; z.B. Gal 6,2: „Traget einander die Lasten, so werdet ihr das Gesetz Christi erfüllen".[53] Der Wille Gottes, der sich im alttestamentlichen Gesetz offenbart hat, bleibt ungebrochen und ist unaufgebbar; aber er wird modifiziert: Das ‚Gesetz Christi' ist das Gebot der Liebe, der Auftrag, dem Nächsten zu dienen und für ihn da zu sein. Damit ist nicht nur jede kasuistische Rechtsordnung verlassen, sondern ein wesentlicher Bestandteil des alttestamentlichen Gesetzes aufgehoben. In den heidenchristlichen Gemeinden ist das Zeremonialgesetz nicht mehr verbindlich. Hier dokumentiert sich die grundsätzliche Gesetzesfreiheit des Paulus.

Darüber hinaus ist mit dem Christusgeschehen die verderbenbringende Macht des Gesetzes gebrochen. Juden und Heiden erkennen im Glauben, daß das Gesetz, in welcher Weise es ihnen auch begegnet sein mag, kein Heilsweg ist. Die ‚Norm des Glaubens' ist dem Gesetz der Werke radikal entgegengesetzt (Röm 3,27). Sie ist so wenig mit der alttestamentlichen Gesetzesforderung zu parallelisieren und stellt so wenig eine Forderung von menschlicher Leistung und menschlichem Verdienst dar, daß νόμος den Vollzug des Christusgeschehens am einzelnen Christen umschreiben kann. Wenn Röm 8,2 das ‚Gesetz des Geistes und des Lebens' dem ‚Gesetz der Sünde und des Todes' gegenübergestellt ist, so ist nicht so sehr die inhaltliche Gesetzesforderung impliziert als vielmehr das, was das Christusgeschehen für

---

53 Vgl. auch 1 Kor 9,21; Röm 3,27; 8,2. Da in diesen Belegstellen der Nomos-Begriff direkt oder indirekt antithetisch zum Gesetz des Judentums gebraucht wird und in der Beziehung auf den Stand der Glaubenden eine negative Nuance nicht enthält, ist es ratsam, an diesen Stellen die Übersetzung ‚Norm' zu wählen; so auch zu Röm 7,21.23.

den Glaubenden darstellt: die Befreiung. Dieses ‚Gesetz' realisiert sich in der stellvertretenden Gesetzeserfüllung Christi (vgl. Röm 8,3-4). Ist der Christ ein ἔννομος Χριστοῦ (einer, der die Norm Christi als für sich verbindlich anerkennt), so ist er nicht einem neuen Gesetz unterworfen, da Jesus Christus nicht als der Bringer einer nova lex verstanden ist, sondern er ist der befreite Mensch. Da die Macht des Gesetzes für ihn gebrochen ist, weiß sich der Apostel den Gesetzlosen grundsätzlich näher verbunden als den Gesetzesmenschen (1 Kor 9,20f).[54] Dies schließt Verantwortung in der Welt und für die Welt ein. Der Mensch unter dem Christusgeschehen ist in den Dienst gerufen; er hört auf die Forderung des Gebotes der Liebe, welche die Erfüllung des Gesetzes ist (Röm 13,8-10; Gal 5,14). Das Liebesgebot ist kein neues Gesetz, sondern die Aufforderung, sich in der dem Christen geschenkten Freiheit zu bewähren und das zu tun, was im Augenblick notwendig ist; denn wessen Geist umgewandelt ist, der ist auch in der Lage zu beurteilen, was der Wille Gottes ist und was an Gutem, Wohlgefälligem und Vollkommenem getan werden muß (Röm 12,2).

3. Ἐπαγγελία und νόμος (Verheißung und Gesetz)

Das Alte Testament enthält zwei Worte Gottes: Verheißung und Gesetz. Paulus unterscheidet beides, auch wenn er eine explizite alttestamentliche Hermeneutik nicht entfaltet. Ist das Gesetz ein ‚Zuchtmeister auf Christus hin', so ist es die negative Folie der Rechtfertigungsbotschaft. Die Verheißung kann demgegenüber als die positive Vorbereitung der Rechtfertigung in Christus verstanden werden; denn sie wird typologisch am Abrahambeispiel aufgewiesen: Abraham glaubte der Verheißung, die ihm zugesprochen wurde (Gal 3,16); er ist damit Prototyp eines rechtfertigenden Glaubens, der sich nicht auf Werke des Gesetzes, sondern allein auf die Zusage Gottes verläßt. ‚Erben der Verheißung' sind die Menschen, die zu Abraham gehören und wie er unter der Verheißung stehen, die in gleicher Weise wie Abraham der Gerechtigkeit aus Glauben mehr vertrauen als der Gerechtigkeit aus Werken. Hierdurch beschreiten sie einen Weg, der auch die zeitliche Priorität für sich hat; denn die Verheißung an Abraham wurde 430 Jahre vor dem Erlaß des

---

54 Anders C.H. Dodd, ΕΝΝΟΜΟΣ ΧΡΙΣΤΟΥ, in: FS J. de Zwaan, Studia Paulina, Haarlem 1953, 96-110, der den Ausdruck ἔννομος Χριστοῦ als paränetische Weisung verstehen möchte. Jedoch besteht der Sinn des Christus-'Gesetzes' darin, daß es im Gegensatz zum alttestamentlichen Gesetz eine soteriologische, den Heilsweg der Tora aufhebende Bedeutung hat. ἔννομος Χριστοῦ ist daher streng indikativisch zu interpretieren; gemeint ist hiermit zwar nicht die Trennung vom im alttestamentlichen Gesetz niedergelegten Willen Gottes, wohl aber steht der ἔννομος Χριστοῦ auf der Seite der ἄνομοι, so daß jede nomistische, auch ethizistische Auslegung ausgeschlossen ist.

Sinaigesetzes gegeben (Gal 3,17). Als Vorbereitung des Rechtfertigungshandelns Gottes hat die Verheißung eine universale Bedeutung; sie ist nicht auf den jüdischen Volksnomos beschränkt, sondern allen Völkern zugesprochen. Sie erfüllt sich in Christus; denn in ihm sind alle Verheißungen Gottes ‚Ja und Amen' (2 Kor 1,20). Daher steht auch der Christ, der in dieses Geschehen einbezogen ist, nicht mehr unter der alttestamentlichen Verheißung, sondern in der Zeit der Erfüllung, auch wenn die endgültige Verwirklichung der Verheißungszusage Gottes ein Hoffnungsgut ist, dessen Einlösung der Endzeit vorbehalten bleibt. So kann Paulus auch für die Realisierung der dem Volk Israel als Volk gegebenen Verheißung Raum in der Zukunft lassen. Daß sich die Verheißungen zuerst an der Kirche, nicht aber an Israel erfüllen, stellt das heilsgeschichtliche Problem, das Paulus durch den Verweis auf das endzeitliche Mysterium in Röm 11,25-32 zu lösen versucht.

Im Verhältnis Verheißung – Gesetz kommt der Verheißung nicht nur die zeitliche, sondern auch die sachliche Priorität zu, weil sie die Rechtfertigungsbotschaft vorwegnehmend aussagt. Aber die Verheißung ist die des Alten Testaments; sie ist mit dem alttestamentlich-jüdischen Gesetz ein Bestandteil der Offenbarung des Gottes des Alten Testaments. In Christus ist sie erfüllt und aufgehoben.

2. Die Überwindung der verderbenbringenden Macht des Gesetzes durch die Rechtfertigung

α) Das Problem der vorpaulinischen Überlieferungen

G. Strecker, Befreiung und Rechtfertigung, in: ders., Eschaton und Historie. Aufsätze, Göttingen 1979, 229-259.

J.A. Fitzmyer, The Biblical Basis of Justification by Faith, in: J. Reumann, „Righteousness" in the New Testament, Philadelphia 1982, 193-227.

U. Schnelle, Gerechtigkeit und Christusgegenwart. Vorpaulinische und paulinische Tauftheologie, GTA 24, Göttingen [2]1986.

Ders., Wandlungen im paulinischen Denken, SBS 137, Stuttgart 1989.

Von den Texten, die Grundelemente der paulinischen Rechtfertigungslehre in vorpaulinischer Tradition enthalten, ist an erster Stelle Röm 3,25 zu nennen:

	(Christus Jesus),
ὃν προέθετο ὁ θεὸς ἱλαστήριον	den Gott vorgestellt hat als Sühnemittel
διὰ τῆς πίστεως ἐν τῷ αὐτοῦ αἵματι	durch den Glauben in seinem Blut
εἰς ἔνδειξιν τῆς δικαιοσύνης αὐτοῦ	zum Erweis seiner Gerechtigkeit
διὰ τὴν πάρεσιν τῶν προγεγονότων	um der Vergebung der zuvor geschehenen
ἁμαρτημάτων.	Sünden willen.

Die Formel setzt mit V.25 ein; der voraufgehende V.24 gehört zur paulinischen Interpretation der Rechtfertigung, die ‚geschenkweise', ‚aus Gnade' übereignet wird. Nach unten ist die Formel mit dem Ende von V.25 abzugrenzen, da V.26 sich mit der grammatischen Struktur von V.25 stößt (der Genitiv θεοῦ schließt an δικαιοσύνης αὐτοῦ hart an) und teilweise nichts als eine Wiederholung des voraufgehenden Verses ist. Während der Kontext paulinisch geprägt ist, setzt V.25 liturgischem Sprachstil entsprechend mit einem Relativpronomen ein (ὅν, das auf ἐν Χριστῷ Ἰησοῦ zurückweist). Als paulinisches Interpretament ist διὰ τῆς πίστεως zu erkennen, wodurch Paulus die Formel mit dem voraufgehenden Vers 24 verklammert. Aber auch die Phrase ἐν τῷ αὐτοῦ αἵματι ist sekundär, da das Pronomen αὐτοῦ sich im Gegensatz zum regierenden Subjekt (‚Gott') auf ὅν und hierdurch auf das weiter zurückliegende ἐν Χριστῷ Ἰησοῦ beziehen muß. Dabei kann offenbleiben, ob Paulus oder ein vor- oder nachpaulinischer Tradent diese Phrase einfügte. Als ursprünglicher Wortlaut, für den auch der weitgehend unpaulinische Sprachschatz geltend zu machen ist[55], ergibt sich demnach ein Dreizeiler:

ὃν προέθετο ὁ θεὸς ἱλαστήριον
εἰς ἔνδειξιν τῆς δικαιοσύνης αὐτοῦ
διὰ τὴν πάρεσιν τῶν προγεγονότων ἁμαρτημάτων.

Das vorpaulinische, offenbar aus hellenistisch-judenchristlicher Überlieferung stammende Traditionsstück interpretiert den Tod Jesu als einmalige Sühnung für die in der Vergangenheit begangenen Sünden. Ob hiermit der Gedanke der Erneuerung des alttestamentlichen Gottesbundes verbunden gewesen ist, läßt sich dem Ausdruck ἱλαστήριον nicht entnehmen. Eine Abendmahlssituation, worauf der Ausdruck ‚in seinem Blut' deuten würde, ist für das ursprüngliche Überlieferungsstück nicht zu erschließen. Wahrscheinlich handelt es sich um eine Tauftradition. In ihr steht der Tod Jesu, begriffen als einmalige Sühneleistung, nicht im Widerspruch zum jüdischen Gesetz als einem Heilsweg. Vergeben werden in der Taufe lediglich die ‚vorher begangenen Sünden'. Von der Überwindung der Sündenmacht ist nicht die Rede. Dies läßt den Schluß auf eine komplementäre Gesetzesgeltung neben der Heilsbedeutung der Taufe zu. Anders die paulinische Aussage ἐν τῇ ἀνοχῇ τοῦ θεοῦ (V. 26a), die das vorpaulinische διὰ τὴν πάρεσιν interpretiert. Sie

55 Zu προέθετο: im theologischen Sinn nur noch Eph 1,9, im Profangebrauch Röm 1,13; ἱλαστήριον: paulinisches Hapaxlegomenon, im NT nur noch Hebr 9,5; πάρεσις: neutestamentliches Hapaxlegomenon; ἔνδειξις findet sich dagegen in der Sprache des Paulus häufiger (auch 2 Kor 8,24 und Phil 1,28).

versteht die einmalige Tat der Sündenvergebung als grundsätzlichen Erweis der die kosmischen Gewalten entmachtenden Gottesgerechtigkeit, welche die Gegenwart der Gemeinde bestimmt.

Röm 4,25

	(Jesus),
ὃς παρεδόθη διὰ τὰ παραπτώματα ἡμῶν	der um unserer Übertretungen willen dahingegeben
καὶ ἠγέρθη διὰ τὴν δικαίωσιν ἡμῶν.	und um unserer Gerechtmachung willen auferweckt wurde.

Dieses Traditionsstück fällt durch seine zweigliedrige Formung als synthetischer Parallelismus aus dem umgebenden Kontext heraus. Die Einleitung durch das Relativpronomen ὅς macht deutlich, daß es sich um eine liturgische Überlieferung handelt. Hierauf weist auch der formelhafte Sprachgebrauch, der gelegentlich bei Paulus wiederkehrt.[56] Beeinflußt wird die Interpretation durch das Verständnis des doppelten διά; für die vorpaulinische Schicht legt sich eine analoge kausale Deutung beider Zeilen nahe (,um ... willen'). So entspricht es Röm 8,10. Hierdurch wird klar, daß trotz der formalen Unterscheidung zwischen Tod und Auferweckung Jesu Christi das durch das Christusgeschehen Bewirkte ein und dasselbe ist: Die Vergebung der Übertretungen ist die Gerechtmachung der Sünder. Anders als in den vergleichbaren paulinischen Texten (Röm 5,21; 6,23; 8,10) ist das zugesagte Heilsgut, die δικαίωσις, nicht auf die Zukunft ausgerichtet, sondern auf das einmalige vergangenheitliche Ereignis von Tod und Auferweckung Jesu. Entsprechend dem vorpaulinischen Verständnis von δικαιοσύνη θεοῦ in Röm 3,25 ist die Gerechtmachung inhaltlich auf die Vergangenheit bezogen. Die vorpaulinische hellenistisch-judenchristliche Tradition sieht im Christusgeschehen die Zusage einer Sündenvergebung, die sich auf die Vergangenheit begrenzt und der Geltung des jüdischen Gesetzes auch in der Zukunft nicht grundsätzlich entgegensteht. Aus der Aufnahme des urchristlichen Kerygmas und der Hervorhebung der Heilsbedeutung der Auferweckung Jesu ergeben sich Verbindungslinien zur Tauftradition (vgl. besonders Röm 6,3ff), so daß sich nahelegt, die Herkunft des Stückes in der Taufüberlieferung zu vermuten.

Eine weitere vorpaulinische Formel, die dem gleichen Traditionskreis einzuordnen ist, findet sich 1 Kor 6,11b:

---

56 Vgl. zu παρεδόθη: Gal 2,20; Röm 8,32; 1 Kor 11,23; zu παραπτώματα: 2 Kor 5,19; Röm 5,15.16.18.20; auf vorpaulinische Herkunft weisen ferner die inhaltliche Beziehung auf das Kerygma von Tod und Auferweckung Jesu Christi (vgl. 1 Thess 4,14 u.ö.) und das bei Paulus sonst nur noch Röm 5,18 gebrauchte δικαίωσις.

ἀλλὰ ἀπελούσασθε, ἀλλὰ ἡγιάσθητε,	Aber ihr seid abgewaschen, aber ihr seid geheiligt,
ἀλλὰ ἐδικαιώθητε	aber ihr seid gerechtfertigt
ἐν τῷ ὀνόματι τοῦ κυρίου Ἰησοῦ Χριστοῦ	durch den Namen des Herrn Jesus Christus
καὶ ἐν τῷ πνεύματι τοῦ θεοῦ ἡμῶν.	und durch den Geist unseres Gottes.

Auch hier handelt es sich um eine vorpaulinische selbständige Einheit, die vom Kontext abgesetzt ist. Die dreifache ἀλλά-Konstruktion und ihre Erläuterung durch den folgenden synthetischen Parallelismus stellt eine formale Einheit dar. Der teilweise unpaulinische Sprachgebrauch[57] bestätigt, daß eine vorpaulinische Überlieferung vorliegt. Auf das gleiche Ergebnis führt die Parallelität zur frühchristlichen liturgischen Überlieferung.[58] Inhaltlich ist das Traditionsstück mit der Taufe verbunden; diese ist als Reinigung von Sünden verstanden, nicht im Sinn des jüdischen Kultgesetzes, sondern als Initiationsakt, der den Getauften in die Gemeinde derer, die den Namen des Herrn Jesus anrufen, einführt. Trotz der Rechtfertigungsterminologie besteht ein unübersehbarer Unterschied zur paulinischen Rechtfertigungslehre. Durch das Verb ἐδικαιώθητε wird die Taufe als Gerechtmachung interpretiert, ohne jedoch den Gedanken der Gesetzesfreiheit auszusprechen. Anders als in der paulinischen Interpretation ist das Rechtfertigungsgeschehen auf den einmaligen Taufakt begrenzt und das Gesetz nicht grundsätzlich in Frage gestellt.

Die genannten judenchristlichen Tauftraditionen sind mit dem Milieu eines Judenchristentums, das trotz seines Christusbekenntnisses einen legalen Zusammenhang mit dem Judentum zu wahren suchte, eng verbunden. Eine Kritik am Gesetz als einem Heilsweg ist hier nicht nachzuweisen. Vielmehr korrespondieren Tora und Rechtfertigungsgeschehen miteinander, indem die Rechtfertigung als Ergänzung und Bestätigung des Toragehorsams begriffen wird.[59]

β) Gerechtigkeit Gottes

E. Käsemann, Gottesgerechtigkeit bei Paulus, ZThK 58, 1961, 367-378, wieder abgedruckt in: ders., Exegetische Versuche und Besinnungen II, Göttingen³1970, 181-193.

---

57 ἀπολούεσθαι in den paulinischen Briefen nur an dieser Stelle.

58 Das Verb ἁγιάζειν zeigt auch sonst bei Paulus einen ursprünglichen kultischen Hintergrund; z.B. 1 Thess 5,23; 1 Kor 1,2; Röm 15,16; liturgischer Sprachgebrauch steht auch hinter ἐν τῷ ὀνόματι τοῦ κυρίου Ἰησοῦ Χριστοῦ; vgl. 1 Kor 5,4; Phil 2,10.

59 Vgl. dazu unten A III b.

R. Bultmann, ΔΙΚΑΙΟΣΥΝΗ ΘΕΟΥ, JBL 83, 1964, 12-16, in: ders., Exegetica, Tübingen 1967, 470-475.
G. Klein, Gottes Gerechtigkeit als Thema der neuesten Paulus-Forschung, in: ders., Rekonstruktion und Interpretation, BEvTh 50, München 1969, 225-236.
K. Kertelge, Art.: δικαιοσύνη, EWNT I, 1980, 784-796.
– Vgl. auch die Literatur zu A III b. –

E. Käsemann hat in seinem programmatischen Aufsatz über die Gottesgerechtigkeit die Auseinandersetzung mit seinem Lehrer R. Bultmann auf einen Höhepunkt geführt. Es geht hier um die Frage, ob die anthropologische Sicht Bultmanns eine adäquate Auslegung der paulinischen Theologie ermöglicht. Nach E. Käsemann zeigt der Begriff δικαιοσύνη θεοῦ, daß der anthropologische Ausgangspunkt das paulinische Denken verkürzt, da der Begriff bei Paulus Machtcharakter besitzt. Die ‚Gerechtigkeit Gottes' umschreibt ein Heilshandeln, das den Menschen unter die Herrschaft Gottes stellt und ihn in Verantwortung nimmt. Es ist der handelnde, heilschaffende Gott, der in der paulinischen Rechtfertigungsbotschaft in deutlichem Anschluß an die jüdische Vorstellungswelt zur Sprache kommt. Dabei hat Paulus die jüdische Rede von der Gottesgerechtigkeit radikalisiert und universalisiert. Er hat sie radikalisiert, indem er die Gerechtigkeit Gottes zur Ursache der ‚iustificatio impiorum' werden läßt, im Gegensatz zum alttestamentlich-jüdischen Gottesglauben, wonach allein der Gerechte auf die Offenbarung der Gerechtigkeit Gottes hoffen darf. Darüber hinaus hat Paulus die jüdische Redeweise von der Gerechtigkeit Gottes universalistisch ausgeweitet, da Gottes Offenbarung nicht mehr allein dem alttestamentlich-jüdischen Bundesvolk, sondern auch den Heiden gilt.

Daß die Kritik E. Käsemanns an einem ausschließlich anthropologischen Aufriß der paulinischen Theologie berechtigt ist, sollte nicht bestritten werden. Dennoch konnte R. Bultmann seinem Kritiker mit der Auskunft antworten, daß δικαιοσύνη θεοῦ häufig einen Gabecharakter hat, also die Gerechtigkeit des Menschen meint, ‚die vor Gott gilt' (wie M. Luther übersetzt).[60] Dies aber nötigt dazu, an dieser Stelle nach dem Menschenverständnis zu fragen, auch wenn das theozentrische Denken und damit die mythologische Begrifflichkeit die Anthropologie des Paulus nicht unwesentlich bestimmt.

Wie versteht Paulus den Begriff δικαιοσύνη θεοῦ? Grammatisch ist zu unterscheiden zwischen zwei Bedeutungsmöglichkeiten: 1. genetivus subiectivus; 2. genetivus auctoris (unzutreffend auch als genetivus obiectivus bezeichnet).

Zu 1. Für das Verständnis der δικαιοσύνη θεοῦ als genetivus subiectivus ist besonders Röm 3,5 („wenn aber unsere Ungerechtigkeit Gottes Gerechtig-

60 Vgl. auch G. Schrenk, Art.: δικαιοσύνη, ThWNT II 207.

keit bestätigt") zu nennen. Hier bezeichnet der Begriff Gottes Gerechtsein, d.h. Gottes eigene Gerechtigkeit im Sinne eines ‚nomen qualitatis'. So ist es im genuin-griechischen Sprachbereich belegt.[61] Der Griechischsprechende verbindet mit dem Wort δικαιοσύνη die Vorstellung von einer bestimmten Eigenschaft bzw. von einer ethischen Verhaltensweise. Dies ist auch für den paulinischen Sprachgebrauch vorauszusetzen; es handelt sich um Gottes Verhalten, das seinen Grund in einem entsprechenden Sein hat. Ähnlich Röm 3,25: Gott erweist seine Gerechtigkeit im Straferlaß der vorangegangenen Sünden. Gott ist gerecht; aus diesem Grund kann er die Sünde nicht ungesühnt lassen und muß entweder strafen oder vergeben. Dies stellt die paulinische Vorstellung von der Gerechtigkeit Gottes neben die Satisfaktionstheorie eines Anselm von Canterbury, wonach es zu Gottes Wesen gehört, Genugtuung für die Sünden (= Satisfaktion) zu leisten, da der Widerspruch zwischen Gottes Gerechtsein und der Sünde ein ontologischer Gegensatz und hierdurch mit Gottes Wesen unvereinbar ist. Aber es geht Paulus nicht um eine Spekulation über das Wesen Gottes – so wenig ein ontologischer Hintergrund seines Denkens ausgeschlossen werden darf –, vielmehr denkt Paulus, wenn er von Gott spricht, zugleich an den Menschen. Dies führt zu der zweiten Möglichkeit der Interpretation der Genitivkonstruktion.

Zu 2. Als genetivus auctoris bezeichnet δικαιοσύνη θεοῦ nicht eine Eigenschaft, die Gott zukommt, sondern eine Gabe, die von Gott ausgeht. Für diesen Sprachgebrauch lassen sich vor allem die folgenden Belege geltend machen:

Röm 10,3 („Weil sie <die Juden> Gottes Gerechtigkeit nicht erkannt haben und versucht haben, ihre eigene Gerechtigkeit aufzurichten, waren sie der Gerechtigkeit Gottes nicht untergeordnet"). Hier sind δικαιοσύνη θεοῦ und ἡ ἰδία δικαιοσύνη einander gegenübergestellt. Dabei scheint der Ausdruck ‚Gottesgerechtigkeit' durch ἡ ἰδία δικαιοσύνη aufgenommen und eben dadurch gegensätzlich interpretiert werden zu sollen: Gottes Gerechtigkeit ist nicht die eigene, selbstbeschaffte Gerechtigkeit, sondern die von Gott geschenkte Gerechtigkeit.

Röm 1,17 („Denn Gottes Gerechtigkeit wird ... aus Glauben zu Glauben offenbart"). Daß die Gottesgerechtigkeit dem Bereich des Glaubens zugewiesen wird, kann dahingehend verstanden werden, daß sie eine dem Menschen von Gott übereignete und im Glauben angenommene Gabe ist.

2 Kor 5,21 („damit wir Gottes Gerechtigkeit durch ihn <Christus> werden"). Hier ist die Gottesgerechtigkeit eindeutig vom Menschen ausgesagt.

Phil 3,9 („der ich nicht meine eigene Gerechtigkeit aus dem Gesetz habe, sondern die durch den Glauben an Christus, die Gerechtigkeit aus Gott auf-

---

61 Vgl. Aristoteles, Nikomachische Ethik V 14.

grund des Glaubens"). Die eigene Gerechtigkeit ist hier die Gerechtigkeit aus dem Gesetz; ihr ist die Glaubensgerechtigkeit als eine Gerechtigkeit aus Gott gegenübergestellt. Daraus läßt sich die Folgerung ziehen, daß Gottes Gerechtigkeit die dem Menschen übereignete, geschenkte Gerechtigkeit ist.

Die Belege können im einzelnen verschiedenartig interpretiert werden. Die Frage nach dem grammatischen Verständnis des Genitivs bleibt, isoliert betrachtet, eine theoretische Angelegenheit. Jedenfalls sagt der Genitiv eine Beziehung zwischen δικαιοσύνη und θεός aus. Die ‚Gerechtigkeit', von der Paulus spricht, stellt er in Beziehung zu Gott. Welcher Art diese Beziehung ist, muß jeweils die Analyse des Kontextes erweisen. Zwei extreme Möglichkeiten sind auszuschließen. a) Paulus spekuliert nicht über die Aseität Gottes; die Gottesgerechtigkeit bezeichnet nicht eine in sich selbst ruhende göttliche Eigenschaft. b) Paulus erkennt dem Menschen nicht eine von diesem selbst geschaffene, wahre Gerechtigkeit zu; es handelt sich nicht um eine innerweltliche Eigenschaft oder um ein rein innerweltliches menschliches Verhalten. – Für das genuin paulinische Verständnis ist der auch sonst für Paulus nachweisbare theozentrische Ausgangspunkt zu berücksichtigen. Es geht um *Gottes* Gerechtigkeit, nicht nur um eine vor Gott geltende Gerechtigkeit des Menschen. Aber sie ruht nicht in sich selbst, sondern sie ist eine lebendig wirkende Kraft; sie offenbart sich im Christusgeschehen, das dadurch zu einem rechtfertigenden, den Menschen zu einem Gerechten machenden Geschehen wird.[62]

γ) Das Rechtfertigungsgeschehen

Hat E. Käsemannn bei der Interpretation des Begriffes δικαιοσύνη θεοῦ (‚Machtcharakter') weitgehend Zustimmung erfahren, so besteht doch kein Zweifel, daß Paulus von der Gerechtigkeit Gottes nur im Interesse des Menschen spricht; denn der gerechte Gott verlangt die Gerechtigkeit des Menschen. Hierzu ist die Gesetzesforderung gegeben, wonach der Mensch sich durch Werke des Gesetzes als Gerechter darstellen muß. Soll der Mensch zum Leben gelangen und sich Gottes Heilswille gegenüber der Menschheit durchsetzen, so ist Gerechtigkeit eine ‚conditio sine qua non'. Denn Leben vor Gott gibt es nicht ohne Gerechtigkeit. Weil aber – wie Paulus zeigt – der Mensch sich durch das Gesetz Leben nicht beschaffen kann, kommt auch die

62 Auffallend ist, daß im Galaterbrief, in dem doch Paulus die Grundlagen seiner Rechtfertigungsverkündigung ausgesprochen hat (vgl. Gal 2,15-21 u.ö.), der Ausdruckδικαιοσύνη θεοῦ nicht erscheint, sondern lediglich das Substantiv ohne Genitiv und jeweils auf den Menschen bezogen ist (Gal 2,21; 3,21; 5,5): Es handelt sich um eine anthropologische Qualität, deren Verwirklichung für die eschatologische Zukunft erwartet wird (Gal 5,5).

Gerechtigkeit nicht aus dem Gesetz (Gal 3,21). Daher erfolgt durch das Christusgeschehen die Ablösung des Gesetzes; die soteriologische Funktion des Christusereignisses liegt darin, Gerechtigkeit zu beschaffen, damit so auch Leben beschafft werden kann.

Für diese neue Möglichkeit gilt, daß die Gerechtigkeit Gottes ohne Gesetz offenbart worden ist (Röm 3,21). Das besagt, daß Gott keine Forderung von Gesetzeswerken an den Menschen stellt. Vielmehr ist die Gerechtigkeit des Menschen nunmehr eine Gabe, die ihm übereignet und nicht durch menschliche Leistung erstellt wird. So zeigt es Röm 5,17 („um wieviel mehr werden diejenigen, die das überreichliche Maß der Gnade und des Geschenkes der Gerechtigkeit empfangen haben, im Leben herrschen durch den einen, Jesus Christus"). Der Ausdruck δωρεὰ τῆς δικαιοσύνης bezeichnet die Gabe, die in der Gerechtigkeit besteht, eine menschliche Qualität, die von Gott geschenkt wird. Daher kann die dem Menschen verliehene Gerechtigkeit auch ‚Gerechtigkeit von Gott' genannt werden (Phil 3,9: δικαιοσύνη ἐκ θεοῦ steht im ausdrücklichen Gegensatz zu δικαιοσύνη ἐκ νόμου). Nicht das Gesetz bildet demnach die Voraussetzung, Gerechtigkeit zu erlangen, sondern die χάρις θεοῦ; sie rechtfertigt den Menschen ‚umsonst', ohne Werke des Gesetzes (Röm 3,24). Hierdurch wird deutlich, daß die δικαιοσύνη θεοῦ die Gerechtigkeit des Richters ist, der Gnade übt, anstatt dem Recht Geltung zu verschaffen, und durch sein gnadenhaftes Handeln dem Menschen Gerechtigkeit zuerkennt. Unter solchem forensischen Aspekt stellen nicht mehr die Werke des Gesetzes eine Vorbedingung dar, die erbracht sein muß, um gerecht zu werden. Die einzige Voraussetzung ist der Glaube, der alles andere als ein Werk ist, weil er nicht aus der Leistung des Menschen erwächst, sondern mit dem Verzicht auf Leistungsforderungen und -nachweise identisch ist, ohne daß dies die Verantwortlichkeit des Menschen ausschließt. Der Glaube ist demnach nicht ‚Leistung', wohl aber ‚Tat' des Menschen! So entspricht es dem typologischen Verständnis des alttestamentlichen Urvaters Abraham, dem der Glaube zur Gerechtigkeit angerechnet wurde (Gal 3,6).[63]

Die Strukturelemente des Rechtfertigungsgeschehens sind demnach nicht das Gesetz und die Werke, sondern die Gnade und der Glaube! Der Mensch als Gerechtfertigter lebt nicht aus sich selbst, sondern aus einem ‚extra nos', das sich im Christusgeschehen manifestiert. Paulus' Rechtfertigungslehre ist Interpretation des Christusereignisses! Es hat sich oben gezeigt, daß das Christusgeschehen auf verschiedene Weise ausgelegt werden kann, insbeson-

---

63 Vgl. Gen 15,6. Darüber hinaus Röm 1,17: ὁ δὲ δίκαιος ἐκ πίστεως ζήσεται (Gal 3,11: Hab 2,4), hier ist das Adjektiv δίκαιος nicht zu ζήσεται, sondern zu ἐκ πίστεως (= ‚ein aus Glauben Gerechter') zu ziehen: das Gerechtsein kommt aus dem Glauben. Indem der Mensch aus Glauben lebt, steht er nicht mehr unter dem Gesetz als einem παιδαγωγός (Gal 3,25).

dere als Akt der Befreiung von den Mächten Sarx, Sünde und Tod. Hierauf gründet sich die Interpretation des Christusgeschehens als Rechtfertigung. Ist Christus ‚Gerechtigkeit, Heiligung und Erlösung' (1 Kor 1,30), so besagt dies, daß mit der Begründung der Möglichkeit eines neuen Seins und mit der Vernichtung der Macht des Gesetzes auch die Gerechtigkeit aus Christus eine für den Menschen erreichbare, in Christus für ihn realisierte Wirklichkeit geworden ist.

Soweit sich eine solche Begrifflichkeit in der Vorstellungswelt des Rechtes bewegt, enthält sie noch keine Aussage über das Sein des Gerechtfertigten. Die Rechtfertigungstheologie des Paulus impliziert als solche keine ontologische Struktur, sondern ist juridisch zu verstehen. Jedoch hat sie eine ontologische Grundlage. Wie sich oben zeigte, ist der Seinscharakter, der den Rechtfertigungsaussagen eignet, auf der Basis der Erlösungsvorstellung, der Befreiung von den Mächten Sarx, Sünde und Tod zu erheben.[64] So entspricht es der Aussage, daß jemand, der in Christus ist, eine καινὴ κτίσις ist (2 Kor 5,17). Die neue Geschöpflichkeit bedingt eine Änderung der alten Schöpfung. Von hier aus läßt sich ein Weg zur ontologischen Interpretation des Rechtfertigungsgeschehens finden: Daß der Mensch in ein neues Sein gerufen ist, kommt darin zur Sprache, daß Gott ihn zu einem Gerechten erklärt; denn der rechtfertigende Gott ist kein anderer als der Schöpfergott, der die Toten lebendig macht und das Nichtseiende ins Sein ruft (Röm 4,17). So wird auch das Rechtfertigungsgeschehen einem Schöpfungsakt vergleichbar, durch den der Mensch aus dem Tod ins Leben geführt wird.[65]

Von hier aus ergibt sich als Beurteilung des Problems der imputativen und effektiven Gerechtigkeit, des Unterschiedes einer Gerechtigkeit des Menschen, die ihm nur angerechnet wird, und der Gerechtigkeit des Menschen, die er tatsächlich besitzt, also ihm effektiv zugehört: Die Rechtfertigung gehört ursprünglich in den Bereich einer imputativen Vorstellung; es handelt sich um die Gerechtigkeit, die dem Menschen angerechnet wird, als ob er sie hätte (er hat sie aber nicht wirklich). So entspricht es der jüdischen Ursprungssituation,

---

64 Vgl. oben A III a.

65 Anders E. Jüngel, Paulus und Jesus. Eine Untersuchung zur Präzisierung der Frage nach dem Ursprung der Christologie, HUTh 2, Tübingen[5]1979, der das Verhältnis zwischen Seins- und Rechtfertigungsaussagen umgekehrt verstehen möchte. Zwar dürften die Aussagen des Seins in Christus nach paulinischem Verständnis nicht von der Rechtfertigungslehre getrennt werden, aber sie seien aus der Rechtfertigungslehre erst abgeleitet. Die Rechtfertigungslehre setze eine ontologische Struktur aus sich heraus, so daß sie „Ansage eines neuen Seins" ist (47). Jedoch: Das Sein in Christus ist das Primäre; dies zeigt sich schon im 1 Thess als dem ältesten Paulusbrief und ist allen Paulusbriefen als feste Vorstellung vorgegeben.

wie sie etwa Röm 2,13 zum Ausdruck kommt („Nicht die Hörer des Gesetzes sind gerecht bei Gott, sondern die Täter des Gesetzes werden gerechtgesprochen werden" – nämlich am Tag des Jüngsten Gerichtes, an dem ihnen ihre Werke als Gerechtigkeit angerechnet werden). Dies ist die terminologische und sachliche Voraussetzung der paulinischen Rechtfertigungsvorstellung, obwohl Paulus das jüdische Gerechtigkeitsdenken aufhebt; denn der Glaube wird ‚zur Gerechtigkeit angerechnet' (Gal 3,6). Auch dies ist zunächst imputativ zu verstehen, aber es schließt das ‚Gerechtmachen' nicht aus.[66] Das Ergebnis der Rechtfertigung des Sünders ist, daß der Sünder in der Tat gerecht *ist.* Imputative und effektive Rechtfertigung sind im Sinn des Paulus also keine Alternative: Wer gerechtgesprochen ist, der ist gerecht, weil das Rechtfertigungsgeschehen nichts anderes darstellt als das Eingeordnetwerden in den Christusbereich, weil die Rechtfertigung nur eine andere Weise der Übereignung des neuen Seins in Christus ist. Das Gerechtsein, das dem in Christus Seienden eignet, ist nicht eine welthafte, demonstrierbare Wirklichkeit, sondern ein pneumatisches Heilsereignis; denn die Rechtfertigung ist – wie die Befreiung von der Macht der Sarx, der Sünde und des Todes – ein eschatologisches Geschehen (Röm 8,30: „Die er im voraus bestimmt hat, diese hat er auch berufen; und die er berufen hat, diese hat er auch gerechtgesprochen; die er aber gerechtgesprochen hat, diese hat er auch verherrlicht"). Wer getauft ist, der ist gerechtfertigt (1 Kor 6,11); indem der Name des Kyrios Jesus über ihn ausgerufen wurde, ist er gerecht, nicht durch eine magische Verwandlung, sondern durch die Unterstellung unter die Herrschaft einer neuen, pneumatischen Realität.

Bedeutet Rechtfertigung In-das-Christusgeschehen-hineingenommensein, so besagt dies auch, daß die Rechtfertigung des Sünders sich in der Dialektik vollzieht, in der der Christ zeit seines Lebens steht. Wer gestorben ist, der ist von der Sünde gerechtfertigt, d.h. er ist von ihr befreit (Röm 6,7). Im Glauben ist die ‚Gerechtigkeit' Gegenwart (Gal 2,16-21). Zugleich ist sie eine zukünftige Größe; denn auch für den Gerechtfertigten gilt, daß die Offenbarung vor dem Richterstuhl Christi noch aussteht (2 Kor 5,10). Der durch Christus Gerechtfertigte verfügt über seine Gerechtigkeit nicht wie über einen unverlierbaren Besitz; sie steht vielmehr jeden Tag aufs neue auf dem Spiel. Es gibt keine Sicherheit. Der Glaubende ist aufgerufen, sich zu bewähren als der, der er ist. In diesem Sinn gilt für ihn: „Werde, der du bist!" Solches ‚Werden' ist nicht als ein allmähliches Wachstum zu verstehen, sondern als ein immer neues Begreifen und Ergreifen der geschenkten Möglichkeit, die im Christusgeschehen und im Glauben an das in Christus zugesagte Heil schon jetzt Wirklichkeit ist.

---

66 Vgl. zu Recht H. Schlier, Der Brief an die Galater, KEK VII, Göttingen [15]1989, 126-131.

Daher bedeutet das Rechtfertigungsgeschehen mehr als nur den einmaligen Akt des Opfertodes Jesu. Einbezogensein in das Christusgeschehen als Ereignis der Rechtfertigung heißt nicht nur, daß man auf das Sühnopfer Christi zurückschaut, sondern besagt, daß man in einer lebendigen Wirklichkeit steht, die von dem gerechtsprechenden Urteil bestimmt ist und von der Zukunft den begnadigenden, freisprechenden Richterspruch Gottes erwartet. Dies bedeutet eine radikale Trennung von früheren Lebensbedingungen, also auch vom Anspruch des Gesetzes, und das Stehen in der Wirklichkeit des Glaubens, die für Juden und Heiden die eschatologische Möglichkeit schlechthin ist. Denn die Rechtfertigung ist für Paulus zuallererst ‚iustificatio impiorum'; dies heißt: Verzicht auf jede menschliche ‚praeparatio evangelica', Abkehr von allen gutgemeinten menschlichen Vorbereitungen und Vorbedingungen, auch von religiösen und nationalen Ordnungen, die gemeinhin den Charakter der Heiligkeit und Unantastbarkeit haben. Für sie gilt ohne Ausnahme: Sie können nicht ins Leben führen, sie gehören einer vergangenen Welt an, auf deren Trümmern sich eine neue Welt erhebt, für die Gerechtigkeit und Heiligkeit vor Gott, Freiheit und Agape neue Lebenswirklichkeiten sind.

Abschließend ein Blick auf das Verhältnis der paulinischen Rechtfertigungsvorstellung zu den Parallelaussagen in den Qumrantexten.[67] Auch nach den Qumranschriften ist der Mensch in seinem Tun und Sein ein Sünder. Ähnlich wie bei Paulus wird die Hilfe und Errettung aus dem sündigen Sein auf die Gnade zurückgeführt.[68] Durch Gottes gnädiges heilvolles Tun bekommt der Mensch Gerechtigkeit zugesprochen. Trotz solcher Parallelaussagen bestehen zwei entscheidende Unterschiede: a) nach Paulus gründet sich das Rechtfertigungsgeschehen auf das Heilsgeschehen in Christus; in der Qumransekte ist nicht ein solcher Ort des Sichtbarwerdens der göttlichen Gnade herausgestellt (es sei denn, der Eintritt in die Sekte hat eine solche Funktion); b) für Paulus bedeutet die Übereignung des eschatologischen Heils die Befreiung vom Gesetz; in der Qumransekte erfolgt dagegen die Rechtfertigung unbeschadet der Geltung des Gesetzes; sie verhält sich komplementär zur Forderung der Tora. Rechtfertigung ist Befreiung zur Tora! Der Unterschied besteht also darin, daß Paulus ein radikales Verständnis vom Gesetz besitzt, das bis zur Aufhebung des Gesetzes als eines Heilsweges führt, während die Qumransekte das Nebeneinander vom Gnaden- und Gesetzesweg lehrt. Dies letztere steht der vorpaulinischen judenchristlichen Rechtfertigungstheologie nahe, nicht aber dem paulinischen Verständnis.

---

67 H. Braun, Röm 7,7-25 und das Selbstverständnis des Qumran-Frommen, ZThK 56, 1959, 1-18; wieder abgedruckt in: ders., Gesammelte Studien zum Neuen Testament, Tübingen ^{3}1971, 100-119.

68 Z.B. 1 QH 4,37; vor allem 1 QS 11,12-14: Durch Gottes Gnadenerweise komme ich zu meiner Rechtfertigung; Gottes Gerechtigkeit reinigt von aller Unreinheit; ferner 1 QS 11,2f u.ö.

c) Die Übereignung der Freiheit

1. Die Verkündigung – Der Apostolat

C.H. Dodd, The Apostolic Preaching and its Developments, London 1936 ([8]1956).
E. Gräßer, Freiheit und apostolisches Wirken bei Paulus, EvTh 15, 1955, 333-342.
G. Klein, Die zwölf Apostel. Ursprung und Gehalt einer Idee, FRLANT 79, Göttingen 1961.
J. Roloff, Apostolat – Verkündigung – Kirche, Gütersloh 1965.
Ders., Art.: Apostel, Apostolat, Apostolizität, I. Neues Testament, TRE 3, 1978, 430-445.
F. Hahn, Der Apostolat im Urchristentum, KuD 20, 1974, 54-77.
H. v.Campenhausen, Der urchristliche Apostelbegriff, in: K. Kertelge (Hg.), Das kirchliche Amt im Neuen Testament, WdF 439, Darmstadt 1977, 237-278.
O. Hofius, Wort Gottes und Glaube bei Paulus, in: M. Hengel-U. Heckel (Hgg.), Paulus und das antike Judentum, WUNT 58, Tübingen 1991, 379-406.
J. Schröter, Der versöhnte Versöhner, TANZ 10, Tübingen 1993.

Die Frage, die sich nach der Darstellung des Christusgeschehens stellt, ist: Wie ist es möglich, daß sich das, was sich im Heilsgeschehen ereignet hat, für den Menschen erschließt und ihm zugänglich wird? Die Antwort: Zugang zum Heilsgeschehen erhält der Mensch durch die Verkündigung und durch Taufe und Herrenmahl. Verkündigung und Sakramente sind die ‚vehicula', die den Ertrag des Heilsgeschehens vermitteln und dem einzelnen Menschen übereignen.

Paulus versteht sich als Heidenapostel, der zu diesem Dienst durch eine Offenbarung berufen wurde. Im Stil der Berufung eines Propheten schildert er dies im Anschluß an Jer 1,5 bzw. Jes 49,1, wenn er sagt, daß er zu dem Dienst der *Verkündigung* ‚von Mutterleib an ausgesondert' worden ist (Gal 1,15f). Dies besagt nicht, daß Paulus' Selbstbewußtsein das eines Propheten wäre, zumal er sich selbst niemals als ‚Prophet' bezeichnet, wohl aber, daß er ähnlich den Propheten des Alten Testaments um einen Sendungsauftrag weiß. Im Unterschied zur alttestamentlichen Prophetie ist solcher Auftrag durch Kreuz und Auferstehung Jesu bestimmt.

Paulus verkündigt das ‚Evangelium', die ihm von dem Auferstandenen übertragene Heilsbotschaft (Gal 1,11; Röm 1,1; 2,16; 16,25). Das εὐαγγέλιον Χριστοῦ läßt sich im Sinn eines genetivus subiectivus verstehen: das Evangelium, dessen Auftraggeber der Christus ist; aber der Genitiv kann auch als genetivus obiectivus verstanden werden: das Evangelium, das Christus zum Gegenstand hat.[69] Beide Verstehensmöglichkeiten sind nicht voneinander

69 Neben dieser inhaltlichen Bedeutung, wonach das ‚Evangelium' das vergangenheitliche Christusgeschehen zum Gegenstand hat (vgl. z.B. 1 Thess 1,9f), versteht

zu trennen, sondern zeigen die Verflochtenheit zwischen dem Auftraggeber und dem Inhalt des Auftrages.

Der Inhalt der Botschaft ist das Christusgeschehen, sowohl nach seiner erlösenden als auch nach seiner rechtfertigenden Funktion. Solche Botschaft ist der λόγος καταλλαγῆς (2 Kor 5,19). Das ,Wort von der Versöhnung' spricht davon, daß Gott durch Christus die Welt mit sich versöhnt hat, so daß die Mächte der Sünde und des Todes nicht mehr herrschen können. Es weist auf das Christusgeschehen zurück, in dem sich solches Versöhnungshandeln Gottes einmalig in Kreuz und Auferweckung ereignet hat. Die kerygmatischen Formeln, die Paulus zitiert, sind für ihn – wenn auch unvollständige – Zusammenfassungen seiner Verkündigung.

Neben dem Wort von der Versöhnung steht das Wort von der Rechtfertigung. Durch das Evangelium wird die δικαιοσύνη θεοῦ im Bereich des Glaubens offenbart (Röm 1,17). Die Gerechtigkeit Gottes wird durch die Botschaft ,enthüllt' als eine Wirklichkeit, welche die Übertretungen der Menschen so ahndet, daß sie den Sünder gerecht spricht. So hat es sich im Christusgeschehen vollzogen. Die Predigt von der Rechtfertigung ist demnach christologische Predigt; ihr Gegenstand ist das rechtfertigende Heilshandeln Gottes in Christus.

Solche Botschaft ist nicht ein bloßer Bericht; sie ist nicht eine Information über ein Ereignis, das lediglich in der Vergangenheit liegt, sondern als Kerygma vergegenwärtigt sie eine Zeit und Raum sprengende Wirklichkeit. Das ,Evangelium' proklamiert das Christusgeschehen als ein eschatologisches Geschehen. Hierdurch wird die Verkündigung selbst zu einem eschatologischen Ereignis; denn die eschatologische Qualität des Christusgeschehens ist nicht ablösbar von dem interpretierenden Wort. Nicht nur der Prediger, sondern auch der Hörer der Predigt steht in einer eschatologischen Situation; denn das, was sich im Christusgeschehen ereignet hat, vollzieht sich ,jetzt' in dem zugesagten Wort: das Eingehen des Eschatons in die Zeit (vgl. 2 Kor 6,2: „Jetzt ist die willkommene Zeit; jetzt ist der Tag des Heils!"). Die eschatologische Situation, die durch die Verkündigung geschaffen wird, reflektiert 2 Kor 2,16 („Den einen sind wir ein Duft aus dem Tode zum Tode, den anderen ein Duft aus dem Leben zum Leben"). Dieses Bild schließt an die

---

Paulus den Begriff auch als ,nomen actionis' = die Verkündigung vom Christusgeschehen (z.B. 1 Thess 1,5). Solche Evangeliumsverkündigung ist geistgewirkt und bringt pneumatische Taten hervor (vgl. noch 1 Kor 2,4). Vermutlich hat Paulus den Begriff im Zusammenhang mit Bekenntnisformeln vorgefunden (vgl. 1 Kor 15,1ff; Röm 1,1-4. – G. Strecker, Das Evangelium Jesu Christi, in: Jesus Christus in Historie und Theologie, FS H. Conzelmann, hg. v. G. Strecker, Tübingen 1975, 503-548; wiederabgedruckt in: ders., Eschaton und Historie 183-228).

Vorstellung vom Triumphzug an, bei dem Weihrauch gestreut wird, und macht deutlich: Die Verkündigung als eschatologisches Geschehen führt zu Tod oder Leben, je entsprechend dem Verhalten der Hörer, je nachdem, ob die Predigt Glauben oder Unglauben wirkt. Mit der Botschaft des Apostels vollzieht sich in der Zeit das eschatologische Gericht. Dies gilt, auch wenn die Zukunft noch aussteht; aber sie wird die endgültige Bestätigung dessen bringen, was im Verkündigungsgeschehen sich ereignet hat (vgl. 2 Kor 5,10).

Vergegenwärtigt die Verkündigung das Christusgeschehen in der Zeit, so wird hierdurch dem einzelnen die Möglichkeit gegeben, sich in den Christusleib einzugliedern oder aber auch sich davon auszuschließen. Solches Entscheidungsgeschehen zeigt sich daran, daß die Verkündigung für die Menschen einerseits ‚Fallholz' (σκάνδαλον) und ‚Torheit' (μωρία), andererseits ‚Kraft Gottes' (δύναμις θεοῦ) ist. Die eschatologische Konsequenz, Annahme oder Verwerfung im Endgericht, demonstriert sich in Annahme oder Verwerfung des Wortes durch die Hörer (1 Kor 1,18).

Damit das Wort angenommen oder auch abgelehnt werden kann, muß es verstehbar sein. Der Glaube kommt aus dem ‚Hören' des Wortes (Röm 10,17). Die Verkündigung appelliert an das verstehende Hören der Menschen. So zeigt es sich bei der Auseinandersetzung über die Geistesgaben: Glossolale Rede ist nur insoweit für den Gottesdienst brauchbar, als sie übersetzbare Rede ist (1 Kor 14,27f); sie bedarf der ‚Erhellung' dadurch, daß neben den Glossolalen ein ‚Dolmetscher' (διερμηνευτής) tritt, der aus dem unverständlichen Reden ein verständliches macht (V.28). Für die Verkündigung als verständlicher Rede gebraucht Paulus den Terminus προφητεύειν. Solche ‚Prophetie' (= wahre Verkündigung) verzichtet auf pneumatischen Egoismus, wie er in Korinth verkörpert wird; sie richtet sich auf den Mitmenschen aus, indem sie ‚Erbauung' (οἰκοδομή) bezweckt (V.3); sie fördert die Erkenntnis und das Verstehen der Gemeinde, insbesondere durch ‚Mahnung' (παράκλησις) und ‚Trost' (παραμυθία). Aber sie richtet sich auch an die uneingeweihten und nichtglaubenden Hörer. Als verstehbare Verkündigung überführt sie den Nichtglaubenden, deckt sein Sein als ein uneigentliches auf und führt ihn dazu, Gott die Ehre zu geben (V.23ff).

Es ist letztlich nicht die Verstehbarkeit der Rede, die diese Wirkung der Verkündigung hervorruft, sondern es ist das Pneuma, das die Umkehr des Nichtglaubenden bewirkt.[70] Denn der Geist wirkt durch das Wort (1 Thess 1,6; Gal 3,2), und der Glaube empfängt den Geist als die eschatologische Heilsgabe (Gal 3,14), wie sie durch das Wort zu ihm kommt (Gal 3,5). Das

---

70 Zu 1 Kor 14: Glossolalie ist ein pneumatisches Phänomen (1 Kor 14,14), und zwar so, daß sie eine Rede mit Gott, nicht aber mit Menschen ist (V.2). Den Zuhörern ist sie unverständlich (V.2.11.16). Als charismatische Geistgabe gehört die Glossolalie zu den Zeichen des neuen Äons (1 Kor 12,10f).

Pneuma ist das ‚Angeld'.[71] Damit ist noch einmal gesagt, daß die Verkündigung die eschatologische Situation fortsetzt, die mit dem Christusgeschehen ihren Anfang genommen hat. Ist ihre Wirkung die Gabe des Geistes als eines eschatologischen Heilsgutes, so ist sie selbst ein eschatologisches Geschehen; denn in ihr und durch sie vollzieht sich bei der Vergegenwärtigung der Heilstat Gottes in Christus die Umwandlung einer dem Chaos und der Sünde verfallenen Welt in den neuen Äon, dessen endgültige Verwirklichung zwar noch aussteht, aber doch mit der Verkündigung schon eingesetzt hat.

Bei solchem Verständnis des Verkündigungsgeschehens ist es sachgemäß, daß auch der *Apostel* an der eschatologischen Qualität der Verkündigung teilhat. Der Kyrios Christus wirkt durch ihn (Röm 15,18). Paulus ist der ‚Sklave' (Röm 1,1) oder der ‚Diener Christi', wie 2 Kor 11,23ff in Auseinandersetzung mit den Gegnern festgestellt wird. Als solcher ist er mit der διακονία τῆς καταλλαγῆς (2 Kor 5,18) betraut und tut mit der Ausrichtung dieses Dienstes ‚Gesandtendienste für Christus' (2 Kor 5,20). Als διάκονος Χριστοῦ (11,23) repräsentiert er Christus gegenüber der Gemeinde und wird ihr gegenüber zum Helfer so, wie Christus der Gemeinde gedient hat (2 Kor 4,5). Vergleichbar der Niedrigkeit des irdischen Kyrios verrichtet er diesen seinen Dienst im Stand der Niedrigkeit und des Leidens (2 Kor 4,10-12; Phil 1,20; 3,10). Er ruft die Hörer zur Nachahmung des Christus auf (2 Kor 5,20) und mahnt zugleich, daß sie seine Nachahmer werden (1 Kor 4,16: μιμηταί μου γίνεσθε). Solche Mahnung wird durch den Satz „wie auch ich das (Beispiel) Christi (nachahme)" motiviert (1 Kor 11,1): Der Apostel selbst ist Nachahmer Christi. Dies begründet, weshalb er mit der Autorität des Christus vor die Gemeinde treten kann. Es ist daher kein Zufall, daß als Bezeichnung für die Verkündigung des Apostels einmal das ‚Evangelium des Christus' (Röm 15,19) genannt wird, ein anderes Mal Paulus auch von ‚meinem Evangelium' sprechen kann (Röm 2,16; 16,25). Das Hören der Worte des Apostels ist das Hören der Worte des Kyrios. Der Verkündiger leitet seine Vollmacht nicht aus der Gemeinde ab, sondern sie ist vom Christus autorisiert. Von hier aus ergibt sich in der Zeit nach Paulus eine direkte Linie zur hierarchisch gegliederten Traditionsbildung, mitsamt der Vorstellung einer apostolischen Sukzession. So kündigt es sich schon im 2. Thessalonicherbrief an. Eine gewisse Grundlage hierfür bieten die Aussagen in den echten Paulusbriefen, in denen sich der Apostel auf die Autorität des erhöhten Christus beruft: Vom Kyrios besitzt er die Machtbefugnis, mit der er die Gemeinde aufbauen, aber auch zerstören kann (2 Kor 13,2f.10). Dies aber ist an die Unverfügbarkeit des Geistes gebunden und nicht mit einem hierarchischen System, selbst wenn dieses sich auf eine ‚lex divina' berufen würde, in Einklang zu bringen.

---

71 2 Kor 1,22: ἀρραβών = ‚Anzahlung', das ‚Unterpfand' für das heraufziehende Eschaton; vgl. 2 Kor 5,5; auch Röm 8,23 (ἀπαρχή).

Die Verkündigung ist demnach eng auf das Christusgeschehen bezogen. Der Apostel repräsentiert den Christus. Deshalb kann durch sein Wort das Heil übertragen werden, wie es durch Christus begründet worden ist. Das vehiculum ist also das Wort. Es ist dem Wort des Schöpfers vergleichbar, der das Nichtseiende ins Sein ruft. Das Wort kann Leben hervorrufen, weil es Ansage des eschatologischen Heils ist, und es kann zum Tod führen, da es zugleich richtendes Wort ist. Die Verkündigung des Apostels nimmt Gericht und Gnade des Endes vorweg.

2. Die Taufe

M. RAEDER, Vikariatstaufe in 1 Cor 15,29?, ZNW 46, 1955, 258-260.

G. BORNKAMM, Taufe und neues Leben (Röm 6), in: ders., Das Ende des Gesetzes. Paulusstudien, GAufs. I, BEvTh 16, München 1958, 34-50.

G. WAGNER, Das religionsgeschichtliche Problem von Römer 6,1-11, AThANT 39, Stuttgart-Zürich 1962.

J.D.G. DUNN, Baptism in the Holy Spirit, SBT 15, London 1970.

H. FRANKEMÖLLE, Das Taufverständnis des Paulus, SBS 47, Stuttgart 1970.

E. LOHSE, Taufe und Rechtfertigung bei Paulus, KuD 11, 1965, 308-324, wieder abgedruckt in: ders., Die Einheit des Neuen Testaments. Exegetische Studien zur Theologie des Neuen Testaments, Göttingen 1973, 228-244.

F. HAHN, Taufe und Rechtfertigung, in: Rechtfertigung, FS E. Käsemann, Tübingen-Göttingen 1976, 95-124.

G. BARTH, Die Taufe in frühchristlicher Zeit, BThSt 4, Neukirchen-Vluyn 1981.

U. SCHNELLE, Gerechtigkeit und Christusgegenwart. Vorpaulinische und paulinische Tauftheologie, GTA 24, Göttingen ²1986, 33-145.

A.J.M. WEDDERBURN, Baptism and Resurrection, Studies in Pauline Theology against its Graeco-Roman Background, WUNT 44, Tübingen 1987.

L. HARTMAN, Auf den Namen des Herrn Jesus, SBS 148, Stuttgart 1992.

H.D. BETZ, Transferring a Ritual: Paul's Interpretation of Baptism in Romans 6, in: ders., Paulinische Studien, GAufs. III, Tübingen 1994, 240-271.

Ist Paulus auch selbst getauft worden, so hat er doch kaum die Taufe ausgeübt (vgl. 1 Kor 1,13-17). Es ist daher kein Zufall, daß die Taufe kein selbständiges Thema der Paulusbriefe ist, so sehr sie vorausgesetzt wird. Denn sie ist in den paulinischen und vorpaulinischen Gemeinden mit Selbstverständlichkeit anerkannt und praktiziert worden. Soweit sich Paulus zur Taufe äußert[72], stehen vorpaulinische Taufüberlieferungen weitgehend im Hintergrund.

72 Dies geschieht nicht selten im Anschluß an vorpaulinische Tauftradition, so Röm 3,25; 4,25; 6,3-4a; 1 Kor 1,30; 6,11bc; 12,13; 2 Kor 1,21f; Gal 2,19f; 3,26-28. Schwerpunkte genuin-paulinischer Taufaussagen finden sich in Röm 6 und 8; 1 Kor 1,13-17 und 10,1ff; Gal 2,19f; vgl. dazu U. Schnelle, Gerechtigkeit und Christusgegenwart 33-145; G. Bornkamm, Paulus, Stuttgart ⁷1993, 197.

1. Die Taufe ist Reinigung von den Sünden. So bezeugt es die vorpaulinische Formel 1 Kor 6,11.[73] Ähnlich den jüdischen Reinigungsbädern und Waschungen kann die Taufe von Sünden befreien.[74] Anders als jene ist sie durch das voraufgehende sühnende Handeln Christi motiviert, das in der Taufe den Glaubenden zugeeignet wird.

2. Die Taufe ist Einordnung in den Machtbereich des Kyrios Jesus Christus. Dies wird durch die Benennung mit dem ‚Namen' ausgesagt.[75] Hierfür ist auch das Einbezogenwerden in den Raum des Christus (ἐν Χριστῷ) charakteristisch (Gal 3,26-28). Solche Einordnung bedeutet Befreiung von den Mächten der Sünde, der Sarx und des Todes. Die Eingliederung in den Herrschaftsbereich des Kyrios reflektiert das Bekenntnis Röm 10,9. Dieses Taufbekenntnis besagt, daß der Täufling die Herrschaft des Kyrios Jesus anerkennt.

3. Die Taufe bewirkt Verleihung des Pneumas. So zeigt es neben 1 Kor 6,11 die ebenfalls schon genannte Stelle 2 Kor 1,22. Die Gabe des Geistes verbürgt als ‚Angeld' (ἀρραβών) das Eschaton. Aus diesem Grund kann die Taufe auch als ‚Versiegelung' interpretiert werden. Sie wird σφραγίς genannt, weil sie dem Menschen das Siegel aufdrückt, das ihn zum Eigentum des Kyrios erklärt.[76] Die Geistverleihung bei der Taufe besagt, daß der Mensch in die Körperschaft der Gemeinde integriert wird; der Geist gewährleistet die Einheit der Kirche (vgl. 1 Kor 12,13: „Wir sind in einem Geist alle zu einem Leib getauft, ob Juden, ob Griechen, ob Sklaven, ob Freie"). Der in der Taufe verliehene Geist überwindet die sozialen Unterschiede und vereinigt die Christen verschiedener nationaler, religiöser und sozialer Herkunft zu dem einen Christusleib. In der Verbindung mit dem Pneuma-Motiv zeigt sich darüber hinaus eine sakramentale Interpretation des Taufgeschehens; das Pneuma ist eine übernatürliche Kraft[77]; es kann auch als ein übernatürlicher Stoff vorgestellt werden.[78] So ist es für die Bezeichnung ‚geistlicher Leib' (1

---

73 Vgl. dazu oben A III b 2; s. auch die vorpaulinischen Traditionseinheiten Röm 3,25; 4,25 u.ö.

74 Die jüdischen Reinigungsbäder vermitteln rituelle Reinheit: Lev 14,8; 15,5ff.11; Num 31,23; 2 Kön 5,14; Jdt 12,6-8; Sir 34,30. Zur Proselyentaufe vgl. Bill I 102-103.

75 Vgl. zu ὄνομα τοῦ κυρίου auch 1 Kor 1,10; 5,4. – Klassisch W. Heitmüller, Im Namen Jesu, FRLANT 2, Göttingen 1903.

76 Vgl. W. Heitmüller, ΣΦΡΑΓΙΣ, in: Neutestamentliche Studien für Georg Heinrici, Leipzig 1914, 40-59; W. Bousset, Kyrios Christos 227f, Anm. 5 (z.B. Diodor XIV 30,7; Tertullian, PraescrHaer 40).

77 Vgl. 1 Kor 15,45; 2 Kor 3,17; dazu F.W. Horn, Angeld des Geistes 147.324-345.

78 Nach E. Schweizer, Art.: πνεῦμα, ThWNT VI 413-436; 413 ist im Griechentum und Hellenismus Pneuma als Teil der himmlischen Welt ein Substanzbegriff. Der

Kor 15,44: σῶμα πνευματικόν) vorauszusetzen: Der himmlische Leib wird ein Leib aus pneumatischer Materie sein, im Gegensatz zum irdischen Leib, der aus Sarx gebildet ist.[79] Diese Vorstellung hat Paulus allerdings nur gebrochen verwendet. Entscheidend für ihn ist, daß das Pneuma eine Lebensrichtung kennzeichnet; es ist eine Kraft, die das neue Leben bewirkt und beeinflußt; ein eschatologisches Phänomen, das der Welt der Sarx entgegengesetzt ist, so daß Geistbesitz mit Eine-neue-Lebenswirklichkeit-Haben identisch ist.

4. Die Taufe ist ein Mit-Christus-Sterben und Mit-Christus-Auferstehen. Daß die Wirklichkeit des neuen Lebens durch die Taufe vermittelt wird, besagt im Zusammenhang der paulinischen Rechtfertigungsanschauung Röm 6,2ff. Die Befreiung von der Macht der Sünde ist nicht durch die Unterordnung unter das Gesetz, nicht durch Werke des Gesetzes zu erreichen, sondern nur so, daß der Mensch auf jede Leistung verzichtet. Die Taufe ist als ein solcher Leistungsverzicht verstanden; denn Getauftwerden bedeutet mit Christus zu sterben und hierdurch von der Herrschaft der Sünde und von dem Bemühen um die eigene Rechtfertigung befreit zu werden (Röm 6,7). Solche Freiheit vermag der Mensch nicht aus eigener Kraft zu erreichen, sondern nur so, daß er das Schicksal des Christus an sich nachvollzieht und mit Christus stirbt und begraben wird. In dieser Weise zieht der Glaubende Christus an (Gal 3,27; vgl. Röm 13,14). Er erfährt sich als Glied des Leibes Christi; seine Christuszugehörigkeit ist durch das ἐν Χριστῷ εἶναι bestimmt (Gal 3,28f), das auch das mit Christus Gestorbensein einschließt; das Sein in Christus ist mit dem in das Christusgeschehen Einbezogensein identisch.

Paulus' Ausführungen über die Taufe in Röm 6 erscheinen nicht nur als ‚subsidiär und beiläufig' (K. Barth, Kirchliche Dogmatik IV/4, 129), sondern haben ein grundlegendes Gewicht auch für den Zusammenhang des voraufgehenden (Kap. 5: Befreiung von der Macht des Todes) mit dem folgenden Kapitel (Röm 7: Befreiung von der Macht des Gesetzes); denn das Taufgeschehen wird hier als Befreiung von der Macht der Sünde interpretiert (vgl. V.1). Ist in V.1 das Thema ausgesprochen, so erfolgt in

---

Geist ist also nicht nur ein Vorzeichen für Künftiges. Dagegen stellt im Alten Testament und im Judentum der Geist eine ‚Kraft' dar, die zusätzliche Taten ermöglicht.

79 Die Verbindung zur Taufe ergibt sich vermutlich aus der Tatsache, daß der Geist mit dem Wasser eine Substanzeinheit eingeht; hiermit hängt das Gebot zusammen, in ‚fließendem bzw. lebendem Wasser' zu taufen (z.B. Did 7,1f; <in Verbindung mit der triadischen Taufformel, die literarische Abhängigkeit von Mt 28,19 vermutlich voraussetzt>; PsClem Diam 1,2: ζῶν ὕδωρ; vgl. Rec III 67,4: in aquis perennibus; auch VI 15,2). Danach scheint sich der lebendige Geist mit dem ‚lebenden Wasser' zu verbinden. Belege auch in der gnostischen und gnostisch-judenchristlichen Überlieferung: z.B. Hipp RefV 19,17 von den gnostischen Sethianern; vgl. zum atl. Hintergrund Gen 1,2.

V.2-4 die Begründung der Antwort des Paulus auf die in V.1 gestellte Frage mit Beziehung auf das christologische Credo. V.5-7 bringen eine anthropologische Deutung des Taufgeschehens, die in V.8-10 von einer christologischen abgelöst wird, während V.11 eine Zusammenfassung bietet, die zugleich eine Überleitung zum folgenden Abschnitt gibt, der aus dem sakramentalen Indikativ nunmehr die imperativische Folgerung zieht. – Zweifellos benutzt Paulus in diesem Zusammenhang ältere Traditionen. So legt es sich schon für V.3b-4a nahe; auch wenn der Wortlaut kaum mehr rekonstruierbar ist, so führt doch offenbar das einleitende ἤ ἀγνοεῖτε ὅτι (V.3a) eine den paulinischen Gemeinden bekannte Tradition ein (vgl. auch Röm 7,1), so daß sich nahelegt, daß in dieser Tradition die Taufe als Mit-Christus-Gestorben- und Begrabensein interpretiert wurde.[80] Paulus bezeichnet demnach die Taufe als den kultischen Ort, in dem sich die Gemeinschaft mit dem gestorbenen und auferstandenen Christus realisiert.

Von besonderer Bedeutung ist in diesem Zusammenhang das Verständnis von ὁμοιώματι. Übersetzt man V.5a mit „Denn wenn wir mit der Gleichgestalt seines Todes zusammengewachsen sind“, so läßt sich daran denken, daß ὁμοίωμα den Tod Jesu kennzeichnet, in den die Glaubenden hineingetauft und insofern mit ihm gleichzeitig sterben werden (so G. Bornkamm, Ende des Gesetzes 42; U. Wilckens, Der Brief an die Römer, EKK VI/II, Neukirchen-Vluyn ^{2}1987, 14). Hierfür scheint zu sprechen, daß σύμφυτοι γεγόναμεν den Dativ ὁμοιώματι (= dativus sociativus) veranlaßt hat. Jedoch ist zu fragen, weshalb Paulus in diesem Fall den Ausdruck ὁμοιώματι gewählt hat; denn das Wort bezeichnet bei Paulus nicht Identität, sondern ‚Ähnlichkeit' mit einer vorausgesetzten Differenzierung und Distanzierung (so z.B. Phil 2,7; vgl. Röm 5,14; 8,3). Näher hätte für eine christologische Interpretation ein einfaches τώ θανάτῳ αὐτοῦ gelegen. Wahrscheinlicher ist daher τῷ ὁμοιώματι als instrumentaler Dativ auszulegen und zu übersetzen: „Denn wenn wir (mit ihm) durch das Gleichbild seines Todes zusammengewachsen sind.“ Danach bezeichnet ὁμοίωμα die Taufe; sie vergegenwärtigt den Tod Jesu Christi am einzelnen Menschen. Dieser vollzieht das Schicksal des Gekreuzigten in der Taufe nach, indem der alte Mensch mit Christus gekreuzigt wird (V.6.8).

Neben V.3b-4a ist auch aus V.4b eine Traditionseinheit zu erheben. Hier liegt vermutlich eine Formel zugrunde, die sich in Kol 2,12 in einer ursprünglicheren Fassung erhalten hat: „Ihr seid mit ihm (Christus) begraben worden in der Taufe“ und „ihr seid mit ihm mit auferweckt worden durch den Glauben ...“. Entsprechend mag zu unserem Text die folgende vorpaulinische Aussage postuliert werden: „Wie Christus von den Toten auferweckt wurde durch die Herrlichkeit des Vaters, so sind auch wir (von den Toten mit ihm auferstanden)“. Dieselbe Überlieferung ist in Kol 3,1-4 unter (deutero)paulinischem Einfluß reflektiert worden. So dürften es die korinthischen Pneumatiker aufgrund der von ihnen behaupteten engen Schicksalsgemeinschaft mit dem gekreuzigten und auferstandenen Christus für sich in Anspruch genommen haben (vgl. 1 Kor 12,13; auch die vorpaulinische Überlieferung Gal 3,27f). In einem magisch anmutenden Taufverständnis vollzieht der Täufling nicht nur den Tod, sondern auch

80 Vgl. dazu U. Schnelle, Gerechtigkeit und Christusgegenwart 75f.204f.

die Auferweckung Jesu an sich nach, so daß sein Heilszustand durch die an ihm geschehene Auferstehung als abgeschlossen angesehen wird.[81]

Paulus spricht im Gegensatz zu der ihm überlieferten Tradition nicht von der Gegenwärtigkeit der geschehenen Auferstehung, sondern argumentiert mit dem ‚eschatologischen Vorbehalt': In der eschatologischen Zukunft wird sich die Christusgemeinschaft so erweisen, daß das Mit-Christus-Gestorbensein auch ein Mit-Christus-leben sein wird. Das Futur (V.5: ἐσόμεθα) zeigt an, daß der Sakramentsvollzug nicht eine magische Qualität verleiht, vielmehr bleibt die eigentliche Realisierung dieses Geschehens der Zukunft vorbehalten.[82] Für den Glaubenden gilt also auch im Taufgeschehen das dialektische ‚schon jetzt' und ‚noch nicht'. Dennoch ist die Gegenwart des eschatologischen Heils, wie es durch die Taufe vermittelt wird, nicht nur negativ durch das Mit-Christus-Sterben und -Begrabenwerden ausgesagt, sondern besagt positiv Neuschöpfung (2 Kor 5,17). Bedeutet demnach die Taufe Einverleibung in den Christusleib, so auch Grundlegung und Realisierung eines neuen Seins im Glauben und im Geist.

Eine spezielle Bedeutung hat für das paulinische Taufverständnis die sogenannte *Vikariatstaufe* (1 Kor 15,29). In Abweisung der Leugnung der Auferstehung der Toten durch korinthische Pneumatiker begründet Paulus die christliche Hoffnung auf eine künftige Totenauferstehung mit dem Verweis auf die Sitte in der korinthischen Gemeinde, sich für die Toten taufen zu lassen:

> Was werden sonst die tun, die sich für die Toten taufen lassen? Wenn überhaupt Tote nicht auferweckt werden, warum lassen sie sich dann für sie taufen?

Ist die Hoffnung auf die Totenauferstehung nichtig, so ist es auch sinnlos, sich für Tote taufen zu lassen. So steht es im Zusammenhang mit der

---

81 Vgl. auch Eph 2,6; Joh 5,25; 1 Clem 23,1-27,7; Barn 11,1; IgnPol 7,1; 2 Clem 9,1; Just Dial 80,4 u.ö.

82 Daß das in der Taufe sich vollziehende Mit-Christus-Sterben und -Begrabenwerden einen Zukunftsaspekt hat, verdeutlicht Paulus schon durch den ἵνα-Satz (V.4b), der der Abgeschlossenheit der säkularen Existenz die grundsätzliche Offenheit des neuen Lebens der Glaubenden gegenüberstellt. Das Ziel der Teilhabe an der Auferstehung Jesu Christi liegt nach paulinischem Verständnis in der Zukunft. So belegen es nicht nur die futurischen Verbformen ἐσόμεθα (V.5b: „Wir werden an der Auferstehung teilhaben", dies meint an der Auferstehung Jesu Christi, nämlich in der allgemeinen Totenauferstehung; vgl. 1 Kor 15,49.51f) und συζήσομεν (V.8), sondern auch die folgenden Satzkonstruktionen (V.8: πιστεύομεν; auch das imperativische λογίζεσθε: V.11): Die künftige Teilhabe an der Auferstehung ist Hoffnungsziel der Gemeinde; vgl. dazu R.C. Tannehill, Dying and Rising with Christ, BZNW 32, Berlin 1967.

anderen, ebenfalls rhetorischen Frage des Paulus: „Warum stehen wir dann jede Stunde in Gefahr?“ (V.30)

Um 1 Kor 15,29 ist in der Auslegung erbittert gestritten worden. Wie der Textapparat der kritischen Textausgaben zeigt, ist oftmals versucht worden, durch eine andersartige Interpunktion den Gedanken der Vikariatstaufe auszuschließen. Eine Vikariatstaufe ist außerhalb des Neuen Testaments in gnostischen Sekten, z.B. durch Epiphanius von Salamis für Kerinthianer belegt[83], die sich auf den Namen von Gestorbenen taufen lassen, um diese vor der Verwerfung im Endgericht zu retten. Obwohl Epiphanius in diesem Zusammenhang auch unseren Text zitiert, dürfte die Vikariatstaufe selbst vorpaulinischer Herkunft sein. Auf welche Weise die Wirkung der Taufe dem Gestorbenen zugeeignet wurde, läßt sich aus 1 Kor 15,29 nicht erkennen. Die Epiphaniusnotiz legt eine Art Namenzauber nahe. Jedenfalls ist die Vikariatstaufe stark magisch bestimmt. Für das paulinische Taufverständnis ist die Bedeutung dieser Vorstellung oft herabgestuft worden. Daß jedoch Paulus diese Sitte in seiner Argumentation aufführt, verdeutlicht, daß er sie nicht für völlig verwerflich hält, auch wenn er selbst sie niemals positiv gelehrt und praktiziert haben wird. Aus dem Pneumaverständnis der paulinischen Briefe lassen sich Verbindungslinien zur Vikariatstaufe ziehen. Wenn der Geist für die Heiligen eintritt und von ihnen wie eine Macht Besitz ergreift (Röm 8,26f), ist der weitere Schritt, daß die Macht des Geistes über die Grenze des Todes hinaus reicht und die Toten zum Heil führen kann, nicht fern. Dies führt nach paulinischem Verständnis nicht zu einer magischen Deutung des Taufgeschehens, wohl aber handelt es sich hierbei um die extremste Form des ‚extra nos' in der paulinischen Theologie; dieses manifestiert sich im Taufgeschehen als Einverleibung des Getauften in den Christusleib und hat Konsequenzen für das Problem der Kinder- und Säuglingstaufe.[84]

3. Das Herrenmahl

H. Lietzmann, Messe und Herrenmahl. Eine Studie zur Geschichte der Liturgie, AKG 8, Berlin ³1955.
E. Schweizer, Art.: πνεῦμα, ThWNT VI, 1959, 394-449.
P. Neuenzeit, Das Herrenmahl, Studien zur paulinischen Eucharistieauffassung, StANT 1, München 1960.
J. Jeremias, Die Abendmahlsworte Jesu, Göttingen ⁴1967.
W. Schmithals, Die Gnosis in Korinth. Eine Untersuchung zu den Korintherbriefen, FRLANT 66, Göttingen ³1969.
G. Bornkamm, Herrenmahl und Kirche bei Paulus, in: ders., Studien zu Antike und

83 Epiph Haer 28,6,4; Chrys In Epist I Ad Cor Hom 40.

84 Vgl. dazu unten B III c 3 β.

Urchristentum, GAufs. II, BEvTh 28, München ³1970, 138-176.
E. KÄSEMANN, Anliegen und Eigenart der paulinischen Abendmahlslehre, in: ders., Exegetische Versuche und Besinnungen I, Göttingen ⁶1970, 11-34.
H. SCHLIER, Das Herrenmahl bei Paulus, in: ders., Das Ende der Zeit, Freiburg 1971, 201-215.
H.J. KLAUCK, Herrenmahl und hellenistischer Kult, NTA 15, Münster 1982.
B. KOLLMANN, Ursprung und Gestalten der frühchristlichen Mahlfeier, GTA 43, Göttingen 1990.

Im elften Kapitel des 1. Korintherbriefes zitiert Paulus eine Tradition, von der er ausdrücklich behauptet, daß er sie vom Kyrios erhalten und der Gemeinde weitergegeben hat: die Einsetzungsworte des Herrenmahles. Diese Überlieferung stammt aus der bekannten Herrenworttradition, die Paulus zur Verfügung stand.[85] Sie enthält eine singuläre chronologische Angabe: Jesus sprach die Einsetzungsworte „in der Nacht, in der er verraten wurde" (1 Kor 11,23b). Mit dieser Angabe setzt vermutlich die Tradition ein, die von Paulus zitiert wird. Sie umfaßt außer der Zeitangabe das Brot- und das Kelchwort (V.23b-26). Da es sich um eine liturgische Überlieferung handelt, ist kaum anzunehmen, daß Paulus selbst den Text veränderte. Sie hatte in der Gemeindeliturgie einen festen Platz und mußte aus diesem Grund einen Wortlaut aufweisen, der individuellen Eingriffen weitgehend entzogen war.

Die Parallelüberlieferung in den synoptischen Evangelien ist literarisch gesehen erheblich jünger als die vorpaulinische Tradition.[86] Dies besagt je-

---

85 S. dazu oben A II b 3.

86 Zum Vergleich:

	Mk 14,12-25	Mt 26,17-29	Lk 22,7-20	1 Kor 11,23b-26
Situationsangabe (Synoptiker: Passa)	14,12	26,17	22,7.15	11,23b: „in der Nacht, da er ver raten wurde"
Brotwort	14,22	26,26 (φάγετε)	22,19 (εἰς τὴν ἀνάμνησιν)	11,24 (εἰς τὴν ἐμὴν ἀνάμνησιν)
Kelchwort	14,23f	26,27 (πίετε)	22,17.20 (μετὰ τὸ δειπνῆσαι)	11,25 (μετὰ τὸ δειπνῆσαι εἰς τὴν ἐμὴν ἀνάμνησιν)
		26,28 (εἰς ἄφεσιν ἁμαρτιῶν)		
Apokalyptischer Ausblick	14,25	26,29	22,16.18	11,26

Zu beachten sind weitere wörtliche Übereinstimmungen zwischen Lk 22,15ff und 1 Kor 11,23bff: ἡ καινὴ διαθήκη ἐν τῷ αἵματι (Lk 22,20; 1 Kor 11,25; gegen Mk 14,24/Mt 26,28: τὸ αἷμά μου τῆς διαθήκης); τὸ ὑπὲρ ὑμῶν (Lk 22, 19bf; 1 Kor 11,24); τοῦτο ποιεῖτε εἰς τὴν ἐμὴν ἀνάμνησιν (Lk 22, 19b; 1 Kor 11,24f). – Kodex D it geben statt des lukanischen Langtextes einen ‚Kurztext'; ausgelassen

doch nicht, daß Paulus in jedem Fall auch sachlich die älteste Form der Einsetzungsworte wiedergibt. Das gegenseitige Verhältnis ist nicht auf eine einfache Formel zu bringen. Fest steht aber zunächst, daß Matthäus (26,26-29) im großen und ganzen den Markustext übernommen hat, also den Markustyp repräsentiert. Lukas scheint eine besondere Fassung der Einsetzungsworte wiederzugeben, die wesentlich umfangreicher als die bei Markus ist (Lk 22,15ff). Hier ist der apokalyptische Ausblick (Mk 14,25) mit dem Kelchwort vorangestellt. Daran schließt sich mit 22,19f die Einheit von Brot- und Kelchwort, wie sie aus 1 Kor 11 bekannt ist. Man wird folgern können, daß die dem Evangelisten Lukas zugängliche Fassung sowohl die Markus- als auch die Paulustradition voraussetzt. Demnach setzt die Beantwortung der Frage nach dem ältesten Text der Einsetzungsworte die Klärung des Verhältnisses des Markus- zum Paulustext voraus. Dieses Problem ist nicht allein mit sprachlichen Argumenten zu bewältigen.[87] Eine aramäische Urform läßt sich für den Markustext nicht rekonstruieren. Der Evangelist Markus bringt die Einsetzungsworte mit einem einwandfreien Parallelismus (14,22: „Dies ist mein Leib"; V.24: „Dies ist mein Blut"). Diesen Parallelismus hätte die paulinische Tradition sicher nicht zerstört, wenn er ihr bekannt gewesen wäre – dies ein Argument für die literarisch sekundäre Abfassung, so daß Paulus in der unsymmetrischen Gliederung primär zu sein scheint. Aber auch der Paulustext ist nicht in allem primär: Der doppelte Wiederholungsbefehl (11,24 und 25: Anamnesisformel) geht auf liturgische Einflüsse zurück, ist aber aus diesem Grund wohl eine sekundäre Hinzufügung. Im übrigen wird man im großen und ganzen dem Paulustext gegenüber Markus den Vorzug geben können.

Hat am Anfang der Entwicklung der christlichen Mahlfeier das Mahl Jesu als ein Passamahl gestanden?[88] Kein Zweifel besteht, daß die synopti-

---

wird Lk 22,19b-20, so daß nach dem apokalyptischen Ausblick (V.16) lediglich Kelchwort (V.17-18) und Brotwort (V.19a) überliefert werden. – Vgl. zum Verhältnis des paulinischen und des synoptischen Textes auch W. Schenk, Luke as Reader of Paul: Observations on his Reception, in: Intertextuality in Biblical Writings, FS B. van Iersel, Kampen 1989, 134f; W. Bösen, Jesusmahl, Eucharistisches Mahl, Endzeitmahl. Ein Beitrag zur Theologie des Lukas, SBS 97, Stuttgart 1980.

87 Anders J. Jeremias, wonach der Markustext auf einen aramäischen oder hebräischen Urtext zurückgeht (Abendmahlsworte 179) und drei Überlieferungsstränge postuliert werden: markinisch, paulinisch-lukanisch und johanneisch (a.a.O. 183).

88 J. Jeremias hat im einzelnen darzulegen versucht, weshalb das letzte Mahl Jesu ursprünglich ein Passamahl gewesen sein müsse und nicht erst nachträglich dazu umgestaltet wurde (a.a.O. 35-56). Vgl. ferner H. Patsch, Abendmahl und historischer Jesus, CThM.BW 1, Stuttgart 1972; F. Hahn, Die alttestamentlichen Motive in der urchristlichen Abendmahlsüberlieferung, EvTh 27, 1967, 337-374.

schen Evangelisten die Einsetzung des Herrenmahles im Rahmen einer Passafeier darstellen. Dies ist jedoch offenbar eine sekundäre Einordnung. Anders das Johannesevangelium; es läßt das letzte Mahl Jesu vor dem Passafest stattfinden.[89] Vor allem fehlen in den Einsetzungsworten wesentliche Elemente eines Passamahles. Von einem Passabraten (Lamm) ist nicht die Rede, auch nicht von Mazzen und Bitterkräutern (vgl. Ex 12,8). Soweit das Herrenmahl auf die Zeit des historischen Jesus zurückgeht, ist nicht eine Passamahlzeit der Ausgangspunkt, sondern das letzte Mahl Jesu bzw. allgemein Jesu Mahlgemeinschaft mit seinen Jüngern.[90]

Aber weder die vorpaulinische noch die vormarkinische Überlieferung sind aus dem letzten Mahl Jesu zu verstehen; sie sind vielmehr durch andersartige Faktoren beeinflußt, die dem Mahl die Züge einer *sakralen Feier* verleihen. Nicht die (Sättigungs-)Mahlzeit, sondern der sakramentale Akt ist das Entscheidende; er übereignet das eschatologische Heilsgut. Dabei mögen Einflüsse der Mysterienreligionen ursprünglich vorhanden gewesen sein. Allerdings besagt dies nicht, daß das Gemeinschaftsmahl als ein ausschließlicher Weiheakt zu verstehen sei, vielmehr sind Sättigungsmahlzeit und sakrale Feier miteinander verbunden. Vielleicht geschah dies so, daß ursprünglich das Brotwort am Anfang der Mahlzeit gesprochen wurde, darauf das eigentliche Sättigungsmahl folgte und das Kelchwort den Schluß bildete. Möglicherweise läßt die paulinische Fassung der Einsetzungsworte diese Zweiteilung noch erkennen, da Paulus die Zitation des Kelchwortes mit dem Ausdruck ‚nach dem Essen' (μετὰ τὸ δειπνῆσαι) beginnt; hiermit könnte zwar das Brotessen gemeint sein, aber doch auch eine voraufgehende umfangreichere Mahlzeit, die durch das Brotwort eingeleitet wurde.

Hat Paulus die Praxis der Verbindung von Wortzitation und Mahl noch gekannt, so ist es demgegenüber seine Absicht, die sakrale Feier im Anschluß an das Sättigungsmahl zu begehen, wenn er die korinthische Gemeinde ermahnt, sich vor der Feier zu Hause satt zu essen (V.22a). In der vorpaulinischen Zeit der Urchristenheit waren Sättigungsmahl und sakramentale Feier miteinander verbunden; eine abstrakte, rein liturgische Zelebration von Brot und Wein hat es ursprünglich nicht gegeben; ihr wurde aber durch die Entscheidung des Paulus (V.22a) der Weg geebnet.

Aus der Unterscheidung zwischen Sättigungs- und sakraler Mahlzeit hat *H. Lietzmann* seine folgenreiche These abgeleitet, daß zwei Urformen des christlichen Abendmahls zu unterscheiden seien:

1. Ein Jerusalemer Typus, der in der Urgemeinde als ‚Brotbrechen' gefeiert und als Fortsetzung der Tischgemeinschaft mit dem Herrn der Gemeinde in eschatologischer

89 Siehe unten.

90 Vgl. B. Kollmann, Ursprung und Gestalten 33.

Freudenstimmung begangen wurde (H. Lietzmann, Messe und Herrenmahl 252). Als Belegtexte für diesen Typus, der keine Beziehung zum Tod Jesu gehabt habe, werden die lukanischen Berichte über das Gemeinschaftsleben der Jerusalemer Urgemeinde herangezogen (Apg 2,42-47; 20,7-12; 27,33-36; Lk 24,13-35), darüber hinaus nachneutestamentliche Texte (PsClem Hom 14,1; ActJoh 85.106-110; ActThom 27.29.49-50.120-121.158; ActPetr 2.5).

2. Der paulinische Typus, der aus 1 Kor 10,1-22 und 11,17-34 abgeleitet wird; er sei als Erinnerung an das letzte Mahl und den Tod Jesu gefeiert worden. Das Brotbrechen bildete den Anfang, der Weinbecher das Ende der Mahlzeit.

Für diese Unterscheidung berief sich H. Lietzmann auf Did 9-10: Da in Did 9,1-10,5 ein Mahl ohne Bezug auf den Tod Jesu und ohne sakramentale Communio geschildert wird und erst in 10,6 der Übergang zur sakramentalen Eucharistie erfolgt, sei hierdurch die sekundäre Kombination der beiden postulierten Abendmahlstypen nachgewiesen. Doch erlaubt die Quellenlage schwerlich eine derartige Postulierung von zwei ursprünglich voneinander geschiedenen Grundtypen. Die Belege für das ‚Brotbrechen' aus dem lukanischen Doppelwerk können die ihnen zugemutete Beweislast schwerlich tragen, da es sich hierbei (z.B. in dem Summarium Apg 2,42-47) um ein idealisiertes Bild der Jerusalemer Gemeinde handelt. Darüber hinaus sind die übrigen in diesem Zusammenhang genannten Belege aus den apokryphen Apostelakten zeitlich spät. Auch darf aus dem Terminus ‚Brotbrechen' nicht gefolgert werden, daß in der Urgemeinde das heilige Mahl ohne den Genuß von Wein stattgefunden hat. ‚Brotbrechen' kann für den hellenistischen Christen auch das ganze Mahl bezeichnen.[91] Andererseits ist die Begründung des angeblich paulinischen Abendmahlstyps durch eine direkte Offenbarung, die Paulus nach 1 Kor 11,23a erhalten habe, unzureichend. Schließlich kann auch der Textbefund der Didache nicht als überzeugender Beleg für die ursprüngliche Existenz zweier voneinander unabhängiger Abendmahlsformen ausgewertet werden. Der Verfasser der Didache setzt u.a. – wenn auch zurückhaltend – das voraus, was in der synoptischen Herrenmahlüberlieferung ausgesagt ist.

Erst in der nachpaulinischen Zeit, möglicherweise indirekt durch 1 Kor 11,20ff veranlaßt, erscheint ein eigenständiges Agapemahl, das vorwiegend einen karitativen Zweck besitzt (vgl. Hippolyt, Kirchenordnung 27-28); solche ‚Agapen' werden für die Versorgung der Witwen wichtig und seit dem 3. Jahrhundert als Teil der privaten Armenfürsorge angesehen (vgl. W.-D. Hauschildt, Agapen I, TRE 1, 1977, 748-753, 749).

Die ursprüngliche Verbindung von Sättigungs- und sakramentalem Mahl ist Ausgangspunkt für das Problem, das in der korinthischen Gemeinde akut geworden war (1 Kor 11,17-34). Die Ordnung der Gemeindeversammlung ist offenbar durch ein unterschiedliches Verhalten bei der Mahlfeier gestört:

---

91 S. dazu H. Lessig, Die Abendmahlsprobleme im Lichte der neutestamentlichen Forschung seit 1900, Bonn 1953, 134f; G. Delling, Abendmahl II: Urchristliches Mahlverständnis, TRE 1, 1977, 47-58, 56; G. Kretschmar, Abendmahlsfeier I, TRE 1, 1977, 229-278, 231.

Die einen nehmen das Mahl vorweg und sind bei der Eucharistie betrunken (V.21); sie begehen die sakrale Feier unwürdig (V.27); sie ‚unterscheiden' nicht den Leib des Christus (V.29) und warten nicht auf die Brüder (V.33). Die anderen kommen bei der Mahlfeier zu kurz, da man nicht auf sie gewartet hat (V.33); daher bleiben sie hungrig (V.21).

W. Schmithals[92] bezieht diese Situation auf gnostische Gegner des Paulus in Korinth, die das Herrenmahl als Sättigungsmahl verstanden; indem sie eine Sättigungsmahlzeit erstmals eingeführt hätten, sei die sakrale Feier profaniert worden. Das ‚unwürdige Essen und Trinken' (V. 27) besteht danach darin, daß die Eucharistie nicht von einem profanen Mahl unterschieden wurde. (Ebensowenig hätten die korinthischen Gnostiker den heidnischen Götzenopfermahlzeiten eine besondere, sakrale Bedeutung zuerkannt; auch hier hätten sie das ursprünglich kultische Mahl profaniert, indem sie sich infolge des Besitzes der wahren Gnosis von dessen kultisch-religiösem Anspruch frei fühlen konnten.)

G. Bornkamm hat demgegenüber eingewendet, daß von einer gnostischen Argumentation in diesem Abschnitt nichts zu spüren ist, auch, daß Paulus sich nicht gegen die Sitte eines Sättigungsmahls in Verbindung mit der Eucharistie wendet.[93] Die Einheit von Sättigungsmahl und Eucharistie setze Paulus (und mit ihm die korinthische Gemeinde) als selbstverständlich voraus. Der Mißstand in Korinth bestand nach Bornkamm nicht darin, daß man den sakralen Akt profanierte (die Eucharistie sei vielmehr in der Gemeinschaft der Gemeinde am Ende des Sättigungsmahles als ein ‚hochheiliges Sakrament' gefeiert worden); profaniert wurde dagegen das Sättigungsmahl, nämlich dadurch, daß man es faktisch, durch das Verhalten eines Teils der Gemeinde, von dem sakralen Mahl trennte; es wurde als eine profane Mahlzeit verstanden, das dann auch zu unwürdigem Verhalten gegenüber dem Sakrament führte.[94] Die dem sakramentalen Mahl vorangehende Mahlzeit wurde als Tischgemeinschaft mit Familienmitgliedern, Freunden und Stammesgenossen eingenommen, wobei auf die Armen und Späterkommenden keine Rücksicht genommen wurde.[95]

Paulus geht es um die rechte Zuordnung von Sättigungsmahl und eucharistischer Feier, und zwar so, daß Rücksichtnahme auf die Brüder gefordert ist, die nichts haben und beim Sättigungsmahl nicht mithalten können. Die sozialen Unterschiede sollen in der Gemeinde nicht ausschlaggebend sein; deshalb der Rat, sich zu Hause satt zu essen (V.22). Dies bedeutet nicht eine

---

92 W. Schmithals, Die Gnosis in Korinth 237-243.

93 G. Bornkamm, Herrenmahl und Kirche 175f.

94 Anders G. Bornkamm, Paulus 200: Übersteigerter Sakramentalismus in Korinth, da die Gemeindeglieder durch die im Sakrament vermittelte Teilhabe am auferstandenen Christus sich der irdischen Sphäre entrückt wußten.

95 Vgl. G. Bornkamm, a.a.O. 199. Weiter führt den sozialen Aspekt der korinthischen Mahlfeier aus: G. Theißen, Soziale Integration und sacramentales Handeln. Eine Analyse von 1 Cor XI 17-34, in: ders., Studien zur Soziologie des Urchristentums, WUNT 19, Tübingen [2]1983, 290-317 (bes. 307).

Zerreißung, sondern die rechte Zuordnung von Sättigungs- und sakralem Mahl. Sättigungsmahl und Eucharistie[96] erhalten ihre Einheit in einer von brüderlicher Agape getragenen Feier; so führt das Sättigungsmahl nicht zu einer rücksichtslosen Schlemmerei; und nur so wird auch die sakrale Feier nicht Ausdruck eines weltentrückten Sakramentalismus, sondern bleibt auf die lebendige, brüderlich verantwortete Gemeinschaft bezogen, wie sie die Gemeinde als Leib Christi darstellt und darstellen soll.

Die Einsetzungsworte beziehen sich auf das vergangenheitliche Christusgeschehen, und zwar auf den Tod Jesu Christi. Sie interpretieren dieses Geschehen nicht eindeutig, sondern implizieren verschiedene Deutungsmöglichkeiten, die sich im Sinn des Paulus nicht widersprechen:

1. Das Herrenmahl gründet sich auf den Stellvertretungs- oder Sühntod Jesu. Paulus hat anders als Markus eine ausführlichere Fassung des Brotwortes überliefert; zu σῶμα ist τὸ ὑπὲρ ὑμῶν ergänzt worden; so entspricht es dem Kelchwort bei Markus (ὑπὲρ πολλῶν) und besagt, daß der Leib des Gekreuzigten als Opfer dahingegeben wurde. Ob hierbei der Sühngedanke oder die Stellvertretung im Vordergrund steht, läßt sich nicht genauer bestimmen; denn ὑπέρ kann sowohl mit ‚für' (= Sühnung für die Sünden) als auch mit ‚anstatt', ‚anstelle von' übersetzt werden (vgl. 2 Kor 5,14).

2. Im Herrenmahl ist der Tod Jesu als das Opfer verstanden, das die ‚neue Willenserklärung' Gottes besiegelt. Daß der Tod Jesu Ausdruck der (letzten) Willenskundgebung Gottes ist, setzt auch der Text der Einsetzungsworte im Markusevangelium (Mk 14,24) voraus. Obwohl in den synoptischen Evangelien der Rahmen des Passamahls an den Sinaibund denken läßt, handelt es sich dort nicht um ein ‚Bundesopfer', da διαθήκη nicht mit ‚Bund' zu übersetzen ist, sondern die Bedeutung ‚Testament' besitzt.[97] Ähnlich Paulus: Das Vergießen des Blutes Jesu bekräftigt die ‚neue Willenskundgebung' Gottes. Anders die Verheißung eines ‚neuen Bundes' in Jer 31,31ff; sie erfolgt ohne Beziehung zu einem Opfer; im Gegenteil, der neue Bund soll nicht wie der alte sein, vielmehr wird das Gesetz in die Herzen hineingeschrieben werden. Dagegen erinnert der Gedanke eines blutigen Opfers an das Bundeshandeln des Gottes Israels[98], wie dies bei Markus deutlicher der Fall ist. Gemeint ist: Im

---

96 Das Wort εὐχαριστία hat im NT die allgemeine Bedeutung von ‚Dankbarkeit' (Apg 24,3) bzw. ‚Danksagung' (1 Thess 3,9; 2 Kor 9,11; Phil 4,6 u.ö.). Die Ausnahme 1 Kor 10,16 v.l. ist sekundär. Der Terminus technicus ‚Eucharistie' ist nachneutestamentlich: Did 9,1.5; IgnEph 13,1; Phld 4; Sm 8,1.

97 Vgl. W. Wrede, τὸ αἷμά μου τῆς διαθήκης, in: ZNW 1, 1900, 69-74; Bauer-Aland, Wb. 367; vgl. auch Hebr 9,20 (Ex 24,8); 10,29.

98 Vgl. Gen 15,9f; Ex 12,1-7.21-23; 24,5f; Jer 34,18; Ps 50,5.

Opfertod Jesu Christi spricht Gott seine neue und zugleich letzte Willenserklärung aus. Das Heilsgut dieses neuen Testaments wird im Herrenmahl den Glaubenden zugesprochen.

3. Das Herrenmahl bedeutet Einordnung in den Leib Christi. So besagt es 1 Kor 10,16-17. Hier zeigt sich, wie stark Paulus' Denken selbst an ‚gnostische' Vorstellungsweisen sich anlehnt[99]:

> Der Kelch der Danksagung (εὐλογία), über den wir Dank sagen, ist er nicht die Gemeinschaft (κοινωνία) mit dem Blut des Christus? Das Brot, das wir brechen, ist es nicht Gemeinschaft mit dem Leib des Christus? Weil es ein Brot ist, sind wir, die vielen, ein Leib; denn wir alle haben an dem einen Brot Anteil.

Die Teilnahme an den Götzenopfermahlzeiten bedeutet, daß die Menschen mit den Dämonen in Berührung kommen und sich in den Herrschaftsbereich der Dämonen einordnen. Im Gegensatz hierzu wird die sakrale Feier der Eucharistie als Tischgemeinschaft mit dem Kyrios verstanden. Diese Mahlzeit hat zur Folge, daß die Teilnehmer in den Herrschaftsbereich des Christus und damit in den ‚Leib Christi' einbezogen werden. Demnach erfolgt im Herrenmahl eine reale Begegnung zwischen den Menschen und dem Kyrios. Der Kyrios ist der erhöhte Herr der Gemeinde, der mit dem vergangenheitlichen Jesus identisch ist. Auf der Grundlage dieser christologisch einheitlichen Basis kann das eschatologische Heilsgut (die Vergebung der Sünde, die neue Willenserklärung Gottes, die Begründung des neuen Lebens), wie es sich im Christusgeschehen realisiert, auch für den einzelnen bei der Begehung des Sakramentes zu einer gegenwärtigen Möglichkeit werden. Die Übereignung des eschatologischen Heilsgutes ist christologisch begründet und wird als Einverleibung in den Christusleib ekklesiologisch expliziert. Hieraus ergibt sich, daß die Frage, ob Paulus eine symbolhafte oder eine reale Bedeutung des ἐστίν lehrt (1 Kor 11,24par), nicht die paulinische Intention trifft. Es geht Paulus vielmehr um die Begegnung mit dem Kyrios, wie es auch in dem ἐν Χριστῷ εἶναι ausgesprochen ist. Eine Spiritualisierung des Sakramentes wäre dem paulinischen Verständnis nicht angemessen. Der Christus ist im Herrenmahl nicht symbolhafte, sondern reale Gegenwart. Dies ist nicht rationalistisch aufzulösen. Die Gegenwart des Eschaton bleibt ein Mysterium, dem Glauben erfahrbar, jedoch nicht enträtselt. Der Glaube erfährt, daß die Gemeinschaft mit dem Kyrios eine wirkliche Begabung und eine tatsächliche Erfahrung des eschatologischen Heilsgutes bedeutet. Andererseits impliziert die reale Gegenwart des Christus im Sakrament kein sakramentalistisches

---

99 Nach W. Schmithals, Die Gnosis in Korinth 234, ist 1 Kor 10,16f eine nachpaulinische Interpolation, die von den korinthischen Gnostikern in den Korintherbrief des Paulus eingeschmuggelt worden sei.

Verständnis; es ist weder eine magisch-naturhafte Einung des Christus mit den Elementen vorausgesetzt noch eine ‚transsubstantiatio' (Wandlung) der Elemente. Vielmehr ereignet sich im glaubenden Genuß der Elemente des Sakramentes die Realisation der Gemeinschaft mit dem erhöhten Christus. Das sakramentale Verständnis ist von seiner christologischen Grundlage nicht abzulösen.

Hiermit ist auch klar, daß nicht der Glaube, sondern der erhöhte Kyrios das Sakrament zum Sakrament macht. Daher läßt sich im Sinn des Paulus von einer ‚manducatio impiorum' sprechen. Auch der Unwürdige, selbst der Nichtglaubende, der den Leib Christi nicht von einer gewöhnlichen Speise unterscheiden kann (1 Kor 11,29), begegnet dem Christus im Herrenmahl. Das paulinische Verständnis ist demnach abzuheben sowohl a) von der Interpretation des Mahles als eines φάρμακον ἀθανασίας, eines Heilmittels zur Unsterblichkeit (vgl. IgnEph 20,2); hierdurch würde das Element in einem unpaulinischen Sinn in den Vordergrund gestellt. Und b) von dem Verständnis des Mahles als eines φάρμακον ἀπωλείας, als eines Unheilmittels zum Verderben, obwohl der unwürdige Genuß nach paulinischem Verständnis sichtbare Konsequenzen haben kann. Daß es in der Gemeinde Kranke und Schwache gibt, daß Gemeindeglieder frühzeitig gestorben sind, führt Paulus auf den unwürdigen Genuß zurück (V.30). Dies ist als Folge des Gottesgerichtes verstanden, als Folge der Tatsache, daß das Angebot des Kyrios ausgeschlagen wurde, nicht als Konsequenz eines magisch wirkenden Substanzcharakters der Elemente.

Erfolgt durch das Herrenmahl eine Begegnung mit dem erhöhten Christus und Einverleibung in den Christusleib, so liegt der Ton des Heilscharakters wesentlich auf der Gegenwart. Die Gemeinde hat jetzt, in der Begehung des Mahles, Gemeinschaft mit dem Christus. Sie ist jetzt ein Leib in Christus (1 Kor 10,16f). Dies schließt den Blick auf die apokalyptische Zukunft ein; denn Sicherheit kann es nicht geben, auch dann nicht, wenn das Sakrament in der rechten Ordnung und in der rechten Rücksichtnahme auf die Brüder gefeiert wird. Das Gerichtsurteil des Endes steht noch aus. Schon die Feier des Herrenmahls in der vorpaulinischen Gemeinde ist von der Erwartung der Endzeit bestimmt. Der Kyrios, dessen Mahl die Gemeinde feiert, mit dem die Gemeinde Tischgemeinschaft hat, ist derselbe, der ihr am Ende entgegenkommen wird. Die christliche Gemeinde feiert das Mahl im Blick auf die eschatologische Zukunft, wie Mk 14,25 besagt. So setzt es auch der Text der Einsetzungsworte in 1 Kor 11,23ff voraus, wenn gesagt wird, daß die Gemeinde bei der Mahlfeier den Tod des Kyrios verkündet, „bis er kommt" (V.26). Der Kyrios wird von der Gemeinde erwartet als der, der ihr jetzt begegnet: der die Sünden vergibt, der der Garant des neuen Testaments ist und Gottes heilvolle Zuwendung auch für die Zukunft gewährleisten wird. In diesem Sinn ruft die Gemeinde ‚Maranatha', eine Akklamation, die bei der gottesdienstlichen Begehung des Herrenmahles ausgesprochen werden konnte (1 Kor 16,22).

Nach alledem kann der vorpaulinische Wiederholungsbefehl („dies tut zu meinem Gedächtnis") nicht in einem rein intellektuellen Sinn verstanden werden; es geht nicht nur darum, das Gedächtnis eines Toten zu ehren, wie dies für hellenistische Totengedächtnismahle bezeugt ist[100], sondern der Vollzug des Herrenmahles ist Vergegenwärtigung des Heilsgeschehens. Die Anamnesis des Christus durch die Gläubigen ist Nachvollzug der Heilsbedeutung des Christusgeschehens. Nicht zufällig steht neben der sakramentalen Handlung die Aussage τὸν θάνατον τοῦ κυρίου καταγγέλλετε (1 Kor 11,26); dies ist indikativisch, nicht imperativisch zu interpretieren. Bei der Mahlfeier erfolgt Verkündigung, nämlich das Zeugnis von der eschatologischen Bedeutung des Todes Jesu; das Heilsgeschehen wird nicht nur durch die sakramentale Handlung, sondern auch durch das Wort vergegenwärtigt. Daher gilt für das Sakrament das gleiche, was von der apostolischen Verkündigung gesagt ist: Es ist „ein Duft vom Tod zum Tod denen, die verlorengehen, aber denen, die gerettet werden, ein Duft vom Leben zum Leben" (2 Kor 2,16).

d) Der Glaube

A. DEIẞMANN, Paulus. Eine kultur- und religionsgeschichtliche Skizze, Tübingen²1925.

E. WISSMANN, Das Verhältnis von Pistis und Christusfrömmigkeit bei Paulus, FRLANT 40, Göttingen 1926.

A. SCHLATTER, Glaube im Neuen Testament, Stuttgart ⁴1927.

W. MICHAELIS, Rechtfertigung aus Glauben bei Paulus, FS A. Deißmann, Tübingen 1927, 116-138.

H. BINDER, Der Glaube bei Paulus, Berlin 1968.

D. LÜHRMANN, Pistis im Judentum, ZNW 64, 1973, 19-38.

DERS., Glaube im frühen Christentum, Gütersloh 1976.

DERS., Art.: Glauben, RAC XI, 1981, 48-122.

E. LOHSE, Emuna und Pistis, ZNW 68, 1977, 147-163.

G. BARTH, Pistis in hellenistischer Religiosität, ZNW 73, 1982, 110-126.

A. v.DOBBELER, Glaube als Teilhabe, WUNT II/22, Tübingen 1987.

Wie sich zeigte, wird das Heilsgeschehen, in das sich der Mensch einbezogen weiß, durch Verkündigung und im Sakrament übereignet. Auf welche Weise

---

100 Vgl. die kaiserliche Grabstiftung aus Bithynien mit den Worten <ἐπὶ τῷ> ποιεῖν αὐτοὺς ἀνά <μ> νη <σ>ίν μου; weitere Belege bei B. Baum, Stiftungen der griechischen und römischen Antike. Ein Beitrag zur antiken Kulturgeschichte, II. Urkunden, Leipzig-Berlin 1914; H.J. Klauck, Herrenmahl und hellenistischer Kult 83-86.

kann solche Übereignung erfolgen? Was korrespondiert auf seiten des Christen dem eschatologischen Heilsgut? Es genügt hierbei noch nicht die Auskunft, daß Gott das Heil am Menschen wirkt (vgl. Phil 2,13); denn das Werk Gottes am Menschen bedarf der menschlichen Antwort. Wie also antwortet der Mensch nach paulinischem Verständnis auf die Zuwendung Gottes? Die Antwort ist: durch den Glauben!

1. Der Apostel verwendet den Begriff πίστις vor allem im Galater- und Römerbrief, demnach im Zusammenhang seiner Rechtfertigungsbotschaft. Glaube ist bei Paulus zuallererst *Rechtfertigungsglaube*. Hierfür gibt Röm 4 ein Beispiel. Im Kontext geht es um den Nachweis, daß die Gerechtigkeit für Juden und Heiden, d.h. für alle Menschen, eine Möglichkeit geworden ist. Sie ist – so argumentiert Paulus – seit der Zeit für die Menschheit eine Möglichkeit, als Abraham die Verheißung (auf Nachkommenschaft) erhielt und der Zusage Gottes mit Glauben antwortete; als er ihr vertraute, ohne die Sicherheit des Gesetzes oder eigener Leistungen für sich in Anspruch zu nehmen. Dieser Glaube, welcher demnach nichts anderes ist als Zutrauen zum Wort Gottes, wurde Abraham als Gerechtigkeit angerechnet (Röm 4,3: Gen 15,6). Eben dadurch ist der Weg der Werkgerechtigkeit als Heilsweg ausgeschlossen, besteht für den Menschen allein die Möglichkeit, sich Glauben als Gerechtigkeit anrechnen zu lassen, wird der Mensch durch Anrechnung dieses Glaubens vor Gott gerecht. Der einzig mögliche Heilsweg ist demnach die Glaubensgerechtigkeit, nicht die Gerechtigkeit aus Werken (Röm 4,11). So gilt es für die πίστις Χριστοῦ (Gal 2,16); denn im Christusgeschehen realisiert sich für die Menschheit die Möglichkeit, vor Gott gerecht zu sein – unabhängig von dem Urteil des Gesetzes, unabhängig von dem Ungenügen der Werke.

Besagt dies, daß der Glaube mit dem eschatologischen Heil identisch ist und nicht lediglich die Vorbedingung für das Heil, vielmehr das auf sich selbst bezogene ‚Erlebnis der Rechtfertigung' selbst wäre?[101] Dies würde bedeuten, daß Glaube und Gerechtigkeit nicht zu unterscheiden wären. Jedoch: Die Glaubensgerechtigkeit wird δικαιοσύνη ἐκ πίστεως genannt (Röm 1,17; 10,6). Die Gerechtigkeit kommt ‚aus dem Glauben', aber sie ist nicht gleichzusetzen mit Glaube; denn der Glaube ist ein ‚Aussein auf etwas', ein Sich-Ausrichten auf das Angebot und zugleich die Annahme des Angebotes, so wie dieses sich im Christusgeschehen, vermittelt durch Wort und Sakrament, darstellt.

Nicht weniger als bei anderen neutestamentlichen Schriftstellern ist πίστις in der paulinischen Theologie ein Relationsbegriff. Das Verständnis des Glau-

101 Vgl. W. Michaelis, Rechtfertigung aus Glauben, im Anschluß an A. Deißmann, Paulus 132.

bens als Annahme eines Angebotes wird erst von diesem Angebot her verständlich.[102] Das Angebot der Rechtfertigung in Christus fordert den Verzicht auf eigene Leistung. Glaube ist nicht eine Ergänzung des Werkes, wie dies in der jüdischen Tradition der Fall ist, sondern steht im Gegensatz zum Werk. Als ein Sich-Verlassen allein auf die göttliche Gnade, nicht auf Werke von Menschen, befindet er sich in Relation zum gnädigen Angebot Gottes. Gleichwohl ist der Glaube eine menschliche Tat; denn die Menschen werden durch die Predigt zum Glauben aufgerufen; in glaubendem Gehorsam nimmt der Mensch das Heil an. Daher erscheint ,Glaube' mit ,Gehorsam' (ὑπακοή) synonym (Röm 1,5.8; 16,19). Der Glaube ist wagende Tat, die sich dem Angebot des Wortes öffnet. Hierdurch ist Glaube die ,conditio sine qua non' der Realisierung des Heils für den Menschen. Er ist eine menschliche Tat, die die einzige Vorbedingung des Heils ist, ohne selbst zu einer Leistung zu werden.[103]

2. Wie oben gesagt, hat der Glaubensbegriff des Paulus seine wesentliche Funktion im Rahmen der Rechtfertigungslehre; so geht es aus der Entgegensetzung von Glaube und Werk, Glaubensgerechtigkeit und Werkgerechtigkeit hervor. Aber auch im *Zusammenhang der Befreiung des Menschen aus der Macht der Sarx, der Sünde und des Todes,* d.h. im Zusammenhang der Erlösungslehre als der Grundlage der Rechtfertigungsverkündigung des Paulus ist der Glaube – wenn auch nicht in der Gegenüberstellung zum Werk – menschliches Korrelat zum Angebot des Heils. Mit anderen Worten: πίστις ist im Rahmen der paulinischen Erlösungsvorstellung Ausdruck für die Annahme des neuen Seins, wie es sich in der Distanzierung von dem gegenwärtigen Äon realisiert; denn wer glaubt und seine Existenz auf das Christusgeschehen gründet, ist den Mächten dieser Welt nicht mehr unterworfen. 1 Thess 4,14 („Wenn wir glauben, daß Jesus gestorben und auferstanden ist, so wird auch Gott die durch Jesus Entschlafenen mit ihm zusammenführen") ist eine Glaubensaussage in toto; denn auch das zweite Glied setzt die Prämisse des Glaubens voraus. Dabei ist unterschieden: Der Glaube an das Kerygma

---

102 Vgl. als Gegenbeispiel die theologische Position des Matthäus: Das Angebot ist die eschatologische Forderung, die der Gemeinde den Weg durch die Zeit weist; der Glaube ist Annahme dieses Angebotes, führt also gerade nicht in den Gegensatz zu einer Gerechtigkeit aus Werken, sondern in sie hinein. Von hier aus läßt sich unter paulinischer Perspektive fragen, ob dabei der Glaube selbst ein Werk geworden ist.

103 Die Paradoxie Phil 3,12f reflektiert beides: Das prädestinatianische Tun Gottes und die Tat des Menschen; beides bedeutet im Sinn des Glaubens keinen Widerspruch – auch sonst bleiben die prädestinatianischen Aussagen des Paulus (vgl. Röm 8,28f; 9,18; 11,28f; 1 Kor 1,26-29; auch Mk 4,11f) jeweils auf den Kontext bezogen; eine abstrakte Prädestinations- wie auch eine Theodizeelehre findet sich bei Paulus nicht.

von Jesu Tod und Auferstehung ist einmal der Grund des der Gemeinde zugesprochenen Heils in der Gegenwart und darüber hinaus Grund ihrer Hoffnung auf die künftige Existenz. Entsprechend Röm 6,8 („Wenn wir mit Christus gestorben sind, so glauben wir auch, daß wir mit ihm leben werden"): Scheinbar ist der Vordersatz ein Satz des allgemeinen Wissens (vgl. V.9: εἰδότες; schon V.3: ἢ ἀγνοεῖτε); in Wahrheit handelt es sich jedoch um ein Wissen des Glaubens; denn der Glaube impliziert ein ‚Erkennen', ein Verstehen von dem, was er glaubt, ohne daß es sich je um ein Wissen im profanen Sinn handelt. – Beide Textstellen bezeugen: Der Glaube richtet sich auf die Überwindung der Mächte der Sarx, der Sünde und des Todes, wie diese im Christusgeschehen erfolgt ist; er ist Annahme des Angebotes, das in der Überwindung dieser Mächte besteht; in ihm kann sich der einzelne gegenüber diesen Mächten behaupten. Aber solche Selbstbehauptung(= das neue Sein = In-den-neuen-Äon-Einbezogen-Sein = In-Christus-Sein) ist nicht als ein Besitz gegeben. Andererseits ist auch ein punktuelles Glaubensverständnis Paulus fremd; die in der Gemeinde organisierten Christen sind mit Selbstverständlichkeit ‚die Glaubenden' (1 Kor 14,22). Paulus setzt nicht voraus, daß der Glaube als solcher schwankt, etwa zwischen Glaube und Zweifel; wohl aber steht der Glaubende in einer Dialektik, die durch das In-Sein in der Welt bedingt ist: Obwohl der Glaube Teil eines ‚entweltlichten Seins' ist, da er sich auf den Anbruch des Eschaton in der Zeit gründet, ereignet er sich in der Welt. Wenn auch die Macht des Kosmos eine gebrochene ist, so bleibt die Welt mit ihren Bedingtheiten dennoch eine Wirklichkeit und eine ständige Bedrohung für die Glaubenden.

3. *Die im Glauben erfahrene Dialektik.* Wer aufgrund des Christusgeschehens gerechtgesprochen ist, wer sich durch das Opfer Jesu Christi von den Mächten der Sarx, der Sünde und des Todes befreit weiß, wer das ihm durch Wort und Sakrament zugesprochene Angebot erkennt und im Glauben angenommen hat, der empfängt und erfährt die ‚Sohnschaft' (Gal 4,5: υἱοθεσία); er ist nicht mehr Sklave, sondern von Gott als Sohn anerkannt worden (Gal 4,7). Als ‚Erbe' befindet er sich im Besitz aller Sohnesrechte (Gal 4,7b). Für ihn gilt, daß er nicht mehr aus der Sklaverei des Gesetzes, sondern aus der Gnade Gottes lebt (Röm 6,14). Die Freiheit des neuen Lebens ist für ihn eine Wirklichkeit, so daß Paulus sagen kann: „Alles ist euer, ... es sei Welt oder Leben oder Tod, es sei gegenwärtig oder zukünftig, alles ist euer" (1 Kor 3,21f). Jedoch setzt Paulus diesen Satz fort und zeigt dadurch an, worin der Grund und die Voraussetzung der Freiheit bestehen: „Ihr aber seid Christi" (1 Kor 3,23).

Die Freiheit des Christenmenschen ist nicht in schrankenloser Willkür, sondern nur in Verantwortung gegenüber dem Kyrios recht zu leben. Sie ist kein naturhaftes, magisches Phänomen, sondern eine geschichtliche Größe.

Entsprechend muß sie in einer jeden konkreten Situation jeweils neu bewährt werden. Hierbei richtet sie sich nach dem Maßstab der Agape aus. Als eine dialektische Größe ereignet sie sich im Dialog. Wenn Paulus im Gespräch mit den korinthischen Pneumatikern mit ihnen übereinstimmend die Priorität der Freiheit des Christen hervorhebt, so fügt er doch hinzu: „nicht alles ist nützlich" (1 Kor 6,12). Nützlich ist nur das, was nicht allein das eigene Freiheitsbewußtsein fördert, sondern dem Nächsten dient (1 Kor 10,23f). – Aber es besteht auch die Möglichkeit, daß die Freiheit verlorengeht und sich in eine neue Versklavung wandelt (vgl. 1 Kor 7,23; 6,12b). Die eschatologische, im Glauben ergriffene Freiheit des Christenmenschen ist eine dialektische; sie hat an der Bewegung des Menschen in der Geschichte teil, ist nicht statisch zu fixieren, sondern steht in jeder neuen Situation neu auf dem Spiel.[104]

Diese Dialektik spiegelt sich im Verhältnis von Indikativ und Imperativ wider. Bezeichnet der ‚Indikativ' das Aus-der-Welt-Herausgenommensein der Glaubenden, so der ‚Imperativ' das In-die-Welt-Hineingestelltsein. Paulus läßt keinen Zweifel, daß für ihn der Imperativ, die ethische Forderung, aus dem Indikativ des Erlösungsgeschehens folgt (vgl. 1 Kor 5,7f; Gal 5,25). Das Sein in der Welt ist ein Sein in der Bewährung. Solcher Imperativ ergibt sich aus dem Einbezogensein des Menschen in die Sphäre der Sarx; er sagt an, daß das In-Christus-Sein in einer geschichtlichen Existenz verwirklicht werden muß.[105]

Wie sehr das In-der-Welt-Sein der Glaubenden durch eine dialektische Bewegung bestimmt ist, zeigt sich an der Stellung des Christen zum Leiden. Ist auch der Glaubende mit Christus gestorben, ist er Glied des Leibes Christi und lebt er ‚in Christus', so ist er doch mit seiner Leiblichkeit in die vorfindliche Welt hineingebunden und ihren Bedingungen unterworfen. Paulus weiß sich von körperlichem Leiden bedroht (2 Kor 12,7). Der Schatz, den er als der Apostel Christi verwaltet, ist in irdene Gefäße gefüllt (2 Kor 4,7). Dies hebt auf der anderen Seite die Feststellung nicht auf, daß es eine Kraft Gottes ist, die durch ihn wirksam wird. Anders als dies für den Menschen vor und außer Christus zutrifft (Röm 7,1ff), steht der Christ im Widerstreit von äußerem und innerem Menschen: dem äußeren Menschen, der den Leiden ausgeliefert ist, und dem inneren Menschen, der von Tag zu Tag erneuert wird, der nicht auf das Sichtbare, sondern auf das Unsichtbare seine Existenz gründet (2 Kor 4,16-18). Für die dialektische Situation des ‚In-Christus-' und ‚Im-Fleisch-Sein' gilt die Antithese, wie sie Paulus in den Peristasenkatalogen formuliert:

---

104 Vgl. dazu oben A III a.

105 Vgl. zum Problem ‚Indikativ und Imperativ' unten A IV b 1.

In allem werden wir bedrängt, aber nicht in die Enge getrieben; in Zweifel gesetzt, aber nicht in Verzweiflung; verfolgt, aber nicht verlassen; zu Boden geworfen, aber nicht vernichtet. Wir tragen allezeit das Sterben Jesu an unserem Leib, damit auch das Leben Jesu an unserem Leib offenbar wird (2 Kor 4,8-10; auch 1 Kor 4,11-13; 2 Kor 6,9f).

Wer in Christus ist, der ist der Welt nicht entnommen; er bleibt Objekt der Welt, ihrer Leiden und Verfolgungen; er bleibt im Bereich der Sarx und bietet Krankheit, Leid und Tod ein Angriffsziel. Aber sein Leben ist nicht durch Schwachheit und Tod bestimmt, sondern er lebt mit Christus aus der Kraft Gottes. Auch das Leiden gewährt Gemeinschaft mit Christus (vgl. 2 Kor 1,5). Daher ist die Haltung des Glaubenden in der Welt die des ὡς μή[106]: er ist entweltlicht, auch wenn er noch in der Welt lebt; er ist nicht von der Welt, obwohl er sich nicht von der Welt abwendet, sondern sich für sie verantwortlich weiß; denn das σχῆμα dieser Welt vergeht; es wird von einer anderen Welt abgelöst. Glaubende Existenz ist Existenz im Übergang.

IV. Die Gemeinschaft der Freien – Die Kirche

a) Die Kirche als Gemeinschaft

N.A. Dahl, Das Volk Gottes, Oslo 1941.

L. Cerfaux, La Théologie de l'Église suivant de Saint Paul, UnSa 10, Paris ²1948.

H. v.Campenhausen, Kirchliches Amt und geistliche Vollmacht in den ersten drei Jahrhunderten, BHTh 14, Tübingen ²1963.

E. Schweizer, Die Kirche als Leib Christi in den paulinischen Homologumena, in: ders., Neotestamentica, Zürich-Stuttgart 1963, 272-292.

J. Hainz, Ekklesia. Strukturen paulinischer Gemeinde-Theologie und Gemeinde-Ordnung, BU 9, Regensburg 1972.

Ders., Koinonia. ‚Kirche' als Gemeinschaft bei Paulus, BU 16, Regensburg 1982.

Ph. Vielhauer, Oikodome. Das Bild vom Bau in der christlichen Literatur vom Neuen Testament bis Clemens Alexandrinus, in: ders., Oikodome. Aufsätze zum Neuen Testament Bd. 2, hg. v. G. Klein, TB 65, München 1979, 1-168.

W. Klaiber, Rechtfertigung und Gemeinde. Eine Untersuchung zum paulinischem Kirchenverständnis, FRLANT 127, Göttingen 1982.

J. Roloff, Die Kirche im Neuen Testament, GNT 10, Göttingen 1993.

1. Ekklesiologische Prädikate

In den paulinischen Briefpräskripten werden die Gemeindeglieder ἅγιοι genannt (1 Kor 1,2; 2 Kor 1,1; Phil 1,1 u.ö.). Die Christen tragen dieselbe

106 Vgl. dazu oben zu 1 Kor 7,29-31 in A I b 2.

Bezeichnung, die im Alten Testament den Priestern zuerkannt wird.[1] Auch das alttestamentlich-jüdische Volk als das Volk des von Gott gestifteten Bundes wird auf diese Weise charakterisiert.[2] קָדוֹשׁ ist im Alten Testament ein kultischer Terminus; er kennzeichnet diejenigen, die vor Gott stehen können, die Zugang zum Heiligtum oder zum Opferdienst haben. Sie haben sich einer ‚Heiligung' unterzogen, die sie von der Profanität, der Welt der Unreinheit scheidet.[3] Wird solche Heiligung im Alten Testament durch Opfer und Waschungen erreicht, so gründet sich die Heiligkeit der ἅγιοι im Neuen Testament auf Kreuz und Auferstehung Jesu, nicht zuletzt auf die Zuwendung des Heilsgeschehens durch die Taufe (1 Kor 6,11). Hierdurch ist die christliche Gemeinde als eine für Gott bereitgestellte Gemeinschaft ‚entweltlicht'. Die Gemeindeglieder sind in Christus heilig (Phil 1,1). Sie sind dem Kyrios zugeordnet. Daher werden sie auch ‚seine (= des Kyrios Jesus) Heiligen' genannt (1 Thess 3,13).[4] Daß die Vorstellung der ‚Heiligkeit' in der Urgemeinde geläufig war, zeigt sich daran, daß Paulus die Mitglieder der Jerusalemer Gemeinde als ἅγιοι bezeichnen kann (Röm 15,26; 1 Kor 16,1). Aber nicht nur die Judenchristen, sondern ebenso die Heidenchristen sind ἅγιοι. Die Heiligung der Heiden ist eine wichtige Aufgabe des Völkerapostels; er versieht Priesterdienst, indem er die Heiden gleichsam als eine Opfergabe, die durch den heiligen Geist geheiligt worden ist, für Gott bereitstellt (Röm 15,16). Die Kirche in ihrer Gesamtheit ist durch den Priesterdienst der Verkündigung in den Raum der Heiligung hineingenommen. Das Wort ἅγιος gilt daher der Kirche insgesamt, jedem einzelnen Christen und auch den einzelnen Gemeinden (vgl. Phil 1,1).

Hat die Verkündigung als Übereignung der Heiligkeit auf die Glieder der Gemeinde eine wesentliche Funktion für das Selbstverständnis der Gemeinde, so kommt dies auch in einem weiteren Prädikat zum Ausdruck, das Paulus häufig verwendet: Die Gemeinde ist die Gemeinschaft der κλητοί; die Gemeindeglieder sind ‚berufene Heilige' (1 Kor 1,2; Röm 1,7: κλητοὶ ἅγιοι). Sie sind von einem ‚Ruf' erreicht und hierdurch ‚berufen' (vgl. Röm 8,33: ἐκλεκτοὶ θεοῦ). In ihrer Berufung realisiert sich die πρόθεσις Gottes, die Entscheidung, die Gott gefällt hatte, bevor der Ruf ausging (Röm 8,28.30). Die Gemeinde weiß sich von einem zuvor ergangenen Ratschluß Gottes bestimmt. Ähnlich versteht sich Paulus als ausgesandter Apostel und zum Dienst

1 Ex 28,41; 40,13; Lev 8,12; 1 Chr 15,14; 2 Chr 5,11.

2 Vgl. Jes 4,3; Ps 33,10 LXX; Dan 7,18.21.

3 Lev 10,10; 16,32; 2 Chr 23,6; 31,18; Ez 42,13-14.

4 ‚Heiligkeit' ist eine im paganen griechisch-hellenistischen Raum geläufige Vorstellung und steht seit dem 5. Jh. in der ionischen und attischen Kultsprache mit ἱερόν in Verbindung (vgl. Hdt II 41; 5,44). Der Terminus findet sich besonders im Bereich der griechisch-hellenistischen Mysterienkulte (vgl. Bauer-Aland, Wb. 16).

Berufener (Gal 1,15). Die Berufung bedeutet demnach Beauftragung und Sendung; sie schließt eine Trennung von der Welt der Unreinheit ein (1 Thess 4,7), ist Ruf zur Gemeinschaft (1 Kor 1,9), zum Reich Gottes und seiner δόξα (1 Thess 2,12).

Die Kirche kann auch als οἰκοδομὴ θεοῦ bezeichnet werden (1 Kor 3,9-15: ‚Gottesbau'). Der Grundstein dieses Gebäudes ist Christus; er wird durch die Verkündigung des Apostels gelegt. Die Gemeinde ist demnach wesenhaft auf das Christusgeschehen bezogen. Die ekklesiologischen Aussagen sind nicht ablösbar von ihrer christologischen Grundlage. Auf das christologische Fundament bezieht sich die Arbeit der übrigen Verkündiger; sie bauen auf demselben Grundstein die Gemeinde auf. Bei allen Unterschieden, die durch die verschiedenen Verkündiger begründet sind, hat die christliche Gemeinde ihre Einheit in diesem einen Grund.

Für die Situation der korinthischen Gemeinde gilt: Apollos, Paulus und Kephas sind Gottes Mitarbeiter, die den Grundstein legen und auf diesem Fundament den Bau der Gemeinde ausführen. Unterschieden aber sind sie in der Weise, in der sie den Bau errichten; hieran wird sich die Frage von Bewährung oder Nichtbewährung im Endgericht entscheiden (1 Kor 3,12f). – Der nachpaulinische Epheserbrief hat diese Zuordnung von Fundament (Christus) und dem Bau, der von den Aposteln errichtet wird, modifiziert: „Aufgebaut auf dem Grundstein der Apostel und Propheten, wobei Christus Jesus selbst der Eckstein ist, in dem der ganze Bau zusammengefügt ist und zum heiligen Tempel im Herrn heranwächst" (2,20f). Hier ist nicht Christus der Grundstein, sondern die Verkündiger; Christus ist der ἀκρογωνιαῖος, der ‚Eck-' oder ‚Schlußstein', der an der Spitze eines Gewölbes eingesetzt wird und hierdurch das Ganze zusammenhält.[5] Ist hierbei auch das Bild vom Bau erhalten, so hat sich doch die Funktion der Apostel gewandelt; sie haben jetzt eine wesentliche, heilsgeschichtliche Aufgabe; sie selbst sind Teil des Baus (den sie nach 1 Kor 3,9ff zu errichten haben) – ein Zeichen der veränderten theologiegeschichtlichen Situation, in der Apostolat und christliches Prophetentum schon fast zu Institutionen, welche die Kontinuität der Kirche garantieren sollen, erstarrt sind.

Ist Christus der Grundstein, so bedeutet dies, daß die Gemeinde als ‚Bau Gottes' ihre Existenz nicht aus sich selbst ableitet. Ist sie ‚Tempel Gottes' (1 Kor 3,17) oder auch ‚Pflanzung Gottes'[6], so ist sie in Gott heilig (1 Kor 3,17); sie hat nicht aus sich, sondern aus Gott ihre Heiligkeit. Die Apostel sind nichts anderes als Mitarbeiter Gottes (1 Kor 3,9), die das Werk durchführen, das im voraufgehenden Ratschluß Gottes festgelegt ist. Der im Christus-

---

5 Vgl. Jes 28,16; Ps 118 (117), 22. – J. Jeremias, Art.: ἀκρογωνιαῖος, ThWNT I 792f.

6 1 Kor 3,9; vgl. auch 1 QS VIII 5 („Dann ist der Rat der Gemeinschaft fest gegründet in der Wahrheit für die ewige Pflanzung, ein heiliges Haus für Israel und eine Gründung des Allerhöchsten"); auch 1 QS XI 8.

geschehen sich offenbarende Gott ist also Begründer, Urheber und schließlich auch Vollender der Gemeinde. Nur durch diese Grundlegung hat sie ihre der Welt entnommene, eschatologische Qualität.

Eine zentrale Funktion hat schließlich der Begriff ἐκκλησία. Man versteht ihn etymologisch richtig, wenn man ihn zerlegt in ἐκ-καλεῖν (,herausrufen'). 'Εκκλησία ist dann die ,Gemeinschaft der Herausgerufenen'. So wird es ursprünglich auf die Versammlung der Polis bzw. auf die zum Krieg aufgebotene Bürgerschaft zutreffen: die Bürger sind die aus ihren Häusern ,Herausgerufenen'.[7] Jedoch ist festzustellen, daß diese Etymologie zur Zeit des Neuen Testaments der profanen Gräzität nicht mehr bekannt war. Das Wort war zu dieser Zeit schon zu einem festen Terminus geworden, der die Versammlung der politischen Gemeinde bezeichnete. Die Christenheit vor Paulus hat diesen Begriff auf sich anwenden können, vielleicht weil er farblos genug war, um für jede menschliche Ansammlung Verwendung zu finden. Erst an zweiter Stelle ist daran zu denken, daß auch die Septuaginta das Wort als Bezeichnung für das Gottesvolk (hebr. קְהַל יהוה) verwendet.[8]

Der Genitiv θεοῦ verdeutlicht, daß diese ,Versammlung' nicht politischen Zwecken dient und nicht einen profanen Charakter hat, sondern eine Gemeinschaft von Menschen ist, die Gott angehören, da sie ,in Christus Jesus geheiligt' sind (1 Kor 1,2). Dabei ist charakteristisch, daß ἐκκλησία einmal die Gesamtgemeinde bezeichnen kann. Wenn Paulus Gal 1,13 oder 1 Kor 15,9 sagt, er haben die ,Gemeinde Gottes' verfolgt, so denkt er an die Gesamtkirche, die unter seiner Verfolgung zu leiden hatte. In diesem Sinn meint auch der Ausdruck ,Gemeinde Christi' (Röm 16,16) die Universalkirche. An-

---

7 Das Adjektiv ἐκκλητός begegnet im Griechischen häufiger als terminus technicus im Zusammenhang der ἐκκλησία als Volksversammlung, vgl. z.B. Xenoph Hist II 4,38 (Soldaten), Plat Prot 319b (Bürgerschaft). Eine ausführliche Zusammenstellung der nach den Bedeutungsnuancen von ἐκκλησία gegliederten Belege findet sich bei C.G. Brandis, Art.: ἐκκλησία, in: RECA V, 1905, 2163-2200.

8 Vgl. L. Rost, ThWNT III 532f Anm. 90. – Die LXX übersetzt daneben denselben Ausdruck קְהַל יהוה mit συναγωγὴ κυρίου. Da aber zur Zeit des Paulus diese Bezeichnung vom griechischsprachigen Judentum mit Beschlag belegt war, mußte sich die christliche Gemeinde an das weniger profilierte ἐκκλησία halten; vgl. W. Schrage, Ekklesia und Synagoge, ZThK 60, 1963, 178-202. – Weniger wahrscheinlich ist die Ableitung aus dem Terminus קְהַל des apokalyptischen Judentums (1 QM 4,10; 1 QSa 1,25 conj), da für die ältesten ntl. Texte (z.B. 1 Thess 2,14; 1 Kor 1,2) eine entsprechende hebräische Grundlage nicht belegt werden kann (gegen J. Roloff, Art.: ἐκκλησία EWNT I 1000). – Der einzige Ekklesia-Beleg des NT, der mit einiger Wahrscheinlichkeit auf aramäischen Hintergrund zurückgeht (Mt 16,18), ist weder auf den historischen Jesus zurückzuführen noch für den älteren Sprachgebrauch der Urgemeinde in Anspruch zu nehmen (zu Recht: J. Roloff, Kirche im Neuen Testament 162f).

dererseits bezieht sich der Begriff ἐκκλησία auf die Einzelgemeinde, wie der pluralische Gebrauch (z.B. 1 Kor 11,16; 1 Thess 2,14) verdeutlicht. Paulus unterscheidet terminologisch nicht zwischen Einzel- und Gesamtgemeinde; vielmehr geht aus der Tatsache, daß derselbe Terminus in solch verschiedener Weise Verwendung findet, hervor, daß die Einzelgemeinde die Gesamtgemeinde repräsentiert.[9] Die eine Gemeinde Gottes ist an verschiedenen Orten gegenwärtig. Die Kirche ist nach paulinischem Verständnis keine unsichtbare, sondern eine in den Einzelgemeinden sich realisierende konkrete Größe, ohne daß der von ihr repräsentierte eschatologische Anspruch an den Einzelerscheinungen abzulesen wäre oder mit ihrer realen Wirklichkeit identisch sein könnte. Gesamt-, Lokal- und Hausgemeinden verkörpern jeweils als unterschiedliche Erscheinungsformen der ‚ecclesia visibilis' die eine eschatologische ἐκκλησία θεοῦ, die ‚ecclesia invisibilis', die Gegenstand des Glaubens, nicht des Schauens ist.[10]

2. σῶμα Χριστοῦ

E. Käsemann, Leib und Leib Christi. Eine Untersuchung zur paulinischen Begrifflichkeit, BHTh 9, Tübingen 1933.

Ders., Das theologische Problem des Motivs vom Leibe Christi, in: ders., Paulinische Perspektiven, Tübingen ²1972, 178-215.

J.A.T. Robinson, The Body. A Study in Pauline Theology, SBT 5, London 1952.

E. Brandenburger, Adam und Christus, WMANT 7, Neukirchen-Vluyn 1962.

E. Schweizer, Die Kirche als Leib Christi in den paulinischen Homologumena, in: ders., Neotestamentica, Zürich-Stuttgart 1963, 272-292.

Ders., Art.: σῶμα, ThWNT VII, 1964, 1024-1091.

R.H. Gundry, Soma in Biblical Theology with Emphasis on Pauline Anthropology, MSSNTS 29, Cambridge 1976.

H. Merklein, Entstehung und Gehalt des paulinischen Leib-Christi-Gedankens, in: ders., Studien zu Jesus und Paulus, WUNT 43, Tübingen 1987, 319-344.

Der paulinische Leib-Christi-Gedanke ist in der Forschung lange Zeit als der locus classicus für den *Einfluß gnostischer Terminologie* und gnostischen Denkens auf die paulinische Theologie angesehen worden.[11] Nach E. Käsemann

---

9 Gegen K. Berger, Art.: Kirche II. Neues Testament, TRE 18, 201-218; 215.

10 Vgl. auch das Apostolicum: „Ich glaube an ... eine christliche Kirche" (εἱς ... ἁγίαν ἐκκλησίαν: Die Bekenntnisschriften der evangelisch-lutherischen Kirche, Göttingen ¹¹1992, 21).

11 Beispielhaft sind zu nennen: R. Reitzenstein, Die hellenistischen Mysterienreligionen 335ff; H. Schlier, Christus und die Kirche im Epheserbrief, BHTh 6, Tübingen 1930, 40-42; E. Käsemann, Leib und Leib Christi 105.

ist der Leib Christi bei Paulus als ein gnostischer Äon vorgestellt. Dies gilt nicht nur für die echten Paulusbriefe, sondern auch für die Deuteropaulinen (Kol und Eph). Σῶμα Χριστοῦ ist danach eine ekklesiologisch-kosmologische Größe. Die Christen sind Glieder des Erlöser-Äons. Für die hiermit vorausgesetzte Soteriologie greift Käsemann auf den Urmensch-Erlösermythos zurück: Der Mensch ist durch seine ‚Herkunft' (συγγένεια) dem ‚erlösten Erlöser' verwandt, ja mit ihm identisch. Dies ist die Voraussetzung für die Vorstellung vom Christusleib und seiner soteriologischen Bedeutung. Der Mensch erlebt das Schicksal des erlösten Erlösers nach und wird durch diesen zur Rettung geführt. Diese Hypothese leidet an der Schwierigkeit, daß die Vorstellung vom erlösten Erlöser, d.h. von dem Offenbarer, der in die Welt der Materie versinkt, sich hieraus befreit und durch solche Befreiung auch die übrigen in der Welt der Materie versunkenen Lichtfunken rettet, nicht in vorchristlicher Zeit, sondern erst in christlich-gnostischen Systemen bezeugt ist.[12]

Auf der anderen Seite wird der *jüdische Hintergrund* der Leib-Christi-Vorstellung, besonders in Verbindung mit dem Gottesvolkgedanken betont.[13] Der Leib-Christi-Gedanke spiritualisiert gleichsam den Gottesvolkbegriff. Nach E. Schweizer[14] hat christliche Tradition den jüdischen Hintergrund stark modifiziert. Die jüdische Überlieferung kennt die Auffassung, daß sich die Menschheit in einer Person zusammenfassend darstellt.[15] So schließt nicht nur Adam als Person die Menschheit in sich[16], sondern auch der ‚Knecht Jahwes' wird in der jüdischen Exegese kollektiv auf das jüdische Volk gedeutet.[17] Dies wird häufig in den Zusammenhang von anderen jüdischen Adam-Spekulationen gestellt, wonach Adam als Stammvater von künftigen Generationen eine entsprechende Bedeutung in sich schließt. Auch außerjüdische (Urmensch-)Spekulationen legen sich als Vergleichstexte nahe.[18] Die Grundlage der Leib-Christi-Vorstellung ist danach eine Urmenschanschauung, in

---

12 Vgl. C. Colpe, Die Religionsgeschichtliche Schule. Darstellung und Kritik ihres Bildes vom gnostischen Erlösermythos, FRLANT 78, Göttingen 1961, 173-175.179f.185f.190f; ders., Art.: Gnosis II. Gnostizismus, RAC XI, 538-659, 611f.

13 L. Cerfaux, La Théologie de L'Église 218.

14 E. Schweizer, ThWNT VII 1069f.1072.

15 Solche Inkorporation scheint auch die Vorstellung vom ‚Weinstock' (Joh 15,1ff) vorauszusetzen; vgl. auch ApkAbr 5.

16 Vgl. Röm 5,12ff. – Für die jüdische Exegese: 4 Esr 3,7; 7,118; vgl. auch syrBar 17,3; 23,4; ApkMos 32 (Eva).

17 Vgl. zu den ‚Knecht-Jahwe-Liedern' (Jes 42,1-4; 49,1-6; 50,4-9; 52,13-53,12) die jüdische Auslegung; dazu die Targume (Bill I 483).

18 Vgl. Philo Op 136-139, weitere Belege bei E. Schweizer, Die Kirche als Leib Christi 274-277.

der jüdische Adammythologie und kosmologische Urmenschspekulation verbunden worden sind. Über solche Überlieferung ist Paulus hinausgegangen, indem er den Begriff ‚Leib Christi' spezifisch interpretierte.[19]

Die Frage der religionsgeschichtlichen Ableitung ist in der gegenwärtigen Forschungslage schwieriger als je zuvor zu lösen. Was erreicht wurde, ist, daß eine Reihe von Analogien, allenfalls von möglichen Ableitungen aufgezeigt wurde, es ist aber nicht gelungen, eine Genealogie der Leib-Christi-Vorstellung vorzulegen. Sind demnach die offenen Fragen als solche zu kennzeichnen, so ist doch der allgemeine Hintergrund zu erkennen, daß nämlich ein kosmologisch-mythologisches Denken vorausgesetzt ist. Die christologische Grundlage des paulinischen Leib-Christi-Gedankens ist die Vorstellung vom präexistenten, sich erniedrigenden und erhöhten Kyrios, dessen pneumatische Wesenheit nicht den Bedingungen der irdischen Welt unterliegt und hierdurch auch Ausdruck eines ekklesialen Selbstverständnisses werden kann, d.h. des Gemeindeglaubens, der aussagt, daß die Gemeinde ihrem eigentlichen Sein nach dieser Welt nicht angehört.

Für die paulinische Interpretation des ‚Leibes Christi' ist die Paränese *1 Kor 12,12-27* aufschlußreich. Hier geht es um die Frage der Geistesgaben (χαρίσματα), welche die Gemeinde in großer Verschiedenartigkeit besitzt. Daß solche Unterschiedlichkeit nicht zu einem Gegensatz und zu einer Zerreißung der Gemeinde führen darf, besagt das Bild vom Leib: Die Kirche ist ein Leib, der viele Glieder hat. Die Unterschiedlichkeit der Glieder kennzeichnet die verschiedene Herkunft und die verschiedenartigen Funktionen der Gemeindeglieder. Aber daß sie ein Leib sind, macht deutlich, daß sie aufeinander angewiesen sind, füreinander dazusein haben und füreinander sorgen müssen; denn jedes Glied hat eine spezifische Aufgabe, die nicht von einem anderen übernommen werden kann. Es ist an seinem Platz unersetzlich und trägt zur Funktionsfähigkeit des ganzen Leibes bei. Die Gemeinde als Soma ist also ein Organismus, der nur im Zusammenspiel aller Glieder vollständig funktioniert. So ist es stoischem Denken entnommen. Die Fabel des Menenius Agrippa bezeugt Ähnliches, wenn durch die Darstellung des Zusammenwirkens der einzelnen Glieder des menschlichen Körpers das bestehende politische Herrschaftsverhältnis begründet und ein reibungsloses Zusammenleben in der menschlichen Gesellschaft intendiert wird.[20] Im Rahmen der paulinischen Briefe handelt es sich freilich nicht nur um die Darstellung eines soziologisch erfaßbaren Phänomens, so sehr auch die Kirche als sichtbare Organisation in den Blick kommt; vielmehr ist ihre Zusam-

19 Vgl. das Folgende; auch E. Schweizer, ThWNT VII 1066.1079.

20 Die Fabel des Menenius Agrippa wird überliefert bei dem römischen Geschichtsschreiber Livius (49 v.Chr. bis 17. n.Chr.) II 32, 8ff. Dazu: W. Nestle, Die Fabel des Menenius Agrippa, Klio 21, 1927, 350ff.

mengehörigkeit und Einheit nicht welthaft begründet, sondern besteht darin, daß die Gemeinde der eine Leib Christi ist (1 Kor 12,27: „Ihr seid Christi Leib und als Teile <dieses Leibes> Glieder"). Die Eigentlichkeit und Einheit der christlichen Gemeinde ist durch die Verbindung mit Christus gegeben; sie lebt aus dem gemeinsamen zeitlichen Anfang und aus dem allen gemeinsamen Grund, aus dem Christusgeschehen; hieraus folgt (imperativisch formuliert) die äußere Einheitlichkeit.[21]

Röm 12,4f stellt ebenfalls den Leibgedanken in den Zusammenhang einer Paränese:

> Wie wir an einem Leib viele Glieder haben, die Glieder aber nicht sämtlich die gleiche Aufgabe haben, so sind wir, die vielen, ein Leib in Christus, einzeln aber untereinander Glieder.

Das Bild von dem einen Leib veranschaulicht die Einheit und Gemeinschaft der Gemeinde. So dürfte es wie 1 Kor 10,17; 12,13 zunächst bildlich gedacht sein, wenn von dem *einen* Leib die Rede ist. Jedoch wird auch hier die Vorstellung von dem *Leib Christi* im Hintergrund stehen: Die Einheit der Gemeinde ist dadurch gegeben, daß sie Leib des Christus ist; es handelt sich nicht nur um eine soziologische, sondern um eine eschatologische Identität. Daher bedeutet es Zerteilung des Christus, wenn in der Gemeinde Spaltungen auftreten; sie zerreißen den Christusleib.[22]

Demnach ist der Organismusgedanke in den Paulusbriefen auch im Sinn des Paulus nur ein unvollkommener Ausdruck für das christliche Selbstverständnis. Vor- und übergeordnet ist, daß die Gemeinde ihre Einheit als Leib des Christus besitzt. Diese Einheit ist vorgegeben und wird von den christlichen Gemeindegliedern nicht beschafft; sie ist nicht immanent, soziologisch ableitbar, sondern die Gemeinde ist als ‚Leib Christi' eschatologisch qualifiziert. Sie ist durch die Taufe ins Leben gerufen (1 Kor 1,13; 12,13); denn

---

21 Dies bedeutet eine deutliche Abgrenzung vom stoischen Gedankengut; denn diese Begründung des Imperativs im Christusgeschehen und damit letztlich im Sein ἐν Χριστῷ (Röm 12,5) verändert den Organismusgedanken (vgl. auch Gal 2,20). Während hier die Glieder den Leib konstituieren können, ist in Paulus' Modifikation dieser Vorstellung der Leib Christi der Gemeinde vorgeordnet. Paulus verläßt in 1 Kor 12,12 (οὕτως καὶ ὁ Χριστός) und 12,27 die bildhafte Ebene; die Gemeinde ist nicht *wie* ein Leib, sondern sie *ist* ein Leib. Paulus ist also nicht eigentlich an einer Organismusvorstellung interessiert. 12,13 verweist auf die Bedeutsamkeit der Glieder in ihrer Einheit aufgrund der Christuszugehörigkeit. Entscheidend ist der Ausdruck βαπτίζειν εἰς ἓν σῶμα, der, sofern er lokal verstanden wird, das Sein in Christus impliziert. Dagegen wird entsprechend der Organismusvorstellung die Existenz des Leibes erst durch die Glieder ermöglicht. Vgl. auch F.W. Horn, Angeld des Geistes 172f u.ö.

22 Vgl. 1 Kor 1,13.

diese bedeutet Einordnung in den Christusleib (vgl. Röm 6,1ff), also Gründung der menschlichen Existenz auf den gekreuzigten und auferstandenen Christus (Röm 7,4). Gleiches besagt Gal 3,26-28: Bei der Taufe wird Christus angezogen, demnach der Mensch in den Christusleib hineingestellt. Ähnliches geschieht im Herrenmahl, in dem sich Gemeinschaft mit Christus ereignet und die Einheit der Gemeinde durch die Begegnung mit dem Kyrios, durch die Einordnung und Zuordnung zu seinem Leib konstituiert wird (1 Kor 11,24ff). Solche indikativischen Feststellungen verdeutlichen die Gegenwart des eschatologischen Heilsgutes. In ihrer Existenz macht die Gemeinde das eschatologische Heil präsent. Hieraus folgt der Imperativ, die Notwendigkeit, die Einheit des Leibes darzustellen.[23]

3. Amt und Geist

R. SOHM, Kirchenrecht I. Die geschichtlichen Grundlagen, in: Systematisches Handbuch der Deutschen Rechtswissenschaft, 8. Abteilung, Leipzig 1892.

DERS., Wesen und Ursprung des Katholizismus, Leipzig-Berlin ²1912.

A. v.HARNACK, Entstehung und Entwicklung der Kirchenverfassung und des Kirchenrechts in den zwei ersten Jahrhunderten, Leipzig 1910.

E. SCHWEIZER, Das Leben des Herrn in der Gemeinde und ihren Diensten, AThANT 8, Zürich 1946.

H. GREEVEN, Propheten, Lehrer, Vorsteher bei Paulus, ZNW 44, 1952/53, 1-43.

J. ROLOFF, Apostolat – Verkündigung – Kirche, Gütersloh 1965.

DERS., Art.: Apostel, Apostolat, Apostolizität, I. Neues Testament, TRE 3, 1978, 430-445.

K. KERTELGE, Gemeinde und Amt im Neuen Testament, BiH 10, München 1972.

DERS., (Hg.), Das kirchliche Amt im Neuen Testament, WdF 439, Darmstadt 1977.

DERS., Der Ort des Amtes in der Ekklesiologie des Paulus, in: A. Vanhoye (ed.), L' Apôtre Paul, BEThL 73, Leuven 1986, 184-202.

U. BROCKHAUS, Charisma und Amt. Die paulinische Charismenlehre auf dem Hintergrund der frühchristlichen Gemeindefunktionen, Wuppertal 1987 (Nachdruck).

---

23 Ob die Abendmahlstradition als Ausgangspunkt der paulinischen Leib-Christi-Vorstellung zu werten ist (so H. Conzelmann, Theologie 296), ist umstritten. Ist der Ausdruck in den Einsetzungsworten vorgegeben (1 Kor 10,16f; 11,24), so wird er von Paulus auch unabhängig hiervon gebraucht (1 Kor 12,27), und der kosmologische Aussagegehalt ist nicht sakramental, sondern pneumatologisch begründet. Für das Verständnis und für die traditionsgeschichtliche Ableitung ist das ἐν Χριστῷ zu bedenken, das mit der Taufe verbunden und als ‚Anziehen des Christus' als ein Einordnen in den Christusleib interpretiert wird (vgl. Gal 3,27f), auch wenn zuzugestehen ist, daß die Formel ‚in Christus' nicht nur in einem räumlichen Sinn verstanden worden ist.

Für die Frage nach dem Verhältnis von Amt und Geist ist auch heute noch die Diskussion wichtig, die der Jurist Rudolph Sohm und der Kirchenhistoriker Adolf v. Harnack um die Wende des 19. zum 20. Jahrhundert miteinander führten; denn hier zeigen sich im Ansatz die beiden Möglichkeiten des urchristlichen Amtsverständnisses. Rudolph Sohm[24] vertrat die These, daß das Recht mit dem Wesen der Kirche im Widerspruch steht. Der Rechtscharakter des Amtes und das Wesen der Kirche verhalten sich wie Gesetz und Evangelium zueinander; denn zum Recht gehört notwendig die zwangsweise Verwirklichung; die Kirche aber lebt aus dem Geist; sie folgt nicht dem Gesetz, das rechtlich zu fixieren und mit Zwangsmaßnahmen durchsetzbar ist, sondern dem ‚Gesetz' der Liebe. Die Kirche hat demnach kein Recht, sondern allenfalls eine charismatische Ordnung: ihr ‚Recht' ist die charismatische Freizügigkeit. Soweit daher die Kirche in der späteren Zeit ihrer Entwicklung sich rechtlich verfaßte Ordnungen zugelegt hat, ist dies einem Sündenfall gleichzusetzen. Adolf v. Harnack[25] behauptete demgegenüber, daß es im Urchristentum von Anfang an Rechtsordnungen gegeben hat. Er unterscheidet zwischen charismatischen Ämtern, die der Gesamtkirche gelten, und administrativen Ämtern, die in der Lokalgemeinde ihren Platz haben. Die Entstehung der charismatischen Ordnungen wird auf die unmittelbare Geistbegabung zurückgeführt, während die administrativen Ämter als gewählte Ämter gelten und daher auf die Einsetzung durch Gemeindewahl zurückgehen. Geist und Amt, Geist und Tradition widersprechen sich nach Harnackschem Verständnis nicht, vielmehr wirkt der Geist in den verschiedenen Diensten der einen Kirche. – Es ist zu einem Gemeinplatz in der Forschung geworden, daß Geist und Tradition nicht im Widerspruch zueinander stehen, daß Charisma und Amt keine Gegensätze sind.[26] Aber man sollte nicht vorschnell, auch nicht in modifizierter Form, der Harnackschen These recht geben; denn in der Behauptung der Identität und Widerspruchslosigkeit von Geist und Amt liegt eine Gefahr, die Traditionalismus und Nomismus, sogar theologischen Pharisäismus zur Folge haben kann. Zwar können sich Amt und Geist entsprechen, aber sie sind in der Geschichte der christlichen Kirche nicht selten als Gegensätze aufgetreten. Mit der Ordnung der Kirche ist nicht die Wahrheit dieser Ordnung garantiert. Darf der Geist nicht zu Schwärmerei, zu Enthusiasmus und damit zur Verneinung jeder Ordnung in der Gemeinde führen, so besteht doch auf der anderen Seite nicht weniger die Gefahr, daß die Freiheit des Geistes institutionalisiert und verbeamtet wird, so daß die Geistbewegung selbst ausgelöscht wird.

---

24 R. Sohm, Kirchenrecht I 22-28.475f u.a..

25 A. v. Harnack, Entstehung 36-44; vgl. auch 163-172 und 184f.

26 Vgl. auch E. Schweizer, Das Leben des Herrn 37 Anm. 35; 98.

Deshalb hat R. Sohm im grundlegenden Sinn auch heute noch recht. So wie die christliche Gemeinde nach neutestamentlichem Verständnis sich selbst auslegt, ist das Wesen der Kirche nicht rechtlich zu erfassen. Es ist allein dem Glauben zugänglich – in der Sprache des Paulus: es gehört der Sphäre des Pneuma an. Weil die ἐκκλησία ein eschatologisches Phänomen ist, muß sich zu jeder ihrer historischen, welthaften Erscheinungsformen eine Diskrepanz ergeben. Damit ist auch eine kritische Distanz zu jeder Rechtsordnung gefordert, die der Kirche in ihrem weltlichen Dasein dienen soll und auf keinen Fall über die Kirche herrschen darf. Denn auch für die Gemeinde gilt, was Paulus vom Apostolat sagt: „Wir haben solchen Schatz in irdenen Gefäßen" (2 Kor 4,7). Die kritische Distanz, die sich in der paulinischen Theologie gegenüber den Ordnungen der Kirche artikuliert, wird an der Frage der Ämter deutlich, die dem Apostolat nachgeordnet sind und für die christlichen Gemeinden Gültigkeit haben.

α) *Propheten.* 1 Kor 12,28 unterscheidet Paulus drei Gemeindeämter:

Gott hat erstens die einen in der Gemeinde zu Aposteln bestimmt, zweitens andere zu Propheten, drittens andere zu Lehrern; sodann Machttaten, Gaben von Heilungen, Hilfeleistungen, Leitungen, Zungenreden.

Von den Propheten als den Trägern der Gemeindeordnung ist nach dem Apostolat die Rede, im Unterschied zu den Glossolalen. Während die προφῆται personifiziert Erwähnung finden, werden die ‚Arten von Zungenreden' (γένη γλωσσῶν) unpersönlich erwähnt. Dies entspricht der Gegenüberstellung von Glossolalie und Prophetie (1 Kor 14). Sowohl Prophetie als auch Glossolalie sind als ‚Charismen' Geistesgaben; beide sollen zur Erbauung der Gemeinde geschehen (1 Kor 14,26). Dabei ist die Prophetie dem Zungenreden übergeordnet; sie ist Verkündigung und daher eine verständliche Rede (12,31), während die Glossolalie unverständlich ist, demnach nicht der ganzen Gemeinde, sondern lediglich dem einzelnen Glossolalen nützt. Die Prophetie dagegen geschieht entsprechend der ‚analogia fidei' (Röm 12,6: κατὰ τὴν ἀναλογίαν τῆς πίστεως), d.h. im Raum der πίστις, die Allgemeingut der Gemeinde ist; daher kann die Prophetie auch von den einzelnen Gemeindegliedern kontrolliert werden. Aufgabe der Propheten ist es, der Gemeinde Ermahnung und Trost zu spenden (1 Kor 14,3.31) und im offenbarmachenden Reden auch das Verborgene zu enthüllen (1 Kor 14,24f).

Auf der Grundlage von 1 Kor 14,40 (πάντα ... κατὰ τάξιν γινέσθω) könnte gefolgert werden, daß die Propheten in den paulinischen Gemeinden einen selbständigen Gemeindestand darstellen. So könnte τάξις mit ‚Amtsstellung' übersetzt werden. Richtiger ist jedoch die Wiedergabe mit ‚Ordnung' oder ‚Reihenfolge'. Es geht Paulus darum, daß das Reden in der Gemeinde in geordneter ‚Reihenfolge' vonstatten geht.

Daß es sich bei den Propheten nicht um ein feststehendes Gemeindeamt handelt, zeigt 1 Kor 14,37 („Wenn aber jemand meint, ein Prophet oder ein Pneumatiker zu sein, der soll erkennen, daß das, was ich euch schreibe, Gebot des Kyrios ist"). Grundsätzlich hat jeder Christ die Möglichkeit, Prophetie zu üben, einschließlich der Frauen[27], d.h. jedes Gemeindeglied, das das Charisma der Prophetie in sich spürt. Von hier aus läßt sich behaupten, daß Paulus in seinen Gemeinden ein allgemeines Prophetentum voraussetzt. Nicht zufällig zählt in Röm 12,6 die Prophetie (neben Diakonie, Lehre, Ermahnung usw.) zu den Charismen. Doch hat die spezielle Situation in der korinthischen Gemeinde dazu geführt, Ansätze zu einer Ausbildung eines Propheten*amtes* einzuleiten. Die besondere Hervorhebung und Distanzierung gegenüber der Glossolalie legte dies nahe. Schon 1 Kor 12,28 führt in diese Richtung; offenbar haben Angriffe von Enthusiasten und anderen veranlaßt, nach abgegrenzten Gemeindeämtern und -ordnungen zu suchen, die dann in der nachpaulinischen Zeit die charismatische Ungebundenheit einschränkten.[28]

β) Lehrer. Die ‚Lehrer' (διδάσκαλοι) werden 1 Kor 12,28 neben den Propheten genannt; sie haben nicht eine allgemeine, sondern eine bestimmte Funktion im Rahmen der gemeindlichen Ordnung. Paulus konnte an den

---

27 Vgl. 1 Kor 11,5. – Daß in den paulinischen Briefen den Frauen eine nahezu unbeschränkte Mitwirksamkeit an den Gemeindeämtern zugestanden wird, braucht an dieser Stelle nicht ausführlicher begründet zu werden. Die Schlußgrüße der Briefe des Paulus lassen dies mit Deutlichkeit erkennen; z.B. Röm 16,3ff; hier ist auch Priska genannt (vgl. noch 1 Kor 16,19; 2 Tim 4,19), die in der Apostelgeschichte Priscilla heißt (18,2.18.26). Als erste Christin der paulinischen Gemeinde zu Philippi hatte die Purpurhändlerin Lydia eine herausragende Stellung (vgl. Apg 16,14.40). – Scheinbar steht hierzu im Gegensatz das paulinische Gebot „mulier taceat in ecclesia", so daß der Abschnitt 1 Kor 14,33b-35 häufig der Urheberschaft des Paulus abgesprochen wird (z.B. G. Fitzer, „Das Weib schweige in der Gemeinde", TEH 110, München 1963; H. Conzelmann, Der erste Korintherbrief, KEK V, Göttingen 1969, 289f). – Jedoch ist es möglich, das hier im Unterschied zum terminus technicus προφητεύειν (vgl. neben 11,5 bes. 14,1ff) gebrauchte Verb λαλεῖν (V.34.35) nicht mit ‚verkündigen', sondern mit ‚dazwischenreden' oder ‚disputieren' zu übersetzen; so entspricht es dem übergeordneten Thema des Kontextes (V.33.40: „Alles geschehe wohlanständig und entsprechend der Ordnung!") und erübrigt die im anderen Fall notwendige Annahme einer sekundären Interpolation des Abschnittes.

28 Auch wenn in der ‚Zwölf-Apostel-Lehre' Propheten und Lehrer als Charismatiker (noch) anerkannt sind, so wird doch deutlich, daß die Gemeindeämter der ‚Bischöfe und Diakone' allmählich an die Stelle der freien Charismatiker treten; von ihnen heißt es: „Sie leisten euch ebenfalls den Dienst von Propheten und Lehrern" (Did 15,1).

Stand des Lehrers in der jüdischen Synagoge anknüpfen[29]. In der Profangräzität bezeichnet διδάσκαλος zunächst unspezifisch einen Lehrer, und es muß jeweils hinzugefügt werden, was dieser Lehrer unterrichtet, um ihn von einem anderen unterscheiden zu können. In der jüdischen Diaspora ist διδάσκαλος dagegen eo ipso der Gesetzeslehrer; so ist es Röm 2,17ff vorausgesetzt und wird auch im Begriff γραμματεύς reflektiert (bei Paulus nur 1 Kor 1,20; vgl. dazu den christlichen γραμματεύς: Mt 13,52).

Aufgabe der Lehrer ist es, die Gemeinde zu unterweisen. Solche ‚Unterweisung' (διδασκαλία) ist nicht allein mit Paränese zu identifizieren, sondern besagt vor allem, daß die Lehrer den mündlichen Überlieferungsstoff weitergaben. Hierzu gehörten zweifellos die kerygmatischen Formeln, die Paulus zitiert. Demnach hatten die Lehrer nicht weniger als die Propheten die Verantwortung für das Evangelium wahrzunehmen. Es ist nicht in der Weise zu unterscheiden, daß die Propheten für das Evangelium, die Lehrer für das Gesetz zuständig waren; denn der Überlieferungsstoff ließ sich nicht in dieser Weise differenzieren. Auch läßt sich nicht behaupten, daß die Propheten den Geist, die Lehrer dagegen die Tradition vertraten; denn die Tradition ist nur dann eine die Gemeinde erbauende, für sie relevante Überlieferung, wenn sie pneumatisch motiviert ist; der Geist aber wäre leer, wenn er sich nicht mit inhaltlichen Aussagen, demnach auch mit dem Überlieferungsstoff verbinden würde. Der Unterschied zwischen Propheten und Lehrern besteht nicht in dem Gegenstand, mit dem sie zu tun haben, vielmehr in der Tatsache, daß die Propheten aktualisierend verkündigen, während die Lehrer darstellend unterweisen.[30] Dies ist ein Unterschied der Funktion, mit nur relativer Bedeutung; denn selbstverständlich ist nicht auszuschließen, daß die Unterweisung in Verkündigung übergeht; so konnte es sich leicht aus dem Inhalt des Kerygmas ergeben.

Läßt die Parallele des jüdischen Diasporalehrers auf einen Lehrerstand in den paulinischen Gemeinden schließen, so besagt dies jedoch nicht, daß Paulus ein Lehramt mit hierarchischen Kompetenzen voraussetzt. In Wahrheit übt der Lehrer nicht anders als der Prophet seine Funktion nur in der Beziehung zur Gemeinde als dem Leib Christi aus. Ebenso wie der Prophet dem

---

29 Vgl. schon E.L. Sukenik, Jüdische Gräber Jerusalems um Christi Geburt. Vortrag gehalten in der Archäologischen Gesellschaft, Berlin-Jerusalem 1931, 17f (Beleg auf einem Jerusalemer Ossuar, Anfang des 1.Jh. n.Chr.).

30 Vgl. dazu H. Greeven, Propheten, Lehrer, Vorsteher 28f: Die Aufgabe des Lehrers besteht in der Weitergabe der Überlieferung, insbesondere der Beschäftigung mit dem Alten Testament als Weissagung auf Christus. Mit Ausnahme des Katechumenates und des Taufunterrichts als exklusive Aufgaben des Lehrers ist an einer eindeutigen Grenzziehung zwischen den Aufgaben von Lehrern, Aposteln und Propheten nicht zu denken.

διακρίνειν, der Kritik von seiten der Gemeinde unterliegt (1 Kor 14,29), so ist auch das Lehren im Grunde eine Angelegenheit der Gesamtgemeinde; denn vorausgesetzt sind nicht private Lehrinstitutionen, wie dies für hellenistische Wanderlehrer und -philosophen zutrifft, sondern es geht um die Bewahrung der Gemeindetradition bzw. um die rechte Auslegung der christlichen Überlieferung wie auch um das verantwortliche Neuschaffen von Unterweisungsstoff. Propheten und Lehrer nehmen allenfalls eine Sonderstellung unter den Pneumatikern ein, sind aber von den übrigen Gemeindegliedern nicht grundsätzlich verschieden; denn sie alle wissen sich durch die Taufe im Besitz des Geistes.

γ) *Vorsteher* (προϊστάμενοι). In Röm 12,8 stehen die ‚Vorsteher' neben anderen Charismatikern.[31] Nach 1 Thess 5,12 arbeiten sie in der Gemeinde und weisen die Gemeindeglieder zurecht (νουθετοῦντες). Sie haben die Aufgabe der Gemeindeleitung (1 Kor 12,28: κυβερνήσεις); daher sollen die Gemeindeglieder sich ihnen unterordnen (1 Kor 16,15f: ‚Haus des Stephanas').

Die Persönlichkeiten, die in der Gemeindeleitung an hervorragender Stelle stehen, sind zum Teil von Paulus selbst eingesetzt worden. Hiermit ist nicht der monarchische Episkopat vorweggenommen. Im Gegenteil, es ist nicht gesagt, daß jede Gemeinde nur einen Vorsteher hatte, vielmehr ist an größeren Orten mit der Existenz von mehreren (Haus-)Gemeinden zu rechnen und entsprechend auch eine größere Anzahl von leitenden Persönlichkeiten vorauszusetzen. Außerdem lassen sich die Pflichten der ‚Vorsteher' gegenüber denen von Trägern anderer Charismen nicht wirklich abgrenzen. Es ist denkbar, daß die Gemeindeleitung in den Händen von Männern lag, die gleichzeitig als Propheten oder Lehrer tätig waren. Ein abgeschlossenes Leitungsamt hat es in den paulinischen Gemeinden nicht gegeben. Übergeordnet ist die Wirklichkeit des Leibes Christi, die Einheit und Einmütigkeit der Gemeinde, die auch die Funktionen von Gemeindevorstehern trägt, ohne daß es zu einem hierarchischen Amtsanspruch kommen durfte; denn grundsätzlich steht fest: Es handelt sich um ein Charisma. Die Gemeindeleitung ist

---

31 Vgl. Röm 12,6-8: neben den Lehrern, Propheten, Diakonen, Seelsorgern, Tätern der Barmherzigkeit usw. – Nach R. Banks, Paul's Idea of Community. The Early House Churches in Their Historical Setting, Grand Rapids 1980, 37ff, wird das Fehlen der Anrede ‚ἐκκλησία' im Präskript des Römerbriefes dadurch verständlich, daß es in Rom noch keine Vollversammlung der Christen, also auch keine hierarchisch ausgegliederten ‚Vorsteher' gab; zu denken ist eher an eine Vielfalt von Hausgemeinden, denen die προϊστάμενοι ‚vorstanden'; vgl. dazu H.-J. Klauck, Hausgemeinde und Hauskirche im frühen Christentum, SBS 103, Stuttgart 1981, 21-41.

Gabe des Geistes. Niemand hat ein Recht, diese Gabe gegenüber anderen Geistesgaben absolut zu setzen, durch die ebenso wirksam die Wirklichkeit des Geistes in der Gemeinde bezeugt wird.

δ) *Bischöfe und Diakone.* Im Briefpräskript des Philipperbriefes wird die Gemeinde zu Philippi ‚zusammen mit den ἐπίσκοποι und διάκονοι' angeschrieben (Phil 1,1). Hier ist zum ersten Mal in der Kirchengeschichte und für Paulus einmalig die Kombination bezeugt, die in der späteren kirchlichen Verfassung eine tragende Rolle spielen wird. Was ist ein ἐπίσκοπος? Selbstverständlich ist für Paulus nicht die Vorstellung vorauszusetzen, die den ἐπίσκοπος mit dem einen Bischof einer Gemeinde identifiziert. Der monarchische Episkopat, in dem ein einzelner ἐπίσκοπος die Gemeindeleitung innehat, ist eine nachpaulinische Erscheinung. Es ist kein Zufall, daß Paulus den Brief an die ἐπίσκοποι (Plural!) adressiert. Es ist demnach an ein Gremium von Verantwortlichen zu denken, die sämtlich die Bezeichnung ἐπίσκοπος tragen. In der Profangräzität hat ἐπίσκοπος die Bedeutung von ‚Aufseher'[32], besonders im staatlichen Bereich, so daß Verwaltungsbeamte oder Finanzkommissare diese Bezeichnung tragen konnten. Sie findet sich auch in hellenistischen Kultgemeinschaften und ist von hier aus, also aus dem pagan-hellenistischen Umfeld, in die paulinischen Gemeinden eingedrungen. Von diesem Sprachgebrauch her kann man vermuten, daß die ἐπίσκοποι in den Gemeinden des Paulus vorwiegend eine administrative Funktion innehatten.

Auch der Titel διάκονος ist in pagan-hellenistischen Kultgemeinschaften belegt, z.T. für Angestellte, die mit der sakralen Mahlfeier zu tun hatten und hier spezifische Dienstleistungen erbrachten.[33] Dies läßt erschließen, daß die ‚Diakone' auch in den paulinischen Gemeinden eine karitative Funktion versahen. Als Bezeichnung für einen Stand in der Gemeinde erscheint διάκονος vermutlich in Röm 16,1, wo ‚unsere Schwester' Phoebe, die διάκονος der Gemeinde in Kenchreä, den Adressaten empfohlen wird. Dies ist die erste Erwähnung einer Diakonin in der christlichen Literatur. Auch Frauen konnten demnach das Diakonenamt ausüben, wie ja auch Prophetinnen in den paulinischen Gemeinden anerkannt sind (vgl. 1 Kor 11,5).

Es ist nicht zufällig, daß der Philipperbrief von den Episkopen und Diakonen spricht. Handelt es sich um administrative und karitative Funktionen in der Gemeinde, so war es für Paulus wichtig, gerade diese Gemeindeämter im Präskript zu erwähnen; denn der Philipperbrief enthält in einem wesentlichen Teil einen Dank für die Hilfeleistung der Gemeinde gegenüber dem

---

32 Im 5./4. Jh.v.Chr. war ἐπίσκοπος in Athen als Titel von Staatsbeamten in Gebrauch; vgl. Aristoph Av 1022ff; auch als Angestellter einer Kultgenossenschaft belegt, z.B. IG XII 1,731; 3,329 (Fürsorge für das Apolloheiligtum in Rhodos).

33 Zahlreiche Belege bei H.W. Beyer, Art.: διάκονος, ThWNT II 88-93; 91f.

Apostel (Phil 4,10-20). Wie der pluralische Sprachgebrauch zeigt, kann von einer hierarchischen Ämterordnung auch im Zusammenhang der Episkopen und Diakone nicht die Rede sein. Primär ist die Funktion in der Gemeinde, nicht ein individuelles Amtsbewußtsein und natürlich auch nicht eine habituelle Amtsgnade. Die Entwicklung der kirchlichen Ämter in den paulinischen Gemeinden steht noch ganz in den Anfängen – ein Beweis für die Freiheit des Geistes und die Freizügigkeit, die nach paulinischem Verständnis mit dem Geist gegeben ist. Grundlegend ist die paulinische Lehre von den Charismen; von hier aus sind die Ämter der Gemeinde (nicht umgekehrt) zu interpretieren.

A. v. Harnack[34] unterschied zwei Typen der Kirchenverfassung:

1) Die *presbyteriale Verfassung*, in der die Gemeindeleitung durch ‚Älteste' ausgeübt wird. So ist es nach dem freilich sekundären Bericht der Apostelgeschichte (Apg 15,2ff; 21,18) für die Jerusalemer Gemeinde charakteristisch und stellt sich als jüdisch-palästinische Voraussetzung der kirchlichen Verfassung dar.

2) Die *Episkopalverfassung*; sie ist zuerst für die paulinischen Gemeinden bezeugt und hat einen hellenistischen Hintergrund. Es ist kein Zufall, daß Paulus die Presbyterialverfassung nicht kennt; erst die deuteropaulinischen Pastoralbriefe zeigen eine solche Entwicklung an: 1 Tim enthält Anweisungen für einen Bischof, für die Presbyter und für die Diakone der Gemeinde (1 Tim 3,1-13; 5,17-19); hier sind Presbyterial- und Episkopalverfassung miteinander verschmolzen (vgl. Tit 1,5-9). Auf welche Weise sich diese Vereinigung vollzogen hat, ist nicht mehr nachzuprüfen. Möglicherweise wurde aus dem Presbyterkollegium ein hervorragendes Mitglied, das sich um Predigt und Lehre verdient gemacht hatte, als ‚Bischof' eingesetzt. Ein Hinweis darauf könnte 1 Tim 5,17 sein. Sicher gehört diese Entwicklung der nachpaulinischen Zeit an. Sie geht mit der Tendenz zur Ausgestaltung einer Rechtsordnung einher, welche der Freizügigkeit des Geistes eindeutigere Grenzen setzt.

H. J. Iwand hat in dem Aufsatz „Zur Entstehung von Luthers Kirchenbegriff"[35] sich zu R. Sohm bekannt und den Satz Sohms „Das Kirchenrecht steht mit dem Wesen der Kirche im Widerspruch" als *die* protestantische Wahrheit bezeichnet. In der Tat: Die Wahrheit der Kirche ist niemals in einen Rechtssatz, und sei es in den Rechtssatz eines ‚ius divinum' umzumünzen, weil die Kirche aus der Wahrheit Gottes und nicht aus der Besorgtheit

34 A. v.Harnack, Entstehung und Entwicklung.

35 H.J. Iwand, Zur Entstehung von Luthers Kirchenbegriff. Ein kritischer Beitrag zu dem gleichnamigen Aufsatz von K. Holl, in: FS G. Dehn, hg. v. W. Schneemelcher, Neukirchen-Vluyn 1957, 145-166; 146f Anm. 5.

der Menschen lebt, weil der Geist in der Kirche wirkt und nicht mit einer noch so verantwortlich ausgewählten Rechtsform zur Deckung zu bringen ist, sondern das kritische Prinzip angibt, das die Amtswirklichkeit begrenzt und – wenn es sein muß – außer Kraft setzt. So zeigt es die paulinische Ämterlehre: Die Gemeindeämter (oder richtiger -funktionen) sind nicht vom Geist ablösbar, der in ihnen wirkt und wirken soll, wie er denn allgemein die Charismen der Gemeinde vermittelt und trägt. So sehr solche Grundlage häufig fehlinterpretiert wird und die nicht seltene protestantische Neigung zu Enthusiasmus und Schwärmerei zu fördern scheint, so steht sie dieser doch in Wahrheit entgegen und ist andererseits geeignet, die im anderen Fall unausweichliche Erstarrung der Kirche zur Institution zu verhindern. Dies ist es, was die paulinische Theologie zur ‚Unruhe der Kirche' macht. Die christliche Kirche müßte sich entschlossen zur Devise ‚ecclesia semper reformanda' bekennen, will sie den paulinischen Amtsbegriff konsequent verwirklichen.

b) Kirche und Welt

R. Bultmann, Das Problem der Ethik bei Paulus, in: ders., Exegetica, Tübingen 1967, 36-54.
O. Merk, Handeln aus Glauben, MThSt 5, Marburg 1968.
E. Jüngel, Erwägungen zur Grundlegung evangelischer Ethik im Anschluß an Paulus, in: ders., Unterwegs zur Sache, BEvTh 61, München 1972, 234-245.
G. Strecker, Handlungsorientierter Glaube. Vorstudien zu einer Ethik des Neuen Testaments, Stuttgart-Berlin 1972.
Ders., Strukturen einer neutestamentlichen Ethik, ZThK 75, 1978, 117-146.
Ders., Indicative and Imperative according to Paul, ABR 35, 1987, 60-72.
S. Schulz, Evangelium und Welt. Hauptprobleme einer Ethik des Neuen Testaments, in: FS H. Braun, Tübingen 1973, 483-501.
Ders., Neutestamentliche Ethik, ZGB, Zürich 1987.
E. Lohse, Theologische Ethik des Neuen Testaments, ThW 5,2, Stuttgart 1988.
R. Schnackenburg, Die sittliche Botschaft des Neuen Testaments, HThK.S 2, Freiburg 1988.
W. Schrage, Ethik des Neuen Testaments, GNT 4, Göttingen [5]1989.
F.W. Horn, Wandel im Geist. Zur pneumatologischen Begründung der Ethik bei Paulus, KuD 38, 1992, 149-170.
H.D. Betz, Das Problem der Grundlagen der paulinischen Ethik (Röm 12,1-2), in: ders., Paulusstudien. GAufs. III, Tübingen 1994, 184-205.

1. Indikativ und Imperativ im ekklesiologischen Zusammenhang

Wie sich gezeigt hat, ist der Begriff κόσμος im paulinischen Verständnis keineswegs einheitlich; er schwankt zwischen positiven, neutralen Inhalten (z.B.

'Menschenwelt'), ist aber zu einem nicht geringen Teil negativ qualifiziert.[36] So kann der Satan als der 'Herrscher dieses Äons' bezeichnet werden (2 Kor 4,4: ὁ θεὸς τοῦ αἰῶνος τούτου). Er steht dem Weltschöpfer gegenüber, bleibt ihm jedoch untergeordnet, ist also nicht im Sinn eines gnostischen Mythos dem Schöpfergott absolut entgegengesetzt.[37]

Ist die Welt der Macht Satans unterworfen, weil sie seit Adam durch die Sünde bestimmt ist (Röm 5,12), so bedeutet dies, daß das Sichausrichten nach der Welt in den Tod führt (2 Kor 7,10). Der Sinn des Heilsgeschehens besteht darin, daß durch Christus die Macht des Weltherrschers gebrochen ist und mit der Überwindung von Sünde und Tod auch die Nichtigkeit des Kosmos beseitigt ist (2 Kor 5,19: „Gott war in Christus und hat die Welt mit sich versöhnt"; auch Röm 11,15).

Die Aktualisierung der Erlösung der Menschen muß im Glauben des einzelnen erfolgen. Ist auch das Erlösungshandeln Gottes universal angelegt, so ereignet es sich doch nicht automatisch am Menschen, sondern fordert die Entscheidung des Glaubens heraus. Freilich existiert der einzelne nicht ohne die Gemeinschaft und der Christ nicht ohne die Gemeinde. Daher entspricht dem Nichtigsein der Welt die angenommene Gemeinschaft von Menschen, die Kirche. Dem Sünderkollektiv der Menschen wird das Kollektiv der Gerechtfertigten gegenübergestellt. Hier ereignet sich dasselbe, was für den Glauben des einzelnen festzustellen ist: die Dialektik von Indikativ und Imperativ.[38]

Der ekklesiologische Indikativ ist schon in der Bezeichnung der Kirche als der Gemeinschaft der ἅγιοι ausgesprochen.[39] Auch σῶμα Χριστοῦ bezeichnet einen Raum in der Welt, der durch die Herrschaft des Kyrios geprägt ist. Die Kirche selbst ist der Herrschaftsbereich des Christus, wenngleich die Herrschaft Christi nicht mit den Grenzen der Kirche deckungsgleich ist und sich erst bei der Parusie universal darstellen wird (Phil 2,11; 1 Kor 15,23ff). Solche indikativische Beschreibung besagt, daß mit der Kirche das Eschaton in der Zeit gegenwärtig ist.[40] Daß die Kirche ein eschatologisches

---

36 Vgl. oben A III a 2.

37 Vgl. zum Verhältnis 'gegenwärtiger böser Äon' (Gal 1,4) bzw. 'dieser Äon' (1 Kor 1,20 u.ö.) oben A III a 2. Für die apokalyptische Struktur dieser Vorstellung, die trotz des Fehlens des Ausdrucks αἰὼν μέλλων bei Paulus vorausgesetzt ist, ist auch der Parallelausdruck der βασιλεία θεοῦ geltend zu machen; vgl. 1 Kor 6,9f; 15,50; Gal 5,21; vgl. auch 1 Kor 15,24ff.

38 Vgl. oben A III d.

39 Röm 1,7 u.ö.; dazu oben A IV a 1.

40 Dies gilt, auch wenn bei Paulus die christliche Gemeinde noch nicht zu einer mythologischen Größe geworden ist; erst in der nachpaulinischen Zeit wird die Kir-

Phänomen in der Zeit ist, bedeutet nicht, daß sie eine sakramentalistisch zu verstehende Heilsinstitution wäre, so daß das Verhältnis Kirche und Welt beziehungslos würde. Vielmehr: Was für den einzelnen Christen gilt, ist auch für das Sein der Kirche in der Welt von Bedeutung: Als Korporation muß sie sich ihrem eschatologischen Anspruch entsprechend in der Welt bewähren, steht sie unter der Forderung, das Sein, das ihr zugesprochen ist, in der Welt zu verwirklichen. Nichts anderes besagt Phil 2,15; danach sind die Glieder der Gemeinde ‚Himmelslichter in der Welt' (φωστῆρες ἐν κόσμῳ), nämlich dadurch, daß sie dem Leib Christi angehören. Solches Sein gilt es ohne Falsch und Trug in einer feindlichen Welt zu bewahrheiten. Denn der Kosmos bleibt der Herrschaftsbereich dämonischer Mächte[41], obwohl durch Christus diese Herrschaft für die Glaubenden gebrochen ist und die Kirche in ihrer Existenz den Sieg Christi über die gottfeindlichen Mächte repräsentiert. Daß sie an der Überwindung der Mächte durch den Kyrios teilhat, fordert sie heraus, der Welt in Entsprechung zum Heilsgeschehen zu begegnen. Dies besagt: von der Welt frei sein, um für die Welt frei zu sein, und impliziert die Forderung, sich die Welt verfügbar zu machen, weil sie zur Verfügung gestellt worden ist. Paulus erklärt mit der Feststellung ‚alles ist euer' auch den Kosmos zum Eigentum der Christen (1 Kor 3,22). Dies meint ebensowenig wie die nachpaulinische Reflexion über die Königsherrschaft Christi (Kol 1,13.15ff) eine Aufforderung zu Theokratie und Triumphalismus. Auch ist nicht eine Ausbeutung des Kosmos beabsichtigt, die vom Liebesgebot und von christlicher Verantwortung absehen würde. Es handelt sich nicht um eine Begründung kirchlicher Machtansprüche gegenüber der Welt, vielmehr geht es darum, daß die Machtverhältnisse umgekehrt worden sind: Nicht die Welt ist über die Glaubenden mächtig, sondern die Glaubenden haben am Sieg des Christus über die Weltmächte im Verborgenen schon jetzt Anteil. Auch die ὡς μή-Begrifflichkeit (z.B. 1 Kor 7,31: „welche die Welt benutzen, als nützten sie sie nicht aus") bezeugt nicht nur die grundsätzliche Freiheit von der Welt, mit der Begründung, daß das Wesen der Welt vergeht, sondern zugleich die jeweils in christlicher Verantwortung zu aktualisierende Freiheit für die Welt; denn der Kyrios der Gemeinde ist der Kosmokrator. Auch wenn der Kosmos diese Tatsache noch nicht erkennt und sie erst am Ende der Geschichte anerkennen muß (Phil 2,10f) – in der Einheit mit dem Kyrios partizipiert die Gemeinde an der Herrschaft des Christus über die Welt.

---

che als ein präexistentes Himmelswesen personifiziert und hierdurch die Distanz zwischen Kirche und Welt zu einem grundsätzlichen Problem; vgl. Kol 1,15-20; Eph 5,29-32; 2 Clem 14. (R. Bultmann, Theologie 182f, fragt, ob in Eph 5,32 gegen den Gedanken der Präexistenz der ἐκκλησία polemisiert wird.)

41 Vgl. Röm 8,38f.

2. Der Glaube und die Ordnungen der Welt

Die Konkretionen des Verhaltens der Kirche in der Welt und gegenüber der Welt sollen anhand von zwei Texten verdeutlicht werden.

α) Christ und Staat (Röm 13,1-7)

A. STROBEL, Zum Verständnis von Röm 13, ZNW 47, 1956, 67-93.
E. KÄSEMANN, Römer 13,1-7 in unserer Generation, ZThK 56, 1959, 316-376.
DERS., Grundsätzliches zur Interpretation von Röm 13, in: ders., Exegetische Versuche und Besinnungen II, Göttingen [3]1970, 204-222.
O. CULLMANN, Der Staat im Neuen Testament, Tübingen [2]1961.
W. SCHRAGE, Die Christen und der Staat nach dem Neuen Testament, Gütersloh 1971.
U. WILCKENS, Römer 13,1-7, in: ders., Rechtfertigung als Freiheit. Paulusstudien, Neukirchen-Vluyn, 203-245.
J. FRIEDRICH – W. PÖHLMANN – P. STUHLMACHER, Zur historischen Situation und Intention von Röm 13,1-7, ZThK 73, 1976, 131-166.
V. RIEKKINEN, Römer 13. Aufzeichnung und Weiterführung der exegetischen Diskussion, AASF 23, Helsinki 1980.
E. BAMMEL, Romans 13, in: ders. – C.F.D. Moule (edd.), Jesus and the Politics of His Day, Cambridge 1984, 365-383.
L. POHLE, Die Christen und der Staat nach Röm 13. Eine typologische Untersuchung der neueren deutschsprachigen Schriftauslegung, Mainz 1984.

Der Abschnitt Röm 13,1-7 bildet inhaltlich eine Einheit, abgesetzt von den voraufgehenden und folgenden Abschnitten des Römerbriefes. Der übergeordnete Kontext ist der einer Gemeindeparänese. Hierfür ist der Beginn mit 12,1f charakteristisch: Paulus ruft die Gemeinde auf, ihre eschatologische Existenz in der Konkretion des alltäglichen Lebens zu bewahrheiten. Der geforderte Gehorsam gegenüber den irdischen Gewalten ist demnach ein Stück christlichen Gottesdienstes in der Profanität der Welt.[42]

Der Apostel fordert, daß sich jedermann den ἐξουσίαι unterordnet, denen er unterstellt ist (V.1). Das Verständnis des Begriffs ἐξουσίαι ist durch die These von O. Cullmann zu einem vieldiskutierten Problem geworden. Danach ist der Ausdruck entsprechend Eph 3,10 auf ‚den empirischen Staat und die Engelmächte' zu beziehen.[43] Die irdisch-politische Gewalt ist demnach nichts anderes als ein Werkzeug von Engeln, von dämonischen Mächten, die sich des Staates bedienen, wenn auch im Auftrage Gottes. Es sind dieselben Mächte, die der kosmische Christus nach Aussage des Kolosser- und Epheserbriefes überwunden hat, so daß sie nun im Dienst des Christus

42 Vgl. E. Käsemann, Römer 13,1-7 in unserer Generation 374-376.
43 O. Cullmann, Der Staat im Neuen Testament 68-81; 70.

ihr Amt ausüben. Demnach hat das Recht der Staatsgewalt eine christologische Grundlage: Christus als Kosmokrator autorisiert und begrenzt Recht und Notwendigkeit der weltlichen Ordnungen, auch der weltlichen Obrigkeit, von der hier die Rede ist. – Gegen eine solche christologische Begründung des Rechtes ist einzuwenden, daß die Terminologie dieses Abschnittes die der griechischen Verwaltungssprache ist.[44] Religionsgeschichtlich gesehen liegen die Wurzeln des Textes nicht in der christlichen Überlieferung, sondern in der jüdischen Synagoge. Die hellenistischen Juden dürften in ähnlicher Weise von den Pflichten des Juden gegenüber der Staatsgewalt gesprochen haben.[45]

Nicht um eine christologische Begründung von welthaften Gesetzmäßigkeiten geht es in Röm 13, sondern um die Konstatierung einer dem Christen in der Welt vorgegebenen Ordnung, zu der er sich verhalten muß. Dabei darf nicht abstrahiert werden. Paulus versucht weder eine metaphysische Staatsrechtslehre vorzutragen noch beabsichtigt er, über Schöpfungs- und Erhaltungsordnungen zu reflektieren, sondern es geht um eine konkrete Anordnung Gottes, die in der weltlichen Obrigkeit und deren Anspruch sich realisiert.

Ohne den Einzelheiten des Textes folgen zu wollen, ist wichtig festzustellen, daß Paulus die überkommene Konvention akzeptiert, aber zugleich theologisch interpretiert. Die obrigkeitliche ‚Gewalt' ist ‚Dienerin Gottes'; im Auftrag Gottes trägt sie das Schwert, um das Böse zu strafen und das Gute durchzusetzen (V.4): Christlicher Glaube ist nicht mit politisch-revolutionärem Enthusiasmus gleichzusetzen. Der Versuch, das Reich Gottes als ein politisches zu begreifen und auf Erden aufzurichten, mußte mit den Schwärmern in Münster notwendig scheitern. Der Glaube begründet sich demgegenüber aus dem Nichtwelthaften und weiß, daß er niemals mit dem welthaften Sein, und sei es auch mit der Erfüllung eines hohen politischen Ideals, zur Deckung zu bringen ist. Er weiß sich in der Diastase zur Welt stehend und doch auch zum Dienst in der Welt und an der Welt als dem alltäglichen Gottesdienst aufgerufen.

---

44 Vgl. A. Strobel, Zum Verständnis von Röm 13, 90ff.

45 Vgl. G. Stemberger, Die römische Herrschaft im Urteil der Juden, EdF 195, Darmstadt 1983, 107f.111 (jüdische „Bereitschaft, sich der römischen Herrschaft zu fügen", bzw. „Kompromißbereitschaft" der Juden). G. Stemberger sieht dies in der Anerkennung Roms „auch in schwierigsten Zeiten ... aus theologischen Gründen" begründet (111). Die römische Herrschaft wurde als gottgewollte Strafe dafür angesehen, daß Israel Gott nicht dienen wollte (107f). Dies äußerte sich beispielsweise in der Auffassung, daß Israel dem römischen Staat die Steuerzahlung nicht verweigern dürfe, nachdem es die geringere Tempelsteuer nicht zu zahlen bereit war (107f). Vgl. auch J. Maier, Grundzüge der Geschichte des Judentums im Altertum, Darmstadt 1981.

Die Notwendigkeit, das Sein in der Welt als Gottesdienst zu begreifen, konkretisiert sich nach Röm 13 in der Gehorsamsforderung gegenüber der weltlichen Obrigkeit. Paulus begründet diese Notwendigkeit in V.5 mit den Worten „Es ist notwendig, sich unterzuordnen, nicht allein um des Zornes, sondern auch um des Gewissens willen". Der Zorn Gottes, der den Ungehorsam bedroht, manifestiert sich im Schwertgebrauch der Obrigkeit gegenüber dem Bösen. Motiviert dies, weshalb der Staatsgewalt Gehorsam zu leisten ist, so besagt das: Die welthafte Ordnung ist für den Christen eine verbindliche Forderung Gottes (vgl. V.4: θεοῦ γὰρ διάκονός ἐστιν). Nichts anderes sagt die zweite Erläuterung aus. Συνείδησις (V.5) bezeichnet das Wissen um diese Forderung. Die Furcht vor dem Zorngericht und das Wissen um Gottes Willen begründen dies eine: Die Verbindlichkeit der staatlichen Ordnung für den Glauben.

Der Begriff συνείδησις erscheint in den Paulusbriefen 14mal, davon dreimal im Röm und 11mal in den Korintherbriefen.[46] Letzteres läßt vermuten, daß Paulus sich im Zusammenhang der Auseinandersetzungen um die Götzenopferfrage (1 Kor 8 und 10) auf entsprechende Schlagworte in der korinthischen Gemeinde bezieht. Jedenfalls setzt er eine entsprechende Terminologie bei den Korinthern als bekannt voraus. Der Begriff ist in der griechischen Literatur verhältnismäßig spät belegt und hat dort die allgemeine Bedeutung von ‚Bewußtsein' (z.B. Democr 297) oder auch in einem spezifischeren Sinn das ‚Gewissen' (z.B. PsLucian Amor 49). Paulus gibt keine Definition und kann das Wort in unterschiedlichem Kontext verwenden. Drei Perspektiven lassen sich herausstellen:

1. συνείδησις bezieht sich auf den *Menschen vor Christus; so Röm 2,15*: Das ‚Gewissen' der Heiden bezeugt ihnen, die ohne Gesetz leben und doch die Forderung des Gesetzes kennen, daß das Werk des Gesetzes in ihre Herzen geschrieben ist (vgl. Röm 1,18ff). Demnach handelt es sich um ein allgemein menschliches Phänomen, das neben dem Gesetz und den ‚Gedanken' als unabhängiger Zeuge angerufen wird (vgl. 2,16: Gerichtstag Gottes). Das ‚Gewissen' bezeichnet also nicht die Stimme Gottes im Menschen. Mitzusehen ist vielmehr der Wortsinn von συνειδέναι (‚wissen um etwas'), so daß Bewußtsein und Gewissen oft nicht wirklich zu unterscheiden sind. Der Appell des Paulus, mit dem er seine Integrität unter Beweis stellt, hat eine universale Ausrichtung; er wendet sich an ‚jedes Gewissen der Menschen' (*2 Kor 4,2*); alle sind aufgrund des Zeugnisses ihres Gewissens gehalten, dem Apostel und seiner Verkündigung Recht zu geben.

2. Paulus kann sich auch auf sein *eigenes Gewissen* berufen; es wird neben seiner Selbstaussage („Ich rede die Wahrheit und lüge nicht") zu einem zusätzlichen Träger seines Wahrheitszeugnisses (*Röm 9,1*). Scheinbar eine eigenständige Instanz im Men-

---

46 Vgl. zur Literatur: M. Wolter, Art.: Gewissen II. Neues Testament, TRE 13, 213-218; H.-J. Eckstein, Der Begriff Syneidesis bei Paulus, WUNT II 10, Tübingen 1983.

schen, welche die Verantwortlichkeit des Menschen vor sich selbst zum Ausdruck bringt, handelt es sich nicht um ein ‚Über-Ich' und nicht um die transzendente Gottesstimme. Schon gar nicht ist an die moderne liberal-freiheitliche Subjektivität des Menschen gedacht. Doch hat das Gewissen eine Funktion neben dem Ich des Apostels; es verweist auf die außermenschlichen Grundlagen christlicher Existenz, da die Zeugnisablegung des Gewissens ‚im heiligen Geist' erfolgt, wie denn auch das Reden des Apostels nicht auf sich selbst bezogen ist, sondern ‚in Christus' geschieht (ebd.). – Auf derselben Ebene liegt es, wenn Paulus das Zeugnis seines Gewissens zitiert, um die Lauterkeit seines Lebenswandels unter Beweis zu stellen (*2 Kor 1,12*). Auch hier erscheint das Gewissen als eine von der Person des Apostels unterschiedene, zeugnisablegende Instanz, ohne jedoch die personale Identität aufzuheben.

3. Schließlich bezieht sich das Wort auf die *christliche Gemeinde insgesamt.* Die Unterordnung der Christen unter die Staatsgewalt ist nach paulinischem Verständnis nicht nur durch Androhung des Zornes Gottes eschatologisch-apokalyptisch motiviert, sondern auch ‚um des Gewissens willen', d.h. aufgrund des allgemeinen, an konkreten Taten ablesbaren Bewußtseins der christlichen Gemeindeglieder; denn diese bezeugen durch ihr Zahlen der Steuer, daß sie sich gegenüber den staatlichen Behörden in die Pflicht genommen wissen *(Röm 13,5f).* – Zu einem differenzierten Wortgebrauch gelangt Paulus bei der Auseinandersetzung um den Genuß von Götzenopferfleisch. Hier wird unterschieden zwischen der Haltung derer, welche die Erkenntnis besitzen, und anderen, die ein ‚schwaches Gewissen' haben *(1 Kor 8,7-13).* Steht Paulus auch grundsätzlich auf dem Standpunkt der Pneumatiker, für die alles erlaubt (aber nicht alles heilsam) ist *(10,23),* so fordert er doch zur Rücksichtnahme gegenüber den Schwachen auf: Es geht darum, Anstoß zu vermeiden und das schwache Gewissen nicht zu beschädigen, das Skrupel hat, das Essen von Götzenopferfleisch als für Christen erlaubt zu akzeptieren. Demnach ist der Grad der Schwachheit oder Stärke des Gewissens abhängig von dem Grad der Erkenntnis. Als Instanz der Verantwortlichkeit des Menschen hat es eine Überwachungsfunktion. Aber es darf nicht losgelöst von der christlichen Ethik, dem Gebot der Liebe und der Rücksichtnahme auf Mitmenschen, gehandhabt werden (vgl. *1 Kor 10,23-11,1*).[47] Eine erstarrte Begrifflichkeit, wie diese einer ausgeführteren christlichen Ethik entspricht, findet sich in den deuteropaulinischen Pastoralbriefen. Hier hat sich die stereotype Redeweise vom ‚guten Gewissen' (1 Tim 1,5.19) bzw. vom ‚reinen Gewissen' (1 Tim 3,9; 2 Tim 1,3) durchgesetzt (vgl. auch Tit 1,15: Befleckung von Gewissen und Nous).

Die Frage nach der Grenze des Gehorsams gegenüber der Staatlichkeit und nach dem Widerstandsrecht der Glaubenden wird von Paulus nicht aufgeworfen. Sie läßt sich aber erschließen aus der Feststellung, daß die Staatsgewalt ‚Dienerin Gottes' ist. Die Grenze ist dort erreicht, wo der Staat den ihm zugemuteten Dienst nicht ausführt oder ausführen will. Allerdings wird Apg 5,29 („Man muß Gott mehr gehorchen als den Menschen") weder dem

47 Zu Recht auch U. Schnelle, Neutestamentliche Anthropologie, BThSt 18, Neukirchen-Vluyn 1991, 114: „Das Gewissen ist somit ein Relationsbegriff, es setzt nicht selbst Normen, vielmehr beurteilt es deren Einhaltung."

Skopus noch dem Inhalt nach zitiert. Denn die paulinische Intention ist, daß sich die christliche Gemeinde der Staatsgewalt unterstellt. Dies wirft die Frage nach der konkreten Situation auf, in die Paulus hineinspricht. Drei Möglichkeiten bieten sich an:

1. Paulus geht hier auf die Situation der römischen Gemeinde ein, wie sie sich als Folge der Rückkehr der vertriebenen Juden(-christen) darstellt. Nachdem diese durch Claudius vertrieben worden waren[48], könnte nach der Aufhebung des Ediktes die Rückkehr erfolgt sein. Die Folge wäre die Existenz von zwei Gruppen in der Gemeinde: Judenchristen und Heidenchristen. Hierzu gibt Paulus die Direktive, daß die zurückkehrenden Judenchristen sich im Gehorsam den staatlichen Eingriffen fügen sollen, um den Behörden nicht Anlaß zu einem erneuten Eingreifen zu geben.

2. Die Stellungnahme des Paulus leitet sich aus der jüdischen Diasporasynagoge ab. Im Gegensatz zum Zelotismus hat diese – Paulus sachlich und zu einem nicht geringen Teil auch sprachlich vorgegebene – Überlieferung den Gehorsam gegenüber der Obrigkeit als Grundgebot eingeprägt. Von hier aus ist auch das generalisierende ‚Jedermann sei untertan ...' zu verstehen.

3. Paulus befindet sich auf dem Weg nach Jerusalem; er sieht sein Geschick, Verfolgung und Gefangenschaft, voraus. Dieses wird zwar durch die jüdischen Gegner verursacht, aber durch die römische Staatsgewalt vollzogen werden. In dieser Situation entscheidet sich Paulus zur Unterwerfung, da der Gehorsam gegenüber der staatlichen Ordnung eine von Gott gesetzte, für die Christen verbindliche Forderung ist. Fazit: Nicht das Recht zum Widerstand, sondern die Pflicht zum Gehorsam gegenüber der Staatsgewalt ist Aufgabe des christlichen Gottesdienstes in der Welt.[49]

---

48 Vgl. Suet, Caes Claudius 25; Orosius, historiae adversum paganos VII 6,15 (Datierung der Judenaustreibung aus Rom auf das 9. Regierungsjahr des Claudius = 49 n.Chr.). – Dio Cass LX 6,6 berichtet lediglich von einem Versammlungsverbot im Jahre 41 n.Chr. – Anders G. Lüdemann, der zugunsten einer Frühdatierung die Notizen von Sueton und Cassius auf dasselbe Ereignis im Jahre 41 bezieht (Paulus, der Heidenapostel I. Studien zur Chronologie, FRLANT 123, Göttingen 1980, 183-195; 191); vgl. ders., Das Judenedikt des Claudius (Apg 18,2), in: C. Bussmann-W. Radl (Hgg.), Der Treue Gottes trauen, FS G. Schneider, Freiburg 1991, 289-298. Ferner: F.F. Bruce, Chronological Questions in the Acts of the Apostles, BJRL 68,2, 1986, 273-295.

49 Vgl. zur Auslegungsgeschichte im einzelnen: L. Pohle, Christen und der Staat 23-28 (Unterscheidung von vier Hauptinterpretationen: Naturrechtlich-ordnungstheologisch, konkret-charismatisch, eschatologisch-realistisch und christokratisch-politisch).

Es besteht keine Notwendigkeit, die drei genannten Interpretationsmöglichkeiten alternativ gegeneinander zu stellen. Die Situation der Abfassung des Römerbriefes ist – zumal sie sich nur in Umrissen rekonstruieren läßt – komplex, aber mit Sicherheit nicht auf die Zielsetzung des Briefes als eines ‚compendium christianae religionis' beschränkt. Paulus' Forderung zum Gehorsam gegenüber der staatlichen Gewalt ist konkret gemeint. So ist es in der Geschichte der Auslegung auch immer wieder nachvollzogen worden, nicht selten – so im Dritten Reich – durch eine leidende und verfolgte Kirche, die bis an die Grenze der Selbstaufgabe das Gehorsamsgebot praktizierte und die implizite staatskritische Aussage von Röm 13 nicht zur Kenntnis nahm. Es sollte heute keiner besonderen Begründung bedürfen, daß Paulus' Position im Rahmen einer demokratischen Staatsverfassung, in der die Bürger sich als mündige Teilhaber an der Staatsgewalt verstehen, nicht ohne Abstriche anzuwenden ist. Zweifellos aber läßt sich auch die Tätigkeit von politischen Amtsträgern des demokratischen Staates als von Gott legitimiert begreifen. Sie haben ihre Aufgabe vor Gott zu verantworten. Unter dieser Prämisse hat Paulus' Anordnung in Röm 13 auch heute noch Anspruch darauf, in Gemeinde und Welt Beachtung zu finden.

β) Rechtsnahme und Rechtsverzicht (1 Kor 6,1-11)

E. Dinkler, Zum Problem der Ethik bei Paulus: Rechtsnahme und Rechtsverzicht, ZThK 49, 1952, 167-200; wieder abgedruckt in: ders., Signum Crucis, Tübingen 1967, 204-240.

L. Vischer, Die Auslegungsgeschichte von 1. Korinther 6,1-11. Rechtsverzicht und Schlichtung, BGBE 1, Tübingen 1955.

P. Richardson, Judgement in Sexual Matters in 1 Corinthians 6:1-11, NT 25, 1983, 37-58.

R.H. Fuller, First Corinthians 6:1-11. An Exegetical Paper, Ex auditu 2, Kampen 1986, 96-104.

Der Kontext antwortet auf Probleme des korinthischen Gemeindelebens, an unserer Stelle auf die Frage, wie sich die Gemeinde bei Streitigkeiten verhalten soll. Ist es erlaubt, vor heidnischen Gerichten gegeneinander zu prozessieren oder nicht? Offenbar besteht eine in Korinth geübte Praxis, wonach man bei Streitsachen vor heidnische Gerichte zieht, auch dann, wenn es sich um eine Auseinandersetzung mit einem Mitchristen handelt. Paulus' Antwort: Die Streitigkeiten sollen nicht vor heidnische Richter getragen, sondern in der Gemeinde beigelegt werden; denn die Gemeinde als Gemeinschaft der Heiligen wird die Welt richten. Dies sollte ausschließen, daß sie von weltlichen Instanzen gerichtet wird (V.2). Das Ergebnis sollte sein: Statt Rechtsstreit Rechtsschlichtung (V.5)! Darüber hinausgehend gilt grundsätzlich, daß der Christ lieber Unrecht erleiden als Unrecht tun soll (V.7). Ist auch die

Rechtsnahme bzw. die Rechtsschlichtung nicht prinzipiell verboten, so steht beides doch in einer größeren Nähe zum Unrechttun. Erstrebenswerter als Rechtsnahme ist demnach der Rechtsverzicht.

Hierdurch ist klar, wie das Verhältnis des Glaubens zur Welt gesehen ist. Eine grundsätzliche Diastase zur Welt ist gefordert. Das Sein der Christen verlangt den Verzicht auf weltliche Rechtsordnung und Praxis. Dies schließt den Grund des Abstandnehmens zur Welt ein: Die Christen sind nicht von der Welt, deshalb sind sie auch nicht den innerweltlichen Bedingungen unterworfen. Sie haben es nicht nötig, egoistisch die Rechtsordnungen der Welt für sich in Anspruch zu nehmen. Vielmehr sind sie durch Agape bestimmt. Diese wirkt sich im Rechtsverzicht aus, also in dem Verzicht, weltliche Rechtsordnungen für sich in Anspruch zu nehmen.

Die Unterschiedlichkeit des Verhaltens zur Welt in Röm 13 und 1 Kor 6 liegt auf der Hand. Auf der einen Seite steht die Forderung des Gehorsams gegenüber der weltlichen Ordnung, auf der anderen Seite die Forderung, sich von der Welt und ihrer Rechtsordnung fernzuhalten. Das Sein des Christen in der Welt ist nicht prinzipiell zu normieren und nicht in einer allgemeingültigen Formel ein für allemal vorwegnehmend zu bestimmen. Grundsätzlich ist der christliche Glaube für unterschiedliche Verhaltensweisen offen. Dennoch läßt sich das Gemeinsame, das beiden möglichen Verhaltensweisen Zugrundeliegende, erkennen. Die Position von 1 Kor 6 ist in Röm 13 nicht verlassen. Gerade die ‚Unterwerfung', der Verzicht auf Widerstehen läßt sich als Ausdruck der christlichen Entweltlichung, der ‚theologia crucis', erklären. In beiden Fällen geht es darum, Gott Gott sein zu lassen; ohne Ausnahme soll die Forderung Gottes in der Welt als auch für den Christen verbindlich anerkannt werden. In beiden Fällen geht es um die Verwirklichung dessen, was sich für den Christen als Folge der Befreiung von der Welt für die Welt ergibt. Die Forderung, die sich als Folge des Indikativs dem Christen stellt, ist wesentlich die Forderung der Agape (vgl. Röm 13,8-14), die Rücksichtnahme auf den Mitmenschen, auch wenn die konkrete Ausformung dieser Forderung der Unterscheidung und Entscheidung des einzelnen aufgegeben bleibt; denn die Forderung der Agape sagt nicht, *was* jeweils zu tun ist, wohl aber *wie* gehandelt werden muß.

c) Israel und die Kirche

CHR. MÜLLER, Gottes Gerechtigkeit und Gottes Volk, FRLANT 86, Göttingen 1964.
U. LUZ, Das Geschichtsverständnis des Paulus, BEvTh 49, München 1968.
F. MUẞNER, „Ganz Israel wird gerettet werden" (Röm 11,26). Versuch einer Auslegung, Kairos 18, 1976, 241-255.
DERS., Gesetz – Abraham – Israel, Kairos 25, 1983, 200-222.
F. HAHN, Zum Verständnis von Röm 11,26a: ‚... und so wird ganz Israel gerettet werden',

in: M.D. Hooker-S.G. Wilson (edd.), Paul und Paulinism, FS C.K. Barrett, London 1982, 221-236.
G. LÜDEMANN, Paulus und das Judentum, TEH 215, München 1983.
H. HÜBNER, Gottes Ich und Israel. Zum Schriftgebrauch des Paulus in Römer 9-11, FRLANT 136, Göttingen 1984.
N. WALTER, Zur Interpretation von Röm 9-11, ZThK 81, 1984, 172-195.
D. SÄNGER, Rettung der Heiden und Erwählung Israels. Einige vorläufige Erwägungen zu Röm 11,25-27, KuD 32, 1986, 99-119.
DERS., Die Verkündigung des Gekreuzigten und Israel. Studien zum Verhältnis von Kirche und Israel bei Paulus und im frühen Christentum, WUNT 75, Tübingen 1994.
U. SCHNELLE, Wandlungen im paulinischen Denken, SBS 137, Stuttgart 1989, 77-87.
J. BECKER, Paulus. Der Apostel der Völker, Tübingen 1989.
K.-W. NIEBUHR, Heidenapostel aus Israel. Die jüdische Identität des Paulus nach der Darstellung in seinen Briefen, WUNT 62, Tübingen 1992.
G. STRECKER, Das Christliche im jüdisch-christlichen Dialog, LM 35, 1993, 27-29.
F.W. HORN, Paulusforschung, in: ders. (Hg.), Bilanz und Perspektiven gegenwärtiger Auslegung des Neuen Testaments, BZNW 75, Berlin-New-York 1995, 30-59.

Wie sich gezeigt hat[50], gründet Paulus seine Theologie traditionsgeschichtlich zwar auf jüdischen bzw. judenchristlichen Voraussetzungen, doch ist sie nicht als jüdische, sondern als genuin christliche Theologie zu verstehen. Dies müßte für das Verhältnis des Apostels zum Judentum bedeuten, daß Paulus sich in einer deutlichen Diskontinuität zum Judentum befindet. So sagt es Phil 3,7: „Alles, was mir Gewinn war, das habe ich um Christi willen für Schaden gehalten". Der Bruch mit dem Judentum kann kaum radikaler ausgesagt werden. Dem steht die verbreitete These gegenüber, daß Paulus als Apostel eine heilsgeschichtliche Aufgabe auszuführen hätte und seinen Apostolat nur in engem Zusammenhalt mit dem Volk Israel und seiner Geschichte praktiziert habe.[51] Demnach wäre nicht eine Diskontinuität zwischen Paulus und seiner jüdischen Vergangenheit, zwischen Kirche und Synagoge, sondern eine grundsätzliche Kontinuität festzustellen. Hierdurch stünde Paulus auch in

50 Siehe oben A I a.

51 J. Munck, Paulus und die Heilsgeschichte, AJut.T 6, Kopenhagen 1954, 20-25.28-60: Paulus verstehe sich als „Werkzeug eines eschatologischen Planes, der von Gott kommt" (33). So sei die Predigt des Paulus „ein der messianischen Ära vorausgehendes Zeichen" (32). Es liege – wie Röm 11 zu entnehmen – folgender heilsgeschichtlicher Plan zugrunde: Dem ‚Nein der Juden' folgte das ‚Ja der Heiden' (35). Doch sei die Errettung der Heiden nicht vom Heil Israels zu trennen (35f). Dem Ja der Heiden folge ein Nacheifern Israels, so daß auch Israel gerettet werde (35). So seien die ‚Errettung der Heiden' und die ‚Errettung Israels' „nicht zwei isolierte Größen, von denen die eine die andere ausschließt" (36). Demnach könne Paulus, dessen Predigt in diesen heilsgeschichtlichen Plan hineingehört, als Vorläufer oder Prophet im Sinne der jüdischen Apokalyptik angesehen werden (33).

Kontinuität zum heilsgeschichtlichen Denken der Urgemeinde. Jedoch besteht ein deutlicher Hiatus: Das Judenchristentum der Urgemeinde glaubte, in einer partikularistischen Einstellung in Kontinuität zur Verkündigung Jesu zunächst und vor allem an das jüdische Volk gewiesen zu sein. Die Mission an die Heiden folgte zeitlich wie sachlich an zweiter Stelle, sie sollte nach urchristlicher Anschauung in Übereinstimmung mit den Jerusalemer Autoritäten stehen. Paulus aber ist an die Heiden gesandt. Auch wenn er – wie dies die Apostelgeschichte erkennen läßt[52] – mit seiner Verkündigung in den Diasporasynagogen begann und ihm das judenchristliche Schema ‚zuerst die Juden, sodann die Heiden', wie es noch Röm 2,10 nachklingt, durchaus vertraut ist, seine Missionserfahrung und die daraus folgende Missionspraxis ist eher umgekehrt strukturiert: zuerst die Heiden, sodann die Juden (vgl. Röm 11,25ff). Dennoch scheint nach der Aussage von Röm 11 auch für Paulus der Vorrang Israels nicht gebrochen zu sein und grundsätzlich für das Volk Israel eine heilsgeschichtliche Sonderstellung bis zum Endziel der Geschichte zu gelten.

1. Wir blicken zunächst auf die Vergangenheit des Volkes Israel, wie sie sich nach paulinischem Verständnis darstellt. Hier ist festzustellen: Die Geschichte Israels im Alten Testament hat Verheißungscharakter; sie zielt auf ihre Erfüllung in Christus. So läßt sich Abraham als Konkretion der Verheißung Gottes an Israel verstehen (Röm 4; Gal 3); er ist Typos des Glaubens, der der Zusage Gottes Vertrauen schenkt, in ihm manifestiert sich rechtfertigender Glaube, wird die Möglichkeit des Glaubens ohne Werke als Heilsweg ausgesprochen, jedoch so, daß der Verheißungscharakter gewahrt ist: „Der Segen Abrahams wurde den Heiden in Christus Jesus zuteil" (Gal 3,14).

Andererseits steht die Geschichte Israels unter dem Gesetz. Sie ist die Epoche der Heilsunwirklichkeit; denn das alttestamentliche Gesetz ist zwar der dem jüdischen Volk offenbar gewordene Gotteswille, aber (wie Röm 2,17ff besagt) die Juden haben durch das Gesetz keine Gerechtigkeit erreicht, die vor Gott gilt, sondern sie haben ihre eigene Gerechtigkeit aufgerichtet. Von einer ‚Heilsgeschichte' läßt sich im Blick auf die Vergangenheit des jüdischen Volkes also nicht wirklich sprechen, jedoch auch nicht von einer Unheilsgeschichte; denn Paulus hat sich nicht bemüht, eine Linienführung aus der Vergangenheit in die Gegenwart auszuziehen, und zwar auch dann nicht, wenn er alttestamentliche Geschichtsvorstellungen und -darstellungen verwendet, wie dies etwa 1 Kor 10 geschieht. Die Geschichte Israels ist vielmehr der Hintergrund, auf den Paulus die Aussage projiziert, daß durch die Gerechtigkeit aus Werken kein Heil zu erreichen ist, daß vielmehr allein die Gerechtigkeit aus Glauben zum Heil führt.

---

52 Vgl. z.B. Apg 13,5.14.44; 14,1; 17,1f u.ö.

2. Anders ist die Gedankenführung in *Röm 9-11*. Hier scheint es um ein heilsgeschichtliches Problem zu gehen, nämlich darum, ob das heilvolle Angebot Gottes an Israel nach der Ablehnung des Evangeliums durch die Juden und nach der Annahme der Predigt durch die Heiden auch jetzt noch Bestand hat. Paulus beantwortet diese Frage in Röm 9-11 auf unterschiedliche Weise.

1) In *Röm 9,6-29* wird festgestellt, daß die Verheißung Gottes schon im Alten Testament nicht dem empirischen Israel in seiner Gesamtheit galt, sondern nur einer Auswahl; denn nicht alle, die Abrahams Nachkommen sind, sind darum seine Kinder (V.7). So wird es durch Gottes Gnadenwahl begründet. In diesem Zusammenhang steht das Töpfergleichnis (V.20ff): Gott hat das Recht auszuwählen, wie der Töpfer seine Gefäße nach seinem Willen bilden kann. Gott hat die unumschränkte Macht, das zu tun, was er beschlossen hat; er kann zum Heil wie auch zum Unheil prädestinieren. Hierdurch will Paulus nicht eine metaphysische Spekulation über das Wesen Gottes, auch nicht eine Reflexion über den dogmatischen Topos der Prädestination einleiten, vielmehr wird die Frage nach dem Grund der Verwerfung Israels selbst abgewiesen. Diese Frage kann nicht gestellt werden, ebensowenig wie ein Töpfereiprodukt den Töpfer zur Rechenschaft ziehen kann. Gottes Handeln mit dem Volk Israel entzieht sich der rationalen Einsicht und bleibt der menschlichen Vernunft verborgen.

2) *Röm 9,30-10,21* führt die Verwerfung Israels auf die Schuld des jüdischen Volkes zurück. Israel hat sich gegenüber dem Heilshandeln ungehorsam erwiesen; denn es hatte die Möglichkeit zum Glauben (10,18f: die Predigt ist erfolgt!), aber es hat das Wort nicht glaubend angenommen. Seine Verwerfung erfolgt wegen seines schuldhaften Sichverschließens gegenüber der Verkündigung.

Die Ausführungen in Röm 9,6-29 und 9,30-10,21 verhalten sich wie göttliche Prädestination und menschliche Verantwortung zueinander. Der theozentrischen Gedankenführung entspricht eine anthropologische: die Menschen, mit denen Gott handelt, sind dieselben, die vor Gott verantwortlich handeln sollen. Paulus gibt hier – offenbar als Ergebnis von Diskussionen seiner eigenen Schule – zwei verschiedene Antworten auf die heilsgeschichtliche Frage. Daß sie miteinander nicht deckungsgleich sind, macht deutlich, daß das heilsgeschichtliche Problem für Paulus im eigentlichen Sinn nicht lösbar ist. Beantwortet wird es in der apokalyptischen Zukunft; hierauf richtet sich die Hoffnung, die rational nicht begründbar ist:

3) *Röm 11,1-36*. Das Geheimnis der Geschichte Israels besteht darin, daß die Verwerfung, die ja nicht vollständig ist, auch nicht endgültig sein wird. So verdeutlichen es die Unterabschnitte dieses Kapitels: Israels Verwerfung ist nicht vollständig; denn ein Rest (= Judenchristen!) zeigt sich durch die An-

nahme des Evangeliums als erwählt (11,1-10). Israels Verwerfung ist darüber hinaus nicht endgültig. Die Enthüllung des Geheimnisses der Geschichte besagt: Nachdem die Fülle der Heiden eingegangen ist, wird auch das Volk Israel errettet werden (11,11-16.25-32). In diesen Abschnitt ist ein Exkurs hineingestellt: eine Warnung an die Heidenchristen, sich nicht zu überheben, da sie wie ein Zweig sind, der auf einen Ölbaum aufgepfropft wurde; ihre Erwählung ist allein auf die Gnade Gottes zurückzuführen (11,17-24).

Umstritten ist, insbesondere im Zusammenhang des christlich-jüdischen Dialogs, ob in Röm 11,25ff ein ‚Sonderweg' von Paulus vorgetragen wird, dem die Vorstellung von einer ‚bleibenden Erwählung' des jüdischen Volkes entsprechen würde, eine Vorstellung, von der angenommen wird, daß sie den christlich-jüdischen Dialog erleichtern könnte. Zum einzelnen stellen sich zum Gesamtabschnitt eine Reihe von Fragen: Welche Bedeutung hat der Einleitungsteil 9,1-5 für das Verständnis des Großabschnittes und damit auch für 11,25ff? Was meint der Ausdruck ‚ganz Israel'? Wie ist dessen ‚Rettung' vorzustellen – im Kontext der Gesamtaussage der paulinischen apokalyptischen Vorstellungswelt?

Für das Verständnis unseres Abschnittes sollten die Eingangsverse 9,1ff nicht überbewertet werden. Paulus spricht in eine konkrete Situation hinein: die Erwartung seiner Rückkehr und seiner Aufnahme in die von Judenchristen geleitete Urgemeinde zu Jerusalem und seines Besuches in Rom, wo er auf Christen jüdischer wie auch heidnischer Herkunft treffen wird. Die Rücksichtnahme auf diese jüdisch geprägten, durch seine gesetzeskritische Verkündigung vermutlich verunsicherten Mitchristen veranlaßt ihn, seinen Ausführungen gleichsam eine ‚captatio benevolentiae' voranzustellen und sich zu den ‚Heilsgütern' zu bekennen, die dem empirischen Israel eine von Gott gewährte Sonderstellung gegenüber anderen Völkern garantieren. 9,1ff reflektiert also den ‚Besitzstand', der die besondere Qualität des jüdischen Volkes in seiner Vergangenheit ausgemacht hat. Hierzu gehören die ‚Verheißungen' (V.4: ἐπαγγελίαι), die den alttestamentlichen Generationen zugesprochen wurden und sich an den Vätern und Müttern des Glaubens erfüllt haben (V.7-13; vgl. 4,13). Schon hier wird deutlich, daß Gottes unverbrüchliche Zusage mit dem aus Gnade rechtfertigenden Wort identisch ist (vgl. V.12: „nicht aufgrund von Werken, sondern aufgrund des Berufenden") und der gesamte Abschnitt Röm 9-11 nicht ohne den voraufgehenden Kontext Röm 1-8, in dem die ‚Rechtfertigung ohne Werke des Gesetzes, allein aufgrund der göttlichen Gnade' im einzelnen dargestellt ist, interpretiert werden kann.

Dennoch sollte nicht bestritten werden, daß dem Abschnitt 11,25ff im Rahmen der paulinischen Theologie eine besondere Rolle zukommt. Während Paulus an anderer Stelle den überkommenen Terminus Ἰσραήλ auf die Kirche als das pneumatische Gottesvolk anwenden kann (Gal 6,16), ist nicht zu leugnen, daß in unserem Text ausschließlich das empirische jüdische Volk mit ‚Israel' identifiziert wird.[53] Dieses ist Adressat der Drohworte des alttestamentlichen Propheten Jesaja (9,27; 10,21); ihm wird bescheinigt, daß es zwar dem ‚Gesetz der Gerechtigkeit' nachjagte, aber das Gesetz (v.l.: Gesetz der Gerechtigkeit) nicht erlangt hat (9,31); daß es dem Verdacht des

---

53 So in Röm 9-11 elfmal; vgl. F. Mußner, „Ganz Israel wird gerettet werden" 241.

Unverständnisses unterliegt (10,19), daß es sich als ‚ungehorsam' und dem Anspruch Gottes gegenüber unzugänglich erwiesen hat (10,21; 11,2). Von diesem Textbestand her legt es sich nahe, auch den Ausdruck πᾶς 'Ισραήλ auf das empirische Israel zu beziehen, so daß diesem insgesamt Rettung zugesagt wird, nachdem die ‚Fülle der Heiden' zum Heil gelangt ist (11,25f). Allerdings unterscheidet Paulus im Kontext zwischen unbekehrten und bekehrten Juden. Während die ersteren der ‚Verstockung' (πώρωσις) unterworfen sind, werden die letzteren davon ausdrücklich ausgenommen; sie gehören dem ‚Rest' (λεῖμμα) an, der aufgrund der ‚Erwählung' (ἐκλογή) zum pneumatischen Gottesvolk hinzugezählt wird (11,5); sie sind die ‚Auserwählten', die das zugesagte Heil nicht aufgrund von Werken, sondern aus Gnade erhalten haben (11,6f). Kein Zweifel, daß der Erwählungsgedanke in der Verbindung mit der Vorstellung vom ‚heiligen Rest' christozentrisch und rechtfertigungstheologisch ausgelegt werden muß[54] und es sich von hier aus verbietet, dem empirischen Israel aufgrund von Röm 9-11 eine ‚bleibende Erwählung' zuzusprechen, die dem jüdischen Volk mit der Absehung vom Christusgeschehen einen Sonderweg zum Heil zugestehen würde.[55] Dies läßt sich auch nicht unter Berufung auf die Gültigkeit der Verheißungen (wie wir gesehen haben, ist der Begriff ἐπαγγελίαι nicht von seinem rechtfertigungstheologischen und damit christuszentrierten Inhalt zu abstrahieren: 9,8f) oder die ‚Treue Gottes' postulieren; das letztere ist angesichts der souveränen Verfügungsmacht des Schöpfergottes nicht rational zu überprüfen, und die Feststellung, daß Gott sein Volk nicht verstoßen hat (11,1f), hat ihren Zielpunkt nicht in der Begründung eines statischen Erwählungsbewußtseins, sondern in der Tatsache, daß ein Rest Israels sich dem Evangelium geöffnet hat (11,4ff).

Nach dem Gesagten erscheint der Inhalt des von Paulus geoffenbarten Geheimnisses nicht als genuine Frucht paulinischer Theologie verstanden werden zu können. Sie ist offenbar ein aus dem Zwang der kirchenpolitischen Situation geborenes Zugeständnis, wonach ‚ganz Israel gerettet werden wird' (11,26). Hier ist allerdings nicht nur das geistliche Israel, auch nicht nur der Rest Israels gemeint, sondern πᾶς 'Ισραήλ umfaßt zu Christen gewordene und nichtglaubende Juden. Allen wird die eschatologische σωτηρία[56] zugesagt, die durch Christus auch den Heiden erschlossen wird. In welcher

---

54 Anders F. Mußner, a.a.O. 241f.

55 Die These eines ‚Sonderweges' wird verschieden interpretiert; z.B. F. Mußner, Gesetz – Abraham – Israel 208: ein „Sonderweg erfolgt, der aber gerade nicht an Christus und seinem Erlöserwerk vorbeiführt". Vgl. auch M. Theobald, Bleibendes Nebeneinander der beiden Gotteszeugen Israel und Ekklesia, in: ders., Die überströmende Gnade. Studien zu einem paulinischen Motivfeld, fzb 22, Würzburg 1982, 165. Anders B. Klappert, Traktat für Israel (Röm 9-11), in: M. Stöhr (Hg.), Jüdische Existenz und die Erneuerung der christlichen Theologie, München 1981, 58-137, wonach sich Israels Sonderweg darin gründet, daß die Erwählung Israels der Stellung Israels zum Evangelium übergeordnet ist (a.a.O. 85f).

56 Auch wenn es Paulus nicht allgemein „von Anfang an um die σωτηρία Israels" geht, sondern seine Verkündigung sich an Juden und Heiden richtet, so gilt doch, daß in Röm 9-11 „die σωτηρία ... nichts anderes als das eschatologische Heil Israels" meint (F. Mußner, „Ganz Israel wird gerettet werden" 246f).

Weise die Rettung ermöglicht werden wird, erläutert Paulus nicht. Ob eine umfassende ‚letzte Evangeliumsverkündigung' zu diesem Ziel führen soll[57], wird nicht gesagt, auch nicht, ob und in welcher Weise Bekehrung und Glaube in Israel vorausgesetzt werden.[58] Keinesfalls läßt sich behaupten, daß ein das Christusereignis ausschließender Sonderweg beschritten werden wird. Entscheidend für Paulus und seine Leser ist, daß für die Zukunft Hoffnung auf die Verwirklichung eines alle Völker umfassenden Gottesvolkes besteht.

Paulus legt mit diesen Ausführungen wie auch an anderer Stelle keinen ausgeführten heilsgeschichtlichen Entwurf vor. Es geht ihm nicht um eine Demonstration des göttlichen Heilshandelns in der Geschichte. Vielmehr bleibt Gottes Handeln verborgen. Eine nach Perioden gegliederte Abfolge des göttlichen Geschichtshandelns, eine Geschichtssystematik ist von dem Apostel nicht beabsichtigt. Entsprechend der Tatsache, daß zum jüdischen Nationbegriff auch der Gedanke der Erwähltheit des jüdischen Volkes gehört, spricht Paulus hier als geborener Jude, dem der nationale Horizont des Judentums eine Selbstverständlichkeit ist. Ist für ihn im Zeitpunkt seiner Bekehrung das Band zwischen Nation und Religion gelöst worden, ist er nach Inhalt und Ausdruck seines Glaubens nicht mehr Jude, sondern Christ, so ist er seiner Nationalität nach freilich Jude geblieben. Von hier aus bleibt die paulinische Erwartung der endzeitlichen Heimführung Israels (Röm 11,25ff) für die christliche Kirche ein schwieriges hermeneutisches Problem. Zwar ist Paulus' Auskunft immer wieder als der genuin christliche Standpunkt zum Problem Israel gewertet worden. Die Prärogative des jüdischen Volkes, die bis in eine ferne Zukunft andauert, scheint hier für die christliche Lehre allgemeinverbindlich ausgesprochen worden zu sein. Jedoch darf nicht übersehen werden, daß Paulus in seiner Frühphase eine andersgeartete Ansicht vertrat. Aufgrund seiner negativen Missionserfahrungen gelangte er zu einem eindeutigen Verwerfungsurteil gegenüber seinem eigenen Volk, soweit es im Unglauben verharrte und die christliche Gemeinde verfolgte (1 Thess 2,16: „Das Zorngericht ist endgültig über sie gekommen"). Dabei kann man sich nicht ausschließlich mit der Auskunft begnügen, die paulinischen Aussagen seien situations- und zeitgebunden. Sie lassen sich zwar nicht absolut als zeitgebunden erklären, aber in ihrem relativen Verhältnis zueinander – vgl. z.B. die unterschiedlichen Konzeptionen in 1 Thess 2,16 und 2 Kor 3 – zeigt sich doch ein ‚Wandel'. Wäre Röm 11,25f die absolute abschließende Ansicht des Paulus, müßte sich eine Entwicklung seines theologischen Denkens dorthin aufzeigen lassen. In jedem Fall wird an dieser Stelle die Einheit des Neuen Testaments zum Problem. Neben der paulinischen Beurteilung steht die

---

57 So J. Becker, Paulus 501.

58 So F. Hahn, Zum Verständnis 229f.

Theologie der synoptischen Evangelisten, die das jüdische Volk nicht nur für den Tod Jesu verantwortlich machen, sondern auch zu der Aussage gelangen, daß die Erwählung Israels bis zum Zeitpunkt des Todes Jesu, nicht aber darüber hinaus Gültigkeit hat: Mit dem Zeitpunkt des Todes und der Auferstehung Jesu Christi ist die Vorzugsstellung Israels erledigt und ein anderes Volk, die Kirche aus Juden und Heiden, hat das Volk Israel mit seinem besonderen Anspruch, das Gottesvolk zu sein, abgelöst (vgl. Mt 21,43; 27,25). Die beiden unterschiedlichen Antworten symbolisieren zwei verschiedene Interpretationsweisen, die für das Problem Israel in der Theologiegeschichte zu divergierenden Konsequenzen geführt haben. Eine Bewertung im Sinn von Röm 11,25ff hat zu einer philosemitischen Verhaltensweise geführt, die von dem jüdischen Volk mehr erwartet als realistisch dem jüdischen Selbstverständnis zuzumuten ist. Eine Bewertung im synoptischen Sinn hat zu einem Antisemitismus geführt, der antijüdische Ressentiments verschiedener Prägung und Motivierung mit einem christlichen Vorzeichen versehen konnte. Christliche Beurteilung des Volkes Israel wird davon auszugehen haben, daß nach neutestamentlichem Verständnis das Christusgeschehen der Wendepunkt der Geschichte ist, daß das Wort des Evangeliums ohne Unterschied der Nationen und Religionen Glauben fordert und jeden Menschen als einzelnen zur Entscheidung ruft. Wenn Paulus das für ihn existentielle Problem des Schicksals Israels im Rahmen eines apokalyptischen Fahrplans und damit im Zusammenhang mit heilsgeschichtlichen Spekulationen zu lösen sucht, so ist solche Grenzüberschreitung auf der Basis seiner Rechtfertigungstheologie kritisch zu hinterfragen.

V. Die Zukunft der Freien

E. Käsemann, Die Anfänge christlicher Theologie, ZThK 57, 1960, 162-188; wieder abgedruckt in: ders., Exegetische Versuche und Besinnungen II, Göttingen[3]1970, 82-104.

Ders., Zum Thema der urchristlichen Apokalyptik, ZThK 59, 1962, 257-284; wieder abgedruckt in: ders., Exegetische Versuche und Besinnungen II, Göttingen[3]1970, 105-131.

C.H. Hunzinger, Die Hoffnung angesichts des Todes im Wandel der paulinischen Aussagen, in: Leben angesichts des Todes, FS H. Thielicke, hg. v. B. Lohse u. H.P. Schmidt, Tübingen 1968, 69-88.

W. Wiefel, Die Hauptrichtung des Wandels im eschatologischen Denken des Paulus, ThZ 30, 1974, 65-81.

J. Baumgarten, Paulus und die Apokalyptik, WMANT 44, Neukirchen-Vluyn 1975.

J. Becker, Auferstehung der Toten im Urchristentum, SBS 82, Stuttgart 1976.

P. Hoffmann, Die Toten in Christus. Eine religionsgeschichtliche und exegetische

Untersuchung zur paulinischen Eschatologie, NTA NF 2, Münster [3]1978.
G. Klein, Art.: Eschatologie IV. Neues Testament, TRE 10, 1982, 270-299.
G. Nebe, ‚Hoffnung' bei Paulus. Elpis und ihre Synonyme im Zusammenhang der Eschatologie, StUNT 16, Göttingen 1983.
J.C. Beker, Paul's Apocalyptic Gospel, Philadelphia [2]1984.
H.-H. Schade, Apokalyptische Christologie bei Paulus, GTA 18, Göttingen [2]1984.
H. Weder, Art.: Hoffnung II. Neues Testament, TRE 15, 1986, 484-491.
Ph. Vielhauer-G. Strecker, Apokalypsen und Verwandtes. Einleitung. Apokalyptik des Urchristentums. Einleitung, in: NTApo II, hg. v. W. Schneemelcher, Tübingen [5]1989, 491-515.516-547.
U. Schnelle, Wandlungen im paulinischen Denken, SBS 137, Stuttgart 1989, 37-48.

Die Frage, ob Paulus ein Apokalyptiker gewesen ist (E. Käsemann) bzw. die Zukunftsperspektive seiner Theologie in apokalyptischen Vorstellungen entfaltet hat, ist im wesentlichen eine Angelegenheit der Definition. Versteht man den Ausdruck ‚Apokalyptik' in einem literarischen Sinn, so ist sie zu verneinen; denn der Apostel hat niemals eine Apokalypse, wie sie im jüdischen Schrifttum das äthiopische Henochbuch, syrBar, 4 Esr oder im christlichen Bereich die Johannesapokalypse darstellen, geschrieben.[1] Die wesentlichen Strukturmerkmale einer literarisch verstandenen Apokalyptik sind: Pseudonymität, Visionsbericht, Geschichtsüberblicke in Futurform; hineinverwoben sind spezifische formgeschichtliche Gattungen, z.B. Lieder und Gebete. Sind solche formalen Kriterien für Paulus so gut wie nicht nachzuweisen, so sind doch inhaltliche Strukturelemente, z.B. die Zwei-Äonen-Lehre vorausgesetzt. Die Vorstellung vom kommenden Äon wird personal interpretiert; es geht um den Kommenden, den Weltrichter; dies meint, die Parusie Christi, die für die Glaubenden den Zugang zur himmlischen Welt öffnet (1 Kor 15,23ff). Die Freuden der künftigen Welt werden nicht ausgemalt. Nur chiffrenartig, oft traditionsgegeben begegnen apokalyptische Ausdrücke: βασιλεία τοῦ θεοῦ (Röm 14,17; 1 Kor 6,9f; 15,50; Gal 5,21; 1 Thess 2,12); βῆμα τοῦ θεοῦ (Röm 14,10) bzw. τοῦ Χριστοῦ (2 Kor 5,10).[2] Die futurisch- eschatologische Ausrichtung unterstreicht der häufige Gebrauch von ἐλπίς (Röm 8,20.24; 12,12; 15,4.13; Gal 5,5). Konkreter Bezugspunkt ist

---

1 Vgl. die Apokalypsen bei: P. Rießler, Altjüdisches Schrifttum außerhalb der Bibel, Darmstadt [2]1966; ferner W.G. Kümmel-H. Lichtenberger (Hgg.), JSHRZ I-V, Gütersloh 1973ff.

2 Vgl. zur paulinischen apokalyptischen Begrifflichkeit noch παρουσία (1 Thess 2,19); ἡμέρα (τοῦ) κυρίου u.ä. (1 Thess 5,2; 1 Kor 1,8), da das ‚Gerichtsurteil Gottes' (Röm 2,2: κρίμα τοῦ θεοῦ) vom Ende erwartet wird, ist dieser Tag ein ‚Tag des Zornes und der Offenbarung des gerechten Gerichtes Gottes' (Röm 2,5); andererseits wird der Gemeinde die himmlische ‚Herrlichkeit' (Doxa) zugesagt (Röm 8,18; 2 Kor 4,17).

die Totenauferstehung; zu unterscheiden sind die Auferstehung der Glaubenden bei der Wiederkunft Christi (1 Thess 4,16f; 1 Kor 15,23) und die allgemeine Totenauferstehung, von der Paulus allenfalls indirekt spricht (1 Kor 15,24-27; Phil 3,21).

Die allgemeine Voraussetzung der paulinischen Theologie ist die apokalyptische Naherwartung. Paulus hofft, daß die Parusie des Kyrios sich bald ereignen wird. Noch in einem der jüngsten Briefe bezeugt er, daß „der Herr nahe ist" (Phil 4,5: ὁ κύριος ἐγγύς). Deutlich sind die Spuren der Naherwartung in Röm 13,11f („die Nacht ist vorgerückt, der Tag ist genaht") oder 1 Kor 7,29 („die Zeit ist kurz") und im urchristlichen Gemeinderuf „Maranatha" (1 Kor 16,22); der erste Thessalonicherbrief als der älteste Paulusbrief zeigt mit einer akuten Naherwartung zugleich die Problematik, die aus einem allmählich entstehenden Verzögerungsbewußtsein erwächst.

Daß Paulus den Kyrios als den kommenden, gericht- und heilbringenden endzeitlichen Herrscher erwartet (vgl. Phil 2,11; 1 Kor 15,23), macht ihn zu einem Repräsentanten einer verbreiteten urchristlichen Überlieferung. Schon Johannes der Täufer hatte seine Verkündigung als Hinweis auf den Kommenden verstanden (Mk 1,7par), und Jesus befindet sich auf diesem Boden, wenn er wie Johannes als endzeitlicher Prophet auftrat und den nahen Anbruch der Gottesherrschaft ansagte (Mk 1,14f; Mt 12,28). Die nachösterliche Gemeinde hat mit dem Kerygma, das die Heilsbedeutung von Kreuz und Auferstehung Jesu bezeugt, die Parusieerwartung verbunden und Jesus als den auferstandenen und wiederkommenden Menschensohn erwartet (1 Thess 1,9f; Mk 13,24ffpar; Lk 17,20par).

Die Erkenntnis, daß die Parusie sich verzögerte und die ursprüngliche Naherwartung sich nicht bewahrheitete, hat – wie dies A. Schweitzer und dessen Schüler M. Werner[3] ausgeführt haben – für die Entwicklung der frühchristlichen Theologie eine wesentliche Bedeutung gehabt, indem an die Stelle der ‚konsequenten Eschatologie' die Dogmenbildung einer sich institutionalisierenden Kirche getreten ist. Paulus steht am Anfang dieser Entwicklung, da er in seinen Briefen die ersten Anzeichen eines Verzögerungsbewußtseins erkennen läßt. Hierbei ist eine Linie aufzuzeigen, welche die unterschiedlichen Lösungen einer sich steigernden Problematik der Naherwartung angesichts der ‚Dehnung der Zeit' nachzeichnen läßt.

1) *1 Thess 4,13-17.* In seinem frühesten Brief stellt sich Paulus der Frage, die in der von ihm gegründeten Gemeinde zu Thessalonich aufgeworfen wurde: Was geschieht mit den Christen, die vor der Parusie des Kyrios gestorben

---

3 M. Werner, Die Entstehung des christlichen Dogmas, Bern-Tübingen ^{2}1953, 105-125; vgl. schon A. Schweitzer, Mystik 324-364.

sind? Gibt es für sie keine Hoffnung? Diese Frage setzt voraus, daß Paulus bei seiner Gründungspredigt zwar von der Erwartung des kommenden Kyrios, aber offenbar weniger oder gar nicht von einer künftigen Totenauferstehung gesprochen hat. Das Problem des sich hier abzeichnenden Parusieverzögerungsbewußtseins versucht Paulus mit einem ‚Wort des Herrn' (λόγος κυρίου) zu bewältigen (4,15; 4,16-17*). Das in der (christlichen) apokalyptischen Tradition vorgefundene Herrenwort hatte ursprünglich vermutlich den folgenden Wortlaut:

16 ὅτι αὐτὸς ὁ κύριος ἐν κελεύσματι	16 Der Herr selbst wird mit einem Befehlsruf,
ἐν φωνῇ ἀρχαγγέλου	bei der Stimme eines Erzengels
καὶ ἐν σάλπιγγι θεοῦ,	und (dem Schall) der Posaune Gottes
καταβήσεται ἀπ᾽ οὐρανοῦ	vom Himmel herabkommen,
καὶ οἱ νεκροὶ ... ἀναστήσονται	und die Toten ... werden auferstehen
17 (καὶ) ... ἁρπαγησόμεθα ἐν νεφέλαις	17 (und) ... entrückt werden in Wolken
εἰς ἀπάντησιν τοῦ κυρίου εἰς ἀέρα	zur Begegnung mit dem Herrn ent gegen in (die) Luft.

Paulus hat dieses in jüdisch christlicher-apokalyptischer Tradition vorgefundene Herrenwort auf die Situation der Gemeinde und seine Person bezogen und dadurch inhaltlich verändert. Seine Aussage ist im gegenwärtigen Zusammenhang: Es gibt a) eine Auferstehung der gestorbenen Christen zu Beginn der Parusie des Kyrios und b) eine gemeinsame Entrückung aller Christen dem Kyrios entgegen. Die Hoffnung auf die endzeitliche Vereinigung mit dem Kyrios Christus, die im Anschluß an die Tradition mit kräftigen apokalyptischen Farben ausgemalt wird, verbindet alle Christen, gleichgültig, ob sie vor der Parusie gestorben sind oder bei der Parusie leben. Paulus selbst zählt sich ohne Zweifel zu den beim Kommen des Kyrios noch Lebenden; für seine Person hält er ohne Einschränkung an der Naherwartung fest, auch wenn der Zeitpunkt der Parusie ungewiß ist (vgl. 1 Thess 5,1f).

2) *1 Kor 15.* Im Unterschied zu 1 Thess 4, wo Paulus den λόγος κυρίου auf eine gegebene Situation anwendet, bringt er in 1 Kor 15 eine rationale Beweisführung, in der über das künftige Schicksal der glaubenden Christen systematisierend reflektiert wird. Im Gegenüber zu den korinthischen Pneumatikern, welche zwar die Auferstehung Jesu bejahen, nicht aber die künftige Auferstehung der Toten, versucht Paulus sowohl das Daß als auch das Wie der künftigen Totenauferstehung zu begründen. Das Kapitel gliedert sich wie folgt:

1. V.1-11 Die Tradition (das Kerygma von Kreuz und Auferweckung Jesu Christi, die Zeugen)
2. V.12-19 Die Tatsächlichkeit der Auferstehung (daß Christus auferweckt wurde, begründet die Hoffnung auf die künftige Totenauferstehung)
3. V.20-28 Die Ordnung der Auferstehung (Adam-Christus; die Reihenfolge der Endereignisse: Christus, Auferstehung der Christen bei der Parusie, die Übergabe des Reiches Christi an den Vater)
4. V.29-34 Weitere Begründungen (V.29: Vikariatstaufe; die Leiden des Apostels bezeugen seine Hoffnung auf die Auferstehung)
5. V.35-58 Das Wie der Auferstehung (psychischer und pneumatischer Leib; V.51b: „nicht alle werden wir entschlafen, aber alle werden wir verwandelt werden").

Die ausgeführte rationale Darlegung hat spezifische Schwerpunkte:
1. Adam-Christus-Typologie (V.20ff: Adam als Urheber des Todes, mit dem der Tod in die Welt kam; Christus der Urheber des Lebens; ist er der erste, der von den Toten auferweckt wurde, so ist damit das Ende vorweggenommen).
2. Reihenfolge des Enddramas (V.23-28).
3. Präzisere Bestimmung des Schicksals der Lebenden (gegenüber 1 Thess 4 wird als neuer Gedanke in V.51f die ‚Verwandlung' der Lebenden wie auch der Gestorbenen ausgesagt). Die künftige Existenz ist nicht ohne σῶμα, jedoch nun nicht im Sinn eines sarkischen bzw. eines σῶμα ψυχικόν, sondern eines σῶμα πνευματικόν (V.46). In Übereinstimmung mit 1 Thess 4 zählt Paulus sich selbst zu den bei der Parusie lebenden Christen; die Naherwartung ist insofern für seine Person ungebrochen; dennoch ist ein Vergleich zwischen 1 Thess 4,17 („wir, die wir leben und übrigbleiben, werden mit ihnen entrückt ...") und 1 Kor 15,51 („nicht alle werden entschlafen") aufschlußreich; die Ausdrucksweise in V. 51 deutet die Möglichkeit an, daß einige oder gar viele vor der Parusie sterben werden. Auf jeden Fall ist auch 1 Kor 15 die Gleichheit von Lebenden und Toten bei der Parusie gewährleistet.

3) *2 Kor 5,1-10.* Nach V.1 besteht die Hoffnung, daß nach dem Abbruch der irdischen Zeltwohnung die Gemeinde ein Haus im Himmel haben wird. Hier verbinden sich präsentische und futurisch-eschatologische Aussagen; dabei ist ein hellenistisch-synkretistischer Einfluß nicht zu verkennen. Paulus schließt offenbar die Möglichkeit nicht aus, daß er selbst vor der Parusie sterben wird; das Ziel der Zukunftserwartung ist das Gericht Christi (V.10). Neben diese apokalyptische Erwartung tritt die Hoffnung, ein Haus (‚schon jetzt') bei Gott zu haben (V.1). Dies setzt voraus, daß man vor der Parusie ent- und überkleidet wird (V.3f); es bedeutet Trennung vom irdischen Leib und Verleihung einer neuen Leiblichkeit. Das Pneuma sichert als das ‚Angeld' die Kontinuität zwischen Gegenwart und Zukunft (V.5). Rechnet Paulus mit der Möglichkeit, daß er selbst vor der Parusie sterben wird, so bedeutet das ein ‚aus der

Fremde heimkehren' (V.8: ἐνδημῆσαι πρὸς τὸν κύριον). Das Nachlassen der Parusienaherwartung beendet die eschatologische Hoffnung nicht.

Schon hier deutet sich als Problem das Verhältnis von Totenauferstehung zur unmittelbaren Vereinigung mit dem Kyrios nach dem Tode an. Die Einwirkung von verschiedenen Vorstellungsschemata wird erkennbar (einerseits apokalyptische Erwartung, andererseits ἐν Χριστῷ-Vorstellung: vgl. 1 Thess 4,16; 1 Kor 15,18). Deutlicher ist die Erwartung einer endzeitlichen Totenauferstehung in 1 Kor 6,14 ausgesprochen; sie ist der Erweckung Jesu parallelisiert und von dieser abgeleitet.[4] Noch klarer spricht 2 Kor 4,14 die Verbindung der Hoffnung auf Totenerweckung mit der Parusieerwartung aus; vgl. auch Phil 3,10f (die Auferstehung der Toten als Zielpunkt der paulinischen Hoffnung). – Sowohl 1 Kor 6,14 als auch 2 Kor 4,14 belegen das Theologumenon der Hoffnung auf die Totenauferstehung der Glaubenden, ohne daß hierbei das Schicksal des Paulus reflektiert ist. Dagegen gibt Phil 3,11 die persönliche Erwartung des Paulus wieder, jedoch steht auch hier die allgemeinere Erwartung im Vordergrund. – Anders Röm 8,10f, eine Stelle, die als Weiterführung von Gal 2,20 (das Leben des Christus im Menschen als Überwindung der σάρξ) zu verstehen ist und in doppelter Hinsicht interpretiert werden kann: a) Der Geist Gottes wird in euren Leibern wirksam werden (so Gal 2,20) oder b) Gott wird euch durch seinen Geist auferwecken (= Hoffnung auf die Totenauferweckung für die Glaubenden).

4) *Röm 8,16-30.* Das achte Kapitel des Römerbriefes handelt vom ‚Leben im Geist'. Das Pneuma ist als ἀπαρχή (8,23) wie auch als ἀρραβών (2 Kor 1,22) ein Angeld auf das Ende. Seine Wirksamkeit wird in Röm 8,16f für die Gegenwart bezeugt. Der Geist ist der Beistand der Gemeinde, indem er bezeugt, ‚daß wir Gottes Kinder sind'. Hieraus folgt, daß das Einsetzen zu Kindern Gottes zugleich die Anerkennung als Erben bedeutet.
V.18-25 unterstreichen die futurisch-eschatologische Ausrichtung. Die christliche Hoffnung wird durch das Leiden motiviert; κτίσις ist die geschaffene Welt, die alle natürlichen Lebewesen, also nicht nur die Menschenwelt umfaßt; sie ist wie die Kinder Gottes durch eine ‚sehnsüchtige Erwartung' (ἀποκαραδοκία) bestimmt und wartet auf die Enthüllung des Künftigen, so daß das gegenwärtige Leiden der Natur geradezu ein Gegenbild für die künftige Herrlichkeit ist (V.21). Nicht weniger gilt für die Kinder Gottes, daß sie ‚auf Hoffnung' gerettet sind (V.24). Die ἐλπίς ist ein Wesensmerkmal der Glaubenden.
V.26-27. Der Geist selbst tritt für die Glaubenden in ihrer Schwachheit ein. Er ist selbst in den stammelnden, Schwachheit bezeugenden Gebeten der Gemeinde gegenwärtig. Dabei ist klar, daß solche Zeit der Schwachheit dieser Welt zugehört und auf die Erfüllung und Erlösung in der zukünftigen Welt angelegt ist.

---

4 Handelt es sich hier um eine Glosse? Vgl. dazu U. Schnelle, 1 Kor 6,14 – eine nachpaulinische Glosse, NT 25, 1983, 217-219.

V.28-30. Die Vorherbestimmung Gottes begründet die christliche Hoffnung; denn sie wirkt bei denen, die Gott lieben, zum Guten. So zeigt es das Bild seines Sohnes, der der πρωτότοκος vieler Brüder ist (V.29), also den Weg vorausgegangen ist. Seine Gemeinde weiß sich bestimmt durch das, was in dem Kettenschluß ausgesagt ist: vorher erkannt – vorher bestimmt (V.29a) – berufen – gerechtfertigt – verherrlicht (V.30). Das Endziel ist die δόξα; diese ist aber schon im Geist Gegenwart. – In alledem finden sich keine Angaben über den Zeitpunkt der Parusie; jedoch ist die Parusienaherwartung als selbstverständlich vorausgesetzt.

5) *Phil 1,23.* Hier rechnet Paulus (vermutlich in römischer Gefangenschaft) mit seinem Tod vor der Parusie. Unmittelbar nach seinem Tod wird er mit Christus vereinigt werden. Ein Zwischenzustand nach dem Tode ist nicht vorausgesetzt[5], sondern eine direkte Vereinigung mit dem Kyrios. Scheinbar entspricht σὺν Χριστῷ (V.23) dem σὺν κυρίῳ (offenbar ein Verweis auf 1 Thess 4,17). Jedoch spricht letzteres den Zielpunkt der apokalyptischen Hoffnung aus (Parusienaherwartung); hier dagegen handelt es sich um den Zielpunkt der Todeserwartung. Dennoch verläßt Paulus auch im Philipperbrief den früheren Standpunkt der Naherwartung nicht (vgl. 4,5). Auch die Hoffnung auf die Totenauferweckung bleibt bestehen (Phil 3,10f: Gleichgestaltetsein im Tode, ob ich zur Auferstehung von den Toten gelangen möchte = keine allgemeine Totenauferstehung, sondern die der Glaubenden; so auch 1 Kor 15,23). Jedoch rechnet Paulus für seine eigene Person mit seinem baldigen Tod und seiner anschließenden Vereinigung mit Christus.[6] Offensichtlich erwartet der Apostel in Entsprechung zur jüdischen Paradiesvorstellung seine Aufnahme in den künftigen Aufenthaltsort der Gerechten. Eine singuläre Angabe, die sich so nur hier in einem der letzten Briefe des Apostels findet. Wenn Paulus auch sonst von einer Zuständlichkeit der himmlischen Welt sprechen kann (2 Kor 5,1), so ist sie doch erst hier im Blick auf seinen Tod aktualisiert; vorher überwiegt die apokalyptische, futurisch-eschato-

---

5 Gegen W. Michaelis, Der Brief des Paulus an die Philipper, ThHK 11, Leipzig 1935, 26f; vgl. dazu W. Schenk, Die Philipperbriefe des Paulus, Stuttgart 1984, 154ff.

6 P. Hoffmann, Die Toten in Christus, 321ff, speziell 327 bestreitet die These von einer Entwicklung von 1 Thess 4 bis zu Phil 1,23 in der eschatologischen Anschauung des Paulus: Phil 1,23 gehöre zu Brief B, der ca. 54/55 in Ephesus abgefaßt wurde, es ergebe sich die chronologische Abfolge der eschatologischen Stellen: 1 Thess 4 – Phil 1,23 – 1 Kor 15 – 2 Kor 5. Dagegen ist allerdings einzuwenden, daß der Ephesusaufenthalt des Paulus auf der Grundlage der Apostelgeschichte überstrapaziert wird. Von einer Gefangenschaft des Paulus in Ephesus wissen wir nichts. Problematisch ist darüber hinaus die Fragmentenhypothese des Philipperbriefes.

logische Linie, die Hoffnung auf die Begegnung mit dem Kyrios bei dessen Parusie.

Im Blick auf das Verhältnis seines eigenen Schicksals zur Parusie hat Paulus in seinen Briefen demnach eine unterschiedliche Auffassung vertreten: von der akuten Naherwartung zu einer Modifizierung dieser Erwartung zugunsten der Hoffnung, mit Christus unmittelbar nach dem Tod vereinigt zu werden. Gleichwohl ist die Parusienaherwartung nicht aufgegeben worden. Daß sich die Parusie in unmittelbarer Zukunft ereignen wird, ist eine These, die Paulus von Anfang bis zum Ende seiner apostolischen Tätigkeit festgehalten hat.

Die Zukunft des kommenden Christus, begründet aus der Ostererfahrung der ersten Jünger Jesu, ist der bleibende Zielpunkt urchristlichen Denkens und Lebens. Sie motiviert bei Paulus, daß und wie die Gegenwart als eschatologische Zeit begriffen wird. Die Dialektik der glaubenden Existenz, das ‚schon jetzt' und ‚noch nicht' des Heils, hat hier ihre eigentliche Begründung. Dabei ist es für den Apostel nicht von wesentlicher Bedeutung, ob solche Zukunft sich bald ereignen wird oder ob noch ein längerer Zeitraum bis zum Kommen des Christus verstreichen wird und so an die Stelle der Parusienaherwartung das Bewußtsein tritt, dem kommenden Christus schon im Tode begegnen zu können. Die apokalyptischen Vorstellungen und Bilder können wechseln – entscheidend für den Apostel und die Urkirche ist, daß dieses eschatologische Ziel, dessen Ort jenseits von Zeit und Raum gelegen ist, die christliche Hoffnung trägt und hält und dem christlichen Freiheitsbewußtsein jene Dimension bereitstellt, die es zu einem christlichen macht.

B. DIE URCHRISTLICHE ÜBERLIEFERUNG BIS ZUR ABFASSUNG DER EVANGELIEN

I. Die Ankündigung des Kommenden – Johannes der Täufer

M. DIBELIUS, Die urchristliche Überlieferung von Johannes dem Täufer, FRLANT 15, Göttingen 1911.

DERS., Jungfrauensohn und Krippenkind. Untersuchungen zur Geburtsgeschichte Jesu im Lukas-Evangelium, wieder abgedruckt in: ders., Botschaft und Geschichte. GAufs. Bd. 1: Zur Evangelienforschung, hg. v. G. Bornkamm und H. Kraft, Tübingen 1953, 1-78.

K. KUNDSIN, Topologische Überlieferungsstoffe im Johannes-Evangelium, FRLANT 22, Göttingen 1925.

E. LOHMEYER, Das Urchristentum. 1. Buch, Johannes der Täufer, Göttingen 1932.

T.W. MANSON, The Sayings of Jesus as recorded in the Gospels according to St. Matthew and St. Luke arranged with Introduction and Commentary, London 1949.

H. SAHLIN, Studien zum dritten Kapitel des Lukasevangeliums, UUA 2, Uppsala 1949.

A. SCHLATTER, Johannes der Täufer, hg. v. W. Michaelis, Basel 1956.

K.H. RENGSTORF, Art.: Ἰορδάνης, ThWNT VI, 1959, 608-623.

D. FLUSSER, Johannes der Täufer, Leiden 1963.

CH.H.H. SCOBIE, John the Baptist, London 1964.

PH. VIELHAUER, Tracht und Speise Johannes' des Täufers, in: ders., Aufsätze zum Neuen Testament, TB 31, München 1965, 47-54.

DERS., Das Benedictus des Zacharias (Lk 1,68-79), ZThK 49, 1952, 255-272 (= ders., Aufsätze zum Neuen Testament, TB 31, München 1965, 28-46).

W. WINK, John the Baptist in the Gospel Tradition, MSSNTS 7, Cambridge 1968.

R. BULTMANN, Die Bedeutung der neuerschlossenen mandäischen und manichäischen Quellen für das Verständnis des Johannesevangeliums, in: ders., Exegetica, Tübingen 1967, 55-104 (= Erstdruck in ZNW 24, 1925, 100-146).

DERS., Das Evangelium des Johannes, KEK II, Göttingen [21]1986.

R. SCHÜTZ, Johannes der Täufer, AThANT 50, Zürich-Stuttgart 1967.

J. BECKER, Johannes der Täufer und Jesus von Nazareth, BSt 63, Neukirchen-Vluyn 1972.

J.H. HUGHES, John the Baptist: The Forerunner of God Himself, NT 14, 1972, 191-218.

F. LANG, Erwägungen zur eschatologischen Verkündigung Johannes des Täufers, in: FS H. Conzelmann, Göttingen 1975, 459-473.

P. HOLLENBACH, Social Aspects of John the Baptizer's Preaching Mission in the Context of Palestinian Judaism, ANRW II 19.1, Berlin-New York 1979, 850-875.

R. LAUFEN, Die Doppelüberlieferungen der Logienquelle und des Markusevangeliums, BBB 54, Königstein-Bonn 1980.

W. SCHMITHALS, Das Evangelium nach Lukas, ZBK.NT 3.1., Zürich 1980.

G. STRECKER, Das Judenchristentum in den Pseudoklementinen, TU 70,2, Berlin[2]1981.
V. SCHÖNLE, Johannes, Jesus und die Juden. Die theologische Position des Matthäus und des Verfassers der Redenquelle im Lichte von Matthäus 11, BET 17, Frankurt-Bern 1982.
G. LINDESKOG, Johannes der Täufer. Einige Randbemerkungen zum heutigen Stand der Forschung, ASTI 12, Leiden 1983, 55-83.
W. SCHENK, Gefangenschaft und Tod des Täufers. Erwägungen zur Chronologie und ihren Konsequenzen, NTS 29, 1983, 453-483.
S. v.DOBBELER, Das Gericht und das Erbarmen Gottes, BBB 70, Bonn 1988.
J. ERNST, Johannes der Täufer, Interpretation – Geschichte – Wirkungsgeschichte, BZNW 53, Berlin 1989.
K. BACKHAUS, Die ‚Jüngerkreise' des Täufers Johannes. Eine Studie zu den religionsgeschichtlichen Ursprüngen des Christentums, PaThSt 19, Paderborn-München-Zürich-Wien 1991.
H. STEGEMANN, Die Essener, Qumran, Johannes der Täufer und Jesus. Ein Sachbuch, Herder Spektrum 4249, Freiburg-Basel-Wien 1993.

Die Gestalt Johannes des Täufers spielt in den Anfangskapiteln der neutestamentlichen Evangelien eine wichtige Rolle. Schon dies ist ein wesentlicher Grund, mit ihm einen theologiegeschichtlichen Abschnitt beginnen zu lassen, der auf die Evangelienschreibung hinführt. Johannes der Täufer kann darüber hinaus durch den historischen Ort, an dem er steht, zum Verständnis des Auftretens Jesu und der Jesusüberlieferung beitragen.

a) Die Geschichtsquellen

Die Überlieferungen über Johannes den Täufer sind außerordentlich disparat; in den Angaben über seine Person und sein Werk finden sich nicht wenige Widersprüche. Die älteste *außerneutestamentliche Quelle* findet sich bei Josephus (Ant 18,116-119). Danach hatte Johannes' Verkündigung zum Ziel, das jüdische Volk auf den Weg der Tugend (ἀρετή) zu führen und zu Gerechtigkeit und Frömmigkeit vor Gott zu verpflichten. Johannes selbst zeichnete sich durch ἀρετή aus. Seine Taufe, die er an den Juden vollzog, sollte der ‚Reinheit des Körpers' dienen, ‚da ja die Seele durch Übung der Gerechtigkeit schon zuvor gereinigt war'. Obwohl Josephus in diesem Zusammenhang auch bedenkenswerte historische Angaben macht, ist doch im großen und ganzen seine Berichterstattung tendenziös. Johannes erhält die Züge eines hellenistischen Wanderphilosophen. Offenbar trägt Josephus seine eigenen Anschauungen von dem ein, was in seiner Zeit als jüdischer Glaube verkündet werden sollte. Es spricht sich hier dieselbe Tendenz aus, die sein Geschichtswerk im ganzen beherrscht; er versucht nachzuweisen, daß die Überlieferung des Judentums der griechisch-römischen Kultur ebenbürtig ist.

Auch die spätere slavische Josephusüberlieferung gehört hierher; sie berichtet freilich nur legendarisch von dem Täufer (II 7,2; 9,1), bildet aber immerhin einen „interessanten Seitentrieb der Tradition“[1]. – Häufig erwähnt die mandäische Literatur Johannes (z.B. Ginza R 189: Taufe Manda d'Haijes durch Johannes). Das Schrifttum dieser im Euphratgebiet bis zum 20. Jahrhundert ansässigen Taufsekte stammt aus dem siebten bis achten nachchristlichen Jahrhundert, überliefert aber ältere Bestandteile. Auffallend scheint zu sein, daß hier das Taufwasser mit ‚Jordan' bezeichnet wird; dies freilich ein Ausdruck, der sich auch bei nestorianischen Syrern findet und in der Liturgie der orthodoxen Kirche verbreitet ist.[2] Doch bleibt die These, die Sekte der Mandäer stelle einen letzten Zweig der Johannesjünger dar, unbewiesen.[3]

Die *neutestamentlichen Geschichtsquellen* bringen dagegen weiteres wichtiges Material über den Täufer. Der Eingang des Markusevangeliums schildert Johannes taufend und predigend in der Wüste bzw. am Jordan (Mk 1,1-11). Von seinem Tod durch Herodes Antipas erzählt Mk 6,17-29parr. Daneben tradiert die Logiensammlung (Q) die Anfrage des Täufers und das Täuferzeugnis Jesu in Mt 11,2-19par (V.11: „Unter den von Frauen Geborenen ist keiner aufgestanden, der größer wäre als Johannes der Täufer“). Das Johannesevangelium hat Überlieferungen über den Täufer verarbeitet, die teilweise von der synoptischen abweichen (1,35f: Johannes weist auf das ‚Lamm Gottes' hin; 3,22ff: Taufe des Johannes in Aenon; hier in 3,30 das Täuferzeugnis: „jener <Jesus> muß wachsen, ich aber muß abnehmen“).

In den neutestamentlichen Berichten wirkt eine spezifisch christliche Tendenz: Johannes der Täufer wird Jesus untergeordnet. So wird Mk 1,9-11 erzählt, daß Jesus von Johannes im Jordanfluß getauft wird. Die Parallele Mt 3,13-17 differiert von dieser Darstellung erheblich, insbesondere, indem zwischen Einleitung und dem kombinierten Tauf- und Epiphanievorgang ein Gespräch eingeschaltet wird: Johannes lehnt es ab, Jesus zu taufen, und erst nach der beschwichtigenden Antwort Jesu findet er sich bereit, den Taufakt zu vollziehen (V.14-15). Dies ist möglicherweise in wesentlichen Stücken schon eine vormatthäische Erweiterung der Markusperikope; sie zeigt, daß die christliche Überlieferung am Täuferbild gearbeitet hat; sie hat es in zunehmendem Maße in den Schatten der Person Jesu gestellt; der Täufer wird in der christlichen Tradition veranlaßt, für Jesus und seine Sendung Zeugnis abzulegen. – Dies läßt sich an weiteren Beispielen verdeutlichen. So an der

1 M. Dibelius, Die urchristliche Überlieferung 129. Die entscheidenden Textpassagen sind abgedruckt bei F.F. Bruce, Außerbiblische Zeugnisse über Jesus und das frühe Christentum, hg. v. E. Güting, Gießen-Basel 1991, 32-43; ebd. 43 Literatur zum slavischen Josephus.

2 Vgl. K.H. Rengstorf, ThWNT VI 621f.

3 Gegen R. Bultmann, Exegetica 100f.

Bezeichnung des Johannes als Elia. Dies mag ursprünglich ein besonderer Würdename gewesen sein, den die Jünger des Johannes ihrem Meister beilegten (vgl. Lk 1,17.76). In der synoptischen Überlieferung ist diese Auszeichnung eindeutig herabgestuft worden. Ist Johannes der Täufer der wiedergekommene Elia, so bedeutet dies nach frühchristlicher Anschauung, daß er lediglich ein prophetischer Vorläufer, ein Vorbote Jesu gewesen ist (Mk 9,12f).

Die Interpretation der Verkündigung und des Anspruches des Täufers in diesem Sinn ist durch die Tatsache motiviert, daß sich die urchristlichen Gemeinden im Kampf mit der konkurrierenden Gruppe der *Täuferjünger* befanden. Einzelheiten der Auseinandersetzung sind aus der synoptischen Tradition noch zu erkennen (Mk 2,18: Fastenfrage; Apg 11,16; Joh 3,22ff: Taufe). Wie aus Apg 19,1-7 hervorgeht, sind auch Johannesjünger zur christlichen Gemeinde übergetreten. – Aus dem für die älteste christliche Überlieferung aufweisbaren Bestreben, die Gestalt des Täufers zu christianisieren, folgt ein heuristisches Moment in Hinsicht auf die Rekonstruktion der Täuferüberlieferung: Um zu der ursprünglichen Grundlage zurückzugelangen, muß das Täuferbild von den Einwirkungen des Christianisierungsprozesses befreit werden. Die Überlieferung der Johannesjünger, die den Täufer zum Gegenstand hat, ist nur noch in wenigen Elementen zu rekonstruieren. Nach M. Dibelius findet sich in den Vorgeschichten des Lukasevangeliums genuine Täufertradition, so in der ‚Kindheitsgeschichte' Lk 1,5-25.57-66.[4] Und Ph. Vielhauer hat in einer weiteren Untersuchung dargelegt, daß das ‚Benedictus' genannte Lied des Zacharias (Lk 1,68-79) einen Psalm wiedergibt, der aus der Johannessekte stammt und den Täufer als Propheten des Höchsten verkündete.[5] – Spätere Quellen zeigen eine gegenläufige Tendenz. Nach Auskunft der judenchristlichen Κηρύγματα Πέτρου-Quellenschrift der Pseudoklementinen ist Johannes der Täufer Gegenspieler Jesu, indem er zu der Folge der falschen Propheten zählt, die von Anfang der Welt diesen Äon durchläuft (PsClem Hom II). Dagegen erzählt eine andere judenchristliche Quelle, die Ἀναβάθμοι Ἰακώβου II, von der Diskussion der elf Jünger Jesu und ihres Bischofs Jakobus in Jerusalem mit den Juden. Hierbei sind auch Johannesjünger Diskussionspartner; von ihnen wird gesagt, daß sie ihren Meister für den Christus hielten (PsClem Rec I); dies unter Berufung auf Mt 11,9.11.[6] Die Gestalt Johannes des Täufers scheint demnach im Verlauf der

---

4 M. Dibelius, Jungfrauensohn und Krippenkind 8f; anders W. Wink, John the Baptist 60-72.

5 Ph. Vielhauer, Benedictus 267ff.

6 Vgl. G. Strecker, Das Judenchristentum in den Pseudoklementinen 189.237-239.241-243: PsClem Hom II 17.23; Rec I 54.60; auch K. Backhaus, Jüngerkreise 275-298.

Überlieferungsgeschichte von den Johannesjüngern zunehmend messianisiert worden zu sein, wobei die Übertragung des Christustitels einen Höhepunkt darstellt, während sich auf der anderen Seite die christliche Polemik verschärfte.

b) Verkündigung und Taufe des Johannes

Obwohl die Überlieferung so sehr disparat ist, läßt sich doch ein Kernbestand herausschälen, aus dem ein Bild des Johannes erhoben werden kann. Der Ort des Auftretens ist nach alter synoptischer Überlieferung die ,Wüste' (Mk 1,4: ἔρημος). So bestätigt es die Q-Tradition (Mt 11,7). Daß Johannes an einem so ungewöhnlichen geographischen Ort auftrat, scheint nahezulegen, daß er sich im Traditionsstrom der jüdischen Urzeit-Endzeiterwartung befand und die Anschauung teilte, daß das Ende der Geschichte zyklisch zum Uranfang zurückführen würde. Danach steht am Anfang der Geschichte Israels der Exodus aus dem Land Ägypten in die Wüste, entsprechend wird eine zweite Ausführung erwartet, die in die Wüste zurückführen soll (Hos 2,16-18 LXX; 12,10 LXX). Die Wüste ist der Ort der Heilszeit, der heilvollen Wiederannahme des jüdischen Volkes, in dem sich die eschatologische Zukunftserwartung erfüllt. Auch die christliche Apokalyptik hat später der ,Wüste' eine heilstypologische Bedeutung zuerkannt (Apk 12,6.14; Mt 24,26). Demnach könnte Johannes von hier aus als Führer in das Land des Exodus, als Rufer zu neuem Aufbruch und zur Neugründung Israels, als Sammler des heiligen Restes verstanden werden. Jedoch handelt es sich bei einer so weitgehenden Auslegung des Begriffs um nicht mehr als eine Vermutung; denn in der Täuferüberlieferung fehlt der Gedanke von Exodus und Neubeginn wie auch das Schema Endzeit-Urzeit.[7] Daher mag ,Wüste' nicht mehr und nicht weniger als eine geographische Angabe sein, der historische Bedeutung zukommt. Weitergehende Angaben über den Ort des Auftretens des Täufers (z.B. Joh 1,28:

---

7 Dies ist auch zu der im übrigen lesenswerten Darstellung von Hartmut Stegemann zu sagen, der das Auftreten Johannes des Täufers als prophetische Zeichenhandlung am Volk Israel vor dem Übergang zur künftigen Heilszeit in Entsprechung zur Wüstengeneration deutet (Die Essener 297). Jedoch kommt zwar der ,Wüste' ein hoher heilsgeschichtlicher Rang zu, wie dies ähnlich auch für den Jordan gilt, aber sie kann auch losgelöst von der Exodustypologie gesehen und sogar negativ interpretiert werden (vgl. J. Ernst, Johannes der Täufer 278f). Mit Recht bestreitet auch J. Becker eine Verbindung zur Exodustypologie (Johannes der Täufer 16ff); die Exodustradition sei in der Verkündigung des Johannes niemals als Heilsankündigung ausgelegt worden; Johannes war nach J. Becker kein Heils-, sondern ein Bußprophet; die Heilserwartung sei nur indirekt vorhanden, die Unheilsankündigung dominiere eindeutig. Nicht das künftige Heil, sondern der Zorn und das Gericht Gottes, Buße und Umkehrforderung, wobei der Exodus als Heilser-

Bethania; Joh 3,23: Änon, Salim) sind geographisch nicht zu identifizieren, aber auch mehrdeutig.[8] Darüber hinaus läßt sich erschließen, daß Johannes ein asketisches Leben führte (vgl. Mk 1,6). Die Bekleidung mit einem Gewand aus Kamelhaaren und mit einem ledernen Gürtel sowie Heuschrecken und wilder Honig als Speise lassen sich mit ausreichender Sicherheit weder auf eine beduinische Lebensweise[9] noch auf die des alttestamentlichen Propheten Elia[10] deuten, haben aber eine nahe Parallele im Auftreten des jüdi-

---

wartung keine Rolle spielt, sind Inhalt seiner Predigt. (Ähnlich S.v. Dobbeler, Gericht 237ff). Allerdings ist zu bedenken, daß die Gerichtsankündigung bei geschehener Buße Heil impliziert, auch wenn dies in den ältesten Bestandteilen der Täufertradition nicht explizit zur Sprache gebracht wird.

8 Vgl. noch Bethabara in Joh 1,28 (v.l.), was E. Hirsch, Das vierte Evangelium in seiner ursprünglichen Gestalt verdeutscht und erklärt, Tübingen 1936, 113, zu der Folgerung veranlaßte, an dieser Stelle habe ursprünglich τη Αραβια gestanden, das vom Abschreiber in Βηθαραβα verändert worden sei. – J. Ernst spricht sich dafür aus, daß Johannes „vermutlich in den Jordanübergängen südöstlich von Jericho" getauft habe und zieht eine Alternative zwischen einer symbolischen Bedeutung und gegebenenfalls verschollenen Orten in Erwägung (281). Nach K. Kundsin bedeutet die Ortsangabe in Joh 1,28, daß dort zur Zeit des Johannesevangelisten eine Christengemeinde ansässig war, die vom Täufer zu Jesus übergewechselt sei (Überlieferungsstoffe 25-27.73-75). Es ist nach alledem höchst problematisch, die Ortsangabe in Joh 1,28 als historisches Faktum zu interpretieren und in ihr eine historische Ortsangabe zu sehen.

9 So allerdings Ph. Vielhauer, Tracht und Speise Johannes' des Täufers. Wenn dieser auch (gegen M. Hengel, Nachfolge und Charisma, BZNW 34, Berlin 1968, 39 Anm. 71) eine Parallelisierung der Kleidung des Täufers mit der des Propheten Elia überzeugend bestreitet, so ist doch fraglich, ob das Kleidungsmaterial beduinisch ist und für einen Wüstenbewohner eine „eschatologische Demonstration" (54), nämlich einen Reflex der Wüstentypologie, darstellt (dies auch zu J. Becker, Johannes der Täufer 26). – Auch die Nahrung des Täufers unterscheidet sich erheblich von der bei Nomaden üblichen.

10 Mit Recht lehnt auch J. Ernst, Johannes der Täufer 284ff, eine Imitation der Kleidung Elias und damit auch seines Anspruches durch den Täufer ab. Im AT findet sich keine Entsprechung zum Kamelhaarmantel; in 2 Kön 1,8 ist lediglich von einem behaarten Mann die Rede. Das Mantelmotiv stammt aus Sach 13,4 und ist erst in der neutestamentlichen Täufertradition mit 2 Kön 1,8 kombiniert worden. So wenig wie die Kleidung so wenig kann auch die Nahrung des Johannes durch den Vergleich mit Elia wirklich gedeutet werden. Damit ist auch eine Antwort auf die Frage gegeben, ob der Täufer sich als Elias redivivus verstanden hat. So weit sich in der ntl. Johannesüberlieferung vorchristliche Elias-redivivus-Vorstellungen finden (z.B. Mt 11,14; Mk 8,28par; Lk 1,76+1,17), spiegeln sie den Glauben der Täufergemeinde, nicht das Selbstverständnis des Johannes wider. Auch die fehlende politisch-nationale Orientierung und der Bruch mit der Vergangenheit läßt nicht daran denken, daß sich der Täufer als der ‚wiederkehrende Prophet Elia'

schen Asketen Banus.[11] Entsprechend sagt Mt 11,18par, daß Johannes „nicht aß und nicht trank"; und Mk 2,18 spricht von dem Fasten, das in seinem Kreis geübt wurde. Zum asketischen Habitus stimmt schließlich, daß Johannes nicht zu denen gehörte, die „weiche Gewänder tragen" (Mt 11,8par). Dies entspricht der genügsamen Lebensart auch der alttestamentlichen Propheten. Nach 2 Kön 1,8 trug der Prophet Elia einen ledernen Gürtel, und nach Sach 13,4 waren Propheten mit einem Haarmantel bekleidet. Die asketische Lebensführung des Johannes deckt sich demnach mit der prophetischen (vgl. Mk 11,32: „Alle waren der Ansicht, Johannes sei wirklich ein Prophet gewesen").[12]

Inhalt der Botschaft des Täufers ist die Ankündigung des Kommenden (Mk 1,7: „Nach mir kommt einer, der stärker ist als ich"). Die urchristliche Gemeinde und ihr folgend die synoptischen Evangelisten haben dies in dem Sinn verstanden, daß Johannes Jesus angekündigt hat. Aber die Beziehung des Vorläufermotivs auf Jesus ist eine christliche Interpretation der Botschaft des Täufers. Noch Mk 1,7fparr ist Jesus nicht ausdrücklich genannt. Der ‚Kommende', der auch als der Stärkere bezeichnet wird, hat keinen Namen und keinen Titel; er ist der Unbekannte.[13] Wohl aber definiert Johannes

---

verstanden hat. Daß eine solche Beziehung in Joh 1,21ff ausdrücklich abgelehnt wird, ist allerdings das Ergebnis späterer Reflexion.

11 Vgl. Jos Vita II 11.

12 Die legendarische Täuferüberlieferung in der Vorgeschichte des Lukasevangeliums (Lk 1) setzt voraus, daß der Täufer priesterlicher Herkunft gewesen sei. Dies ist zweifellos keine zuverlässige biographische Angabe. Auch Spekulationen über die Zugehörigkeit des Täufers zu einer bestimmten Priestergruppe oder gar zu den Qumran-Essenern entbehren jeder ernsthaften Grundlage. Es ist bezeichnend, daß in der Täuferpredigt Elemente einer Tempelkritik nicht sichtbar werden. Vgl. auch J. Ernst, Johannes der Täufer 269ff; W. Schmithals, Das Evangelium nach Lukas 20ff.

13 Anders J. Ernst, Johannes der Täufer, der annimmt, daß mit dem ‚Kommenden' ursprünglich Gott gemeint ist (a.a.O. 49-55.305-308 u.ö.). – Im übrigen sind der Phantasie keine Grenzen gesetzt. J. Becker denkt an einen politischen Messias und führt für diese These das AT, die PsSal und das Achtzehngebet an; angesichts der nachweisbaren Variationen der Messiasvorstellungen im Judentum der ntl. Psalmen handelt es sich hierbei um eine zu dünne Basis; auch die Menschensohnhypothese als „brauchbarste Auslegung des Stärkeren" (J. Becker, Johannes der Täufer 36) bleibt zu sehr im Hypothetischen. Die messianologische Interpretation ist im angelsächsischen Bereich weit verbreitet: vgl. z.B. T.W. Manson, Sayings 41, und Ch.H.H. Scobie, John the Baptist 65f. Ähnlich R. Laufen, Doppelüberlieferungen 95; H. Sahlin, Studien zum dritten Kapitel des Lukasevangeliums 44-52; R. Schütz, Johannes der Täufer 82ff. – O. Cullmann vermutet, daß Johannes einen ‚Endpropheten' angesagt habe (ders., Christologie des NT 24f).

seine Stellung zu ihm; er versteht sich so, daß er sich nicht einmal für würdig hält, an dem Kommenden den niedrigsten Sklavendienst zu verrichten (Mk 1,7). Nur bildlich läßt sich der Kommende beschreiben. Er gleicht einem Bauern, der mit der Worfschaufel das Korn von der Spreu trennt (Mt 3,12par). Erkennbar ist der Kommende an seiner künftigen Funktion. Er ist der Weltrichter; denn im Unterschied zu Johannes wird er nicht mit Wasser, sondern mit Feuer taufen. Er wird die Gerechten sammeln, dagegen die Bösen im Feuer vernichten (ebd.). Gegenüber dem drohenden Gericht gibt es keine Berufung auf die Zugehörigkeit zum erwählten Volk Israel. Der Richter wird nicht nach nationalen, nicht einmal nach religiösen Vorgegebenheiten fragen, sondern nach den Taten eines jeden einzelnen. Sein Kommen und sein Gericht stehen unmittelbar bevor; denn schon (ἤδη) ist die Axt den Bäumen an die Wurzel gelegt (Mt 3,10par).

Wie die Ankündigung des Kommenden verdeutlicht, repräsentiert Johannes eine eschatologische Naherwartung. Diese Erwartung ist nicht an den Begriff des Reiches Gottes geknüpft; denn nur gezwungen läßt sich die in der christlichen Überlieferung gegebene βασιλεία θεοῦ-Vorstellung mit der ursprünglichen Verkündigung des Täufers verbinden. Faktisch aber richtet sie sich auf das gleiche, was die Vorstellung vom Gottesreich umfaßt: den künftig drohenden, gericht- und heilbringenden Einbruch des Eschaton in die Geschichte, das damit der Geschichte selbst ein Ende setzt. Johannes ist ein Prophet der Endzeit.

Die Verkündigung vom nahen Ende motiviert den Ruf zur μετάνοια; denn die Erwartung der Zukunft verlangt konkretes Verhalten in der Gegenwart (Mt 3,7ff; 21,32; Mk 1,4: βάπτισμα μετανοίας). Μετάνοια ist wörtlich mit ‚Umdenken' zu übersetzen; jedoch handelt es sich nicht um eine nur intellektuelle Sinnesänderung. Luthers Übersetzung ‚Buße' ist mißverständlich, da es sich nicht nur um ein Reuegefühl handelt. Richtiger ist der Ausdruck mit ‚Umkehr' (hebräisch שׁוּבָה = radikale Hinwendung zu Gott; vgl. Jes 10,21; 30,15) zu übersetzen. Johannes fordert zur totalen Änderung menschlicher Existenz auf; er verlangt eine radikale Wendung des menschlichen Lebens, weg von sich selbst und hin zu Gott. ‚Umkehr' ist nicht im pietistischen Sinne mit ‚Bekehrung' gleichzusetzen, sondern verbindet eine innere mit einer äußeren Haltung. Gemeint ist der neue Gehorsam, der in der ethischen Tat konkret wird (Mt 3,8: „Bringt Frucht, die der Umkehr angemessen ist!").

Von hier aus ist die Taufe des Johannes zu begreifen. Sie wird βάπτισμα μετανοίας (‚Umkehrtaufe') in Mk 1,4 genannt. Matthäus spricht von der Taufe zur Umkehr (3,11: βαπτίζω ἐν ὕδατι εἰς μετάνοιαν) so, als ob die Umkehr die Folge der Taufe sei; dies ist ein mißverständlicher Ausdruck, der sich möglicherweise aus der Überschneidung von Markus- und Q-Tradition in Mt 3 erklärt. In Wahrheit ist das Sich-Taufenlassen ein Ausdruck der μετάνοια; die vollzogene Umkehr konkretisiert sich im Taufakt; so verdeutlicht es das Sündenbekenntnis, das der Taufe voraufgeht (Mk 1,5).

Umstritten ist die Herkunft des Taufritus. Ist die Taufe des Johannes eine Weiterbildung des jüdischen Initiationsritus, der an heidnischen Konvertiten vollzogen wurde, der sogenannten Proselytentaufe? Jedoch ist die Proselytentaufe für die Zeit des Johannes nicht nachzuweisen; sie findet sich erst am Ende des 1. Jahrhunderts n.Chr. belegt.[14] Darüber hinaus bewirkt die Proselytentaufe die Einordnung in die jüdische Kultgemeinschaft; einen solchen initiatorischen Charakter hat die Johannestaufe nicht. – Parallelen finden sich scheinbar in der Qumranliteratur. Insofern die Qumranleute tägliche kultisch-reinigende Waschungen praktizierten, könnte man ihre Gemeinschaft als Taufsekte bezeichnen: Solche Waschungen hatten die Aufgabe, von sittlicher Unreinheit zu befreien.[15] Eine Parallele scheint sich aus Joh 3,25 zu ergeben, wo die Johannestaufe als καθαρισμός (‚Reinigung') bezeichnet wird.[16] Der esoterische Charakter, der den Waschungen der Qumrangemeinde eignet, ist der Johannestaufe unbekannt, zumal schwerlich eine Absicht des Täufers erkennbar ist, eine esoterische Gemeinde zu gründen, auch wenn seine Anhänger nach seinem Tod sich faktisch zu einer solchen zusammenfanden. Darüber hinaus: Die Qumranwaschungen können in einer fast unbeschränkten Anzahl vollzogen werden; dagegen ist die Johannestaufe (ähnlich der Proselytentaufe) ein einmaliger Akt. Anstelle einer exakten religionsgeschichtlichen Ableitung ist festzustellen, daß im zeitgenössischen Umfeld Taufsekten häufiger auftraten. Die Johannestaufe ist eine Erscheinungsform der religionsgeschichtlich komplexen vorchristlichen Taufbewegung.[17] Trotz dieser Parallelen ist an ihrer Eigenständigkeit festzuhalten. Sie ist ein einmalig vollzogenes eschatologisches Sakrament. Sie steht in engster Verbindung mit der apokalyptischen Verkündigung des Täufers, der Ankündigung des Kommenden und seines Gerichtes; sie ist Vorbereitung auf das Ende; denn die Taufe bewahrt vor dem künftigen Gericht. Ist sie ausschließlich auf die Zukunft

---

14 Bill I 106f.

15 Vgl. die ‚Gemeinderegel' 1 QS III 4-12; V 13f.

16 Nach R. Bultmann, Das Evangelium des Johannes 122f, handelt es sich um ein altes, vorjohanneisches Überlieferungsstück; denkbar ist freilich auch, daß entsprechend Joh 2,6 hier eine typische johanneische Ausdrucksweise begegnet, die die Johannestaufe verfremdend dem jüdischen Kult zuordnet.

17 Vgl. dazu OrSib IV 161ff: Aufforderung zum Taufbad, das Reinigung von sittlicher Befleckung bewirken soll und die Stillung des Zornes Gottes zur Folge hat. – Ähnlich die Taufsekte des Elkesai, die jüdische und christliche Elemente verbindet und ebenfalls einen apokalyptischen Horizont kennt. Vgl. G. Strecker, Art.: Elkesai, RAC IV 1171-1186 (= ders., Eschaton und Historie 320-333); J. Irmscher, Das Buch des Elchasai, NTApo II[5] 619-623.

angelegt, so ist Johannes nur Künder des zukünftigen Heils, nicht aber ein das Heil vergegenwärtigender Heilsträger. Die künftige Äonenwende steht bevor, aber sie ist noch nicht da. Johannes ist lediglich der Rufer in der Wüste, nicht aber der Richter oder Retter.

Nach Ausweis der synoptischen Überlieferung gehören zum Anhang des Täufers vor allem sozial Entrechtete und Deklassierte (Mt 21,32; Lk 3,10ff). Dies mag der Grund gewesen sein, weshalb die entstehende Bewegung als eine politische verstanden wurde und der Täufer durch Herodes Antipas in der Feste Machairus hingerichtet wurde.[18] Das Auftreten des Täufers, seine Verkündigung, die Struktur seiner Hörerschaft – dies alles zeigt Parallelen zur christlichen Überlieferung, die Jesus zum Gegenstand hat und erleichtert es, Jesus religionsgeschichtlich einzuordnen, wobei zugleich die Gegenüberstellung zum Täufer Jesu Eigenart erkennbar werden läßt.

c) Johannes und Jesus

Historisch gesichert ist, daß Jesus von Johannes getauft wurde (Mk 1,9-11parr); für die spätere Überlieferung war dies ein anstößiger Bericht, so daß man sich bemühte, den darin enthaltenen Anstoß abzumildern.[19] Im übrigen ist man auf Vermutungen angewiesen. Vielleicht gehörte Jesus zum Johanneskreis. So legt es Joh 3,26 nahe (die Johannesjünger sprachen zu ihrem Meister: „Rabbi, der jenseits des Jordan bei dir war, ... der tauft, und jedermann geht zu ihm"), auch wenn die Aussage, Jesus selbst habe getauft, sich aus der übrigen Jesusüberlieferung nicht bestätigen läßt. Für eine enge Verbindung zwischen Johannes und Jesus spricht, daß Jesus seine Stellung zu Johannes definiert (Mt 11,11). Nach Darstellung des Johannesevangeliums haben beide zeitweilig gleichzeitig gewirkt (Joh 1-3); dagegen fällt nach synoptischem Zeugnis Jesu Wirksamkeit in die Zeit, nachdem Johannes ins Gefängnis geworfen war (Mk 1,14; Lk 3,19f). Diese Diskrepanz ist jeweils theologisch motiviert und läßt sich nicht historisch auflösen. – Daß in der Urkirche sich die Taufe recht bald als Initiationsritus durchsetzte, ist auf den Einfluß Johannes des Täufers zurückzuführen und bestätigt den engen Zusammenhang zwischen Jesus und seinen Jüngern einerseits und dem Täufer andererseits.

---

18 Vgl. Jos Ant 18,116-119; Mk 6,27.

19 Vgl. Mt 3,14f; NazEv Fragm 2, NTApo I[5] 133: „Siehe, die Mutter des Herrn und seine Brüder sagten zu ihm: Johannes der Täufer tauft zur Vergebung der Sünden; laßt uns hingehen und uns von ihm taufen lassen. Er aber sprach zu ihnen: Was habe ich gesündigt, daß ich hingehe und mich von ihm taufen lasse? Es sei denn das, was ich gesagt habe, Unwissenheit (Unwissenheitssünde)." Vgl. auch Hier Adv Pelag III 2.

Hiermit ist schon ein wesentlicher Teilbereich des theologiegeschichtlichen Hintergrundes angegeben, auf dem das historische Bild Jesu steht.[20]

II. Die Gottesherrschaft – Jesus

R. BULTMANN, Jesus, Tübingen 1926 (= 1988).
H. CONZELMANN, Art.: Jesus Christus, RGG³ III, 1959, 619-653.
E. STAUFFER, Die Botschaft Jesu, Bern-München 1959.
M. DIBELIUS – W.G. KÜMMEL, Jesus, Berlin ⁴1966.
D. FLUSSER, Jesus, Reinbek 1968.
K. NIEDERWIMMER, Jesus, Göttingen 1968.
J. REUMANN, Jesus in the church's Gospels: Modern scholarship and the earliest sources, Philadelphia 1968.
H. LEROY, Jesus. Überlieferung und Deutung, EdF 95, Darmstadt 1978 (Lit.).
SCH. BEN-CHORIN, Bruder Jesus. Der Nazarener in jüdischer Sicht, München ³1979.
E. SCHWEIZER, Jesus Christus im vielfältigen Zeugnis des Neuen Testaments, Gütersloh ⁵1979.
DERS., Art.: Jesus Christus, TRE 16, 1987, 671-726.
G. VERMÈS, Jesus the Jew, Philadelphia 1981 (rev.ed.).
G. BORNKAMM, Jesus von Nazareth, Stuttgart ¹⁴1988.
H. BRAUN, Jesus – der Mann aus Nazareth und seine Zeit, Gütersloh ²1988.

Eine jede geisteswissenschaftliche Disziplin, die nicht historisch fundiert ist, schwebt ‚eigentlich in der Luft'[1]. Dies gilt auch für die Frage nach dem historischen Jesus, die wie keine andere die Entwicklung von spezifischen literarkritischen Arbeiten zu den synoptischen Evangelien beeinflußt hat.

---

20 Ist mit dem Täuferkreis ein wesentlicher Teil des komplexen religionsgeschichtlichen Bezugsfeldes sichtbar geworden, welches das Auftreten Jesu rahmt, so gehören darüber hinaus hierzu nicht nur das ‚sogenannte offizielle' priesterlich-schriftgelehrte Judentum, sondern auch ‚inoffizielle' apokalyptische, zelotische und andere jüdische Bewegungen im Palästina des 1. Jh.

1 Vgl. H.J. Holtzmann in den Erinnerungen eines studentischen Hörers an das praktisch-theologische Kolleg über Katechetik (SS 1871): Die „Sache ... des katechetischen Wesens" wurde bei Holtzmann „im engsten Zusammenhange mit der allgemeinen kirchlichen und überhaupt geistigen Entwicklung der christlichen Welt" vermittelt. „Von daher datiert, wenn ich es recht überlege, die für mich feststehende Überzeugung, dass jede praktische Disciplin, die nicht historisch fundamentiert ist, eigentlich in der Luft schwebt und jedenfalls des interessantesten Materials sich selbst beraubt" (H. Bassermann, Heinrich Holtzmann als praktischer Theologe, PrM 6, 1902, 172-184).

a) Die Quellen der Geschichte Jesu

W. BIENERT, Der älteste nichtchristliche Jesusbericht. Josephus über Jesus, TABG IX, Halle 1936.

H.L. STRACK-P.BILLERBECK, Kommentar zum Neuen Testament aus Talmud und Midrasch I, München [9]1986, 36-39 (Rabbinische Texte über Jesus).

J. JEREMIAS, Versprengte Herrenworte, in: W. Schneemelcher (Hg.), NTApo I[5], 1987, 52-55.

DERS.– O. HOFIUS, Unbekannte Jesusworte, Gütersloh [3]1963.

O. HOFIUS, Versprengte Herrenworte, in: W. Schneemelcher (Hg.), NTApo I[6], 1990, 76-79.

Die Hauptquellen sind die synoptischen Evangelien bzw. die in ihnen verarbeiteten Überlieferungen: die Logiensammlung (Q) und das Markusevangelium als das älteste Evangelium; zu einem geringeren Teil auch das in den synoptischen Evangelien verarbeitete Sondergut und in einem großen Abstand das Johannesevangelium, soweit in einzelnen Überlieferungsstücken vorsynoptische Tradition vorliegt.[2] Wenig ergiebig ist es, wenn Paulus Herrenworte zitiert, da es sich hierbei primär um Worte des erhöhten Kyrios handelt.[3] Die sogenannten Agrapha, d. h. außerkanonische Herrenworte, die sich in patristischen Texten finden, sind vielfach untersucht worden[4]; jedoch bleibt die Erschließung von echten Jesusworten aus dieser Überlieferung problematisch.

Nicht sehr zahlreich sind die nichtchristlichen Quellen. Der Talmud bietet im wesentlichen späte Greuelgeschichten über Jesus. Danach trat Jesus als Zauberer auf, um das jüdische Volk zu verführen, und wurde aus diesem Grund am Vorabend des Passafestes hingerichtet. Nach dieser Überlieferung gilt Jesus als unehelicher Sohn eines römischen Soldaten namens Pandera (möglicherweise eine Persiflage des christlichen ‚natus ex virgine', d.h. der Parthenogenese). Solche Überlieferung setzt christliche Tradition voraus und führt nicht auf historischen Boden.[5]

Anders verhält es sich mit den pagan-hellenistischen Quellen. So berichtet Tacitus im Zusammenhang mit seiner Schilderung des Brandes Roms zur

---

2 So C.H. Dodd, Historical Tradition in the Fourth Gospel, Cambridge 1963. – Das Verhältnis des Johannesevangeliums zu den synoptischen Evangelien wird in der Forschung kontrovers diskutiert; siehe dazu unten D I.

3 Vgl. dazu oben A II b 2.

4 Vgl. J. Jeremias, Versprengte Herrenworte; ders. – O. Hofius, Unbekannte Jesusworte; A. Resch, Agrapha, TU NF 15,3.4, Berlin [2]1906 (= Darmstadt 1967).

5 Vgl. J. Maier, Jesus von Nazareth in der Talmudischen Überlieferung, EdF 82, Darmstadt 1978, 264-267.274f.

Zeit des Kaisers Nero von einer Verfolgung der Christen, die durch Nero ausgelöst wurde. Er erläutert den Namen der ‚Christen' mit dem Satz:

> Dieser Name stammt von Christus, der unter Tiberius vom Prokurator Pontius Pilatus hingerichtet worden war. Dieser verderbliche Aberglaube war für den Augenblick unterdrückt worden, trat aber später wieder hervor und verbreitete sich nicht nur in Judäa, wo er aufgekommen war, sondern auch in Rom.[6]

Diese Nachricht gibt den Stand etwa um das Jahr 60 wieder und bestätigt die christliche Überlieferung, kann aber nicht als ein unabhängiges Zeugnis gewertet werden.

Der römische Schriftsteller Sueton bringt in seiner Biographie über den Kaiser Claudius eine Notiz über die Judenausweisung aus Rom, die unter Claudius (im Jahr 49 n.Chr.) stattfand[7]:

> Die Juden vertrieb er aus Rom, weil sie, von Chrestus aufgehetzt, fortwährend Unruhe stifteten.[8]

Die Namensähnlichkeit (Chrestus statt Christus) läßt vermuten, daß es sich um eine Auseinandersetzung zwischen Juden und Christen innerhalb des jüdischen Bevölkerungsteils in Rom gehandelt hat. Ursache wird das Christusbekenntnis der Judenchristen gewesen sein.[9] Sueton versteht dies in dem Sinne, daß ein Mann namens Chrestus der damalige Aufrührer gewesen sei. Diese dunkle Notiz reicht nicht einmal aus, die historische Existenz Jesu zu beweisen; denn es liegt auf der Hand, daß Sueton hier von den Aussagen der beteiligten Juden bzw. Christen abhängig ist.

Eine gewichtigere Angabe findet sich bei dem jüdischen Geschichtsschreiber Flavius Josephus in dem sogenannten ‚Testimonium Flavianum':

---

6 Tac Ann XV 44, 7-12.

7 Vgl. zur Datierung oben (zu Röm 13); dazu Apg 18,1f: Aquila und Priscilla gehören zu den Ausgewiesenen, sie gehen nach Korinth, wo sie Paulus beherbergen. Trotz G. Lüdemann, Paulus der Heidenapostel I, FRLANT 123, Göttingen 1980, 183-195, sind die Nachrichten des Cassius Dio (41 n.Chr.) und des Sueton bzw. Orosius (49 n.Chr.) nicht zu identifizieren. Wahrscheinlich hat es zwei Claudiusedikte gegen die römischen Juden gegeben: Das erste im Jahr 41 n.Chr. als Reaktion auf Ruhestörung oder Verletzung von römischen Vorschriften, das zweite im Jahr 49 n.Chr. als Antwort auf Unruhen, die auch die christlichen Gemeinden einbezogen haben können; vgl. R. Jewett, Paulus-Chronologie. Ein Versuch, München 1982, 69-72; F.F. Bruce, Zeitgeschichte des Neuen Testaments II. Von Jerusalem bis Rom, Wuppertal 1976, 92-105.

8 Suet Claud 25; Übersetzung nach C.K. Barrett-C.-J. Thornton, Texte zur Umwelt 14.

9 Vgl. dazu P. Lampe, Die stadtrömischen Christen in den ersten beiden Jahrhunderten. Untersuchungen zur Sozialgeschichte, WUNT II 18, Tübingen ^{2}1989, 6-8.

Um diese Zeit lebte Jesus, ein Mensch voll Weisheit, wenn man ihn überhaupt einen Menschen nennen darf. Er tat nämlich ganz unglaubliche Dinge und war der Lehrer derjenigen Menschen, welche gern die Wahrheit aufnahmen; so zog er viele Juden und viele aus dem Heidentum an sich. Er war der Christus. Auf Anklage der Vornehmen bei uns verurteilte ihn Pilatus zwar zum Kreuzestode; gleichwohl wurden die, welche ihn früher geliebt hatten, auch jetzt ihm nicht untreu. Er erschien ihnen nämlich am dritten Tage wieder lebend, wie gottgesandte Propheten neben tausend anderen wunderbaren Dingen von ihm verkündet hatten. Noch bis jetzt hat das Volk der Christen, die sich nach ihm nennen, nicht aufgehört.[10]

Dieser Jesusbeleg liest sich wie ein christlicher Abschnitt. Er enthält das Bekenntnis zur übernatürlichen Natur des Christus („wenn man ihn überhaupt einen Menschen nennen darf") und bekennt eindeutig: „Er war der Christus". Schwerlich ist es möglich, in diesem Text eine jüdische Vorlage, die nachträglich christlich interpretiert worden wäre, zu unterscheiden.[11] So wie der Text überliefert ist, ist er für den Juden Josephus undenkbar, zumal neutestamentliche Überlieferung Pate gestanden hat.[12] Vermutlich ist dieses christliche Jesuszeugnis in den ursprünglichen Josephustext interpoliert worden; es ist auch ohne Mühe vom voraufgehenden und folgenden Kontext abzutrennen. Vielleicht hat der christliche Autor an dieser Stelle etwas über Jesus gelesen; denn im Kontext spricht Josephus von dem römischen Statthalter in Palästina, Pontius Pilatus, und erwähnt in diesem Zusammenhang politische Unruhen, die zu dieser Zeit stattgefunden haben.[13] Von hier aus ist denkbar, daß Josephus das Auftreten Jesu unter dem Vorzeichen der politischen Unruhestiftung gesehen hat. Daß Josephus von Jesus an dieser Stelle wahrscheinlich eine Notiz gebracht hat, zeigt der Abschnitt Ant XX 200. Hier wird die Steinigung des Jakobus erwähnt, die vermutlich im Jahr 62 erfolgte. Dabei wird gesagt, daß Jakobus der „Bruder des Jesus, der Christus genannt wird", gewesen sei. Josephus setzt demnach an dieser Stelle den Namen Jesus als bekannt voraus, vermutlich, weil er an anderer Stelle, also Ant XVIII 63ff, schon von ihm gesprochen hatte.

---

10 Vgl. C.K. Barrett-C.-J. Thornton, a.a.O. 315f (Ant XVIII 63f).

11 Siehe J. Klausner, Jesus von Nazareth. Seine Zeit, sein Leben und seine Lehre, Berlin 1930, 67-75; H.S.J. Thackeray, Josephus – the Man and the Historian, New York 1929, 125-153.

12 Eine direkte literarische Abhängigkeit ist zwar für keine Formulierung nachzuweisen, aber inhaltliche Parallelen zur neutestamentlichen Überlieferung sind vorhanden, z.B. εἴγε ἄνδρα αὐτὸν λέγειν χρή (vgl. Mk 15,39); ὁ χριστὸς οὗτος ἦν (vgl. Mk 8,29); ἐφάνη γὰρ αὐτοῖς τρίτην ἔχων ἡμέραν πάλιν ζῶν (vgl. 1 Kor 15,3-7). Nach H. Conzelmann wäre in Ant XVIII 63-64 sogar das kerygmatische Schema des Lukas auszumachen (RGG III[3] 622). Jedoch fehlen wesentliche Elemente der lukanischen Theologie.

13 Jos Ant XVIII 52-62.81-87.

Die außerchristlichen Jesuszeugnisse können daher zur Kenntnis des historischen Jesus nichts beitragen. Sie sind weitgehend von christlichen Berichten abhängig. Allerdings können sie bestätigen, daß in der zweiten Hälfte des ersten Jahrhunderts weder von Juden noch von Heiden bezweifelt wurde, daß Jesus eine historische Persönlichkeit gewesen ist. Doch reichen diese Angaben nicht aus, um eine Biographie Jesu zu begründen. Wie schon M. Dibelius feststellte[14], ist das Christentum im Rahmen der damaligen Geistes- und Weltgeschichte nur eine Randerscheinung; es tangiert das politische Leben nicht. Man brauchte von ihm weder literarisch noch historiographisch Notiz zu nehmen. Dem kann die sachliche Überlegung hinzugefügt werden, daß der eigentliche Anspruch, mit dem der christliche Glaube auftritt, literarische oder historiographische Umkleidungen, wie sie in der klassischen Antike üblich waren, nicht nötig hatte; denn seinem Selbstverständnis nach ist er für die historische Analyse nicht erreichbar.

b) Forschungsgeschichte

M. Kähler, Der sogenannte historische Jesus und der geschichtliche, biblische Christus, Leipzig 1892 (= TB 2, hg. v. E. Wolf, München ⁴1969).

R. Bultmann, Das Verhältnis der urchristlichen Christusbotschaft zum historischen Jesus, SHAW.PH 3, Heidelberg 1960, (= ders., Exegetica, Tübingen 1967, 445-469).

E. Fuchs, Die Frage nach dem historischen Jesus, in: ders., Zur Frage nach dem historischen Jesus. GAufs. II, Tübingen 1960, 143-167.

Ders., Das Zeitverständnis Jesu, a.a.O. 304-376.

Ders., Das Neue Testament und das hermeneutische Problem, in: ders., Glaube und Erfahrung. GAufs. III, Tübingen 1965, 136-173.

Ders., Jesu Selbstzeugnis nach Matthäus 5, ZThK 51, 1954, 14-34; wieder abgedruckt in: ders., GAufs. II, Tübingen 1960, 100-125.

H. Ristow-K. Matthiae (Hgg.), Der historische Jesus und der kerygmatische Christus. Beiträge zum Christusverständnis in Forschung und Verkündigung, Berlin ²1961.

J.R. Geiselmann, Jesus Christus I. Die Frage nach dem historischen Jesus, München 1965.

J. Jeremias, Das Problem des historischen Jesus, CwH 32, Stuttgart ⁵1966.

E. Käsemann, Das Problem des historischen Jesus, ZThK 51, 1954, 125-153 (= ders., Exegetische Versuche und Besinnungen I, Göttingen ⁶1970, 187-214).

P. Noll, Jesus und das Gesetz, SGV 253, Tübingen 1968.

W.G. Kümmel, Das Neue Testament. Geschichte der Erforschung seiner Probleme, Freiburg ²1970.

S. Schulz, Der historische Jesus, in: Jesus Christus in Historie und Theologie, FS H.

14 M. Dibelius, Urchristliche Geschichte und Weltgeschichte, ThBl 6, 1927, 213-224; 215.

Conzelmann, hg. v. G. Strecker, Tübingen 1975, 3-25.
H. Leroy, Jesus, EdF 95, Darmstadt 1978, 1ff.
G. Strecker, Die historische und theologische Problematik der Jesusfrage, EvTh 29, 1969, 453-476 (= ders., Eschaton und Historie 159-182).
A. Schweitzer, Geschichte der Leben-Jesu-Forschung, Tübingen [9]1984.

Hermann Samuel Reimarus, dessen nachgelassene Fragmente G.E. Lessing seit 1774 herausgab[15], hat, wenn auch gegen seine eigentliche Absicht, als Neues für die Frage nach dem historischen Jesus die Feststellung beigetragen, daß im überlieferten Jesusbild eine dogmatische Komponente enthalten ist. Von nun an war es nicht möglich, der Frage auszuweichen, welches Verhältnis zwischen dem Glauben an Jesus als dem Christus und dem Feststellen der historischen Wahrheit über Jesus besteht. Die Reaktion des Hamburger Hauptpastors *Johann Melchior Goeze* zeigt zwar, daß weite Kreise in Kirche und Theologie meinten, an der überkommenen supranaturalistischen Interpretation der Jesusüberlieferung, wie sie in der Orthodoxie geübt wurde, festhalten zu können.[16] Man wird demgegenüber den Vertretern der aufgeklärten Exegese des Rationalismus zugestehen müssen, daß diese jedenfalls das grundlegende Problem gesehen haben, dem im 19. Jahrhundert nicht mehr auszuweichen war. So trifft es etwa für den Heidelberger Neutestamentler *Heinrich Eberhard Gottlob Paulus*[17] zu; hier ist erkannt, daß eine unreflektierte Übertragung des biblischen Zeugnisses in die Gegenwart unmöglich ist, vielmehr sich die Frage nach den Kategorien stellt, die eine solche Übertragung ermöglichen. Der Rationalismus glaubte, die angemessenen Kategorien in der menschlichen Vernunft gefunden zu haben. Dies führte zu einer natürlichen Wundererklärung, die oft als Kennzeichnung des Rationalismus genannt wird: Die Stillung des Sturmes durch Jesus ist auf ein leicht verständliches Naturereignis zurückzuführen. Das Schiff, das Jesus und seine Jünger trug, bog während des Sturmes um eine Bergspitze, wohin der Wind nicht gelangen konnte. Da meinten die Jünger, Jesus habe den Sturm beschworen.[18] Oder

---

15 Lessings Werke, Bd. 22: Theologische Schriften III. Lessing als Herausgeber der Fragmente, hg. v. Leopold Zscharnack, Berlin-Leipzig.

16 H. Reinitzer (Hg.), Johann Melchior Goeze 1717-1786. Abhandlungen und Vorträge, UB 8, Hamburg 1987.

17 H.E.G. Paulus, Das Leben Jesu als Grundlage einer reinen Geschichte des Urchristenthums I-II, Heidelberg 1828.

18 Mk 4,35-41parr; siehe H.E.G. Paulus, Philologisch-kritischer und historischer Kommentar über das neue Testament, in welchem der griechische Text, nach einer Recognition der Varianten, Interpunctionen und Abschnitte, durch Einleitungen, Inhaltsanzeigen und ununterbrochene Scholien als Grundlage der Geschichte des Urchristentums synoptisch und chronologisch bearbeitet ist, Teil I, Lübeck 1800, 343f.

die wunderbare Speisung erklärt sich so, daß Jesus und seine Jünger von ihren mitgenommenen Vorräten an die zunächst Sitzenden austeilten. Dieses Beispiel machte Schule, und bald war mehr an Nahrung da, als man nötig hatte.[19] – Es ist leicht, diese Art der Wundererklärung zu persiflieren, schwerer aber, dem Anliegen solcher Exegese gerecht zu werden. Die Altrationalisten besaßen ein untrügliches Gefühl für die Klarheit des Denkens, für vorbehaltlose Ehrlichkeit und Wahrhaftigkeit. Dennoch ist ihnen gegenüber geltend zu machen, daß die Anwendung von Vernunftkategorien bei der Interpretation des Neuen Testaments Gefahr läuft, das Andersartige, das die Texte enthalten, nicht mehr zur Sprache zu bringen.

Die Schwächen der rationalistischen Exegese, den Hiatus, der zwischen ihrer Auslegung und dem Text besteht, erkannt zu haben, ist das Verdienst von *David Friedrich Strauß*. Allerdings geht es in seinem ‚Leben Jesu' (1835)[20] nicht nur um eine Kritik, sondern um den Versuch, durch eine neue *‚mythische Erklärung'* den wesentlichen Inhalt des Auftretens Jesu zu erheben und über das bisher Gesicherte hinauszukommen. Dies geschieht auf eine methodisch überlegte Weise. Strauß folgt in seinem Werk dem Gang des Lebens Jesu, wie er in den neutestamentlichen Evangelien überliefert ist (3 Abschnitte: die Geschichte der Geburt und Kindheit Jesu, die Geschichte des öffentlichen Lebens Jesu und die Geschichte des Leidens, des Todes und der Auferstehung Jesu). Die Unterabschnitte sind ebenfalls dreigeteilt. Es wird zunächst die *supranaturalistische Erklärung* der betreffenden Perikope dargestellt und kritisiert. Der Supranaturalismus versteht die Erzählungen der Evangelien als zuverlässige Berichte, die die übernatürliche, wunderbare Geschichte des Gottessohnes auf Erden im Grunde übereinstimmend bezeugen. Die Wunder Jesu sind danach übernatürliche Eingriffe in die irdische Wirklichkeit. Da die supranaturalistische Erklärung die Evangelienerzählungen als zuverlässige Reflexe der historischen Wirklichkeit Jesu betrachtet, ist sie genötigt, die vorhandenen Widersprüche zwischen den Evangelien zu harmonisieren oder zu leugnen. Strauß deckt das Ungenügende einer solcher Erklärung schonungslos auf. Er scheut sich nicht, dabei auch rationalistische Argumente anzuführen. Wenn etwa die supranaturalistische Exegese die historische Wirklichkeit der Versuchung Jesu behauptet, so verweist Strauß auf die Diskrepanz, die zwischen den Berichten der drei Synoptiker besteht, und er argumentiert mit den Rationalisten, wenn er fragt, wie Jesus „nach sechswöchiger Enthaltung von aller Nahrung noch hungern konnte, und nicht schon längst verhungert war; da für gewöhnlich die menschliche Natur nicht Eine Woche völlige Nahrungslosigkeit ertragen kann" (465), und er schließt sich Julians, des abtrünnigen Kaisers, Zweifel an: „wie denn der Teufel habe

19 Mk 6,30-44par; 8,1-9par; siehe H.E.G. Paulus, Teil II, Lübeck 1801, 270-278.

20 D.F. Strauß, Das Leben Jesu, kritisch bearbeitet, I-II, Tübingen (1835f), [3]1838f.

hoffen können, Jesum zu verführen, da er doch seine höhere Natur gekannt haben müsse" (468). Und die Ortsveränderungen, die magischen Entrükkungen stellen einen Zug der Erzählung dar, „welchen selbst derjenige höchst abenteuerlich finden wird, dem das persönliche Erscheinen des Teufels noch erträglich war" (469f).

Behauptet also die supranaturalistische Erklärung eine Fülle von Ungereimtheiten, will sie ‚das Undenkbare denkbar' machen[21], so steht auf der anderen Seite die *rationalistische Exegese*, die ebenfalls keinen Beifall findet, wenn sie etwa in ihrer Auslegung der Perikope von der Versuchung Jesu die supranaturalen Anstöße durch einen Rekurs auf die ‚ekstatische Stimmung' Jesu überwinden möchte und den Teufel als den Versucher mit einem Abgesandten der Pharisäer identifiziert, der Jesus auf die Probe habe stellen sollen, und die Engel, die am Ende der Versuchung zum Dienst Jesu erscheinen, als eine Karawane deutet, die mit Lebensmitteln naht.[22]

Strauß' Erklärung ist weder die übernatürliche noch die natürliche, sondern die mythische. Er übernimmt den Hegelschen Dreitakt, wenn er auf die These eine Antithese und auf diese eine Synthese folgen läßt. Demnach ist die *mythische Erklärung* eine höhere Entwicklungsstufe der Auslegung des Neuen Testaments gegenüber der übernatürlichen und der natürlichen Schriftauslegung. Hiermit ist ein Begriff aufgenommen, der schon vor Strauß in der Auslegung des Alten und Neuen Testaments Anwendung gefunden hatte.[23] Nach der zugrunde gelegten Definition sind neutestamentliche Mythen „geschichtsartige Einkleidungen urchristlicher Ideen, gebildet in der absichtslos dichtenden Sage"[24]. Das Neue Testament mythisch erklären heißt daher, den Mythos, die Einkleidung urchristlicher Ideen, in der neutestamentlichen Erzählung nachzuweisen. Dies impliziert, daß die biblische Geschichte insofern keinen historischen Charakter hat, vielmehr aus der frommen Einbildungskraft späterer christlicher Generationen entstand. Strauß bestreitet nicht, daß der Mythos auch eine historische Begebenheit zum Anlaß seiner Darstellung

---

21 D.F. Strauß, a.a.O. I, Tübingen ^{3}1838, VIIf.

22 D.F. Strauß, a.a.O. I, Tübingen ^{3}1838, 474.

23 J.S. Semler, Abhandlung von freier Untersuchung des Canon I-IV, Leipzig 1771-75; G.L. Bauer, Entwurf einer Hermeneutik des Alten und Neuen Testaments, Leipzig 1799; ders., Hebräische Mythologie des Alten und Neuen Testaments, mit Parallelen aus der Mythologie anderer Völker, vornehmlich der Griechen und Römer, 2. Teil, Leipzig 1802; W.M.L. de Wette, Beiträge zur Einleitung in das Alte Testament I-II, Darmstadt 1971 (= 1806.1807).

24 D.F. Strauß, Das Leben Jesu I, Tübingen 1835, 75; vgl. I, Tübingen ^{3}1838, 113: „Evangelischen Mythus nennen wir eine solche, auf Jesus unmittelbar oder mittelbar sich beziehende Erzählung, welche und so weit wir sie nicht als Abdruck einer Thatsache, sondern als Niederschlag einer Idee seiner frühesten Anhänger betrachten dürfen."

nehmen kann, etwa den Eindruck der Persönlichkeit Jesu. Aber ein solches historisches Ereignis wird dann doch wieder so sehr mythisch durchsetzt, daß im einzelnen fragwürdig wird, worin die historisch-verifizierbare Substanz besteht und inwieweit sie rekonstruierbar ist. Der Mythos ist der Historie übergeordnet und von der historischen Verifizierbarkeit unabhängig. Dies unterscheidet die mythische Erklärung grundsätzlich von der natürlichen wie auch von der übernatürlichen; denn für diese beiden Auslegungsrichtungen ist charakteristisch, daß sie die historische Verifizierbarkeit ihrer Aussagen behaupten. Der Mythos kann sich grundsätzlich der Historie überlegen fühlen. Im Blick auf die Person Jesu spricht er von der Einzigartigkeit Jesu: In Jesu Selbstbewußtsein ist „die Einheit des Göttlichen und Menschlichen zuerst und mit einer Energie aufgetreten ..., welche in dem ganzen Umfange seines Gemüthes und Lebens alle Hemmungen dieser Einheit bis zum verschwindenden Minimum zurückdrängte“[25]. Allerdings, die Gestalt Jesu überschreitet nicht die Grenzen der Menschheit; sie ist vielmehr in die Entwicklung des menschlichen Geistes eingeordnet; denn es widerspräche dem Absoluten, in einem bestimmten Individuum verwirklicht zu werden.[26] Begrifflich faßbar ist die Idee des Absoluten nur, wenn sie auf die Gesamtheit der Menschheit bezogen wird: „Die Menschheit (nicht die menschliche Natur Jesu) ist die Vereinigung der beiden Naturen, der Mensch gewordene Gott.“ Es ist klar, daß wir hier auf dem Boden der Hegelschen Philosophie stehen. Jesus ist nur ein – wenn auch hervorragender – Exponent der Entwicklung des göttlichen Geistes in der Menschheitsgeschichte. Was Strauß von Hegel trennt, ist die konsequente Befragung der Evangelientexte auf ihre historische Verifizierbarkeit, eine Fragestellung, die Hegel gleichgültig sein konnte, weil er von der Überlegenheit der philosophischen Idee über die Historie von vornherein überzeugt war, und Strauß hat es ihm im Ergebnis gleichgetan; denn auch er konnte sich nach Abfassung seines Lebens Jesu in der philosophischen Konzeption des Linkshegelianismus geborgen fühlen, während er den Theologen das Trümmerfeld einer einstmals imposanten Leben-Jesu-Konstruktion, sei es supranaturalistischer oder rationalistischer Provenienz, zurückließ. Strauß bedeutet die ‚Verlegenheit der Theologie‘, wie Ernst Wolf einst feststellte.[27]

---

25 D.F. Strauß, a.a.O. II³ 778f.

26 D.F. Strauß, Streitschriften zur Vertheidigung meiner Schrift über das Leben Jesu und zur Charakteristik der gegenwärtigen Theologie. Drittes Heft: Die evangelische Kirchenzeitung, die Jahrbücher für wissenschaftliche Kritik und die theologischen Studien und Kritiken in ihrer Stellung zu meiner kritischen Bearbeitung des Lebens Jesu, Tübingen 1838, 125f.

27 E. Wolf, Die Verlegenheit der Theologie. David Friedrich Strauß und die Bibelkritik, in: Libertas Christiana, FS F. Delekat, hg. v. W. Matthias u. E. Wolf, BEvTh 26, München 1957, 219-239; 219.

Verlegenheit deshalb, weil sein Weg schließlich in der Philosophie endet und Strauß die Frage nicht mehr beantwortet und auch nicht beantworten kann, weshalb denn Jesus der Ausgangspunkt und Mittelpunkt des christlichen Glaubens ist; eine Frage, die aus der Geschichte des menschlichen Geistes allerdings nicht abschließend zu beantworten ist. Mit anderen Worten: Strauß' Jesusbuch hat die Alternative unüberhörbar gestellt: Historie oder Mythos, und sie im Sinn des letzteren entschieden. Es liegt aber auf der Hand, daß die Mythologisierung der Jesustradition Selbstaufgabe des christlichen Glaubens bedeuten kann und die Gefahr besteht, daß der Gegenstand des Glaubens von der Historie getrennt und zu einer philosophischen Idee abgewertet wird. An dieser Stelle müßte dann auch die Kritik an Strauß einsetzen und die Frage gestellt werden, ob nicht über den philosophischen ‚hegelschen' Christus hinaus zum historischen Jesus zurückgegangen werden kann.

Die in der zweiten Hälfte des 19. Jahrhunderts betriebene Evangelienforschung ist dann auch wesentlich ein Abbau der philosophisch-theologischen Konzeption Hegels und seiner Schüler gewesen. Man wollte nun nüchterne Arbeit leisten, fragen, was im Text steht, nicht zuletzt die Detailfragen behandeln. Und da Strauß' Leben Jesu die synoptische Frage, d.h. das Problem des Verhältnisses der synoptischen Evangelien zueinander, übergangen hatte – er stützt seine Darstellung auf Einzelperikopen, die für ihn im Grunde zusammenhanglos nebeneinander stehen –, richtet sich die neu erwachte historische Frage zu allererst auf das literarkritische Problem der Evangelien, genauer: auf die *Quellenkritik.*

Heinrich Julius Holtzmann hat mit seinem Werk ‚Die synoptischen Evangelien, ihr Ursprung und geschichtlicher Charakter' (1863) bahnbrechende Arbeit geleistet. Er vergleicht den Aufriß der synoptischen Evangelien und schließt aus der parallel laufenden Erzählung auf eine gemeinsame Grundschrift, die er im Markusevangelium findet und als Urmarkus, bzw. Quelle A bezeichnet. Diese Grundschrift soll einen „ersten zusammenhängenden Bericht der galiläischen Wirksamkeit Jesu" einschließlich der „Katastrophe in Jerusalem" enthalten haben[28], Markus hat sie bei seiner Überarbeitung von A stark gekürzt, um alles zu vermeiden, „wodurch dem Blick des Lesers die Aussicht auf die thätige Wirksamkeit Jesu getrübt werden könnte"[29]. – Diese Annahme, daß ein Urmarkusevangelium Erzählungs- und Redestoff enthalten habe, hat sich in der Forschung nicht durchgesetzt. Aber Holtzmanns Verdienst bleibt unbestritten. Die Markuspriorität ist seit dieser Arbeit ein unaufgebbarer Bestandteil gegenwärtiger neutestamentlicher Forschung. Und

---

28 H.J. Holtzmann, Die synoptischen Evangelien, ihr Ursprung und ihr geschichtlicher Charakter, Leipzig 1863, 102.

29 H.J. Holtzmann, a.a.O. 385.

dazu kommt ein zweites, nicht weniger wichtiges Ergebnis der quellenkritischen Untersuchung: Die Erhebung einer zweiten synoptischen Grundquelle, die aus dem Matthäus und Lukas gegen Markus gemeinsamen Material erschlossen wird. Holtzmann nennt sie die Quelle Λ (= Urmatthäus). Diese Quellenschrift ist in der Forschung als Q-Quelle bekanntgeworden. Holtzmann ist so der eigentliche Anreger und Begründer der synoptischen Zweiquellentheorie.

Der Anlaß dieser quellenkritischen Arbeit war die Auseinandersetzung mit der von D.F. Strauß aufgeworfenen Leben-Jesu-Problematik. Holtzmann versucht auf quellenkritischem, d.h. auf historischem Weg zu erfragen, „was der Stifter unserer Religion an sich war, also das ächte und naturgetreue Bild seines Wesens", und zwar „unter Anwendung der alleinlegitimen Mittel einer gewissenhaften, historischen Kritik". Würde dieses Ziel erreicht, hieße dies, daß gegenüber der mythischen Interpretation D. F. Strauß' das historische Bild Jesu zurückgewonnen wäre. Aufgrund eines gesicherten Quellenbestandes müßten auch Gestalt und Wesen Jesu verhältnismäßig gesichert zu erheben sein.

Das Bild Jesu, das auf diese Weise gewonnen wird, ist für die liberale Leben-Jesu-Theorie bestimmend gewesen. Auf der Grundlage des Markusevangeliums ist eine gradlinige Entwicklung des Lebens Jesu zu verfolgen, eine fortschreitende Entwicklung des Messiasgedankens, die Ausbildung des messianischen Selbstbewußtseins Jesu, das mit der Taufe beginnt. Ein Zentralpunkt in dieser Entwicklung bildet das Petrusbekenntnis zu Caesarea Philippi (Mk 8,29), bis – in der Zeit der Leidensvoraussagen – die Laufbahn Jesu sich ihrem Ende zuneigt, „einem Ende, welches von Jesus selbst mit immer steigender Klarheit als das allein mögliche, aber auch als das allein seiner würdige, als das göttlich nothwendige vorausgesehen und vorausgesagt worden war"[30]. Da hineingebettet sind die ethischen Belehrungen, die in dem heiligen Grundsatz ‚duldender Feindesliebe' ihren Höhepunkt finden.

Für lange Zeit schien es so, als hätte nach Holtzmanns Werk die Historie eindeutig über den Christusmythos den Sieg errungen. Seine historisch und psychologisch fundierte Darstellung kam seiner Zeit entgegen; sie war außerordentlich erfolgreich, obwohl D.F. Strauß mit einer psychologisch-motivierten Leben-Jesu-Theologie schwerlich begegnet werden konnte; denn Strauß war sich – im Gegensatz zu Holtzmann – des rational nicht einzugrenzenden Charakters des Jesusbildes der Evangelien durchaus bewußt, auch wenn er das mythische Element spezifisch, nämlich im Sinn der Philosophie Hegels interpretierte. Der Abbau dieses liberalen Jesusbildes wurde erst möglich, als die Religionsgeschichtliche Schule den Blick für die Fremdheit der neutesta-

---

30 Nach W.G. Kümmel, Das Neue Testament 190.

mentlichen Überlieferung öffnete. *Johannes Weiß* hat in seinem Werk ‚Die Predigt Jesu vom Reich Gottes' (1892) den apokalyptischen Charakter der Verkündigung Jesu erkannt. Dies hatte zur Folge, daß auch die Interpretation der Verkündigung Jesu im Sinn einer allgemein menschlichen Sittlichkeit problematisch geworden ist.

In anderer Weise, wenn auch ebenfalls von der historisch-kritischen Fragestellung ausgehend hat *William Wrede* das Holtzmannsche Jesusbild in Frage gestellt. Im ‚Das Messiasgeheimnis in den Evangelien' (^{1}1901) zeigt er, daß die Anwendung von psychologischen Kriterien in dem Markusbericht auf unleugbare Schwierigkeiten stößt. Das Markusevangelium ist wesentlich durch die Theorie vom Messiasgeheimnis bestimmt, durch die Dialektik von Verborgenheit und Offenbartheit der Messianität Jesu. Diese Dialektik ergibt einen Widerspruch, indem neben das öffentliche Auftreten unmittelbar ein Geheimhaltungsbefehl Jesu gestellt ist. Dieser Widerspruch ist mit psychologischen Mitteln nicht aufzulösen. Darüber hinaus ist es auch nicht möglich, einen Entwicklungsgang des Messiasbewußtseins Jesu aufgrund des Markusevangeliums nachzuzeichnen. Jesus bekennt sich schon zu Anfang als der Menschensohn (Mk 2,10.28), wartet also nicht eine fortschreitende Entwicklung ab. Ebensowenig bedeutet das Petrusbekenntnis eine Zäsur im messianischen Selbstverständnis, sondern Jesus hat sich nach der markinischen Darstellung schon vor der Caesarea-Philippi-Episode vor einigen auserwählten Jüngern zu erkennen gegeben.

Ist die psychologische Interpretation des Lebens Jesu aufgrund des Markusevangeliums nicht zu bewahrheiten, so hat sich W. Wrede doch nicht ausführlicher zur Frage des Lebens Jesu geäußert. Dennoch hat sein Werk zur Klärung des Leben-Jesu-Problems Wesentliches beigetragen. Das Ergebnis seines Buches ist die These, daß die Messiasgeheimnistheorie im Markusevangelium nicht von Markus stammt, sondern in der vormarkinischen Gemeinde entstanden sein müsse. Seine ‚traditionsgeschichtliche Lösung' besagt, daß der Gemeinde eine aktive Rolle bei der Überlieferung der Jesustradition zuerkannt wird. Seit Wrede ist es ein unverlierbarer Besitz der wissenschaftlichen Erforschung des Neuen Testaments, daß zwischen Jesus und den Evangelien ein weites Feld aktiver Gemeindetheologie liegt, und daß es nicht möglich ist, von den Evangelien direkt auf das Leben Jesu zurückzuschließen. Seit Wrede steht die Leben-Jesu-Forschung unter einem grundsätzlich skeptischen Vorzeichen.

Die formgeschichtliche Forschung hat Wredes Erkenntnis von der aktiven Bedeutung der Gemeindetheologie zu ihrer Grundlage gemacht. *Karl-Ludwig Schmidt* hat in dem Buch ‚Der Rahmen der Geschichte Jesu' (1919) den Rahmen des Markusevangeliums untersucht und festgestellt, daß die vormarkinischen Einzelperikopen ursprünglich isoliert überliefert wurden und auch ihre chronologischen Angaben im wesentlichen auf vormarkinische Tradition zurückgehen. Entscheidend für die Überlieferung war der gottesdienstliche Gebrauch, und im Verlauf dieser Tradierung konnten die Einzelperikopen dann auch mit einem chronologischen Rahmen versehen werden. – Damit ist ein erster Schritt zur Entwicklung der *Formgeschichte* getan, wie sie durch Martin Dibelius ([1]1919) und Rudolf Bultmann ([1]1921) ausgearbeitet wurde. Hier wird nach den Traditionen gefragt, die den synoptischen Evangelien zeitlich vorgeordnet sind. Sie werden nach ihrer literarischen Gattung analysiert und zugleich auf ihren ursprünglichen, historischen Sitz im Leben hin befragt. Auch hier ergibt sich, daß die Gemeinde Entstehungsgrund einer Vielzahl von formgeschichtlichen Gattungen und Einzelperikopen gewesen ist.

Das Ergebnis der Frage nach dem historischen Jesus, wie sie bis in die erste Hälfte des 20. Jahrhunderts gestellt und ausgearbeitet wurde, ist eine eindeutige Skepsis in Bezug auf die Möglichkeit, ein allgemein anerkanntes Leben Jesu zu schreiben. In dieser Weise hat auch Albert Schweitzer das Resultat einer 200-jährigen Leben-Jesu-Forschung gesehen: Das Programm der historischen Jesusfrage ist gescheitert. Die mythische Erklärung der Evangelien führte zu einem philosophischen Standort und ließ die Geschichtsbezogenheit des christlichen Kerygmas und damit überhaupt den Jesus der Evangelien verlorengehen. Die Ausarbeitung der historischen Frage führte zur Skepsis in der Beurteilung von dem, was als historischer Jesus bezeichnet werden kann, und zwar nicht nur aus dem Grunde, daß Wrede, Schmidt u.a. die Brüchigkeit der literarischen Grundlagen der liberalen Leben-Jesu-Forschung aufgezeigt hatten, sondern auch, weil beim Entwurf eines jeden Jesusbildes das Subjekt des Autors mitbeteiligt ist, so daß die Verschiedenartigkeit der menschlichen Individuen sich in der Verschiedenartigkeit der entworfenen Jesusbilder widerspiegelt. Aber selbst gesetzt den Fall, es sei möglich, zu einem historisch verifizierten Jesusbild zu gelangen, so wäre die Frage noch offen, welche Bedeutung ein so rekonstruierter historischer Jesus für den christlichen Glauben haben kann; es wäre ja zunächst noch nichts anderes gewonnen als ein ‚Jesus der Historiker', dessen theologische Relevanz mit der historischen Rekonstruktion noch nicht gegeben wäre; es wäre also noch die Frage zu stellen, ob ein historischer Jesus den christlichen Glauben legitimieren kann und darf.

Von hier aus scheint es konsequent zu sein, wenn *Martin Kähler* sich den verschiedenen Versuchen, historisch zu Jesus zurückzugelangen, widersetzte und im Jahr 1892 eine Schrift unter dem Titel ‚Der sogenannte historische Jesus und der geschichtliche, biblische Christus'[31] ausgehen ließ. Er verficht die grundsätzliche Unabhängigkeit des neutestamentlichen und kirchlichen

31 M. Kähler, Der sogenannte historische Jesus und der geschichtliche, biblische Christus, hg. v. E. Wolf, TB 2, München [4]1969.

Christusbildes von der Historie, trennt scharf zwischen dem historischen irdischen Jesus, der im besten Fall nur in einem angenäherten Maß zu erkennen ist, und dem geglaubten, geschichtlichen, biblischen Christus, der als der gepredigte die Grundlage des christlichen Glaubens ist und im Wort den Glaubenden begegnet. Hiermit ist gesagt, daß der Gegenstand des Glaubens in der Historie niemals aufgehen kann. Allerdings hat sich Kähler nicht wirklich der Frage gestellt, wie denn der geglaubte Christus sich zum historischen Phänomen Jesus verhält. Deshalb mag sein Beitrag nur als ein wichtiges Korrektiv verstanden werden, das gegen jede Art von Historismus in der Jesusfrage ein berechtigtes theologisches Interesse geltend macht, jedoch nicht als die letzte Lösung unseres Problems angesehen werden kann. Vielmehr ist es Aufgabe der Zukunft, einen Weg zu finden, der das Recht sowohl der mythischen (theologischen) Erklärung als auch der historischen Rekonstruktion anerkennt, auf dem mit anderen Worten die historische Gebundenheit des christlichen Glaubens an die Person Jesu ebenso bejaht wird wie die eschatologische Bedeutung Jesu Christi für den Glauben. Dieser Versuch läßt sich als die *kerygmatische Jesusinterpretation* bezeichnen, in der der Zusammenhang zwischen dem historischen Jesus und dem Kerygma der urchristlichen Gemeinde erkannt und dargestellt wird.

Rudolf Bultmann versteht sich selbst im wesentlichen als Pauliner, nicht aber meint er, daß christlicher Glaube notwendig Jesusglaube, geschweige denn Glaube an den historischen Jesus zu sein habe. Und er beruft sich hierfür auf 2 Kor 5,16 („selbst wenn wir nach dem Fleisch Christus gekannt hätten, so kennen wir ihn jetzt nicht mehr")[32]. Von hier aus ergibt sich für die paulinische Theologie, daß eine historia Jesu keine legitime, schon gar nicht eine legitimierende Rolle im christlichen Kerygma spielen kann. Vielmehr ist im Kerygma der erhöhte Christus, nicht der irdische Jesus, gegenwärtig. Soweit also die Forschung nach der Historie Jesu fragen mag, so allenfalls in dem Sinn, daß kompromißlos falsche Sicherungen zerschlagen werden, und dies, um zu verdeutlichen, daß der Glaube nicht auf der Grundlage eines Lebens Jesu abzusichern ist.

Allerdings hat R. Bultmann selbst ein Jesusbuch verfaßt ([1]1926) und im 1. Abschnitt des 1. Teils seiner ‚Theologie des Neuen Testaments' die Verkündigung Jesu dargestellt ([1]1948), ebenso in der Schrift ‚Das Urchristentum im Rahmen der antiken Religionen' (1949). Aber der erste Satz seiner Theologie des Neuen Testaments ist bezeichnend: „Die Verkündigung Jesu gehört zu den Voraussetzungen der Theologie des Neuen Testaments und ist nicht ein Teil dieser selbst."[33] Entsprechend ist in dem Buch über das Urchri-

32 R. Bultmann, Die Christologie des Neuen Testaments, in: ders., Glauben und Verstehen I 259.

33 R. Bultmann, Theologie 1.

stentum die Darstellung der Verkündigung Jesu ein Unterabschnitt in dem größeren Zusammenhang ‚Das Judentum'. Dies besagt: Wie schon M. Kähler zwischen dem historischen Jesus und dem geglaubten Christus unterschied, wie Adolf von Harnack zwischen dem Verkündiger (Jesus) und dem Verkündigten (Christus) differenzierte („Nicht der Sohn, sondern allein der Vater gehört in das Evangelium, wie es Jesus verkündigt hat, hinein"[34]), so stellt auch R. Bultmann Jesus als den Angehörigen und Exponenten des Judentums dem Christus als dem Gegenstand des christlichen Kerygmas gegenüber.

Das Jesusbild, das Bultmann entfaltet, weist Jesus einen Platz im religionsgeschichtlichen Umfeld des Judentums zu. Jesus kündet die nahende Gottesherrschaft an, und zwar so, daß seine Person selbst das Zeichen der Zeit ist (Lk 10,23f). Seine Verkündigung setzt allen Sicherungen ein Ende, die sich zwischen den Menschen und den radikalen Anspruch Gottes stellen. Er protestiert gegen ein jüdisches Gottesverständnis, wonach der Zugehörigkeit zum auserwählten Volk, der gesetzesfrommen Haltung das eschatologische Heil garantiert ist. Der Gott Jesu ist nicht der Gott der Tora, sondern der Gott, der den Menschen über die alttestamentliche Gesetzeserfüllung hinausgehend neu in Anspruch nimmt (Mt 5,21-48). Er fordert Gottes- und Menschenliebe und stellt hierdurch die überlieferte Rechtsordnung in Frage. Aber Jesus ist mit dieser Verkündigung nicht mit dem Messias identisch; er besitzt kein messianisches Selbstbewußtsein, sondern als Prophet der Endzeit verweist er auf den zukünftigen Menschensohn als den Bringer von Gericht und Heil. Bultmann versucht an Mk 8,38 aufzuzeigen, daß Jesus sich nicht mit dem künftigen Menschensohn identifiziert hat, sondern zwischen sich und dem kommenden Menschensohn unterschieden hat.

Als endzeitlicher Prophet gehört Jesus in das Judentum hinein. Erst mit dem Osterglauben der urchristlichen Gemeinde wird der Verkündiger Jesus zum verkündigten Christus, wird er zu dem von der Gemeinde geglaubten und erwarteten kommenden Menschensohn. Von dieser Hoffnung her ist das urchristliche Kerygma geprägt. Es gründet sich nicht auf die Ereignisse des Lebens Jesu, sondern auf das Kreuzes- und Auferstehungsgeschehen. Christlicher Glaube ist nicht Jesusglaube (weder Glaube Jesu noch Glaube an Jesus), sondern Glaube an die Heilszusage, die sich im Christusgeschehen realisiert hat. Dieser Glaube hat die Jesusüberlieferung geprägt; diese Tatsache beeinträchtigt erheblich die Möglichkeiten des Historikers, das Leben Jesu oder auch nur den Inhalt der Verkündigung des historischen Jesus zu rekonstruieren. Folgerichtig ist R. Bultmann der Ansicht, daß das, was den historischen Inhalt des Kerygmas ausmacht, nicht die Historie Jesu ist, sondern allein das Daß des historischen Jesus. Der Historiker, der das christliche Kerygma analysiert, stößt an historisch verifizierbaren Aussagen auf nicht mehr als auf das historische Faktum Jesu.

---

34 Nach W.G. Kümmel, Das Neue Testament 229.

Dagegen ist einschränkend festzustellen, daß die Aussage, Jesus sei am Kreuz gestorben, mehr als eine bloße Bestätigung des historischen Daß Jesu ist. Auch Bultmann weiß mehr über Jesus zu sagen, als lediglich das Faktum seines Auftretens.[35] Doch vereinigt die kerygmatische Interpretation der Person Jesu die beiden genannten Linien: das historische Moment, durch die Behauptung des historischen Daß; und den – in der Terminologie von D.F. Strauß – ‚mythischen Charakter' der Jesuserzählung der Evangelien, der auch als ‚eschatologisches' oder ‚kerygmatisches Element' begriffen werden kann. Der Jesus der Evangelien ist vom Glauben aus konzipiert; im Jesuszeugnis der Evangelisten begegnen wir nicht einer historischen Argumentation, sondern dem christlichen Kerygma und seinem eschatologischen Anspruch.

An dieser Stelle setzt die Forschung ein, die zu einer stärkeren historischen Würdigung der Verkündigung und des Auftretens Jesu zurückführen möchte. *Ernst Käsemann* begegnet zwar ebenfalls der Rückfrage nach dem historischen Jesus mit Skepsis, weil das Bild des irdischen von dem erhöhten Herrn fast ganz aufgesogen worden ist.[36] Aber dennoch bestehe kein Grund zur Resignation[37], vielmehr sei es einhellige Meinung der Exegeten, daß jedenfalls in der ersten, zweiten und vierten Antithese der Bergpredigt echtes Jesusgut aufbewahrt worden sei.[38] Von hier aus wird das Bild des historischen Jesus rekonstruiert, in dem die Autorität Jesu, welche die des Mose überbietet, eine zentrale Stellung einnimmt. Mit ungeheurem Autoritätsanspruch, der auch den des Täufers übersteigt, zerbricht Jesus die Sphäre jüdischer Frömmigkeit. Er ist mehr als ein jüdischer Rabbi oder ein beliebiger jüdischer Prophet; er besitzt messianisches Selbstbewußtsein.[39] Er predigt die von jetzt an sich verwirklichende Gottesherrschaft (Mt 11,12f). Mit diesem Anspruch ist Jesus weder historisch noch religionsgeschichtlich wirklich zu erfassen; er bleibt ein Rätsel, das der Historiker nicht auflösen kann.

Wir fragen: Mit welcher Motivation ist unter dieser Voraussetzung die Historie Jesu Gegenstand der Forschung? Kann wirklich allein die „Kontinuität des Evangeliums in der Diskontinuität der Zeiten"[40] den Glauben vor den Abgründen von Moralismus und Mystizismus bewahren? Gibt es nicht

---

35 R. Bultmanns Festhalten am bloßen ‚Daß' des historischen Jesus ist aus seinem hermeneutischen Interesse zu erklären; vgl. R. Bultmann, Das Verhältnis der urchristlichen Christusbotschaft zum historischen Jesus, SHAW.PH 3, 1960, 13.21.25; ferner E. Biser, Hermeneutische Integration. Zur Frage der Herkunft von Rudolf Bultmanns hermeneutischer Interpretation, in: B. Jaspert (Hg.), Rudolf Bultmanns Werk und Wirkung, Darmstadt 1984, 220.

36 E. Käsemann, Das Problem des historischen Jesus 213.

37 E. Käsemann, a.a.O. 196.

38 E. Käsemann, a.a.O. 206.

39 E. Käsemann, a.a.O. 206, 210f.

40 E. Käsemann, a.a.O. 213.

auch eine moralistische oder mystizistische Kontinuität? Der Gefahr, daß sich das Evangelium in der Diskontinuität der Zeiten verliert, ist nicht allein dadurch zu begegnen, daß man auf den historischen Jesus zurückgreift; man könnte auch auf das Glaubenszeugnis der Gemeinde zurückgreifen und hat dies auch in der Vergangenheit getan. Und weiter: Welche Kriterien gibt es für die Rekonstruktion der Verkündigung Jesu? Käsemann behauptet gegen Bultmann, Mk 8,38 sei als Prophetenspruch in der palästinischen Gemeinde entstanden. Das gleiche ist auch von anderem als echt behaupteten Jesusgut gesagt worden. Die Frage der Kriterien, durch die die Verkündigung Jesu zu rekonstruieren ist, gewinnt an dieser Stelle ein besonderes Gewicht.

Gerhard Ebeling bezeichnet es als Aufgabe der Christologie, daß diese über den Satz ‚Ich glaube an Jesus' Rechenschaft abzulegen habe. Hierzu untersucht er den Glaubensbegriff Jesu; denn würde die historische Forschung tatsächlich nachweisen, daß der Glaube an Jesus keinen Anhalt an Jesus selbst hat, so wäre dies das Ende der Christologie. Das Ergebnis der ins einzelne gehenden Ausführungen über den Glaubensbegriff in den Evangelien ist, daß Jesus Glauben erwecken wollte und dabei auch seinen eigenen Glauben zum Einsatz brachte. „Dann aber ist Jesus nur darum und nur insofern Gegenstand des Glaubens, als er selber Grund und Quelle des Glaubens ist."[41] Ebeling modifiziert dies später in der Weise, daß er unterscheidet zwischen dem historischen Jesus als dem Zeugen des Glaubens und dem Auferstandenen als dem Grund des Glaubens.[42] Die „Entstehung des Glaubens" ist angewiesen auf „Begegnung mit Zeugen des Glaubens"[43]; auf diese Weise ereignet sich das Wortgeschehen, die existenzielle Übereignung von dem, was an Jesus geschehen ist.[44]

R. Bultmann hat sich in seiner Spätschrift ‚Das Verhältnis der urchristlichen Christusbotschaft zum historischen Jesus' zur Frage des historischen Jesus noch einmal geäußert und gegen Ebeling eingewandt, daß dieser die existenzielle Begegnung, wie sie gegenüber dem Kerygma erfolgt, mit einem objektivierenden Sehen verwechselt habe, indem er die persönliche Haltung Jesu zum Gegenstand der wissenschaftlichen Nachfrage mache. Christlicher Glaube aber entstehe nicht aus einem objektivierenden Betrachten, sondern im gehorsamen Hören auf den Anruf des Wortes. Darüber hinaus läßt sich fragen, ob Ebeling nicht die Bedeutung des Glaubens Jesu überschätzt hat. Die synoptischen Evangelien sagen

---

41 G. Ebeling, Jesus und der Glaube, ZThK 55, 1958, 64-110; 102.

42 G. Ebeling, Die Frage nach dem historischen Jesus und das Problem der Christologie, ZThK.B 1, 1959, 14-30; 27.

43 G. Ebeling, Jesus und der Glaube 108.

44 Ebd.

wenig über den Glauben Jesu, und die seltenen Belegstellen lassen sich durchweg nicht für die älteste Überlieferungsschicht in Anspruch nehmen. Hebr 12,2 spricht zwar von Jesus als dem Anfang und Vollender des Glaubens, aber hierbei handelt es sich nicht um den historischen Jesus, sondern um den präexistenten Christus, der mit dem Gekreuzigten und Auferstandenen gleichgesetzt ist. Nur unter der sachlichen Voraussetzung von Kreuz und Auferstehung vollzieht sich christlicher Glaube.

Schließlich ist *Ernst Fuchs* zu nennen. Wie G. Ebeling meint E. Fuchs, das Wesen des christlichen Glaubens vom historischen Jesus ableiten zu können. Anders aber bezieht er sich hierbei nicht nur auf den Glauben, sondern im wesentlichen auf Jesu persönliches Verhalten, Jesu Sünderliebe und Vergebungsbereitschaft. Durch sein Verhalten hat Jesus die Verkündigung Johannes des Täufers radikalisiert; sieht Jesus sich schon im Bereich des Gottesreiches stehen, bringt er die Stimme der Liebe und damit Gott selbst zur Geltung, ist er das ‚Sprachereignis'. Grundlage dieser Interpretation sind Parabeln, Gleichnisse und Einzelsprüche, wie sie in den synoptischen Evangelien überliefert werden. An ihnen läßt sich das Verhalten Jesu als der eigentliche Rahmen seiner Verkündigung ablesen. Mit R. Bultmann ist demgegenüber die Frage zu stellen, ob – unbeschadet der im einzelnen bedenkenswerten Interpretationen Fuchs' – hierdurch die Person Jesu nicht psychologisiert werde, also eine historisch-psychologische Nachstellung der Person Jesu vorgelegt wird, deren theologische Bedeutung erst noch zu erheben wäre. Darüber hinaus ist zu fragen, wer der Jesus ist, der hier zur Sprache kommt. Es handelt sich nicht um den historischen Jesus, sondern (zumindest primär) um den Jesus der Evangelien. So gesteht es E. Fuchs selbst zu.[45] Nicht zuletzt ist umstritten, ob und welche Gleichnisse für die Rekonstruktion der Verkündigung des historischen Jesus in Anspruch genommen werden können. Aufs Ganze gesehen hat Fuchs' Jesus-Interpretation für das Verständnis des Jesusbildes der synoptischen Evangelien größere Bedeutung als für das Verständnis des historischen Jesus.

c) Vier Modelle der Jesusdarstellung

1. Das apokalyptische Modell

Hermann Samuel Reimarus hatte in polemischer Zielsetzung die Gestalt Jesu durch den Vergleich mit der Vorstellungswelt des zeitgenössischen Judentums verständlich zu machen versucht und auf die Notwendigkeit aufmerk-

45 Vgl. E. Fuchs, Jesu Selbstzeugnis 31.

sam gemacht, zwischen dem historischen Ereignis des Auftretens Jesu und der Interpretation dieses Auftretens durch die Gemeinde zu unterscheiden.[46] Der ursprüngliche Zusammenhang zwischen der historischen Verkündigung Jesu und der jüdischen Überlieferung besteht nach Reimarus in der Naherwartung der jüdischen Apokalyptik, die Jesus mit seinen Jüngern teilt: Jesus ist danach Verkündiger der Nähe des Gottesreiches und verknüpft mit dieser Ankündigung den Ruf zur Bekehrung.[47] Der apokalyptische, von Reimarus vorweggenommene Typ der Verkündigung Jesu besagt also, daß Jesus als Prophet der Endzeit dargestellt wird. Grundlegend ist Mk 1,15: In der Erfüllung der Zeit kündet Jesus das Kommen der Gottesherrschaft an, die bei der kosmischen Endkatastrophe erscheinen, die alttestamentlichen Verheißungen verwirklichen und Gnade und Gericht über die Menschheit bringen wird.[48] Durch diese Verkündigung wird die Gottesherrschaft nicht zur Gegenwart, aber sie ragt doch durch die Botschaft Jesu in die Zeit hinein. Daher ist die Zeit des Auftretens Jesu Entscheidungszeit; die Stellung zur Botschaft Jesu entscheidet über Heil und Unheil des einzelnen im Endgeschehen. Sind auch Leben und Verkündigung Jesu als des endzeitlichen Propheten im eigentlichen Sinn unmessianisch[49], so gehört doch zum apokalyptischen Horizont der so begriffenen Botschaft Jesu die Zukunftserwartung eines Messias-Menschensohnes, wie etwa Mk 8,38 auszusagen scheint; oder aber es verbindet sich mit diesem Typ der Jesusdarstellung der Gedanke, daß Jesus selbst seine Erhöhung zum apokalyptischen Menschensohn-Weltrichter erhoffte, analog den Bilderreden des Henoch, in denen die Einsetzung Henochs zum Menschensohn vorausgesagt ist.[50]

---

46 Vgl. Fragment 1. Von Duldung der Deisten. Fragment eines Ungenannten, in: G.E. Lessing, Sämtliche Schriften 12, hg. von K. Lachmann, Leipzig [3]1897, 254-271.

47 Vgl. Fragment 7: Von dem Zwecke Jesu und seiner Jünger (a.a.O., Sämtliche Schriften 13, 215-327).

48 Vgl. z.B. R. Bultmann, Theologie 4. – Eine apokalyptische Auslegung der Verkündigung Jesu ist die Grundlage etwa des Buches v. K. Niederwimmer (Jesus, Göttingen 1968), in dem der Verfasser darüber hinausgehend die Person Jesu psychologisch interpretiert (53ff: Jesus habe eine „Neueinstellung des Bewußtseins" gebracht).

49 Vgl. etwa R. Bultmann, Theologie 27; ders., Verhältnis 11 („Man wird ihm <Jesus> also ein prophetisches Bewußtsein, ja ein ‚Vollmachtsbewußtsein' zuschreiben.").

50 ÄthHen 70f. – Vgl. W. Baldensperger, Das Selbstbewußtsein Jesu im Lichte der messianischen Hoffnungen seiner Zeit, Straßburg [2]1892, 200ff; A.J.B. Higgins, The Son of Man in the Teaching of Jesus, MSSNTS 39, Cambridge 1980; R. Kearns, Das Traditionsgefüge um den Menschensohn, Tübingen 1986; J. Theisohn, Der auserwählte Richter, StUNT 12, Göttingen 1974.

2. Jesus als Weisheitslehrer

In anderer Weise wird Jesus unapokalyptisch, aber ebenfalls im Zusammenhang mit der jüdischen Umwelt als Lehrer der Tora bzw. als Weisheitslehrer verstanden. Schon die aufgeklärte Interpretation der Person Jesu durch Gotthold Ephraim Lessing bezeichnete Jesus als göttlichen Lehrer, der zur Erziehung des Menschengeschlechtes aufgetreten ist und die drei Pfeiler der natürlichen Religiosität, Gott, Tugend und Unsterblichkeit, zum Gegenstand seiner Unterweisung gemacht hat.[51] Und überall dort, wo das Wirken Jesu ‚vernunftgemäß' und auf die Praxis des täglichen Lebens hin ausgelegt wurde, galt die Verkündigung Jesu in ihrem wesentlichen Bestandteil als eine Summe von ‚Klugheitsregeln'[52], wie denn auch in der liberalen Leben-Jesu-Theologie sittliche Weisungen den Kernpunkt der Botschaft Jesu darstellen.[53] In der neueren Forschung ist dieser Typ dort erkennbar, wo auf Grund der Evangelienüberlieferung die Bezeichnung Jesu durch Jünger und Volk als ‚Rabbi' bzw. διδάσκαλος[54] auf ihren sachlichen Gehalt hin ausgelegt wird. Unähnlich dem talmudischen Rabbinentum, aber doch in Entsprechung zu jüdischen Lehrtraditionen unterrichtet danach Jesus in Sprüchen und Gleichnissen, lehrt er den ‚Willen Gottes'[55], indem er seine Hörer in konkreten Einzelanweisungen über die rechte Lebensführung unterweist: Angesichts der grenzenlosen Güte des Schöpfers verbietet es sich zu sorgen (Mt 6,25ff); wohl aber ist es Aufgabe, für den anderen Fürsorge zu haben, auch wenn dadurch das Recht des Reinheits- und Sabbatgesetzes verletzt wird.[56] Grundlegend sind die Forderungen ethischen Verhaltens, wie sie im Dekalog aufgestellt

---

51 Vgl. G.E. Lessing, Die Erziehung des Menschengeschlechts, 1780 (= Sämtliche Schriften 13, Leipzig ^{3}1897, 413-436).

52 Z.B. H.E.G. Paulus, Das Leben Jesu als Grundlage einer reinen Geschichte des Urchristenthums (2 Bde.), Heidelberg 1828.

53 William Wrede ist nicht mehr in der Lage gewesen, im Zusammenhang auszuführen, wie er sich die Verkündigung Jesu als den Ausgangspunkt der christlichen Traditionsgeschichte (vgl. hierzu: Ders., Über Aufgabe und Methode passim) vorstellte, jedoch weisen die Andeutungen in seinem Paulusbuch in die oben genannte Richtung (vgl. W. Wrede, Paulus 89ff). – Im übrigen W. Heitmüller, Jesus, Tübingen 1913, 118ff.

54 Rabbi: Mk 9,5; 10,51; 11,21; 14,45par; διδάσκαλος (als Übersetzung von Rabbi: Joh 1,38; 20,16); Mk 4,38; 9,17.38; 10,17.20.35; 12,14.19; 13,1par; vgl. auch J. Schniewind, Der Verkündigungscharakter der theologischen Wissenschaft, ThLZ 72, 1947, 167.

55 Vgl. R. Bultmann, Jesus 52ff.

56 Mk 2,23ff; 7,1ff; vgl. P. Noll, Jesus und das Gesetz 5; E. Käsemann, Problem 207.

sind (Mk 10,19par), die im Gebot der Liebe gegenüber Gott und Mensch gipfeln (Mk 12,28ffparr) und auch das Gebot der Feindesliebe einschließen (Mt 5,44). Sind diese Weisungen auch individualethisch ausgesprochen, so sind sie doch nicht einmal auf die Gemeinschaft der Nachfolger Jesu beschränkt, sondern haben einen universalen Horizont.[57] Entscheidendes Gewicht hat in diesem Zusammenhang die Beurteilung des Verhältnisses Jesu zur alttestamentlich-jüdischen Tora. Nicht selten wird unterschieden zwischen der kritischen Stellung Jesu zur mündlichen Gesetzesüberlieferung des Judentums und der Lehre Jesu, die das schriftliche Gesetz nicht auflösen, sondern erfüllen wollte.[58] Andererseits scheint sich aus einigen Aussagen in den Evangelien zu ergeben, daß Jesus die alttestamentliche Tora nicht weniger kritisch als das mündliche Gesetz auslegte, daß er zum mindesten die Forderungen des Alten Testaments verschärfte[59] und in den Antithesen der Bergpredigt einen Anspruch zum Ausdruck brachte, der über den eines Weisheitslehrers weit hinausreicht[60], so daß von hier aus zu verstehen ist, wenn Jesus nicht mehr nur als profaner Wegbereiter ethischen Wohlverhaltens, vielmehr als Messias der Tora begriffen wird.[61]

3. Das paulinisch-lutherische Modell

Solche ethische Interpretation der Verkündigung Jesu sprengt den religionsgeschichtlich verifizierbaren Bereich des Judentums noch nicht, um so weniger, als – wie Gerhard Kittel erklärte – sich von keiner einzigen ethischen Forderung Jesu als einer Einzelforderung sagen läßt, daß sie im Rahmen des Judentums etwas schlechthin Singuläres sei.[62] Aber die Botschaft Jesu erhält den Rang einer eigenständigen, aus jüdischen Prämissen nicht mehr abzulei-

---

57 P. Noll, a.a.O. 15ff.

58 Mt 5,17; zur Unterscheidung vgl. D. Daube, The New Testament and Rabbinic Judaism, JLCR II 1952, 1956, 55ff; W.D. Davies, The Setting of the Sermon on the Mount, Cambridge 1964, 99ff; B. Gerhardsson, Memory and Manuscript, in: H.K. McArthur (Hg.), In Search in the Historical Jesus, New York 1969, 33-40.

59 H. Braun, Spätjüdisch-häretischer und frühchristlicher Radikalismus II. Die Synoptiker, BHTh 24/2, Tübingen [2]1969, 28.33 u.ö.

60 Vgl. E. Käsemann, Problem 206.

61 Vgl. W.D. Davies, Torah in the Messianic Age and/or the Age to Come, JBL.MS 7, Philadelphia 1952, passim; ders., Setting 93ff; E. Käsemann, ThLZ 81, 1956, 547f; R. Riesner, Jesus als Lehrer, WUNT II 7, Tübingen [4]1993; M. Hengel, Jesus als messianischer Lehrer der Weisheit und die Anfänge der Christologie, in: Sagesse et religion, Paris 1979, 148-188.

62 G. Kittel, Die Bergpredigt und die Ethik des Judentums, ZSTh 2, 1925, 555-594.

tenden Konzeption, sobald sie nicht mehr allein unter dem summarischen Aspekt von ethischen Einzelforderungen gesehen ist, vielmehr die Absolutheit der Forderung Jesu und die ,Unerhörtheit' des darin zur Sprache kommenden Anspruches[63] behauptet wird. Die damit angedeutete Interpretationsrichtung kann ihre dogmatische Basis kaum verleugnen; sie steht in der Nähe der paulinisch-lutherischen Fragestellung, in der die These wenn nicht von der Unerfüllbarkeit, so doch von der Unerfülltheit der Forderung Jesu, vom usus elenchticus legis, die Funktion einer grundlegenden theologischen Voraussetzung hat. Für das Verständnis der Verkündigung Jesu besagt dies, daß die Macht, die sich nicht in den Worten der Schriftgelehrten (Mt 7,29par), sondern in den Worten Jesu manifestiert, die Macht der unbedingten Zusage Gottes ist; es ist die Macht der Liebe Gottes zum Menschen, die auch die Forderung der Liebe stellt. Darin ruft das Wort Jesu zur Entscheidung; die Forderung „Liebe deinen Nächsten wie dich selbst" läßt der ,Selbstliebe' nicht die leiseste Entschuldigung übrig[64]; sie führt den einzelnen in die Erkenntnis seiner Schuld. Aber dieses Wort wäre unvollkommen, wenn es neben der Forderung der Liebe nicht auch die Vergebung Gottes zusagte; daher erhält die Entscheidungssituation eine unüberbietbare Schärfe, da nun das Nein zu dieser Forderung zugleich ein Nein zu Gottes Vergebung ist.[65] Ist der Ruf ,Abba' ein ursprüngliches Element der Sprache Jesu[66], ist – wie Bousset, wenn auch in anderer theologischer Zielsetzung, formulierte – der Gott-Vater-Glaube Jesu ureigenste Tat[67], so erscheint es notwendig, Verkündigung und Auftreten Jesu in eins zu sehen[68] und auch – ohne Christusprädikate im Leben Jesu nachweisen zu wollen – die Person Jesu christologisch zu deuten. Jesu Verhalten ist dann der eigentliche Rahmen seiner Verkündigung.[69] In seinem Zusammensein mit Zöllnern und Sündern, in seiner Zuwendung zu religiös und sozial Entrechteten, mit einem Ausdruck: in seiner Sünderliebe ist der Sinn seines Anspruches und Auftretens zu sehen. Die Gleichnis-

---

63 E. Käsemann, Problem 206.

64 S. Kierkegaard, Leben und Walten der Liebe, in: ders., Erbauliche Reden 3, übers. v. C. Schrempf u. A. Dorner, Jena 1924, 19.

65 K.E. Løgstrup, Die ethische Forderung, Tübingen ^{2}1968, 236f.

66 J. Jeremias, Kennzeichen der ipsissima vox Jesu, in: Synoptische Studien, FS A. Wikenhauser, München 1953, 86-93; wieder abgedruckt in: ders., Abba. Studien zur neutestamentlichen Theologie und Zeitgeschichte, Göttingen 1966, 145-152.

67 W. Bousset, Jesu Predigt in ihrem Gegensatz zum Judentum, Göttingen 1892, 41ff.

68 Vgl. etwa P. Althaus, Der gegenwärtige Stand der Frage nach dem historischen Jesus, SBAW.PPH 6, München 1960; G. Bornkamm, Jesus von Nazareth 18.

69 E. Fuchs, Jesus 155.

verkündigung Jesu ist folgerichtig im wesentlichen Demonstration seines eigenen Tuns. In der Parabel vom verlorenen Sohn verteidigt Jesus sein eigenes Verhalten als das Verhalten dessen, der – indem er die Sünder in seine Nähe zieht – an der Stelle Gottes handelt.[70] Hier also ist die für die Verkündigung Jesu behauptete implizite Christologie nicht mehr allein mit dem Entscheidungsruf identisch[71], sondern im Leben Jesu überhaupt konstatiert, und die paulinische Interpretation des Heilsereignisses, nämlich die für Paulus normative Unterscheidung von Indikativ und Imperativ, der paulinische Gedanke der Manifestation von Gericht und Gnade im Christusgeschehen, wäre danach durch den historischen Jesus im grundsätzlichen vorweggenommen worden.[72]

4. Jesus als Revolutionär

Schon Reimarus war der Ansicht, daß Jesus erhofft habe, zum politischen Messias proklamiert zu werden und ein weltliches Messiasreich aufrichten zu können[73], und Ernest Renan schilderte in seinem berühmten Werk ‚La vie de Jésus' die zweite Periode des Auftretens Jesu als die eines ‚transzendenten Revolutionärs'[74]. Die marxistischen Leben-Jesu-Darstellungen[75] haben den revolutionären Typ des Jesusbildes populär gemacht; und die liberalistische Bestreitung der Historizität Jesu korrespondierte sachlich wie zeitlich, wenn sie das urchristliche Gemeindeleben als das Leben einer revolutionären, kommunistisch-proletarischen Gruppe zeichnete.[76]

Jesus als Revolutionär. Das meint nicht nur den gewaltsamen oder gewaltlosen Versuch, kulturelle oder soziale Veränderungen herbeizuzwingen, das meint schon gar nicht den nur verbalen Protest der Liebe gegen die Un-

---

70 E. Fuchs, a.a.O. 154f.

71 So R. Bultmann, Theologie 46, der aber in diesem Zusammenhang von der „Bedeutung Jesu für den Glauben der Urgemeinde" (45), also nicht wirklich von einer impliziten Christologie in der Verkündigung Jesu spricht.

72 E. Käsemann, Sackgassen im Streit um den historischen Jesus, in: ders., Exegetische Versuche und Besinnungen II 31-68; 60; H. Braun, Gesammelte Studien zum Neuen Testament und seiner Umwelt, Tübingen ³1971, 296.315.

73 Vgl. Fragment 7, a.a.O. 258.

74 E. Renan, La vie de Jésus, Paris ⁷1863, 83.

75 Z.B. K. Kautsky, Der Ursprung des Christentums, Berlin-Stuttgart ¹²1923.

76 Z.B. A. Kalthoff, Das Christusproblem. Grundlinien zu einer Sozialtheologie, Leipzig 1902; ders., Die Entstehung des Christentums. Neue Beiträge zum Christusproblem, Leipzig 1904.

gerechtigkeit und Lieblosigkeit in den bestehenden gesellschaftlichen Verhältnissen, sondern es bezeichnet den Versuch, mit allen verfügbaren Mitteln eine pervertierte Herrschaftsstruktur durch eine andere, bessere zu ersetzen, wie es die extremste Definition des Wortes ‚Revolution' verlangt. Die Basis für eine politische Interpretation des Lebens Jesu ist die Feststellung, daß Jesus nach den übereinstimmenden Berichten der neutestamentlichen Evangelien von den römischen Besatzungsbehörden Palästinas am Kreuz hingerichtet wurde – offenbar als politischer Aufrührer, wie der Titulus am Kreuz (Mk 15,26) andeutet. Von hier aus wird Jesu Auftreten als Einheit verstanden: Wie Johannes der Täufer so steht auch Jesus als dessen Schüler in Opposition zu den herrschenden Gruppen seiner Zeit; anders aber als Johannes zieht er sich nicht in die Wüste zurück, sondern wendet sich an das Volk, um den Umsturzplan zu verwirklichen und das Gottesreich durch eigene Tat heraufzuführen. Er gleicht darin jüdischen Patrioten, die mit den Römern deren jüdische Kollaborateure bekämpften.[77] Die Beinamen eines Teils seiner Jünger sprechen denn auch für die Zugehörigkeit zur zelotischen Aufstandsbewegung[78], und die Schwertworte der synoptischen Überlieferung (Mt 10,34; Lk 22,36; vgl. Lk 12,49) werden dahingehend interpretiert, daß Jesus über eine bewaffnete Streitmacht verfügte. Entsprechend sind der Einzug Jesu in Jerusalem und die anschließende Reinigung des Tempels als politische Maßnahmen zu werten, so daß die mit Waffengewalt durchgeführte Gefangennahme und die Kreuzigung Jesu nur als konsequenter Abschluß eines revolutionären Lebens erscheinen. Erst die aus seinen Anhängern sich bildende Kirche versuchte nach seinem Tod sein Auftreten spiritualisierend zu begreifen; so haben es dann auch die Evangelienverfasser durch Modifizierung oder Eliminierung der ursprünglichen politischen Thematik kodifiziert.[79]

d) Möglichkeit und theologische Bedeutung der Rekonstruktion von Verkündigung und Leben Jesu

Hatte die ältere Forschung sich im wesentlichen darum bemüht, den äußeren und inneren Entwicklungsgang Jesu zu rekonstruieren und hierdurch ein Leben Jesu zu schreiben, so ist in der neueren neutestamentlichen Wissenschaft dieser Versuch weitgehend aufgegeben worden, und es wird statt dessen nach der Verkündigung Jesu gefragt. Beiden Fragestellungen ist gemeinsam, daß

---

77 J. Carmichael, Leben und Tod des Jesus von Nazareth, München 1965, 213.

78 J. Carmichael, a.a.O. 161.

79 J. Carmichael, a.a.O. 215ff. – Zu diesem Modell: M. Hengel, War Jesus Revolutionär? CwH 110, Stuttgart ^{3}1971.

Jesus als historischer Gegenstand begriffen werden soll; sie setzen darin eine Entscheidung über die Kriterien voraus, welche die historische Rückfrage ermöglichen können.

1. R. Bultmann hat in seiner ‚Geschichte der synoptischen Tradition' drei Kriterien genannt, die bei der Erschließung der echten Jesusüberlieferung eingesetzt werden können: 1. Die Aussagen der Jesusüberlieferung, die einen Gegensatz zur jüdischen Moral und zur jüdischen Frömmigkeit enthalten, sind für den historischen Jesus in Anspruch zu nehmen. 2. Die Aussagen der Jesusüberlieferung, die durch das Fehlen von spezifisch christlichen Zügen gekennzeichnet sind, demnach mit Wahrscheinlichkeit nicht auf die nachösterliche Gemeinde zurückgehen, lassen sich auf Jesus zurückführen. Dagegen besteht an anderen Stellen, wo sich genuin-christliche Aussagen finden, keine Möglichkeit, echtes Jesusgut zu erschließen. 3. Handelt es sich bei den eben genannten um ‚Differenzkriterien', so verbindet sich hiermit als ein weiteres Unterscheidungsmerkmal das ‚Kohärenzkriterium'; demnach kann das Jesusgut als ursprünglich gelten, was mit dem Überlieferungsstoff, der aufgrund eines Differenzkriteriums als authentisch erwiesen wurde, sachlich übereinstimmt. Von hieraus wird das ‚Hochgefühl der eschatologischen Stimmung', das im Jesusgut bezeugt ist, als Kennzeichen der Verkündigung Jesu verstanden.[80]

Kritisch ist zu diesen Kriterien zu sagen, daß die Entgegensetzung der Verkündigung Jesu zum zeitgenössischen jüdischen Denken zwar dem Charakter der Jesusüberlieferung in den Evangelien entspricht, aber doch keineswegs echtes Jesusgut sicher ausweisen kann; denn antijüdische Züge finden sich auch in den übrigen Überlieferungsschichten der Evangelien, da die christliche Gemeinde besonders in ihren Anfängen den Verfolgungen von seiten der jüdischen Behörden ausgesetzt war. Darüber hinaus: Das, was jüdisch oder antijüdisch im Auftreten Jesu ist, läßt sich nur aufgrund unserer fragmentarischen Kenntnis des Judentums zur Zeit Jesu erfassen. Gegenüber der Zeit Bultmanns ist durch die Entdeckung der Gemeinde von Qumran und ihrer Literatur die Basis zur wissenschaftlichen Erforschung des Judentums heute erheblich erweitert worden.[81] – Auch die Eliminierung von spezifisch-christlichen Zügen aus der Jesusüberlieferung setzt ein Vorverständnis voraus; so die Ansicht, daß Jesus sich nicht für den Messias gehalten hat.

---

80 R. Bultmann, Die Geschichte der synoptischen Tradition, FRLANT 29, Göttingen ^{9}1979, 110.135.222.

81 Vgl. die knappen Hinweise und die Literaturangaben bei J. Maier, Antikes Judentum, in: G. Strecker-J. Maier, Neues Testament – Antikes Judentum, GKT 2, Stuttgart 1988, 172f.

R. Bultmann stützt sich hierbei auf das Ergebnis von W. Wredes ‚Messiasgeheimnis in den Evangelien', dessen Analyse der markinischen und vormarkinischen Tradition die Gegenüberstellung von unmessianischer Leben-Jesu-Überlieferung und dem Glauben an die Auferstehung Jesu Christi heute modifiziert werden muß.[82] – Was die ‚eschatologische Hochstimmung' Jesu angeht, so ist kaum zu bezweifeln, daß auch in der Umwelt des Neuen Testaments, bezeugt durch die jüdische Apokalyptik, ein entsprechendes eschatologisches Selbstbewußtsein vorhanden gewesen ist. Daher läßt sich die eschatologische Hochstimmung als solche noch nicht als spezifisch jesuanisch verstehen, sie ist vielmehr sowohl als jüdisch wie auch als christlich auszuweisen.

Dies alles besagt, daß mit einer erheblichen Unsicherheit bei der Anwendung der genannten Kriterien zu rechnen ist. Es ist nur folgerichtig, daß H. Conzelmann nicht hat unterscheiden wollen zwischen der ältesten Schicht der Synoptiker und der echten Jesusüberlieferung.[83] Daher muß auch das Ergebnis eines solchen Jesusbuches an der Unsicherheit der Rekonstruktion der Verkündigung Jesu teilhaben. Die Problematik wird durch die beabsichtigte fehlende Unterscheidung zwischen der synoptischen Theologie und der Verkündigung Jesu verstärkt.[84] Zu solcher Unsicherheit trägt darüber hinaus die Tatsache bei, daß die Gemeindeüberlieferung überwiegend aus isolierten Überlieferungseinheiten bestanden hat, also aus Einzelstücken, die sich in verschiedener Weise mosaikartig zusammensetzen lassen, so daß sich – je nach dem Vorverständnis, das die Rekonstruktion bestimmt – ein höchst unterschiedliches Jesusbild ergeben kann. Der ‚Richtungssinn der Verkündigung Jesu' (E. Fuchs) ist dem subjektiven Urteil des Betrachters unterworfen. Hinzu kommt, daß die aktive Rolle der Gemeindetheologie kaum zu überschätzen ist. Ernst Käsemann hat auf die Bedeutung der urchristlichen Propheten aufmerksam gemacht, welche Gemeindeüberlieferung geschaffen und geprägt haben. Dies bedeutet: „daß wir nicht mehr die etwaige Unechtheit, sondern gerade umgekehrt die Echtheit des Einzelgutes zu prüfen und glaubhaft zu machen haben"[85], oder besser: Sowohl die Behauptung der ‚Echtheit' als auch die der ‚Unechtheit' der Jesusüberlieferung bedarf jeweils der Begründung.

---

82 Vgl. G. Strecker, Zur Messiasgeheimnistheorie im Markusevangelium, in: ders., Eschaton und Historie 33-51; W. Wrede, Das Messiasgeheimnis in den Evangelien, Göttingen ^{4}1969.

83 H. Conzelmann, Grundriß 115f (4. Aufl. 142f). Anders G. Bornkamm, Jesus von Nazareth 198-202; 201.

84 Dies auch zu H. Merklein, Die Gottesherrschaft als Handlungsprinzip, fzb 34, Würzburg ^{3}1984.

85 E. Käsemann, Problem 203.

Wie wenig ausreichende Kriterien für diese Aufgabe zur Verfügung stehen, zeigt die Fülle der vorgelegten Entwürfe. Dennoch sollte die berechtigte Skepsis nicht das letzte Wort behalten. Die Ungesichertheit der Rekonstruktion läßt sich verringern, wenn man das sogenannte ‚Wachstumkriterium' anwendet. Dieses versteht den Text ähnlich den Wachstumsringen eines Baumes. Je älter eine Texteinheit ist, umsomehr ist sie umgeben oder gar überwuchert von sekundärem Überlieferungsstoff. Je deutlicher solche Sekundärüberlieferung als Gemeindebildung zu erkennen ist, umso klarer läßt sich der ursprüngliche Kern der Überlieferung dem echten Jesusgut zurechnen. So läßt es sich beispielhaft an der Bergpredigt zeigen.[86]

2. Ist die Rekonstruktion von Verkündigung und Auftreten Jesu eine Aufgabe, die dem Historiker aufgegeben ist, wenn die Geschichte der Kirche von ihren Anfängen und Voraussetzungen her verstanden werden soll, so stellt sich daneben die Frage nach der *theologischen Bedeutung* einer solchen Rekonstruktion. Zu Beginn der neueren Debatte um den historischen Jesus meldete sich Karl Barth zu Wort mit Blick auf die Haltung der „maßgebenden Neutestamentler, die sich zu meiner nicht geringen Verblüffung aufs neue, mit Schwertern und Stangen bewehrt, auf die Suche nach dem ‚historischen Jesus' begeben haben, an der ich mich nach wie vor lieber nicht beteiligen möchte".[87] Weshalb entstand gleichwohl die ‚neue Frage' nach dem historischen Jesus? E. Käsemann begründete die theologische Notwendigkeit mit der Auskunft, daß im anderen Fall ein Mythos an die Stelle der Geschichte, ein Himmelswesen an die Stelle des Nazareners treten würde.[88] Eben deshalb sei es unumgänglich, an der Identität des erhöhten Christus mit dem irdischen Jesus festzuhalten. Als Gefahr erscheint demnach, daß das Christusgeschehen zu einer geschichtslosen Abstraktion wird, und bei der Standortbestimmung der Christologie im Widerstreit von Ebionitismus und Doketismus die Waagschale zum letzteren sich neigt; daß man es allenfalls noch mit dem Namen Jesu, nicht aber mit der Person Jesu zu tun habe und sich schließlich zu dem Satz des liberalen P.W. Schmiedel bekennt: „Meinem innersten religiösen Besitz würde kein Schaden geschehen, wenn ich mich heute überzeugen müßte, daß *Jesus gar nicht gelebt* habe".[89] Hier ist einzuwenden: Die Behauptung der historischen Existenz Jesu ist mit dem urchristlichen Kerygma verknüpft und könnte nur zum Schaden der ursprünglichen Struk-

86 G. Strecker, Die Bergpredigt. Ein exegetischer Kommentar, Göttingen ^{2}1985, 11 und passim.

87 K. Barth, How my mind has changed, EvTh 20, 1960, 104.

88 E. Käsemann, Problem 196.

89 P.W. Schmiedel, Die Person Jesu im Streite der Meinungen der Gegenwart, PrM 10, Heft 7, 1906, 281.

tur des christlichen Glaubens eliminiert werden. Andererseits gehört es zu der Grundaussage eben dieses Kerygmas, daß der Christusglaube niemals der Historie überantwortet werden darf und seinem Wesen nach von der Historie nicht abhängig werden kann; denn daß Jesus als Person das eschatologische Zeichen für die Welt ist, läßt sich historisch nicht begründen. Was Jesus für den Glauben bedeutet, ist erkennbar allein vom Auferstehungsgeschehen her. So hat es Paulus verstanden (vgl. 1 Kor 15). Auch das Christuszeugnis der neutestamentlichen Evangelisten ist keinesfalls als Reflexion der Verkündigung oder des Lebens des historischen Jesus zu verstehen, sondern es ist aus dem Jesuszeugnis der urchristlichen Gemeinde erwachsen, demnach wesenhaft vom Osterglauben geprägt.

Aber liegt nicht im Glauben selbst das Interesse, seine Kontinuität mit der Vergangenheit aufzuweisen; ist er nicht notwendig daran interessiert, sich im Zusammenhang der Geschichte zu verstehen, um so mehr, als er um die Diskontinuität und Disparatheit der Verkündigung weiß? Hier ist eindeutig festzustellen: So wichtig es ist, daß der Glaube mit sich selbst identisch bleibt, seine Grundlage ist ein kontingentes Geschehen, etwas, das historisch nicht ableitbar ist, nämlich die eschatologische Zusage des Wortes Gottes, wie sie sich im Christusgeschehen ereignete. Sie ist ihrem eigentlichen Wesen nach historisch analogielos, weil sie sich nur der glaubenden Annahme erschließt. Der Glaube ist allein auf das Zeugnis des urchristlichen Kerygmas angewiesen. Die Frage nach der Kontinuität würde allenfalls eine äußere Seite dieses Geschehens aufweisen, für den Glauben selbst würde sie nichts austragen; denn der Glaube fragt seinem eigentlichen Wesen nach nicht nach dem historischen Grund, sondern trägt seine Evidenz in sich selbst, selbst dann, wenn er sich am Glauben der anderen orientiert. Ein Rückgriff auf den historischen Jesus könnte hier weder etwas hinzutun noch etwas wegnehmen. Der Versuch, den christlichen Glauben heilshistorisch zu legitimieren, war im 19. Jahrhundert noch möglich unter dem Einfluß der Philosophie Hegels, der ja meinte, am Ende der Geschichte zu stehen, so daß ihre Geheimnisse für ihn durchsichtig wurden. Der Mensch der Gegenwart weiß unter dem Eindruck zweier Weltkriege, daß dies eine Illusion ist und daß es sinnlos ist, nach einem aufweisbaren Sinn der Geschichte zu fragen. Der Theologe hat hier grundsätzlich keinen besseren Platz als der Profanhistoriker, und er sollte seine Solidarität mit der säkularen Welt auch darin zum Ausdruck bringen, daß er sein Nichtwissen eingesteht. Sein Nichtwissen, d.h. auch die Unmöglichkeit zu erklären, weshalb gerade dieser Jesus von Nazareth zum eschatologischen Zeichen für die Welt bestimmt wurde. Mögen die Historiker, auch die Historiker unter den Theologen, darüber streiten, was es mit Jesus, dem Nazarener, auf sich hat oder nicht, der Glaube, daß Jesus Christus das Wort Gottes an Gemeinde und Welt ist, wird sich aus der Historie weder bestätigen noch widerlegen lassen; er beruft sich auf das Osterkerygma, wie es die Zeugen der Auferstehung erstmals verkündigt haben. Denn die historische Rückfrage hinter das urchristliche Kerygma ist für den Glauben nicht nur nicht notwendig, sondern sachlich abwegig (ebenso abwegig wie die Frage, was denn Gott vor der Erschaffung Adams getan habe. – Luther antwortete hierauf: Er saß im Wäldchen und schnitzte Ruten für diejenigen, die solche Fragen stellen). Hier gilt das Wort: Glaubst du, so hast du. Das heißt: Glaube an das, was dir gesagt ist, und versuche nicht, das Kerygma auf welche Weise auch immer zu legitimieren. Die einzig mögliche Legitimation liegt im Glauben, nicht außerhalb von ihm, also auch nicht beim historischen Jesus!

Dennoch gehört die historische Rückfrage notwendig zu einer exegetischen Wissenschaft, welche die Verklammerung von historischer und theologischer Problemstellung nachzuvollziehen sucht. Daher wird es im folgenden notwendig werden, die ‚Grundlinien der Verkündigung Jesu' zu skizzieren, um so mehr, als das oben genannte ‚Wachstumkriterium' eine nur destruktive Skepsis überwinden helfen kann, und auch, weil die Rekonstruktion der Verkündigung Jesu auch im damaligen historischen Ambiente ein Modell von theologischer Bedeutung bereitstellen kann, an dem sich Glaube heute entzünden und messen lassen wird.

e) Grundlinien der Verkündigung Jesu

1. Zeit und Ort des Auftretens Jesu

Das Geburtsdatum Jesu ist unbekannt. Die Angabe über den Zensus des Kaisers Augustus (Lk 2,1) verweist auf das Jahr 6/7 n.Chr.; denn damals fand der erste Zensus in Judäa statt. Aber diese (lukanische) Notiz ist später Herkunft und setzt die Geburt Jesu in Bethlehem voraus. Der lukanische Synchronismus Lk 3,1f bezieht sich auf das Auftreten Johannes des Täufers und setzt dieses auf das 15. Jahr des Kaisers Tiberius usw. fest. Dies führt auf das Jahr 28 n.Chr. Jedoch ist nicht deutlich, wie das zeitliche Verhältnis zwischen dem Auftreten Jesu und dem des Täufers genauer zu bestimmen ist. Nach Lk 3,23 wäre Jesus zu Beginn seiner Verkündigung etwa 30 Jahre alt gewesen; nach Joh 2,20 wirkte Jesus im 46. Jahr des herodianischen Tempels (= 27/28 n.Chr.).

Genaueres läßt sich über das Todesjahr sagen. Pontius Pilatus war in den Jahren 26-36 Prokurator in Judäa; Jesus wurde an einem Freitag gekreuzigt. Nach den Synoptikern handelt es sich um den 1. Tag des Passafestes (= 15. Nisan); nach der Überlieferung des Johannesevangeliums um den Rüsttag auf das Passafest, an dem das Passalamm geschlachtet wurde (= 14. Nisan). Ist der Beginn des Frühlingsmonats Nisan entsprechend der Mondzeitrechnung exakt berechnet worden, so wäre der 15. Nisan im Jahr 30 auf einen Freitag gefallen: 7.4.30.[90]

Ort des Auftretens Jesu: Die Evangelien sind durch das geographische Schema ‚Von Galiläa nach Jerusalem' bestimmt. Dem entsprechen die geographischen Einzelheiten der Überlieferung, besonders das Auftreten Jesu am See Genezareth (mit der Stadt Kapernaum). Nicht weit entfernt liegt der Herkunftsort Nazareth (Mk 1,9; Mt 2,23). Die Beinamen Jesu Ναζαρηνός (Mk 1,24 u.ö.) oder Ναζωραῖος (Mt 2,23; 26,71) sind von dem griechischen Nazareth (= Nazara) abgeleitet. Die Hypothese von H.H. Schaeder[91], Ναζωραῖος sei von dem griechischen Ναζιραῖος (Ri 13,5.7 LXX = der Gottgeweihte) abgeleitet, scheitert an der Differenz des Omega zum Jota; auch andere Ableitungen aus dem Hebräischen oder Aramäischen (נצר ='bewahren', ‚beobachten'), woraus der Name Nazareth erschlossen worden wäre, sind zu hypothetisch. Der angebliche Geburtsort Bethlehem ist sachlich mit der David-Sohn-Christologie der vorsynoptischen Überlieferung verbunden und hat keinen historischen Wert.

Der zeitliche Umfang der Tätigkeit Jesu: Nach den synoptischen Evangelien ist Jesus nur einmal von Galiläa nach Jerusalem hinaufgezogen (Umfang seiner Wirksamkeit = 1 Jahr?), nach dem Johannesevangelium sind mehrere Reisen zum Passafest in Jerusalem anzusetzen. Genauere Daten sind nicht zu erschließen; jedoch dürfte das Auftreten Jesu mindestens die Jahre 27-30 umfaßt haben.

2. Religionsgeschichtlich

Jesus war ein Jude. Diese Feststellung bedarf einer Präzisierung; denn das Palästina um die Zeitwende war nicht nur von Juden bewohnt. Insbesondere Galiläa war die Heimstätte einer Mischbevölkerung; hier überschneiden sich jüdische, hellenistische und orientalische Einflüsse.[92] Diese prägen Jesus schon in seiner Jugend. Aber auch auf den Straßen Jerusalems wurde nicht nur aramäisch, sondern auch griechisch und lateinisch gesprochen. Nicht nur sprachlich, sondern auch theologisch gesehen, ist das Judentum zur Zeit Jesu

90 Ausführlich zur Chronologie: O. Betz, Probleme des Prozesses Jesu, ANRW II 25,1, 565-647.

91 H.H. Schaeder, Art.: Ναζαρηνός, ThWNT IV 879-884.

92 Vgl. W. Bauer, Jesus der Galiläer, in: ders., Aufsätze und Kleine Schriften, hg. v. G. Strecker, Tübingen 1967, 91-108; 92-97; U. Schnelle, Jesus, ein Jude aus Galiläa, BZ 32, 1988, 107-113; W. Bösen, Galiläa als Lebensraum und Wirkungsfeld Jesu, Freiburg 1985; S. Freyne, Galilee from Alexander the Great to Hadrian, Notre Dame 1980.

ein komplexes Gebilde. Die Qumrantexte führen dies als ein hervorragendes Beispiel vor. Die Schriftgelehrten, denen Jesus sich konfrontiert sah, sind nicht mit Rabbinen des Talmud zu identifizieren, sondern gehören zu einer früh- bzw. vorrabbinischen Schriftgelehrsamkeit.[93] Die Pharisäer als Gruppe von ‚Abgesonderten' stehen neben den Sadduzäern, die sich den römischen und hellenistischen Einflüssen bewußt öffneten. Insofern besagt die These, daß Jesus Angehöriger des jüdischen Volkes war, noch nicht viel; sie müßte differenziert und inhaltlich gefüllt werden.

Jüdische Jesusliteratur betrachtet den ‚Bruder Jesus' als einen der Ihren und versteht Jesus als ‚eine zentrale Gestalt der jüdischen Geschichte und Glaubensgeschichte'[94]. Sie tut dies, indem sie die Spannungen hervorhebt, die zwischen Jesus und der späteren Christenheit bestehen. Jedoch nicht zu unterschlagen sind die Konflikte, die zwischen Jesus und seinen jüdischen Zeitgenossen herrschten. So hat es sich in der jüdischen Anklage auf Aufrührertum Jesu entladen und zu seiner Kreuzigung unter dem römischen Prokurator Pontius Pilatus geführt. So sehr Jesus auch äußerlich der jüdischen Geistes- und Theologiegeschichte zuzurechnen ist, so sehr steht er doch in dieser Geschichte als ein Einsamer. Jesus ist auch nach dem Verständnis der vergleichenden religionsgeschichtlichen Forschung im jüdischen Bereich eine einzigartige Persönlichkeit gewesen.

3. Die Reich-Gottes-Verkündigung

Schon bei H.J. Holtzmann ist Ausgangspunkt für die Rekonstruktion der Verkündigung Jesu Mk 1,14f (Jesus „verkündigte das Evangelium Gottes und sprach: Erfüllt ist die Zeit, und genaht ist das Gottesreich; kehret um und glaubt an das Evangelium"). Hierbei handelt es sich um ein markinisches Summarium, dessen historischer Wert bestritten werden kann.[95] Jedoch stimmt zu dieser markinischen Zusammenfassung der Verkündigung Jesu die zweite Bitte des Vaterunsers: „Dein Reich komme" (Mt 6,10par); darüber hinaus die Einleitung der Gottesreichgleichnisse (z.B. Mk 4,26: „So ist das Reich Gottes, wie wenn ein Mann Samen wirft").

---

93 Vgl. dazu R. Riesner, Jesus als Lehrer. Eine Untersuchung zum Ursprung der Evangelien-Überlieferung, WUNT II 7, Tübingen 1981, 173-176; G. Strecker, Die Johannesbriefe, KEK XIV, Göttingen 1989, 20f Anm.4; vgl. auch P. Schäfer, Der vorrabbinische Pharisäismus, in: M. Hengel (Hg.), Paulus und das antike Judentum, WUNT 58, Tübingen 1991, 125-175.

94 So Sch. Ben-Chorin, Bruder Jesus 12.

95 Vgl. dazu G. Strecker, Literarkritische Überlegungen zum εὐαγγέλιον-Begriff im Markusevangelium, in: ders., Eschaton und Historie 76-89; 78-82.

Der Begriff βασιλεία θεοῦ[96] kann sowohl den Raum der Herrschaft Gottes (‚Gottes Reich') als auch die Ausübung der göttlichen Macht (‚Gottes Königsherrschaft') bezeichnen. Jesus knüpft hierbei an den Sprachgebrauch der jüdischen Apokalyptik an; so an die Erwartung eines ‚ewigen, unzerstörbaren Reiches', das der Gott des Himmels erstehen lassen wird (Dan 2,44; 7,27).[97] Solche futurisch-eschatologische Vorstellung entspricht Mk 1,15 (ἤγγικεν), auch Mk 14,25:

> Ich werde nicht trinken von dem Gewächs des Weinstocks bis zu jenem Tage, wenn ich es neu trinken werde im Reich Gottes!

oder Lk 17,21:

> Das Reich Gottes wird mit einem Schlage „mitten unter euch" (ἐντὸς ὑμῶν) sein.

Es kann nicht durch Vorzeichen vorausberechnet werden.[98]

Das kommende Gottesreich sagt Jesus den Armen, Hungernden und Weinenden als heilvolle Gabe zu (Lk 6,20f par). Die Ansage der Gottesherrschaft ist demnach wesentlich Paraklese. Jesus gibt eine helfende Zusage. Dabei besteht eine Verbindung zwischen seinem Auftreten als Verkündiger und der künftigen Gottesherrschaft. So zeigen es die Wachstumsgleichnisse: Ist auch der Beginn in der Verkündigung Jesu unscheinbar, so wird doch das Ende großartig sein. Der hierbei ausgesprochene ‚Kontrast' besagt, daß die Gottesherrschaft in der Gegenwart vorweg genommen ist in der Person Jesu, in seiner Verkündigung und in seinen Machttaten. Vgl. Mt 12,28 par:

> Wenn ich durch den Geist Gottes Dämonen austreibe, dann ist das Reich Gottes zu euch gekommen.

---

96 Vgl. U. Luz, Art.: βασιλεία, EWNT I 481-491; 483. Ferner: H. Merklein, Jesu Botschaft von der Gottesherrschaft, SBS 111, Stuttgart³1989; U. Bejick, Basileia. Vorstellungen vom Königtum Gottes im Umfeld des Neuen Testaments, Heidelberg theol. Diss. 1990 (Mikrofiche); D. Kosch, Die Gottesherrschaft im Zeichen des Widerspruchs. Traditions- und redaktionsgeschichtliche Untersuchung von Lk 16,16; Mt 11,12f bei Jesus, Q und Lukas, EHS.T 257, Bern 1985; J. Schlosser, Les logia du règne: étude sur le vocable ‚Basileia tou theou' dans la prédication de Jésus, Straßbourg 1982; H. Merkel, Die Gottesherrschaft in der Verkündigung Jesu, in: M. Hengel-A.M. Schwemer (Hgg.), Königsherrschaft Gottes und himmlischer Kult im Judentum, Urchristentum und in der hellenistischen Welt, WUNT 55, Tübingen 1991, 119-161; Th. Schmeller, Das Reich Gottes im Gleichnis, ThLZ 119, 1994, 599-608.

97 Vgl. auch äthHen 84,2; 92,4; 103,1, wo מַלְכוּת שָׁמַיִם das ‚Königtum Gottes' (nicht das Königreich Gottes) bezeichnet; so C. Westermann-G. Schille, Art.: Reich Gottes, BHH III, 1966, 1573-1577; 1575.

98 Andere Auslegungsmöglichkeit: „Es ist inwendig in euch"; dazu U. Luz, a.a.O. 489. Futurische Ausrichtung hat auch Mt 6,10par.

Wird Jesus in der Gegenwart von seinen Gegnern abgelehnt, so ist hiervon auch die Gottesherrschaft betroffen. So sagt es der ‚Stürmerspruch' in seiner ursprünglichen Fassung:

> Das Gesetz und die Propheten (gelten) bis zu Johannes; von da an leidet das Gottesreich Gewalt (βιάζεται) und Gewalttäter reißen es an sich (Mt 11,12par, Lk 16,16).

In der Verfolgung und im Leiden ist das Gottesreich Gegenwart.

Aber die Ankündigung des Gottesreiches ist nicht nur eine gnadenhafte Zusage, sondern mit ihr verbindet sich die Androhung des Gerichtes. So entspricht es der apokalyptischen Überlieferung des Judentums, wonach die Aufrichtung des ewigen Gottesreiches die Vernichtung aller gottfeindlichen Mächte bedeutet (Dan 2,44; 7,27). Daher verknüpft Jesus mit der Ankündigung der Gottesherrschaft den Umkehrruf (Mt 11,21f: Den unbußfertigen Städten Chorazin, Bethsaida und Kapernaum wird im Vergleich mit Tyrus, Sidon und Sodom die Vernichtung angesagt; vgl. auch Mt 12,41). Gnade und Gericht sind in der Gottesreichverkündigung Jesu nicht voneinander zu trennen. Mit seinem Auftreten ist die Entscheidungszeit angebrochen. Jesus ruft seine Hörer zur Entscheidung für oder gegen das Angebot, das er bringt. So konkretisiert es sich im Ruf zur Nachfolge (Lk 9,60):

> Laß die Toten ihre Toten begraben; du aber gehe hin und verkündige das Gottesreich!

Ist das ‚Gottesreich' ein apokalyptischer Begriff, der inhaltlich dem ‚kommenden Äon', der ‚neuen Schöpfung' oder dem ‚neuen Himmel und der neuen Erde' entspricht, so ist auch der Titel ‚Menschensohn' ursprünglicher Bestandteil der apokalyptischen Vorstellungswelt.[99] In der synoptischen Überlieferung sind drei Spruchgruppen zu unterscheiden: 1. der zukünftige (kommende), 2. der gegenwärtig wirkende und 3. der leidende Menschensohn. Die Zuordnung zum historischen Jesus ist nach wie vor umstritten. Neben der konservativen Ansicht, daß Jesus selbst die Menschensohnbezeichnung auf sich angewendet habe[100], hat Ph. Vielhauer mit seiner These, daß die Vorstellungen vom Gottesreich und vom Menschensohn sich einander traditionsgeschichtlich ausschließen und der Begriff ‚Menschensohn' nicht auf den historischen Jesus zurückgehe, auf die Diskussion einen großen Einfluß ausgeübt. Danach sind sämtliche Menschensohngruppen Gemeindebildungen, und Jesus habe den Menschensohntitel nicht gebraucht, vielmehr seien Gottesreich und Menschensohn ursprünglich in voneinander isolier-

---

99 Vgl. Dan 7,13; äthHen 37-71; 4 Esr 13.

100 A.J.B. Higgins, Jesus and the Son of Man, LuttL, London 1964, 185-209; C.C. Caragounis, The Son of Man. Vision and Interpretation, WUNT 38, Tübingen 1986, 145-243.245-250.

ten Überlieferungen zu Hause gewesen.[101] Von den christologischen Hoheitstiteln, die in der neutestamentlichen Überlieferung auf Jesus Anwendung gefunden haben, besteht für den Begriff ‚Menschensohn' zumindest eine gewisse Möglichkeit, daß er von Jesus selbst gebraucht worden ist. Zwar ist die Spruchgruppe vom leidenden Menschensohn sicher eine Gemeindebildung (vaticinium ex eventu), anders aber verhält es sich mit den beiden ersten Gruppen. Nach Mk 8,38 unterscheidet Jesus zwischen sich und dem kommenden Menschensohn-Weltrichter. Ist hier die Rede in der dritten Person nicht nur ein Stilbruch ohne sachliche Bedeutung[102], dann weist Jesus auf einen anderen voraus. So entspricht es nicht nur der Zielrichtung der Verkündigung Johannes des Täufers[103], sondern kann sich auch auf die Menschensohnerwartung der jüdischen Apokalyptik berufen.

Nach den Bilderreden des äthiopischen Henoch (äthHen 37-71) versteht sich der Verfasser des Henochbuches selbst als der ‚Menschensohn', der zu Gott entrückt wird (äthHen 70f). Nicht selten wird vermutet, daß auch Jesus sich selbst als der in Zukunft zu Gott entrückte Menschensohn verstanden habe.[104] Hierfür scheint man sich auch auf die Menschensohnlogien im Munde Jesu, die sich auf den gegenwärtigen Menschensohn beziehen, berufen zu können. Jedoch ist das aramäische Äquivalent zu υἱὸς τοῦ ἀνθρώπου (Dan 7,13) gleichbedeutend mit ‚Mensch' im generellen Sinn (vgl. Hi 25,6; Ez 2,1). So könnte die Wortgruppe vom gegenwärtigen Menschensohn sich auf Jesus im Sinn eines ‚Menschen' beziehen.[105] Allerdings setzen nicht wenige dieser Worte den titularen Gebrauch auch mit Bezug auf den gegenwärtig wirkenden Menschensohn voraus und sind sekundär. Denkbar erscheint, daß aufgrund von Mk 8,38 Jesus einen Kommenden als den Menschensohn

101 Vgl. Ph. Vielhauer, Gottesreich und Menschensohn in der Verkündigung Jesu, in: ders., Aufsätze zum Neuen Testament I, TB 31, München 1965, 55-91.

102 M. Dibelius, Evangelienkritik und Christologie, in: ders., Botschaft und Geschichte I, Tübingen 1953, 293-358; 320; E. Haenchen, Der Weg Jesu. Eine Erklärung des Markus-Evangeliums und der kanonischen Parallelen, Berlin [2]1968, 299f.

103 Vgl. auch R. Bultmann, Die Frage nach der Echtheit von Mt 16,17-19, in: ders., Exegetica 255-277; 274f; H.E. Tödt, Der Menschensohn in der synoptischen Überlieferung, Gütersloh [2]1963, 181.

104 So z.B. E. Schweizer, Der Menschensohn (Zur eschatologischen Erwartung Jesu), in: ders., Neotestamentica, Zürich-Stuttgart 1963, 56-84; 78 u.ö.

105 Vgl. etwa Ch. Burchard, II. Jesus von Nazareth, in: J. Becker u.a. (Hgg.), Die Anfänge des Christentums, Stuttgart 1987, 12-58. – Die Vorstellung vom ‚Menschen' als Bezeichnung eines endzeitlichen Heilbringers wird von W.G. Kümmel in das frühe Judentum verlegt, an das sich Jesus angeschlossen haben könne; vgl. ders., Jesus der Menschensohn?, SbWGF XX 3, Wiesbaden 1984, 147-188; 165f. Ferner: G. Vermès, Jesus the Jew. A historians' reading of the Gospels, London 1973, 163-168.

angekündigt und sich selbst in einer nahen Beziehung zu diesem kommenden Menschensohn definiert hat. So entspricht es einmal der Botschaft Johannes des Täufers, der den ‚Stärkeren', der nach ihm kommen werde, ankündigte; weiterhin ist die Tatsache bedeutsam, daß auch die Q- und Markusapokalypse die Vorstellung vom kommenden Menschensohn enthält, ohne daß unmittelbar deutlich wird, daß dieser Menschensohn mit Jesus identisch ist. Darüber hinaus ist der allgemeine apokalyptische Charakter der Verkündigung Jesu, die vom Osterkerygma aufgenommen wurde, zu bedenken, indem Jesus nun als der Kommende erwartet wird, der als erster von den Toten auferstanden ist (1 Kor 15,20).[106]

4. Ethik Jesu

P. HOFFMANN-V. EID, Jesus von Nazareth und eine christliche Moral, Freiburg-Basel-Wien ²1976.

H. MERKLEIN, Die Gottesherrschaft als Handlungsprinzip, Untersuchung zur Ethik Jesu, fzb 34, Würzburg ³1984.

DERS., Jesu Botschaft von der Gottesherrschaft. Eine Skizze, SBS 111, Stuttgart ³1989.

G. STRECKER, Die Bergpredigt, Göttingen ²1985.

R. SCHNACKENBURG, Die sittliche Botschaft des Neuen Testaments, HThK.S 1, Freiburg-Basel-Wien 1986.

W. SCHRAGE, Ethik des Neuen Testaments, GNT 4, Göttingen ²1989.

Hat auch Jesus die materiale ethische Einzelforderung „*nicht* mit der Nähe des Reiches begründet"[107], so hat die Ansage vom kommenden Gottesreich und dem damit heraufziehenden Gericht doch eine die Ethik motivierende Funktion. Wer das Gottesreich erwartet und einem drohenden Richterspruch entgegensieht, der kann in seinem Handeln hiervon nicht unberührt bleiben; der muß sich ‚schon jetzt' konkret auf das Eschaton einstellen. Die Antwort auf die Frage, was konkret zu tun ist, gibt Jesus, indem er die weisheitliche Überlieferung des Judentums aufnimmt, die ursprünglich profane Klugheitsregeln wiedergibt. Zum Beispiel:

---

106 Dazu auch W. Schmithals, der die Kreuzigung Jesu durch die Römer im Zusammenhang der apokalyptischen Gottesreichverkündigung sieht (Jesus und die Apokalyptik, Jesus Christus in Historie und Theologie, FS H. Conzelmann, Tübingen 1975, 59-85; 67f). Zum Problem der impliziten Soteriologie vgl. Ph. Vielhauer-G. Strecker, Apokalyptik des Urchristentums, in: W. Schneemelcher (Hg.), NTApo II⁵ 516-547; 517. Zur impliziten Christologie: R. Bultmann, Theologie 8.

107 H. Conzelmann, Zur Methode der Leben-Jesu-Forschung, in: ders., Theologie als Schriftauslegung, BEvTh 65, München 1974, 18-29; 27.

Mit welchem Maß ihr meßt, wird euch wiedergemessen werden (Mt 7,2);

oder:

Sorget nicht für den morgigen Tag; denn der morgige Tag wird für sich selbst sorgen; es ist genug, daß jeder Tag seine eigene Plage hat (Mt 6,34).

Die ethische Weisung kann sich an dem Handeln des Gottes orientieren, der für Menschen und Tiere Sorge trägt (Mt 6,25-33). Seine Güte ist Vorbild für die Menschen; denn er läßt seine Sonne aufgehen über Böse und Gute und regnen über Gerechte und Ungerechte (Mt 5,45). Jedoch ist der Hinweis auf das vorbildliche Handeln Gottes kein zentrales Motiv der Ethik Jesu. Von größerer Bedeutung ist, daß die Erwartung des kommenden Gottesreiches die Notwendigkeit des ethischen Handelns heute begründet. Vor allem ist es die ἐξουσία Jesu, sein unbedingter, von seinen Jüngern anerkannter eschatologischer Anspruch, der die ethische Weisung motiviert. Jesu Autorität wird erkennbar an seiner Haltung zum alttestamentlich-jüdischen Gesetz, indem er die Tora radikal und konkret auslegt. Findet Jesus in ihr auch den Gotteswillen zur Sprache gebracht, so scheut er sich doch nicht, das mosaische Gesetz im einzelnen zu kritisieren und Einzelanweisungen zu überbieten oder aufzuheben.

Ein Beispiel für das Gesetzesverständnis Jesu findet sich in den *Antithesen der Bergpredigt* (Mt 5,21-48par). Nach verbreiteter Überzeugung gehen die sechs Antithesen der Bergpredigt auf vormatthäisches Überlieferungsgut zurück. Dies gilt für die vom Redaktor Matthäus gerahmten Antithesen, die aufgrund der Lukasparallelen für Q auszuweisen sind: Mt 5,31f par Lk 16,18 (Ehescheidung), Mt 5,38ff par Lk 6,29f (Wiedervergeltung), Mt 5,43ff par Lk 6,27f.32-35 (Feindesliebe), aber auch für die Antithesen des matthäischen Sondergutes, die vermutlich in ihrer antithetischen Fassung schon von Matthäus vorgefunden wurden: 5,21ff („Du sollst nicht töten"), 5,27-28 („Du sollst nicht ehebrechen") und 5,33-37 („Du sollst nicht falsch schwören"). Durch das ‚Wachstumkriterium' läßt sich als ursprüngliches Jesusgut erheben: a) Eine Radikalisierung der Tora; so in der ersten Antithese, die das alttestamentliche Tötungsverbot zum Verbot zu zürnen verschärft; 5,27f: das Verbot des Ehebruchs zum Verbot des begehrlichen Blickes; Mt 5,43f: das Gebot der Nächstenliebe wird zum Gebot der Feindesliebe. b) Daneben findet sich in den Antithesen des matthäischen Sondergutes eine Torakritik, die nicht nur eine Steigerung der alttestamentlich-jüdischen Gebotsüberlieferung intendiert, sondern Einzelgebote der Mosetora außer Kraft setzt.[108] Die drit-

108 Anders noch H. Conzelmann, Grundriß der Theologie, München²1968, 138: „Jesu Kritik gilt nicht dem Gesetz, sondern der Gesetzlichkeit". Jedoch: Insofern sich die Haltung der Gesetzlichkeit auf die Tora berufen kann, gilt die Kritik Jesu auch

te Antithese (5,31f) spricht in der ursprünglichen Fassung ein absolutes, radikales Verbot der Ehescheidung aus (so entspricht es der vorpaulinischen Tradition in 1 Kor 7,10f). Das Delikt des Ehebruchs ist schon damit gegeben, daß jemand seine Ehe auflöst und eine andere Frau heiratet; auch die Heirat einer geschiedenen Frau wird mit diesem Verdikt belegt, da dies als Einbruch in eine noch als gültig angesehene Ehe identifiziert wird. – Auch die vierte Antithese (Mt 5,33-34a) enthält mit dem absoluten Schwurverbot Jesu eine Kritik an alttestamentlicher Gesetzgebung und jüdischer Schwurpraxis.[109] – Man kann nicht mit H. Conzelmann sagen, daß Jesus hier nicht die Institution des Eides, sondern nur das Schwören an sich untersagt, wo wäre eine solche diffizile Unterscheidung in der Umwelt Jesu belegt?[110] Jesus ist in seiner konkreten Haltung auch gegenüber bestimmten alttestamentlichen Geboten respektlos, z.B. im Verhältnis zur Sabbatobservanz (Mk 2,23ff; 3,1ff). Diese Unabhängigkeit gegenüber dem jüdischen Gesetz ist als ein Faktor zu werten, der Jesus mit den gesetzesstrengen Juden, insbesondere den religiösen Führern des jüdischen Volkes in Konflikt brachte.

Durch die radikale Auslegung der Tora („Ich aber sage euch“) will Jesus den ursprünglichen Gotteswillen uneingeschränkt zur Geltung bringen. Dabei stellt sich für ihn nicht die Frage, ob seine Forderung erfüllbar ist oder nicht. Seine Hörer werden mit dem absoluten Gotteswillen konfrontiert. Dies hat die Entdeckung des theologischen Sinnes des Gesetzes (usus theologicus bzw. elenchticus legis) zur Konsequenz. Daß der Mensch sich nicht auf seine Leistung vor Gott berufen kann, sondern allein auf Gottes Gnade angewiesen ist, dies ist der Inhalt der Torakritik und -radikalisierung Jesu; sie ist nichts anderes als ein konkretisierter Umkehrruf, der jede menschliche Selbstbehauptung gegenüber Gott zerbricht. Doch schließt die Proklamation des theologischen Sinnes des Gesetzes nicht die Forderung eines ethischen Tuns aus. Jesus spricht die Menschen in ihrer Situation an; so die Juden, die unter dem römischen Besatzungsstatut leben. Die Perikope vom Zinsgroschen hat den Skopus: „Gebt dem Kaiser, was des Kaisers ist, und Gott, was Gottes ist“ (Mk 12,17). Dies meint, Gott und Kaiser vertreten zwei grundsätzlich anerkennenswerte Ansprüche. Es geht darum, sich jeweils für den rechten Weg zu entscheiden. Jesus ist demnach kein Zelot oder Revolutionär. In seinem Verhalten sucht er den Willen Gottes konkret werden zu lassen. Als ‚Freund der Zöllner und Sünder‘ (Mt 11,19) tritt er in deren Gesellschaft auf. Sein

---

der Tora selbst; vgl. Mk 10,5f: Die Erlaubnis zur Ehescheidung in Dtn 24,1 ist ein Zugeständnis Moses ‚wegen eurer Hartherzigkeit‘; nach dem Plan der Schöpfung widerspricht die Ehescheidung dem ursprünglichen Gotteswillen.

109 Gegen G. Dautzenberg, Art.: Eid IV, TRE 9, 379-382; 380f; dazu G. Strecker, Bergpredigt 82.

110 H. Conzelmann, Art.: Jesus Christus, RGG^3 III 619-653; 640.

Verhalten reflektiert sich im Gebot der Liebe, wie dies im Gleichnis vom barmherzigen Samariter (Lk 10,29-37) beispielhaft zur Sprache gebracht wird, sowie in zahlreichen Weisungen weisheitlich-ethischer Provenienz.[111]

5. *Jesus und die Kirche*

„Jesus verkündete das Reich Gottes, und es kam die Kirche" – so formulierte der französische Modernist A. Loisy um die Jahrhundertwende.[112] Ist der Kernpunkt der Verkündigung Jesu die Ansage der Gottesherrschaft, so ist dadurch das vorgegebene institutionelle Koordinatensystem in Frage gestellt. Der Umkehrruf zerschlägt theologische Ordnungen und soziale Schranken, alle Sicherheiten, die sich die Menschen aufgebaut haben. Auch die nachösterliche Kirche, sofern sie eine solche sichernde Funktion für sich in Anspruch nimmt, ist von diesem Umkehrruf betroffen. Allerdings hatte Jesus nicht die Absicht, eine Kirche zu gründen. Die konsequente Ausrichtung seiner Verkündigung auf das nahende Gottesreich schließt dies aus. Auch eine Heidenmission hat er vermutlich nicht beabsichtigt; die neutestamentlichen Perikopen, welche eine Wirksamkeit Jesu im heidnischen Land bzw. gegenüber ‚Heiden' bezeugen (z.B. Mt 8,5-13par Joh 4,46-53; Mk 7,24-30par), sind sekundär im heidenchristlichen Raum entstanden. Die Verkündigung des historischen Jesus ist an das Volk Israel gerichtet (vgl. Mt 10,6; 15,24).[113] Dieses Volk wird zur Umkehr gerufen; selbst dort, wo die Grenzen dieses Volkes in der Verkündigung Jesu überschritten werden, ist das Volk Israel doch der eigentliche Adressat; z.B. Mt 8,11f:

> Viele werden kommen von Morgen und von Abend und zu Tisch liegen mit Abraham, Isaak und Jakob im Himmelreich; aber die Söhne des Reiches werden hinausgestoßen werden in die äußere Finsternis.

Dies kann auch der Jüngerkreis belegen, den Jesus um sich gesammelt hat. Die Zahl ‚Zwölf' seiner Jünger wird unabhängig von den widersprüchlichen Jüngerlisten (Mk 3,16-19; Mt 10,2-4; Lk 6,14-16; Lukas liest statt Taddäus den Namen Judas, Sohn des Jakobus) auf Jesus zurückgehen, da diese Tradition schon Paulus bekannt ist (1 Kor 15,5b). Sie hat eine sachliche Grundlage in der Ausrichtung der Verkündigung Jesu auf das Zwölf-Stäm-

---

111 Vgl. die eingehende Aufstellung von Ch. Burchard, Jesus von Nazareth 41-50; ferner R. Schnackenburg, Die sittliche Botschaft des Neuen Testaments I.

112 A. Loisy, L'Évangile et l'Église, Paris 1925, 153 („Jésus annonçait le royaume, et c'est l'Église qui est venue").

113 So auch G. Lohfink, Wie hat Jesus Gemeinde gewollt? Zur gesellschaftlichen Dimension des christlichen Glaubens, Freiburg-Basel-Wien [6]1982, 28.

me-Volk, dies um so mehr, als das Logion Mt 19,28par dem Zwölferkreis das Gericht am Haus Israel anvertraut. Dennoch besagt die Berufung des Zwölferkreises durch Jesus nicht, daß dieser ein ‚neues' Israel begründen wollte. Inhalt und Ziel der Verkündigung der Jünger ist – wie die Jesu – der Umkehrruf, die Zurüstung des jüdischen Volkes auf das kommende Gottesreich. Dies hat Parallelen in der Verkündigung Johannes des Täufers und bleibt an die damalige Situation des jüdischen Volkes gebunden. Erst nach dem Tod Jesu wird der Umkehrruf universal entschränkt, wird Heidenmission praktiziert und die Kirche aus Juden und Heiden begründet.

Kein Zweifel, daß die Radikalität des Anspruches Jesu sein Auftreten zu einem analogielosen Ereignis macht. Ist er auch nach religionsgeschichtlichen Maßstäben als apokalyptischer Prophet zu bezeichnen, der mit seinem Auftreten – ähnlich wie Johannes der Täufer – die Endzeit heraufführt, so steht er doch mit der Radikalität seiner Botschaft vom kommenden Gottesreich, insbesondere der damit gegebenen Torakritik einzigartig im Judentum seiner Zeit, um so mehr, als er den Gotteswillen mit pneumatischer Autorität neu definiert.

III. Die palästinische und die hellenistische Gemeinde

E. v.Dobschütz, Probleme des Apostolischen Zeitalters, Leipzig 1904.
L. Goppelt, Die apostolische und nachapostolische Zeit, KIG 1A, Göttingen [2]1966.
H. Lietzmann, Geschichte der Alten Kirche, Bd. 1, Berlin 1975 (Nachdruck).
H. Köster, Einführung in das Neue Testament im Rahmen der Religionsgeschichte und Kulturgeschichte der hellenistischen und römischen Zeit, Berlin-New York 1980.
W. Schneemelcher, Das Urchristentum, UB 336, Stuttgart 1981.
K.M. Fischer, Das Urchristentum, KGE I/1, Berlin 1985.
R. Bultmann, Das Urchristentum im Rahmen der antiken Religionen, Zürich [5]1986.
J. Becker (Hg.), Die Anfänge des Christentums, Stuttgart 1987.
H. Conzelmann, Heiden – Juden – Christen: Auseinandersetzungen in der Literatur der hellenistisch-römischen Zeit, BHTh 62, Tübingen 1981.
F. Vouga, Geschichte des frühen Christentums, UTB 1733, Tübingen-Basel 1994.

a) Die Entstehung des christlichen Glaubens als des Glaubens an die Auferstehung Jesu

W. Marxsen, Die Auferstehung Jesu von Nazareth, Gütersloh 1968.
L. Schenke, Auferstehungsverkündigung und leeres Grab, SBS 33, Stuttgart 1968.
H. Grass, Ostergeschehen und Osterberichte, Göttingen [4]1970.
H. v.Campenhausen, Der Ablauf der Ostereignisse und das leere Grab, SHAW.PH, Heidelberg [4]1977.

H. HÜBNER, Kreuz und Auferstehung im Neuen Testament, ThR 54, 1989, 262-306.
U. WILCKENS, Auferstehung. Das biblische Auferstehungszeugnis historisch untersucht und erklärt, Gütersloh-München ⁵1992.
G. LÜDEMANN, Die Auferstehung Jesu. Historie. Erfahrung. Theologie, Göttingen 1994.
Zur Literatur s.a. A II c Kreuz und Auferstehung Jesu

Wie wir gesehen haben[1] enthält 1 Kor 15,3b-5a eine vorpaulinische Tradition, die möglicherweise aus dem hellenistischen Judenchristentum Antiochiens stammt. Diese Formel verbindet mit der Feststellung von Tod und Auferweckung Jesu die weitere Angabe, daß der Auferstandene ‚Kephas' (= Petrus) erschienen ist. Dieser literarisch ältesten Osterüberlieferung ist zu entnehmen, daß in den Gemeinden vor Paulus Simon Petrus als erster Auferstehungszeuge anerkannt war. Von den durch Paulus offenbar aus mündlicher Tradition zusätzlich genannten weiteren Auferstehungszeugen führt eine direkte Linie zur Tradition der synoptischen Evangelien, die ausführlichere Ostertraditionen bezeugen.

Die petrinische Überlieferung

H. LIETZMANN, Petrus und Paulus in Rom, AKG 1, Berlin-Leipzig ²1927.
O. CULLMANN, Petrus. Jünger – Apostel – Märtyrer. Das historische und theologische Petrusproblem, Zürich-Stuttgart ²1960.
R.E. BROWN-K.P. DONFRIED-J. REUMANN (Hgg.), Der Petrus der Bibel, Stuttgart 1976.
CH. GRAPPE, D'un Temple à l'autre. Pierre et l'Église primitive de Jérusalem, EHPhR 71, Paris 1992.

Eine sehr alte Auferstehungstradition liegt wahrscheinlich der Seligpreisung des Simon Barjona und seiner Beauftragung zur Leitung der Ekklesia zugrunde (Mt 16,17-19). Wie ein Vergleich mit 1 Kor 15,5a, aber auch mit Joh 20-21 nahelegt, handelt es sich wahrscheinlich um eine Überlieferung, in der Simon, der auch in den Jüngerkatalogen an erster Stelle genannt wird[2], aus Anlaß seiner Ostererfahrung mit dem Beinamen Kephas benannt und zum Leiter der Gemeinde eingesetzt wurde (vgl. auch Gal 1,18). Diese Tradition wurde von dem Redaktor Matthäus mit dem Kontext verbunden und in den Zusammenhang des Petrusbekenntnisses bei Caesarea Philippi gestellt (vgl. Mk 8,27-30).[3] Die sprachliche Form läßt einen aramäischen

1 S.o. A I c 3.

2 Mk 1,16-20parr; Mk 3,16-19parr; Apg 1,13.

3 Anders O. Cullmann, Petrus 203 (zu Mt 16,17-19), wonach die Vollmachtsübertragung an Petrus beim letzten Abendmahl erfolgte – eine wenig überzeugende Kombination aus Mt 16; Lk 22; Joh 6 und 21).

Urbestand erkennen: So die Form des Namens Barjona, auch das Wortspiel mit Kepha: „Du bist Petrus, auf diesem Fels ... „.[4] Daneben stehen sprachliche Eigenheiten, die auf die vormatthäische Gemeindetradition zurückführen mögen; dies läßt vermuten, daß Matthäus diese Traditionseinheit aus mündlicher Überlieferung erhalten hat. Sie bestätigt die Tradition von 1 Kor 15,5a: Die erste Auferstehungserscheinung vor Petrus hat eine konstitutive Bedeutung; durch sie wurde Petrus zum Leiter der Urgemeinde eingesetzt. Der durchgehende semitische Sprachcharakter spricht für eine ursprüngliche Traditionseinheit, die in der aramäisch sprechenden Urgemeinde beheimatet war.[5]

Auch die Erzählung vom sinkenden Petrus (Mt 14,28-31) bezeugt petrinische Auferstehungstradition. Durch den Evangelisten Matthäus in den markinischen Kontext eingearbeitet, geht sie möglicherweise auf eine umfassendere vormatthäische Überlieferung zurück, die parallel zu Mk 6,45-52 (‚Seewandel Jesu') erzählt wurde. Daß es sich um eine ursprüngliche Auferstehungstradition handelt, kann man auch aufgrund von Joh 21,7f vermuten, wo die Erzählung vom Seewandel des Petrus mit einer Erscheinung des Auferstandenen verbunden ist.

Eine andere Fassung der petrinischen Auferstehungstradition findet sich in Lk 5,1-11; hier handelt es sich der Form nach um eine Berufungsgeschichte, die von der Berufung des Simon als des ersten Jüngers erzählt. Daß sie auf dem Boden ursprünglicher Osterüberlieferung steht, kann die freilich sekundäre Überlieferung in Joh 21,15-17 (Beauftragung des Petrus am See durch den Auferstandenen) oder auch Joh 21,1-14 (Fischzug des Petrus und seiner Gefährten und die Erscheinung des Auferstandenen) bestätigen. Auch Joh 20,1-10 enthält eine mit Petrus verknüpfte Ostertradition: Simon Petrus und der andere Jünger sehen, daß das Grab leer ist.

Die Motive sind also nicht einheitlich. Gemeinsam ist ihnen, daß sie die hervorragende Bedeutung des Simon Petrus als des ersten Auferstehungszeugen herausstellen. Hierzu ist auch auf Lk 24,34 zu verweisen: „Der Herr ist wirklich auferweckt worden und dem Simon erschienen"; ferner auf das

---

4 Die griechischen Begriffe πέτρος-πέτρα gehen vermutlich auf die gleichlautende aramäische Form Kepha כֵּיפָא zurück.

5 Vgl. G. Strecker, Weg der Gerechtigkeit 202 Anm. 4. – Anders P. Lampe, Das Spiel mit dem Petrusnamen – Matt. XVI. 18, NTS 25, 1979, 227-245, der eine ältere aramäische Vorlage für Mt 16, 17-19 bestreitet und die Tradition auf eine griechisch sprechende hellenistisch-judenchristliche Gemeinde zurückführen möchte. Jedoch kann ‚Kepha' in der aramäischen Bibelsprache nicht nur ‚Stein, Ballen, Klumpen' bedeuten, sondern auch den Sinn von ‚Fels' haben.

apokryphe Petrusevangelium, das wahrscheinlich mit einer Erscheinung des Auferstandenen vor Petrus abschloß.[6]

Stellt die petrinische Überlieferung einen besonderen Typ der Ostertradition dar, indem sie um die Person des ersten Auferstehungszeugen kreist, so lassen sich andererseits die Ostergeschichten, die vom leeren Grab handeln, inhaltlich von den Erzählungen, die mit der Erscheinung des Auferstandenen zu tun haben, unterscheiden. Wie sich zeigen wird, sind beide Typen in der Petrusüberlieferung nachweisbar.

Erzählungen vom leeren Grab

Das älteste Zeugnis vom leeren Grab findet sich in Mk 16,1-8par. Der Bericht von den Frauen, die am ersten Tag der Woche zum Grab kommen, um den Leichnam Jesu einzubalsamieren, hat seinen Schwerpunkt in der Botschaft des Engels von der Auferweckung Jesu (V.6). Hierauf folgt der Auftrag, den Jüngern zu sagen, daß sie nach Galiläa gehen sollen. Ist diese letztere Angabe (V.7) deutlich sekundär und weist sie auf einen nicht mehr vorhandenen Schluß des Markusevangeliums voraus, so bleibt in Mk 16,1-6.8 eine vormarkinische Traditionseinheit, die das Faktum des leeren Grabes bezeugt und ursprünglich in Jerusalem lokalisiert war (vgl. auch Lk 24,23).[7] Die Tradition von Mk 16,1-8 ist in Lk 24,23 vorausgesetzt, wenn der Evangelist berichtet, daß die Frauen am Grab waren, jedoch ‚seinen Leib nicht gefunden haben'.

Auch die übrigen Berichte vom leeren Grabe sind in Jerusalem lokalisiert; so Joh 20,1-10[8]; ebenso Mt 28,11-15, wonach die Juden die Tatsache des

6 Das Petrusevangelium schließt mit der Bemerkung, daß die Jünger bis zum Ende des Festes der ungesäuerten Brote trauernd in Jerusalem bleiben, ohne daß ihnen Jesus erscheint (58f). Von Levi begleitet, machen sich Petrus und Andreas auf den Weg zum See (60). Hier bricht das Fragment ab, aber es dürfte eine Erscheinungsszene am See gefolgt sein.

7 Wie Mk 16,7 so zeigt auch 14,28, daß der zweite Evangelist einen Schluß seines Evangeliums beabsichtigte, in dem die Begegnung des Petrus und der übrigen Jünger mit dem Auferstandenen in Galiläa beschrieben war bzw. beschrieben werden sollte (vgl. dazu oben A II c). Die Ansicht von W. Marxsen, Der Evangelist Markus, FRLANT 67, Göttingen ²1959, 54, wonach das Markusevangelium im Blick auf die in Galiläa unmittelbar erwartete Parusie konzipiert sei (von ihm selber zurückgenommen in: ders., Einleitung in das Neue Testament, Gütersloh ⁴1978, 144; vgl. schon E. Lohmeyer, Das Evangelium nach Markus, KEK I/2, Göttingen ¹⁷1967, 356), ist unwahrscheinlich, da eine solche Erwartung, verbunden mit dem Auftrag an die Jünger, daß sie sich zur Erwartung des kommenden Menschensohnes in Galiläa sammeln sollten, die Abfassung eines Evangeliums überflüssig gemacht haben würde.

8 Die schon erwähnte Perikope von Petrus und dem anderen Jünger am leeren Grab

leeren Grabes und damit der Auferweckung Jesu verschleiern wollen, indem sie das Gerücht verbreiten, die Jünger Jesu hätten den Leichnam gestohlen. Diese Grabtradition besitzt demnach eine antijüdisch-apologetische Tendenz.[9]

1. Erscheinungsgeschichten

Ausführlich berichtet das Johannesevangelium von Erscheinungen des Auferstandenen, so vor Maria Magdalena (20,11-18); ferner eine Erscheinung des Auferstandenen vor den Jüngern (20,19-23) und die theologisch gewichtige Epiphanie vor dem Jünger Thomas (20,24-29). Auch hier wird eine antidoketische Tendenz sichtbar: Daß der Zweifler Thomas seine Hände in die Wundmale legen darf, soll ihm die leibhaftige Wirklichkeit des Auferstandenen beweisen. Und wenn der Auferstandene mit seinen Jüngern eine Mahlzeit hält (Joh 21,12-14), so besagt auch dies, daß er in materieller Wirklichkeit auferstanden ist. Schon Lk 24,36-43 berichtet von einer Erscheinung des Auferstandenen vor den Jüngern, in der die Realität des Auferstehungsleibes dadurch demonstriert wird, daß der Auferstandene seinen Jüngern gebietet, ihn anzurühren und daß er vor ihren Augen Fisch ißt.

Andere Erscheinungsgeschichten geben Anlaß, den Weg Jesu zu deuten, etwa mit der Feststellung, daß das Leiden und die Annahme der Doxa durch den Christus ein schriftgemäßes Geschehen ist. So stellt es die Erzählung von der Epiphanie vor den Jüngern zu Emmaus dar, die mehr eine der Erbauung dienende Lehrerzählung ist (Lk 24,13-35). – Ein besonderes Problem bildet der Schluß des Matthäusevangeliums. Die Begegnung des Auferstandenen mit seinen elf Jüngern vollzieht sich auf einem Berg in Galiläa (Mt 28,16-20). Die vormatthäische Tradition der Erscheinungsszene hat ihren ursprünglichen Sitz vermutlich in der Taufliturgie. Die ἐξουσία des Auferstandenen vergegenwärtigte sich in der Taufe. Die matthäische Redaktion ist demgegenüber am Gedanken der Völkermission interessiert und stellt diese Überlieferung bewußt an den Schluß des Evangeliums: Durch die Erscheinung des Auferstandenen wird der Kirche der Weg in die Welt gewiesen; sie wird angehalten zu taufen und das zu lehren, was Jesus gelehrt hat; für dieses mis-

---

zeigt eine antidoketische Tendenz; vgl. U. Schnelle, Antidoketische Christologie im Johannesevangelium, FRLANT 144, Göttingen 1987, 28.

9 So z.B. aus Just Dial 108,2; die gleiche Tendenz im apokryphen EvPetr 45-49: Die Soldaten werden Zeugen der Auferstehung und erstatten Pilatus Bericht über das, was sie gesehen haben. Pilatus aber befiehlt ihnen, darüber zu schweigen, um nicht in die ‚Hände des Judenvolkes' (48) zu fallen.

sionarische Tun wird die Gegenwart des auferstandenen Kyrios verheißen.[10] Eine andere Erscheinungsszene findet sich Mt 28,9f: Den Frauen, die vom Grabe zurückkehren, begegnet der Auferstandene; sie huldigen ihm und erhalten die Weisung, das Geschehene den ‚Brüdern' zu verkündigen (offenbar eine sekundäre Ausführung von Mk 16,7).[11]

Entsprechend dem unterschiedlichen traditionsgeschichtlichen Ort, an dem sie sich befindet, verändert die Auferstehungstradition ihre inhaltliche Aussage. Fragen wir, welcher Typus, der des leeren Grabes oder der der Erscheinung des Auferstandenen, primär ist, so kann kein Zweifel bestehen: Am Anfang steht die Vorstellung von der Erscheinung des Auferstandenen, wie diese schon 1 Kor 15,3bff bezeugt ist. Die Geschichten vom leeren Grab zeigen demgegenüber ein Interesse an der irdischen Nachweisbarkeit der Auferweckung, wie diese der ursprünglichen Tradition fremd ist.[12] Aber auch die Erscheinungsberichte verändern im Verlauf der Überlieferung ihren ursprünglichen Charakter: Sie betonen die Leiblichkeit des Auferstandenen, sie arbeiten die Überlieferungen in lehrhafte oder auch liturgische Formulare oder Darstellungen um. Am Anfang steht demgegenüber das Bekenntnis der unmittelbaren oder mittelbaren Erscheinungszeugen: ‚Jesus ist gestorben und auferweckt worden' (so auch in der vorpaulinischen Überlieferung Röm 10,9; vgl. 1 Thess 4,14; Apg 2,23f u.ö.).[13]

2. *Der historische Ursprungsort der Auferstehungstradition*

Hat die noch von Hans Graß vertretene Ansicht, die Auferstehungserscheinungen hätten sich ausschließlich im Jerusalemer Raum abgespielt, heute stark an Boden verloren, so ist sie doch immer wieder verfochten worden; so auch von Hans Conzelmann.[14] Danach schließen galiläische und Jerusalemer Tradition einander aus, wobei der Jerusalemtradition ein Prae zukommt. Denn eine Flucht der Jünger nach der Kreuzigung Jesu aus Jerusalem nach Gali-

10 Vgl. zur Traditionsschichtung noch G. Strecker, Weg der Gerechtigkeit 208ff: Danach handelt es sich bei Mt 28,16-20 um ein vormatthäisches dreigliedriges Offenbarungswort, das von der Macht des Erhöhten (V.18b), von seinem Taufbefehl (V.19b) und von seiner Verheißung (V.20b) gesprochen hat (a.a.O.).

11 Vgl. auch den sekundären Markusschluß Mk 16,9-20; hier V.9: Erscheinung vor Maria Magdalena; V.12f: vor zwei Jüngern (vgl. Lk 24,13-35); V.14-18: Erscheinung vor den Elf (vgl. Mt 28,16-20).

12 Vgl. dazu oben A II c.

13 Schwerlich steht am Anfang etwa aufgrund von Ps 110 eine Erhöhungsvorstellung; dies gegen F. Hahn, Christologische Hoheitstitel 120-132.189-193; vgl. Phil 2,9.

14 H. Conzelmann, Art.: Auferstehung Christi, RGG[3] I 698-700; 699.

läa[15] müsse als eine Legende angesehen werden.[16] Jedoch: Über die Chronologie der Auferstehungserscheinungen wissen wir nichts. Wo im einzelnen die 1 Kor 15,3bff genannten Offenbarungen des Auferstandenen zu lokalisieren sind, ist nicht überliefert. Das Datum ‚auferweckt am dritten Tag' (1 Kor 15,4) ist ein dogmatisches Datum, möglicherweise aus Hos 6,2 abgeleitet, demnach auch nicht das Datum der ersten Auferstehungserscheinung. Die synoptische Galiläatradition bliebe unverständlich, wenn ihr nicht entscheidende Ereignisse, wie eine oder mehrere Auferstehungserscheinungen voraufgegangen wären. Eher bot sich an, Jerusalem nachträglich zum Mittelpunkt der Auferstehungserscheinungen zu machen; ist doch Jerusalem Ort der Kreuzigung Jesu, des Grabes und vor allem Ort der Urchristenheit. Dagegen ist die grundlegende Ersterscheinung vor Petrus in Galiläa lokalisiert.[17] Demnach ergibt sich die folgende historische Verlaufsskizze:

Nach dem Tod Jesu ziehen sich die Jünger in ihr Stammland zurück. Von einer ‚Flucht' nach Galiläa ist in den Texten nicht die Rede; sie ist also auch nicht vorauszusetzen. Hier erfolgt die Ersterscheinung des Auferstandenen vor Petrus; diese Erscheinung bedeutet zugleich die Benennung Simons mit dem Namen Kephas und hat eine kirchengründende Bedeutung, ohne daß eine apostolische Sukzession intendiert ist.[18] Daran schließen sich andere Erscheinungen; so vor den Zwölf (1 Kor 15,5b). Daß die Anhänger Jesu nach den ersten Erscheinungen des Auferstandenen wieder nach Jerusalem gingen, ist jedenfalls nicht unwahrscheinlich; denn hier lebte der größere Teil der Anhängerschaft Jesu. Die Epiphanie vor den Fünfhundert (1 Kor 15,6), die nicht identisch mit dem Pfingstgeschehen ist (Apg 2), ist vermutlich in Jerusalem anzusetzen, ebenso die Erscheinung vor dem Herrenbruder Jakobus (1 Kor 15,7); denn Jakobus ist später der Leiter der Jerusalemer Gemeinde (vgl. Apg 21,18; Gal 2,9). Stützt sich diese Rekonstruktion vor allem auf die vorpaulinische Überlieferung in 1 Kor 15, so wird sie durch die späteren petrinischen Erscheinungsberichte bestätigt. Die Erzählungen vom leeren Grab lassen sich in diese Skizze nicht einordnen; schon in ihrer Struktur tragen sie

15 Vgl. Mk 14,50. – H. Graß, Ostergeschehen und Osterberichte 119f, nimmt eine Jüngerflucht als wahrscheinlich an.

16 Die Jünger, sagt H. Conzelmann etwas salopp, hätten sich in Eilmärschen hin und her bewegen müssen, um an beiden Stellen (Galiläa und Jerusalem) fast gleichzeitig zu sein: Zur Analyse der Bekenntnisformel 1. Kor 15,3-5, EvTh 25, 1965, 1-11; 8 Anm. 49.

17 Joh 21; vgl. Lk 5,1-11; auch im verlorengegangenen oder nur intendierten Schluß des Markusevangeliums; ferner Mt 28,16-20 (11 Jünger).

18 Anders P. Dausch, Die drei älteren Evangelien, HSNT II, Bonn ^{2}1932, 241-243; J. Lambrecht, „Du bist Petrus". Mt 16,16-19 und das Papsttum, SNTU 11, 1986, 5-32, bes. 28f.

die Merkmale eines sekundären, legendarischen Ursprungs. Obwohl in Jerusalem lokalisiert, sind sie wahrscheinlich nicht in Jerusalem entstanden, sondern weitgehend aus der nacherzählenden, dichtenden und erbauenden Überlieferung der Urchristenheit erwachsen.[19]

Sowohl die älteren als auch die jüngeren Auferstehungstraditionen erzählen das Geschehene verhältnismäßig naiv; sie unterscheiden nicht zwischen Gesagtem und Gemeintem; sie legen über die angewandte Begrifflichkeit keine Rechenschaft ab. Damit ist dem historischen Exegeten die Aufgabe gestellt zu untersuchen, was damals geschehen ist. Dabei ist zuzugestehen: Mit der Anwendung von historischen Kategorien wird ein Koordinatensystem angewendet, das als solches die Fragestellung und die Antwort bestimmt. Was also sieht der Historiker? Er sieht nicht das leere Grab; denn dieses ist nicht in der ältesten Auferstehungstradition bezeugt, sondern eine sekundäre Zutat zur Überlieferung, die überdies auf dem Weg zum theologischen Verstehen des Auferstehungsgeschehens eher hinderlich als förderlich ist; denn an die Vorstellung vom leeren Grab knüpfen sich verschiedenartige, auch gegensätzliche Interpretationen, wie das Beispiel Mt 28,11-15 verdeutlicht.

Was also sieht der Historiker? Er sieht nicht die Auferstehung. Mit Recht hat W. Marxsen hervorgehoben, daß im Neuen Testament nicht erzählt wird, *wie* die Auferstehung stattgefunden hat[20]; erzählt wird nur, *daß* die Jünger den Auferstandenen gesehen haben. Aber der Historiker sieht auch nicht den Auferstandenen. Weder das Auferstehungsgeschehen als solches noch die Person des Auferstandenen sind historisch faßbare Phänomene. Der Historiker sieht allein das Zeugnis von der Auferstehung Jesu, so wie es in unseren Texten einen Niederschlag gefunden hat; er hat dieses Zeugnis aufgrund der ihm gegebenen Kategorien zu untersuchen und einzuordnen. Danach wird er das Auferstehungszeugnis auf ein visionäres Geschehen zurückführen. Die älteste, historisch verifizierbare Grundlage des Auferstehungsglaubens ist die Tat-

19 Die Historizität des leeren Grabes vertreten dagegen: F. Mußner, Die Auferstehung Jesu, BiH VII, München 1969, 128-133; M. Hengel, Ist der Osterglaube noch zu retten?, ThQ 153, 1973, 252-269, hier 264; ders., Maria Magdalena und die Frauen als Zeugen, in: Abraham unser Vater, FS O. Michel, hg. v. O. Betz u.a., AGJU 5, Leiden 1963, 243-256 (danach sei aufgrund des sekundären Markusschlusses wahrscheinlich, daß die Auferstehungserscheinungen vor den Frauen ältestes Überlieferungsgut darstellen); P. Stuhlmacher, „Kritischer müßten mir die Historisch-Kritischen sein!“, ThQ 153, 1973, 244-251, hier 246-248; E.L. Bode, The First Easter Morning. The Gospel Accounts of the Women's Visit to the Tomb of Jesus, AnBib 45, Rom 1970, 173-175; E. Schweizer, Jesus Christus im vielfältigen Zeugnis des Neuen Testaments, München-Hamburg 1968, 50f; J. Jeremias, Neutestamentliche Theologie I 288ff.

20 W. Marxsen, Die Auferstehung Jesu von Nazareth 78-82.

sache, daß die Jünger Jesu nach dem Tod ihres Lehrers Visionen hatten, in denen ihnen der Gekreuzigte als Lebender erschien. Das historische Erkennen ist damit an seine Grenze gelangt. Was es mit diesen Visionen auf sich hat, insbesondere ob die Deutung, die die Jünger ihrem visionären Erleben gaben, zu Recht oder zu Unrecht besteht – ein Urteil hierüber wird sich der Historiker nicht anmaßen dürfen. Er kann die Tatsache, das historische Ereignis, also die Vision, nicht aber die Interpretation dieses Ereignisses erfassen; denn für die Deutung, welche die Jünger ihrem Erleben geben, ist bezeichnend, daß sie den Boden des historisch Faßbaren verläßt, also auch nicht mit dem Bereich der Psychologie zur Deckung zu bringen ist.[21]

3. Theologische Deutung

Mag für den Historiker das Problem damit abgeschlossen sein, kann er allenfalls das Auferstehungszeugnis zur Kenntnis nehmen, das sich an die visionären Vorgänge in Galiläa und Jerusalem knüpft, die theologische Deutung bleibt aufgegeben. Was bedeutet es im theologischen Kontext, daß die Jünger Jesu visionäre Erlebnisse hatten, die sie als Begegnung mit dem auferweckten Jesus interpretierten? Damit ist die Frage nach dem theologischen Sinn des Urzeugnisses ‚Jesus ist gestorben und auferweckt worden' gestellt, das die Jünger Jesu im Anschluß an dieses Widerfahrnis prägte.

Die Frage nach dem theologischen Kontext des neutestamentlichen Auferstehungszeugnisses ist nicht zu trennen von den traditions- und religionsgeschichtlichen Implikationen, die sich mit der Auferstehungsüberlieferung verbinden.

1. Vorgeschlagen wird, als älteste Interpretation des Auferstehungsgeschehens die Erhöhungsvorstellung zu werten, die im Christushymnus Phil 2,9 eine wesentliche Funktion hat, nämlich die Scheidung zwischen der irdischen und der himmlischen Existenzweise des erhöhten Kyrios zu markieren. So versucht es F. Hahn durch den Rückgriff auf Ps 110,1 zu begründen.[22] Jedoch

---

21 Der Versuch, mit Hilfe des Instrumentariums von verschiedenen tiefenpsychologischen Schulen (S. Freud, C.G. Jung) die Psyche der Jünger nach dem Tode Jesu zu erhellen und die Schau des Auferstandenen durch seine Jünger aus psychischen Depressionen zu erklären (vgl. G. Lüdemann, Die Auferstehung Jesu 96-99.113-116), kann nur den überzeugen, der von einem ‚tiefenpsychologischen Credo' bestimmt ist. Der eschatologische Charakter des urchristlichen Auferstehungszeugnisses wird hierdurch in keinem Fall berührt.

22 Dazu schon oben (Anm. 13); vgl. kritisch auch Ph. Vielhauer, Ein Weg zur neutestamentlichen Christologie? Prüfung der Thesen Ferdinand Hahns, in: ders., Aufsätze zum Neuen Testament I, TB 31, München 1965, 141-198.

ist die Zitierung von Ps 110 im christologischen Kontext traditionsgeschichtlich spät und nicht auf die Auferweckung Jesu bezogen. Mk 12,36 steht im Zusammenhang der Davidsohnfrage und Mk 14,62 hat eine futurisch-eschatologische Bedeutung, ohne den Auferstehungsgedanken zu benennen. Erst in Apg 2,34 ist Ps 110 auf die Erhöhung Jesu Christi, nämlich die Himmelfahrt, angewendet worden. Kein direktes Zitat findet sich 1 Kor 15,25, wo ebenfalls nur die Herrschaft Christi in seinem Zwischenreich umschrieben ist.

2. Es ist auch nicht möglich, die Auferstehung Jesu von der Vergangenheit des Lebens Jesu her zu begreifen. Das Auferstehungskerygma der frühchristlichen Gemeinde enthält abgesehen von dem Faktum des Kreuzes keinen Bezug auf das Leben Jesu. Wenn 1 Thess 4,14 gesagt wird ‚Jesus ist gestorben und auferstanden', so ist dies eine eigenständige Formel, die das Auferstehungsgeschehen nicht lediglich als Fortsetzung des Lebens Jesu interpretiert. Es läßt sich auch nicht psychologisierend argumentieren: Jesus habe seinen Tod vorausgewußt und seine Auferstehung als Überhöhung und Bestätigung seines Erdenlebens erwartet.[23] Wenn in den synoptischen Evangelien Leidens- und Auferstehungsankündigungen als Voraussagen Jesu erscheinen, so sind diese als Gemeindebildungen auszuweisen, also vaticinia ex eventu (Mk 8,31; 9,31; 10,32-34parr). Da wir von dem Selbstbewußtsein des historischen Jesus nur unzureichend unterrichtet sind, ist es aussichtslos, zwischen dem Leben Jesu und dem Auferstehungsgeschehen ein Kontinuum herstellen zu wollen.

3. Die Auferweckung Jesu ist auch nicht mit einem Naturwunder als einer Totenauferweckung zu identifizieren, wie sie beispielsweise in der synoptischen Tradition (Lk 7,11-17: Jüngling von Nain; Mk 5,21-43par: Tochter des Jairus), aber auch in der Apostelgeschichte (9,36-43: Petrus weckt die Christin Tabita vom Tod auf; 20,7-12: Auferweckung des Eutychus durch Paulus) überliefert wird. Derartige Wundertaten, die auch im Bereich der Antike der schon damals bekannten Naturgesetzlichkeit widersprechen, gehören zur volkstümlichen Erzählung. Sie sind nicht apokalyptisch ausgerichtet[24], sondern eine Durchbrechung des natürlichen Verlaufs der Dinge.

---

23 Vgl. z.B. H. Schürmann, Wie hat Jesus seinen Tod bestanden und verstanden? Eine methodische Besinnung, in: Orientierung an Jesus. Zur Theologie der Synoptiker, FS J. Schmid, hg. v. P. Hoffmann, Freiburg-Basel-Wien 1973, 325-363, hier: 360 Anm. 155; J. Jeremias, Theologie 1, 272; R. Pesch, Zur Entstehung des Glaubens an die Auferstehung Jesu, ThQ 153, 1973, 201-228; 220.

24 So auch nicht Lk 16,19ff (hier V.31: „Wenn sie Mose und die Propheten nicht hören, werden sie auch nicht zum Glauben kommen, wenn einer von den Toten aufersteht").

Dies ist selbstverständlich auch bei der Auferweckung Jesu der Fall. Doch ist sie mehr als eine ‚normale' Totenauferweckung, da für sie eine eschatologische Qualität bezeugt wird.[25]

4. Ist die älteste Interpretation der Auferstehung Jesu apokalyptisch? Dies würde der These von Ernst Käsemann entsprechen, wonach die Apokalyptik die Mutter der urchristlichen Theologie ist.[26] Jedenfalls sollte nicht bestritten werden, daß der auferstandene Christus von den Jüngern als der zukünftig Kommende erwartet wurde (1 Thess 1,10). Jedoch ist dies mit der Auferweckungs- bzw. Auferstehungsaussage nicht ausdrücklich verknüpft.[27] Ein visionäres Erlebnis, als das sich die Begegnung mit dem Auferstandenen darstellt, ist als solches noch kein apokalyptisches Geschehen, so sehr apokalyptische Schriftsteller über enthusiastisch-visionäre Erfahrungen verfügten. Daher: So sehr die Auferstehung Jesu nach neutestamentlichem Verständnis die sachliche Grundlage für Erhöhung und Parusie ist und den Übergang von der irdischen zur himmlischen Seinsweise des Erhöhten und Kommenden darstellt, so wenig ist sie doch dem apokalyptischen Vorstellungsbereich ursprünglich verbunden.

5. Daß es sich bei der Auferstehung Jesu um den Übergang von einem irdischen zu einem himmlischen Seinsbereich handelt, legt auch die Entrückungsvorstellung nahe, die in der Antike sowohl als orientalisch-jüdisch wie auch als griechisch-hellenistisch verbreitet war. Hierbei geht es zunächst um eine

---

25 Vgl. dazu die Interpretation des Auferstehungszeugnisses durch Paulus, s.o. A II c; bes. 1 Kor 15: Begründung der Hoffnung auf die Auferstehung der Toten durch den Glauben an den Auferstandenen.

26 E. Käsemann, Die Anfänge christlicher Theologie, ZThK 57, 1960, 162-185; 180; wieder abgedruckt in: ders., Exegetische Versuche und Besinnungen II 82-104; vgl. zum apokalyptischen Horizont der Auferweckung Jesu auch den apokalyptischen ‚Fahrplan' in 1 Kor 15,23, wonach die Auferstehung Christi die Auferstehung der zu ihm Gehörenden bei seiner Parusie einleitet (so auch 1 Thess 4,14). Eine futurisch-eschatologische Ausrichtung enthält die Auferweckungsaussage auch, wenn Jesus in Apg 3,15 als ἀρχηγὸς τῆς ζωῆς bezeichnet und seine Aufnahme in den Himmel (Himmelfahrt) mit der Erwartung seiner Wiederkehr verbunden wird (Apg 3,21). Demnach bedeutet die Auferweckung Jesu Anbruch und Vorwegnahme des kommenden Äons.

27 So hat die Leidens- und Auferstehungsvoraussage Mk 8,31par kaum Zusammenhang mit der Parusieweissagung Mk 8,38par. – Mk 9,1par und Mk 9,11-13par setzen nur die Parusie voraus, die Verklärungsgeschichte Mk 9,2-10 enthält dagegen nur den Auferstehungsgedanken; erst in Mt 17,12b ergänzt das Motiv vom leidenden Menschensohn die Verklärungsgeschichte; so kombiniert auch Lk 17,23-25 das Leidensmotiv mit der Parusieweissagung; vgl. Lk 17,23-25 mit Mt 24,26f.

Ortsveränderung.[28] Realistisch ist auch die Vorstellung in Apg 8,39f: Der Evangelist Philippus wird durch den Geist des Herrn nach Asdod entrückt. – Näher stehen die Entrückungen, die zugleich die Überwindung des Todes aussagen. So ist schon im Alten Testament die Entrückung Elias (2 Kön 2,11) und Henochs (Gen 5,24) bezeugt. Noch das Neue Testament kennt die Vorstellung von der Wiederkehr des entrückten Propheten Elia (Mk 9,11-13par). Von dem Apokalyptiker Baruch wird erzählt, daß er von der Erde versetzt wurde, damit er für das Ende der Zeiten aufbewahrt werde und dann Zeugnis ablege (syrBar 13,3). – In der griechischen Mythologie gibt es zahlreiche ähnliche Erzählungen. Man unterscheidet dabei einerseits den uranischen Kult mit dem Aufweis eines leeren Grabes. So erzählen die Thebaner, daß Alkmene durch den Gott Hermes von der Totenbahre hinweg entrückt wurde zur Insel der Seligen; daher findet man von ihr in Theben kein Grab (Paus 9,16,7). Andererseits ist die Verbindung von chthonischem Kult und Nachweis des Grabes belegt: Amphiaraos wird in die Erde entrückt, lebt bei Theben unterirdisch fort und hat dort auch eine Kultstätte.[29] Die Entrückungsvorstellung ist auch hinter der Himmelfahrtsgeschichte zu vermuten, die Lukas in seinem Doppelwerk wiedergegeben hat (Lk 24,50-53; Apg 1,9-11). Hier kommt ein Zeitfaktor, nämlich die lukanische Anschauung vom Leben Jesu ins Spiel. Die Auferstehung Jesu markiert ein zeitliches Zwischenstadium; sie ist in eine heilsgeschichtliche Abfolge eingeordnet: vom irdischen Leben und dem Tod Jesu über die Auferstehung, die das Wiedererstehen Jesu vom Tode ist, bis nach 40 Tagen die Himmelfahrt Jesu erfolgt, d.h. die endgültige Entrückung, der Abschied Jesu von der körperlichen Welt. Die Himmelfahrt ist eine vorlukanische Anschauung (vgl. Barn 15,9); sie entspricht demselben Interesse, das zu der Ausarbeitung der Vorstellung vom leeren Grab geführt hat: dem Interesse an der realen Wirklichkeit des Auferstandenen. Dies ist traditionsgeschichtlich sekundär. Der ursprüngliche Auferstehungsglaube identifiziert Auferstehung und Himmelfahrt Jesu. Ursprünglich ist Auferstehung identisch mit Erhöhung. Der vom Tod Erstandene ist der Erhöhte. Mit seiner Auferstehung hat er die himmlische Doxa, den Platz zur Rechten Gottes eingenommen (vgl. Hebr 1,3). Dieser Erhöhungsgedanke, nicht die Himmelfahrt, ist in den Erscheinungsgeschichten vorausgesetzt (v.a. 1 Kor 15,3ff; auch Mt 28,16ff, auch in dem vorpaulinischen Hymnus Phil 2,6-11).

Nach urchristlichem Verständnis ist die Auferstehung also keineswegs ein Ausschnitt aus der Zeitlinie. Sie ist weder psychologisch noch heils-

---

28 Z.B. EvHebr von Jesus: „Sogleich ergriff mich meine Mutter, der Heilige Geist, an einem meiner Haare und trug mich weg auf den großen Berg Thabor" (W. Schneemelcher (Hg.), NTApo I[6] 146).

29 Pind Nem 10,8; vgl. im übrigen G. Strecker, Art.: Entrückung, RAC V 461-476.

geschichtlich aus der Vergangenheit, dem Leben Jesu, oder aus der unmittelbar folgenden Zukunft zu begreifen, sondern der Satz ,Jesus ist gestorben und auferstanden' (1 Thess 4,14) bedeutet, daß das Christusgeschehen heilvolle lebendige Gegenwart ist. Daß Jesus Christus lebt, bedeutet aber nicht nur, daß Jesus wiederbelebt worden ist; dies würde ja nichts anderes als eine Fortsetzung des Vergangenen beinhalten. Daher genügt es auch nicht, mit W. Marxsen den wesentlichen Inhalt der Auferstehungsvorstellung mit dem Satz zu umschreiben: „Das Wirken Jesu geht weiter"[30]. Auferstehung Jesu besagt vielmehr: Erst jetzt, erst in der Widerfahrnis der Begegnung mit dem Erhöhten kommt in den Blick, was es mit der Sache Jesu auf sich hat. Hier zeigt sich: Jesus ist nicht nur der endzeitliche Prophet des Judentums; vielmehr: Sein Tod hat Heilsbedeutung. Hat man zu seinen Lebzeiten von ihm als von einem Phänomen der jüdischen Religionsgeschichte erzählt – als der Auferstandene ist er Gegenstand der christlichen Verkündigung. Er kann zum Verkündigten werden, weil ,Jesus Christus ist auferstanden' heißt: in ihm hat Gott gehandelt; denn Gott ließ ihn nicht im Tode. Dies bedeutet: Jesus ist das eschatologische Ja Gottes, ist die unverbrüchliche Zusage Gottes an die Menschen. Das Heil der Menschheit ist mit der Person Jesu Christi, des Gekreuzigten und Auferstandenen, unlösbar verknüpft.

Die Urchristenheit hat dieses Auferstehungsbekenntnis auf verschiedene Weise ausgelegt. Sie konnte von dem Kyrios Jesus Christus als dem kosmischen Herrn der Gemeinde und der Geschichtsmächte sprechen, oder von dem künftigen Menschensohn, der als der Richter der Welt erscheinen wird, oder auch von dem Gottessohn, der von Gott erwählt und der Menschheit zum Heil gesandt wurde. Sie hat damit auf ihre Weise getan, was der Theologie aller Zeiten stets neu aufgegeben ist: In sachentsprechender und ihrer Zeit angemessener Weise zum Verständnis zu bringen, daß der als gekreuzigt und auferstanden bezeugte Jesus Christus für die Menschheit Heil bedeutet.

Wie wir gesehen haben[31], werden Kreuz und Auferweckung Jesu nebeneinander gestellt. Der Sinn des Kreuzes Jesu ist also nicht anders als vom Auferstehungsgeschehen her zu erfassen. Die Historie von Jesu Passion und Tod bleibt nichts als Historie, wenn sie nicht so gesehen wird, wie sie von der Auferstehung her bezeugt ist. Der Auferstehungsglaube interpretiert das Kreuz: Der Leidende ist der erhöhte Herr der Gemeinde. Das Paradox von Leiden und Hoheit kennzeichnet den geglaubten Christus (und nicht weniger seine Gemeinde). Man kann daher vom Leiden Jesu nur so sprechen, wie es zur Auferweckung führt. Umgekehrt ist damit für die Evangelisten die Berechtigung gegeben, den Auferstehungsglauben in das Leben Jesu zurückzutragen;

30 W. Marxsen, Die Auferstehung Jesu von Nazareth 81.

31 Vgl. oben (A I c 3) zu Röm 10,9; 1 Kor 15,3ff.

dies nicht mit dem Ziel, eine ‚historia Jesu' zu erzählen, sondern um den geglaubten Christus der Gemeinde zu bezeugen. Daher ist Jesus nach neutestamentlichem Verständnis nicht nur ein ‚factum historicum brutum', sondern er ist der geglaubte Christus. Was es mit ihm auf sich hat, ist allein aus dem Kerygma zu erfahren. Rudolf Bultmann hat den Satz geprägt „Jesus ist in das Kerygma auferstanden"[32]. Dies besagt: Allein aus dem Osterkerygma, nicht aus der historischen Untersuchung ist zu erfahren, wer Jesus eigentlich ist. Jesus, das Wort Gottes, das Wort der Wahrheit, der Liebe und der Gerechtigkeit, nicht zuletzt das Wort der Hoffnung, begegnet allein im bezeugenden Wort. In der Begegnung mit den Zeugen erschließen sich Sinn und Bedeutung des Christusereignisses. Theologie des Neuen Testaments hat es mit den Zeugen und ihren Bezeugungen zu tun.

b) Die palästinische Gemeinde

M. Simon, St. Stephan and the Hellenists in the Primitive Church, London-New York 1958.
J. Bihler, Die Stephanusgeschichte im Zusammenhang der Apostelgeschichte, MThS I 16, München 1963.
W. Schmithals, Paulus und Jakobus, FRLANT 85, Göttingen 1963.
L. Goppelt, Die apostolische und nachapostolische Zeit, KIG 1A, Göttingen ²1966.
F.V. Filson, Geschichte des Urchristentums in neutestamentlicher Zeit, Düsseldorf 1967.
E. Haenchen, Die Apostelgeschichte, KEK III, Göttingen ¹⁷1977.
W. Schneemelcher, Das Urchristentum, UB 336, Stuttgart 1981.
H. Conzelmann, Geschichte des Urchristentums, GNT 5, Göttingen ⁵1983.
A.J. Malherbe, Social Aspects of Early Christianity, Philadelphia ²1983.
A. Schlatter, Die Geschichte der ersten Christenheit, Stuttgart ⁶1983.
G. Lüdemann, Das frühe Christentum nach den Traditionen der Apostelgeschichte. Ein Kommentar, Göttingen 1987.
L. Schenke, Die Urgemeinde. Geschichtliche und theologische Entwicklung, Stuttgart 1990.
J.D.G. Dunn, Unity and Diversity in the New Testament, London-Philadelphia ²1990.
F. Vouga, Geschichte des frühen Christentums, UTB 1733, Tübingen-Basel 1994.

1. Quellen

Die *altkirchliche Überlieferung* zur Geschichte und Theologie der Urgemeinde enthält nicht viele Nachrichten. Am ergiebigsten ist noch der Kirchenge-

---

32 R. Bultmann, Das Verhältnis der urchristlichen Christusbotschaft zum historischen Jesus, in: ders., Exegetica 445-469; 469.

schichtsschreiber Euseb, der in seiner ‚Kirchengeschichte' ältere Notizen, etwa von Hegesipp und Clemens Alexandrinus, wiedergegeben hat. An nichtchristlichen Quellen ist noch einmal die Notiz des Josephus über den Herrenbruder Jakobus zu nennen (Ant XX 200).[33] Wichtiger sind die *neutestamentlichen Nachrichten*, die freilich nur mit Zurückhaltung ausgewertet werden dürfen: Die Apostelgeschichte bringt in Kap 1-12 u.a. einen Abriß der Geschichte der Jerusalemer Urgemeinde. Hierbei handelt es sich weitgehend um eine lukanische Konstruktion, in der allerdings alte Traditionen überliefert sind.[34] Daneben sind die synoptischen Evangelien als Geschichtsquellen heranzuziehen; die von den Evangelisten gesammelten Einzelüberlieferungen gehen zu einem Teil auf die palästinische Zeit der Kirche zurück und reflektieren die Situation der Urgemeinde (z.B. Mt 10,5f; 16,17-19). Eine weitere Quelle sind die Paulusbriefe, soweit in ihnen der Apostel von seinem Verhältnis zur Jerusalemer Gemeinde berichtet (vgl. besonders Gal 1-2). Verhältnismäßig wenig Material bieten die neutestamentlichen Apokryphen. Sie überliefern verschiedene Apostelakten, die aber lediglich bezeugen, daß teilweise schon im 2. Jahrhundert ein ausgedehnter Bestand an Legenden über die Apostel zu Jerusalem gebildet worden war.[35]

2. *Historische Situation*

Die Entstehung und Formung der theologischen Überlieferungen im Neuen Testament führt in ihren Anfängen auf die historische Situation der Jerusalemer Urgemeinde zurück. Am Anfang steht nicht nur das Auferstehungszeugnis des Petrus, sondern auch die Tatsache, daß dieser der erste Leiter der Jerusalemer Gemeinde und auch der erste des Gremiums der Zwölf gewesen ist – unabhängig von der Frage, ob dieses in das Leben Jesu zurückführt und inwieweit die Erzählung von der Nachwahl des Matthias als des 12. Jüngers an die Stelle des Judas Ischariot auf echte Überlieferung zurückgeht (Apg 1,15-26).[36] In dieser Zeit ist das christologische und ekklesiologische Denken der Kirche erstmals entfaltet worden.

Die äußeren Ereignisse, besonders die des Jahres 44, haben zu einer tiefgreifenden Veränderung der Leitungsstruktur geführt. Unter Herodes Agrip-

---

33 Vgl. oben B II Quellen zu Jesus.

34 Vgl. G. Lüdemann, Das frühe Christentum 16 (‚... besteht Lukas' schriftstellerische Tätigkeit darin, Traditionen miteinander zu verknüpfen, d.h. auf der Grundlage von Traditionen eine fortlaufende Erzählung zu komponieren...').

35 Vgl. W. Schneemelcher, NTApo II[5].

36 Nach W. Schneemelcher, Urchristentum 98, wäre Petrus Vorsitzender des Apostelkreises gewesen; so zumindest im Bericht des Paulus (Gal 1,18).

pa dem Ersten wird der Zebedaide Jakobus, ein Mitglied des Zwölferkreises, hingerichtet (Apg 12,2). E. Schwartz vermutete, daß das gleiche Schicksal den anderen Zebedaiden, Johannes, traf.[37] Eine Konsequenz dieser Verfolgung war, daß Petrus Jerusalem verlassen mußte (Apg 12,19). Dies bedeutete faktisch die Auflösung des Institutes der Zwölf, auch wenn Petrus beim sog. Apostelkonvent wieder in Jerusalem erscheint und nun als Mitglied des Gremiums der drei στῦλοι (,Säulen': Jakobus, Kephas, Johannes: Gal 2,9), welches damals den Platz des Zwölferkreises eingenommen hatte, aufgetreten ist. Das Gremium der ,Styloi' hat beim Apostelkonzil die Verhandlungen mit Paulus und Barnabas geleitet; so ist es auch für den Parallelbericht Apg 15 vorauszusetzen. Es ist nun bezeichnend, daß in Gal 2,9 nicht mehr Kephas an der Spitze dieses Gremiums genannt wird, sondern der Herrenbruder Jakobus. Offenbar tritt Jakobus allmählich in den Vordergrund und damit das Erbe des Petrus in Jerusalem an.[38] So wird es durch den Bericht vom Zusammenstoß zwischen Petrus und Paulus in Antiochien bestätigt (Gal 2,11ff): Es sind ,einige (Menschen), die von Jakobus kamen', die Petrus und seine Begleiter veranlaßten, die Tischgemeinschaft mit den heidenchristlichen Brüdern abzubrechen. Der Ausdruck ,einige, die von Jakobus kamen,' ist ein Hinweis, daß bald nach dem Apostelkonvent auch das Institut der ,Styloi' nicht mehr bestand, sondern Jakobus alleiniger Leiter der Urgemeinde wurde. Dies stimmt zu den altkirchlichen Zeugnissen, die Jakobus geradezu als ,Bischof von Jerusalem' bezeichnen.[39] Nach dem Josephusbericht wurde Jakobus im Jahr 62 auf Veranlassung des Hohenpriesters Ananos hingerichtet.

Die Geschichte der Jerusalemer Urgemeinde ist hiermit nicht abgeschlossen, sondern sie wird über den jüdischen Krieg (66-70) hinaus andauern und erst im Jahr 135, nach dem Scheitern des Aufstandes des BarKochba ihr Ende gefunden haben. So setzt es jedenfalls die von Euseb überlieferte Jerusalemer

---

37 E. Schwartz, Ueber den Tod der Söhne Zebedaei. Ein Beitrag zur Geschichte des Johannesevangeliums, in: ders., Gesammelte Schriften V, Berlin 1963, 48-123. – So soll es sich aus der Voraussage Jesu nahelegen, welche den beiden Zebedaiden das Martyrium ankündigte (Mk 10,39); doch ist eine solche Datierung eine unwahrscheinliche Kombination; sie würde zur Folge haben, daß das Apostelkonzil vor dem Jahr 44 abgehalten worden wäre; denn nach Gal 2,9 ist Johannes als drittes Glied des Gremiums der στῦλοι am Apostelkonvent beteiligt gewesen. Eine solche Frühdatierung wird z.B. von A. Suhl, Paulus und seine Briefe. Ein Beitrag zur paulinischen Chronologie, StNT 11, Gütersloh 1975, 339; Ph. Vielhauer, Geschichte der urchristlichen Literatur 78, vertreten.

38 Vgl. zu Jakobus auch W. Pratscher, Der Herrenbruder Jakobus und die Jakobustradition, FRLANT 139, Göttingen 1987.

39 Eus HistEccl IV 5, 1ff; 22,4 – nach älteren Vorlagen (den Schriften des Hegesipp und der Jerusalemer Bischofsliste); vgl. auch PsClem, EpClem u.ö.

Bischofsliste voraus.[40] Daher ist auch nicht zu vermuten, daß die Jerusalemer Gemeinde etwa im Jahr 66 nach Pella ins Ostjordanland vor dem 1. Jüdischen Krieg ausgewichen sei, wie allerdings Euseb erzählt (HistEccl III 5,3). Lukas weiß von dieser Überlieferung noch nichts, obwohl er sich im 21. Kapitel seines Evangeliums auf den Jüdischen Krieg bezieht, und auch die Jerusalemer Bischofsliste setzt eine ununterbrochene Kette von Bischöfen bis zum Jahr 135 voraus. Die Pella-Tradition ist folglich eine Legende, vielleicht bei den Judenchristen in Pella entstanden, aus dem Interesse eines Sukzessionsnachweises oder auch aufgrund der theologischen Überzeugung der Führung Gottes in der Geschichte des Urchristentums.[41]

3. Theologie

Die Geschichte des Urchristentums von Jerusalem läßt sich in der Weise einer theologischen Entwicklungslinie darstellen. Mit der zunehmenden Übertragung der Leitung der Gemeinde auf die Person des Herrenbruders Jakobus geht offensichtlich eine zunehmende Rückbesinnung auf die jüdischen Wurzeln einher. Insofern ist die Geschichte des urchristlichen Judenchristentums die Geschichte eines wachsenden Nomismus. Dies besagt für die Anfänge, daß nicht das Torabewußtsein die Grundlage des urchristlichen Selbstverständnisses ist. Am Anfang steht vielmehr der Auferstehungsglaube, das Zeugnis von der Auferstehung Jesu Christi. Das Widerfahrnis der Begegnung mit dem Auferstandenen bedeutete die Gründung der Kirche. Der Auferstehungsglaube verlangt nach Explikation: Was bedeutet es, daß Jesus als der Auferstandene lebt und dieser Glaube zur Grundlage der Kirche wird? Hier hat die apokalyptische Interpretation der Auferstehung Jesu ein relatives Recht. Die Urgemeinde versteht den Auferstandenen als den, der bei seiner Parusie kommen wird. Sie versteht das Ja Gottes, das ihr in Jesus Christus zugesprochen ist, nicht anders als so, daß es auf sie zukommt und sie selbst ihm entgegengeht.

---

40 Eus HistEccl IV 5, 1ff; V 23,3.

41 Vgl. W. Schneemelcher, Urchristentum 52f.164f; G. Strecker, Das Judenchristentum in den Pseudoklementinen, TU 70, Berlin ²1981, 229ff.283ff; anders M. Simon, Le Christianisme antique et son contexte religieux, Scripta Varia II, WUNT 23, Tübingen 1981, 477-494; H. Lietzmann, Geschichte der Alten Kirche I 184-199; J.J. Gunther, The Fate of the Jerusalem Church, ThZ 29, 1973, 81-94. – Harmonisierend die erst bei Epiphanius, de mens 15, auftauchende Notiz, die aus Jerusalem nach Pella geflohene Urgemeinde sei gegen Ende des jüdischen Krieges wieder nach Jerusalem zurückgekehrt; vgl. C. Andresen, Geschichte des Christentums I. Von den Anfängen bis zur Hochscholastik, ThW 6, Stuttgart 1975, 1; H. Conzelmann, Geschichte 118.

α) Christologie

Die Urgemeinde erwartet die Parusie des Auferstandenen. Vormarkinische Logienüberlieferung bezeugt, daß der Erhöhte ‚in dieser Generation', d.h. in der Generation der Augenzeugen erwartet wird (Mk 9,1; 13,30). Der urgemeindliche Glaube ist wesentlich Hoffnung auf die Begegnung mit dem Auferstandenen in einer unmittelbar bevorstehenden Zukunft. Dies zeigt auch der aramäische Gebetsruf ‚Maranatha'.[42] Was erwartet die Urgemeinde von der Zukunft? Sie erwartet die Ankunft des Auferstandenen als des Menschensohnes. Sie verwendet die Erlöser- und Richtergestalt der jüdischen Apokalyptik, um den Auferstehungsglauben zu interpretieren. Sie nimmt einen Begriff der jüdischen Enderwartung auf, der durch Dan 7,13 in der jüdischen Überlieferung schon ‚kanonisch' geworden war (vgl. Mk 13,26; 14,62).[43] Es ist davon auszugehen, daß schon in der palästinischen Urgemeinde, also im aramäischen Sprachgebiet der Titel בַּר אֱנָשׁ auf Jesus als den Gegenstand des Auferstehungsglaubens angewendet worden ist.

Wie sich oben zeigte[44], überliefert die synoptische Tradition drei unterschiedliche Menschensohnspruchgruppen: 1. Die Sprüche vom leidenden und auferstehenden Menschensohn; so im Zusammenhang der Leidens- und Auferstehungsaussagen Jesu im Markusevangelium (Mk 8,31; 9,31; 10,32-34; auch Mk 9,12b); diese Gruppe hat keine Parallelen in der Q-Überlieferung und ist eindeutig sekundär; es handelt sich um vaticinia ex eventu, die in der hellenistisch-judenchristlichen Gemeinde entstanden sind, um das Schicksal Jesu als in der Schrift vorgezeichnet auszulegen. – 2. Sprüche vom gegenwärtig wirkenden Menschensohn[45], die die Situation des außerpalästinischen Christentums erkennen lassen; so in der Diskussion um die Gültig-

---

42 1 Kor 16,22: μαράναθά (‚unser Herr kommt'), dazu oben A II a 3.

43 H. Lietzmann hatte noch in seiner im 6. Studiensemester verfaßten Erstlingsschrift ‚Der Menschensohn. Ein Beitrag zur neutestamentlichen Theologie, Freiburg-Leipzig 1896' den Begriff ‚Menschensohn' auf die hellenistische Welt zurückführen wollen; es handele sich um eine mißverständliche Übersetzung des aramäischen בַּר אֱנָשׁ (=‚der Mensch') (87); der Messiastitel ‚Menschensohn' wäre niemals der palästinischen Gemeinde bekannt gewesen, sondern ein Erzeugnis des hellenistischen Christentums (95). – Diese These kann angesichts der eindeutigen jüdisch-apokalyptischen Belege nicht aufrechterhalten werden.

44 Siehe oben B II d 3.

45 Diese Gruppe führt R. Bultmann, Theologie 31, nach J. Wellhausen, Einleitung in die drei ersten Evangelien, Berlin[2]1911, 123-130; H. Lietzmann, Der Menschensohn 87, auf das sprachliche Mißverständnis des aramäischen בַּר אֱנָשׁ zurück; dies ist jedoch unwahrscheinlich; der Terminus steht an so hervorragender Stelle, daß man ihn schwerlich nur allgemein auslegen kann (im Sinn von ‚Mensch' oder ‚Ich'); vielmehr ist er als messianische Aussage zu verstehen.

keit des Sabbats (Mk 2,28) oder um die Sündenvergebung (Mk 2,10; Mt 12,32par). Sie gehörten in das Umfeld von christlichen Wandercharismatikern, die ihre eigene Situation in das Leben Jesu reprojizierten (Mt 8,20par), auch sich in Auseinandersetzung mit anderen Gruppen befanden (z.B. Mt 11,19par: Täuferkreis). Daß diese Sprüche auf die Urgemeinde zurückgehen, ist unwahrscheinlich, da sie die Vorstellung von der Gegenwart bzw. Vergangenheit des Menschensohnes voraussetzen. Die Urgemeinde bekannte sich demgegenüber zu dem kommenden Menschensohn. – 3. Sprüche vom zukünftigen Menschensohn; von ihm spricht Jesus (Mk 8,38, 14,62; Lk 12,8fpar; Mt 10,23).[46] Für die Urgemeinde ist gesichert, daß für sie die Menschensohnvorstellung mit dem Gottesreich eng verbunden ist. Sie erwartet die kommende Gottesherrschaft nicht anders als in der Weise, daß Jesus, der Gekreuzigte und Auferstandene, der Menschensohn und damit der Bringer der Gottesherrschaft ist (Mt 19,28par; Lk 22,29f).[47]

Die Urgemeinde identifiziert den kommenden Menschensohn mit dem auferstandenen Christus. Hat Jesus im Bekenntnis vor dem Hohen Rat das künftige Erscheinen des Menschensohnes mit Kraft, auf den Wolken des Himmels kommend, angekündigt (Mk 14,62), so weiß die Gemeinde, daß dieser Kommende der vergangene und gegenwärtige, der auferstandene Mare Jesus ist; sie bekennt, daß das künftige Heil unablösbar mit der Person ihres Herrn verbunden ist. Daher erwartet sie die kommende βασιλεία τοῦ θεοῦ (מַלְכוּת יְהוָה) so, daß Anbruch der Gottesherrschaft und das Kommen des Menschensohnes zusammenfallen. Die Ankunft des Gottesreiches ist der Anbruch des neuen Äons, der die alte Welt beendet (Mk 10,29f). Das Erscheinen des Menschensohnes bedeutet Gericht über die Welt und Vernichtung des Kosmos (Mt 24,3) bzw. die Einleitung des Endes (vgl. 1 Kor 15,23-28; 1 Thess 4,15-17). Hiermit ist die Erwartung der Zerstörung des Tempels verbunden.[48]

46 Nur in dieser Gruppe finden R. Bultmann, Theologie 31f; und H.E. Tödt, Der Menschensohn in der synoptischen Überlieferung, Gütersloh [4]1978, 37, echtes Jesusgut (nach Tödt nur Mk 8,38); vgl. dagegen Ph. Vielhauer, Gottesreich und Menschensohn in der Verkündigung Jesu, in: FS G. Dehn, Neukirchen-Vluyn 1957, 51-79; 71; wieder abgedruckt in: ders., Aufsätze zum Neuen Testament, TB 31, München 1965, 55-91.

47 Trotz matthäischer und lukanischer Redaktionsarbeit ist Mt 19,28par wahrscheinlich ein altes Wort, das die besondere Funktion des Zwölferkreises hervorhebt.

48 Mk 13,2 – das Tempelwort ist angesichts der weitverzweigten alttestamentlich-jüdischen Tempelkritik vermutlich jesuanisch und paßt in den Kontext des prophetischen Auftretens Jesu; vgl. etwa E. Lohmeyer, Das Evangelium des Markus, KEK I/2, Göttingen [17]1967, 268; anders aber J. Lambrecht, Die Redaktion der Markus-Apokalypse. Literarische Analyse und Strukturuntersuchung, AnBib 28, Rom 1967, 68-79; R. Pesch, Naherwartungen. Tradition und Redaktion in Mk 13, KBANT, Düsseldorf 1968, 83-93.

Die Gemeinde aber wird in der Katastrophe bewahrt werden; denn das vernichtende Gericht wird für sie Befreiung bedeuten und die Sammlung der Erwählten sein (Mk 13,20-23). Es wird Trost und Ausgleich bringen (Mk 10,29f) und auch, daß die Glaubenden mit der himmlischen Doxa überkleidet werden (Mk 10,37), so daß sie in den Hochzeitssaal einziehen (Mt 22,10) und die ζωὴ αἰώνιος erlangen (Mk 10,30; Mt 25,46). Die Erfüllung der christlichen Hoffnung verwirklicht sich in der Mahlgemeinschaft mit dem Erhöhten (Mk 14,25). Diese Gemeinde hat die Zusage, daß sie zusammen mit dem Menschensohn das Volk Israel richten wird (Mt 19,28).

Der Menschensohnbegriff ist demnach die zentrale christologische Prädikation der Urgemeinde; ihre Christologie ist eigentlich eine Menschensohnchristologie. Die übrigen christologischen Prädikate treten zurück.[49] Allenfalls könnte man vermuten, daß der Titel ‚Davidsohn' eine besondere Bedeutung gehabt hat. Aber auch hier gilt, was allgemein für die christologischen Hoheitstitel zutrifft: Sie sind weitgehend in der hellenistischen Gemeinde, genauer: im hellenistischen Judenchristentum mit Inhalt gefüllt worden.

β) Ekklesiologie

Die Menschensohnchristologie der Urgemeinde bahnt den Weg zum Verständnis ihrer Ekklesiologie. Es handelt sich um ein eschatologisches Selbstverständnis der Kirchengemeinschaft. Das Wort ‚eschatologisch' ist hierbei im ursprünglichen Sinn gebraucht: Diese Gemeinde ist genuin endzeitlich ausgerichtet.

---

49 Die traditionsgeschichtliche Situation ist zu komplex, als daß im Blick auf die übrigen Christustitel auch nur eine annähernde Wahrscheinlichkeit zu erreichen ist. Die Anschauung, die Urgemeinde habe „‚den Auferweckten' mit dem erwarteten Messias aus Davids Geschlecht und dem transzendenten ‚Menschensohn' identifiziert" (L. Schenke, Urgemeinde 127), kann sich schwerlich auf ältere Texte berufen. Im Gegenteil, der politische Charakter der jüdischen Davidsohn-Messianologie dürfte es verhindert haben, daß eine Gemeinde, die um Ausgleich im jüdischen Milieu bemüht war, sich einer derart mißverständlichen Begrifflichkeit bediente. – Wie sich die Urgemeinde die Erhöhung Jesu Christi als des Auferstandenen gedacht hat, entzieht sich ebenfalls unserer Kenntnis. Die Vermutung, auch die Präexistenzvorstellung hätte neben der Parusieerwartung Platz gehabt, so L. Schenke, Urgemeinde 121, ist unwahrscheinlich. Eine entwickelte Christologie läßt sich nicht nachweisen. Dies gilt auch für die Frage, wie das Taufgeschehen im einzelnen interpretiert, insbesondere seine sühnende Wirkung begründet wurde. Auch eine ausführliche Sühntodchristologie hat es vermutlich in der Urgemeinde noch nicht gegeben. Es genügte offenbar, ähnlich wie im Täuferkreis, den Taufritus als Zeichen der neuen Gemeinschaft zu praktizieren.

So zeigt es beispielhaft das ‚Herrengebet', auch ‚Vaterunser', das auf Jesus zurückgeht[50] und den Evangelisten Matthäus und Lukas jeweils in eigenständiger Überlieferung vorgelegen hat (Mt 6,9-13par Lk 11,2-4). Matthäus hat bei der Einfügung in den Kontext eine ‚Anwendung' hinzugefügt, eine Mahnung zur Vergebungsbereitschaft, motiviert durch die Zusage, daß der himmlische Vater dann auch zur Vergebung bereit sein wird; so ist es durch den paränetischen Kontext der Bergpredigt veranlaßt, der auch das Verständnis der 5. Bitte beeinflußt (Mt 6,14f; vgl. V.12).[51] Der synoptische Vergleich zeigt, daß Matthäus sieben Bitten, Lukas dagegen nur fünf Bitten überliefert. Lukas steht zweifellos der Urfassung am nächsten. Matthäus benutzt eine Gemeindetradition, die durch die Sieben-Zahl geprägt ist. Auch der Zusatz zur Anrede πατήρ ist bei Matthäus durch ὁ ἐν τοῖς οὐρανοῖς erweitert worden. Daß das Herrengebet in der Urgemeinde in Gebrauch gewesen ist, zeigt sich an dem zugrundeliegenden semitischen Sprachgebrauch, wie er etwa in den passivischen Verbformen (1. und 2. Bitte: Umschreibung des Gottesnamens) erkennbar ist; außerdem weisen die Parallelen in jüdischen Gebeten, besonders im Achtzehn-Gebet, auf einen jüdischen Hintergrund.

Indem die urchristliche Gemeinde das Herrengebet spricht, artikuliert sich ihr eschatologisches Selbstbewußtsein. Die erste Bitte (‚Geheiligt werde Dein Name') setzt voraus, daß Gottes Name durch die Sünden seines Volkes[52] befleckt worden ist. Hier wird das Vertrauen ausgesagt, daß Gott diese Befleckung beseitigen wird, durch das Gericht, das er an den Sündern und seinen Feinden vollzieht. – Dem eschatologisch-apokalyptischen gemeindlichen Selbstverständnis entspricht die zweite Bitte um das Kommen des Gottesreiches: Das erhoffte und erbetene Reich, das mit der Gottesherrschaft identisch ist, wird dem gegenwärtigen Äon ein Ende setzen.

---

50 Begründung: G. Strecker, Die Bergpredigt. Eine exegetischer Kommentar, Göttingen ^{2}1985, 112; anders z.B. S. Schulz, Q Die Spruchquelle der Evangelisten, Zürich 1972: er vermutet im Vaterunser „das Gebetsformular der ältesten judenchristlichen Q-Gemeinde Palästinas" (87), auch wenn dort „alte, ja älteste Tradition" verwertet sei (86); M.D. Goulder, The Composition of the Lord's Prayer, JThS 14, 1963, 32-45, geht von der Hypothese aus, Jesus habe in das Gebet eingewiesen – dieses habe Mk aufgenommen; Mt habe dieses in ein Gebetsformular gefaßt, Lk habe es gekürzt und verändert (35ff); S. v.Tilborg, A Form-criticism of the Lord's Prayer, NT 14, 1972, 94-105; 104, sieht im Vaterunser „a liturgical reflection upon the Gethsemane story" (Mk 14, 32-42), die in der judenchristlichen Gemeinde entstanden sei.

51 Die gelegentlich vertretene Gegenthese vernachlässigt den redaktionellen Zusammenhang zugunsten einer isolierten Würdigung des liturgischen Ursprungs.

52 Entsprechend der atl. Vorstellung: Jes 43,25; 48,11 u.ö.

Die beiden ersten Bitten des Herrengebetes (Du-Bitten) sprechen ,theologisch' von Gott und entsprechen einander wie Gericht und Gnade. Sie bringen die entscheidende Grundlegung des Vaterunsers. Ihnen folgt die zweite Tafel mit den Wir-Bitten, die menschliche Angelegenheiten betreffen.

Die (nach der ursprünglichen Zählung folgende) dritte Bitte spricht von dem ,Brot, das wir brauchen'; ἐπιούσιος bedeutet ,zum Dasein nötig', d.h. das ,Notwendige'; dieses wird als Tägliches erbeten. Diese Bitte richtet sich also auf das für den jeweiligen Tag Notwendige. Hiermit ist nicht ein übernatürliches Brot gemeint, sondern es geht um die Bewahrung vor irdischer, leiblicher Not. – Die vierte Bitte hat die Sündenvergebung zum Inhalt. Die Bitte um Vergebung der Sünden (so Lk 11,4; ursprünglicher vermutlich Mt 6,12: τὰ ὀφειλήματα ἡμῶν = ,unsere Schulden') wird mit dem Eingeständnis verbunden, daß man selbst zum Vergeben bereit ist. Dabei mag anders als in der dritten Bitte die endzeitliche Ausrichtung mitschwingen: Wenn auch die Vergebung in der Gegenwart anhebt, so richtet sich diese Bitte doch auch auf das Endgericht, in dem das endgültige Urteil über die Verfehlungen des einzelnen gefällt werden wird. – Die fünfte Bitte (,und führe uns nicht in Versuchung') richtet sich auf die Bewahrung vor dem, was vom rechten Wege abbringen kann. Wer zu Fall kommt, der entscheidet damit auch über sein Ende; daher ist auch hier die eschatologische Ausrichtung nicht zu bestreiten. Allein die dritte Bitte, die Bitte um das für den jeweiligen Tag Notwendige, scheint der eschatologischen Zuordnung zu widersprechen. Aber sie steht unter demselben Vorzeichen wie die gesamte zweite Tafel. Vorangestellt ist die Bitte um das Kommen des Gottesreiches. Auch die dritte Bitte wird begrenzt und relativiert durch den apokalyptischen Horizont, der allgemein für das Selbstverständnis der urchristlichen Gemeinde charakteristisch ist. Der gesamte Alltag ist einbezogen in die eschatologische Erwartung.

Das Herrengebet verdeutlicht: Die Urgemeinde versteht sich als eine eschatologische Gemeinschaft. Sie kann sich daher auch als Gemeinde der ἐκλεκτοί bezeichnen. Sie sind die ,Erwählten', nicht deshalb, weil sie schon jetzt einen Standort außerhalb der Geschichte eingenommen hätten, sondern weil ihre eschatologische Qualität mit dem Ende der Welt offenbar werden wird. Sie sind ,Herausgerufene', insofern der Menschensohn bei seinem Kommen sich zu ihnen bekennen wird. Im gegenwärtigen Äon sind freilich Leiden und Verfolgung ihr Teil (vgl. Mk 13,19.22), aber die Schrecknisse der Endzeit werden ihretwegen verkürzt werden (Mk 13,20). Gott wird ihr Schreien hören, wird ihre Verfolger zunichte machen und zu ihrem Schutz den Menschensohn senden (vgl. Lk 18,7f) und sie, die in alle Welt verstreut sind, aus den vier Himmelsrichtungen sammeln (Mk 13,27). Die Hoffnung auf solche herrliche Zukunft stützt und trägt sie in der Gegenwart.

Eine weitere Prädikation für die eschatologische Gemeinschaft ist der Titel ἅγιοι. Handelt es sich hierbei um einen alttestamentlich geprägten Kulterminus, so sind die ‚Heiligen' diejenigen, welche die Erlaubnis besitzen, den heiligen Bezirk zu betreten und – wie die Priester des alttestamentlichen Opferkultes – Zugang zum Heiligtum haben und vor Gott stehen können.

Mit diesem Terminus bezeichnet auch Paulus die Kirche, insbesondere bezieht er ihn auf die Judenchristen zu Jerusalem (Röm 15,25-31; vgl. 1 Kor 16,1.15; 2 Kor 8,4; 9,1 u.ö.). Diese ekklesiologische Prädikation ist primär proleptisch zu verstehen: Heilig sind die Glieder der Gemeinde insofern, als sie die Verheißung haben; sie wissen, daß ihnen am Tage der Parusie des Menschensohnes der Zugang zu Gott offenstehen wird. Sie sind aus der Welt ausgegrenzt ἐπ' ἐλπίδι (Röm 8,20 v.l.; Tit 1,2); sie sind Heilige ‚auf Hoffnung hin', auf die Zusage hin, daß ihnen eines Tages das himmlische Heiligtum als Eigentum übertragen werden wird.[53]

Vergleichen wir die beiden Prädikate ἐκλεκτοί und ἅγιοι mit der paulinischen Theologie, so zeigt sich, daß sie in den Paulusbriefen die Dialektik von Gegenwärtigkeit und Zukünftigkeit des Heils widerspiegeln.[54] Lehrt Paulus die Dialektik zwischen dem ‚schon jetzt' und dem ‚noch nicht', so ist klar, daß die Urgemeinde demgegenüber zu allererst das ‚noch nicht' betont. Sie ist noch nicht aus diesem Äon herausgenommen, erwartet vielmehr alles vom Tag des Menschensohnes; sie erwartet ihr Heil aus der nahen Zukunft. Daß sie sich in der Gegenwart als eschatologische Gemeinde darstellt, ist darin begründet, daß sie diese Hoffnung hat.

---

53 Als weitere ekklesiologische Prädikation wird häufig die Bezeichnung οἱ πτωχοί genannt. Sie begegnet in den Paulusbriefen besonders im Zusammenhang der Kollekte für die ‚Heiligen' in Jerusalem (vgl. Röm 15,25-29) und prägt scheinbar für die Urgemeinde das Ideal der jüdischen Armutsfrömmigkeit. Danach wäre (wie Apg 2,44f und 4,32-35 anzuzeigen scheint) in Jerusalem eine Gütergemeinschaft praktiziert worden. Man ist versucht, von hier aus zu dem Titel eine Verbindung herzustellen, den die Judenchristen in den Schriften der Kirchenväter tragen: ‚Ebionim' (hebr.='Arme'), so z.B. Iren Haer I, 26,2; III 11,7; 21,1; IV 33,4; V 1,3; Orig Princ IV 3,8; Cels II,1; Eus HistEccl III 27,1.6 u.ö. Hierbei handelt es sich um eine judenchristliche Selbstbezeichnung, die möglicherweise in einem Teil des Judenchristentums mit Armutsfrömmigkeit verbunden war. Jedoch reicht dieser Titel nicht in die ntl. Zeit zurück. Die Berichte von der Jerusalemer Gütergemeinschaft (Apg) sind sekundär, vermutlich lukanische Verallgemeinerungen von Episoden, die für die Gesamtgemeinde Jerusalem nicht charakteristisch sind. Der Ausdruck οἱ πτωχοί in den Paulusbriefen ist ein soziologischer Begriff, nicht ein religiöses Prädikat; vgl. dazu F.W. Horn, Glaube und Handeln in der Theologie des Lukas, GTA 26, Göttingen ^{2}1986, 36-49.

54 Vgl. oben A IV a 1. Zum Ausdruck ἅγιοι: Zu dieser Selbstbezeichnung der Urgemeinde finden sich jüdische Entsprechungen: die Qumrangemeinde bezeichnete sich als ‚Gemeinde der Heiligen' oder ‚Heilige des Volkes Gottes', so 1 QM 6,6; 1 QS 5,18.20; 11,8 u.ö.: gegen H. Balz, Art.: ἅγιος, EWNT I 38-48 (44: „... setzt Sprache und Theologie des hellenistischen Judentums voraus").

Aber die Ausrichtung der Gemeinde auf die Zukunft bedarf doch einer Einschränkung. Die Gemeinde weiß sich im Besitz des Geistes, des göttlichen Pneumas, das nach alter jüdischer Anschauung die Gabe der Endzeit ist (vgl. Joel 3,1f). Hiermit steht sie im Gegensatz zu der in der apokalyptischen und rabbinischen Literatur verbreiteten Vorstellung, daß der Geist erloschen ist und auf das Auftreten von Propheten in der Vorzeit beschränkt war.[55] In der Urgemeinde treten – wie im zeitgenössischen Judentum[56] – geistbegabte Menschen auf, die prophetische Weisungen spenden. Der Prophet Agabus aus Jerusalem ist hierfür ein Beispiel (Apg 11,28; 21,10).[57] Und wenn Mk 3,29 vor der Lästerung gegen den heiligen Geist gewarnt wird, so mag damit dieser in den urchristlichen Propheten wirkende Geist gemeint sein.[58]

Nicht zu bezweifeln ist, daß die Urgemeinde sich im Besitz des Geistes wußte und damit auch entsprechende Geistäußerungen kannte. Der Stand der urchristlichen Propheten ist hierfür ein eindeutiger Beweis; die Entste-

---

55 Vgl. 1 Makk 4,46; syrBar 85,1ff; so auch W. Bousset (hg. v. H. Gressmann), Die Religion des Judentums im späthellenistischen Zeitalter, HNT 21, [4]1966, 394; anders dagegen R. Meyer, Prophetentum und Propheten im Judentum der hellenistisch-römischen Zeit, ThWNT VI 813-828, der in syrBar das „Dogma von der kanonischen Heilsperiode, wie sie von Jos Ap I 41 u durch die Rabb vertreten wird" sieht (816). In der Grundtendenz aber schließe syrBar „das Umlaufen von Orakeln u. damit auch das Auftreten von Propheten unter Vespasian keineswegs aus" (ebd.); so nehme auch syrBar 48,34-37 „auf die charismatischen Erscheinungen zur Zeit der Tempelzerstörung Bezug". Die dort erwähnten Verheißungen, von denen die einen sich bewahrheiten würden, die anderen aber nicht, seien Anspielungen auf das Heils- und Unheilsprophetentum jener Zeit (ebd., Anm. 225). 1 Makk 4,46 interpretiert Meyer im Zusammenhang von 9,27 und 14,41: der Verbleib der Steine des alten Altars könne durch den Hohenpriester Johannes Hyrkanos bestimmt werden, da er charismatisch bevollmächtigt sei, in Angelegenheiten des Tempels zu entscheiden (817); vgl. zu diesem ‚Dogma': F.W. Horn, Das Angeld des Geistes 26-40.

56 Vgl. W. Schneemelcher, NTApo II[5] 512-515.

57 Man mag fragen, ob die urchristliche Mahlgemeinschaft durch eschatologischen, geistgewirkten Jubel (ἀγαλλίασις) beherrscht gewesen ist (so Apg 2,46) oder ob diese Darstellung nicht vielmehr auf lukanische Idealisierung des urchristlichen Gemeinschaftslebens zurückgeht. Auch sind ekstatische Phänomene, wie sie in Korinth sich in der Gemeindeversammlung ereigneten (1 Kor 14), nicht direkt in die Urgemeinde zurückzutragen; vor allem ist fraglich, ob das Pfingstgeschehen auf ein Jerusalemer Geistgeschehen zurückführt; die Pfingstgeschichte in Apg 2 ist sicher eine sekundäre, der lukanischen Theologie angepaßte Erzählung.

58 Auch wenn die Verhältnisse in Korinth (vgl. 1 Kor 14) nicht für die Urgemeinde vorausgesetzt werden dürfen, so verstand sich doch auch Paulus als geistbegabter Charismatiker; siehe oben Kapitel Amt und Geist A IV a 3.

hung der vorsynoptischen Überlieferung wäre sonst kaum zu erklären. Ist die Urgemeinde im Besitz des Geistes, so bedeutet dies, daß sie über die Gabe der Endzeit verfügt. Der Geist bekundet: Das Eschaton ist in die Zeit eingegangen. Die Gemeinde ist demnach nicht ausschließlich dem ‚noch nicht' ausgesetzt, sie hat vielmehr – um mit Paulus zu sprechen – mit dem Pneuma die ἀπαρχή (‚Erstlingsgabe'; Röm 8,23), den ἀρραβών (‚Angeld'; 2 Kor 1,22; 5,5), Zeichen und Hinweis für das Kommende. Das Pneuma bewirkt keine sakramentale Qualität, es schafft nicht einen ‚Character indelebilis', sondern es bleibt ein ‚Pfand'. Es ist keine Garantie auf eine künftige Annahme im Endgericht, sondern es ist ein vorläufiges Zeichen; es weist über sich hinaus, und doch reflektiert es als ein Zeichen in der Gegenwart die künftige Doxa.

Die *Taufe* vermittelt dieses Zeichen. Sie ist in der Urgemeinde eine selbstverständlich geübte Praxis.[59] Die Taufe vermittelt den Geist. Dies scheint auch aus Mt 3,11parr hervorzugehen: Johannes der Täufer kündet den Kommenden als den an, der ‚mit heiligem Geist und mit Feuer taufen wird'. Doch ist diese Charakterisierung des Kommenden wohl eine christliche Interpretation. Der Täufer sprach vermutlich nicht von der Geist-, sondern allein von der Feuertaufe. Schon in der Q-Tradition wird man sekundär den Ausdruck πνεύματι ἁγίῳ hinzugesetzt haben, und so findet es sich ausschließlich in Mk 1,8. Die Gemeinde bezieht die Verkündigung des Täufers auf ihren Herren, auf Jesus als den kommenden Menschensohn. Dieser wird nicht nur die Feuertaufe bringen, sondern er hat schon eine Taufe, nämlich die Geisttaufe gebracht. Die Gemeinde blickt nicht nur der Feuertaufe, dem Weltgericht entgegen, sondern sie weiß sich zugleich bestimmt von dem Wasserritus, der den Geist vermittelt. Die Verbindung von Taufe und Geistvermittlung hat also in Mt 3,11parr einen frühen Niederschlag gefunden. Dies entspricht dem allgemeinen Bewußtsein des Urchristentums, im Besitz des Geistes Gottes zu sein. So ist es später Apg 2,38 belegt, aber schon Paulus spricht davon, daß wir „in einem Geist alle zu einem Leib getauft worden" sind (1 Kor 12,13).

Die urchristliche Taufe ist also nicht nur eine Umkehrtaufe wie die des Johannes. Sie vermittelt allerdings wie diese die Vergebung der Sünden, und ist ebenfalls auf die Zukunft ausgerichtet; denn die endgültige Bestätigung der in der Taufe vollzogenen Vergebung wird allein das Ende der Geschichte bringen. Jedoch ist die urchristliche Taufe nicht nur ein „Bad der Reinigung für die kommende Gottesherrschaft"[60], sondern durch die Übereignung des

---

59 Vgl. das Verhältnis Jesu zur Johannestaufe (s. dazu oben B I c). Durch die Linie Johannes – Jesus – Angehörige der Urgemeinde hat die Taufe in die Urgemeinde Eingang gefunden und ist hier zum Eingangssakrament (‚Initiationsritus') geworden.

60 So R. Bultmann, Theologie 41f.

Geistes hat die Taufe selbst eine zeichenhafte Bedeutung; sie hat an dem ἀπαρχή-Charakter des vermittelten Geistes Anteil, um so mehr, als sie den Täufling zu Jesus als dem kommenden Menschensohn in Beziehung setzt; denn wahrscheinlich ist schon in der ältesten Zeit die christliche Taufe auf den ‚Namen Jesu' vollzogen worden, auch wenn dies erst in der lukanischen Apostelgeschichte (2,38; 8,16; 19,5 u.ö.) und in den Paulusbriefen (Röm 6,3; [13,14]; Gal 3,27) bezeugt ist; denn eine andere Taufformel ist für die Frühzeit nicht überliefert, und so entspricht es dem Maranatha-Ruf der aramäisch sprechenden Christen. Der zeichenhafte Charakter der urchristlichen Taufe ist damit nicht gesprengt; ihre proleptische Ausrichtung, das im eigentlichen Sinn des Wortes Vorläufige, wie es für das eschatologische Selbstverständnis kennzeichnend ist, bleibt erhalten.

Wir fassen zusammen: Die urchristliche Taufe besitzt drei Funktionen: Vergebung der Sünden, Geistbegabung und Zuordnung zum kommenden Menschensohn Jesus Christus. Alle drei Funktionen sind konstitutiv auf die Zukunft angelegt. Für Paulus ist demgegenüber bezeichnend, daß er zwar ebenfalls, wenn auch teilweise in anderer sprachlichen Fassung, diese drei Funktionen des Taufvollzuges kennt, aber dem eine vierte hinzufügt: das Mitsterben und Mitauferstehen mit Christus, das sich nach Röm 6,1ff im Taufakt vollzieht. Hierdurch ist die Bedeutung der Taufe für die Gegenwart stark hervorgehoben. So steht es in Entsprechung zur hellenistischen Umwelt des Paulus, insbesondere ihrer Kultfrömmigkeit. Die urchristliche Taufe ist demgegenüber konstitutiv auf die apokalyptische Zukunft ausgerichtet. Sie ist aus dem endzeitlichen Seinszusammenhang nicht herauszunehmen. Über die Johannestaufe hinausführend ist sie ein eschatologisches Sakrament.

Für das *Gemeinschaftsmahl* der Urgemeinde sind die synoptischen Einsetzungsberichte (Mk 14,22-24parr) und die paulinische Überlieferung (1 Kor 11,23-25) kaum heranzuziehen. Wohl sind diese Texte auf eine älteste Fassung zurückzuführen.[61] Auch ist festzustellen, daß die Versuche, diese Überlieferung aus einer Passamahlsituation verstehen zu wollen, nicht überzeugen können. Der Unterschied zu einer jüdischen Passamahlfeier ist zu gravierend, als daß diese These allgemeine Anerkennung finden könnte. Dies gilt, obwohl der Kontext bei den Synoptikern der einer Passafeier ist.

R. Bultmann hat energisch auf den hellenistischen Hintergrund hingewiesen, insbesondere aufgrund der Vermutung, daß als älteste Tradition der Einsetzungsworte die Kurzfassung zu erschließen ist: „Dies ist mein Leib, dies ist mein Blut", so daß die übrigen Erläuterungen als sekundäre Interpretationen anzusehen sind. Der Ursprungsort ist dann das hellenistische Christentum, das in Entsprechung zu den hellenistischen Mysterienkulten

61 Vgl. dazu oben A III c 3.

den auferstandenen Herrn als eine Mysteriengottheit gefeiert hat. Bei dieser Rekonstruktion bleiben Fragen offen.[62] Kein Zweifel besteht jedoch, daß eine sakramentale Auffassung der Einsetzungsworte in der jüdischen Vorstellungswelt schlechterdings analogielos wäre, so daß bei der Anwendung des religionsgeschichtlichen Vergleichs[63] auf das Judentum als Ursprungsort verzichtet werden muß. Die synoptischen Einsetzungsberichte lassen also die Mahlvorstellungen der hellenistischen Gemeinde, nicht die der Urgemeinde erschließen. Dies auszusprechen bedeutet nicht, das Prinzip der religionsgeschichtlichen Analogie als ‚letzten Maßstab' anzuerkennen[64], sondern es handelt sich um eine historisch-kritische Feststellung, die es freilich unmöglich macht, aus den neutestamentlichen Einsetzungsberichten auf das Mahl der Urgemeinde oder gar das letzte Mahl Jesu zurückzuschließen.

Als Konsequenz ergibt sich für die historische Interpretation, daß von einem ‚Herrenmahl' der Urgemeinde allenfalls mit Bezug auf den aramäischen Mare-Titel gesprochen werden kann; denn die später vorausgesetzte Kyrios-Vorstellung gehört wie die Einsetzungsberichte dem hellenistischen Christentum an. Demgegenüber ist das Gemeinschaftsmahl der Urgemeinde primär auf die Zukunft bezogen. Für eine genauere Abgrenzung fehlen die Quellen. Es sind zwei mögliche Textgrundlagen zu unterscheiden:

a) Nach Apg 2,42-47, dem zusammenfassenden Bericht über das Gemeinschaftsleben der ersten Christen (mit Brotbrechen und Gebet), liegt der Schwerpunkt auf der ἀγαλλίασις, dem eschatologischen Jubel der Gemeinde. Es bleibt aber fraglich, ob diese lukanische, dialysierende Berichterstattung einen ernstzunehmenden historischen Kern besitzt, auch wenn dies aufgrund des Geistbesitzes der Urgemeinde nicht grundsätzlich ausgeschlossen werden kann.

b) Mk 14,25par, das Abschiedswort Jesu mit dem Hinweis auf die künftige Mahlgemeinschaft im Gottesreich. Ist bei beiden Texten unsicher, ob sie urgemeindliche Überlieferung reflektieren, so ist ihnen doch die eschatologische Ausrichtung gemeinsam. Da diese auch im übrigen für die Urgemeinde nachzuweisen ist, dürfte auch in der urgemeindlichen Mahlfeier das eschatologisch-apokalyptische Element bestimmend gewesen sein. Die urchristliche Mahlgemeinschaft hatte danach keinen sakramentalen Charakter. Vielleicht war sie die Fortsetzung der Tischgemeinschaft Jesu oder knüpfte

---

62 Merkwürdig ist z.B., daß diese Hypothese voraussetzen muß, daß der rekonstruierte parallelismus membrorum in der Folgezeit zerstört wurde.

63 Dem stimmt auch L. Goppelt, Die apostolische und nachapostolische Zeit 32 Anm. 24, zu.

64 Gegen L. Goppelt, a.a.O.

ausdrücklich an das letzte Mahl Jesu an. Zweifellos herrschten bei diesen Mahlzeiten jüdische Tischgewohnheiten, aber im Unterschied zum jüdischen Brauch ist diese Mahlfeier durch eine eschatologische Tendenz charakterisiert: Die Urgemeinde feiert ihr Mahl als eschatologische Gemeinschaft ihres kommenden Herrn.[65]

γ) Stellung zum Gesetz

Für das Verständnis des Glaubens der Urgemeinde ist die Frage von entscheidendem Gewicht, in welcher Weise sich diese Gemeinde zum jüdischen Gesetz verhielt. Die Tora ist die Gabe Jahwes an sein Volk Israel.[66] Jüdische Frömmigkeit und jüdischer Glaube sind konstitutiv auf das Sinaigesetz bezogen. Wer nach dem von Gott gestifteten Gesetz handelt, der wird leben.[67] Diese selbstverständliche Prämisse des Judentums gilt auch in dem Umfeld, in dem das Urchristentum entstanden ist. Fragen wir, wie die Urgemeinde sich zu solcher Vorgegebenheit des Gesetzes verhielt,[68] nachdem ihr der Auferstandene begegnet war und hierdurch die Hoffnung begründet wurde, daß er als der Menschensohn kommen werde, so besteht kein Zweifel, daß im Sinn der vergleichenden Religionsgeschichte die Gemeinde sich als „eschatologische Sekte innerhalb des Judentums“[69] darstellt. Auch nach den Epiphanieerlebnissen und der damit verbundenen Konstituierung des urchristlichen Gemeindelebens ist der Zusammenhalt mit dem Judentum erhalten geblieben.

So besucht man den Tempel (vgl. Apg 2,46; 5,12), zahlt die Tempelsteuer (Mt 17,24-27), nimmt am Opferkult teil (Mt 5,23f), beobachtet das Sabbatgesetz (Mt 24,20; Apg 16,13) und rühmt sich des jüdischen Initiationsbrauches der Beschneidung (Gal 2,3). Auch das Institut der Zwölf weist eine enge Beziehung zum Judentum auf, da es den Anspruch erhebt, die zwölf Stämme Israels zu repräsentieren (Mt 19,28par). Die Mission richtet sich auf

---

65 Vgl. die Rekonstruktion von B. Kollmann, Ursprung und Gestalten der frühchristlichen Mahlfeier, GTA 43, Göttingen 1990.

66 Z.B. Lev 26,46; Ez 20,11.

67 Lev 18,5; Ps 1; (19,8); 119; Spr 4,4; Neh 9,29; Ez 20,11.21.

68 Selbstverständlich wäre es kurzschlüssig, die Stellung des Judentums zur Zeit Jesu zur Tora in einem nur – gesetzlichen – Sinn auslegen zu wollen (vgl. dazu zu Recht E.P. Sanders, Paul, the Law, and the Jewish People, Philadelphia 1983). Auch ist Paulus' Gegenüberstellung von Glaube und Werk nicht in die urgemeindliche Problematik einzutragen. Dennoch sollte nicht bestritten werden, daß die Frage nach dem Grund des eschatologischen Heils das Problem der ‚Heilsnotwendigkeit' des Gesetzes berührt.

69 R. Bultmann, Theologie 45.

das jüdische Volk und nicht primär auf das Heidentum. Die partikularistische Begrenzung der urchristlichen Mission ist Mt 10,5f; 15,24 ausdrücklich festgestellt.

Die Kontinuität zum Judentum ist also gewahrt. Ihrem Auftreten und äußeren Charakter nach zählt diese Gemeinschaft zum Judentum. Doch ist damit das eigentliche Wesen dieser Bewegung, die Selbstaussage des urchristlichen Glaubens nicht erfaßt. Vielmehr: Urchristlicher Glaube an die Auferstehung Jesu impliziert einen Bruch mit der Vergangenheit und steht in seinem Selbstverständnis in Diskontinuität zur jüdischen Umwelt. Dies gilt, auch wenn die Urgemeinde sich dieses Selbstverständnis vermutlich nicht wirklich bewußt gemacht hat, also ihrem Selbstverständnis ein entsprechend ausgeprägtes Selbstbewußtsein nicht parallel geht. Auch wenn das urchristliche Selbstverständnis in den theologischen und kirchlichen Äußerungen der Urgemeinde einen adäquaten Ausdruck nicht gefunden hat, ihrem Wesen nach steht sie in Diskontinuität zu ihrer jüdischen Umwelt; denn anders als ihre jüdischen Zeitgenossen weiß die Gemeinde, was auf sie zukommt. Die Auferstehungszeugen kennen den, der als der Menschensohn kommen wird. Dies bedeutet im grundsätzlichen Zerreißung des Bandes der jüdisch-gesetzlichen Observanz, welche die Gemeinde äußerlich mit dem Judentum nach wie vor verbindet; denn sie ist nicht aufgrund von Gesetzesbeobachtung, sondern aufgrund ihrer eschatologisch begründeten Hoffnung die Gemeinschaft der ‚Erwählten' und ‚Heiligen'. Sie unterscheidet sich von ihrer jüdischen Umwelt, weil sie die ἀπαρχή, den Geist besitzt, den Anfang der künftigen Vollendung. Mag daher auch äußerlich das Gesetz beachtet werden, ihre Existenz als eschatologische Gemeinde beruht auf dem Glauben an die Identität des Auferstandenen mit dem kommenden Menschensohn. In späteren judenchristlichen Schriften[70] wird Jesus mit dem Christus, dem im Judentum erwarteten Heilbringer, identifiziert. Daher ist die Kennzeichnung der Urgemeinde als einer eschatologischen Sekte des Judentums nicht ausreichend, um ihr Selbstverständnis zu erfassen. Sie bekennt, daß auf dem Grund ihrer Erfahrungen, auf der Grundlage ihrer Begegnung mit dem Auferstandenen und der dadurch begründeten Hoffnung der Bau der Zukunft errichtet werden wird, der auch die Vollendung Israels bringen wird – nicht auf einer heilsgeschichtlichen oder gesetzlichen Grundlage. Es ist nur konsequent, daß diese Gemeinde sich zur missionarischen Sendung an das Judentum gerufen weiß und der Inhalt dieser Sendung die Aufforderung zur Umkehr ist, ein Umkehrruf angesichts des nahenden Kommens des Herrn dieser Gemeinde.

Die Geschichte der Urgemeinde zeigt, daß die Stellung zum jüdischen Gesetz wie allgemein das Verhältnis zum Judentum nicht gleichgeblieben ist.

---

70 PsClem AJ II (Rec I 39f).

Spätestens mit dem Übergang der Leitung der Gemeinde an Jakobus scheint ein Wandel eingetreten zu sein. Der Herrenbruder wird im Hebräerevangelium als ‚der Gerechte' bezeichnet.[71] In der judenchristlichen Überlieferung gilt er als derjenige, der die jüdische Gesetzlichkeit besonders entschlossen verfochten und realisiert hat. Man kann vermuten, daß zur Zeit seiner Gemeindeleitung Worte entstanden sind, die dieser Intention Ausdruck geben.[72] Die unterschiedliche Stellung zur Heidenmission, wie sie für die früheste Zeit erkennbar ist, scheint vom Verhalten des Jakobus beeinflußt gewesen zu sein. Nach Gal 2,9 war Inhalt des Abkommens der ‚Styloi' mit Barnabas und Paulus, daß letztere unter den Heiden, die Jerusalemer dagegen unter den Juden Mission treiben sollten. Wenn Lukas in Apg 15 von demselben Konvent berichtet, so fügt er in 15,20.29 das ‚Aposteldekret' hinzu, das sich ausdrücklich an die Heidenchristen richtet und vier Forderungen ausspricht: Enthaltsamkeit von Befleckung durch Götzenopferfleisch, Unzucht, Ersticktem und Blutgenuß. Das Aposteldekret ist nicht auf dem Konzil beschlossen worden, da es Paulus unbekannt geblieben ist. Möglicherweise reflektieren diese gesetzlichen Mindestforderungen die spätere Haltung der Urgemeinde zur Frage der Heidenmission und damit auch die Haltung des Jakobus. Jedenfalls paßt hierzu, daß nach Apg 21 der Herrenbruder von Paulus die Übernahme eines Nasiräatsgelübdes in Jerusalem fordert (Apg 21,18-26). Dem entspricht schließlich Gal 2,12, wonach die Autorität des Jakobus mit der Forderung, daß Judenchristen keine Tischgemeinschaft mit Heidenchristen praktizieren sollen, sich durchsetzt.

Die Entwicklung der Geschichte der Urgemeinde ist demnach durch eine zunehmende nomistische Tendenz bestimmt. Der Anfang ist durch den alles beherrschenden Glauben an den Auferstandenen als den kommenden Menschensohn gekennzeichnet. Hiermit ist das Gesetz in seiner Bedeutung als Heilsweg grundsätzlich relativiert. Dagegen hat die spätere Entwicklung die Wiederaufnahme des Gesetzesweges und damit das demonstrative Festhalten an der Einheit von jüdischer Religion und Nation zum Ziel.

1. Am Anfang steht die Begegnung mit dem Auferstandenen. Sie bedeutet nicht Bestätigung des Volksgesetzes, sondern Zerbrechen der Identität von Volks- und Gottesgesetz. Urchristlicher Glaube ist seinem Ursprung nach ein aus der vorgegebenen Ordnung Herausgerufenwerden, weil er sich dem Transzendenten radikal öffnet. Woher die Gemeinde kommt und woraufhin sie sich ausrichtet, ist nicht identisch mit dem, was Inhalt der Lehre der Pharisäer und Schriftgelehrten ist. Am Anfang steht das Überwältigtwerden von

---

71 EvHebr VII; vgl. auch EvThom XII.

72 Z.B. Mt 5,18: „Bis der Himmel und die Erde vergehen, wird nicht ein Jota oder ein Häkchen vom Gesetz vergehen".

der Offenbarung Gottes, die ihrem Wesen nach eine geschichtliche ist, nämlich Begegnung mit einem Du bedeutet. Solche Offenbarung ist nicht aus der Historie abzuleiten, sondern als die Enthüllung des absoluten Gottes kann sie sich nur im Paradox mit der Geschichte einen. Daher konkretisiert sie sich im paradoxen Zeichen, in der menschlich unbegreifbaren Identität des Gekreuzigten und Auferstandenen.

2. Am Anfang steht aber nicht nur die Erkenntnis, daß der Auferstandene mit dem Gekreuzigten identisch ist, sondern auch, daß der Auferstandene der Zukünftige ist. Die Gemeinde erwartet den, der aus dem Raum jenseits der Geschichte auf sie zukommen wird. Der geglaubte Christus ist für den Glauben nicht so das Ende der Geschichte, daß die Gemeinde in einem geschichtslosen Raum existieren würde; sie bekennt sich nicht zu dem Christus, der jetzt das Ende der Geschichte wäre, sondern sie erwartet ihn als den Künftigen, der von außerhalb des Kosmos erscheinen wird, um dem Sein der Welt ein Ende zu setzen. Glauben richtet sich demnach auf das künftige Ende der Geschichte, in dem die Gemeinde ihrem Herrn begegnen wird. Solcher Glaube bedeutet ‚Offenheit für die Zukunft'; er relativiert das Gegenwärtige, um so mehr als die Infragestellung des Geschichtsmächtigen im Glauben an den Gekreuzigten und Auferstandenen sich schon ereignet hat. Urchristlicher Glaube enthält das Wissen, daß den Glaubenden der begegnen wird, der als der Gekreuzigte und Auferstandene schon dagewesen ist. Solcher Glaube weiß demnach auch, daß die Zukunft das bestätigen wird, was er schon jetzt ergreift.

3. Daher zeigt diese ‚eschatologische Sekte des Judentums', wie die Urgemeinde im Blickwinkel der Religionsgeschichte sich darstellt, in ihrer Existenz das Riskante des christlichen Glaubens. Dieser Glaube ist gehalten, sich seinen Weg zu suchen zwischen Offenbarung und Geschichte, Volksgesetz und Gottesgesetz, Ordnung und Freiheit. Christlicher Glaube steht ständig vor der Aufgabe, das eine zu bewahren, ohne das andere zu verlieren. Denn der Glaube ist nicht geschichtslos, so daß er sich den Anforderungen der geschichtlichen Ordnung ein für allemal entzogen fühlen könnte. Christlicher Glaube ist vielmehr geschichtsbezogener Glaube; seiner Struktur nach ist er auf das Sein in der Welt angelegt, und er hat sich in der Welt zu bewähren. Aber er ist nicht ein Bestimmtsein von der Welt und darf daher nicht verwechselt werden mit einer philosophischen Lehre, einer Weltanschauung oder einer Humanitätsidee. Seinem ureigensten Wesen nach ist der Glaube vielmehr das Offensein für das ‚ganz andere'. Dies läßt die absoluten Schranken zerbrechen, die in der Geschichte aufgerichtet werden und relativiert das In-der-Welt-Sein des Glaubens. Es stellt den Glaubenden die Aufgabe, sich in der Welt gegenüber verführerischen Angeboten zu bewähren. Die Geschichte der Urgemeinde macht das Wesen des christlichen Glaubens paradigmatisch deutlich.

c) Die hellenistische Gemeinde

W. BAUER, Der Wortgottesdienst der ältesten Christen, SGV 148, Tübingen 1930; wieder abgedruckt in: G. Strecker (Hg.), W. Bauer, Aufsätze und Kleine Schriften, Tübingen 1967, 155-209.
F. HAHN, Das Verständnis der Mission im Neuen Testament, WMANT 13, Neukirchen-Vluyn 1963.
D. GEORGI, Die Gegner des Paulus im 2. Korintherbrief, WMANT 11, Neukirchen-Vluyn 1964.
G. DAUTZENBERG u.a. (Hgg.), Zur Geschichte des Urchristentums, QD 87, Freiburg 1979.
U.B. MÜLLER, Zur Rezeption gesetzeskritischer Jesusüberlieferung im frühen Christentum, NTS 27, 1981, 158-185.
M. HENGEL, Between Jesus and Paul. Studies in the Earliest History of Christianity, London 1983.
DERS., Zur urchristlichen Geschichtsschreibung, Stuttgart ²1984.
G. THEISSEN, Studien zur Soziologie des Urchristentums, WUNT 19, Tübingen ³1989.

Zum Begriff: Der Terminus ‚hellenistische Gemeinde' ist ein Sammelbegriff. Er bezieht sich im folgenden auf das Christentum in der nichtpalästinischen, paganen Umwelt der ersten christlichen Generation. Dies schließt zeitlich wie räumlich verschiedene Spielarten des frühen Christentums ein. Hierzu gehören sowohl hellenistische Judenchristen, die für die Vermittlung von Schrift und Schriftauslegung an die werdende Kirche eine entscheidende Rolle gespielt haben, als auch geborene Heiden, die zumindest im Anfangsstadium in einer nahen Beziehung zur Synagoge gestanden haben. Es ist dies das religiöse Umfeld, aus dem Paulus seine wesentlichen Anregungen für die Frühphase seiner Theologie erhalten hat. Daher kann an dieser Stelle – um Wiederholungen zu vermeiden – pauschal auf den Paulusteil zurückverwiesen werden.

1. Quellen

Die Apostelgeschichte gibt Auskunft über das Christentum auf heidnisch-hellenistischem Boden; besonders Apg 6,1-8,4 spiegelt mit der Stephanustradition ein Christentum wider, das auf hellenistischem Boden gewachsen ist. Dies trifft auch für die Darstellung der Gemeinde zu Antiochia (Apg 13,1) wie überhaupt für die Aussagen zu, die die Mission des Barnabas oder des Paulus (Apg 11,19ff) betreffen. – Als weitere Quellen sind vorsynoptische Überlieferungen heranzuziehen: Da die Evangelien auf dem Boden des hellenistischen Christentums geschrieben worden sind, reflektieren die von den Evangelisten verarbeiteten Traditionen zunächst die Überlieferung der hellenistischen Gemeinde; sie sind daher für die Frage nach der Theologie dieser Gemeinde in der Zeit vor der Evangelienschreibung grundsätzlich aufschlußreich. – Ferner gibt die vorpaulinische Überlieferung, die sich aus den Paulusbriefen erschließen läßt, einschlägige Auskunft, da Paulus auf das Kerygma der hellenistischen christlichen Gemeinden zurückgreift und dieses teilweise bei den von ihm angeschriebenen Adressaten, z.B. in Rom, voraussetzen kann. – Schließlich vermitteln spätere Quellen, soweit sich aus ihnen erkennen läßt, daß ihre Überlieferungen in die Zeit vor der Abfassung der Evangelien und vor die Paulusbriefe zurückreichen bzw. gleichzeitig sind, einen Eindruck von der religiösen Situation in den hellenistischen Gemeinden: so die ‚Apostolischen Väter' (1 Clem, Ign, u.a.), auch neutestamentliche Schriften (z.B. Hebr) und nichtchristliche Zeugnisse (z.B. Briefe des Plinius, Ep X 96). Aus dem Vergleich dieser Quellen läßt sich ein Bild des Christentums erkennen, das unabhängig von der Urgemeinde im heidnischen Raum existierte. In diesem hellenistischen Christentum liegen die entscheidenden Antriebsmomente, die zur Gestaltung von Glaube, Lehre und Organisation der späteren Großkirche geführt haben.

2. *Historische und theologiegeschichtliche Vorfragen*

Im Verhältnis zu der hervorragenden Bedeutung, die das hellenistische Christentum für die Entstehung der Kirche gehabt hat, sind die Möglichkeiten, ein klares Bild über den Verlauf seiner historischen und traditionsgeschichtlichen Entwicklung zu gewinnen, außerordentlich gering. Allein die Apostelgeschichte berichtet in Verbindung mit dem Namen Stephanus einiges über den historischen Verlauf: Nach Apg 6,5 steht Stephanus an der Spitze eines Sieben-Männer-Kollegiums, das zur Versorgung der Bedürftigen, der Witwen und Waisen in der Gemeinde zu Jerusalem bestellt wurde. Die ‚Sieben' sind die Vertreter der Ἑλληνισταί. Diese Gruppe befindet sich im Gegensatz zu den Ἑβραῖοι in der Urgemeinde (Apg 6,1).[73]

73 Zu den verschiedenen Interpretationen der Ἑλληνισταί vgl. M. Hengel, Zwischen Jesus und Paulus. Die ‚Hellenisten', die ‚Sieben' und Stephanus (Apg 6,1-5; 7,54-8,3), ZThK 72, 1975, 151-206; 157-161.

Literatur zum Problem der Hellenisten: E. Baumgartner, Zur Siebenzahl der Diakone in der Urkirche zu Jerusalem, BZ 7, 1909, 49-53; G.P. Wetter, Das älteste hellenistische Christentum nach der Apostelgeschichte, ARW 21, 1922, 397-427; W. Grundmann, Das Problem des hellenistischen Christentums innerhalb der Jerusalemer Urgemeinde, ZNW 38, 1939, 45-73; E. Lohse, Die Ordination im Spätjudentum und im Neuen Testament, 1951, 74-79; H. Zimmermann, Die Wahl der Sieben (Apg 6,1-6), in: Die Kirche und ihre Ämter

Unter den ‘Ελληνισταί hat man Angehörige der Qumrangemeinde vermutet.[74] Dies ist unwahrscheinlich; die Vorstellungswelt der Qumransekte läßt sich nicht mit der Stephanustradition (Apg 7) in Einklang bringen. – Eine größere Wahrscheinlichkeit besteht für die Vermutung, die ‘Ελληνισταί seien die Menschen, die in hellenistischer Weise lebten, d.h. die ein unjüdisches, vom jüdischen Gesetz unabhängiges Leben führten. Sie wären dann die Gesetzesfreien unter den Christen zu Jerusalem. Hierfür könnte die sog. Stephanusrede (Apg 7) ein Hinweis sein, die eine kritische Auseinandersetzung mit dem jüdischen Kult intendiert und darin die Prophetenkritik an Tempel und Opfer erneuert. Jedoch stammt die Stephanusrede mit großer Wahrscheinlichkeit aus einer eigenständigen, judenchristlichen Tradition; es handelt sich um eine schriftgelehrte Arbeit, die Lukas sekundär in diesen Zusammenhang hineingestellt hat. Redaktionell wurde diese Rede durch 6,13 mit dem Kontext verklammert: Die Verbindung zwischen der Gestalt des Stephanus und dem Motiv der Gesetzesfreiheit ist sekundär; sie entspricht der lukanischen Komposition der Apostelgeschichte.[75] Die ‚Hellenisten' von Jerusalem waren nicht gesetzesfreie Christen, umso weniger, als ihr Aufenthalt in Jerusalem vermutlich von denselben Motiven beeinflußt ist, die einen Diasporajuden nach Jerusalem führten: Teilnahme am jüdischen Kult, Festigung der Bande, die das Diasporajudentum mit der väterlichen Religion verbinden.[76]

---

und Stände, FS J. Frings, Köln 1960, 364-378; A. Strobel, Armenpfleger ‚um des Friedens willen', ZNW 63, 1972, 271-276; U. Borse, Der Rahmentext im Umkreis der Stephanusgeschichte (Apg 6,1-11,26), BiLe 14, 1973, 197-204; S.G. Wilson, The Gentiles and the Gentile Mission in Luke-Acts, MSSNTS 23, Cambridge 1973, 129-153; J.T. Lienhard, Acts 6:1-6: A Redactional View, CBQ 37, 1975, 228-236; D. Daube, A Reform in Acts and Its Models, in: Jews, Greeks and Christians, FS W.D. Davies, Leiden 1976, 51-163; S. Dockx, L'ordination des „sept" d'après Actes 6,1-6, in: ders., Chronologies néotestamentaires et Vie de l'Église primitive, Paris-Gembloux 1976, 265-288; E. Richard, Acts 6,1-8,4. The Author's Method of Composition, SBL.DS 41, Missoula 1978; R. Pesch u.a., ‚Hellenisten' und ‚Hebräer'. Zu Apg 9,29 und 6,1, BZ 23, 1979, 87-92; N. Walter, Apostelgeschichte 6,1 und die Anfänge der Urgemeinde in Jerusalem, NTS 29, 1983, 370-393.

74 So A.F.J. Klijn, Stephen's Speech – Acts VII.2-53, NTS 4, 1957/58, 25-31, der eine Zugehörigkeit der Hellenisten zur Gemeinschaft vom Toten Meer als durchaus möglich ansieht; O. Cullmann, Das Rätsel des Johannesevangeliums, in: ders., Vorträge und Aufsätze 1925-1962, hg.v. K. Fröhlich, Zürich 1966, 260-291, sieht die Haltung des Stephanus („radikale Ablehnung des Tempels und der Opfer") zwar nicht als identisch mit der Qumransekte an, aber durch diese eindeutig vorbereitet (278f). Zur Kritik vgl. E. Haenchen, Die Apostelgeschichte 254f.

75 Vgl. dazu U. Schnelle, Gerechtigkeit und Christusgegenwart. Vorpaulinische und paulinische Tauftheologie, GTA 24, Göttingen 1983, 99; vgl. dazu auch E. Richard, Acts 6,1-8,4, 89 (danach handelt es sich um eine lukanische Komposition; wie der Kontext, so stammt die gesamte Stephanusgeschichte von demselben lukanischen Verfasser).

76 Vgl. dazu S. Safrai, Die Wallfahrt im Zeitalter des Zweiten Tempels, FJCD 3, Neukirchen-Vluyn 1981, 65-93 „Wallfahrt aus den Ländern der Diaspora": Hier

– Daher ist eine dritte Deutung wahrscheinlicher: 'Ἑλληνισταί sind mit ‚den griechisch sprechenden Judenchristen'[77] identisch. Weil die ‚Hellenisten' aus der griechisch sprechenden Diaspora kommen, sind sie sprachlich und kulturell von den ‚Hebräern', den hebräisch bzw. aramäisch sprechenden Juden unterschieden. Es ist daher kein Zufall, daß sie mit den Jerusalemer Synagogengemeinschaften der hellenistischen Juden Kontakt hatten.[78]

Der Stephanuskreis repräsentiert das frühe hellenistische Judenchristentum. Dieses hat demnach seinen Ausgang in Jerusalem genommen. Es befindet sich zunächst im theologischen Kontext der Urgemeinde. Es ist Träger der Botschaft, die von Jerusalem zu den Heiden ausgeht. Das hellenistische Judenchristentum ist die Brücke, über die der Weg des Kerygmas in die Welt der heidnischen Völker führt. Daraus folgt: Reine heidenchristliche Gemeinden, die von jüdischen bzw. judenchristlichen Einflüssen unabhängig gewesen wären, hat es zu Anfang nicht gegeben. Das Heidenchristentum des Anfangs ist von jüdischen bzw. judenchristlichen Elementen geprägt. Dies zeigt sich in der Verwendung des Alten Testaments. Dieses ist zunächst die Heilige Schrift des Heidenchristentums nicht weniger als die des Judenchristentums. Die theologischen Aussagen des hellenistischen Christentums werden unter Benutzung von Sprache und Vorstellungswelt des Alten Testaments entfaltet, weil die Lehrer der heidenchristlichen Gemeinden allein durch judenchristliche Übermittlung erfahren haben, was christlicher Glaube ist.

Schließlich folgt aus der Tatsache, daß ein hellenistisches Judenchristentum am Anfang der hellenistischen christlichen Gemeinden steht, daß eine Problematisierung des Gesetzes zunächst nicht stattgefunden hat. Die hellenistischen Judenchristen haben mit Selbstverständlichkeit das jüdische Gesetz als Zeichen ihrer Zugehörigkeit zum jüdischen Volk anerkannt. Die Aufnahme von Heidenchristen hat sich nach und nach vollzogen. Das Zwischenglied sind die φοβούμενοι, interessierte Heiden, die an die hellenistisch-jüdischen Synagogen Anschluß fanden (Apg 13,16). Die Beobachtung von jüdischen Gesetzesvorschriften war nicht ein *articulus stantis et cadentis ecclesiae.* Beispielhaft ist das Verhalten des Paulus, das nach den vorliegenden, durchaus glaubwürdigen Berichten widersprüchlich gewesen ist:

a) Nach Gal 2,3 behauptete er die Gesetzesfreiheit; der Begleiter Titus wurde nicht beschnitten, obwohl er von Geburt ein Heide war.

---

zeigt der Verfasser, daß vielfältige Gründe ausschlaggebend waren für jüdische Wallfahrten nach Jerusalem (Reinigungsopfer bzw. Reinheitswaschungen, Holzopfer usw.), auch, daß schon vorher starke Bindungen zwischen der Diaspora und dem jüdischen Stammland bestanden (Tempelsteuer!).

77 So schon Chrys Hom XIV 1 zu Apg 6,1 (PG 60,113); Hom XXI 1 zu Apg 9,29 (PG 60,164).

78 Vgl. Apg 6,9: Alexandriner, Kyrenäer.

b) Andererseits erzählt Apg 16,3, daß ein anderer Begleiter des Paulus, Timotheus, dessen Vater ein Grieche war, beschnitten wurde, ‚wegen der Juden, die in jener Gegend wohnten'. Das tragende Motiv ist offensichtlich, der Mission des Apostels keine unnötigen Hindernisse in den Weg zu legen. Grundsätzlich ist Paulus gegenüber der jüdischen Gesetzeshaltung offen gewesen, wie auch Apg 21 zeigt; war er doch bereit, den Juden ein Jude, den Griechen ein Grieche zu sein.[79] Die Beobachtung des jüdischen Gesetzes konnte für ihn einen Adiaphoroncharakter haben. Die gesetzliche Observanz wird erst dann zum Problem, wenn es zum *status confessionis* kommt, wenn sich die Frage stellt, woher sich der Glaube versteht und mit der gesetzlichen Observanz die Freiheit des Glaubens auf dem Spiel steht. Ein solcher *status confessionis* ist dann gegeben, wenn die Kirche über das Judenchristentum hinausgewachsen und zu einer heidenchristlichen geworden ist, aber auch nur dann, wenn die Bewahrer des jüdischen Erbes das Gesetz als Grundlage des Glaubens interpretieren und seinen Adiaphoroncharakter bestreiten.[80]

Die grundsätzliche Gesetzesfreiheit ist die Voraussetzung des Entstehens einer heidenchristlichen Kirche. Aber sie ist nicht ihre Grundlage, weil in der hellenistischen Gemeinde Juden- und Heidenchristen zusammenstehen, Menschen, die auf das jüdische Gesetz verpflichtet sind, und andere, die es nicht von Haus aus kennen. Das einigende Band zwischen Juden- und Heidenchristen ist eine spezifische Interpretation des urchristlichen Kerygmas. Grundlegend und typisch für die hellenistisch-christlichen Gemeinden ist die Einbeziehung des Kerygmas vom Gekreuzigten und Auferstandenen in den hellenistischen Raum. Dabei sind zu unterscheiden: a) Hellenistisch-judenchristliche Gemeinden, die noch verhältnismäßig eindeutig im jüdischen Traditionsstrom stehen; und b) hellenistisch-heidenchristliche Gemeinden, die sich vorwiegend aus geborenen Heiden zusammensetzen. Die Entwicklung geht von der judenchristlichen zur heidenchristlichen Mehrheit.[81] Auch in den späteren Stadien der Entwicklung ist das jüdische Element Bestandteil der heidenchristlichen Theologie. Eine eindeutige Scheidung zwischen jüdischen und heidnischen Faktoren ist bis in die Zeit der Theologie der Kirchenväter nicht möglich gewesen.

Mit alledem ist klar geworden, daß es sich bei der hellenistischen Gemeinde um eine komplexe Größe handelt. Diese ist dadurch bedingt, daß

79 1 Kor 9,20f; 10,33; Apg 21,20-26.

80 Vgl. den Zusammenstoß zwischen Paulus und Petrus in Antiochien: Gal 2,11-21.

81 Eine Überschneidung von judenchristlichen und heidenchristlichen Elementen zeigt sich z.B. in der Gemeinde des Matthäus, die eine ursprünglich judenchristliche Grundlage hatte, sodann sich heidenchristlich ausrichtete; auch die Gemeinde in Rom, die sich überwiegend aus Heidenchristen zusammensetzte, aber mit der jüdisch-judenchristlichen theologischen Problematik vertraut war.

sich in unterschiedlicher Weise judenchristliche und heidenchristliche, jüdische und heidnische Elemente gemischt haben, die der Umwelt, in der die jeweilige Gemeinde lebte, entsprachen. Ferner: Die griechische und hellenistische Kultur ist eine Stadtkultur. Die soziologische Größe der πόλις (Stadtstaat) bestimmt das griechische Denken von seinen Anfängen her. Im geschlossenen Bezirk der πόλις hat der griechische Mensch den Raum seines Lebens, ist er ein ζῶον πολιτικόν, wie A.A.T. Ehrhardt in seinem Werk ‚Politische Metaphysik'[82] dies beispielhaft gezeigt hat . Der Geist lebt in den Städten, zunächst in den Städten Griechenlands, später, im Zeitalter des Hellenismus, in den Städten Großgriechenlands und des römischen Imperiums. Flavius Josephus veranschaulicht in seiner Darstellung des jüdischen Krieges für die Jahre 66-70, wie sehr die Kulturen und die politische Situation Galiläas durch das nebeneinander von πόλεις bestimmt waren, d.h. von sozialen Einheiten, die in sich relativ geschlossene Welten darstellten. Unter dieser Voraussetzung und unter diesen Bedingungen entsteht das hellenistische Christentum. Die hellenistische christliche Gemeinde hat also an der πόλις-Struktur Anteil; sie ist Bestandteil einer überschaubaren, in sich geschlossenen *societas* und gezwungen, sich zu ihr zu verhalten und sich in ihr zu entfalten. Dies konnte in Anlehnung an die jüdische Synagoge geschehen, die im hellenistischen Raum eine schon akzeptierte religiöse Größe darstellte, aber auch – soweit das heidenchristliche Element das vorherrschende war – in Entsprechung zu den zahlreichen Religionsgemeinschaften des Hellenismus, etwa den Mysterienkulten. Wichtiger als die Frage nach dem religionsgeschichtlichen Vorbild ist die Erkenntnis, daß eben dies im Raum der πόλεις geschieht, d.h., daß jede Ortsgemeinde gehalten ist, sich um einen ihrer Situation angemessenen Ausdruck ihres Glaubens zu bemühen. Die christlichen Ortsgemeinden, aber auch die in ihr existierenden Hausgemeinden repräsentieren die Gesamtkirche; denn sowohl für sie wie auch für die Gesamtgemeinde wird die Bezeichnung ἐκκλησία θεοῦ verwendet. Dabei gilt zum einen, daß jede Ortsgemeinde ein hohes Maß an Eigenständigkeit und einen festen Bestand an ortsansässigen Angestellten aufweist, zum anderen aber auch, daß sie durch wandernde charismatische Lehrer mit anderen Gemeinden Verbindung hält (Did 11,3). In solchem Kontext treten die verschiedenen gemeindlichen Erscheinungsformen bei der theologischen Ausarbeitung und Entfaltung ihres Glaubens in ihrem überschaubaren, soziologisch zu beschreibenden Raum mit dem Anspruch der Gesamtkirche auf und ‚treiben' das Werk des Christus. Denn der Auferstandene begegnet nicht anders als in dem vielfältigen Zeugnis der einzelnen Gemeinden. Weil sein Anspruch

82 Vgl. A.T. Ehrhardt, Politische Metaphysik von Solon bis Augustin, Band 1, Die Gottesstadt der Griechen und Römer, Tübingen 1959, 55-58.

konkret ist, besagt dies für die Theologie der hellenistischen Gemeinde, daß ihre theologischen Aussagen disparat sind. Der Vielzahl der Einzelgemeinden entspricht die Vielheit und Disparatheit der Theologien. Die hellenistische Gemeinde demonstriert damit *in nuce,* was für das Neue Testament allgemein festzustellen ist: die Vielzahl der theologischen Konzeptionen. Damit stellt sich die Frage, mit der sich jede Theologie des Neuen Testaments konfrontiert sieht: die Frage nach der Einheit, welche der Vielheit der theologischen Konzeptionen zugrunde liegt.

3. Theologische Konzeptionen in der hellenistischen Gemeinde

α) Christologie[83]

Auch die hellenistische Gemeinde geht von dem Urkerygma ‚Jesus ist gestorben und auferweckt worden' (vgl. 1 Kor 15,3-5; Röm 10,9) aus. Aber anders als in der Urgemeinde spielt bei der Interpretation des Auferstehungszeugnisses die Menschensohnchristologie keine wesentliche Rolle mehr.[84]

Das Auferstehungskerygma wird in der hellenistischen Gemeinde durch die Kyrios-Christologie interpretiert. Zwar konnte auch die Urgemeinde Jesus mit dem aramäischen Maretitel als ‚Herrn' bezeichnen, aber sie bezog sich damit auf den künftig erscheinenden Mare-Menschensohn. Demgegenüber akzentuiert der hellenistische Kyrios-Begriff – wie dies schon Paulus voraussetzte[85] – die Gegenwärtigkeit des Auferstandenen, wie es dem paganen Kult entspricht: der heidnische Myste begegnet ebenfalls einer Kultgottheit, die κύριος genannt wird, weil sie über den Mysten eine Herrschaft ausübt. Kyrios ist der Gott, der Macht hat und das Schicksal des einzelnen bestimmt.[86]

83 Im Folgenden wird im wesentlichen auf das eingegangen werden, was auf die Evangelienschreibung hinführt; nicht wiederholt werden soll, was im Abschnitt ‚Theologie des Paulus', insbesondere mit Bezug auf die vorpaulinische Tradition, christologische Hoheitstitel etc. gesagt worden ist – ggf. wird auf diesen Abschnitt zur näheren Information verwiesen.

84 Apg 7,56 begegnet der Menschensohntitel, ferner im Johannesevangelium; beide sekundären Zeugnisse unterstreichen die Tatsache, daß in der hellenistischen Gemeinde eine lebendige Menschensohnchristologie nicht mehr vorhanden ist. So deutet es auch die Verwendung des Menschensohntitels in der markinischen Gemeinde an, wo in der nächststehenden vormarkinischen Tradition die Menschensohnchristologie wesentlich auf den leidenden und auferstehenden Jesus gedeutet worden ist und die ursprüngliche apokalyptische Bedeutung nicht mehr zentral ist (vgl. Mk 8,31parr).

85 Vgl. oben A II a 3.

86 Vgl. W. Foerster, Art.: κύριος, ThWNT III 1038-1098 (bes. 1038-1056); S. Schulz, Maranatha und Kyrios Jesus, ZNW 53, 1962, 125-144.

Wenn Paulus 1 Kor 8,5f sagt: „Es gibt viele Götter und Herren..., aber für uns (gibt es nur) einen Herrn Jesus Christus, durch den alle Dinge sind und wir durch ihn", so ist damit ausgesprochen, daß sich die κυριότης dieses Herrn radikal von dem Machtbereich anderer κύριοι unterscheidet. Hier geht es nicht um den Herrn eines Kultheiligtums, sondern es ist der Kyrios, der am Anfang des Alls steht und über seine Gemeinde regiert. Im Kerygma vom Gekreuzigten und Auferstandenen begegnet dieser Kyrios, dessen Herrschaftsbereich kosmische Ausmaße hat, der Erde und Himmel mit seiner Macht durchwaltet und unbedingten Glauben und Gehorsam fordert.

Die Verkündigung vom Auferstandenen hat in der hellenistischen Gemeinde das Ziel, daß Jesus als Kyrios anerkannt wird, daß ihm, nicht den ‚vielen Herren', die Ehre gegeben wird. Dies impliziert die Forderung, die eigene Existenz auf die Macht dieses Kyrios zu gründen. Glauben heißt demnach: Sich in den Machtbereich des Kyrios Jesus einordnen und sich von der Herrschaftsgewalt dieses Herrn bestimmen lassen. Der vorpaulinische Christushymnus Phil 2,6-11 demonstriert die kosmische Macht des Kyrios Christus und zeigt zugleich, daß das Auferstehungskerygma durch die Kyrios-Christologie mit dem Schema ‚Präexistenz, Inkarnation, Erhöhung' interpretiert werden konnte. Dabei ist die Inthronisation zum Kyrios mit der Namengebung verbunden, wobei die hellenistische Bedeutung des ‚Namens' anklingt, wie sie sich auch in Zauberpapyri findet.[87] Erhält Jesus Namen und Funktion des Kyrios, so bedeutet dies, daß er eine entsprechende Machtstellung innehat. Mit der Erhöhung Jesu zum Kyrios anerkennt die Gemeinde ihn als den, der über die Welt Macht hat. So erfährt sie es im Glauben, nicht im Schauen; denn die endgültige Offenbarung seiner Herrschaft steht noch aus. Die Inthronisation des Kyrios ist nicht identisch mit der umfassenden Proklamation, mit der universalen Anerkennung seiner Herrschaft durch die Mächte des Kosmos. Solche umfassende Anerkennung wird in der Zukunft, im endzeitlichen Geschehen sich ereignen (vgl. Phil 2,10-11). Dies bezeugt für den vorpaulinischen Philipperbriefhymnus einen apokalyptischen Grundzug und dokumentiert den traditionsgeschichtlichen Übergang von der futurisch-eschatologischen Mareakklamation der Urgemeinde zur hellenistisch-christlichen Kyriosprädikation.

In unmittelbarer Nähe zum Kyriostitel steht die Bezeichnung υἱὸς θεοῦ; denn κύριος ist im wesentlichen ein Appellativum, ‚Gottessohn' dagegen nicht eine Funktionsbezeichnung, sondern Ausdruck des Wesens. Offen ist, ob und inwieweit schon durch die Urgemeinde dieser Titel auf Jesus übertragen

87 K. Preisendanz, Papyri Graecae Magicae. Die Griechischen Zauberpapyri I.II, Leipzig-Berlin 1928.1931; ἐξ ὀνόματος (ZP 4,2973); τὸ ἅγιον ὄνομα bzw. τὰ ἅγια ὀνόματα (ZP 3,570.627; 4,1005.3071); μέγα καὶ ἅγιον (ZP 5,77; 13,561; vgl. 12,257); ὄν. μέγα καὶ ἅγιον καὶ ἔνδοξον (ZP 13,183f.504f).

wurde. Daß die jüdische Messianologie die Bezeichnung ‚Sohn Gottes' auf den König des jüdischen Volkes anwenden konnte, ist nicht zu bestreiten (vgl. z.B. Ps 2,7), aber in neutestamentlichen Texten ist trotz gelegentlicher Anklänge (Apg 13,33; Hebr 1,5) eine solche Beziehung nicht nachweisbar. Sie hätte eine Uminterpretation zur Voraussetzung, nämlich die Elimination der politischen Züge dieses Begriffs. – Im hellenistischen Christentum hat der Titel dagegen einen genuinen Platz: Die Inthronisation Jesu zum Kyrios hat eine nahe Parallele in der Vorstellung der Adoption zum Gottessohn, wie sie beispielhaft in der Taufe Jesu (Mk 1,9-11) ausgesprochen ist. Dabei wird in der ältesten Zeit die Adoption Jesu zum Gottessohn mit der Auferstehungs- bzw. der Erhöhungsvorstellung verbunden gewesen sein; so hat es in Röm 1,4 einen Niederschlag gefunden. Eine Adoptionsvorstellung ist in weiten Gebieten des Hellenismus bezeugt.[88] Die Adoption Jesu zum Gottessohn unterstreicht seine gegenwärtig vorhandene Hoheit. Indem der Kyrios der Gottessohn ist, hat er an der göttlichen Hoheit Anteil. Dies ist im Sinn des Hellenismus physisch gedacht.[89] Der Auferstandene besitzt als der Gottessohn eine übermenschliche Natur; ihm eignet das Sein Gottes. So kommt es in der vorsynoptischen Überlieferung besonders im Theologumenon von der Jungfrauengeburt zum Ausdruck, das vermutlich im hellenistischen Judenchristentum entstand (Mt 1,18-25; Lk 1,26-38). Hierdurch ist die göttliche, übernatürliche Qualität Jesu schon für sein Erdenwirken, seit seiner Geburt bezeugt (gegen Mk 1,9ff).

Die Übertragung von spezifisch-hellenistischen Hoheitstiteln auf Jesus macht die Jesustradition für das Selbstbewußtsein des hellenistisch-christlichen Glaubens transparent. Ist der Auferstandene der Gottessohn, so demonstriert er in seiner Person die paradoxale Einheit von Göttlichem und Menschlichem, von Übernatürlichem und Natürlichem. So reflektiert es dann auch die Darstellung seines irdischen Lebens in den neutestamentlichen Evangelien. Hier wird die ‚paradoxe Tatsache' bezeugt, daß Gott Mensch geworden

88 Die ägyptischen Pharaonen wurden als Söhne Gottes bezeichnet; so trägt der Pharao seit der 4. Dynastie u.a. den Titel ‚Sohn des (Sonnengottes) Re'; im Griechentum konnten einzelne Menschen zu Göttersöhnen adoptiert werden, z.B. Alexander der Große (FGrHist IIb 645 υἱὸς τοῦ ἡλίου; vgl. Mitteis-Wilcken I 2, Nr. 109,11; OGIS 90,3; Ditt Or I 90,3). So galt Platon als Apollosohn, Pythagoras als Zeussohn und Aristoteles als Sohn des Asklepios. Die wohl bekanntesten Beispiele sind die Heroen (Dionysos, Herakles und Asklepios). Vgl. auch P. Pokorný, Der Gottessohn. Literarische Übersicht und Fragestellung, ThSt(B) 109, Zürich 1971, 14f.

89 Aufgrund der Aussage des ‚Ebionäerevangeliums' (EE Bruchstück 3, zitiert bei Epiph Haer 30,13,7f; W. Schneemelcher, NTApo I^6 140f) leugneten die Ebionäer die jungfräuliche Geburt Jesu; die Gottesherrschaft Jesu beruhe nicht auf seiner göttlichen Erzeugung und seiner wunderbaren Geburt, sondern auf der Vereinigung des Heiligen Geistes mit ihm bei der Taufe.

ist und hierdurch den Menschen die Möglichkeit gegeben wurde, entweltlicht zu werden, d.h. an Gottes Machtbereich teilzuhaben.

Der Gottessohn ist in seiner Person Gottes Zuwendung zur Welt. Dies ist der Anlaß, nun auch die Vorstellungen auf Jesus zu übertragen, die im hellenistischen Bereich in Beziehung auf Gottmenschen gebräuchlich sind; so die Vorstellung vom θεῖος ἀνήρ.[90] Schon im hellenistischen Judentum gebräuchlich[91], wird sie auf die Heroen in der Geschichte des Judentums angewendet, auf inspirierte Menschen, z.B. auf Mose: Als Lehrer der Weisheit wird ihm gottgleiche Ehre zuteil (ἰσόθεος τιμή). Er tritt in Wettbewerb mit ägyptischen Zauberern auf und überwindet sie. In seinem Auftreten manifestiert er die Macht des wahren Gottes. Einen Höhepunkt bildet die Gabe des Gesetzes. Entsprechend ist auch das Ende Moses' geschildert: seine Entrückung bzw. Himmelfahrt (Assumptio Mosis). – Auch im paganen Hellenismus finden sich Überlieferungen von Menschen, die mit besonderem, übernatürlichem Wissen begabt und im Besitz übernatürlicher Kräfte sind, die als Wundertäter Kranke heilen, Exorzismen oder Naturwunder ausüben. Sie identifizieren sich mit dem Gott, der sie gesandt hat, sprechen in seinem Auftrag und repräsentieren den Anspruch ihres Gottes. Daher ist die Stellungnahme zum θεῖος ἀνήρ mit der zu dem Gott, der ihn gesandt hat, identisch. Verbindungslinien zur Darstellung des ‚Gottmenschen' Jesus in den Evangelien sind nicht zu übersehen.[92]

Das θεῖος ἀνήρ-Motiv hat sich auf dem Boden des hellenistischen Christentums mit den Jesuserzählungen der vorsynoptischen Tradition verbunden. Darin ist ein erster Schritt in Richtung auf die Evangelienschreibung getan. Ein anderer erfolgte mit der Einbeziehung der Christusprädikation υἱὸς Δαυίδ in den Traditionsstoff. Hier ist der Hintergrund nicht paganhellenistisch, sondern jüdisch-hellenistisch. Vermutlich in den Städten des hellenistischen Raumes, Damaskus, Antiochien, Alexandria u.a. wurde der jüdische Traditionsstoff in die christliche Lehrentwicklung eingearbeitet. Den traditionsgeschichtlichen Hintergrund bildete also ein ‚entschränktes', d.h.

---

90 Vgl. dazu oben A II a 2.

91 Vgl. Philo Virt 177: der Sündlose als θεῖος ἀνήρ; Jos Ant III 180 (Mose); X 35 (Jesaja).

92 Vgl. zur θεῖος ἀνήρ-Diskussion die These von L. Bieler, ΘΕΙΟΣ ΑΝΗΡ. Das Bild des „göttlichen Menschen" in Spätantike und Frühchristentum, Göttingen I 1935; II 1936, wonach sich die Christusgestalt grundlegend von den anderen θεῖοι ἄνθρωποι der hellenistischen Umwelt unterscheide. Jedoch gelangt Bieler zu dem Schluß, daß die Antike, zumal die spätere, und das frühe Christentum das gleiche Bild des göttlichen Menschen kennen (145); siehe auch H. Köster, Einführung 431; Ph. Vielhauer, Urchristliche Literatur 399; vgl. hier auch die Kritik an dem Begriff ‚Aretalogie'; dazu G. Strecker, Literaturgeschichte 142.

liberales Diasporajudentum[93], das den christlichen Gemeinden des werdenden Heidenchristentum offen gegenüber stand.

Die Davidsohn-Prädikation drückt den Glauben dieser Judenchristen aus. So fraglich es ist, ob die Urgemeinde diesen Titel jemals auf Jesus angewendet hat[94], für den hellenistischen Bereich des christlichen Glaubens ist die Verwendung gesichert. Hier wird der *Amalgamierungsprozeß*, in dem sich das (jüdisch)-hellenistische Christentum befindet, deutlich, da die Davidsohn-Prädikation mit anderen Christustiteln kombiniert ist. Kennzeichnend hierfür ist die vorpaulinische kerygmatische Formel in Röm 1,3f.[95] Eine andere Zusammenstellung der Davidsohn-Prädikation mit einem Christustitel spiegelt die Perikope von der Davidsohnfrage Mk 12,35-37par wider. Hier ist der Davidsohntitel der Prädikation ὁ Χριστός bzw. κύριος gegenübergestellt. Dies impliziert die Vorstellung, daß der Titel Davidsohn nicht geeignet ist, das Ganze der Messianität Jesu zu umschreiben, so daß ihm die Titel ‚Christus' bzw. ‚Herr' übergeordnet sind. Diese Überlieferung steht dem Davidsohntitel kritisch gegenüber. Andererseits läßt der Rückgriff auf die alttestamentliche Verheißung (V.36f: Ps 110,1) deutlich werden: ‚Davidsohn' bezeichnet in der hellenistisch-judenchristlichen Überlieferung im wesentlichen den ‚Messias' als den Erben und Erfüller der dem Volk Israel gegebenen Verheißungen.

Ein weiteres Beispiel für den hellenistischen *Amalgamierungsprozeß* zeigt sich an der Verbindung der Davidsohn-Prädikation mit dem θεῖος ἀνήρ-Motiv. So im Zusammenhang der Erzählung von der Heilung des Bartimaeus (Mk 10,46-52parr; vgl. Mt 9,27-31). Dieser zieht mit dem Ruf „Jesus, Sohn Davids, erbarme dich mein" die Aufmerksamkeit Jesu als des Wundertäters auf sich. Jesus trägt als der θεῖος ἀνήρ in der Funktion eines Thaumaturgen den Titel ‚Davidsohn', wie es häufiger bei Matthäus belegt ist.[96]

‚Davidsohn' bezeichnet ursprünglich eine physische Abstammung. Der Nachkomme Davids hat durch seine physische Herkunft Anrecht auf Titel und Hoheit des ‚Davidsohnes'. Diese Vorstellung verbindet sich mit der messianischen Erwartung des jüdischen Volkes.[97] Die Stammbäume Jesu setzen die Verbindung zwischen physischer Abstammung und messianischer Hoheit voraus (Mt 1,1-17par; Lk 3,23-38); ebenso die Formel „Jesus ist von den Toten auferweckt worden, der aus der Nachkommenschaft Davids stammt"

---

93 Vgl. W.Bousset, Kyrios Christos, Göttingen [6]1967, 289ff.

94 Dazu oben B III 3.

95 Dazu oben A I c 1.

96 Vgl. z.B. Mt 15,22 (Heilung der Tochter der Syrophönizierin); auch Mt 12,23; 21,9.15; gelegentlich wird auch die Kyriosbezeichnung hinzugesetzt, z.B. Mt 20,30f: Der Davidsohn ist der Kyrios.

97 Vgl. Jer 23,5f; 33,14-16.

(2 Tim 2,8: evtl. Anschluß an Röm 1,3f). Die jüdische Messiaserwartung bezieht sich auf die Nachkommenschaft Davids. Dies ist der Anlaß, daß der hellenistisch-judenchristliche Glaube Jesus zum Davidsohn erhebt. Er nimmt die im Judentum ausgesprochene Wahrheit für sich in Besitz. Was die alttestamentlich-jüdische messianische Hoffnung ausgesprochen hat, ist in Jesus in Erfüllung gegangen. „Das Judentum ... finde(t) in der Predigt von dem Erscheinen des Messias Jesus Christus seine Erfüllung."[98] Allerdings bedeutet solche Erfüllung zugleich eine Modifizierung; denn diese ‚Messianologie' ist nicht politisch, da Jesus nicht als Kriegsheld ben David, sondern als der gekreuzigte und auferstandene Christus des Glaubens seiner Gemeinde erwartet wird. Als solcher bringt er die Geschichte Israels zur Erfüllung, indem er zugleich dem überkommenen Selbstverständnis in seiner Person ein Ende setzt. Hieran knüpfen folgerichtig die Reflexionen über die Heilsgeschichte und über das ekklesiologisch auszusagende Selbstverständnis der Gemeinde als des neuen Israel an.

Die christologischen Hoheitstitel der hellenistischen Gemeinde[99] betonen grundsätzlich den Gegenwartscharakter der Christologie. Jesus als der Auferstandene ist der gegenwärtige Kyrios, der Christus praesens. Dies wird dadurch verstärkt, wenn man von ihm als von einer Person der Vergangenheit erzählt. Etwa im Zusammenhang mit der Davidsohn- oder θεῖος ἀνήρ-Vorstellung: Solche Erzählungen richten sich auf niemand anderen als auf den Gekreuzigten und Auferstandenen, der als der Erhöhte derselbe ist, als der er seinerzeit auftrat: die Manifestation des Wirkens Gottes.

Die Gegenwärtigkeitsaussagen der hellenistischen Christologie schließen ein, daß der Auferstandene der Zukünftige ist. Die Gemeinde erwartet die Endkatastrophe zunächst in einer sehr nahen Zukunft und mit dem Ende der Welt das Kommen ihres Herrn. Dafür ist die Tradition, die Paulus in 1 Thess 4,13-18 reflektiert, ein aufschlußreiches Beispiel.[100] Wie in der Urgemeinde steht am Anfang des hellenistischen Christentums die unmittelbare Parusienaherwartung. Diese spricht nicht so sehr vom künftigen ‚Tag des Menschensohnes' (so noch Lk 17,24.26), sondern von der ἡμέρα (τοῦ) κυρίου (1 Thess 5,2; 1 Kor 1,8; 2 Thess 2,2); dies in Anlehnung an die alttestamentliche Vorstellung vom ‚Tag Jahwes' (Joel 3,1-5; Apg 2,20). Erwartet wird der ‚Tag

98 M. Dibelius, Die Formgeschichte des Evangeliums 28.

99 Zum Hoheitstitel ὁ Χριστός vgl. oben A II a 4, insbesondere die Unterscheidung zwischen titularem Sprachgebrauch und dem Eigennamen. Die Entwicklung geht zweifellos dahin, den titularen Sprachgebrauch zugunsten des Verständnisses als eines Eigennamens zu verdrängen. Auch das Bewußtsein, daß Χριστός ursprünglich Übersetzung des hebräischen הַמָּשִׁיחַ ist, hat sich noch lange erhalten: vgl. Joh 1,41; 4,25ff.

100 Vgl. weiter Phil 4,5; 1 Kor 7,29; 15,51f; Röm 13,11.

Christi' (Phil 1,6.10; 2,16; 1 Kor 1,8), die ‚Ankunft' (παρουσία) des Kyrios Jesus Christus (1 Thess 2,19; Mt 24,3; 2 Petr 1,16), und zwar der Auferstandene in zweifacher Funktion: als der Weltrichter, der im Auftrag Gottes die Menschheit richtet[101] und als der Retter (σωτήρ), der die Verwandlung des Leibes der Niedrigkeit und damit die Befreiung von Tode bringt (Phil 3,20f); er ist der Befreier vom künftigen Zorngericht, indem er am Ende für die Gemeinde eintritt (1 Thess 1,10). Weltgericht und Befreiung der Gemeinde – eben dies ist Aufrichtung des Gottesreiches und endgültige Bestätigung der Herrschaft des Kyrios (vgl. Eph 5,5) und besagt die Auferstehung von den Toten, das Eingehen in ein Leben ohne Tod (2 Clem 9,1; Apg 17,18).

Auch die hellenistische Gemeinde lebt also im apokalyptischen Horizont der urchristlichen Verkündigung. Die Ausrichtung auf das Ende, auf eine Zukunft, die den Glauben bestätigen wird, bildet ein wesentliches Motiv ihres Verhaltens in der Zeit. Aber anders als in der Urgemeinde steht neben dem ‚noch nicht' der eschatologischen Vollendung das ‚schon jetzt': Wie sich an der christologischen Vorstellungswelt gezeigt hat und die Sakramentsauffassung bestätigen wird, hat die Gegenwärtigkeit des Heils für ihr Denken ein erhebliches Gewicht. Die Dialektik zwischen dem ‚schon jetzt' und ‚noch nicht' des Heils ist also vorpaulinisch; sie ist von Paulus mit Bezug auf seine eigene Existenz und die der Gemeinde ausgeführt worden.

Die hellenistische Gemeinde verkündigt neben dem Kyrios Jesus auch den ‚einen Gott'. Εἷς θεός ist ein grundlegendes Motiv der jüdischen Missionspredigt. Durch den monotheistischen Gottesglauben wußte sich das Judentum von den umgebenden Heidenvölkern unterschieden und ihnen überlegen. Diesen Gottesglauben haben die hellenistischen Judenchristen übernommen, als sie in der paganen Welt zu missionieren begannen. Steht am Anfang das christologische Credo (z.B. 1 Kor 15,3f), so erklärt sich dies aus der Zuwendung der ersten christlichen Gemeinden zu ihrer jüdischen Umwelt. Ein weiterer Schritt wird durch das zweigliedrige Bekenntnis vollzogen (z.B. 1 Thess 1,9-10), in dem zum Christusbekenntnis das Bekenntnis zu dem einen, lebendigen und wahren Gottes hinzukommt.

Ist der monotheistische Gottesglaube Bestandteil der Missionspredigt der christlichen Gemeinde in der hellenistischen Welt, so verbindet sich mit dem Ruf zur Umkehr, nämlich die anderen Kyrioi zu verlassen und sich dem einen Kyrios Jesus anzuschließen, zugleich die Aufforderung, die θεοὶ πολλοί aufzugeben und an den einen Gott zu glauben. Dieser Gott ist der Schöpfer der

101 Apg 17,31; 2 Tim 4,1; 2 Clem 1,1. Die Vorstellung von Christus als dem Weltenrichter ging auch ein in die drei Hauptsymbola, nämlich das Symbolum Apostolicum, das Nicaenum und das Athanasianische Glaubensbekenntnis (BSLK 21-30).

Welt, wie es im Anschluß an die jüdische Tradition gesagt wird (Apg 4,24; Apk 4,11). Er fordert Glauben und Anerkennung seiner Allmacht; denn es ist der Gott, der die Toten lebendig macht und das Nichtseiende ins Sein ruft (Röm 4,17). Er ist der ‚Demiurg', der Schöpfer und Herr aller Dinge (1 Clem 33,2; 35,3); aus ihm und durch ihn und zu ihm ist alles, was ist (Röm 11,36). Er umfaßt das All und ist doch selbst unfaßbar (Herm mand I 1). – Solche Formeln erinnern an die stoische Gotteslehre, insbesondere an die natürliche Theologie der Stoa, in der vom Kosmos auf den Urheber der Welt, aus der kosmologischen Weltordnung auf die göttliche Vorsehung (πρόνοια) geschlossen wird. Daraus wird deutlich – wie schon Paulus in Röm 1,18-32 zeigt –, daß das Nichtpagane, typisch Christliche in Anknüpfung und Widerspruch erkennbar wird. So konkretisiert es sich im Umkehrruf: Das Erkennen des einen Gottes muß zum Anerkennen seiner Macht und damit zur Umkehr führen.

Hiermit verbindet sich nicht selten die Darstellung der Unsittlichkeit des Heidentums (vgl. Röm 1,18-32). Die christlichen Apologeten des 2. Jahrhunderts haben dieses Motiv breit ausgeführt und auf der dunklen Folie der heidnischen Unmoral die Überlegenheit des christlichen Gottesglaubens und der christlichen Sittlichkeit dargestellt.[102] Es sei hier dahingestellt, inwieweit solche Urteile zutreffend sind oder ob es sich um unzutreffende Verallgemeinerungen handelt. Deutlich ist, daß sich die Verkündigung der hellenistisch-christlichen Gemeinde an den drei Grundelementen Unmoral der Heiden, hierdurch motivierter Umkehrruf und Bekenntnis zu dem einen Gott ausrichtet, diese jedoch nur unterschiedliche Ausdrucksweisen des einen unbedingten Christusglaubens sind, also Konkretionen der Überzeugung, daß im gekreuzigten und auferstandenen Christus Gott mit der Menschheit gesprochen hat.

β) Ekklesiologie

Nach 1 Kor 1,2 nennen sich die Christen οἱ ἐπικαλούμενοι τὸ ὄνομα τοῦ κυρίου ἡμῶν Ἰησοῦ Χριστοῦ: Christen sind diejenigen, die den Namen des Herrn Jesus Christus anrufen. Entsprechend heißt es in Röm 10,13: „Jeder der den Namen des Herrn anruft, wird gerettet werden" (nach Joel 3,5). Diese ekklesiologische Bezeichnung ist weit verbreitet gewesen. Sie findet sich auch 2 Tim 2,22 und besagt, daß sich das Gebet der Gemeinde an den Kyrios Jesus richtet. So greift es Matthäus auf, wenn er die Menschen, die um Hilfe bitten, den Ruf κύριε σῶσον aussprechen läßt (Mt 8,25;14,30). Es handelt sich hierbei nicht um Gnadenwünsche, Doxologien oder Bekenntnisse, in denen

---

102 Vgl. etwa Aristid Apol IX 8, XV 3-12, XVI 1-6, XVII 2.

der Name Jesu genannt wurde, sondern der Ruf zum Kyrios ist Bitte um Hilfe, also ein Bittgebet. Was im Maranatha der Urgemeinde vorgebildet ist, wird in der hellenistischen Gemeinde präsentisch ausgeführt: Der Kyrios Jesus ist der gegenwärtige, in der Gemeinde wirkende Herr. Den Namen des Kyrios Jesus anrufen heißt daher, schon jetzt von der Macht des Kyrios Jesus bestimmt zu sein und das Heil zu erfahren, dessen Manifestation dieser Kyrios ist. Die christliche Gemeinde, die den Kyrios anruft, weiß sich im Machtbereich Jesu Christi geborgen.

Von hier aus läßt sich auch ein neues Verständnis der überlieferten ekklesiologischen Prädikationen gewinnen. Hatte die Urgemeinde sich als die Gemeinschaft der ἐκλεκτοί verstanden, weil sie auf die in der Zukunft sich ereignende künftige ‚Erwählung' vorausschaut und dieser künftigen ἐκλογή gewiß ist[103], so gilt für die hellenistische Gemeinde: Sie ist erwählt[104], und dies ist im Sinne der Kyrios-Christologie nur konsequent: Wo der Name des Kyrios ausgesprochen wird, da vollzieht sich Scheidung und Entscheidung, Auswahl und Erwählung.

Ähnlich steht es mit der ekklesiologischen Prädikation ἅγιοι. ‚Gemeinschaft der Heiligen' ist die Kirche nicht nur im Blick auf die Zukunft, in der ihre Glieder als ‚heilig' dargestellt werden, sondern in der Verbindung mit dem Kyrios ist sie schon heute das, was sie sein wird: die Gemeinschaft derer, die aus der Welt herausgenommen worden sind, die den heiligen Bezirk betreten haben. ‚Schon jetzt' sind sie ‚auserwählte Heilige und Geliebte Gottes' (Kol 3,12).

Diese Prädikate beziehen sich grundsätzlich auf die Gesamtkirche. Insoweit sie die einzelnen Gemeinden betreffen, bekunden sie eine grundsätzliche Verbundenheit der einzelnen Gemeinden untereinander und kennzeichnen die Einheit der Kirche. Diese Verbundenheit spricht sich auch in dem Verständnis der Kirche als des ‚neuen Israel' aus. „Nicht alle, die von Israel abstammen, die sind Israeliten" sagt Paulus in Röm 9,6 und spricht damit aus, daß die Gesamtkirche das wahre Israel, das Ἰσραὴλ κατὰ πνεῦμα ist.[105] Das Israel der Willenserklärung Gottes (Hebr 8,8-13; vgl. Jer 31,31-34) ist λαὸς (τοῦ) θεοῦ, das Gottesvolk, wie in Übernahme der alttestamentlichen Bezeichnung für das alttestamentliche von Gott erwählte Volk Israel nun von

103 Siehe oben B III b 3.

104 Vgl. Mk 13,20: ἐξελέξατο; noch entschiedener Eph 1,4: „Gott hat uns in Christus vor Grundlegung der Welt erwählt"; hier erscheint die göttliche ἐκλογή als präexistent und damit die Kirche selbst als eine Präexistenzgröße.

105 Der Terminus selbst kommt bei Paulus nicht vor , ist aber als Entgegensetzung zum empirischen Israel als dem Ἰσραὴλ κατὰ σάρκα vorauszusetzen, vgl. auch Gal. 6,16: Ἰσραὴλ τοῦ θεοῦ.

der Kirche gesagt wird (Hebr 4,9; 1 Petr 2,10). Nicht anders als dies für die Urgemeinde festgestellt wurde, liegt hier ein Bruch im Verhältnis zum empirischen Israel vor. Die Zäsur ist durch das Heilsgeschehen in Christus gegeben, auf das sich das Kerygma der Gemeinde beruft. Auch hier steht nicht die Kontinuität, sondern die Diskontinuität im Vordergrund; diese Gemeinschaft betont, daß sie das verheißene Erbe angetreten hat und das neue Israel ist (vgl. Mt 21,33-43). In einer besonders extremen Weise hat der Verfasser des Barnabasbriefes diese Diskontinuität hervorgehoben.[106]

Auch die hellenistisch-christliche Überlieferung der Einsetzungsworte vom *Herrenmahl* setzt die Diskontinuität zum empirischen Israel voraus. Ist auch (1.) die älteste Traditionsstufe der Einsetzungsworte nicht sicher zu rekonstruieren, so ist es doch berechtigt zu vermuten, daß am Anfang eine Identifizierung von Leib und Blut Jesu mit dem Heilsgut, das den Teilnehmern des Mahles übereignet wird, gestanden hat. Diese Überlieferung ist nicht auf die Urgemeinde zurückzuführen, in deren Mahlfeier vielmehr die Erwartung des kommenden Menschensohnes zentral war. Dagegen zeigt das Mahl der christlichen Gemeinde im Raume des Hellenismus nahe Berührungen zu den Mahlfeiern der Mysterienkulte; es lebt von der Gegenwart des Kyrios. Dieses Mahl bedeutet Anteilhabe am Schicksal des Gekreuzigten und Auferstandenen und Einbezogenwerden in den Tod und das Leben des Kyrios. Es begründet die Gewißheit, ἅγιος und ἐκλεκτός zu sein.

Auch die beiden Zusätze, die vermutlich nacheinander dem Text der Kurzfassung der Einsetzungsworte hinzugefügt wurden, lassen sich aus dem Raum der hellenistisch-christlichen Gemeinde verstehen: (2.) Der Zusatz τῆς διαθήκης (Mk 14,24) besagt, daß Jesu Tod als ein Opfer des neues Bundes interpretiert worden ist, das diese (letzte) Willenserklärung Gottes besiegelt.[107] Begründet der Tod Jesu das neue Israel, so ermöglicht die Mahlfeier, daß die einzelnen Christen Glieder dieses Volkes werden. Die Verheißungen, die dem alten Israel gegeben waren, sind nun Verheißungen, die dem neuen Gottesvolk gelten und sich in ihm erfüllen. Der Jer 31,31-34 zugesagte Bund hat sich im Heilshandeln Gottes, im Christusgeschehen realisiert.

(3.) Eine weitere Interpretation ist durch den anschließenden Zusatz τὸ ἐκχυννόμενον ὑπὲρ πολλῶν gegeben (Mk 14,24; ähnlich 1 Kor 11,24: τὸ ὑπὲρ ὑμῶν – jedoch in Verbindung mit σῶμα, nicht mit αἷμα). Der Tod Jesu ist als Sühnopfer verstanden. Der Mensch Jesus gleicht einem Opfertier, dessen Blut auf den Altar gesprengt wird und dessen Tod Sünde beseitigt. So

106 So ist seine theologische Absicht zu zeigen, daß die ‚Schrift', das AT, ausschließlich den Christen gilt; er behauptet z.B., daß die Auffassung, der Mosebund gelte Israel, Sünde sei – er gelte nur den Christen (4,6-8; 14).

107 Vgl. 2 Kor 3,6; Hebr 8,8; 9,15; 12,24.

hat Jesus durch das Vergießen seines Blutes Sühnung beschafft. Der weitere Zusatz in Mt 26,28 (εἰς ἄφεσιν ἁμαρτιῶν) ist eine sachlich richtige Verdeutlichung; er stammt vielleicht aus der Liturgie der matthäischen Gemeinde.

Durch solche Traditionsschichtung scheint nahezuliegen, das Herrenmahl im Sinn eines Opfers zu verstehen, in dem die Gemeinde gleichsam Jesus als ihr Sühn- oder Bundesopfer Gott darbringt. Doch ist ein solcher Gedanke nicht angedeutet. Die Opferterminologie hat vielmehr die Aufgabe, die gegebene Mahlgemeinschaft mit dem Kyrios zu deuten. Grundlegend ist die Begegnung mit dem gegenwärtig wirkenden Herrn der Gemeinde. Nicht zufällig bezeichnet Paulus das Mahl als κυριακὸν δεῖπνον (1 Kor 11,20). Die durch das Mahl gestiftete Gemeinschaft mit dem Kyrios besagt also Einbezogenwerden in das neue Gottesvolk und Anteil haben an der durch den Kyrios geschaffenen und garantierten Vergebung. Trotz der terminologischen Unterschiede und der aufeinanderfolgenden Traditionsschichten ist der ursprüngliche Sinn der Mahlfeier im grundsätzlichen erhalten geblieben. In jedem Fall ist das Mahl die Realisierung der Zusage Gottes; es überträgt das, was der Sinn des Handelns Gottes in Christus für die Glaubenden ist: Vergegenwärtigung des eschatologischen Heils.

Die *Taufe* ist nicht weniger als das Herrenmahl Konkretion der Begegnung mit dem erhöhten Kyrios. Sie vermittelt (1.) Sündenvergebung[108]; darüber hinaus bedeutet die Taufe (2.) Geistbegabung.[109] Auch dies steht in Übereinstimmung mit der Urgemeinde, ist aber in den hellenistischen Gemeinden auch in einem ekstatischen Sinn verstanden worden; denn der Geist ist die Macht, die zur Ekstase führt und in der Ekstase erfahren wird (vgl. 1 Kor 14,1ff). Darüber hinaus erfolgt in der Taufe (3.) die Zuordnung zum gegenwärtig herrschenden Kyrios Jesus. So entspricht es der Tatsache, daß die Taufe ‚auf den Namen des Herrn Jesus' erfolgt (Did 9,5; Apg 8,16); dies im Unterschied zur Urgemeinde, die bei der Taufe auf den Namen Jesu sich zunächst auf das Kommen des Menschensohnes ausrichtet. Schließlich wird die Taufe (4.) als das Mitsterben und Mitauferstehen mit Jesus Christus gedeutet.[110] Aufgrund dieser Interpretation des Taufvollzugs ergibt sich, daß das Wort ‚Wiedergeburt' auf den Taufvorgang bezogen werden kann (vgl. Tit 3,5: λουτρὸν παλιγγενεσίας): Durch das Mitsterben und Mitauferstehen legt der Glaubende seine alte Existenz ab und wird in ein neues Leben hineingeboren.

---

108 Vgl. 1 Kor 6,11 („Ihr habt euch abwaschen lassen, ihr seid geheiligt worden") – das vorpaulinische Verständnis der ‚Heiligung' meint die Sündenvergebung.

109 Vgl. 1 Kor 12,13 („Wir sind in einem Geist alle zu einem Leib getauft").

110 Vgl. Röm 6,1ff; auch hier greift Paulus auf vorpaulinische Taufüberlieferung zurück; vgl. dazu oben A III c 2.

Von hier aus ergeben sich einige Aspekte zum *Problem der Kindertaufe.*[111] Das Ergebnis einer intensiv geführten Forschungsdiskussion ist weithin negativ: Weder läßt sich die These, es habe in der Urchristenheit Säuglingstaufe gegeben (J. Jeremias), noch die Gegenthese, die Säuglingstaufe sei im 1. Jahrhundert nicht geübt worden (K. Aland), aus den Quellen mit hinreichender Sicherheit belegen. Geht man von den unterschiedlichen theologischen Konzeptionen des frühen Christentums aus, so wird man nicht nur mit der Erwachsenentaufe, die allerdings die durch die Missionare vorwiegend geübte Praxis darstellte, rechnen müssen, sondern auch mit der Kindertaufe; denn da im hellenistischen Christentum verschiedenartige Soteriologien nebeneinander vorhanden waren, läßt sich im jeweiligen Kontext auch die Möglichkeit von Kindertaufe oder auch die Möglichkeit nur der Erwachsenentaufe behaupten. Für letzteres spricht, daß mit der Taufe ein Taufbekenntnis (ὁμολογία) verbunden ist (1 Tim 6,12). Der Täufling bekennt sich zum Kyrios Jesus aufgrund der Unterweisung, die er vor der Taufe erhalten hat. Die Möglichkeit und Notwendigkeit des Bekennens schließt aus, daß auch Säuglinge einem derartigen Taufakt unterzogen wurden; erst sekundär dürfte ein stellvertretendes Bekenntnis möglich geworden sein. Demnach: In dem Maße, in dem der Homologie-Charakter des Taufaktes betont wird, ist die Kindertaufe ausgeschlossen. Andererseits: Je stärker der sakramentale Charakter der Taufe in den Vordergrund tritt, desto mehr ist auch die Möglichkeit gegeben, daß Kinder, selbst Säuglinge an der Taufe teilhaben. Eine sakramentale, möglicherweise auch physische oder gar magische Interpretationen des Elementes (= des Taufwassers) fragt nicht nach der geistigen oder glaubensmäßigen Prädisposition des Täuflings. Schon Ignatius versteht das Herrenmahl als φάρμακον ἀθανασίας (‚Unsterblichkeitsarznei'), das auch als ἀντίδοτος (‚Gegengift') bezeichnet wird und – mit einem nahezu magisch-physischen Sinn – die Fähigkeit hat, Unsterblichkeit zu vermitteln (IgnEph 20,2). Ähnliches ist für die urchristliche Taufe belegt. Die von Paulus erwähnte korinthische Vikariatstaufe (1 Kor 15,29), die als Stellvertretungstaufe für schon Gestorbene diese offenbar an der Heilsgabe teilhaben läßt, deutet ebenfalls einen magischen Charakter an.[112] Die Be-

---

111 Vgl. dazu die Diskussion zwischen J. Jeremias und K. Aland: J. Jeremias, Die Kindertaufe in den ersten vier Jahrhunderten, Göttingen 1958; K. Aland, Die Säuglingstaufe im Neuen Testament und in der alten Kirche, TEH NF 86, München 1961; und erneut: J. Jeremias, Nochmals: Die Anfänge der Kindertaufe. Eine Replik auf Kurt Alands Schrift: „Die Säuglingstaufe im Neuen Testament und in der alten Kirche", TEH NF 101, München 1962; K. Aland, Die Säuglingstaufe im Neuen Testament und in der alten Kirche. Zweite, durchgesehene Auflage, vermehrt durch einen notwendigen Nachtrag aus Anlaß der Schrift von J. Jeremias „Nochmals: Die Anfänge der Kindertaufe. Eine Replik auf Kurt Alands Schrift ‚Die Säuglingstaufe im Neuen Testament und in der alten Kirche'", a.a.O., ^{2}1963 = TEH NF 86); K. Aland, Die Stellung der Kinder in den frühen christlichen Gemeinden – und ihre Taufe, TEH NF 138, München 1967; kritisch zu beiden: A. Strobel, Säuglings- und Kindertaufe in der ältesten Kirche, in: O. Perels (Hg.), Begründung und Gebrauch der heiligen Taufe, Berlin-Hamburg 1963, 7-69.

112 So bei Markioniten, Kerinthianern und Montanisten; vgl. die Ausführungen und Belege bei H. Lietzmann-W.G. Kümmel, An die Korinther I/II, HNT 9, Tübingen ^{5}1969, 82.

gegnung mit der Gegenwart des Kyrios in der Taufe ist demnach in der hellenistischen Gemeinde sehr verschieden interpretiert worden. Sie konnte stärker an das Element gebunden sein und damit eine ‚objektive' Vorgabe voraussetzen, sie konnte andererseits sich an das Bekenntnis und den Glauben des einzelnen als ‚subjektive' Bedingungen binden. Entsprechend ist die Frage nach der Kindertaufe nur im je konkreten Fall auf der Grundlage der vorgegebenen theologischen Konzeption zu entscheiden. Die Taufe von Kindern ist in der hellenistischen Gemeinde jedenfalls theologisch möglich gewesen. Sie ist dort möglich, wo das Sakramentale, d.h. das Transsubjektive in der Taufe ein besonderes Gewicht hat. Und sie ist theologisch unmöglich, wo die Taufe ausschließlich vom Glauben des einzelnen und seinem Bekenntnis begriffen wird. Sie ist theologisch dort möglich, wo der Macht des Kyrios mehr zugetraut wird als der Kraft des einzelnen Menschen.

IV. Weisungen des Menschensohnes – Die Logiensammlung

P. Wernle, Die synoptische Frage, Freiburg 1899.
A. v.Harnack, Sprüche und Reden Jesu, in: ders., Beiträge zur Einleitung in das Neue Testament II, Leipzig 1907.
B.H. Streeter, The Four Gospels. A Study of Origins, London 1924.
J.M. Robinson, ΛΟΓΟΙ ΣΟΦΩΝ. Zur Gattung der Spruchquelle Q, in: Zeit und Geschichte. Dankesgabe an R. Bultmann, Tübingen 1964, 77-96; wieder abgedruckt in: ders. – H. Köster, Entwicklungslinien durch die Welt des frühen Christentums, Tübingen 1971, 67-106.
D. Lührmann, Die Redaktion der Logienquelle, WMANT 33, Neukirchen-Vluyn 1969.
S. Schulz, Q – Die Spruchquelle der Evangelisten, Zürich 1972.
H. Schürmann, Beobachtungen zum Menschensohn-Titel in der Redequelle, in: R. Pesch-R. Schnackenburg (Hgg.), Jesus und der Menschensohn, FS A. Vögtle, Freiburg-Basel-Wien 1975, 124-147.
R.A. Edwards, A Theology of Q, Philadelphia 1976.
A. Polag, Die Christologie der Logienquelle, WMANT 45, Neukirchen-Vluyn 1977.
Ders., Fragmenta Q, Neukirchen-Vluyn [2]1982.
D. Zeller, Die weisheitlichen Mahnsprüche bei den Synoptikern, fzb 17, Würzburg 1977.
Ders., Kommentar zur Logienquelle, SKK.NT 21, Stuttgart 1984.
R. Laufen, Die Doppelüberlieferungen der Logienquelle und des Markusevangeliums, BBB 54, Königstein-Bonn 1980.
J. Wanke, Bezugs- und Kommentarworte in den synoptischen Evangelien, EThS 44, Leipzig 1981.
P. Hoffmann, Studien zur Theologie der Logienquelle, NTA 8, Münster [3]1982.
H.E. Tödt, Der Menschensohn in der synoptischen Überlieferung, Gütersloh [5]1984.
J.S. Kloppenborg, The Formation of Q, Philadelphia 1987.
M. Sato, Q und Prophetie, WUNT II 29, Tübingen 1988.
Th. Bergemann, Q auf dem Prüfstand, FRLANT 158, Göttingen 1993.

a) Rekonstruktion und Herkunft der Q-Quelle

Die Einleitungswissenschaft nennt als zweite synoptische Grundquelle die Logiensammlung (Q), die Matthäus und Lukas neben ihrer ersten Vorlage, dem Markusevangelium, bei der Abfassung ihrer Evangelien benutzten. Erschlossen wird Q aus dem Matthäus und Lukas gemeinsamen Traditionsstoff, d.h. aufgrund von Parallelüberlieferungen im Matthäus- und Lukasevangelium, die im allgemeinen bei Markus keine Entsprechung haben. Erkennbar ist Q-Material aber auch an Dubletten, in denen Matthäus bzw. Lukas sowohl der Markus- als auch der Q-Vorlage folgen.

Der Umfang von Q ist nicht auf die durch Matthäus und Lukas gegen Markus ausgewiesenen Parallelstücke zu beschränken. Auch im matthäischen und lukanischen Sondergut ist Q-Material enthalten, je nachdem, wie die Evangelienredaktoren die Q-Quelle verarbeitet haben. Es ist nämlich nicht vorauszusetzen, daß Matthäus und Lukas in gleicher Weise alle überlieferten Q-Perikopen übernahmen. Vielmehr ist (ähnlich der unterschiedlichen Verarbeitung des Markusevangeliums) entsprechend dem individuellen Charakter der Evangelienredaktionen auch mit Kürzungen zu rechnen, so daß auf der anderen Seite ein ‚Überschuß' besteht, der üblicherweise dem ‚Sondergut' des jeweiligen Evangelisten zugerechnet wird, der aber auf Q zurückgehen kann. Darüber hinaus war das Material der Q-Quelle im Verlauf der Überlieferung verschiedenartigsten Einflüssen unterworfen, hervorgerufen nicht zuletzt durch unterschiedliche mündliche Überlieferungssituationen. Es ist daher nicht möglich, von *der* Q-Quelle zu sprechen; präziser lassen sich nur verschiedene Überlieferungsphasen und Schichten der Logiensammlung feststellen.[1]

---

1 Gegenüber der aus redaktionsgeschichtlicher Perspektive erwogenen Trennung von Tradition und Redaktion, die sich dem Problem gegenübergestellt sah, nur wenige Worte der Redaktion zuweisen zu können und die Redaktion im wesentlichen in der Komposition des Materials sah (D. Lührmann, Redaktion), haben mehrere neuere Veröffentlichungen unterschieden zwischen a) dem ältesten Überlieferungsgut (im wesentlichen Worte Jesu und erste Kommentarworte) (J. Wanke, Bezugs- und Kommentarworte), b) ersten thematischen Sammlungen, c) der Hauptsammlung, d) der Redaktion der Hauptsammlung und e) den Zwischenrezensionen als Vorlage der Evangelisten. Letztere ergeben sich aus den abweichenden Vorlagen für die Seitenreferenten. Exemplarisch läßt sich diese Schichtung in der unterschiedlichen Verwendung theologischer Aussagen nachvollziehen (vgl. etwa H. Schürmann, Beobachtungen zum Menschensohn-Titel; D. Zeller, Redaktionsprozesse und wechselnder ‚Sitz im Leben' beim Q-Material, in: J. Delobel (Hg.), Logia, BEThL 59, Leuven 1982, 395-409; F.W. Horn, Christentum und Judentum in der Logienquelle, EvTh 51, 1991, 344-364). M. Hengel, Aufgaben der neutestamentlichen Wissenschaft, NTS 40, 1994, 336 Anm. 45, betont gegenüber diesen „z.T. absurden Hypothesen", daß hinter der Q-Überlieferung „keine ... Kollektive", sondern „der theologisch denkende Kopf eines Jesusjüngers" stehe.

Fragen wir nach den theologischen Strukturen, die in der Logiensammlung vorausgesetzt sind, so soll im folgenden von dem Überlieferungsstadium der Q-Quelle ausgegangen werden, das aus dem Vergleich der Matthäus- und Lukasparallelen zu erschließen ist. Aus der Parallelüberlieferung ist zu erkennen, daß die Q-Quelle einer einfachen chronologischen Ordnung folgt: Sie setzt mit der Täuferrede ein (Mt 3,5.7-12par), führt sodann zur Darstellung der Versuchung Jesu[2] und über verschiedene Redestücke bis zur apokalyptischen Rede Jesu.[3] In diesen chronologischen Rahmen sind drei Gruppen von Redestoff hineingestellt: 1. Grundsätzliche Anweisungen für die Gemeinde und ihre Missionare. Dieser Stoff findet sich vor allem in der matthäischen Bergpredigt bzw. lukanischen Feldrede (Mt 5,3ff, Lk 6,20ff u.a.); ferner ist die sog. Aussendungsrede zu nennen, besonders Mt 9,37-10,15par; Nachfolgeworte (Mt 8,19-22par) und der Wehe- und Jubelruf (Mt 11,20-27par), auch der Makarismus über die Jünger (Mt 13,16fpar). 2. Auseinandersetzung mit den Gegnern der Gemeinde. Hierzu gehören die Worte Jesu über Johannes den Täufer (Mt 11,2-19par); ferner der Beezebul-Vorwurf, eine Zeichenforderung (Mt 12,22-45par) und die antipharisäische Rede (Mt 23,1ffpar). 3. Apokalyptische Mahn- und Lehrworte: Worte über das Gebet (Mt 6,9-13par: Vaterunser; 7,1-11par: vom Richten und von der Gebetserhörung), über das Sorgen (Mt 6,19-34par), Gleichnisse von der Gottesherrschaft (Mt 13,31-33[4]; Mt 13,44-46par), Bekenntnis- und Jüngerrede (Mt 10,26-39; 18,7.12-22), Gleichnis vom großen Abendmahl (Mt 22,1ffpar) und die Parusierede (Mt 24,26-28.37-41; 25,14-30par).[5]

Die Logiensammlung enthält also keineswegs nur Redestoff. Neben den Redestücken stehen auch Erzählungen. So schließt an die Bergpredigt bzw. Feldrede die Erzählung vom Hauptmann zu Kapernaum an (Mt 8,5-13; Lk 7,1-10). Auch zählt die Versuchungsgeschichte (Mt 4,1-11par Lk 4,1-13)

---

2 Mt 4,3-10par; hier ist vielleicht eine adoptianische Taufperikope vorausgesetzt; vgl. Mt 4,3par: ‚Gottessohn'.

3 Mt 24,26ffpar.37ffpar, mit der abschließenden Talentenparabel: Mt 25,14-30; erwogen wird, ob Lk 22,28-30 den Abschluß bildete; vgl. E. Bammel, Das Ende von Q, in: Verborum Veritas, FS G. Stählin, Wuppertal 1970, 39-50.

4 Die Zugehörigkeit von Mt 13,31fpar zur Logienquelle ist strittig. Sie kann sich im Zusammenhang mit Mt 13,33par als Doppelgleichnis nahelegen, jedoch können auch die sog. minor agreements für eine veränderte Mk-Vorlage (Dt-Mk) bei den Seitenreferenten sprechen (so F. Kogler, Das Doppelgleichnis vom Senfkorn und vom Sauerteig in seiner traditionsgeschichtlichen Entwicklung, fzb 59, Würzburg 1988).

5 Vgl. die synoptische Aufstellung bei G. Strecker-U. Schnelle, Einführung in die neutestamentliche Exegese, UTB 1253, Göttingen [4]1994, 60-62.

zum Erzählungsstoff; ferner sind die Täuferworte berichtartig gestaltet (Mt 11,2-19; Lk 7,18-35), ebenso der Beelzebulvorwurf (Mt 12,22-28).

Ist die Q-Quelle in diesem erschließbaren vorsynoptischen Stadium ein Konglomerat aus Rede- und Erzählungsüberlieferung, wobei die Redetradition das Übergewicht hat, und fehlt eine Passionsdarstellung sowie Auferstehungstradition, so hat Adolf Jülicher sie zu Recht als ,Halbevangelium' bezeichnet. Die Logiensammlung ist in der hellenistisch-christlichen Umwelt durch die Evangelisten Matthäus und Lukas vorgefunden worden. So zeigen es auch die alttestamentlichen Zitate, die zu einem großen Teil auf die Septuaginta zurückgehen. Andererseits hat eine Reihe von Logien eine altertümliche sprachliche Form bewahrt, so daß ein Kern der Q-Quelle mit Sicherheit auf aramäisch sprechenden Boden, d.h. in die Zeit der Urgemeinde und in das Leben Jesu zurückreicht. Die Q-Überlieferung vereinigt demnach semitische und hellenistische Elemente. Sie reflektiert in ihrem Bestand das theologische Denken von den Anfängen bis zur vorsynoptischen hellenistischen Gemeinde. Solche Komplexität ist einzurechnen, wenn nach der ihr eigentümlichen theologischen Aussage gefragt wird.

b) Die Person Jesu

Die Logiensammlung endete mit der apokalyptischen Rede Jesu. Enthält sie auch weder eine Passionserzählung noch einen Auferstehungsbericht, so wäre es doch verfehlt, hieraus zu schließen, die Tradenten der Q-Quelle hätten Passion und Auferstehung Jesu ignoriert und gehörten einem eigenständigen Zweig der urchristlichen Überlieferungsgeschichte an.[6] Palästinische und hellenistische Christen bekennen sich von Anfang an zum Gekreuzigten und Auferstandenen. Dieser Glaube ist Grundlage der Überlieferung und zu einem großen Teil auch der Entstehung der Logiensammlung. Daß das Bekenntnis zum Gekreuzigten und Auferstandenen vorausgesetzt ist, ergibt sich aus dem Logion zur Kreuzesnachfolge in Mt 10,38par („Wer nicht sein Kreuz auf sich nimmt und mir nachfolgt, der ist meiner nicht wert"). Der Terminus technicus σταυρός setzt das urchristliche Kerygma vom Kreuzestod Jesu vor-

6 Für S. Schulz steht hinter Q eine bestimmte Gemeinde, die in keinem Zusammenhang mit der vormarkinischen Gemeindetheologie steht, allenfalls gegen diese protestiert (S. Schulz, Q. Die Spruchquelle der Evangelisten, 1972, 31.42.433). Auch W. Schmithals denkt an eine selbständige religiöse Gemeinschaft, getrennt vom übrigen Urchristentum (W. Schmithals, Das Evangelium nach Markus, ÖTK 2/1, Gütersloh 1979, 24; ders., Einleitung in die drei ersten Evangelien, Berlin 1985, 402).

aus.[7] Daß sich Passions- und Auferstehungserzählungen in der Logiensammlung nicht finden, erklärt sich aus ihrer Überlieferungsabsicht: Q hat im wesentlichen eine paränetische Funktion, nämlich die Aufgabe, die christliche Gemeinde auf den rechten ethischen Weg zu führen. Hierfür war die Passions- und Auferstehungsüberlieferung weniger geeignet. Hinzu kommt, daß ein Kern der Sammlung aus vorösterlicher Zeit stammt. Dies legte nicht nahe, den anders gearteten Traditionsstoff von Passion und Auferstehung Jesu dem paränetisch-ethischen Logien- und Erzählungsmaterial nach Ostern anzufügen.

Obwohl der Jesus der Logiensammlung nicht expressis verbis der Gekreuzigte und Auferstandene genannt wird, ist er in der nachösterlichen Tradition als solcher vorausgesetzt. Auch in der Logientradition spricht der erhöhte Herr der Gemeinde. Sie gibt Zeugnis von der im Kreuzes- und Auferstehungsgeschehen widerfahrenen Wirklichkeit. Hier tut sich nach Ostern ekklesiales Selbstverständnis kund.

Der Gemeinde begegnet die Wirklichkeit des Auferstandenen unter der sprachlichen Form der *Menschensohnchristologie.* Der Herr der Gemeinde ist der zukünftig kommende Menschensohn; seine Ankunft wird sich unvorhergesehen, überraschend ereignen. Es wird der Gemeinde mit dem Menschensohn ergehen wie dem Hausbesitzer im Gleichnis: dieser weiß nicht, wann der Dieb kommt; er ist dem Einbruch ausgeliefert. So auch die Gemeinde angesichts der Parusie des Menschensohnes (Mt 24,43fpar). Von dieser Erkenntnis her versteht sich die Paränese: γίνεσθε ἕτοιμοι; dies meint nicht: ‚Laßt euch nicht überraschen', sondern es zeigt das Überraschende, Plötzliche des Einbruchs des Menschensohnes an und zieht daraus die Konsequenz: Verhaltet euch so, daß ihr jederzeit von seinem Kommen überrascht werden könnt! – Andererseits spricht die Logiensammlung von dem vergangenen, irdischen Menschensohn: Mt 8,20par (der Menschensohn hat keinen Platz, wo er sich betten kann); Mt 11,19par (der Menschensohn gilt im Gegensatz zur Askese des Täufers als Fresser und Weinsäufer; er ist ein Freund von Zöllnern und Sündern; vgl. auch Mt 11,25ffpar).

Darüber hinaus begegnet in der Logiensammlung eine *Gottessohnchristologie.* Nach Mt 4,3par richten sich die Versuchungen an den υἱὸς θεοῦ. Hierbei handelt es sich primär nicht um eine Infragestellung der ‚messianischen' Qualität Jesu, so daß sich die Gemeinde zu Jesus als dem Gottes-

7 Die Hypothese Dinklers, es handele sich um eine Bezeichnung mit dem Kreuzeszeichen, ist wenig wahrscheinlich; vgl. E. Dinkler, Jesu Wort vom Kreuztragen, in: ders., Signum Crucis. Aufsätze zum Neuen Testament und zur Christlichen Archäologie, Tübingen 1967, 77-98. Kritisch dazu H.-W. Kuhn, Jesus als Gekreuzigter in der frühchristlichen Verkündigung bis zur Mitte des 2. Jahrhunderts, ZThK 72, 1975, 1-46.

sohn bekennt, der die Versuchung seines messianischen Wesens und Auftrages überwunden hat und sich durch die Überwindung des Versuchers als der Gottessohn bestätigt hat; wahrscheinlicher ist vielmehr, daß statt spezifisch messianische allgemein menschliche Versuchungen im Bild Jesu dargestellt werden sollen, welche die Gefahren demonstrieren, die der Gemeinde auf ihrem Weg drohen. Bei der Weitergabe dieser Perikope bekennt sich die Gemeinde zu dem, der stellvertretend und vorbildhaft für sie den Gefahren widerstanden hat und ihr damit einen neuen Weg weist.

In der Logiensammlung bekennt sich darüber hinaus die Gemeinde zu dem, der der ‚Sohn' ist.[8] Jesus als der ‚Sohn' hat den Zugang zum ‚Vater'. Durch die Vater-Anrede des Herrengebets begründet er für die Gemeinde die Möglichkeit, sich auf den Weg zum Vater zu begeben und eine Gemeinschaft der ‚Söhne' darzustellen (Mt 5,45). Als der ‚Sohn' ist Jesus der Offenbarer (Mt 11,25ffpar); Erkenntnis des Vaters gibt es nicht ohne den Sohn. Die Frage nach dem An-und-für-sich-Sein des Vaters liegt der theologischen Konzeption der Logiensammlung fern; denn das Sein des Vaters ist durch den Sohn ein Sein für die Gemeinde. Dem Sohn ist die Macht über alles gegeben (Mt 11,27par), also auch die Macht, den Vater in sich selbst darzustellen. Im Auftreten des Sohnes offenbart sich der Vater; in ihm und durch ihn wird der Vater erkannt.

Inbegriff des Offenbarer-Seins des Sohnes ist die βασιλεία θεοῦ. Diese ist Gegenwart dort, wo sich der Sohn kundtut. So sagt Mt 11,12fpar: ‚Das Gesetz und die Propheten (gehen) bis auf Johannes; von da an erleidet die Gottesherrschaft Gewalt, und Gewalttätige reißen sie an sich.' Die ‚Gottesherrschaft' ist danach noch nicht im Auftreten des Täufers Gegenwart, sondern mit dem, der von jenem angekündigt wurde, Jesus. Sie ist nur als angegriffene und bedrohte gegenwärtig. Darin spiegelt sich die Niedrigkeit und Angefochtenheit des Gottessohnes wider; βιασταί (‚Gewalttätige') sind im Q-Kontext vermutlich die jüdischen Verfolger, vor allem Schriftgelehrte und Pharisäer (vgl. Mt 23,1ffpar). Die βασιλεία ist demnach paradox gegenwärtig: Sie ist als Leidende wirklich, indem sie dem zeitlichen Sein ausgesetzt ist. Als der Irdische, Leidende repräsentiert der Gottessohn die eschatologische

8 Vgl. Mt 11,27par. Der absolute Gebrauch des υἱός-Titels ist in Q allein an dieser Stelle bezeugt. Auch wenn er formal von der ‚Sohn-Gottes'-Prädikation zu unterscheiden ist, so wird der absolute Gebrauch auch wegen seiner reziproken Stellung zu πατήρ das Gottvater-Gottessohn-Verhältnis voraussetzen. Dies zeigt den hellenistischen Hintergrund des Jubelrufs Mt 11,25ff an und läßt ihn zugleich als späte Tradition innerhalb von Q erkennen – unbeschadet der Tatsache, daß die absolute Verwendung des Begriffs υἱός in der urchristlichen apokalyptischen Anschauung Verwendung findet (1 Kor 15,28).

Gottesherrschaft, als der Menschensohn, der unter den Menschen keinen Platz findet (Mt 8,20par Lk 9,58). In dem unscheinbaren Auftreten auch der menschlichen Boten naht die Gottesherrschaft (Mt 10,7). Mit ihr ist die Verheißung gegeben, daß die kleinen Anfänge zu einem großartigen, erfolgreichen Ende geführt werden (vgl. Mt 13,31f) und das Gottesreich wie der Sauerteig alles zu durchdringen vermag; denn schon in der ersten Verkündigung ist die Universalität des Anfangs angelegt (Mt 13,33par). Daher ist ‚schon jetzt' die Heilzeit angebrochen und den Augenzeugen das Heil zugesprochen (Mt 13,16fpar).

c) Die Verkündigung Jesu

Der ‚Sohn' repräsentiert die Gottesherrschaft.[9] Sein Auftreten bedeutet

1. Ruf zur Umkehr. Hat auch der Täufer zur μετάνοια gerufen (Mt 3,8), so ist mit Jesus der Kommende selbst als Rufer aufgetreten. Sein Umkehrruf läßt keinen anderen Weg offen. Nach ihm gibt es nur die Möglichkeit des Endes, des Gerichtes oder der Gnade. Sein Ruf bedeutet daher radikale Entscheidungsforderung und hat die Scheidung seiner Hörer zur Folge. So zeigt es das Gleichnis am Schluß der Bergpredigt/Feldrede (Mt 7,24-27par). Daher enthält Jesu Verkündigung eine absolute Gerichtsdrohung; sie verweist auf das Zeichen des Jona (Mt 12,39-42): Das ‚böse Geschlecht' wird keinem anderen als diesem Zeichen begegnen, dem Erscheinen des Menschensohnes zum Gericht. Radikal werden auch die Gerichtsdrohungen gegenüber den Städten ausgesprochen (Mt 11,21-24par; vgl. auch Mt 10,34-39par).

2. Zuspruch des Heils. Nach der ältesten Überlieferung der Makarismen der Bergpredigt bzw. Feldrede wird den Armen, den Hungernden, den Weinenden (Trauernden) das eschatologische Heil zugesprochen (Lk 6,20fpar). In einer Erweiterung der Q-Makarismenreihe sind auf einer zweiten Traditionsstufe Mt 5,5.7-9 hinzugefügt worden: ethische Seligpreisungen, die zum rechten Verhalten in Gemeinde und Welt auffordern, aber ebenfalls einen Zuspruchscharakter einschließen. Die Botschaft Jesu verheißt Heil. Solcher heilspendende und heilverheißende Zuspruch gilt besonders den Verfolgten: Die leidende Kirche steht auf der Ebene der alttestamentlichen Propheten. Das in der Verfolgung erduldete Leiden ist Anlaß zur Freude; denn es ist Grund der Hoffnung (Mt 5,11f; vgl. auch Lk 14,16-24).

3. Weisung, das Rechte zu tun. Der Schwerpunkt der Logiensammlung liegt auf den Mahnworten. Von entscheidendem Gewicht ist das Gebot der Feindes-

9 H. Schürmann, Das Zeugnis der Redequelle für die Basileia-Verkündigung Jesu, in: ders., Gottes Reich – Jesu Geschick, Freiburg 1983, 65-152.

liebe, das sich auf die Verfolger der Gemeinde bezieht. Es mißt sich an der ständig sich gleichbleibenden Güte des Vaters (Mt 5,44-48par). Dem entsprechen andere radikale Weisungen (etwa Mt 5,39: „Wer dich auf die rechte Wange schlägt, dem biete auch die andere dar"). Das umfassende Gebot der Gottes- und Nächstenliebe (Mt 22,34-40par) hat den Seitenreferenten vermutlich nicht nur in der Markus-, sondern auch in der Q-Fassung vorgelegen. Liebe zum Nächsten und unbedingte Liebe zu Gott entsprechen einander; denn Gottes Liebe realisiert sich nicht anders als in der Nächstenliebe.

4. Sendung an die Welt. Im Anschluß an die Verkündigung Jesu bedeutet die Sendung der urchristlichen Missionare zunächst Sendung an Israel. So setzt es der Weheruf Jesu über Jerusalem voraus (Mt 23,37-39par); auch die Aussendung der Jüngerschaft (10,5f: nicht zu den Städten der Samaritaner; 19,28: die Jünger Jesu als Richter der zwölf Stämme Israels). Solche Verkündigung ist Bekehrungsruf an Israel und fordert Glauben. Überwunden werden die nationalen und religiösen Schranken des Judentums; auch der heidnische Zenturio zählt zu den Angenommenen (Mt 8,5-13par).

5. Vorbereitung auf das Ende. Ist auch eine dialektische Spannung von Gegenwärtigkeit und Zukünftigkeit des Heils gegeben, der Schwerpunkt liegt entsprechend der urgemeindlichen Tradition auf der zukünftigen Heilsvollendung, auf der Parusieerwartung (Mt 24-25par). Daher impliziert die Annahme der Botschaft Jesu eine Ortsbestimmung in der Zwischenzeit; es ist die Zeit der Abwesenheit Jesu (Mt 23,39). In dieser Zeit gilt es, sich bereitzuhalten, in die Irre führende Lehren abzuwehren und dem Anspruch der falschen Messiasse zu widerstehen. Die Parusie des Menschensohnes ist nicht an vorausgeschickten Zeichen und Machttaten abzulesen; sie ist nicht apokalyptisch diagnostizierbar, sondern sie wird kommen wie ein Blitz in der Nacht, dann aber wird sich ihr niemand entziehen können (Mt 24,27; Lk 17,24).

d) Das Verständnis der Gemeinde

Entsprechend der Geschichte der Logiensammlung ist nicht nur *ein* Kirchenverständnis festzustellen. Vielmehr läßt sich traditionsgeschichtlich der Weg vom Partikularismus (Mt 10,5f: Verkündigung ausschließlich an das jüdische Volk) bis zu einem Universalismus (Mt 8,5ffpar: Sendung an die Heiden; auch Mt 22,1ffpar) nachzeichnen. Ist nach S. Schulz zu unterscheiden zwischen dem Kerygma des palästinisch-syrischen Grenzraumes und dem Kerygma der jüngeren Q-Gemeinden Syriens, so ist zu fragen, ob nicht eine noch größere Komplexität vorauszusetzen ist. Auch ist es durchaus zweifelhaft, ob es jemals ‚Q-Gemeinden' gegeben hat. Zweifellos ist das Bild von der Kirche unvollständig. Es findet sich weder Tauf- noch Abendmahlsüberlieferung. Dies ist sachlich bedingt, da die Logiensammlung primär Paränese bietet. Die Gemeinde, die diese paränetische Sammlung bei der kirchlichen Unterweisung benutzt, weiß sich auf dem Wege. Sie ist unterwegs zur Parusie des Menschensohnes. Motiviert solche Ausrichtung ihr Verhalten in der Gegenwart, so orientiert sie sich andererseits am Kreuz als einem heilvollen Datum der Vergangenheit. Von hier aus ergeben sich drei unterschiedliche Perspektiven:

1. Kreuzesnachfolge. Nach Mt 8,19-22par ist totaler Verzicht auf welthafte Bindungen gefordert. Die Nachfolge des Menschensohnes führt in die Unbehaustheit. Sie setzt radikale Scheidung, die Trennung von Vater und Mutter voraus. Sie fordert die Bereitschaft, das Leben aufs Spiel zu setzen (Mt 10,37-39par).

2. Blick auf die Zukunft: Ungewißheit des Endes. Der Abschluß der Q-Quelle wird durch die Wiederkunftsparabeln markiert (Mt 24,37-41par). Hier ist die Ungewißheit des Zeitpunktes festgestellt. Die christliche Gemeinde hat im Vergleich mit der Generation zur Zeit Noahs keinen Vorteil. Das Ende wird eine radikale Scheidung bedeuten, die einen werden angenommen, die anderen werden verworfen werden (Mt 24,40f par Lk 17,35). Hieraus folgt die Aufforderung, heute das Rechte zu tun; denn die Parusie wird sich überraschend ereignen (Mt 24,42-44 par Lk 12,39-40).

3. Der Weg durch die Zeit ist von Zuversicht getragen. So zeigt es das Herrengebet, das bezeichnenderweise mit der Vateranrede beginnt (Mt 6,9-13par). Die Hoffnung auf Gottes Handeln in Gegenwart und Zukunft begründet sich aus der Sohnschaft der Glaubenden (Mt 5,9.45par). Dies besagt, daß sie auf ihrem Weg durch die Zeit der Sorge enthoben sind und der Güte des Vaters zuversichtlich Vertrauen schenken können (Mt 6,25-34par). Diese Gemeinde blickt jedoch nicht nur auf das zukünftige Ende der Geschichte, in dem sie als die Gemeinschaft der ἐκλεκτοί offenbar werden wird, sondern auch auf das Christusgeschehen als ein Ereignis der Geschichte; denn an ihrem Anfang steht der Menschensohn als der Gekommene. Das Bekenntnis zu ihm wird zur Folge haben, daß er sich zu seiner Gemeinde bekennen wird (Mt 10,32par).

C. DER WEG JESU CHRISTI – DIE SYNOPTIKER

V. TAYLOR, The Formation of the Gospel Tradition, London 1933.

J. ROHDE, Die redaktionsgeschichtliche Methode, Hamburg 1966.

E. GÜTTGEMANNS, Offene Fragen zur Formgeschichte des Evangeliums, BEvTh 54, München [2]1971.

H. CONZELMANN, Literaturbericht zu den Synoptischen Evangelien, ThR NF 37, 1972, 220-272; 43, 1978, 3-51.321-327.

J. ROLOFF, Das Kerygma und der irdische Jesus, Göttingen [2]1973.

DERS., Neues Testament, Neukirchen-Vluyn [4]1985.

E.E. ELLIS, New Directions in Form Criticism, Jesus Christus in Historie und Theologie, FS H. Conzelmann, Tübingen 1975, 299-315.

C.H. TALBERT, What is a Gospel? The Genre of the Canonical Gospels, Philadelphia 1977.

R. BULTMANN, Die Geschichte der synoptischen Tradition, FRLANT 29, Göttingen [9]1979, 348-400.

G. STRECKER, Redaktionsgeschichte als Aufgabe der Synoptikerexegese, in: ders., Eschaton und Historie. Aufsätze, Göttingen 1979, 9-32.

DERS., Schriftlichkeit oder Mündlichkeit der synoptischen Tradition? Anmerkungen zur formgeschichtlichen Problematik, in: The Four Gospels, FS F. Neirynck, BEThL 100, Leuven 1992, 159-172.

S. SCHULZ, Die Stunde der Botschaft. Einführung in die Theologie der vier Evangelisten, Hamburg [3]1982,

H. ZIMMERMANN-K. KLIESCH, Neutestamentliche Methodenlehre, Stuttgart[7]1982, 223-266.

H. KÖSTER, Art.: Formgeschichte/Formenkritik II, TRE 11, 1983, 286-299.

P. STUHLMACHER (Hg.), Das Evangelium und die Evangelien, WUNT 28, Tübingen 1983.

A. LINDEMANN, Literaturbericht zu den Synoptischen Evangelien, ThR 49, 1984, 223-276.311-371.

W.S. VORSTER, Der Ort der Gattung Evangelium in der Literaturgeschichte, VF 29, 1984, 2-25.

F. HAHN (Hg.), Der Erzähler des Evangeliums. Methodische Neuansätze in der Markusforschung, SBS 118/119, Stuttgart 1985.

W. SCHMITHALS, Einleitung in die drei ersten Evangelien, Berlin-New York 1985.

DERS., Kritik der Formkritik, ZThK 77, 1980, 149-185.

DERS., Evangelien, Synoptische, TRE 10, 1982, 570-626.

K. KOCH, Was ist Formgeschichte?, Neukirchen-Vluyn [5]1986.

E.J. EPP-G.W. MACRAE (Hgg.), The New Testament and its Modern Interpreters, SBL.SP 3, Philadelphia-Atlanta 1989.

W. SCHNEEMELCHER, Einleitung. A. Evangelien, NTApo I, Tübingen [6]1990, 65-75.

R. RIESNER, Jesus als Lehrer. Eine Untersuchung zum Ursprung der Evangelien-überlieferung, WUNT II 7, Tübingen [4]1993.

Wir fragen im folgenden nach den theologischen Konzeptionen der Verfasser der synoptischen Evangelien. Diese Fragestellung ist üblicherweise ein Gegenstand der sogenannten ‚Redaktionsgeschichte' (auch ‚Redaktionskritik') oder ‚Kompositionskritik'. Der Ausdruck ‚Redaktionsgeschichte' ist mißverständlich; denn die redaktionsgeschichtliche Untersuchung will nicht eine ‚Geschichte' von Redaktionen rekonstruieren, vielmehr die jeweilige theologische Konzeption des befragten Evangelienredaktors darstellen. Die Mißverständlichkeit des Begriffes hat die ‚Redaktionsgeschichte' mit dem Ausdruck ‚Formgeschichte' gemeinsam; denn die ‚Formgeschichte' will nicht die Geschichte einer Form darstellen, sondern allenfalls die von Formen, nämlich von literarischen Gattungen insbesondere des mündlichen Überlieferungsprozesses. Bezieht sich demnach der Begriff ‚Redaktionsgeschichte' nicht auf eine Geschichtsdarstellung der Evangelienredaktionen, so kann er andererseits auf die Tatsache aufmerksam machen, daß jede ‚Redaktion' in einem Geschichtszusammenhang steht. Aufgabe der Redaktionsgeschichte ist es, diesen Zusammenhang darzustellen, genauer: das Verhältnis von Redaktion und Tradition zu untersuchen, um durch die Gegenüberstellung der Redaktionsarbeit des Evangelisten (= des ‚Redaktors') zur vorgegebenen Überlieferung das für ihn Typische zu erfassen und damit auch das Prinzip, das ihn bei der Übernahme der Tradition geleitet hat. So wenig die Arbeit der Evangelienredaktoren von der ihnen vorgegebenen Tradition isoliert werden darf, so wenig ist auch die Redaktionsgeschichte gegenüber anderen Fragestellungen zu isolieren, die sich mit der Geschichte des Überlieferungsstoffes befassen. Eine ihrer methodologischen Voraussetzungen ist die ‚Formgeschichte', die primär die mündlichen Überlieferungsgesetze untersucht; denn die Evangelienredaktoren stehen auf derselben soziologischen Grundlage wie die Träger der vorsynoptischen Überlieferung. Sie sind nur im Zusammenhang mit ihren Gemeinden und deren Überlieferungen zu interpretieren. Sie sind Exponenten des Gemeindeglaubens und damit der Gemeindetheologie, auch wenn sie ihrerseits zur Ausgestaltung der theologischen Vorstellungen der frühchristlichen Gemeinden und damit zur Selbstorientierung des christlichen Lebens und Denkens in der zweiten und dritten christlichen Generation wesentlich beigetragen haben.

Neben den Ergebnissen der Formgeschichte setzt die Redaktionsgeschichte die der Quellenkritik der synoptischen Evangelien voraus. Die Zwei-Quellen-Theorie fixiert das stabile Element der Überlieferung; sie beschäftigt sich mit den literarisch erfaßbaren Traditionen, und im Vergleich hiermit lassen sich Arbeitsweise und Ergebnisse der Evangelienschreibung verdeutlichen.

I. Grundprobleme der Evangelienschreibung

R. BULTMANN, Die Erforschung der synoptischen Evangelien, Glauben und Verstehen IV, Tübingen [3]1975, 1-41.
D. DORMEYER, Das Evangelium als literarische und theologische Gattung, EdF 263, Darmstadt 1989.
DERS., Das Neue Testament im Rahmen der antiken Literaturgeschichte, Darmstadt 1993.
DERS.-H. FRANKEMÖLLE, Evangelium als literarische Gattung und als theologischer Begriff, ANRW II. 25.2, 1463-1542.
G. STRECKER, Literaturgeschichte des Neuen Testaments, UTB 1682, Göttingen 1992, 123-148.

a) Das Verhältnis von Kerygma und Historie als redaktionsgeschichtliches Problem

K.L. SCHMIDT, Die Stellung der Evangelien in der allgemeinen Literaturgeschichte, in: ΕΥΧΑΡΙΣΤΗΡΙΟΝ, FS H. Gunkel, FRLANT 36/2, Göttingen 1923, 50-134.
G. EBELING, Theologie und Verkündigung. Ein Gespräch mit Rudolf Bultmann, HUTh 1, Tübingen [2]1963.
A. VÖGTLE, Die historische und theologische Tragweite der heutigen Evangelienforschung, ZKTh 86, 1964, 385-417.
E. KÄSEMANN, Das Problem des historischen Jesus, Exegetische Versuche und Besinnungen I, Göttingen [6]1970, 187-214.

Die Evangelienredaktoren setzen den Osterglauben und das Osterkerygma der urchristlichen Gemeinden voraus. Die von ihnen verfaßten Evangelien sind Glaubenszeugnisse und dürfen nicht mit historischen Biographien verwechselt werden. Es ist das Verdienst der formgeschichtlichen Forschung, auf das Kerygmatische in der synoptischen Überlieferung hingewiesen zu haben. R. Bultmann spricht von dem ‚Mythos des Kerygmas', der dem Markusevangelium seine Einheit gibt.[1] Andererseits aber gesteht er zu, daß die Evangelien die „Form einer zusammenhängenden, geschichtlichen, biographischen Erzählung" haben[2]; denn sie beginnen mit dem Auftreten des Täufers, Matthäus und Lukas sogar mit einer Kindheitsgeschichte Jesu, und sie enden mit der Erzählung von Tod und Auferweckung Jesu Christi. Sie sind um eine zumin-

1 R. Bultmann, Die Geschichte der synoptischen Tradition 397.

2 Ders., a.a.O. 395. – Vgl. zu den Analogien in der antiken biographischen Literatur (z.B. das Leben des Homer): D.E. Aune, The New Testament in its Literary Environment, LEC VII, Philadelphia 1987, 63f; D. Dormeyer, Das Evangelium als literarische und theologische Gattung 159.

dest primitive chronologische und geographische Linienführung bemüht. Solcher ‚Doppelcharakter' des Evangeliums ist nicht durch die Begriffe ‚Form und Inhalt' zu differenzieren, sondern wirft die Frage auf, wie sich das Kerygmatische zum Historischen und umgekehrt verhält. Was bedeutet es, daß die urchristlichen Gemeinden nicht bei der Überlieferung der Kerygmas stehengeblieben sind, daß sie ihre Überlieferung nicht an der paulinischen Theologie ausrichteten und den gegenwärtigen und künftigen Kyrios nicht auch die Gestalt ihrer Überlieferung prägen ließen? Was ist der Grund für die Neubewertung der Historie in den Evangelien? Denn gewiß hat es schon in der Zeit vor Markus historische Überlieferungsmotive gegeben. So zeigte sich, daß die Logiensammlung eine Reihe von chronologischen und geographischen Angaben überlieferte. Und auch die isolierten Einzelperikopen der vorsynoptischen Überlieferung enthielten zum Teil chronologische oder geographische, in jedem Fall ‚historische' Aussagen. Aber erst Markus hat die literarische Gattung Evangelium geschaffen und damit das Problem aufgeworfen, wie Historie und Kerygma im Evangelium zusammenstimmen.[3] Die Entstehung der Gattung Evangelium bedeutet Aufwertung der im Kerygma ausgesagten Historie und möglicherweise Akzentuierung der Historie gegenüber dem Kerygma. Was also ist der Anlaß für die Abfassung der Evangelien?

Nach R. Bultmann (Das Verhältnis der urchristlichen Christusbotschaft zum historischen Jesus, in: ders., Exegetica, Tübingen 1967, 453) hat die „Kombination von historischem Bericht und kerygmatischer Christologie in den Synoptikern ... nicht den Sinn, das Christuskerygma durch die Historie zu legitimieren, sondern umgekehrt, die Geschichte Jesu als messianische sozusagen zu legitimieren, indem sie sie in das Licht der kerygmatischen Christologie stellt". Demnach wäre nicht die Historie, sondern das Kerygma für die Abfassung der Evangelien der ausschlaggebende Faktor. Jedoch trifft dies nach überwiegender Forschungsmeinung zumindest für Lukas nicht zu, der vielmehr unter den Evangelisten als der ‚Historiker' gilt, wobei seiner Geschichtsschreibung eine nicht nur den Glauben interpretierende, sondern ihn auch demonstrierende Funktion zugeschrieben wird. Dies ist aber auch für die übrigen Evangelisten nicht auszuschließen. – Der Position Bultmanns widerspricht G. Ebeling (Theologie und Verkündigung 126f): „Man legitimiert die Geschichte Jesu ‚messianisch', nicht nur weil zufällig noch einiges davon in Erinnerung ist, sondern weil man offenbar nicht bloß an dem Daß der Historizität Jesu, sondern auch gerade an dem Was und Wie seiner Erscheinung interessiert ist – freilich nicht historisch-kritisch, sondern im Interesse des Glaubens an der Konkretion des Kerygmas." Dies läßt fragen,

---

3 Gegen W. Schmithals, Einleitung 409, wonach Markus nicht der erste Evangelist sein kann, sondern bereits eine Evangelienschrift (= die Grundschrift) vorfand und redaktionell bearbeitete.

welches der Grund ist, der die Evangelisten veranlaßt, über das Kerygma hinaus auf die Geschichte Jesu zurückzugreifen.

Verschiedene Antworten:

1. *Das antidoketische Interesse.* Dies ist weithin gleichbedeutend mit dem Stichwort ‚antignostisches Interesse'. Nach gnostisch-doketischer Anschauung läßt sich die Idee des Christus nicht mit dem irdischen Jesus in Einklang bringen. Indem der Gnostiker allein durch sein Erkennen Zugang zur Wahrheit hat, weiß er sich von der Welt und menschlich-irdischer Existenz getrennt. Daher wird auch die Person Jesu als des in die Welt gekommenen Erlösers nicht als eine sarkische verstanden; sie hat sich nur scheinbar mit dieser Welt verbunden. Demgegenüber hat die zur Großkirche hinführende Theologie frühzeitig die Realität der Inkarnation Jesu Christi betont. Dies könnte auch ein Motiv der Evangelienschreibung darstellen. Dennoch bleibt diese Auskunft hypothetisch; denn eine Konfrontation mit Gnosis und Doketismus ist für die synoptischen Evangelisten nicht nachzuweisen. Dies gilt auch für Lukas: In der Abschiedsrede des Paulus an die Ältesten zu Milet (Apg 20,17-36) gibt der scheidende Apostel der christlichen Gemeinde die Warnung ‚vor Menschen mit falschen Lehren' mit auf den Weg – eine konkrete Warnung vor Irrlehrern, die jedoch nicht spezifiziert wird und im Sinn des Lukas auch nicht eingegrenzt werden darf. Nicht bestimmte häretische Gruppen sind Gegenstand der apostolischen Ermahnung, sondern die allgemeine Möglichkeit von ‚Irrlehrern'. Ein doketisches oder gnostisches Gegenüber läßt sich als Motiv für die Geschichtsschreibung des Lukas daher nicht behaupten.

Der Beantwortung der Frage, wodurch die Evangelienschreibung motiviert ist, kommen wir näher, wenn wir feststellen:

2. Die Evangelienschreibung kennzeichnet den *Übergang der überlieferungsgeschichtlichen Entwicklung vom Judenchristentum zum Heidenchristentum.* Die Form ‚Evangelium' entspricht der Selbstorientierung heidenchristlichen Denkens. Dies schließt jüdische bzw. judenchristliche Faktoren in der Evangelienschreibung nicht aus. Doch ist charakteristisch, daß für die Gattung ‚Evangelium' auf genuin jüdischem Boden eine Parallele nicht vorhanden ist. Die nächsten jüdischen Analogien sind rabbinische Anekdoten, auch Spruchsammlungen, die der Weisheitsliteratur verwandt sind und daher der Q-Quellenschrift der Evangelien nahestehen, nicht aber den Evangelien selbst. – Schon K.L. Schmidt zeigte in dem Aufsatz ‚Die Stellung der Evangelien in der allgemeinen Literaturgeschichte' die griechisch-hellenistischen Parallelerscheinungen zur neutestamentlichen Evangelienliteratur lehrreich auf. Das antike biographische Schrifttum ist zwar durch seinen literarischen Anspruch in Form und Gehalt von der neutestamentlichen Evangelienliteratur abzuheben – die griechisch-hellenistischen Biographen entwerfen literarische Por-

traits –; insofern hat K.L. Schmidt durchaus recht, wenn er die antiken Biographien zur Hochliteratur zählt, dagegen die synoptischen Evangelien als ‚volkstümliche Kultbücher' bezeichnet.[4] Dennoch ist die Parallelität nicht zu übersehen: Wie in der antiken Biographie, so steht auch in den Evangelien ein ‚Held' im Mittelpunkt; hier wie dort handelt es sich um ein, wenn auch zum Teil mit unzulänglichen Mitteln ausgeführtes ‚Lebensbild'; hier wie dort wird mit chronologischen und geographischen Details gearbeitet.[5] Die formalen Differenzen erklären sich weitgehend aus dem volkstümlichen, gemeindebezogenen Charakter der evangelischen Überlieferung. Die grundsätzliche Gemeinsamkeit ist hierdurch nicht aufgehoben. Dies bedeutet: Die Evangelienschreibung reflektiert die Hellenisierung des christlichen Glaubens. Ihr Motiv ist die Selbstorientierung des Glaubens in der hellenistischen Welt. Damit ist freilich nicht mehr als ein äußeres Motiv erkannt, das geistesgeschichtlich einzuordnen ist. Die Frage nach der theologischen Grundlage der Evangelienschreibung wäre von hier aus nur unvollkommen beantwortet.[6]

3. Das theologische Motiv der Evangelienschreibung ist das *heilsgeschichtliche Interesse* der Evangelienredaktoren. Der unterschiedlich gebrauchte Begriff ‚Heilsgeschichte' bezeichnet die Geschichte, in der und durch die sich Heil ereignet. Von einer solchen heilvollen Geschichte berichten die Evangelisten. Ihre Jesuserzählung hat eine Vergangenheit zum Gegenstand, welche eine heiligende Kraft besitzt und diese der Gegenwart und Zukunft mitteilen will. Die Jesuserzählung der Evangelisten ist also nicht mit dem ‚Kerygma', dem direkt anredenden Wort, identisch; sie ist keine Predigt im eigentlichen Sinn, sondern als Anrede durch das Medium der Historie gebrochen. Allein durch die Erkenntnis dessen, was sich in der Historie ereignete, ist es möglich zu erkennen, daß und wie dieses Ereignis für die Gegenwart von Bedeutung ist. Die Jesuserzählung der Evangelien will also nicht lediglich Historie wiedergeben. Sie begnügt sich nicht damit, ‚bruta facta' des Jesusgeschehens zu berichten, sondern sie setzt voraus und bringt zum Ausdruck, daß das Ge-

---

4 K.L. Schmidt, a.a.O., in: ders., Neues Testament – Judentum – Kirche. Kleine Schriften, hg. v. G. Sauter, TB 69, München 1981, 118.

5 Vgl. hierzu die Definition bei D.E. Aune, a.a.O. 29 („a discrete prose narrative devoted exclusively to the portrayal of the whole life of a particular individual perceived as historical"). Und zum folgenden auch C.H. Talbert, What is a Gospel?; G. Strecker-U. Schnelle, Einführung 91ff; G. Strecker-J. Maier, Neues Testament – Antikes Judentum 55-57; auch G. Strecker, Art.: Biblische Literaturgeschichte II, TRE 21, 338-358.

6 Vgl. zu weiteren Auslegungsversuchen auch Erklärung der Form des Evangeliums aus alttestamentlich-jüdischer Überlieferung, als Midrasch oder als apokalyptisches Drama: G. Strecker, Literaturgeschichte 139-142.

schehen der Vergangenheit ein eschatologisches Geschehen ist, dessen eigentliche Wirklichkeit den Kategorien der Zeit, dem historischen Erkennen entzogen ist. Eschatologisches und historisches Interesse sind in der Jesuserzählung der Evangelien miteinander verknüpft. Dies will der Terminus ‚Heilsgeschichte' besagen.

Durch die Beziehung auf die Historie, wie sie in der Jesuserzählung der Evangelien vorliegt, wird das Was und das Wie des Kerygmas konkretisiert. Der Glaube greift über das Kerygma hinaus; er legt in der Darstellung der Evangelien Rechenschaft über sich selbst ab; er schaut sich im Spiegel der Erzählung vom vergangenheitlichen Jesus, um zu sich selbst zu kommen und sich selbst zu verstehen. Dies konnte auch in der Weise des Mythos geschehen und ist auf mythologische Weise vorgetragen worden, z.B. in der Theologie des Paulus, teilweise auch in der vorsynoptischen Evangelienüberlieferung. Aber die Evangelisten knüpfen wesentlich nicht an die mythologischen Elemente der Tradition an, sondern an deren historische Bestandteile. Damit legen sie den Grund zu der verbreiteten Annahme, daß ihre Darstellung eine historische Berichterstattung im modernen, objektiven Sinn sei. Weil die Kategorie ‚Historie', anders als die des ‚Mythos', unserer Zeit zu entsprechen scheint, geben die Evangelienredaktoren zu dem Mißverständnis Anlaß, daß sie eine demonstrierbare Geschichte erzählen und den historischen Beweis für den Wahrheitsgehalt des Kerygmas liefern wollten. Und es ist nicht zu leugnen, daß sie nicht selten selbst diesem Mißverständnis zum Opfer gefallen sind. Die Tatsache, daß das nicht Beweisbare in der Gestalt eines historischen Faktums erzählt und damit der Glaube in Wissen umgemünzt und so verfälscht wird, diese Tatsache macht die Problematik der Heilsgeschichte und damit auch der Evangelienschreibung aus.

Andererseits zeigt sich in der Verbindung von eschatologischer und historischer Ausrichtung das *theologische Anliegen der Evangelienverfasser.* Die Konkretion des Was und Wie des Kerygmas bedeutet zuallererst

(1) die Hervorhebung des ἐφ' ἅπαξ des Christusgeschehens. Die heilsgeschichtliche Linienführung besagt nicht, daß das Jesusereignis ein beliebiger Punkt auf der Zeitlinie sei. Jesus ist vielmehr im Verständnis der Evangelienredaktoren ‚die Mitte der Zeit'. Solche Einmaligkeit und Unwiederholbarkeit umschließt beides, die Kontinuität und die Diskontinuität des Christusgeschehens im Verhältnis zum Geschichtsablauf; denn heilsgeschichtliches Denken besagt, daß der heilvolle Wille Gottes die Geschichte auf dieses Geschehen hin ausgerichtet hat. So wird es in Hinsicht auf die voraufgehende Zeit an der Weissagung der alttestamentlichen Prophetie, die auf Jesus hinweist, deutlich. Und für die an das Jesusgeschehen anschließende Zeit bedeutet dies, daß die weitere Geschichte von ihm her bestimmt wird. Als Richtpunkt der Geschichte ist das Christusgeschehen ein im Zeitablauf diskontinuierliches

Ereignis, und doch ist es in den Zeitablauf eingeordnet; es hat an der Kontinuität der Geschichte Anteil. Der heilsgeschichtliche Aspekt des Christusgeschehens, der in dem Nebeneinander von Kontinuität und Diskontinuität sich ausspricht, verhält sich dem Gedanken der Kontingenz der Offenbarung in Christus gegenüber reserviert, um nicht zu sagen: er schließt diesen Gedanken aus. Von hier aus ergeben sich Anfragen an die Evangelienschreibung sowie an das aus ihr erwachsene Mißverständnis, wonach das Heilsgeschehen ein in der Geschichte demonstrierbares Geschehen sei. Die theologische Überzeugung, daß das Christusereignis nicht aus der Geschichte ableitbar, sondern ein allein durch den freien Willen Gottes begründetes Geschehen ist, steht zumindest nicht im Mittelpunkt der Konzeption der Evangelienredaktoren, wenngleich der Versuch, auf dem Boden historischer Begebenheiten eine Beweisführung vorzulegen, a priori zum Scheitern verurteilt ist. Die heilsgeschichtliche Demonstration kann das Kontingente des Christusereignisses – man könnte sagen: gegen den Willen der Evangelisten – nicht ausstreichen.

Die Konkretion des Was und Wie des Kerygmas durch die Evangelienschreibung bedeutet

(2) die Hervorhebung des ‚extra nos' des Christusgeschehens. Die Evangelien bezeugen durch ihr Vorhandensein, daß der christliche Glaube nicht subjektivistisch begründbar ist. Das, worauf sich der Glaube beruft, ist nicht etwas, das der Mensch sich selbst sagen könnte; der Glaube bezieht sich vielmehr auf etwas Vorgegebenes. Auch hier besteht die Gefahr, daß der christliche Glaube in einem historischen Koordinatensystem aufgehen und eine historische Tatsache den Grund des Glaubens darstellen soll. Tatsächlich besagt die qualifizierte Geschichte, von der die Evangelisten sprechen, daß das ‚extra nos' des Glaubens eine Wirklichkeit ist, die im Christusgeschehen in die Welt eingegangen, aber nicht aus dieser Welt zu begreifen ist. Es handelt sich um ein historisches Ereignis, das sich nicht in den Kategorien Subjekt-Objekt erfassen läßt, auch wenn die Evangelisten selbst zu diesem Mißverständnis Anlaß gegeben haben.

Die Konkretion des Was und Wie des Kerygmas durch die Evangelienschreibung besagt schließlich

(3) die *Paradoxalität* des christlichen Glaubens. Die Evangelisten bringen das Paradox des christlichen Glaubens zur Sprache, indem sie das Christusgeschehen als ein paradoxales Ereignis zeichnen, das darin besteht, daß das Eschaton in die Historie hineinragt. Dies besagt: Es existiert die Möglichkeit des Glaubens in einer Welt, die diese Möglichkeit nicht nur theoretisch, sondern auch faktisch leugnet. Das Evangelium ist demgegenüber Zeuge dafür, daß der Glaube eine dem Menschen gegebene Möglichkeit ist: die Möglichkeit, in der Welt zu sein, ohne zugleich von der Welt zu sein.

Die synoptischen Evangelisten bezeugen dieses Paradox, indem sie Jesus als den Christus darstellen, ihn nicht als Mensch unter anderen Menschen zeichnen, sondern als den geglaubten Christus, den kommenden Kyrios-Menschensohn, der schon gekommen ist. Mit der Darstellung dieser Historie, der qualifizierten, heilvollen Geschichte Jesu als des Christus, sprechen die Evangelisten nichts anderes aus, als das, was im urchristlichen Kerygma von Anfang an enthalten ist: „Das Wort ist Fleisch geworden" (Joh 1,14), oder, in den Worten der urchristlichen Kerygmatradition: „Jesus ist auferweckt worden" (1 Kor 15,4). Die Evangelienschreibung zieht aus diesem kerygmatischen Satz die Konsequenz im Blick auf die Vergangenheit, wenn sie zum Ausdruck bringt: Der Kyrios-Christus ist eine in einem Evangelium darstellbare historische Wirklichkeit.

b) Das Problem der Parusieverzögerung

G. HÖLSCHER, Der Ursprung der Apokalypse Mrk 13, ThBL 12, 1933, 193-202.

G. BORNKAMM, Die Verzögerung der Parusie, in: In Memoriam Ernst Lohmeyer, Stuttgart 1951, 116-126 (= ders., Geschichte und Glaube I, München 1968, 46-55).

W.-G. KÜMMEL, Verheißung und Erfüllung. Untersuchungen zur eschatologischen Verkündigung Jesu, AThANT 6, Zürich [3]1956.

N. WALTER, Tempelzerstörung und synoptische Apokalypse, ZNW 57, 1966, 38-49.

J. LAMBRECHT, Die Redaktion der Markus-Apokalypse, AnBib 28, Rom 1967.

R. PESCH, Naherwartungen. Tradition und Redaktion in Mk 13, Düsseldorf 1968.

J. ZMIJEWSKI, Die Eschatologiereden des Lukas-Evangeliums, BBB 40, Bonn 1972.

H. CONZELMANN, Geschichte und Eschaton nach Mc. 13, wieder abgedruckt in: ders., Theologie als Schriftauslegung, BEvTh 65, München 1974, 62-73.

E. GRÄSSER, Das Problem der Parusieverzögerung in den synoptischen Evangelien und in der Apostelgeschichte, BZNW 22, Berlin [3]1977 (Lit.).

PH. VIELHAUER-G. STRECKER, Apokalyptik des Urchristentums, in: W. Schneemelcher (Hg.), Neutestamentliche Apokryphen II, Tübingen [5]1989, 516-547 (vgl. 525: Lit.).

Wie Albert Schweitzer in seinem Werk ‚Das Messianitäts- und Leidensgeheimnis' entsprechend den Grundprinzipien seiner ‚konsequenten Eschatologie' vorgetragen hat, ist die Verkündigung Jesu wesentlich eine Ankündigung des nahen Endes, d.h. des unmittelbar bevorstehenden Einbruchs des Gottesreiches, und Jesus selbst habe sich als der künftige, unmittelbar erwartete Messias gewußt. Dies sei auch die Grundlage des Messiasgeheimnisses, der Verborgenheit der Messianität Jesu in seinem öffentlichen Auftreten nach der Darstellung des Markusevangeliums. Und die Lehre Jesu, vor allem in der Bergpredigt, sei nichts anderes als eine ‚Interimsethik', eine für den Übergang der Zeit geschaffene Weisung, eine ‚ethische Eschatologie', da Jesus das Endereignis durch eine sittliche Erneuerung herbeiführen wollte.[7] Hieraus folgt, daß mit der Enttäuschung der Naherwartung, mit der Widerlegung der Ankündigung Jesu, noch in dieser Generation werde das Ende hereinbrechen, auch die Substanz des christlichen Glaubens sich ändern mußte. Hatte Martin Werner in seinem Werk ‚Die Entstehung des christlichen Dogmas' die Konsequenzen für die Dogmengeschichte zu ziehen versucht und die These ausgeführt, daß die Entfaltung des theologischen Denkens im Ablauf der Geschichte im wesentlichen eine Enteschatologisierung des christlichen Glaubens bedeutet habe[8], so mag man hierzu Gegenfragen stellen. Manches, was in der frühchristlichen Überlieferung dem Parusieverzögerungsbewußtsein zugeschrieben wird, ist zweifellos nichts anderes als die Folge der Geschichtswerdung des christlichen Glaubens. Nach den dynamischen Anfängen mußte das Urchristentum im Verlauf seiner Geschichte sich zunehmend den Problemen der Zeit und der Welt stellen; dennoch ist an der Bedeutung dieses Bewußtseins als eines nicht unwichtigen Elementes in der Gestaltung der frühchristlichen Tradition nicht zu zweifeln.

1. Die vorsynoptische Überlieferung

Die Themen ‚Naherwartung' und ‚Parusieverzögerung' sollten in ihrer Bedeutung für die frühchristliche Theologiegeschichte nicht unterschätzt werden. Die palästinische Urgemeinde stand in einer akuten Naherwartung, wie der Ruf ‚Maranatha' besagt. Und auch die hellenistische Gemeinde lebt in ihren Anfängen in der Erwartung, daß das Ende unmittelbar bevorstehe, wie 1 Thess 4 anzeigt. Ursprünglich wird also die eschatologische Existenz der Gemeinde wie des einzelnen Christen in der Weise der Naherwartung begriffen. Das Eschaton ist im wesentlichen eine zukünftige Größe und wird für die nahe Zukunft als drohendes und begnadigendes Ereignis erwartet.

Spätestens um die Wende der ersten zur zweiten christlichen Generation entstand für die christlichen Gemeinden die akute Verzögerungsproblematik. Es wurde die Frage unausweichlich, wann das Ende kommen werde und mit

7 A. Schweitzer, Das Messianitäts- und Leidensgeheimnis, eine Skizze des Lebens Jesu, Tübingen [3]1956, 28; vgl. noch G. Strecker, Strukturen einer neutestamentlichen Ethik, ZThK 75, 1978, 117-146; 133 Anm. 39; E. Gräßer, A. Schweitzer als Theologe, BHTh 60, Tübingen 1979; W.G. Kümmel, Das Neue Testament 300: „Als Busse auf das Reich Gottes hin ist auch die Ethik der Bergpredigt Interimsethik" (Zitat aus A. Schweitzer, a.a.O. 19); zuletzt zur Sache: E. Gräßer, Zum Stichwort ‚Interimsethik'. Eine notwendige Korrektur, in: Neues Testament und Ethik, FS R. Schnackenburg, Freiburg 1989, 16-30.

8 M. Werner, Die Entstehung des christlichen Dogmas, Bern-Tübingen [2]1953.

ihm der erwartete Kyrios-Menschensohn. Diese Frage war umso brennender, je stärker die Gemeinde ihre eschatologische Existenz aus der Zukunft interpretierte und je weniger sie von der gegenwärtigen, wirkenden Macht des Kyrios wußte. Es waren also vor allem die palästinische Gemeinde und die Gemeinden auf hellenistischem Boden, soweit diese einen stärkeren palästinisch-judenchristlichen Einschlag hatten, für die sich im besonderen Maße das Verzögerungsproblem stellte. Und es stellte sich zu dem Zeitpunkt, an dem durch den Tod von Gemeindegliedern das Erleben der Parusie für die erste Generation fraglich wurde.

Die Verzögerungsproblematik hat in einigen Perikopen der vorsynoptischen Überlieferung einen Niederschlag gefunden. Die Parabel von den zehn klugen Jungfrauen (Mt 25,1-13) ist ein auf das Problem der Parusie zugeschnittenes Gleichnis. Der Unterscheidung zwischen den klugen und den törichten Jungfrauen entsprechen zwei mögliche Haltungen im Blick auf die Parusie: die einen sind nicht bereit, die anderen dagegen sind gerüstet, dem Bräutigam entgegen zu gehen. V.5 spricht ausdrücklich von der Verzögerung des Bräutigams (χρονίζοντος δὲ τοῦ νυμφίου) und zeigt, daß die Gemeinde, die diese Parabel tradierte, eine Antwort auf das bedrängende Problem der Parusieverzögerung zu finden suchte. Die Antwort lautet: Seid alle Zeit bereit! Die Ankunft des Kyrios darf euch nicht unvorbereitet finden. Die Verzögerung der Parusie führt also zur Ausgestaltung ethischer Mahnungen. Entsprechend enthält die apokalyptische Überlieferung der Synoptiker eine Reihe von Wachsamkeitsgleichnissen und -forderungen. Auch wenn dies im einzelnen Fall nicht sicher zu entscheiden ist, so können diese Gleichnisse und Forderungen durch die Verzögerungsproblematik ins Leben gerufen worden sein.

Ein weiteres Beispiel für die Verzögerungsproblematik ist der Spruch

> Wenn man euch in dieser Stadt verfolgt, so flieht in die andere; denn Amen ich sage euch, ihr werdet mit den Städten Israels nicht zu Ende kommen, bis der Menschensohn kommt (Mt 10,23).

Dieses Logion steht im Zusammenhang der Aussendungsrede Jesu an seine Jünger. Zwei Möglichkeiten der Interpretation bieten sich an: 1. Es handelt sich um ein *Missionslogion*, das wie schon Mt 9,37f die Missionssituation der christlichen Gemeinde zeichnet. Dies würde besagen, daß die Mission unter Israel nicht zu einem erfolgreichen Ende geführt werden wird, bis der Menschensohn erscheint: So nahe ist die Parusie! Jedoch ist diese Auslegung weniger wahrscheinlich; denn Matthäus spricht zwar im Anfang des Kapitels von der Jüngeraussendung, diese aber ist der Situation des vergangenheitlichen Jesus eingeordnet und mit Mt 10,17 wendet sich der Evangelist der Verfolgungssituation der Gemeinde zu. Der unmittelbare Kontext handelt also nicht speziell von der Mission, sondern von der Verfolgung. 2. Demnach handelt es sich um ein *Verfolgungslogion*: Der verfolgten Gemeinde wird endzeitlicher Trost verheißen. Die Flucht vor den Verfolgern wird nicht einmal durch alle Städte Israels führen, dann wird der Menschensohn da sein! Vorausgesetzt ist eine palästinisch-judenchristliche Situation. Die Naherwartung ist verhältnismäßig eindeutig ausgesprochen, aber der Hinweis auf das Kommen des Menschensohnes deutet die Verzögerungsproblematik an. Die Erwartung der nahen Parusie des Menschensohnes besagt Trost für die verfolgte Gemeinde. In dieser Weise werden urchristliche Propheten Trost gespendet haben.

Anders als in diesem Logion ist das Verzögerungsbewußtsein ein offenbar akutes Problem in dem Spruch

> Amen ich sage euch: Unter denen, die hier stehen, sind einige, die den Tod nicht schmecken werden, bis sie das Reich Gottes mit Macht kommen sehen (Mk 9,1; vgl. auch Mt 16,28; Lk 9,27).

Das ‚Sehen des Gottesreiches' darf nicht spiritualisiert werden und ist nicht mit ‚Einsehen' identisch[9], sondern es ist realistisch als ‚mit eigenen Augen wahrnehmen' zu interpretieren. Es handelt sich vermutlich um einen urchristlichen Prophetenspruch. Hier wird die Verzögerung des Endes greifbar. Hatte die Gemeinde ursprünglich erwartet, als ganze in ihrer Generation dem Kyrios bei seiner Parusie entgegengeführt zu werden, so sind es nun nur ‚einige' (τινες), denen verheißen wird, was die gesamte Gemeinde ursprünglich erwartete: das Erleben der Parusie. Es werden vor dem Ende noch viele darüber hinwegsterben. Die Gemeinde hat die Verzögerung der Parusie schon erfahren. Aber dies bedeutet nicht, daß sie die Hoffnung aufgibt. Die Terminierung des Endes wandelt sich, die eschatologische Ausrichtung der Gemeinde bleibt erhalten.

Eine ähnliche Situation reflektiert das Logion, das sich am Ende der Markusapokalypse findet:

> Amen ich sage euch, dieses Geschlecht (γενεὰ αὕτη) wird nicht vergehen, bis dies alles geschieht (Mk 13,30; vgl. auch Mt 24,34; Lk 21,32).

Der Ausdruck γενεὰ αὕτη bezeichnet ‚diese Generation'. Ist die Parusienaherwartung in diesem Wort noch erhalten geblieben, so zeigt sich doch zugleich, daß sie eine gebrochene ist. Der Termin der Parusie gilt nur noch für diese Generation; daß alle an ihr teilnehmen werden, wird nicht mehr gesagt.

Diese Beispiele zeigen, daß in der vorsynoptischen Überlieferung das Problem der Parusieverzögerung einen unterschiedlichen Niederschlag gefunden hat. Mit dem Wandel der Zeit wandelt sich auch die Parusieerwartung: von der Ungebrochenheit der Naherwartung zur Reflexion über den zeitli-

---

9 C.H. Dodd, The Parabels of the Kingdom, New York 1961, 37f.

chen Termin. Gilt dies für das vorsynoptische Überlieferungsstadium, so ist hiervon die Situation der Evangelienredaktoren abzugrenzen.

2. Markus

Der Evangelist Markus übernimmt im wesentlichen die sogenannte Markusapokalypse (Mk 13,5b-37) aus der Überlieferung. Vermutlich geht der Grundbestand dieses Kapitels auf eine jüdische Urschrift[10] zurück, die in der ersten Hälfte des ersten nachchristlichen Jahrhunderts entstand. Diese Quelle umfaßte etwa die Verse 7-8.12.14-20.24-27. Angesichts der bedrängenden Ereignisse der Gegenwart war hier ein Hinweis auf das nahende Ende nachdrücklich ausgesprochen, auf die Ankunft des Messias-Menschensohnes, wie dieser im Anschluß an die Überlieferung des Danielbuches als Retter des jüdischen Volkes erwartet wurde. Diese Quellenschrift wurde durch eine zweite Traditionsschicht überarbeitet, die christlicher Herkunft ist. Dazu gehören die Verse 5b-6.9.11.13.21-22.28-32.34-36. Diese christliche Zwischenschicht umfaßte nicht nur die Darstellung der Bedrängnisse der Endzeit und des Kommens des Menschensohnes, sondern darüber hinaus Warnung vor Irrlehre, Ankündigung von Verfolgung, die vor dem Ende hereinbricht, vor falschen Messiassen und falschen Propheten, schließlich auch die Frage nach dem Wann der Parusie. In diesen Zusammenhang gehört V.30 (,diese Generation'). Schon in der christlichen Überarbeitung der jüdischen Vorlage ist das Parusieverzögerungsproblem erkennbar. Offenbar wurde die vormarkinische Apokalypse aus eben diesem Grunde christlich überarbeitet, um der Verzögerungsproblematik zu begegnen. Die Schilderung der verschiedenen Vorzeichen der Parusie gibt der wartenden Gemeinde nicht nur die notwendige Information, sondern spendet Trost und motiviert die Ermahnung zu wachen (V.34-36).

Der Evangelist Markus hat diese Überlieferung übernommen und redigiert. Als markinisch sind die Verse 10.13.23.33 und 37 anzusehen. Anders als die Seitenreferenten[11] unterscheidet Markus zwei Epochen: die der Gegenwart (V.5-13) und die der Zukunft (V.14ff). Innerhalb der Zukunfts-

---

10 G. Hölscher, Der Ursprung, spricht von einem ,Jüdischen Flugblatt'; vgl. auch R. Pesch, Naherwartungen 207-223.

11 Synoptischer Vergleich:

Mk 13	Mt 24: Zukunft	Lk 21
5-13: Gegenwart	5-8: „Anfang der Wehen"	8-24: Vergangenheit („Zeichen vom Himmel")
		9-28: „Bedrängnis"
14ff: Zukunft	29ff: Parusie	25-28: Zukunft („Zeichen am Himmel")

epoche trennt H. Conzelmann[12] noch einmal zwei Zeitabschnitte ab. Während die Verse 14-23 die letzte Epoche der Weltgeschichte mit ihren großen Drangsalen schildern, haben die Verse 24-27 die kosmische Katastrophe im Blick, mit der das eigentliche Eschaton, die supranaturale Parusie beginnt.[13] Unter den o.g. redaktionellen Zusätzen kommt V.10 nach Stellung und Inhalt grundlegende Bedeutung zu:

> Und es ist notwendig, daß zuerst allen Völkern das Evangelium verkündigt wird.

Dieser Vers gehört zur Epoche der Gegenwart: Die gegenwärtige Zeit ist durch die Verkündigung des Evangeliums unter allen Völkern bestimmt. Dies ist nicht in der Weise auf die Parusie bezogen, daß durch die Evangeliumsverkündigung das Kommen der Parusie beschleunigt werden solle, sondern wörtlich zu nehmen: Die Gegenwart ist durch die Verkündigung unter den Völkern von der kommenden Parusie abgehoben. Die Verkündigung des Evangeliums benötigt Zeit, bis die Predigt auf dem ganzen Erdkreis zu Gehör gebracht worden ist. Die Zeit hat sich gedehnt. Das Ende steht nicht unmittelbar bevor; es ist jedenfalls nicht so nahe, daß es die weltweite Verkündigung unmöglich machen müßte.

Die Zeit der Gegenwart ist Verfolgungszeit. Die Verfolgung bricht über die Gemeinde herein, weil sie dem Kyrios angehört (V.13). Daher die Mahnung, bis zum Ende Geduld zu üben (V.13b). Das Bewußtsein von der Verzögerung des Endes führt zur Ausgestaltung der paränetischen Weisung. Die ethische Ermahnung ist durch die Parusieverzögerung bestimmt.[14]

Aus der Verzögerung des Endes folgt die Weisung, auf die Zeichen zu achten (V.23). Das Wort Jesu gibt für die sich dehnende Zeit einen Auftrag, der die Wartezeit bis zum Ende überbrücken kann. Der Zeitpunkt des Endes ist ungewiß (V.33); er kann nah, aber auch fern sein. Daher die Mahnung: Wachet! (γρηγορεῖτε) (V.37).

Der Einfluß des Verzögerungsbewußtseins zeigt sich deutlich in der redaktionellen Bearbeitung der Markusapokalypse. Für Markus gilt, daß der Zeitpunkt unbestimmt ist. Dies ließ es für Markus möglich erscheinen, auch die Aussagen von 9,1 und 13,30 zu übernehmen, die ursprünglich das Ereignis der Parusie für ‚diese Generation' terminierten, aber doch schon darin die Ungewißheit hinsichtlich des Zeitpunktes und damit die Verzögerungsproblematik erkennen ließen.

---

12 Vgl. H. Conzelmann, Geschichte und Eschaton 62-73.

13 Vgl. Ph. Vielhauer-G. Strecker, Apokalyptik 525-529.

14 Der Ausdruck τέλος (V.13) bezeichnet im markinischen Verständnis vielleicht nicht einmal das ‚Ende' der Welt, sondern möglicherweise das des menschlichen Lebens, so daß für das Kommen des Kyrios eine unbestimmbare Zeit eingerechnet ist.

Inwieweit der Redaktor diese Aussagen im wörtlichen Sinn nachvollzogen hat oder aber sie in einem nicht mehr rekonstruierbaren Sinn uminterpretierte, läßt sich kaum ausmachen. Möglich ist, daß ,diese Generation' (V.30) sich für Markus nicht mehr auf die Zeitgenossen Jesu, sondern auf die Menschheit überhaupt bezieht. Jedenfalls ist Markus nicht primär an einem bestimmten Zeitpunkt, sondern an der Ungewißheit des Endes orientiert. Dies ermöglicht es ihm, sowohl Aussagen der Nah- als auch die der Fernerwartung in sein Evangelium einzuarbeiten.

3. Matthäus

Der erste Evangelist hat die synoptische Apokalypse im wesentlichen als ein Nacheinander von zwei Epochen verstanden: Mt 24,5-8 spricht von der ἀρχὴ ὠδίνων (den ,Anfängen der Not'), V.9-28 von der Epoche der θλῖψις (,Bedrängnis'), darauf folgt die Parusie (V.29ff). Gegenüber der Markusparallele fällt auf, daß die matthäische Apokalypse sich nicht auf die Gegenwart bezieht und die Zeit des Matthäus nicht reflektiert.[15] Dies wird an der Umstellung deutlich, die der erste Evangelist vollzogen hat: Mk 13,9b.11-12 ist nach Mt 10,17-21 transponiert worden. Die Not und Aufgabe der Gegenwart ist in der matthäischen Apokalypse nicht mehr ausgesagt worden. Der ,Anfang der Wehen' (Mt 24,8) bezieht sich nicht mehr wie bei Markus auf die gegenwärtige Situation der Gemeinde, sondern hat einen rein zukünftigen Charakter. Dem entspricht das futurische μελλήσετε (V.6): Die Zeichen der Parusie (Krieg und Kriegesgeschrei) liegen noch in der Zukunft. Die apokalyptischen Ereignisse sind von der Gegenwart abzuheben. Die Gemeinde des Matthäus weiß sich vom apokalyptischen Enddrama geschieden.

Mt 24,14 nimmt Mk 13,10 auf, jedoch wird statt des markinischen δεῖ (,es ist notwendig') die Verbform κηρυχθήσεται (,wird verkündet werden') gelesen. Die futurische Form bestätigt, daß es sich um in der Zukunft liegende Ereignisse handelt. Daß das Evangelium verkündigt werden wird, ist als künftige Tatsache hervorgehoben. Darüber hinaus ist die Universalität dieser Predigt durch ἐν ὅλῃ τῇ οἰκουμένῃ (,der ganzen Welt') ausgesagt. Dies entspricht dem Auftrag des Auferstandenen an die Jünger, alle Völker zu belehren (28,19). Solche Beauftragung wird vor dem Weltende zu ihrem Ziel

---

15 Bezeichnend ist, daß Matthäus auch in den Einleitungsversen zeitlich differenziert: Auf die Jüngerfrage: „Wann wird das geschehen?" (V.3b), die sich auf die Voraussage der Tempelzerstörung bezieht (V.2), nimmt das Folgende nicht Bezug, sondern spricht allein vom Kommen des Menschensohnes und vom Ende der Welt (V.3c). Für Matthäus liegt das Ereignis der Tempelzerstörung schon in der Vergangenheit (vgl. 22,7).

kommen. Dem paßt sich das matthäische εἰς μαρτύριον πᾶσιν τοῖς ἔθνεσιν (V.14) an: Zum Zeugnis für oder gegen alle Völker erfolgt die Verkündigung. Die Predigt der Kirche orientiert sich an der Endzeit. Gericht und Gnade, Heil und Unheil über die Völkerwelt werden sich im Eschaton manifestieren.

Matthäus hat demnach die reine Zukünftigkeit der Endereignisse betont. Die Zeit hat sich gedehnt, das Ende steht nicht ausschließlich unmittelbar bevor. Allerdings hat Matthäus wie Markus auch Aussagen übernehmen können, welche die Naherwartung, teilweise im Zusammenhang mit der Verzögerungsproblematik erkennen lassen: Das Wort über die Flucht der Verfolgten durch die Städte Israels (Mt 10,23) wurde schon erwähnt. Zu fragen ist, welche Bedeutung dieses Logion im Kontext der Theologie des ersten Evangelisten besitzt. Denkt Matthäus vielleicht nicht an die Städte Palästinas, sondern allgemeiner an die von Juden bewohnten Städte des Erdkreises? Dann wäre auch hier die Dehnung der Zeit eingerechnet. Selbstverständlich besteht bei solchen Sprüchen auch die Möglichkeit, daß sie der Redaktor lediglich im größeren Zusammenhang übernahm, ohne eine spezifische Aussage damit zu verbinden.[16]

Neben diesen Belegen, die ursprünglich die Naherwartung bezeugen, stehen andere, die unmißverständlich zum Ausdruck bringen, daß mit einer sich dehnenden Zeit gerechnet wird. So heißt es in der Parabel von den Talenten: „Nach langer Zeit (μετὰ δὲ πολὺν χρόνον) kommt der Herr jener Knechte und rechnet mit ihnen ab“ (25,19; gegen Lk 19,15), ein redaktioneller Zusatz des Matthäus, der wie seine Gemeinde mit der Möglichkeit rechnet, daß die Parusie noch für eine lange Zeit ausbleiben wird. So zeigt es die Gesamtanlage seines Evangeliums, welche die Tendenz zur Institutionalisierung der Kirche (z.B. 18,15ff) erkennen läßt. Freilich gilt auch hier, daß der Termin unbekannt ist: „Darum seid wachsam! Denn ihr kennt nicht den Tag und nicht die Stunde“ (25,13). Wie im Markusevangelium schließt die Ungewißheit des Zeitpunktes die Möglichkeiten von Nah- und Fernerwartung zusammen. Jedoch hat sich Matthäus weit stärker als Markus auf die Dehnung der Zeit eingestellt und ihr in seinem Evangelium Rechnung getragen.

4. Lukas

Das Lukasevangelium enthält zwei apokalyptische Darstellungen. Lk 17,20-37 hat weitgehende Parallelen in Mt 24,26-28.37ff (= Q-Apokalypse) und

16 Hier möglicherweise nur im Sinn des allgemeinen Trostmotivs: Der Menschensohn wird kommen und der Not und Verfolgung ein Ende bereiten. – Ein ähnliches Problem stellen die Logien 16,28 (par Mk 9,1) und 24,34 (par Mk 13,30).

enthält wie die Matthäusparallele eine Zukunftsansage. Anders Lk 21,8-36 (par Mk 13,5-32). Hier besteht eine einschneidende Änderung gegenüber der Markusapokalypse darin, daß Lukas den wesentlichen Teil der apokalyptischen Rede Jesu historisch fixiert hat. Der entscheidende Schnittpunkt liegt zwischen V.24/25: Lukas bezieht die voraufgehende Darstellung anders als Markus nicht auf Ereignisse der Gegenwart, auch nicht auf ein zukünftiges Geschehen, sondern auf die Vergangenheit, konkret: auf die Zerstörung Jerusalems und die Ereignisse, die ihr voraufgehen. V.20-24 ist der Untergang Jerusalems in der Form eines ‚vaticinium ex eventu' ausgesagt; denn der dritte Evangelist trägt das Geschehen, das zu seiner Zeit der Vergangenheit angehört, in die apokalyptische Weissagung Jesu ein. Die Ereignisse, die den Untergang Jerusalems einleiten, sind ebenfalls nicht eigentlich Endereignisse, sondern historische Vergangenheit, auf die Lukas zurückblickt: Christusprätendenten, Kriege, Hungersnöte und andere kosmische Schrecknisse (V.8-11), Verfolgung der christlichen Gemeinde (V.12-19). Dies alles sind ‚Zeichen', freilich ‚Zeichen vom Himmel' (V.11: ἀπ' οὐρανοῦ σημεῖα μεγάλα), also irdische Phänomene, die eine zeichenhafte Bedeutung haben; sie gehen der Zerstörung Jerusalems vorauf und leiten sie ein. Zu diesen Zeichen gehört die falsche Prophetie, die sich selbst für Christus ausgibt und suggeriert, daß die Parusie nahe ist (V.8); demgegenüber ist für diese Geschichtsepoche der Zeitpunkt noch nicht gekommen, das Ende steht noch aus.

Erst mit V.25 setzt die Darstellung der Parusie ein (V.25-28). Kosmische ‚Zeichen am Himmel' (V.25: σημεῖα ἐν ἡλίῳ καὶ σελήνῃ καὶ ἄστροις) leiten das Enddrama ein. Hier wird ein ‚locus de novissimis' vorgeführt, in den Lukas die apokalyptische Überlieferung einordnet. Doch hat auch ein solcher Ausblick in die Zukunft eine gegenwartsbezogene Aufgabe; er motiviert die ethische Paränese und begründet die Mahnung, wachsam zu sein (V.36).

Solche Historisierung der ursprünglichen apokalyptischen Tradition hat ihren Grund in der Tatsache, daß Lukas stärker als die Seitenreferenten mit der Dehnung der Zeit rechnet. Dies zeigt sich beispielhaft an Lk 20,9, wonach der Besitzer des Weinberges außer Landes geht (‚für lange Zeit': χρόνους ἱκανούς). Hiermit interpretiert Lukas die Markusvorlage; er rechnet mit der Möglichkeit einer längeren Zeitdauer, bis das Ende kommt. So stimmt es zur allgemeinen synoptischen Anschauung. Da der Termin des Endes unbekannt ist, gilt die Forderung: „Seid bereit; denn der Menschensohn kommt zu einer Stunde, da ihr es nicht erwartet" (12,40).

Aus alledem ergeben sich zwei Folgerungen für das Verständnis des Verzögerungsproblems in den synoptischen Evangelien.

1. Eine akute Verzögerungsproblematik besteht für die Synoptiker nicht. Die Überlieferungsschicht, in der um das Problem gekämpft wurde, ob die Verheißungen wahr sind und die urchristliche Enderwartung zu Recht oder zu

Unrecht vertreten wird, ist älteren Datums. So hat es sich in der vorsynoptischen Überlieferung niedergeschlagen. Im Redaktionsgut der synoptischen Evangelien ist von einer drängenden oder bedrängenden Frage nach dem Ausbleiben der Parusie nichts zu bemerken. Die Verzögerungsproblematik ist die Voraussetzung, nicht jedoch Gegenstand der synoptischen Evangelienschreibung. Die synoptischen Evangelisten halten vielmehr allgemein an der Unbestimmtheit des Zeitpunktes der Parusie fest. In ihrer Konzeption haben sowohl die Nah- als auch die Fernerwartung Raum. Setzen die Synoptiker die Verzögerungsproblematik voraus, so heißt dies freilich zugleich, daß sie auch indirekt von dem Parusieproblem berührt sind. Mit der Tatsache der Verzögerung kommt für den urchristlichen Glauben die Frage von ‚Zeit' und ‚Raum' in den Blick. Konnte die urchristliche Naherwartungshoffnung noch die Zeit (und in einem gewissen Sinn auch die ‚Welt') ignorieren, so entsteht mit der Erkenntnis der Verzögerung die Aufgabe, sich in Zeit und Raum zu orientieren. Hierdurch ist der Glaube vor die Frage gestellt, wie er seine ursprüngliche Beziehung auf das Eschaton behaupten kann, obwohl er im historischen Raum von Welt und Zeit zu leben gezwungen ist. Diese Aufgabe, die Frage nach der rechten Zuordnung von Historie und Eschaton, ist in der vorsynoptischen Überlieferung unabgeschlossen. Sie ist die Aufgabe, der sich die Evangelienredaktoren gestellt sehen.

2. Wie in der Literatur oftmals ausgesprochen wird, haben die Synoptiker, zumindest Lukas, anscheinend eine Enteschatologisierung des Traditionsgutes herbeigeführt. Ist die Einordnung ursprünglich apokalyptisch-eschatologischen Traditionsgutes in die Historie in der Tat angemessen als ‚Enteschatologisierung' zu bezeichnen? Obwohl Lukas im besonderen Ausmaß das historische Moment betont hat, ist auch bei ihm eine Enteschatologisierung der Überlieferung nicht festzustellen. Vielmehr zeigt Apg 2,17, daß Lukas die Kirche als ‚in den letzten Tagen' existierend versteht. Das eschatologische Element ist also weder für die Vergangenheit noch für die Gegenwart auszuklammern, sondern trotz des Wandels der Parusieerwartung bleibt die Beziehung auf das Eschaton für die christliche Existenz konstitutiv. Die Evangelisten wollen durch die Evangelienschreibung nicht das eschatologische Element im Glaubenszeugnis eliminieren (sie wollen nicht *nur* Historie schreiben), sondern sie versuchen, es zu interpretieren. Dies meint: Die synoptischen Evangelien lassen einen Strukturwandel des eschatologischen Selbstverständnisses erkennen. Nicht Eliminierung, sondern Umstrukturierung des eschatologischen Selbstverständnisses ist für die Zeit der Evangelienverfasser charakteristisch. Trotz der eingetretenen Veränderung bleibt der Glaube er selbst, bleibt der Anspruch des Glaubens, das zu sein, was er ist: ein eschatologisches Phänomen. Es wird zu fragen sein, wie sich dieser Anspruch in den Evangelien ausgeprägt hat.

c) Der Begriff εὐαγγέλιον

J. Schniewind, Euangelion, Ursprung und erste Gestalt des Begriffs Evangelium, BFChTh.M 13.35, Gütersloh 1927.1931.

G. Friedrich, Art.: εὐαγγελίζομαι etc., ThWNT II, 1935, 705-735.

W. Marxsen, Der Evangelist Markus. Studien zur Redaktionsgeschichte des Evangeliums, FRLANT 67, Göttingen [2]1959, 77-101.

P. Stuhlmacher, Das paulinische Evangelium, I. Vorgeschichte, FRLANT 95, Göttingen 1968.

G. Strecker, Das Evangelium Jesu Christi, in: Jesus Christus in Historie und Theologie, FS H. Conzelmann, Tübingen 1975, 503-548 (= ders., Eschaton und Historie 183-228).

Ders., Literarkritische Überlegungen zum εὐαγγέλιον-Begriff im Markusevangelium, in: Neues Testament und Geschichte, FS O. Cullmann, Zürich 1972, 91-104 (= ders., Eschaton und Historie 76-89).

Ders., Art.: εὐαγγέλιον, EWNT II, 1981, 176-186.

H. Frankemölle, Evangelium. Begriff und Gattung, SBB 15, Stuttgart 1988.

D. Dormeyer, Evangelium als literarische und theologische Gattung, Darmstadt 1989.

1. Der vorsynoptische Sprachgebrauch

α) Das Wort εὐαγγέλιον ist dem Urchristentum vorgegeben. Es begegnet in der hellenistischen Welt. Mit dem Übergang vom palästinischen zum hellenistischen Christentum wird der pagane Begriff durch den christlichen Glauben adoptiert. So entspricht es seiner Welthaftigkeit, die nahelegt, daß der Glaube die Sprache seiner Welt spricht, um sich verständlich zu machen. Dabei wird auch das für ihn Spezifische im Unterschied zur profanen Sprache erkennbar, das sich durch Konfrontation der neutestamentlichen Aussagen zum nichtchristlichen Sprachgebrauch erheben läßt.

In der profan-griechischen Sprache ist εὐαγγέλιον zunächst die ‚Siegesbotschaft', d.h. die Kunde vom Siege. Solche Botschaft brachte dem Überbringer Lohn ein. Von hier aus kann der Begriff gleichzeitig die Bedeutung von ‚Lohn' für die Überbringung der Botschaft haben (= ‚Botenlohn'; Hom Od 14,152f).

In der hellenistischen Herrscher- und (daran anschließenden) Kaiserverehrung hat εὐαγγέλιον darüber hinaus eine kultische Bedeutung. Der Kaiser ist ein θεῖος ἄνθρωπος. Das, was er tut und sagt, kann Inhalt des εὐαγγέλιον sein; so die Mündigkeitserklärung oder die Thronbesteigung, vor allem die Geburt des Thronfolgers. Hierauf bezieht sich die berühmte Inschrift von Priene 105, 40f (Kleinasien):

ἦρξεν δὲ τῶι κόσμωι τῶν δι' αὐτὸν εὐανγελίων ἡ γενέθλιος τοῦ θεοῦ (OGIS 458)

Der Geburtstag des Gottes war für die Welt der Anfang der Freudenbotschaften, die seinetwegen ergangen sind.

Der Begriff bezieht sich hiernach auf die Kundgabe des Geburtstages des Kaisers und bezeichnet die ‚Freudenbotschaft'. Diese Botschaft hat eine universale Bedeutung; sie gilt dem ganzen Imperium; selbst der Kosmos wird von dieser Botschaft beeinflußt; denn sie bedeutet Friede und Heil für die gesamte Welt.

Wenn der urchristliche Glaube diesen Terminus aufgegriffen hat, so um das Eigentümliche zur Sprache zu bringen, das für ihn charakteristisch ist: Inhalt des Glaubens ist wie der Inhalt der Herrscherverehrung bzw. des Gott-Kaiser-Kultes die ‚Freudenbotschaft'. Sie bezieht sich auf ein göttliches Geschehen, das für die ganze Welt Gültigkeit hat. Jedoch ist bezeichnend: Im Neuen Testament ist der Begriff nicht im Plural, sondern allein im Singular belegt. Der Kaiserkult kann von verschiedenen εὐαγγέλια sprechen, die jeweils mit dem Auftreten des Herrschers verbunden sind und sich zu verschiedenen Zeiten an unterschiedliche Personen knüpfen können. Anders die christliche Überlieferung; sie verwendet den Begriff singularisch: Der Glaube kennt und anerkennt nur ein εὐαγγέλιον, nur eine Botschaft, die sich auf das Christusgeschehen gründet. Dabei ist in einzelnen Textbelegen zu fragen, ob die Vorsilbe εὐ- jeweils noch nachvollzogen wurde; es handelt sich um die Botschaft, die nicht nur Gnade, sondern auch Gericht ankündigt (vgl. Mk 1,14f).

β) Dem religiösen Sprachgebrauch des Hellenismus kommt im masoretischen Text des Alten Testaments am nächsten das Verb בִּשַּׂר, das primär eine profane Bedeutung hat, aber auch mit (die Botschaft Jahwes) ‚verkündigen' übersetzt werden kann; entsprechend das substantivierte מְבַשֵּׂר (Jesaja 41,27; 52,7 = ‚Freudenbote'); so wurde es von neutestamentlichen Schriftstellern aufgenommen (z.B. Lk 4,18; Mt 11,5 par Lk 7,22). Jedoch trifft dies nur für das Verb zu. Das Substantiv בְּשֹׂרָה hat im Alten Testament nicht eine theologische, sondern lediglich eine neutrale Bedeutung (vgl. 2 Sam 4,10: ‚Botenlohn'; 2 Kön 7,9: ‚gute Botschaft'). In der Septuaginta erscheint εὐαγγέλιον in derselben Bedeutung wie das hebräische Äquivalent, jedoch lediglich im Plural (2 Kön 4,10 LXX); daneben findet sich das Femininum ἡ εὐαγγελία (2 Kön 18,20.22.25.27 LXX; 4 Kön 7,9 LXX: ‚Freudenbotschaft'). Aufgrund dieses Sprachbefundes besteht keine Möglichkeit, den neutestamentlichen Begriff ausschließlich aus dem Alten Testament abzuleiten.

γ) In den paulinischen Briefen erscheint das Wort 52mal; mehr als die Hälfte der Belege enthält den absolut gebrauchten Begriff. Häufig findet sich die nähere Kennzeichnung durch den Genitiv τοῦ Χριστοῦ (z.B. 1 Kor 9,12; Röm 15,19). Dabei handelt es sich im wesentlichen um einen ‚genitivus obiectivus' (die Botschaft von Jesus Christus), auch wenn dieser nicht absolut von einem ‚genitivus subiectivus' (die Botschaft des Erhöhten als des Auftraggebers seines Apostels) zu trennen ist.[17]

Paulus verwendet eine geprägte, in der Missionssprache der hellenistischen Gemeinde vorgefundene Terminologie. Danach ist Inhalt des Evangeliums das zweigliedrige Bekenntnis zum ‚lebendigen und wahren Gott', verbunden mit der Erwartung des kommenden Gottessohnes als des ‚Retters' (vgl. 1 Thess 1,5 mit 1,9b-10). Auch nach 1 Kor 15,1-2 ist als wesentlicher Inhalt des ‚Evangeliums' das (christologische) Bekenntnis anzusehen, nämlich zur Heilsbedeutung von Tod und Auferweckung Christi (1 Kor 15,3b-5a). Gegenstand des ‚Evangeliums Gottes', das mit dem Evangelium des Sohnes identisch ist (Röm 1,1.9), ist die Davidsohnschaft des Irdischen und die Gottessohnschaft des Erhöhten; so ist es durch Gottes Propheten in den Heiligen Schriften im voraus verkündigt worden (Röm 1,2-4).

Ist demnach in den vorpaulinischen hellenistisch-christlichen Missionsgemeinden die christologische Interpretation des Begriffs als gegeben vorauszusetzen, so entspricht dem die Anwendung in den paulinischen Briefen: εὐαγγέλιον bezeichnet den Lehrinhalt des Evangeliums, der dem Apostel zur Verkündigung anvertraut wurde (1 Thess 2,4). Dieser bezieht sich je nach dem brieflichen Kontext einmal auf die in den ἐν κυρίῳ/Χριστῷ-Aussagen enthaltene Spannung des ‚schon jetzt' und des ‚noch nicht'. Das hierdurch angekündigte eschatologische Heil ereignet sich vorwegnehmend in der Gabe des Geistes (1 Thess 1,5; 4,8; 5,19). Sind im 1. Korintherbrief die εὐαγγέλιον-Belege dem paränetisch-ethischen Zweck weitgehend untergeordnet (vgl. 1 Kor 9,12ff), so wird im 2 Kor der Auftrag zur Evangeliumsverkündigung des Paulus im Vergleich mit den Gegnern grundsätzlich reflektiert (vgl. 11,1ff). Dagegen entfaltet Paulus im Galaterbrief sein Evangelium als Rechtfertigungsbotschaft: Das Christusgeschehen als Inhalt des Evangeliums überwindet menschliche Gesetzesgerechtigkeit und begründet das Leben aus der ‚Gnade Gottes' (Gal 1,11; 2,19-21). Die ‚Wahrheit des Evangeliums' wird als Rechtfertigung des Sünders erfahren (2,5.14). Der Römerbrief führt die im Galaterbrief dargelegte Beziehung des ‚Evangeliums' zur Rechtfertigungsverkündigung des Paulus weiter aus. Gründet sich Paulus' Verkündigung auf das Christuskerygma (vgl. neben 1,3f auch 15,19), so hat das Evangelium doch nicht nur einen heilsgeschichtlichen Horizont (1,1f), sondern ist darüber hinaus universal ausgerichtet: Durch das εὐαγγέλιον hat für jeden Glaubenden Gottes Gerechtigkeit eine heilvolle Wirklichkeit (1,16f). Dabei ist aber auch die Verkündigung des Gerichts nach Werken Gegenstand des Evangeliums (2,16). – Schließlich zeigen die beiden Gefangenschaftsbriefe an die Philipper und an Philemon, daß dem Evangelium eine gemeinschaftsstiftende Kraft zwischen dem Apostel und der Gemeinde innewohnt; das Leiden des Apostels dient zur Ausbreitung des Evangeliums (Phil 1,5.12; 2,22; 4,3.15; Phlm 13). Es normiert das Verhalten der Gemeinde und wahrt die Einheit des Glaubens (Phil 1,27). – Allgemein ist festzustellen, daß εὐαγγέλιον in den Briefen des Paulus nicht allein einen Lehrinhalt, sondern auch als ‚nomen actionis' den Vollzug der gemeindegründenden Predigt des Paulus bezeichnet (vgl. 1 Thess 1,5 u.ö.!).

---

17 Vgl. auch oben A III c 1.

2. Markus

Eine zentrale Bedeutung hat der Begriff εὐαγγέλιον im Markusevangelium. Sieht man von der sekundären Buchüberschrift[18] und vom nachmarkinischen Markusschluß (Mk 16,15) ab, so sind sämtliche sieben Belege (1,1.14f; 8,35; 10,29; 13,10; 14,9) auf den Redaktor Markus zurückzuführen.[19] Auch für Markus zeigt sich, daß der Begriff und die Person Christi aufs engste zusammengehören und die christologische Tradition der hellenistischen Gemeinde im Hintergrund steht (vgl. bes. 1,1; 14,9). Ist demnach der Genitiv τοῦ Χριστοῦ entsprechend der Tradition der hellenistischen Gemeinde wie bei Paulus primär in einem objektiven Sinn zu verstehen, so hat demgegenüber Markus den Genitiv in einem subjektiven Sinn interpretiert: Jesus ist der Verkündiger des Evangeliums (1,14f). Entsprechend ist der erste Satz des zweiten Evangeliums auszulegen: ἀρχὴ τοῦ εὐαγγελίου Ἰησοῦ Χριστοῦ („Anfang der Botschaft Jesu Christi"). Kaum ein Zweifel kann bestehen, daß es sich hier um die (Freuden-)botschaft handelt, die Jesus bringt (= ‚genetivus subiectivus'); denn Jesus ist nach 1,14f der Verkündiger des Evangeliums, das die Erfüllung der Zeit und das Nahen der Gottesherrschaft zum Gegenstand hat. Hieraus folgt die Forderung zu Umkehr und Glauben. Ist der markinische Jesus Subjekt der Freudenbotschaft, so ist seine Verkündigung von der Erfüllung der Zeit und der Nähe des eschatologischen Zeitpunktes Gegenstand seines Evangeliums. Das Auftreten Johannes des Täufers bereitet diese Verkündigung Jesu Christi vor, ist also ihr Anfang (1,1). Ist demnach 1,1 ebenfalls primär im subjektiven Sinn zu interpretieren, so ist daneben in 13,10 und 14,9 der objektive Gebrauch nicht auszuschließen. 8,35 und 10,29 kann es sich sowohl um Verkündigung von Christus als auch um die Verkündigung Christi handeln.

---

18 Die Überschriften zu den synoptischen Evangelien, z.B. εὐαγγέλιον κατὰ Μᾶρκον, sind sekundär, da erst in nachneutestamentlicher Zeit das Wort ein Evangeliumbuch bezeichnet (Iren Haer IV 20,6; Diogn 11,6; ClAl Strom I 136,1f.). Gegen M. Hengel, Die Evangelienüberschriften, SHAW.PH 1984.3, Heidelberg 1984, 47-51; vgl. dagegen auch F. Bovon, The Synoptic Gospels and the Non-Canonical Acts of the Apostels, HThR 81, 1988, 19-32; 22f.

19 Bestritten wird dies vor allem im Blick auf Mk 1,14f; der Sprachgebrauch erscheint ungewöhnlich (V.14c εὐαγγέλιον τοῦ θεοῦ; V.15c πιστεύετε ἐν τῷ εὐαγγελίῳ); jedoch läßt sich für Markus auch mit dem Einfluß der Septuagintasprache rechnen. Vgl. dazu G. Strecker, Literarkritische Überlegungen 94ff; sowie ders., Literaturgeschichte 125f; auch gegen G. Dautzenberg, Der Wandel in der Reich-Gottes-Verkündigung in der urchristlichen Mission, in: G. Dautzenberg u.a. (Hgg.), Zur Geschichte des Urchristentums, QD 87, Freiburg 1979, 11-32.

Markus lehrt eine ‚Kehre' von der Verkündigung von Christus zur Verkündigung des Christus, um die Gemeinde am Bild des in der Vergangenheit wirkenden Gottes- und Menschensohnes sich orientieren zu lassen.[20] Jedoch ist im Markusevangelium der Begriff εὐαγγέλιον nicht nur historisch eingeordnet, sondern auch apokalyptisch ausgelegt worden. Jesu Evangeliumsverkündigung ist nicht allein die ‚Erfüllung der Zeit', vielmehr sagt sie die künftige Gottesherrschaft an (1,15: ἤγγικεν = „ist nahe herbeigekommen"). Ebenso ist 8,35 apokalyptisch ausgerichtet. Das Verhalten zu Jesus ist gleichbedeutend mit dem Verhalten gegenüber dem Evangelium und entscheidet über Annahme und Verwerfung im Gericht.

Wenn Markus auch nicht zwischen dem Evangelium Jesu und dem nachösterlichen Evangelium begrifflich unterscheidet, so ist er doch der Ansicht, daß die Evangeliumsverkündigung der Gemeinde (13,10; 14,9) auf das Wort Jesu zurückgeht. Dies schließt die Aufforderung zur Kreuzesnachfolge ein (8,34). Dabei ist das Kreuz Jesu nicht ausschließliches Interpretationskriterium des εὐαγγέλιον, sondern Konkretion des übergreifenden Motivs der Verborgenheit des Offenbarers, das mit Ostern eine partielle Auflösung findet und letztlich auf die Parusie ausgerichtet ist (vgl. 9,1.9 u.ö.). Der verfolgten Jüngerschaft wird endzeitliche Zukunft verheißen (10,29f), und das nach 13,10 der Gemeinde zur Aufgabe gemachte Evangelium ist als Bestandteil der ‚Wehen der Endzeit' (13,8) selbst ein apokalyptisches Ereignis. Nach Kreuz und Auferstehung Jesu wird es Juden und Heiden zugesprochen; es verwirklicht sich gerade im Leiden und in der Verfolgung der Gemeinde als Vorwegnahme und Ankündigung der kommenden Gottesherrschaft.

3. Matthäus

Der erste Evangelist schließt sich nach Umfang und Inhalt der εὐαγγέλιον-Belege weitgehend dem Markusevangelium an. Soweit Abweichungen vorhanden sind, sind diese sachlich motiviert: Mk 1,1 wird durch Stammbaum und Kindheitsgeschichten Jesu, die den Anfang des Matthäusevangeliums darstellen, verdrängt; Mk 8,35 und 10,29 weichen der matthäischen Hervorhebung der Person Jesu; Mk 1,14f kehrt inhaltlich in Mt 4,23 und 9,35 wieder. – Im Unterschied zu Markus verwendet Matthäus den εὐαγγέλιον-Begriff niemals absolut, sondern setzt den Genitiv τῆς βασιλείας (4,23; 9,35; 24,14) hinzu oder erläutert den Begriff durch das Demonstrativ τοῦτο (24,14; 26,13). Matthäus scheint eine offene Verwendung des Begriffs vorgefunden zu haben und reflektiert darin griechisch-hellenistischen Sprachgebrauch:

20 Vgl. 8,35 mit 8,38: „Wer sich meiner und meiner Worte schämt ...".

Nach W. Marxsen[21] erklärt sich dagegen der Unterschied zwischen Matthäus und Markus durch die Tatsache, daß das matthäische εὐαγγέλιον nicht die Botschaft Jesu, sondern ‚Redekomplexe' im ersten Evangelium kennzeichne; so sei z.B. die Bergpredigt ein εὐαγγέλιον. Diese Modifizierung des Begriffs habe die Hinzusetzung des Demonstrativpronomens veranlaßt. Jedoch spricht gegen diese Erklärung, daß Matthäus niemals den Plural εὐαγγέλια verwendet; darüber hinaus steht der letzte Beleg (26,13) nicht im Zusammenhang eines Redekomplexes, sondern der Passionsgeschichte und hat einen ‚narrativen' Bezug.

Nicht anders als bei Markus besitzt auch im ersten Evangelium der Begriff die Bedeutung von (Freuden-)Botschaft, ohne daß eine Näherbestimmung vorgenommen wird. Durch die Verbindung mit κηρύσσειν (4,23; 9,35; 24,14; 26,13 par Mk 14,9) ist der Begriff noch stärker als bei Markus auf die Verkündigung Jesu bezogen worden. Es handelt sich um die Botschaft Jesu von der kommenden Gottesherrschaft. Nicht zu unterscheiden ist zwischen Verkündigung und Lehre Jesu. Der Verkündiger ist zugleich Gegenstand der Botschaft. Diese ist in den zeitlichen Rahmen des Lebens Jesu eingeordnet; denn das eschatologische Heil, von dem diese Botschaft spricht, ist innerhalb der zeitlichen Spanne von Geburt und Auferstehung Jesu in die Historie eingegangen; eine heilvolle Vergangenheit, die sich auf eine heilvolle Zukunft ausrichtet. Das durch Jesus verkündigte Evangelium enthält ethische Forderung *und* eschatologische Weisung und spricht Gemeinde und Welt an (vgl. 28,18-20).

4. Lukas

Für den dritten Evangelisten ist kennzeichnend, daß er den Begriff εὐαγγέλιον in seinem Evangelium vermeidet. Nur in der Apostelgeschichte findet er sich zweimal. Hier ist εὐαγγέλιον terminus technicus für die apostolische Predigt und bezieht sich auf die Verkündigung der Apostel unter den Heiden (Apg 15,7; 20,24). Diese Modifizierung schließt aus, den Begriff für die Verkündigung Jesu zu verwenden, um so mehr, als die apostolische Verkündigung in der Apg nicht als Wiederholung der Predigt Jesu verstanden, sondern grundlegend von dem Heilsereignis in Kreuz und Auferstehung Jesu Christi bestimmt ist. Lukas unterscheidet demnach begrifflich zwischen der Predigt Jesu und der Predigt von Jesus. Er ist sich der Distanz seiner Zeit zur Zeit Jesu bewußt. Die Zeit hat sich gedehnt, das Traditionsgut wird auseinandergelegt, und es kann zwischen verschiedenen Epochen der Verkündigung unterschieden werden.

---

21 W. Marxsen, Der Evangelist Markus 82 u.ö.

So reflektiert es auch der Sprachgebrauch des Verbs εὐαγγελίζεσθαι[22]. Schon in der Q-Quelle auf die Verkündigung Jesu bezogen (Lk 7,22 par Mt 11,5), ist es von Lukas übernommen und selbständig ausgeführt worden. Das Verb bezieht sich im Lukasevangelium, soweit es mit der Person Jesu verknüpft ist, auf die Predigt, nicht auf das Auftreten Jesu (z.B. Lk 4,18.43; 8,1; 20,1). Erst in der Apg wird das Leben Jesu Gegenstand des ‚Verkündigens' (z.B. Apg 17,18). Auch hier wird demnach unterschieden zwischen Jesus und der Gemeinde, der Predigt Jesu und der Verkündigung der Kirche. Die synoptischen Evangelisten wollen nicht einfach die Verkündigung der Gemeinde wiedergeben, sondern sie stellen einen Bericht, eine Jesuserzählung dar. Von hier aus ergibt sich zeitlich und sachlich ein Anstoß zur Verkündigung der Kirche, wie es der dritte Evangelist in der Apg beispielhaft zeigt.

Die synoptischen Evangelisten stimmen darin überein, daß das von ihnen Berichtete eine eschatologische Bedeutung hat. Sie stellen eine Botschaft dar, die Zeit und Kosmos sprengt, auch wenn sie im Raum der Historie erscheint. Es handelt sich um die Botschaft des Christus, die ihn selbst zum Gegenstand hat. Der Bericht der Evangelisten enthält diese Botschaft, und die Botschaft erscheint als Bericht. In beidem ereignet sich das die Gemeinde verpflichtende Wort.

II. Die geheimen Epiphanien – Der Evangelist Markus

W. Marxsen, Der Evangelist Markus. Studien zur Redaktionsgeschichte des Evangeliums, FRLANT 67, Göttingen ²1959.

Ph. Vielhauer, Erwägungen zur Christologie des Markusevangeliums, in: ders., Aufsätze zum Neuen Testament, TB 31, München 1965, 199-214.

K. Kertelge, Die Wunder Jesu im Markusevangelium, StANT 23, München 1970.

H.-W. Kuhn, Ältere Sammlungen im Markusevangelium, StUNT 8, Göttingen 1970.

Ders., Neuere Wege in der Synoptiker-Exegese am Beispiel des Markusevangeliums, in: Bilanz und Perspektiven gegenwärtiger Auslegung des Neuen Testaments, hg. v. F.W. Horn, BZNW 75, Berlin-New York 1995, 60-90.

Th.J. Weeden, Mark – Traditions in Conflict, Philadelphia 1971.

D.A. Koch, Die Bedeutung der Wundererzählungen für die Christologie des Markusevangeliums, BZNW 42, Berlin-New York 1975.

E. Brandenburger, Markus 13 und die Apokalyptik, FRLANT 134, Göttingen 1984.

F. Hahn (Hg.), Der Erzähler des Evangeliums. Methodische Neuansätze in der Markusforschung, SBS 118/119, Stuttgart 1985.

P. Pokorný, Das Markus-Evangelium, ANRW II 25.3, Berlin 1985, 1969-2035.

G. Rau, Das Markus-Evangelium, ANRW II 25.3, Berlin 1985, 2036-2257.

---

22 Passiv: Lk 16,16; überwiegend mit Akkusativobjekt: Lk 1,19; 2,10; 3,18 u.ö.

P. DSCHULNIGG, Sprache, Redaktion und Intention des Markus-Evangeliums, SBB 11, Stuttgart ²1986.
J. GNILKA, Das Evangelium nach Markus, EKK II/1+2, Neukirchen-Vluyn ²1986.³1989.
W. SCHMITHALS, Das Evangelium nach Markus, ÖTK 2/1+2, Gütersloh ²1986.
D. LÜHRMANN, Das Markus-Evangelium, HNT 3, Tübingen 1987.
J.M. ROBINSON, Messiasgeheimnis und Geschichtsverständnis, TB 81, München 1989 (NA).
F. FENDLER, Studien zum Markusevangelium, GTA 49, Göttingen 1991.
R. PESCH, Das Markusevangelium, HThK II/1+2, Freiburg ⁵1989.⁴1991.

a) Die Messiasgeheimnistheorie

H.J. EBELING, Das Messiasgeheimnis und die Botschaft des Markus-Evangelisten, BZNW 19, Berlin 1939.
E. SCHWEIZER, Die theologische Leistung des Markus, EvTh 24, 1964, 337-355.
DERS., Zur Frage des Messiasgeheimnisses bei Markus, ZNW 56, 1965, 1-8.
U. LUZ, Das Geheimnismotiv und die markinische Christologie, ZNW 56, 1965, 9-30.
W. WREDE, Das Messiasgeheimnis in den Evangelien. Zugleich ein Beitrag zum Verständnis des Markusevangeliums, Göttingen (1901) ⁴1969.
M. HORSTMANN, Studien zur markinischen Christologie, NTA 6, Münster ²1973.
H. RÄISÄNEN, Die Parabeltheorie im Markusevangelium, SFEG 26, Helsinki 1973.
DERS., Das „Messiasgeheimnis" im Markusevangelium. Ein redaktionskritischer Versuch, SFEG 28, Helsinki 1976.
G. STRECKER, Zur Messiasgeheimnistheorie im Markusevangelium, in: ders., Eschaton und Historie. Aufsätze, Göttingen 1979, 33-51.
J.L. BELVINS, The Messianic Secret in Markan Research, 1901-1976, Washington 1981.
R. WEBER, Christologie und ‚Messiasgeheimnis' im Markusevangelium. Eine redaktionsgeschichtliche Untersuchung, Diss.theol., Marburg 1981.
DERS., Christologie und ‚Messiasgeheimnis': Ihr Zusammenhang und Stellenwert in den Darstellungsintentionen des Markus, EvTh 43, 1983, 108-125.
J.D. KINGSBURY, The Christology of Mark's Gospel, Philadelphia 1983.
CH.M. TUCKETT (Hg.), The Messianic Secret, Philadelphia-London 1983.

1. Der Textbefund: Offenbarung und Verborgenheit

Martin Dibelius bezeichnete das Markusevangelium als das „Buch der geheimen Epiphanien".[1] In der Tat ist das Markusevangelium wie kein anderes durch eine bestimmte Theorie geprägt: Die Vorstellung vom Messiasgeheimnis. Der markinische Jesus ist der verborgene Christus; seine Kundgabe

---

1 M. Dibelius, Die Formgeschichte des Evangeliums 232.

geschieht weithin fern von der Öffentlichkeit. Er hat die Absicht, verborgen zu bleiben. Dem entspricht die Reaktion der Hörer auf seine Worte. Sie hören, aber sie verstehen nicht. Dies gilt auch für die Jünger Jesu; sie stehen der Kundgabe des Christus verständnislos gegenüber. Bei aller Verborgenheit aber ereignet sich Offenbarung. So sagt es die Theorie, die die Geschichtsschreibung des Markus bestimmt: Offenbarungsmotiv und Verborgenheitsmotiv sind die beiden Strukturelemente der Geheimnistheorie.

Das *Offenbarungsmotiv* spricht sich in verschiedener Weise aus. Es findet sich erstmals in der Himmelsstimme bei der Taufe (1,11: „Du bist mein geliebter Sohn") und setzt sich mit der Predigt Jesu fort: „Die Zeit ist erfüllt, das Gottesreich ist nahe" (1,15), wird vom Bekenntnis des Petrus aufgenommen (8,29: „Du bist der Christus") und auch vom Epiphaniegeschehen der Verklärung (9,2ff) sowie durch Wunderheilungen (2,1ff;10,46ff), Gleichnisreden (4,1ff) u.a. dargestellt. Die Aussagen über das Offenbarungsgeschehen sind, bedingt durch die Übernahme von Einzeltraditionen, variabel. Die Offenbarung des Christus läßt sich nicht formelhaft aussprechen; sie wandelt sich je nach der Aussagerichtung. Gleichbleibend ist jedoch das zugrundeliegende Bekenntnis: Dieser ist der Christus!

Demgegenüber spricht sich das *Verborgenheitsmotiv* mehr formelhaft, in topologisch geprägtem Gut aus. Von besonderer Bedeutung sind die Schweigegebote Jesu. In den Erzähltraditionen, welche Heilungen von Dämonischen berichten, heißt es, daß Jesus die Dämonen nicht sprechen ließ: „denn sie kannten ihn" (1,34). Gegenüber den Dämonen, die ihn als Gottessohn erkennen, wendet Jesus die Macht des Exorzisten an und gebietet Schweigen (3,11f). Gehört dies stilgemäß zum Exorzismus und demnach vermutlich zu vorredaktioneller Überlieferung, so findet sich das gleiche Motiv auch in der Redaktionsarbeit des Markus: Die Verborgenheit des Christus darf nicht durchbrochen werden, weder von den Dämonen noch von den Jüngern. So folgt auf Epiphanieszenen das Schweigegebot: nach dem Petrusbekenntnis zu Caesarea Philippi (8,30: „Und er befahl ihnen, niemandem von ihm zu erzählen"), oder nach der Verklärung auf dem Berg (9,9: „Er gebot ihnen, sie sollten niemandem erzählen, was sie gesehen hatten, bis der Menschensohn von den Toten auferstanden wäre"). Die Schweigegebote an die Jünger sind – wie auch die an Geheilte – der markinischen Redaktion zuzuweisen[2]; sie begleiten die Epiphanie des Christus und kennzeichnen sie in ihrer Eigenart. Mag man auch unterscheiden zwischen durchbrochenen Schweigegeboten im Zusammenhang der Heilungsgeschichten einerseits und nichtdurch-

---

2 Zu dem Versuch von H. Räisänen, die traditionelle Herkunft des Motivs des Schweigegebotes nachzuweisen, vgl. F. Fendler, Studien 126f.133; B. Kollmann, Jesu Schweigegebote an die Dämonen, ZNW 82, 1991, 267-273.

brochenen Schweigegeboten bei den Exorzismen andererseits[3], so ist doch die Einheitlichkeit des Motivs hervorzuheben.

Neben der Absicht Jesu, seine Offenbarung geheim zu halten, steht das Unverständnis der Jünger; dieses ist teilweise vorredaktionell (8,32f; 9,5f; 14,37ff); daneben finden sich aber auch redaktionelle Eintragungen (9,10; 14,40b). Beispielhaft ist der Ausdruck des Unverständnisses der Jünger in der Erzählung vom Seewandel Jesu (6,52: Sie erstaunten, „denn sie waren nicht zum Verständnis gekommen bei den Broten, sondern ihr Herz war verhärtet").[4]

Ein das Markusevangelium strukturierendes Beispiel für das Ineinandergreifen der beiden Strukturelemente der Messiasgeheimnistheorie stellen die Leidens- und Auferstehungsvoraussagen Jesu dar (8,31-33; 9,30-32; 10,32-34). Die Ansage Jesu erfolgt jeweils vor den Jüngern und bringt einmal die Offenbarung des Christus zum Ausdruck (8,31; 9,31; 10,33f). Daneben steht das Verborgenheitsmotiv (8,30: Schweigegebot; 9,30: Absicht Jesu, im Verborgenen zu bleiben; 10,32: Aussonderung der Zwölf); hierher gehört auch das Jüngerunverständnis (8,32: Petrus bedroht Jesus, weil er den Sinn der Ansage nicht versteht; 9,32: allgemeines Unverständnis; 10,35ff: redaktionelle Anfügung der Perikope mit der Bitte der Zebedaiden).

2. *Topologische Vorstellungen, Parabeltheorie*

Das Messiasgeheimnis wird im Markusevangelium nicht selten durch bestimmte *Topoi* ausgesprochen, die in einer stereotypen Weise das zur Sprache bringen, was Gegenstand der Geheimnistheorie ist. So bezeichnet ὁ ἔρημος τόπος den Gebetsort Jesu (1,35), auch den Ort der Versuchung (1,12) oder den Aufenthaltsort Jesu, zu dem die Menschen hingehen, um mit ihm in Berührung zu kommen. – Handelt es sich demnach um einen Ort der Epiphanie, so gilt gleiches für den Begriff ὁδός. So erfolgt nach 8,27 das Petrusbekenntnis ἐν ὁδῷ; 9,33f zeigt die Jünger mit Jesus ‚auf dem Wege', und 10,52 wird von dem geheilten blinden Bartimaeus gesagt: „Er folgte ihm (Jesus) auf dem Wege". Das Wort kennzeichnet das Leben Jesu als eine Wanderung und setzt zugleich eine Grenze gegenüber den Bewohnern der Ortschaften fest. Jesus befindet sich in einer ‚Grenzsituation', was nicht psychologisierend im Sinn der Einsamkeit Jesu ausgelegt werden darf, sondern im eschatologischen Sinn zu verstehen ist. – Auch der Begriff ὄρος bezeichnet als Ort des Gebetes (6,46)

3 Zu U. Luz, Das Geheimnismotiv 17.28-30; vgl. auch F. Fendler, a.a.O. 129f.

4 Vgl. auch 7,18; 8,17-21 (Unverständnis der Jünger); 10,24 (Entsetzen der Jünger).

einen Offenbarungsort. Auf einem ‚Berg' manifestiert Jesus seine Vollmacht und ruft die Jünger in seinen Dienst (3,13). Auf dem ‚Berg' vollzieht sich das Epiphaniegeschehen der Verklärung (9,2). – Der Terminus οἶκος hat ebenfalls eine epiphane und zugleich abgrenzende Bedeutung. Das ‚Haus' trennt Jünger und Volk (besonders 7,17). Im Raum des Hauses erfolgt die Sonderoffenbarung des Christus an sein Gefolge (auch 9,28.33; 10,10). Daß es sich um einen Topos der Geheimnistheorie handelt, zeigt sich daran, daß das ‚Haus' unvermittelt erscheint, ohne daß es sich geographisch fixieren läßt. Das Haus ist da, wo auch immer die Geheimnistheorie es erfordert. Es handelt sich um einen topologischen (dogmatischen), nicht jedoch um einen geographischen Begriff.[5]

Die Topologie des Markus reicht über die genannten Termini hinaus. Auch die Menschen um Jesus stellen einen Topos für den Raum der Offenbarung dar, besonders die zwölf Jünger; denn nicht anders als die geographischen Begriffe bildet der Kreis der Zwölf einen Ort der Offenbarung, nicht nur im Zusammenhang der Jüngeraussendung (6,7), sondern auch bei der Einsetzung des Herrenmahles (14,17). Daß es sich hierbei auch um eine topologische Vorstellung handelt, zeigt die Gegenüberstellung zu den ὄχλοι, dem jüdischen Volk: Volk und Jünger sind getrennt; trotz der Verkündigung Jesu an das Volk verhalten sich Volk und Jünger zueinander wie Verborgenheit und Offenbartheit. Auch πλοῖον ist für die topologische Gedankenführung wichtig: Das ‚Schiff' trennt Jesus und seine Jünger vom Volk (4,1.36; 6,32; 8,14).[6] Gleiches gilt für πλοιάριον, das nach 3,9 Jesus vor dem andrängenden Volk bewahrt. Aber nicht nur die Zwölf sind Offenbarungszeugen, ebenso gibt es die Begrenzung auf drei Jünger (z.B. 9,2) oder auch eine größere Anzahl (4,10: „Die Menschen, die um ihn waren, zusammen mit den Zwölf"). Der Kreis der Offenbarungszeugen ist demnach eine variable Größe. So zeigt es auch 3,31ff: Während die Verwandten diejenigen sind, die ‚draußen' stehen, gehören Jünger und Volk dem inneren Kreis an. Nicht die Anzahl, sondern der Gedanke der Abgrenzung ist ausschlaggebend, die Unterscheidung zwischen dem Offenbarungsort von den Orten der Verborgenheit. Es ist deutlich geworden, daß die Offenbarung sich ihren Ort selbst schafft.

Auch die sogenannte *Parabeltheorie* des Markus gehört in diesen Zusammenhang. Im vierten Kapitel seines Evangeliums bringt Markus offenbar aufgrund einer schriftlichen Vorlage eine Folge von Gleichnissen, die durch redaktionelle Zusätze, teilweise unter Hinzuziehung anderer vormarkinischer

---

5 Das Wort οἰκία wird dagegen nur im neutralen Sinn gebraucht: 6,10; 10,29f; 12,40; 13,15.35.

6 Eine nichttheologische Bedeutung dagegen in 1,19f; 5,2.18.21; 6,45.47.51.54; 8,10.

Überlieferung erweitert worden ist. Die vormarkinische Gleichnisquelle hatte den Umfang 4,3-(9).10*.(13)-20.26-29.30-32. Sie enthielt demnach drei Gleichnisse, von denen das erste, das Sämanngleichnis, durch eine Deutung ergänzt wurde. Eine Überleitung hierzu bildete die vormarkinische Fassung von V.10, d.h. die Frage nach dem Sinn des voraufgehenden Gleichnisses. Abgeschlossen wurde diese Vorlage durch die Feststellung, daß die Gleichnisrede Jesu in Entsprechung zum Verständnis der Zuhörer erfolgte (V.33).

Markus hat diese Quelle redigiert. Er fügt eine Einleitung (V.1-2) hinzu und erweitert die Überleitung V.10 (ὅτε ἐγένετο κατὰ μόνας, σὺν τοῖς δώδεκα, τὰς παραβολάς); ferner V.10-11.13 (teilw.).21-25.34. – Von theologischem Gewicht ist die Erweiterung in V.10 und die Anfügung von V.11-12: Markus hat die Überleitung von einem Gleichnis zur Gleichnisdeutung ausgearbeitet in eine Frage nach dem Sinn der Gleichnisrede Jesu überhaupt. Der markinische Vers 34 besagt, daß die Deutung der Gleichnisse den Jüngern als den Offenbarungszeugen vorbehalten bleibt. So ist es auch in V.13 durchgeführt worden. Die Deutung des Sämanngleichnisses bezieht sich auf den begrenzten Kreis, der in V. 10 angegeben und in V.11-12 angesprochen ist, die Begleitung Jesu mit den 12 Jüngern. Sie stehen denen gegenüber, die ‚draußen' sind (τοῖς ἔξω: V.11). Diese erhalten nicht die Deutung zugesprochen; auf sie wird vielmehr das Jesajazitat (Jes 6,9f) angewendet: „Hörend werdet ihr hören und nicht verstehen, sehend werdet ihr sehen und es nicht wahrnehmen". Ist es bei Jesaja der Auftrag Gottes an den Propheten, das Herz des Volkes zu verhärten, so ist eben dies im Markusevangelium Sinn und Ziel der Gleichnisrede Jesu. Das markinische ἵνα[7] und das entsprechende μήποτε lassen sich nicht rationalisieren.[8] Markus betont schroff die ‚praedestinatio in malum'. Die Gleichnisrede Jesu treibt in die Verhärtung hinein. Sie hebt die Scheidung zwischen Außenstehenden und den Offenbarungszeugen nicht auf, sondern bestätigt sie.

Die Parabeltheorie des Markus ist wesentlich von dem zugrundeliegenden Jesajazitat bestimmt. Für sie findet sich im Markusevangelium keine Analogie. Sie ist daher auch nicht konstitutiv für die markinische Ge-

---

7 Gegen Jes 6,9. – Jes 6,9a enthält einen Imperativ. ἵνα findet sich im Jesajatext der LXX nicht. Ausgeschlossen ist ein Rückgriff auf die Targumliteratur zu dem Jesajatext, da diese spät ist. Andererseits kann nicht ausgeschlossen werden, daß Mk hier eine eigenständige Tradition voraussetzt. Vgl. dazu J. Gnilka, Die Verstockung Israels. Isaias 6,9-10 in der Theologie der Synoptiker, StANT 3, München 1961.

8 Vgl. anders Matthäus, der 13,13 statt ἵνα ein ὅτι liest; dadurch ist die Gleichnisrede durch das schuldhafte Nichthören des Volkes motiviert und die Verantwortlichkeit der Hörer gewahrt, sogar an die Verantwortung des einzelnen Christen appelliert.

heimnistheorie. Dennoch ist sie im Zusammenhang mit dieser Theorie zu interpretieren. Wie bei den topologischen Aussagen handelt es sich um den Ausdruck des Messiasgeheimnisses. Markus betont das Motiv der Verborgenheit. Nicht nur die topologischen Aussagen, erst recht die Parabeltheorie bekräftigt den Verborgenheitscharakter der Offenbarung. Die Offenbarertätigkeit Jesu grenzt sich gegenüber denen ab, die ‚draußen stehen'. Die Parabellehre Jesu führt zur Verstockung des Volkes als Ausdruck des Geheimnisses, das sich mit der Person und der Verkündigung Jesu verbindet. Eine dialektische Spannung besteht zwischen Verborgenheit und Offenbarung. Die Offenbarung des Christus ist nicht ohne Verborgenheit, und die Verborgenheit ist nicht ohne seine Offenbarung.

3. Die traditionsgeschichtliche Erklärung

Was besagt es, daß Markus sein Evangelium durch das Motiv des Messiasgeheimnisses gestaltet hat? Was ergibt sich hieraus für das markinische Verständnis von Person und Werk Jesu, und inwiefern prägt sich hierin das Bekenntnis der markinischen Gemeinde aus? – Zur Beantwortung dieser Frage beginnen wir bei W. Wrede, der in seinem epochemachenden Werk über das Messiasgeheimnis in den Evangelien zwischen dem Gemeindeglauben und der ursprünglichen Jesustradition unterscheidet. Danach ist der nachösterliche Gemeindeglaube messianisch bestimmt und auf den künftigen Messias-Weltrichter ausgerichtet; die Gestalt Jesu ist in diesem Zusammenhang messianisiert worden. Anders dagegen die ursprüngliche Jesustradition. Wrede folgert aus dem Gegensatz von geoffenbarter Messianität Jesu und der Verborgenheit dieser Messianität, daß letztere ein unmessianisches Leben Jesu reflektiert, so daß die ursprüngliche Jesusüberlieferung nicht messianisch geprägt gewesen sei. Die Geheimnistheorie sei daher der Versuch der Gemeinde, die messianischen und unmessianischen Überlieferungen miteinander auszugleichen, so daß sich Jesus nunmehr im Verborgenen offenbart. Mit anderen Worten: Wrede erklärt die Messiasgeheimnistheorie auf einem traditionsgeschichtlichen Weg. Sie vereinigt zwei vormarkinische Überlieferungen, so daß Markus gleichsam unter einem Zwang steht; er gibt das wieder, was die Gemeindeüberlieferung vor ihm ausgearbeitet hat. Daß die Messiasgeheimnistheorie vormarkinischer Herkunft ist, ergibt sich nach Wredes Auffassung aus zwei Feststellungen: Die Theorie ist in sich komplex und widersprüchlich, so daß sie kaum dem Verfasser des zweiten Evangeliums anzulasten ist; außerdem ist sie auch im Johannesevangelium bezeugt, das nach Wredes Auffassung unabhängig vom Markusevangelium entstand.[9]

9 Vgl. dazu G. Strecker, W. Wrede, in: ders., Eschaton und Historie 335-359.

Die These Wredes ist heute aus zwei Gründen nicht mehr zu vertreten: 1. Unterschätzt wurde die prägende Kraft der Gemeinde. Der Osterglaube hat die Jesusüberlieferung so weitgehend bestimmt, daß die vorausgesetzte unmessianische Jesustradition von der frühchristlichen Gemeinde sehr früh absorbiert werden mußte. – 2. Die Aussagen über das Messiasgeheimnis gehören im Markusevangelium weitgehend dem Redaktionsgut an. Sie stellen genuine Arbeit des zweiten Evangelisten dar und können demnach nicht traditionsgeschichtlich, sondern allein redaktionsgeschichtlich interpretiert werden. Sie sind genuiner Bestandteil der theologischen Konzeption des Markus, der mit Sicherheit eine unmessianische Jesustradition nicht gekannt hat.

4. Apologetische Erklärung

Nach verbreiteter Auffassung[10] hat der Evangelist Markus die Messiasgeheimnistheorie geschaffen, um den Gegnern der christlichen Gemeinde entgegenzutreten. Das Motiv der Messiasgeheimnistheorie wäre danach ein apologetisches. Anlaß dieser Theorie wäre ein jüdischer Einwand gegenüber dem christlichen Bekenntnis gewesen. Behauptete der christliche Glaube, Jesus sei der Christus, so verwiesen die Juden demgegenüber auf die Unmessianität des Lebens Jesu und erklärten, daß die Aussagen des Glaubens der Gemeinde im Widerspruch zu den historischen Tatsachen des Lebens Jesu stünden. Darauf antwortete Markus mit der Messiasgeheimnistheorie: Das Leben Jesu erscheint aus dem Grunde als ein unmessianisches, weil Jesus es so beabsichtigt hat und sich nur im Geheimen als Messias bekannte. – Gegen solche apologetische Erklärung ist geltend zu machen: 1. Da Markus eine unmessianische Jesustradition nicht gekannt hat, wäre er auf einen derartigen Vorwurf der jüdischen Gegner der christlichen Gemeinde nicht ansprechbar gewesen. 2. Darüber hinaus ist das Markusevangelium nicht als Apologie des christlichen Glaubens geschrieben worden; vielmehr wollen die Evangelisten für Gemeinde und Welt den christlichen Glauben positiv bezeugen. Erst im zweiten Jahrhundert setzt die apologetische Literatur ein. 3. Auch wenn sich der christliche Glaube mit den ihm entgegenstehenden geistigen und religiösen Strömungen auseinanderzusetzen hat, so darf doch das apologetische Element im Neuen Testament nicht überschätzt werden. Der Glaube kommt nicht nur dann zur Sprache, wenn er von außen dazu angeregt wird. Vielmehr: Die Intention, mit der ihn umgebenden Welt ins Gespräch zu kommen und sich mit ihr auseinanderzusetzen, ist in ihm selbst angelegt. Dem-

---

10 E. Haenchen, Der Weg Jesu, Berlin 1966, 132-135; W. Bousset, Kyrios Christos, FRLANT 21, Göttingen [5]1967, 65-67; kritisch dazu R. Bultmann, Die Geschichte der synoptischen Tradition 371.

nach ist nicht Abwehr von feindlichen Angriffen, sondern Selbstorientierung des Glaubens in der Welt die grundlegende Aufgabe, von der sich die Evangelienverfasser herausgefordert wissen.

5. Das Verborgenheitsmotiv als historisches Gestaltungselement

Das Verborgenheitsmotiv ist ein wesentlicher Gestaltungsfaktor der Messiasgeheimnistheorie. Von entscheidender Bedeutung ist das Schweigegebot in 9,9: „Jesus gebot ihnen, sie sollten niemandem erzählen, was sie gesehen hatten, bis der Menschensohn von den Toten auferstanden sei". Zeigt sich nach W. Wredes traditionsgeschichtlicher Erklärung hier, daß die Auferstehung Jesu der Schnittpunkt zweier Epochen ist, nämlich der Epoche der unmessianischen Jesustradition und der messianischen Gemeindeüberlieferung, so ist in der Tat der historische Charakter dieser Notiz nicht zu übersehen: Die Auferstehung des Menschensohnes trennt zwar nicht eine messianische von einer unmessianischen Epoche, wohl aber eine Zeit des Geheimnisses, in der der auf Erden wirkende Menschensohn auftritt, und eine Zeit der Aufhebung dieses Geheimnisses. Die Verborgenheit der ‚Messianität' Jesu hängt aufs engste mit der Zeitlichkeit des Christus zusammen. Wie sehr der Zeitcharakter das Geheimnismotiv bestimmt, zeigen auch die Leidens- und Auferstehungsvoraussagen im Markusevangelium. Sie weisen auf einen bestimmten zeitlichen Termin, Tod und Auferstehung Jesu, voraus. Sie besitzen vor diesem Zeitpunkt Gültigkeit, danach aber nur noch ‚historische' Bedeutung. Die Verborgenheit, die sich mit ihnen verbindet, gilt bis zur Auferstehung. Der nachösterliche Glaube wird das Gesagte verstehen, im Unterschied zu den unverständigen Zeugen der Offenbarungszeit des Christus.

Das Messiasgeheimnis ist demnach im Markusevangelium zeitlich fixiert. Der irdische Weg Jesu kann unter dem Gesichtspunkt des Geheimnisses dargestellt werden. Es gehört zur Zeitlichkeit, also zur Verborgenheit des Christus, daß er in Galiläa auftritt und von dort nach Jerusalem zieht. Nicht zufällig sind die topologischen Aussagen zeitlich-historisch orientiert. Andere heben den Raum als den Ort der Offenbarung des Christus hervor. Zeit und Raum sind der Rahmen der messianischen Offenbarung, die sich in solcher Verborgenheit enthüllt.

6. Das Paradox des Glaubens

Nach E. Schweizer soll das Messiasgeheimnis im Leben Jesu verdeutlichen, daß Jesu messianisches Sein erst vom Kerygma, von der Passion und Auferstehung Jesu her zu verstehen sei. Der Weg Jesu ist bis zum Tod und zur Auferstehung ein verborgener, danach wird er offenbart.[11] So beweist auch Petrus sein Unverständnis insbesondere gegenüber dem Leiden Jesu[12] (8,32f). Erst nach Ostern werde den Jüngern die Wahrheit der Person Jesu enthüllt und damit für sie erkennbar.[13] Jedoch ist das Geheimnis nicht nur eine unvollkommene Aussage über die Person und das Wesen Jesu, die auf Tod und Auferstehung Jesu vorausweist und danach abgetan wäre; es ist auch nicht in einem erkenntnistheoretischen Sinn zu interpretieren, vielmehr: Es ist wesenhafter Ausdruck des Glaubens, daß das eschatologische Heil durch Jesus Christus in die Historie eingegangen ist. In ihm konkretisiert sich das Paradox, daß der Irdische der Gottessohn ist, oder (besser) umgekehrt: daß der von Gott anerkannte Sohn als Mensch aufgetreten ist. Solche Paradoxie ist nicht nur ‚horizontal', sondern auch ‚vertikal' zu begreifen. Sie besagt, daß die Messianität des Offenbarers der Unverfügbarkeit zugehört und daß dieses Geschehen, obwohl es sich in Zeit und Raum vollzieht, Zeit und Raum sprengt. Als eschatologisches Geschehen steht es mit der Historie in Spannung, ist es ein dialektisches Geschehen, gekennzeichnet durch das Offenbarwerden des Christus und durch sein Sichverhüllen. Offenbarung und Verborgenheit sind dialektisch aufeinander bezogen. So zeigte es sich vor allem an der Tatsache, daß trotz der beabsichtigten Verborgenheit des Christus die Verhüllung immer wieder durchbrochen wird. Die Offenbarung zerbricht den Rahmen der Verborgenheit.[14] Der verhüllende Raum, der die Offenbarung umschließt, wird durch das Christusgeschehen durchbrochen. Hätte Markus, der Schöpfer der Gattung Evangelium, den Versuch unternommen, sein Werk ohne die Theorie vom Messiasgeheimnis zu schreiben, so wäre das Ergebnis seiner Arbeit eine ‚historia Jesu' geworden, die den eschatologischen Anspruch des Evangeliums nicht erkennen lassen würde. Die Dialektik von Verborgenheit und Offenbarung macht deutlich, daß das Christusgeschehen in der Historie nicht aufgeht. Es wird der Zeit nicht immanent, so sehr es sich in der Zeit, in

---

11 Vgl. Mk 9,9; E. Schweizer, Das Evangelium nach Markus, NTD 1, Göttingen [16]1983, 216.

12 Vgl. E. Schweizer, Jesus Christus im vielfältigen Zeugnis des Neuen Testaments, München-Hamburg [5]1979, 130.

13 Vgl. E. Schweizer, Das Evangelium nach Markus 216.

14 Vgl. 7,36: Die Heilung eines Taubstummen (= Epiphanie des Christus) wird abgeschlossen durch ein Schweigegebot, das jedoch nicht eingehalten wird: „Aber soviel er es ihnen gebot, um soviel mehr machten sie es bekannt." Die Offenbarung durchbricht die Verborgenheit! Ähnlich 7,24 mit Bezug auf das οἶκος-Motiv: „Er ging in ein Haus und wollte nicht, daß es jemand erfahren sollte, und doch konnte er nicht verborgen bleiben."

der Verborgenheit ereignet. Es vollzieht sich in der Begrenzung des Raumes und doch läßt es sich räumlich nicht einschließen. Für Markus handelt es sich bei der Geheimnistheorie um ein konstitutives Element seiner Evangelienschreibung. Es ist die Grundlage der markinischen christologischen Konzeption, freilich nicht deren einzige Ausprägung.

b) Die Person Jesu

J. Schreiber, Die Christologie des Markusevangeliums, ZThK 58, 1961, 154-183.

Ders., Theologie des Vertrauens. Eine redaktionsgeschichtliche Untersuchung des Markusevangeliums, Hamburg 1967.

Ders., Die Markuspassion. Eine redaktionsgeschichtliche Untersuchung, BZNW 68, Berlin-New York ²1993.

Ph. Vielhauer, Erwägungen zur Christologie des Markusevangeliums, in: ders., Aufsätze zum Neuen Testament, TB 31, München 1965, 199-214.

M. Horstmann, Studien zur markinischen Christologie, NTA 6, Münster ²1973.

C.R. Kazmierski, Jesus, the Son of God. A Study of the Markan Tradition and its Redaction by the Evangelist, fzb 33, Würzburg 1979.

N. Perrin, Die Christologie des Markus-Evangeliums. Eine methodologische Studie, in: R. Pesch (Hg.), Das Markusevangelium, WdF 411, Darmstadt 1979, 356-376.

G. Strecker, Die Leidens- und Auferstehungsvoraussagen im Markusevangelium (Mk 8,31; 9,31; 10,32-34), in: ders., Eschaton und Historie. Aufsätze, Göttingen 1979, 52-75.

J. Zmijewski, Die Sohn-Gottes-Prädikation im Markusevangelium. Zur Frage einer eigenständigen markinischen Titelchristologie, SNTU 12, 1987, 5-34.

C. Breytenbach, Grundzüge markinischer Gottessohn-Christologie, in: Anfänge der Christologie, FS F. Hahn, Göttingen 1991, 169-184.

1. Grundfragen

Die konkrete Formung der Messiasgeheimnistheorie ergibt sich aus ihrem christologischen Zusammenhang. Hierzu hat J. Schreiber einen spezifischen Auslegungsversuch vorgelegt. Danach ist das Messiasgeheimnis im Markusevangelium aus der gnostischen Erlöservorstellung zu interpretieren. Als neutestamentlicher Paralleltext wird für diese These Phil 2,6-11, außerdem 1 Kor 2,8 herangezogen: „Gemäß Phil 2,6-11; 1 Kor 2,8 bleibt der Erlöser in der Darstellung des Markus unerkannt bis zu seinem Tode, um durch diesen Tod ... seine Erhöhung und den Sieg über die Mächte zu gewinnen“[15]. Hier-

---

15 J. Schreiber, Christologie 157.

durch nimmt Markus das hellenistische christologische Kerygma auf. Er ergänzt dies durch die Aufnahme der θεῖος-ἀνήρ-Tradition, die ebenfalls der hellenistischen Christologie der vormarkinischen Gemeinde entstammt. Aus dieser Verbindung gewinnt das Evangelium seine spezifische Einheit. Das Kreuz bedeutet den endgültigen Sieg des Christus über die satanischen Mächte. Die θεῖος-ἀνήρ-Tradition der Jesuserzählungen wird überhöht und überformt durch den aus der Gnosis stammenden Christusmythos. Beide Traditionen sind in der Theorie vom Messiasgeheimnis zusammengefaßt: Jesus eignet – gleich einem gnostischen Erlöser – Verborgenheit, und er schreitet andererseits wie ein θεῖος-ἀνήρ über die Erde.

Das entscheidende Problem liegt nicht so sehr in der Frage, ob im Markusevangelium eine θεῖος-ἀνήρ-Tradition verarbeitet wurde; denn wie auch im einzelnen geurteilt werden mag, in jedem Fall setzt die vormarkinische Überlieferung die Vorstellung voraus, daß Jesus wie ein Gottmensch wunderbare Machttaten vollbringt. Die entscheidende Frage ist, ob sich daneben eine der Gnosis vergleichbare Erlöservorstellung im Markusevangelium findet, ob Jesus also in der Tat als gnostischer ‚salvator salvandus' dargestellt ist. Hat der zweite Evangelist eine Präexistenz-Christologie gekannt, so daß Jesus wie der Erlöser der gnostischen Systeme vom Himmel herabgestiegen ist, um dorthin zurückzukehren? J. Schreiber beruft sich für diese These auf Mk 1,11 (die Himmelsstimme bezeichnet Jesus bei der Taufe als ‚Gottessohn'), ferner auf 12,1ff (in der Parabel von den Weingärtnern begegnet die Bezeichnung υἱὸς ἀγαπητός <V.6>).[16] Jedoch: Eine ‚Descensus'-Vorstellung, der Gedanke vom Himmelabstieg und -aufstieg des Erlösers, liegt im Markusevangelium nicht vor. Auch kennt der zweite Evangelist keine kosmologische Interpretation der Person Christi, die gnostischen Systemen vergleichbar wäre. Vor allem: Mk 1,11 spricht von der Adoption Jesu zum Gottessohn, von einem Epiphaniegeschehen, in dem sich göttliche Offenbarung an und im Christus ereignet. Dieses ist nicht notwendig mit der Idee der Präexistenz verbunden. Jesus wird nach Darstellung des zweiten Evangelisten vielmehr bei der Taufe als Gottessohn adoptiert. Solche Einsetzung in die Gottessohnschaft widerspricht der Auffassung, daß das Epiphaniegeschehen der Taufe die Gottessohnschaft Jesu zur Voraussetzung habe. Aufschlußreich ist, daß die Himmelsstimme bei der Verklärung konstatiert: „Dies ist mein geliebter Sohn" (9,7) und damit bestätigt, daß seit der Taufe Jesus der Gottessohn ist. Daß Markus eine Adoptions-, nicht eine Präexistenzchristologie vertritt, macht es unmöglich, ihn in der vorgeschlagenen Weise den gnostischen Erlöservorstellungen zuzuordnen, um so mehr, als die genuine Gnosis (‚Gnostizismus') eine nachchristliche Erscheinung ist.[17]

16 J. Schreiber, a.a.O. 166f.

17 Vgl. G. Strecker, Exkurs Γινώσκειν, in: ders., Die Johannesbriefe, KEK XIV, Göt-

2. Christologische Hoheitstitel

Ist weder eine Präexistenzchristologie noch eine gnostische Erlöseranschauung für Markus vorauszusetzen, so ist zu fragen, welches die zentralen Begriffe sind, die die markinische Christologie bestimmen.

α) Es ist bezeichnend, daß der Davidsohntitel nicht im Vordergrund steht. Nur einmal, im Zusammenhang einer Heilungsgeschichte (Heilung des blinden Bartimaeus), ist er im Ausruf des Blinden enthalten (10,47). Auch die übrige Jesuserzählung ist von der Davidsohnchristologie nicht geprägt. Dies unterscheidet Markus von Matthäus und Lukas, die vor allem in den Vorgeschichten diesen Titel aufgenommen haben, und läßt vermuten, daß Markus und seine Tradition verhältnismäßig schwach von judenchristlicher Überlieferung beeinflußt sind. In der Perikope vom Davidsohn erscheint noch einmal der Titel (12,35ff). Hier aber ist eine Unterordnung zu erkennen, die vormarkinischer Herkunft ist und begründen kann, weshalb für Markus der Titel zurücktritt.

β) Charakteristischer ist der Titel ὁ Χριστός. Markus kann Χριστός als Eigennamen verwenden (1,1; 9,41). Häufiger ist der titulare Gebrauch, etwa im Bekenntnis des Petrus: „Du bist der Christus" (8,29), auch in der Überordnung des Christus über den Davidsohn in 12,35. Er erscheint auch in der Frage des Hohenpriesters (14,61) „Bist du der Christus, der Sohn Gottes?" und in 15,32 (mit dem Zusatz: „Der König Israels"). Bezeichnend ist also, daß oft eine christologische Prädikation hinzugefügt worden ist; denn ὁ Χριστός ist eine unspezifische Bezeichnung für den eschatologischen Heilbringer.

γ) Von besonderer Bedeutung ist die Frage, ob Markus den Titel κύριος als Gottesbezeichnung der Septuaginta kannte. In diesem Sinne gebraucht er ihn jedenfalls in 5,19; 12,29; 13,20. Er kann κύριος allerdings auch als profane Bezeichnung einsetzen, z.B. in 13,35: der Herr des Hauses. Darüber hinaus versteht Markus an drei Stellen Kyrios im christologischen Sinn, vor allem in der Einzugsperikope (11,3: „Der Herr hat es <das Fohlen> nötig"). Die Einzugsperikope setzt die alttestamentliche messianische Überlieferung

---

tingen 1989, 319-325; K. Berger, Art.: Gnosis/Gnostizismus I, TRE 13, 519-535; R. McL. Wilson, Art.: Gnosis/Gnostizismus II, TRE 13, 535-550; C. Colpe, Die religionsgeschichtliche Schule, FRLANT 78, Göttingen 1961; K. Rudolph, Die Gnosis, Göttingen [3]1990; ders. (Hg.), Gnosis und Gnostizismus, WdF 262, Darmstadt 1975; H. Jonas, Gnosis und spätantiker Geist I, Göttingen [3]1964; K.W. Tröger (Hg.), Gnosis und Neues Testament, Gütersloh 1973; ders. (Hg.), Altes Testament – Frühjudentum – Gnosis, Gütersloh 1980.

Sach 9,9 voraus und ist wohl auf dieser Grundlage entstanden.[18] Von hier aus ergibt sich, daß der Titel ὁ κύριος eine ‚messianische' Bedeutung hat. Möglich ist auch, daß die Anrede κύριε im Mund der heidnischen Frau aus Syrophönizien (7,28) als christologische Titulatur zu verstehen ist; denn diese Anrede ist absolut gebraucht. Schließlich die Davidsohnfrage in 12,35-37: David nennt den Christus Kyrios (in Entsprechung zum Zitat Ps 110,1), wobei der absolute Sprachgebrauch ein titulares Verständnis nahelegt (V.37). Es ergibt sich: Markus setzt, wenn auch nur sporadisch, die Kyrios-Christologie voraus. Dies verbindet ihn mit dem hellenistischen Kerygma und trennt seine Christologie von der palästinisch-judenchristlichen Gemeinde.

δ) Was den Titel ὁ υἱὸς τοῦ ἀνθρώπου angeht, so ist schon gesagt worden, daß in den Evangelien zu unterscheiden ist zwischen den Sprüchen vom kommenden, vom gegenwärtig wirkenden und vom leidenden Menschensohn. Markus kennt alle drei Gruppen und behält den ursprünglich apokalyptischen Gehalt des Menschensohnbegriffs bei (vgl. 13,26). Darüber hinaus hat er auch die Einordnung der apokalyptischen Menschensohnvorstellung in das Leben Jesu vorgefunden (2. Gruppe: 2,10.28). Demnach ist auch die Verbindung von θεῖος ἀνήρ-Vorstellung und dem Menschensohnbegriff vormarkinisch und offenbar auf hellenistischem Boden entstanden, wodurch der ‚Gottmensch' Jesus als der mit eschatologischer Macht ausgestattete, in der Erdenwirklichkeit solche Macht demonstrierende Menschensohn gezeichnet wird. – Charakteristisch ist für das Markusevangelium die Hervorhebung der dritten Gruppe der Menschensohnsprüche. Auch diese Darstellung des Christus als des leidenden Menschensohnes ist teilweise vorgegeben; so 8,31 (die Leidens- und Auferstehungsansage Jesu gehört vermutlich schon vor Markus zur Caesarea-Philippi-Perikope)[19], auch 10,45 („Der Menschensohn ist nicht gekommen, damit ihm gedient werde, sondern damit er diene und sein Leben als Lösegeld für viele gebe"). Dieses λύτρον-Wort hat in der vormarkinischen Tradition primär eine soteriologische Bedeutung; es bezeugt den Dienst des Menschensohnes, der stellvertretend für die Menschen handelt und dadurch menschliches Bemühen aufhebt. Dieser Vers steht der paulinischen Vorstellungswelt nahe und bezeugt eine ‚paulinische Komponente' für die vormarkinische Überlieferung des Markusevangeliums. Ein weiteres Wort über den leidenden Menschensohn findet sich 14,21 („Der

---

18 So trotz des Aufsatzes von W. Bauer, The „Colt" of Palm Sunday (Der Palmesel), JBL 72, 1953, 220-229, wonach πῶλος nicht das Fohlen eines Esels, sondern das junge Pferd bezeichnet; ders., Der Palmesel, in: ders., Aufsätze und Kleine Schriften, Tübingen 1967, 109-121. Vgl. dazu K.G. Kuhn, Das Reittier Jesu in der Einzugsgeschichte des Markusevangeliums, ZNW 50, 1959, 82-91.

19 Vgl. dazu G. Strecker, Die Leidens- und Auferstehungsvoraussagen 63-66.

Menschensohn geht dahin, wie von ihm geschrieben steht; aber wehe dem Menschen, durch den der Menschensohn verraten wird") – ein Weheruf, der wahrscheinlich der Gemeindetheologie entstammt. Als Bestandteil der Perikope vom Verrat des Judas ist er wohl niemals selbständig überliefert worden und vormarkinischer Herkunft.

Jedoch hat Markus die Sprüche vom leidenden Menschensohn nicht nur in der Tradition vorgefunden, sondern zu einem nicht geringen Teil selbst gestaltet. Markinisch ist die zweite und dritte Leidens- und Auferstehungsvoraussage: 9,31; 10,33f; dies im Anschluß an die vormarkinische Überlieferung, der 8,31 zugehört, wobei insbesondere in 10,33f der Einfluß der Passionstradition zusätzlich wirksam ist. Hier ist Jesus der Menschensohn, der dem Leiden und der Auferstehung entgegengeht. Darüber hinaus ist 14,41b eine redaktionelle Überleitung; sie spricht vom Verrat an dem Menschensohn, der in die Hände der Sünder gegeben wird.[20]

Aus diesem Überblick ergeben sich zwei Feststellungen:

1. *Traditionsgeschichtlich:* Markus hat die Sprüche vom leidenden Menschensohn in der Überlieferung seiner Gemeinde vorgefunden; sie sind nicht einer bestimmten literarischen Quellenschrift zuzuordnen, haben aber – soweit wir wissen – auch nicht unabhängig von der Markusüberlieferung literarisch existiert; der Q-Tradition z.B. sind sie unbekannt. Diese Interpretation des Menschensohnbegriffs ist traditionsgeschichtlich spät anzusetzen. Sie ist zu verstehen als eine sekundäre Kombination der ersten und zweiten Gruppe der Menschensohnsprüche mit dem christologischen Kerygma. Diese Spruchgruppe ist ursprünglich soteriologisch ausgerichtet, wie 10,45 erkennen läßt.

2. *Redaktionsgeschichtlich:* Markus hat die Überlieferung seiner Gemeinde vom leidenden Menschensohn bewußt aufgegriffen und in seinem Evangelium verarbeitet. Er interpretiert sie im Zusammenhang mit der Theorie vom Messiasgeheimnis. Jesus, der leidende Menschensohn, ist der Messias in der Verborgenheit. Das Leiden des Christus ist Ausdruck der Erniedrigung und der Verborgenheit des Offenbarers. Dies ist nicht in einem gnostischen Sinn zu verstehen (denn der gnostische Erlöser ist durch einen kosmologisch zu verstehenden ‚Descensus', durch den Abstieg vom Himmel auf die Erde dem Leiden unterworfen), sondern im Sinn des christlichen Kerygmas. Der Christus des Glaubens verhüllt seine Hoheit im Leiden; sie bricht sich in der Passion, und sie erstrahlt unverhüllt mit der Auferstehung.

---

20 Mk 9,12b gehört nicht in diesen Zusammenhang, sondern ist als nachmarkinische Interpolation zu erkennen, die bei der Benutzung der Markusvorlage dem Evangelisten Matthäus schon bekannt war.

ε) Von noch größerem Gewicht als der Menschensohnbegriff ist im Markusevangelium das christologische Prädikat υἱὸς τοῦ θεοῦ. Dies gilt, obwohl sämtliche Belegstellen vormarkinischer Herkunft sind. Die markinische Redaktionsarbeit besteht wesentlich in der Komposition, nicht in der Schaffung selbständiger Aussagen. Aus der Weise, wie Markus die Überlieferungseinheiten zusammengestellt und ‚redigiert' hat, läßt sich das für seine Theologie Typische erheben. So hat auch der Begriff ‚Gottessohn' Entscheidendes für das Verständnis der Person Jesu im Markusevangelium auszusagen. Er wird in verschiedener Weise interpretiert:

1. Die Frage des Hohenpriesters: „Bist du der Christus, der Sohn des Hochgelobten" (Mk 14,61), wird durch den Hinweis Jesu auf das Kommen des Menschensohnes auf den Wolken beantwortet (14,62). Die Frage des Hohenpriesters wird also bejaht, aber die damit gegebene Vorstellung durch den Hinweis auf das Kommen des Richters modifiziert. Der Gottessohn, der Jesus in seiner irdischen Wirklichkeit ist, wie er selbst es bekennt, ist niemand anders als der künftige Weltrichter-Menschensohn. Der Begriff ‚Gottessohn' hat also eine eschatologische Dimension; er ist auf die Zukunft ausgerichtet, im Gegensatz zur vorausgesetzten jüdischen Vorstellung vom König Israels als des Sohnes Gottes.

2. Aus einem anderen Vorstellungsbereich stammt 3,11. Die Dämonen anerkennen die Macht Jesu, indem sie vor ihm niederfallen und ausrufen: „Du bist der Sohn Gottes". Dies gehört in den Zusammenhang der Exorzismen Jesu und ist ebenfalls vormarkinischer Herkunft (vgl. auch 5,7). Es kommt an dieser Stelle eine andere Tradition als die eben genannte zur Sprache: die θεῖος ἀνήρ-Tradition, die Jesus als den mit Macht begabten Gottmenschen, vor allem als den Wundertäter zeichnet. Dies besagt: der hier Dargestellte ist seinem Wesen nach nicht der irdischen Wirklichkeit zuzuordnen; er hat göttliche Macht, weil er göttlichen Wesens ist. Dies zeigt sich in seinem irdischen Auftreten und ist kennzeichnend für den von ihm erhobenen Anspruch.

3. Von größerer Bedeutung sind die drei folgenden Belegstellen: 1,11 (Adoption Jesu zum Gottessohn durch die Taufe); 9,7 (Benennung mit dem Namen ‚Gottessohn' bei der Verklärung auf dem Berg); 15,39 (Bekenntnis des Zenturio unter dem Kreuz: „Dieser Mensch war in Wahrheit Gottes Sohn"). Zu diesen Belegstellen lassen sich Parallelen im altägyptischen Inthronisationsritual feststellen.[21] Danach erfolgt die Thronbesteigung eines Königs nach einem geprägten Zeremoniell: 1. *Erhöhung* (Apotheose). Der König erhält von seinem himmlischen Vater göttliche Eigenschaften übereignet; er

---

21 Vgl. E. Norden, Die Geburt des Kindes 118-123.

wird dadurch vergottet. 2. *Präsentation.* Der vergottete König wird dem Kreis der Götter vorgestellt; er wird ihnen an Würde gleichgestellt. 3. *Inthronisation.* Dem Gottkönig wird die Herrschaft übertragen.

Dieses Inthronisationsschema wird auch auf neutestamentliche Texte angewendet, so auf den Hymnus 1 Tim 3,16; auch Hebr 1,5-13; Mt 28,16-20. Ist dies im einzelnen auch fragwürdig, so ist doch nicht zweifelhaft, daß für die Interpretation des Markusevangeliums der Vergleich mit dem ägyptischen Inthronisationsschema aufschlußreich ist: Die *Apotheose* des Gottkönigs läßt sich in der Taufperikope (1,11), in der Adoption Jesu zum Gottessohn wiederfinden. Entsprechend läßt sich die Verklärungsperikope als Darstellung der Präsentation Jesu als des Gottessohnes verstehen (9,7), indem Jesus den himmlischen Wesen, nämlich Elia und Mose, als an Würde gleich vorgestellt wird. Und schließlich scheint es möglich zu sein, die Kreuzigung als *Inthronisation* des Gottessohnes zu interpretieren, indem dem Gekreuzigten die Weltherrschaft übertragen wird, wie aus dem Bekenntnis des Zenturio hervorzugehen scheint (15,39).

Allerdings ist zuzugestehen, daß sich die Parallelen nicht widerspruchslos ergeben. Insbesondere sagt das Zenturio-Bekenntnis eine Inthronisation nicht wirklich aus; es enthält vielmehr eine auf den Tod Jesu, also auf ein in der Vergangenheit liegendes Ereignis bezogene Wertung, wenn es besagt: „Dieser war (ἦν) Gottes Sohn".[22] Richtiger könnte man daher das Bekenntnis des Zenturio im Zusammenhang mit der θεῖος ἀνήρ-Überlieferung verstehen; es bezeugt den Gottessohn Jesus als während seines Erdlebens mit göttlicher Macht begabt. – Wenn das Inthronisationsschema auf das Markusevangelium konsequent angewendet werden soll, so muß vermutet werden, daß auch der verloren gegangene Markusschluß das Prädikat υἱὸς τοῦ θεοῦ enthielt. In der Tat ist nicht auszuschließen, daß im Zusammenhang einer Auferstehungserscheinung vor Petrus die Inthronisation des Gottessohnes Jesus ausgesagt war. So entspricht es den bekannten Auferstehungstexten: Der Auferstandene ist der Inthronisierte, der zur ‚Rechten Gottes' Erhöhte (vgl. Mt 28,16-20).[23]

Der Vergleich mit dem altägyptischen Inthronisationsschema ergibt für die Christologie des Markusevangeliums zunächst, daß Jesus, der Gottessohn, als der künftige und schon gegenwärtig wirksame König der Endzeit dargestellt ist. Hierauf bezieht sich der Titulus am Kreuz.[24] Es handelt es sich um

---

22 Zu Ph. Vielhauer, Erwägungen 199-214; 211.213.

23 In den Worten des Apostolikums: „Credo ... in Jesum Christum, ... resurrexit a mortuis, ascendit ad coelos, sedet ad dexteram Dei ..." (BSLK, [10]1986, 21.)

24 15,26: Die Heiden bezeichneten Jesus als den ‚König der Juden'; vgl. auch 15,32: Die jüdischen Hohenpriester und Schriftgelehrten sprechen von Jesus ironisch als dem ‚Christus, dem König Israels'.

das typische Mißverständnis, das die Wahrheit nicht erkennt und nicht wahrhaben will, daß der Gekreuzigte kein politischer Herrscher ist. Hier manifestiert sich die Verborgenheit der Messianität Jesu; sie wird in den unsachgemäßen Kategorien eines politischen Messiastums begriffen. In Wahrheit aber handelt es sich um die Messianität des eschatologischen Königs. Nicht zufällig begleiten kosmische Zeichen seinen irdischen Weg (1,11; 9,7: Himmelsstimme; 15,33.38: Finsternis, Zerreißen des Tempelvorhangs). Das Auftreten dieses Königs hat eine universale, kosmische Bedeutung.

Setzt man voraus, daß das Leben Jesu nach markinischer Darstellung einem Inthronisationsdrama vergleichbar ist, ergibt sich die Folgerung, daß Markus beabsichtigt, das irdische Jesusgeschehen als Heilsgeschehen zu zeichnen. Hierfür ist die Verbindung von Gottessohn- und Gottmensch-Überlieferung charakteristisch. Der Gottessohn stellt sich als θεῖος ἀνήρ dar (vgl. zum ersteren 1,11; 9,7 und zum zweiten 3,11; 15,39). Der eschatologische Gottkönig ist zugleich der auf Erden wirkende, mit wunderbarer Macht begabte Gottmensch. Markus stellt bewußt das Bekenntnis der Gemeinde zu Jesus als dem eschatologischen König in die Historie hinein; er ist um eine geradlinige Geschichtsdarstellung bemüht: Das Heilsgeschehen wird als Heilsgeschichte dargestellt.

3. Der Weg Jesu

Versucht man die markinische Darstellung zu gliedern, so sind drei heilsgeschichtliche Perioden voneinander abzugrenzen: 1. Die Zeit der Vorbereitung, d.h. die Zeit der Weissagung auf Jesus hin bis einschließlich des Auftretens Johannes des Täufers, 2. die Zeit der Verborgenheit und des Offenbarseins des Eschaton in der Person Jesu, 3. die nachösterliche Zeit, d.h. die Zeit der Mission der Kirche bis zum Weltende. Die Zeit Jesu läßt sich danach in eine geradlinige zeitliche Bewegung einordnen.

α) So ist es am *Verhältnis Jesu zu den Juden* zu demonstrieren. Die im Markusevangelium genannten Vertreter des jüdischen Volkes gehören wie dieses selbst nicht zur zeitgenössischen Judenheit des Markus und seiner Gemeinde. Der zweite Evangelist reflektiert nicht primär seine Zeit, sondern bemüht sich um die Darstellung der heiligen Vergangenheit. Ihr sind die jüdischen Zeitgenossen Jesu zugeordnet, auch wenn sich in der Darstellung des zweiten Evangeliums das Verhältnis des Markus und seiner Gemeinde zum Judentum seiner Zeit widerspiegelt. Der markinische Jesus steht dem Judentum gegenüber; predigt er ‚in *ihren* Synagogen' (1,39), so scheint er nicht mehr zum Judentum gezählt zu werden. Entsprechend distanziert sich Jesus von der Lehre der Pharisäer und Schriftgelehrten als von ‚eurer Überlieferung' (7,9.13). Die jüdischen Behörden und Parteien wie auch Teile des Volkes sind dem Verborgenheitsmotiv der messianischen Offenbarung zugeordnet. An ihrem Unverständnis und an ihrer Gegnerschaft bricht sich die Offenbarung des Christus. Das Auftreten Jesu vollzieht sich im Gegenüber zur Geschichte des jüdischen Volkes; es ist auf den Verlauf dieser Geschichte bezogen und beeinflußt sie. Hierfür ist die Parabel von den Weingärtnern charakteristisch (12,1-12): Die Knechte, die zu den Weingärtnern ausgeschickt werden, um den dem Besitzer des Weinberges zustehenden Anteil an den Früchten entgegenzunehmen, werden mißhandelt oder getötet – eine Allegorie auf die alttestamentlichen Propheten. Die Sendung des ‚geliebten Sohnes' ist die Aussendung Jesu. Er wird ebenso von den Weingärtnern getötet; die Folge ist, daß der Weinberg anderen gegeben werden wird. So entspricht es alttestamentlicher Voraussage (Ps 118,22: „Der Stein, den die Bauleute verworfen haben, ist zum Eckstein geworden"). Im Einklang mit solcher heilsgeschichtlichen Allegorese wird die Geschichte des jüdischen Bundesvolkes als eine unheilige und unheilvolle Vergangenheit, als eine Geschichte der Prophetenmorde dargestellt. Sie kommt in der Kreuzigung Jesu zu ihrem Höhepunkt und findet darin ihr Ende. Die Konsequenz ist die Verwerfung der Juden und die Erwählung der anderen, demnach die Bildung der Kirche; ihr gehören alle an, die den Ruf Jesu annehmen. Sind bei Markus die Juden einerseits Repräsentanten von Unverständnis und Verstockung gegenüber der Offenbarung, so werden sie andererseits doch für ihre Haltung verantwortlich gemacht. Sie tragen die Verantwortung am Tod Jesu (vgl. 15,6-15). So sehr an dieser Stelle Grundlagen für einen späteren christlichen Antijudaismus gelegt werden, so wenig ist Markus grundsätzlich antijüdisch gestimmt. Wichtiger auch als die konkrete Gegnerschaft gegenüber den jüdischen Zeitgenossen ist für den zweiten Evangelisten die theologische Standortbestimmung. Diese vollzieht sich nicht in einem billigen Apologetismus, sondern im Bekenntnis der Kirche zu der ihr geschenkten Wahrheit. Ist solche Wahrheit des Glaubens nicht von der Person des Glaubenden ablösbar, so führt heilsgeschichtlich orientierte Geschichtsschreibung über die Grenze des glaubenden Bekennens hinaus, wenn sie losgelöst von der Person der Glaubenden das Bekenntnis objektiviert, historisiert und zu demonstrieren versucht, daß der Weg der anderen nicht der Weg der Wahrheit ist. Die Überschreitung der Grenzen, die der vom Glauben bekannten Wahrheit gesetzt sind, ist schon bei Markus erkennbar und bei den Seitenreferenten Matthäus und Lukas konsequenter vollzogen worden. Dies liegt in der Linie heilsgeschichtlicher Demonstration der geglaubten Wahrheit. Damit ist jedoch die Gefahr gegeben, daß die Wahrheit des Glaubens zur Richtigkeit depraviert und der Gegenstand des bekennenden Glaubens zu einem demonstrierbaren ‚factum historicum' wird.

β) Zusammen mit Jesus befinden sich auch die *Jünger Jesu* auf dem Wege. Sie folgen Jesus auf dem Wege nach (1,18 u.ö.) und begleiten ihn bis zum Kreuz (10,32; 14,54; 15,40f). Wenn Markus von den Jüngern Jesu spricht, denkt er nicht primär an die Gemeinde, sondern an die Begleiter Jesu. Eine Entwicklungslinie im Glauben der Jünger läßt sich freilich nicht beobachten. Auch das Petrusbekenntnis (8,27ff) scheidet nicht zwei Perioden des Verstehens bzw. Nichtverstehens der Jünger voneinander (etwa: zunächst Unverständnis Jesu als des Christus, danach Mißverständnis des Leidens des Christus), sondern bestätigt, daß die Existenz der Jünger eine dialektische ist. Bekenntnis und Unverständnis sind miteinander verflochten. Sie bekennen Jesus als den Christus und erfassen doch nicht das Geheimnis seines Weges.[25] Als Unverständige, Zweifelnde, Angefochtene, Leidende (vgl. 14,50) sind sie zu Offenbarungszeugen berufen (9,9), die in der nachösterlichen Völkermission ihre Aufgabe finden (13,10).

γ) Anders als in der Darstellung der Jünger läßt sich in der markinischen Zeichnung der *Person Jesu* eine Linienführung erkennen. Die Jünger sind nichts als Zeugen der Offenbarung und daher in ihrer Existenz von dem Offenbarer nicht ablösbar. Sie werden nur insoweit in die Historie einbezogen, als sie mit der Gestalt Jesu verbunden sind. Diese bestimmt die Anlage des Evangeliums durchgehend: Der Weg Jesu beginnt mit der Taufe des Johannes (1,9-11) oder mit dem ersten öffentlichen Auftreten in Galiläa (1,14f) und endet in Jerusalem mit Kreuz und Auferstehung. Entsprechend gliedert sich das Evangelium in zwei Großabschnitte: die galiläische Periode (1,14-9,50) und die Jerusalemer Periode (10,1-15,37); denn mit 10,1 setzt der Zug Jesu nach Jerusalem ein. Diese Gliederung ist im einzelnen durch die Dialektik von Verborgenheit und Offenbarsein des Christus geprägt und durch die Inthronisationsvorstellung bestimmt. Jesus wird in Wort und Tat als der ‚Gottmensch' vorgestellt, dessen Weg ein Weg durch Zeit und Raum ist. Dies dokumentieren die verschiedenen chronologischen und geographischen Angaben, erstere haben in der Passionsgeschichte sogar bis zur Ausführung eines Tages- und Stundenschemas geführt. Eine Zäsur bildet das Petrusbekenntnis 8,27ff, auf das die erste Leidensankündigung folgt. Von nun an ist der Weg Jesu ein Weg zur Passion (8,31): durch den Raum, nämlich durch die Landschaft Galiläa und in der Stadt Jerusalem; hierbei ist beides nicht typologisch zu verstehen[26], sondern streng geographisch. Ein Weg, der durch Zeit und Raum zur Auferstehung führt und darin über sich hinaus weist, zur Parusie des Christus-Menschensohnes.

---

25 Zum Unverständnis der Jünger vor dem Petrusbekenntnis vgl. 5,41-42; 6,51f; 8,14ff.31ff.

26 Gegen E. Lohmeyer, Das Evangelium des Markus, KEK I/2, Göttingen [17]1967,

4. Die Bedeutung der Person Jesu für den Glauben

Markus macht in seinem Werk ohne jeden Zweifel deutlich, daß er die Zeit der Kirche als Fortsetzung der Zeit Jesu verstanden wissen will (vgl. 9,9). Jedoch hat er eine eigentliche Ekklesiologie nicht entfaltet. Dies ist durch die Tatsache begründet, daß sein Werk nicht eine Predigt für die Gemeinde sein will, sondern zunächst eine Darstellung der Geschichte Jesu, die in der Vergangenheit liegt. Die Frage, welche Bedeutung Jesus für den Glauben der Gemeinde hat, wird im Markusevangelium nicht ausdrücklich gestellt; wohl aber läßt sich ihre Beantwortung aus den Aussagen erschließen, die das Verhältnis der Glaubenden zur historischen Gestalt Jesu betreffen.

α) Sühntod

Die bekannte Definition Martin Kählers, wonach die Evangelien ‚Passionsgeschichten mit ausführlicher Einleitung' seien[27], ist oft nachgesprochen worden. Jedoch läßt sie sich für das Markusevangelium weder traditionsgeschichtlich noch redaktionsgeschichtlich nachvollziehen. In traditionsgeschichtlicher Hinsicht stellt die Passionsgeschichte eine Überlieferungseinheit dar, die Markus vermutlich noch in einem isolierten Stadium vorgelegen hat.[28] Als solche ist sie erst durch Markus mit den übrigen Stücken der Jesustradition verbunden worden. Unter traditionsgeschichtlichem Gesichtspunkt läßt sich also die Passionsgeschichte nicht als Ausgangspunkt einer Entwicklung verstehen, die zur Entstehung der Evangelien geführt hat. – Aber auch redaktionsgeschichtlich gesehen ist Kählers These nicht haltbar: 1. Ziel des Weges Jesu ist im Markusevangelium zwar das Passions- und Kreuzesgeschehen, aber der Weg Jesu führt darüber hinaus zur Auferstehung und öffnet den Blick auf die Parusie. Die Passion Jesu ist also nur ein Abschnitt, nicht der Endpunkt des Weges Jesu und bestimmt nicht das Evangelium als Ganzes. 2. Kählers These impliziert die Voraussetzung, daß der entschei-

---

der Galiläa als das „Land der eschatologischen Vollendung" versteht (356); vgl. ders., Galiläa und Jerusalem, FRLANT 52, Göttingen 1936, 31 u.ö.; ähnlich W. Marxsen, Der Evangelist Markus 54 u.ö.; P. Parker, Mark, Acts, and Galilean Christianity, NTS 16, 1970, 295-304 (303f); W.H. Kelber, The Kingdom in Mark. A New Place and a New Time, Philadelphia 1974; vgl. dazu die kritische Auseinandersetzung von H.R. Preuss, Galiläa im Markus-Evangelium, theol. Diss. Göttingen 1966, 57ff.

27 M. Kähler, Der sogenannte historische Jesus und der geschichtliche, biblische Christus, hg. v. E. Wolf, TB 2, München [3]1961, 60.

28 Vgl. G. Strecker, Die Passionsgeschichte im Markusevangelium, in: F.W. Horn (Hg.), Bilanz und Perspektiven gegenwärtiger Auslegung des Neuen Testaments 218-247.

dende Zielpunkt des Evangeliums der Opfer- oder Sühntod Jesu am Kreuz ist. Das aber ist kein genuin markinischer Gedanke. Hier ist scharf zu trennen zwischen Tradition und Redaktion. Denn der Sühntodgedanke gehört der vormarkinischen Überlieferung an, wie die beiden bedeutendsten Belege im Markusevangelium erkennen lassen. Wie sich schon zeigte, enthält das λύτρον-Wort (10,45) verschiedene Traditionsstufen vormarkinischer Herkunft. Schon in der vormarkinischen Überlieferung, aber auch von Markus ist es nicht mehr im soteriologischen Sinn, sondern ethisch verstanden worden, wie das einleitende καὶ γάρ nahelegt: Jesus ist das Vorbild für den Dienst am Nächsten. – Eine zweite Sühntodaussage findet sich in den vormarkinischen Einsetzungsworten des Herrenmahls, in denen vom Vergießen des Blutes Jesu für viele gesprochen wird (14,24). Auch hier ist die Deutung des Todes Jesu als eines Sühn- oder Stellvertretungstodes kein Bestandteil der markinischen Redaktionsarbeit. Das bedeutet, daß die Gemeinde des Markus die sühnende Wirkung des Leidens und Sterbens Jesu nicht nur gekannt, sondern im Herrenmahl auch auf sich bezogen hat. Entscheidend aber ist, daß die sakramentale Praxis der Gemeinde durch die Darstellung von Person und Werk Jesu im Markusevangelium nicht begründet wird. Der Tod Jesu erscheint bei Markus primär als ein Faktum, als ein Ausschnitt in der Zeitlinie, ein notwendiger Übergang von der Zeit der Verborgenheit des Christus hin zu seinem Offenbarwerden durch die Auferstehung. Dieses Faktum ist durch die alttestamentliche Voraussage geheiligt und ausgewiesen (14,21). Es steht unter dem göttlichen δεῖ, der Notwendigkeit des göttlichen Heilsplanes (8,31). Der Christus akzeptiert dies als sein ‚Schicksal' (14,32ff). Er bejaht es und hebt es durch sein übernatürliches Vorherwissen auf eine höhere Stufe, die über ein nur profanes menschliches Geschehen hinausweist (14,8.18.27). Mit Ausnahme des vormarkinischen Herrenmahlberichtes mißt der markinische Jesus seinem Tode eine sühnende Wirkung nicht zu. Die Frage nach der soteriologischen Bedeutung der Person Jesu, wie sie Markus versteht, ist von einer anderen Seite her zu beantworten.

β) Das Jesusgeschehen als Heilsgeschehen

Die Bedeutung Jesu für den Glauben besteht nach Markus darin, daß Jesus das Eschaton in der Zeit repräsentiert. Dies schließt zum einen ein, daß das εὐαγγέλιον, das Markus in seinem Buch darstellt, die Botschaft Jesu ist und zugleich Jesus selbst zum Inhalt hat; zum anderen bedeutet es, daß der vergangenheitliche Jesus durch verschiedenartige christologische Prädikate interpretiert werden kann und daß seine übernatürliche Autorität sich in eschatologischen Machttaten manifestiert.

Der Jesus des Heilsgeschehens mutet dem Menschen Glauben zu. Sein Auftreten besagt, daß sich an seiner Person die Menschen scheiden und Glaube wie auch Unglaube die beiden Möglichkeiten des menschlichen Verhaltens ihm gegenüber darstellen. Dieser Glaube ist mehr als nur ein Nichtzweifeln an der übernatürlichen Kraft des Wundertäters (so freilich Mk 5,34; 10,52: „Dein Glaube hat dich gerettet"). Er ist πίστις θεοῦ (11,22); der Glaube sieht in Jesus den Anspruch des Eschatons. Darum kann er auch von Jesus die Befreiung von Sünde und Schuld erwarten (vgl. 2,5). Jedoch stellt Markus keine entsprechende Sühntodtheorie auf; die Konkretion des Heilsgeschehens bleibt blaß. Entscheidend ist für den zweiten Evangelisten nicht die Frage, welche Bedeutung Jesus für den Glauben hat, sondern die Aussage, *daß* Jesus für den Glauben Bedeutung hat. Jesus mutet Glauben zu, weil er durch seine Existenz Glauben ermöglicht. Entscheidend für Markus ist nicht das Was, sondern das Daß des Heilsgeschehens. Mit Jesus ist das Eschaton zu einer historischen Wirklichkeit geworden. Es ist eine ‚Tatsache': nicht als ein objektives Faktum, sondern in der Verborgenheit der Historie verhüllt, dem Glauben aber zugemutet und im Glauben wahrnehmbar.

γ) Die Autorität des Jesusgeschehens

Als Heilsgeschehen enthält das Jesusereignis eine Forderung: es verlangt Gehorsam. Christologie und Ethik gehören aufs engste zusammen. Das Jesusgeschehen will nicht nur glaubend anerkannt werden; es muß sich auch im menschlichen Leben konkretisieren. Die Nachfolger Jesu wissen, daß der Glaube zur Tat ruft. Wie das Streitgespräch über das Händewaschen anzeigt, wird das jüdische Zeremonialgesetz sowohl in der mündlich-rabbinischen Tradition als auch nach seiner alttestamentlichen Fassung von dem markinischen Jesus für abgetan erklärt (7,1-23).[29] Diese Tradition ist vermutlich nicht auf palästinischem, sondern auf heidenchristlichem Boden entstanden. Die Tat, zu der der Glaube gerufen ist, besteht nicht in der zeremonialgesetzlichen Observanz, sondern in der ethischen Bewährung; denn nicht die rituelle, sondern die ethische Unreinheit ist das ‚pudendum' (7,21f). Der Glaube bewährt sich im Meiden des Bösen und im Tun des Guten. Diese Komponente des Glaubens wird auch dort angesprochen, wo Jesus zum Dienst am Nächsten ruft (10,44: „Wer unter euch der Erste sein will, der soll der Sklave von allen sein"). Der Maßstab solchen Dienstes ist das Dienen des Menschensohnes (10,45). Der Gehorsam, den das Jesusgeschehen fordert, realisiert sich in der Kreuzesnachfolge, in dem Von-sich-selbst-Abstand-Nehmen, um sich auf den Weg Jesu zu begeben (8,34ff); denn das Sichaufgeben führt paradox zum Sichgewinnen. Der Verlust des Lebens bedeutet Gewinn des Lebens! Die

29 Vgl. dazu H. Hübner, Mark. VII 1-23 und das ‚jüdisch-hellenistische' Gesetzesverständnis, NTS 22, 1976, 319-345.

eschatologische Wirklichkeit ist der irdischen entgegengesetzt. Ihre δόξα realisiert sich gerade dort, wo menschlich nichts zu erwarten ist, im Leiden und im Tod. Jesus nachfolgen heißt: an seiner Verborgenheit Anteil haben, um auch an seinem eschatologischen Offenbarsein Anteil zu erhalten. Die Übernahme des Kreuzes hat die Verheißung der Zukunft für sich.

III. Der Weg der Gerechtigkeit – Der Evangelist Matthäus

E. v.Dobschütz, Matthäus als Rabbi und Katechet, ZNW 27, 1928, 338-348.

G.D. Kilpatrick, The Origins of the Gospel according to St. Matthew, Oxford [2]1950.

K. Stendahl, The School of St. Matthew and its Use of the Old Testament, ASNU 20, Uppsala 1954 (Philadelphia [2]1968).

A. Schlatter, Der Evangelist Matthäus, seine Sprache, sein Ziel, seine Selbständigkeit, Stuttgart [4]1957.

W. Kramer, Christus Kyrios Gottessohn. Untersuchungen zu Gebrauch und Bedeutung der christologischen Bezeichnungen bei Paulus und den vorpaulinischen Gemeinden, AThANT 44, Zürich-Stuttgart 1963.

W. Trilling, Das wahre Israel. Studien zur Theologie des Matthäusevangeliums, StUNT 10, München [3]1964.

W.D. Davies, The Setting of the Sermon on the Mount, Cambridge [2]1966.

Ders.-D.C. Allison, The Gospel according to Saint Matthew, ICC, Edinburgh I 1988; II 1991.

R. Hummel, Die Auseinandersetzung zwischen Kirche und Judentum im Matthäusevangelium, BEvTh 33, München [2]1966.

R. Walker, Die Heilsgeschichte im ersten Evangelium, FRLANT 91, Göttingen 1967.

G. Strecker, Der Weg der Gerechtigkeit. Untersuchung zur Theologie des Matthäus, FRLANT 82, Göttingen [3]1971.

Ders., Das Geschichtsverständnis des Matthäus, EvTh 26, 1966, 57-74 (= ders., Eschaton und Historie 90-107).

Ders., Die Bergpredigt, Göttingen [2]1985.

E. Schweizer, Matthäus und seine Gemeinde, SBS 71, Stuttgart 1974.

G. Bornkamm-G. Barth-H.J. Held, Überlieferung und Auslegung im Matthäusevangelium, WMANT 1, Neukirchen-Vluyn [7]1975.

J. Lange (Hg.), Das Matthäus-Evangelium, WdF 525, Darmstadt 1980.

R.H. Gundry, Matthew. A Commentary on his Literary and Theological Art, Grand Rapids 1982.

G. Eichholz, Auslegung der Bergpredigt, BSt 46, Neukirchen-Vluyn [6]1984.

H. Frankemölle, Jahwebund und Kirche Christi, NTA 10, Münster [2]1984.

H.D. Betz, Studien zur Bergpredigt, Tübingen 1985.

U. Luz, Das Evangelium nach Matthäus, EKK I/1+2, Zürich-Einsiedeln-Köln-Neukirchen-Vluyn 1985.1990.

Ders., Die Jesusgeschichte des Matthäus, Neukirchen-Vluyn 1993.

G. Stanton, The Origin and Purpose of Matthew's Gospel, ANRW II 25.3, 1985, 1889-1951.

W. SCHENK, Die Sprache des Matthäus, Göttingen 1987.
J. GNILKA, Das Matthäusevangelium, HThK I/1+2, Freiburg I [2]1988; II 1988.
A. SAND, Das Matthäus-Evangelium, EdF 275, Darmstadt 1991.

a) Historisierung des Traditionsgutes

Wie sich gezeigt hat, ist die Evangelienschreibung aus dem Interesse des christlichen Glaubens erwachsen, sich in der Welt zu orientieren und sich über die Zeit und den Raum, in dem er sich befindet, Rechenschaft abzulegen. Der Glaube der Evangelisten ist ein auf die Welt ausgerichteter und damit geschichtsbezogener Glaube. So verdeutlichen es die Evangelien selbst. Markus schreibt sein Werk im Blick auf die Vergangenheit, auf das Leben Jesu, das einen bestimmten Zeitabschnitt umfaßt. Vom Jesusgeschehen her werden Begründung und Bestätigung des Glaubens reflektiert.

Matthäus ist konsequenter vorgegangen als Markus. Die Zeit-Raum-Orientierung des Glaubens ist fortgeschritten. Dies zeigt sich schon am Aufriß des ersten Evangeliums. Anders als Markus stellt Matthäus einen Stammbaum und die Kindheitsgeschichte voran (1,1-2,23). Die Zeitlinie wird bis zum Anfang des Lebens Jesu und noch darüber hinaus zurückverfolgt. Auch hat Matthäus den verlorengegangenen Schluß des Markusevangeliums nicht mehr gekannt. Dies ist der Anlaß, einen eigenen Schluß zu gestalten. Mit 28,9-20 sind Auferstehungserscheinungen hinzugesetzt, die in dem Missionsbefehl des Auferstandenen an die Jünger, alle Völker zu unterweisen und zu seinen Anhängern zu machen, ihren Höhepunkt finden.

Matthäus hat von Markus den Aufriß des Evangeliums auch hinsichtlich der geographischen Einteilung übernommen. Auf die Vorgeschichten folgt als erster Großabschnitt die galiläische Periode der Wirksamkeit Jesu (4,12-18,35), daran schließt sich die Wanderung nach Jerusalem mit dem letzten Auftreten und dem Tod Jesu in Jerusalem an (19,1-27,66). Das Leben Jesu ist eine räumlich qualifizierte Einheit. Als solche wird sie an einem geographischen Ort lokalisiert und ist damit von einem unräumlichen Mythos streng geschieden. Darüber hinaus ist das Leben Jesu eine zeitliche Einheit. Beginnend mit der Kindheit führt es über das erste Auftreten Jesu und seine galiläische und jerusalemische Wirksamkeit bis zum Abschluß des Lebens Jesu, zu Tod und Auferstehung.

1. Ein Beispiel für die räumliche Ausrichtung des ersten Evangeliums stellt das οἰκία-Motiv dar. Wie sich zeigte, handelt es sich bei Markus um eine dogmatische Aussage, welche die Dialektik von Verborgenheit und Offenbarung der Messianität Jesu widerspiegelt, also um einen Topos der Messiasgeheimnistheorie. Auch Matthäus läßt die Trennung zwischen Verborgenheit

und Offenbarung, zwischen Jesus und dem Volk noch erkennen. Nach 13,36 werden den Jüngern die Gleichnisse gedeutet, nachdem er εἰς τὴν οἰκίαν gegangen war. Damit schließt sich Matthäus der markinische Parabeltheorie an, wonach zwischen Gleichnisrede und ihrer Deutung, zwischen dem Volk, das allein die Gleichnisbelehrung erhält, und dem Jüngerkreis, dem die Deutung zugesprochen wird, scharf getrennt wird. Bezeichnend ist jedoch, daß Matthäus das dogmatische Motiv in einen geographischen Rahmen gestellt hat. Das ‚Haus des Petrus' (8,14) ist in Kapernaum lokalisiert, wie überhaupt der gesamte Abschnitt 8,5-34 Ereignisse in und bei Kapernaum berichtet (s.u.). Das οἰκία-Motiv, das sich in diesem Zusammenhang findet, ist also durchweg auf Kapernaum bezogen (9,10.28.32). Dies läßt sich auch für andere Belegstellen nachweisen (vgl. die Seesituation in 13,1-36). Auch die Frage nach der Tempelsteuer (17,25) erwähnt ein Haus, in dem Petrus auf Jesus trifft und das ausdrücklich in Kapernaum lokalisiert wird. Matthäus denkt also, anders als Markus, an ein bestimmtes Haus – die Wohnung Jesu -, wenn er dieses Motiv verwendet. Entsprechend ist die Übersiedlung Jesu von Nazareth nach Kapernaum ausdrücklich genannt und mit einem Reflexionszitat ausgewiesen (4,13: Jesus wohnt von nun an in Kapernaum). Bezeichnend ist, daß Kapernaum als ἡ ἰδία πόλις, die Stadt Jesu gilt (9,1). Dabei stellt sich die Frage, ob Matthäus immer an das Wohnhaus des Petrus in Kapernaum denkt, das auch Jesus als Wohnung dient, oder an ein eigenes Haus Jesu in Kapernaum. Deutlich ist in jedem Fall, daß die dogmatisch-topologische Kategorie des Markusevangeliums von Matthäus geographisch verwertet worden ist. Sie ist in die Historie eingetragen, das Traditionsgut ist historisiert worden.

2. Ein weiteres Beispiel ergibt sich im Blick auf die zeitliche Perspektive des ersten Evangeliums. Matthäus hat an drei markanten Punkten seines Werkes die Zeitformel ἀπὸ τότε redaktionell eingefügt, eine Formel, die sich (mit Ausnahme des singulären Verses Lk 16,16) nicht im Neuen Testament findet. In Mt 4,17 kennzeichnet diese Formel den Beginn der Verkündigung Jesu. ‚Von da an', d.h. vom Zeitpunkt der Niederlassung Jesu in Kapernaum beginnt das öffentliche Auftreten. In 16,21 markiert dieselbe Formel den Beginn der ersten Leidens- und Auferstehungsansage Jesu; sie leitet die letzte Phase des Weges Jesu ein und charakterisiert diese als einen Weg zum Leiden, zu Tod und Auferstehung. Schließlich fügt Matthäus in 26,16 die Formel zu Beginn der Erzählung vom Verrat des Judas ein. Zeichnet Matthäus auch keine Entwicklung des Lebens Jesu, so kennt er doch eine zeitliche Linienführung. Das, was er darstellt, ist Historie, hat sich in der Vergangenheit ereignet, ist also nicht unmittelbare Anrede, sondern Bericht von einem Geschehen, das in der Vergangenheit liegt.

3. Wir kommen noch einen Schritt weiter, wenn wir die *Reflexionszitate* im Matthäusevangelium heranziehen. Diese sind durch eine besondere Ein-

führungsformel hervorgehoben (ausführlich z.B. 1,22: τοῦτο δὲ ὅλον γέγονεν ἵνα πληρωθῇ τὸ ῥηθὲν ὑπὸ κυρίου διὰ τοῦ προφήτου λέγοντος) und finden sich 1,23; 2,6.15.18.(23); 4,15f; 8,17; 12,18-21; 13,35; 21,5 und 27,9f. In 2,23 handelt es sich nicht um ein eigentliches Zitat, sondern vermutlich um eine redaktionelle Anspielung an die bekannte Bezeichnung Jesu als des Ναζωραῖος. Auszuklammern ist auch 3,3 (par Mk 1,2f), da hier der Markustext zugrundeliegt, wie auch 13,14f, eine nachmatthäische Interpolation. Im großen und ganzen aber gehören die Reflexionszitate derselben Traditionsschicht an, vermutlich einer Zitatensammlung.

Wie die zugrundeliegende Textfassung, die sich von dem sonst benutzten Septuagintatext unterscheidet, nahelegt, hat sie Matthäus in schriftlicher Form vorgelegen und wurde von ihm in den Überlieferungsstoff eingearbeitet. Er hat diese Testimoniensammlung in einem prägnanten Sinn verwendet: die Stationen der Kindheitsgeschichte Jesu (1,18-2,23) werden durch ein Reflexionszitat abgeschlossen. Auch die Übersiedlung Jesu von Nazareth nach Kapernaum wird in entsprechender Weise ausgewiesen (4,15f). Die Zitate heben eine geographische Linie hervor: Bethlehem, Ägypten, Nazareth, Kapernaum. Hinzu kommen biographische Einzelheiten des Lebens Jesu: Wundertätigkeit (12,18ff), Einzug in Jerusalem (21,5), Verrat des Judas (27,9f). Werden diese durch Zitatnachweise kenntlich gemacht, so besagt dies, daß die in der alttestamentlichen Prophetie gegebene Voraussage im Leben Jesu zu ihrem Ziel kommt. Das Jesusgeschehen ist in die Geschichte des jüdischen Volkes einbezogen, indem es die Erfüllung der dem jüdischen Volk gegebenen Weissagung ist. Diese Darstellung hat die ‚Erlanger Schule' (J.Chr. K. v.Hofmann) mit ‚heilsgeschichtlichem' Denken identifiziert; zu Recht, insofern die eschatologische Aussage bei Matthäus in die Historie eingeordnet ist. Die Reflexionszitate sprechen sowohl davon, daß im Leben Jesu sich *eschatologisches Geschehen* erfüllt, als auch davon, daß eschatologisches Geschehen *im Leben Jesu* sich erfüllt. Sie sind auf einen bestimmten Zeitausschnitt bezogen, der für Matthäus in der Vergangenheit liegt. Als Konstruktionselemente der Darstellung des Lebens Jesu deuten sie das dargestellte Geschehen und machen das gedeutete Geschehen als ein vergangenheitliches kenntlich.

Das Leben Jesu wird als eine einheitliche Epoche der Vergangenheit gekennzeichnet. Zum Wesen vergangenheitlichen Geschehens gehört es, daß es unwiederholbar ist. Matthäus kennt keinen orientalisch-zyklischen Geschichtsablauf (Endzeit = Urzeit), sondern folgt einem linear gegliederten Geschichtsverständnis. Die Zeit Jesu ist ein in sich geschlossener Zeitabschnitt im Ablauf der Geschichte, eine unwiederholbare, einmalige Zeit.

4. So läßt es sich am Beispiel *Israel im Matthäusevangelium* verdeutlichen. Der erste Evangelist bringt als einziger unter den Synoptikern das Logion

„Ich bin nur gesandt zu den verlorenen Schafen des Hauses Israel" (15,24), ein vormatthäisches Herrenwort, das vermutlich von Matthäus isoliert vorgefunden wurde. Derselbe Ausspruch begegnet auch im Zusammenhang der Aussendungsrede Jesu, wonach die Jünger ausschließlich zu den „verlorenen Schafen des Hauses Israel" gehen sollen (10,6).

Beide Logien stehen im Matthäusevangelium in Diskrepanz zur eigentlichen matthäischen Konzeption, wonach die Kirche ebenso wie die des Markus eine Kirche aus Juden und Heiden sein soll (21,33ff; 22,1ff). Vor allem weist der Missionsbefehl des Auferstandenen über die Schranken des Judentums hinaus und läßt die gesamte Völkerwelt zum Zielpunkt der Verkündigung werden (28,16-20). Dies verbietet es, einer beliebten Deutung zu folgen, wonach die Sprüche, welche die Verkündigung Jesu oder der Jünger auf das Volk Israel beschränken, eine judenchristliche Position des Matthäus erschließen lassen. Diese Sicht würde die Diskrepanz zwischen Partikularismus und Universalismus der Verkündigung nicht wirklich erklären. Es ist auch nicht möglich, zwei konzentrische Kreise in der Weise zu vermuten, daß Matthäus primär an die Judenmission denke und die Heidenmission als die zweitwichtigste Aufgabe ansähe; denn eine entsprechende Verschränkung von Juden- und Heidenmission wird im Matthäusevangelium nicht angedeutet.[1] Im Gegenteil: mag man auch für den Evangelisten Markus aufgrund von 7,27 eine zeitliche oder sachliche Folgeordnung von Juden- und Heidenmission vermuten (7,27: „Laßt *zuerst* die Kinder satt werden", woraus gefolgert werden kann, daß auch „die Hunde" Brot erhalten sollen), so tilgt die Matthäusparallele 15,26 mit dem ersten Halbsatz das wichtige πρῶτον aus.

Die Diskrepanz zwischen partikularistischer Judenmission und universaler Völkermission hat W.D. Davies mit der Vermutung zu lösen versucht, daß die ‚Treue des Matthäus zur ursprünglichen Jesusüberlieferung' den Evangelisten solche Gegensätzlichkeit ertragen ließ.[2] Nicht aufgrund von eigenen Überlegungen, sondern allein infolge einer mechanischen Weitergabe der Überlieferung hat danach Matthäus den judenchristlichen Partikularismus in 10,6 und 15,24 übernommen. Damit wird jedoch die Redaktionsarbeit des ersten Evangelisten unterschätzt. Offenbar hat Matthäus beide Sprüche bewußt in den Kontext hineingestellt. Die genannte Differenz zwischen partikularistischer und universaler Ausrichtung der Mission ist mithin redaktions-

1 Vgl. anders Röm 11,25ff; dazu oben A IV c.

2 Vgl. W.D. Davies, Setting 330: „The ‚particularism' of Matthew is not a sign of a Jewish-Christian, anti-Pauline current, but of this loyalty to the historic tradition of Jesus' ministry and of the early Church." Vgl. dazu G. Strecker, Weg der Gerechtigkeit 262f.

geschichtlich zu erklären. Es handelt sich um eine genuin matthäische Konstruktion. Der Evangelist unterscheidet zwischen der Situation des Lebens Jesu und der Situation der Kirche. Für die Zeit Jesu gilt, was 10,6 und 15,24 aussagen: Das Volk Israel wird zur Umkehr gerufen. Die Verkündigung Jesu wie auch die der Jünger richtet sich allein an das jüdische Volk. Hierdurch verwirklichen sich die Verheißungen, die dem Volk Israel gegeben wurden. So zeigen es auch die Reflexionszitate. Im Raum des jüdischen Volkes verwirklicht sich eschatologisches Geschehen; ihm allein gilt das Angebot. Der erste Evangelist zeigt, daß das jüdische Volk sich diesem Angebot verschließt. So entspricht es der Markusvorlage. Schon die Parabel von den Weingärtnern hatte bei Markus den Sinn, daß das jüdische Volk seine Vorrangstellung verliert und der ‚Weinberg', d.h. der heilsgeschichtliche Vorrang, an andere ausgegeben werden wird (Mk 12,9). Matthäus hat dies noch konsequenter ausgeführt: Die ‚anderen Weingärtner' werden zu ihren Zeiten dem Weinbergbesitzer die Früchte des Weingartens bringen – dies im Kontrast zur Haltung des jüdischen Volkes, das keine Frucht gebracht hat (Mt 21,41). Dem entspricht das Drohwort, das an Oberpriester und Pharisäer gerichtet ist: „Von euch genommen wird die Gottesherrschaft (βασιλεία τοῦ θεοῦ), und sie wird einem Volk gegeben werden, das ihre Früchte bringt" (21,43red.). Das jüdische Volk verliert seinen Vorrang, indem es die Teilhabe an der Gottesherrschaft verliert. So sagt es V.43 futurisch aus (ἀρθήσεται); es handelt sich nicht um ein apokalyptisches, sondern um ein historisches Futur, also eine Aussage, die in der Zeit des Matthäus sich schon ereignet hat. Die Gottesherrschaft ist den Juden genommen und auf ein anderes Volk, die Kirche, übertragen worden.

Diese Beurteilung des jüdischen Volkes bestimmt das Matthäusevangelium weitgehend. Die Pharisäer und Schriftgelehrten, die als die ständigen Gegner Jesu auftreten, lassen sich – ebensowenig wie im Markusevangelium – nicht primär auf die jüdischen Zeitgenossen des Evangelisten beziehen, sondern sind in die historische Vergangenheit, die Zeit Jesu eingeordnet. Das jüdische Volk wird im Matthäusevangelium zwar zunächst als der applaudierende Chor vorgestellt, der zu den Machttaten Jesu Beifall und Verwunderung, Erstaunen und Entsetzen äußert. Aber es ist bezeichnend, daß am Ende des Lebens Jesu ‚das ganze Volk' mit den Oberpriestern und Ältesten übereinstimmt und die Kreuzigung Jesu fordert (27,20) mit der schrecklichen Konsequenz: „Sein Blut komme auf uns und auf unsere Kinder" (27,25red.). Matthäus hebt bewußt hervor, daß es sich um das ganze jüdische Volk handelt, das den Kreuzigungsruf ausspricht und die bevorstehende Zerstörung Jerusalems als Strafgericht (22,7; 24,2) auf sich herabschwört. Hier vollzieht sich heilsgeschichtliches Geschehen in der Weise, daß die Heilsgeschichte des jüdischen Volkes, wie sie in der Erwählung des Volkes Israel ihren Ausdruck fand, zu ihrem Höhepunkt und zugleich zu ihrem Ende gelangt. Die

Vorzugsstellung Israels ist mit der Kreuzigung Jesu vernichtet, die Gabe der Gottesherrschaft einem anderen Volk zuteil geworden. Matthäus hat dieses heilsgeschichtliche Faktum terminologisch gekennzeichnet, indem er im Evangelium für das jüdische Volk den Ausdruck Israel verwendet[3], d.h. eine Ehrenbezeichnung für das erwählte Gottesvolk, dagegen wird nach der Kreuzigung Jesu das Wort 'Ισραήλ durch das distanzierende 'Ιουδαῖοι ausgetauscht, ein Terminus, mit dem sonst die Heiden das jüdische Volk bezeichnen als ein Volk unter anderen, das eine Sonderstellung nicht beanspruchen kann (28,15).

Wie die geographischen und chronologischen Angaben, die Reflexionszitate, nicht zuletzt die Darstellung des Verhältnisses Jesu zum jüdischen Volk belegen, ist das Matthäusevangelium nicht mit einer Predigt identisch. Matthäus schreibt bewußt die Geschichte Jesu, wie sie von ihm aus gesehen in der Vergangenheit liegt. Welchen Sinn hat es, eine solche vergangenheitliche Geschichte zu erzählen? Der Evangelist hätte von der Geschichte Jesu zweifellos nicht in dieser Weise berichtet, wenn nicht auch die Form der Erzählung, nicht nur ihr Inhalt für ihn von Bedeutung wäre. Sinnvoll ist es, in dieser Weise das Jesusgeschehen zu erzählen, weil es der christlichen Gemeinde vorgegeben ist und in ihm etwas dargestellt wird, das sich ‚extra nos' ereignet hat. Das, was im Jesusgeschehen zur Sprache kommt, ist nicht das, was sich Menschen selbst sagen können, sondern was ihnen gesagt werden muß. Es ist nicht das Ergebnis subjektiver Empfindungen, menschlicher Wünsche und Hoffnungen, sondern es ist eine den Menschen transzendierende Grundlage menschlicher Hoffnung und des Glaubens. Es geht dem Glauben so vorauf, wie der Mensch Jesus dem geglaubten Christus voraufgeht und der geglaubte Christus nicht Gegenstand des Glaubens sein würde, wenn er die Glaubenden nicht an die Person des Menschen Jesus weisen würde. Der Mensch Jesus aber ist nicht subjektivistisch zu interpretieren und nicht lediglich Objektivation des Menschlichen. Andererseits wäre es unrichtig, Jesus objektivistisch verstehen zu wollen, als handelte es sich um eine dem Glauben vorgegebene ‚Tatsache', die hier dargestellt würde. Die Geschichte wird nicht um ihrer selbst willen berichtet, die Historie nicht historistisch dargestellt, sondern die Jesuserzählung wird aus dem Glauben für den Glauben dargestellt – als eine vergangenheitliche und daher dem Glauben vorgegebene, aber doch nicht als eine Geschichte, die vom Glauben abzulösen wäre. So wie jede Aussage, die mit dem Glauben zu tun hat, von der Person des Sprechenden unablösbar ist, so gilt auch für die Geschichte Jesu, wie sie Matthäus erzählt, daß sie selbst in ihrer vergangenheitlichen, scheinbar sich selbst genügenden Form eine geglaubte Geschichte ist. Das Ergebnis

---

3 Vgl. 2,20f; 8,10; 9,33; 10,6.23; 15,24.31; 19,28; 27,42 (ferner in den Reflexions-Zitaten 2,6; 27,9).

der Historisierung ist also nicht historistisch zu deuten, sondern allein dem Glauben erfaßbar als das ‚extra nos' und ἐφ' ἅπαξ des geglaubten Christus. Dies ist der entscheidende theologische Inhalt, der für die Evangelisten unaufgebbar ist, auch wenn sie ihren Gegenstand scheinbar objektivierend und historisierend darstellen.

b) Die Person Jesu

1. Idealisierung

Matthäus spricht im Unterschied zur Markusvorlage von Jesus in einer spezifischen Weise. Während Markus etwa in der Perikope von der Kindersegnung erwähnt, daß Jesus seinen Jüngern ‚zürnte' (Mk 10,14: ἠγανάκτησεν), hat Matthäus diese Gefühlsäußerung Jesu eliminiert (19,14). – Ein anderes Beispiel: Nach Mk 1,43 ‚schilt' (ἐμβριμησάμενος) Jesus den Geheilten; auch dies ist von Matthäus gestrichen worden (8,3; vgl. aber 9,30), ebenso in Mt 12,13 das περιβλεψάμενος αὐτοὺς μετ' ὀργῆς aus Mk 3,5. Ferner vermeidet es der erste Evangelist, das Verbum ἐξιστάναι auf Jesus zu beziehen (12,23; anders Mk 3,21 <„denn sie sagten, er ist von Sinnen">); es wird auch nicht auf die Jünger angewendet; vgl. Mt 14,32par. Gleiches gilt von θαυμάζειν (‚Erstaunen': 13,58 gegen Mk 6,6) oder ἐκθαμβεῖσθαι (‚zittern und zagen': 26,37 gegen Mk 14,33). Charakteristisch ist auch der Vergleich von Mk 6,5 mit der Parallele Mt 13,58. Nach markinischer Überlieferung konnte Jesus in Nazareth wegen des Unglaubens der Einwohner ‚keine Machttat tun', obwohl der Redaktor einschränkend hinzusetzt: „außer daß er einigen Kranken die Hände auflegte und sie heilte". Anders Mt 13,58: „Und er vollbrachte dort nicht viele Machttaten wegen ihres Unglaubens". Während Markus von dem Unvermögen Jesu, wenn auch eingeschränkt, spricht, vermeidet Matthäus den Anschein, daß Jesu Wundermacht unwirksam war. Daß Jesus nicht viele Machttaten vollbrachte, wird auf seinen eigenen Willen zurückgeführt.

Matthäus demonstriert auch an anderer Stelle die Macht Jesu. Wenn nach Mk 14,58 Jesus voraussagt: „Ich werde diesen Tempel ... zerstören (καταλύσω) und in drei Tagen einen anderen wieder aufrichten", so liest Matthäus statt des Futurs ein δύναμαι καταλῦσαι: Jesus hat die Macht, den Tempel zu zerstören und ihn in drei Tagen wieder aufzurichten (Mt 26,61). Hierdurch ist die Macht des Christus demonstriert, zugleich aber vermieden, daß Jesus in Hinsicht auf die Zerstörung und Wiederaufrichtung des Tempels eine Voraussage macht, die nicht eingetroffen ist. Dieselbe redaktionelle Modifikation des Traditionsgutes zeigt Mt 19,17. Hier weist im Gegensatz zur Markusparallele (Mk 10,18) der matthäische Jesus nicht die Anrede ἀγαθός zurück, vielmehr hat Matthäus die Frage ins Grundsätzliche gewendet: „Was fragst du mich nach dem Guten?" Der matthäische Kyrios kann grundsätzlich alle Auszeichnungen für sich in Anspruch nehmen, die zu seiner Würde beitragen.

Auch die Wundertaten, die Jesus vollbringt, sind gesteigert worden. Oftmals fügt der erste Evangelist der Überlieferung hinzu, daß ‚in jener Stunde' oder auch ‚von jener Stunde an' die Heilung eintrat (8,13; 9,22; 15,28; 17,18). Das Wort Jesu hat übermenschliche, wunderwirkende Qualität. Es demonstriert die Kraft dieses Wortes, wenn Matthäus darüber hinaus das Umfassende der Wundertat Jesu hervorhebt: ‚Alle' werden geheilt (4,23; 8,16; 9,35; 12,15; 14,35f), oder ‚alle' essen und werden satt (15,37). Dabei wird auch die Zahl der Gespeisten gesteigert, da sie ‚ohne Frauen und Kinder' gerechnet ist (14,21; 15,38).

Sind solche Modifikationen der literarischen Vorlagen durch den Redaktor Matthäus auch nicht immer konsequent durchgeführt worden und bietet Lukas teilweise auffallende Parallelen, so daß es sich nicht in jedem Fall nur um eine matthäische Eigenheit handelt, so ist doch die matthäische Tendenz, das Traditionsgut in der angegebenen Weise zu redigieren, deutlich erkennbar und bedarf einer Erklärung. Matthäus hebt nicht die Dialektik von Niedrigkeit und Hoheit Jesu hervor, wie dies für Markus im einzelnen nachzuweisen ist. Vielmehr ist im ersten Evangelium die Absicht zu erkennen, die vorgegebenen Niedrigkeitsaussagen zugunsten der Hoheitsaussagen zurücktreten zu lassen. Matthäus stellt Jesus als den auf Erden wirkenden, mit universaler Macht begabten Kyrios dar. Dies ist der Grund für die idealisierende Redaktion der Gestalt Jesu.[4]

2. Die Christusprädikationen

α) Davidsohn

Schon der Beginn des Matthäusevangeliums kennzeichnet Jesus als den Davidsohn, der zugleich der Sohn Abrahams ist (1,1). Der Stammbaum Jesu ist wesentlich als Nachweis der Davidsohnschaft und darüber hinaus der Abrahamsohnschaft Jesu konzipiert. Beides zeigt: Jesus ist im jüdischen Volk und seiner Geschichte verwurzelt, und zwar in einem messianologischen Sinn; denn das Postulat der Davidsohnschaft Jesu entspricht der jüdischen Messiaserwartung. Jesus als Davidsohn ist derjenige, durch den „Gott Israels Geschichte die Vollendung" gibt.[5] Jesus ist Davidsohn als Erbe und Erfüller der dem empirischen Volk Israel gegebenen Verheißungen.

---

4 Vgl. G. Strecker, Weg der Gerechtigkeit 120-122.

5 A. Schlatter, Der Evangelist Matthäus 1.

So zeigt es die Kindheitsgeschichte Jesu (1,18-2,23). Auch Josef gehört zur Nachkommenschaft Davids (1,20). Die Kindheitsgeschichte Jesu ist wesentlich im Stil einer Thronfolgeerzählung aufgebaut und kennzeichnet damit Jesus als den, der als Davidsohn Anspruch auf die Herrscherwürde hat (2,1-23). Darüber hinaus wird Jesus als Wundertäter im Ruf der Blinden, die um Heilung bitten, ‚Davidsohn' genannt (9,27). So wird es im Chorschluß aufgenommen, der das Ende der von Matthäus zusammengestellten zehn Wundertaten Jesu (8,1-9,34) markiert. Durch den Ausruf der Volksmenge „Noch niemals ist so etwas in Israel vorgekommen" (9,33) erhalten die Wundertaten Jesu eine deutliche Ausrichtung auf das jüdische Volk. Weil Jesu Sendung in Wort und Tat an die Juden gerichtet ist, ist der Titel ‚Davidsohn' angemessen. – Wenn nach der Heilung eines Dämonischen die staunende Volksmenge in die Frage ausbricht: „Ist dieser etwa der Davidsohn?", so ist dies nicht mehr jüdisch gedacht – der jüdische Messias-Davidsohn ist ein politischer Messias, nicht primär ein Wundertäter (Sach 9,9f; Jes 11,1-10; PsSal 17); also spricht hier in Wahrheit christliche Überlieferung. Der Titel ‚Davidsohn' ist entpolitisiert worden, indem er mit der θεῖος ἀνήρ-Tradition verknüpft wurde. Jesus als Davidsohn ist der Gottmensch, der wunderwirkend über die Erde geht.

Aus dem Gesagten ergibt sich, daß der Titel ‚Davidsohn' im Matthäusevangelium nicht historisch verrechnet werden darf. Dieser Titel sprengt das, was im Raum des palästinischen Judentums zur Zeit Jesu möglich gewesen ist; er reflektiert das Bekenntnis des christlichen Glaubens und ist ursprünglich judenchristlicher Herkunft. Matthäus hat ihn freilich in einem historisierenden Sinn verwendet. In 15,22 benutzt auch die heidnische Frau diese Prädikation. Was weder psychologisch noch historisch zu verifizieren ist, erklärt sich aus dem theologischen Anliegen des Matthäus: Die Syrophönizierin gebraucht den Titel, um der matthäischen Konzeption Ausdruck zu geben, daß Jesus an Israel gesandt ist. Um so mehr ist die Wundertat Jesu an der Heidin als eine Ausnahme gekennzeichnet, die zugleich den Glauben der heidnischen Frau als Vorbild wertet, im Gegenüber zum Unglauben der Juden. – Auch 21,9 bringt den Titel. Die Markusparallele der Einzugsperikope reflektiert – allerdings ohne den Titel ‚Davidsohn' zu erwähnen – die politische Messiaserwartung. Danach verbindet das jüdische Volk mit dem Einzug Jesu in Jerusalem die Erwartung, daß das Reich Davids wieder aufgerichtet wird. So gehört es zum markinischen Unverständnismotiv; auf solche Weise lassen die ὄχλοι erkennen, daß sie die Offenbarung des Christus nicht verstehen (Mk 11,9f). Anders Matthäus: Er bezieht sich auch nicht mehr ‚via negativa' auf die ursprüngliche, politische Ausrichtung, sondern schildert den Einzug des gerechten Davidsohnes, der die Haltung der ‚Sanftmut und Milde' (πραΰτης) verwirklicht (21,5). Dieser beabsichtigt, das jüdische Volk zur Umkehr zu rufen. Es ist kein Zufall, daß auch die Perikope von der Tempelreinigung den Davidsohntitel enthält (21,15). Die Vorgeschichten der Passion zeigen den Raum an, der für dieses Geschehen kennzeichnend ist. Die Hinrichtung Jesu wird auf die verantwortliche Tat des jüdischen Volkes zurückgeführt und bedeutet die Verwerfung der eigenen heilsgeschichtlichen Erwählung, weil sie Verwerfung des dem Volk Israel verheißenen Davidsnachkommen ist.

Von hier aus ist auch das Problem der Davidsohnfrage in der Begrenzung auf die matthäische Redaktion zu verdeutlichen (22,41-46). Hier werden die beiden Titel υἱὸς Δαυίδ und κύριος gegenübergestellt. Beide Christusprädikationen schließen sich nach matthäischem Verständnis einander nicht aus. Der ‚Davidsohn' soll nicht als minderwertiger Christustitel gegenüber der Kyriosprädikation abgelehnt werden. Nach verbreiteter Forschungsmeinung soll ‚Davidsohn' sich auf den irdischen Jesus, Kyrios dagegen auf den künftigen inthronisierten Christus beziehen. Aber eine solche Gegenüberstellung ist für Matthäus nicht durchführbar, da schon der Irdische den Kyriosnamen trägt. Es handelt sich also um ein gleichzeitiges Nebeneinander.[6] Das gleichzeitige Nebeneinander von Davidsohn- und Kyriostitel besagt einmal, daß Jesu als des Davidsohnes Sendung an Israel historisch einmalig, unwiederholbar ist. Der Titel Kyrios dagegen bezeichnet die eschatologische Qualität Jesu. Zwar ist auch solche Qualität für den Davidsohn Jesus nicht auszuschließen (vgl. Röm 1,3); in der Verbindung mit dem Kyriosnamen hat er jedoch seine besondere Bedeutung durch die Ausrichtung der Sendung Jesu auf das jüdische Volk. Daher stellt dieser Titel ein wesentliches Element bei der Historisierung des Traditionsgutes durch den Redaktor Matthäus dar.

β) Kyrios

Wie sich in der Perikope von der Davidsohnfrage zeigte, hat der Titel κύριος in der matthäischen Christologie einen hervorragenden Rang (22,41ff; vgl. auch die Zuordnung zum ‚Davidsohn': 15,22; 20,30f). Diese Bezeichnung geht auf die profane respektvolle Anrede (‚Herr') zurück, die sich auch im ersten Evangelium findet (21,29; 27,63). Es läßt sich kaum entscheiden, ob im Matthäusevangelium Jesus noch in diesem profanen Sinn genannt ist. Deutlich sind aber zwei theologische Aussagerichtungen. Κύριος bezieht sich einmal auf den Gott des Alten Testaments; so insbesondere in den Einführungsformeln der Reflexionszitate (1,22; 2,15; auch in Zitaten: 4,7; 5,33).

6 Nach G. Bornkamm, Enderwartung 30-35, handelt es sich um das Nebeneinander von Hoheit und Niedrigkeit; während ‚Kyrios' die göttliche Hoheit des Christus hervorhebt, bezeuge ‚Davidsohn' die irdische Niedrigkeit. Dies befriedigt aber nicht. Matthäus ist ja vielmehr daran interessiert, die Niedrigkeitsaussagen zu beseitigen und die Hoheitsaussagen zu betonen. Weiterhin ist Jesus als Davidsohn der Wundertäter; dies ist nicht Ausdruck der Niedrigkeit, sondern der göttlichen Hoheit Jesu.

Darüber hinaus hat das Wort eine christologische Bedeutung; so in der Anrede κύριε an den Menschensohn-Weltrichter (25,37.44). Der Wiederkommende ist der ‚Herr' (24,42), d.h. der ‚Menschensohn' (24,44). Er wird erwartet, auch wenn sich seine Ankunft verzögert (24,45-51). Diese Anrede bezieht sich also primär auf den künftig erwarteten Herrn der Gemeinde.

Auch der irdische Jesus trägt den Kyriosnamen. Dabei wird unterschieden: Die Jünger und die Heilung Suchenden reden Jesus mit κύριος an (z.B. 8,2; 9,28; 14,28.30), dagegen die Gegner Jesu mit διδάσκαλος bzw. ῥαββί. Beispielhaft ist die Bezeichnung des Verräters Judas beim Herrenmahl (26,20-25). Hier differenziert Matthäus im Unterschied zu Markus: Die Jünger reden Jesus mit κύριε an, der Verräter Judas dagegen benutzt die Anrede ῥαββί (‚Lehrer'). Diese Unterscheidung erfolgt regelmäßig, so daß sie sich als Interpretationskriterium verwenden läßt. Dort, wo die Anrede κύριε gebraucht ist, spricht jemand, der sich in der Nachfolge Jesu befindet. Gegnerschaft ist dagegen dort zu erschließen, wo die Bezeichnung διδάσκαλος erscheint (z.B. 8,18-22).

Das Bekenntnis der Gemeinde zum erhöhten Kyrios Jesus ist mit diesem Titel in das Leben Jesu zurückgetragen worden. Diese Geschichte handelt von dem, der jetzt und in Zukunft der Herr der Gemeinde ist. Seine Bedeutung ist nicht auf eine Funktion im Ablauf der Heilsgeschichte Israels zu beschränken, vielmehr besitzt er in seinem Erdenleben eine ‚Vollmacht', die über die der Pharisäer und Schriftgelehrten hinausreicht (7,29) und ihm als dem Erhöhten übertragen ist (28,18). Weil der Irdische im Besitz der eschatologischen Macht ist, kann es für die Menschen nur angemessen sein, ihm zu huldigen (προσκυνεῖν 2,2.8.11; 8,2; 9,18 u.ö.) oder sich ihm mit dem Ruf ἐλέησον zu nahen (9,27; 15,22; 17,15; 20,30f) oder auch in der Begegnung mit ihm den Ruf ‚Rette!' (σῶσον) zu gebrauchen (8,25; 14,30) – Akklamationen, die im Gemeindegottesdienst Verwendung fanden; sie werden auf den irdischen Jesus bezogen, weil der Irdische mit den Farben des eschatologischen Kyrios umkleidet ist, weil seine Macht und Hoheit die des eschatologischen Kyrios ist.

γ) Übrige Christusprädikate

Was den Begriff ‚Menschensohn' angeht, so übernimmt Matthäus nahezu alle Markus-Belegstellen (Ausnahme: Mt 16,21 gegen Mk 8,31). Im übrigen schließt er sich an andere Traditionen (Q und Sondergut) an. Typisch redaktionelle Aussagen finden sich nicht. Singulär ist allein der Begriff ‚Reich des Menschensohnes' (13,41; 16,28; 20,21), der im ekklesiologischen Zusammenhang Verwendung findet.

Auch der Begriff ‚Gottessohn' ist von dem ersten Evangelisten weitgehend übernommen worden. Im Redaktionsgut spielt υἱὸς τοῦ θεοῦ als Bestandteil von Bekenntnisformulierungen eine besondere Rolle (14,33; 16,16); Matthäus hat ihn auch in die Passionsgeschichte eingefügt (27,40.43). Von grundlegender Bedeutung ist die Änderung in der Taufgeschichte, wo es 3,17 heißt: οὗτός ἐστιν ὁ υἱός μου ὁ ἀγαπητός ... (gegen Mk 1,11: σὺ εἶ ὁ υἱός μου ὁ ἀγαπητός). Der adoptianische Sinn der markinischen Taufperikope ist hierdurch beseitigt. Die Himmelsstimme vollzieht nicht eine Adoption, sondern eine Proklamation des Gottessohnes. Hierzu stimmt, daß schon in der Kindheitsgeschichte Jesus als Gottessohn bezeichnet wird (2,15). Die Gottessohnschaft beginnt mit der Geburt Jesu. Demnach hat das gesamte Leben Jesu einen heilvollen Charakter. Die physische Komponente, die mit dem Begriff ‚Sohn Gottes' gegeben ist, kommt also bei Matthäus viel stärker als bei Markus zur Sprache. Nicht zufällig hat Matthäus das hellenistisch-christliche Theologumenon von der Jungfrauengeburt übernommen (1,18ff). Hier kündet sich an, was in der späteren Kirche von grundlegender Bedeutung sein wird, die Frage nach den ‚Naturen' des Christus. Wichtiger ist freilich, daß Matthäus die physische Komponente der Gottessohnschaft Christi in den Verkündigungsauftrag Jesu einbezieht.

Als christologischer Hoheitstitel findet sich Χριστός nur gelegentlich, wie an dem Artikelgebrauch erkennbar ist (z.B. 16,16.20)[7], jedoch ist die Tendenz, ‚Christus' als Namen zu gebrauchen, unübersehbar (vgl. 1,1: „Buch des Ursprungs Jesu Christi“). Typisch ist für Matthäus das redaktionelle Ἰησοῦς ὁ λεγόμενος Χριστός (1,16; 27,17.22): „Jesus, mit dem Beinamen Christus“.

Darüber hinaus wird Jesus βασιλεύς genannt; entweder als βασιλεὺς τῶν Ἰουδαίων (2,2; 27,11.29.37) oder βασιλεὺς Ἰσραήλ (27,42). Hierbei wird wie im Markusevangelium bewußt unterschieden: als ‚König der Juden' bezeichnen die Heiden Jesus, als ‚König Israels' sprechen die Juden von ihm. Betont Matthäus mit diesem Prädikat auch die Geschichtsbezogenheit des Auftretens Jesu und seine Sendung an das jüdische Volk, so ist doch in Verbindung hiermit das Mißverständnismotiv charakteristisch. Das, was Matthäus darstellt, ist nicht die Geschichte eines Königs, sondern die des eschatologischen Kyrios. Die Hoheit des Irdischen ist ein paradoxer Tatbestand, allein den Glaubenden einsichtig, nicht aber den Nichtglaubenden.

---

7 W. Kramer, Christus Kyrios Gottessohn 211, kommt dagegen zu dem Schluß, daß die Artikelfrage unmöglich mit der Titelfrage generell verquickt werden dürfe; vgl. jedoch M. de Jonge, The Earliest Christian Use of Christos, NTS 32, 1986, 321-343; 328f.

3. Die Verkündigung Jesu

α) Didache und Kerygma

Die Wortstatistik stellt fest, daß das Verb διδάσκειν im Matthäusevangelium nicht häufiger als bei Markus vertreten ist; gleiches gilt auch für die Derivate. Jedoch ist diese Feststellung nicht zu weitgehend in Hinsicht auf die Auffassung des Matthäus von Person und Werk Jesu auszuwerten; vielmehr sind manche Belege aus dem Markusevangelium im größeren Zusammenhang vom Redaktor ausgeschieden worden. Andererseits ist nicht zu bestreiten, daß die Aussagen über die ‚Lehre' im Matthäusevangelium einen zentralen Platz innehaben. So warnt Matthäus ausdrücklich vor der διδαχή der Pharisäer (16,12red.). Als einziger Evangelist übernimmt er ein Logion, das sich mit der Bedeutung der rechten Lehre befaßt (5,19), und der Missionsbefehl des Auferstandenen fordert die ‚Belehrung' aller Völker (28,20). Darüber hinaus ist Jesus ständig als der ‚Lehrende' dargestellt (5,2; 7,29 u.ö.).

Neben das Verb διδάσκειν ist oft das Verb κηρύσσειν gestellt (4,23; 9,35; 11,1). Beides läßt sich unterscheiden: Διδάσκειν bezieht sich auf die Gesetzeslehre Jesu; dagegen hat κηρύσσειν im wesentlichen einen proklamativen Charakter und bezeichnet eine Anrede, einen Entscheidungsruf, auf den Umkehr oder Ablehnung antworten. Aber diese Unterscheidung ist nur auf den ersten Blick zutreffend; denn inhaltlich ergibt sich, daß auch die Lehre Jesu Anredecharakter hat (vgl. 7,24ff). Und wenn andererseits Jesus das Gottesreich ‚verkündigt' (κηρύσσειν), also proklamiert, so geschieht dies nicht ohne Lehraussagen; vielmehr hat die Anrede einen Lehr-Inhalt. Daher besteht eine weitgehende sachliche Identität zwischen Didache und Kerygma, zwischen Lehre und Predigt. So wird es durch einen Vergleich von 10,7 mit 28,19f deutlich; nach 10,7 beauftragt Jesus seine Jünger, das Nahen der Gottesherrschaft zu ‚predigen' (κηρύσσειν), dagegen spricht der Missionsbefehl des Auferstandenen davon, daß die 11 Jünger alle Völker ‚belehren' (διδάσκειν) sollen (28,19f): Gottesreichpredigt und ethische Belehrung sind aufs engste miteinander verbunden.

Das Problem des Verhältnisses von Didache und Kerygma läßt sich an den ‚Makarismen der Bergpredigt' (5,3-12) verdeutlichen. Matthäus hat den Ruf μακάριος vorgefunden. Er ist aus der jüdisch-weisheitlichen Literatur bekannt (z.B. Sir 25,8f). Das Wort hat dort eine allgemeine, unspezifische Bedeutung (‚Heil', ‚Wohl'). Danach sind die Makarismen als Weisheitslehre zu verstehen, und Jesus erscheint als Lehrer der Weisheit. – Andererseits hat das neutestamentliche μακάριος durchweg eine eschatologische Bedeutung. Es leitet im Neuen Testament überwiegend den Heilsruf ein, der eschatologisches Heil verheißt (Lk 10,23f; 14,15). Die Makarismen der Bergpredigt enthalten im Nachsatz eine deutliche eschatologische Ansage, die Verheißung der βασιλεία τῶν οὐρανῶν, d.h. des am Ende der Zeiten erscheinenden Reiches Gottes. Demnach sind die Makarismen der Bergpredigt als eschatologische Verkündigung zu verstehen. – Es ist bezeichnend, daß man zwischen beiden Auslegungsmöglichkeiten schwanken kann; dies hat sachliche Bedeutung: Im Matthäusevangelium kann Weisheitslehre als eschatologische Verkündigung vorgetragen werden, und umgekehrt können eschatologische Aussagen in der Form der Weisheitslehre erscheinen. Beides ist nicht voneinander zu trennen. Jesus ist der in eschatologischer Vollmacht sprechende Lehrer; seine Lehre ist Zusage des Gottesreiches, und die Zusage des Gottesreiches vollzieht sich in seiner Lehre.

β) Ethisierung des Traditionsgutes

Matthäus hat in seinem Evangelium fünf Redekomplexe zusammengestellt, die jeweils an einer redaktionellen Abschlußformel erkennbar sind (7,28; 11,1; 13,53; 19,1; 26,1).

Aus der Tatsache, daß die Redeüberlieferung im Matthäusevangelium einen beherrschenden Raum einnimmt, hat man von einem *Gemeindekatechismus* gesprochen, den Matthäus in seinem Evangelium darstellen will. Zweifellos kann man sich für diese These auf die ‚Gemeindeordnung' (18,1ff) berufen, wo die Disziplinarfragen der matthäischen Gemeinde besonders berücksichtigt worden sind. Aber Matthäus bringt zu allererst eine Jesuserzählung, und die Redeabschnitte sind in die zeitliche und geographische Situation des Lebens Jesu eingearbeitet.[8] Darüber hinaus läßt sich die praktische Abzweckung des Matthäusevangeliums nicht eng begrenzen. Die Jesuserzählung ist nicht nur für katechetische Zielsetzungen von Wert, sondern ebensosehr für liturgische; denn die urchristlichen Gemeinden haben aus der jüdischen Synagoge den Brauch der gottesdienstlichen Schriftlesung übernommen. Mit der Verselbständigung des heidenchristlichen Elementes entstand die Notwendigkeit, auf eigene, christliche Schriften zurückzugreifen. Auch dies zweifellos ein Anlaß zur Entstehung der Evangelien, so daß die liturgische Zielsetzung der katechetischen nicht alternativ gegenübergestellt werden darf.

Die Verkündigung Jesu hat im Matthäusevangelium einen wesentlich paränetisch-ethischen Charakter. Durch den Vergleich der Redaktionsarbeit des Matthäus mit der ihm vorgegebenen Tradition ergibt sich eine Ethisierung des Traditionsgutes. Dafür drei Beispiele:

1. Die *Makarismen der Bergpredigt* sind dem Evangelisten im wesentlichen vorgegeben. Es sind drei Traditionsschichten zu unterscheiden:

a) Die *Urtradition*, die durch Lk 6,20-23 bezeugt wird (par Mt 5,3f.6.11f). Diese Makarismen der Armen, der Hungernden und der Weinenden sowie der Verfolgten gehen auf die Q-Quelle zurück. Danach ist den Leidenden die

---

8 Anders die außerkanonische ‚Didache der zwölf Apostel', die in der ersten Hälfte des 2. Jhs. geschrieben wurde und sich direkt an die christliche Gemeinde wendet. Vgl. dazu K. Niederwimmer, Die Didache, KEK.S (= KAV 1), Göttingen 1989.

Gottesherrschaft verheißen; den in der Passivität Verharrenden gilt die Verheißung, die Zusage des Sieges über Not und Verfolgung.
b) In einer *Zwischentradition* waren sieben gleichförmige Makarismen zusammengestellt (5,3-9), die durch den Makarismus der Verfolgten abgeschlossen wurden (5,11f). Die Siebenzahl findet sich häufiger in der vormatthäischen Überlieferung (1,1ff: Stammbaum Jesu; 6,9ff: Herrengebet); es handelt sich um eine ‚runde Zahl' von theologischem Gewicht. Sachlich bedeutet dies, daß sich mit V.5.7-9 neben den Heilsruf über die Leidenden nunmehr die Seligpreisungen der Täter des Wortes stellen. Die aktive Haltung des Menschen, die Tat der Nachsicht, der Barmherzigkeit, der Reinheit und des Friedensstiftens ist nunmehr Gegenstand des Makarismus. Hierdurch deutet sich eine ethisierende Entwicklung an, die in der letzten traditionsgeschichtlichen Stufe, in der Redaktion des Matthäus ihren Abschluß findet:
c) Die *matthäische Redaktion.* Der erste Evangelist greift auf die Zwischenstufe zurück, aber er hat bei der Übernahme dieser Tradition den Text modifiziert. In V.3 wird der Zusatz τῷ πνεύματι eingefügt; dies führt zu einer Spiritualisierung des vorgegebenen Makarismus der Armen und besagt, daß der matthäische Jesus die ‚Demütigen' rühmt. – V.6 ist der Begriff τὴν δικαιοσύνην eingefügt (vielleicht auch das voraufgehende καὶ διψῶντες). Der Makarismus bezieht sich nun nicht mehr auf den realistischen Hunger und die Verheißung eines realistischen Sattwerdens, sondern spiritualisierend werden diejenigen selig gepriesen, welche nach der Gerechtigkeit hungern, d.h. sich um die Haltung der Gerechtigkeit angespannt bemühen. Auch dies eine Ethisierung des Traditionsgutes, welche die indirekte Aufforderung enthält, Gerechtigkeit zu tun. Den Tätern der Gerechtigkeit gilt die Verheißung. – Schließlich hat Matthäus V.10 selbständig geschaffen als Exzerpt aus V.11 bzw. in Wiederaufnahme von V.3b; auch hier erscheint der typisch matthäische δικαιοσύνη-Begriff; auch hier geht es um das ethische Verhalten der Gemeinde; es ist Anlaß der Verfolgung und damit Grund der Verheißung. – Die Makarismen insgesamt sind in der matthäischen Redaktion ein Beispiel für die Ethisierung des Traditionsgutes. Sie enthalten indirekte Forderungen und lassen sich (mit H. Windisch) als ‚Einlaßbedingungen für das Gottesreich' bezeichnen; sie erscheinen als ‚Tugendtafeln' (M. Dibelius), allerdings nicht in einem profanen Sinn, sondern mit eschatologischem Anspruch.

2. Die sogenannte *Ehebruchsklausel* erscheint 5,32 und 19,9. Schon die Logienquelle wie auch das Markusevangelium handelten über die Frage der Ehescheidung. Auch hier sind verschiedene Traditionsschichten zu unterscheiden.

a) Die älteste Schicht findet sich 1 Kor 7,10f (vorpaulinische Fassung) und in einer anderen Form in dem Streitgespräch über die Ehescheidung Mk

10,1-9. In dieser ältesten Traditionsschicht ist ein absolutes Scheidungsverbot ausgesprochen (vgl. Mk 10,9: „Was Gott zusammengetan hat, das soll der Mensch nicht scheiden."). So ist es von Anfang an der unabdingbare Wille Gottes gewesen. Die Anordnung des Gesetzes Moses', die Möglichkeit, einen Scheidebrief auszufertigen, ist danach eine nur sekundäre Angleichung an die menschliche Herzenshärtigkeit. Spricht sich diese Forderung gegen jede Ehescheidung aus, so ist hierdurch auch das alttestamentliche Gesetz kritisiert worden. Als älteste christliche Tradition zum Problem der Ehescheidung enthält diese Überlieferung vermutlich echtes Jesusgut.[9]

b) Eine weitere traditionsgeschichtliche Entwicklungsstufe ist in doppelter Form überliefert: durch die Q-Tradition, die aus Lk 16,18 par Mt 5,32 zu erschließen ist, und andererseits durch das Logion Mk 10,11f, das ebenfalls auf alte Jesusüberlieferung zurückgeht, auch wenn Markus die von Matthäus und Lukas benutzte Logiensammlung vermutlich nicht gekannt hat. Hier ist nicht mehr ein absolutes Scheidungsverbot ausgesprochen, sondern es wird differenziert und definiert: ‚Ehebruch' (μοιχεία) ist bei Scheidung *und* Wiederheirat gegeben. So entspricht es dem (vorpaulinischen?) Zusatz zum ursprünglichen Herrenwort 1 Kor 7,11a. Die Ehe gilt also auch nach der Scheidung als noch bestehend; sie wird erst dann gebrochen, wenn ein Partner ein zweites Mal heiratet. Hierdurch ist die ursprüngliche absolute Unauflöslichkeit der Ehe in Frage gestellt. Denkbar ist jetzt, daß sich Ehepartner scheiden, ohne daß dies als Ehebruch gewertet wird und ohne daß die Gemeinde mit disziplinarischen Maßnahmen einschreiten muß. Das römisch-katholische Kirchenrecht kennt eine entsprechende ‚Trennung von Tisch und Bett', die es als Möglichkeit akzeptiert, um eine definitive Aufhebung der Ehe zu vermeiden. Wurde diese Möglichkeit von der klassischen römisch-katholischen Exegese zu Mt 5,32par in den Vordergrund gestellt, so kann sich eine solche Auslegung auf die Zwischentradition, nicht jedoch auf die Urtradition dieses Logions berufen. Die Zwischentradition hat Matthäus vorgelegen, ist jedoch von ihm in einer bezeichnenden Weise redigiert worden:

c) Die *matthäische Redaktion* hat 5,32 formal geändert, indem 1. das Logion in der Form einer Antithese gebracht wird und 2. als Zusatz hinzugefügt ist παρεκτὸς λόγου πορνείας („abgesehen von dem Fall der Unzucht"). Hiernach sind Scheidung und Wiederheirat in dem Ausnahmefall von πορνεία gestattet. Daß diese Auffassung für die matthäische Konzeption charakteristisch ist, zeigt die matthäische Bearbeitung des Markustextes: In 19,9 fügt Matthäus (gegen Mk 10,11f) μὴ ἐπὶ πορνείᾳ („außer bei Unzucht") hinzu; auch diese Ausnahmeregelung besagt, daß ‚Unzucht' das Verbot von Scheidung mit nachfolgender Wiederheirat aufhebt.

---

9 Vgl. oben B II e 4.

Matthäus reflektiert die Tradition seiner Gemeinde. Diese Regelung des Eherechtes wird in der matthäischen Gemeinde praktiziert worden sein. Für diese rechtliche Anordnung findet sich eine Parallele in der rabbinischen Diskussion. Die Schule des Rabbi Hillel wollte die Scheidung der Ehe auch bei nichtigem Anlaß gestatten (schon wenn die Ehefrau das Essen anbrennen ließ, konnte dies ein Anlaß sein, ihr den Scheidebrief auszuhändigen). Rabbi Schammai erlaubte dagegen die Scheidung nur bei Unzuchtsünde (= πορνεία). Die Gemeindetradition des Matthäus ist aus jüdischen Wurzeln gespeist. So wird es in der überwiegend heidenchristlichen Generation des Matthäus als Bestandteil der Tradition und im Einklang mit den judenchristlichen Grundlagen seiner Gemeinde weitergegeben. Daß Matthäus diese Überlieferung im Rahmen der Bergpredigt und der Streitgespräche Jesu tradiert, ist für sein Verständnis der Verkündigung Jesu kennzeichnend. Diese ist ethisch begriffen: Jesus gibt als der eschatologische Lehrer Weisungen, die für die Gemeinde verbindlich und zugleich praktikabel sind.

Wir sehen: Die Traditionsgeschichte läßt sich nachzeichnen als eine Geschichte zunehmender Anpassung des ursprünglichen apodiktischen Scheidungsverbotes Jesu an die Verhältnisse der Gemeinden. Am Anfang steht der Grundsatz der Unauflöslichkeit der Ehe. Er war in der Verkündigung Jesu mit der Ansage der Gottesherrschaft und dem Ruf zur Umkehr verbunden. Die Unbedingtheit des Umkehrrufes setzt – so zeigt es die Geschichte der Tradition des Wortes – die Bedingtheiten der Welt nicht außer Kraft. Die kirchliche Weisung gleicht die ursprünglich auf die unverwechselbare Jesussituation zugespitzte Aussage der menschlichen Wirklichkeit an. Dies ist theologisch legitim, wenn solche Angleichung die grundlegende Umkehrforderung nicht außer Kraft setzen will und die kirchliche Lehraussage nicht zu einem ‚ius divinum' wird, also göttliches, unveränderliches Recht setzen will. Freilich scheint es, daß die matthäische Redaktion einem solchen Verständnis nahekommt; denn der Sprecher ist der eschatologische Lehrer, dessen Weisung unbedingte Gültigkeit beansprucht. Sie ist sowohl als eine praktikable Forderung begriffen, wie die matthäische Einfügung der Ehebruchsklausel anzeigt, als auch radikal, da sie als praktikables Gesetz zugleich eine eschatologische Lehre darstellt. Der Weg zum Kirchenrecht als einem göttlichen Recht ist von hier aus nicht weit zu gehen. Matthäus gibt dem kirchlichen Selbstverständnis seiner Zeit Ausdruck, indem er es in das Leben Jesu reprojiziert und Person und Werk Jesu aus der Situation und dem Selbstverständnis seiner Gemeinde deutet. Solche Interpretation der Verkündigung Jesu kann die Entscheidung der späteren christlichen Generationen nicht vorwegnehmen. Allerdings stellt die eschatologische Qualifiziertheit der Antwort des Matthäus klar, daß jede ethische Entscheidung eines Christen eine eschatologische Dimension hat und ‚sub specie aeternitatis' getroffen werden muß.

3. Kurz sei in diesem Zusammenhang auf ein letztes Beispiel, die Frage der *Eidesleistung* eingegangen. In 5,33-37 ist im Rahmen der Bergpredigt eine Antithese überliefert, deren Rahmung vermutlich vormatthäisch ist. Hier setzt Jesus dem Verbot des Meineides, wie es den Alten gegeben war, ein absolutes Schwurverbot entgegen: „Ihr sollt überhaupt nicht schwören!“ (V.34a). Diese Gegenthese wird durch eine Reihe von Beispielen erläutert, die teilweise auch Jak 5,12 belegt sind. Der abschließende Vers 37 ist stark durch Matthäus redigiert worden; nicht nur V.37b ist matthäisch, sondern auch V.37a. Im Unterschied zu Jak 5,12, wonach das Ja mit dem Ja, das Nein mit dem Nein identisch sein soll, also wahrhaftige Rede gefordert ist, liest der erste Evangelist: „Eure Rede soll ‚ja ja‘, ‚nein nein‘ sein“ (V.37a). Hierdurch wird eine Formel überliefert, die vermutlich in der matthäischen Gemeinde gebräuchlich war. Die doppelte Verneinung oder Bejahung ist in jüdischer Literatur als Beteuerungsformel belegt (slavHen 49,1 u.ö.). Hierdurch vermeidet die matthäische Gemeinde, gegen das Schwurverbot Jesu verstoßen zu müssen, indem sie etwa bei richterlichen Untersuchungen nicht eine Eides-, sondern eine Beteuerungsformel verwendet, um die wahrheitsgemäße Rede zu bekräftigen. Matthäus hat die Jesusüberlieferung den Erfordernissen des Gemeindelebens seiner Zeit angepaßt. Das ursprüngliche absolute Eidesverbot ist durchbrochen, die Verkündigung Jesu zu einer ethischen Weisung geworden.[10]

γ) Δικαιοσύνη und ᾿Αγάπη

Eine zusammenfassende Aussage über den Inhalt der Verkündigung des matthäischen Jesus enthält der Begriff δικαιοσύνη, der siebenmal im Evangelium erscheint, davon fünfmal in der Bergpredigt (3,15; 5,6.10.20; 6,1.33; 21,32). Daß sämtliche Belegstellen von dem Redaktor Matthäus eingefügt worden sind, kennzeichnet die überragende Bedeutung, die der ‚Gerechtigkeit‘ als dem zusammenfassenden Begriff über den Inhalt der Verkündigung Jesu beigemessen wird. Es handelt sich hier schwerlich um die Vorstellung von ‚Gottes eigenem Rechtswalten‘[11], vielmehr ist bezeichnend, daß Matthäus nur in 6,33 eine Genitivapposition hinzufügt, die sich auf Gott bezieht; dieser Beleg erklärt sich jedoch aus dem engen Anschluß an die Vorlage, die ursprünglich von seinem (=Gottes) Reich gesprochen hat (vgl. Lk 12,31). Die Mehrzahl der Textstellen zeigt δικαιοσύνη entweder ohne Genitiv-

---

10 Es lassen sich in Mt 5,33-37 also drei Traditionsstufen unterscheiden: 1. V.33-34a = jesuanisch; 2. V.34b-36 vormatthäisch; 3. V.37 matthäisch bzw. matthäisch überarbeitet.

11 P. Stuhlmacher, Gerechtigkeit Gottes bei Paulus, FRLANT 87, Göttingen ^{2}1966, 189.

apposition oder aber mit dem Genitiv ὑμῶν. Der Begriff hat also eine anthropologische Ausrichtung. Die ‚Gerechtigkeit' ist der zusammenfassende Begriff für das rechte Verhalten der Jünger allgemein und damit der christlichen Gemeinde insgesamt. Solche Rechtschaffenheit hat anders zu sein als die der Pharisäer und Schriftgelehrten (5,20). Sie läßt sich an den einzelnen Taten der Menschen ablesen (vgl. 6,1 als Überschrift und Zusammenfassung der guten Werke „Almosen geben, Gebet und Fasten"). Sie ist der Anlaß, daß die Gemeinde verfolgt wird (5,10). Wenn sie sich auf die himmlische Gottesherrschaft ausrichtet, so erstrebt sie damit die ‚Gerechtigkeit' (6,33). Diese muß Gegenstand des angespannten Bemühens der Menschen sein (5,6). Die Worte Jesu lassen sich als Auslegung der umfassenden Gerechtigkeitsforderung verstehen, einer Forderung, welche die menschliche gerechte Haltung zum Gegenstand hat, die vor Gott als gerecht gilt. Sie nimmt das Handeln des Gottes zum Vorbild, der seine Sonne über Böse und Gute, Gerechte und Ungerechte aufgehen läßt (5,45).

Das Wesen der ‚Gerechtigkeit' wird am Gegenbild des Pharisäismus entfaltet. Sind die Pharisäer als Gegner Jesu und seiner Verkündigung dargestellt, so ist hierfür charakteristisch, daß Jesus vor der Lehre der Pharisäer und Sadduzäer warnt (16,11f red.). Aber nicht nur die Lehre, sondern auch die Taten der Pharisäer werden als Gegenbeispiel vorgestellt und zugleich karikierend verzeichnet (6,1ff).[12] Als theologische Repräsentanten des Judentums gelten sie als ὁδηγοὶ τυφλοί (23,16.24). Ihr Unglaube manifestiert sich in ὑπόκρισις und ἀνομία, beides Gegenbegriffe zur δικαιοσύνη. Dabei ist die pharisäische ‚Heuchelei' nicht ein ‚objektiver Selbstwiderspruch', so daß die Pharisäer sich des Widersprüchlichen ihrer Haltung nicht bewußt wären. Vielmehr bezeichnet der Ausdruck ὑπόκρισις eine bewußte Verstellung. Das verantwortliche, bewußte Tun der Pharisäer steht dem verantwortlichen bewußten Handeln der Nachfolger Jesu gegenüber. Ihre ‚Heuchelei' kennzeichnet den Widerspruch zwischen ihrem öffentlichen Auftreten und ihrer wahren inneren Haltung (6,1ff; 23,1ff).

Hierfür ist im Matthäusevangelium auch die Praktizierung der jüdischen Observanz aufschlußreich. Das jüdische Zeremonialgesetz ist wesenhaft an äußere Formen gebunden. Daher gibt es dem Menschen die Möglichkeit, durch äußeres Tun den Ruf einer besonderen Frömmigkeit zu erwerben, ohne daß dem eine innere Haltung korrespondiert (23,5.23). Demgegenüber fordert Jesus die Realisierung einer ethischen Gerechtigkeit. Dem Zeremonialgesetz ist das Sittengesetz entgegengestellt (vgl. 15,19f: gegen Mk ist die

---

12 Hierzu steht scheinbar im Widerspruch 23,3, wonach man zwar den Worten, nicht aber den Werken der Pharisäer folgen soll; eine traditionsgegebene Einleitung zur antipharisäischen Rede, die für Matthäus weniger charakteristisch ist.

ethische Aussage gestrafft und am Dekalog orientiert). Aber auch das nichtrituelle Handeln des Pharisäismus fällt unter das Verdikt der ‚Heuchelei'; denn auch im übrigen sind die Pharisäer durch den Gegensatz von ‚außen-innen', den Widerspruch zwischen der äußeren und der wahren inneren Haltung gekennzeichnet. Tun sie auch äußerlich gute Werke, so entspricht dem nicht ihre wahre Verfassung; denn das entscheidende Kriterium der Realisierung der ‚Gerechtigkeit' ist, daß sie im Aufblick zu Gott, nicht in Hinsicht auf Menschen, getan werden muß. Dies besagt: a) Die Gerechtigkeit muß quantitativ-total erfüllt werden. Typisch ist, daß Matthäus häufig πᾶς-Aussagen im Zusammenhang der ethischen Forderung gebraucht (3,15; 23,5; 28,20). Es geht um die Realisierung einer ‚Vollkommenheit' (5,48), die keinen Bereich des menschlichen Lebens ausschließt. Die menschliche ‚Gerechtigkeit' muß umfassend sein[13]; darüber hinaus b): Es handelt sich nicht nur um eine quantitative Steigerung im Gegenüber zur nichtchristlichen Lebensführung, sondern der pharisäischen Tradition ist ein eigenständiges ‚Gesetz' Jesu konfrontiert. Diese Forderung ist qualitativ anders als das jüdische oder heidnische ethische Gesetz, weil sie vom Kyrios mit eschatologischer Vollmacht gesprochen ist.

Darüber hinaus hat Matthäus den Inhalt der Verkündigung Jesu in zusammenfassenden Formeln wiedergegeben. Als Abschluß der Bergpredigt erscheint die ‚Goldene Regel' (7,12: „Alles nun, was auch immer ihr wollt, das euch die Menschen tun, so sollt auch ihr ihnen tun; denn dies ist das Gesetz und die Propheten"). In Anlehnung an Hos 6,6 verlangt der matthäische Jesus ‚Barmherzigkeit, aber nicht Opfer' (9,13; 12,7). Von besonderer Bedeutung ist das Doppelgebot, Gott und Menschen zu lieben (22,34-40; vgl. Dtn 6,5 und Lev 19,18; auch das Gebot der Nächstenliebe in Mt 19,19). Einen Höhepunkt stellt das Gebot der Feindesliebe (5,44) dar. Zweifellos ist eine Tendenz zur Grundsätzlichkeit erkennbar. Die Forderungen der Vollkommenheit, Barmherzigkeit, insbesondere der Liebe sollen die Verkündigung Jesu zusammenfassend darstellen.

Dabei ist das matthäische Liebesgebot nicht so zu verstehen, als ob ἀγάπη im Widerspruch zur δικαιοσύνη stünde. Die geforderte Gottes- und Nächstenliebe hebt das Gebot der Gerechtigkeit nicht auf. Vielmehr erfüllt sich die Liebesforderung als Gerechtigkeit. Sich recht zum Mitmenschen verhalten bedeutet, ihn zu lieben und ihm das Seine zukommen zu lassen. Dies meint auch umgekehrt, daß die Gerechtigkeit nicht von der Liebe zu trennen ist. Den Mitmenschen gerecht behandeln besagt, daß man sich ihm öffnet und ihn als das gottgewollte Gegenüber akzeptiert. Wie sehr Gerech-

13 Vgl. auch das pleonastische περισσεύσῃ ... πλεῖον, das primär in einem quantitativen Sinne zu verstehen ist (5,20).

tigkeit und Liebe miteinander verbunden sind, zeigt sich an der Zuordnung des Dekalogs zum Gebot der Nächstenliebe. In 19,19 wird den Aussagen des Dekalogs das Liebesgebot nachgeordnet, so daß dieses wie eine grundsätzliche Aussage, als Zusammenfassung des Dekalogs erscheint. Wie die Einzelgebote so ist auch das Liebesgebot eine ethisch-praktikable Forderung. Matthäus denkt nicht daran, daß es im Grunde unerfüllbar sei (im Sinn eines ‚usus elenchticus legis'), sondern es ist im Sinn des Matthäus und seiner Gemeinde praktikabel; sein Ziel ist, erfüllt zu werden. Dies schließt eine radikale Auffassung nicht aus, aber die radikale Interpretation der Forderung richtet sich auf die konkrete Situation. Die rechte Haltung der Liebe und die rechte Ausübung der Gerechtigkeit ist radikal und konkret zugleich.

Verkündet der matthäische Jesus Gerechtigkeit und Liebe, so ist er hierdurch als Wendepunkt der Heilsgeschichte, als die Erfüllung von Gesetz und Propheten, als Ziel des Alten Testaments verstanden. Das Verhältnis Jesu zum Alten Testament, im ersten Evangelium im wesentlichen zum alttestamentlichen Gesetz, ist durch eine Antinomie gekennzeichnet: Einerseits ist die Verkündigung Jesu durch eine positive Aufnahme des alttestamentlichen Gesetzes charakterisiert (vgl. 5,18: „Bis Himmel und Erde vergehen, wird kein Iota und kein Häkchen vom Gesetz vergehen"). Andererseits übt die Verkündigung Jesu am alttestamentlichen Gesetz Kritik (19,8: Mose hat dies zwar gestattet, aber „von Anfang an ist es nicht so gewesen"; 5,21ff: die Antithesen der Bergpredigt enthalten nicht nur an der mündlichen Überlieferung des Judentums, sondern auch am geschriebenen mosaischen Gesetz eine klare Kritik; vgl. besonders das Verbot der Ehescheidung und des Schwures; nicht zuletzt die Ablehnung des Zeremonialgesetzes impliziert eine kritische Haltung gegenüber Wortlaut und Praxis des alttestamentlichen Gesetzes; vgl. 15,19f). Aus beidem ergibt sich: Die Verkündigung Jesu ist keine ‚nova lex'; sie versteht sich vielmehr in Kontinuität zum alttestamentlichen Gesetz und den Propheten. Andererseits impliziert die Verkündigung Jesu aber auch keine einfache Wiederholung des alttestamentlichen Gesetzes, vielmehr vereinigt sich in ihr eine grundsätzliche Anerkennung wie auch eine kritische Sichtung des Alten Testaments. Eben dieses Miteinander ist die ‚Erfüllung' von Gesetz oder Propheten (5,17; vgl. 7,12; 22,40). Jesus ist der wahre Interpret des Alten Testaments; seine Autorität als die des eschatologischen Kyrios steht grundsätzlich über dem Alten Testament, da er den Willen Gottes nicht nur verkündigt (6,10; 7,21), sondern auch vorbildhaft verwirklicht (26,42).

δ) Die Begründung der Verkündigung Jesu

Ist der wesentliche Inhalt der Verkündigung Jesu die ethische Forderung von Gerechtigkeit und Liebe und läßt sich diese, nicht zuletzt auf der Grundlage der Bergpredigt, als das ‚Gesetz des Kyrios' bezeichnen[14], so ist der Frage nicht auszuweichen, ob sich Matthäus hiermit auf die Seite des Nomismus, etwa auf die Seite des Verfassers des Jakobusbriefes stellt, wonach die Gerechtigkeit aus Werken im Zentrum der christlichen Lehre stehen würde und damit der Gegensatz zur paulinisch-lutherischen Rechtfertigungsbotschaft mit Händen zu greifen wäre. Zweifellos ergibt der Vergleich mit der Theologie des Paulus, daß die paulinische Unterscheidung zwischen Indikativ und Imperativ nur künstlich für Matthäus postuliert werden kann. Zwar haben A. Schlatter[15] oder auch G. Schrenk[16] den matthäischen Gerechtigkeitsbegriff im Sinn des Paulus primär als eine ‚Gabe' verstanden, die den Menschen durch das Sühneleiden Jesu oder den Stellvertretungstod Jesu beschafft worden wäre. Auf solche Gabe müßte die Forderung folgen, eine der Gabe angemessene Gerechtigkeit zu verwirklichen. Das Handeln des Menschen wäre nicht anders zu verstehen als die menschliche Antwort auf das Erlösungshandeln Gottes. – Jedoch hat sich gezeigt, daß nach matthäischem Verständnis die Verkündigung Jesu die δικαιοσύνη nicht als Gabe, sondern als Forderung versteht. Diese Forderung wird nicht durch den Sühntod Jesu eingegrenzt, der vielmehr bei Matthäus grundsätzlich nicht eine stärkere Rolle als bei Markus spielt. Die ethische Forderung ist auch nicht nur ‚ein Implikat der Christologie'[17], sondern umgekehrt sind Christologie und Ekklesiologie von der ethischen Forderung durchdrungen.[18]

Die Begründung der Forderung Jesu erfolgt nach matthäischem Verständnis zu allererst aus der unverfügbaren, apokalyptisch umschriebenen Zukunft. Der erste Evangelist hat die apokalyptischen Aussagen seiner Vorlagen ausgearbeitet. Wie sich zeigte, ist die Markusapokalypse durch redaktionelle Zukünftigkeitsaussagen stärker auf die künftige Endzeit ausgerichtet worden. Der matthäische Jesus sagt das kommende Gericht an, das er als der Menschensohn vollziehen wird. Er stellt endzeitliche Strafe und Belohnung in Aussicht. Dies ist apokalyptisch-realistisch vorgestellt: Häufig findet sich die redaktionelle Formel ὁ κλαυθμὸς καὶ ὁ βρυγμὸς τῶν ὀδόντων (8,12; 13,42.50; 22,13; 24,51; 25,30), die sich auf die Beschreibung des Endzustandes der Ungerechten bezieht. Auch begegnet nicht selten der Ausdruck

---

14 Vgl. G. Strecker, Das Gesetz in der Bergpredigt – Die Bergpredigt als Gesetz, in: T. Veijola (Hg.), The Law in the Bible and in its Environment, SFThL 51, Helsinki-Göttingen 1990, 109-125; 121.

15 A. Schlatter, Evangelist Matthäus 136f.

16 G. Schrenk, Art.: δικαιοσύνη, ThWNT II 194-229; 200f.

17 Ph. Vielhauer, Literaturgeschichte 364.

18 Andere Versuche, indikativische Aussagen im Matthäusevangelium dem Imperativ des ethischen Handelns vorzuordnen, sind ebensowenig überzeugend; vgl. G. Strecker, Das Gesetz in der Bergpredigt 123.

τὸ σκότος τὸ ἐξώτερον als Bezeichnung für den Strafort (8,12; 22,13; 25,30). Die endzeitliche Belohnung für die Gerechten wird mit dem Terminus μισθός bezeichnet (6,1f.5.16; 10,41f; 20,8): Matthäus hebt ausdrücklich den jenseitigen Lohn hervor.[19] Solche Ausrichtung auf den künftigen ‚Lohn' besagt, daß die Gemeinde in der Nachfolge Jesu sich auf das künftige ‚ewige Leben' ausrichtet; dieses ist mit der eschatologischen ‚Freude' (χαρά) identisch (13,44; 25,21.23). Führt die Verwirklichung von Gerechtigkeit und Liebe in der Gegenwart auch zur Verfolgung, so ist dennoch das Ertragen des Leidens sinnvoll. Es hat eine Verheißung, die nicht im Raum der Geschichte aufgeht. Von hier aus ist die ethische Forderung Jesu motiviert. Der Blick auf das Eschaton begründet ethische Verantwortung, nämlich die Notwendigkeit, ‚hic et nunc' dem Geforderten zu entsprechen.

Aber die Verkündigung Jesu weist nicht nur über sich hinaus auf die eschatologische Zukunft, sondern sie begründet sich auch darin, daß die noch ausstehende Gottesherrschaft in der Verkündigung Jesu zur Gegenwart geworden ist. Erleidet mit dem Auftreten Jesu die βασιλεία Gewalt (11,12), so besagt dies, daß sie im Wort Jesu heilvolle Gegenwart ist. Das eschatologische Heil ist der Kirche aus Juden und Heiden heute zugesprochen (21,43; vgl. 28,20). Solche Gegenwärtigkeit ereignet sich, wo der Anspruch Jesu zur Sprache gebracht wird; daher läßt sich der Inhalt der Verkündigung Jesu nicht nur als ethische, sondern auch als eschatologische Forderung bezeichnen.

4. Das Vorbild Jesu

Wort und Tat Jesu sind im Matthäusevangelium aufs engste aufeinander bezogen. Neben der Verbindung von κηρύσσειν und διδάσκειν steht das θεραπεύειν: Jesus *verkündet* das Evangelium und *heilt* jede Krankheit im Volk (4,23f; 9,35; 10,7f). Bezeichnend ist auch, daß nach der Bergpredigt zehn Wundertaten Jesu erzählt werden (8,1-9,34). Das Wort Jesu wird durch seine messianische Tat bestätigt. Der Messias des Wortes ist auch der Messias der Tat (J. Schniewind). Aber es ist nicht nur die Wundertat, die das Wort zur Geltung bringt, sondern nicht weniger das Handeln Jesu.

So zeigt es der sogenannte Heilandsruf:

> Her zu mir, alle, die ihr ermattet und belastet seid, ich werde euch Ruhe geben. Nehmt mein Joch auf euch und lernt von mir; denn ich bin sanftmütig (πραΰς) und

---

[19] Da μισθός Bezeichnung für den himmlischen Lohn ist, vermeidet Matthäus diesen Ausdruck in Beziehung auf eine irdische Entlohnung; vgl. 10,10 (τῆς τροφῆς) gegen Lk 10,7 (τοῦ μισθοῦ); denn anders als in der weisheitlichen Literatur wird das Tun der Gerechtigkeit sich nicht schon auf Erden auszahlen, vielmehr ist die irdische Entgeltung für die Glaubenden die Verfolgung.

von Herzen demütig (ταπεινός); dann werdet ihr Ruhe (ἀνάπαυσις) finden für eure Seelen; denn mein Joch ist bequem und meine Last ist leicht (11,28-30).

Sind diese Verse auch vormatthäischer Herkunft (es finden sich allein sechs Hapaxlegomena) und ist der ἀνάπαυσις-Gedanke von Jer 6,16 abhängig, so ist diese Überlieferungseinheit doch bewußt vom Redaktor in den Kontext eingeordnet worden. Entsprechend der vorausgesetzten Situation handelt es sich um die Last der von den pharisäischen Satzungen bedrückten Menschen. Ihnen verheißt Jesus mit dem Ruf zu seiner Person – und dies meint zugleich zu seiner ethisch-eschatologischen Forderung – eine ‚Ruhe', welche die Gegenwärtigkeit des Heils im imperativischen Wort Jesu verdeutlicht. Darüber hinaus wird unterstrichen, daß Jesus auf sich selbst verweist; er selbst ist ‚sanftmütig' und ‚demütig'. Jesus ist das Vorbild für die in seiner Verkündigung geforderte ethische Haltung.

Dies zeigt sich auch an der Überlieferung von der Taufe Jesu (3,13-17). Gegenüber der Markusparallele (Mk 1,9-11) hat Matthäus möglicherweise aus vormatthäischer mündlicher Tradition ein Gespräch Jesu zwischen Jesus und Johannes dem Täufer (V.14-15) eingefügt. Aber der Redaktor hat bei der Fixierung dieser Tradition den Text umgestaltet, vor allem sind in V.15 die Worte πληρῶσαι πᾶσαν δικαιοσύνην sein Werk. Hier zeigt sich: Jesus erfüllt, indem er sich von Johannes taufen läßt, die Haltung der ‚Gerechtigkeit'. Darin wird er zum Vorbild des Handelns der Gemeinde, die aus der Weisung ihres Herrn lebt.

Daß der matthäische Jesus die von ihm geforderte Weisung selbst vorbildhaft verwirklicht, zeigt sich auch an der Passionsgeschichte (26,2ff). Zeichnet Matthäus Jesus in der göttlichen Hoheit des eschatologischen Kyrios, so trifft dies auch für die Passionsgeschichte zu. Sie ist nach matthäischem Verständnis nicht so sehr Ausdruck der Niedrigkeit, als vielmehr der göttlichen Hoheit Jesu. Solche ‚theologia crucis' ist zugleich eine ‚theologia gloriae': Christus ist der Triumphator über Leiden und Tod. Nicht zufällig ist ständig betont, daß Jesus ‚wissend' seinem Geschick entgegengeht (vgl. 26,2). Jesus spricht von seinem καιρός als der Stunde seines Todes (26,18), und er bezeichnet ausdrücklich den Verräter Judas (26,25red.).

Die Hoheit des leidenden Christus kommt darüber hinaus in seinem Gehorsam zur Sprache. Hierfür ist die Gethsemane-Perikope ein Beispiel (26,36-46). Zwei Gebetshandlungen Jesu prägen die matthäische Fassung, die Ergebung Jesu in den Willen Gottes ist dynamisch gesteigert. Jesus praktiziert hier die dritte Bitte des Vaterunsers (6,10); seine Haltung ist vorbildlich für die glaubende Gemeinde, die dieses Gebet nicht nur nachsprechen, sondern ebenfalls verwirklichen soll.

In den Zusammenhang der Passion Jesu gehört auch das λύτρον-Wort (20,28). Wenn Matthäus gegen Mk 10,45 den Spruch durch ‚gleichwie' (ὥσπερ) einführt, so ist das Dienen Jesu eine vorbildliche Haltung, die in der

Passion Jesu ihren Ausdruck findet. Jesu Haltung weist der Gemeinde ihren Weg. So zeigen es schließlich die zusammenfassenden Aussagen über das Leiden: Die Gemeinde in der Verfolgung orientiert sich an dem Vorbild, das Jesus in seiner Passion seiner Kirche ein für allemal gegeben hat (16,24; 23,34).

c) Die Kirche

1. Grundlegung

Da das Matthäusevangelium primär eine Jesuserzählung wiedergibt, steht im Mittelpunkt seiner Darstellung nicht die Ekklesiologie, sondern die Christologie.[20] Allerdings unterscheidet Matthäus in seiner Jesuserzählung zwischen Vergangenem und Gegenwärtigem; denn er erzählt die Jesusgeschichte für seine Gemeinde. Dies besagt, daß sich bewußt oder unbewußt auch das Selbstverständnis der matthäischen Gemeinde in der Jesuserzählung zu Wort meldet.

Die zeitliche und sachliche Grundlegung findet sich im Missionsbefehl des Auferstandenen (28,16-20), der vermutlich auf eine vormatthäische Tauftradition zurückgeht, in der der Auferstandene als der Kosmokrator gefeiert wurde (V.18b), dieser seinen Taufbefehl mit einer triadischen Formel (Trias ‚Vater, Sohn, Heiliger Geist') gab (V.19b) und in der abschließend die Gegenwart des Erhöhten bei seiner Gemeinde verheißen wurde (V.20b). Der Redaktor Matthäus hat die vorgegebene Form gewahrt, aber durch Zusätze erweitert und darin seiner eigenen Konzeption Ausdruck gegeben: Das liturgische Traditionsstück ist jetzt zeitlich eingeordnet worden; es markiert Abschluß und Höhepunkt des Lebens Jesu und Grundlegung der nun folgen-

---

20 Gegen W. Trilling, Das wahre Israel, der – wie der Titel seines Werkes anzeigt – die Theologie des Matthäus im Zusammenhang mit den Erfahrungen der zeitgenössischen Kirche interpretiert, auch wenn hierbei die theologischen Voraussetzungen des ersten Evangelisten mitgesehen werden sollen. Vgl. mit gleicher Tendenz auch G. Lohfink, Wie hat Jesus Gemeinde gewollt?, Freiburg 1982; dazu G. Strecker, ThLZ 111, 1986, 24-27; auch U. Luz, Das Evangelium nach Matthäus, EKK I/2, Neukirchen-Vluyn 1990, zu Mt 8-9; ders., Die Wundergeschichten von Mt 8-9, in: G.F. Hawthorne-O. Betz (Hgg.), Tradition and Interpretation in the New Testament, FS E.E. Ellis, Grand Rapids-Tübingen 1987, 149-165. – Daß Matthäus zwischen ‚biographischer' und ekklesialer Abzweckung seines Werkes bewußt unterscheiden kann, zeigt sich an der Aussendungsrede (10,5-42): zunächst auf die idealisierend dargestellte Jüngersituation zugeschnitten (V.5-16), wird von V.17 an die Situation der Gemeinde in der Zeit des ersten Evangelisten ausschlaggebend.

den Epoche der Kirche. Die Tauftradition ist modifiziert in einen Missionsauftrag, der im Unterschied zur Aussendung der Jünger an Israel während der Zeit Jesu sich nunmehr an alle Völker der Welt wendet. Inhalt der Mission sind Taufe und Lehre. Beides bezieht sich auf das Leben Jesu zurück; denn Wort und Tat Jesu, die Geschichte Jesu Christi insgesamt ist grundlegend für das Sein und Selbstverständnis der Kirche.

2. Die Gemeinde als Institution

Wird die Gemeinde durch das Auftreten Jesu, wie Matthäus dies in seinem Evangelium zeichnet, ins Leben gerufen, so ist sie auch wesentlich durch den Inhalt der Verkündigung Jesu bestimmt. Sie orientiert sich am eschatologisch-ethischen Imperativ, in dessen Proklamation und Verwirklichung sich die gegenwärtige Herrschaftsausübung des Kyrios manifestiert. Die Gemeinde stellt sich in der Zeit des Matthäus als ein ‚corpus mixtum' dar. Die Kirche ist eine eschatologische Größe in der Welt; sie ist die ἐκκλησία des Kyrios Jesus (16,18; vgl. 18,17). Sie verkündet Wort und Tat Jesu und hat durch ihre Verkündigung an der eschatologischen Qualität des Kyrios Anteil. Sie verwirklicht die Forderung Jesu und ist dadurch nicht mehr nur eine profane, soziologisch erfaßbare Größe, als die sie von außen betrachtet erscheint, sondern durch die Realisierung des Wortes Jesu ist sie aus der profanen Geschichte herausgehoben. – Andererseits ist die christliche Kirche eine Vereinigung von bösen und guten Menschen. Obwohl der ethische Imperativ sie unter die Forderung stellt, als vollkommene eschatologische Gemeinschaft in der Welt aufzutreten, finden sich in ihren Reihen konkrete Mißstände. Am Ende erst wird sich die endgültige Scheidung zwischen Gerechten und Ungerechten vollziehen (vgl. 21,43f; 22,9ff).

Ist die christliche Gemeinde die Repräsentanz der eschatologisch-ethischen Forderung in der Zeit, so läßt sich dies auch an dem – in den Evangelien nur hier bezeugten – christlichen Bußinstitut ablesen (18,15-20). Danach besitzt sie die eschatologische Vollmacht ‚zu binden und zu lösen'.[21] Die Lokalgemeinde hat das Recht, ein Gemeindeglied aus der kirchlichen Gemeinschaft auszuschließen oder auch es wieder aufzunehmen. Hierin zeigen sich Anspruch und Vollmacht der Gesamtkirche. Dieses Handeln hat die Zusage, daß der erhöhte Kyrios gegenwärtig sein wird (18,20). Dies ist mehr, als das jüdische Banninstitut mit seinen ‚Binde- und Lösemaßnahmen' erreichen konnte und wollte; denn dort handelt es sich um ein innersynagogales

---

21 Die Termini δεῖν bzw. λύειν gehen auf jüdische Vorbilder zurück; vgl. F. Büchsel, Art.: δέω, ThWNT II 59f; Bill I 738-742.

Disziplinarinstitut, das graduell und befristet angewendet wurde und nicht einen Ausschluß bewirkte.[22] Hier aber handelt die Kirche als qualifizierte, eschatologische Gemeinschaft, um durch solches Handeln ‚Gerechtigkeit' in ihren Reihen zu verwirklichen.

Schon hieran wird deutlich: Die Kirche des Matthäus ist als ‚Institution' zu begreifen. So wenig auch Ämter deutlicher hervortreten[23], so sehr ist die matthäische Gemeinde in sich gefestigt und verfügt über ausgearbeitete Formen der Organisation. So reflektiert das Verständnis der *Sakramente* den Institutionscharakter: Die *Taufe* (vgl. 3,13-17) ist wesentlich als ein Rechtsakt verstanden worden; sie ist ein ‚Initiationsritus', durch den der Glaubende in die Gemeinde eingeführt wird; eben dieses entspricht der durch den Kyrios Jesus begründeten Forderung. Der Taufakt selbst ist eine Gehorsamsleistung. Als solcher vermittelt er Vergebung der Sünden, welcher die ‚Umkehr' des Täuflings voraufgeht (vgl. 3,2ff). So sehr die sündenvergebende Wirkung der Taufe anerkannt ist, das Sakrament ist der kirchlichen Institution nicht vor- sondern eingeordnet.[24]

Auch das *Herrenmahl* (26,26-28) verdeutlicht, daß die Gemeinde über die Vollmacht verfügt, Sünden zu vergeben. Das Mahl ordnet in die eschatologische Gemeinschaft ein; in ihm realisiert sich Teilhabe an der eschatologischen Zukunft. So vollzieht es sich im Rahmen der Institution der Gemeinde, in der Verwirklichung des fordernden Willens Jesu. Dies wird an der imperativischen Fassung der Einsetzungsworte deutlich (V.26: φάγετε; V.27: πίετε; gegen Mk 14,22ff). Das Herrenmahl ist Erfüllung der eschatologisch-ethischen Forderung Jesu. Auch hier – wie im Taufsakrament – realisiert sich Gehorsam gegenüber dem Wort und der Tat Jesu; auch hier ist über die Begründung der Sühnewirkung nicht reflektiert. Entscheidend ist nicht das Warum, sondern das Daß der Sühnewirkung. Entscheidend ist die kirchliche Ordnung, als deren Bestandteil das Herrenmahl in Geltung gesetzt ist.

---

22 Vgl. Bill I 792f.

23 Amt des ‚Schriftgelehrten' (13,52); ferner 23,8ff; dazu G. Strecker, Das Geschichtsverständnis des Matthäus 105; s. auch D. Zeller, Zu einer jüdischen Vorlage von Mt 13,52, BZ NF 20, 1976, 223-226; R. Schnackenburg, Jeder Schriftgelehrte, der ein Jünger des Himmelreiches geworden ist (Mt 13,52), in: K. Aland-S. Meurer (Hgg.), Wissenschaft und Kirche, FS E. Lohse, Bielefeld 1989, 57-69; O. Betz, Neues und Altes im Geschichtshandeln Gottes, in: ders., Jesus. Der Messias Israels, WUNT 42, Tübingen 1987, 285-300; U. Luz, Das Evangelium nach Matthäus I/2 361-366.

24 So zeigt es auch eine sprachliche Beobachtung: Matthäus verwendet den Begriff βάπτισμα allein mit Bezug auf das Taufsakrament, nicht jedoch im bildlichen Sprachgebrauch (gegen Mk 10,38f diff Mt 20,22).

Die Sakramente Taufe und Herrenmahl haben ebenso wie das Disziplinarinstitut der Gemeinde ihren eigentlichen Bezugspunkt im Wort Jesu. Dieses stellt die Aufgabe, daß die Gemeinde sich als eine Gemeinschaft der ‚Gerechten' versteht und verwirklicht. So wenig diese Aufgabe in der Gegenwart zum Abschluß zu bringen ist und die Gemeinde sich in der Zeit als eine Gemeinschaft von Guten und Bösen versteht, so sehr ist die eschatologisch-ethische Forderung Jesu die Norm, die auch für die Zukunft gilt. Sie hat eine universale Geltung, weil sie das Gebot des Herrn der Welt ist (28,16-20) und der Menschensohn-Weltrichter im Endgericht nach der Erfüllung des von ihm Gebotenen fragen wird (25,31-46). Dieses Gericht bezieht nicht nur die Kirche, sondern die gesamte Völkerwelt ein. Kirche und Welt werden nach dem Maßstab der einen eschatologisch-ethischen Norm gerichtet. Hier zeigt sich, wie Matthäus die Solidarität der Kirche mit der Welt auf seine Weise realisiert: Die gesamte Menschheit steht unter der einen Forderung des Kyrios.[25]

IV. Die Mitte der Zeit – Der Evangelist Lukas

PH. VIELHAUER, Zum „Paulinismus" der Apostelgeschichte, EvTh 10, 1950/51, 1-15, (= ders., Aufsätze zum Neuen Testament, TB 31, München 1965, 9-27).

E. LOHSE, Lukas als Theologe der Heilsgeschichte, EvTh 14, 1954, 256-274, (= ders., Die Einheit des Neuen Testaments, Göttingen 1973, 145-164).

H. CONZELMANN, Geschichte, Geschichtsbild und Geschichtsdarstellung bei Lukas, ThLZ 85, 1960, 241-250.

DERS., Die Mitte der Zeit. Studien zur Theologie des Lukas, BHTh 17, Tübingen [6]1977.

G. STRECKER, Die sogenannte Zweite Jerusalemreise des Paulus (Act. 11,27-30), ZNW 53, 1962, 67-77 (= ders., Eschaton und Historie 132-141).

H. FLENDER, Heil und Geschichte in der Theologie des Lukas, BEvTh 41, München 1965.

R. BULTMANN, Zur Frage nach den Quellen der Apostelgeschichte, in: ders., Exegetica, Tübingen 1967, 412-423.

---

25 Daß Kirche und Welt übereinstimmend gezeichnet werden, ergibt die Beobachtung, daß nicht nur die Kirche als corpus mixtum, sondern ähnlich auch die Welt dargestellt ist; vgl. hierzu die Parabel vom Unkraut unter dem Weizen (13,36-43), wo die Welt mit dem ‚Reich des Menschensohnes' gleichgesetzt ist, aus dem die Täter des Unrechts von den Gerechten ausgesondert werden (V.41.43). Ähnlich die Parabel vom Fischnetz (13,47-50), in der ebenfalls das Nebeneinander von Gerechten und Ungerechten in der Welt und die endgültige Sichtung im Endgericht angedeutet ist.

M. Dibelius, Aufsätze zur Apostelgeschichte, hg. v. H. Greeven, FRLANT 60, Göttingen [5]1968.
H. Schürmann, Traditionsgeschichtliche Untersuchungen zu den synoptischen Evangelien, Beiträge, KBANT, Düsseldorf 1968, 159-309.
Ders., Das Lukasevangelium, HThK III/1+2, Freiburg [3]1984.1994.
M. Rese, Alttestamentliche Motive in der Christologie des Lukas, StNT 1, Gütersloh 1969.
Ders., Das Lukas-Evangelium. Ein Forschungsbericht, ANRW II 25.3, 1985, 2258-2328.
Ch. Burchard, Der dreizehnte Zeuge. Traditions- und kompositionsgeschichtliche Untersuchungen zu Lukas' Darstellung der Frühzeit des Paulus, FRLANT 103, Göttingen 1970.
G. Braumann (Hg.), Das Lukasevangelium, WdF 280, Darmstadt 1974.
U. Wilckens, Die Missionsreden der Apostelgeschichte. Form- und traditionsgeschichtliche Untersuchungen, WMANT 5, Neukirchen-Vluyn [3]1974.
G. Lohfink, Die Sammlung Israels, StANT 39, München 1975.
E. Grässer, Das Problem der Parusieverzögerung in den synoptischen Evangelien und in der Apostelgeschichte, BZNW 22, Berlin [3]1977.
E. Haenchen, Die Apostelgeschichte, KEK III, Göttingen [17]1977.
R. Maddox, The Purpose of Luke-Acts, FRLANT 126, Göttingen 1982.
J.-W. Taeger, Der Mensch und sein Heil. Studien zum Bild des Menschen und zur Sicht der Bekehrung bei Lukas, StNT 14, Gütersloh 1982.
S.G. Wilson, Luke and the Law, MSSNTS 50, Cambridge 1983.
F. Bovon, Lukas in neuer Sicht, BThSt 8, Neukirchen-Vluyn 1985.
Ders., Das Evangelium nach Lukas, EKK III/1, Zürich-Neukirchen-Vluyn 1989.
G. Schneider, Lukas, Theologie der Heilsgeschichte, BBB 59, Königstein-Bonn 1985.
J. Ernst, Lukas. Ein theologisches Portrait, Düsseldorf 1985.
J.A. Fitzmyer, The Gospel According to Luke, AncB 28-28a, New York 1981.1985.
F.W. Horn, Glaube und Handeln in der Theologie des Lukas, GTA 26, Göttingen [2]1986.
M.D. Goulder, Luke. A New Paradigm, Bd. I u. II, JSNT.S 20, Sheffield 1989.
G. Nebe, Prophetische Züge im Bilde Jesu bei Lukas, BWANT 127, Stuttgart-Berlin-Köln 1989.
C. Bussmann-W. Radl (Hgg.), Der Treue Gottes trauen. Beiträge zum Werk des Lukas, FS G. Schneider, Freiburg 1991.
M. Korn, Die Geschichte Jesu in veränderter Zeit, WUNT II 51, Tübingen 1992.

a) Das lukanische Geschichtsverständnis

Den Ausgangspunkt für eine lukanische Theologie muß die Feststellung bilden, daß Lukas anders als die übrigen Evangelisten nicht nur ein Evangelium, sondern auch eine Apostelgeschichte verfaßt hat. Beide Werke sind aufeinander bezogen (Apg 1,1-14 nimmt Lk 24,50-53 auf). Schon der Prolog des Evangeliums, auf den Apg 1,1 zurückweist, macht deutlich, daß es dem Verfasser um eine Linienführung geht, die nicht mit dem Evangelium endet, sondern bis in die Geschichte der Kirche hineinführt. Evangelium und Apostelgeschichte bilden ein Geschichtswerk, das Lukas als ‚Historiker' kennzeichnet. Es erscheint folgerichtig zu sein, daß M. Dibelius einen seiner Aufsätze mit der Überschrift ‚Der erste christliche Historiker' versehen hat: Lukas ist ein Geschichtsschreiber, der anders als Matthäus und Markus mit den literarischen Mitteln der antiken Historiographie vertraut ist und sie seiner schriftstellerischen Absicht dienstbar zu machen weiß. Ein Historiker, der aus Geschichten eine Geschichte zusammenstellt, indem er die literarischen Einzelüberlieferungen zu einem einheitlichen Ganzen verbindet und hierdurch einen ‚Richtungssinn' der Geschichte der Kirche herausarbeitet, ist er doch darum bemüht, ständig auf das Typische, auf die Bedeutsamkeit des Berichteten hinzuweisen.

1. Evangelienprolog (1,1-4).

1	'Επειδήπερ πολλοὶ ἐπεχείρησαν	Da ja viele den Versuch
	ἀνατάξασθαι διήγησιν	unternommen haben,
	περὶ τῶν πεπληροφορημένων	eine Erzählung von den Geschehnissen
	ἐν ἡμῖν πραγμάτων	zu verfassen, die sich unter
		uns ereignet haben,
2	καθὼς παρέδοσαν ἡμῖν	die uns die Augenzeugen
	οἱ ἀπ' ἀρχῆς αὐτόπται	überliefert haben von Anfang an
	καὶ ὑπηρέται γενόμενοι τοῦ λόγου,	und Diener des Wortes,
3	ἔδοξε κἀμοὶ παρηκολουθηκότι	schien es auch mir gut zu sein,
	ἄνωθεν πᾶσιν ἀκριβῶς	nachdem ich von vorn an allem
		genau nachgegangen war,
	καθεξῆς σοι γράψαι,	es der Reihenfolge nach dir zu schreiben,
	κράτιστε Θεόφιλε,	hochverehrter Theophilus,
4	ἵνα ἐπιγνῷς	damit du die Zuverlässigkeit
	περὶ ὧν κατηχήθης λόγων	der Überlieferungen erkennst,
	τὴν ἀσφάλειαν.	über die du unterrichtet worden bist.

In einmaliger Weise kommt in dem Prolog des dritten Evangeliums die historische Intention des Lukas zum Ausdruck. Der Verfasser bezieht sich auf die Versuche von anderen Autoren, die das berichtet haben, was sich ‚unter uns ereignet hat'. Er bezieht sich damit zum mindesten auf das Markusevangelium und die Q-Quelle, möglicherweise auch auf andere unbekannte Evangelienschriften. Das Personalpronomen ἐν ἡμῖν (‚unter uns') enthält ein ekklesiales Wir. Das Jesusgeschehen ist ein von der Gemeinde geglaubtes, in ihr verifizierbares Ereignis. Kontinuität mit der Jesusgeschichte bedeutet auch ein hohes Maß an Gleichzeitigkeit mit dem Jesusereignis.

Die Gemeinde weiß von diesem Geschehen durch die Augenzeugen (V.2), die es ‚uns überliefert haben'. Lukas setzt einen geprägten Traditionsbegriff voraus. Die Gemeinde steht in der Überlieferung, welche die Augenzeugen ‚von Anfang an' und ‚Diener des Wortes' begründet und weitergegeben haben.[1] Wichtig ist, daß Lukas sich nicht an die Überlieferung der Augenzeugen anschließen will, die allerdings die vorangegangenen ‚Versuche' der Geschichtsdarstellung bestimmt haben, sondern er unternimmt es, eigenständig zu fragen und zu bezeugen: ἄνωθεν (‚von vorn an'), πᾶσιν (‚allem', d.h. umfassend), ἀκριβῶς (‚genau', ‚sorgfältig'). So wird es καθεξῆς (‚der Reihe nach') vorgetragen. Lukas steht in der antiken historiographischen Tradition. So zeigt es die Widmung κράτιστε Θεόφιλε.[2] Wie die antike Historiographie[3] kennt Lukas den Zweifel an der überkommenen Überlieferung; wie diese hat er die Absicht, die Ereignisse so darzustellen, wie sie sich tatsächlich zugetragen haben, nicht aber, wie sie sich ereignet zu haben scheinen. Lukas will also zu den ‚bruta facta historica' zurückstoßen. Freilich besteht berechtigter Zweifel, ob die hier ausgesprochene historiographische Intention wirklich zu ihrem Ziel einer objektiven Geschichtsschreibung gelangt. Auch die ältere antike Geschichtsschreibung wie die eines Thukydides oder eines Tacitus war von einem objektiven Geschichtsbild weit entfernt. Trotz ihrer erklärten Absicht war sie nicht in der Lage, ‚sine ira et studio' das Vergangene zu beschreiben. Im Gegenteil, eindeutige Tendenzen, vorgefaßte Meinungen und Konzeptionen beeinflussen bewußt oder unbewußt das Ergebnis. So ist es nicht weniger bei Lukas der Fall. Er stellt die Jesusgeschichte wie auch die Geschichte der Apostel nicht so dar, wie sich diese ereignet haben, sondern wie es nach seinem Verständnis gewesen sein sollte. Indem er den Richtungssinn der Historie nachzuzeichnen versucht, entwirft er die Geschichte von dem auf ihn zulaufenden Endstadium her.

Die Intention, die Lukas bei seiner Darstellung leitet, wird in 1,4 verdeutlicht. Der Ausdruck ‚Überlieferungen' (λόγοι eigentlich: ‚Worte') bezieht sich auf den Inhalt der christlichen Unterweisung. Ziel der lukanischen

---

1 Hier ist – wegen des übergeordneten Artikels – wohl ein Hendiadyoin vorauszusetzen; vgl. G. Klein, Lukas 1,1-4 als theologisches Programm, in: ders., Rekonstruktion und Interpretation. Gesammelte Aufsätze zum Neuen Testament, BEvTh 50, München 1969, 237-261; 245-249; F. Bovon, Das Evangelium nach Lukas 37.

2 Vgl. Apg 1,1; offen ist, ob das Werk des Lukas in der Tat einem vornehmen Mann aus dem römischen Ritterstand gewidmet wurde (κράτιστος als Bezeichnung eines römischen Ritters bei Jos Ant 20,12); kritisch zu dieser These F. Bovon, Das Evangelium nach Lukas 39.

3 Vgl. auch die Widmung bei Jos Ap I 1ff. In Ap I 3 äußert sich Josephus ausgesprochen skeptisch zur Zuverlässigkeit der übernommenen griechischen Überlieferung.

Geschichtsschreibung ist es also, den Inhalt des christlichen Glaubens, wie er in der Katechumenenlehre vorgetragen wird, zur untrüglichen Gewißheit werden zu lassen. Der Glaube gewinnt ‚Zuverlässigkeit' aus der Historie. Die Frage, ‚wie es wirklich gewesen ist' beantwortet sich auf die Weise, daß die Frage gestellt und beantwortet wird: „Was soll ich glauben?" Die Wahrheitsfrage des Glaubens und die historische Untersuchung sind unlösbar miteinander verknüpft, und es stellt sich das Problem, ob hier nicht die Wahrheit von der Historie abhängig wird. Jedoch nimmt Lukas, indem er in seinem Geschichtswerk diese Frage zu beantworten versucht, der Historie ihr eigenes Gewicht; er erzählt keine Profangeschichte, sondern das, was als Grundlage des Glaubens in der Historie sich ereignet hat, also für den Wahrheitsanspruch des Glaubens historisch von Bedeutung ist. So sehr Lukas sich auch in Anlehnung an antike Vorbilder als ‚Historiker' zu erkennen gibt, sein Werk hat als Ergebnis keine profane, sondern eine qualifizierte Geschichte, eine Historie, in der die Einwirkungen des Eschaton konstatierbar sind. Ist Lukas auch nicht primär Verkündiger, sondern Erzähler, so ist doch die auf den Glauben gerichtete Intention seines Werkes in jedem Vers spürbar. Lukas ist nicht mehr und nicht weniger als die anderen Synoptiker ein Historiker, zudem ist er ein Theologe, der die Historie als Grundlage, Ausweis, sogar als Beweis des Wahrheitsanspruches des Glaubens darstellt. In dieser Hinsicht steht Lukas auf demselben Boden wie die übrigen Synoptiker. Diese erheben zwar nicht in gleicher Weise einen literarischen Anspruch; aber sie kennen ebenfalls eine historische Ausrichtung der Tradition wie auch die heilsgeschichtliche Linienführung, die jene motiviert. Gehen Lukas und auch Matthäus darin über Markus hinaus, so sind sie doch miteinander verbunden durch die Absicht, eine heilsgeschichtlich motivierte Jesuserzählung vorzutragen. Wenn Lukas konsequenter als Matthäus und Markus vorgeht, indem er die Apostelgeschichte als Fortsetzung des Evangeliums schreibt, so führt er nur das aus, was ‚in nuce' in der Theologie der Seitenreferenten angelegt ist. Der Prolog Lk 1,1-4 trennt Lukas also nicht grundsätzlich von den Seitenreferenten, sondern zeigt die den Synoptikern gemeinsame, auf ἀσφάλεια gerichtete Intention ihrer schriftstellerischen Tätigkeit.

Wie der Prolog des Lukasevangeliums anzeigt, unterscheidet der Evangelist zwischen der urchristlichen Überlieferung und seiner eigenen redaktionellen Arbeit. Indem Lukas über die vorgegebene Tradition hinaus auf die historischen Tatsachen zurückgehen will, gehört die Traditionskritik zum Ansatz seiner Geschichtsschreibung. So entspricht es der Intention der hellenistischen Historiographie. Jedoch ist das Ergebnis der lukanischen Redaktion eine Bestätigung der Tradition. So zeigt es sich an der Tatsache, daß eine Kette von Zeugen die Kontinuität der Kirchengeschichte gewährleisten soll. So zunächst die Augenzeugen als die Diener am Wort, von denen andere abhängig sind. Zu letzteren zählt nach Ausweis der Apostelgeschichte Paulus, der nach seiner Bekehrung durch den Jünger Hananias in die ‚Sukzessionskette' eingeordnet wird (Apg 9). Dem Traditionsgedanken ist auch durch die Nachwahl des Matthias zum 12. Apostel (Apg 1,15ff) Ausdruck gegeben, wie auch die Ausdehnung der Mission streng auf die apostolische Autorität in Jerusalem bezogen bleibt (vgl. Apg 8,14ff; 15,1ff). Nicht Traditionskritik, sondern Bejahung der Tradition ist das faktische Ergebnis der lukanischen Redaktionsarbeit. Dem entspricht die Absicht, die christliche Überlieferung zu bestätigen. Wenn Lukas mit seinem Werk ‚Zuverlässigkeit' erzielen will (1,4), so bezieht sich dies auf den Inhalt der christlichen Unterweisung, wie dieser der christlichen Gemeinde auf mündlichem oder schriftlichem Wege überliefert worden ist. Schließlich ist nicht zu bestreiten, daß Lukas selbst Exponent der kirchlichen Überlieferung ist. Trotz eines profan geschulten Anspruchs schreibt der Verfasser des lukanischen Doppelwerkes nicht mit der Objektivität des Historikers, sondern als Exponent der Gemeinde und ihres Glaubens. Darin stimmt er grundsätzlich mit dem ersten und zweiten Evangelisten überein. Das Ergebnis seines Werkes ist mehr allgemein synoptisch und weniger typisch lukanisch, als weithin angenommen wird.

2. Periodisierung der Heilsgeschichte

Lukas schreibt eine qualifizierte Geschichte; er zeichnet eine Linienführung, welche die Dialektik von Historie und Eschaton einschließt, wie dies auch für Markus und Matthäus festzustellen war. Zu fragen ist, in welchem Ausmaß und in welcher Weise diese Dialektik zur Sprache gebracht wird. Charakteristisch ist der historische Rahmen des lukanischen Geschichtswerkes; er ist durch eine Aufeinanderfolge von mehreren Geschichtsepochen geprägt.
α) H. Conzelmann hat seiner einflußreichen Untersuchung zur Theologie des Lukas die Überschrift ‚*Die Mitte der Zeit*' gegeben und hierdurch das Leben Jesu, wie Lukas es darstellt, als die zentrale Geschichtsepoche bezeichnet. Zur Abgrenzung der ‚Mitte der Zeit' wird auf Lk 16,16 verwiesen: „Das Gesetz und die Propheten bis auf Johannes, von da an (ἀπὸ τότε) wird das Gottesreich verkündigt und jeder drängt hinein". Hat der Ausdruck ἀπὸ τότε eine ausschließende Bedeutung[4], so zählt Johannes der Täufer nicht zum Gottesreich und damit auch nicht in die Epoche Jesu als die Zeit der Basileia hinein, sondern er hat allein die Aufgabe, die Zeit Jesu anzukündigen. Dies entspricht der geographischen Unterscheidung: Johannes der Täufer lehrt und tauft am Jordan, Jesus aber meidet das Jordangebiet (gegen Mk 10,1). Das Ergebnis: Es besteht eine klare Trennung zwischen Johannes dem

4 H. Conzelmann, Die Mitte der Zeit 17.

Täufer und Jesus; die Zeit Jesu als die Mitte setzt ‚nach Johannes' ein. – Jedoch bedarf diese These einer Einschränkung. Die Zeitpartikel ἀπὸ τότε hat nicht nur eine ausschließende Bedeutung, sondern kann auch im einschließenden Sinn verstanden werden. Johannes ist auch der Zeit Jesu zugeordnet, nämlich als der eschatologische Prophet, der messianische Wegbereiter. Ist doch Johannes auch nach lukanischem Verständnis eine eschatologische Gestalt.[5] Lukas identifiziert ihn ausdrücklich mit dem für die Endzeit erwarteten Elia (1,17); er ist der ‚Elias redivivus', der mehr als ein gewöhnlicher Prophet ist (7,26f). So sehr auch Johannes nach lukanischem Verständnis Jesus untergeordnet wird, der voraufgehenden Geschichtsepoche des Gesetzes und der alttestamentlichen Prophetie gehört er nicht mehr eindeutig an. Er ist eine Gestalt des Übergangs, der Einführung in die Zeit Jesu als der Zeit der Erfüllung.[6]

Weniger eindeutig ist der Schluß der Zeit Jesu festzulegen. Ist die Mitte der Zeit das Jesusgeschehen, so liegt der Abschluß jedenfalls am Ende des Lebens Jesu.[7] Allerdings ist der Endpunkt nicht wirklich markiert. Er läßt sich mit der Auferstehung Jesu oder auch mit der Himmelfahrt identifizieren. Möglich ist auch das Pfingstfest als die Geburtsstunde der Kirche. Lukas selbst deutet eine eindeutige Grenze nicht an. Vermutlich fällt die Zäsur mit dem Schluß des Lukasevangeliums zusammen; da dieser in Apg 1 wieder aufgenommen wird, ist klar, daß Lukas an einer exakten Bestimmung der Zäsur nicht interessiert war.

Was die innere Struktur der Darstellung der Zeit Jesu angeht, so legt die Formel Lk 23,5 eine geographische Gliederung nahe: „In ganz Judäa (lehrte Jesus), von Galiläa beginnend bis hierher (Jerusalem)". Das Wirken Jesu er-

---

5 Siehe im übrigen oben Abschnitt B I Johannes der Täufer.

6 Zur Erläuterung der Übergangsfunktion Johannes des Täufers sind stereotype Formeln charakteristisch, die Lukas für den Beginn der Zeit Jesu verwendet: a) Apg 10,37f; 13,24f; 19,4: Das Auftreten Jesu beginnt ‚nach Johannes'; b) Apg 1,22: „beginnend von der Taufe des Johannes an". Hier können die Präpositionen μετά und ἀπό miteinander wechseln. Dies kennzeichnet die Übergangsposition des Johannes, der einmal als der eschatologische Vorläufer in die Zeit Jesu hineingenommen ist, ein anderes Mal aus ihr ausgeschlossen wird, da er zwar ein Prophet, nicht aber der Messias ist.

7 Denkbar ist, die Zeit durch die beiden παρουσίαι Jesu zu begrenzen, durch seine Geburt und seine Wiederkehr als Menschensohn. Dies würde für Lukas besagen, daß er in der Mitte der Zeit lebte, die mit der Zeit der Kirche als einer zentralen Geschichtsepoche identisch wäre. Jedoch findet sich der Ausdruck παρουσίαι nicht im lukanischen Geschichtswerk. (In den ntl. Evangelien nur in Mt 24,3.27.37.39.) Da es sich bei der ‚Mitte der Zeit' um eine normative Zeit handelt, ist sie mit der Zeit Jesu zu identifizieren und zu begrenzen; vgl. Apg 3,13-15; 4,10-12; 13,27-31 u.ö.

eignete sich im geographisch begrenzten Raum Palästinas. Entsprechend dem markinischen Aufriß läßt Lukas es in Galiläa einsetzen, schließt aber dann gegen Markus einen ausführlichen Reisebericht an, der Jesus auf dem Weg nach Jerusalem schildert, und endet in Jerusalem als dem Ort von Passion, Tod und Auferstehung Jesu Christi.

Dieser äußere Rahmen der Geschichte Jesu ist durch eine geographische Bewegung, den Weg Jesu, inhaltlich gefüllt. Darüber hinaus werden in ihm Epiphanien Jesu als des Kyrios einerseits und Ablehnung Jesu andererseits gegenübergestellt. So folgt auf die Taufe Jesu die Ablehnung in Nazareth (3,21f; 4,16ff), auf das Epiphaniegeschehen der Verklärung folgt die Ablehnung im Dorf der Samaritaner (9,28ff.51ff), auf die Epiphanieszene von Gethsemane die Ablehnung Jesu in Passion und Kreuzigung (22,39ff.47ff). Allerdings hat Lukas nicht den Versuch unternommen, die Zeit Jesu psychologischen Kategorien zu unterwerfen, als ob er einen inneren psychischen Entwicklungsgang Jesu darstellen wollte.[8] In Wahrheit versucht er, nicht den inneren, sondern den äußeren Weg Jesu darzustellen, der zeitlich und räumlich qualifiziert ist und in den Weg der Kirche einmündet.

β) Der Zeit Jesu ist eine *vorlaufende Zeit* vorangestellt. Dies ist die Zeit des fordernden und verheißenden Gotteswillens gegenüber Israel. Die Zeitlinie führt geradewegs auf Jesus hin; denn Gesetz und Propheten haben über Jesus geschrieben (24,27.44). Das alttestamentliche Gesetz (= Pentateuch) hat nicht weniger als die alttestamentliche Prophetie Weissagungscharakter; denn wie der König David so schauen auch die Patriarchen im voraus die Zeit Jesu, die Auferstehung Jesu als des Christus (Apg 2,30ff: Ps 110,1). Neben der positiven heilsgeschichtlichen Deutung der Geschichte Israels steht eine negativ-heilsgeschichtliche Ausrichtung. So demonstriert es die sogenannte Stephanusrede (Apg 7,1-53), die hellenistisch-judenchristliche Tradition repräsentiert. Danach ist die vorlaufende Zeit der Geschichte Israels eine Geschichte der Verwerfung des Willens Gottes, eine unheilige Heilsgeschichte. Es ist die Geschichte der Prophetenmörder, der Zurückweisung des heilvollen Anspruches Gottes (vgl. Lk 11,47ff; 20,9ff). Besonders in den Missionsreden der Apostelgeschichte findet sich der Gedanke, daß das jüdische Volk für den Tod Jesu verantwortlich ist (Apg 7,52). Hierbei überwiegt nicht so sehr Apologetik, da es sich nicht eigentlich um eine christliche Verteidigung gegenüber jüdischen Angriffen handelt, sondern um eine missionarische Offensive, die sich um jüdisches Verstehen bemüht und das Handeln der Juden einer

---

8 Daß Lukas als einziger der Synoptiker die Erzählung vom 12-jährigen Jesus im Tempel bringt (2,41-52), ist selbstverständlich nicht als Argument für eine psychologische Auffassung der Person Jesu im dritten Evangelium auszuwerten; so aber O. Glombitza, Der Zwölfjährige Jesus, NT 5, 1962, 1-4; K.H. Rengstorf, Das Evangelium nach Lukas, NTD 3, Göttingen [17]1978, 51.

Zeit der ,Unwissenheit' zugute hält (Apg 3,17; 13,27). Solche unheilige Geschichte endet spätestens mit der Zerstörung Jerusalems: „Das Blut aller Propheten, das seit Erschaffung der Welt vergossen worden ist, wird von diesem Geschlecht gefordert werden" (Lk 11,50f); „Jerusalem wird von den Heiden zertreten werden, bis die Zeiten der Heiden vollendet sind" (21,24). Das Datum der Zerstörung Jerusalems liegt jenseits der Zeit Jesu. Lukas' Periodisierung der Heilsgeschichte setzt fließende Übergänge voraus. Die Unterscheidung zwischen der Zeit Jesu und der voraufgehenden Zeit der heilsgeschichtlichen Erwählung des jüdischen Volkes, die auf die Geschichte Jesu vorausweist und durch sie zu ihrem Höhe- und Endpunkt geführt wird, kann solche Unschärfe nicht grundsätzlich aufheben, sondern sie wird hierdurch bestätigt.

γ) Auf die Zeit Jesu folgt die *Geschichtsepoche der Kirche.* Ist auch der Einsatz dieser zeitlichen Periode nicht deutlich markiert, die Differenzierung selbst bedarf keiner zusätzlichen Begründung. Lukas vermittelt in der Apostelgeschichte einen Eindruck davon, wie er sich diese Epoche vorstellt. Er legt alles Gewicht auf die Kontinuität der Heilsgeschichte. Die Entwicklung der Kirchengeschichte vollzieht sich kontinuierlich; jeweils folgt eine Phase geradlinig auf die andere. So wird es im Gegenüber zum jüdischen Volk entfaltet; denn die Geschichte der Kirche ist die Geschichte der allmählichen Trennung von Christentum und Judentum.[9] So ergibt es der chronologische Aufriß der Apostelgeschichte: von der Himmelfahrt Jesu (Apg 1,4-14) bis zur Ankunft des Paulus in Rom (Apg 28,14). Dem entspricht die geographische Linienführung: Der Rahmen der Geschichtsbewegung in der Apostelgeschichte ist durch die Orte Jerusalem und Rom gekennzeichnet.

Der Endpunkt ,Rom' zeigt die größtmögliche sachliche Entferung vom Judentum an. Nicht zufällig endet das Werk mit der Abweisung des Paulus durch die Juden in Rom (Zitat Jes 6,9f: „Verstockt ist das Herz dieses Volkes") und der Ankündigung, daß das Heil den Heiden gesandt ist (Apg 28,25-28). Schon der Ausgangspunkt zeigt die enge Verbundenheit der Jerusalemer Urgemeinde mit dem Judentum. Diese Gemeinde feiert ihre Gottesdienste im Tempel und beobachtet das jüdische Gesetz (Apg 3,1; 5,12; 15,1ff; 21,20ff). Wenn sie sich durch Bekenntnis und Gemeinschaftsverhalten auch vom offiziellen Judentum abhebt (besonders durch die Gütergemeinschaft: 4,32ff; 5,1ff), so weiß sie sich doch vom Judentum nicht geschieden. Zwei Faktoren lösen

9 Daß Lukas die Geschichte der Kirche im Gegenüber zum Judentum darstellt, macht ihn selbstverständlich nicht zum Judenchristen – ebensowenig wie die Verfasser des Matthäusevangeliums oder des Barnabasbriefes. Vielmehr zeigt dies, daß das Problem des Judentums der Urkirche von Anfang an in die Wiege gelegt ist. Die allmähliche Trennung von Christen- und Judentum bedeutet Verselbständigung des heidenchristlichen Denkens und Schaffung einer eigenständigen christlichen Theologie.

diese Verbundenheit allmählich auf: a) Das Übergreifen der Kirche in den nichtpalästinischen Raum (so erstmals Apg 6: Nennung des hellenistischen Teils der Urgemeinde, der durch den Stephanuskreis repräsentiert wird; diese hellenistischen Judenchristen missionieren unter ihren Landsleuten im nichtjüdischen Gebiet; vgl. 8,4ff). b) Die Verfolgung durch die Juden ist unmittelbarer Anlaß zur Zerstreuung der Gemeinde unter die Heiden und zur Auflösung der ursprünglichen Verbundenheit mit dem Judentum. So breitet sich nach der Stephanusverfolgung und der Hinrichtung des Stephanus (Apg 7) die Gemeinde über Jerusalem hinaus aus. Der Evangelist Philippus, ein Mitglied des Stephanuskreises, missioniert im angrenzenden, halbjüdischen Samarien (Apg 8). Dabei wird die Kontinuität mit der Jerusalemer Gemeinde gewahrt, da Philippus zwar missioniert und tauft, aber die Geistverleihung den Jerusalemer Aposteln vorbehalten ist (8,14ff). Ein weiterer wichtiger Schritt der Kirche von den Juden zu den Heiden vollzieht sich durch die Bekehrung des Paulus (Apg 9). Aber auch die Heidenmission wird von einem Jerusalemer, von Petrus, eröffnet, durch die Bekehrung des Zenturio Cornelius in Caesarea (Apg 10); er ist der erste bekehrte Heide.[10] Daran schließen sich die Gründung der Gemeinde im überwiegend heidnischen Antiochia (Apg 11) und die Missionsreisen des Paulus und Barnabas, wobei Barnabas als Verbindungsmann zur Jerusalemer Gemeinde zunächst an erster Stelle genannt ist (Apg 13,1ff), bis Paulus als der hervorragende Heidenapostel den Siegeszug der Mission in die Welt antritt, wobei die Rückverbindung zur Jerusalemer Gemeinde, repräsentiert durch Jakobus, gewahrt bleibt (15,1ff; 21,18ff). Eine chronologisch und geographisch geradlinige Entwicklung. Die Geschichte der Kirche ist eingeordnet in eine durchsichtige, kontinuierliche Geschichtsbewegung. Solche Konstruktion hat eine theologische Bedeutung: Hier erfüllt sich der Heilsplan Gottes, der in die eschatologische Zukunft weist, aus der der Herr der Gemeinde erwartet wird (Lk 17,22ff; Apg 10,42).

3. Heilsgeschichte und Weltgeschichte

Weniger für die Seitenreferenten Matthäus und Markus, deutlich aber für den Evangelisten Lukas läßt sich die Frage stellen, wie dieser das Verhältnis der Heilsgeschichte zur Profangeschichte sieht. Denn Lukas bringt als einziger der Evangelisten eine ausgeführte Reflexion über die Einordnung des Heilsgeschehens in die Menschheitsgeschichte. Der Synchronismus (Lk 3,1) datiert das Auftreten Johannes des Täufers auf das 15. Jahr der Regierung des Kaisers Tiberius, als Pontius Pilatus Statthalter von Judäa, Herodes Tetrarch von Galiläa war. Dieser Synchronismus enthält sachliche Ungenauigkeiten (V.2: „unter dem Hohenpriester Hannas und Kaifas" – als ob zwei Hohepriester gleichzeitig amtiert hätten); dennoch läßt sich hieraus für das Auftreten Johannes des Täufers das Jahr 28/29 n.Chr. erschließen. – Daneben stehen andere zeitliche Festlegungen: In den Tagen des Herodes wird Johannes der

10 Der Status des durch Philippus bekehrten Eunuchen aus Äthiopien wird von Lukas „im Zwielicht gelassen" (E. Haenchen, Die Apostelgeschichte 304).

Täufer geboren (Lk 1,5ff); zur Zeit des Kaisers Augustus wird unter dem Statthalter Quirinius ein Zensus in Syrien abgehalten (2,1f). Auch in der Apostelgeschichte wird der Zusammenhang von Heilsgeschichte und Profangeschichte reflektiert, wenn etwa Paulus als Gefangener den höchsten politischen Instanzen gegenübergestellt wird (Apg 23f: dem Statthalter Felix; Apg 25f: dem Festus bzw. dem König Agrippa).

Mit der Erwähnung des profangeschichtlichen Geschehens will Lukas keine spezifische Geschichtstheologie in ihrem Verhältnis zur Profangeschichte ausführen. Eine geschichtsmetaphysische Reflexion wird nicht vorgetragen. Auch ist das Jesusgeschehen nicht in eine Stunde der Weltgeschichte eingeordnet, die in besonderer Weise gegenüber voraufgehenden und folgenden Zeiten ausgewiesen wäre. Dennoch zeigt die Verklammerung von profaner Geschichte und heilsgeschichtlichem Geschehen, daß die Heilshistorie, die Lukas zu schreiben beabsichtigt, in engem Zusammenhang mit der Profanhistorie sich ereignet. Die Geschichte, die Lukas sich nachzuzeichnen bemüht, vollzieht sich nicht in einem Ghetto, sondern in Konfrontation zur und in Assimilation mit der Weltgeschichte und läßt eine universalistische Ausrichtung der Theologie des Lukas erkennen. Das heilsgeschichtliche Geschehen hat am historischen Charakter der Weltgeschichte Anteil. Die Verklammerung mit der Profangeschichte unterstreicht das historische Element der Heilsgeschichte. Das von Lukas dargestellte eschatologische Geschehen ereignet sich in Raum und Zeit. Dies besagt andererseits, daß auch die Weltgeschichte nicht ohne ihr Gegenüber, die Heilsgeschichte, zu verstehen ist; auch in ihr verwirklicht sich der heilvolle Wille Gottes; denn der Schöpfergott hat sich den Heiden nicht unbezeugt gelassen; er ist ihnen in seinen Gaben immer nahe gewesen (Apg 14,15ff); er hat im voraus Zeiten und Grenzen der Völker bestimmt (17,24ff). Solche ‚theologia naturalis' besagt, daß die Heiden Gott an seinen Werken erkennen können. Dies erinnert an Paulus' Anleihen an die stoische Gotteslehre (Röm 1,18ff). Aber Lukas stellt solche Aussagen ebensowenig wie Paulus in den Zusammenhang eines abstrakten theologischen Systems, sondern in den Rahmen der Missionspredigt. Der Hinweis auf die allgemeine Offenbarung Gottes in der Welt motiviert den Umkehrruf; er begründet die Mahnung, von den Göttern abzulassen und sich dem einen Gott zuzuwenden (Apg 17,30), dem Gott, der sich in Jesus Christus offenbart hat. Indem die Welt und ihre Geschichte über sich hinaus auf den Schöpfergott weist, ist sie Hinweis auf das Offenbarungsgeschehen in Christus. Sie hat keinen Wert ‚an sich', sondern für sich betrachtet steht sie unter dem Gericht; denn die Geschichte der profanen Welt ist die Zeit der Unwissenheit und des Ungehorsams gegenüber der Offenbarung des Schöpfergottes. Durch die Offenbarung in Christus ist die Zeit der Ungewißheit überwunden und die des Erkennens und des Gehorsams möglich geworden. Daher hat die Universalgeschichte ihr eigentliches Ziel in Christus.

Lukas hat diesem Gedanken noch in einer anderen Weise Ausdruck gegeben, nämlich im Stammbaum Jesu (Lk 3,23ff). Der Stammbaum ist – ähnlich wie dies Matthäus voraussetzt – über Josef als den Vater Jesu zurückgeführt. Anders aber als die matthäische Überlieferung führt Lukas die Genealogie Jesu nicht nur bis Abraham, sondern bis Adam zurück. Dabei findet sich auch hier das Prinzip der runden Zahl. Zählt Matthäus dreimal vierzehn Glieder (= Siebenzahl!), so Lukas 77 Glieder (von Jesus bis Adam). Dies will besagen: Die Menschheitsgeschichte hat ihr geheimnisvolles Ziel in Jesus Christus.

b) Die Zeit Jesu (Christologie)

1. Christusprädikationen

Wie die theologischen Aussagen des Lukas insgesamt in die aufgewiesene Geschichtsthematik eingebettet sind, so gilt dies selbstverständlich auch für die christologische Konzeption.[11] Hier finden sich die auch von den übrigen neutestamentlichen Autoren bekannten Hoheitstitel.

Von den Christusprädikationen, die im Lukasevangelium und in der Apostelgeschichte Erwähnung finden, hat Χριστός eine zentrale Stellung. Ohne Artikel als Eigenname gebraucht, findet sich das Wort vor allem in der Verbindung mit Ἰησοῦς (Apg 2,38; 4,10; 10,36). Ist die Tendenz der historischen Entwicklung dadurch gekennzeichnet, daß zunehmend der Eigenname den ursprünglichen titularen Gebrauch ersetzt, so macht Lukas eine Ausnahme: Das titulare Verständnis ist häufig bezeugt. So schon zu Anfang des Evangeliums: ὁ χριστὸς κυρίου ist Gegenstand der Erwartung des alten Simeon und damit Zielpunkt der Erwartung der Frommen Israels (Lk 2,26). Der Titel ist also bewußt an die Verheißung und Erwartung des jüdischen Volkes gebunden. So zeigt es sich auch in der Apostelgeschichte: Jesus ist der für Israel im voraus bestimmte Christus (Apg 3,20). Auch seine Passion ist in der

---

11 H. Flender, Heil und Geschichte, vertrat die These, daß der lukanischen Christologie die Vorstellung zugrundeliegt, die in den Formeln 1 Tim 3,16 und Röm 1,3f und in der Perikope zur Davidsohnfrage Mk 12,35-37b par Lk 20,41ff überliefert wird. Danach wäre für die lukanische Christologie ein Zwei-Stufen-Schema kennzeichnend, das das dialektische Nebeneinander von irdischer und himmlischer Existenzweise des Christus impliziert (a.a.O. 42). Das postulierte Schema ist für Lukas jedoch nicht nachzuweisen – auch nicht in Lk 20,41ff, wo es anzuklingen scheint; denn diese Perikope übernimmt Lukas aus seiner Vorlage, ohne das genannte Schema ein- oder auszuarbeiten. Die Absicht des Lukas besteht darin, eine einlinige, einsichtige Heilshistorie zu schreiben, die das Kontinuum, nicht aber zwei Stufen in der Christologie betont (vgl. Apg 2,22-36; 10,34-43).

Schrift Israels vorausgesagt (4,26f: Ps 2,2). Als Erfüller der alttestamentlichen Weissagung und Garant für das noch einzutreffende Heil steht Jesus als der Christus im Zentrum der Heilsgeschichte. – Dem entspricht, daß Petrus bei Caesarea Philippi τὸν χριστὸν τοῦ θεοῦ (‚den Christus Gottes') bekennt (gegen das absolute ὁ χριστός Mk 8,29): In dem Christus erfüllen sich Verheißung und Plan Gottes.

β) Häufiger als bei den Seitenreferenten wird darüber hinaus der Titel κύριος verwendet.[12] Der pagane hellenistische Kyrioskult hat die christliche Übertragung des Titels auf den Auferstandenen beeinflußt. So zeigt es auch die Apostelgeschichte: Wie die Taten des antiken Kyrios preisend verkündigt werden, so verkündigt die christliche Gemeinde ihren Kyrios Jesus (Apg 11,20). Und wie der antike Kyrios den Glauben seiner Anhänger fordert, so richtet sich der Glaube der christlichen Gemeinde auf den Kyrios Jesus (Apg 11,17; 16,31; 20,21). Richtet sich im Heidentum das Gebet an die Kyrioi, so in der christlichen Gemeinde an den Kyrios Jesus (Apg 7,59f).[13] Im Unterschied zu den heidnischen Kyrioi besitzt der Kyrios Jesus universale Macht. Er ist der πάντων κύριος, der Kosmokrator (Apg 10,36).

Aus dem Bekenntnis der Gemeinde wird die Kyriosvorstellung in das Leben Jesu zurückgetragen. So zeigt es der häufige absolute Sprachgebrauch. ὁ κύριος findet sich häufig in der Beziehung auf Jesus (Lk 11,39; 13,15; 17,5f u.ö.). Der Kyrios sendet die siebzig Jünger aus und verfügt darin über die eschatologische Vollmacht, die dem Erhöhten eignet (Lk 10,1). Auch in den zahlreichen Akklamationen spricht sich der Glaube der Gemeinde zum Erhöhten aus (vgl. besonders den Vokativ κύριε in Lk 9,54.59.61; 10,17.40; auch 11,1: „Herr, lehre uns beten!").

Die beiden Prädikationen χριστός und κύριος sind hervorragende Hoheitstitel, die auch miteinander verbunden gebraucht werden. So Apg 2,36: „Zuverlässig soll nun das ganze Haus Israel erkennen, daß Gott ihn zum Herrn und Christus gemacht hat, diesen Jesus, den ihr gekreuzigt habt". Wird als zugrundeliegende Überlieferung eine vorlukanische Adoptionsformel vermutet, die von der Adoption Jesu bei der Auferstehung gesprochen hat[14], so hat Lukas jedenfalls beide Titel in Beziehung auf den Irdischen verwendet (Lk 2,11; 10,17; 23,2; vgl. auch Apg 4,26 = Ps 2,2!). Schon im Leben Jesu hat

---

12 Vgl. Mk 18x; Mt 80x; Lk 104x; Apg 107x.

13 Vgl. H. Lietzmann, An die Römer, HNT 8, Tübingen [5]1971, 97-101; auch W. Bousset, Kyrios Christos, Göttingen[6]1967, 75-101; R. Bultmann, Theologie 127; W. Fauth, Art.: Kyrios, Kyria, KP III 413-417.

14 Für vorlukanische Tradition vgl. z.B. J. Roloff, Die Apostelgeschichte, NTD 5, Göttingen [18]1988, 60; anders U. Wilckens, Missionsreden 170-174, der für 2,36 lukanische Formung vermutet.

sich nach lukanischem Verständnis Jesus als Kyrios offenbart, und so ist es durch seine Auferstehung von den Toten bestätigt worden (Lk 7,22).

γ) Der Titel υἱὸς θεοῦ bringt nichts Neues. Für Lukas ist wie für Matthäus Jesus seit der Geburt der ‚Gottessohn' (Lk 1,32.35). Entsprechend ist 3,22 zu verstehen und zu lesen „Du bist mein geliebter Sohn, an dir habe ich Wohlgefallen".[15] Das gesamte Leben Jesu ist durch die Gottessohnschaft eschatologisch qualifiziert. – Der Gottessohn ist zugleich der παῖς θεοῦ; er ist der von Gott Erwählte, der in der Geschichte Israels den Platz einnimmt, den Gott ihm zugewiesen hat (Apg 3,26; 4,27).[16] Aufschlußreich ist, daß der Titel ‚Knecht Gottes' eine nichtchristologische Verwendung finden kann; mit Bezug auf David: Lk 1,69; Apg 4,25.

δ) In der Weihnachtsbotschaft der Engel an die Hirten wird Jesus als der σωτήρ angekündigt (Lk 2,11: „Der Retter, welcher der Christus ist, der Herr, in der Stadt Davids"). Der Titel ist hier gleichbedeutend mit Kyrios und Christos. Wie die letztere Bezeichnung stammt σωτήρ aus dem hellenistischen Bereich, genauer: aus den hellenistischen Kulten, in denen dieser Titel für Kultgottheiten, auch für den Kaiser als Kultgottheit gebräuchlich war. Dagegen bezeichnet das Judentum den Messias nicht mit σωτήρ (allenfalls Andeutungen in der LXX: Sach 9,9; Jes 49,6).[17] Lukas ist wie die ihm vorgegebene Tradition offenbar vom hellenistischen Judenchristentum abhängig; denn für ihn ist Jesus in erster Linie der σωτήρ Israels. So zeigt es die Verbindung mit der Davidsohnschaft (2,11), aber auch der Gebrauch in der Apostelgeschichte (zweimal in der Missionspredigt gegenüber den Juden: Apg 5,31; 13,23). Als der dem jüdischen Volk verheißene ‚Retter' ist Jesus auch der ἀρχηγός, der ‚Wegführer', der den Weg zum Heil bahnt.[18] Da Jesus zum Glauben führt, ist das rechte Verhalten zu seiner Person die ‚Umkehr', die Buße als Voraussetzung der Sündenvergebung und damit der σωτηρία (Lk 1,69.71.77; 19,9; Apg 4,12; 7,25; 13,26.47; 16,17; 27,34).

Die Davidsohnschaft Jesu wird in der lukanischen Vorgeschichte (Lk 1,27.32.69; 2,4) im Sinne der heilsgeschichtlichen Linienführung angesprochen. Jesus wird auf

---

15 Mit ℵ B, A u.a.; gegen D it, die Ps 2,7 zitieren: „Du bist mein Sohn, heute habe ich dich gezeugt". Diese alttestamentliche, adoptianische Fassung ist deutlich sekundär, vgl. anders dasselbe Zitat in Apg 13,33, wo es mit Beziehung auf die Auferweckung Jesu gebraucht ist.

16 Jes 53 wird nur einmal zitiert, ohne den Begriff παῖς θεοῦ zu verwenden (Apg 8,32f).

17 G. Fohrer, Art.: σωτήρ B. (σωτήρ im Alten Testament), ThWNT VII 1013; vgl. auch H. Conzelmann, Theologie 113.

18 Apg 5,31; ähnlich Hebr 12,2: Wegführer zum Glauben; 2 Clem 20,5: zur Unvergänglichkeit.

David als Ahnherrn zurückgeführt (vgl. auch 3,31). Die Geburt des Kindes ist somit die Erfüllung der Verheißung. Lk 1,32 ist nicht auf das endzeitliche Wirken Jesu zu beziehen.

2. Der Weg Jesu

Wenn auch Lukas zwischen dem irdischen und dem erhöhten Christus unterscheidet, so sind doch die Christusprädikationen sowohl der irdischen wie auch der himmlischen Existenzweise des Christus zugeordnet. Der Weg Jesu ist der Weg des Herrn der Gemeinde, aber es ist zugleich der Weg des irdischen Jesus, gebunden an eine unwiederholbare und unübertragbare konkrete historische Situation. So hat es Lukas gegen Markus ausgeführt, wenn er in den Aufriß des zweiten Evangeliums einen ‚Reisebericht' (9,51-18,14) einschaltet. Die beiden geographischen Blöcke im Markusevangelium (Galiläa und Jerusalem) sind so in drei Großabschnitte zerdehnt worden. Die Wanderung Jesu wird in Lk 23,5 summarisch skizziert („von Galiläa bis hierher" = Jerusalem). Fraglich ist, ob aus dieser Stelle geschlossen werden kann, daß Lukas in falscher geographischer Vorstellung Galiläa und Judäa aneinander grenzen läßt, so daß die ‚Reise' sich jeweils in einer der genannten Landschaften abgespielt hat.[19] Jedenfalls dürfte feststehen, daß exakte geographische Kenntnisse nicht vorauszusetzen sind. Dies ändert nichts an der Absicht des Lukas, den Weg Jesu geographisch festzulegen. Jesu Auftreten ist in der Weise einer Wanderung dargestellt (13,33: „Ich muß heute, morgen und übermorgen wandern; denn ein Prophet kann nicht außerhalb von Jerusalem zugrundegehen"). Kennzeichnend ist eine Wegterminologie, die nicht nur den Rahmen des Auftretens Jesu bestimmt, sondern auch das der Jünger. Diese begleiten Jesus auf seinem Zug nach Jerusalem und kehren nicht (wie im Matthäus- und Markusevangelium) nach Galiläa zurück, sondern begegnen dem Auferstandenen in Jerusalem. Der Weg Jesu und seiner Jünger ist unumkehrbar und führt geradlinig zur Gründung der Kirche.

α) *Der Weg Jesu steht unter dem göttlichen* δεῖ. Schon der 12-jährige Jesus ‚muß' in dem sein, was seinem Vater gehört, im Tempel (2,49). Später heißt es: „Ich muß die Gottesherrschaft ... verkündigen; denn dazu bin ich gesandt" (4,43). Die Leidens- und Auferstehungsankündigungen des wandernden Jesus enthalten ständig diese Bezugnahme auf das göttliche δεῖ (9,22; 17,25; 24,7.26). Auch die Erhöhung in die himmlische δόξα entspricht der göttlichen Notwendigkeit (24,26). Im gesamten Geschick Jesu erfüllt sich der Plan Gottes. Auch das Ende ist Ausdruck der göttlichen Bestimmung (22,22: „Der Menschensohn geht ... dahin, wie es ihm bestimmt ist"). An-

19 So H. Conzelmann, Mitte der Zeit 35 Anm. 1.

fang und Ende, Auftreten und Wirksamkeit des irdischen Jesus sind Ausdruck des gottgewollten eschatologischen Geschehens.

β) *Der Weg Jesu ist Vorwegnahme der Heilszeit.* So sehr die Geschichte Jesu Teil der umgreifenden Heilsgeschichte ist, so ist sie doch ein einmaliger, heilvoller Zeitabschnitt; denn die Zeit Jesu ist satansfreie Zeit.[20] Nach der Versuchung verläßt der Teufel Jesus ἄχρι καιροῦ (4,13: „bis zu einer gelegenen Zeit"). Dieser Kairos stellt sich mit der Passion Jesu ein: Der Satan nimmt von dem Verräter Judas Ischariot Besitz (22,3). Die Passion Jesu ist Zeit der Anfechtung durch den Versucher. Die Zwischenzeit (4,13-22,3) ist frei von Versuchungen und der Gegenwart Satans. Es ist eine eschatologisch geprägte Zeit; denn das, was für die Endzeit erwartet wird, ereignet sich im Geschichtsabschnitt des Lebens Jesu. Die Zeit Jesu nimmt die Heilszeit vorweg.

So zeigt es auch die βασιλεία-Begrifflichkeit. Das ‚Gottesreich' ist einmal ein zukünftiges Heilsgut; es wird aus der Zukunft erwartet (13,28). Die Verkündigung Jesu kündet das Nahen der künftigen Gottesherrschaft an (10,9). Diese Verkündigung wird mit dem Verb εὐαγγελίζεσθαι umschrieben (4,43; 8,1; 16,16). Andererseits aber wird die βασιλεία in der Zeit Jesu Gegenwart. In diesem Sinne wird oft 17,21 interpretiert: ἡ βασιλεία τοῦ θεοῦ ἐντὸς ὑμῶν ἐστιν. Nach präsentischer Auslegung würde dies bedeuten, daß in der Person Jesu die Gottesherrschaft ‚mitten unter' den Menschen ist. Hierfür scheint das präsentische ἐστίν zu sprechen. Jedoch bezieht sich der Kontext auf das apokalyptische Endgeschehen. Daher ist wahrscheinlicher, daß ἐστίν futurisch zu übersetzen ist: Die Gottesherrschaft wird unter euch sein, nämlich mit einem Schlage, ohne daß man sie im voraus sieht und es im voraus weiß. Dagegen hat Lukas (mit der Logiensammlung, wie auch Matthäus) die Dämonenaustreibungen Jesu als Zeichen der gegenwärtigen βασιλεία verstanden (11,20: „Wenn ich mit dem Finger Gottes die Dämonen austreibe, so ist die Gottesherrschaft zu euch gekommen"). Gegenwärtig ist die βασιλεία als Gegenwart der eschatologischen Vollendung, der unverbrüchlichen Zusage Gottes an die Menschen. So wird es durch die Tatsache verdeutlicht, daß Jesus als der Geistträger erscheint (3,22; 4,18; 10,21).

Daß in der Person Jesu die eschatologische Heilszeit als eine historische Gegebenheit erscheint, läßt sich an der Darstellung des Auftretens Jesu in Nazareth erkennen (4,16-30). In charakteristischer Abweichung von der Markusperikope erzählt Lukas (doch wohl nicht im Anschluß an Q)[21] von dem Inhalt der Predigt Jesu in der Synagoge: Die Zitatenkombination Jes 58,6 und 61,1f (Auftrag an den Propheten, das angenehme Jahr Jahwes anzusagen) deutet Jesus als prophetische Voraussage seines eigenen Auftretens.

---

20 H. Conzelmann, a.a.O. 9.22.

21 Anders H. Schürmann, Das Lukasevangelium III/1, 241f.

‚Heute' (σήμερον) ist die Prophezeiung erfüllt. Im Auftreten Jesu ereignet sich Freudenbotschaft an die Armen, Verkündigung der Freiheit für Gefangene und Zerschlagene, Gabe des Sehens für die Blinden. Solches Auftreten ist der ἐνιαυτὸς κυρίου δεκτός (= ‚Gnadenjahr des Herrn' <Luther>). Die Zeitangabe σήμερον ist wörtlich zu verstehen – zwar vergegenwärtigt sich das ‚Gnadenjahr Gottes' auch in der Verkündigung der Kirche, aber doch nur als Fortsetzung von dem, was sich in Nazareth ereignete. Σήμερον bezeichnet also zunächst die historische Stunde des Auftretens Jesu. Hier ist die Erfüllung der Hoffnung, die Realisierung der Zusage Gottes. Die Zeit Jesu ist die Zeit der eschatologischen Zuwendung, ist eschatologische Heilszeit.

γ) Die Verwirklichung der Heilszeit im Auftreten Jesu ist die *Zuwendung Gottes zu den Entrechteten, Verachteten und sozial Deklassierten.* Vor der Person Jesu wird das menschlich Unwerte bewertet; jedem einzelnen Menschen wird sein ihm eigener, gottgewollter Wert zuerkannt. Daher richten sich Jesu Verkündigung und Handeln auf die Zöllner, Sünder und Armen. Die Mahlgemeinschaft Jesu konkretisiert solche eschatologische Zuwendung (5,27-32; 19,1-10), und so reflektiert es auch die Mahlgemeinschaft des Erhöhten mit den Jüngern zu Emmaus (24,13-35).[22] Diese Zuwendung besagt: „Heute ist diesem Haus Heil geschehen" (19,9). Dem entspricht auf seiten des Menschen μετάνοια, Abwendung von der bisherigen Ausrichtung des Lebens, Verwirklichung der neuen, durch Jesus ermöglichten Existenzweise (5,8.32). Die ‚Umkehr' ist die einzige Vorbedingung für die Teilhabe am eschatologischen Heil. Sie bedeutet Eingeständnis der eigenen Nichtigkeit vor dem eschatologischen Anspruch, daß nämlich der Mensch das Heil nicht aus sich schaffen kann, sondern es sich geben lassen muß. So sprechen es vor allem die Gleichnisse des lukanischen Sondergutes aus (15,11-32; 16,19-31, 18,9-14).

δ) Dem Angebot des Heils und der damit impliziten Umkehrforderung steht der *Ruf zur Nachfolge* gegenüber. Das Wort Jesu annehmen heißt Selbstverleugnung üben (9,23-27) und das Gebot der Gottes- und Nächstenliebe verwirklichen (10,25-28). So wird es im Gleichnis vom barmherzigen Samariter exemplarisch dargestellt (10,29-37: Wer in der Nachfolge Jesu steht, fragt nicht: ‚Wer ist mein Nächster?', sondern er stellt die Frage: ‚Wem bin ich der Nächste?': 10,36). In der Nachfolge Jesu stehen heißt: am anderen das Werk

---

22 Vgl. auch die Zuwendung und Verheißung Jesu an die Armen in Lk 6,20f; dazu der vermutlich lukanische, schroff ausgeführte Weheruf gegen die Reichen (6,24f); eine entsprechende Ausrichtung haben auch zahlreiche Gleichnisse; vgl. dazu F.W. Horn, Glaube und Handeln; L. Schottroff-W. Stegemann, Jesus von Nazareth – Hoffnung der Armen, Stuttgart [3]1990.

der Barmherzigkeit tun (10,37). – So vollzieht es sich im Gehorsam gegenüber dem Anspruch des Kyrios, dem Hören auf das Wort Jesu: das Hören dieses Wortes selbst ist Teil der Nachfolge; es ist dem Sorgen entgegengesetzt (10,38-42). Die Nachfolge realisiert sich auch im Gebet (vgl. 11,5-8: Gleichnis vom bittenden Freund; 11,1-4: Herrengebet). Lukas zeichnet Jesus als das Vorbild eines unablässigen Beters (3,21; 5,16; 6,12; 9,18.28f; 11,1f; 18,1; 22,41.44).

Die Vergegenwärtigung des Heils vollzieht sich demnach in der Zuwendung Jesu zu den Verachteten *und* im Ruf zur Nachfolge. Beides läßt sich einander zuordnen wie Indikativ und Imperativ. Aber Lukas hat sich über eine Verhältnisbestimmung keine Rechenschaft abgelegt. Von der paulinischen Frage nach dem Recht und Unrecht des Gesetzes ist er nicht berührt. Es handelt sich um zwei Seiten der einen Wirksamkeit Jesu, die ihre Einheit nicht in einer theologischen Synthese, sondern am historischen Ort des Auftretens Jesu findet. Im Leben Jesu ereignet sich die Proklamation der eschatologischen Heilszeit, im Wort Jesu ebenso wie in der Mahlgemeinschaft mit den Sündern. Auch die Wunderwirksamkeit Jesu ist Demonstration des eschatologischen Anspruches. Hier kommt die alttestamentliche Verheißung zu ihrem Ziel und wird das Gottesreich vergegenwärtigt (7,18-23: Jes 29,18f; 35,5f; 61,1). Manifestiert sich in den Exorzismen das Gottesreich (11,20), so hat das von wunderhaften Machttaten begleitete Auftreten Jesu selbst eine eschatologische Konsequenz (6,47-49), ebenso wie die Verkündigung der Jünger (10,10-12). Dies alles besagt: In solchem Geschehen besucht Gott sein Volk (7,16), ereignet sich eine eschatologische Heimsuchung, die dem Frieden dient, aber auch das Gericht Gottes vorwegnehmend darstellt (19,37-40).

3. *Tod und Auferweckung Jesu*

α) Ist das Leben Jesu als eschatologische Heilszeit verstanden worden, so scheint sich als Folgerung nahezulegen, den *Tod Jesu* in besonderer Weise als eschatologisch qualifiziert darzustellen und in ihm das eschatologische Heilsereignis zu sehen, mit dem der alte Äon zerbricht und die neue Welt ihren Anfang nimmt. Entspricht dies der paulinischen Theologie, so ist für das lukanische Verständnis des Christusgeschehens nicht eine solche Äonenwende, sondern das Geschichtskontinuum ausschlaggebend. Das Leben Jesu setzt sich in einer kontinuierlichen Linie fort, die über Tod und Auferweckung Jesu bis zu Himmelfahrt und Pfingsten führt und in der Geschichte der Kirche ihre Fortsetzung findet. Nicht Diskontinuität, sondern Kontinuität prägt auch das lukanische Verständnis des Todes Jesu. Insofern dieser eine eschatologische Bedeutung besitzt, ist diese in die Zeitbewegung eingeordnet. Im Rahmen der lukanischen Konzeption wird der Tod Jesu als ein heilsgeschichtliches Faktum interpretiert.

Entsprechend dem Verständnis der Heilsgeschichte findet sich sowohl der historische als auch der eschatologische Aspekt. Historisch gesehen wird der Tod Jesu auf einen ‚Justizirrtum der Juden' zurückgeführt.[23] Sie sind Verräter und Mörder Jesu (Apg 7,52); sie haben Jesus an die Römer ausgeliefert, obwohl sie keinen Grund zu einem Todesurteil finden konnten (Apg 13,28). Für sich betrachtet, hat ein solcher Tod keine Heilsbedeutung. Es ist nur konsequent, daß ähnlich wie bei den übrigen Synoptikern eine Reflexion über die sühnende Bedeutung des Todes Jesu fehlt.[24] Sind die Juden an dem verheißenen Messias schuldig geworden und haben sie die Verantwortung für seinen Tod zu tragen (Apg 2,22f; 4,28), so ist die Zerstörung Jerusalems die Folge dieses Frevels (Lk 13,34f; 19,42-44; 23,27-31).[25] Damit ist der Bereich historischer Kategorien schon verlassen und der eschatologische Aspekt sichtbar geworden, der mit solchem Handeln verbunden ist.

Im Tod Jesu vollzieht sich der Heilsplan Gottes; er ist Übergang zur Erhöhung. Dieses Geschehen ist vorherbestimmt worden (Apg 2,23; 4,28); es ist gottgewollt und von den alttestamentlichen Propheten vorausgesagt (Apg 3,18). Daher können die jüdischen Gegner Jesu für dieses Geschehen nicht im eigentlichen Sinn verantwortlich gemacht werden. Die Antinomie ist nicht zu leugnen: Einmal werden die Juden als am Tod Jesu schuldig gezeichnet; ein anderes Mal sind nicht sie, sondern der göttliche Heilsplan das entscheidende Movens. Da die Juden κατὰ ἄγνοιαν handeln, sind sie zumindest subjektiv entschuldigt (Apg 3,17; 13,27). Einen Ausgleich dieser Antinomie hat Lukas nicht versucht. Im Rahmen der Missionspredigt haben beide Aspekte ein- und dieselbe Aufgabe: Der Appell an das Eingeständnis der Verantwortung und Schuld begründet den Umkehrruf. Der Rekurs auf die Unwissenheit der Juden hat andererseits die Aufgabe, die Umkehr möglich erscheinen zu lassen. Erst mit der Ablehnung des Umkehrrufes stellt sich eine definitive Situation ein und werden die Bußunwilligen endgültig vom Heil ausgeschlossen. In der heilsgeschichtlichen Interpretation des Todes Jesu sind beide Aspekte

---

23 Ph. Vielhauer, „Paulinismus" der Apostelgeschichte 11f. Vgl. auch J.R. Wilch, Jüdische Schuld am Tode Jesu – Antijudaismus in der Apostelgeschichte?, in: W. Haubeck-M. Bachmann (Hgg.), Wort in der Zeit, FS K.H. Rengstorf, Leiden 1980, 236-249.

24 Es ist bezeichnend, daß der dritte Evangelist das λύτρον-Wort in Mk 10,45 umgestaltet hat (vgl. Lk 22,27). – Eine traditionelle Formel findet sich Apg 20,28; sie entspricht einer erbaulichen Abzweckung und ist in der lukanischen Konzeption nicht systematisch ausgeführt worden.

25 Vgl. dazu M. Bachmann, Jerusalem und der Tempel, BWANT 109, Stuttgart 1979.

faktisch aufgehoben: die verwerfliche Tat der Menschen und das heilvolle Tun Gottes. Die Antinomie erklärt sich also aus dem historischen und eschatologischen Aspekt des Christusgeschehens und ist Ausdruck des Verständnisses des Todes Jesu als eines heilsgeschichtlichen Ereignisses.

β) Entsprechend ist die *Auferweckung Jesu* als ein heilsgeschichtliches Faktum zu interpretieren, wenn man der lukanischen Konzeption gerecht werden will. Dabei sind Tod und Auferweckung Jesu eng miteinander verbunden, wie stereotype Formeln verdeutlichen: „Jesus Christus, der Nazoräer, den ihr (die Juden) gekreuzigt habt, den hat Gott auferweckt von den Toten" (Apg 4,10; vgl. 3,13-15; 5,30; 10,39f; 13,28-30 u.ö.). Auch wenn nicht immer eindeutig zu differenzieren ist[26], fällt auf, daß Lukas für die Bezeichnung der Auferweckung Jesu das transitive ἀνιστάναι (= ,aufstehenmachen') bzw. ἐγείρειν (= ,auferwecken') verwendet, nicht das intransitive ἀναστῆναι (= Aor.II) bzw. ἀνίστασθαι (Med. = ,auferstehen'). Der lukanische Sprachgebrauch kennzeichnet das Handeln Gottes an Christus. Das Verhältnis Vater-Sohn ist subordinatianisch. Im Mittelpunkt steht der Heilsplan Gottes, nicht die souveräne Macht des Sohnes. Der eschatologische Aspekt der Auferweckung Jesu zeigt sich darüber hinaus in der Tatsache, daß Jesus als der ,erste aus der Auferstehung der Toten' genannt wird (Apg 26,23). Die Auferweckung Jesu ist der erste Schritt zur allgemeinen Totenauferstehung, anknüpfend an die apokalyptische Hoffnung des Judentums. So wird es Apg 2,25ff im Zitat von Ps 16,8-11 gesagt: „Du wirst meine Seele nicht im Totenreich lassen" (V.27). Die jüdische Auferstehungshoffnung erfüllt sich im Jesusgeschehen. Daß die Auferweckung Jesu im alttestamentlichen Zeugnis vorausgesagt ist, kennzeichnet den eschatologischen Charakter dieses Geschehens.

Andererseits geht es Lukas nicht nur um den Aufweis des Heilsplanes Gottes, sondern um das historische Faktum. Die Verkündigung der nachösterlichen Gemeinde hat die Auferweckung Jesu zum entscheidenden Thema. Vorbedingung des Apostolates ist die Augenzeugenschaft. Diese schließt das Zeugnis der Auferweckung Jesu ein; denn die Apostel haben die Aufgabe, die Tatsächlichkeit des Bezeugten zu bestätigen (Apg 1,21f). Sie wollen die Auferstehung Jesu als ein Ereignis glaubhaft machen, das in der Vergangenheit sich ,objektiv', d.h. anschaubar, belegbar durch die Erscheinung des Auferstandenen vor den Auferstehungszeugen ereignete – dies im Interesse des Wahrheitsanspruches des Glaubens. So wird die Auferweckung Jesu zu einem einsichtigen Phänomen. Auch das ,leere Grab' wird zu einem Argument des Wahrheitsbeweises, das durch die Augenzeugen erbracht wird (vgl.

26 Vgl. J. Kremer, EWNT I 210-221.

Lk 24,1-11). Solche historische Argumentation soll den eschatologischen Aspekt des Auferstehungsgeschehens nicht ausschließen. Dies besagt: Lukas versteht die Auferweckung Jesu in einem heilsgeschichtlichen Sinn, als eine historische Wirklichkeit, die zugleich ein eschatologisches Ereignis ist. So ist es in die Zeitlinie eingespannt. Die unmittelbare Fortsetzung bildet die Erhöhung Jesu, die Himmelfahrt (Lk 24,51f; Apg 1,9-11). Tod und Auferweckung sind nicht mehr das entscheidende Heilsereignis, sondern lediglich heilvolle Begebenheiten neben anderen. Sie können distanziert, berichtend dargestellt werden, weil es sich um in der Vergangenheit liegende Ereignisse handelt.

c) Die Zeit der Kirche (Ekklesiologie)

Ebensowenig wie die übrigen Evangelisten bringt Lukas eine ausgeführte Ekklesiologie, da er nicht das Sein und Selbstverständnis der gegenwärtigen Kirche, sondern die heilsgeschichtliche Vergangenheit darstellen will. Die Frage, was Kirche ist, beantwortet Lukas in der Weise, daß er die Kirche in ihrer Geschichte zeichnet.

1. Der Apostolat der Zwölf

Am Anfang der Apostelgeschichte steht die Ergänzung des Instituts der Zwölf durch die Nachwahl des Matthias (1,21ff). Daß am Anfang der Geschichte der Kirche zwölf Apostel gestanden haben, ist eine sekundäre Anschauung. Paulus konnte den Apostelbegriff in einem erheblich weiteren Sinne verwenden (ἀπόστολος = der christliche Missionar). Im lukanischen Geschichtswerk ist dagegen der Begriff im wesentlichen auf die Zwölf eingeengt. Dies ist vermutlich nicht von Lukas selbst geschehen, sondern von ihm vorgefunden worden; sonst hätte er diese Anschauung konsequent ausgeführt und die Diskrepanz vermieden, die sich aus Apg 14,4.14 ergibt, wo – im Widerspruch zum sonstigen lukanischen Sprachgebrauch – Barnabas und Paulus ‚Apostel' genannt werden. Auch wenn Lukas die Vorstellung des Zwölferapostolates nicht selbst geschaffen hat (die Begrenzung des Apostelbegriffs auf die Zwölf war schon durch Mk 6,7.30 nahegelegt), so ist sie doch für ihn von hervorragender Bedeutung. Nach lukanischem Verständnis ruht die Kirche auf den Säulen der zwölf Apostel Jesu als den Auferstehungszeugen, die Jesus von Anfang an begleitet haben. Solche apostolische Tradition hat die Aufgabe, die Wahrheit des Glaubens zu garantieren. Die geglaubte Wahrheit wird durch eine zuverlässige Tradition abgesichert. Solcher Traditionsbegriff hat die Funktion, die Ungebundenheit des Pneumatikertums zu begrenzen und das Recht der kirchlichen Ordnung gegenüber pneumatischer Willkür zu vertreten.[27]

Wie sehr Lukas dieses Traditionsprinzip hervorhebt, zeigt sich an der Person des Paulus, wie sie in der Apostelgeschichte dargestellt wird. Paulus gehört nicht zum Kreis der (zwölf) Apostel, weil er weder zu den Augenzeugen des Lebens Jesu noch zu den Zeugen der Auferstehung zu zählen ist. Dies schließt eine zeitliche und sachliche Unterscheidung ein: Paulus wird dem Zwölferkreis nachgestellt. Hierfür ist bezeichnend, daß er durch Barnabas, der der Mittelsmann zwischen ihm und der Jerusalemer Gemeinde ist (Apg 9,27), an die ‚Sukzessionskette' angeschlossen wird. Nicht zufällig wird Barnabas auf der ersten Missionsreise zunächst an erster Stelle vor Paulus genannt, so daß Paulus erst nach einer Bewährungszeit dominieren kann. Dies fällt mit dem Namenswechsel (Apg 13,9.13: ‚Paulus' statt ‚Saulus') zusammen.[28] Gegenüber dem Zwölferkreis steht Paulus im zweiten Glied und ist von zweitrangiger Bedeutung. So entspricht es dem heilsgeschichtlichen Denken, dessen erstes Prinzip die Kontinuität ist. Es ist nicht zu bestreiten, daß hier die Position des Lukas – zweifellos gegen seinen eigenen Willen – dem Antipaulinismus der Gegner Jesu ähnlich ist und der Freiheit des Pneumatikers Paulus als eines Apostels Jesu Christi nicht gerecht wird.

2. Der Weg der Kirche

α) Kirche und Judentum

Entsprechend der Kontinuität der Heilsgeschichte ist das Verhältnis von Kirche und Judentum durch eine allmähliche schrittweise Ablösung bestimmt.[29] Lukas lehrt nicht einen abrupten Abbruch der heilsgeschichtlichen Erwählung Israels, wie dies für Matthäus, aber auch für Markus festgestellt werden kann. Die Kirche bleibt vielmehr nach Tod und Auferweckung Jesu im Verband des Judentums. Ihre Predigt gilt den Juden. So zeigt es die Pfingstgeschichte (Apg 2,1-13), deren Völkerkatalog (2,9-11) sich demnach nicht auf Heiden, sondern auf Diasporajuden bezieht, die in verschiedenen Ländern außerhalb Palästinas beheimatet sind. Auch nach der Bekehrung des ersten Heiden, des Zenturio Cornelius (Apg 10), ist die entstehende Kirche mit dem Judentum konfrontiert und bleibt an es gebunden. So zeigt es die

27 Vgl. J. Roloff, Apostolat – Verkündigung – Kirche. Ursprung, Inhalt und Funktion des kirchlichen Apostelamtes nach Paulus, Lukas und den Pastoralbriefen, Gütersloh 1965; ders., Art.: Apostel/Apostolat/ Apostolizität I, TRE 3, 430-445.

28 Vgl. dazu oben A I a.

29 Vgl. dazu oben C IV a.

Bewertung des *jüdischen Gesetzes*. Die Gesetzesproblematik entsteht mit der Ausbreitung der Heidenkirche. Die Mission unter den Heiden stellt die Frage, ob die Heiden wie die Judenchristen das ganze jüdische Gesetz halten müssen. Das sogenannte Aposteldekret (Apg 15,20.29; 21,25) mit den Bestimmungen, sich von Götzenopfer, Unzucht[30], Ersticktem und Blut fernzuhalten, stellt Minimalforderungen des jüdischen Ritualgesetzes als ein Programm auf, das auch für die Heidenchristen verbindlich ist. Dies dient dem Aufriß der Apostelgeschichte entsprechend zur Sicherung der Einheit der Kirche. Es ist freilich nicht anzunehmen, daß Lukas und seine Gemeinde das Aposteldekret in einem gesetzlichen Sinn praktiziert haben. Es handelt sich für Lukas um eine heilsgeschichtliche Übergangsregelung, die dem Wandel der Situation entsprechend abgelöst werden konnte. Dennoch ist bezeichnend, daß Lukas in dieser Weise das Verhältnis der Urkirche zum jüdischen Gesetz darstellt. Die Problematik des Gesetzesweges ist ihm – trotz der Gegenüberstellung von Pharisäer und Zöllner (Lk 18,9-14) – unbekannt. Daß das Gesetz nicht zum Leben, sondern in den Tod führt – diesen paulinischen Gedanken hat Lukas nicht nachvollzogen. Vielmehr kann Paulus selbst fraglos als gesetzesfrommer Jude dargestellt werden (Apg 21,26). Lukas ist theologisch gesehen kein Paulusschüler, daher auch wohl nicht historisch als Paulusbegleiter einzustufen. Dies besagt für die lukanische Verhältnisbestimmung von Kirche und Judentum, daß in der schrittweisen Ablösung vom Judentum die Kirche dennoch durch die (wenn auch begrenzte) Übernahme des jüdischen Gesetzes als legitime Fortsetzerin des Judentums verstanden werden soll. So wird es auch in der stereotypen Formulierung deutlich, daß die Verkündiger zuerst zu den Juden, danach zu den Heiden gehen (Apg 13,46; 28,28). Die Ablehnung der Verkündigung durch die Juden schafft eine selbständige, aus Juden und Heiden bestehende Kirche, die sich in der heilsgeschichtlichen Kontinuität mit dem jüdischen Gottesvolk verbunden weiß und sich damit als die Wahrerin des eigentlichen Erbes des Judentums versteht.

β) Die Verkündigung

Entsprechend dieser heilsgeschichtlichen Bewegung liegt in der Apostelgeschichte das Schwergewicht der christlichen Verkündigung zunächst auf der

30 Der Begriff πορνεία (= Unzucht, Hurerei) ist nicht mit ‚Verwandtenehe' gleichzusetzen, wie dies gelegentlich vorgeschlagen wird; vgl. z.B. H. Baltensweiler, Die Ehe im Neuen Testament, AThANT 52, Zürich 1967, 93.101. Für eine allgemeinere, umfassendere Auslegung von πορνεία spricht auch die Zuordnung zu εἴδωλον/εἰδωλόθυτον.

Predigt an die Juden. Lukas folgt in seiner Komposition der Missionspredigt einem gleichförmigen Schema: Auf (1) eine zusammenfassende kerygmatische Aussage über Leiden und Auferstehung Jesu folgt (2) die Zeugenschaft der Apostel, sodann (3) Schriftbeweis und (4) Umkehrforderung. Dieses Schema erscheint in den an die Juden gerichteten Missionspredigten.[31] Eine andere Tradition verwendet Lukas in Apg 7 (Abriß der unheiligen Heilsgeschichte Israels) und Apg 17 (in der ‚Areopagrede' tritt eine ausgeführte ‚theologia naturalis' an die Stelle des sonst bevorzugten Predigtschemas). In jedem Fall ist solche Predigt eine Missionspredigt, die der Bewegung der Heilsgeschichte eingeordnet ist. Je nach der konkreten Situation kann sich das Schema ändern. Grundlegend aber ist das Motiv der Anknüpfung. Verstehbar ist die Predigt, wenn sie von dem im Kreis der Hörer Gegebenen ausgeht. Nur auf diese Weise kann sie die Umkehrforderung zu Gehör bringen. Entsprechend der unterschiedlichen Situation zeigt sich eine verschiedene Motivierung. Begründet gegenüber den Juden der Frevel gegen Jesus als den erwählten Knecht Gottes die Umkehrforderung, so gegenüber den Heiden ihre Verfehlung gegen die natürliche Gottesoffenbarung. Darüber hinaus aber ist die Missionspredigt in eine Geschichte eingeordnet, die auf das Ende ausgerichtet ist, auf Gericht und Gnade des Weltrichters. Diese Perspektive ist die letzte, entscheidende Motivation des Umkehrrufes für Juden und Heiden (Apg 10,42; 13,40f; 17,31).

γ) Das Pneuma

Ist die Zeit Jesu noch eine satansfreie Zeit, so weiß die Kirche von einer solchen Befreiung nichts. Aber wenn sie auch Verfolgung und Versuchung unterliegt, so ist sie doch nicht nur eine soziologisch zu umschreibende Größe. Die christliche Gemeinde handelt im Namen des erhöhten Kyrios. Ihre Boten heilen im Namen Jesu (Apg 3,6.16; 4,10.30; 19,13), und sie verkünden den Namen des Kyrios Jesus (4,12.17f; 5,28-30), auch erleiden sie im Namen Jesu Verfolgung (5,41; 9,16; 21,13). Für Lukas und seine Gemeinde ist hierdurch gesichert, daß die Kraft des Kyrios in der Gemeinde wirksam ist.

Darüber hinaus ist der christlichen Gemeinde das Pneuma gegeben, entsprechend der Tatsache, daß Jesus auf seinem Wege der Träger des Geistes ist. Wie ist die Gabe des Geistes nach lukanischer Konzeption verstanden? Nach H. Conzelmann und E. Haenchen ist aufgrund der Verzögerung der Parusie und der Dehnung der Zeit, wie dies im lukanischen Geschichtswerk seinen Ausdruck findet, der Geist ein ‚Ersatz' für das Ausbleiben des eschatolo-

---

31 Die Petruspredigt in Apg 10,34-43 läßt Schriftbeweis und Umkehrforderung vermissen. Allerdings wird sie auch nicht vor Juden gehalten, sondern im heidnischen Haus des Cornelius.

gischen Heilsgutes. Die Gabe des Pneuma in der Geschichte der Kirche würde danach die Tatsache hervorheben, daß das Ende noch nicht da ist und die Kirche in ihrer Geschichte nicht als eschatologische Größe zu verstehen ist. Dies wäre ein Zeichen für die Enteschatologisierung der Tradition. Der Geist, der der Kirche verliehen ist, hätte dann lediglich die Aufgabe, die Zwischenzeit bis zum Ende zu überbrücken; er wäre Zwischenglied, nicht aber selbst das eschatologische Heilsgut.[32]

Eine solche Interpretation könnte sich auf Apg 2,17 stützen, wenn mit dem Codex Vaticanus (gegen die Mehrzahl der Handschriften) dort μετὰ ταῦτα gelesen wird.[33] Jedoch ist diese Lesart offensichtlich eine sekundäre Angleichung an den zitierten Text Joel 3,1-5. Ursprünglich war die Ausgießung des Geistes beim Pfingstfest mit der Aussage verbunden: „Es wird geschehen in den letzten Tagen“ (ἐν ταῖς ἐσχάταις ἡμέραις). Diese Lesart steht gegen die alttestamentliche Vorlage, ist demnach deutlich eine lukanische Interpretation: Der Geist ist eschatologisches Heilsgut. Die Gabe des Geistes garantiert die Tatsache, daß die Kirche schon jetzt in der Endzeit lebt. Sie ist durch den Besitz des Pneuma ein eschatologisches Phänomen.

Solche eschatologische Qualität steht nicht im Widerspruch zur Einordnung der christlichen Gemeinde in die Geschichte. Die Gabe des Geistes ist zwar nicht sakramentalistisch gebunden, wie dies in der späteren Theologie der Fall sein wird (z.B. Tertullian, Cyprian v. Karthago, Augustin), der Geist wird nicht im Sakrament ‚ex opere operato‘ gegeben, sondern er bleibt eine freie Gabe. Er ist nicht in der Weise institutionell abgesichert, wie dies im Rahmen einer Kirche möglich ist, die sich als Heilsanstalt versteht. Aber der Geist bindet sich doch an die Institution, nämlich an den Zwölferapostolat.[34] Darüber hinaus ist der Geist auch in der Weise mit der Historie verknüpft, daß er das Movens der kontinuierlichen Geschichtsbewegung darstellt. Das Pneuma greift stets neu korrigierend und leitend in den Geschichtsablauf ein. Dies ist nicht als Kontingenz des Geistwirkens zu verstehen[35], sondern eben dadurch garantiert der Geist den planmäßigen, eschatologisch ausweisbaren Verlauf der Kirchengeschichte. Er ist so etwas wie ein ‚deus ex machina‘, der Fehlentwicklungen der Geschichtsbewegung korrigiert (vgl. Apg 16,6ff: auf Weisung des Geistes wird der Aufenthalt des Paulus in Kleinasien abgebrochen und die Europamission begonnen). In solcher pneumatischen Leitung verwirklicht sich der göttliche Heilsplan, das göttliche δεῖ, das schon

---

32 H. Conzelmann, Mitte der Zeit 194f.216.

33 So E. Haenchen, Die Apostelgeschichte 181.

34 Vgl. Apg 8,15ff: nicht der Evangelist Philippus, sondern die Glieder des Zwölferkreises vermitteln durch Handauflegung den Geist an die Getauften.

35 So H. Flender, Heil und Geschichte 126-131.

den Weg Jesu bestimmte. Durch den Geist ist die göttliche ‚Vorsehung' (πρόνοια) auf dem Weg der Kirche wirksam. Eben dadurch wird die Geschichte der Kirche zu einer heilvollen Geschichte. In diesem geschichtsbezogenen Sinn ist der Geist auch nach lukanischem Verständnis ein eschatologisches Heilsgut.

Dennoch ist abschließend festzustellen, daß Lukas die Radikalität der Spannung von Historie und Eschaton nicht nachvollzogen hat, wie sie etwa für Paulus nachzuweisen ist. Gewiß kennt Lukas noch nicht die sakramentalistische Identifizierung von Kirche und Christus, wie sie in den Deuteropaulinen ausgesprochen wird; sie würde eine absolute Eschatologisierung der Historie bedeuten und die Kirche zu einer Heilsanstalt werden lassen. Der Geist ist nach lukanischem Verständnis durchaus eingeordnet in die Dialektik von Historie und Eschaton. Jedoch: Einen Bruch der Zeiten, das Ende der Geschichte, das radikale Gegenüber von Historie und Eschaton umschließt der lukanische Geistbegriff nicht. Aus dem dynamischen Gegenüber von Geist und Geschichte, wie es für das frühe christliche Pneumatikertum charakteristisch ist, ist ein spannungsloses Nebeneinander und Miteinander geworden. Der Geist ist, begründet durch seine heilsgeschichtliche Einordnung, als eschatologisches Heilsgut entradikalisiert worden.

3. Die apokalyptische Zukunft

An dieser Stelle mag ein Hinweis auf Lk 17,20-37 und 21,(5f).8-36 genügen, da die Einzelheiten schon oben abgehandelt wurden.[36] Die sachlich-theologischen Einzelfragen weichen im grundsätzlichen nicht wesentlich von den übrigen Synoptikern ab. Charakteristisch ist die ausgeführte Dehnung der Zeit. Lukas rechnet stärker als die Seitenreferenten mit der Geschichte auch im Blick auf die Zukunft. Dies hat zu einer Modifizierung der ursprünglichen apokalyptischen Vorstellungen geführt, indem etwa auf die Zerstörung Jerusalems zurückgeblickt wird (Lk 21,20-24). Andererseits aber ist der grundlegende eschatologische Bezug der Existenz der Kirche wie auch des einzelnen Christen erhalten geblieben (vgl. Apg 24,25).

Schlußbemerkung

Lukas ist als Verfasser des Doppelwerkes in seinen theologischen Aussagen stärker von der Tradition abhängig als oft angenommen wird. Er hat es nicht immer vermocht, bestimmte theologische Diskrepanzen in seinem Werk mit-

36 Vgl. oben zum Problem der Parusieverzögerung (C I b).

einander auszugleichen, obwohl diese Spannungen unübersehbar sind (z.B. das Nebeneinander von Sünderliebe und ethischer Forderung Jesu, von Überwindung des Pharisäismus und Anerkennung des jüdischen Gesetzes, von Schuld und Unwissenheit der Juden u.a.). Diese Differenzen sind nicht als Grundlage seiner theologischen Konzeption zu werten, so sehr sie auch eine theologische Dynamik einschließen können. Das Zentrale der theologischen Konzeption des Lukas ist zweifellos der heilsgeschichtliche Entwurf, durch den Lukas zwar nicht zum größten Theologen, aber doch zum konsequentesten Historiker unter den Synoptikern geworden ist.

Das ‚Charakterbild' des Lukas schwankt in der Geschichte. Auf der einen Seite fällt die heilsgeschichtliche Sicht des Lukas unter das Verdikt, der dritte Evangelist habe den christlichen Glauben an die Historie ausgeliefert, er habe die Kontingenz der Offenbarung zugunsten der Kontinuität des Geschichtsablaufs unverzeihlich vernachlässigt. Im Gegensatz zu einer solchen negativen Beurteilung der lukanischen Theologie steht eine Geschichtstheologie, um nicht zu sagen eine Geschichtsmetaphysik, die Lukas zum Prototyp eines Theologen werden läßt, der Gottes universalgeschichtliches Handeln adäquat bezeugt und es unternimmt, die Geschichte als den wesenhaften Ort Gottes darzustellen.[37] – Es ist hier nicht angezeigt, ein Scherbengericht zu veranstalten, das letztlich unfruchtbar bleiben müßte. Aber es ist andererseits auch nicht möglich, die lukanische Theologie zu repristinieren, sondern es muß nüchtern festgestellt werden, daß die lukanische Theologie nicht unbegründet von der kirchlichen Überlieferung in den Kanon des Neuen Testaments gestellt worden ist. Sie vermag die Aufgaben vorzuzeichnen, die der Kirche aller Zeiten vorgegeben sind; sie stellt Fragen, die in der Geschichte der Kirche unüberholbar sind.

Die Fragen, die die Theologie des Lukas – auch heute noch – aufgibt, sind: Wie ist es zu verstehen, daß es Kirche gibt im Raum der Welt und einer sich dehnenden Zeit? Wie ist im Raum der Geschichte der übergeschichtliche, endzeitliche Auftrag zu erfüllen, welcher der Kirche anvertraut ist? Und vor allem: Wie läßt sich der eschatologische Anspruch des Jesusgeschehens aussagen, der im uneschatologischen Zeitabschnitt des Geschichtsablaufs sich ereignet hat? – Lukas hat diese Fragen stellvertretend zu beantworten versucht, auf eine Weise, die so nicht wiederholbar ist. Er hat eine Synthese zwischen Historie und Eschaton versucht, die gewiß fragwürdig ist und an der Theologie des Paulus gemessen mehr als problematisch erscheint. Dies aber läßt an seiner theologischen und historischen Leistung nicht zweifeln. Sein heilsgeschichtlicher Entwurf bezeugt eindringlich und unwiderruflich das Daß des eschatologischen Geschehens, wie es ein für allemal im Jesusereignis und von daher abgeleitet im Wort der Kirche ständig neu sich realisiert.

37 Vgl. U. Wilckens, Missionsreden 92-96.

D. WAHRHEIT UND LIEBE – DIE JOHANNEISCHE SCHULE

Vorbemerkung zur Chronologie

O. CULLMANN, Der johanneische Kreis, Tübingen 1975.
R.A. CULPEPPER, The Johannine School, SBL.DS 26, Missoula 1975.
U.B. MÜLLER, Die Geschichte der Christologie in der johanneischen Gemeinde, SBS 77, Stuttgart 1975.
W. LANGBRANDTNER, Weltferner Gott oder Gott der Liebe. Der Ketzerstreit in der johanneischen Kirche, BET 6, Frankfurt 1977.
E. SCHÜSSLER-FIORENZA, The Quest for the Johannine School: The Apocalypse and the Fourth Gospel, NTS 23, 1977, 402-427.
R.E. BROWN, Ringen um die Gemeinde, Salzburg 1982.
G. STRECKER, Die Anfänge der Johanneischen Schule, NTS 32, 1986, 31-47.
DERS., Chiliasmus und Doketismus in der Johanneischen Schule, KuD 38, 1992, 30-46.
J.W. TAEGER, Johannesapokalypse und johanneischer Kreis, BZNW 51, Berlin 1988.
F. VOUGA, The Johannine School: A Gnostic Tradition in Primitive Christianity?, Bib 69, 1988, 371-385.
M. HENGEL, Die johanneische Frage, WUNT 67, Tübingen 1993.
U. SCHNELLE, Die johanneische Schule, in: Bilanz und Perspektiven gegenwärtiger Auslegung des Neuen Testaments, hg. v. F.W. Horn, BZNW 75, Berlin-New York 1995, 198-217.
Vgl. im übrigen die Monographien zum Johannesevangelium und insbesondere zum 1. Johannesbrief.

Die enge Verwandtschaft in Sprache und Vorstellungswelt, wie sie für die Johannesbriefe und das Johannesevangelium zu beobachten ist, hat dazu geführt, daß in der Forschung von einem ‚johanneischen Kreis' oder von einer ‚johanneischen Schule' gesprochen wird.[1] Unterschiede und Übereinstim-

1 Schon W. Heitmüller, Zur Johannes-Tradition, ZNW 15, 1914, 189-209, suchte aufgrund der Papiasnotizen einen Kreis oder eine Schule in Kleinasien nachzuweisen, die den Ehrentitel ‚Presbyteros' verwendete und deren Gedankenkreis sich mit dem des Johannesevangeliums und der Apokalypse berührte. Als grundlegende Autorität erkennt Heitmüller den Presbyter Johannes, dessen Gestalt in Wirklichkeit oder als Idee im 2 und 3 Joh und der Apk 1-3 begegne (201-204). – O. Cullmann, Der johanneische Kreis, versucht eine theologiegeschichtliche Entwicklungslinie, zu der die johanneische Schule gehört, über eine hellenistische Sondergruppe der Jerusalemer Urgemeinde, den johanneischen Jesusjüngern (Lieblingsjünger), bis zu einem heterodoxen Randjudentum auszuziehen. Als Merkmale dieser Gruppe treten gemeinsame Gemeindestrukturen, Missionsinteresse, Irrlehrerpolemik und die Bemühung um die Legitimation der eigenen Gruppe hervor.

mungen dieses Schriftenkreises untereinander lassen Schulüberlieferungen und ein für die Definition einer antiken Schule grundlegendes Lehrer-Schüler-Verhältnis erkennen. Der Vergleich mit antiken Schulen in der jüdischen und der hellenistischen Umwelt des frühen Christentums und auch in der sonstigen neutestamentlichen Überlieferung verdeutlicht, daß am Prozeß der Schöpfung und der Überlieferung von literarischen und vor allem vorliterarischen Spruch- und Redeeinheiten schulische Aktivitäten beteiligt gewesen sind.

Kriterium für eine Schule ist ihre Ableitung von einem Gründer, der gegenüber anderen Gruppen ihre Eigenständigkeit sichert. Da der ‚Lieblingsjünger' im Johannesevangelium weniger eine historische Person als vielmehr eine ideale Größe, nämlich die Reflexion der johanneischen Gründerpersönlichkeit in die Vergangenheit des Lebens Jesu darstellt[2], ist die Absenderangabe ὁ πρεσβύτερος (2 Joh 1; 3 Joh 1) die einzige primäre Bezeichnung eines Verfassers in den johanneischen Schriften. Die absolute Ausdrucksweise setzt voraus, daß der Absender dieser Briefe den Adressaten bekannt und seine Autorität anerkannt war. Verbindungslinien bestehen zur sogenannten ‚Presbytertradition', die durch Euseb für den kleinasiatischen Bischof Papias von Hierapolis dokumentiert ist:

> Ohne zu zögern will ich für dich alles, was ich je von den Älteren (παρὰ τῶν πρεσβυτέρων) genau erfahren und dem Gedächtnis genau eingeprägt habe, zugleich mit den Auslegungen verbinden, mich für dessen Wahrheit (ἀλήθεια) verbürgend.
>
> Denn nicht hatte ich wie die meisten an denen Freude, die viele Worte machen, sondern an denen, welche die Wahrheit lehren; auch nicht an denen, welche die fremden Gebote (ἐντολάς) anführen, sondern an denen, welche die vom Herrn dem Glauben gegebenen und aus der Wahrheit selbst entspringenden Gebote bieten. Kam einer, der den Älteren (τοῖς πρεσβυτέροις) gefolgt war, dann erkundigte ich mich nach den Lehren der Älteren (τοὺς τῶν πρεσβυτέρων λόγους) und fragte: ‚Was sagte Andreas, was Petrus, was Philippus, was Thomas oder Jakobus, was Johannes oder Matthäus

---

2 Vgl. H. Thyen: in den auf den Verfasser von Joh 21 zurückgehenden Lieblingsjüngertexten wird „dem Verfasser der beiden kleinen Johannesbriefe ... ein literarisches Denkmal gesetzt" (Entwicklungen innerhalb der johanneischen Theologie und Kirche im Spiegel von Joh.21 und der Lieblingsjüngertexte des Evangeliums, in: M. de Jonge (Hg.), L'Évangile de Jean. Sources, rédaction, théologie, BEThL XLIV, Leuven 1977, 259-299; 296). – Demgegenüber ist es weniger wahrscheinlich, den Lieblingsjünger historisch als Gründer zu identifizieren, wie es R.A. Culpepper, The Johannine School 288, aus dem Begriff ἀπ' ἀρχῆς (1 Joh 2,7.24; 3,11; 2 Joh 5f) zu erweisen versucht. Den Apokalyptiker nimmt als Gründer der johanneischen Schule an: C.K. Barrett, Das Evangelium nach Johannes, KEK.S, Göttingen 1990, 78; vgl. ders., School, Conventicle, and Church in the New Testament, in: K. Aland-S. Meurer (Hgg.), Wissenschaft und Kirche, FS E. Lohse, TAzB 4, Bielefeld 1989, 96-110.

oder irgendein anderer von den Jüngern des Herrn (τις ἕτερος τῶν τοῦ κυρίου μαθητῶν)', was dann ja auch Aristion und der Presbyter Johannes, ebenfalls Jünger des Herrn, sagen (οἱ τοῦ κυρίου μαθηταὶ λέγουσιν).[3]

Diese Überlieferung zeigt eine deutliche Verwandtschaft mit der johanneischen Sprachwelt.[4] Hinzu kommen Übereinstimmungen in der apokalyptischen Aussagerichtung. Darüber hinaus ergeben sich Berührungen zwischen dem ‚Presbyter' (2 Joh 1; 3 Joh 1) und den Presbytern des Papias. Dieser unterscheidet von den πρεσβύτεροι, die mit den zwölf Jüngern Jesu gleichgesetzt werden und dem Papias aus zeitlichen Gründen nicht persönlich bekannt gewesen sein können, Aristion und den Presbyter Johannes als ‚Jünger des Herrn'; hierbei fällt auf, daß der Presbytertitel nicht auch dem Aristion anhaftet, sondern auf Johannes beschränkt ist. Beide werden als zur Zeit des Papias lebend vorausgesetzt, wie durch das Präsens λέγουσιν nahegelegt wird und auch Euseb bezeugt[5], so daß sich die Folgerung nahelegen kann, daß der Presbyter des 2 und 3 Joh mit dem von Papias bezeugtem Presbyter Johannes identisch ist.

Wird nunmehr das Verhältnis der johanneischen Schriften untereinander untersucht, so ist festzustellen, daß die gemeinhin vorausgesetzte Folgeordnung: Evangelium, 1 Joh, sodann die kleinen Briefe keineswegs wahrscheinlich ist. Wie auch die Darstellung der Theologie der Presbyterbriefe zeigen wird, fehlen die johanneischen Motive und die Gedankenwelt keineswegs in den kleinen Johannesbriefen; sie zeigen jedoch ein traditionsgeschichtlich älteres Stadium. Diese Beobachtung berechtigt zu der Annahme, daß in den Presbyterbriefen die ältesten Schreiben der johanneischen Schule zu erkennen sind. Die Abfolge der Schreiben spricht ebenfalls dafür, in diesen Schreiben Werke des Schulgründers zu sehen, die ihre Tradierung und Bewahrung im neutestamentlichen Kanon der Wertschätzung des Presbyters als Gründungsautorität in der johanneischen Schule verdanken. Durch den dreimaligen Aorist ἔγραψα in 1 Joh 2,14 ist ebenfalls die Folge Presbyterbriefe – 1 Joh nahegelegt. Das oftmals vertretene Verständnis, das Präsens γράφω (1 Joh 2,12f) und der Aorist ἔγραψα seien lediglich eine schriftstellerische Variation, ist nicht zwingend; wohl zutreffender wird hierdurch 2 und 3 Joh vom Verfasser des 1 Joh vorausgesetzt. Der Einwand gegen diese Folgerung, es fände sich keine ausdrückliche Entsprechung in den kleinen Johannesbriefen, erweist sich als zu pauschal. Der Verfasser des 1 Joh will keineswegs ein vorangehendes Schreiben zitieren, sondern sich in die Tradition dieser Schreiben stellen. Dem entspricht auch die Beobachtung, daß tatsächlich Anklänge an die Presbyter-

---

3 Eus HistEccl III 39,3f.

4 So erinnert das absolute ἀλήθεια an den Sprachgebrauch in 2 Joh 1; 3 Joh 1.8.12; ἐντολάς an 2 Joh 4-6.

5 Eus HistEccl III 39,7: „Der soeben von uns zitierte Papias erklärt offen, die Lehren der Apostel zwar von deren Schülern empfangen, aber Aristion und den Presbyter Johannes persönlich gehört zu haben."

briefe vorliegen.[6] Ist aus zeitlichen Gründen und wegen der traditionsgeschichtlichen Fortentwicklungen gegenüber den früheren Schreiben eine Identität der Verfasser auszuschließen, so übernimmt der Verfasser des 1 Joh doch bewußt die Tradition der johanneischen Schule und versucht, seine Autorität mit der des Presbyters gleichzusetzen bzw. an sie anzuknüpfen. Voraussetzung solcher Gleichsetzung ist die Bezeichnung des Autors als Augen- und Ohrenzeuge (1 Joh 1,1-4), so daß möglicherweise bereits eine Identifikation des Presbyters Johannes und des gleichnamigen Apostels vorausgegangen ist, wie sie auch von Irenäus belegt ist (Haer III 16,5).

Der 1 Joh wird häufig als ‚johanneischer Pastoralbrief' bezeichnet[7], dies im Zusammenhang der vermuteten literarischen Abfolge JohEv – 1 Joh. Zunächst muß festgestellt werden, daß die sprachlichen Gemeinsamkeiten zwischen Evangelium und Brief nicht übersehen werden dürfen, vgl. insbesondere die johanneischen Schlüsselwörter ἀλήθεια, ἀγάπη. Diese legen jedoch keine literarische Abhängigkeit nahe, sondern die Gemeinsamkeiten lassen sich auf die zugrundeliegende Schultradition zurückführen. Darüber hinaus sind verschiedene Differenzen aufzuzeigen. Augenfällig ist der formale Unterschied von Brief und Evangelium. Damit einher geht die Beobachtung, daß 1 Joh keine Kenntnis von einer Leben-Jesu-Tradition erkennen läßt, das Johannesevangelium demgegenüber, wenn auch weniger vollständig und weniger konsequent als die Synoptiker, eine ‚Vita Jesu' bietet, die nach Anfangs- und Endpunkt deutlich reflektiert ist.[8] Anders als der 1 Joh, der als ‚briefartige Homilie' eine ekklesiologische Ausrichtung besitzt, ist das Johannesevangelium christologisch orientiert. Daneben treten terminologische Divergenzen auf. So bezeichnet der Begriff παράκλητος im 1 Joh Jesus Christus (1 Joh 2,1), dagegen im Johannesevangelium den ‚Geist'. Differenzen finden sich auch in der Eschatologie, da anders als im 1 Joh futurisch-eschatologische Elemente im Johannesevangelium zurücktreten. Auch der Sühnecharakter des Todes Jesu ist zwar Joh 1,29.36 vorausgesetzt, jedoch nur im 1 Joh thematisiert (1,7.9; 2,2; 4,10). Ist die Eigenständigkeit beider Schreiben vorauszusetzen, so ist mit unterschiedlichen Verfassern zu rechnen. Vermutlich ist das Johannesevangelium später als der 1 Joh abgefaßt worden, da in der Zeit der Abfassung des vierten Evangeliums die für die Abfassung des 1 Joh akuten Auseinandersetzungen weiter zurückzuliegen scheinen.

Nach der altkirchlichen Tradition ist das johanneische Schrifttum in Kleinasien zu lokalisieren. Dem entsprechen einerseits die Abfassung der Johannesapokalypse auf der der kleinasiatischen Küste vorgelagerten Insel Patmos, andererseits die Bezeugung des 1 Joh um die Mitte des zweiten Jahrhunderts durch Polykarp von Smyrna. Die

---

6 Vgl. z.B. 1 Joh 2,14a (ἐγνώκατε τὸν πατέρα) mit 2 Joh 1-3 (οἱ ἐγνωκότες τὴν ἀλήθειαν ... εἰρήνη παρὰ θεοῦ πατρός).

7 H. Conzelmann, „Was von Anfang war", in: ders., Theologie als Schriftauslegung. Aufsätze zum Neuen Testament, BEvTh 65, München 1974, 207-214; 214. Schon A. Neander bezeichnete 1 Joh als „Cirkular-Pastoralschreiben" (Geschichte der Pflanzung und Leitung der christlichen Kirche durch die Apostel, Gotha [5]1862, 490).

8 Vgl. zur literarischen Form des Johannesevangeliums G. Strecker, Literaturgeschichte 206ff; zum Verhältnis des Johannesevangeliums zu den synoptischen Evangelien, a.a.O. 211ff (Lit.).

Papiasnotiz weist ebenfalls auf Kleinasien. Eine Kenntnis Kleinasiens als Heimat der johanneischen Tradition verrät auch eine Aussage des Irenäus, nach der das vierte Evangelium von dem Zebedaiden Johannes in Ephesus herausgegeben worden ist.[9]

Die Darstellung der Theologie der johanneischen Schriften wird nach dem Gesagten bei den Presbyterbriefen ihren Ausgang nehmen müssen. Der historischen Entwicklung entsprechend sollen der 1. Johannesbrief und das Johannesevangelium folgen. Den Abschluß wird die Apokalypse des Johannes bilden; für die letztere ist nicht zuletzt wegen ihres literaturgeschichtlich eigenständigen Charakters das traditionsgeschichtliche und theologische Verhältnis zu den übrigen johanneischen Schriften ein Problem, das besondere Aufmerksamkeit verdient.

I. Die Presbyterbriefe

W. BOUSSET, Der Antichrist in der Überlieferung des Judentums, des Neuen Testaments und der Alten Kirche. Ein Beitrag zur Auslegung der Apokalypse, Göttingen 1895.

A. v.HARNACK, Über den dritten Johannesbrief, TU XV 3, Berlin 1897, 3-27.

H.H. WENDT, Die Johannesbriefe und das johanneische Christentum, Halle 1925.

C.H. DODD, The Johannine Epistles, MNTC, London 1946.

E. LOHMEYER, Art.: Antichrist, RAC 1, 1950, 450-457.

E. KÄSEMANN, Ketzer und Zeuge, ZThK 48, 1951, 292-311, wieder abgedruckt in: ders., Exegetische Versuche und Besinnungen I, Göttingen ^{6}1970, 168-187.

G. BORNKAMM, Art.: πρέσβυς, ThWNT VI, 1959, 651-683.

W. BAUER, Rechtgläubigkeit und Ketzerei im ältesten Christentum, mit einem Nachtrag hg. v. G. Strecker, BHTh 10, Tübingen ^{2}1964.

R. BERGMEIER, Zum Verfasserproblem des II. und III. Johannesbriefes, ZNW 57, 1966, 93-100.

R. BULTMANN, Die drei Johannesbriefe, KEK XIV, Göttingen ^{7}1967.

R. SCHNACKENBURG, Zum Begriff der „Wahrheit" in den beiden kleinen Johannesbriefen, BZ 11, 1967, 253-258.

DERS., Die Johannesbriefe, HThK 13,3, Freiburg ^{7}1984.

A.J. MALHERBE, The Inhospitality of Diotrephes: God's Christ and his People. Studies in Honour of N.A. Dahl, Oslo 1977, 222-232.

O. BÖCHER, Art.: Antichrist, TRE 3, 1978, 21-24.

R.E. BROWN, The Epistles of John, AncB 30, Garden City-New York 1982.

J. LIEU, The Second and Third Epistles of John, Edinburgh 1986.

---

9 Iren Haer III 11; Eus HistEccl V 8,4 – Damit stimmen die Beziehungen des Kleinasiaten Kerinth zur johanneischen Tradition überein sowie die ebenfalls in Kleinasien zu lokalisierenden Auseinandersetzungen um das vierte Evangelium und der Streit um die Johannesapokalypse zwischen Montanisten und Alogern in der zweiten Hälfte des zweiten Jahrhunderts.

DIES., Theology of the Johannine Epistles, Cambridge 1991.
G. STRECKER, Die Johannesbriefe, KEK XIV, Göttingen 1989.
F. VOUGA, Die Johannesbriefe, HNT 15/3, Tübingen 1990.
H.-J. KLAUCK, Die Johannesbriefe, EdF 276, Darmstadt 1991.
DERS., Der zweite und dritte Johannesbrief, EKK XXIII/2, Zürich-Neukirchen-Vluyn 1992.

Die Briefe des Presbyters stellen noch weniger als andere Schriften des Neuen Testaments eine systematisch gegliederte Theologie dar.[1] Es handelt sich um knapp gehaltene Gelegenheitsbriefe, deren Inhalt von den Anlässen dieser Schreiben diktiert ist. Diese Tatsache und ebenso die verbreitete Einordnung an das Ende der johanneischen Schriften dürften dafür verantwortlich sein, daß die Presbyterbriefe in der Erforschung der Theologie des Neuen Testaments ein Schattendasein geführt haben.[2]

Der Verfasser bezeichnet sich als ὁ πρεσβύτερος (2 Joh 1; 3 Joh 1), vermutlich ein Ehrentitel, der sich dem Alter und der Lebenserfahrung verdankt. Mag sich hiermit das Gemeindeamt eines ‚Presbyters' verbunden haben, so handelt es sich doch nicht um einen Gemeindebeamten, der in eine feste Ämterhierarchie eingeordnet ist. Auf welche Weise der Presbyter auch zu seiner singulären Bezeichnung gekommen sein mag, sie ist jedenfalls Ausdruck einer Autorität von hohem Rang, die einen allerdings nicht unbestrittenen Anspruch über die Absendergemeinde des 2 Joh hinaus erhebt und als solche anerkannt werden will. Offensichtlich sind weder Anspruch noch Bedeutung des Presbyters verfassungsrechtlich einzugrenzen.

Einblicke in die Frühgeschichte der johanneischen Schule gewährt die vermutete Abfolge 2 Joh -> 3 Joh, besonders die Auseinandersetzung zwischen dem Presbyter und Diotrephes (3 Joh 9f). Diese Kontroverse ist in der Auslegungsgeschichte sehr unterschiedlich beurteilt worden. Wenn von der eben genannten Folgeordnung der beiden kleinen Johannesbriefe und ihrem formalen Gleichklang auszugehen ist, so wird von vornherein unwahrscheinlich, daß die Abwehr von gegnerischen Lehrern, wie sie 2 Joh 7-11 vorgetra-

---

1 Nur mit Zurückhaltung lassen sich die Zeugnisse der kleinasiatischen Presbytertradition bei Euseb (HistEccl III 39) zur Absicherung einzelner Ergebnisse der Rekonstruktion der Theologie des Presbyters heranziehen (so zur Frage der Eschatologie). Eine Umkehrung dieses Schlusses ist jedoch kaum erfolgversprechend. Dies ist zu Versuchen festzustellen, die anhand des Papiaszeugnisses Zusammenhänge der frühchristlichen Theologiegeschichte oder Auskünfte über die Verfasser ntl. Schriften gewinnen möchten (so etwa M. Hengel, Studies in the Gospel of Mark, London 1985, passim); auch D. Guthrie, The Gospels and Acts, London 1965, 65ff.

2 Vgl. die Stellenregister der einschlägigen ntl. Theologien; aus ihnen wird ersichtlich, daß den Presbyterbriefen ein eigenständiger Rang nicht zugebilligt ist.

gen wird, in der im 3 Joh angeschriebenen Gemeinde keine Bedeutung gehabt haben sollte. Allerdings ist die häresiologische Zuweisung Gegenstand der Debatte. Setzt man die Dominanz der ,Häretiker' in weiten Teilen des kleinasiatischen Kirchengebietes voraus, so legt es sich nahe, den in seiner Gemeinde herrschenden Diotrephes als ,Ketzerhaupt' zu bezeichnen.[3] Ist man dagegen der Ansicht, daß der Presbyter ein ,christlicher Gnostiker' und mit dem vierten Evangelisten identisch gewesen sei[4], so wird Diotrephes demgegenüber zum Vertreter der kirchlichen Orthodoxie. Das Folgende wird zeigen, daß der Presbyter im Vergleich mit der kirchlichen Lehrentwicklung ein Außenseiter gewesen ist und andererseits Diotrephes den doketischen Lehrern der johanneischen Schultradition möglicherweise zugeneigt war. Wird Diotrephes als φιλοπρωτεύων (3 Joh 9: „der [unter ihnen] der erste sein will") bezeichnet, so ist dies zwar kein Hinweis auf das Amt eines monarchischen Bischofs, wohl aber zeigt sich, daß Diotrephes eine einflußreiche Stellung in der Gemeinde innehatte.[5] Durch die Christuslehre des Presbyters (2 Joh 9) ist die spätere Entwicklung der johanneischen Schule in den kleinen Briefen keimhaft angelegt. Sie wird in doketischer und antidoketischer Traditionsbildung ausgearbeitet werden, wie dies im 1 Joh und im Johannesevangelium zuletzt einen Niederschlag gefunden hat.[6]

Die Ereignisse spiegeln sich auch im Aufbau der kurzen Briefe, die folgendermaßen zu gliedern sind:

2 Joh

	1-3	Briefeingang
I	4-6	Mahnung zu gegenseitiger Liebe
II	7-11	Warnung vor Verführern
	12-13	Briefschluß

Die Gliederung des 3 Joh, der ein persönliches Schreiben an den sonst unbekannten Gaius ist, stellt sich folgendermaßen dar:

3 Joh

	1-2	Briefeingang
I	3-8	Lob des Gaius
II	9-10	Warnung vor Diotrephes
III	11-12	Empfehlung des Demetrios
	13-15	Briefschluß

---

3 W. Bauer, Rechtgläubigkeit und Ketzerei 97.

4 E. Käsemann, Ketzer und Zeuge 178.

5 G. Bornkamm, Art.: πρέσβυς, ThWNT VI 671.

6 Vgl. G. Strecker, Chiliasmus und Doketismus.

Was das Verhältnis des Presbyters zur im 2 Joh angeschriebenen Gemeinde angeht, so läßt der respektvolle Eingangsgruß (2 Joh 1) erkennen, daß als Adressat nicht eine vom Presbyter abhängige, ihm unterstehende Gemeinde vorausgesetzt ist. Die johanneische Schule lebt offenbar im Zusammenhang von autonomen Gemeinden, die untereinander Kontakt pflegen.

a) Der apokalyptische Horizont

Daß die Theologie des Presbyters in einem apokalyptischen Horizont entfaltet wird, zeigt der Abschnitt 2 Joh 7-11, der für das Verständnis der beiden Presbyterbriefe eine Schlüsselstellung einnimmt:

> Denn viele Verführer sind in die Welt ausgegangen, die nicht bekennen, daß Jesus Christus im Fleisch kommen wird. Dieser ist der Verführer und Antichrist. Seht euch vor, damit ihr nicht verliert, was wir erarbeitet haben, sondern daß ihr vollen Lohn erhaltet. Ein jeder, der fortschreitet und nicht in der Lehre des Christus bleibt, hat Gott nicht. Wer in der Lehre bleibt, dieser hat sowohl den Vater als auch den Sohn. Wenn jemand zu euch kommt und diese Lehre nicht bringt, nehmt ihn nicht ins Haus auf und sagt ihm keinen Gruß. Denn wer ihn grüßt, hat Gemeinschaft mit seinen bösen Werken.

Anders als in 1 Joh 4,2 („Jeder Geist, der bekennt, daß Jesus Christus im Fleisch gekommen ist [ἐληλυθότα], der ist von Gott") findet sich in 2 Joh 7 das Partizip Praes. ἐρχόμενον, das keine vergangenheitliche Aussage enthält, sondern nur präsentisch oder futurisch gedeutet werden kann.

Nach der präsentischen Deutung bestreiten die Verführer das ‚Kommen Jesu im Fleisch' und leugnen damit die reale Gegenwart Jesu Christi im Sakrament. 1 Joh 5,6-8 wie auch die betont realistische Abendmahlsdeutung Joh 6,51b-58 lassen Auseinandersetzungen zum Sakramentsverständnis sichtbar werden, die das Vorhandensein christologisch und sakramental abweichender, spiritualistischer gegnerischer Lehren innerhalb und im Umkreis der johanneischen Schule erschließen lassen. Doch reflektieren die Presbyterbriefe diese Auseinandersetzung noch nicht.

Eine größere Wahrscheinlichkeit kommt daher der futurischen Interpretation zu, wonach die Gegner bestreiten, daß ‚Jesus Christus im Fleisch kommen wird'.[7] Offenbar erwartet der Presbyter die Parusie Jesu Christi ‚im

7 So auch B.F. Westcott, The Epistles of St. John, London ²1886 (= Grand Rapids 1966), 218; Ch. Gore, The Epistles of St. John, London 1920, 226f u.a.; vgl. G. Strecker, Johannesbriefe 335 Anm. 9. Die futurische Deutung auf die Parusie wird auch bei D.F. Watson, A Rhetorical Analysis of 2 John According to Greco-Roman Convention, NTS 35, 1989, 104-130; 105 Anm. 4, erwogen, jedoch auf die Inkarnation gedeutet, da 1 Joh als zeitlich vorangehend postuliert wird.

Fleisch'. Schon Paulus rechnet in 1 Kor 15,23ff bei der Entfaltung dreier Phasen des Enddramas damit, daß vor dem Anbruch des Weltendes, eingeleitet durch die Parusie, die Aufrichtung eines messianischen Zwischenreiches erfolgen wird. Solche Vorstellung ist im apokalyptischen Judentum weit verbreitet. Die Dauer dieses Reiches wird häufig mit 1000 Jahren angegeben; daher wird diese Lehre entsprechend der griechischen Bezeichnung χίλια ἔτη als ‚Chiliasmus' bezeichnet, und zwar auch dann, wenn die Vorstellung des künftigen messianischen Zwischenreiches nicht auf die Zeitdauer von 1000 Jahren fixiert ist, sondern auch andere Zeiträume nennen kann.[8] Ein exakter Chiliasmus ist im Neuen Testament zu belegen: Nach Apk 20 wird der Satan, der Drache, von einem Engel für die Dauer von 1000 Jahren gebunden; dies wird als erste Auferstehung der Christen ausgelegt, die mit Christus 1000 Jahre herrschen werden.[9] Hebr 4,1ff beschreibt das Motiv der κατάπαυσις, die zu erwartende ‚Sabbatruhe für das Volk Gottes', deren Anbruch mit dem Kommen des messianischen Friedensreiches identisch ist. Verwandt mit der Vorstellungswelt des Presbyters ist auch die Erwartung des Gegenspielers Christi im 2 Thess. Der Antichrist nimmt dort nicht nur die Rolle eines apokalyptischen Tyrannen wahr, sondern er wird als falscher Prophet beschrieben. Aufgrund der Macht des Satans wird er ‚mit Zeichen und Wundern der Lüge' und durch ‚jede Täuschung zur Ungerechtigkeit' die Menschen verführen. Weil er in der Gemeinde gegenwärtig ist, hält er die Parusie Christi zurück; als Negativpartner Christi leitet er das zukünftige Reich Christi ein (2 Thess 2,3-12).

Die Erwartung, daß mit der Parusie Christi ein messianisches Reich ‚im Fleisch' gegründet werden wird, war im zweiten Jahrhundert in der Provinz Kleinasien verbreitet.[10] Schon bevor die Montanisten gegen Ende des Jahrhunderts einen dezidierten Chiliasmus vertraten[11], ist chiliastisches Gedan-

---

8 Vgl. P. Volz, Die Eschatologie der jüdischen Gemeinde, 1934 (Nachdruck Hildesheim 1966), 143f.

9 Vielleicht ist diese Vorstellung auch in Joh 9,4 reflektiert („Wir müssen die Werke von dem tun, der mich gesandt hat, solange es Tag ist. Die Nacht kommt, wenn niemand etwas tun kann"). Vgl. auch O. Böcher, Art.: Chiliasmus I. Judentum und Neues Testament, TRE 7, 723-729; 728f (Lit.). Böcher nimmt an, daß für Joh 9,4 der Weltsabbat mit dem Tode Jesu beginnt. Also käme das Gericht dann wohl erst *nach* den 1000 Jahren.

10 Vgl. zu den Einzelheiten unter D IV (JohApk) G.G. Blum, Art.: Chiliasmus II. Alte Kirche, TRE 7, 729-733; 729f; s.a. G. Kretschmar, Die Offenbarung des Johannes. Die Geschichte ihrer Auslegung im 1. Jahrtausend, CThM.BW 9, Stuttgart 1985, 71f.

11 Vgl. Apollonius bei Eus HistEccl V 18,2; Epiph Haer 48,14,1-49,1,3.

kengut bei Justin (Dial 81,1-3), dessen Dialog nicht zufällig in Ephesus lokalisiert wird, bei dem Polykarpschüler Irenäus (Haer V 23.33) und nach der Darstellung des Gaius von Rom bei dem Kleinasiaten Kerinth[12] zu finden. Wie Euseb (HistEccl III 39,12) berichtet, ist auch Papias von Hierapolis ein Chiliast gewesen – ein weiteres Argument zugunsten der Gleichsetzung des Presbyters der Briefe mit dem Presbyter Johannes, dessen Schüler Papias gewesen ist.

Auch der pseudepigraphe Barnabasbrief kann die These, daß der Presbyter Chiliast gewesen ist, stützen. Der Verfasser dieses Schreibens rechnet bei der Auslegung alttestamentlicher Texte damit, daß das Weltall nach 6000 Jahren aufgelöst werden und sodann das Friedensreich des Christus anbrechen wird (Barn 15,4f). Dieses Kommen Christi wird als Erscheinung ἐν σαρκί beschrieben (Barn 6,9); der Verfasser hofft

> auf den, der im Fleisch euch geoffenbart werden soll.[13]

Ist die Theologie des Presbyters durch eine futurisch-eschatologische Erwartung geprägt, die sich auf ein in irdischer Weise realisierendes messianisches Reich hin orientiert, so wird folgerichtig die irdische Realität des Kommenden betont. Die Identifizierung der Verführer, die den Realitätsbezug der apokalyptischen Erwartung bestritten haben, mit einer apokalyptischen Figur, dem Antichristen, bestätigt, daß der Presbyter in einem weiten apokalyptischen Horizont steht. Das Wort ἀντίχριστος, das im Neuen Testament nur 2 Joh 7; 1 Joh 2,18.22; 4,3 (sing.) und 1 Joh 2,18 (plur.) begegnet, ist möglicherweise eine Schöpfung des Presbyters. Es nimmt eine Vorstellung auf, die sowohl im Judentum wie auch im frühen Christentum verbreitet war. Dem kommenden Christus tritt ein feindlicher Herrscher gegenüber, der das Volk Gottes mit Krieg und Verfolgung überzieht. Am Ende der Tage, vor der Aufrichtung des messianischen Friedensreiches, wird diese Figur, die auch als ‚Lügenprophet' verstanden werden kann (Mk 13,22; 2 Thess 2,9f; 1 Joh 4,1-3; Apk 13,11-18; 16,13; 19,20; 20,10; indirekt auch Joh 5,43), überwunden. Der Presbyter folgt einer Tradition, derzufolge am Ende der Zeit der Gegenspieler des Christus, repräsentiert durch einen oder mehrere Lügenpropheten, erscheint und durch seine falsche Lehre das Enddrama inauguriert. In dieser

---

12 Eus HistEccl III 28,2.

13 ...ἐπὶ τὸν ἐν σαρκὶ μέλλοντα φανεροῦσθαι ὑμῖν Ἰησοῦν. Ähnlich Barn 7,9: „... denn sie werden ihn dann am [kommenden] Tag sehen als einen, der den Scharlachmantel um sein Fleisch (περὶ τὴν σάρκα) gehüllt hat ...". Vgl. zur Auslegung H. Windisch, Der Barnabasbrief, HNT ErgBd. III, Tübingen 1920, 346; G. Strecker, Johannesbriefe 336 Anm. 16.

apokalyptischen Situation wird die eschatologische Mahnung βλέπετε ἑαυτούς (2 Joh 8: „Seht euch vor!") laut. Durch das Auftreten der Verführer steht die Gemeinde in ihrer Existenz auf dem Spiel. Sie ist zur Entscheidung aufgerufen, ob sie das verlieren will, was sie hat und ist – den Stand ihres Glaubens, das Sein in der Wahrheit (2 Joh 2.4; 3 Joh 3f) und in der Liebe (2 Joh 6) –, oder ob sie den ‚vollen Lohn'[14] erreicht. In Übereinstimmung mit jüdischer und frühchristlicher apokalyptischer Tradition, wonach die Gerechten und die Ungerechten zu Beginn des messianischen Reiches voneinander getrennt und die Gerechten belohnt werden, erwartet der Presbyter den himmlischen Lohn, der mit dem ewigen Leben, der künftigen Gemeinschaft mit Christus identisch ist.[15]

Der apokalyptische Horizont der Presbyterbriefe zeigt an, daß die johanneische Schule schon zu Beginn Zugang zu frühchristlich-apokalyptischen Überlieferungen hatte. Von dieser Beobachtung her steht die Johannesapokalypse keineswegs der johanneischen Schule fremd gegenüber, wenngleich der Presbyter nicht beabsichtigt hat, eine Apokalypse zu schreiben. Er ist trotz des futurisch-eschatologischen Horizonts seiner Theologie[16] ebensowenig wie Paulus als Apokalyptiker zu bezeichnen. Seine Ausführungen sind nicht apokalyptisch-spekulativ ausgerichtet, sondern zielen auf die Bewahrung christlicher Existenz in der auf Liebe und Wahrheit gegründeten Einheit der Gemeinde.

b) Die Christuslehre

Eine besondere Bedeutung mißt der Presbyter der von ihm vertretenen Christusdidache bei:

> Ein jeder, der fortschreitet und nicht in der Lehre des Christus bleibt, hat Gott nicht. Wer in der Lehre bleibt, dieser hat sowohl den Vater als auch den Sohn (2 Joh 9).

Die Gottesgemeinschaft ist nur dann gegeben, wenn die durch den Presbyter als verbindlich vertretene Christuslehre bewahrt bleibt. Diese Lehre hat

14 Apk 11,18; 22,12; Barn 20,2; 21,3 vgl. Dan 12,1f; PsSal 3,12; 9,5; 13,11 äthHen 37,4; 40,9; 4 Esr 14,35; syrBar 14,13; s.a. H. Preisker-E. Würthwein, Art.: μισθός κτλ., ThWNT IV 699-736; 731.

15 Der Eintritt der Glaubenden in das Reich Christi kann mit der verheißenen Belohnung identifiziert werden; vgl. Mt 25,21.23 u.a.

16 Dies entspricht der Tatsache, daß die Anfänge der urchristlichen Theologie weitgehend apokalyptisch geprägt gewesen sind.

das Christuszeugnis zum Gegenstand (genetivus obiectivus), auch wenn sie durch den erhöhten Christus autorisiert ist. Bestimmt ist diese Lehre durch die Trias Gottesgemeinschaft, Wahrheit und Liebe, jeweils Schlüsselbegriffe der Theologie der johanneischen Schriften.

1. Die Gottesgemeinschaft

Die Christusdidache vermittelt die Gottesgemeinschaft; denn von dem, der in der Lehre bleibt, kann gesagt werden, daß er ‚Gott hat' (2 Joh 9). Wer die Christuslehre annimmt und ihr entspricht, der ‚ist aus Gott' und ‚hat Gott gesehen' (3 Joh 11). Greift der Presbyter hier auf griechische Vorbilder zurück, so auch auf hellenistisch-jüdische Tradition, wenn er die theologische Ausdrucksweise, ‚Gott bzw. den Vater haben' durch ‚den Sohn haben' (2 Joh 9) interpretiert und verchristlicht.[17] Werden der Vater und der Sohn auch als Personen unterschieden, so überschneiden sich doch der theologische und der christologische Vorstellungsbereich. Der Presbyter differenziert nicht wirklich zwischen Gottes- und Christusgemeinschaft[18], stellt vielmehr beide Vorstellungen stärker parallel als in den analogen Aussagen des 1 Joh. Inhaltlich ist die Gottesgemeinschaft durch das Wandeln bzw. das Sein in der Wahrheit gekennzeichnet.

2. Die Wahrheit

Ein Zentralbegriff der johanneischen Theologie ist ἀλήθεια. Für die Erkenntnis der Wahrheit tritt der Presbyter ein (2 Joh 1), und zu ihrer Verbreitung sendet er die ‚Brüder' aus (vgl. 3 Joh 3.10). Die Erkenntnis der Wahrheit ist kein distanziertes Betrachten oder ein kritisch betrachtendes Zur-Kenntnis-Nehmen von Informationen, angesichts derer man sich entschließt, sie anzunehmen oder abzulehnen. Das johanneische γινώσκειν[19] hat vielmehr mit dem hebräischen ידע gemeinsam[20], daß es nicht nur ein theoretisches Erken-

---

17 Philo Op 170-172; Som II 248; Post 122; Gig 28; SpecLeg IV 49; LXX-Zusätze zu Est 4,17; 2 Makk 8,36; 11,10; 3 Makk 7,16; Test XII (z.B. TestDan 5; TestIss 7); Jos Ant VIII 227 <ἔχει τὸν θεόν>; vgl. X 250; auch unten D II d.

18 Vgl. auch 2 Joh 3.

19 Zum Begriff des ‘Erkennens' in den johanneische Schriften siehe den Exkurs γινώσκειν, in: G. Strecker, Johannesbriefe 319-324.

20 Wenngleich sich das Erkennen zunächst auf das Sein (ὄν) und die Wahrheit (ἀλήθεια) als die „allen Erscheinungen als das eigentlich Wirkliche zugrun-

nen, sondern ein Anerkennen einschließt. Nur als Hingabe des Menschen an die Wahrheit ist die vom Presbyter intendierte Erkenntnis möglich.

Die ,Wahrheit' meint die offenbarte Wirklichkeit Gottes, an der der Mensch teilhaben kann, indem sie von ihm Besitz nimmt (vgl. 2 Joh 2), oder in der er sich befindet bzw. wandelt (vgl. 2 Joh 4, 3 Joh 3f). Indem der Presbyter schreibt, daß er die Adressaten ,in (der) Wahrheit liebt' (2 Joh 1; 3 Joh 1), setzt er voraus, daß das gegenseitige Verhältnis durch die Wirklichkeit Gottes bestimmt ist. Die ,Wahrheit' kann auch personhaft gedacht sein (3 Joh 8; vgl. V.12).[21] Sie ist nicht mit Lehrinhalten der christlichen Verkündigung gleichzusetzen.

Als dem Menschen unverfügbare Größe umgreift die Wahrheit die Glaubenden, und solange diese sich in dem Bereich der Wahrheit befinden, bleiben sie an Christus Glaubende. Daher ist die Wahrheit sowohl eine christologische als auch eine ekklesiologische Größe. Von den Christen heißt es in nahezu mystischer Sprache, daß sie ,in der Wahrheit lieben' und zugleich, daß die Wahrheit ,in uns bleibt'. Aber nicht nur räumlich umgreift die Wahrheit die christliche Gemeinde, sondern sie ist auch zeitlich eine absolut umfassende Größe: ἔσται εἰς τὸν αἰῶνα (2 Joh 1f).

Durch ihr Sein in der Wahrheit erfährt die Gemeinde heute und in Zukunft eine heilvolle Realität:

> Gnade, Barmherzigkeit, Friede von Gott, dem Vater, und von Jesus Christus, dem Sohn des Vaters, werden in Wahrheit und Liebe bei uns sein (2 Joh 3).

Diese im Anschluß an die Segensformeln früher christlicher Briefe formulierte, selbst aber nicht als Segens*wunsch* zu verstehende Aussage stellt als *Verheißung* fest, daß die Heilsgaben μεθ' ἡμῶν (,bei uns') vorhanden sein *werden.* Da die Gemeinde schon jetzt im Raum der Wahrheit und der Gotteserkenntnis und -anerkenntnis lebt, gilt die zugesprochene Heilsgabe nicht für eine ferne Zukunft, sondern ist schon jetzt gegenwärtig. Sie bezieht sich zunächst auf die Gemeinschaft zwischen Gott und Mensch, ist jedoch nicht von dem anthropologischen Aspekt zu trennen. So wird es besonders durch den Begriff ,Friede' nahegelegt. Die Wirklichkeit des Heils hat ethische Konsequenzen und wirkt sich auf das Verhältnis von Mensch zu Mensch aus.

Die Gottesgemeinschaft und die in ihr erkannte Wahrheit fordern entsprechend der für die johanneische Theologie wesentlichen Zuordnung von

---

de[liegende]" Wirklichkeit (R. Bultmann, Art.: γινώσκειν κτλ., ThWNT I 688-719; 691) richtet (vgl. u.a. Plat Resp IX 581b), drücken γνῶσις und γινώσκειν im griechisch-hellenistischen Denken ein Betroffensein aus und können die Voraussetzung zu ethischem Handeln darstellen. In der Stoa führt die Gotteserkenntnis zur Forderung des Gehorsams gegenüber Gott (Epict Ench 31,1).

21 Vgl. Eus HistEccl III 39,3f.

Erkennen und Handeln nicht nur Anerkennung, sondern hieraus folgt notwendig das ethische Tun. Beherrscht die eschatologische Wahrheit das Leben der Glaubenden, so stehen diese unter der Forderung, in *der* Wahrheit zu wandeln (2 Joh 4; 3 Joh 3f). Wenn auch Wahrheit und Lehre eng miteinander verbunden sind, so besagt dies doch nicht, daß der Wahrheitsbegriff Bestandteil einer frühkatholischen Lehrentwicklung sei.[22] Auch wenn die ‚Lehre' zwischen Häretikern und Gemeinde scheidet, so ist das Verständnis der Wahrheit doch nicht allein von der Lehre bestimmt. Wie die Christusdidache unverfügbar ist und nicht im Raum der Kirche aufgeht, so ist auch die von ihr geleitete Wahrheit nicht mit einem ‚orthodoxen' Lehrinhalt identisch. Die Wahrheit ereignet sich vielmehr in der Verwirklichung der Agape. So zeigt es sich an dem im 3 Joh angeschriebenen Gaius, der als einer, der „in der Wahrheit wandelt" bezeichnet wird (3 Joh 3). Entsprechend wissen die Gemeindeglieder sich aufgerufen, ‚Mitarbeiter für die Wahrheit zu werden' (3 Joh 8). Das Mitarbeiten für die Wahrheit ist ein Ziel (ἵνα!), das dem einzelnen Christen als Verpflichtung auferlegt ist.[23] Es besagt: Absage an das Böse und Tun des Guten (3 Joh 11).

3. Die Liebe

Der zu Anfang der beiden Presbyterbriefe stereotyp wiederkehrende Relativsatz οὓς/ὃν ἐγὼ ἀγαπῶ ἐν ἀληθείᾳ („die <den> ich in der Wahrheit liebe"; 2 Joh 1; 3 Joh 1) dient zur Kennzeichnung des Verhältnisses zwischen Presbyter und Adressaten und zeigt die besondere Bedeutung an, die Begriff und Inhalt der Agape besitzen. Die ‚Liebe' als Zuneigung des Presbyters gegenüber der Gemeinde ist durch die Wirklichkeit Gottes geprägt. Zweifellos hätte der Presbyter die Wirklichkeit Gottes mit dem Agape-Begriff umschreiben können, auch wenn eine dem 1 Joh vergleichbare theologische Identifikation der Liebe mit Gott (1 Joh 4,8.16: ὁ θεὸς ἀγάπη ἐστίν) in den kleinen Johannesbriefen nicht belegt ist. So zeigt es die Nebenordnung von ἀλήθεια und ἀγάπη in dem die Funktion der Segenswunschformeln der frühchristlichen Briefe wahrnehmenden Heilszuspruch: Die eschatologischen Heilsgaben Gnade, Barmherzigkeit und Frieden haben ‚in Wahrheit und Liebe' Bestand (2 Joh 3). Wie der Wahrheitsbegriff des Presbyters so ist auch die Agape nicht dogmatisch oder kirchenrechtlich einzugrenzen.

Ist in den kleinen Johannesbriefen auch der spätere terminus technicus ‚Bruderliebe' (1 Joh 2,9f u.a.) noch nicht gebraucht, so wird doch das Gebot,

22 Gegen R. Bergmeier, Zum Verfasserproblem; ders., Glaube als Gabe nach Johannes, BWANT 112, Stuttgart 1980, 200ff.

23 Vgl. ὀφείλειν 3 Joh 8a; s.a. 1 Joh 2,6.

einander zu lieben (ἀγαπᾶν ἀλλήλους) eingeschärft: Als das Gebot ‚von Anfang an' (2 Joh 5) ist es zugleich das Gebot der διδαχὴ τοῦ Χριστοῦ. Es gewinnt einen konkreten Bezugspunkt in der Auseinandersetzung mit den Lügenpropheten, welche die Gemeinde verführen wollen (vgl. 2 Joh 7.9). Dieses Gebot ist göttlichen Ursprungs (2 Joh 4b); es zu halten bedeutet, in der Wahrheit zu wandeln und allgemein den Geboten Gottes zu entsprechen (V.4a.6). In solch einem ethischen Gehorsam vollzieht sich die Lebensführung der Gemeinde. Die Schwere des Vorwurfs gegenüber den ‚Verführern' besteht darin, daß diese gegen das Gebot der Liebe und der Wahrheit verstoßen, indem sie die Gemeinde zu spalten suchen. Demgegenüber ermahnt der Presbyter seine Adressaten, Liebe untereinander zu verwirklichen und hierdurch die Einheit der christlichen Gemeinde zu bewahren. Ein Vorbild für solche Liebe ist Gaius; für seine Liebe wird er gerühmt, weil er sich um die Ausstattung und Weiterbeförderung der ihn besuchenden fremden Brüder bemüht hat (3 Joh 5f). Im Vergleich mit der urchristlichen Tradition spricht für die Eigenständigkeit der ethischen Mahnung des Presbyters, daß das Agapegebot als das Gebot der gegenseitigen Liebe weder durch einen Rückgriff auf das alttestamentliche Gebot der Nächstenliebe (vgl. Lev 19,18) noch durch eine Beziehung zum synoptischen Doppelgebot der Liebe (Mk 12,28-34parr) ausgewiesen wird.

c) Dualismus

Fehlt in den Presbyterbriefen noch der profilierte Dualismus des 1 Joh und des Johannesevangeliums[24], so sind doch Grundelemente eines spezifischen Dualismus erkennbar, der als ein ontologisch motivierter Entscheidungsdualismus bezeichnet werden kann; denn in 3 Joh 11 wird die christliche Existenz als ein ‚Sein aus Gott' (ἐκ τοῦ θεοῦ εἶναι) charakterisiert. Diese ontologische Formulierung meint keine substanzhaft oder habituell gedachte Existenzweise, vielmehr zeigt der paränetische Kontext an, daß der einzelne Christ die Freiheit zur Entscheidung hat, ob er sich in Entsprechung zum Wahrheitsgeschehen verantwortlich verhalten will. Mit der genannten Seinsbefindlichkeit ist das eigenverantwortliche Tun des Guten verbunden, wie denn auch Wahrheit und Liebe aufs engste miteinander verknüpft sind. Wer die Wahrheit erkannt hat (2 Joh 1), der hat Gott nicht nur ‚gesehen', sondern er wird auch das Gute tun und Liebe üben. Ein solcher Mensch ‚ist aus Gott'. Anders derjenige, der das Böse wirkt; er bekundet durch sein Tun, daß er

---

24 2 Joh 7 (vgl. 1 Joh 4,1 als Nachwirkung dieses Textes) belegt den Kosmosbegriff neutral. Der kosmologische Dualismus von Joh 1,9f; 1 Joh 2,15ff; 4,5 (die Irrlehrer sind 'aus der Welt'); 4,9 ist beim Presbyter noch nicht vorhanden.

Gott nicht gesehen hat und die Wahrheit nicht kennt, also nicht aus Gott ist (3 Joh 11).

Die eschatologische Ausrichtung der Theologie des Presbyters verschärft den ontologisch motivierten Entscheidungsdualismus. Das ‚Sein aus Gott' hat eine wichtige Bedeutung für das Verständnis der Gegenwart, ist aber auch im futurischen Sinn zu begreifen, also auf das Kommen Gottes ausgerichtet: Im Leben der Glaubenden realisiert sich die von Gott gegebene Wahrheit als praktizierte Agape ‚schon jetzt'. Daneben steht das ‚noch nicht' der christlichen Existenz, die auf den kommenden Herrn der Gemeinde sich ausrichtet. Christliches Sein wird in der Zeit dialektisch erfahren und verwirklicht.

Der Wahrheitsbegriff (2 Joh 1), die Formulierungen ‚aus Gott sein' (3 Joh 11) oder ‚Gott haben' (2 Joh 9) bereiten das später in den johanneischen Schriften ausgeführte Gegenüber von Wahrheit und Lüge, von Gott und Satan vor. Auch der Gegensatz von Wahrheit und Kosmos als Negation der Welt (vgl. Joh 14,17) findet sich noch nicht, ebensowenig die Entgegensetzung von Licht und Finsternis (Joh 1,5; 1 Joh 1,5) oder die ethische Antithetik von Lüge und Wahrheit, derzufolge die Irrlehre mit der Lüge identifiziert wird, weil sie nicht aus der Wahrheit ist (so erst 1 Joh 2,21). Jedoch zeigt sich eine antithetische Sprachformung (2 Joh 9-11; 3 Joh 11), die ein gemeinsames Kennzeichen der johanneischen Schulüberlieferung ist.

d) Das Selbstverständnis der Gemeinde

Die von dem Presbyter angeschriebene wie auch die mitabsendende Gemeinde wird durch das Adjektiv ἐκλεκτός näher charakterisiert (2 Joh 1.13). Die Gemeinden im Umkreis der johanneischen Schule verstehen sich als ‚erwählt', weil sie sich von dem Christusgeschehen mit Beschlag belegt wissen, in dem sich Gottes aus der Welt ‚herausrufendes' Erbarmen manifestiert (2 Joh 3). Vorausgesetzt sind autonome Gemeinden, die von dem Presbyter auf ein einheitliches, durch die Wahrheit des Christusereignisses begründetes Selbstverständnis angesprochen werden können. So zeigt es auch die Anrede ‚Geliebter' (ἀγαπητέ), die dem Mitchristen Gaius gilt (3 Joh 2.5.11) und erkennen läßt, daß der einzelne wie die Gemeinde insgesamt unter der einen Agape stehen. Die durch die Liebe begründete Einheit der Christen ist von den ‚Verführern' bedroht; denn diese gefährden durch ihre abweichende Lehre den Bestand der Gemeinde. Die ‚Erwählten' sind demnach nicht als solche dem Zugriff der Welt entzogen und insofern ‚entweltlicht', sondern sie sind aufgerufen, das einmal Ergriffene zu bewahren und stets neu zu aktualisieren. Auch wenn die ‚Liebe' zunächst auf den Kreis der Mitchristen beschränkt zu sein scheint, so ist doch nicht nachzuweisen, daß sich die Gemeinde des Presbyters als „ecclesiola in ecclesia als sie tragende Gemeinschaftsform" verstanden haben.[25] Vielmehr stimmen die Adressaten der kleinen Johannesbriefe mit der missionarischen Absicht des Presbyters grundsätzlich überein, die ihn veranlaßt, ,Brüder' auszusenden und in anderen Gemeinden für seine Christuslehre zu werben. Die johanneische Schule ist in ihrem Frühstadium keineswegs eine in sich geschlossene, sich selbst genügende Größe, sondern durch eine missionarische Tendenz bestimmt. Und daß sie nicht als sektiererisch bezeichnet werden kann, ergibt sich aus der Interpretation des Agape-Begriffs; dieser ist grundsätzlich nicht anders als im 1 Joh auszulegen: Diese Gemeinde lebt aus der uneingeschränkten, dem Kosmos umfassend zugewendeten Agape, die im Sohn Gottes offenbart worden ist.

II. Der erste Johannesbrief

a) Einleitung

E. v.Dobschütz, Johanneische Studien I, ZNW 8, 1907, 1-8.

H.H. Wendt, Der „Anfang" am Beginne des I. Johannesbriefes, ZNW 21, 1922, 38-42.

E. Lohmeyer, Über Aufbau und Gliederung des ersten Johannesbriefes, ZNW 27, 1928, 225-263.

C.H. Dodd, The First Epistle of John and the Fourth Gospel, BJRL 21, 1937, 129-156.

R. Bultmann, Die kirchliche Redaktion des ersten Johannesbriefs, in Memoriam E. Lohmeyer, Stuttgart 1951, 189-201, = ders., Exegetica, Tübingen 1967, 381-393.

H. Conzelmann, „Was von Anfang war", Neutestamentliche Studien für R. Bultmann, BZNW 21, Berlin 1954, 194-201; wieder abgedruckt in: ders., Theologie als Schriftauslegung, BEvTh 65, München 1974, 207-214.

W. Nauck, Die Tradition und der Charakter des ersten Johannesbriefes, WUNT 3, Tübingen 1957.

J.C. O'Neill, The Puzzle of 1 John, London 1966.

J. Heise, Bleiben. Menein in den johanneischen Schriften, HUTh 8, Tübingen 1967.

K. Weiß, Orthodoxie und Heterodoxie im 1. Johannesbrief, ZNW 58, 1967, 247-255.

P.S. Minear, The Idea of Incarnation in First John, Interp. 24, 1970, 291-302.

Ders., Diversity and Unity. A Johannine Case-Study, in: C. Breytenbach-H. Paulsen (Hgg.), Die Mitte des Neuen Testaments, FS E. Schweizer, Göttingen 1983, 162-175.

G. Klein, ,Das wahre Licht scheint schon'. Beobachtungen zur Zeit- und Geschichtserfahrung einer urchristlichen Schule, ZThK 68, 1971, 261-326.

25 So E. Käsemann, Ketzer und Zeuge 179.

K. WENGST, Häresie und Orthodoxie im Spiegel des ersten Johannesbriefes, Gütersloh 1976.
DERS., Der erste, zweite und dritte Brief des Johannes, ÖTK 16, Gütersloh ^{2}1990.
E. MALATESTA, Interiority and Covenant, AnBib 69, Rom 1978.
J.M. LIEU, ‚Authority to Become Children of God'. A Study of I John: NT 23, 1981, 210-228.
S.S. SMALLEY, 1, 2, 3 John, Word Biblical Commentary 51, Waco 1984.
E. STEGEMANN, „Kindlein, hütet euch vor den Götterbildern!", ThZ 41, 1985, 284-294.
G. STRECKER, Die Anfänge der Johanneischen Schule, NTS 32, 1986, 31-47.
DERS., Die Johannesbriefe, KEK XIV, Göttingen 1989.
U. SCHNELLE, Antidoketische Christologie im Johannesevangelium, FRLANT 144, Göttingen 1987.
H.-J. KLAUCK, Der erste Johannesbrief, EKK XXIII/1, Zürich-Braunschweig 1991.

Für eine nähere Bestimmung des literarischen Charakters des 1. Johannesbriefes ist zu beachten, daß anders als in den Presbyterbriefen die wichtigsten formalen Kennzeichen für einen ‚Brief' fehlen. Es finden sich weder Präskript, Proömion noch Schlußgrüße. Auch ist der Prolog 1 Joh 1,1-4 nicht mit einem brieflichen Auftakt gleichzusetzen. Trotz der häufigeren Anrede an die Leser fehlen Informationen über Absender und Adressaten, wie sie der antiken Briefkonvention entsprechen würden. Auch kann 5,13 nicht als briefliches Postskript interpretiert werden, da weitere Mahnungen folgen und wesentliche Elemente eines Briefschlusses (Grüße, Segenswunsch) nicht vorhanden sind. Richtiger wird man daher die literarische Gattung des 1 Joh unter Berücksichtigung des Anredecharakters als ‚briefartige Homilie' verstehen können. Die Gliederung zeigt[1] einen Wechsel zwischen den Themen Christusgemeinschaft und Bruderliebe. Dabei ist zu beachten, daß die Auseinandersetzung mit den Gegnern eine bedeutende Rolle spielt. Neben den paränetischen Ausführungen, die sich unmittelbar an die Adressaten wenden, um ihnen für ihr christliches Leben Erkenntnishilfe zu leisten und konkrete Weisungen zu geben, stehen polemisch gestimmte Abschnitte, die sich speziell mit der gegnerischen Lehre befassen und hierdurch einen dogmatischen Zuschnitt besitzen.[2] Ihr Zielpunkt ist die Festigung der christlichen Gemeinde in ihrem Wissen und Glauben (5,13), unter Einschluß der ethischen Lebensführung, konkret dem Aufruf, die christliche Agape zu verwirklichen. Das Schreiben ist durch die johanneische Schultradition bestimmt.

---

1 Vgl. schon Th. Haering, Die Johannesbriefe, Stuttgart 1927, 6.9f.

2 Daher läßt sich nach der Einleitung (1,1-4) das Schreiben als eine wechselnde Folge von paränetischen und dogmatischen Ausführungen verstehen (Paränese: 1,5-2,17; 2,28-3,24, 4,7-5,4a; 5,13-21. – Dogmatische Ausführungen: 2,18-27; 4,1-6 und 5,4b-12).

Sie ist auch für den meditativen Stil in Anspruch zu nehmen, nicht zuletzt für Risse und Sprünge in der Gedankenführung, die freilich bei näherer Betrachtung nicht übermäßig ins Gewicht fallen, so daß von einer grundsätzlichen literarischen Einheitlichkeit auszugehen ist.[3]

b) Der ‚Apostel' und die Tradition ἀπ' ἀρχῆς

Kennzeichen für die Theologie des 1 Joh ist ein spezifisches Traditionsbewußtsein. Der Verfasser verweist auf eine ἀρχή, die für seine Verkündigung wie auch für sein Schreiben konstitutiv ist (1 Joh 1,1; vgl. 2 Joh 5f; Joh 1,1ff). Dieser ‚Anfang' ist mit dem λόγος τῆς ζωῆς identisch, was sowohl mit ‚Wort vom Leben' übersetzt und mit der christlichen Verkündigung gleichgesetzt, aber auch im Sinn eines ‚genetivus adiectivus' als ‚lebenspendendes Wort' verstanden und hierdurch personifizierend auf den Logos als Person bezogen werden kann (neben 1 Joh 1,1 auch 1 Joh 2,13f; Joh 1,1ff). Der Anfang, von dem sich Verfasser und Gemeinde bestimmt wissen, ist mit dem Christusgeschehen identisch, offenbart sich doch nach Aussage des Verfassers in Jesus Christus das ewige Leben (vgl. 1 Joh 5,11f). Solches Traditionsbewußtsein drückt sich in dem Anspruch aus, ein Ohren- und Augenzeuge des Anfangsgeschehens zu sein. Dies meint – so zeigt es die charakteristische, historisch orientierte Zeugenterminologie in 1,1-4 -, daß der vorgetragene Anspruch als der eines ‚Apostels' erscheint, der den Hörern einer späteren Generation die Zuverlässigkeit des Anfangs der christlichen Kirche, nämlich die Tatsächlichkeit des vergangenheitlichen Christusgeschehens bezeugt. Dieses Geschehen umschließt eine große Spannweite von der Präexistenz (1,2: ‚beim Vater') über das Auftreten des irdischen Jesus (1,1: „Was wir gehört und mit unseren Augen gesehen haben") bis zur Auferstehung Jesu Christi (1,1: „Was wir geschaut und unsere Hände betastet haben") und wird nunmehr durch die Verkündigung des Augenzeugen übermittelt, um eine umfassende ‚Gemeinschaft' (Vater, Sohn, Zeuge und Gemeinde) herzustellen (1,3), damit dadurch christliche Freude zu ihrer eschatologischen Vollendung gelangt (1,4). Wie die Gegenüberstellung des schriftstellerischen ‚Wir' zum ‚Euch' der Adressaten verdeutlicht (1,3), will der Verfasser nicht nur von einer allgemeinen, allen Christen zugänglichen Erfahrung sprechen, sondern sich als Angehöriger der ersten christlichen Generation ausdrücklich als Zeuge für die tatsächliche Begegnung mit dem inkarnierten und auferstandenen Christus von den Adressaten abheben, um durch sein Zeugnis die für alle Christen notwendige Glaubensgrundlage und -gewißheit zu gewährleisten.

---

3 Mit Ausnahme des sog. Comma Johanneum, einem Zusatz zu 5,7f.

Entspricht der Autoritätsanspruch des Verfassers dem eines Apostels der ersten Generation, so ist doch bezeichnend, daß der Begriff ‚Apostel' von ihm nicht gebraucht wird. Sein Anspruch läßt keine historischen Rückschlüsse auf einen Zeitgenossen des Lebens Jesu zu. Auch der zeitlich vor ihm schreibende Presbyter (2 Joh 1; 3 Joh 1) war als Lehrer des Papias kein Augenzeuge des Lebens Jesu. Die Vermutung, der Autor des 1 Joh sei ein Schüler oder Vertreter des Zebedaiden Johannes gewesen (R. Schnackenburg), ist nicht zu belegen. Im Unterschied zur Seligpreisung der Nichtsehenden in Joh 20,29 findet sich im 1 Joh eine realistische Perspektive, wie sie der vorausgesetzten Augenzeugenschaft entspricht (vgl. 1 Joh 4,14). Sie steht zweifellos in einem apokalyptischen Horizont, wie dieser schon die Presbyterbriefe kennzeichnet, aber konkretisiert sich zugleich in der Auseinandersetzung mit den bekämpften Gegnern.

c) Die Gegner im ersten Johannesbrief

Im Unterschied zu den Presbyterbriefen ist im 1 Joh eine Auseinandersetzung um den Chiliasmus nicht mehr zu erkennen. Das Motiv selbst fehlt in den Ausführungen des Verfassers. Dennoch ist die apokalyptische Vorstellungswelt erhalten geblieben. Die Erwartung der Parusie Christi (2,28), der ἐλπίς-Gedanke (3,3), der die Gemeinde von der Hoffnung auf die künftige Gottesschau (3,2) her definieren läßt, und andere futurisch-eschatologische Aussagen (3,2; 4,17: eschatologische παρρησία-Vorstellung[4] sowie das im johanneischen Schrifttum singuläre ἡμέρα τῆς κρίσεως) belegen das Durchhalten der apokalyptischen Tradition. Solche Aussagen aus dem Kontext herauszutrennen und einer kirchlichen Redaktion zuzurechnen, würde eine wesentliche Komponente aus der Theologie des 1 Joh ausgrenzen und dadurch diese verkürzen.

Im Zentrum der Auseinandersetzung steht eine andere Frage, die auf die in den Presbyterbriefen angezeigte Auseinandersetzung zurückgeführt werden kann. Gegenüber der Betonung der realistischen Eschatologie und der Christologie durch den Presbyter sind seine Gegner eher in einem spiritualistisch orientierten, hellenistischen Christentum zu finden. Dem Einfluß desselben Milieus sind auch die Gegner im 1 Joh zuzuordnen. Sie selbst gehörten einstmals zum johanneischen Kreis, haben sich aber nunmehr von ihm getrennt (2,19). Der wesentliche Differenzpunkt ist nach Aussage des Verfassers, daß sie bestreiten, Jesus sei der Christus (2,22):

---

4 Diese ist auch in der jüdisch-hellenistischen Weisheitsliteratur bekannt, vgl. Weish 5,1: „Sodann (im Endgericht) wird der Gerechte mit großem Freimut (ἐν παρρησίᾳ πολλῇ) vor seinen Bedrängern stehen."

Wer ist der Lügner, wenn nicht der, welcher leugnet, daß Jesus der Christus ist? Dieser ist der Antichrist, der den Vater und den Sohn leugnet.

Die Folgerung, hierdurch seien die Gegner des 1 Joh als Juden beschrieben, welche die Messianität Jesu leugnen[5], ist nicht überzeugend. Die in der Terminologie des Presbyters als ‚Antichristen' bezeichnete Gegnerschaft ist auf der Grundlage von 4,2f eher in doketischen Vorstellungen zu suchen:

2 Daran erkennt ihr den Geist Gottes: Jeder Geist, der bekennt, daß Jesus Christus im Fleisch gekommen ist, ist aus Gott,

3 und jeder Geist, der nicht Jesus bekennt, ist nicht aus Gott.

Wie das Partizip Perfekt ἐληλυθότα anzeigt, ist das Christusereignis als ein Geschehen der Vergangenheit verstanden, dessen Bedeutung bis in die Gegenwart anhält. Die Kritik der Gegner bezieht sich demnach auf die Inkarnation des Christus; dies führt zu der begründeten Annahme, daß es sich bei ihnen um Doketen handelt.

Die Bezeichnung ‚Doketismus' leitet sich von dem griechischen Begriff δόκησις/δοκεῖν ab.[6] Die hiermit benannten Gruppen bestreiten die Möglichkeit, das irdische Sein Jesu von Nazareth mit seinem göttlichen Ursprung in Einklang zu bringen. Sie können das christliche Bekenntnis zur Heilsbedeutung Jesu nur insoweit nachvollziehen, als sie zwischen dem himmlischen Christus, den sie anerkennen, und dem irdischen menschlichen Sein Jesu streng unterscheiden. Nur letzterer war es, der ihrer Meinung nach ge-

5 So bereits A. Wurm, Die Irrlehrer im ersten Johannesbrief, BSt(F) 8,1, Freiburg 1903, 24-52, der nicht nur die Annahme unterschiedlicher Gruppen von Gegnern im 1 Joh zurückwies, sondern diese einheitliche Gruppe als Juden identifizierte, welche die Messianität Jesu ablehnten. Vgl. ferner J.C. O'Neill, The Puzzle of 1 John; H. Thyen, Art.: Johannesbriefe, TRE 17, 186-200; 191.192.194f; J.A.T. Robinson, The Destination and Purpose of the Johannine Epistles, NTS 7, 1960/61, 56-65, der die Johannesbriefe als „necessary correctives to deductions drawn from the teaching of the fourth Gospel by a gnosticizing movement within Greek-speaking Diaspora Judaism" bezeichnet (65; s.a. 60: „The question is ... whether Jesus is the ‚Messiah'"). Ohne von jeglicher Beziehung zur Gnosis absehen zu wollen, weist K. Weiß auf eine gegnerische Gruppe, die er in der Nähe der Juden beheimatet sieht (Die „Gnosis" im Hintergrund und Spiegel der Johannesbriefe, in: K.W. Tröger (Hg.), Gnosis und Neues Testament. Studien zur Religionswissenschaft und Theologie, Gütersloh 1973, 341-356).

6 Zum Problem des Doketismus vgl. z.B. N. Brox, „Doketismus" – eine Problemanzeige, ZKG 95, 1984, 301-314; J.G. Davies, The Origins of Docetism, StPatr VI, TU 81, Berlin 1962, 13-35; U. Schnelle, Antidoketische Christologie 76-83; M. Slusser, Docetism: A Historical Definition, The Second Century 1, 1981, 163-172; P. Weigandt, Der Doketismus im Urchristentum und in der theologischen Entwicklung des 2. Jahrhunderts, Diss. theol. Heidelberg 1961 (masch.).

litten hat und am Kreuz gestorben ist, wohingegen jener nur ‚zum Schein' mit Jesus verbunden war. Der Doketismus bestreitet den Gedanken der Inkarnation aufgrund der Prämisse, daß sich das Göttliche nicht mit dem Menschlichen und das Himmlische nicht mit dem Irdischen vereinen kann.

Diese Konzeption leitet sich aus griechischem, nicht aus jüdischem bzw. genuin-judenchristlichem Geist ab[7]; sie konnte sich in verschiedenen Systemen artikulieren, so daß auch die Möglichkeit eines gnostischen Doketismus gegeben ist. Allerdings sind Gnosis und Doketismus nicht notwendig gleichzusetzen, da bei letzterem oftmals eine kosmologische und eine damit gegebene gegensätzliche Soteriologie fehlt.[8] Im übrigen können zu den Gegnern des 1 Joh über die Feststellung einer doketischen Christologie hinaus wenig konkrete Angaben gemacht werden. Da sie bestreiten, daß Jesus der Christus und der Sohn Gottes ist, läßt sich vermuten, daß sie zwischen den Personen ‚Jesus' und ‚Christus' trennten. Sind auch die terminologischen Einzelheiten nicht zu erkennen, so dürfte sich doch mit der Unterscheidung zwischen dem irdischen Jesus und dem himmlischen Christus eine dualistische Konzeption verbunden haben. Solche ist, wenn auch weniger ausgebildet, bereits für die Anfänge der johanneischen Schule (3 Joh 11) nachzuweisen. Sie wird im 1 Joh in der Gegenüberstellung von Licht und Finsternis, Leben und Tod, Gott und Welt weitergehend reflektiert (1 Joh 1,5-7; 2,8b-11.15-17; 4,4-6; 5,4f). Offenbar implizierte die doketische Christologie eine Abwertung der vorfindlichen Welt und setzte ein prophetisches und gnostisches Selbstverständnis voraus. Letzteres ist im ursprünglichen Sinn der ‚Gnosis' als Gotteserkenntnis und Gotteserfahrung zu verstehen und nicht von dem Begriff der mythologischen Gnosis aus zu definieren. Ein gnostisches System, wie es besonders den christlichen Bestreitungen der Kirchenväter des zweiten Jahrhunderts zu entnehmen ist, kann in den Texten des 1 Joh nicht ausgemacht werden.

In Auseinandersetzung mit dieser gegnerischen Front betont der Verfasser, daß Christus sichtbar, hörbar und betastbar auf der Erde lebte. Es geht also darum, gegen die enthistorisierende und spiritualisierende Sichtweise der Gegner die ‚greifbare', ‚empirische' Realität des Christusgeschehens herauszuheben. Hinzu tritt das ‚pseudepigraphische' Motiv: Unter dem fingierten Vorzeichen der apostolischen Autorität, die der Verfasser für sich in Anspruch nimmt, sucht er die gegnerische Lehre zurückzuweisen.

---

7 Vgl. u.a. P. Weigandt, Der Doketismus im Urchristentum 29; anders N. Brox, Doketismus 313f, der den Doketismus aus dem Judenchristentum abzuleiten sucht.

8 So stellt N. Brox, a.a.O. 313, zu Recht fest: „Nichtgnostische doketische Christologien waren im frühen 2. Jahrhundert allem Anschein nach keine Rarität".

Der Hervorhebung der Tradition entspricht die als Verweis auf die Presbyterbriefe zu verstehende Wendung ἔγραψα.[9] Gegenüber den Gegnern, deren doketische Tradition beim vierten Evangelisten vorausgesetzt ist, versteht sich der Verfasser des 1 Joh als in der Tradition der eigenen Schule stehend. Sein Anspruch führt über den des Presbyters hinaus, indem er sich als Augenzeuge für das Leben Jesu ausgibt, ohne die Kenntnis von Ereignissen aus dem Leben Jesu in seiner Schrift nachzuweisen. Eine ,Vita Jesu' im Rahmen der johanneischen Schule bietet erst das Johannesevangelium.

Der Boden der gemeinsamen Tradition ist von den Gegnern verlassen worden (2,19):

> Von uns sind sie ausgegangen, aber sie waren nicht von uns; denn wenn sie von uns gewesen wären, (dann) wären sie bei uns geblieben. Vielmehr sollte (an ihnen) offenbar werden, daß nicht alle von uns sind.

Sind die gegnerischen Lehrer aus der johanneischen Gemeinde hervorgegangen, so ist nun ihr wirkliches Wesen sichtbar geworden. Sie haben niemals wirklich zur Gemeinde hinzugehört. Es gehört folglich zum Wesen der Gemeinde, daß ihre Glieder beisammen bleiben und die Einheit der christlichen Gemeinschaft erhalten. Gerade die Zerstörung der Gemeinde macht das Antichristliche der falschen Lehre offenbar und zeigt mangelnde Liebe.

Zusammenfassend ist festzustellen, daß im 1 Joh, vom Johannesevangelium unabhängig, in eigenständiger Weise johanneische Vorstellungswelt aufgenommen und verarbeitet wurde. Der Verfasser stellt sich in die nach wie vor gültige Tradition ἀπ' ἀρχῆς, indem er einerseits die physische Wahrnehmbarkeit des christologisch zu verifizierenden Heilsereignisses hervorhebt, andererseits seinen Autoritätsanspruch über den Presbyter zurück aus dem Anfang ableitet. Als Augen-, Hör- und Tastzeuge tritt er den doketischen Gegnern entgegen, deren falsche Lehre sich in der Abspaltung von der Gemeinde manifestiert. Im folgenden wird sich zeigen, daß der Verfasser des 1 Joh gegen die spiritualistische Sicht der Gegner die sühnende Kraft des Todes Jesu (1,7) und die pneumatische Vermittlung des Heils durch Taufe und Herrenmahl (5,6-8) betont. Auch dies stimmt zum Bild der doketischen Lehrer; denn Sakramentenfeindlichkeit gilt den Kirchenvätern als ein Kennzeichen des Doketismus.[10]

---

9 2,14.21 (dazu oben); auf das vorliegende Schreiben verweisen hingegen 2,26; 5,13, sowie regelmäßig die präsentischen Verbformen: 1,4; 2,1.7f.12f; 2 Joh 5.

10 Vgl. IgnSm 7,1; IgnPhld 4; Epiph Haer 30,16,1.

d) Die Gemeinschaft mit Gott

1. Das ‚Bleiben in Gott' und andere Bezeichnungen für die Gottesgemeinschaft

Eine zentrale Vorstellung der Theologie des 1 Joh stellt das Thema der Gottesgemeinschaft dar. Dieses findet in der Vorstellung von dem μένειν ἐν, darüber hinaus in der Zeugung aus Gott wie auch in dem Sein aus Gott bzw. in dem ‚Gott haben' einen Ausdruck.

Wie schon in der griechischen Literatur, so hat auch im Neuen Testament das Wort ‚bleiben' (μένειν) eine lokale Bedeutung.[11] Der räumliche Sprachgebrauch kann metaphorisch das ‚Bleiben in einer Sphäre' umschreiben (1 Joh 2,10: ‚im Licht'; 3,14: ‚im Tod') und das Verhältnis von Gott zu den Menschen bzw. der Menschen zu Christus oder zu Gott bezeichnen. Erinnert dieser Sprachgebrauch an Mysterienterminologie[12], so ist er dennoch nicht als mystisch zu bewerten. Das μένειν ἐν meint keine mystische Einwohnung Gottes im Glaubenden, sondern impliziert ein personales Gegenüber von Gott und Mensch. So zeigt es die reziproke *Immanenzformel*, wie diese beispielhaft 1 Joh 3,24 belegt ist:

Wer seine Gebote hält, der bleibt in ihm und er (bleibt) in ihm.

Die Formel μένειν ἐν spricht eine dauerhafte Einheit zwischen Gott/Christus und Mensch aus (vgl. auch 2,6; 3,9.15; 4,12f.15f). Dem entspricht die Vorstellung der Zeugung aus Gott oder der Gotteskindschaft. Inhaltlich wird die Gottesgemeinschaft der Glaubenden als das Halten der Gebote interpretiert. So konkretisiert es sich im ethischen Handeln der Bruderliebe, nämlich durch den Glaubenden, der in der Liebe des Vaters bleibt.

Primär gibt das ‚Bleiben' den indikativisch zu umschreibenden Zustand der Gemeinde wieder. Indem diese im Besitz der ‚Salbung' (χρῖσμα) ist, weiß sie darum, daß sie hierdurch zur Wahrheit geleitet wird und von den ‚Verführern' geschieden ist (2,27). Mit dem Bleiben eines jeden Gemeindegliedes ‚in ihm' ist indikativisch zugesagt, daß es nicht sündigt, nicht einmal sündigen kann (3,6.9), wie umgekehrt das Sein der Nichtglaubenden als ein Bleiben im Tod charakterisiert wird (3,14; vgl. V.15). Die meisten Textstellen stehen in einem paränetischen Zusammenhang, so daß der Übergang zum Imperativ fließend ist. Dies gilt insbesondere für die eine Bedingung voraussetzen-

---

11 Vgl. Plat Ep 358c: „in den Sitten"; Resp 360b: „in der Gerechtigkeit". – 1 Tim 2,15: „in Glaube und Liebe bleiben"; 2 Tim 3,14: „bleiben in dem, was du gelernt hast". So ist es auch im johanneischen Schrifttum bezeugt (1 Joh 2,24.27).

12 Vgl. R. Reitzenstein, Die hellenistischen Mysterienreligionen 396-400 (zu 1 Joh 2,20ff).

den Indikativsätze. So kennzeichnet das Bekenntnis, daß Jesus der Gottessohn ist, nicht nur die Zugehörigkeit zur Gemeinde im Gegensatz zur falschen Lehre, sondern das Ablegen dieses Bekenntnisses ist die Voraussetzung für die Tatsache, daß der Christ in Gott bleibt und Gott in ihm bleibt (4,15).

Neben der räumlichen Komponente ist die zeitliche zu beachten. Der Verfasser des 1 Joh ermahnt seine Leser, angesichts der künftigen Parusie des Sohnes ‚in ihm' zu bleiben (2,28). Die Gottesgemeinschaft, also das Bleiben des Menschen in Gott und Gottes in dem Menschen, zielt auf die Vervollkommnung der Liebe, deren letzte Erfüllung sich am Tag des Endgerichts ereignen wird (4,16f). Ist die Liebe dort zur Vollendung gekommen, wo eine Durchdringung von göttlichem und menschlichem liebenden Sein sich ereignet (4,12), so hat dies auch eine futurisch-eschatologische Ausrichtung. Der Verfasser des 1 Joh bestreitet nicht die Gültigkeit des künftigen Strafgerichts für sich und seine Gemeinde, weiß sich aber einbezogen in die Vollendung der Liebe, die sich hier und jetzt ereignet. Daß solche Liebe unter Christen zur Wirklichkeit wird, ist ein hinreichender Grund für die Gewißheit, daß am Gerichtstag die christliche Gemeinde als Gemeinschaft der Liebenden Freimut haben wird, also vor dem Urteil des Weltenrichters wird bestehen können (4,17).

Zweifellos bestehen enge sachliche Entsprechungen zwischen der Theologie des Paulus und der des 1 Joh in dem durch die johanneischen Immanenzformeln ausgesprochenen Gedanken der Gottesgemeinschaft und den paulinischen ἐν Χριστῷ-Aussagen.[13] Mag diese Beobachtung als Indiz für paulinische Grundlagen des johanneischen Kreises gewertet werden[14], so ist eine besondere Eigenart der Theologie des 1 Joh (und JohEv) mit dem Motiv von der Zeugung aus Gott gegeben, das den Menschen durch die Verbindung mit göttlichem Sein definiert.[15] Diese anthropologisch konstruierten Aussagen geben eine Begründung für die christliche Existenz an, die nicht im Menschen selbst liegt, sondern ihm vorgegeben ist. Inhaltlich kann der

---

13 Vgl. einerseits ‚in Christus': 1 Thess 1,1; 2,14; 4,16; 5,18; Gal 1,22; 3,28; 5,6 u.ä.; andererseits ‚Christus in mir': Gal 2,20; ‚die Wahrheit Christi in mir': 2 Kor 11,10; ‚Christus in euch': 2 Kor 13,5; Röm 8,10).

14 Eine traditionsgeschichtliche Verbindung zwischen paulinischen und johanneischen Gedanken scheint auch der Gebrauch des Substantivs δικαιοσύνη in 1 Joh 2,29 widerzuspiegeln (vgl. Röm 1,17; Gal 2,17). Dies gilt auch, wenn das Substantiv nicht auf Gott bezogen ist, sondern das Objekt des Handelns der Gemeinde bezeichnet (vgl. 1 Joh 3,7.10). Insbesondere die johanneische Verknüpfung von Heilsindikativ und ethischem Imperativ ist für das Verhältnis zur paulinischen Theologie aufschlußreich (1 Joh 2,1-6; vgl. Röm 6,1ff; Gal 5,25).

15 Vgl. auch den Gebrauch von γεννᾶσθαι im 1 Joh; fast nur im pass. Sinn: 2,29; 3,9; 4,7; 5,1.4.18; vgl. Joh 1,13; 3,3ff.

terminologisch und traditionsgeschichtlich von der Vorstellung der Zeugung aus Gott zu unterscheidende Begriff τέκνα θεοῦ (3,9f; 5,1f) hiermit identifiziert werden. Beides sagt wie auch die Vorstellung des μένειν ἐν eine dauerhafte ontische Gemeinschaft des Menschen mit Gott aus.

Ist die Gotteszeugung ursprünglich in der Tauftradition beheimatet (vgl. Joh 3,3ff), so ist sie auch im Zusammenhang mit der Annahme des Wortes oder der Verwirklichung der Gnosis gedacht worden.[16] Dies läßt vermuten, daß die doketischen Gegner des 1 Joh ‚Gotteszeugung' für sich in Anspruch nahmen, zumal diese Vorstellung in den Presbyterbriefen noch nicht erscheint; denn mit einer doketischen Christologie konnte ein dualistisch-spiritualistisches anthropologisches Konzept verbunden werden. Dies wurde im Sprachgebrauch und in der Theologie der johanneischen Gemeinden positiv aufgenommen (vgl. Joh 1,13; 3,3.5-8). Bei diesem übertragenen Sprachgebrauch lassen sich unterscheiden: Zeugung aus Gott (1 Joh 2,29; 3,9; 4,7), aus dem Geist (Joh 3,6.8; vgl. 3,5: aus Wasser und Geist) oder Zeugung ‚von oben' (Joh 3,3.7). Der religionsgeschichtliche Hintergrund ist nicht das alttestamentliche Judentum.[17] Dieses kennt zwar das Motiv der Gotteskindschaft[18], jedoch wird dies nicht mit der Gotteszeugung identifiziert. Für letztere ist vielmehr allgemein auf den hellenistisch-synkretistischen Hintergrund zu verweisen. Schon im Zeushymnus des Kleanthes wird das Menschengeschlecht von dem Göttervater abgeleitet[19], bei Epiktet findet sich das Eingeständnis des Beters vor Gott: „Du hast mich gezeugt"[20], und schon Plato setzt

16 So heißt es im koptischen ‚Evangelium der Wahrheit': Daher ist derjenige, der Erkenntnis hat, einer, der von oben stammt. Wenn man ihn ruft, hört er, antwortet er und wendet sich zu dem, der ihn ruft, steigt zu ihm empor und erkennt, wie man ihn ruft. Da er Erkenntnis hat, vollbringt er den Willen dessen, der ihn gerufen hat ... Wer so zur Erkenntnis gelangen wird, erkennt, woher er gekommen ist und wohin er geht. Er erkennt, wie einer, der trunken war und von seiner Trunkenheit abließ; er brachte das Seine [wieder] in Ordnung, nachdem er zu sich selbst zurückgekehrt war (NHC I 3,22,2-10.13-19); vgl. K. Rudolph, Die Gnosis. Wesen und Werden einer spätantiken Religion, Göttingen [3]1990, 139.

17 Vgl. R. Schnackenburg, Die Johannesbriefe, HThK XIII 3, Freiburg [7]1984, 178-180 (gegen O. Michel-O. Betz, Von Gott gezeugt, in: W. Eltester (Hg.), Judentum, Urchristentum, Kirche, FS J. Jeremias, BZNW 26, Berlin 1960, 3-23). – Der Gebrauch des Verbs (‚gebären', ‚erzeugen') ist Ps 2,7 auf die Adoption bzw. Legitimation des Königs Israels bezogen und bleibt auch Dtn 32,18 (‚der Fels, der dich gezeugt hat') ganz im Bild (vom erwählten Volk). Ähnliches gilt für 1 QSa II 11(-12) und 1 QH IX 35f.

18 Vgl. Mal 3,17f; Weish 2,18; 5,5 u.ö.

19 Stob Ecl I 25,3ff (v. Arnim I 121,37ff): ἐκ σοῦ γὰρ γένους ἐσμέν („denn aus deinem Geschlecht sind wir").

20 Epict Diss IV 10,16: με σὺ ἐγέννησας.

den Schöpfer der Welt mit dem Vatergott gleich.[21] Griechische, speziell stoische Einflüsse sind für Philo festzustellen, wenn dieser von Gott als dem ὁ γεννήσας oder γεννητὴς πατήρ spricht, der den Menschen bei der Erschaffung der Welt ‚erzeugt' habe.[22] Philo verbindet darüber hinaus die Vorstellung der Erzeugung durch Gott mit dem ethischen Gedanken der Adoption des tugendhaften Menschen zum Gottessohn.[23] Bleibt auch die Frage umstritten, ob der Gedanke der Gotteszeugung von der Mysterienfrömmigkeit beeinflußt ist[24], so ist er im 1 Joh jedenfalls nicht physisch oder schöpfungstheologisch, wohl aber ontologisch zu verstehen; denn er artikuliert das ‚extra nos' der glaubenden Existenz, d.h. das Bekenntnis der glaubenden Gemeinde, daß sie sich nicht sich selbst, sondern dem ‚ganz anderen' verdankt.

Solche ‚seinsmäßige Vorgegebenheit' wird nicht lediglich von den Gegnern behauptet, sie gilt vielmehr allgemein für die christliche Gemeinde: Diese glaubt an Jesus Christus als einen für sie Gerechten und bekennt sich zu ihm durch ihre Taten; nur im Zusammenklang von Glaube und Tat zählt sie zur Gemeinschaft der aus Gott Gezeugten (2,29) und hat die Zusage, auch in der Zukunft als ‚Kinder Gottes' anerkannt zu werden (3,1).

Weiterhin begegnen die schon aus den Presbyterbriefen bekannten Bezeichnungen für die Gottesgemeinschaft; ἐκ τοῦ θεοῦ εἶναι (‚aus Gott sein'; 3 Joh 11; 1 Joh 4,2.4.6; auch im negativen Sinn: 3,10; 4,3.6) als Kennzeichen für die christliche Gemeinde äußert sich im Bekenntnis zu dem ‚im Fleisch gekommenen Jesus Christus' (4,2). Es führt zur Unterscheidung der Geister, der Wahrheit und des Irrtums (4,3.6) und zwischen denen, die zur Welt gehören, also nicht aus Gott sind, und den Kindern Gottes, die sich den kosmischen Gewalten überlegen wissen (4,4). So sehr solche Unterscheidung

---

21 Vgl. Plat Tim 37c (ὁ γεννήσας πατήρ); R. Reitzenstein-H.H. Schaeder, Studien zum antiken Synkretismus aus Iran und Griechenland, Leipzig-Berlin 1926 (Nachdruck Darmstadt 1965), JBW 7, 142ff; G. Schrenk, Art.: πατήρ κτλ., ThWNT V 946-1024; 954f.

22 Philo Op 84; SpecLeg II 30f; III 189.

23 Sobr 56: „Er <der Mensch> ist nämlich als einziger von vornehmer Abkunft, weil er sich Gott zum Vater erwählt hat und allein als Sohn von ihm adoptiert worden ist" (γεγονὼς ... υἱός).

24 Gegen einen solchen Einfluß spricht sich F. Büchsel, Art.: γεννάω, ThWNT I 667-669 aus; R. Schnackenburg, Johannesbriefe 181, sieht eine terminologische Berührung zwischen 1 Joh und der Mysterienfrömmigkeit; R. Bultmann, Die drei Johannesbriefe, KEK XIV, Göttingen [2]1967, 51, sogar eine sachliche Verwandtschaft zwischen gnostischer und christlicher Verkündigung, die von M. Vellanickal, The Divine Sonship of Christians in the Johannine Writings, AnBib 72, Rom 1977, 234ff, und R.E. Brown, The Epistles of John, AncB 30, New York 1982, 385ff, relativiert wird.

ontologisch ausgesagt ist, so hat sie doch einen geschichtlichen Sinn; sie artikuliert sich im Tun bzw. im Nichttun von Gerechtigkeit und Bruderliebe (3,10). – Sachlich nicht weit entfernt steht der Terminus θεὸν ἔχειν (,Gott haben'), der nicht ein spezifisch christlicher Begriff ist, sondern in der griechischen[25] und in der hellenistisch-jüdischen Literatur[26] Vorbilder besitzt. Im johanneischen Schrifttum ist eine nachträgliche Verchristlichung erfolgt, indem nicht nur von ,Gott haben' bzw. ,den Vater haben' (2 Joh 9; 1 Joh 2,23), sondern auch von ,den Sohn haben' (2 Joh 9; 1 Joh 5,12) gesprochen wird. Anders als in den Presbyterbriefen ist im 1 Joh eine Stufenfolge erkennbar, die vom Sohn zum Vater aufsteigt (2,23; vgl. 5,12). Das ,Haben' ist nicht als ,Besitz' verstanden, sondern umschreibt als Ausdruck der präsentischen Eschatologie die Gottes- und Christusgemeinschaft. Solche Gemeinschaft bleibt auf die Fürsprache des Parakleten (2,1) angewiesen. Sie wird von den Menschen nicht nur theoretisch ,erkannt', sondern mit ihrem Erkennen verbindet sich ein Anerkennen des Vaters und des Sohnes (2,3ff) und impliziert die Forderung, das einmal Ergriffene nicht zu verlieren (vgl. das imperativisch gebrauchte μένειν: 2,24-28).

Charakterisiert und begründet wird die Gottesgemeinschaft durch die ἀγάπη. Ist die christliche Gemeinde von dem ,Sein aus Gott' bestimmt, so gilt dies auch für ihr ,Sein in der Liebe'. Richtet sich die Agape auf Gott oder auf den Mitmenschen aus, so steht sie in jedem Fall im Zusammenhang mit der Gotteszeugung der Liebenden. Umgekehrt äußert sich das ,Erzeugtsein aus Gott', das mit dem ,Sein aus Gott' identisch ist (vgl.4,7b), in Agape. Die Gottesliebe begründet die Gemeinschaft der Glaubenden mit Gott (4,16). Ausgeschlossen aus der Gottesgemeinschaft sind dagegen die Menschen, die als Lieblose Gott nicht anerkennen (4,8; vgl. 2,5).

Die Liebe Gottes realisiert sich durch den Sohn, der in der irdischen Wirklichkeit ist.[27] Hier hat sich die Gottesliebe der Erfahrbarkeit der Menschen ausgeliefert und erweist sich als ein konkretes Geschehen, indem sie im ,einzigen Sohn' in die Historie eingegangen ist (4,9). Gegenstand der Offenbarung der Liebe Gottes im Sohn ist der Kosmos. Dieser steht als ,Menschenwelt' unter der Herrschaft der Sünde und ist durch Nichtigkeit und Gottfeindlichkeit gekennzeichnet (1 Joh 2,2.15ff; 3,1; 4,4f.14). Zum

---

25 Z.B. Epict Diss II 8,17.

26 Z.B. 2 Makk 8,36; 11,10; 3 Makk 7,16; Jos Ant VIII 227 u.ö. – Vgl. auch oben D I b 1.

27 Nach H. Schlier, Das Ende der Zeit. Exegetische Aufsätze und Vorträge III, Freiburg 1971, 125, wäre hier eine Abwehr gnostischer Vorstellungen zu vermuten. Gegenüber der doketischen Auflösung der Gestalt des historischen Jesus wird betont, daß das Leben in Christus erschienen, Gott als Liebe in Jesus Christus erfahrbar geworden ist.

Sein im Herrschaftsbereich des Kosmos ist die Offenbarung der Liebe Gottes eine eindeutige Alternative. Ziel der Sendung des Sohnes ist das ζῆν bzw. die ζωή, die mit ‚ewigem Leben' gleichbedeutend ist (1 Joh 4,9; vgl. 2,25; 5,16). Die Offenbarung der Liebe Gottes im Sohn stellt sich auch als Akt der Sühnestiftung zwischen Gott und den Menschen dar. Solche ‚Sühnung' (ἱλασμός), nämlich das Vergebungshandeln Gottes, ist aufs engste mit der Person Jesu Christi verknüpft (4,10; vgl. V.15); denn Jesus Christus ist der von Gott gesandte Retter der Menschenwelt (4,14): seine heilbringende Sendung befreit von der Sünde (vgl. 2,2), rettet aus der Nichtigkeit des Kosmos (2,15) und vom Tode (3,14) und schenkt die Gabe des Lebens (1,1f; 3,14; 5,11ff). Daher ist der Gottessohn nicht nur Grund und Quelle des Lebens, sondern auch der Agape, die sich in ihm offenbart und beispielhafte Liebe für den anderen ist. Seine Versöhnungs- und Errettungstat wird allein auf das durch die Liebe motivierte Handeln Gottes zurückgeführt (4,10).

Wenn auch die Dauerhaftkeit der Gottesgemeinschaft in den genannten Motiven vorausgesetzt ist, so handelt es sich doch nicht um eine statische Zustandsbeschreibung, vielmehr um ein geschichtliches Geschehen. Das Bleiben im Vater bzw. im Sohn wird im menschlichen Leben in verschiedener Weise konkret. Es wird einerseits in der Freiheit von der Sünde, andererseits in der Bruderliebe verwirklicht.

2. Die Verwirklichung der Gottesgemeinschaft in der Freiheit von der Sünde

Daß die Glaubenden sich als von Gott Gezeugte verstehen, veranlaßt den Verfasser des 1 Joh zu einer außergewöhnlich starken Formulierung über die Freiheit von der Sünde (1 Joh 3,9-10):

> [9] Ein jeder, der aus Gott gezeugt worden ist, begeht keine Sünde; denn sein (Gottes) Same bleibt in ihm, und er kann nicht sündigen; denn er ist aus Gott gezeugt.
>
> [10] Daran sind die Kinder Gottes und die Kinder des Teufels zu erkennen: Jeder, der nicht Gerechtigkeit tut, der ist nicht aus Gott, und (ebenso ein jeder) wer seinen Bruder nicht liebt.

Dieser Text scheint mit der Aussage, daß Christen nicht sündigen können (‚non posse peccare'), in einem absoluten Gegensatz zu stehen gegenüber 1,8 („Wenn wir sagen, wir haben keine Sünde, so betrügen wir uns selbst") und gegenüber 3,4, wonach sündiges Tun in der christlichen Gemeinde vorausgesetzt wird.[28] Daher handelt es sich um eine Steigerung gegenüber dem Nichtsündigen des Christen (‚non peccare' 3,6.9a). Diese Aussagen sind nicht

---

28 Vgl. auch 1 Joh 2,1f; 5,16.18.

systematisch miteinander auszugleichen, sondern insgesamt von einem paränetischen Skopus bestimmt, mit dem Ziel, daß die Gemeinde an der Sünde keinen Anteil haben soll. Der Verfasser geht davon aus, daß die Gemeindeglieder von Gott Gezeugte und mit Gott eines Wesens sind. Als eschatologische Gemeinschaft ist die christliche Gemeinde allem sündigen Tun entnommen. Zu diesem Ausgangspunkt wird sie ständig zurückgerufen; denn das ‚Nicht-Sündigen-Können' umschreibt ihre eigentliche eschatologische Wirklichkeit, aus der sie seit ihrer Entstehung lebt. Dennoch ist die irdische Realität nicht beseitigt. Die Sünde bleibt eine bedrohende Macht; es gilt, sie bis zum Ende der Welt immer wieder zu überwinden.

Das heilvolle Sein der Gemeinde ist also nicht in sich abgeschlossen. Sie befindet sich in einem dualistischen Spannungsfeld; denn das Heil kann verlorengehen, wenn die Finsternis Übermacht gewinnt oder wenn das Leben dem Kosmos konform ausgerichtet wird. Daher ist die ethische Weisung (z.B. 2,12-17; 3,17f) unverzichtbar. Das zugesprochene, in Christus verwirklichte Heil soll die Gegenwart bestimmen. Die Gemeinde steht unter der verbindlichen Forderung: ‚Werde, der du bist!'

Wenngleich dem Kosmos als der ‚Menschenwelt' auch eine positive (1 Joh 2,2; 4,9.14) oder eine neutrale (1 Joh 4,3) Bedeutung beigemessen werden kann, wird der Begriff auch im Sinn einer widergöttlichen Macht negativ gedeutet (5,4f). Die Wendung ἀγαπᾶν τὸν κόσμον (2,15) beschreibt eine Zuordnung des Menschen zum Kosmos, die eine Wesensgemeinschaft aussagt. Sie steht der Gottesgemeinschaft gegensätzlich gegenüber, da die Welt vom πονηρός beherrscht wird (5,19). Wer wie die falschen Lehrer nicht nur ἐν τῷ κόσμῳ lebt, sondern zugleich ἐκ τοῦ κόσμου ist (4,5), der ist auch den Mächten der Welt anheim gegeben. Dem vom Kosmos Bestimmtsein weiß sich der einzelne Christ entzogen. Wo Menschen aus Gott gezeugt sind und aufgrund ihres Glaubens leben, ist der Kosmos besiegt (5,4f), da hat die ‚Liebe zur Welt' keine Chance (2,15-17). Freilich, wo immer Menschen Gott lieben und seine Gebote halten (5,3), bleibt dennoch die Mahnung notwendig, nicht aus der Gottesgemeinschaft herauszufallen und in erneuter Unterwerfung unter die Macht des Kosmos des Heils verlustig zu gehen.

Dies Verständnis belegt auch in futurisch-eschatologischer Perspektive die Mahnung in 2,28-29:

> 28 Und jetzt, Kindlein, bleibt in ihm, damit, wenn er erscheint, wir Freimut haben und nicht bei seinem Kommen von ihm beschämt werden.
>
> 29 Wenn ihr wißt, daß er gerecht ist, (so) erkennt ihr, daß ebenso ein jeder, der die Gerechtigkeit tut, aus ihm gezeugt ist.

Das ‚Bleiben in ihm' verdeutlicht die Notwendigkeit, daß Gemeinde und Christus eng miteinander verbunden bleiben müssen. Christus ist gleichsam ein Raum, in den die Gemeinde mit allen ihren Lebensäußerungen einbezogen ist. Wie in der Theologie des Paulus schließt das lokale Verständnis der Christusgemeinschaft die Vorstellung einer personalen Begegnung nicht aus (vgl. 1 Thess 4,16f). Präsentische und futurische Eschatologie sind spannungsvoll aufeinander bezogen. Die Erwartung der endzeitlichen Offenbarung ist mit der ‚Ankunft' des Christus gleichbedeutend. Ohne daß über das Datum der Parusie reflektiert ist, erwarten die Glaubenden das *Daß* des Kommens des Gottessohnes, der bereits gekommen ist. Angesichts seines Kommens ist für die Gemeinde, die ‚in ihm bleibt', die παρρησία als ‚Freimut' oder ‚Unerschrockenheit' die angemessene Haltung, die in der Gegenwart von ihr gefordert ist. Daß sie Zuversicht haben darf, kann und soll sich am Tag des Kommens Christi erweisen, also am Gerichtstag (1 Joh 4,17). Es gilt, im Spannungsfeld der Welt durch das ‚Bleiben in ihm' die Freiheit von der Sünde zu verwirklichen, mit dem Ziel, daß solches Bleiben gegenüber der Zukunft des kommenden Christus Bestand haben soll.

3. Die Verwirklichung der Gottesgemeinschaft in der Bruderliebe

Die Verwirklichung der Gottesgemeinschaft, das Bleiben in Gott, ist nicht ohne die verantwortliche ‚Tat' des Menschen, die nicht mit einer ‚Leistung' gleichgesetzt ist, denkbar. So ist 1 Joh 4,12 die indikativische Feststellung, daß Gott in uns bleibt, geradezu an die Bedingung geknüpft, daß wir einander lieben; denn das Tun der Liebe läßt das gegenseitige Verhältnis des Bleibens in Gott und Gottes ‚Bleiben in uns' sichtbar werden (vgl. auch 4,16). Entsprechend setzt das ‚Im-Licht-Bleiben' voraus, daß man seinen Bruder liebt (2,10). Wer das Gebot der gegenseitigen Liebe übt, für den gilt die Zusage, daß Gott in ihm bleibt und er in Gott bleibt. Der Indikativ des Im-Licht-Bleibens bzw. Im-Licht-Seins (2,9) impliziert die indirekte Forderung, die eschatologische Befindlichkeit in einem konkreten Handeln zu realisieren durch Meidung des Bruderhasses und durch Praktizierung der Bruderliebe (vgl. 2,11). Wer aber den Bruder haßt, der ist der Macht der Finsternis unterworfen. Auch die Verheißung, daß man ‚in Ewigkeit bleiben' wird, bindet sich an die Erfüllung des Gotteswillens (2,17). Die ‚Kinder Gottes' sind demnach an dem Tun der Gerechtigkeit zu erkennen (2,29). Dieses folgt notwendig aus ihrem Sein aus Gott und ist mit dem Tun der Liebe gegenüber dem Bruder identisch (vgl. 3,10). Ist dies nicht gewährleistet, so tritt an die Stelle der Gottes- die Teufelsgemeinschaft, und die Lieblosen sind als Kinder des Teufels zu erkennen (3,7-10).

Das Verständnis der Agape ist durch das Spannungsfeld von Gottesliebe und Bruderliebe bestimmt. Der Begriff ἀγάπη τοῦ θεοῦ kann im 1 Joh einen subjektiven oder einen objektiven Sinn haben. Sowohl die Liebe Gottes zu den Menschen, die Gottes Wirklichkeit beschreibt (4,8), als auch die Liebe des Menschen zu Gott[29] steht in einem unbedingten und unauflöslichen Zusammenhang mit der Bruderliebe. Wo der Mensch ein von Gott Gezeugter ist und Gotteserkenntnis (4,7) besitzt, da ereignet sich umfassend Agape; nicht nur die ‚aufsteigende' Liebe zu Gott oder die ‚herabsteigende' Gottesliebe werden in der johanneischen Schultradition gelehrt und praktiziert, sondern vor allem die gegenseitige Liebe (2 Joh 5), die Bruderliebe (1 Joh 2,7-11). Ist solche ‚Liebe aus Gott', so ist sie doch nicht eine ontische Gegebenheit oder eine magische Sphäre, sondern sie setzt das menschliche Tun als ein zu verantwortendes voraus. Die christliche Gotteserkenntnis (γινώσκειν τὸν θεόν) bezieht sich nicht auf ein theoretisches ‚Kennen' oder ‚Wissen' (so 4,2; 5,2), sondern meint ‚Gott anerkennen'. Wenn ein Christ Liebe verwirklicht, so besagt dies, daß er eben darin Gott anerkennt (2,13f; vgl. 5,20), während die Welt ihre Gottesleugnung durch Lieblosigkeit unter Beweis stellt (3,1.6.13). Wer anders als die kosmischen Menschen Gott anerkennt, der hält die Gebote Gottes (2,3ff), von denen das höchste das der Agape ist (2,7ff). Als spezifische Eigenart der johanneischen Theologie, die im übrigen weder im neutestamentlichen Schrifttum noch im religionsgeschichtlichen Umfeld nachweisbar ist, prägt der Verfasser die Formel ‚Gott ist Liebe', die einmal eine christologische (4,8), ein anderes Mal eine ekklesiologische (4,16) Ausrichtung hat. Daß Gott selbst mit Agape identisch ist, wurde durch Christus offenbart (4,9) und hat zur Folge, daß auch die Gemeinschaft mit ihm durch die Liebe bestimmt sein muß (4,8.16). Umgekehrt gilt, daß das ethische Handeln der Christen immer wieder zur Wirklichkeit der Agape Gottes zurückführen soll. Denn es ist das ‚extra nos', das dem Christen in der Liebe Gottes begegnet. Der Satz ‚Gott ist Liebe' bezeichnet also nicht nur eine anthropologische Gegebenheit (= eine Art von Mitmenschlichkeit), auch enthält er keine tautologische Aussage („Die Liebe ist Gott", oder: „Wo Liebe ist, da ist Gott"). Von entscheidender Bedeutung ist vielmehr, daß Gott in Jesus Christus als Liebender offenbart worden ist.

Es fällt auf, daß im Unterschied zu den Presbyterbriefen, wo allein der Terminus ‚gegenseitige Liebe' erscheint (2 Joh 5), der erste Johannesbrief nicht nur von der gegenseitigen Liebe (ἀγαπᾶν ἀλλήλους: 3,11.23; 4,7.11f), sondern auch von der ‚Bruderliebe' spricht (2,10; auch 3,10; 4,20f u.ö.: ἀγαπᾶν τὸν ἀδελφόν). Die Bezeichnung ἀδελφός (‚Bruder') deutet an, daß der johanneische Kreis im wesentlichen von Männern repräsentiert wird (vgl. 3 Joh: Presbyter, Gaius, Diotrephes, Demetrius); jedoch dürften genausowenig wie in den paulinischen Gemeinden ‚Schwestern' ausgeschlossen sein. Zur Eigenständigkeit der johanneischen Schule trägt bei, daß diese das Gebot

29 1 Joh 4,20f; 5,1-3; anders im Johannesevangelium, wo aufgrund der christologischen Konzeption die Liebe zu Gott nur von Jesus (Joh 14,31) und die ‚aufsteigende' Liebe der Jünger nur im Verhältnis zu Jesus ausgesagt wird (Joh 14,15.21.23; s.a. 21,15f).

der Feindesliebe (vgl. Mt 5,44) offenbar nicht kennt und sich nicht an die jüdische Weisheitstradition anschließt (Prov 25,21f, zitiert in Röm 12,20). Auch das Doppelgebot der Liebe (Mk 12,28ff.31par) ist im johanneischen Schrifttum nicht belegt, ebensowenig das Gebot der Nächstenliebe (Lev 19,18). Entscheidend für das Verständnis des johanneischen Liebesgebotes ist, daß die ἀγάπη τοῦ θεοῦ sich nicht lediglich der Gemeinde als einer ecclesiola, sondern der Menschenwelt insgesamt zuwendet (vgl. Joh 3,16; 1 Joh 4,9). Die Universalität der Liebe Gottes wird im absoluten Agape-Begriff reflektiert (vgl. 1 Joh 4,18f).

e) Ekklesiologie und Ethik

Stärker als in den Presbyterbriefen wird im 1 Joh die ‚apostolische' Autorität hervorgehoben. So läßt es sich an einem der *ekklesiologischen Prädikate* festmachen. Der Begriff τεκνία wird[30] zur Anrede an die Leser gebraucht[31]; er weist auf ein fortgeschrittenes Stadium des johanneischen Kreises hin. Die Anrede, die mit παιδία wechselt (1 Joh 2,14.18), betont die Distanz zwischen dem Verfasser und seinen Lesern. Dieser artikuliert durch den Diminutiv ‚meine Kindlein' seine Autorität und seinen apostolischen Anspruch, wie er ihn in 1,1-4 bereits herausgestellt hat. Mit dieser Anrede wendet sich der Verfasser nicht nur an den Kreis der eigenen Gemeinde, sondern an alle Christen, die sich von seinem Schreiben anreden lassen.

Hiervon zu unterscheiden ist die Bezeichnung τέκνα (τοῦ) θεοῦ, die, obwohl traditionsgeschichtlich von dem Gedanken der Gotteszeugung geschieden, ähnlich die Glaubenden in ihrem Verhältnis zu Gott bestimmt (1 Joh 3,1f.10; 5,2; vgl. Joh 1,12; 11,52). Jedoch ist über die Zeugung aus Gott hinausgehend mit der Vorstellung ‚Kinder Gottes' die Finalität der Liebe Gottes verbunden (vgl. 1 Joh 3,1: ἵνα τέκνα θεοῦ κληθῶμεν). Sie richtet sich auf die Zukunft aus, in der das Urteil der Gotteskindschaft über die aus Gott Gezeugten ausgesprochen wird. Allerdings ist das, was in der Zukunft gelten soll, schon in der Gegenwart wirklich (vgl. ebd.: καὶ ἐσμέν!). Zugleich stellt der Begriff Kinder Gottes die Glaubenden in einen Gegensatz zum Kosmos. In Zukunft und Gegenwart gehören sie zu Gott; daher ist der Abstand zwischen ihnen und dem Kosmos unüberbrückbar. So entspricht es dem johanneischen Dualismus, der Scheidung zwischen dem zu Gott gehörenden und

---

30 Anstelle von τέκνα in den Presbyterbriefen; vgl. 2 Joh 1.4.13; 3 Joh 4.

31 Vgl. 1 Joh 2,1.12.28; 3,7.18; 4,4; 5,21; die Anrede τεκνία (μου) begegnet im NT nur noch in Joh 13,33. Auch hier dient der Terminus der Autoritätssteigerung. Ist Jesus im Johannesevangelium auf diese Weise als die entscheidende Autorität bezeichnet, so beansprucht im 1 Joh der Verfasser als Augenzeuge eine die Tradition normierende Funktion.

dem kosmischen Menschen, der, anders als die Gemeinde, nicht glaubt. Die in der griechisch-hellenistischen Welt verbreitete Vorstellung der Gotteskindschaft[32] erhält ihre negative Entsprechung in der ursprünglich jüdisch-apokalyptischen Bezeichnung der τέκνα τοῦ διαβόλου.[33] Demnach werden in eschatologischer Perspektive zwei geschichtliche Möglichkeiten des menschlichen Seins vorgestellt. Die Offenbarung des Lebens (1,2) hat die Scheidung der Menschen in ‚Kinder Gottes' und ‚Kinder des Teufels' zur Folge. Der Verfasser redet nicht in gleicher Weise von den Teufelskindern wie von den Gotteskindern. Eine Zeugung aus dem Teufel ist nicht aussagbar, offenbar weil anders als in der Gotteskindschaft die Zugehörigkeit zum Teufel ein (Un)Heilsereignis oder ein sakramentales Geschehen nicht zur Voraussetzung hat, sondern vom Tun des Menschen abhängt. Das Kriterium der Gottes- oder Teufelskindschaft ist ein ethisches (3,10).

Auch der Begriff ‚Brüder' (ἀδελφοί) bezeichnet die Mitchristen. Im Zusammenhang mit Aussagen zur Bruderliebe (vgl. 2,10f, 3,10.13ff; 4,20 u.ö.) wird die Gemeinde im Gegenüber zur Welt charakterisiert. Sie unterscheidet sich von der Welt, da sie die Gemeinschaft der von Gott Gezeugten ist und hierdurch Anteil am Leben hat und Liebe verwirklicht, dagegen ist für die Welt charakteristisch, daß sie die Brüder haßt (vgl. 2,9.11 u.ö.). Solche Zurückweisung ist nicht durch das Tun der Bruderliebe verursacht, sondern der Haß der Welt gegen die Gemeinde ist durch die Tatsache begründet, daß der Kosmos dem Tod verfallen ist (3,14) und weder Liebe noch Leben hervorbringen kann. Andererseits fällt aus dem Bereich der Gottesgemeinschaft auch derjenige heraus, der Folgerungen aus dem Heilsgeschehen für seine Person nicht zieht (4,20). Die Anrede ἀδελφός macht also den Leser darauf aufmerksam, daß das Leben in der Gemeinde Konsequenzen für das Tun der Liebe in ausdrücklicher Abgrenzung zum Kosmos haben muß.

Die Bezeichnung ἀγαπητοί (2,7; 3,2.21; 4,1.7.11; vgl. 3 Joh 2.5.11) kennzeichnet die Leser nicht nur als Objekt der Liebe des Verfassers. Vielmehr sind die Glaubenden Geliebte Gottes, insofern sie die Liebe Gottes erfahren haben, die sie in die gegenwärtige wie auch künftige Gottesgemeinschaft hineingenommen hat (1 Joh 3,1f). Sie verstehen sich im Kontext der Offenbarung der Agape Gottes gegenüber Gemeinde und Welt (1 Joh 3,16; vgl. Joh 3,16f) und wissen sich unter das Gebot der gegenseitigen Liebe gestellt (3,17f). Diese überragende Bedeutung der Agape bestimmt die Eigenart

32 Vgl. den Kyniker Diogenes (Dio Chrys Or IV, 21-23) mit ethischer Zielsetzung in der Anrede Alexanders des Großen, der sich selbst als Sohn des Zeus bezeichnet.

33 Vgl. die in verschiedener Terminologie ausgesprochene Unterscheidung der ‚Kinder des Lichts' und der ‚Kinder der Finsternis' (1 QS I 10; 1 QH VI 29f; Jub 15,26ff; ApkAbr 13f; TestDan 4,7).

des johanneischen theologischen Denkens im Vergleich mit dem sonstigen neutestamentlichen Sprachgebrauch (Sing: Phlm 16; Plural: 1 Thess 2,8; 1 Kor 10,14 u.ö.).

Eine weitere Charakterisierung der Gemeinde besteht in dem Zuspruch des *Besitzes des* χρῖσμα ἀπὸ τοῦ ἁγίου (1 Joh 2,20.27).[34] Ist grammatisch zwischen dem Salböl Gottes bzw. Jesu (vgl. V.27: ἀπ' αὐτοῦ = Gott oder Jesus) und dem Salböl des Heiligen Geistes (vgl. Joh 1,33; 14,26; 20,22) geschieden, so besteht zwischen beiden Deutungsmöglichkeiten kein Widerspruch. Die gottgewirkte Salbung, die im Haben des Salböls vorausgesetzt wird, hat dieselbe Funktion, die im vierten Evangelium dem Parakleten zuerkannt wird: die Belehrung der christlichen Gemeinde, so daß sie die Wahrheit erkennen, den Weg der Wahrheit beschreiten und in Gott bleiben kann (vgl. 1 Joh 2,27). Der Geist der Wahrheit wird vom Evangelisten auf göttlichen Ursprung zurückgeführt (Joh 15,26). Nach Auffassung des 1 Joh besitzt die Gemeinde, die gegenüber den Irrlehrern als wahre Gemeinde anzusprechen ist, das Salböl, insofern sie die rechte Erkenntnis hat. Gemeint ist also der Besitz des Geistes der Wahrheit, der nicht automatisch durch den Vollzug des Sakraments übereignet wird, sondern eine Gabe Gottes ist, welche Glauben fordert (1 Joh 4,1-3.13). Eben dies setzt der Verfasser für die Gesamtheit seiner Leser voraus; im Gegensatz zu den Gegnern, welche die Gemeinde bedrohen und denen der Besitz des χρῖσμα abgesprochen wird. Die Begabung mit dem χρῖσμα ist also mit der Wirkung der Verkündigung zu parallelisieren, die ebenfalls Glaubensentscheidung voraussetzt. Der mit dem χρῖσμα identische, den Glaubenden verliehene Geist der Wahrheit führt – wie der Paraklet im Johannesevangelium – in die Erkenntnis der Wahrheit. Nichts ist solcher Erkenntnis verschlossen. Sie nimmt kritische Funktionen wahr; sie führt zur Unterscheidung zwischen ‚Wahrheit' und ‚Lüge' und zur Identifizierung der gegnerischen Lehre. Der Gemeinde ist bewußt, daß ihr die Gabe des Geistes als bleibendes Geschenk übergeben wurde (1 Joh 2,27 vgl. 4,13) und daß diese Gabe sie verpflichtet. Daher bedeutet die Forderung, im χρῖσμα zu bleiben, daß die Glaubenden die vom Geist geschenkte Wahrheit stets neu aktualisieren müssen.

Die *Sakramente* spielen für das Kirchenverständnis eine besondere Rolle, da sich in ihnen die kirchliche Gemeinschaft nach Theorie und Praxis ausprägt. Daß Taufe und Herrenmahl im johanneischen Kreis praktiziert wurden, sollte nicht gesondert begründet werden müssen. Nach dem Johannesevangelium ist die Wiedergeburt des Menschen an die Wassertaufe gebunden (3,5), und die Brotrede des Offenbarers kulminiert in der (antidoketischen) Forderung, das Fleisch des Menschensohnes zu essen und sein Blut zu trin-

---

34 Zum Begriff χρῖσμα vgl. G. Strecker, Johannesbriefe 126-128.

ken.[35] Auch der 1 Joh setzt Tauftradition voraus, wie dies u.a. die Vorstellung von der Zeugung aus Gott nahelegt (1 Joh 2,29; 3,9; 4,7). Im Gegenüber zu einer doketischen Lehre mußte die Realität der Inkarnation des Gottessohnes durch eine entsprechende Auslegung der Sakramente hervorgehoben werden. So zeigt es sich 5,6-8:

6 Dieser ist es, der durch Wasser und Blut gekommen ist, Jesus Christus; nicht im Wasser allein, sondern im Wasser und im Blut; und der Geist ist es, der Zeugnis ablegt; denn der Geist ist die Wahrheit.

7 Denn drei sind es, die Zeugnis ablegen:

8 Der Geist, das Wasser und das Blut, und die drei sind eins.

Hier sind mit den Elementen Wasser und Blut Taufe und Tod Jesu als die beiden wesentlichen Bestandteile des Christusgeschehens gemeint. Vermutlich haben sich die Gegner des 1 Joh zur Taufe Jesu bekannt und selbst die Taufe praktiziert. Denkbar ist, daß sie die Taufe Jesu als ‚Adoption' interpretieren, wonach sich durch die Taufe der himmlische Christus mit dem irdischen Jesus vereinigte; so könnte es aus dem polemischen Vers 6b (‚nicht im Wasser allein') hervorgehen. Doch nunmehr gilt, daß nicht die Wassertaufe Jesu allein das Jesusgeschehen ausmacht, sondern auch das als Sühntod gedeutete Sterben Jesu, das wie bei einem Opfertier durch das vergossene Blut Sühnung bewirkt (vgl. 1,7; 2,1f; 3,16; 4,10). Anders als die doketischen Gegner bekennt sich demnach die Gemeinde des 1 Joh zur Heilsbedeutung von Passion und Tod Jesu. Das Inkarnationsgeschehen ist die Grundlage der Sakramente. Die Tatsache, daß Jesus Christus ‚durch' Wasser und Blut, also in seiner Taufe und in seinem Tod am Kreuz, demnach ‚im Fleisch' gekommen ist (4,2), ist das entscheidende Heilsereignis. Hierauf gründet sich der Sieg des Glaubens über die Welt (5,4), und die soteriologische Bedeutung dieses Geschehens wird durch die Sakramente Taufe und Abendmahl der Gemeinde vermittelt und im Glauben ergriffen. Daß die Sakramente Heil übereignen, geht aus der Praktizierung der Taufe und der Feier des Herrenmahles allein noch nicht hervor. Nur in der Verbindung mit dem Pneuma erhalten die Sakramente ihre eigentliche Bedeutung und sind die Glaubenden von der Versuchung befreit, das sakramentale Handeln ‚ex operato' zu verstehen oder zur Magie zu depravieren. Der Geist ist der dritte Zeuge, der neben und durch Wasser und Blut, d.h. in, mit und unter den Sakramenten das eschatologische Heil der christlichen Gemeinde verbürgt. Weiß sie sich durch das χρῖσμα im Besitz des Geistes (2,20.27), dann aktualisiert der Geist die im Sakrament gegebene Wahrheit Gottes. So besagt es die ‚Zeugnisterminologie': Das durch

35 Joh 6,53; vgl. auch 19,34: ‚Wasser und Blut' oft als Symbole für Taufe und Herrenmahl gedeutet; dazu unten D III b.

den Geist abgelegte Zeugnis hält die Gemeinde in der Erkenntnis der Wahrheit (2,27; 4,13); denn es ist das Zeugnis Gottes, das die Sendung des Sohnes zum Gegenstand hat. Wer diesem Zeugnis Glauben schenkt, der erfährt die Wahrheit des Bekenntnisses zur Inkarnation Christi, daß nämlich der Vater durch seinen Sohn die Gabe des ewigen Lebens gewährt (5,11).

Das Bekenntnis des Glaubens zum inkarnierten Christus hat Auswirkungen, die das gesamte Leben des Menschen betreffen. Wenn auch verhältnismäßig selten, so werden im 1 Joh doch prägnante *ethische Weisungen* ausgesprochen (2,12-14):

12 Ich schreibe euch, Kindlein, weil euch die Sünden um seines Namens willen vergeben sind.

13 Ich schreibe euch, ihr Väter, weil ihr den erkannt habt, der von Anfang ist. Ich schreibe euch, ihr jungen Männer, weil ihr den Bösen besiegt habt.

14 Ich habe euch geschrieben, ihr Kinder, weil ihr den Vater erkannt habt. Ich habe euch geschrieben, ihr Väter, weil ihr den erkannt habt, der von Anfang ist. Ich habe euch geschrieben, ihr jungen Männer, weil ihr stark seid und das Wort Gottes in euch bleibt und ihr den Bösen besiegt habt.

Im Unterschied zu den Haustafeln (Kol 3,18-4,1; Eph 5,22-6,9) bzw. Ständetafeln (1 Petr 2,13-3,7) des Neuen Testaments ist dieser Abschnitt nicht an die Situation des Hauses gebunden und nicht in Paaren angeordnet, die eine aufsteigende Linie darstellen würden. Das dreimalige γράφω (V.12f) bzw. das dreimalige ἔγραψα (V.14) gibt dieser Tafel ihre eigenständige Struktur. Vermutlich handelt es sich hierbei nicht nur um eine schriftstellerische Variation, sondern mit dem Aorist ἔγραψα („Ich habe geschrieben") bezieht sich der Verfasser bewußt auf die Presbyterbriefe zurück. Er will sagen, daß er damals (als Presbyter) der Gemeinde aufgrund der Voraussetzung geschrieben hat, daß sie im Besitz der eschatologischen Erkenntnis ist, und daß eben dies auch heute gilt. Dabei zeigt die Anrede τεκνία bzw. παιδία, daß der johanneische Kreis über die in den Presbyterbriefen gegebenen Grenzen hinausgewachsen ist. Die Diminutivformen verdeutlichen auch hier den Autoritätsanspruch des Verfassers und lassen ein apostolisches Selbstbewußtsein erkennen. Sind hierdurch alle Gemeindeglieder ohne Unterschied angesprochen, so werden zwei Gruppen ausdrücklich genannt: ‚Väter' und ‚junge Männer'. Wie 3 Joh zeigt, sind Männer die Träger des Gemeindelebens. Diese sind auf die Worte des Verfassers des 1 Joh ansprechbar, weil sie sich im Heilszustand befinden, nämlich durch die Sühnewirkung des Todes Jesu gereinigt (1,7.9) und von dem Wort Gottes mit Beschlag belegt worden sind (vgl. 1,10; 2,5). Doch besagt dies nicht, daß das christliche Sein ein für allemal gegeben und in sich abgeschlossen wäre. Vielmehr steht die Gemeinde wie jeder einzelne Christ in einem dialektischen Spannungsfeld. Wenn auch die Finsternis im Glauben besiegt worden ist, so kann sie doch wieder aufleben und im Bruderhaß für die Gemeinde zu einer erneuten Bedrohung werden. Darum gilt es, von dem Kosmos Abstand zu nehmen, sich nicht von seinem Angebot (‚Leidenschaften', ‚Reichtum') in falsche Bahnen bringen zu lassen, sondern alle Kraft darauf zu richten, den Willen Gottes zu tun und das Gebot der Liebe zu verwirklichen. – Das Agape-Gebot findet seinen deutlichsten Ausdruck in der Bruderliebe, bis hin zur Bereitschaft, für andere das Leben hinzugeben (3,16). Eine wichtige Konkretisierung ist auch, sich gegenüber der Not des Bruders nicht zu verschließen, sondern ihm das zuzuwenden, was man selbst an Vermögen besitzt. Auf diese Weise wird die erfahrene Liebe Gottes weitergegeben und Christsein nicht allein mit Worten, sondern in der konkreten Tat verwirklicht, die der geglaubten Wahrheit angemessen ist (3,17f).

Wenn auch das *Gebet* als Lebensäußerung der Gemeinde nicht im Zentrum des 1 Joh steht, so weiß doch der johanneische Kreis um Erfahrungen von Gebetserhörungen und verfügt über eine starke Erhörungsgewißheit. So zeigt es 3,22, wo die Gewißheit, daß der Christ mit ‚Freimut' (παρρησία) Gott gegenübertreten kann und die Gebete der Glaubenden Erhörung finden werden, mit der Notwendigkeit, Gottes Gebot zu halten, aufs engste verbunden ist. Die Einheit zwischen Erhörungsgewißheit und Halten der Gebote Gottes ist nicht rationalisierend miteinander ausgeglichen worden, sondern paränetisch motiviert. Es handelt sich um die Mahnung, beides zu verwirklichen: Gewißheit, daß die Gebete erhört werden, wie auch das Tun des Gotteswillens.

Im Schlußteil des Briefes, der zu Unrecht der Unechtheit verdächtigt wird, so daß mit 5,13 der Brief abgeschlossen worden wäre, wird in einer weiteren Aussage die Macht des Gebetes demonstriert. Es handelt sich um eine logische Gedankenentwicklung, in der zunächst die Absicht des Verfassers bekundet wird, daß er das Wissen um das ewige Leben bei seinen Lesern fördern möchte (V.13; vgl. 1,2.4). Dies führt zu der Aufforderung, ‚Freimut' im Gebet nach dem Willen Gottes zu üben (V.14). Diese Aufforderung wird durch den Hinweis auf die Gebetserfahrung der Gemeinde begründet (V.15). Hieran schließt sich ein Einzelbeispiel für das rechte Gebet (5,16f):

> 16 Wenn jemand seinen Bruder sündigen sieht, eine Sünde (die) nicht zum Tode (führt), soll er bitten, und er wird ihm Leben geben – denen, die nicht zum Tode sündigen. Es gibt Sünde zum Tode; nicht von jener sage ich, daß man bitten soll.
> 17 Jedes Unrecht ist Sünde, aber es gibt Sünde (die) nicht zum Tode (führt).

Kein Zweifel, daß es sich hier um die Fürbitte handelt, nachdem im voraufgehenden das Verb αἰτεῖν in dem allgemeinen Sinn von ‚bitten' gebraucht worden ist (V.14). Das Gebet soll den Mitchristen zugute kommen. Die christliche Gemeinde ist – wie dies durchgehend im 1 Joh vorausgesetzt ist – eine von der Sünde bedrohte Gemeinschaft, die sich darum bemühen muß, nicht zu sündigen (vgl. 1,8; 2,1). Fürbitte ist in dieser Gemeinschaft dort geboten, wo ein Bruder eine Sünde begangen hat. Jedoch wird unterschieden: Nur für den sündigen Bruder soll gebeten werden, der eine Sünde, die nicht zum Tode führt, begangen hat, nicht jedoch für den Bruder, der sich mit einer ‚Sünde zum Tode' verfehlte. Die Todsünde ist ein so schwerwiegendes Vergehen, das sie unwiderruflich von der eschatologischen Gemeinschaft trennt. Der Verfasser kennt also eine endgültige Scheidung, die nicht dem künftigen Endgericht überlassen bleibt, sondern schon in der Gemeinde sich ereignet und sich in dem Verbot auswirkt, Fürbitte für den Todsünder zu üben. Die johanneische Theologie vertritt keine Origineische ἀποκατάστασις πάντων-Vorstellung.[36] Mit dem Angebot des eschatologischen Heils ist nicht nur die Möglichkeit gegeben, dieses im Glauben anzunehmen, sondern auch, es im Unglauben abzulehnen und damit seine Verheißung, das ewige Leben, zu verfehlen. Allerdings wird nicht gesagt, auf welche Vergehen sich der Begriff ‚Sünde zum Tode' bezieht. Da der Verfasser sich um eine Definition nicht bemüht, ist offenbar die Grenze zwischen vergebbarer und unvergebbarer Sünde nicht ein für allemal festzulegen. Weil sich die Fürbitte unterschiedslos auf den christlichen Bruder bezieht, ist auch nicht vorausgesetzt, daß das Vergehen der Todsünde lediglich auf die ‚falschen Lehrer' zugeschnitten sei. Es handelt sich vielmehr um eine Anordnung für die Gemeinde aller Zeiten; im Verbot der Fürbitte für den Bruder, der eine Todsünde begangen hat, sieht diese sich uneingeschränkt dem Anspruch Gottes konfrontiert.

III. Der Evangelist Johannes

H. Windisch, Johannes und die Synoptiker. Wollte der vierte Evangelist die älteren Evangelien ergänzen oder ersetzen?, UNT 12, Leipzig 1926.

W. Bauer, Das Johannesevangelium, HNT 6, Tübingen ^{3}1933.

S. Schulz, Untersuchungen zur Menschensohn-Christologie im Johannesevangelium, Göttingen 1957.

J. Blank, Krisis. Untersuchungen zur johanneischen Christologie und Eschatologie, Freiburg 1964.

J. Blinzler, Johannes und die Synoptiker. Ein Forschungsbericht, SBS 5, Stuttgart 1965.

E. Schweizer, Ego Eimi. Die religionsgeschichtliche Herkunft und theologische Bedeutung der johanneischen Bildreden, FRLANT 56, Göttingen 1939 (=^{2}1965).

36 = ‚Wiederherstellung von allen' (Orig Princ III 6,1); dazu ThWNT I 391f.

F.M. BRAUN, Jean le Théologien, Paris I 1959; II 1964; III 1966.
G. BORNKAMM, Zur Interpretation des Johannes-Evangeliums. Eine Auseinandersetzung mit E. Käsemanns Schrift ,Jesu letzter Wille nach Johannes 17', in: ders., Geschichte und Glaube I, BEvTh 48, München 1968, 104-121.
CH.H. DODD, The Interpretation of the Fourth Gospel, Cambridge [8]1968.
R.E. BROWN, The Gospel According to John, AncB 29.29A, Garden City-New York I 1966; II 1970.
R.T. FORTNA, The Gospel of Signs, MSSNTS 11, Cambridge 1970.
L. SCHOTTROFF, Der Glaubende und die feindliche Welt, WMANT 37, Neukirchen-Vluyn 1970.
W. THÜSING, Die Erhöhung und Verherrlichung Jesu im Johannesevangelium, NTA 21, Münster [2]1970.
J. BEUTLER, Martyria. Traditionsgeschichtliche Untersuchungen zum Zeugnisthema bei Johannes, FTS 10, Frankfurt 1972.
K.H. RENGSTORF, Johannes und sein Evangelium, WdF 82, Darmstadt 1973.
M. LATTKE, Einheit im Wort, StANT 41, München 1975.
U.B. MÜLLER, Die Geschichte der Christologie in der johanneischen Gemeinde, SBS 77, Stuttgart 1975.
J.-A. BÜHNER, Der Gesandte und sein Weg im 4. Evangelium, WUNT 2/2, Tübingen 1977.
I. DE LA POTTERIE, La vérité dans Saint Jean I u. II, AnBib 73.74, Rom 1977.
G. RICHTER, Studien zum Johannesevangelium, BU 13, Regensburg 1977.
C.K. BARRETT, The Gospel According to St. John, London [2]1978.
DERS., Das Evangelium nach Johannes, KEK-Sb, Göttingen 1990.
J.L. MARTYN, History und Theology in the Fourth Gospel, Nashville [2]1979.
E. HAENCHEN, Das Johannesevangelium, hg. v. U. Busse, Tübingen 1980.
E. KÄSEMANN, Jesu letzter Wille nach Johannes 17, Tübingen [4]1980.
J. BECKER, Das Evangelium nach Johannes, ÖTK 4, Gütersloh I [2]1985; II [2]1984.
T. ONUKI, Gemeinde und Welt im Johannesevangelium, WMANT 56, Neukirchen-Vluyn 1984.
R. BULTMANN, Das Evangelium des Johannes, KEK II, Göttingen [21]1986.
R. SCHNACKENBURG, Das Johannesevangelium, HThK IV/1-4, Freiburg [6]1986.[4]1985.[5]1986.1984.
E. RUCKSTUHL, Die literarische Einheit des Johannesevangeliums, NTOA 5, Freiburg-Göttingen [2]1987.
U. SCHNELLE, Antidoketische Christologie im Johannesevangelium, FRLANT 144, Göttingen 1987.
DERS., Die johanneische Schule, in: Bilanz und Perspektiven gegenwärtiger Auslegung des Neuen Testaments, hg. v. F.W. Horn, BZNW 75, Berlin-New York 1995, 198-217.
H. THYEN, Art.: Johannesevangelium, TRE 17, 1988, 200-225.
W. SCHMITHALS, Johannesevangelium und Johannesbriefe, BZNW 64, Berlin 1992.
M. HENGEL, Die johanneische Frage, WUNT 67, Tübingen 1993.

a) Einleitung

Das Johannesevangelium weist eine Reihe von Rissen und Nahtstellen auf, welche die Klärung der Frage nach der literarischen Integrität vor fast unlösbare Probleme stellen. Verhältnismäßig einfach ist noch die literarkritische Beurteilung der Perikope von der Ehebrecherin (7,53-8,11). Eine große Anzahl von Handschriften (darunter $P^{66.75}$; א B) bezeugen diesen Text nicht; andere bringen ihn in einem anderen Zusammenhang.[1] Im Anschluß an 7,52 ist sie im wesentlichen nur durch M D und lateinische Handschriften bezeugt – teilweise mit Asterisci (‚Sternchen') oder mit Obelisci (liegende ‚Spießchen' zum Zeichen der Unsicherheit der Textüberlieferung) versehen. Der Kontext setzt diesen Abschnitt nicht voraus (erst 8,15 stellt eine lose Verbindung her); daher handelt es sich um eine nachträgliche Einfügung, die das Wachstum des Evangelienstoffes nach Abfassung des Johannesevangeliums bezeugt.

Von dem ursprünglichen Evangelium abzutrennen ist das ‚Nachtragskapitel' (Kap. 21), das von Erscheinungen des Auferstandenen am galiläischen See erzählt. Es ist nach dem Schluß 20,30f offenbar sekundär angefügt und in sich uneinheitlich, da V.1-23 ein konkurrierendes Verhältnis von Petrus- und Johannestradition reflektieren, während in V.24-25 der Lieblingsjünger als Verfasser des Evangeliums identifiziert wird.[2] Weniger wahrscheinlich ist, daß auch die Notiz vom Lieblingsjünger als Augenzeugen[3] in 19,35 sekundär angefügt wurde. Im übrigen hat R. Bultmann der ‚kirchlichen Redaktion' eine Mehrzahl von Perikopen und Versen zugewiesen[4]; so die Anspielungen auf die Sakramente (6,51b-58; 19,34; 3,5 ‚Wasser'), futurisch-eschatologische Ausführungen (z.B. 5,28f; 6,39f.44b.54; 12,48), auch Bezugnahmen auf die synoptische Tradition (z.B. 1,22-24.26b.27.31.33 ‚mit Wasser'.34; 3,24; 4,2; 11,2; 16,5b; 18,9.13b.14.24.32).

Jedoch sind die im Johannesevangelium nachzuweisenden literarischen Unebenheiten am wenigsten auf eine nachträgliche Redaktion zurückzuführen als vielmehr auf das Zusammentreffen von verschiedenen Traditions-

1 Min 225 im Anschluß an 7,36; f^1 nach 21,25; f^{13} nach Lk 21,38.

2 Weitere Argumente sind die Ich-Form in V.25 und der Sprachcharakter; vgl. im übrigen W.G. Kümmel, Einleitung in das Neue Testament 173f; anders E. Ruckstuhl, Die literarische Einheit des Johannesevangeliums 134-149, der Kap. 21 für ursprünglich hält.

3 Bei 19,35 scheint besonders die sprachliche und sachliche Nähe zu 21,24 für sekundäre Abfassung zu sprechen; jedoch läßt sich solche Übereinstimmung auch durch die Annahme erklären, daß der Verfasser von 21,24 die Angabe 19,35 im Evangelium benutzte; vgl. dazu unten (Lieblingsjünger).

4 R. Bultmann, Johannesevangelium passim.

schichten, die nur zu einem geringen Teil auf schriftliche Vorlagen zurückzuführen sind. Bultmanns Hypothese, ein Großteil der Reden des johanneischen Jesus sei auf eine ‚Offenbarungsredequelle' zurückzuführen, hat sich nicht durchsetzen können. Nur die Annahme einer schriftlichen σημεῖα-Quelle hat größeren Anklang gefunden. Diese begründet sich vor allem aus der Zählung des ersten (2,1-11: Weinwunder zu Kanaa) und des zweiten Wunders (4,43-54: Heilung des Sohnes eines königlichen Beamten als das zweite Zeichen, das Jesus tat, als er aus Judäa nach Galiläa gekommen war); darüber hinaus scheint der Schluß des Evangeliums (20,30f) nur künstlich zum Ganzen zu passen, in dem nicht nur Wundertaten, sondern vor allem Reden Jesu geschildert sind. Daher wird vermutet: Es handelt sich in 20,30f um den ursprünglichen Schluß der σημεῖα-Quellenschrift, der erkennen läßt, daß diese Vorlage zum Glauben rufen wollte (vgl. auch 12,37). Danach sind die Wundertaten Jesu transparente ‚Zeichen', Offenbarungen der δόξα des Gottessohnes (2,11; 11,4), und in diesem Sinn von dem Evangelisten seinem Werk eingeordnet worden. Jedoch ist die Sprache der sog. σημεῖα-Quelle nicht von der des Evangelisten bzw. der johanneischen Schule verschieden.[5] Auch läßt sich das gesamte Leben Jesu im vierten Evangelium als eine Folge von σημεῖα begreifen und dieser Begriff nicht auf Wundertaten Jesu beschränken. Daher sind die der σημεῖα-Quelle zugeschriebenen Einheiten richtiger auf Traditionen der joh. Schule zurückzuführen, die disparater Herkunft sind, aber teilweise den Einfluß der synoptischen Evangelien nicht verleugnen.

Darüber hinaus sind Spannungen festzustellen, die quellenkritisch nicht überzeugend aufgelöst werden können. Auffallend ist zum Beispiel, daß 6,1f in Galiläa am See Genezareth spielt, obwohl Jesus sich nach dem voraufgehenden Kapitel in Jerusalem befindet (5,1). Nach 14,31 scheint die Abschiedsrede Jesu zu Ende geführt zu sein, jedoch wird in 15,1ff diese letzte Rede Jesu an seine Jünger fortgesetzt (vgl. dazu 18,1).[6]

Diese Widersprüche und Spannungen haben zu der Vermutung geführt, der ursprüngliche Aufriß des Evangeliums sei nachträglich in Unordnung geraten.[7] So hat

5 Vgl. U. Schnelle, Christologie 171-177.

6 Vgl. auch die Diskrepanz zwischen 3,27-30 (Zeugnis des Täufers) und 3,31-36 (im Stil der johanneischen Offenbarungsrede wird das Verhältnis Gott-Vater/Sohn-Gottes gezeichnet).

7 Dies ist auch die Voraussetzung der verbreiteten ‚Grundschrifthypothese', wonach es dem Scharfsinn des Exegeten überlassen bleibt, eine möglichst widerspruchsfreie ‚Grundschrift' zu rekonstruieren, die durch den Evangelisten auf verschiedene Weise verunstaltet worden sei (so z.B. W. Schmithals, Johannesevangelium und Johannesbriefe); eine Hypothese, die schon F. Overbeck, Das Johannesevangelium, Tübingen 1911, 105, im Bereich der „Spielerei" („eine quellenkritische Spie-

R. Bultmann den Versuch unternommen, die ursprüngliche Ordnung wiederherzustellen (18,1ff als ursprüngliche Fortsetzung von 14,31; 6,1 als Fortsetzung von 4,54 u.a.). Jedoch sind gewagte Konstruktionen die Konsequenz (z.B. Einschub von Kap. 17 zwischen 13,30/31; von 15,1-16,33 zwischen 13,35/36). Außerdem bleibt die Ursache der Unordnung ungeklärt. Die Auskunft, es handele sich um ‚Blattvertauschungen', die frühzeitig nach Abfassung des Evangeliums erfolgt seien, ist unbefriedigend, weil die vertauschten Blätter von ungleichmäßigem Umfang gewesen sein müßten. Und trotz des aufgewendeten Scharfsinns ist eine widerspruchslose Einheit nicht zu rekonstruieren. Man wird daher richtiger feststellen müssen, daß der vierte Evangelist eine mustergültige Komposition seines Werkes nicht vorgelegt hat. Vielleicht ist dies ein Hinweis, daß das Evangelium unvollendet und eine ursprünglich beabsichtigte letzte Überarbeitung unausgeführt blieb.

Die Konzeption des Evangelisten zeigt weit mehr an den sachlichen Inhalten der Christusoffenbarung als an der Darstellung eines klar gegliederten historischen Ablaufs des Jesusgeschehens Interesse. Dennoch ist – wenn auch in einer weniger ausgeführten Fassung als in den synoptischen Evangelien – eine Linienführung zu erkennen, die dem Werk die äußere Form einer ‚Vita Jesu' gibt: Von grundlegender Bedeutung für die Komposition ist die Zäsur 12,50/13,1 (Beginn des Weges Jesu zu Passion, Kreuzigung und Auferstehung). Von hieraus ergibt sich der folgende Aufriß:

A.	1,1-18 Prolog:	Jesus der präexistente Logos
B.	I. 1,19-12,50:	Das Wirken des Logos in der Welt
	II. 13,1-20,29:	Die Rückkehr des Logos zum Vater
		a) 13,1-17,26: Die Offenbarung vor den Jüngern
		b) 18,1-20,29: Passion und Auferstehung
C.	20,30-31:	Der Schluß des Evangeliums
	21,1-23.24-25:	Nachtragskapitel.

Dieser Aufriß erinnert an die synoptischen Evangelien. Wie dort liegt ein schlichtes chronologisches und geographisches Schema zugrunde, indem der Weg des Logos von seinem ersten Auftreten bis zu Kreuz und Auferstehung in der Landschaft Galiläa und Judäa bzw. Jerusalem gezeichnet wird. Darüber hinaus lassen sich sachliche Übereinstimmungen konstatieren. Das Evangelium beginnt mit einem Prolog (1,1-18; vgl. Lk 1,1-4), sodann mit dem Auftreten Johannes des Täufers (vgl. Mk 1 parr); es enthält Perikopen über Jüngerberufung und Wundergeschichten, diese teilweise parallel zu den synoptischen (6,1ff: Speisung der Fünftausend und anschließend Seewandel Jesu; dieselbe Folge auch Mk 6,32-52). Zu den Parallelerzählungen gehören das Petrusbekenntnis (6,66ff; vgl. Mk 8,27ffpar), Einzug in Jerusalem (12,12ff;

lerei") einordnete; vgl. dazu G. Strecker-M. Labahn, Der johanneische Schriftenkreis, ThR 59, 1994, 101-107; G. Strecker, Literaturgeschichte 208-210.

Mk 11,1ffparr), die Passionsgeschichte (Kap. 18-19; Mk 14-15parr). Daneben befinden sich eine Reihe von parallelen Einzellogien (z.B. 2,19/Mk 14,58; 3,35/Mt 11,27; 4,44/Mk 6,4; 5,8f/Mt 9,6; 9,1ff/Mk 8,23; 13,16/Mt 10,24f).

Andererseits unterscheidet nicht nur der johanneische Charakter, wie er besonders in den Reden des Gottessohnes zum Ausdruck kommt, das Johannesevangelium von den synoptischen Evangelien. Es sind auch erhebliche Abweichungen im einzelnen zu konstatieren, besonders im Zusammenhang der Frage nach der Zeitdauer des Auftretens Jesu: Die Synoptiker berichten nur von einem Passafest, das Jesus mit seinen Jüngern zu Beginn der Passion in Jerusalem feiert; das Johannesevangelium verbindet zwar ebenfalls Passa und Passion Jesu (11,55; 12,1; 18,28), aber erwähnt daneben weitere Passafeste (2,13; 6,4; vgl. 5,1: ‚ein Fest'). Daher müßte bei Einrechnung der verschiedenen Passafeiern der Zeitraum des öffentlichen Auftretens Jesu mindestens 2 1/2 Jahre (gegenüber einem Jahr nach den Synoptikern) umfassen. – Auch die Datierung des Todestages Jesu erfolgt unterschiedlich: Die synoptischen Evangelisten identifizieren ihn mit dem Passafest (= 15. Nisan); nach ‚Johannes' stirbt Jesus nicht am Passafest, sondern am Passarüsttag (= 14. Nisan), an dem Tag, an dem das Passalamm geschlachtet wurde. Dies läßt vermuten, daß der Tod Jesu als das Opfer des Passalammes gedeutet werden soll.[8] Entsprechend der synoptischen Erzählung feiert Jesus an diesem Tag das Abendmahl mit seinen Jüngern (Mk 14,12ff). Dagegen erwähnt der vierte Evangelist keinen Einsetzungsbericht, auch keine entsprechende Mahlfeier Jesu mit seinen Jüngern, sondern deutet nur in 6,51ff geprägte Abendmahlstradition an, während 13,1ff zwar das letzte Mahl Jesu mit der Bezeichnung des Verräters, aber keine Mahleinsetzung bringt.

Die Folgerungen, die aus diesen Übereinstimmungen und Differenzen gezogen wurden, sind unterschiedlich. R. Bultmann und C.H. Dodd meinten, es sei möglich, das vorliegende Problem mit der Hypothese aufzulösen, das vierte Evangelium sei von vorsynoptischer Überlieferung abhängig.[9] In der Tat sollte nicht bestritten werden, daß besonders im Spruchgut Überlieferungen bezeugt sind, die diese Konsequenzen nahelegen könnten. Jedoch, spezifische Vorstellungen, z.B. Elemente der Messiasgeheimnistheorie, der Vorstellung vom leidenden Menschensohn u.a. legen den Schluß nahe, daß ‚Johannes' zumindest die Endredaktion des Markusevangeliums möglicher-

8 Dies würde der Lammchristologie (vgl. 19,36/Ex 12,46) der Apk (5,6; 7,9f.14; 12,11 u.ö.) bzw. dem Sühnopfergedanken im 1 Joh (1,7; 2,2 u.ö.) einzuordnen sein und ist nicht auf die theologische Konzeption des Evangelisten, sondern auf die seiner Tradition zurückzuführen (vgl. auch 1 Kor 5,7; 6,11).

9 Vgl. Ch.H. Dodd, The Interpretation of the Fourth Gospel 444-453; ders., Historical Tradition in the Fourth Gospel, Cambridge 1963.

weise durch Zwischenglieder gekannt hat.[10] Nach C.K. Barrett und W.G. Kümmel hat der vierte Evangelist neben dem Markus- auch das Matthäusevangelium, vielleicht auch das Lukasevangelium benutzt.[11] Das Problem ist nicht durch eine Alternativlösung zu erledigen; es bedarf der Beachtung der Traditionsschichten, die ‚Johannes' voraussetzt, doch ist auch zeitlich nahegelegt, daß die johanneische Schule in einem bestimmten Stadium mit den synoptischen Evangelien überlieferungsgeschichtliche Berührungen hatte.

Die Frage, ob der Verfasser durch sein Werk die synoptischen Evangelien ‚ergänzen' oder ‚verdrängen' wollte,[12] ist falsch gestellt. Sie geht von der Voraussetzung aus, die johanneischen Gemeinden hätten die synoptischen Evangelien als heilige Schriften weitestgehend benutzt. In Wahrheit läßt sich aus dem weitreichenden Fehlen von synoptischen Bezugnahmen in den johanneischen Briefen erschließen, daß die Evangelienliteratur für einen Großteil des johanneischen Kreises unbekannt, zumindest von unwesentlicher Bedeutung gewesen ist. Der vierte Evangelist hat die synoptischen Evangelien weder ergänzen noch verdrängen wollen, sondern beabsichtigte, unter begrenzter Benutzung von zu einem großen Teil zersagtem synoptischem Überlieferungsgut *das* Evangelium des johanneischen Kreises zu schreiben. Durch dieses Interesse und durch dessen Voraussetzung, nämlich die Tradierung von ‚evangelischem' Erzählungs- und Logienstoff in seiner Gemeinde, ist der johanneische Evangelist als Schriftsteller und Theologe von dem Verfasser des 1 Joh und von dem Presbyter als dem Autor der beiden kleinen Johannesbriefe geschieden. Neben den sprachlichen Abweichungen ist dies ein Indiz für die Annahme, daß der Verfasser des vierten Evangeliums mit dem Presbyter wie auch mit dem Schreiber des 1 Joh nicht identisch, sondern ein eigenständiger Repräsentant der johanneischen Schultradition gewesen ist. Schon dies macht notwendig, die Abfassung des Johannesevange-

---

10 Für das Verhältnis Johannes – Synoptiker ist auch die unterschiedliche Anordnung von Parallelperikopen bedeutsam. Vgl. die Zuordnung der Tempelreinigung (Mk 11,1ffparr: Beginn der Jerusalemperiode) zum ersten Auftreten des Logos (Joh 2,13ff) und der Salbung zu Bethanien (Mk 14,3ffparr: Anfang der Passionsgeschichte) zum Beginn des Einzugs Jesu (Joh 12,1ff). Hier wird die eigenständige Kompositionsgestaltung des vierten Evangelisten deutlich.

11 Vgl. C.K. Barrett, Evangelium 62f, der auch die Kenntnis des Lk durch den vierten Evangelisten für wahrscheinlich hält. Ferner F. Neirynck, Jean et les Synoptiques, BEThL XLIX, Leuven 1979; M. Sabbe, The Footwashing in Jn 13 and its Relation to the Synoptic Gospels, EThL 58, 1982, 279-308; K.Th. Kleinknecht, Johannes 13, die Synoptiker und die „Methode" der johanneischen Evangelienüberlieferung, ZThK 82, 1985, 361-388; s.a. G. Strecker, Literaturgeschichte 211ff.

12 Vgl. H. Windisch, Johannes und die Synoptiker 134, favorisiert die Verdrängungstheorie.

liums in die Zeit *nach* dem Presbyter zu datieren[13], – ein wichtiges Argument gegen die altkirchliche Tradition, wonach der Verfasser ein Augenzeuge des Lebens Jesu gewesen sei, wie dies freilich schon der Autor des Nachtragskapitels in 21,24 vorauszusetzen scheint und im Canon Muratori (Z.9ff) erstmals bezeugt ist.[14] Die Vermutung, der Evangelist sei ein Augenzeuge gewesen, wird unwahrscheinlich, wenn man realisiert, daß die fehlerhafte Darstellung der jüdischen Rechtsverhältnisse[15] wie auch die Interpretation des Alten Testaments[16] einem palästinischen Juden, als welcher der Zebedaide Johannes im Neuen Testament sich darstellt, schwerlich zugeschrieben werden können. Darüber hinaus ist die beliebte Frühdatierung des vierten Evangeliums auf die Wende des ersten zum zweiten Jahrhundert unbegründet, da das Zeugnis des Egerton Papyrus 2 und des p^{52} vermutlich nicht mehr erschließen läßt, als daß gegen Ende des zweiten Jahrhunderts das Evangelium in Ägypten bekannt war.[17]

---

13 Damit wird die Bedeutung des „starken, individuell bestimmten Lebens" des vierten Evangelisten (A. Schlatter, Zur Theologie des Neuen Testaments und zur Dogmatik, TB 41, München 1969, 226) nicht bestritten. Dieses kommt jedoch erst im Rahmen der johanneischen Schule und ihrer Überlieferung zur Geltung.

14 Vgl. 19,35; Iren Haer III 1,1; 3,4; 11,1; zu beachten ist insbesondere die Identifizierung des Apostels und Zebedaiden mit dem Evangelisten Joh bei Eus HistEccl III 23,1; 24,1f; anders die Angabe des römischen Presbyters Gaius und der Aloger, wonach die Apokalypse des Johannes durch Kerinth abgefaßt wurde (vgl. Epiph Pan 51).

15 Vgl. 7,32.45, wonach der jüdische Hohe Rat aus den ἀρχιερεῖς und Φαρισαῖοι bestanden habe; vermutlich verwechselte der Verfasser die jüdischen Pharisäer mit den Schriftgelehrten, die als Standesvertreter dem Synedrium angehörten; 11,49 wird Kaiphas als ἀρχιερεὺς ὢν τοῦ ἐνιαυτοῦ ἐκείνου (‚Hohepriester jenes Jahres') bezeichnet; in Wirklichkeit amtierte Kaiphas von 18-36 n.Chr. – der Verfasser setzt wohl einen jährlichen Amtswechsel entsprechend hellenistisch-römischer Verwaltungspraxis voraus.

16 Vgl. 19,23f mit allzu wörtlicher Deutung des Parallelismus membrorum von Ps 21,19 LXX; vgl. ähnlich Mt 21,5! Vgl. zur Auslegung des Parallelismus membrorum: M. Hengel, Zur matthäischen Bergpredigt und ihrem jüdischen Hintergrund, ThR 52, 1987, 327-400; 342f.

17 Gegen F.G. Kenyon-A.W. Adams, The Text of the Greek Bible, London 1975, 206f. Egerton Papyrus 2 enthält Bruchstücke von vier Erzählungen über Jesusbegebenheiten. Wie die Edition von H.I. Bell und T.C. Skeat, Fragments of an Unknown Gospel and other Early Christian Papyri, London 1935, ergibt, weist die paläographische Untersuchung des Egerton Papyrus 2 einige Merkmale auf, die auf das Ende des ersten Jahrhunderts, dagegen andere, die auf den Anfang des dritten Jahrhunderts als Entstehungszeit des Papyrus schließen lassen. Ungesichert ist darüber hinaus, ob der das Johannesevangelium betreffende Abschnitt mit teil-

In diesem Zusammenhang bildet die Frage nach dem ‚Jünger, den Jesus liebte', d.h. dem *Lieblingsjünger* im Johannesevangelium, eine in ihrer historischen Bedeutung oft überschätzte, dagegen theologisch vernachlässigte Aufgabe.[18] Abgesehen von dem Nachtragskapitel (21,7.20-23.24) wird diese Gestalt zu Eingang der Passion Jesu erwähnt (13,23-26), sodann neben der Mutter Jesu unter dem Kreuz (19,26f) und als Zeuge des leeren Grabes neben Simon Petrus (20,2-8). Dies letztere verbindet mit der Bezeichnung ‚der Jünger, den Jesus liebte',[19] den Ausdruck (ὁ) ἄλλος μαθητής (20,2.3.8), der auch für den Jünger gebraucht wird, welcher mit dem Hohenpriester bekannt war und Petrus in den Hof des Hohenpriesters Eingang verschaffte (18,15f). Er ist der wahre ‚Augenzeuge' (19,35), der mit dem Lieblingsjünger unter dem Kreuz offenbar identisch ist (vgl. 19,26f).

Wer ist mit dieser Bezeichnung gemeint? Die Beantwortung dieser Frage verlangt zunächst eine Klärung des Verhältnisses des Lieblingsjüngers zum Verfasser des Evangeliums. Im Nachtragskapitel wird dieser Jünger eindeutig mit dem vierten Evangelisten gleichgesetzt (21,24), und auf dieser Grundlage ist in der kirchlichen Tradition eine solche Identifizierung auch für die übrigen Belegstellen vorgenommen worden.[20] Jedoch könnte nur 19,35 eine solche Folgerung stützen, und zwar dann, wenn man der Ansicht ist, dieser Vers sei erst in der kirchlichen Redaktionsstufe dem Evangelium hinzugefügt worden und der Redaktor wolle hierdurch den Lieblingsjünger als Augenzeugen *und* als Verfasser des Evangeliums charakterisieren.[21] Aber V.35 ist nicht notwendig einem Redaktor zuzuschreiben; Sprachstil und Vorstellungswelt sind gut johanneisch, ebenso wie der historisch (= Faktum des Todes Jesu) und sakramental (Wasser und Blut = Taufe und Herrenmahl) zu interpretierende voraufgehende V.34b. Ist aber V. 34bf ursprünglicher Bestandteil des Evangeliums, dann stellt der Jünger unter dem Kreuz für den Evangelisten einen wichtigen Gewährsmann dar, der die Wahrheit des Überlieferten ga-

---

weise wörtlichen Übereinstimmungen zu Joh 5,39.46; 7,30; 8,59; 9,29 tatsächlich das Johannesevangelium oder eine ältere Tradition voraussetzt. – P[52] bezeugt Joh 18,31-33.37-38 und weist Ähnlichkeiten zur Schrift des Egerton Papyrus 2 auf. Aber auch hier können paläographische Untersuchungen die vom Herausgeber C.H. Roberts, An unpublished Fragment of the Fourth Gospel in the John Rylands Library, Manchester 1935, 11, vorgeschlagene Datierung in die „1. Hälfte des 2. Jahrhunderts" nicht absichern. Vgl. auch A. Schmidt, Zwei Anmerkungen zu P.Ryl. III 457, Archiv für Papyrusforschung 35, 1989, 11f.

18 Vgl. R.E. Brown, The Gospel According to John XCII-XCVIII; E. Haenchen, Das Johannesevangelium 601-605.

19 20,2: ἐφίλει; auch ὃν ἠγάπα ὁ Ἰησοῦς: 13,23; 19,26; 21,7.20.

20 Vgl. zur älteren Literatur W. Bauer, Johannesevangelium 173-175.

21 Vgl. R. Bultmann, Johannesevangelium 526.

rantiert, nicht aber ist dieser mit dem vierten Evangelisten zu identifizieren. Die übrigen genannten Texte geben nicht den geringsten Anlaß, eine solche Gleichsetzung zu vollziehen.[22]

Die Versuche, den Lieblingsjünger als eine im Sinn des Evangelisten historische Figur zu begreifen, können sich auf die Tatsache berufen, daß sich mit dieser Gestalt konkrete, auf die Historie des Lebens Jesu bezogene Aussagen verbinden. Der Lieblingsjünger scheint ein Augenzeuge (19,35) und Begleiter Jesu (13,23ff) gewesen zu sein. Entsprechend dem Bericht des Johannesevangeliums hatte er ein nahes Verhältnis zum Hohenpriester (18,15f). Nach dem Tode Jesu nahm er dessen Mutter zu sich (19,27) und wurde neben Petrus zu dem bedeutendsten Zeugen des leeren Grabes (20,1ff). Welche hervorragende Gestalt des Lebens Jesu verbirgt sich hinter diesem Anonymus, von dem die Synoptiker auffallenderweise nicht zu wissen scheinen? Weit verbreitet ist die Ansicht, es handle sich um den Zebedaiden *Johannes*, der nach Mk 5,37; 9,2; 14,33 zu den drei vertrautesten Jüngern Jesu gehörte.[23] Jedoch, der Text, auf den man sich für diese These berufen zu können meint, kann dies schwerlich ausreichend begründen. Nach Joh 1,40f trifft der ehemalige Täuferjünger *Andreas* ‚zuerst' (πρῶτον) seinen Bruder *Simon Petrus* und führt ihn Jesus zu – aus dem Wörtchen πρῶτον wird geschlossen, daß darin eine Anspielung auf das zweite Brüderpaar enthalten sei, nämlich auf die Zebedaiden Jakobus und Johannes und daß sich hieraus die Identität des Lieblingsjüngers erschließen lasse.[24] Nicht günstiger steht es mit anderen Vermutungen, so die der Identifizierung des Lieblingsjüngers mit *Lazarus*, von dem es 11,3.5 heißt, daß der Herr ihn liebte.[25] Jedoch ist die Charakterisierung Jesu als des ‚Lieben-

22 Die schon von E. Schwartz, Aporien im vierten Evangelium, NGWG.PH, Göttingen 1907, 342-372; und W. Bousset, Ist das vierte Evangelium eine literarische Einheit?, ThR 12, 1909, 1-12.39-64, unternommenen Versuche, sämtliche Belege, die den Lieblingsjünger bezeugen, als sekundär zu eliminieren, überzeugen nicht. Entsprechendes gilt für die Wiederaufnahme z.B. bei H. Thyen, Entwicklungen innerhalb der johanneischen Theologie und Kirche im Spiegel von Joh. 21 und der Lieblingsjüngertexte des Evangeliums, in: M. de Jonge, L'Évangile de Jean. Sources, rédaction, théologie, BEThL XLIV, Leuven 1977, 259-299.

23 Vgl. 13,23f; 18,15f; 19,27.35; 20,1ff. – So P. Feine-J. Behm, Einleitung in das Neue Testament, Heidelberg [11]1956, 102; W. Michaelis, Einleitung in das Neue Testament, Bern [2]1954, 99, u.a.; vgl. hierzu und zum folgenden kritisch W.G.Kümmel, Einleitung 202-204, und A. Kragerud, Der Lieblingsjünger im Johannesevangelium, Oslo 1959, 42ff.

24 Vgl. z.B. W. Michaelis, Einleitung 98.

25 Vgl. 11,36; so z.B. F.V. Filson, Who was the beloved Disciple?, JBL 68, 1949, 83-88; 84, und K. Eckardt, Der Tod des Johannes als Schlüssel zum Verständnis der Johanneischen Schriften, SRRG III, Berlin 1961, 20, der Lazarus dann aber mit dem Zebedaiden Johannes identifiziert.

den' kennzeichnend für das Verständnis seiner Sendung überhaupt und jedenfalls nicht auf das Verhältnis zu dem einen ihm nahestehenden Jünger beschränkt.[26] – Nicht weniger hypothetisch ist die Behauptung, unter der Person des Lieblingsjüngers verberge sich *Johannes Markus*, von dessen Mutter in Apg 12,12 berichtet ist, daß sie ihr Haus in Jerusalem der jungen Gemeinde als Versammlungsstätte zur Verfügung stellte.[27]

Die Bemühungen um eine historische Konkretisierung der Gestalt des Lieblingsjüngers lassen sich auch nicht annähernd absichern[28], so daß verständlich wird, daß andere Interpretationsversuche auf einen historischen Bezug völlig verzichten und statt dessen an eine Symbolfigur denken möchten. So vermutet R. Bultmann aufgrund von 19,26f, es handle sich um eine Idealgestalt, die das Heidenchristentum, „sofern es das eigentliche, zu seinem echten Selbstverständnis gelangte Christentum ist", verkörpern solle und erst durch den Verfasser des Nachtragskapitels zu einer historischen Person gemacht wurde.[29] A. Kragerud möchte aus sämtlichen Belegstellen ein einheitliches Symbol für die urchristliche Prophetie folgern, die sich in Konkurrenz zum von Petrus repräsentierten Gemeindeamt befindet[30]; ähnlich E. Käsemann, der den Lieblingsjünger als den ‚rechten Zeugen' bezeichnet, der als „Augen- und Ohrenzeuge des Christus praesens" vom Verfasser in die evangelische Geschichte projiziert worden sei, wie denn im vierten Evangelium der Christus praesens den historischen Jesus „geradezu aufsaugte".[31]

---

26 Vgl. 11,5; 13,1; 14,21; 15,9.

27 So P. Parker, John and John Mark, JBL 79, 1960, 97-110.

28 Dies gilt auch für die Position von R. Schnackenburg, wonach der Lieblingsjünger aus Jerusalem stamme und ein „ehrwürdiger Zeuge noch aus den Tagen Jesu" sei, „den die joh. Gemeinde als ihren Gewährsmann, Traditionsträger und Interpreten der Taten und Worte Jesu verehrt" (Johannesevangelium III 463). Vgl. auch W.G. Kümmel, Einleitung 204, wonach der Evangelist für seinen Passionsbericht einen Gewährsmann gehabt habe, welcher den Ehrentitel *„der, den Jesus liebte"* trug. Nach dem Brief des Bischofs Polykrates von Ephesus, den dieser an den römischen Bischof Victor richtete (Ende des zweiten Jahrhunderts) wird erstmals der Jünger, „der an der Brust des Herrn lag", mit dem in Ephesus bestatteten ‚Johannes' identifiziert (Eus HistEccl III 23,3; 31,2f). Hierbei handelt es sich um eine sekundäre Konstruktion; denn daß der ‚Herrenjünger Johannes' ein Augenzeuge gewesen sei, ist Papias noch unbekannt, und daß der vierte Evangelist einen Augenzeugen als Gewährsmann persönlich gekannt habe, ist aus zeitlichen Gründen unwahrscheinlich.

29 R. Bultmann, Johannesevangelium 369f.521 (vgl. Ergänzungsheft 1957, 55); so auch A. Loisy, Le quatrième Évangile, Paris 1903.

30 A. Kragerud, Lieblingsjünger 123; vgl. auch Ph. Vielhauer, Geschichte 483.

31 E. Käsemann, Ketzer und Zeuge 181.

Historische und symbolhafte Deutungen der Gestalt des Lieblingsjüngers stehen in scheinbar unversöhnlichem Gegensatz einander gegenüber. Aber handelt es sich um eine echte Alternative?

1. Gegenüber dem ausschließlichen Verständnis des Lieblingsjüngers als eines Symbols für Positionen der Gemeindetheologie ist festzustellen, daß diese Gestalt durch den Evangelisten bewußt in den Zusammenhang seines Werkes als einer *Vita Jesu* eingeordnet wurde. Als Begleiter Jesu ist er ein integrierender Bestandteil der zurückliegenden Historie des Lebens Jesu, wie sie im vierten Evangelium aufgezeichnet ist.

2. Entgegen den fehlgeschlagenen Versuchen, den Lieblingsjünger mit einem tatsächlichen Begleiter Jesu zu identifizieren, ist auch aus Gründen des zeitlichen Ansatzes klar, daß der im zweiten Jahrhundert schreibende Evangelist einen Augenzeugen nicht mehr gekannt haben kann. Daher muß es sich beim Lieblingsjünger um die Projektion einer theologischen Aussage in die Historie Jesu handeln. Was aber soll mit der Gestalt des Lieblingsjüngers vom Evangelisten ausgesagt werden? Um diese Frage zu beantworten, ist von 19,35 auszugehen:

a) die primäre Funktion des Lieblingsjünger ist die *Zeugenschaft.* Er bezeugt die Realität des Todes Jesu und die Heilswirklichkeit der im Christusgeschehen begründeten Sakramente, Taufe und Abendmahl. Über diese Belegstelle hinausgehend, bezeugt er die Tatsächlichkeit von Passion, Kreuz und Auferstehung Jesu. Wenn der Evangelist auch nicht direkt eine antidoketische Zielsetzung mit solchem Zeugnis verbindet[32], so spricht sich in ihm doch eine nichtdoketische Position aus und nimmt den Traditionsstrom auf, der in der johanneischen Schule aus dem Gegensatz zu den Doketen sich entfaltet hat (vgl. 1 Joh 5,5-13).
b) Die Zeugenschaft des Lieblingsjüngers *garantiert* darüber hinaus *die Wahrheit der Tradition.* Indem er als Augen- und Ohrenzeuge des Lebens Jesu einschließlich des Zeugnisses vom leeren Grab dargestellt wird, übt der Lieblingsjünger die Funktion aus, die nach urkirchlicher Auffassung den Aposteln als den Auferstehungszeugen zukommt (vgl. 1 Kor 15,3ff). Indem der Evangelist zu erkennen gibt, daß er auf der Grundlage des Zeugnisses des Lieblingsjüngers sein Evangelium schreibt, wird dieses als der Wahrheit entsprechend und den christlichen Glauben begründend gekennzeichnet. Der Evangelist selbst stellt sich als Glied einer Zeugenreihe dar, deren Ursprung auf das Leben Jesu zurückführt und eben dadurch legitimiert ist. Grundsätzlich nicht anders geht der Verfasser des 1 Joh vor, auch wenn dieser mit

32 Gegen U. Schnelle, Christologie 230. Die doketisch-antidoketischen Kämpfe innerhalb der johanneischen Schule liegen in einer früheren Phase (s.u.).

einem größeren Anspruch als der Evangelist auftritt, da er sich auf eine Ebene mit den Augen- und Ohrenzeugen stellt (1,1ff). Im Vergleich mit dem 1 Joh dokumentiert das Werk des vierten Evangelisten, indem dieser sein Zeugnis auf das des Lieblingsjüngers gründet, eine fortgeschrittene historische Reflexionsstufe.

c) Die Zuordnung des Lieblingsjüngers zu Jesus als dem leidenden und auferstandenen Gottessohn impliziert eine grundsätzliche theologische Erkenntnis: *Christliche Zeugenschaft und christlicher Glaube haben ihren Ursprung in der Offenbarung des Gottessohnes.* Das Zeugnis von dem Gottessohn verbindet sich mit dem Bekenntnis zu ihm. Indem der Lieblingsjünger die Realität der Gottessohnschaft Jesu Christi bezeugt, gibt er ein Beispiel für das rechte Bekenntnis zu Christus als dem Gottessohn und hierdurch ein Beispiel für den rechten Glauben (vgl. 1 Joh 4,15).

3. Ist demnach der Lieblingsjünger nicht als eine historische Größe zu verstehen, so stellt sich die Frage, wie sich diese Gestalt zu der *historischen Person des ‚Presbyters'* als des Begründers des johanneischen Kreises verhält. Schon E. Käsemann machte auf die sachliche Nähe von 3 Joh 12 zu 19,35 aufmerksam. Auch das Zeugnis des ‚Presbyters' war christusbezogen (2 Joh) und enthielt einen autoritativen, traditionssetzenden Zielpunkt mit einem entsprechenden Wahrheitsanspruch.[33] Nicht anders wird das Zeugnis des Lieblingsjüngers im Evangelium dargestellt. Ist der Lieblingsjünger weder mit dem Presbyter noch mit dem Verfasser des Evangeliums tatsächlich zu identifizieren, so läßt sich dennoch vermuten, daß die Überlieferung der johanneischen Gemeinden von ihrem Gründer, der traditionssetzenden, autoritatives Zeugnis vermittelnden Persönlichkeit des Presbyters, in der Figur des Lieblingsjüngers einen Niederschlag gefunden hat, um so mehr, als nach dem Papias-Bericht der ephesinische Johannes, der vermutlich mit dem Presbyter identisch ist, als ‚Herrenjünger' bezeichnet wurde.

4. Eine späte Situation der johanneischen Gemeindeüberlieferung reflektiert das Nachtragskapitel. Hier ist der Lieblingsjünger nicht Zeuge des leeren Grabes (so 20,1ff), sondern mit den übrigen Jüngern ein Zeuge der Erscheinung des Auferstandenen (21,1ff). Darüber hinaus wird ein Konkurrenzverhältnis zu Petrus erkennbar[34], das eindeutig zugunsten des Petrus entschieden wird; denn dieser, nicht der Lieblingsjünger, wird von dem auferstandenen Christus mit dem ‚Weiden meiner Schafe' beauftragt (21,15ff). Hier wird die großkirchliche Position erkennbar, wie sie sich vor allem in der römischen

---

33 Vgl. E. Käsemann, Ketzer und Zeuge 180 Anm. 40; vgl. insbesondere auch die 1. Pers.plur. in 3 Joh 12.

34 Vgl. schon Joh 20,1ff (der Lieblingsjünger erreicht vor Petrus das leere Grab, überläßt aber letzterem den Vortritt); anders 18,15ff.

Petrusüberlieferung findet und sich gegenüber der Sondertradition des johanneischen Kreises durchsetzt. Daneben bewahren die johanneischen Gemeinden ihre spezifische Überlieferung, wie dies auch in Kap. 21 zum Ausdruck kommt, wenn Petrus sich von dem Lieblingsjünger sagen lassen muß, wer die Gestalt am Strande ist (V.7); und anders als von Petrus, dessen Verleugnung vorausgesetzt ist (V.15ff; vgl. 13,37f; Mk 14,26-31parr), wird von dem Lieblingsjünger ein neues Bekenntnis zu Jesus nicht verlangt. Dies alles hat freilich mehr den Charakter von Personallegenden als kirchenpolitische Bedeutung. Der johanneische Kreis ist zur Zeit der Abfassung des Nachtragskapitels schon ins kirchenpolitische Abseits gedrängt worden.

Schließlich 21,24f: Hier wird – wie oben gesagt – der Lieblingsjünger mit dem vierten Evangelisten gleichgesetzt. Eine sekundäre Nachschrift, die vielleicht die Hand von zwei Verfassern verrät, wie der Wechsel der Personen (V.24: wir; V.25: ich) andeuten kann. V.24 weist sprachlich und sachlich auf 19,35 zurück und ist von diesem Vers vermutlich abhängig.

Wir sehen: Der vierte Evangelist ist ein Glied der Traditionskette der johanneischen Schule, auf das weitere Glieder folgen. Dies berechtigt zu der Folgerung, daß er auch als Exponent der johanneischen Gemeinden für diese sein Werk abgefaßt hat.

b) Christologie

1. Der Prolog (1,1-18)

R. Bultmann, Der religionsgeschichtliche Hintergrund des Prologs zum Johannes-Evangelium, in: Eucharisterion, FS H. Gunkel, T.2, Göttingen 1923, 3-26; wieder abgedruckt in: ders., Exegetica 10-35.

Ders., Die Bedeutung der neuerschlossenen mandäischen und manichäischen Quellen für das Verständnis des Johannesevangeliums, 1925, in: a.a.O. 55-104.

E. Käsemann, Aufbau und Anliegen des johanneischen Prologs, 1957, in: ders., Exegetische Versuche und Besinnungen II, Göttingen ^{3}1970, 155-180.

R. Schnackenburg, Logos-Hymnus und johanneischer Prolog, BZ NF 1, 1957, 69-109.

C.K. Barrett, The Prologue of St. John's Gospel, London 1971.

K. Wengst, Christologische Formeln und Lieder des Urchristentums, StNT 7, Gütersloh 1972.

E. Haenchen, Probleme des johanneischen ‚Prologs', ZThK 60, 1963, 305-334; wieder abgedruckt in: ders., Gott und Mensch. GAufs. I, Tübingen 1965, 114-143.

M. Theobald, Im Anfang war das Wort, SBS 106, Stuttgart 1983.

Ders., Die Fleischwerdung des Logos. Studien zum Verhältnis des Johannesprologs zum Corpus des Evangeliums und zu 1 Joh, NTA.NF 20, Münster 1988.

J. Painter, Christology and the History of the Johannine Community in the Prologue of the Fourth Gospel, NTS 30, 1984, 460-474.

I. de la Potterie, Structure du Prologue de Saint Jean, NTS 30, 1984, 354-381.

P. Hofrichter, Im Anfang war der ‚Johannesprolog'. Das urchristliche Logosbekenntnis – die Basis neutestamentlicher und gnostischer Theologie, BU 17, Regensburg 1986.

O. Hofius, Struktur und Gedankengang des Logos-Hymnus in Joh 1,1-18, ZNW 78, 1987, 1-25.

Th.H. Tobin, The Prologue of John and Hellenistic Jewish Speculation, CBQ 52, 1990, 252-269.

1	Ἐν ἀρχῇ ἦν ὁ λόγος,	Im Anfang war der Logos,
	καὶ ὁ λόγος ἦν πρὸς τὸν θεόν,	und der Logos war bei Gott,
	καὶ θεὸς ἦν ὁ λόγος·	und Gott war der Logos.
2	οὗτος ἦν ἐν ἀρχῇ πρὸς τὸν θεόν.	Dieser war im Anfang bei Gott.
3	πάντα δι' αὐτοῦ ἐγένετο,	Alles ist durch ihn geworden,
	καὶ χωρὶς αὐτοῦ ἐγένετο	und ohne ihn ist nichts
	οὐδὲ ἕν. ὃ γέγονεν	geworden. Was geworden ist,
4	ἐν αὐτῷ ζωὴ ἦν,	das war in ihm Leben, und das
	καὶ ἡ ζωὴ ἦν τὸ φῶς τῶν ἀνθρώπων ·	Leben war das Licht der Menschen.
5	καὶ τὸ φῶς ἐν τῇ σκοτίᾳ φαίνει,	Und das Licht scheint in der Finsternis,
	καὶ ἡ σκοτία αὐτὸ οὐ κατέλαβεν.	aber die Finsternis hat es nicht ergriffen.
6	Ἐγένετο ἄνθρωπος,	Es trat ein Mann auf,
	ἀπεσταλμένος παρὰ θεοῦ,	von Gott gesandt,
	ὄνομα αὐτῷ Ἰωάννης·	sein Name war Johannes.
7	οὗτος ἦλθεν εἰς μαρτυρίαν	Dieser kam zum Zeugnis,
	ἵνα μαρτυρήσῃ περὶ τοῦ φωτός,	damit er vom Licht Zeugnis ablege,
	ἵνα πάντες πιστεύσωσιν δι' αὐτοῦ.	damit alle durch ihn zum Glauben kämen.
8	οὐκ ἦν ἐκεῖνος τὸ φῶς,	Nicht jener war das Licht, sondern
	ἀλλ' ἵνα μαρτυρήσῃ περὶ τοῦ φωτός.	damit er Zeugnis ablege von dem Licht.
9	Ἦν τὸ φῶς τὸ ἀληθινόν,	Er war das wahre Licht,
	ὃ φωτίζει πάντα ἄνθρωπον,	das jeden Menschen erleuchtet,
	ἐρχόμενον εἰς τὸν κόσμον.	indem es in die Welt kommt.
10	ἐν τῷ κόσμῳ ἦν,	Er war in der Welt, und die
	καὶ ὁ κόσμος δι' αὐτου ἐγένετο,	Welt ist durch ihn geworden,
	καὶ ὁ κόσμος αὐτὸν οὐκ ἔγνω.	aber die Welt hat ihn nicht erkannt.
11	εἰς τὰ ἴδια ἦλθεν,	Er kam in sein Eigentum,
	καὶ οἱ ἴδιοι αὐτὸν οὐ παρέλαβον.	aber die Seinen nahmen ihn nicht auf.
12	ὅσοι δὲ ἔλαβον αὐτόν, ἔδωκεν αὐτοῖς	Alle, die ihn aufnahmen, denen gab er
	ἐξουσίαν τέκνα θεοῦ γενέσθαι,	Macht, Gottes Kinder zu werden,
	τοῖς πιστεύουσιν εἰς τὸ ὄνομα αὐτοῦ,	denen, die an seinen Namen glauben,
13	οἳ οὐκ ἐξ αἱμάτων οὐδὲ ἐκ θελήματος	die nicht aus Blut, auch nicht aus
	σαρκὸς οὐδὲ ἐκ θελήματος ἀνδρὸς	Fleisches- oder Manneswillen,
	ἀλλ' ἐκ θεοῦ ἐγεννήθησαν.	sondern aus Gott gezeugt sind.
14	Καὶ ὁ λόγος σὰρξ ἐγένετο	Und der Logos ist Fleisch geworden
	καὶ ἐσκήνωσεν ἐν ἡμῖν,	und schlug sein Zelt unter uns auf,
	καὶ ἐθεασάμεθα τὴν δόξαν αὐτοῦ,	und wir schauten seine Herrlichkeit, eine
	δόξαν ὡς μονογενοῦς παρὰ πατρός,	Herrlichkeit als des vom Vater Einzigge-
	πλήρης χάριτος καὶ ἀληθείας.	zeugten, voll von Gnade und Wahrheit.

15 ᾽Ιωάννης μαρτυρεῖ περὶ αὐτοῦ καὶ	Johannes legt von ihm Zeugnis ab und hat
κέκραγεν λέγων · οὗτος ἦν ὃν εἶπον ·	folgendes ausgerufen: Dieser war es, von dem ich
ὁ ὀπίσω μου ἐρχόμενος ἔμπροσθέν	gesagt habe: wer nach mir kommt, der ist
μου γέγονεν, ὅτι πρῶτός μου ἦν.	vor mir dagewesen; denn er war eher als ich.
16 ὅτι ἐκ τοῦ πληρώματος αὐτοῦ	Denn aus seiner Fülle
ἡμεῖς πάντες ἐλάβομεν	haben wir alle empfangen,
καὶ χάριν ἀντὶ χάριτος·	Gnade um Gnade.
17 ὅτι ὁ νόμος διὰ Μωϋσέως ἐδόθη,	Denn das Gesetz wurde durch Mose gegeben,
ἡ χάρις καὶ ἡ ἀλήθεια	die Gnade und die Wahrheit
διὰ ᾽Ιησοῦ Χριστοῦ ἐγένετο.	sind durch Jesus Christus geworden.
18 Θεὸν οὐδεὶς ἑώρακεν πώποτε·	Gott hat niemand jemals gesehen;
μονογενὴς θεὸς ὁ ὢν εἰς τὸν κόλπον	der einzig-gezeugte Gott, der an der Brust
τοῦ πατρὸς ἐκεῖνος ἐξηγήσατο.	des Vaters ist, jener hat es berichtet.

Zur Struktur

Daß in diesen Versen[35] der Evangelist einen vorgegebenen Hymnus[36] zitiert, ist in der Forschung heute fast allgemein anerkannt. Schon die Tatsache, daß nur in V.1 und 14, sonst jedoch nicht im Johannesevangelium der Begriff λόγος für Christus erscheint, ist ein Hinweis auf die Benutzung einer Vorlage. Dies wird durch die Feststellung bestätigt, daß der Text rhythmisch gegliederte Verse enthält, außerdem durch den Nachweis von Hapaxlegomena[37], obwohl andererseits ein durchgehender johanneischer Sprachstil den gesamten Abschnitt prägt.[38]

Verschiedene Versuche sind unternommen worden, die ursprüngliche Gestalt des Hymnus zu rekonstruieren. Sie gehen zumeist von der Beobachtung aus, daß in V.6-8 und 15 unvermittelt von Johannes dem Täufer gesprochen wird. Diese Verse haben zweifellos eine das Folgende vorbereitende Funktion (vgl. 1,19ff) und können nicht zum eigentlichen Bestand des zitierten Liedes zählen. Die gleiche Funktion könnte auch das Prädikat ἐξηγήσατο

---

35 Zur Problematik der Interpunktion vgl. K. Aland, Eine Untersuchung zu Joh 1,3.4, ZNW 59, 1968, 174-209 (= ders., Neutestamentliche Entwürfe, TB 63, München 1979, 351-391).

36 Anders P. Hofrichter, ‚Johannesprolog' 41, der von einem ‚Bekenntnistext' spricht.

37 Vor allem: φωτίζειν (V.9), σκηνοῦν (V.14; im NT nur noch viermal in Apk), πλήρωμα (V.16; im NT besonders im paulinischen Schrifttum); χάρις (nur V.14.16.17; vgl. aber 2 Joh 3), τέκνα θεοῦ (V.12; im Johannesevangelium nur noch 11,52; vgl. aber 1 Joh 3,1.2.10; 5,2), κόλπος (V.18; im Johannesevangelium nur noch 13,23), ἐξηγεῖσθαι (V.18; sonst nur bei Lk: 24,35 und viermal in Apg).

38 ἴδια (auch 8,44; 16,32; 19,27) bzw. οἱ ἴδιοι (auch 13,1), im übrigen sehr oft adjektivisch; θέλημα (auch 4,34; 5,30; 6,38-40; 7,17; 9,31 (vgl. 1 Joh 2,17; 5,14); johanneisch ist vor allem theologische Begrifflichkeit: φῶς, ζωή, σκοτία, ἀλήθεια, ἐξουσία, δόξα, σάρξ, μαρτυρεῖν, μονογενής, θεὸν ὁρᾶν.

und hierdurch der ganze Vers 18 haben. Auffallend ist darüber hinaus der Wechsel zwischen der 3. Pers. plur. und der 1. Pers. plur. (V.13/14). Hinzu kommen stilkritische Überlegungen, die sich aus der Zugrundelegung eines einheitlichen Metrums für die Vorlage sowie von sachlichen Gesichtspunkten ergeben.[39] Rechnet man das notwendige subjektive Element bei der Abwägung der unterschiedlichen Kriterien ein, so ist verständlich, daß die Rekonstruktionsversuche nicht unerheblich voneinander abweichen:

R. Bultmann[40] kommt zu folgendem Ergebnis: Dem kultischen Gemeindelied liegen Doppelverse zugrunde, deren beide Glieder entweder einem einzigen Gedanken Ausdruck geben (V.9.12.14b) bzw. als Parallelismus (V.3) oder als Antithese (V.5.10.11) einander bedingen, oder es führt das zweite das erste Glied ergänzend weiter (V.1.4.14a .16). Dem vorjohanneischen Hymnus werden die Verse 1.3-5.9-12b (ohne ἐξουσίαν und τοῖς πιστεύουσιν ... αὐτοῦ) 14 und 16 zugewiesen. Ursprünglich sei dieser Text ein „Lied der Täufergemeinde" gewesen.[41] Es wurde vom Evangelisten überarbeitet. Zur Redaktion des Evangelisten zählen u.a. die Verse 12c.13 (als Erläuterung von V. 12b).17[42].18[43]. – Kritisch ist zu Bultmanns Rekonstruktionsversuch zu sagen, daß dieser trotz des grundlegenden Argumentes der metrischen Struktur des Hymnus mit unterschiedlichen Zeilenlängen rechnet[44] und ein vorjohanneisches Täuferlied mit einem starken johanneischen Einschlag in der Täufergemeinde postuliert, was sich auch aufgrund der späten Entstehung der mandäischen Literatur nicht wahrscheinlich machen läßt.

E. Käsemann[45] unterscheidet für das vorjohanneische Traditionsstück zwei Strophen: 1) V.1-4 (ohne V.2?); 2) V.5 und 9-12; wobei gefragt wird, „ob nicht auch V.9 dem Evangelisten zugewiesen werden muß".[46] Anstoß verursacht besonders das letzte Glied (V.9c: ἐρχόμενον εἰς τὸν κόσμον), das als „rabbinische Wendung" „prosaisch" anmutet. Zudem ist das adjektivische ἀληθινόν (V.9a) „für den Evangelisten typisch", und schließlich läßt sich V.10 als Fortsetzung von V.5 gut verstehen.[47] Danach würde der erste Teil des Hymnus sieben bzw. acht Zeilen, der zweite Teil „bis zum Schluß von V.11 ebenfalls sieben Zeilen" umfassen.[48] – Hier stellen sich kritische Fragen: Die nicht eindeutige Abgrenzung der beiden Strophen erweckt kein Vertrauen zu diesem

---

39 Vgl. R. Bultmann, Johannesevangelium 2ff.

40 Vgl. ders., Der religionsgeschichtliche Hintergrund 3-26; ders., Johannesevangelium 5ff.

41 Ders., Johannesevangelium 5

42 Ebd. 3-5.

43 Hier liest R. Bultmann in Entsprechung zum vorausgesetzten Bekenntnis des Evangelisten μονογενὴς υἱός statt μονογενὴς θεός (Johannesevangelium 55f).

44 Schon V.1: kein Zwei-, sondern ein Dreizeiler. Gleiches gilt für V.9-10. Vgl. E. Käsemann, Aufbau und Anliegen 159; K. Wengst, Christologische Formeln 204f.

45 E. Käsemann, Aufbau und Anliegen 155ff.

46 A.a.O. 167.

47 Ebd.

48 A.a.O. 168; V.12 wäre dann als ‚Krönung' bzw. ‚Resümee' zu betrachten (ebd.).

Rekonstruktionsversuch. Hinzu kommt, daß V. 14 und 16 für das vorjohanneische Lied nicht in Anspruch genommen werden; hierdurch wird die Entstehung von V.14-18 in Hinsicht auf die Arbeit des Evangelisten zu einem nicht zu lösenden Rätsel.[49] Schließlich enthält Käsemanns Rekonstruktion ein sachliches Problem: Indem schon für den Anfang des Hymnus, spätestens ab V.5, die Epiphanie Jesu Christi als des Logos ausgesagt erscheint, entsteht eine Spannung zu V.10b, wo die kosmologische Funktion des Logos, also noch nicht die Inkarnation bezeugt zu sein scheint.

Noch anders *K. Wengst*[50], der im Anschluß an E. Käsemann einen ungeordneten Wechsel von Zwei- und Dreizeilern feststellen möchte, jedoch die zweifache Strophenteilung in anderer Weise vornimmt: 1) V.1.3-5.9-11; 2) V.14 und 16. Deutlicher ist hier die metrische Disposition zugrunde gelegt. V.2 wird als „prosaische" Zusammenfassung von V.1 dem Evangelisten zugewiesen. Akzeptabel ist auch grundsätzlich, daß in V.14 und 16 vorjohanneisches Gut ausgemacht wird. Andererseits ist demgegenüber festzustellen, daß schon zu V.9 die metrische Struktur ungleichmäßig ist (das Partizip ἐρχόμενον ist den voraufgehenden Zeilen nicht gleichwertig); dasselbe gilt für V.14 (unvermittelter Anschluß des δόξαν-Sätzchens; grammatisch schwierig ist auch der πλήρης-Satz) und V.16 (Einsatz mit ὅτι; elliptischer καί-Nachsatz).

Eine eindeutige Rekonstruktion der Vorlage kann offenbar nicht vorgenommen werden. In jedem Fall ist mit nicht sicher zu identifizierenden Eingriffen des Evangelisten zu rechnen. Darüber hinaus läßt sich die Möglichkeit nicht von der Hand weisen, daß schon vor der Abfassung des Evangeliums in der Schule des Johannes der Hymnus redaktionell bearbeitet wurde. Endlich fragt sich, ob der Personenwechsel (mit V.14) wirklich auf zwei verschiedene Strophen schließen läßt (was für Wengsts Rekonstruktion eine erhebliche Ungleichmäßigkeit im Umfang der beiden vermuteten Strophen zur Folge hat), oder aber, ob die Frage, was an strophischer Überlieferung dem Evangelisten vorgegeben war, nicht sehr viel bescheidener beantwortet werden muß.

Während V.2 vermutlich Eigentum des Evangelisten ist[51], scheint im übrigen der Hymnus in V.1.3-5 vom Evangelisten verhältnismäßig wörtlich zitiert zu sein; V.6-8

---

49 Vgl. auch E. Haenchen, Probleme des johanneischen ‚Prologs' 305-334, wonach der Hymnus aus V.1-5.9-11.14.16-17 bestand; V.18 wird dem Evangelisten, V.6-8.12-13.15 einem nach dem Evangelisten schreibenden Redaktor zugerechnet. – Problematisch ist hieran die Ablösung des Täuferstückes (V.6-8.15) von der Arbeit des Evangelisten.

50 K. Wengst, Christologische Formeln 200-208; hier auch Auseinandersetzung mit E. Ruckstuhl, Die literarische Einheit des Johannesevangeliums. Der gegenwärtige Stand der einschlägigen Forschungen, SF NF 3, Freiburg 1951 (= NTOA 5, Göttingen-Fribourg 1988), 69-97; W. Eltester, Der Logos und sein Prophet. Fragen zur heutigen Erklärung des johanneischen Prologs, in: ders.-F.H. Kettler (Hg.), Apophoreta, FS E. Haenchen, BZNW 30, Berlin 1964, 109-134, die die Einheitlichkeit des johanneischen Prologs verfechten.

51 Es handelt sich um eine Wiederholung der Aussage von V.1ab; für den Evangelisten charakteristisch das einleitende οὗτος (vgl. V.7.15.30.34; vgl. K. Wengst,

bilden dessen sekundäre Interpretation, die schon hier das Christusthema mit dem Auftreten des Täufers verbindet. Das Stichwort φῶς (V.9) nimmt V.5 auf. Ob das adjektivische ἀληθινόν möglicherweise Zusatz des Evangelisten ist, da es antithetisch den sekundären Vers 8 vorauszusetzen scheint[52], ist nicht mit Sicherheit zu entscheiden, da der Ausdruck φῶς τὸ ἀληθινόν unabhängig vom Johannesevangelium auch 1 Joh 2,8 belegt und dort ähnlich wie V.5 σκοτία als Gegenbegriff vorausgesetzt ist. Keinen zuverlässigen Eindruck machen die beiden letzten Teile von V.9: Der Relativsatz muß nicht ursprünglich sein (vergleichbar ist V.12!); ebensowenig das letzte Stück mit dem Partizip ἐρχόμενον, das im gegenwärtigen Kontext auf φῶς zu beziehen ist, aber als Partizipialkonstruktion und durch den Subjektswechsel aus dem Sprachrhythmus hinausführt. Möglicherweise hatte der Evangelist an dieser Stelle in der Vorlage eine Aussage, die das Lichtsein des Logos mit seiner Beziehung zur Welt kombinierte und so den Übergang zu V.10 darstellte.

Die vorhandene Störung des Aufbaus mag durch die Einfügung des voraufgehenden Stückes (V.6-8) verursacht sein, macht aber zugleich darauf aufmerksam, daß von dem Evangelisten keineswegs eine ausschließlich konservative Wiedergabe seiner Quelle erwartet werden darf. Dies gilt auch für das Folgende: Obwohl V. 10a (‚er war in der Welt') an den voraufgehenden Text (V.9c: ‚kommend in die Welt') nahtlos anschließt, ist doch V.10 in der gegebenen Fassung vermutlich nicht ursprünglich. Der logischen Ordnung nach müßte die Reihenfolge lauten: Schaffung des Kosmos durch den präexistenten Logos (V.10b), dessen Sein im Kosmos (V.10a), das Nichterkennen des Kosmos (V.10c). Selbst wenn man zugesteht, daß der Hymnus neben Zwei- auch Dreizeiler enthielt[53], ist die gegebene Ordnung nicht gesichert, um so weniger, als V.11 mit einem deutlichen antithetischen Zweizeiler eine entsprechende Metrik des Voraufgehenden vorauszusetzen scheint (Wiederaufnahme von V.10c durch V.11b). Gehörte V.11 der Vorlage an, so läßt sich gleiches für V.12 nicht ohne weiteres behaupten. Zwar findet sich kein sachlicher Widerspruch zu V.11, etwa derart, daß nach V.11 ‚alle den Logos abgelehnt haben', daß nach V.12 jedoch einige ihn anerkannten[54], so sind doch das Korrelativum ὅσοι wie auch das Adversativ δέ für das Lied ungewöhnlich.[55] Auch wenn man Bultmanns sprachliche und sachliche Bedenken zum

---

Christologische Formeln 201; R. Schnackenburg, Johannesevangelium 212; ders., Logos-Hymnus und johanneischer Prolog, BZ NF 1, 1957, 69-109; 79).

52 Vgl. E. Käsemann, Aufbau und Anliegen 167; anders K. Wengst, a.a.O. 202.

53 Anders R. Bultmann, z.St. (Johannesevangelium 33 Anm. 3).

54 Nach K. Wengst, Christologische Formeln 202 meinen ἴδιοι (V.11) und ὁ κόσμος (V.10) in der Vorlage umfassend die Menschen; der Evangelist habe diese Begriffe jedoch als auf die Ungläubigen bezogen verstanden und ihnen die Glaubenden gegenübergestellt (V.12). Jedoch ist gut denkbar, daß der umfassende κόσμος-Begriff (V.10) auch dann vorausgesetzt ist, wenn man οἱ ἴδιοι (V.11) in einem einschränkenden Sinn versteht und (mit K. Wengst) in V.14 (= wir: die Gemeinde!) die ursprüngliche Fortsetzung vermutet. – Die Beziehung von ἴδιοι auf das jüdische Volk ist aufgrund des Kontextes nicht überzeugend (gegen H. Thyen, „Das Heil kommt von den Juden", in: D. Lührmann-G. Strecker (Hgg.), Kirche, FS G. Bornkamm, Tübingen 1980, 163-184; 171).

55 Vgl. demgegenüber das adversativ gebrauchte καί (V.5.10).

Ausdruck ἐξουσίαν διδόναι nicht teilt[56], ist V.12c auf jeden Fall als sekundäre Erläuterung zu erkennen, die – indem sie dem Duktus des Verses entspricht – über den ganzen Vers 12 skeptisch urteilen läßt, zumal der Ausdruck τέκνα θεοῦ auf V.13 vorausweist, der wie fast allgemein anerkannt ist, einem Hymnus kaum einzugliedern ist. Zu fragen ist, ob V.14 als Fortsetzung und Beginn einer 2. Strophe verstanden werden kann. Allerdings wird solches Urteil durch die ernstzunehmende Möglichkeit erschwert, daß an der Stelle von V.12 ursprünglich eine positive Aussage gestanden haben könnte. Außerdem spricht die schon erwähnte Ungleichmäßigkeit der Struktur sowohl von V.14 als auch von V.16 nicht für die These, der Evangelist habe sich hier um die exakte Wiedergabe seiner Vorlage bemüht. Daher bleibt kaum eine andere Schlußfolgerung als die Annahme, daß von den anschließenden Versen 14-18 die inhaltlichen Aussagen von V.14 und 16, vielleicht auch von V.18, da sie aus sprachlichen und sachlichen Gründen einen altertümlichen Eindruck machen, am ehesten auf die Vorlage zurückführen. Ob sie aber die ‚zweite Strophe' eines Hymnus gebildet haben, etwa im Munde der Gemeinde als Antwort auf den ‚Gesang der Engel' (= 1. Strophe)[57], diese Vermutung mag hier nur als Möglichkeit genannt werden.

Wie auch immer die Rekonstruktion der ‚Quelle' des Evangelisten im einzelnen erfolgt und hierbei mehr oder weniger größere Unsicherheitsfaktoren in Rechnung gestellt werden, verhältnismäßig gesichert ist, daß der Verfasser des Johannesevangeliums von einer Vorlage abhängig ist, und auch, daß wir hierdurch auf eine alte Schicht der johanneischen Schultradition stoßen. Ein Vergleich mit 2./3. Joh, aber auch mit dem 1 Joh kann zeigen, daß die vorgegebenen Gedanken ‚frühjohanneisch' sind; so die johanneischen ‚Schlüsselbegriffe' ἀλήθεια (V.14.17; II 1-3; I 1,6.8 u.ö.), ἀρχή (V.1-2; nicht in diesem absoluten Sinn: II 5f; I 1,1), κόσμος (V.9-10; vgl. II 7; I 2,2), γινώσκειν (christologisch: V.10; I 2,3f; 3,1; die ‚Wahrheit': II 1), Gegensatz von σκοτία und φῶς (V.5.9; I 1,5ff; 2,8); Einheit zwischen dem Logos und dem Vater (V.1f.18; vgl. II 3; I 1,2 u.ö.), Gottesschau (V.18; vgl. V.14; III 11; I 4,20 vgl. 3,2.6). Der Prolog weist demnach Strukturelemente der johanneischen Vorstellungswelt auf, die stärker als im 2./3. Joh durch dualistische Züge bestimmt sind und andererseits von dem Verfasser des 1 Joh als bekannt und damit als frühjohanneisch vorausgesetzt werden.

Der Hymnus hat den *göttlichen Logos* zum Gegenstand, welcher als präexistenter Schöpfungsmittler dargestellt ist (V.1-3.10); ferner ist er als Offenbarer gezeichnet, womit sich die Vorstellung eines Himmelsabstiegs ver-

---

56 Vgl. R. Bultmann, Johannesevangelium 36 Anm.1: Für den Offenbarer sei einfaches διδόναι (4,14; 6,27.33f.51f; 10,28; 14,27; 17,2.7.22) charakteristisch, daher ἐξουσία (sonst im griechischen Sinn von ‚Macht', ‚Vollmacht': 1,12; 5,27; 10,18; 17,2; 19,10f = „alles Sätze des Evangelisten") wahrscheinlich Zusatz des Evangelisten.

57 So Chr. Demke, Der sogenannte Logos-Hymnus im johanneischen Prolog, ZNW 58, 1967, 45-68; 64.

bindet (V.9-11.14.18); darin eingeschlossen ist seine soteriologische Funktion, indem er als Repräsentation und Bringer des Lebens und des Lichtes und der δόξα θεοῦ verstanden ist (V.4.9.14). Begriff und Vorstellung des ‚Logos' haben eine Geschichte, die weit in die Zeit vor der Entstehung des Johannesevangeliums zurückreicht. Das Problem der religionsgeschichtlichen Ableitungen hat zu verschiedenen Vorschlägen geführt:

1. Der Eingang des Prologs erinnert mit den Worten ἐν ἀρχῇ ἦν ὁ λόγος an die Anfangsworte der alttestamentlichen Genesis (1,1: בְּרֵאשִׁית). Ist also der johanneische Logos aus dem *Alten Testament* zu verstehen? Besteht eine Entsprechung zum machtvollen Schöpfungswort Gottes, das Licht und Finsternis scheidet, Himmel und Erde befestigt, die belebte Schöpfung ins Sein ruft, wie dies im Schöpfungsbericht der ‚Priesterschrift' ausgesagt ist und sich auch später als Ausdruck der Schöpferkraft Gottes bezeugt findet (Ez 37,5f; Jes 40,26; 44,24ff; 48,13)? In der Tat läßt sich eine Parallele zum Begriff λόγος des Johannesevangeliums ziehen, soweit dieser den Anfang kennzeichnet und als Entstehungsursache des Kosmos gedacht und selbst eine kosmische Größe ist. Jedoch ist in der alttestamentlichen Schöpfungsvorstellung das Wort Gottes nicht personifiziert. Es ist nicht eine Hypostase, sondern Funktion des Redens Gottes, der hierdurch seine Herrschaftsmacht kundtut. Anders der Logos im Johannesprolog; er hat die Eigenschaften eines mythologisch zu umschreibenden Himmelswesens, das von Urbeginn ist; dieses wird auch nicht als λόγος τοῦ θεοῦ, sondern absolut als ὁ λόγος bezeichnet.

2. Näher steht die Literatur der *jüdischen Weisheitslehre.* Die Weisheit (‚Chokhma') kann als eine personifizierte Größe verstanden werden (Spr. 8,22ff): Sie ist präexistent, Mittlerin der Schöpfung, begibt sich in die Welt, um sich den Menschen mitzuteilen, und sie erleidet im Kosmos das Schicksal der Abweisung.[58] Die Parallelität zum johanneischen Logos-Begriff liegt auf der Hand, besonders zum Verhältnis von Logos und Kosmos, auch darin, daß es sich beide Male um eine mythologische Personifizierung des Anspruches Gottes an die Welt handelt. Jedoch wird im Unterschied zum johanneischen Prolog die personifizierte Weisheit in der genuin-jüdischen Überlieferung nicht mit dem Titel ‚Logos' (ὁ λόγος) bezeichnet.[59] Darüber hinaus wird die alttestamentlich-jüdische Weisheit mit der Tora identifiziert[60]; demgegen-

58 Vgl. zu den Einzelheiten oben A I a 2.

59 Eine scheinbare Ausnahme findet sich bei Philo: ἡ δέ (sc. σοφία) ἐστιν ὁ θεοῦ λόγος (All I 65); jedoch ist λόγος hier nicht im absoluten Sinn gebraucht.

60 Vgl. G. Kittel, Art.: λέγω ktl., ThWNT IV 139f, der freilich aus solcher Parallelität einen Zusammenhang zwischen Johannesprolog und rabbinischer Toraspekulation erschließen möchte (138, 25ff); jedoch sind die beigebrachten rabbi-

über ist der johanneische Logos nicht eine Interpretation des Gesetzes Gottes oder gar mit diesem identisch.

3. Die jüdische Weisheitsspekulation ist nicht ein genuines Gewächs des Judentums, sondern steht unter hellenistischem Einfluß, wie ihre ethisch-rationale Ausrichtung verdeutlicht. Dies gilt auch für die mythische Chokhma, insbesondere für die Vorstellung von ihrem Himmelsabstieg und der ihr eigentümlichen zeitlosen Botschaft. Von hier aus wird es wahrscheinlich, daß der Ursprung der johanneischen λόγος-Tradition im griechischsprachigen Bereich zu suchen ist, auch wenn zu Einzelheiten Überschneidungen mit dem nicht-griechischen, orientalisch-jüdischen Umfeld möglich sind. Verwandt ist der Vorstellungsbereich der *Gnosis*, auf die R. Bultmann das johanneische Logos-Verständnis zurückzuführen suchte. In der klassischen christlichen Gnosis des zweiten Jahrhunderts ist der *Nous*[61] der ‚erlöste Erlöser', der Mensch gewordene, von Gott gesandte Offenbarer, der entsprechend der Weltentstehungslehre (Soteriologie als Umkehrung der Kosmologie) die Errettung der in die Materie gefallenen ‚Lichtfunken' vornimmt. Die Tatsache, daß es sich um ein mythisches Wesen handelt, seine – allerdings als Emanation gedachte – Gottesnähe, seine Offenbarer- und Erlöserfunktion, nicht zuletzt die ausdrückliche Identifizierung mit Christus, dies alles läßt die Offenbarergestalt der gnostischen Systeme des zweiten Jahrhunderts als mit der Logosvorstellung des Johannesprologs verwandt erscheinen. Jedoch, die dort zu einer spekulativen Zahlensymbolik ausgeführte Systematik, die Verbindung von Kosmologie und Soteriologie finden sich im Johannesevangelium nicht.[62] Man ist von hier aus veranlaßt, in der johanneischen Logostradition eine Vorform der späteren Gnosis (= Prägnosis) zu vermuten. Da die christlich-gnostischen Texte der nachneutestamentlichen Zeit angehören, hat diese Folgerung die größere Wahrscheinlichkeit für sich.[63]

---

nischen Parallelen spät anzusetzen. Ebenso ist die Überlegung, ob der Prolog ursprünglich aramäisch abgefaßt war, der Begriff λόγος demnach sekundär hinzugetreten sei (136f), nicht hilfreich; für die Literatur des johanneischen Kreises ist trotz gelegentlich auftauchender Semitismen das Griechische die mit Sicherheit vorauszusetzende Sprachgrundlage.

61 Gelegentlich auch λόγος: Iren Haer I 15,3 für die Gnosis des Markos (in der Vierheit von Anthropos, Ekklesia, Logos und Zoe).

62 Dies trennt den Prolog auch von dem Poimandrestraktat des Corpus Hermeticum, wo der Urmensch als kosmisches Prinzip verstanden ist (I 12-19).

63 Auch die mandäische Literatur – besonders der Ginza; das Johannesbuch der Mandäer u.a. – gehört einer späteren Zeit (7./8. Jh.) an. Außerdem ist sie durch christliche (nestorianische) Überlieferung geprägt; vgl. H. Lietzmann, Ein Beitrag zur Mandäerfrage, SPAW.PH, Berlin 1930, 596-608. Auch finden sich hier ausdrückliche Zitate aus dem Johannesevangelium; daher ist die Folgerung, daß diese

4. Immerhin wird an diesen Beispielen deutlich, daß die Vorstellung einer Offenbarergestalt keineswegs eine nur christliche ist, sondern sich – wie sich dies auch in der jüdischen Weisheitsspekulation zeigte – in verschiedenen nichtchristlichen Systemen ausgesprochen hat. An dieser Stelle ist für die Vorstellung vom göttlichen Logos besonders das *hellenistische Judentum* zu nennen. So Philo von Alexandria, bei dem der λόγος θεοῦ bzw. θεῖος λόγος neben Gott steht, als dessen εἰκών, als Schöpfungsmittler, auch als μονογενής (vgl. Joh 1,14.18; 3,16.18), wie überhaupt als Mittler zwischen Gott und Mensch. Dieser repräsentiert die göttliche Vernunft gegenüber der Welt.[64] Das dualistische Denken, das der philonischen Lehre zugrundeliegt, wie auch die rationale Fassung des Logos als der Weltvernunft erinnert an den Pythagorismus sowie an den Neuplatonismus, wo λόγος im absoluten Sinn erscheint und die sinngebende, gestaltende Kraft bezeichnet, die alles, nämlich Zeit und Raum, Materie und Geist durchdringt.[65] – Selbstverständlich lassen auch die zuletzt genannten Systeme eine direkte genetische Ableitung des johanneischen Prologs nicht zu. Aber sie machen den Raum sichtbar, in dem die johanneische Logos-Vorstellung entstehen konnte: Hellenistische und jüdische Vorstellungen, insgesamt der philosophische und religiöse Synkretismus des ersten Jahrhunderts stellen die Strukturelemente bereit, aus denen der Christushymnus des Johannesprologs geschaffen werden konnte. Die enge Verwandtschaft mit der Tradition der johanneischen Schule macht wahrscheinlich, daß es sich ursprünglich um eine geprägte christologische Einheit handelt, demnach Begriff und Vorstellung des Logos nicht erst durch den Evangelisten mit Christus identifiziert worden sind.

Zur Interpretation

α) Die universale kosmologische Bedeutung des Logos

Für den Evangelisten wie für seine Vorlage gilt, daß der Logos, Jesus Christus, als ein präexistentes Himmelswesen und als Offenbarer vorgestellt ist.

Taufsekte des Euphrat- und Tigrisgebietes auf die Schule Johannes des Täufers zurückgehe, die ursprünglich im Ost-Jordanland ihren Sitz hatte, trotz verschiedener Bemühungen nicht wirklich abzusichern (so auch K. Rudolph, Die Mandäer, FRLANT 74, Göttingen 1960, 80.253; ders., Die Gnosis. Wesen und Geschichte einer spätantiken Religion, Göttingen ^{3}1990, 390).

64 Siehe auch die Offenbarergestalt der Pseudoklementinen: der ‚wahre Prophet', der von Adam an die Weltzeit durchläuft, also repräsentiert als außerweltliche Größe in der Welt göttliche Offenbarung (PsClem Hom III 20,2); vgl. G. Strecker, Das Judenchristentum in den Pseudoklementinen, TU 70, Berlin ^{2}1981, 145-153.

65 Vgl. Plot Enn III 2,15: Ἀρχὴ οὖν λόγος καὶ πάντα λόγος.

Ἀρχή (V.1) bezeichnet den absoluten Anfang. Dies im Unterschied zu dem vorwiegenden Sprachgebrauch in den Johannesbriefen, der die ἀρχή mit dem Christusgeschehen der Vergangenheit oder der Gemeindegründung identifiziert.[66] Demgegenüber hat die ἀρχή des Logos ihren Grund in der Verbindung mit Gott und besitzt wie dieser Ewigkeitscharakter. Existierte der Logos von Urbeginn an, so war er vor der Schöpfung vorhanden. Es läßt sich von ihm daher nicht nur sagen, daß er als eine zweite göttliche Person ‚bei Gott' war, sondern auch: ‚Gott war der Logos' (V.1c). Selbstverständlich will diese Feststellung nicht das unterschiedliche Personsein von Gott und Logos aufheben; aber es ist klar, daß das präexistente Sein des Logos ein göttliches ist und sich zwar in der Person, aber nicht im Wesen von Gott unterscheidet.[67] Da diese Aussage für den Präexistenten gilt, läßt sich in V.1c noch nicht an die Inkarnation und auch nicht an die offenbarende Funktion des Logos denken.

Daß eine personale Identität zwischen Gott und Logos nicht beabsichtigt ist, betont der Evangelist im anschließenden V.2, der V.1b fast wörtlich entspricht und nicht nur die Einheit, sondern auch die Verschiedenheit beider Personen unterstreicht (V.3).[68] Das göttliche, präexistente Sein des Logos zeigt sich an seiner Schöpfungsmittlerschaft (V.3). Ist alles durch ihn ‚geworden', d.h. ist es von ihm geschaffen, so ist auch nicht das Geringste ohne ihn entstanden. Alles, was existiert, ist durch ihn ins Leben gerufen worden.[69] Sein Sein ist auf den Kosmos ausgerichtet und diesem zugewendet. Das Wirken des Logos als des Präexistenten ist auf Universalität hin angelegt. Es besitzt eine kosmische Weite, wie sie dem Schöpfungsmittler zukommt. Hiervon ist auch sein Auftreten im Kosmos bestimmt: Er tritt in der Welt auf als einer, der vorkosmische Existenz besitzt, der nicht dem Kosmos angehört, nicht vom Kosmos abhängig ist und sich doch dem Kosmos zuwendet. Das Leben (ζωή), das sich in ihm darstellt (vgl. 6,35; 11,25) und durch das Licht (φῶς) symbolisiert wird, ist Gottes Gabe an die Menschen (V.4). Wie das Licht zur Finsternis in einem ausschließenden Gegensatz steht, so ist auch der leben-

---

66 Vgl. oben 1 Joh 1,1; 2,13.14; 3,11.

67 Man entgeht dieser exegetischen Folgerung nicht, wenn man θεός entgegen der Stellung des Wortes nicht als Subjekt, sondern als Prädikatsnomen auffaßt (‚göttlich war der Logos'); für diese Auslegung wäre statt θεός ein θεῖος zu erwarten gewesen; vgl. zum vorausgesetzten Sinn im übrigen 1,18 und 20,28.

68 Vgl. zur Hervorhebung der Einheit von Vater und Sohn: 5,21ff; 10,30 u.ö., wobei die Differenzierung der beiden Personen eingeschlossen ist (vgl. 6,38; 14,28 u.ö.).

69 Zur Abtrennung von ὃ γέγονεν (V.3c), das mit V.4 zu verbinden ist, vgl. die Textbezeugung (u.a. P 75) in [27]Nestle-Aland, sowie die in Anm. 35 genannte Untersuchung von K. Aland.

spendende Logos der Macht des Todes (vgl. 5,24; 8,51) gegensätzlich gegenübergestellt (V.5). So ereignet es sich im Inkarnationsgeschehen: Als nichtkosmisches Wesen offenbart der Logos sich und den Vater der Menschenwelt.

Allerdings ist es eine noch offene Frage, von welchem Vers an erstmals von diesem Geschehen gesprochen wird. Zwei extreme Positionen: a) Erst V.14 spricht von der Inkarnation; alles andere ist vorlaufender Weg des Logos durch die Geschichte (vgl. die pseudoklementische Syzygienlehre, Mani). – b) Schon von V.4-5 an („das Leben war das Licht der Menschen ... das Licht scheint <Präsens!> in der Finsternis ...") spricht der Hymnus von der Inkarnation. Jedenfalls ist auch in V.5 zunächst eine Wesensaussage ausgesprochen: Der Logos ist mit dem ‚Licht' identisch, das der ‚Finsternis' entgegensteht (vgl. auch 3,19; 8,12; 9,5; 12,46).

β) Die johanneische Einschaltung

Sicher ist, daß der Evangelist mit V.6-8 auf das Offenbarungsgeschehen vorausweisen will. In feierlicher, zugleich verschleiernder und enthüllender hebraisierend-archaisierender Sprache wird die Gestalt Johannes des Täufers eingeführt. Dabei kann sich der Verfasser auf Überlieferung berufen, die er auch im folgenden (V.19ff) verwendet, zu der sich im Markusevangelium (1,2ff) und den synoptischen Seitenreferenten Parallelen finden. Der Gegenstand des Auftretens des Johannes ist das Zeugnis vom Licht, also vom Logos-Offenbarer. Das Ziel solcher Verkündigung: der Glaube, der allen ermöglicht werden soll (vgl. Joh 20,31; 1 Joh 5,13). Universal wie die Sendung des Offenbarers ist also auch die Zielrichtung des ‚Zeugen'. Dennoch stellt sich dieses Zeugnis unter die Offenbarung. Die Aussage, daß ‚jener nicht das Licht' war (V.8), zeigt, daß die Verkündigung des Täufers eine nur vorläufige ist und auf Nachfolgendes vorausweist. Insofern ist der Begriff ‚Vorläufer' angemessen (vgl. Lk 1,17). Auch wenn dieser nicht wie bei Lukas durch einen Synchronismus chronologisch verankert wird, ist er doch in eine Zeitbewegung eingeordnet. So wie das Erscheinen des Logos in einem bestimmten Ausschnitt der Zeitlinie erfolgt, so auch das ihm voraufgehende Auftreten des Täufers. Eine direkte antitäuferische Polemik wird aus solcher ‚Unterordnung' nicht herausgelesen werden dürfen. Sie ist auch den Subordinationsaussagen der Synoptiker (z.B. Mt 3,14f) nicht zu entnehmen. Vermutlich wurde in den älteren vorsynoptischen Traditionsschichten eine akute Auseinandersetzung über die Frage des Verhältnisses des Täufers zu Jesus mit der Täufersekte geführt. Dem Evangelisten geht es nicht um Polemik oder Apologetik, sondern um die Feststellung des Glaubens, daß der Offenbarer größer ist als der Zeuge und daß der Zeuge seine Funktion nur im Hinweis auf den Offenbarer hat und erfüllt. Dies gilt auch für V.15: Johannes der Täufer weist auf den Vorausgesagten und Präexistenten hin. Zum Hinweis auf den Vorausgesagten bietet Mk 1,7f par Mt 3,11 eine wichtige Entsprechung.

Dieselbe Tradition ist auch in Joh 1,27.30 herangezogen. Das Johannesevangelium bezieht sich auf den bekannten synoptischen Stoff. Hier erscheint Johannes der Täufer als Vorbote Jesu. – Auf der anderen Seite findet sich kein Weissagungs- und Erfüllungsschema; der ‚vorläufige' und der ‚eigentliche' Gesandte sind nicht im Sinn einer einlinigen Zuordnung aufeinander bezogen. Vielmehr ist jede kausal gebundene Zeitkette in V.30 zerbrochen: ‚Wer nach mir (ὁ ὀπίσω μου) kommt, war vor (ἔμπροσθεν) mir; denn er war eher (πρῶτος) als ich.' Die temporalen Bestimmungen ἔμπροσθεν und πρῶτος sind wörtlich zu verstehen, so daß paradox ausgesagt ist, daß der auf Johannes Folgende ihm vorausgeht. Dies ist nicht mehr chronologisch zu interpretieren, sondern besagt: Der Präexistente ist aller menschlichen Verkündigung und allem menschlichen Tun voraus. So stimmt es zum Begriff πλήρωμα (V.16): Seine ‚Fülle' ist nicht durch Raum oder Zeit einzugrenzen; sie ist unerschöpflich und eine unversiegbare Quelle von χάρις und ζωή.

Weitere Interpretationslinien des Evangelisten: Auch im übrigen zeigen sich ‚Einschaltungen' des Evangelisten, die den vorliegenden Text mit dem Folgenden verbinden. So die Hervorhebung des ‚Glaubens an seinen Namen' (V.12; vgl. 1 Joh 5,13), die die Aufgabe des Evangeliums, Glauben zu wecken (20,31), vorwegnehmend andeutet. – Die Aussage über das Kommen des Logos ‚in die Welt' (V.9c) weist auf 3,16 voraus und hat den Sinn, die Weltzuwendung Gottes in seinem Sohn hervorzuheben. – Wenn in V.17 das mosaische Gesetz und die durch Jesus Christus geoffenbarte ‚Gnade und Wahrheit' einander gegenübergestellt sind, so deutet sich die im folgenden ständig gebrauchte Typisierung der Juden als der Repräsentanten des Unglaubens an (vgl. 1,19ff; 5,16.18; 7,1; 10,31.33; 11,8 u.ö.).

γ) Die Inkarnation

Unmißverständlich wird erst in V.14 die Inkarnation genannt. Nach E. Käsemann wäre schon in der ersten Hälfte des Hymnus von der Inkarnation die Rede, etwa in V.5.[70] Nach R. Bultmann hätte die ‚Quelle' im ersten Teil nur von der Schöpfungsoffenbarung gesprochen und der Evangelist von Vers 5 an allenfalls andeutend von der Inkarnation, die in V.14 klar ausgesagt wäre. Jedoch wird in diesem Zusammenhang nicht zwischen der ‚Quelle' und der Arbeit des Evangelisten zu differenzieren sein, wenn man annimmt, daß V.4 und 5 der Vorlage angehören und eben diese Aussage der Absicht des Evangelisten entspricht. Darüber hinaus wäre auch bei einer bewußten Unterscheidung zwischen dem Logos vor seiner Inkarnation und seiner Erscheinungsweise im irdischen Christus zu erwarten, daß ein sachliches Verhältnis zwischen beiden Erscheinungsweisen besteht, daß also der λόγος ἄσαρκος

70 E. Käsemann, Aufbau und Anliegen 167, danach endet der Hymnus schon mit V.12. Vgl. auch J. Becker, Das Evangelium nach Johannes, ÖTK 4/1, Gütersloh 1979, 71.

sich gegenüber der Welt bei ihrer Erschaffung grundsätzlich nicht anders zeigt als der λόγος ἐν σαρκί; denn wesentlich ist die Vorstellung der personalen Identität des Logos; sie ist unabhängig von der Weise seiner Erscheinung. – Unwahrscheinlich ist, daß der Hymnus (und erst recht der Verfasser des Evangeliums) nicht schon bei der Erwähnung der ἀρχή des Logos dessen Inkarnation im Blick hat. Vielmehr verdeutlicht schon V.4: Das Wesen des Logos besteht in seiner Offenbarertätigkeit! Seine Offenbarung wird daran erkennbar, daß er sich in seinem Licht- und Leben-Sein für die Menschen manifestiert. Daß dies in V.4f ausgesagt ist, nimmt schon hier V.14 inhaltlich vorweg, obwohl eine deutlichere Feststellung des ,in die Welt Kommens' erst mit V.9f erfolgt. Anders gesagt: Wie in V.14f die Präexistenzaussage das Zeitschema durchbricht, es begrenzt und in Anwendung auf den Logos interpretiert (besonders V.15b), so wird andererseits in der Vorstellung von der Schöpfungsmittlerschaft zu Anfang des Hymnus die Inkarnationsaussage transparent. Ausschlaggebend für den Gesamtzusammenhang ist das ὁ λόγος σάρξ ἐγένετο (V.14). In die Inkarnationsaussage geht ein, was im voraufgehenden an universalen und kosmologischen Kategorien auf den Logos angewendet wurde. Seine Universalität ist auf die Inkarnation ausgerichtet; diese wird durch jene interpretiert, weil das Sein des Inkarnierten kein anderes ist als das des Präexistenten und umgekehrt die Präexistenz des Logos nur so ausgesagt werden kann und soll, wie sie sich als Sein des Inkarnierten für die Menschheit erschließt. Daher ist schon zu Eingang des Hymnus nicht nur andeutungsweise von der Erscheinung des Logos in der Welt und für die Welt gesprochen worden, auch wenn die eigentliche Inkarnationsaussage erst mit V.14 erfolgt.

Denkbar ist darüber hinaus, daß nach Darstellung der Vorlage wie auch nach Ansicht des Evangelisten die Beziehung des vorchristlichen Seins des Logos auf die Inkarnation in der Weise ausgeführt ist, daß das ,in die Welt Kommen' des Logos (V.9f) nicht erst mit dem Jesusgeschehen einsetzt, sondern schon in der vorchristlichen Menschheitsgeschichte (vgl. schon V.5: präsent. φαίνει). Ähnlich äußert sich die Weisheit Gottes nach jüdischer Vorstellung kontinuierlich in der Weltgeschichte[71] oder durchwandert nach judenchristlicher Anschauung der ,wahre Prophet' seit Adam die Welt in einer fortlaufenden Reihe von Inkarnationen und vermittelt entsprechend seinem universalen Auftrag allen Menschen das göttliche Wort.[72] In nachapostolischer

---

71 Spr 1,20-33; Sir 24,6f; Bar 3,10ff; äthHen 42,1f.

72 PsClem Hom II 15-18,2; CMC 18ff; 23,4ff (L. Koenen-C. Römer, Der Kölner Mani-Kodex. Über das Werden seines Leibes, ARWAW, Sonderreihe Papyrologica Coloniensia XIV, 1988); PsClem Hom III 20,2; vgl. Hipp Ref. IX 14,1 (für Elkesai); auch das Logion des HebrEv, wonach der erstgeborene Sohn als ,requies mea' in allen Propheten erwartet wurde (Hier, in: Jes 11,2).

Zeit ist, anschließend an platonische Gedankengänge, der λόγος σπερματικός eine universale, auch vorchristliche und außerchristliche Größe, welche die gesamte Menschheit an der göttlichen Offenbarung teilhaben läßt.[73] Auf solche vorchristliche Geschichte könnte nicht nur V.11 („Er kam in sein Eigentum, aber die Seinen nahmen ihn nicht auf") bezogen werden, sondern schon V.10, und auch V.4b-5 wäre an das Kommen des Logos in die Welt gedacht. Von hier aus wäre auch V.12-13 nicht direkt auf die christliche Gemeinde zu beziehen, sondern auf die Menschen, die vor dem Jesusgeschehen den Offenbarer aufnahmen, seinem Namen glaubten und so zu τέκνα θεοῦ wurden.[74] In solchem Kontext stehen dann auch die Verse 6-8 nicht isoliert, vielmehr zählt der ‚Zeuge' Johannes zu den ‚Kindern Gottes', die den Logos anerkannten (V.12). Jedoch ist klar, daß sich die Intention des Evangelisten nicht auf die vorchristliche Zeit, sondern auf die Offenbarung in Jesus Christus ausrichtet, so sehr es sich um die Offenbarung des Präexistenten handelt.

Wie auch die Zuordnung zwischen vorchristlichem Sein des Logos und seiner Inkarnation in Jesus Christus im einzelnen gesehen werden kann, deutlich ist, daß V.14 die eigentliche Inkarnationsaussage enthält. Hier wird zum zweiten und letzten Mal im Johannesevangelium der Begriff λόγος genannt. Luther übersetzt den Ausdruck mit ‚Wort', wie es der griechischen Sprachtradition zunächst angemessen zu sein scheint. Ist jedoch klar, daß λόγος im absoluten johanneischen Sprachgebrauch eine Person darstellt, so ist diese durch den Ausdruck ‚Wort' nicht angemessen zu umschreiben. Wenn Goethe mahnte, an dieser Stelle die Feder nicht zu übereilen, so gilt diese Mahnung erst recht für eine Wissenschaft, welche die Ergebnisse der religionsgeschichtlichen Forschung zu verarbeiten hat. Mit guten Gründen hielt Dr. Faustus die Übersetzung ‚Wort' für zu schwach, als daß sie das gemeinte Geschehen adäquat wiedergeben könnte. Aber ist sein Vorschlag, den Begriff mit ‚Tat' zu übersetzen, angemessener? Daß alles auf die ‚Tat' gestellt wird, entspricht dem aktivistischen Streben des Menschen der Neuzeit. Jedoch, der vom Vater Gesandte ist nicht nur mehr, als menschliche Sprache auszusagen vermag; er ist auch mehr, als menschliche Tat vollbringen kann; er ist ein mythisches Himmelswesen, das paradox σάρξ annimmt; er besitzt göttliches Sein, wie die Verse 1-2 besagen; er repräsentiert kosmische und prä-kosmische Wirklichkeit. Dies alles zeigt, daß der Begriff Logos, eben weil dieser ‚den einzigen Gott' meint (V.18), nicht schlüssig übersetzt wer-

---

73 Vgl. Just Apol I 46; Protev 11,2.

74 Nicht zufällig wird der Terminus τέκνα θεοῦ nur noch Joh 11,52 erwähnt, mit Bezug auf das jüdische Volk. – Vgl. auch R. Bultmann, Johannesevangelium 37 Anm.4: Die „Quelle" in V.12 „von den einzelnen Offenbarungsempfängern, die sich als Ausnahmen in den verschiedenen Generationen fanden."

den kann; denn jener ist vor und außerhalb der Welt existent. Nicht zufällig wird eine Distanz zwischen der Person des Logos und seiner Erscheinung selbst in diesem locus classicus der Inkarnation sichtbar; denn der Logos ist nur am Abglanz seines göttlichen Wesens, an seiner δόξα zu erkennen (V.14b). Das Wort λόγος ist so unübersetzbar, wie ein Mythos nicht zu übersetzen ist. Da jedoch ein Mythos interpretiert werden kann und muß, ist zu fragen, was der Evangelist meint, wenn er von dem λόγος spricht: Er bezeichnet hiermit Jesus Christus, den vom Vater einzig Geborenen. – Ist der johanneische Logos ‚vere homo et vere deus' oder – mit den Worten des athanasianischen Glaubensbekenntnisses „Perfectus Deus, perfectus homo"?[75] Es ist klar, daß weder die Terminologie noch die Vorstellungswelt des späteren altkirchlichen christologischen Dogmas für das Johannesevangelium vorausgesetzt werden kann. Jedoch stellt sich hier die in der Forschung kontrovers beantwortete Frage nach dem *Doketismus* des Johannesevangeliums.

Nach Ansicht von *E. Käsemann* ist V.14a auf der Grundlage von V.14b zu interpretieren[76]: Entscheidend für das Verständnis des johanneischen Gottessohnes ist die Doxa-Christologie. Der johanneische Jesus ist der ‚über die Erde schreitende Gott'. Sein irdisches Leben ist nicht mehr als die ‚Folie' der himmlischen Offenbarung. Sein Gehorsam vollendet sich in der Rückkehr zum Vater. Daher sind das Hinabsteigen und Auffahren, Sendung und Heimkehr die zentralen Motive der Christologie des vierten Evangeliums. Von hier aus werden die Wunder Jesu als Manifestationen der δόξα begriffen, wie denn auch die ‚monologartigen Reden' Jesu nicht primär soteriologisch auszulegen sind, sondern dogmatische Reflexionen über die innere göttliche Relation von Vater und Sohn darstellen.

In solcher Perspektive ist auch die ‚Gemeinde unter dem Wort' nicht im Rahmen der üblichen neutestamentlich-kirchlichen Ekklesiologie zu sehen. Ist die nicht-weltliche δόξα der entscheidende Inhalt des Auftretens des Gottessohnes, so ist auch die Gemeinde eine nicht-weltliche und nicht-geschichtsbezogene Größe. Sie lebt danach ein konventikelhaftes Christentum hellenistisch-enthusiastischer Prägung, das die Sendung Jesu im Sinn eines ‚naiven Doketismus' interpretiert. Sie ist das ‚Relikt einer in den Winkel abgedrängten urchristlichen Gemeinschaft'. Die ‚christliche Einheit', um die sie sich bemüht, wird von der Einheit des Vaters und des Sohnes, d.h. von der Liebe Gottes her begründet. Dies scheidet sie von der Welt, wie denn auch das johanneische Liebesgebot antikosmisch-esoterisch ausgerichtet und eben dadurch von der synoptischen Forderung der Nächstenliebe unterschieden ist. Die Folgerung scheint sich nahezulegen, daß die Kanonizität des vierten Evangeliums zu problematisieren ist; dieses Evangelium ist weder als apostolisch noch als orthodox zu bezeichnen. Solche Interpretation stimmt mit der Beurteilung überein, die E. Käsemann dem Verfasser des 3 Joh als ‚Ketzer und Zeuge' zuteil werden ließ.

---

75 BSLK 29, 46.

76 E. Käsemann, Jesu letzter Wille 17. Vgl. auch L. Schottroff, Der Glaubende und die feindliche Welt 295f.

G. Bornkamm widmete dem Buch E. Käsemanns eine eingehende Auseinandersetzung.[77] Hier wird zwar anerkannt, daß Spuren einer doketisch-gnostischen Theologie wie auch das Bild des über die Erde schreitenden Gottes im Johannesevangelium zu finden seien; jedoch werden diese Bestandteile der vorjohanneischen Tradition zugewiesen. Das Evangelium selbst wird vom Zeugnis des Parakleten aus ‚rückwärts' interpretiert; in ihm sei nicht so sehr der irdische Jesus, sondern der ‚am Kreuz Vollendete' dargestellt. Dies impliziert eine Kritik an der vorjohanneischen doketischen Überlieferung. So entspricht es dem Werden des johanneischen Kreises, da auch der 1 Joh antidoketisch argumentiert. ‚Gnosis' ist also die Voraussetzung des vierten Evangeliums, dieses selbst ist antignostisch, wie sich zu 1,14 nachweisen läßt (grundlegend ist V.14a), aber auch am Gedanken der Weltzuwendung Gottes, wonach der Kosmos als Schöpfung zu interpretieren ist. Hierfür spricht, daß für das Johannesevangelium im übrigen ein gnostischer Dualismus (himmlische Herkunft der Erlösten, Sammlung der Lichtfunken aus der Welt u.a.) nicht nachzuweisen ist.[78]

Anders als im 1 Joh findet sich im vierten Evangelium keine aktuelle, situationsbezogene Polemik gegen Doketen oder gegen antidoketische Lehren. Die Theologie des Evangelisten umspannt verschiedene Strömungen, die in der Geschichte der johanneischen Schule einander bekämpften und sich gegenseitig beeinflußten. Indem der Evangelist diese zur Einheit zu bringen sucht, weist sein Werk sowohl Anschauungen auf, die eine Tendenz zum Doketismus zeigen, als auch Vorstellungen, die in der Nähe zum Antidoketismus stehen: Eine ursprünglich *doketische Tendenz* mag man hinter der Doxa-Christologie (schon 1,14b) vermuten[79]; auch in der negativen Beurteilung des κόσμος (z.B. 9,39; anders 3,17; 12,47!; sodann 12,31; 14,17 u.ö.) oder in der präsentischen Eschatologie (Gegenwärtigkeit der Auferstehung im Logos: 11,25; das Gericht: 3,19; 16,8.11); ferner in der Interpretation des Kreuzes als ‚Erhöhung' (z.B. 3,14: ὑψοῦν = doketische Vorstellung der Himmelfahrt vom Kreuz?). Darüber hinaus ist zu fragen, inwieweit die Sprache des johanneischen Dualismus (Licht und Finsternis, Leben und Tod, Wahrheit und Lüge etc.) durch die Auseinandersetzung mit dem Doketismus geprägt

77 G. Bornkamm, Zur Interpretation des Johannesevangeliums, EvTh 28, 1968, 8-25 (= Geschichte und Glaube 1, GAufs. III, BEvTh 48, München 1968, 104-121); F. Hahn, Der Prozeß Jesu nach dem Johannesevangelium, EKK – Vorarbeiten 2, Zürich-Einsiedeln-Köln-Neukirchen-Vluyn 1970, 23-96; E. Schweizer, Jesus der Zeuge Gottes. Zum Problem des Doketismus im Johannesevangelium, in: Studies in John, FS J.N. Sevenster, NT.S XXIV, Leiden 1970, 161-168. – Zur Auseinandersetzung mit L. Schottroff, Der Glaubende, vgl. K.-W. Tröger, Ja oder Nein zur Welt. War der Evangelist Johannes Christ oder Gnostiker?, ThV VII, 1976, 61-80. – Zu M. Lattke, Einheit im Wort, vgl. die Besprechung von N. Walter in ThLZ 102, 1977, 580-583.

78 G. Bornkamm, a.a.O. 23.

79 Vgl. dazu noch die Aufstellungen bei W. Schmithals, Neues Testament und Gnosis, EdF 208, Darmstadt 1984, 116-118.

worden ist.[80] Demgegenüber scheint eine ursprüngliche *antidoketische Tendenz* im massiven Sakramentsverständnis (6,51ff; 19,34) vorzuliegen, auch in der Wunderüberlieferung (2,1ff; 11,1ff).[81] Ferner weisen in die Richtung einer realistischen, nichtdoketischen Theologie die Passions- und Auferstehungsüberlieferung (Kap. 18-19.20-21), die apokalyptischen Elemente des Johannesevangeliums (z.B. βασιλεία: 3,3.5; künftige κρίσις: 5,24.29; Zukünftigkeit der Auferstehung: 11,24; vgl. 6,39f.44: „Ich werde ihn auferwecken am letzten Tage" u.ö.) und allgemein die Tatsache der Abfassung des Evangeliums, die – wenn auch in einem geringeren Maße als bei den Synoptikern – eine Historisierung der Leben-Jesu-Tradition zur Konsequenz hat (vgl. 1,45).

Auf der Ebene des Evangeliums werden durch den Verfasser beide unterschiedlichen Tendenzen zu einer Einheit verbunden. Sowohl *Weltdistanz* des Logos wie auch der Seinen (1,10; 8,23; 9,39; 14,17ff; 18,36: „Mein Reich ist nicht von dieser Welt") als auch *Weltzuwendung* (3,16: „Also hat Gott die Welt geliebt..."; 12,47: „Nicht bin ich gekommen, daß ich die Welt richte, sondern daß ich sie rette ...") sind in der Konzeption des Evangelisten vereinbar. Dasselbe ergibt sich für die Frage von Gegenwärtigkeit und Zukünftigkeit: Das *Gericht* wird als zukünftig (κρίσις: 5,24.29) erwartet, aber es ist ‚schon jetzt' in der Person des Offenbarers Gegenwart (12,31ff). Ebenso die Auferstehung: Die apokalyptische Erwartung der Auferstehung *der* Toten wird aus der Tradition übernommen (11,24), jedoch zugleich für die Gegenwart des Christus behauptet (11,25). Dabei liegt zweifellos auf der präsentischen Eschatologie der Schwerpunkt des Interesses des Evangelisten. Solche gegenwartsbezogene eschatologische Aussage ist – anders als dies im Doketismus der johanneischen Schultradition denkbar wäre – mit ‚historischen' Zügen ausgestattet. Hierzu dient die Einordnung der Wunderüberlieferung in das Evangelium als in einen historischen Rahmen des Auftretens des Offenbarers. Der Evangelist bejaht grundlegend die mit der Offenbarung gegebene Dialektik zwischen Eschaton und Historie, zwischen Gegenwart und Zukunft des eschatologischen Heils, zwischen realistischer Heilswirklichkeit und der spirituellen Deutung.

---

80 Doketische Tendenzen mag man auch im Motiv ‚Bleiben in Christus' (14,20; 15,4ff) und in der Präexistenzchristologie (3,13.31; 8,23) vermuten. – J. Becker, Beobachtungen zum Dualismus im Johannesevangelium, ZNW 65, 1974, 71-87, überschätzt allerdings die Möglichkeit, den Dualismus im Johannesevangelium literarkritisch auszuwerten.

81 Das Urteil über die Einordnung der johanneischen Wundertradition ist abhängig von der Frage, ob diese im johanneischen Kreis eine die (synoptische) Wunderüberlieferung transparent machende, doketische Funktion besaß oder ob sie im Gegenteil durch die ihr eigene Realistik in der Darstellung des Auftretens Jesu antidoketisch verstanden werden muß. Vgl. W. Schmithals, Neues Testament und Gnosis 117.

Solche Dialektik ist in *1,14* programmatisch ausgesagt. Selbst wenn man bestreitet, daß dieser Vers die vorjohanneische Tradition des Logoshymnus repräsentiert, sollte zugestanden werden, daß ihm eine Schlüsselfunktion im Zusammenhang der Theologie des Evangelisten zukommt[82]; denn hier findet sich mit dem gegensätzlichen Begriffspaar σάρξ und δόξα das dialektische Verhältnis von Eschaton und Historie, das in der Person des Logos sich eint. Es geht dem Verfasser nicht um eine doketische Aussage – V.14a wäre in einem doketischen System nicht denkbar! –, aber auch nicht um antidoketische Polemik; denn daß doketische ‚Gegner' die Abfassungssituation des vierten Evangeliums bestimmen, ist – wie gesagt – unbeweisbar. In Wahrheit wird V.14 zu einem genuinen Ausdruck der Theologie des Evangelisten. Hier kommt die historische und eschatologische Dimension zur Sprache, welche die Christusdarstellung des Evangeliums insgesamt prägt: das Paradox der Einigung von Gott und Mensch in der Person Jesu Christi als des Logos. Freilich, es handelt sich nicht um ein absolutes Paradox im Sinn des *Athanasianums.*[83] Vielmehr ist zu fragen, ob ein ‚doketischer Rest' bleibt. So sehr auch die empirische Erscheinung des Inkarnierten einen hinweisenden Charakter hat, sein Wesen, daß er nämlich der Sohn vom Vater ist, wird nur an seiner eschatologischen Doxa erkennbar. Um diesen Tatbestand auszusprechen, ist allerdings der Ausdruck ‚naiver Doketismus' zu stark. Trotzdem ist festzuhalten: Dem Offenbarungsgedanken eignet ein unaufgebbares Prae des Transzendenten, so sehr auch der Evangelist für seine Dialektik einen Ausgleich anstrebt. Auch andere christologische Texte (z.B. Phil 2,6-11; Hebr 1,1ff) bezeugen eine entsprechende Vorstellung. Selbst der synoptische Jesus und die Christologie des Paulus lassen erkennen, daß der ‚Sohn' als der vom Vater ‚Gesandte' (vgl. Gal 4,4; 1 Joh 4,9 u.ö.) nicht kraft eines empirisch zu demonstrierenden ‚Tatbestandes', sondern durch eine von außen bewirkte ‚Sendung' das eschatologische Heilsereignis ist. Darin unterscheidet sich der johanneische Offenbarungsgedanke von einer akuten doketischen oder antidoketischen Problematik und bringt ihn mit dem christologischen Offenbarungsverständnis des Neuen Testaments in Übereinstimmung.

2. Christustitel

Die Priorität der eschatologischen Dimension, die besondere Bedeutung des Sendungscharakters des Sohnes, wird an den Christustiteln deutlich, die der

82 Anders J. Becker, Beobachtungen zum Dualismus 77 Anm. 17: „1,14 bleibt isoliertes Zitat im vierten Evangelium. Man wird darum gut tun, die Christologie des Evangelisten unter Absehen von 1,14 zu entwerfen."

83 BSLK 29, 46-48.

Evangelist verwendet. Charakteristisch ist das Adjektiv μονογενής (1,14), das Luther mit ‚eingeboren' übersetzt. Gemeint ist der ‚einzige'. Der religionsgeschichtliche Hintergrund des Ausdrucks ist weit gespannt.[84] Der Titel erscheint für Gottheiten in orphischer Überlieferung, besonders auch in griechischer kosmologischer Tradition, die bei Plato oder den Neuplatonikern bezeugt ist, wonach der Kosmos im Verhältnis zu Gott ein μονογενής ist. So findet es sich auch in (christlicher) gnostischer Literatur.[85] Auffallend ist, daß auch die Sophia als πνεῦμα μονογενές bezeichnet wird.[86] Beide Belege im Johannesprolog (vgl. neben V.14 noch V.18: μονογενὴς θεός)[87] bezeugen die Einheit des Logos mit Gott dem Vater. Diese göttliche Einigung kennzeichnet das Wesen des Logos und damit auch das Wesen der Sendung Jesu, wie es der Evangelist darstellt.

Nicht weniger bringt der Titel υἱὸς τοῦ θεοῦ das Transzendente im Auftreten Jesu Christi zur Sprache. Johannes verwendet ihn im Anschluß an urchristliche Überlieferung (11,27; vgl. Mk 1,11; 9,7; 15,39 u.ö.). Dies, nicht die alttestamentliche Bezeichnung für die Könige Israels, ist der nächstliegende traditionsgeschichtliche Hintergrund. Für den weiteren Umkreis sind neben jüdischen auch hellenistische Einflüsse einzurechnen. Im Johannesevangelium ist der Titel ‚Gottessohn' im Anschluß an den Prolog verwendet (so in der Verkündigung Johannes' des Täufers: 1,34) und muß im Zusammenhang mit dem λόγος-Begriff verstanden werden. Dies besagt, daß der ‚Gottessohn' Jesus im Johannesevangelium einem anderen Koordinationssystem eingeordnet ist, als dies bei den Synoptikern der Fall ist (vgl. Mk 1,11: Adoption bei der Taufe; Mt/Lk: Gottessohnschaft seit der Geburt ‚ex virgine'). Für den vierten Evangelisten ist Jesus der Präexistente: „Ehe Abraham wurde, war ich" (8,58); so bezeugt es Johannes der Täufer (1,15). Präexistenz eignet Jesus nicht nur als Logos, sondern auch als Gottessohn, wie die in diesem Zusammenhang gebrauchte Sendungsvorstellung anzeigt (10,36). Als ‚Gottessohn' ist er in die Welt gekommen (11,27), existiert in der Doxa seines Vaters (11,4; 17,1ff) und wegen dieses Anspruches wird er von den Juden

---

84 Vgl. dazu G. Strecker, Johannesbriefe 232f; J.A. Fitzmyer, Art.: μονογενής, EWNT II 1081-1083; R. Bultmann, Johannesbriefe 47 Anm.2.

85 So z.B. Basilides nach ClAl Strom V Kap. XI 74,3.

86 Weish 7,22. Philo kennt zwar nicht den Ausdruck μονογενής, er kann aber den λόγος als πρωτόγονος υἱὸς (θεοῦ) bezeichnen (agric 51), d.h. den Erstgeborenen, der an erster Stelle steht, und kommt darin dem johanneischen Sprachgebrauch von μονογενής nahe.

87 Im adjektivischen Sprachgebrauch auch 3,16 (υἱόν) und 3,18 (υἱοῦ τοῦ θεοῦ); vgl. 1 Joh 4,9; im übrigen NT begegnet der Ausdruck nicht im christologischen, sondern im natürlichen Sinn (Hebr 11,17 vom einzigen Sohn; ähnlich Lk 7,12; 8,42; 9,38).

verfolgt und vor Pilatus angeklagt (10,36; 19,7), obwohl er zugleich der ‚König Israels' ist, wie Nathanael bekennt (1,49). Als Gottessohn eignet ihm nicht nur eine vorzeitliche, sondern auch eine endzeitliche Existenz, da entsprechend apokalyptischer Vorstellung die Totenauferstehung durch die ‚Stimme des Gottessohnes' eingeleitet werden wird (5,25).

Zu unterscheiden von diesem Titel ist die absolute Bezeichnung ὁ υἱός (= ‚der Sohn'), die abgesehen von der Variante in 1,18 sich nur im Munde Jesu findet. Wie Mt 11,27 par, Mk 13,32 par zeigen, ist dieser Sprachgebrauch vorjohanneisch.[88] Er ist auch 1 Joh 2,22-24; 4,14; 5,12 und 2 Joh 9 belegt. Hierdurch ist das Vater-Sohn-Verhältnis charakterisiert, das die Sendung des Sohnes durch den Vater (3,17), die Liebe des Vaters zum Sohn (3,35; 5,20) oder die Einheit Vater-Sohn aussagt (5,19.23; 7,16ff; 12,44ff). Die Einheit des Sohnes mit dem Vater sowie seine Präexistenz manifestieren sich auch im Vorherwissen Jesu (13,1.3.27.38 u.ö.) und in der Freiwilligkeit, mit der Jesus seinem Geschick entgegengeht (13,21; 19,11). Darüber hinaus wird die Beauftragung des Sohnes durch den Vater deutlich: Dieser hat dem Sohn das Gericht übergeben (5,22.27); er hat dem Sohn verliehen, in sich selbst das Leben zu haben (5,26; vgl. 3,36). In der Wahrnehmung dieses Auftrags wird der Vater im Sohn verherrlicht (14,13; 17,1). Hierdurch unterscheidet sich Jesus von den δοῦλοι, die der Sünde untertan sind; er ist demgegenüber ‚der Sohn', der in Ewigkeit bleibt und dessen Kennzeichen die Freiheit ist (8,35f). Solche Selbstaussagen stehen in dem größeren Zusammenhang von Präexistenzvorstellung und Himmelsabstieg wie auch der Rückkehr des Offenbarers zum Vater (vgl. 3,13; 6,62; 8,21; 16,28).

Statt des Eigennamens Χριστός bevorzugt der vierte Evangelist den Titel ὁ Χριστός, und zwar in bevorzugter Ausrichtung auf die Juden (4,29; 7,26ff), freilich auch als allgemeinen christologischen Würdenamen (20,31: der Christus = Gottessohn; s. auch 11,27). Daß ὁ Χριστός (‚der Gesalbte') eine ursprünglich jüdische Messiasbezeichnung ist, wird von dem Evangelisten bewußt nachvollzogen; ihm ist dieser Titel als Übersetzung von Μεσσίας bekannt (1,41; vgl. 4,25: ὁ λεγόμενος χριστός; auch Mt 1,16; 27,17.22). Schon hieraus wird ersichtlich, daß ‚den Juden' in der Christologie des Johannesevangeliums eine besondere Bedeutung zukommt. So zeigt es auch die johanneische Diskussion über die *Davidsohnschaft* Jesu, die im Volk eine ‚Spaltung' hervorruft und die Doppeldeutigkeit der ‚jüdischen' christologischen Würdebezeichnungen vor Augen führt (7,42): Einerseits kennzeichnet diese Begrifflichkeit den empirisch-heilsgeschichtlichen Ort des Auftretens Jesu, andererseits stehen ‚die Juden' für die Nichtglaubenden schlechthin; an ihrem Verhalten wird die Abweisung des Offenbarers in der Welt demonstriert. Soweit die Christustitel solchen ‚jüdischen' Hintergrund erkennen lassen, enthalten sie

88 Vgl. noch 1 Kor 15,28; Hebr 1,2.5.8 u.ö.

auch den Gedanken, daß mit dem Auftreten des Logos Krisis und Abweisung in der Welt sich ereignen.

Aus der christlichen Tradition übernimmt der Evangelist die Bezeichnung υἱὸς τοῦ ἀνθρώπου, die auf jüdische apokalyptische Wurzeln zurückführt.[89] So läßt es noch die Gerichtsfunktion des Menschensohnes (5,27) erkennen. Dies besagt, daß die drei Gruppen der Menschensohnsprüche, die sich in der synoptischen Tradition finden (1. zukünftiger, 2. gegenwärtig wirkender, 3. leidender und auferstehender Menschensohn) sämtlich im Johannesevangelium nachzuweisen sind. Es entspricht dem Zurücktreten der apokalyptischen Überlieferung im vierten Evangelium, daß die erste Gruppe am schwächsten vertreten ist. Die übrigen werden typisch johanneisch transformiert: Die gegenwärtige Wirksamkeit des Menschensohnes ist dadurch gekennzeichnet, daß Jesus die Augen der Blinden öffnet – im Gegensatz zu dem Nichtsehen der Welt (9,39); sie ist zugleich die Zeit der Verheißung der himmlischen Speise, nämlich des ewigen Lebens (6,27; vgl. 6,53), wie auch von himmlischen Epiphanien (1,51); sie ist in das mythologische Schema von Himmelsabstieg und -aufstieg eingeordnet (3,13; 6,62). Darüber hinaus betont der vierte Evangelist, daß die Person des leidenden und auferstehenden Menschensohnes eine Einheit bildet; so kommt es in der Verbindung von Herrlichkeitsaussagen mit der Passion zum Ausdruck (12,23; 13,31), besonders durch die Interpretation des Kreuzes als der Erhöhung des Menschensohnes (3,14; 8,28; 12,34). Diese letztere Gruppe ist im Johannesevangelium von besonderer Bedeutung; sie ist für die im Vergleich mit den synoptischen Evangelien späte Abfassung des Johannesevangeliums charakteristisch. Die Menschensohnvorstellung ist im Johannesevangelium besonders weit entwickelt und in einem johanneischen Sinn verchristlicht worden.

Hervorragende Selbstinterpretationen des Logos-Offenbarers sind die ἐγώ εἰμι-Worte. Sie lassen sich formal klassifizieren in 1. ausgeführte Bildworte (6,35; 8,12; 10,11.14; 11,25; 14,6; 15,1.5); 2. indirekte Worte (mit Bezug auf Voraufgehendes: 6,41); 3. absolutes ‚Ich bin' (8,24.28); 4. ‚Ich bin es' (aus einer ursprünglich profanen Rekognitionsformel: vgl. 6,20; Mk 6,50; auch Joh 18,5b-6, V.5a: Ἰησοῦς ὁ Ναζωραῖος).[90]

89 Dan 7,13; äthHen 46,2-4; 48,2; 62,7.9.14; 63,11; 69,26f; 70,1; 71,17; 4 Esr 13,3.5.12.25.32.51.

90 Mit substantiviertem Partizip bzw. präpositionaler Bestimmung erscheint die Formel in 4,26; 8,18.23. Joh 6,35 bietet ein Beispiel für ein ausgeführtes ἐγώ εἰμι-Wort. Hier ist zu unterscheiden 1. die ‚Selbstprädikation', in der ein Offenbarungswort ausgesprochen wird in der Folge von a) Präsentation (‚Ich bin') und b) Bildwort („das Brot des Lebens"); daran schließt sich 2. ein soteriologischer Nachsatz bzw. ein Verheißungswort mit a) Invitation („Wer zu mir kommt ... und wer an mich glaubt ...") und b) einem Verheißungswort („den wird nicht hungern ... den wird niemals dürsten") an.

Die religionsgeschichtliche Ableitung ist umstritten. Parallelen lassen sich nachweisen 1. in mandäischer bzw. gnostischer Literatur sowie in Zauberpapyri (also in verhältnismäßig späten Quellen)[91], 2. im Alten Testament (wo sich jedoch keine Verbindung zwischen einem ‚Ich bin' <Jahwe> und einem ‚Bildwort' findet)[92], 3. in orientalischer Überlieferung (babylonisch, ägyptisch <Isis>).[93] Im Zusammenhang des vierten Evangeliums ist die Interpretation eindeutig: In den ἐγώ εἰμι-Worten manifestiert sich der Anspruch Jesu Christi als des Logos-Offenbarers. Die Bildworte sind transparent; sie sind nicht wörtlich zu verstehen, sondern bedienen sich einer Symbolsprache, durch die der Anspruch des Offenbarers, das wahre Leben zu sein, ausgesagt wird. Die Worte haben demnach eine christologisch-soteriologische Spitze. Die geforderte Antwort ist der Glaube, der ein legitimierendes Zeichen nicht benötigt (vgl. 6,35).

c) Die Offenbarung

R. Bultmann, Art.: γινώσκω, ThWNT I, 1933, 688-719.

Ders., Der Begriff der Offenbarung im Neuen Testament, in: ders., Glauben und Verstehen III, Tübingen ^{3}1965, 1-34.

Ders.-D. Lührmann, Art.: φανερόω, ThWNT IX, 1973, 4-6.

Zur Begrifflichkeit

Im Johannesevangelium ist eine Offenbarungsterminologie keineswegs so häufig bezeugt, wie dies nach dem Johannesprolog zu erwarten gewesen wäre. Das Verb ἀποκαλύπτειν erscheint nur einmal (12,38: Zitat), γνωρίζειν zweimal (15,15; 17,26). Parallel steht das häufigere φανεροῦν (vgl. 17,6 mit 17,26; im Joh achtmal bezeugt, im 1 Joh siebenmal). Diese Belege sind zumeist mit dem Reden Jesu verbunden: Seine Funktion besteht darin, den Vater der Welt offenbar zu machen. Seine Offenbarung ist nicht lediglich eine Mitteilung von bisher unbekannten Kenntnissen und nicht gewußten Richtigkeiten. Vielmehr ist Inhalt der Offenbarung Jesu Christi die ‚Wahr-

91 Vgl. Linker Ginza III,47; Rechter Ginza II,3 (Text bei M. Lidzbarski, Ginza. Der Schatz oder Das große Buch der Mandäer, QRG 13, Gruppe 4, 1925; Neudruck 1979).

92 Die Sprachvorstellungsformel אני יהוה (LXX: ἐγὼ κύριος) findet sich vor allem bei Ez (15,7; 36,36 u.ö.). Ez 28,9 LXX heißt es polemisch εἰμι ἐγώ. Häufig findet sich im zwischenmenschlichen Gespräch ἐγώ εἰμι (z.B. Ri 6,18 LXX; Hi 33,31 LXX).

93 Vgl. A. Deißmann, Licht vom Osten 108-114.

heit', die der Offenbarer in seinem Personsein repräsentiert (14,6). Die Offenbarung Jesu Christi als des vom Vater Gesandten appelliert an die Einsicht der Menschen; sie ruft dazu auf, ihn und durch ihn den Vater zu erkennen (γινώσκειν steht neben πιστεύειν: 6,69; 10,38; 17,8; vgl. 1 Joh 4,16). Indem es auf die Wahrheit ausgerichtet ist, ist solches ‚Erkennen' zugleich ein ‚Anerkennen', das die Hingabe des ganzen Menschen einschließt. So wird es umgekehrt dort deutlich, wo man sich dem Angebot des Offenbarers verschließt und ihn nicht anerkennt (1,5.10: im Kosmos).

1. Der Kosmos

Als der vom Vater Gesandte ist der Logos-Offenbarer grundsätzlich vom Kosmos geschieden (vgl. 8,23). Das Sein des Kosmos unterscheidet sich von dem himmlischen des Logos. Es ist bestimmt durch den ἄρχων τοῦ κόσμου, dieser beherrscht die Welt und behaftet sie in ihrem widergöttlichen Wesen (12,31; 14,30; 16,11). Demgegenüber ist das Reich Jesu Christi nicht von dieser Welt (18,36); es schließt den Verzicht auf Machtanspruch und Machtdurchsetzung ein. So entspricht es der Tatsache, daß der Logos als präexistentes Himmelswesen in Einheit mit dem Vater vor der Erschaffung der Welt existierte (17,5; vgl. 1,15).

Andererseits ist der Kosmos nach johanneischem Verständnis nicht ‚per se' der Macht des Bösen verfallen und mit dieser gleichzusetzen. Anders als dies für gnostische Systeme zutrifft[94], ist er nicht primär in einem substanzhaften Sinn zu verstehen; vielmehr ist er als Schöpfung Gottes ursprünglich auf Gott hin angelegt (vgl. 1,10). Soweit er sich gegen Gott ausrichtet, ist solche widergöttliche Dimension nicht naturhaft, sondern geschichtlich zu sehen. Sie läßt Raum für die eigenverantwortliche Tat des Menschen. Hiermit steht in Einklang, daß der Kosmos nicht mit der ‚Natur', sondern primär mit der ‚Menschenwelt' identisch ist (vgl. 12,19). Die Menschheit hat, soweit sie unter der Herrschaft des Teufels steht, Anteil an seinem bösen Wesen (8,44). Eben deshalb bedarf sie der Befreiung. Von hier aus ist die Sendung des Gottessohnes in die Welt zu verstehen. Er ist in die Welt gekommen, nicht um die Welt zu vernichten, sondern um sie zu retten (3,17; 12,47). Solche Rettung vollzieht sich in der Zuwendung der Liebe Gottes an die Welt (3,16).

Der Vergleich des Logos-Offenbarers mit dem Licht (1,4f; vgl. 8,12; auch 9,5; 12,46) ist Bestandteil des johanneischen Dualismus ‚Licht-Finsternis', der weit zurückreichende religionsgeschichtliche Wurzeln hat.[95] Für das Ver-

94 Vgl. Corp Herm VI 4; s.a. NHC II 4, 94 (142), 5-13; NHC II 5,99 (147), 2-22.

95 Vgl. Diog Laert VIII 26; Philo Abr 205; 1 QS III 13ff; 1 QM XIII 10-12.

ständnis des Kosmos besagt dies, daß dieser eine Position im Rahmen des dualistischen Systems erhält. Er steht auf der negativen Seite, entsprechend der ‚Finsternis' (σκοτία); denn der Gottessohn kommt in die Welt wie das Licht in die Finsternis (12,46). Neben solcher bildhaften Gleichsetzung mit der Finsternis ist der Kosmos auch als Raum der ‚Lüge' (ψεῦδος) zu verstehen (8,44); denn es gibt in ihm keine Erkenntnis der Wahrheit. Daher ist er der Raum der Knechtschaft unter die Sünde; er ist die Sphäre derer, welche die Sünde tun und hierdurch zu Sklaven der Sünde werden (8,34; vgl. Röm 6,16f); wer aber sündigt, der ist dem Tod verfallen (8,21.24). Der vierte Evangelist reflektiert nicht über die Ursache des heil-losen Zustandes der Menschheit. Eine Aufnahme der jüdischen Tradition vom Sündenfall Adams oder eine entsprechende Vorstellung von der ‚Erbsünde' findet sich nicht. Es handelt sich auch nicht um ein Verhängnis, als ob der Mensch entsprechend gnostischer Anschauung diesem Schicksal bedingungslos ausgeliefert wäre, sondern um ein geschichtliches Geschehen, auch wenn nicht eine bewußte Entscheidung des Menschen für die Unwahrheit vorausgesetzt ist. Im Gegenteil: Das Beispiel der ‚Juden' im Johannesevangelium zeigt, daß diese sich als Nachkommen Abrahams verstehen und aus diesem Grund behaupten, von jeder Knechtschaft frei zu sein; dennoch sind sie unverständig; sie weisen den Anspruch des Offenbarers Jesus Christus ab, der sie zur wahren Freiheit führen will (8,31ff); sie meinen sehend zu sein und stehen eben deshalb als Blinde in der Sünde (9,41). Das Leben in der Unwahrheit und Sünde und die Todesverfallenheit kennzeichnen eine objektiv verzweifelte, dem einzelnen nicht bewußte Situation. Dies hebt die Verantwortung des Menschen für sein Schicksal nicht auf, macht aber deutlich, daß die ihn belastende Problematik über das rein intellektuelle Verstehen hinausreicht und ihn in seiner Existenz betrifft. Denn das Sein in der Unwahrheit läßt keinen Ausweg; es ist total. Und diese Situation ist um so mehr eine verzweifelte, als der kosmische Mensch die Unwahrheit für die Wahrheit, die Finsternis für das Licht und den Tod für das Leben hält (vgl. 9,40f).

Exkurs: Die ‚Juden' im Johannesevangelium

W. WREDE, Charakter und Tendenz des Johannesevangeliums, SGV 37, Tübingen [2]1933.

E. GRÄSSER, Die antijüdische Polemik im Johannesevangelium, NTS 11, 1964/65, 74-90; wieder abgedruckt in: ders., Text und Situation, Gesammelte Aufsätze zum Neuen Testament, Gütersloh 1973, 50-69.

DERS., Die Juden als Teufelssöhne, in: W. Eckert u.a. (Hgg.), Antijudaismus im Neuen Testament, München 1967, 157-170.210-212; wieder abgedruckt in: ders., Text und Situation 70-83.

C.K. BARRETT, Das Johannesevangelium und das Judentum, Stuttgart 1970.

W.A. MEEKS, Am I a Jew? Johannine Christianity and Judaism, SJLA 12, 1975, 168-186.

H. THYEN, ‚Das Heil kommt von den Juden', in: D. Lührmann – G. Strecker (Hgg.), Kirche, FS G. Bornkamm, Tübingen 1980, 163-184.

D. NEUHAUS (Hg.), Teufelskinder oder Heilsbringer – die Juden im Johannesevangelium, ArTe 64, Frankfurt 1990.

Abgesehen von der Apostelgeschichte, die als Geschichtsdarstellung die Ablösung des Christentums vom Judentum zum Thema hat, erscheint in keiner neutestamentlichen Schrift das Wort ’Ιουδαῖος so häufig wie im Johannesevangelium (71 Belegstellen). Zumeist im Plural gebraucht, bezieht es sich jeweils auf Angehörige des jüdischen Volkes. Allerdings ist dem Evangelisten auch die theologische Würdebezeichnung ’Ισραήλ geläufig (1,31.49; 3,10; 12,13; vgl. 1,47), so daß schon der Gebrauch des Ausdrucks ‚die Juden' eine gewisse Distanzierung an den Tag legt, da es sich vornehmlich nicht um eine theologische Selbstbezeichnung des Judentums, sondern um die gebräuchliche Benennung des jüdischen Volkes durch Nichtjuden handelt (vgl. 18,33ff).

Der Evangelist Johannes unterscheidet darüber hinausgehend verschiedene Gruppen des jüdischen Volkes. Von besonderer Bedeutung sind die ‚Pharisäer', die wie in den synoptischen Evangelien die kritischen Diskussionspartner Jesu sind (8,13; 9,13.15f <Wechsel mit ‚den Juden': 9,18.22>; 9,40; 12,19); sie stellen Jesus nach und suchen ihn zu ergreifen (7,32; vgl. 4,1), kommen selbst nicht zum Glauben (7,47f) und hindern das Volk daran zu glauben (12,42). Schon die synoptische Überlieferung kennt Pharisäer (und Sadduzäer) als Adressaten der Verkündigung Johannes des Täufers (Mt 3,7). Analog erscheinen auch im Anfang des vierten Evangeliums Pharisäer als von den ‚Juden aus Jerusalem' zum Täufer Gesandte (1,24; neben „Priester und Leviten": 1,19). Daß das Bild nicht einheitlich ist, sondern sich auch in dieser jüdischen ‚Partei' Jesusanhänger finden lassen können, zeigt das Beispiel des Pharisäers Nikodemus (3,1; vgl. 7,50; 19,39).

Wird Nikodemus als ἄρχων τῶν ’Ιουδαίων bezeichnet (3,1), so zählt er zu der ‚Klasse' der ‚Oberen' (ἄρχοντες), von denen ‚viele' ebenfalls auf der Seite Jesu stehen, aber ‚wegen der Pharisäer' sich nicht zu ihm bekennen (12,42; vgl. 7,26.48). Dagegen werden die ‚Oberpriester' (ἀρχιερεῖς)[96] oftmals neben den Pharisäern genannt (7,32.45; 11,47.57); sie sind wie diese an Nachstellungen gegen Jesus und seine Anhänger beteiligt (7,23.45; 11,47ff; vgl. 12,10). Doch repräsentieren sie nicht die Volksmeinung insgesamt, auch wenn sie für das Volk handeln wollen (vgl. zu ἔθνος: 11,48-52; 18,35). Dieses wird oftmals im neutralen Sinn als Hintergrund des Wirkens Jesu begriffen (als ὄχλος z.B. 5,13; 11,42); es folgt Jesus nach (6,2.5.22.24; vgl. Mt 14,13; auch Joh 12,9ff); aber es ist in seiner Haltung schwankend; auch wenn ‚viele

96 Im Singular auch = ‚Hoherpriester'; Kaiphas, 11,49: Hoherpriester ‚jenes Jahres'; vgl. 11,51; 18,13.19.22.24.

aus dem Volk' zum Glauben kommen (7,31), so entsteht doch andererseits in Hinsicht auf das Verhältnis zu Jesus ‚eine Spaltung seinetwegen im Volk' (7,43).

Für das Wort Ἰουδαῖοι ist ein ähnlich uneinheitlicher Sprachgebrauch festzustellen. Im Gegenüber zu den Angehörigen von nichtjüdischen Völkern handelt es sich um die Glieder des jüdischen Volkes[97]; eine Wertung ist hiermit nicht erkennbar verbunden, jedoch wird deutlich, daß der Verfasser sich selbst nicht zum jüdischen Volk zählt, sondern distanziert ‚die Juden' in seine Darstellung des vergangenheitlichen Lebens Jesu einbezieht (z.B. 10,19; 11,19.31.33.36.54; 12,9; 19,20f) oder auch zurückschauend von ihren Sitten (2,6; 5,1; 18,20; 19,40.42) oder Festen (‚Passa der Juden': 2,13; 6,4; 11,55; ‚Laubhüttenfest': 7,2) berichtet. Dabei wird auch die ‚Spaltung unter den Juden' erwähnt (10,19; vgl. 9,16: ‚unter den Pharisäern', so daß sich die Komplexität der Darstellung des jüdischen Volkes durch den Evangelisten bestätigt, wie denn auch berichtet werden kann, daß „viele von den Juden ... an ihn glaubten" (11,45; 12,11). Dennoch bezieht sich die Mehrzahl der Belege auf die Feindschaft gegen Jesus und die Abweisung seiner Sendung. Sind auch manche Textstellen mehrdeutig, so impliziert doch schon die Zeichenforderung der Juden (2,18.20) eine kritische Stellungnahme zu Jesus und macht das Gegenüber der Juden als spezifischen Horizont des Wirkens Jesu im vierten Evangelium sichtbar. Sind jene ‚Jünger Moses' (9,28), so sind sie auch auf das mosaische Gesetz verpflichtet (8,17), aber sie halten sich nicht an das Gebotene (7,19). Und so sehr auch die Einzelgebote des alttestamentlich-jüdischen Gesetzes das Leben des jüdischen Volkes bestimmen (7,22f: Beschneidungs- und Sabbatgebot), so deutlich wird doch gesagt, daß ‚Mose im Gesetz und die Propheten' auf niemanden anderen als auf Jesus von Nazareth hingewiesen haben und auch das Tun Moses typologische Vorwegnahme der Erfüllung in Jesus Christus ist (3,14: Erhöhung der Schlange als Vorbild für die Kreuzigung Jesu). Denn in Wahrheit besteht kein Zweifel, daß rechter Moseglaube auf Jesus hätte hinführen und Glaube an Jesus hätte bewirken müssen, so daß der alttestamentliche Gesetzgeber, auf den das jüdische Volk seine Hoffnung setzt, diesem zum Ankläger wird; denn „über mich hat jener geschrieben" (5,46). Es besteht also eine *heilsgeschichtliche Linie*, die von der Geschichte Israels zu Jesus führt: Schon Abraham hat den Tag des präexistenten Gottessohnes gesehen, auch wenn dieser vor ihm gewesen ist (8,56-58). Das Schema ‚Verheißung und Erfüllung' wird auf die Geschichte Jesu angewendet (12,14f.37-41; 13,18; 19,24 u.ö.). Und die Darstellung der Juden ist von diesem zeitlichen Grundzug

97 4,9: Unterschied zu den Samaritanern; zu den Römern: vgl. das Verhältnis des Pilatus zu den Juden: 18,33.35f.38f; auch im Titulus des Kreuzes: 19,19 ‚König der Juden'; vgl. 19,3.21 u.ö.

geprägt, wenn ständig ihr Unverständnis bzw. Mißverständnis gegenüber dem Auftreten Jesu hervorgehoben wird (6,41.52; 8,22.57) und die Abweisung Jesu (vgl. noch 5,10) in den Vorwurf, Jesus sei von einem Dämon besessen (8,48), und in Verfolgung (5,16; vgl. 15,20) umschlägt. Die feindselige Haltung der Juden gegen Jesus wird auch daran erkennbar, daß die Anhänger Jesu ‚Furcht vor den Juden' haben (7,13; 9,22; 19,38; 20,19) und Jesus sich von ihnen fern hält (11,54). Einen durchgehenden Gestaltungsfaktor des Evangeliums stellt darüber hinaus die Absicht der Juden dar, Jesus zu töten (5,18; 7,1.19.30; 8,37ff; 10,31ff; 11,8). Es entspricht dieser Tendenz, daß neben der ‚Kohorte' es die von den Oberpriestern und Pharisäern gestellten ‚Diener' sind, die Jesus gefangen nehmen (18,3), und daß ‚die Juden' den Räuber Barabbas anstelle Jesus freibitten, daß die ‚Oberpriester und ihre Diener' in den Kreuzigungsruf einstimmen, daß ‚die Juden' aufgrund ihres Gesetzes den Tod Jesu verlangen (18,38-40; 19,6f); und es ist nur konsequent, daß sie dafür Sorge tragen, daß die Leichname der am Kreuz Hingerichteten nicht auch am Sabbattage hängenbleiben, um das Passafest nicht zu entweihen (19,31).

Die Darstellung der Juden ist im vierten Evangelium in den Rahmen einer ‚Vita Jesu' hineingestellt und diese ist – ähnlich wie dies in den synoptischen Evangelien der Fall ist – (un-)heilsgeschichtlich interpretiert. Von hier aus sind auch die Versuche, den Gegensatz zwischen Jesus und den Juden auf eine aktuelle Konfrontation zurückzuführen, die für den Evangelisten und seine Gemeinde charakteristisch sei, zurückhaltend zu beurteilen.[98] Eine direkte Polemik, die auch in einem historischen Rahmen jedenfalls nicht unmöglich gewesen wäre (vgl. Mt 28,15), findet sich nicht. Genauere Kenntnisse über das Judentum der neutestamentlichen Zeit sind offenbar nicht vorhanden. Den Gesamtrahmen der Gegnerschaft des jüdischen Volkes gegen Jesus verdankt ‚Johannes' der synoptischen Überlieferung, auch wenn diese nur indirekt, johanneisch verfremdet zur Sprache gebracht ist. Dabei fällt die Tendenz zur Generalisierung auf, da anders als in den synoptischen Evangelien einzelne Gruppen im Volksganzen nicht in Erscheinung treten.[99] Andererseits ist die aus den synoptischen Evangelien bekannte hervorragende Stellung der Pharisäer als Gegner Jesu eher noch verschärft worden. Insbesondere ist die Übertragung der Verantwortung für den Tod Jesu auf das

---

98 Anders W. Wrede, Charakter und Tendenz; K. Wengst, Bedrängte Gemeinde und verherrlichter Christus. Der historische Ort des Johannesevangeliums als Schlüssel zu seiner Interpretation, BThSt 5, Neukirchen-Vluyn 1981, 37-44; J.L. Martyn, History and Theology in the Fourth Gospel, New York 1968.

99 Es fehlen die in den synoptischen Evangelien häufiger genannten ‚Sadduzäer', auch ‚Zöllner', ‚Schriftgelehrte', ‚Zeloten', ‚Herodianer'; auch soziale Unterschiede werden nicht genannt.

jüdische Volk eine konsequente Ausführung der (un-)heilsgeschichtlichen Linie der synoptischen Evangelien (vgl. Mt 27,25). Ebensowenig wie dort ist vorausgesetzt, daß das jüdische Volk seine heilsgeschichtliche Vorrangstellung wieder einnehmen könnte (anders Röm 11,25ff).

Solche historisierende und generalisierende Betrachtung muß nicht ausschließen, daß auch authentische historische Elemente mit der Geschichtsdarstellung verbunden werden. Sie bleiben jedoch vereinzelt (so z.B. die Erwähnung von Kaiphas und Hannas: 18,13.24), so daß als Gesamturteil festzuhalten ist, daß der Evangelist fern von den tatsächlichen Ereignissen seiner eigentlichen theologischen Überzeugung Ausdruck zu verleihen suchte. Da das ‚historische' Denken überwiegt, ist nicht wahrscheinlich, daß er das Verhältnis von Kirche und Synagoge seiner Zeit reflektiert. Im Gegenteil, auch dort, wo man Einwirkungen der Situation des Verfassers vermutet, sind diese keineswegs eindeutig.

Ein hervorragendes Beispiel, das für die These von einer akuten Auseinandersetzung des vierten Evangelisten und seiner Gemeinde mit dem Judentum herangezogen wird, sind die ἀποσυνάγωγος-Belege (9,22; 12,42; 16,2). Das Wort ἀποσυνάγωγος ist in der Zeit vor dem Johannesevangelium nicht bezeugt; es findet sich weder bei profanen griechischen Schriftstellern noch in der LXX. Von hier aus läßt sich vermuten, daß es sich um eine Eigenbildung des vierten Evangelisten handelt. Die ersten beiden Belege stehen ganz im Dienst seiner Jesusdarstellung: *9,22* motiviert das Verhalten der Eltern eines Geheilten, die aus Furcht vor den Juden eine Erklärung des Wunders an ihrem blind geborenen Sohn verweigern. Das Ausmaß der vorausgesetzten jüdischen Gegnerschaft wird daran deutlich, daß ‚die Juden' den aus der Synagoge ausschließen wollen, der sich zu Jesus bekennt. In der Tat wird der Geheilte später auch ‚ausgeschlossen' (wohl wörtlich zu verstehen = ‚hinausgestoßen'; V.34f). – Ähnlich *12,42*: Auch die Oberen der Juden kommen ‚wegen der Pharisäer' nicht zu einem Christusbekenntnis, da sie fürchten, aus der Synagoge ausgeschlossen zu werden; hierin kommt nach Darstellung des Evangelisten das Zitat Jes 6,10 zu seiner Erfüllung; die Oberen sind verblendet, weil sie den Menschen und nicht Gott die Ehre geben (V.43). – *16,2* enthält demgegenüber eine Voraussage Jesu an seine Jünger, an die sie sich in der Verfolgungszeit erinnern sollen. Zur Verfolgung gehört neben dem Ausschluß aus der Synagoge auch die Absicht, die Jünger zu töten, womit man Gott einen Dienst zu erweisen meint. Dies letztere dürfte auf heidnische Verfolgungen anspielen, da die Juden im römischen Reich ein Hinrichtungsrecht nicht besessen haben. Das ungewöhnliche λατρείαν προσφέρειν könnte auf die Opferdarbringung vor dem Kaiserbild verweisen, die – wie Plinius berichtet – abgefallene Christen darbrachten.[100]

Was ist mit ἀποσυνάγωγος gemeint? Es handelt sich zweifellos nicht um den jüdischen Bann, der in der Synagoge in zwei verschiedenen Graden verhängt werden konnte; nach rabbinischer Überlieferung war dieser eine innersynagogale Zuchtmaßnahme, welche die Übertreter der überlieferten Ordnung in die Synagoge zurück-

100 Vgl. Plin Ep 10,96,5f (Plinius an Trajan); Ep 10,97,1 (Trajan an Plinius).

führen bzw. in ihr festhalten sollte, also gerade nicht mit einem Ausschluß gleichzusetzen ist.[101] – Eher läßt sich daran denken, daß es sich beim Synagogenausschluß um eine ,Konsequenz der *Birkat ha-Minim*' handelt, nämlich eine Folge der Verfluchung der Ketzer im Achtzehngebet der Synagoge. So heißt es in der 12. Benediktion: „Und die Nazarener (= Christen) und die Minim mögen umkommen in einem Augenblick ...". Jedoch ist dieser Zusatz nur in der palästinischen Rezension des Achtzehngebets belegt. Die Überlieferung ist im einzelnen schwankend, und der Text kann „nur als der relativ älteste, nicht als der des 2. Jahrhunderts n.Chr. angesehen werden".[102] In den Schriften der Kirchenväter findet sich eine eindeutige Bezeugung der Christenverfluchung in den Synagogen, die sich als Reflex des Achtzehngebets deuten läßt, erst bei Epiphanius (Haer 29,9) und Hieronymus (in Jes 5,18f; 49,7; 52,4ff). Dagegen erwähnt Justin nur sehr allgemein, daß die an Christus Glaubenden ,in den Synagogen verflucht werden' (Dial 16,4 u.ö.). Aus diesen Gründen ist es unwahrscheinlich, daß zur Zeit der Abfassung des vierten Evangeliums die Verfluchung der Christen schon Teil des Achtzehngebets gewesen ist. Auf keinen Fall ist eine solche Verfluchung mit einem Synagogenausschluß identisch. Es ist auch fraglich, ob diese als ,Konsequenz' des Achtzehngebets angesehen werden darf; eher setzt die Verfluchung von ,Christen und Ketzern' voraus, daß eine Trennung von Kirche und Synagoge schon vollzogen war. Dagegen ist Lk 6,22 eines der ältesten christlichen Zeugnisse, die eine Trennung von Juden und Christen aussagen, wonach mit dem ,Haß' gegen christliche Gemeindeglieder auch Schmähung und Aufkündigung der Gemeinschaft verbunden gewesen ist; jedoch handelt es sich hierbei nicht um einen rechtlichen Akt des Synagogenausschlusses; dieser ist auch nicht 1 Thess 2,14-16 belegt, wo die Verfolgung der christlichen Gemeindeglieder durch die jüdischen Landsleute erwähnt wird. Unbeschadet der Frage, ob es in der unmittelbar voraufgehenden Tradition der johanneischen Schule Zusammenstöße mit ,den Juden' gegeben hat, dürfte der Ursprung des Wortes ἀποσυνάγωγος in der Tendenz des vierten Evangelisten begründet sein, ,die Juden' als Prototypen für die allgemeine Abweisung des Offenbarers erscheinen zu lassen.

,Die Juden' haben über die heilsgeschichtliche Komponente hinausgehend einen bedeutenden Platz im Rahmen des johanneischen Dualismus. Ist

---

101 Vgl. Bill IV 1, 329-333; W. Schrage, Art.: ἀποσυνάγωγος, ThWNT VII 845-850.

102 E. Schürer, Geschichte des jüdischen Volkes im Zeitalter Jesu Christi II, Leipzig ^{4}1907, 543.

Es ist einerseits zu unterscheiden der Text des Achtzehngebetes, der die Verfluchung der ,Häretiker' (Minim) erwähnt; dieser soll auf Veranlassung von R. Gamaliel II. (um 90 n. Chr.) durch R. Samuel den Kleinen (um 100 n. Chr.) in das Achtzehngebet eingefügt worden sein (b Ber 28b) und andererseits die damit verbundene Nennung der ,Nazarener', die in einer sekundären, singulären Textrezension, der Genizaversion, bezeugt ist (vgl. dazu E. Schürer, The History of the Jewish People in the Age of Jesus Christ II, rev. and ed. by G. Vermès-F. Millar-M. Black, Edinburgh 1979, 461-463; J. Maier, Jüdische Auseinandersetzung mit dem Christentum in der Antike, EdF 177, Darmstadt 1982, 136-141; 140f).

dieser vom Gegensatz Gott und Kosmos, Licht und Finsternis, Wahrheit und Lüge bestimmt, so gilt für sie, daß sie als Repräsentanten des Kosmos die nichtglaubende Menschenwelt darstellen. Sie stehen auf der Seite der Finsternis (8,12), der Lüge (8,44f) und des Todes (8,51); da sie ‚aus dieser Welt' sind, stammen sie ‚von unten' (8,23); denn sie haben nicht den erkannt, der ‚von oben' und ‚nicht aus dieser Welt' ist. Darum müssen sie in ihren Sünden sterben (8,24). Nehmen sie Anstoß daran, daß er Gott seinen Vater nennt und sich Gott gleichmacht (5,18), daß er behauptet, vor Abraham zu sein (8,58; vgl. 8,53), so geben sie damit zu erkennen, daß ihnen das Woher und Wohin des Offenbarers unbekannt ist (7,33f; 8,14). Sein Auftreten entspricht nicht ihrem Messiasbild, wonach der Messias aus Bethlehem, der Stadt Davids, nicht aus Galiläa kommen soll (7,41f); sie aber wissen, daß Josef sein Vater ist (6,42; vgl. 1,45). Kein Zweifel, daß es sich hierbei nicht um einen Streit von verschiedenen jüdischen Messianologien, sondern um den radikalen Gegensatz von himmlischer Herkunft des Gottessohnes und irdischer Orientierung seiner jüdischen Hörer handelt. Diese stellt den Wahrheitsanspruch Jesu Christi als des Lichtes der Welt in Frage (8,12f). Weil die Juden „nach dem Fleisch urteilen" (8,15), bleiben sie – obwohl Abrahams Nachkommen, die meinen, durch ihren Ahnherrn frei zu sein – in der Unfreiheit; denn allein der Sohn macht wirklich frei (8,33ff). Mit alledem ist nicht nur die Kenntnis des Sohnes, sondern auch die des Vaters und damit der Gottesglaube überhaupt ihnen abgesprochen (8,14.19.42). Kommt auch von den Juden das Heil (4,22), so gilt dies doch nur in einem vor-läufigen, auf die historische Erscheinung Jesu bezogenen Sinn; denn die wahre Anbetung vollzieht sich im Geist und in der Wahrheit (4,23). Weil die Juden dem Wort Jesu als dem Wort der Wahrheit nicht Glauben schenken, deshalb sind sie als Söhne des Teufels erwiesen und haben keinen Anteil am Sein aus Gott (8,44-47).

Schwerlich verfolgt der Evangelist mit diesem Urteil antijüdische oder antisemitische Zielsetzungen. Wie sich gezeigt hat, geht es ihm nicht um die Niederringung von konkreten jüdischen Gegnern. Vielmehr steht er im Mündungsgebiet zweier mächtiger Traditionsströme: einmal der doketisch-antidoketischen Überlieferung, die das radikale Gegenüber von Gott und Welt, von Geist und Fleisch, von Wahrheit und Lüge zum Gegenstand hat und die Juden symbolhaft als Repräsentanten des Kosmos und des Unglaubens zeichnet, und zweitens der synoptischen heilsgeschichtlichen Überlieferung, wonach das Jesusgeschehen in die Geschichte Israels eingebettet ist, die von der alttestamentlichen Weissagung bis zur Erfüllung in Kreuz und Auferstehung Jesu Christi führt und durch die jüdische Verwerfung des Gottessohnes die Ablösung der Vorrangstellung Israels zur Folge hat. Beide unterschiedlichen Überlieferungszweige haben gemeinsam, daß sie der Selbstorientierung der Gemeinde dienen und diese im Glauben an den Gottessohn Jesus Christus festigen sollen (vgl. 10,27f; 20,31).

2. Die Krisis

J. Blank, Krisis. Untersuchungen zur johanneischen Christologie und Eschatologie, Freiburg 1964.
G. Richter, Präsentische und futurische Eschatologie im 4. Evangelium, in: ders., Studien zum Johannesevangelium, BU 13, Regensburg 1977, 346-382.
R. Bultmann, Die Eschatologie des Johannes-Evangeliums, in: ders., Glauben und Verstehen I, Tübingen [8]1980, 134-152.

Das Johannesevangelium enthält unausgeglichen nebeneinander sowohl futurisch-apokalyptische als auch präsentisch-eschatologische Aussagen. Die Forschungsgeschichte hat in der Vergangenheit eine eindeutige Trennungslinie gezogen. So führte R. Bultmann die Stücke im Johannesevangelium auf einen Redaktor zurück, die von einer *futurischen Eschatologie* sprechen. So trifft es für 21,22 zu. Hier spricht der Verfasser des Nachtragskapitels, den man als Redaktor bezeichnen mag. Die genannte Parusieerwartung ist sekundär. Dennoch ist es nicht gut möglich, sämtliche futurisch-eschatologischen Elemente des Johannesevangeliums als sekundär zu kennzeichnen. Auch die Worte Jesu, die von seinem ‚Vorausgehen', um den Seinen die Wohnung zu bereiten (14,2f; 16,28; 17,24), sprechen, passen sich lückenlos in die johanneische Konzeption ein und verleugnen eine ursprüngliche futurisch-eschatologische Komponente nicht. Von hier aus sind auch die Aussagen über eine künftige Totenerweckung nicht überzeugend der Theologie des Evangelisten abzusprechen (5,21.27.28f; 6,39ff; 11,24).

Neben der futurischen steht die *präsentische Eschatologie*: „Die Stunde kommt und ist schon da, wenn die Toten die Stimme des Gottessohnes hören werden und die, die sie hören, leben werden" (5,25). Mit dem Sohn ist die Auferstehung in die Welt gekommen, mit der Auferstehung aber auch das Gericht (9,39). Kennzeichnend für das Gegenübertreten von futurischer und präsentischer Eschatologie ist die Lazarusgeschichte (11,1ff). V.24 läßt Martha die traditionelle futurische Eschatologie vertreten („Ich weiß, daß er auferstehen wird am Jüngsten Tage"); darauf die Antwort Jesu (V.25):

> Ich bin die Auferstehung und das Leben; wer an mich glaubt, der wird leben, auch wenn er stirbt.

Die präsentische interpretiert die futurische Eschatologie! Dies aber bedeutet keine Elimination von futurischen Aussagen, sondern enthält eine sachlich notwendige Spannung. Dabei liegt der Schwerpunkt der johanneischen Konzeption zweifellos auf der Vergegenwärtigung des Eschatons.[103] Der zeit-

103 Zum Begriff ‚präsentische Eschatologie': Gemeint ist die Vergegenwärtigung des Eschatons durch das Christusgeschehen; da dieses in seinem Schwerpunkt für den

liche Spannungsbogen, die Ausrichtung auf die Zukunft, ist nicht verlassen; er gehört zur Universalität des Logos, hat aber das ursprüngliche Gewicht verloren.

Das Neue in der johanneischen Theologie ist, daß das Eschaton radikal im Jesusgeschehen vergegenwärtigt wird. Dies bedeutet, daß die Inhalte der urchristlichen apokalyptischen Erwartung weitgehend transformiert, nämlich als präsentische begriffen worden sind. Daher läßt sich im Sinn des Evangelisten sagen: Im Jesusgeschehen ereignet sich die Krisis, das Endgericht.

Freilich haben auch die synoptischen Evangelisten mit der Person Jesu die Realisierung von Heil und Unheil in der Welt verbunden. In der johanneischen Konzeption aber steht die Vergegenwärtigung des Endgerichts in harter Konfrontation zum negativ gedachten Verständnis des Kosmos:

> Dies ist das Gericht, daß das Licht in die Welt gekommen ist, aber die Menschen liebten die Finsternis mehr als das Licht (3,19).

Jesu Kommen in die Welt ist das eschatologische Ereignis; es ent-deckt das wahre Sein des Kosmos. Demnach ist nicht gemeint, daß das Sein in der Lüge durch das Auftreten des Offenbarers hervorgerufen würde, indem gleichsam seine Botschaft die Sünde bewirkt, sondern der Offenbarer stellt das sündige Sein, die Verfallenheit der Welt in Tod und Sünde fest. So sagt es 9,39:

> Zum Gericht bin ich in die Welt gekommen, damit die Nichtsehenden sehen und die Sehenden blind werden.

Die Menschen, die dem Offenbarer begegnen, werden als das erkannt, was sie eigentlich sind; obwohl sie zu sehen scheinen, sind sie in Wahrheit blind. Das Kommen Jesu spricht den Urteilsspruch, der endgültig und unwiderruflich ist und die ungöttliche Welt in ihrem Sein behaftet. Dies wird auch die Aufgabe des verheißenen Parakleten sein, wenn er konstatiert, daß der „Herrscher des Kosmos (schon) gerichtet ist“ (16,11).

Aber das Wort Krisis hat nicht nur die Bedeutung von ‚Gericht‘, sondern zugleich von ‚Scheidung‘. Indem Jesus dadurch, daß er als der inkarnierte Logos auftritt, Gericht hält, vollzieht sich die Scheidung zwischen Glaube und Unglaube, zwischen Wahrheit und Lüge, zwischen Leben und Tod:

> Wer mein Wort hört und dem glaubt, der mich gesandt hat, der hat (schon) ewiges Leben und kommt nicht ins Gericht, sondern er ist von dem Tod in das Leben hinübergeschritten (5,24; vgl. 1 Joh 3,14).

Evangelisten in der Vergangenheit liegt, ist mit dem Begriff ‚präsentische Eschatologie‘ ausgesagt, daß das durch den Offenbarer Jesus Christus in der Vergangenheit seines Auftretens begründete Heil zur Gegenwart geworden ist und so auch für die Gemeinde nach ihm gegenwärtig bleibt (vgl. die Aufgabe des Parakleten; dazu unten den Exkurs).

Die Scheidung, die durch das Auftreten Jesu bewirkt wird, führt die einen in das Leben, die anderen beläßt sie im Tod. Die Krisis des Kosmos, die mit dem Erscheinen des Logos in Jesus Christus zur Gegenwart geworden ist, bedeutet den Vollzug des endzeitlichen Urteils (3,18; 12,31.48). Sie bringt den latent vorhandenen Zustand des Kosmos ans Licht und zur ‚Krise', aus der für den Nichtglaubenden die Behaftung im Sein der Lüge und des Todes folgt und ihn in der Uneigentlichkeit seiner Existenz fixiert; dagegen folgt aus ihr für den Glaubenden die Möglichkeit eines neuen Lebens, und auf dies letztere zielt die Offenbarertätigkeit des Gottessohnes (vgl. 1 Joh 4,17).

3. Das Leben

R. Bultmann u.a., Art.: ζάω/ζωή, ThWNT II, 1935, 833-877.
F. Mußner, ΖΩΗ. Die Anschauung vom ‚Leben' im vierten Evangelium unter Berücksichtigung der Johannesbriefe, MThS.H I/5, München 1952.
L. Schottroff, Art.: ζῶ/ζωή, EWNT 2, 1981, 261-271.

Der Begriff ζωὴ αἰώνιος ist ein traditioneller ‚terminus technicus' für das apokalyptische Heilsgut, das ‚ewige Leben'.[104] Als apokalyptische Heilsgabe darf dieses nicht biologisch verstanden werden; es ist nicht mit βίος als einer biologischen Gegebenheit der vitalen Existenz identisch; jedoch darf es auch nicht spiritualisiert werden, als ob die Heilsgabe nur geistig oder geistlich zu verstehen sei. Vielmehr: Die apokalyptische Heilsgabe des ‚ewigen Lebens' ist umfassend und betrifft das gesamte menschliche Leben. Sie ist an die Person Jesu geknüpft und insofern schon in der Zeit verwirklicht. Demgegenüber verschwinden die Schrecken des Todes; denn der Offenbarer spricht:

> Ich bin die Auferstehung und das Leben. Wer an mich glaubt, wird leben, wenn er auch stirbt, und jeder, der lebt und an mich glaubt, wird in Ewigkeit nicht sterben (11,25f).

Das Erscheinen des Offenbarers ist ein eschatologisches Ereignis; es vergegenwärtigt das Eschaton; denn es verwirklicht das, was für die Endzeit erwartet wird: die Auferstehung der Toten und das ewige Leben.

Aus diesem Grund ist nach johanneischen Verständnis Jesus mehr als ein Prophet. Er ist der Prophet, der in die Welt kommen soll (1,19ff; 6,14; 7,40).[105] Jesus ist *der* Prophet, weil er in absoluter Überbietung aller voraufgehenden Heils- und Unheilsgeschichte das Leben und die Wahrheit bringt. Er ist das

---

104 Vgl. Dan 12,2; äthHen 37,4; 40,9.

105 Vgl. hierzu die gnostische Offenbarergestalt, an die zumindest der ‚wahre Prophet' der Pseudoklementinen erinnert: Kerygmata Petrou H III 17-21.

Leben und die Wahrheit, weil er der Weg zum Vater ist, und er ist der Weg zum Vater, weil in ihm *das* Leben und *die* Wahrheit sich offenbaren (14,6). In Überbietung des Mannawunders, das der Exodusgemeinde zuteil wurde, ist er das Brot Gottes, das vom Himmel herabkommt und dem Kosmos Leben spendet, ‚das Brot des Lebens' (6,32ff).

Die Vorstellung vom ‚Brot des Lebens' ist nicht aus einem futurischen Aspekt entlassen; denn die Wirklichkeit des biologischen Todes wird nicht negiert; seine endgültige Überwindung und Aufhebung erfährt der θάνατος im künftigen Eschaton. Aber das ‚Leben' ist in der Gegenwart Jesu und seiner Gemeinde ‚schon jetzt' Wirklichkeit, nicht in der Weise eines Lebenselexiers, sondern als ein eschatologisches Ereignis, das menschliche Existenz neu begründet. Der vierte Evangelist hat damit die kirchlich-apokalyptische Vorstellung von dem ‚ewigen Leben' als dem endzeitlichen Heilsgut radikal aus der apokalyptischen Bindung befreit; die kirchliche Apokalyptik ist die traditionsgeschichtliche Voraussetzung, nicht mehr das sachliche Zentrum der johanneischen Konzeption. Für das Verständnis des Todes bedeutet dies: Der Tod hat seine Macht verloren; er ist entmachtet durch die neue, alles durchdringende Macht des Lebens, die in Jesus begegnet, die Jesus selbst als Person ist. Dies gilt für den Tod im umfassenden Sinn, als einem geistigen und biologischen Phänomen und zugleich als einer kosmischen Größe: Mit dem Kosmos ist der Tod als zur Welt der Unwahrheit und der Finsternis gehörend entlarvt und überwunden.

Das ‚Leben', das der Offenbarer in die Welt gebracht hat, läßt sich nach johanneischem Verständnis auch durch andere Worte benennen: Es ist die σωτηρία, die ‚Rettung' vor dem Tod und vor der endgültigen Verfallenheit (3,16f).[106] Es ist die ἀλήθεια, das Unverborgene, das Aufgedeckte, die ‚Wahrheit', die zugleich Abkehr von der Lüge ist (14,6). Vor allem ist das Leben mit ἀγάπη identisch; diese ist dem Kosmos unerreichbar; denn sie ist die Liebe des Vaters, der den Sohn geliebt hat, damit dieser den Kosmos und seine Gemeinde liebe (13,1; 15,9; 17,23). Es ist also die Liebe des Vaters, die im inkarnierten Gottessohn der Welt begegnet und die dieser gegenüber der Welt ausrichtet. Die Liebe Gottes definiert sich nicht in einem zeitlosen, theoretischen Sinn[107], sondern sie wird in Jesus erfahren und ereignet sich in der Begegnung mit Jesus. – Fragen wir, wie sich das Ereignis der in Jesus sich realisierenden Liebe des Vaters am Menschen vollzieht, so ist zu unterscheiden, was der Sache nach nicht geschieden werden darf: das *Handeln Jesu*, das die Liebe des Vaters in sich darstellt einerseits, und der *Glaube* der Jünger Jesu andererseits, der sich von diesem Geschehen angesprochen, begründet und bestimmt weiß.

---

106 Daher kann der Offenbarer auch ‚Retter der Welt' (4,42: σωτὴρ τοῦ κόσμου; vgl. 1 Joh 4,14) oder ‚die Tür' (10,9: ἡ θύρα) genannt werden.

107 So ist es nur scheinbar im 1 Joh der Fall (4,8.16: „Gott ist Liebe").

Das *Handeln Jesu*, in dem ἀγάπη und ζωή sich darstellen und dem Menschen zum Fundament seines Lebens werden, vollzieht sich im Rahmen von Menschwerdung und Erhöhung Jesu Christi. In diesem Rahmen, der mehr an den Mythos eines gnostischen Erlösers, seinen Himmelsabstieg und -aufstieg erinnert, als an das Leben Jesu der Synoptiker, manifestiert sich die ζωή. Sie verwirklicht sich einmal im *Wort Jesu*. Denn in seinem Wort ruft Jesus zu sich selbst, verheißt er die Gabe, die er selbst ist (6,35: das Brot des Lebens; 8,12: das Licht; 11,25: das Leben). Im Wort erhebt Jesus den Anspruch, der zu sein, der er ist, der vom Vater in die Welt gesandte Sohn, um der Welt das Leben zu bringen. Durch das Wort fordert Jesus die Entscheidung des Glaubens heraus, und als Konsequenz verwirklichen sich Unglaube, Mißverständnis und Abweisung.

Aber die ζωή manifestiert sich nicht nur im Wort Jesu Christi als des Offenbarers. Sie begegnet auch in den Wundertaten Jesu. Der vierte Evangelist schildert den Gottessohn als einen mit göttlicher Kraft begabten ‚Gottmenschen', der übernatürliche Machttaten vollbringt. Es ist nun bezeichnend, daß die Wunder Jesu nicht unter den Begriff δυνάμεις fallen, sondern als σημεῖα bezeichnet werden. Als ‚Zeichen' machen sie das irdische Auftreten Jesu transparent. Sie verweisen auf seine δόξα als die ‚Herrlichkeit' des präexistenten Logos (2,11). Sie sind Hinweis auf Jesus selbst, der mehr ist als irgendein Wundertäter, nämlich der Bringer von Wahrheit und Liebe. Nicht anders als das Wort sind also die ‚Zeichen' Jesu Ruf zum Offenbarer selbst und zu dem, was er bringt. – Der Hinweischarakter der σημεῖα kommt nicht nur darin zum Ausdruck, daß die Wundertaten als ganzes den Blick auf den freigeben, der sie tut, sondern auch in der Weise, daß die Wunder das eschatologische Heil, das Jesus bringt, symbolhaft darstellen. Das wunderbare ‚Zeichen' der Vermehrung der Brote (6,1ff) bringt zum Ausdruck, daß der Gottessohn das Brot des Lebens ist. Das Wunder der Blindenheilung (9,1ff) macht deutlich, daß in Jesus das Licht der Welt begegnet. Und die Auferwekkung des Lazarus (11,1ff) hat die symbolhafte Bedeutung darzustellen, daß die ζωή in der Gestalt Jesu zur heilvollen Gegenwart geworden ist.

Die ζωή zeigt sich darüber hinaus in *Tod und Erhöhung Jesu*. Die *Passion Jesu* ist Vollendung der Sendung des Gottessohnes, weil in ihr die höchste ἀγάπη des Vaters im Sohn zum Ausdruck kommt. Der Kosmos und sein Herrscher vermögen an Jesus nichts Nachteiliges zu finden (vgl. 7,18; 8,46; 1 Joh 3,5: Er ist ohne Sünde!). Gleichwohl nimmt der Sohn das Leiden auf sich, um das Gebot des Vaters zu erfüllen und hierdurch die ἀγάπη zu verwirklichen. Der Tod Jesu ist Ausdruck der Liebe des Vaters. Daher ereignet sich im Kreuz Jesu die Verherrlichung des Vaters durch den Sohn (17,4: „Ich habe dich auf Erden verherrlicht, und ich habe das Werk getan, das du mir aufgetragen hast" – die Abschiedsreden mit dem abschließenden ‚hohenpriesterlichen Gebet' beziehen sich unmittelbar auf Passion und Tod Jesu).

Die Kreuzigung Jesu bedeutet ein ‚Verherrlichtwerden' (δοξασθῆναι) nicht nur in Hinsicht auf den Vater, sondern auch auf den Sohn; denn ‚Kreuzigen' ist mit ‚Erhöhtwerden' (ὑψωθῆναι) identisch.[108] Durch den Tod am Kreuz kehrt Jesus in die Herrlichkeit zurück, die er als der Präexistente von Anbeginn hatte. Auch darin manifestiert sich das von ihm repräsentierte ‚Leben' (vgl. 12,32).

d) Die Gemeinde

E. Schweizer, Der Kirchenbegriff im Evangelium und in den Briefen des Johannes, in: ders., Neotestamentica, Zürich-Stuttgart 1963, 254-271.
A. Lindemann, Gemeinde und Welt im Johannesevangelium, in: Kirche, FS G. Bornkamm, hg. v. D. Lührmann-G. Strecker, Tübingen 1980, 133-161.
T. Onuki, Gemeinde und Welt im Johannesevangelium, WMANT 56, Neukirchen-Vluyn 1984.
U. Schnelle, Johanneische Ekklesiologie, NTS 37, 1991, 37-50.
K.M. Bull, Gemeinde zwischen Integration und Abgrenzung, BET 24, Frankfurt 1992.

Wie sich gezeigt hat, ist es die Absicht des vierten Evangelisten zu berichten, daß die Sendung des Logos ‚Leben' für die Menschen bedeutet, daß im Auftreten des Christus sich die endzeitliche Krisis ‚schon jetzt' ereignet und das Eschaton als Ansage von Gericht und Heil den Menschen nahegekommen ist. Enthält demnach das Evangelium insgesamt eine christologische Konzeption, so wird wie bei den synoptischen Evangelisten die Frage nach der johanneischen Ekklesiologie zu einem Problem. Die Geschichte der Gemeinde, ihre Probleme und Aufgaben sind nicht das Thema des Evangeliums; denn die Zeit der Kirche setzt mit Ostern jenseits des Rahmens ein, den der Evangelist gezogen hat.

Auf der Basis der christologischen Konzeption, wie sie im Johannesevangelium vorgetragen ist, läßt sich zur vorausgesetzten, nicht ausgeführten johanneischen Ekklesiologie grundsätzlich sagen: Sie ist – wie die Christusdarstellung des Evangelisten – durch eine Horizontale und durch eine Vertikale bestimmt. Die *horizontale Dimension* des johanneischen Denkens besagt, daß die Geschichte der Gemeinde an die *Vita Jesu* anschließt. Die johanneische Gemeinde versteht sich von der sie begründenden Vergangenheit des Christusgeschehens her, und sie ist auf das Kommen des Gottessohnes ‚am letzten Tag', auf die allgemeine Totenauferstehung ausgerichtet (6,39ff; 11,24). Die horizontale zeitliche Linienführung ist durch die Zäsur der Gabe des Geistes bzw. des Parakleten (7,39; 14,16f.26; 15,26 u.ö.) von

108 Vgl. 3,14; 8,28. – Identität von ‚Verherrlichtwerden' und ‚Gekreuzigtwerden': 12,23.28; 13,31f; 17,1.5 u.ö.

der Zeit Jesu abgesetzt. Dies verbindet die johanneische Ekklesiologie mit der synoptischen, in der der Geist auch die Aufgabe hat, die Zeit bis zum Ende hin zu überbrücken.[109] Allerdings ist sie nicht in dem Ausmaß heilsgeschichtlich gefüllt, wie dies in den synoptischen Evangelien der Fall ist, in denen die Kirche aus Juden und Heiden nach Ostern das Erbe des Judentums antritt und der heilsgeschichtliche Plan Gottes sich in der Geschichte der christlichen Gemeinde verwirklicht. Darüber hinaus kennt auch die Gemeinde der synoptischen Evangelisten eine *vertikale Dimension*; sie weiß sich in jeder Phase ihrer Geschichte unmittelbar zu Gott, zum erhöhten Christus oder zum Geist Gottes. So entspricht es nicht zuletzt der heilsgeschichtlichen Konzeption der Synoptiker. Solche eschatologische Vertikaldimension ist im JohEv durch die Manifestation des präexistenten Logos bestimmt. Dieser bedeutet für die Welt das Angebot von ζωή und die Wirklichkeit der κρίσις.

Ist anzunehmen, daß ebenso die Gemeinde sich in gleicher Weise von solcher Manifestation des Logos angesprochen weiß? Um diese Frage beantworten zu können, bedarf es des Rückgriffs auf die Vorstellung der μαθηταί, der Jünger Jesu, die sich im Johannesevangelium nicht nur unverwechselbar als historische Begleiter Jesu darstellen, sondern auch als Prototyp der Gemeindeglieder, also der an das Jesusgeschehen anschließenden christlichen Kirche. Zweifellos sind die ‚Jünger' zunächst die Begleiter Jesu: die fünf Erstberufenen (1,35ff), sodann die zwölf Jünger Jesu (6,67), deren Berufung (entsprechend Mk 3,14.16parr) vorausgesetzt ist (6,70f). Mit ihnen tritt Jesus in Judäa auf und tauft (3,22)[110]; er eröffnet den Weg der Passion durch seinen beispielhaften Dienst der Fußwaschung an ihnen (13,1ff). Zur engeren Begleitung Jesu gehören auch seine Mutter (2,1ff), deren Name niemals ausdrücklich genannt wird (auch 19,25-27: unter dem Kreuz!), seine Brüder (2,12; 7,3ff) und andere Verwandte (19,25). Zum Kreis um Jesus wird der Lieblingsjünger gezählt (13,23ff; 19,26f; 20,2ff). Nicht dem Zwölferkreis gehört Josef von Arimathia an (19,38: „der aber aus Furcht vor den Juden heimlich ein Jünger Jesu war").

An diesen Beispielen wird deutlich, daß der vierte Evangelist den Begriff μαθητής nicht auf die Mitglieder des Zwölferkreises einschränkt. Jesu Auf-

---

109 Vgl. dazu aber auch die Dialektik, welche den synoptischen Geschichtsentwurf bestimmt (s. oben C IV zu Lukas).

110 Dazu die Korrektur in 4,2: „Nicht Jesus ...". Die literarkritische Deutung ist umstritten. E. Linnemann, Jesus und der Täufer, in: G. Ebeling-E. Jüngel-G. Schunack (Hgg.), Festschrift für Ernst Fuchs, Tübingen 1973, 219-236; 226, sieht in 3,22-4,3 zwei voneinander unabhängige Traditionsstücke, die auf historischen Tatsachen beruhen, während R. Bultmann, Joh. 121-(123), es für unzweifelhaft hält, „daß diese Szene (V.22-26) ein *literarisches Gebilde* ist". Joh 4,2 steht für ihn „unter dem Verdacht, redakt. Glosse zu sein" (122 Anm. 2).

treten ist allgemein darauf ausgerichtet, ‚Jünger zu machen', und die Zahl seiner Jünger ist größer als die des Täufers (4,1). Auch die Juden haben die Möglichkeit, Jünger Jesu zu werden (8,31). Der geheilte Blinde wird zum Jünger Jesu, im Unterschied zu den Pharisäern, die sich Jünger Moses nennen (9,28). Der Begriff μαθητής greift demnach über den begrenzten Kreis der zwölf Jünger Jesu hinaus.[111] Dies berechtigt, ihn auch inhaltlich einem allgemeineren Rahmen zuzuordnen. Zu unterscheiden sind vier Aussagerichtungen:

1. *Die Jünger schenken dem Wort Jesu Glauben.* Sie erinnern sich nach der Auferstehung Jesu und glauben der Schrift und dem Wort, das Jesus zu ihnen gesprochen hatte (2,22). Solcher Glaube ist mit dem ‚Bleiben am Wort Jesu' identisch (8,31; vgl. 2 Joh 9). Da er nicht ‚blinder Glaube' ist, impliziert er ‚Erkennen', dies meint zugleich ‚Anerkennen'.[112] So glauben und bekennen die Jünger, daß Jesus nicht nur διδάσκαλος und κύριος ist (13,14), sondern auch, daß Jesus als der Christus der Heilige Gottes ist (6,69); auch, daß Jesus von Gott ist (16,27ff), also vom Vater gesandt wurde.[113] Darin repräsentieren sie exemplarisch den Glauben, welcher der rechte Glaube ist, von dem es heißt, daß alle, die an Jesus Christus glauben, das ewige Leben haben und nicht ins Gericht kommen (3,15.18; vgl. 20,31).

2. *Die Jünger sind Repräsentanten des Unverständnisses bis hin zur Verleugnung.* Das typische johanneische Mißverständnis wird auch von den Jüngern ausgesagt (4,33f; 11,11ff). Das fehlende Verständnis kommt ferner durch direkte Fragen der Jünger zum Ausdruck (14,5; 16,17; auch 9,2 u.ö.). Das Sein des Jüngers schützt nicht vor Anstoßnehmen und vor Abfall (6,60ff). Vor allem die Verleugnung des Petrus dokumentiert das Unverständnis der Jünger (18,17.25ff; im Nachtragskapitel vorausgesetzt: 21,15ff). Andererseits wird das Jüngerunverständnis in der Zeit Jesu nach der Auferstehung aufgehoben (2,22; 12,16).[114]

3. *Die Jünger stehen unter der Forderung des Gebotes der Agape, d.h. der Forderung, Frucht zu bringen.* Der Glaube an den Sohn besagt nicht nur, daß die

---

111 Im einzelnen ist eine exakte Bestimmung ungesichert; so läßt sich zu 7,3 fragen: Sind die Jünger Jesu gemeint oder - so R. Bultmann, a.a.O. 218 Anm.9 - die Anhänger Jesu im weiteren Sinn? Zum Jüngerbegriff im JohEv vgl. auch R. Schnackenburg, Das Johannesevangelium, HThK IV/3, Freiburg 1975, 233-237.

112 Vgl. zum Verhältnis von γινώσκειν und πιστεύειν: 6,69 (vgl. auch 1 Joh 4,6).

113 So im hohenpriesterlichen Gebet Jesu: „Die Worte, die du mir gegeben hast, habe ich ihnen gegeben, und sie haben sie angenommen und in Wahrheit erkannt, daß ich von dir ausgegangen bin, und sie sind zum Glauben gekommen, daß du mich gesandt hast" (17,8).

114 Vgl. das Messiasgeheimnis bei Mk 5,43; 8,29f; 9,9 u.ö.

Jünger Jesu in den Bereich der δόξα und der ewigen ζωή einbezogen sind, sondern impliziert hierdurch, daß die Glaubenden unter einer ethischen Forderung stehen. So wird es im Agapegebot (13,34f) sichtbar. Die gegenseitige Liebe ist das Kennzeichen der Jüngerschaft; sie bedeutet, sich von der ἀγάπη θεοῦ bestimmen zu lassen, und führt zu einem Verhalten, wie es mit dem Bild vom ‚Fruchtbringen' verdeutlicht wird; die Erfüllung der ethischen Forderung ist mit Verherrlichung des Vaters gleichgesetzt (15,8; vgl. 15,4f.16).

4. *Die Jünger sind als Augen- und Ohrenzeugen unverwechselbar dem Leben Jesu zugeordnet.* Ist Jesus als der präexistente Gottessohn in einem bestimmten Geschichtsausschnitt aufgetreten, so sind seine Jünger Zeugen des an diesen Zeitabschnitt gebundenen Jesusgeschehens. Sie sind Augenzeugen der Taten Jesu, und es wird ihnen verheißen, daß sie Größeres als dies alles sehen werden (1,50f). Solches Schauen führt zum Glauben (20,8). Dabei ist jedoch klar, daß das Sehen der Werke und der Person des Gottessohnes nicht zum Glauben zwingt; denn auch die Welt sieht die Werke Jesu, aber sie verschließt sich seinem Anspruch und verfolgt ihn mit Haß (15,24). Dennoch ist der Evangelist Realist genug, das Sehen der Taten Jesu als Hilfe zum Glauben zu interpretieren. Dies gilt wie von dem Volk (6,2.30ff; vgl. 4,45), so auch von den Jüngern (2,11), besonders hinsichtlich der Schau des Auferstandenen, die den Jünger Thomas zum Bekenntnis ‚Mein Herr und mein Gott' nötigt. Zugleich ist der Wert solchen Bekenntnisses relativiert: „Heil denen, die *nicht* sehen und doch glauben" (20,28f). Eben hierdurch ist die Situation der nachösterlichen Gemeinde gekennzeichnet; diese steht ‚im Glauben, nicht im Schauen' (vgl. 2 Kor 5,7).

Die Besonderheit der Stellung der Jünger Jesu im Verhältnis zur nachösterlichen Gemeinde zeigt sich daran, daß die Jünger direkten Zugang zum Jesusgeschehen haben. Darin ist ihre Situation unverwechselbar, so sehr diese im übrigen die der christlichen Gemeinde vorwegnimmt. Daß der Evangelist die besondere historische Stellung der Jünger Jesu anerkennt, ist am *Zeugenbegriff* abzulesen: Als historische Begleiter Jesu können sie die Offenbarung des Sohnes verbindlich bezeugen; sie sind die Garanten der kirchlichen Tradition, die am Christusgeschehen gemessen wird. Denn nicht nur Jesus bezeugt das, was er gesehen hat (3,11.32)[115], sondern auch der Jünger unter dem Kreuz sieht und bezeugt dieses Geschehen (19,35). Auch der Paraklet als der ‚Geist der Wahrheit' wird von Jesus Zeugnis ablegen, und alle Jünger, die ‚von Anfang' bei ihm gewesen sind (15,26f). Von diesem Zeugnis weiß sich die Gemeinde getragen, in ihrer Botschaft legitimiert und zu weiterem Zeugnis verpflichtet (21,24; vgl. 17,20; 1 Joh 1,1ff).

---

115 Vgl. schon die Darstellung Johannes des Täufers, der den Geist Gottes auf Jesus herabkommen *sieht* und bezeugt: „Dieser ist Gottes Sohn" (1,33f).

Exkurs: Der Paraklet im Johannesevangelium

H. Windisch, Die fünf johanneischen Parakletsprüche, in: Festgabe für A. Jülicher, hg. v. R. Bultmann u. H. v.Soden, Tübingen 1927, 110-137.
R.E. Brown, The Paraclete in the Fourth Gospel, NTS 13, 1966/67, 113-132.
F. Mußner, Die johanneischen Parakletsprüche und die apostolische Tradition, in: Praesentia Salutis, Düsseldorf 1967, 146-158.
G. Johnston, The Spirit-Paraclete in the Gospel of John, MSSNTS 12, Cambridge 1970.
U.B. Müller, Die Parakletenvorstellung im Johannesevangelium, ZThK 71, 1974, 31-77.
G. Richter, Zur Formgeschichte und literarischen Einheit von Joh 6,31-58, in: ders., Studien zum Johannesevangelium, BU 13, Regensburg 1977, 88-119.
U. Wilckens, Der Paraklet und die Kirche, in: D. Lührmann-G. Strecker (Hgg.), Kirche, FS G. Bornkamm, Tübingen 1980, 185-203.
J. Becker, Das Evangelium nach Johannes, ÖTK 4,2, Gütersloh ²1985.
G. Bornkamm, Der Paraklet im Johannesevangelium, in: FS R. Bultmann, Stuttgart-Köln 1949, 12-35; wieder abgedruckt in: ders., Glaube und Geschichte I, München 1968, 68-89.

Zu unterscheiden sind fünf Parakletsprüche, die sich sämtlich in den Abschiedsreden finden: 1) 14,16f; 2) 14,26; 3) 15,26f; 4) 16,4.6-11; 5) 16,12-15 (vgl. 1 Joh 2,1f). Die knappe Form der ersten beiden Sprüche wird im folgenden durch reichere Fassungen abgelöst. Dabei verschieben sich auch die Aussagen über die Sendung; Nr. 1 und 2: der Vater (jedoch Nr. 2 zusätzlich: ‚in meinem Namen'); Nr. 3 und 4: ‚Ich' (darüber hinausgehend Nr. 3: ‚vom Vater').[116] Näher bezeichnet wird der Paraklet als der ‚heilige Geist' (Nr. 2) bzw. als ‚der Geist der Wahrheit' (Nr. 1.3.5), welcher der Welt gegenübersteht. Die Welt kann ihn nicht erkennen; dagegen wird er den Jüngern als bleibende Gabe zugesagt (Nr. 1). Seine Funktion ist die Erinnerung an die Lehre Christi (Nr. 2) oder das Zeugnis von Christus (Nr. 3), vor allem die Vorwegnahme des Endgerichtes an der Welt; denn sein Erscheinen bedeutet, daß Sünde, Gerechtigkeit und Gericht offenbar werden (Nr. 4). Solche Leitung ‚in die ganze Wahrheit' vergegenwärtigt die Sendung des Christus; denn der Paraklet wird in der Autorität des Erhöhten sprechen; er wird auch das Zukünftige verkündigen, das er von jenem hören wird (Nr. 5).

Der griechische Ausdruck παράκλητος bedeutet ‚Beistand' oder ‚Helfer' (Luther: ‚Tröster', ‚Fürsprecher'); er ist als Lehnwort in der rabbinischen Literatur belegt. Der Begriff wird von dem Verfasser des Johannesevangeliums als bekannt vorausgesetzt und verwendet. Anders als im Johannesevangelium

116 Nach U.B. Müller, Die Parakletenvorstellung 66, sendet in Kap. 14 *der Vater* den Geist, dagegen in Kap. 15-16 Jesus selbst. Der untrennbare Zusammenhang Vater – Sohn ist jedoch immer vorausgesetzt.

wird er 1 Joh 2,1 mit Jesus Christus identifiziert und ist dort mit ‚Fürsprecher' (beim Vater) zu übersetzen.

Da das Wort in der LXX nicht erscheint, zudem im rabbinischen Schrifttum als Lehnwort gebraucht wird, ist eine Ableitung aus dem alttestamentlich-jüdischen Bereich so gut wie ausgeschlossen. Der Versuch etwa von G. Bornkamm, das Verständnis des johanneischen Parakleten aus dem jüdischen Vorläufer-Vollender-Motiv zu interpretieren (wonach das Verhältnis Jesu zum Parakleten dem Verhältnis Johannes des Täufers zu Jesus zu parallelisieren wäre und damit die alttestamentlich-jüdische Vorläufer-Messias-Erwartung verbunden gewesen sei)[117], wird der Tatsache nicht gerecht, daß Jesus nach johanneischem Verständnis mehr als ein Vorläufer ist. So zeigen es auch die Menschensohnaussagen, die auf Jesus als den johanneischen Offenbarer übertragen worden sind. S. Mowinkel und N. Johannsson denken an die Fürsprecher-Vorstellung des Judentums; danach nehmen Fürsprecher-Engel eine Beistandsfunktion beim Endgericht wahr[118]; eine Vorstellung, die sich zwar auf 1 Joh 2,1 anwenden läßt, nicht jedoch auf die Texte im Johannesevangelium. – Offene Fragen ergeben sich auch bei dem Vorschlag von U.B. Müller, daß der Paraklet aus der jüdischen Gattung der ‚Abschiedsreden' zu erklären sei, nämlich hieraus eine ‚Traditionsautorisierung' durch Bestellung eines ‚Nachfolgers' erfolge. Dagegen ist zu fragen, ob die Beziehung zwischen Paraklet und Abschiedsrede nicht eine sekundäre, durch die (vor-)johanneische Tradition geschaffene ist, und auch, ob der Paraklet in der Tat einem irdischen ‚Nachfolger', der eine Autoritätsübertragung nötig hat, vergleichbar ist. – Andererseits ist auch die Ableitung aus der Gnosis, wonach der Paraklet mit einer gnostischen Offenbarergestalt identifiziert wird[119], nicht wahrscheinlich, da dies die zeitliche Differenzierung zwischen Jesus und dem Parakleten ignoriert.[120] – Demgegenüber wird man für 1 Joh 2,1 die griechische Wort-

---

117 So G. Bornkamm, Der Paraklet im Johannesevangelium 98f.

118 Jesus ist Repräsentant der δικαιοσύνη Gottes. Als Repräsentant und Offenbarer der Gerechtigkeit Gottes legt er der Gemeinde die Verpflichtung auf, wie er ‚gerecht' zu sein. Die Sünde, eine nicht zu bestreitende Gegebenheit, ist für die Gemeinde also nicht Anlaß zur Verzweiflung und zur Aufgabe der Hoffnung, da sich die Gemeinde auf Jesus Christus als den Parakleten berufen kann.

119 So R. Bultmann, Johannesevangelium 437.

120 Dem wird Rechnung getragen, wenn man mit A. Kragerud, Lieblingsjünger 92, den Parakleten mit dem Lieblingsjünger identifiziert - was freilich aus inhaltlichen Gründen ausgeschlossen ist. Richtiger läßt sich mit U. Wilckens, Der Paraklet und die Kirche 203, sagen, beides sei aufeinander bezogen, wenn der Lieblingsjünger Autorität und Repräsentant der Gemeinde ist, die der Paraklet neu begründet: „... der Paraklet gibt und bewahrt der nachösterlichen Kirche ihr Bild im vorösterlichen ‚Lieblingsjünger'". Allerdings ist zwischen dem Parakleten und dem Lieblingsjünger

bedeutung von ‚Anwalt' und die hellenistisch-jüdische Vorstellung eines Paraklet-Fürsprechers zugrundelegen müssen[121], die auf Jesus Anwendung findet, und für die Parakletsprüche im Johannesevangelium die Vorstellung vom Geist Gottes, der der Gemeinde Beistand leistet.[122] In der Auslegung des vierten Evangeliums ist hiermit eine zeitliche Linienführung verbunden, die sich schon in der synoptischen und vorsynoptischen Geisttradition andeutet[123], aber im Zusammenhang der Gattung ‚Evangelium' nunmehr spezifisch zum Ausdruck gebracht wird (vgl. auch Joh 20,22f).

Im Vergleich mit den Parakletsprüchen im Johannesevangelium kann die Überlieferung in 1 Joh 2,1 traditionsgeschichtliche Priorität beanspruchen, da sie der vorchristlichen Auffassung näherstelt. Im Unterschied zum eschatologischen fürsprechenden Auftrag des Parakleten als des erhöhten Christus im ersten Johannesbrief hat der Paraklet im vierten Evangelium als ‚Beistand' die Aufgabe, den künftigen Weg der Jünger zu begleiten, dies meint: in der Situation nach Ostern, nach Tod und Auferstehung Jesu Christi der Gemeinde in ihrer Geschichte beizustehen. Sind auch die apokalyptischen Fundamente der frühen johanneischen Tradition durch die Beziehung des Parakleten zum Weltgericht (besonders Joh 16,8ff) noch deutlich erkennbar, so ist doch der Gegenwartsbezug von ausschlaggebender Bedeutung. Der Paraklet vergegenwärtigt die Offenbarung des Logos-Christus für die nachösterliche Gemeinde. Nicht zufällig wird er an der ersten Belegstelle als ἄλλος παράκλητος bezeichnet (14,16), so daß impliziert ist, daß Jesus Christus selbst der (erste) Paraklet ist, der von dem auf ihn folgenden Parakleten abgelöst wird. Die pneumatische Grundlegung der Kirche ist in einen Geschichtsablauf eingeordnet. Der theologischen Absicht des ‚Historikers' Lukas, der die Verbindung von Geist und Kirche im Ablauf der Zeit stark betont hat, nicht unähnlich, hat nach dem Verständnis des vierten Evangelisten der Paraklet demnach die Funktion, die Zeit bis zum Ende zu überbrücken, die Kontinuität der Kirchengeschichte auf der Grundlage des vergangenen Christusgeschehens zu gewährleisten und das letztere für die Gemeinde zu

---

zu unterscheiden; es ist der Evangelist, der das Bild des Lieblingsjüngers zeichnet (s.o.). Freilich verbirgt sich hinter dem Lieblingsjünger die Autorität des ‚Presbyters' als der Gründungsautorität des johanneischen Kreises, so daß diese Gemeinde in solcher Gestalt wie auch in ihrer Gegenwart das Wirken des Parakleten erfährt.

121 Vgl. zum pagan-hellenistischen Hintergrund: Demosth Or 19,1; Dion Hal, AntRom XI 37,1; auch Aug JohEvTract 94,2; ders., JohEpistTract 1,7f (‚advocatus'); jüdisch-apokalyptisch: äthHen 47,2; 104,1; TargumHiob 33,23; TestDan 6,2 (‚fürsprechendes Engelwesen').

122 Vgl. Mk 13,11parr (mit R. Schnackenburg, Das Johannesevangelium, HThK IV/3, Freiburg [5]1986, 167f).

123 Vgl. Mk 1,8parr; Apg 1,5; 11,16; Mt. 28,19.

vergegenwärtigen. Dabei bleibt entsprechend der Theologie der übrigen Evangelisten als Endziel der Geschichte die Vorstellung von der künftigen Parusie des Gottessohnes als des Richters erhalten.[124]

Wie sich die johanneischen Gemeinden nach Organisation und Amtsstruktur im einzelnen darstellen, wird aus dem vierten Evangelium nicht erkennbar. Dies ist nicht überraschend; denn es handelt sich ja um eine Darstellung des zurückliegenden Offenbarungsgeschehens. Daß die Gemeinden eine Kirchenordnung und ein kirchliches Amt überhaupt nicht kennen[125], ist aus dem Schweigen des Evangelisten nicht zu entnehmen. Der 3 Joh zeigt zumindest Ansätze einer Ämterstruktur, wie an der Bezeichnung ‚Presbyter', aber auch am Verhalten des Diotrephes deutlich wird; und der 1 Joh schließt mit einer kirchenrechtlichen Unterscheidung von zwei Sündenklassen, die ein entsprechendes disziplinarisches Vorgehen in der johanneischen Gemeinde der Abfassungszeit des 1 Joh voraussetzt (1 Joh 5,16). Dies hat im Johannesevangelium mit der Vollmachtsübertragung zur Sündenvergebung (20,22f) eine sachliche Entsprechung, wenn dort nicht nur von dem ‚Vergeben', sondern auch vom ‚Behalten' der Sünden die Rede ist.[126]

Der johanneische Kreis befindet sich demnach in einer Situation, wie sie für die Gemeinden der spätneutestamentlichen Zeit charakteristisch ist. Wie diese steht er an der Schwelle zur werdenden katholischen Großkirche. Von hier aus wird die Annahme unwahrscheinlich, daß die johanneische Schule *Sakramente* nicht gekannt hat. In der Tat finden sich deutliche Hinweise auf

---

124 5,28f (ohne daß der ‚terminus technicus' παρουσία gebraucht ist); auch 16,16, wo nicht nur die Oster-, sondern auch die Parusieereignisse Gegenstand der Zusage sind; ferner 16,22f (gegen R. Bultmann, Johannesevangelium 444-451). Zur Literarkritik: Da 14,31 in 18,1 fortgesetzt wird, ergibt sich das Problem, ob Kapitel 15-17 sekundär eingefügt wurden. Dieses Problem ist schwerlich durch die literarkritische Annahme einer ‚kirchlichen Redaktion' zu lösen, vielmehr ist damit zu rechnen, daß der Evangelist im Strom der johanneischen Schule steht, so daß die johanneischen Abschiedsreden schon verhältnismäßig fest vorgeprägt waren und durch den Evangelisten in diesen Zusammenhang eingefügt worden sind. Keinesfalls dürfen die Parakletsprüche aus ihrem Kontext isoliert werden (gegen H. Windisch, Parakletsprüche 111). Vielmehr sind die Parakletaussagen von den umgebenden Redekomplexen nicht zu trennen (so auch U. Wilckens, Der Paraklet und die Kirche 186-190).

125 Vgl. E. Schweizer, Der Kirchenbegriff im Evangelium und in den Briefen des Johannes, StEv I (= TU 73), Berlin 1959, 363-381; 373; dazu die Kritik im Kommentar von R.E. Brown, John CIX. Zur Sache: K. Haacker, Jesus und die Kirche nach Johannes, ThZ 29, 1973, 179-201.

126 Vgl. auch noch die Funktion des Geist-Parakleten nach 16,8-9, der die Welt in Hinsicht auf die Sünde ‚überführen' soll.

Taufe und Abendmahl nicht nur im 1 Joh (5,6-8), sondern auch im Johannesevangelium.

Auch wenn die johanneischen Heilungsgeschichten nicht als Verkleidungen des sakramentalen Bewußtseins des vierten Evangelisten ausgelegt werden dürfen,[127] so ist doch auch die Zuweisung sakramentaler Texte zur ‚kirchlichen Redaktion' unbegründet.[128]

Daß die johanneischen Gemeinden die Taufe praktiziert haben, ist evident. Der erste Johannesbrief setzt mit der Vorstellung, daß der Gemeinde durch Salbung (χρῖσμα) der Geist übertragen worden ist, eine entsprechende Praxis der Taufe, die mit einer Salbung verbunden war, voraus (1 Joh 2,20.27). Auch im übrigen lassen sich für dieses Schreiben deutliche Anzeichen des Taufsakramentes finden (vor allem 1 Joh 5,6-8; darüber hinaus das Motiv der ‚Zeugung aus Gott' u.a.). Von hier aus ist es wahrscheinlich, daß auch der vierte Evangelist davon ausgeht, daß die Taufe eine wichtige Funktion für das Sein und Selbstverständnis der Gemeinde hat. Allerdings sind die Belege verhältnismäßig spärlich. Im Nikodemusgespräch wird deutlich, daß die Bekehrung eine Neugeburt (3,3: ἄνωθεν) voraussetzt. Solche Wiedergeburt vollzieht sich ‚aus Wasser und Geist' (3,5). Die Textüberlieferung dieses Verses ist so gut wie eindeutig, so daß die Streichung des ἐξ ὕδατος (‚aus Wasser')[129] durch textkritische Argumente nicht überzeugend zu motivieren ist. Daß im übrigen das Nikodemusgespräch die Wassertaufe weder direkt noch indirekt erwähnt, hat nicht seinen Grund darin, daß sie durch einen kirchlichen Redaktor sekundär in den Text eingetragen wurde, sondern ergibt sich aus der dualistischen johanneischen Konzeption, welche Fleisch und Geist einander gegenüberstellt (3,6), den Ritus der Wassertaufe als selbstverständliche Gemeindepraxis voraussetzt und in der genannten Weise spezifisch johanneisch interpretiert, so daß auf der Auslegung, nicht aber auf dem Faktum der Taufe der Schwerpunkt der Argumentation ruht. Diese Auslegung besagt, daß sich in der Wassertaufe die Wiedergeburt des Menschen ereignet, indem Wasser und Geist zusammenwirken. Der Mensch wird in die Geistwirklichkeit durch die Wassertaufe hineingenommen und die hierdurch ermöglichte neue Existenz auch für die Zukunft des Gottesreiches offengehalten (vgl. 3,5f).

---

127 O. Cullmann, Heil als Geschichte. Heilsgeschichtliche Existenz im Neuen Testament, Tübingen 1965, 256f.

128 Gegen R. Bultmann, Johannesevangelium 162; J. Becker, Johannes 4,1, 219-221 (zu 6,51c-58). Zur Sache auch H. Klos, Die Sakramente im Johannesevangelium, SBS 46, Stuttgart 1970.

129 So z.B. H.H. Wendt, Das Johannesevangelium. Eine Untersuchung seiner Entstehung und seines geschichtlichen Wertes, Göttingen 1900.

Schwierig ist in diesem Zusammenhang die Deutung von 13,10. Auffallend ist der Gebrauch des Verbs λούειν, da im Kontext νίπτειν verwendet wird. λούειν findet sich nur hier im Johannesevangelium; wörtlich übersetzt bezeichnet es das Tauchen oder das Baden; es hat auch die Bedeutung von ‚Taufen' (vgl. Apg 22,16; 1 Kor 6,11: ἀπολούειν; Hebr 10,22: λούειν). Das Partizip Perfekt λελουμένος könnte auf einen voraufgegangenen Taufakt verweisen. Wie ist das Verhältnis zur Fußwaschung zu sehen? Diese wird oft mit dem Abendmahl identifiziert, was sich aus dem Wortlaut des Textes jedoch nicht nahelegt. Auch ist kaum wahrscheinlich, daß die zusätzlich geforderte Fußwaschung die ‚der Taufe folgende Teilreinigung' meint.[130] Richtiger wird man die Aussage des εἰ μὴ τοὺς πόδας νίψασθαι in Vers 10 der vorausgesetzten Szene einordnen, so daß καθαρός mit dem Taufbad gleichgesetzt ist: die Jünger haben in der Nachfolge Jesu die (ganze) Reinigung erhalten. Vielleicht denkt der Evangelist in diesem Zusammenhang an die Taufe der Jünger durch Jesus oder durch Johannes den Täufer. Jedenfalls läßt sich nicht feststellen, daß die Taufe hier problematisiert wird; eher ist auch an die Gemeindetaufe gedacht: sie hat die Funktion der Reinigung und impliziert die Forderung, den Dienst untereinander zu verrichten, den Jesus an seinen Jüngern getan hat (vgl. 13,34f).

Auch die Angabe, daß nach dem Auftun der Seite des Gekreuzigten sogleich ‚Wasser und Blut' heraustraten (19,34), gehört zum ursprünglichen Bestand des Johannesevangeliums, wobei an dieser Stelle die Hand des Evangelisten besonders deutlich wird.[131] Zweifellos soll dem Kontext entsprechend die Tatsächlichkeit von Passion und Tod Jesu herausgestellt werden, wenn der Augenzeuge bezeugt, daß nach dem Lanzenstich aus dem Leib des Gekreuzigten Blutwasser kommt (19,35).[132] Vermutlich steht im Hintergrund eine antidoketische Zielsetzung, wie sie insbesondere die vorjohanneische Evangelientradition prägt: Gegenüber der doketischen Bestreitung hat die genannte Illustration die Aufgabe, die Tatsächlichkeit des Leidens und Sterbens Jesu zu belegen. Doch wird darüber hinausgehend auch die symbolhafte Darstellungsweise des vierten Evangelisten mit einzubeziehen sein. Wie die Wundertaten des Gottessohnes über das vorfindliche Geschehen hinausweisen und das durch Christus nahegebrachte Heilsgut in sich darstellen, so symbolisieren Wasser und Blut aus der Seite des Gekreuzigten die Sakramente Taufe und Herrenmahl, die durch den Tod Christi ermöglicht und begründet werden. Wie der Tod Jesu Sühne für die Welt bringt (1,29; 11,50f; 18,14), so haben die durch das Sterben Jesu begründeten Sakramente für die Menschen einen soteriologischen Sinn. Sowohl die Taufe als auch das Herren-

130 So A. Oepke, ThWNT IV 307.

131 So U. Schnelle, Antidoketische Christologie 229; vgl. E. Schweizer, Das johanneische Zeugnis vom Herrenmahl, EvTh 12, 1953, 341-363; 349.

132 Vgl. 4 Makk 9,20: ‚Blutwasser' (ἰχώρ); weitere Belege bei E. Schweizer, a.a.O. 350f; Bill II 582f.

mahl vermitteln das eschatologische Heilsgut. Die angemessene Antwort auf das sakramental vermittelte Heil ist der Glaube, der sich auf das Sehen, Wissen und Bezeugen des Augenzeugen beruft (19,35).

Eine besondere Bedeutung hat für das Verständnis des Abendmahls die Lebensbrotrede (6,26-59). Sie wird im Anschluß an die Speisungs- und Seewandelgeschichte (6,1-15.16-21) und nach einer geographischen Überleitung (6,22-25) von Jesus im Dialog mit den Angehörigen des jüdischen Volkes vorgetragen. Der Abschnitt V.51c-58 wird oftmals als Einschub angesehen und auf die sogenannte kirchliche Redaktion zurückgeführt.[133] In der Tat ist nicht zu bestreiten, daß sich dieser Abschnitt sprachlich und inhaltlich vom Kontext unterscheidet. In der Lebensbrotrede des Kontextes ist der Offenbarer Jesus Christus mit dem vom Himmel herabgestiegenen Lebensbrot identisch, dagegen sind nach V.51c-58 Fleisch und Blut Jesu mit dem Himmelsbrot gleichgesetzt. Während dort das Essen des Brotes nur symbolhaft verstanden werden kann, sind hier ‚essen' (φαγεῖν) und ‚zerkauen' (τρώγειν) wörtlich gemeint. Während dort die himmlische Herkunft Jesu im Vordergrund steht, so hier seine Inkarnation. Dort ist die geforderte Reaktion der Menschen der Glaube, hier dagegen wird nicht vom Glauben gesprochen, sondern einzig die Notwendigkeit, das Fleisch zu essen und das Blut zu trinken, erwähnt. Von hier aus scheint es sich nahezulegen, daß es sich um einen sekundären Einschub handelt, der eine realistische Sakramentsinterpretation intendiert, ähnlich der Identifizierung des Abendmahls mit der Übertragung eines φάρμακον ἀθανασίας, wie Ignatius von Antiochien dies lehrte.[134]

Dem steht die Ansicht gegenüber, daß der Abschnitt 6,51c-58 ursprünglicher Bestandteil der Lebensbrotrede ist.[135] Tatsächlich findet sich eine Reihe

---

133 Nach R. Bultmann, Johannesevangelium 174, hat G. Bornkamm, Die eucharistische Rede im Johannesevangelium, ZNW 47, 1956, 161-169, wieder abgedruckt in: ders., Geschichte und Glaube I, München 1968, 60-67, diese These wahrscheinlich zu machen versucht. Vgl. G. Richter, Zur Formgeschichte und literarischen Einheit von Joh 6,31-58, in: ders., Studien 88-119; J. Becker, ÖTK 4,1, 219-221; L. Wehr, Arznei der Unsterblichkeit, NTA NF 18, Münster 1987, 188-277.

134 IgnEph 20,2. – Allerdings konnte Ignatius das Herrenmahl auch spiritualisierend deuten; vgl. IgnTrall 8,1: Der Glaube als ‚Fleisch des Herrn'; die Liebe als ‚Blut Christi' (s. E. Haenchen, Johannesevangelium 326).

135 So H. Klos, Die Sakramente im Johannesevangelium, SBS 46, Stuttgart 1970; U. Wilckens, Der eucharistische Abschnitt der johanneischen Rede vom Lebensbrot (Joh 6,51c-58), in: J. Gnilka (Hg.), Neues Testament und Kirche, FS R. Schnackenburg, Freiburg 1974, 220-248; H. Schürmann, Die Eucharistie als Repräsentation und Applikation des Heilsgeschehens nach Joh 6,53-58, in: ders., Ursprung und Gestalt, Düsseldorf 1970, 167-187; vgl. B. Kollmann, Ursprung und Gestalten der frühchristlichen Mahlfeier, GTA 43, Göttingen 1990, 109-125.

von Verbindungslinien zum Kontext; so der Begriff ‚Menschensohn', der im Voraufgehenden als Geber der Speise (V.27), in unserem Abschnitt als die Speise selbst (V.53) und im folgenden als zu seiner himmlischen Existenz zurückkehrend (V. 62) dargestellt wird. Im johanneischen Verständnis handelt es sich um ein einheitliches christologisches Konzept, da der himmlische Geber mit seiner Gabe identisch gedacht sein kann. Auch im übrigen sind Verbindungslinien zum Kontext zu ziehen. So läßt sich V. 51c als geradlinige Fortsetzung von V. 51a-b verstehen,[136] und es ist nicht zu leugnen, daß johanneische Sprache und Vorstellungswelt feststellbar sind.[137] Nur scheinbar widerspricht dem die summierende Aussage: „Der Geist ist es, der lebendig macht, das Fleisch (σάρξ) ist unnütz" (V. 63), als ob dies dem Verzehren der σάρξ des Menschensohnes (V.54f) entgegenstünde; denn in Wahrheit handelt es sich in V. 54f um eine christologische, dagegen in V. 63 um eine anthropologische Aussagerichtung, welche „die realen Bedingungen von Glaube und Unglaube" kennzeichnet[138] und hierdurch an die Charakteristik ‚der Juden' (V. 41.52) und der vorfindlichen Welt anknüpft.

Mit alledem wird unwahrscheinlich, daß der Abschnitt 6,51c-58 durch einen Redaktor sekundär in den Text eingearbeitet wurde. Wahrscheinlicher ist vielmehr, daß er – wie die johanneische Sprachfärbung nahelegt – vom Evangelisten im Zusammenhang mit der Rede vom Lebensbrot komponiert wurde. Dabei hat der Verfasser zweifellos auf ältere Traditionen zurückgegriffen. So ist für den ersten Teil der doketische Überlieferungszweig der johanneischen Schule als traditionsbildend zu erkennen, während für den zweiten Teil eine antidoketische Ausrichtung schon aufgrund der Parallelen zu den Ignatiustexten nicht zu bezweifeln ist (Schwerpunkte in den Versen 51c, 54 und 56). Im Sinn des Evangelisten gehört beides zueinander: die Aussage, daß Jesus als das Brot des Lebens aufgetreten ist und Glaube an ihn Leben bewirkt, wie auch die andere, daß die eucharistische Mahlfeier Gemeinschaft mit Christus stiftet und solche sakramentale Gemeinschaft überirdisches Heilsgut vermittelt. Das vom Himmel herabgestiegene Lebensbrot wird nicht nur in der Inkarnation Christi zu einer empirischen Realität, sondern nicht weniger in der Materie des Sakramentes. Es gehört zum Paradox der Inkarnation (1,14), daß sich das Eschaton in der empirischen Handlung der Wassertaufe und im Essen von Brot und in dem Trinken von Wein vergegenwärtigt. Die sakramentale Vergegenwärtigung des Heils ist Gegenstand

136 Vgl. noch βρῶσις in V.27 und 55; δώσει/δώσω in V.27 und 51c.

137 Vgl. die Immanenzformel in V.56 (dazu 14,20; 15,5; 17,21 u.ö.); das typisch johanneische Mißverständnis ‚der Juden' in V.52 (dazu 2,20; 6,41f; 7,35; 8,22.57 u.ö.).

138 U. Wilckens, a.a.O. 245; vgl. U. Schnelle, Antidoketische Christologie 214; s.a auch das ähnliche σάρξ-Verständnis in 1,13; 3,6.

des Glaubens des einzelnen Christen wie auch der gottesdienstlichen Praxis der johanneischen Gemeinde. Solcher auf die Empirie bezogener Glaube kann an der ethischen Problematik, in die sich der Christ hineingestellt weiß, nicht vorübergehen; denn die Jüngerschaft ist nicht ein geschichtsloses Neutrum, sondern eine Gemeinschaft von Guten und Bösen.

Von hier aus legt sich nahe, daß das Johannesevangelium ebensowenig wie die johanneischen Briefe das *Problem der Ethik* ignorieren kann. Der zentrale Begriff ist das Wort ‚Agape'. Allerdings unterscheidet sich das Evangelium vom 1 Joh, daß es (1) keine 1 Joh 4,8.16 („Gott ist Liebe") vergleichbare Definition erhält und daß (2) nicht davon die Rede ist, daß Menschen Gott lieben (anders 1 Joh 4,20; 5,1ff); auch wird (3) im Unterschied zu 1 Joh nicht das Wort ‚Bruderliebe' (so 1 Joh 2,10; 3,14; 4,20) gebraucht; jedoch entspricht dem sachlich das ‚neue Gebot' der ‚gegenseitigen Liebe' (13,34f). Die hervorragende Bedeutung der Agape erklärt sich aus der Christuszentrierung des Evangeliums; denn es ist alles darauf ausgerichtet, daß sich Gottes Liebe als die Liebe des Vaters im Sohn offenbart. Grundlage der Ethik des Johannesevangeliums ist demnach die im Sohn manifestierte ἀγάπη θεοῦ. Diese ist von kosmischer Weite; denn der Kosmos insgesamt ist Gegenstand der Agape Gottes.[139] Sie konkretisiert sich in der Einheit des Vaters mit dem Sohn; sie ist als vorzeitliche Liebe Gottes zum Sohn (17,24) bezeugt. Hierdurch ist die Gegenwart des Christus bestimmt (5,20[140]; vgl. auch 15,10; 17,26). Die Liebe des Vaters zum Sohn setzt voraus, daß der Sohn sein Leben hingibt (10,17), und der Gottessohn erwidert die Liebe Gottes durch seine Hingabe für die Menschen.[141] Zwar ist auch eine direkte Liebe Gottes zu den Menschen ausgesagt[142], jedoch ist entscheidend, daß die Liebe Gottes durch

139 Vgl. 3,16. - Der Ausdruck κόσμος bezeichnet die ‚Menschheit'; so entspricht es der theologischen Konzeption des Evangelisten, da dieser Christus als σωτήρ des Kosmos zeichnet (4,42; vgl. 3,17). - Die Behauptung von M. Lattke, die Liebe Gottes gelte ausschließlich der Gruppe der Glaubenden (Einheit im Wort 52.84f u.ö.; vgl. dazu E. Käsemann, Jesu letzter Wille 129; dasselbe für die sogenannte kirchliche Redaktion: J. Becker, Das Evangelium nach Johannes), steht zu den eben genannten Texten im Widerspruch.

140 Hier wird das Verb φιλεῖν verwendet, das im JohEv mit ἀγαπᾶν gleichbedeutend ist; vgl. M. Paeslack, Zur Bedeutungsgeschichte der Wörter φιλεῖν ‚lieben', φιλία ‚Liebe', ‚Freundschaft', φίλος ‚Freund' in der LXX und im Neuen Testament unter Berücksichtigung ihrer Beziehungen zu ἀγαπᾶν, ἀγάπη, ἀγαπητός, ThViat 5, 1954, 51-142 (bes. 64f). - Zur Wechselbeziehung vgl. neben 5,20 und 10,17 (Vater-Sohn), 14,23 und 16,27 (Gott-Menschen), auch 11,5 und 3 (Jesus), 15,19 und 12,43 (Kosmos).

141 15,9; vgl. 13,34 („wie ich euch geliebt habe"); 11,5.36 (ἐφίλει); 13,1.

142 14,21.23; 16,27 (φιλεῖ ὑμᾶς); 17,23.

den Sohn den Menschen vermittelt wird (17,26). Der wesentliche Inhalt der Bevollmächtigung des Sohnes durch den Vater ist die Verwirklichung der Liebe Gottes gegenüber den Menschen (vgl. 3,34-36). Aus ihr folgt die Sendung Jesu an die Welt, um diese zu retten (3,16f), aber auch die Liebe Jesu zu den Seinen (15,9f). Daher ist die durch Jesus vermittelte Gottesliebe die Grundlage für das Selbstverständnis der Gemeinde und verlangt die Gegenliebe der Gemeinde zu Jesus (14,21.23; 16,27). Ist solche Agape unethisch verstanden? Geht es dem Evangelisten lediglich um die Etablierung der Einheit im Wort, welche die Gemeinde bestimmen muß? Versteht man unter ‚Ethik' ein System von ethischen Normen, die verpflichtende Weisungen für konkrete Einzelfälle abgeben, dann wird man im Johannesevangelium vergeblich nach einer Ethik suchen. Der vierte Evangelist unterscheidet sich von den Synoptikern wie auch von den Briefschreibern des Neuen Testaments dadurch, daß er keine ethischen Einzelanweisungen bringt. Dennoch ist hieraus nicht zu folgern, daß seine Theologie jeden positiven Bezug zu ethischen Forderungen ausschließt. Zwar ist aus dem häufigen Vorkommen des Begriffs ἐντολή / ἐντολαί im Munde Jesu noch nicht viel zu entnehmen, da ἐντολή weithin die allgemeine Bedeutung von ‚Auftrag', ‚Weisung' hat[143], so daß von hier aus nur noch einmal die Frage gestellt werden kann, ob das Wort bzw. das Auftreten des Gottessohnes im Johannesevangelium ethische Forderungen impliziert. Daß aber die Einheit von Vater und Sohn im Blick auf die Jüngerschaft sich nicht darauf beschränkt, die Jünger ihrerseits zu dieser Einheit, also zum Bewahren und Bleiben im Wort der Liebe zu verpflichten, sondern konkrete Taten der Liebe fordert, zeigt sich daran, daß der Evangelist Jesus als ‚Vorbild' darstellt.[144] Jesu Dienst ist Hingabe für die Seinen, wie in der Form einer Sentenz verdeutlicht wird.[145] Solcher Dienst vollzieht sich auf seiten der Jüngerschaft als Nachfolge (12,26). Wer Jesus nachfolgt, der ist

---

143 In der Verkündigung Jesu wird ἐντολή gebraucht zur Bezeichnung des Auftrags des Vaters an den Sohn (10,18; 12,49f; 15,10), auch als Weisung des Gottessohnes an die Jünger (13,34; 14,15.21; 15,10.12), wobei Singular und Plural wechseln können. Die ἐντολαί reflektieren die eine ἐντολή; ihr Halten ist das Kennzeichen der Liebe zu Jesus (vgl. 14,15 u.ö.).

144 3,15 (der Dienst Jesu an seinen Jüngern als ὑπόδειγμα); vgl. 1 Joh 3,16.

145 15,13 („Größere Liebe hat niemand als die, daß einer sein Leben läßt für seine Freunde") interpretiert V.12, wonach die Liebe Jesu gegenüber den Seinen als Vorbild der geforderten Jüngerliebe gilt. Anders M. Dibelius, Joh 15,13. Eine Studie zum Traditionsproblem des Johannesevangeliums, Botschaft und Geschichte I, Tübingen 1953, 204-220, welcher die johanneische Agape dem gnostischen Urmensch-Mythos entsprechend als kosmisch-metaphysische Wesensgemeinschaft deutet; V.13 sei dem Evangelisten bereits überliefert worden, da der Opfergedanke dem vom Evangelisten Gemeinten nicht entspreche. Dies nötigt freilich zu der

aufgerufen, das zu tun, was der Gottessohn getan hat (13,14f; vgl. 8,12; 10,4f.27).

Schon hier ergibt sich, daß das Auftreten Jesu als des Gottessohnes, sein Tun der Agape als Verwirklichung der Einheit mit dem Vater, nicht ohne konkreten Bezugspunkt ist. Die von ihm geoffenbarte Wahrheit ist konkret, da ja auch der Gehorsam des Christus eine konkrete Wirklichkeit ist, nämlich sich in der Passion bewahrheitet (15,10). Indem Jesus sein Leben für die Seinen hingibt, ist er das höchste Vorbild der Agape für die Jüngerschaft. Daher ist auch die Forderung der gegenseitigen Liebe, wie sie im ‚neuen Gebot' ausgesprochen ist (13,34), nicht nur esoterisch zu verstehen und nicht allein auf die Bewahrung des Gottesverhältnisses ausgerichtet. Vielmehr: Die Agape verlangt nach konkreter Realisierung im Bereich des empirischen Lebens. Auch die Mahnung, ‚viel Frucht' zu bringen (15,5), geht zwar von der Voraussetzung der Einheit mit dem Sohn aus (so zeigt es das Bild vom Weinstock), aber sie hat das Ziel, daß durch solches Fruchtbringen der Vater geehrt und die Jüngerschaft verwirklicht wird (15,8.16). Das Sein der Gemeinde ist nur als ein geschichtliches recht zu verstehen. Die von der Wahrheit des Offenbarers in Besitz Genommenen gehen der Auferstehung zum Leben entgegen, den anderen droht das Gericht (5,29). Hierbei ist die Frage nach dem Tun des Guten bzw. des Bösen gestellt. Dieser ständigen Forderung kann sich die Gemeinde nicht entziehen, solange sie in der Welt lebt.

Die Agape, zu der die Gemeinde sich aufgerufen weiß, ist nicht von der Grundlage der gegenseitigen Liebe her zu definieren (13,34); denn hierbei handelt es sich lediglich um den Reflex der umfassenden, im Sohn manifestierten Gottesliebe, die sich der Welt zuwendet. So sehr sich auch die Welt solcher Zuwendung verschließt, die ἀγάπη θεοῦ ist stärker als der Haß der Welt und umfassender als die in der Welt geübte Bruderliebe, die zudem immer nur fragmentarisch bleibt. Von hier aus läßt sich auch eine Antwort auf die oft gestellte Frage geben, weshalb der vierte Evangelist weder von der Nächstenliebe, die ‚per definitionem' den Kreis der Jüngerschaft sprengt, noch von der Feindesliebe spricht. Dieses Schweigen erklärt sich nicht aus der Esoterik der geforderten gegenseitigen Liebe, sondern aus der Tatsache, daß die ἀγάπη θεοῦ allem menschlichen Handeln voraufgeht. Wo auch immer der Mensch sich von dieser Liebe bestimmen läßt, ist er von ihr vollständig in Anspruch genommen, ist er zum Tun der Liebe bis zur Selbsthingabe gefordert. Jede Beschränkung ist ausgeschlossen. Nächsten- und Feindesliebe sind

---

Folgerung, daß auch weitere Aussagen über die Agape (z.B. Jesu Liebe zum Lieblingsjünger, zu Lazarus, aber auch 3,16) dem Evangelisten nicht als ursprünglich zuerkannt werden können. Jedoch ist für den Evangelisten Johannes bezeichnend, daß er auch sonst die Vorstellung von der sich aufopfernden Hingabe seiner Interpretation der Sendung Jesu zuordnen kann (vgl. 10,1ff.15.17).

demnach im Agape-Gebot impliziert; denn wer in der Einheit mit dem Vater und dem Sohn steht, der ist von der umfassenden und universalen Tat der Liebe bestimmt.

Es ist klar geworden, daß die Agape-Forderung die Konkretisierung im Einzelfall verlangt und begründet. Wenn der Evangelist keine konkreten Anweisungen gibt, so aufgrund der Überzeugung, daß mit der Agape Freiheit und Verantwortung dem Glaubenden zugemutet werden. Der Christ weiß sich aufgerufen, zur rechten Zeit das Rechte zu tun, in der je neuen Situation sich fragen zu lassen, wie sein Handeln sich der Liebe anpassen kann, die ausgehend vom Vater durch den Sohn den Menschen nahegebracht worden ist.

IV. Das Kommen des Lammes – Der Apokalyptiker Johannes

W. BOUSSET, Die Offenbarung Johannis, KEK XVI, Göttingen [6]1906 (1966 Nachdruck).

W. HADORN, Die Offenbarung des Johannes, ThHK 18, Leipzig 1928.

A. FEUILLET, L'Apocalypse. État de la question, SN.S 3, Paris 1963.

G. BORNKAMM, Die Komposition der apokalyptischen Visionen in der Offenbarung Johannis, in: ders., Studien zu Antike und Urchristentum, BEvTh 28, München [3]1970, 204-222.

E. LOHMEYER, Die Offenbarung des Johannes, HNT 16, Tübingen [3]1970.

F. HAHN, Die Sendschreiben der Johannesapokalypse. Ein Beitrag zur Bestimmung prophetischer Redeformen, in: Tradition und Glaube, FS K.G. Kuhn, hg. v. G. Jeremias u.a., Göttingen 1971, 357-394.

U.B. MÜLLER, Messias und Menschensohn in jüdischen Apokalypsen und in der Offenbarung des Johannes, StNT 6, Gütersloh 1972.

DERS., Literarische und formgeschichtliche Bestimmung der Apokalypse des Johannes als einem Zeugnis frühchristlicher Apokalyptik, in: D. Hellholm, Apocalypticism 599-619.

DERS., Die Offenbarung des Johannes, ÖTK 19, Neukirchen-Vluyn 1984.

DERS., Apokalyptik im Neuen Testament, in: Bilanz und Perspektiven gegenwärtiger Auslegung des Neuen Testaments, hg. v. F.W. Horn, BZNW 75, Berlin-New York 1995, 144-169.

H. KRAFT, Die Offenbarung des Johannes, HNT 16a, Tübingen 1974.

A. YARBRO COLLINS, The Combat Myth in the Book of Revelation, HDR 9, Missoula 1976.

DIES., Early Christian Apocalyptic Literature, ANRW II 25.6, 1988, 4665-4711.

J. LAMBRECHT (Hg.), L'Apocalypse johannique et l'Apocalyptique dans le Nouveau Testament, BEThL 53, Leuven 1980.

E. SCHÜSSLER-FIORENZA, Composition and Structure of the Book of Revelation, CBQ 39, 1977, 344-366.

DIES., Apokalypsis und Propheteia. The Book of Revelation in the Context of Early Christian Prophecy, in: J. Lambrecht (Hg.), L'Apocalypse 105-128.

DIES., Revelation. Vision of a Just World, Proclamation Commentaries, Minneapolis 1991.
U. VANNI, L'Apocalypse johannique. État de la question, in: J. Lambrecht (Hg.), L'Apocalypse 21-46.
D. HELLHOLM (Hg.), Apocalypticism in the Mediterranean World and the Near East, Proceedings of the International Colloquium on Apocalypticism, Uppsala, August 12-17, 1979, Tübingen 1983.
D.E. AUNE, The Apocalypse of John and the Problem of Genre, in: Semeia 36, 1986, 65-96.
M. KARRER, Die Johannesoffenbarung als Brief, FRLANT 140, Göttingen 1986.
A.J. BEAGLEY, The „Sitz im Leben" of the Apocalypse with Particular Reference to the Role of the Church's Enemies, BZNW 50, Berlin-New York 1987.
O. BÖCHER, Kirche in Zeit und Endzeit. Aufsätze zur Offenbarung des Johannes, Neukirchen-Vluyn 1983.
DERS., Die Johannesapokalypse, EdF 41, Darmstadt ^{3}1988.
E. LOHSE, Die Offenbarung des Johannes, NTD 11, Göttingen ^{6}1988.
PH. VIELHAUER/G. STRECKER, Apokalypsen und Verwandtes. Einleitung. Apokalyptik des Urchristentums. Einleitung, in: NTApo II, hg. v. W. Schneemelcher, Tübingen ^{5}1989, 491-515.516-547.
F.W. HORN, Zwischen der Synagoge des Satans und dem neuen Jerusalem. Die christlich-jüdische Standortbestimmung in der Apokalypse des Johannes, ZRGG 46, 1994, 143-162.

a) Einleitung

Das letzte Buch der Bibel hat den besonderen Charakter einer ‚Apokalypse'. Der erste Satz gibt das Stichwort ἀποκάλυψις (1,1: „Offenbarung Jesu Christi, die ihm Gott gegeben hat"); er zeigt an, daß das Buch – auch wenn es vom Verfasser gewählte oder von ihm geschaffene literarische Einheiten enthält – das darstellen soll, was als Offenbarung Gottes durch einen Engel dem ‚Knecht Johannes' kundgetan worden ist. Dieser versteht seine Botschaft als „Worte der Prophetie" (1,3; vgl. 19,10; 22,7.10.18f). Trost und Mahnungen sind Bestandteil des prophetischen Auftrags, auch lassen sich Anklänge an prophetische Redestrukturen[1] vermuten. Dennoch bezeichnet der Verfasser nicht sich selbst als ‚Prophet'; er erscheint vielmehr als ein christlicher Apokalyptiker, der sich von anderen Propheten (vgl. 10,7; 11,10.18; 16,6; 18,20.24; 22,6.9) durch das Buch, das er schreibt, unterscheidet.

---

1 Vgl. F. Hahn, wonach die Sendschreiben in Apk 2-3 einer einzelnen, wenngleich komplexen Gattung angehören, die aus Botenformel, οἶδα-Abschnitt, Weckruf und Überwinderspruch besteht (ders., Die Sendschreiben der Johannesapokalypse). Hierfür spricht das wiederkehrende „Solches sagt der" (τάδε λέγει ὁ) einer anschließenden Christusprädikation.

1. Verhältnis zur jüdischen Apokalyptik

Daß die Johannesapokalypse zur apokalyptischen Literatur gezählt werden kann, zeigen die Übereinstimmungen mit der jüdisch-apokalyptischen Literatur.[2] Als gemeinsame Stilmerkmale sind festzustellen:

Formal

1. *Pseudonymität.* Der Apokalyptiker schreibt nicht unter eigenem Namen, sondern bleibt entweder anonym oder er benutzt den Namen eines Großen der Vergangenheit (z.B. Baruch, Esra, Elia, Henoch). Der Autorenname ‚Johannes' (1,1.4.9; 22,8), verweist demnach vermutlich auf den Gründer der johanneischen Schule, die im kleinasiatischen Umfeld des Verfassers als Autorität anerkannt wurde.

2. *Visions- und Auditionsberichte.* Die Offenbarung wird im Traum oder in einer Ekstase als Vision, seltener als Audition empfangen. Entsprechend beginnt die Johannesapokalypse mit einer Berufungsvision (1,9-20), die durch das Motiv der Ekstase (= Entrückung ‚im Geist': 1,10; vgl. 4,2; 17,3; 21,10) über alttestamentliche prophetische Visionsberichte (z.B. Jes 6; Jer 1) hinausführt. Das, was der Apokalyptiker ‚sieht' (Vision: 1,12ff; 5,1f.6; 6,2 u.ö.) und was er als Deutung des Geschauten ‚hört' (Audition: 1,10; 6,3.5.7; ‚sehen und hören': 4,1; 5,11; 6,1 u.ö.), ist Gegenstand seines Auftrags, nämlich das Gesehene und Gehörte aufzuschreiben und den sieben Gemeinden in der Asia mitzuteilen (1,4.11; vgl. 10,8ff u.ö.).

3. *Bildersprache.* Das Geschaute, aber auch das Gehörte, ist bildhaft verkleidet. Die angekündigten Ereignisse werden gemeimnisvoll durch Symbole oder Allegorien verhüllt. Hierbei werden traditionelle Motive verwendet, die im Kontext des Buches einen neuen Sinn erhalten.

4. *Entschlüsselungen.* Ein wesentliches Moment der apokalyptischen Schau ist die Deutung der Bilder. Diese wird durch Gott selbst, aber nicht selten auch durch einen oder mehrere Deuteengel (*angelus interpres*) vorgetragen (vgl. 1,19f; 5,5; 7,13; 17,1ff; 21,9ff; 22,6ff). Dabei gehört es oft zum Wesen der Entschlüsselung, die sich auch als das Lösen von Siegeln konkretisiert (6,1ff), daß das Ergebnis im Raum des Geheimnisvollen bleibt.

5. *Systematisierung.* Charakteristisch ist die Schematisierung der dargestellten Ereignisse durch Zahlensymbolik. Bevorzugt werden ‚runde Zahlen' verwendet, die sich im Geschichtsablauf finden lassen. Hierdurch bekundet sich ein Ordnungsgefüge, das die von Gott gegebene Weisheit des Apokalyptikers erkennen kann (vgl. das Siebenerschema der JohApk; ferner 13,18: 666 als ‚Zahl des Tieres'; 7,1: vier Engel an den vier Ecken der Erde; vier Himmelsrichtungen 4,6; 7,1; 20,8; vgl. zur Siebenzahl auch 10,3 sieben Donner; 17,7 sieben Köpfe des Tieres; 4,5 sieben Fackeln = sieben Geister Gottes; 17,7: 10 Hörner = 10 Könige; 12,1: Kranz von 12 Sternen auf dem Haupt der im

---

2 Vgl. zum folgenden Ph. Vielhauer, Geschichte 487-494; Ph. Vielhauer-G. Strekker, in: W. Schneemelcher, NTApo II^5 493ff; G. Strecker, Literaturgeschichte 261ff.

Himmel erscheinenden Frau als Symbol für das zwölfstämmige Gottesvolk; 7,4ff: 144.000 <12 mal 12.000> Versiegelte, die das neue Gottesvolk repräsentieren; 21,12: 12 Tore des neuen Jerusalem; 21,17: die Mauern Jerusalems haben die Höhe von 144 <12 mal 12> Ellen; 4,4: 24 Älteste).

6. *Formenmischung.* Formal gesehen ist ein apokalyptisches Werk keine Einheit. Es enthält unterschiedliche literarische Formeln, z.B. Geschichtsüberblicke in Futurform, Jenseitsschilderungen, Thronsaalvisionen, auch liturgische Formen (Gebete, Doxologien u.a.), die ursprünglich nicht apokalyptisch orientiert sind, aber dem apokalyptischen literarischen Rahmen eingepaßt wurden und nicht selten sachliche Höhepunkte kennzeichnen (z.B. 15,3: Lied des Lammes; 19,1f.6f: Lobgebete der himmlischen Volksmenge). Zur formgeschichtlichen Disparatheit trägt der briefliche Rahmen bei (1,4f: Präskript; 1,4.11: Adressat; 22,21: Schlußgruß; vgl. auch die sieben Sendschreiben in 2,1-3,22. Doch überwiegen im ganzen die apokalyptischen (Offenbarungs-)Motive, die den wesentlichen Inhalt der Johannesapokalypse ausmachen.

Im Vergleich mit der jüdischen Apokalyptik ist die Johannesoffenbarung durch eine starke Christianisierung des apokalyptischen Gedankengutes gekennzeichnet. Nicht das Endgericht Gottes, sondern die Parusie des erhöhten Christus ist der Zielpunkt der apokalyptischen Ereignisse (vgl. 22,20). Es findet sich auch kein Geschichtsüberblick in futurischer Form[3], der die Stellung des ‚Sehers' und der Leser im Übergang von der fiktiven zur faktischen Zukunftsschau feststellen ließe.[4] Es fehlen die *ex eventu*-Weissagungen und die Versiegelung von geschauten Offenbarungen, welche für die vorgesehene Zeit ‚aufbewahrt' werden. Jedoch kann der Verfasser die zukünftigen Ereignisse zeitlich ordnen (z.B. 20,4-15: tausendjähriges Messiasreich, zwei Auferstehungen) und auf ihr christologisches Endziel hinführen. Ausschlaggebend für sein Geschichtsverständnis ist aber die Dialektik von Gegenwärtigkeit und Zukünftigkeit des Eschatologischen, das auch das Ineinandergreifen der Offenbarungszeiten bedingt.[5] Hinzu kommen typisch (jüdisch) apokalyptische Inhalte, die sich in teilweise modifizierter Form in der Apokalypse nachweisen lassen:

Inhaltlich.

1. *Zwei-Äonen-Lehre.* Zwar hat die Johannesapokalypse keine ausdrückliche Gegenüberstellung des gegenwärtigen bösen und des kommenden guten Äons, jedoch richtet sich die christliche Hoffnung darauf, daß die Unheilszeit, die von bösen Mächten bestimmt und in der Gegenwart von der Gemeinde erlitten wird, durch die kom-

---

3 Vgl. z.B. 4 Esr 14,11f; Dan 2; 7; syrBar 53-71 (unter Einbeziehung der gesamten Weltgeschichte); ferner Dan 8-12 (bes. 10,11-11,45); syrBar 35-40; AssMos 2-10; ApkAbr 27-30; OrSib 4,47ff; TestLev 16-18.

4 Vgl. hierzu Ph. Vielhauer-G. Strecker, in: NTApo II[5] 495f.

5 Vgl. G. Bornkamm, Komposition 204-222.

mende, durch Christus heraufgeführte Heilszeit abgelöst wird (vgl. 11,15ff; 12,10; 18,1ff: Fall der Stadt Babylon; 20,2f: Fesselung des Drachen auf tausend Jahre; 21,1ff: Neuer Himmel und neue Erde). Das Geschichtsverständnis ist demnach durch einen apokalyptischen Dualismus geprägt, nämlich durch das Gegenüber von christlicher Gemeinde und staatlicher Macht, von Christus und Satan.

2. *Pessimismus und Jenseitshoffnung.* Das pessimistische apokalyptische Selbstverständnis geht davon aus, daß die gegenwärtige Welt von bösen Mächten beherrscht wird (z.B. durch die Wirksamkeit des Satans: 2,9.13.24; 3,9; 12,9; 20,2 u.ö.); in ihr werden Dämonen angebetet, und Zauberei und Unzucht greifen um sich (9,20f; vgl. 21,8; 22,15). Der christlichen Gemeinde stehen Abfall, Lieblosigkeit und Unbußfertigkeit als ständige Gefahren vor Augen (2,4f.14f.20f u.ö.). Dem stellt sich die Hoffnung entgegen, daß Gott seine Herrschaft antreten und die Hochzeit des Lammes herrlich gefeiert werden wird (19,6f), daß die 144000 Erwählten mit dem Lamm vereinigt werden (14,1) und das neue Jerusalem vom Himmel herabkommt (21,2).

3. *Universalismus und Individualismus.* Die apokalyptische Erwartung eines neuen Himmels und einer neuen Erde (21,1; vgl. Jes 65,17; 66,22) läßt den universalistischen Wesenszug erkennen, der der Apokalyptik eigentümlich ist. Es handelt sich nicht nur um die Erlösung eines erwählten Volkes, sondern um ein kosmisches Geschehen, das Anfang und Ende der Welt, Himmel und Erde umspannt (21,6; vgl. auch die christologische Selbstbezeichnung A und Ω in 22,13). Die Stadt Jerusalem ist nicht mehr die Hauptstadt eines irdischen Reiches, sondern das Sinnbild für die erneuerte Welt (3,12; 21,2.10). Solcher Universalismus hat eine entsprechende Zeitvorstellung: Das apokalyptische Geschehen sprengt die Grenzen von Raum und Zeit; es hat eine überzeitliche, ewige Dimension (vgl. 14,6: ‚ewiges Evangelium'; auch 1,18; 4,9f; 11,15; 22,5 u.ö.). Auch die nationalen Grenzen sind hinfällig geworden; das Heil wird nicht aufgrund von Volkszugehörigkeit, sondern den einzelnen Menschen zugesprochen, die wegen ihrer ‚Werke' (14,12: Standhaftigkeit im Glauben und Halten der Gebote Gottes; vgl. 12,17) des himmlischen Lohns gewiß sein dürfen; denn „einem jeden wird vergolten, wie sein Werk ist" (22,12; vgl. 11,18). Dagegen trifft der Zorn Gottes diejenigen, die das Tier und sein Bild anbeten (14,9-11). Den Übeltätern wird zweifacher Lohn ‚nach ihren Werken' angekündigt (18,6; vgl. 20,12ff), wie auch dem Teufel, der sie verführte, dem Tier und dem falschen Propheten qualvolle Bestrafung in alle Ewigkeit (20,10). Universalistische Ausdehnung des Endgeschehens und individuelle Heilszueignung bzw. -bestrafung entsprechen einander.

4. *Determinismus und Naherwartung.* Nach jüdisch-apokalyptischer Geschichtsauffassung vollzieht sich das gesamte Weltgeschehen so, wie es Gott, der Herr, vorherbestimmt hat (4 Esr 4,37; 6,1ff u.ö.). Eine entsprechende systematisch reflektierte deterministische Geschichtsschau findet sich in der Johannesoffenbarung nicht. Es fehlt auch ein Periodenschema, aufgrund dessen das endzeitliche Eingreifen Gottes in die Geschichte berechnet würde. (Die Angaben von 3 1/2 Jahren, 42 Monaten oder 1260 Tagen <11,2f; 12,6.14; 13,5> können dies nicht ersetzen, sondern reflektieren lediglich apokalyptische ‚runde Zahlen'.) Auch die Ankündigung von himmlischen ‚Zeichen' (12,1.3; 15,1) haben nicht eine derartige Funktion (anders z.B. Lk 21,11.25). Jedoch ist das Walten Gottes in der irdischen Geschichte anerkannt (vgl. 17,17: Gott hat es den Königen ins Herz gegeben, daß sie die Absicht des Tieres ausführen; auch

10,7), auch wenn der Sieg Gottes erst in der Zukunft sichtbar werden wird und für die Gegenwart der Gemeinde im wesentlichen die Verheißung Gültigkeit besitzt, daß sich solches in nächster Zeit ereignen wird. Die Naherwartung des Weltendes und damit des Kommens des Christus durchzieht das Werk von Anfang bis Ende (3,11; 22,20: Siehe, ich komme bald!).[6]

2. *Ort und Zeit der Abfassung*

Das Problem des Abfassungsortes scheint mit der Selbstauskunft des Verfassers gelöst zu sein, wonach dieser sein Werk auf der Insel Patmos geschrieben hat (1,9). Dies wird durch die Adressaten der sieben Sendschreiben bestätigt: Die angeschriebenen Gemeinden befinden sich ausnahmslos im westlichen Teil Kleinasiens (2,1-3,22). Komplizierter ist das Problem der Datierung. Die verbreitete Ansetzung auf die Regierungszeit des Kaisers Domitian (81-96 n.Chr.) kann sich auf Iren Haer V 30,3 berufen (übernommen und ausgestaltet von Eus HistEccl V 8). Jedoch neigt Irenäus aus apologetischen Gründen zu einer harmonisierenden Betrachtungsweise, die ihn allgemein das Alter und die apostolische Zuverlässigkeit der neutestamentlichen Schriften hervorheben läßt.[7] Daher ist man auf das Selbstzeugnis der Johannesapokalypse primär angewiesen. Diese enthält keine deutliche Anspielung auf die Zeit des Domitian. Und wenn auch Euseb den Kaiser Domitian als den (nach Nero) zweiten kaiserlichen Christenverfolger nennt (HistEccl III 17), so ist in den antiken Quellen doch nicht bezeugt, daß Domitian die christliche Kirche in Kleinasien verfolgt hat.[8] Als Verbannungsort wird an dieser Stelle die im westlichen Mittelmeer liegende Insel Pontia erwähnt; diese ist nicht mit dem kleinasiatischen Patmos identisch. Selbst wenn man zu 1,9 annimmt, daß „Johannes" nach Patmos „um des Wortes Gottes und des Zeugnisses Jesu willen" (vgl. auch 6,9; 20,4), nämlich infolge einer Christenverfolgung verbannt wurde, ist daraus nicht auf domitianische Zeit zu schließen; so konnte Tertullian (adv haer 36) die Verbannung des Johannes in die Zeit des Nero, Epiphanius (Haer 51,12.33) in die des Claudius datieren. Dies alles bestätigt

---

6 Vgl. zu den Einzelheiten auch P. Volz, Die Eschatologie der jüdischen Gemeinde im neutestamentlichen Zeitalter, Hildesheim 1966 (= Tübingen [2]1934), 4-10.

7 Vgl. die Identifizierung des Verfassers des 1 Joh mit dem Evangelisten: Iren Haer III 1,1; auch 16,5.8.

8 Euseb berichtet lediglich, daß Domitian „eine nicht unbeträchtliche Zahl von edlen und angesehenen Männern *in Rom* ohne genügenden Grund getötet" habe (HistEccl III 17) und daß zu den verfolgten Christen Flavia Domitilla, eine Nichte des römischen Konsuls Flavius Clemens, zählte (a.a.O. III 18,4).

die verbreitete patristische Tendenz zur Frühdatierung, setzt jedoch wirkliche Kenntnisse nicht voraus.

Jedoch lassen sich aus der inneren Geschichte der johanneischen Schule Hinweise ableiten, die nicht nur den Zusammenhang zwischen der Johannesoffenbarung und den übrigen johanneischen Schriften des Neuen Testaments, sondern auch eine bestimmte zeitliche Zuordnung nahelegen können. So nimmt die Johannesapokalypse als einzige kanonische apokalyptische Schrift die Vorstellungswelt auf, die nicht nur allgemein die Theologie des Urchristentums, sondern auch die johanneische Schule in ihren Anfängen prägte. Es lassen sich Verbindungslinien ziehen zwischen dem chiliastischen Denken der Johannesapokalypse (20,2.7) und 2 Joh 7. Gerichtsvorstellung und Parusieerwartung (20,11ff) sind auch dem Verfasser des 1 Joh geläufig (2,28; 3,2f; 4,17), und auch das Johannesevangelium enthält alte christlich-apokalyptische Überlieferung.[9] Für eine gemeinsame Überlieferungsbasis sprechen auch singuläre Vorstellungen, z.B. das ‚Lamm' (ἀρνίον: Apk 5,6.12 u.s.o.; andererseits ἀμνός in Joh 1,29.36); Austauschbarkeit von Gott und Christus (21,1ff; 22,6ff), der Begriff ‚Wort Gottes' (19,13; Joh 1,1ff) oder ‚Wasser des Lebens bzw. lebendiges Wasser' (21,6; 22,1.17; Joh 4,10ff; 7,38); nicht zuletzt die ‚Zeugnisterminologie', die für die Johannesapokalypse (μαρτυρεῖν: 1,2; 22,16.18.20; μαρτυρία: 1,2.9; 6,9; 11,7; 12,11 u.ö.; μάρτυς: 1,5; 2,13; 11,3; 17,6), aber auch für die Johannesbriefe und das Johannesevangelium, belegt ist (μαρτυρεῖν: 3 Joh 3.6 u.ö.; 1 Joh 1,2; 4,14 u.ö.; JohEv 1,7f u.s.o.; μαρτυρία: 3 Joh 12; 1 Joh 5,9ff; JohEv 1,7.19; 3,11.32f u.ö.).

Daß in der Johannesapokalypse eine Auseinandersetzung mit der (doketischen) Bestreitung einer realistischen Parusiehoffnung nicht vorliegt, stellt sie nicht an das Ende, sondern eher in die Mitte der johanneischen Schulüberlieferung, die mit den Presbyterbriefen 2 und 3 Joh ihren Anfang genommen hat.[10]

---

9 Vgl. Joh 11,24 (Auferstehung am jüngsten Tag); 3,3.5 (Erwartung des Gottesreiches); auch die κρίσις-Terminologie.

10 Für gemeinsame johanneische Traditionen, die aber keine literarische Abhängigkeit begründen, sprechen sich mit unterschiedlichen Argumenten aus: O. Böcher, Johanneisches in der Apokalypse des Johannes, in: ders., Kirche in Zeit und Endzeit, Neukirchen-Vluyn 1983, 1-12; E. Schüssler-Fiorenza, The Quest for the Johannine School: The Apocalypse and the Fourth Gospel, NTS 23, 1977, 402-427; J. Frey, Erwägungen zum Verhältnis der Johannesapokalypse zu den übrigen Schriften des Corpus Johanneum, in: M. Hengel (Hg.), Die johanneische Frage, WUNT 67, Tübingen 1993, 326-429.

3. Quellen

Die Eigenständigkeit des Verfassers zeigt sich im Vergleich mit der übrigen johanneischen Schultradition nicht nur daran, daß er eine christliche Apokalypse geschrieben hat[11], sondern auch, daß er hierbei auf Überlieferungen zurückgreift, die für die neutestamentliche Literatur singulär sind. Im einzelnen läßt sich fragen, ob er geprägte schriftliche Fragmente einarbeitete (etwa 7,1-8; 11,1-13; 12; vielleicht auch in Kap. 13-14; 17-18; 21-22) und dabei auf jüdische und/oder christliche apokalyptische Tradition zurückgreift oder ob primär der Faktor ‚mündliche Überlieferung' einzurechnen ist. Für größere Abschnitte läßt sich Sicherheit in keinem Fall gewinnen. Wohl aber ist deutlich, daß das Alte Testament eine wesentliche ‚Quelle' darstellt, die der Verfasser bei der Anwendung von Bildern und Anspielungen selbständig genutzt hat. Besonders zahlreich sind die Anspielungen auf Ezechiel (z.B. 4,3ff: Thronvision in Ez 1 u.ö.) und Daniel (z.B. ‚Menschensohn' in 1,7.13; 14,14: Dan 7). Dabei mag manches schon in christlicher Überlieferung vorgeprägt gewesen sein (z.B. Mk 13parr), wie denn auch christliche gottesdienstliche, auch prophetische und weisheitliche Überlieferung, paulinische und frühjohanneische Tradition auf das Werk Einfluß genommen haben.

4. Komposition

Johannes hat ein Werk von strenger Komposition und großartiger Geschlossenheit geschaffen. Nach dem briefartigen Auftakt (1,1-8), der mit der Schilderung der Berufungsvision abschließt (1,9-20), erfüllt der Verfasser den ihm übertragenen Auftrag (1,19), indem er zunächst sieben Sendschreiben an die Gemeinden in Ephesus, Smyrna, Pergamon, Thyatira, Sardes, Philadelphia und Laodizea abfaßt und sich hierdurch an die Kirchen seiner Zeit wendet (2,1-3,22). Darauf folgt die eigentliche Apokalypse, in der dargestellt wird, „was geschehen soll" (4,1; vgl. 1,19). Sie ist durch die Siebenzahl strukturiert: sieben Siegel-, Posaunen- und Schalenvisionen (5,1-8,1; 8,2-11,19; 15,1-16,21). Auch in Kap. 14 lassen sich sieben Visionen ausmachen. Auffallend ist, daß mit Beziehung auf das ‚Buch mit den sieben Siegeln' (5,1) nur die Öffnung von sechs Siegeln inhaltlich beschrieben wird, während die Öffnung des siebten Siegels (8,1) unmittelbar zu den sieben Posaunenvisionen

---

11 Die einzige, die in den neutestamentlichen Kanon aufgenommen wurde, während im übrigen nur unselbständige apokalyptische Überlieferungseinheiten festzustellen sind; so in 1 Thess 4-5; 1 Kor 15; 2 Kor 5,1-10; 2 Thess 2; Mk 13parr.

überleitet. Offenbar liegt die Vorstellung zugrunde, daß das Buch eine auf der Außenseite sichtbare Inhaltsangabe hat (6,1-8,1), während der Inhalt nach der Öffnung des siebten Siegels in 8,2-22,5 dargeboten wird. Hierbei können auch, das Siebenerschema sprengend, in den Kap. 12-14 und 17-19 sachliche Ergänzungen erfolgen.[12]

b) Christologie

T. Holtz, Die Christologie der Apokalypse des Johannes, TU 85, Berlin ²1971.

U.B. Müller, Messias und Menschensohn in jüdischen Apokalypsen und in der Offenbarung des Johannes, StNT 6, Gütersloh 1972.

M. de Jonge, The Use of the Expression ὁ Χριστός in the Apocalypse of John, in: J. Lambrecht (Hg.), L'Apocalypse johannique et l'Apocalyptique dans le Nouveau Testament, BEThL 53, Leuven 1980, 267-281.

M.E. Boring, Narrative Christology in the Apocalypse, CBQ 54, 1992, 702-723.

Ders., The Voice of Jesus in the Apocalypse of John, NT 34, 1992, 334-359.

Ein Überblick über die *Christustitel* in der Johannesapokalypse ergibt das folgende Bild: Die Bezeichnung Χριστός erscheint siebenmal; sie ist nur

---

12 Wichtig ist die Sicht von G. Bornkamm, Komposition, der die Parallelität der Darstellung der Endereignisse in 8,2-14,20 bzw. 15,1-22,5 aufgezeigt hat, insbesondere die Parallelität der Kap. 12-14 und 17-19: Es handelt sich nicht um eine chronologische Fortsetzung, sondern um Ergänzungen zu dem in den Siebenerreihen schematisch Gezeichneten. Dies ist mehr traditionsgeschichtlich als literarkritisch auszuwerten. Unter Berücksichtigung der Bedeutung der Siebenzahl für die Komposition des Gesamtwerkes, läßt sich folgende Gliederung vorschlagen:

A. 1,1-20 Einleitung
I. 1,1-3 Vorwort
II. 1,4-8 Zuschrift an die sieben Gemeinden in Asia
III. 1,9-20 Berufungsvision
B. 2,1-3,22 Erster Hauptteil: Sieben Sendschreiben an die kleinasiatischen Gemeinden
C. 4,1-22,5 Zweiter Hauptteil: Offenbarung der zukünftigen Ereignisse.
I. 4,1-11 Eingangsvision
II. 5,1-8,1 Sieben Siegelvisionen
III. 8,2-11,19 Sieben Posaunenvisionen
IV. 12,1-14,20 Der Kampf gegen die Gottesfeinde
V. 15,1-16,21 Sieben Schalenvisionen
VI. 17,1-19,10 Das Gericht über Babylon
VII. 19,11-22,5 Das Kommen des Herrn
D. 22,6-21 Schlußteil: Abschließende Weisungen, Zusage des Kommens Jesu.

dreimal unbestritten als Eigenname belegt (1,1f.5: neben 'Ἰησοῦς), sonst als Titel, wie der beigefügte Artikel anzeigt (11,15; 12,10; 20,4.6). Der Verfasser schließt sich dem alttestamentlich-jüdischen Sprachgebrauch an (11,15 läßt als alttestamentliche Grundlage Ps 2,2 LXX erkennen), so daß entsprechend der alttestamentlichen Königsvorstellung der Titel wörtlich übersetzt werden kann (= ‚der Gesalbte'). Aus der alttestamentlichen Königsideologie stammt auch der Gedanke der ewigen Herrschaft des Gesalbten (11,15: vgl. Ps 10,16), die mit der Herrschaft Gottes identisch ist (11,17; 19,6; vgl. dazu Ps 97,1; 99,1; Dan 3,33 u.ö.). Die alttestamentlich-jüdische Wurzel dieses Denkens wird ferner durch die Herleitung des Christus aus dem ‚Stamm Juda' als ‚Wurzelsproß Davids' sichtbar (5,5; vgl. 22,16). Jedoch findet sich der Titel ‚Davidsohn' nicht. Und wenn Christus als „der Heilige und Wahrhaftige, der den Schlüssel Davids hat" bezeichnet wird (3,7), so klingt nicht nur Jes 22,22, sondern auch der Gedanke an, daß Jesus Christus die Schlüssel des Himmelreiches besitzt (Mt 16,19). Es handelt sich also nicht um die nationale Königsvorstellung der jüdischen Überlieferung, sondern um das christliche Bekenntnis zum Erhöhten, das die Bedeutung des Christustitels prägt. Die Herrschaft Christi wird sich – dies ist Ausdruck genuin christlich-apokalyptischer Hoffnung – gegen die widergöttlichen Weltmächte durchsetzen (12,10). Sie ist also nicht in einem politisch-welthaften Sinn zu verstehen. So zeigt es auch die endzeitliche Erwartung, daß an der künftigen Herrschaft Christi seine Gemeinde Anteil haben wird (20,4.6).

Die Mehrzahl der Belege zu κύριος ist auf Gott bezogen; nur vier Textstellen bezeichnen eindeutig Christus (11,8; 14,13; 22,20f). Zweifellos überwiegt die Gottesbezeichnung infolge des Anschlusses an den Septuagintatext des Alten Testaments, in dem יהוה durch κύριος ersetzt wurde. So zeigen es auch die alttestamentlichen Zitate in der Apokalypse (vgl. 1,8 mit Am 3,13; 4,8 mit Jes 6,3). Doch ist offen, ob der Verfasser in dem einen oder anderen Belegtext wirklich den Titel nur ‚theologisch' verstehen wollte. So kann man schwanken, ob er mit dem Begriff κύριος τῆς γῆς, vor dem die beiden Ölbäume und die beiden Leuchter stehen (11,4), Gott oder Christus im Blick hat. Entscheidet man sich wegen der Anspielung auf Sach 4,3.11-14 für das erstere, so ist doch nicht zu übersehen, daß 5,6 auf eben denselben Text (Sach 4) zurückweist, ihn aber christologisch, auf das ‚Lamm' deutet. Offensichtlich ist die Alternative, ob die alttestamentlichen Texte von Gott oder von Christus sprechen, nicht in jedem Fall angemessen. Selbst dort, wo Gott und Christus grammatisch einander nebengeordnet werden (11,15: ‚Herr und Christus'), läßt sich fragen, ob der Verfasser nicht an ein- und dieselbe Person denkt, nämlich an den ‚Herrscher von Ewigkeit zu Ewigkeit' (V.15b), dies um so mehr, als auch sonst alttestamentliche Gottesprädikate auf Christus Anwendung finden.

Eindeutig ist dagegen in *22,20f* („Komm, *Herr* Jesus“) mit dem Titel κύριος Jesus gemeint. Hier liegt die gottesdienstliche aramäische Akklamation ‚Maranatha‘ (vgl. 1 Kor 16,22) in griechischer Fassung vor; dies läßt erkennen, daß der Verfasser im Bereich der urchristlichen apokalyptischen Tradition steht (vgl. auch Did 10,6). – In *11,8* ist κύριος mit dem genetivus possessivus αὐτῶν verbunden (Beziehung auf die ‚große Stadt, in der auch *ihr Herr* gekreuzigt worden ist‘). Ist hier das Kreuz Jesu Christi in Jerusalem gemeint, so ist auffallend, daß mit ‚ihr Herr‘ auf die im Kontext genannten beiden Zeugen ausschließlich Bezug genommen ist. Der absolute Sprachgebrauch (‚der Herr‘) wird also auf eine bestimmte Situation angewendet. Offensichtlich schwingt profaner Sprachgebrauch mit, der auch in der Anrede an den *angelus interpres* in *7,14* (‚mein Herr‘) begegnet. – Noch anders die Seligpreisung der ‚Toten, die im Herrn sterben‘ (*14,13*). Sie erinnert an paulinische Texte (ἐν κυρίῳ: 1 Kor 7,22; Gal 5,10; Phil 2,24.29; 4,2 u.ö.); besonders nahe stehen 1 Kor 15,18 und 1 Thess 4,16 (‚die Toten, die in Christus‘ entschlafen sind). Dies macht die Verchristlichung des Kyriosgebrauchs in der Apokalypse deutlich. So wird es abschließend durch das griechische, nicht ins Semitische zu übersetzende Adjektiv κυριακός belegt, das in der Verbindung ἡ κυριακὴ ἡμέρα den ‚Herrentag‘ bezeichnet (an dem der Seher Johannes seine Vision erhält: 1,10) und damit die christologische Ausrichtung der Apokalypse verstärkt.[13]

Das aus der jüdischen Apokalyptik bekannte υἱὸς τοῦ ἀνθρώπου ist nur zweimal belegt (in Visionsberichten: 1,13; 14,14). Der Unterschied zur synoptischen Überlieferung ist leicht zu erkennen: Ist dort der ‚Menschensohn‘ nicht nur der zukünftig erwartete, sondern der irdische, vor allem der leidende Christus, so ist von hier aus verständlich, daß der Verfasser, obwohl ihm die evangelische Überlieferung nicht unbekannt sein dürfte[14], nur begrenzt von dieser Bezeichnung Gebrauch macht. Auch die paulinische Schule, mit der die johanneische nicht wenige Überlieferungselemente gemeinsam hat[15],

---

13 Weniger wahrscheinlich ist, daß der Kyriosgebrauch eine Antithese zum römischen Kaiserkult enthält, wie E. Lohmeyer, Die Offenbarung des Johannes 47, zu 4,11 (dominus et deus noster) allerdings vermutet.

14 Vgl. E. Schüssler-Fiorenza, The Quest 420 (eine Art Synopse von Apk 1,7a; Dan 7,13 LXX; Mt 24,30c; Mk 13,26; Lk 21,27); ferner 420f: zur Parusie des Menschensohnes; 421: Aufforderung zum Sehen („exhortation to watch“); dazu Mk 13,35.37 und Mt 25,13. Vgl. auch Apk 3,2f; 16,15 mit Mt 24,42; Lk 12,39f. Apk 3,5c-8 sei von der eschatologischen Q-Tradition abhängig, die auch in Mt 10,32 und Lk 12,8 ihren Niederschlag gefunden habe; zum Bekennen und Verleugnen: der Vergleich von Apk 3,21 (Verheißung für alle Christen) mit Lk 22,28-30; Mt 19,28 (Verheißung für die Jünger); ebenso zum Weckruf der Vergleich von Apk 13,9.18 mit Mk 13,14 und Mt 24,15c.

15 Vgl. zur Verbindung von paulinischer und johanneischer Schultradition E. Schüssler-Fiorenza, The Quest 425: Es bestehen sprachliche Verbindungen, ja eine

hat den Titel Menschensohn nicht verwendet. Für die Johannesapokalypse ist wie für die synoptische Apokalypse (vgl. Mk 13,26parr; 14,62parr) der alttestamentliche Hintergrund ausschlaggebend. Zugrunde liegt Dan 7,13. Hieran erinnert das zweimal gebrauchte ὅμοιον (Dan 7,13: ὡς) und der fehlende Artikel. Für diesen Hintergrund spricht ferner, daß Motive aus Dan 10 im Kontext anklingen.[16] Da das aus Dan übernommene Bild Bestandteil eines Visionsberichtes ist und der Verfremdung des Berichteten dient, ist hieraus nicht zu entnehmen, daß es sich für den Apokalyptiker um einen Christus-*Titel* handelt[17], vielmehr dient die Ausmalung der Schau des Erhöhten mit danielischen Farben dazu, das Außergewöhnliche, Übernatürliche, Unzugängliche des Offenbarers darzustellen, dessen Autorität die folgenden sieben Sendschreiben veranlaßt hat (1,13), und seine überragende, unvergleichliche richterliche Vollmacht zu demonstrieren (14,14; vgl. 1,18b).

Nur einmal erscheint das Christusprädikat υἱὸς τοῦ θεοῦ (2,18). Daß der Erhöhte nur im Sendschreiben an die Gemeinde zu Thyatira als ‚Gottessohn' bezeichnet wird, mag seinen Grund in der Tatsache haben, daß Ps 2,8f in 2,26f verhältnismäßig frei zitiert wird. Da dieser Psalm für den König Israels die Einsetzung in die Gotteswürde aussagt (V.7), konnte es sich nahelegen, ihn auch für das Christusprädikat in Anspruch zu nehmen. Daß in der Apk dieser Titel sonst nicht erscheint, muß nicht notwendig besagen, daß er dem Verfasser weitgehend fremd war, vielmehr gehen die häufigen πατήρ-Prädikationen (1,6; 2,28; 3,5 u.ö.) davon aus, daß zwischen Gott und Christus ein Vater-Sohn-Verhältnis besteht. Allerdings wird hierüber nicht weiter reflektiert; es geht nicht um eine innertrinitarische Spekulation, sondern um die eine, dem Menschen zugewandte, eschatologische Autorität, die dem Machtanspruch der Welt entzogen ist.

Häufiger findet sich Ἰησοῦς (14mal), nicht als Christusprädikation (die hebräische Grundbedeutung ‚Jahwe ist Rettung' ist nicht erkennbar nach-

---

Affinität der Apk zu paulinischer Sprache, Tradition und Form („language, tradition, and form").

16 Vgl. T. Holtz, Christologie 15.116f; G. Dalman, Die Worte Jesu mit Berücksichtigung des nachkanonischen jüdischen Schrifttums und der aramäischen Sprache, Bd. 1: Einleitung und wichtige Begriffe, Leipzig 1932, 206.

17 Gegen J. Schneider, Art.: ὅμοιος, ThWNT V 186-188 (‚Messiasbezeichnung'); nach T. Holtz, Christologie 17, entstammt der Titel ‚Menschensohn' „apokalyptischen Kreisen des Judentums ..., von denen Jesus oder die Gemeinde den Titel übernommen hat"; auf der Grundlage der Apk läßt sich nur feststellen, daß die „apokalyptischen Kreise des Judentums" mit dem atl. Danielbuch identisch sind. – Vgl. noch U.B. Müller, Messias und Menschensohn 196-199. – Die Vermutung, die Menschensohn-Christologie stehe der Ebed-Jahwe-Vorstellung nahe (O. Cullmann, Christologie 179ff), ist für die JohApk nicht zu belegen; sie ist auch für 1 Kor 15,45ff oder Röm 5,12ff nicht wahrscheinlich zu machen.

vollzogen), sondern wie im übrigen Neuen Testament als Eigenname. So zeigt es auch die Nebenordnung zu Χριστός (1,1f; 1,2; 1,5) bzw. κύριος (22,20f). Zeigen die eben genannten Stellen meistens Jesus als aktiv handelnd, so kann auch von ‚Jesus' gesagt werden, daß dieser seinen Engel sendet (22,16). Oft ist ‚Jesus' das Objekt des Handelns der Gemeinde. So hat das Zeugnis des Apokalyptikers (1,2) oder das der Märtyrer (17,6; 20,4) ‚Jesus' zum Gegenstand (*genetivus obiectivus*). Kein Zweifel, daß hiermit das urchristliche Bekenntnis gemeint ist, das in der Verfolgungssituation von der Gemeinde festgehalten wird und werden muß (1,9; 12,17: μαρτυρία Ἰησοῦ; auch 14,12: πίστις Ἰησοῦ).

Zusammenfassend: Mit Ausnahme des Eigennamens ‚Jesus' sind sämtliche Begriffe in für das Neue Testament einmaliger Weise alttestamentlich bestimmt. Sie werden im Rahmen des von der alttestamentlichen Tradition Vorgegebenen christlich interpretiert. Dies geschieht nicht durch Anwendung des Schemas ‚Weissagung und Erfüllung', sondern dadurch, daß die alttestamentliche Begrifflichkeit in die sprachliche und theologische Zielsetzung der Apokalypse einbezogen wird. Die Christologie der neutestamentlichen Überlieferung ist weit stärker vorausgesetzt, als sich dies aufgrund der Verwendung der einzelnen Christusprädikate nachweisen läßt.

Für das Ineinandergreifen von alttestamentlicher und christlicher Vorstellungswelt ist die Formel 1,5f aufschlußreich. Hier beschreiben zunächst drei Prädikate den erhöhten Christus; sie lassen sich auf Psalm 88 LXX (89 MT) zurückführen, indem eine Heilszusage über David und seine Nachkommen ausgesprochen wird.

1. ‚Der zuverlässige Zeuge' (ὁ μάρτυς ὁ πιστός). Die gleiche Wortfolge begegnet Ps 88,38 LXX; sie bezieht sich dort auf den ewig bestehenden Mond am Himmel, der zum Zeugen für die Zuverlässigkeit der Verheißungen Gottes aufgerufen werden wird. – Auch wenn μάρτυς in der Johannesapokalypse nicht ausschließlich christologischer Titel ist (vgl. vielmehr 2,13: Antipas), so wird doch hier wie auch 3,14 Christus nicht mit Beziehung auf seine irdische Wirksamkeit als ‚zuverlässiger Zeuge' bezeichnet, sondern als der Erhöhte, der sich seinem Knecht zeigt und ihn mit der Kundgabe der Offenbarungen beauftragt. Der Erhöhte selbst tritt für die Zuverlässigkeit der Offenbarungen ein.

2. ‚Der Erstgeborene von den Toten' (ὁ πρωτότοκος τῶν νεκρῶν); vgl. Ps 88,28 LXX: ‚Erstgeborener' als Ausdruck der Verheißung an den königlichen Nachkommen Davids. – Christus ist der Gemeinde in der Auferstehung voraufgegangen; er verbürgt als Erhöhter auch ihre Auferstehung. Seine Auferstehung und Erhöhung sind das eine Geschehen, das seine Zusage an die Gemeinde begründet (vgl. 1 Kor 15,20; Kol 1,18).

3. ‚Der Herrscher über die Könige der Erde' (ὁ ἄρχων τῶν βασιλέων τῆς γῆς); vgl. Ps 88,28 LXX. Ähnlich dem davidischen König, aber doch in überirdischer Weise nimmt der erhöhte Christus eine unvergleichliche Machtstellung gegenüber irdischen Herrschern ein (vgl. 17,14; 19,16: ‚König der Könige'). Er ist auch den feindlichen Mächten, die das Weltgeschehen bestimmen, überlegen. Dies impliziert für die Gemeinde die Verheißung, daß sie an seiner Machtstellung teilhaben wird.

Schon hiermit ist das Schicksal der Gemeinde mit der Position des erhöhten Christus verbunden. So zeigt es sich in den drei folgenden näheren Bezeichnungen:

4. ‚Der uns liebt' (τῷ ἀγαπῶντι ἡμᾶς). Daß die Liebe Jesu Christi ein Grundelement in seinem Verhältnis zur Gemeinde ist, wird auch sonst in der Überlieferung der johanneischen Schule ausgesagt (vgl. Joh 13,1.34; 14,21; 15,9; mit soteriologischem Sinn auch in der ‚herabsteigenden Liebe' Gottes 1 Joh 4,9-11 impliziert) und begegnet als Beschreibung des Verhältnisses des erhöhten Christus zur Gemeinde in Philadelphia auch 3,9. Das Partizip Präsens zeigt an, daß die Liebe Christi andauert. Sie wird im folgenden in zweifacher Weise entfaltet:

5. ‚Der uns von unseren Sünden befreit hat durch sein Blut' (λύσαντι ἡμᾶς ἐκ τῶν ἁμαρτιῶν ἡμῶν ἐν τῷ αἵματι αὐτοῦ). Im Anschluß an alttestamentliche (vgl. Ps 129,8 LXX; Jes 40,2) und frühchristliche Überlieferung (vgl. Röm 3,25; Eph 1,7; Hebr 9,12; 1 Petr 1,19) deutet der Verfasser das Heilswerk Christi, dargestellt durch das Vergießen des Blutes Jesu, als Befreiung von den Sünden. Ähnliches ist auch sonst in der johanneischen Überlieferung bekannt (vgl. z.B. 1 Joh 3,5.9). Das seltene λύειν (v.l. λούσαντι = ‚abwaschen', Reflex der Tauftradition) hat die Bedeutung von ‚loskaufen' (vgl. 5,9: ‚Du hast <sie> für Gott mit deinem Blut erkauft' <ἠγόρασας>). Das Bild vom Sklavenhandel drängt sich auf, wonach für die Freigabe eines Sklaven Lösegeld bezahlt wird. An unserer Stelle erscheint das Blut Jesu als Kaufpreis, der für die Gemeinde erstattet wird, ohne daß das Bild ausgeführt und gesagt wird, an wen die Bezahlung erfolgt. Da Christus als der ‚Herrscher' vorausgesetzt ist, ist der Loskauf der Sünder zugleich mit ihrem Herrschaftswechsel verbunden (vgl. noch die verwandten Begriffe ἀπολύτρωσις: Kol 1,14; Eph 1,7; λύτρωσις: Lk 1,68; 2,38; Hebr 9,12; λύτρον: Mk 10,45 par; λυτροῦσθαι: Lk 24,21; Tit 2,14; 1 Petr 1,18 u.a.).

6. ‚Er hat uns zu einem Königreich, zu Priestern für Gott, seinen Vater, gemacht' (ἐποίησεν ἡμᾶς βασιλείαν ἱερεῖς τῷ θεῷ καὶ πατρὶ αὐτοῦ). Die dauerhafte Liebe des ‚zuverlässigen Zeugen' Jesus Christus und die durch ihn bewirkte Befreiung von der Sündenlast haben zur Folge, daß die christliche Kirche die Kennzeichen der israelitischen Gemeinde bzw. der Sinaigeneration (Jes 61,6; Ex 19,6 LXX: ‚Königreich von Priestern') auf sich anwenden kann (vgl. 1 Petr 2,9). Was für die Zukunft gilt, daß die Erlösten im Tausendjährigen Reich regieren werden (20,4; vgl. 5,10: βασιλεύσουσιν ἐπὶ τῆς γῆς), das vollzieht sich ‚schon jetzt'; ein jeder, der von dieser Botschaft angesprochen ist und sie glaubend annimmt, hat Anteil an dieser Herrschaft.

Die vorgestellten christologischen Prädikate sind demnach durch alttestamentliche und christliche Anschauungen geprägt, ohne daß die letzteren ausschließlich aus Tauf- oder Abendmahlstraditionen abzuleiten sind. Inhaltlich beziehen sie sich primär auf den erhöhten Christus; sie kennzeichnen seine weltumspannende, auf die Gemeinde ausgerichtete Wirksamkeit als durch Liebe bestimmt. Indem der Verfasser den Auftakt seines Buches unter die Autorität des Erhöhten gestellt sieht, versucht er die ‚Zuversicht' zu vermitteln, daß Christus die Herrschaft über die Welt angetreten hat und der Gemeinde begründete Zusagen und Mahnungen zuteil werden läßt.

Die am häufigsten verwendete Christusprädikation ist ἀρνίον (28mal). Dieses Wort erscheint im Neuen Testament nur noch im Nachtragskapitel des Johannesevangeliums (21,15; nicht christologisch, sondern ekklesiologisch gebraucht). Eine besondere Nähe ergibt sich zum christologischen Titel ἀμνός im Johannesevangelium (1,29.36; sonst nur noch Apg 8,32; 1 Petr 1,19).

Zwei Deutungsmöglichkeiten: (1.) *,Lamm'*, *,Schaf'*; so in der LXX (Ps 113,4.6; Jer 11,19); auch Ps Sal 8,23; Philo (SpecLeg I 169; IV 105; LegGai 362); Jos (Ant III 226-249); als Bild für Schwäche: 2 Clem 5,2ff.[18] Diese Deutung drängt sich im Blick auf die alttestamentlich-jüdische Vorstellung vom *,Passalamm'* auf (vgl. Ex 12,4f LXX: πρόβατον; Joh 19,36; 1 Kor 5,7). Hierauf verweist der Zusatz ἐσφαγμένον (5,12; 13,8). Als ,geschlachtetes Lamm' dient sein Blut dazu, den Würgeengel vorübergehen zu lassen (Ex 12,7.13). Auch das Blut des eschatologischen Passalammes Jesus hat eine befreiende Wirkung (Apk 7,14; 12,11; vgl. 1 Petr 1,19).[19] Steht also die Tradition vom in seiner Ohnmacht schutzbringenden Passalamm eindeutig im Hintergrund der ἀρνίον-Vorstellung der Apokalypse, so versagt diese Identifizierung jedoch, wenn die machtvollen Züge des Bildes eingerechnet werden. Sie legen als zweite Deutungsmöglichkeit die Übersetzung (2.) *,Widder'* nahe. Sieben Hörner und sieben Augen demonstrieren den umfassenden Macht- und Wissensbesitz des erhöhten Christus (5,6). Als Anführer, der seine Herde weiden und zu Wasserquellen führen wird (7,17; vgl. 14,1.4), erfüllt er die Funktion eines Leittieres. Seine Kraft wird in seinem ,Zorn' sichtbar (6,16) und in seinem Sieg über die Feinde (17,14). Mag man ihn als ,Messiaswidder' bezeichnen[20], so kann dies doch nicht darüber hinwegtäuschen, daß sich in der Darstellung des kraftvollen Auftretens des Widders die Bildelemente des Passalammes einmischen und hierdurch nicht eine jüdische, sondern eine christliche Vorstellung vom erhöhten und kommenden Christus gegeben ist.[21]

---

18 Die Ableitung von Jes 53,7 ist nicht für ἀρνίον, sondern allenfalls für ἀμνός zu vermuten; so J. Jeremias, Art.: ἀμνός, ἀρήν, ἀρνίον, ThWNT I 342-345; 342f: Hier wird eine Doppelbedeutung des aramäischen טַלְיָא דֶאלָהָא für Joh 1,29.36 angenommen: a) ,Lamm', b) ,Knabe' oder ,Knecht Gottes' = das *agnus dei*, das die Sünde der Welt trägt; jedoch bleibt die Möglichkeit, daß Joh 1,29.36 eine aramäische Vorlage voraussetzt, umstritten; darüber hinaus ist Jes 53,7 der Ausdruck ὡς ἀμνός parallel zu ὡς πρόβατον bildhaft gebraucht; es handelt sich nicht um einen Titel, und es fehlt der Genitiv θεοῦ.

19 Es ergeben sich Parallelen zur Passionsdarstellung des Johannesevangeliums, wonach die Hinrichtung Jesu am ,Rüsttag' vor dem Passa, an dem die Passalämmer geschlachtet wurden, erfolgte (Joh 19,14.31.42).

20 So O. Böcher, Die Johannesapokalypse 47; sowie F. Boll, Aus der Offenbarung Johannis. Hellenistische Studien zum Weltbild der Apokalypse, in: ΣΤΟΙΧΕΙΑ. Studien zur Geschichte des antiken Weltbildes und der griechischen Wissenschaft 1, Leipzig-Berlin 1914, 44 (Gleichsetzung mit dem Sternbild).

21 Daß der Verfasser der Apokalypse an das Sternbild ,Widder' des Tierkreises denkt (vgl. die Überlegung bei C. Clemen, Religionsgeschichtliche Erklärung des Neuen Testaments. Die Abhängigkeit des ältesten Christentums von nichtjüdischen Religionen und philosophischen Systemen, Gießen [2]1924 = Berlin 1973, 383f), läßt sich den Texten nicht entnehmen, auch wenn astralmythologische Elemente für den Hintergrund der apokalyptischen Vorstellungswelt nicht auszuschließen sind; vgl. dazu F. Boll, a.a.O. 44f.

Ist auch im einzelnen umstritten, in welcher Weise der Verfasser in seiner ‚Lamm-Terminologie' auf eine ältere Vorstellungswelt zurückgreift – neben der alttestamentlichen ist auch die spätere jüdische Überlieferung heranzuziehen –[22], so ist sie doch im Rahmen der Apokalypse als ein einheitliches Ganzes zu verstehen. Das spannungsvolle Miteinander von Ohnmacht und Kraft, von Niedrigkeit und Hoheit des Lammes dient dazu, das christologische Bild zu verfremden und seine Einzelelemente in der Schwebe zu lassen. Dennoch lassen sich zwei einander ergänzende Grundaussagen herausheben:

1. *Das Lamm bedeutet Erlösung für die Nachfolger Christi (vgl. 14,4).* Ist mit seiner überweltlichen Erscheinung die Vorstellung verbunden, daß es sich um ein präexistentes Himmelswesen handelt[23], so ist doch stärker der Vergangenheitsbezug vorausgesetzt: Das Vergießen seines Blutes bezieht sich auf den gewaltsamen Tod in der Vergangenheit (12,11 u.ö.). Wird mit den Mitteln der alttestamentlichen Exodustradition das Sterben Jesu interpretiert, so folgt daraus für Gegenwart und Zukunft, daß ‚aus allen Stämmen, Sprachen, Völkern und Nationen' Menschen aus der Sklaverei ‚losgekauft' sind. Hierdurch ist der Grundstein für das neue Israel gelegt (5,9f; vgl. 14,3f).

2. *Das Lamm bedeutet Gericht über die gottfeindlichen Mächte und Ausübung der Gottesherrschaft in Ewigkeit.* Mit dem Herrschaftsantritt Gottes (19,4-6), der auch als ‚Hochzeit des Lammes' gefeiert wird (19,7-9), erfüllt sich die Verheißung von Ps 2,9: Das Gericht wird über die Gottesfeinde vollzogen (19,15; vgl. 12,5). Obwohl der Name Christi ‚Wort Gottes' ist (19,13) und das ‚scharfe Schwert aus seinem Mund (!)' hervorgeht (19,15.21), ist doch nicht eine nur geistige Überwindung der bösen Mächte durch das Wort ausgesagt (vgl. dazu Hebr 4,12), sondern die drastisch ausgemalte Schilderung des ‚Gottesmahles', an dem die Vögel des Himmels das Fleisch der Könige und Heerführer fressen werden (19,17f), meint die totale Vernichtung des ‚Tieres' und seiner Helfershelfer (19,20f). Am Ende der Geschichte wird die dauerhafte Herrschaft Gottes und des Lammes begründet, in der es ‚keine Nacht mehr geben wird' (22,3-5; vgl. 12,10).

---

22 So U.B. Müller, der die Textaussagen, wonach der Christus bzw. der Menschensohn die Mächte der Welt bekämpft und vernichtet, einer jüdischen Tradition zuweist (Messias und Menschensohn 189.214ff); dazu kritisch: T. Holtz, Christologie 245f; umstritten ist auch, ob ‚Lamm' eine jüdische Messiasbezeichnung gewesen ist; vgl. dazu TestJos 19,8 (die armenische Version wird von B. Murmelstein, Das Lamm in Test.Jos. 19,8, ZNW 58, 1967, 273-279, auf ägyptische Vorbilder zurückgeführt; anders E. Lohse, Die Offenbarung des Johannes 42. Lohse sieht in TestJos 19,8 den einzigen Beleg aus dem damaligen Judentum, wo „der kommende Erlöser als Lamm geschildert wird" (42), aber es handele sich doch um einen späteren christlichen Einschub in den Text; siehe im einzelnen bei T. Holtz, a.a.O. 249).

23 Vgl. 1,8.17f; 21,6; 22,13.

c) Ekklesiologie

A. SATAKE, Die Gemeindeordnung in der Johannesapokalypse, WMANT 21, Neukirchen-Vluyn 1966.
E. SCHÜSSLER-FIORENZA, Priester für Gott. Studien zum Herrschafts- und Priestermotiv in der Apokalypse, NTA 7, Münster 1972.
CHR. WOLFF, Die Gemeinde des Christus in der Apokalypse des Johannes, NTS 27, 1981, 186-197.
O. BÖCHER, Kirche in Zeit und Endzeit. Aufsätze zur Offenbarung des Johannes, Neukirchen-Vluyn 1983.

Der Seher Johannes hat den Auftrag erhalten aufzuschreiben, „was du gesehen hast und was ist und was hierauf geschehen soll" (1,19). Hiermit ist keine Gliederung seines Werkes gegeben, wohl aber sind Grundaspekte angesagt, die im folgenden ständig wiederkehren werden: Der Seher berichtet von seinen Visionen und von der Deutung, die ihm (vor allem durch Engel) mitgeteilt wird. Gegenstand seiner Darstellung ist aber auch das gegenwärtige Geschehen, die Situation der Kirche seiner Zeit, nicht zuletzt die zukünftigen Ereignisse, wobei es dem Leser weithin überlassen bleibt, zwischen Gegenwärtigem und Zukünftigem zu unterscheiden. Der eigentliche Zielpunkt des Werkes ist das künftige Ende der Geschichte. Auf dieses sind alle Visionen und Ereignisse in der Welt angelegt. Hier finden sie ihre endzeitliche Vollendung (vgl. Kap. 21-22). Da die Gesamtheit der christlichen Gemeinde von der dargestellten gegenwärtigen und künftigen Geschichte betroffen ist, kommt sie auch dort in den Blick, wo sie nicht direkt oder indirekt (z.B. im Bild von den sieben Leuchtern 1,12f.20; 2,1 oder in den an sieben Gemeinden gerichteten Sendschreiben Kap. 2-3) angesprochen ist.

1. Situation

Die Situation der kirchlichen Gegenwart ist durch Verfolgungen geprägt. Der Seher Johannes befindet sich ‚wegen des Wortes Gottes und des Zeugnisses Jesu' auf Patmos (1,9). Er blickt auf Verfolgungen zurück, denen eine Reihe von Blutzeugen zum Opfer gefallen ist (6,9), und erwartet, daß weitere folgen werden (6,11; vgl. 12,17).[24] Trotz dieser nicht seltenen, aber im Bereich des Bildhaften bleibenden Anspielungen ist über die historischen

24 Vgl. auch 13,1ff: Das gottfeindliche Tier, das aus dem Meer heraufsteigt, ist der Antichrist, der den Zügen des Christusbildes antithetisch korrespondiert; 13,3.12.14: Todeswunde des Tieres und ihre Heilung können gegensätzlich auf Tod und Auferstehung Jesu Christi gedeutet werden.

Umstände der vorausgesetzten Verfolgungen wenig auszumachen. Die Anbetung des Tieres (13,8.15), auch die Malzeichen auf der rechten Hand oder auf der Stirn als die Vorbedingungen von merkantiler Tätigkeit (13,16f) deuten auf den römischen Kaiserkult. Die Weigerung der Christen, dem Kaiser göttliche Verehrung entgegenzubringen und dem Kultbild im Kaisertempel zu opfern, zog schärfste Strafen bis zur Hinrichtung nach sich.[25] Auch wenn die Verfolgungssituation im einzelnen dunkel bleibt, an der Tatsache selbst ist nicht zu zweifeln, und auch nicht daran, daß durch die staatlichen Nachstellungen die Existenz der christlichen Gemeinde auf dem Spiel steht.

2. *Prädikationen*

Der Verfasser weiß sich gerufen, in dieser Situation die christlichen Gemeinden anzusprechen.[26] Er greift auf das zurück, was die Christen als aus der Welt herausgenommene Gemeinschaft durch die befreiende Tat des Lammes schon sind: Sie verstehen sich als ἅγιοι. Von den 23 Belegstellen in der Apokalypse ist nahezu die Hälfte (11) mit dem Artikel des Plural konstruiert (‚die Heiligen').[27] Ist ‚heilig' im Griechentum und im Alten Testament ein kultischer Begriff, so bezeichnet er das, was dem profanen Bereich entzogen ist und der göttlichen Sphäre zugehört. Entsprechend gilt für die christliche Selbstbezeichnung, daß die Glaubenden sich durch die Heilstat Jesu Christi als Geheiligte verstehen (1 Kor 1,2). So ist es in der Apk als ‚terminus technicus' vorgegeben.[28] Über eine Begründung wird nicht reflektiert. Aber der Kontext läßt die christologische Beziehung erkennen: Die ‚Gebete der Heiligen' vereinigen sich mit dem Lobpreis der 24 Ältesten als der Repräsentanten der himmlischen Gemeinde vor dem Thron des Lammes; sie rühmen das Opfer des Lammes, das eine universale Erlösung gebracht hat (5,8f). Ihre Gebete

---

25 Vgl. Plin Ep X 96f. – W. Foerster, Neutestamentliche Zeitgeschichte Bd. 1, Hamburg[3]1959, 199-201; H. Köster, Einführung in das Neue Testament 773-777; B. Reicke, Neutestamentliche Zeitgeschichte 292-295.

26 Vgl. die sieben Sendschreiben (2,1-3, 22); die sieben Gemeinden werden durch die sieben goldenen Leuchter, in deren Mitte sich der Menschensohn befindet, symbolisch dargestellt (1,12f.20; 2,1).

27 Sonstige Belege: Beziehung auf Gott (4,8; 6,10), auf Christus (3,7) oder auf Engelwesen (14,10); auch adjektivisch ‚die heilige Stadt' (11,2; 21,2.10; 22,19); parallel zu μακάριος: 20,6; Substantiv Singular: 22,11 (‚der Heilige heilige sich weiter').

28 In der jüdisch-apokalyptischen Überlieferung ist der Begriff nur selten belegt; vgl. aber Dan 7,21 und besonders die Bilderreden des äthHen (38,4f; 39,1.4f); selten auch in der Qumranliteratur (1 QM 3,5; 6,6 u.ö.).

steigen wie der Rauch des Weihrauchs aus der Hand des Engels vor Gott empor und finden Erhörung (8,3f). Es ist die verfolgte Gemeinde Jesu Christi, die zu Gott betet. Wie das Lamm geschlachtet wurde, so sind auch seine Nachfolger dem Leiden ausgeliefert: Das ‚Tier' führt ‚mit den Heiligen Krieg' (13,7; vgl. Dan 7,21). Wie das Blut des Lammes, so wird auch das der Heiligen vergossen (16,6; 17,6; 18,24). – Die Verfolgung begründet sich aus der Tatsache, daß die Heiligen als ‚Zeugen Jesu' auftreten (17,6). In dieser Situation werden sie zu Standhaftigkeit und Bewährung des Glaubens aufgerufen (13,10). Ihre Standhaftigkeit zeigt sich darin, daß sie ‚die Gebote Gottes und den Glauben Jesu festhalten' (14,12). Den Bewährten gilt die Verheißung, daß sie an der ersten Auferstehung teilhaben werden (20,6). Ihnen wird der ‚Lohn' zuteil (11,18; 22,12). Solche Erwartung ist Grund zur Freude: Der Sieg Gottes wird über Babylon errungen (18,21) und das gerechte Gericht Gottes an seinen Feinden vollzogen werden (16,6f). Wenn auch Gog und Magog das Heerlager der Heiligen umstellen, so werden diese doch durch Feuer gerettet werden (20,9).

Das Selbstverständnis der Gemeinde wird auch durch den Ausdruck ‚die den Namen Gottes fürchten' interpretiert (11,18; vgl. 19,5), der auf alttestamentlichen Hintergrund zurückweist (vgl. Mi 6,9; Ps 60,6 LXX). Die Gemeindeglieder werden allgemein mit diesem Begriff gekennzeichnet, sofern sie dem von Gott Gebotenen Folge leisten und am Glauben festhalten.[29] Insofern gilt für sie, daß ihre Namen im ‚Buch des Lebens' aufgeschrieben sind (vgl. 21,27; 3,5; negativ, von den Anhängern des Tieres: 13,8; 17,8; 20,15).

Die eschatologische Gemeinde wird auch mit dem Bild von den 144 000 ‚Jungfrauen' (παρθένοι) dargestellt (14,4). Die ‚runde Zahl' ist ein Bild für die himmlische Fülle (ähnlich symbolhaft 7,4: 144 000 Märtyrer) und darf ebensowenig realistisch ausgelegt werden wie die Angabe, daß sie sich ‚mit Frauen nicht befleckt haben' (14,4). Jungfräulichkeit ist nicht mit Askese (Ehelosigkeit oder Fernhalten von sexuellen Ausschweifungen) identisch, sondern bezeichnet allgemein, daß die Heiligen den Versuchungen, die mit der Verfolgung hereinbrechen, nicht erlegen sind. Ihre ethische Reinheit spricht sich darin aus, daß sie eine ‚Erstlingsgabe' (ἀπαρχή) für Gott und für das Lamm darstellen und ihre ‚Untadeligkeit' (ἄμωμοι) bewiesen haben, wie in der Sprache des Opferkultes gesagt wird (vgl. auch 2 Kor 11,2). Daß sie den Namen des Lammes und seines Vaters auf ihren Stirnen tragen, kennzeich-

---

29 Anders O. Böcher, Bürger der Gottesstadt, in: ders., Kirche in Zeit und Endzeit 164 Anm. 21: Grundlage sei die jüdische Tradition, wonach die ‚Gottesfürchtigen' (= ‚Proselyten') durch das Martyrium zu ‚Heiligen' werden.

net ihre eschatologische Qualität. Diese ist nicht an die Voraussetzung einer bestimmten Religion, Rasse oder Nation gebunden, sondern ‚als von (den Bewohnern) der Erde Erkaufte' werden sie aus der gesamten Menschheit zusammengerufen (14,3).

Die Zugehörigkeit der Gemeinde zu Gott und Christus wird auch am Begriff δοῦλος kenntlich. Wie im Alten Testament Mose als ‚Knecht Gottes' verstanden werden kann, um zu verdeutlichen, daß er im Auftrag Gottes handelte (Jos 1,2.7), so kann auch der Seher Johannes sein Verhältnis zu Jesus Christus mit dem δοῦλος-Begriff umschreiben. Nicht aus eigener Vollmacht, sondern auf Befehl des erhöhten Herrn vermittelt er das, was er gesehen und gehört hat, den Gemeinden (1,1). Die christlichen Gemeinden selbst werden als Gemeinschaft von ‚Knechten' Jesu Christi bezeichnet (1,1; 22,6). Der ekklesiale Sprachgebrauch überwiegt; denn auch dort, wo der Begriff mit ‚Propheten' verbunden wird (10,7; 11,18), ist an die Christusgläubigen zu denken. Auch die Märtyrer, deren Blut an der Hure Babylon gerächt werden soll, werden ‚seine Knechte' genannt (19,2). Im allgemeinen aber ist die gesamte Kirche hierdurch gekennzeichnet. Als das neue Gottesvolk stimmt sie in das Gotteslob ein und erweist darin ihre Dienstbarkeit gegenüber Gott (19,5). Ungeachtet der Gefahr, von der falschen Prophetie verführt zu werden und dadurch ihr Gottesverhältnis zu verlieren, hat sie die Zusage, daß sie im wiedererrichteten Paradies vor dem Thron Gottes und des Lammes zugleich dienen und herrschen wird (22,3.5).

3. Amt und Geist

In den Zusammenhang von Gemeindeämtern, die nicht von allen Gemeindegliedern ausgeführt werden können, gehört das Wort προφήτης. Bezieht der Verfasser diese Bezeichnung nicht auf sich und hat sein Werk insgesamt nicht den Charakter eines Prophetenbuches, sondern einer apokalyptischen Schrift[30], so versteht er doch die ihm übergebenen Offenbarungen als λόγοι τῆς προφητείας (1,3; 22,7.10.18f) und seinen Auftrag in der Weise, daß seine Worte als prophetische Voraussage für die Völker gedeutet werden sollen (10,11: προφητεύειν). Daher kann er sich auch als ‚Bruder der Propheten' bezeichnen (22,9). Wichtiger aber ist, daß ‚Propheten' neben den Heiligen und den Aposteln genannt werden, was sich demnach nicht auf alttestamentlich-jüdische, sondern auf christliche Propheten bezieht (11,18; 16,6; 18,20.24). Der Verfasser kennt also ein prophetisches Gemeindeamt (vgl. auch Did 11,8-12). Auch wenn dies nicht näher umschrieben wird, so ist

---

30 So mit Recht auch A. Satake, Gemeindeordnung 73.

doch deutlich, daß diesem Amt eine große Bedeutung zugeschrieben wird, da es auf die Stufe der Engel gehoben ist (22,9: der Offenbarungsengel als ‚Mitknecht der Propheten'), und auch, daß die Voraussage von künftigen Ereignissen zur Aufgabe der christlichen Prophetie gehört (vgl. 10,11; 22,6; Apg 11,28; 21,10: Agabus). Als ein spezielles Beispiel für die christliche Prophetie treten die ‚beiden Zeugen' auf, ‚die als Propheten reden' (11,3) und ausdrücklich ‚Propheten' genannt werden (11,10). Dennoch werden sie nicht näher gekennzeichnet, so daß auch eine Gleichsetzung mit Mose oder Elia (vgl. Mk 9,4parr) trotz der Anklänge an einen entsprechenden alttestamentlichen Hintergrund in 11,5f (vgl. 2 Kön 1,10; 1 Kön 17,1; Jer 5,14; Ex 7,19) hypothetisch bleibt. Im Sinn des Verfassers handelt es sich um ein Zukunftsbild. Die beiden Zeugen haben die Aufgabe, die Bewohner der Erde ‚zu quälen', d.h. ihnen das Gericht anzukündigen (11,10). Läßt sich dies als Funktionsbezeichnung des christlichen Prophetenamtes verstehen, so reflektiert doch die nähere Darstellung (ihr Kampf mit dem Antichrist, durch den sie getötet werden, worauf später eine Wiederbelebung erfolgt: 11,7.11f; vgl. Ez 37,5.10) nicht nur das Schicksal von christlichen Propheten, sondern das der verfolgten Kirche insgesamt, der nach dem Verfolgungsleiden die endzeitliche Überwindung der gottfeindlichen Mächte zugesagt wird.

Neben den Propheten ist ἀπόστολος als Gemeindeamt bezeugt. Zwar ist dieser Terminus auch in einem rein historischen Sinn zu verstehen, als Bezeichnung für die zwölf Apostel, welche die Grundsteine der Kirche bilden (21,14; vgl. Lk 6,13; Mt 10,2), aber ihre Einordnung zwischen den Heiligen und den Propheten (18,20) macht wahrscheinlich, daß es sich wie bei den Propheten um ein Gemeindeamt handelt; wie jene sind sie Objekt der Christenverfolgungen (ebd.). Dies geht auch aus 2,2 hervor, wonach in der Gemeinde zu Ephesus *falsche Apostel* aufgetreten sind. Demnach ist dieses Amt nicht ortsgebunden; es handelt sich vielmehr um Wanderprediger, ohne daß sich Näheres über ihre Funktion und ihr Verhältnis zu den christlichen Propheten feststellen läßt.

Anders der Begriff πρεσβύτερος; er begegnet 12mal, ausschließlich im zweiten Hauptteil der Apk, nur in Beziehung auf die 24 himmlischen Ältesten (4,4.10; 5,5 u.ö.). Der Seher schaut sie in seinen Visionen in der Nähe des Thrones Gottes, ausgestattet mit himmlischen Attributen (auf 24 Thronen sitzend, mit weißen Gewändern bekleidet, auf den Häuptern goldene Kronen). Zweimal fungiert einer der 24 Ältesten als *angelus interpres* (5,5; 7,13ff). Daß in dieser Darstellung ein kirchliches Presbyteramt reflektiert ist, wird nicht angedeutet. Von Bedeutung ist vielmehr, daß die 24 Ältesten dem überirdischen gottesdienstlichen Geschehen zugeordnet sind.

Dem Zeugnis der christlichen Propheten steht der ‚Falschprophet' (ψευδοπροφήτης) antithetisch gegenüber. Dieser bedroht gemeinschaftlich mit dem gottfeindlichen ‚Tier' die christliche Gemeinde und versucht, sie durch ‚Zeichen' zu verführen (19,20; vgl. 16,13f). Er erleidet dasselbe Schicksal wie das Tier als der Antichrist (19,20; 20,10). – Konkreter, als Person erscheint die Prophetin (προφῆτις) Isebel, von der gesagt wird, daß sie die Gemeinde zu Thyatira verführt (2,20). Der Anschluß an die alttestamentliche Überlieferung ist nicht zu übersehen (1 Kön 16,31: Isebel verführte den König Ahab zum Götzendienst). Hierauf ist auch die inhaltliche Darstellung der Verführung zurückzuführen.[31] Bleibt also auch das Bild der falschen Prophetie blaß und der Tradition verhaftet, so ist doch deutlich, daß die Auseinandersetzung zwischen wahren und falschen Propheten den kleinasiatischen Gemeinden der Apokalypse nicht unbekannt gewesen ist (vgl. auch 1 Joh 4,1; ferner: Mt 7,15; 24,11.24par u.ö.).

Die Tatsache, daß die Gemeindestruktur der Apokalypse ein Prophetenamt kennt, könnte vermuten lassen, der Begriff πνεῦμα sei hierauf in besonderer Weise bezogen oder die Gabe des Geistes sei entsprechend eingegrenzt. In Wahrheit spricht der Verfasser nicht davon, daß der Geist Gottes in den oder durch die Propheten wirkt.[32] Andererseits ist auch nicht gesagt, das Sein der Gemeinde werde aus der Kraft des Geistes Gottes oder Christi gestaltet, so daß dem πνεῦμα eine universale, kirchenbegründende Funktion zukäme (vgl. Joh 16,13); vielmehr sind die Genitivverbindungen ‚Geist Gottes' oder ‚Geist Christi', auch der Terminus ‚heiliger Geist' in der Apk unbekannt. Sieht man von den Texten ab, die einen spezifisch eingeschränkten Pneumagebrauch belegen[33], so lassen sich zwei Vorstellungskreise unterscheiden:

1. Die Anschauung von den *sieben Geistern* geht auf eine verzweigte religionsgeschichtliche Grundlage, z.B. auf die alttestamentlich-jüdische Überlieferung von den sieben Erzengeln zurück (Tob 12,15). Darüber hinaus verweist die Identifizierung bzw. Parallelisierung mit sieben Sternen[34] oder mit sieben Feuerfackeln (4,5) auf nichtjüdisches Gedankengut.[35] Die sieben Geister stehen wie die sieben Engel (8,2) vor dem Thron Gottes, sind also Teil des

---

31 Vgl. Num 25,1f; eine Anspielung auf das Aposteldekret (Apg 15,20.29; 21,25) ist nicht nachzuweisen.

32 Vgl. vielmehr 19,10: Der ‚Geist der Prophetie', d.h. das Zeugnis der Propheten wird mit dem ‚Zeugnis Jesu' gleichgesetzt; 22,6: Gott ist der Herr über die ‚Geister der Propheten', d.h. der christlichen prophetischen Amtsträger.

33 ‚Geist' als ‚Lebenshauch' (11,11; 13,15); im Plural: unreine Geister, d.h. Dämonen (16,13f; 18,2); auch das Sein ‚im Geist', antithetisch zu ‚im Körper', als Ausdruck der Ekstase bzw. Entrückung (1,10; 4,2; 17,3; 21,10).

34 1,20: Engel der 7 Gemeinden; vgl. 3,1; die Identifizierung der Gemeindeengel (2,1.8 u.ö.) ist umstritten: Handelt es sich um irdische Gemeindeleiter? Wahrscheinlicher ist gemeint, daß jede Gemeinde einen Engel besitzt, der sie vor dem himmlischen Thron repräsentiert; zum Botencharakter vgl. Mal 2,7; 3,1; Hag 1,13.

35 Dazu W. Hadorn, Die Offenbarung des Johannes, Exkurs 3, 31f; E. Schweizer, Art.: πνεῦμα, πνευματικός, ThWNT VI 448f.

himmlischen Hofstaates (4,5). Nicht nur Gott, sondern auch sie selbst sind Urheber der Heilsgaben von Gnade und Friede, die den Gemeinden zugesagt werden (1,4). Sie sind als die ‚sieben Geister Gottes' auf die ganze Erde ausgesandt (5,6). Bleibt auch in der Schwebe, was ihre Funktion im einzelnen ausmacht – weder ist eine Gleichsetzung mit dem Geist Gottes noch mit den sieben Gemeindeengeln (1,20) wirklich ausgesagt – , so zeigt doch das Symbol der Siebenzahl, daß es sich um die Repräsentation der unvergleichbaren göttlichen Fülle und Vollkommenheit handelt, die der Gemeinde zugleich vorgegeben und verheißen ist.

2. Das absolute *‚der Geist'* erscheint vor allem im Kontext der Sendschreiben in der gleichlautenden *Weckformel*: „Wer ein Ohr hat, der soll hören, was der Geist den Gemeinden sagt" (2,7.11.17.29; 3,6.13.22). Offenbar ist gemeint, daß der erhöhte Christus-Menschensohn (1,13) durch den Geist die Gemeinden der Sendschreiben anredet. Jedoch wird eine Identifizierung zwischen Christus und dem Geist nicht ausdrücklich vollzogen; gegen sie spricht insbesondere die Textstelle *22,17*, wo der Geist und ‚die Braut' (= das himmlische Jerusalem bzw. die himmlische Gemeinde; vgl. 19,7f; 21,2.9f) die irdische Gemeinde ansprechen und die Bitte um das Kommen des Christus vorgetragen wird (vgl. 22,20). Daß der Verfasser Geist und Christus einmal voneinander unterscheidet, ein anderes Mal einander anzunähern scheint, entspricht dem geheimnisvollen, das Gesagte bewußt im Raum des Unzugänglichen belassenden Stil der Apokalypse. Doch ist die Aufgabe des Geistes deutlich zu erkennen: *Der Geist ist der Sprecher göttlicher Offenbarungen, die sich an die christliche Gemeinde richten.* Die menschliche Person des Sehers Johannes tritt demgegenüber zurück, auch wenn das Reden des Geistes durch den Apokalyptiker artikuliert wird (vgl. 2,7; 14,13). Ohne daß sein Reden sich an einen bestimmten Gemeindestand (etwa den der Propheten) bindet und ohne daß der Kirche als Gesamtheit ein pneumatischer Charakter zuerkannt wäre, wendet sich der Geist den Gemeinden zu. Durch Trostzuspruch und Mahnung richtet er sie in der Gegenwart auf und leitet sie auf den Weg, der zur endgültigen Vollendung der Geschichte der Menschheit führt (vgl. 14,13; 22,17). Der Geist ist die Wirklichkeit, welche die Gemeinde in Gegenwart und Zukunft bestimmt.

4. Trost und Mahnung (Die Sendschreiben)

Die sieben Sendschreiben (2,1-3,22) sind keine wirklichen Briefe, sondern literarische Kunstprodukte, die als solche der theologischen Absicht und dem Selbstverständnis des Verfassers Ausdruck geben. Im Rahmen des Gesamtwerkes haben sie die Aufgabe, den zweiten Hauptteil mit den eigentlichen

Offenbarungen vorzubereiten.[36] Andererseits ist der Zusammenhang mit der voraufgehenden Christusvision (1,9-20) von Bedeutung, da deren Motive zum Teil in den Sendschreiben wiederkehren.[37] Demnach sind die Schreiben an die sieben kleinasiatischen Gemeinden durch die Autorität des erhöhten Christus begründet, der beides ist: Erlöser und Richter, so daß im folgenden sowohl der ekklesial-anthropologische Indikativ als auch der ethische Imperativ auf die Wirklichkeit des Christus zurückbezogen ist.

Die überragende Machtstellung des Christus-Menschensohnes wird in der Eingangsvision mit kräftigen Farben vorgestellt: Anfang und Ende der Zeit, Tod und Leben unterstehen seiner herrscherlichen Gewalt (1,17f). Ebenso wird in den Sendschreiben die Machtvollkommenheit des Erhöhten hervorgehoben: Er war tot und ist lebendig geworden (2,8); er ist Gottes Schöpfung vorgeordnet (3,14); er besitzt den ‚Schlüssel Davids' und kann eine ‚Tür' öffnen oder auch verschließen (3,7f).

Gegenstand der Sendschreiben sind sowohl Verheißung als auch die Ankündigung des Gerichtes. Das *Verheißungswort* gilt den Gemeinden und ihren Gliedern, wenn sie die Anschläge des Teufels überwinden und in den Verfolgungen Treue zum erhöhten Christus bewahren; ihnen wird der ‚Kranz des Lebens' gegeben, und sie werden vor dem zweiten Tod verschont werden (2,10f). Sie sollen an der Machtstellung Christi beteiligt werden, sich auf seinen Thron setzen dürfen und den ‚Morgenstern' erhalten (3,21; 2,28). – Andererseits wird den angeschriebenen Gemeinden das *Gerichtswort* zugesprochen: Der erhöhte Christus droht, den Leuchter der Gemeinde umzustoßen, wenn sie nicht Buße tut (2,5); denen, die nicht zur Umkehr bereit sind, wird der kriegerische Einsatz des ‚zweischneidigen scharfen Schwertes' angekündigt (2,12.16; vgl. 19,21). Der ‚die Nieren und die Herzen erforscht' (2,23) wird mit eisernem Stab die Heiden weiden und die Gottlosen wie Tongefäße zerschlagen (2,26f). Dabei ist klar, daß nur dem Erhöhten Gewaltanwendung gegen die Gottesfeinde zusteht; denn für die Bewohner der Erde gilt die Maxime, daß „wer in Gefangenschaft führt, (selbst) in Gefangenschaft geht; wer mit dem Schwert tötet, muß (selbst) mit dem Schwert getötet werden" (13,10 v.l.).

Die Gemeinden der Sendschreiben schauen nicht nur auf überstandene Verfolgungen zurück (z.B. 2,2f.13.19; 3,8), sondern erleben auch gegenwärtige ‚Drangsal' (2,9; vgl. 1,9) und erwarten, daß sie ebenso in Zukunft Leiden ertragen müssen (2,10.22). Angesichts dieser Situation wird ihnen Trost und

---

36 Vgl. dazu W. Popkes, Die Funktion der Sendschreiben in der Johannes-Apokalypse, ZNW 74, 1983, 90-107.

37 Vgl. Chr. Wolff, Die Gemeinde des Christus in der Apokalypse des Johannes 186-197.

Mahnung zugesprochen; so in den Verheißungen an die ‚Überwinder'.[38] Dem entsprechen im zweiten Hauptteil Makarismen.[39] Verheißungen und Makarismen sagen der leidenden Gemeinde wie auch den einzelnen Christen, wenn sie ‚ihre Gewänder nicht befleckt' haben (3,4), das künftige Heil zu; denn am Ende der Geschichte wird der Sieg des Lammes stehen (17,14). Für alle, die mit ihm überwinden, steht ein herrliches ‚Erbe' bereit (21,7; vgl. 2,7; 3,12.21).

Neben den Trostzusagen enthalten die Sendschreiben Mahnungen, die voraussetzen, daß die Gemeinden als ganze sich keineswegs schon bewährt haben. Vielmehr haben einige ihre ‚erste Liebe' verlassen und sind ‚abgefallen' (2,4f); andere dulden in ihren Reihen falsche Lehrer, die in die Irre führen.[40] Der Gemeinde zu Laodizea wird der Vorwurf gemacht, daß sie ‚weder warm noch kalt', sondern ‚lau' ist (3,15f). Sie hat das ihr zugesprochene Sein und die in ihr vorhandenen Gaben nicht entschieden genug genutzt; ihre Sattheit zeigt sich darin, daß sie sich ihres (geistlichen) Reichtums rühmt, ohne um die eigene Bedürftigkeit zu wissen. Daher der Rat, jetzt das Geschenk der von Christus gewährten Heilsgabe anzunehmen, um wahrhaft reich zu sein (3,17f).

5. Gegenwart und Zukunft

M. Rissi, Was ist und was geschehen soll danach. Die Zeit- und Geschichtsauffassung der Offenbarung des Johannes, AThANT 46, Zürich 1965.

H.W. Günther, Der Nah- und Enderwartungshorizont in der Apokalypse des heiligen Johannes, fzb 41, Würzburg 1980.

Gegenwart des Heils

Wenn auch die Mahnungen im einzelnen nicht konkretisiert werden, so ist doch deutlich, daß im Gesamtwerk der Apokalypse der Schwerpunkt auf den Mahnungen zu Ausdauer und Standhaftigkeit in der Verfolgung liegt.[41] Daß die Gemeinde von einem indikativisch aussagbaren, in der Gegenwart erfahrenen Heil weiß, spiegelt sich in ihrem Bekenntnis, dem ‚Zeugnis Jesu'[42]

38 ‚Überwindersprüche' finden sich 2,7.11.17.26; 3,5.12.21; auch 21,7.

39 14,13; 16,15; 19,9; 20,6; 22,7.14; auch 1,3. Auffällig ist die Siebenzahl!

40 2,14f.20; die Warnung vor der Lehre Bileams benutzt atl. Vokabular (besonders aus Num 31,16), das eine eindeutige Identifizierung der gegnerischen Propaganda unmöglich macht; nicht sicher zu interpretieren ist auch die ‚Lehre der Nikolaiten' (2,15), die – wie sich aus dem weiteren Beleg im Sendschreiben an die Gemeinde zu Ephesus ergibt (2,6) – von den Bileamiten zu unterscheiden ist.

41 In besonderer Weise 13,10; 14,12.

42 1,2.9; 12,17; 19,10; 20,4; vgl. 17,6.

bzw. dem ‚Glauben Jesu'[43], aber auch in ihrem eschatologischen Selbstverständnis, wonach sie sich als gegenwärtige und künftige Gemeinschaft von Königen und Priestern versteht (1,6; 5,10; vgl. 20,6). Darüber hinaus lassen sich Spuren der Feier der *Sakramente* in der gemeindlichen Praxis vermuten. Auch wenn die Einzelheiten umstritten bleiben werden, so scheint doch der himmlische Gottesdienst als Gegenstand der Zukunftsschau des Apokalyptikers (7,9-17; 22,3-5) Elemente der Tauf- und/oder Abendmahlsüberlieferung der johanneischen Gemeinden zu reflektieren; sie besagen, daß die heilvolle Wirkung des Vergießens des Blutes des Lammes (1,5; 5,9; 7,14; 12,11) den Glaubenden sakramental übereignet wird. So könnte das ‚Waschen der Kleider im Blut des Lammes' Reflex älterer christlicher Taufüberlieferung sein[44], zumal die Bekleidung mit weißen Gewändern eine kirchliche Taufsitte ist. Ebenso mag der Akt der ‚Versiegelung' (7,2f; 9,4) auf die christliche Taufe zurückgehen (vgl. 2 Kor 1,22; Eph 1,13; 4,30). Ferner läßt die Vorstellung vom ‚Wasser des Lebens' (21,6; 22,17) einen sakramentalen Hintergrund vermuten. Handelt es sich hierbei auch um die Gabe Gottes an die künftig Vollendeten, so zeigt doch die christologische Rahmung im Johannesevangelium (Joh 4,10f.13f), daß dieser Vorstellung in der johanneischen Schule eine gegenwartsbezogene Funktion zuerkannt wurde. Zwar ist das Problem der traditionsgeschichtlichen Ableitung noch nicht einhellig gelöst[45], doch bezeugt auch Joh 3,5, daß das Taufsakrament als Wassertaufe mit dem (lebenspendenden) Geist verbunden wurde.

Sieht man eine Verbindung zwischen dem ‚Brot des Lebens' (Joh 6,35) und dem ‚Wasser des Lebens'[46], so läßt sich daran denken, daß hierin Abendmahlsüberlieferung reflektiert wird. Umstritten ist, ob der Verfasser mit der ‚geöffneten Tür' und dem Bild von der künftigen Mahlgemeinschaft des Christus mit den Seinen (3,20) auf das Herrenmahl anspielt. Zumindest primär ist an das Kommen des Kyrios Jesus und die Einholung seiner Gemeinde in die himmlische Vollendung gedacht. – Die Ankündigung, daß die Übeltäter und Gottlosen aus der kommenden Gottesstadt ausgeschlossen

---

43 14,12; vgl. 2,13. Die Entscheidung zwischen genetivus subiectivus bzw. obiectivus ist jeweils problematisch.

44 Vgl. J. Roloff, Die Offenbarung des Johannes, ZBK 18, Zürich 1984, 92.

45 Für eine Ableitung aus der Gnosis vgl. J.-W. Taeger, Johannesapokalypse und johanneischer Kreis. Versuch einer traditionsgeschichtlichen Ortsbestimmung am Paradigma der Lebenswasser-Thematik, BZNW 51, Berlin 1989. Apokalyptische Wurzeln findet F. Hahn, Die Worte vom lebendigen Wasser im Johannesevangelium, in: J. Jervell-W.A. Meeks (Hgg.), God's Christ and His People, FS N.A. Dahl, Oslo-Bergen-Tromsö 1977, 51-70.

46 So. F. Hahn, a.a.O. 52-54 u.ö.

werden (22,15), könnte auf den gottesdienstlichen Brauch verweisen, wonach nur die Gemeindeglieder, nicht die Katechumenen oder Nichtchristen an der Abendmahlsfeier teilnehmen dürfen (vgl. Did 9,5); wie denn auch die gottesdienstliche Akklamation ‚Maranatha', die im Gebetsruf „Amen, komm, Herr Jesus" (22,20) nachklingt, in diesen Zusammenhang (eventuell zu Beginn der Mahlfeier; vgl. Did 10,6) passen würde.

Deutlicher wird die Gegenwart des eschatologischen Heils in der christologischen Aussage ausgesprochen, daß der Christus-Menschensohn als der Erhöhte ‚schon jetzt' seine Herrschaft angetreten hat (1,5.18), und auch darin, daß – wie die ekklesiologischen Prädikate erkennen lassen – die christliche Gemeinde sich schon in der Zeit als ‚entweltlicht' versteht. Daher werden die Gemeinden in den Sendschreiben mit dem Ruf zur Umkehr ermahnt, sich auf diesen Anfang, ihre ‚erste Liebe' (2,4), zu besinnen und ‚die ersten Werke' erneut zu vollbringen (2,5). Auch werden sie daran erinnert, ‚wie du empfangen und gehört hast' (3,3). Ist mit dem Umkehrruf gegeben, daß die Gemeinde der Apokalypse sich nicht in einem Zustand der Perfektion befindet, sondern stets neu aufgerufen werden muß, sich an das einmal übereignete Heilsgut zu erinnern und die eschatologische Dimension ihres Seins im rechten ethischen Verhalten konkret werden zu lassen, so wird andererseits doch eine Gruppe herausgestellt, welche unmittelbar vor der Endvollendung steht:

Der Begriff μάρτυς erscheint fünfmal in der Apokalypse; er hat – mit Ausnahme von 17,6 – noch nicht die spezielle Bedeutung von ‚Blutzeuge', wie dies in der späteren kirchlichen Terminologie der Fall ist, sondern bezeichnet den, der etwas bezeugt, also den Verkündiger.[47] Allerdings kann das Zeugnis dahin führen, daß sein Träger verfolgt und einen gewaltsamen Tod erleiden muß. So ist es für ‚den treuen Zeugen' Antipas belegt, der seine Zeugenschaft ‚bis zum Tode' bewährte (2,13), oder für die beiden Zeugen, die – nachdem sie ihr Zeugnis abgelegt hatten – vom Tier aus der Unterwelt besiegt und getötet werden (11,3.7). Auch Heilige und Propheten erleiden um des Christus willen das Todesgeschick, ohne daß der Zeugenbegriff auf sie angewendet wird (18,24). Aber wenn auch die Zeugenterminologie nicht immer erscheint, so ist doch nicht nur 17,6, sondern allgemein vorausgesetzt, daß das Christusbekenntnis die Ursache von Nachstellung und Hinrichtung ist. Denn – wie die fünfte Siegelvision besagt – die Hingerichteten wurden „hingeschlachtet um des Wortes Gottes willen und um des Zeugnisses willen", das sie festhielten (6,9; vgl. 20,4). Ihnen wird verheißen, daß sie den ‚Ankläger' besiegen ‚um des Blutes des Lammes und um des Wortes ihres Zeugnisses willen'; denn sie hatten ‚ihr Leben nicht geliebt bis zum Tode'

47 In dieser Weise wird auch von dem Erhöhten als dem ‚zuverlässigen Zeugen' gesprochen (1,5; 3,14).

(12,11). Diese Verheißung wird bildhaft verdeutlicht (6,11: Bekleidung mit weißen Gewändern); ihre Erfüllung wird für die erste Auferstehung, bei der Aufrichtung des tausendjährigen Friedensreiches erwartet (20,4).

Zukunft des Heils

Die Johannesapokalypse ist im Zusammenhang von Christenverfolgungen geschrieben worden. Das Verhältnis zur johanneischen Schule legt nahe, daß diese Verfolgungen nicht unter Domitian, sondern unter Kaiser Trajan (98-117) stattgefunden haben. Hierfür spricht, daß der Orakelspruch vom achten König, der einer von sieben voraufgegangenen gewesen sei, sich auf Trajan als den achten Kaiser nach Nero (‚Nero redivivus') deuten läßt.[48] Jedoch bleibt die Datierung hypothetisch, zumal auch mit dem Einfluß älterer Orakelüberlieferung auf die Darstellung der Apokalypse gerechnet werden muß. Unabhängig von einer exakten Zeitbestimmung ist gesichert, daß die Apokalypse eine Parusienaherwartung vertritt.[49] Offenbar handelt es sich um eine neu belebte Naherwartung, da das Motiv der Plötzlichkeit und Unberechenbarkeit (3,3: „Ich werde kommen wie ein Dieb"; vgl. 16,15) eine Verzögerungsproblematik vorauszusetzen scheint (vgl. 1 Thess 5,2; Mt 24,43). Das Tier aus dem Abgrund (11,7; 17,8) bzw. aus dem Meer (13,1-10.18) tritt jeweils am Ende der Posaunen- bzw. Schalenvisionen auf, um die christliche Gemeinde zu verfolgen (6. Posaune: 9,13; 11,7; 6. Schale: 16,12ff); danach wird der ‚himmlische Gesalbte' erscheinen (11,15; 12,10; 19,11ff).

Die Schilderung des Enddramas erfolgt im Rahmen von zwei Motivkreisen: kosmische Endkatastrophe und Sieg über die gottfeindliche Weltmacht. Beide überschneiden sich. Die Naturkatastrophe wird durch die 7. Posaune ausgelöst (10,6f; 11,17). Der Schöpfer wird Himmel und Erde vernichten (20,11); auch die Zeit (χρόνος) verschwindet (10,6), und ein neuer Himmel und eine neue Erde werden erscheinen.[50] Eingeleitet wird die kosmische Umwälzung durch Erdbeben, Überschwemmungen, Hagelschlag und durch den Einsturz der Stadt Babylon (16,17-21). Es überwiegt jedoch der hiervon nicht zu trennende zweite Aspekt, der Sieg über die gottfeindlichen Mächte. Diese besitzen verschiedene, nicht miteinander ausgeglichene Namen[51]: Neben dem

---

48 Domitian wäre der siebte Kaiser nach Nero. Vgl. hierzu auch das Problem der Zahl 666 bzw. 616 in 13,18.

49 Vgl. 1,1: „Was bald (ἐν τάχει) geschehen muß", wird dem Seher durch den erhöhten Christus gezeigt; auch 1,3: „Die Zeit ist nahe" (ἐγγύς); 3,11: „Ich komme bald"; ferner 22,7.10.17.20.

50 21,1; vgl. Jes 65,17; 66,22; 2 Petr 3,13.

51 Vgl. hierzu R. Schnackenburg, Die Johannesbriefe, HThK XIII 3, Freiburg[7] 1984, 148; G. Strecker, Die Johannesbriefe, KEK XIV, Göttingen 1989, 342.

‚Tier aus dem Meer', das mit den Heiligen Krieg führt (13,1ff), wird ‚ein anderes Tier, das aus der Erde heraufkommt' genannt; es trägt die Züge eines falschen Propheten, da es ‚große Zeichen' verrichtet und die Bewohner der Erde zur Anbetung des ersten Tieres auffordert (13,11ff). Hiervon ist auch das Tier aus dem Abgrund, das mit den beiden Zeugen Krieg führt (11,7), zu unterscheiden. Häufiger erscheint der ‚Drache', der der Frau und dem neugeborenen Knaben nachstellt (12,1ff.13ff) und sich mit Michael und seinen Engeln auseinandersetzt (12,7ff); er wird auch der ‚große Drache', alte Schlange, Teufel oder Satan genannt (12,9; 20,2). Dieses Bild verdichtet sich zu einer satanischen Trias ‚Drache, Tier und falscher Prophet'. Diese gehören der dämonischen Welt an (16,13f); sie versammeln sich zum kosmischen Endkampf am Ort Harmagedon (16,16). Den gottfeindlichen Mächten stellt sich der Christus-Menschensohn entgegen (14,14ff). Als ‚der Herr der Herren' wird er sie besiegen (17,14), mit seinem Schwert die Gottlosen vernichten und zur Stunde der Ernte an ihnen das gerechte Urteil Gottes vollziehen (19,15).

Wenn auch eine Berechnung des Weltendes nicht erfolgt und die in den Visionen geschauten Ereignisse sich nicht zu einer Folgeordnung ausarbeiten lassen, vielmehr einander interpretierend und ergänzend nur auf ein und dasselbe hinweisen, den Kampf zwischen Gott und Satan, zwischen dem Christus-Menschensohn und den gottfeindlichen Mächten, so findet sich doch an einer Stelle der Apokalypse ein Zeitschema: Das zwanzigste Kapitel unterscheidet deutlich zwischen einer ersten und einer zweiten Auferstehung; diese sind durch ein tausendjähriges Friedensreich geschieden (20,1-15). Es sind vier Phasen zu erkennen:

1. Der Herrschaftsantritt Christi, der mit der Fesselung der satanischen Trias, die nach ihrem Himmelssturz auf der Erde ihr Unwesen trieb (12,9ff), beginnt. Im Einklang mit der apokalyptischen Anschauung wird das Friedensreich eine Dauer von 1000 Jahren haben; es ist realistisch als irdisches Reich vorgestellt (vgl. Dan 2,44; 7,22; auch Apk 5,10: „Sie werden *auf Erden* herrschen").

Die chiliastische Erwartung eines tausendjähriges Reiches hat jüdisch-apokalyptische Wurzeln. 4 Esr 7,28f (Ende des 1.Jh.): Der Messias wird 400 Jahre lang herrschen; danach wird er sterben mit seinen Zeitgenossen; nach 7 Tagen erfolgt eine Auferstehung zum Gericht (4 Esr 7,30-33). Danach wird es ewiges Heil für die Frommen, ewige Qual in der Gehenna für die Gottlosen geben (4 Esr 7,34-38), und das neue Jerusalem in Herrlichkeit wird erscheinen (4 Esr 10,27.44-55).

SyrBar (Anfang des 2. Jh., vielleicht 4 Esr voraussetzend): Über die ganze Erde ergeht das göttliche Gericht (syrBar 24-28), es kommt der Messias (29), der nach kurzer Zeit in den Himmel zurückkehrt (30,1a). Es folgen Auferweckung der Gerechten (30,1b-3) und Untergang der Gottlosen (30,4f). Sodann wird Jerusalem wieder aufgebaut

(32,2), aber ‚nach einiger Zeit' nochmals zerstört (32,3a). Schließlich die allgemeine Totenauferstehung und das Weltgericht, wodurch die Gerechten ins ewige Heil geführt, die Ungerechten aber Pein erleiden werden (50,2-51,16).

Ist auch die Dauer des Messiasreiches unterschiedlich festgesetzt (Apk: 1000 Jahre; 4 Esr: 400 Jahre; syrBar: ‚einige Zeit'), so handelt es sich doch jeweils um eine Periodisierung der Endgeschichte, in der das eschatologische Zwischenreich eine wichtige Rolle spielt. Die tausendjährige Zeitdauer ist auch im TestIsaak (vor 70 n.Chr. ?) belegt, wo von einem tausendjährigen Fest, an dem die Frommen teilhaben (10,12), bzw. Gastmahl (8,11.20) gesprochen wird.[52]

Der Chiliasmus ist in frühchristlicher Zeit verbreitet gewesen. Er findet sich schon im Neuen Testament. Neben 1 Kor 15,20-28 lassen sich Spuren im Johannesevangelium (5,17f; 9,4 = ‚Weltsabbat' ?) vermuten. Eindeutig ist diese Vorstellung in der Auslegung Justins von Jes 7,14 und 8,4 belegt: Zielpunkt der chiliastischen Hoffnung ist danach der Wiederaufbau Jerusalems und die Gründung eines Friedensreiches, in dem die Kirche zusammen mit Christus leben wird (Dial 80,1f). Auch Papias von Hierapolis, der dem Presbyter Johannes nahegestanden hat, ist Chiliast gewesen (Eus HistEccl III 39,12; Iren Haer V 33,3f; 36,1f). Und von dem Gnostiker Kerinth heißt es, daß ihm von Engeln offenbart wurde, nach der Auferstehung werde das Reich Christi auf Erden errichtet werden und die leiblich wiederbelebten Menschen in Jerusalem wohnen; für eine Zeit von 1000 Jahren könne man sich dann allen möglichen Vergnügungen hingeben und diese Zeit in festlicher Hochzeitsfeier verbringen (Eus HistEccl III 28,2.4f).

Auch der Verfasser des Barnabasbriefes (um 130-135 n. Chr.) rechnet damit, daß nach 6000 Jahren Weltgeschichte zu Beginn des 7. Jahrtausends das Friedensreich des Christus anbrechen wird (Barn 15,4f). Dann wird das erste wie das letzte geschaffen werden (6,13); dies meint, daß das siebte Weltjahrtausend dem siebten Schöpfungstag, also dem Schöpfungssabbat, entsprechen wird (vgl. 15,8f: Jesus Christus ist am 8. Tag auferstanden und hat damit den Grund für die neue Schöpfung gelegt; vgl. Jes 65,17; Apk 21,1). Für die Grundlegung des 7. Jahrtausends wird das (2.) Kommen Christi erwartet, wenn dieser sich ‚im Fleisch' offenbaren wird (6,9; 7,9). Eine realistische Erwartung des kommenden Christusreiches, die in 2 Joh 7 eine Parallele aufweist (dazu oben).

Zusammenfassend: Der Chiliasmus ist ein Produkt der jüdischen Apokalyptik, vermutlich entstanden aus der Verbindung der jüdisch-nationalen Hoffnung auf die Wiederherstellung des Davidsreiches mit der spezifischen Geschichtsvorstellung, wonach die Weltgeschichte in Weltwochen von je 1000 Jahren abläuft, an deren Ende ein Weltsabbat von 1000 Jahren stehen wird (vgl. Gen 1,31; 2,1-3; Ps 90,4). Zu Beginn des 2. Jh. n.Chr. war er nicht nur in der jüdisch-apokalyptischen Literatur, sondern auch in der christlichen Parusieerwartung eine verbreitete Anschauung, die in den christlichen Gemeinden zur Wiederbelebung der urchristlichen Naherwartung beigetragen hat.

---

52 Vgl. weitere Belege bei O. Böcher, Das tausendjährige Reich, in: ders., Kirche in Zeit und Endzeit 136ff.

2. Zu Beginn des Friedensreiches Christi werden die Märtyrer und Konfessoren auferweckt werden (= 1. Auferstehung). Sie herrschen mit Christus (vgl. Mt 19,28par; 1 Kor 15,20-28; 6,2f; Dan 7,22.27) in seinem messianischen Reich als ‚Priester Gottes und Christi' (20,4-6). Da sie bis dahin nur als ‚Seelen' in einem Zwischenzustand existent waren (6,9; 20,4), ist vorausgesetzt, daß sie bei der ersten Auferstehung mit Körpern bekleidet werden (vgl. Ez 37,1-14). So entspricht es der realistischen chiliastischen Erwartung vom kommenden Tausendjährigen Reich.

3. Es folgt für ‚kurze Zeit' (20,3) die letzte Bedrohung, die mit Anklängen an Ez 38f dargestellt ist (20,7-10). Der Satan verführt ein letztes Mal die Völker, aber die Heiligen und ihre Stadt werden gerettet werden. Die Gottesfeinde Gog und Magog werden besiegt, die satanische Trias wird für immer entmachtet und in den Verdammungsort geworfen (vgl. 19,20; 20,2f).

4. Nachdem in der ersten Auferstehung nur die Märtyrer und Konfessoren zum Leben erweckt worden waren, ereignet sich nunmehr die zweite Auferstehung, die alle Toten zum Leben bringt und das große Gericht über die ganze Menschheit einleitet (20,11-15). Hierin eingeschlossen ist die Auflösung von Erde und Himmel, die Vernichtung von Tod und Totenreich sowie von allen, die nicht im Buch des Lebens aufgezeichnet sind. Die Erscheinung des neuen Himmels und der neuen Erde ist gleichbedeutend mit dem Herabkommen des neuen Jerusalem vom Himmel (21,1-22,5; vgl. Ez 40-48). Die Hochzeit des Lammes mit seiner Braut, der heiligen Stadt Jerusalem, wird gefeiert (21,9f; angekündigt 19,7-9), und es wird ein immerwährender Gottesdienst sein (22,3-5).

d) Ethik

Die ethischen Mahnungen der Apokalypse beziehen sich auf das Sein der Gemeinde in der Geschichte, insbesondere auf die vorausgesetzte Verfolgungssituation. Als Trost- und Mahnbuch für die verfolgte Kirche geschrieben, wendet sich die Apokalypse vor allem dem Verhältnis zum Staat zu; und es entspricht dieser Situation, daß – anders als in der paulinischen Ethik – nicht eine positive Einstellung, sondern die Abgrenzung gegenüber der römischen Staatsgewalt für die ethische Paränese ausschlaggebend ist (vgl. z.B. 14,9ff; 20,4). Dem apokalyptischen Genre ist anzulasten, daß konkrete Angaben fast ganz fehlen, so daß die zeitgeschichtliche Deutung vor erhebliche Probleme gestellt ist und zu wirklich befriedigenden Ergebnissen nicht gelangen kann. Dies gilt auch für die Frage, ob der Verfasser mit der Warnung vor ‚Hurerei' und ‚Götzenopfer' (2,14) sexuelle Ausschweifungen in den Gemeinden geißelt. Wahrscheinlicher ist, daß es sich um eine bildhafte, übertragene Redeweise handelt[53], die den Abfall vom Glauben kennzeichnen soll. Im übertragenen Sinn ist auch von den ‚Jungfrauen' die Rede.[54] Hiermit wird die Makellosigkeit umschrieben, wie sie von den Christusnachfolgern verlangt wird; sie sollen sich von jeder Befleckung durch Abfall und Verleugnung fernhalten.

Allenfalls das ethische Problem von ‚Armut und Reichtum' scheint sich an einigen Textstellen anzudeuten. So wird im Sendschreiben an die Gemeinde zu Smyrna neben der ‚Drangsal' (θλῖψις) und der ‚Lästerung' (βλασφημία) auch die ‚Armut' (πτωχεία) genannt (2,9). Es handelt sich um unterschiedliche Ausdrücke für die bedrückende Lage der Gemeinde. Die ‚Armut' mag mit dem Verbot von kaufmännischer Betätigung zu tun haben, das die Bekenner trifft, welche sich nicht an der Anbetung des Tieres, d.h. am Kaiserkult beteiligt haben (13,16f). Daß es auch christliche Gemeinden gab, die über eine gute finanzielle Ausstattung verfügten, zeigt sich im Sendschreiben an die Gemeinde zu Laodizea; diese wird davor gewarnt, aus ihrem Reichtum falsche Sicherheit abzuleiten (3,17). Wenn die Hure Babylon neben anderen Attributen als mit Reichtümern versehen und in Luxus schwelgend dargestellt wird (17,4), so unterstreicht dies ihre unbeschränkte Machtfülle, die sie hemmungslos gegen die Unterdrückten einsetzt. Von einem Armutsideal oder von einer rigoristischen Armutsethik ist jedoch nichts zu erkennen[55], vielmehr geht es dem Verfasser darum, daß die christliche Gemeinde – gleichgültig, ob sie arm oder reich ist – Treue bewahrt und das Endziel der Geschichte, das Kommen ihres Herrn, nicht aus den Augen verliert (vgl. 2,10f u.ö.).

Auch die inhaltlich und sprachlich weitgehend miteinander übereinstimmenden Lasterkataloge (21,8 und 22,15)[56] schließen sich der urchristlichen Katalogtradition an (vgl. bes. Röm 1,29-31; 1 Kor 6,9f; Gal 5,19-21) und lassen keine Folgerungen in Hinsicht auf die aktuelle Situation zu, zumal 9,20f sich auf ‚die übrigen Menschen', also nicht speziell auf die Christen bezieht. Ausnahme: die ersten Glieder des Katalogs in 21,8 sprechen von den

---

53 So ist die Polemik gegen die ‚Hure Babylon' aufzufassen (14,8; 17,1ff; 18,2f.9; 19,2).

54 Gegen S. Schulz, Neutestamentliche Ethik, ZGB, Zürich 1987, 551.

55 Gegen S. Schulz, a.a.O. 553.

56 Vgl. 9,20f, wo entsprechende Delikte angeführt werden; zu den Lasterkatalogen vgl. O. Böcher, Lasterkataloge in der Apokalypse des Johannes, in: Leben lernen im Horizont des Glaubens, FS S. Wibbing, Landau 1986, 75-84.

‚Feiglingen und Ungläubigen' (δειλοῖς καὶ ἀπίστοις) und spielen auf die Verfolgungssituation an. Diejenigen, die sich dem Anspruch des Christus verschlossen und in der Verfolgung versagt haben, erwartet der „See, der von Feuer und Schwefel brennt", als der ‚zweite Tod' (ebd.).

Anstatt konkrete Weisungen für das Verhalten der Gemeindeglieder im einzelnen vorzutragen, ist das zentrale Anliegen des Verfassers, die Gemeinden zu Standhaftigkeit und Glauben aufzurufen. Auch der Ruf zur ‚Umkehr' (μετανοεῖν), der besonders häufig in den Sendschreiben ausgesprochen wird (2,5.16.21f; 3,3.19), meint zwar in Hinsicht auf die unbekehrten Menschen, daß diese sich von einem unethischen, sittenlosen Lebenswandel abkehren sollen (9,21; 16,9.11), aber in Bezug auf die christliche Gemeinde, daß sie ihren früheren Glaubensstand wiedergewinnen soll (vgl. 2,4f: ‚die erste Liebe', ‚die ersten Werke'). – Anders als im ersten Johannes- oder Hebräerbrief wird also die Möglichkeit einer (zweiten) Buße den christlichen Gemeindegliedern zugesprochen, so sehr andererseits auch den Abgefallenen das schreckliche Gericht Gottes vor Augen gestellt wird (21,8). Wie insbesondere die Sendschreiben an die kleinasiatischen Gemeinden anzeigen, sind Rechttun und Glauben Inhalt der ethischen Forderung.[57] Denn das Urteil des Endgerichts erfolgt nach den Werken (2,23; 20,12f; 22,12), ohne daß hierdurch der Glaube zu einem Werk und die guten Taten zu gerecht machenden Leistungen würden. Daß der Glaube als ‚Tugend' und sich selbst genügende ‚Leistung' mißverstanden werden könnte, mag zwar durch die grundlegende Beziehung auf die voraufgehende Liebe und Versöhnungstat Christi ausgeschlossen sein (1,5f; 5,9f). Jedoch fehlt im Vergleich mit der Theologie des Paulus eine Vertiefung des Sündenverständnisses wie auch eine Auseinandersetzung mit dem alttestamentlich-jüdischen Gesetzesbegriff.[58] Eine Rechtfertigungsvorstellung im Sinn der Spätphase des paulinischen Denkens vertritt der Verfasser nicht. Aber in der Zuordnung von Christologie und Ekklesiologie wie auch in der Ekklesiologie der Apk ist die Unterscheidung von Indikativ und Imperativ selbst erkennbar. Das von Christus geschenkte eschatologische Heil (1,5; 5,9) verlangt konkrete Taten im Leben der Gemeinden, vor allen anderen die christliche Haltung der ‚Geduld' (13,10: ὑπομονή).

---

57 2,13.19; vgl. auch 13,10; 14,12 (‚Glaube Jesu'); 19,8 (‚gerechte Taten der Heiligen').

58 Das Wort νόμος ist weder in der Apk noch in 1 bis 3 Joh belegt.

E. AUF DEM WEG ZUR GROSSKIRCHE – DEUTEROPAULINISCHE LITERATUR

Nicht nur Paulus und seine Mitarbeiter haben in einem Lehrer-Schüler-Verhältnis zueinander gestanden, sondern auch nach dem Tod des Apostels ist in einem weiteren Sinn eine ‚Schule des Paulus' nachzuweisen; denn die paulinische Vorstellungswelt wurde in absichtsvoller Beziehung auf die Lehrautorität des Paulus in den folgenden Generationen weitergegeben und auf verschiedene Weise ausgelegt. So hat es in den deuteropaulinischen Briefen (Kol, Eph, 1 Tim, 2 Tim, Tit, 2 Thess) einen Niederschlag gefunden, darüber hinaus in Schriften, die zwar nicht unter dem Namen des Paulus abgefaßt worden sind, aber doch den Einfluß seiner Theologie bezeugen (Hebr, 1 Petr).

Selbstverständlich wäre es auch möglich, anstelle der hier vorliegenden Reihenfolge die deuteropaulinische Literatur im Anschluß an die Theologie des Paulus zu behandeln. Auf diese Weise würden die Wirkungsgeschichte des Paulus und die theologische Konzeption seiner über ihn hinauswirkenden ‚Schule' darzustellen sein.[1] Jedoch impliziert solches Vorgehen, daß wichtige neutestamentliche Schriften, die jedenfalls zum weiteren Kreis der Paulusschule zu rechnen sind, unter dem Stichwort ‚andere urchristliche Verkündiger' aufgeführt werden müßten.[2] Im Bereich des paulinischen Denkens befinden sich jedoch auch theologisch so inhaltsreiche Schriften wie 1 Petr und 2 Thess, in einem gewissen Abstand auch Hebr. Ihre unterschiedlichen Entwürfe sind in jedem Fall in ihrem Verhältnis zur genuin-paulinischen Theologie zu bedenken, ohne daß eine ‚Abfalltheorie' auf sie angewendet werden sollte; vielmehr sind Situation und Eigenart nicht weniger als die Grenzen dieser theologischen Entwürfe zu würdigen. Aus diesen Gründen beschränken wir uns in diesem Kapitel auf die Briefliteratur, die dem Apostel Paulus ausdrücklich zugeschrieben wird, ohne authentisch paulinisch zu sein.

---

1 Z.B. R. Schnackenburg, Die sittliche Botschaft des Neuen Testaments II, HThK.S II, Freiburg 1988, 10: Nach Paulus werden die Deuteropaulinen vorgestellt, und zwar Kol, Eph, Pastoralbriefe.

2 So R. Schnackenburg, a.a.O. 11: 1 Petr, Hebr, Jud und 2 Petr, Apk.

I. Christus, das Haupt der Kirche – Kolosserbrief

E. KÄSEMANN, Leib und Leib Christi, BHTh 9, Tübingen 1933.

E. PERCY, Die Probleme der Kolosser- und Epheserbriefe, SVSL, Lund 1946.

G. BORNKAMM, Die Häresie des Kolosserbriefes, in: ders., Das Ende des Gesetzes, GAufs. I, BEvTh 16, München [3]1961, 139-156.

E. LOHMEYER, Die Briefe an die Philipper, an die Kolosser und an Philemon, KEK IX, Göttingen [13]1964.

A.J. GABATHULER, Jesus Christus. Haupt der Kirche – Haupt der Welt, AThANT 45, Zürich 1965.

F.J. STEINMETZ, Protologische Heils-Zuversicht. Die Strukturen des soteriologischen und christologischen Denkens im Kolosser- und Epheserbrief, FTS 2, Frankfurt 1969.

J. LÄHNEMANN, Der Kolosserbrief. Komposition, Situation und Argumentation, StNT 3, Gütersloh 1971.

W. BUJARD, Stilanalytische Untersuchungen zum Kolosserbrief als Beitrag zur Methodik von Sprachvergleichen, StUNT 11, Göttingen 1973.

E. GRÄSSER, Kolosser 3,1-4 als Beispiel einer Interpretation secundum homines recipientes, ZThK 64, 1967, 139-168; wieder abgedruckt in: ders., Text und Situation, Gütersloh 1973, 123-151.

H. LUDWIG, Der Verfasser des Kolosserbriefs – ein Schüler des Paulus, Diss. theol., Göttingen (masch.) 1974.

F. ZEILINGER, Der Erstgeborene der Schöpfung. Untersuchungen zur Formalstruktur und Theologie des Kolosserbriefes, Wien 1974.

C. BURGER, Schöpfung und Versöhnung. Studien zum liturgischen Gut im Kolosser- und Epheserbrief, WMANT 46, Neukirchen-Vluyn 1975.

E. LOHSE, Die Briefe an die Kolosser und an Philemon, KEK IX 2, Göttingen [2]1977.

J. GNILKA, Der Kolosserbrief, HThK 10,1, Freiburg 1980.

E. SCHWEIZER, Der Brief an die Kolosser, EKK XII, Neukirchen-Vluyn [2]1980.

H. MERKLEIN, Paulinische Theologie in der Rezeption des Kolosser- und Epheserbriefs, in: K. Kertelge (Hg.), Paulus in den neutestamentlichen Spätschriften, QD 89, Freiburg 1981, 25-69.

A. LINDEMANN, Der Kolosserbrief, ZBK.NT 10, Zürich 1983.

H.E. LONA, Die Eschatologie im Kolosser- und Epheserbrief, fzb 48, Würzburg 1984.

P. POKORNÝ, Der Brief des Paulus an die Kolosser, ThHK 10,1, Berlin 1987.

W. SCHENK, Der Kolosserbrief in der neueren Forschung (1945-1985), ANRW II 25.4, 1987, 3327-3364.

M. WOLTER, Der Brief an die Kolosser. Der Brief an Philemon, ÖTK 12, Gütersloh 1993.

a) Einleitung

Der Kolosserbrief[3] wird in der konservativ orientierten Forschung als echter Paulusbrief angesehen. Sie kann sich hierfür auf den brieflichen Rahmen berufen, der das Schreiben als von Paulus (und dem ‚Bruder Timotheus') abgefaßt gelten läßt (1,1), wie auch die Schlußgrüße paulinische Züge tragen, bis hin zu der ‚eigenhändigen' Unterschrift des Apostels (4,18a; vgl. 1 Kor 16,21; 2 Thess 3,17). Zum Beweis der Authentizität wird auch angeführt, daß der Brief in der Gefangenschaft des Paulus (4,18b) aus Anlaß der Absendung des Tychikus (4,7) und des Onesimus (4,9) geschrieben sein soll. Die Nähe zum Philemonbrief ist augenfällig (vgl. 4,18a mit Phlm 19a; besonders die Grußliste 4,10ff mit Phlm 23f). Dies legt die Frage nahe, ob entweder der Kol etwa zur gleichen Zeit und in derselben Gefangenschaftssituation wie der Phlm verfaßt wurde, oder aber, ob ein unbekannter Autor den Philemonbrief als Vorlage benutzt hat, wobei ein spezielles Verhältnis zu den von Paulus nicht gegründeten Gemeinden in Kolossae und Laodizea vorausgesetzt ist (vgl. 2,1). Entschließt man sich, den Kolosserbrief als pseudepigraphisches Schreiben zu begreifen, dann ist anzunehmen, daß der Brief nach dem Tod des Apostels geschrieben wurde (vgl. 1,24) und ein nachapostolisches Produkt der Paulusschule ist.

Die Theologie des Kolosserbriefes steht zugleich in Nähe wie auch in Distanz zum theologischen Denken des Paulus. Übereinstimmungen zeigen sich in dem zugrundeliegenden Briefschema, das wie bei den klassischen Paulusbriefen (Gal, Röm) auf einen dogmatischen einen ethischen Hauptteil folgen läßt. Jedoch schon der schwerfällige Sprachstil unterscheidet den Kol von der Sprache der echten Paulusbriefe. Es finden sich nicht nur umständ-

---

3 Aufriß des Kolosserbriefes:

A. Einleitung. 1,1-2 Präskript
 1,3-14 Proömion

B. 1,15-2,23 Theoretischer Teil
 I. 1,15-23 Christus, der Erstgeborene der Schöpfung und der Erstgeborene von den Toten.
 II. 1,24-2,5 Die Botschaft des Apostels.
 III. 2,6-23 Abwehr der falschen Lehre.

C. 3,1-4,6 Praktischer Teil.
 I. 3,1-17 Das Ausziehen des alten und das Anziehen des neuen Menschen.
 II. 3,18-4,1 Die christliche Haustafel.
 III. 4,2-6 Mahnungen zum Gebet und zum rechten Verhalten gegenüber den Nichtchristen.

D. 4,7-18 Briefschluß.

liche Satzperioden, sondern auch zahlreiche unpaulinische Wendungen.[4] Mag der Verfasser sich auch an ihm vorgegebene Überlieferungen anschließen und sich in Auseinandersetzung mit gegnerischen Lehren befinden, so kann dies die sprachliche Differenz zu den Paulusbriefen doch nicht völlig erklären. Vom Inhalt her ist auffallend, daß die Rechtfertigungsbotschaft des Paulus so gut wie gar nicht reflektiert ist, obwohl die Position der Gegner mit der Forderung, Speisevorschriften, Fest- und Sabbattage einzuhalten (2,16.21), dies hätte nahelegen können. Auch in der Christologie und Ekklesiologie sind charakteristische Abweichungen gegenüber der paulinischen Theologie festzustellen. Sie sind so erheblich, daß sie sich schwerlich aus einer innerpaulinischen, persönlichen Entwicklung des Apostels verstehen lassen, vielmehr den Schluß auf die nachpaulinische Position des Verfassers wahrscheinlich machen. Dieser versucht mit dem Dreiklang ‚Christus – Apostel – Gemeinde' der theologischen Situation seiner Zeit gerecht zu werden, wobei der Apostel nicht als Augenzeuge, sondern als Verkündiger das Bindeglied zwischen Christus und Gemeinde darstellt.

b) Christologie

1. Der Christushymnus Kol 1,15-20

E. Schweizer, Kol 1,15-20, EKK Vorarbeiten 1, Neukirchen-Vluyn 1969, 7-31.

E. Käsemann, Eine urchristliche Taufliturgie, FS R. Bultmann, Stuttgart 1949, 133-148; wieder abgedruckt in: ders., Exegetische Versuche und Besinnungen I, Göttingen [6]1970, 34-51.

C. Burger, Schöpfung und Versöhnung. Studien zum liturgischen Gut im Kolosser- und Epheserbrief, WMANT 46, Neukirchen-Vluyn 1975.

J.N. Aletti, Colossiens 1.15-20, AnBib 91, Rom 1981.

J. Fossum, Colossians 1.15-18a in the Light of Jewish Mysticism and Gnosticism, NTS 35, 1989, 183-201.

Weitere Literatur findet sich zum Kolosserbriefhymnus bei M. Wolter, Der Brief an die Kolosser 70f.

I	I
	(Jesus Christus)
15 ὅς ἐστιν εἰκὼν τοῦ θεοῦ τοῦ ἀοράτου,	der Bild des unsichtbaren Gottes ist,
πρωτότοκος πάσης κτίσεως,	Erstgeborener der ganzen Schöpfung;
16 ὅτι ἐν αὐτῷ ἐκτίσθη τὰ πάντα	denn durch ihn wurde alles erschaffen,

4 Vgl. dazu im einzelnen die grundlegenden Nachweise bei W. Bujard, Stilanalytische Untersuchungen.

ἐν τοῖς οὐρανοῖς καὶ ἐπὶ τῆς γῆς,	was in den Himmeln und auf der Erde ist,
τὰ ὁρατὰ καὶ τὰ ἀόρατα,	das Sichtbare und das Unsichtbare,
εἴτε θρόνοι εἴτε κυριότητες	Throne oder Herrschaften,
εἴτε ἀρχαὶ εἴτε ἐξουσίαι·	Mächte oder Gewalten;
τὰ πάντα δι' αὐτοῦ καὶ εἰς	alles ist durch ihn
αὐτὸν ἔκτισται·	und auf ihn hin erschaffen;
17 καὶ αὐτός ἐστιν πρὸ πάντων	und er besteht vor allem,
καὶ τὰ πάντα ἐν αὐτῷ συνέστηκεν,	und alles hat in ihm Bestand,
18a καὶ αὐτός ἐστιν ἡ κεφαλὴ	und er ist das Haupt des Leibes,
τοῦ σώματος τῆς ἐκκλησίας.	der Kirche.
II	II
18b ὅς ἐστιν ἀρχή, πρωτότοκος	Der Anfang ist, Erstgeborener
ἐκ τῶν νεκρῶν,	von den Toten,
ἵνα γένηται ἐν πᾶσιν αὐτὸς πρωτεύων,	damit er in allem Erster sei;
19 ὅτι ἐν αὐτῷ εὐδόκησεν	denn er wollte, daß in ihm
πᾶν τὸ πλήρωμα κατοικῆσαι	die ganze Fülle wohne,
20 καὶ δι'αὐτοῦ ἀποκαταλλάξαι	und durch ihn alles
τὰ πάντα εἰς αὐτόν,	mit sich selbst[5] versöhne.
εἰρηνοποιήσας	Frieden schuf er
διὰ τοῦ αἵματος τοῦ σταυροῦ αὐτοῦ,	durch das Blut seines Kreuzes
(δι' αὐτοῦ) εἴτε τὰ ἐπὶ τῆς γῆς	(mit allem)[6], was auf der Erde
εἴτε τὰ ἐν τοῖς οὐρανοῖς.	oder in den Himmeln ist.

Obwohl in den Einzelheiten der Rekonstruktion Unsicherheiten bleiben[7], ist begründet anzunehmen, daß der Verfasser ein Gemeindelied zitiert, das zwei Strophen umfaßt. Beide Teile beginnen mit einer Relativkonstruktion (ὅς ἐστιν: V.15.18b) und sind an dem Begriff πρωτότοκος orientiert. Der unterschiedliche Einsatz (V.15: εἰκὼν θεοῦ; V.18b: ἀρχή) hat sachliche Bedeutung: Die erste Strophe handelt von der kosmologischen Bedeutung Christi als des Erstgeborenen der Schöpfung und des Schöpfungsmittlers, die zweite dagegen von der soteriologischen, von Christus als dem ,Erstgeborenen von den Toten', dem Mittler des eschatologischen Heils. Die Abgrenzung zum Voraufgehenden ist durch die Zweiteilung angezeigt[8], zum Anschließenden ist sie durch den Übergang zur zweiten Person, der Anrede an die Leser (ὑμᾶς) gegeben (V.21). Der überlieferte Text ist im großen und ganzen als vorredaktionell anzusehen. Allen-

---

5 Vgl. die Konjektur Griesbachs (αὑτόν).

6 Die Lesart δι' αὐτοῦ ist mit vielen Handschriften nicht ursprünglich.

7 Nicht zu leugnen ist z.B. der Anstoß des Subjektwechsels in V.19 und V.20.

8 Anders E. Lohmeyer, Briefe an die Philipper 41-54, wonach das Lied mit V.13 einsetzt.

falls läßt sich fragen, ob der Genitiv τῆς ἐκκλησίας als Erläuterung von ‚Haupt des Leibes', obwohl er eine Überleitungsfunktion besitzt[9], eine sekundäre Hinzufügung des Verfassers ist, da dieser Begriff – obschon die zweite Strophe von dem in Christus vergegenwärtigten Heil handelt – weder direkt noch indirekt aufgenommen wird. Da auch in 1,24 der Verfasser den Leib des Christus mit der Gemeinde gleichsetzt, kann sich schon hier ein spezifisches redaktionelles Interesse andeuten.

Anders verhält es sich mit dem Ausdruck διὰ τοῦ αἵματος τοῦ σταυροῦ (V.20), der ebenfalls häufig als sekundärer Zusatz ausgegeben wird. Die Überschneidung mit dem folgenden δι' αὐτοῦ entfällt, wenn letzteres als sekundäre Lesart bewertet wird (siehe oben). Zwar wird der (Kreuzes-)Tod Jesu auch im Kontext erwähnt (1,22; 2,14). Dies läßt sich aber als Aufnahme der vorgegebenen Überlieferung (V. 20) verstehen. Die Voranstellung der Auferstehung (V.18b) vor den Kreuzestod Jesu (V.20) entspricht nicht der historischen Reihenfolge, ist aber durch formale Gründe nahegelegt (Vorwegnahme des πρωτότοκος), also kein Hinweis auf Sekundarität.[10] Daß Tod und Auferweckung/Auferstehung Jesu als das eine Heilsereignis gewertet werden, entspricht der paulinischen Überlieferung (vgl. 1 Thess 4,14; 1 Kor 15,3ff; Röm 6,3f), kann daher in ein Lied des paulinischen Kreises Eingang gefunden haben.

Zum Inhalt:

Die beiden Strophen des Hymnus feiern Christus als die εἰκών des unsichtbaren Gottes (V.15a). Diese ist nicht nur (Ab-)Bild, vielmehr das ‚Urbild' Gottes. Als eine göttliche Hypostase repräsentieren Person und Sein Jesu Christi Gottes Wirklichkeit. Daher eignet ihm eine präexistente Wesenheit.[11] Er existierte vor der Erschaffung der Welt[12], an der er als Mittler der Schöpfung beteiligt war (V. 16a). Dies begründet seine Herrschaftsstellung über die kosmischen Mächte, die in ihrem eigenen Wesen auf ihn hin ausgerichtet sind, deren Dasein und Sein nur durch ihn ist (V.17). Eindrucksvoll der vom

---

9 Mit E. Käsemann, Taufliturgie 36f.

10 Anders W. Schenk, Christus, das Geheimnis der Welt, als dogmatisches und ethisches Grundprinzip des Kolosserbriefes, EvTh 43, 1983, 138-155; 150: Die Taufe Jesu sei die irdische Auferstehung Jesu; deshalb sei im Text zunächst von der Auferstehung (V.18) und sodann von dem Kreuz (V.20) die Rede. Dies sei das Geheimnis, von dem Verfasser in 2,2 spricht. Ähnliches sei auch im Markusevangelium wiederzufinden. – Jedoch bedeutet dies eine Überinterpretation der markinischen Taufperikope und hat im Kol keinen wirklichen Anhalt, wenn auch ‚Tauftheologie' reflektiert ist. Vgl. kritisch zu dieser These auch P. Pokorný, Kolosserbrief 60f Anm. 85.

11 So auch in den Christusliedern Phil 2,6-11; Joh 1,1-18; Hebr 1,3f; vgl. auch 1 Tim 3,16.

12 Wie der Ausdruck ‚Erstgeborener der Schöpfung' (V.15), so kann auch das ‚passivum divinum' ἐκτίσθη (V.16) eine Distanz zum Schöpfer Gott einschließen.

Verfasser gestaltete Abschluß, auf den nach redaktioneller Absicht die erste Strophe hinführt: Christus ist das Haupt der Kirche, die sein Leib ist (V. 18a).

Wird in der ersten Strophe Christus in seiner kosmischen Machtstellung gezeigt, so spricht die zweite eine soteriologische Perspektive aus. Die weltbeherrschende Stellung Christi wird an der Überwindung des Todes durch seine Auferstehung sichtbar. Als erster hat er die Schwelle vom Tod zum Leben überschritten und auf diese Weise für seine Gemeinde Glauben und Hoffnung auf das ewige Leben ermöglicht (V.18b). Denn daß die göttliche Fülle in seiner Person vergegenwärtigt worden ist, besagt, daß mit dem Weltall auch die gesamte Geschichte der Menschheit von ihm umschlossen wird und darin Gottes Wille zur Geltung kommt (V.19). Das Bild von der ‚Versöhnung' hat diese Einswerdung mit dem göttlichen Pleroma zum Gegenstand (V.20a). Gleiches ist mit der ‚Friedensstiftung' ausgesagt, die durch den Kreuzestod Jesu Christi erfolgt ist: Alle Mächte, mögen sie noch so sehr Gottes Willen entgegenstehen, sind durch dieses Eingreifen in die Geschichte überwunden (V.20b).

Religionsgeschichtliche Stellung:

Der Annahme, daß es sich um ein vorchristliches Lied handelt[13], stehen die eindeutigen Beziehungen auf das Christuskerygma in der zweiten Strophe entgegen (V.18b: ‚Erstgeborener von den Toten'; V.20b: ‚durch das Blut seines Kreuzes'). Und nicht nur die Präexistenz (vgl. noch Gal 4,4), sondern auch die Beteiligung des Gottessohnes an der Schöpfung gehört zur frühen christologischen Überlieferung (1 Kor 8,6; Röm 11,36; vgl. Joh 1,3). Hat also der Verfasser an dieser Stelle einen christlichen Hymnus eingearbeitet, so stellt sich die Frage, welche religionsgeschichtlichen Strömungen auf die Tradition eingewirkt und diese geformt haben. Von geringerer Bedeutung ist der Einfluß des *Alten Testaments*. Die Bezeichnung εἰκὼν θεοῦ ἀοράτου hat zwar letztlich Gen 1,26f zum Hintergrund, ist aber offensichtlich hellenistisch transformiert. So setzt der hellenistische Jude Philo die Unsichtbarkeit Gottes grundsätzlich voraus.[14] Im übrigen zeigt 2 Kor 4,4, daß schon Paulus Christus mit dem ‚Bild Gottes' identifizieren konnte, so daß vermutlich auch hier frühchristliche christologische Tradition vorauszusetzen ist. Die Vermutung, der Versöhnungsgedanke weise auf die Knecht-Jahwe-Vorstellung Jes

13 So z.B. E. Käsemann, Taufliturgie 39-43.

14 Vgl. Philo Post 15 u.ö. (ἀόρατος): s. G. Strecker, Johannesbriefe 239 Anm.12; W. Michaelis, Art.: ὁράω κτλ., ThWNT V 315-381; 319ff. – Die Vorstellung von der Unsichtbarkeit Gottes schon bei Hom Od XVI 161 u.ö.

52,13-15 bzw. 53,10-12 zurück, ist ebensowenig naheliegend.[15] Grundlegend ist vielmehr die kosmische Dimension. Sie findet sich in der jüdischen *Weisheitsüberlieferung*, wonach die präexistente Weisheit Gottes (Spr 8,22ff; Sir 1,1ff) Mittlerin der Schöpfung ist[16], auch als Bild der Güte Gottes bezeichnet wird (Weish 7,26) und im Volk Gottes wohnt (Sir 24,3-8). Allerdings spricht gegen eine zu ausschließliche Ableitung aus der Weisheitsspekulation[17] die Tatsache, daß dort die Weisheit Gottes grundsätzlich mit der Tora gleichgesetzt ist und die jüdische Weisheitsanschauung ihrerseits weitgehend griechisch-hellenistische Vorstellungen voraussetzt. Näher steht die *Logosanschauung* Philos, wonach der λόγος mit der Weisheit Gottes identifiziert werden kann (All I 65) und wie diese εἰκὼν θεοῦ (SpecLeg I 81), auch ἀρχή und εἰκών (All I 43) genannt wird. Von Gott unterschieden, ist er doch göttlichen Wesens (All II 86) und Mittlergestalt der Schöpfungswelt (Op 24). Er steht zwischen Gott und der Welt bzw. den Menschen (Gig 52; VitMos II 133). Er durchwaltet, formt, gestaltet und ordnet die sichtbare Welt und faßt alle schöpferischen Kräfte in sich zusammen.[18] Philo ist ein Beispiel für das Zusammenspiel von jüdischem und griechisch-hellenistischem Denken im außerpalästinischen Judentum, das seinerseits gegenüber griechisch- und hellenistisch-philosophischen Gedanken aufgeschlossen gewesen ist. Speziell die philonische Logosvorstellung ist aus platonischen bzw. mittelplatonischen Überlieferungen zu erklären. Parallelen ergeben sich aber auch zu den hellenistischen Mysterien.[19] Auch die sich teilweise aus der griechisch- bzw. hellenistisch-philosophischen Tradition speisende hermetische Literatur ist in diesem Zusammenhang zu nennen.[20]

Zu fragen ist, ob der Begriff ‚*Gnosis*' auf die vorliegende Konzeption angewendet werden kann. So ist es in den bei Nag Hammadi gefundenen Texten des Traktates ‚Die dreigestaltige Protennoia' überliefert, welcher der

15 Gegen P. Pokorný, Kolosserbrief 75.

16 Vgl. F. Christ, Jesus Sophia. Die Sophia-Christologie bei den Synoptikern, AThANT 57, Zürich 1970, 34.158; im übrigen oben A I a 2 (Sophia-Tradition).

17 Vertreter: J.N. Alletti, Colossiens 1.15-20; E. Schweizer, Die Kirche als Leib in den paulinischen Antilegomena, in: ders., Neotestamentica, Zürich-Stuttgart 1963, 293-316; dazu P. Pokorný, Kolosserbrief 56-58.

18 Philo Fug 101; Her 188; vgl. im einzelnen H.M. Kleinknecht, Art.: λέγω κτλ. B, ThWNT IV 76-89; 86-88; P. Pokorný, Kolosserbrief 57 und Anm. 62 (Lit.).

19 Osiris ist z.B. bei Plut Is 54 das geistige Abbild der Welt.

20 Vgl. zum Corpus hermeticum ThWNT IV 85f. Hermes-Logostheologie ist ferner belegt in Cornut TheolGraec 16 ggA; vgl. Diog L VII 1,36 (49); Vorstufen bei Plat Crat 407eff; in der Stoa Ag 14,12; zur Logostheologie könnte auch auf Plut Is 53 (II 373a.b.d) hingewiesen werden (s. ferner ClAl Strom V 14,94,5; Orig Cels VI 60).

Barbelo- und Seth-Gnosis des zweiten Jahrhunderts nahesteht und philosophische und theologische Spekulationen zur Kosmologie und Soteriologie entfaltet (NHC XIII, 1; 35,1-50,24). Hier erscheint die Protennoia, der ‚erste Gedanke' des Vaters, in dreierlei Gestalt: Der himmlische Erlöser ist Vater, Mutter und Sohn zugleich. In ihm hat das All Bestand (35,4); er ist als der Präexistente der ‚Erstgeborene' unter allen Dingen (35,5). Er ist das ‚Bild des unsichtbaren Geistes', durch das das All gestaltet wurde (38,11f). Er ist der kommende Äon und die ‚Erfüllung des Alls' (45,9). Insbesondere die kosmologische Interpretation (zur Soteriologie vgl. 48,20: Quelle des <Wassers des> Lebens) läßt Verbindungslinien zum Christushymnus des Kolosserbriefes ziehen. Wie dieser kennt der Traktat keinen schroffen Dualismus zwischen Gott und der Welt. Es liegt jedoch auch kein kosmologisches Emanationsmodell vor. Wesentliche Kennzeichen der gnostischen Systeme des zweiten Jahrhunderts (Weltentstehungslehre, Abstieg und Aufstieg des himmlischen Erlösers u.a.) werden nicht bezeugt. Daher wird man Bedenken tragen, den Hymnus des Kolosserbriefes als ‚gnostisch' zu bezeichnen.[21] Vielmehr gehört er dem Bereich des hellenistischen Synkretismus (einschließlich seiner jüdischen Komponente) an, der auch zum Urgrund der Theologie des Paulus und der johanneischen Schule zählt.

Interpretation des Verfassers

Da der Hymnus kein dualistisches Gegenüber von Gott und Welt impliziert, ist die Frage verfehlt, ob der Text kosmologisch oder theologisch auszulegen ist.[22] Auch eine Trinitätsvorstellung darf nicht eingetragen werden, etwa in dem Sinn, daß die ‚Fülle' mit dem heiligen Geist gleichzusetzen sei. In Wahrheit ist das Gemeindelied auf Christus ausgerichtet. Seine kosmologische wie auch seine theologische Dimension hat die Aufgabe, das Christusereignis verständlich zu machen.[23] Dieses führt geradlinig zur ἐκκλησία; der Weltleib des Christus ist als ‚Gemeinde' interpretiert worden (V.18a). Gemeint ist: Der im Gemeindelied angebetete und verkündigte Christus, der die geschaffene Welt als ganze trägt und umfaßt, der alle Gewalten und Mächte im Himmel und auf der Erde beherrscht, der als der Gekreuzigte der Menschen-

---

21 Vgl. zur Definition G. Strecker, Judenchristentum und Gnosis, in: K.W. Tröger (Hg.), Altes Testament-Frühjudentum-Gnosis, Gütersloh 1980, 261-282.

22 Gegen J. Gnilka, Kolosserbrief 72f.

23 In V.19 ist θεός zu ergänzen; denn dies, nicht πλήρωμα ist das Subjekt; nur auf diese Weise läßt sich ein doppelter Subjektwechsel in V. 18-20 vermeiden; εἰρηνοποιήσας verlangt ein maskulinisches Subjekt (= θεός), das daher auch für εὐδόκησεν vorauszusetzen ist (zu J. Gnilka, a.a.O. 59.72).

welt nahegekommen und als der Erhöhte ihr den Weg zur göttlichen Vollendung vorausgegangen ist – er ist seiner Gemeinde wie das Haupt dem Leib verbunden, und seine Gemeinde gehört in gleicher Weise zu ihm.

Ähnlich wie dies für den vorpaulinischen Christushymnus in Phil 2,6-11 zutrifft, stellt auch der Hymnus des Kolosserbriefes das indikativisch zu beschreibende Christusgeschehen dar. Erst im Kontext kommt zur Sprache, daß die christliche Gemeinde, wenn sie mit diesem Lied Christus als den Allversöhner preist, zugleich um eine Verpflichtung weiß, die aus diesem Geschehen abzuleiten ist. Allerdings ist bezeichnend, daß im voraufgehenden und folgenden auch das indikativische Sein der Gemeinde genannt wird: Im Dankgebet bekennt sie, daß sie am ‚Erbe der Heiligen' Anteil hat, in das Reich des Sohnes versetzt und ihr durch den Sohn die Vergebung der Sünden geschenkt worden ist (1,12-14). Nicht nur in der Taufe[24], sondern auch im Glauben an das verkündigte Wort wird das eschatologische Heil erfahren (vgl. 1,23). Es besagt, daß die Gemeinde durch die Versöhnungswirklichkeit des kosmischen Christus begründet ist, der sie aus der Fremde in die Heimat, aus der Entfremdung zum eigentlichen Sein geführt hat (1,21f). Aus der heilvollen Befindlichkeit folgt der Imperativ des ethischen Tuns. Die Gemeinde ist sich bewußt, daß nicht nur das indikativisch zugesprochene Heil, sondern auch das von ihr geforderte ‚Fruchtbringen', d.h. die guten Werke, auf Gottes Tat und auf Gottes Werk an den Menschen zurückzuführen sind (1,9-11.22). Und auch die Form des Bedingungssatzes (1,23: „Wenn ihr im Glauben fest gegründet bleibt") bahnt nicht den Weg zu einer neuen Werkgerechtigkeit, sondern verdeutlicht, daß zur Heilswirklichkeit und Unversehrtheit der Gemeinde als ‚conditio sine qua non' bleibende Festigkeit, Gewißheit und Glauben an das Evangelium hinzugehören.

Zweifellos ist die Christologie des Kolosserbriefes durch die im Christuslied bezeugte kosmologische Ausrichtung stark geprägt. Der Verfasser kann sich hierbei auf Paulus berufen, für den Christus der Herr über die kosmischen Mächte sein wird (Phil 2,10f) und – entsprechend dem Bekenntnis der Gemeinde – ‚schon jetzt' eine universale Machtstellung eingenommen hat, auch wenn die endgültige Erfüllung dieses Bekenntnisses noch aussteht (vgl. 1 Kor 8,6; Röm 11,31ff). Bekennt sich die Gemeinde des Kolosserbriefes zu solchem kosmischen Geschehen, so besagt dies, daß die weltumspannende Christuswirklichkeit Grund und Ziel ihres Glaubens ist. Sie weiß sich selbst einbezogen in die Herrschaft des Christus über die Welt; nicht zufällig ist zuerst die kosmologische und sodann die soteriologische Funktion Christi im

24 Hierauf kann der Versöhnungsgedanke in 1,22 (entspr. 2,11) bezogen werden. Nach E. Schweizer, Theologische Einleitung in das Neue Testament, GNT 2, Göttingen 1989, 33.89, findet sich in 1,25f ein ‚Revelationsschema', die Gegenüberstellung von einst und jetzt.

Hymnus ausgesagt. Alle Widrigkeiten, die ihr auf Erden begegnen (beispielhaft 1,24ff: Leiden des Apostels) sind in und durch Christus aufgehoben; an ihm als dem Bild Gottes und dem Haupt seines Leibes muß sich die Kirche orientieren.

2. *Christustitel*

Die Christustitel des Kolosserbriefes sind unter dieser kosmologisch-soteriologischen Prämisse zu verstehen, gerade dann, wenn der paulinische Einfluß unübersehbar ist. Noch weniger als in den echten Paulusbriefen ist Χριστός im titularen Sinn (= ‚der Christus') gebraucht (3,1.3.4.15). Die Entwicklung zum Eigennamen scheint über Paulus hinausgehend weitergeführt zu sein (absolutes Χριστός: 2,2.5.8; 3,11; 'Ιησοῦς Χριστός: 1,3 bzw. Χριστὸς 'Ιησοῦς: 1,1.4; 4,12; vgl. Phil 3,12.14). Auch für das häufige ἐν Χριστῷ (1,2.28; vgl. 1,4) bzw. ἐν κυρίῳ(3,18.20; 4,7) oder σὺν Χριστῷ (2,20; vgl. 3,3) ist die paulinische Tradition prägend. Nicht zuletzt der Wechsel zwischen ‚in Christus' und ‚Christus in euch' (1,27f) erinnert an Paulus (vgl. Gal 2,20).

Daß die Überlieferung über Paulus hinausführend verstärkt christologisch ausgerichtet ist, zeigt sich am κύριος-Titel. Eine Beziehung auf Gott (bei Paulus häufig im Anschluß an das Alte Testament) könnte allenfalls in der traditionellen Formel ‚den Herrn fürchtend' (3,22) vermutet werden. Sie ist aber schon in der Textüberlieferung eindeutig auf Christus ausgelegt worden, und so entspricht es dem Kontext: κύριος ist durchweg Christusbezeichnung (auch 1,10; 3,13). Dies wird durch den Zusammenhang mit der Erhöhungsvorstellung (4,1: ‚Ihr habt einen Herrn im Himmel') und die Verbindung mit dem Eigennamen ‚Jesus Christus' (1,3; 2,6) bestätigt.[25]

c) Ekklesiologie

E. SCHWEIZER, Die Kirche als Leib Christi in den paulinischen Antilegomena, in: ders., Neotestamentica, Zürich-Stuttgart 1963, 293-316.

E. LOHSE, Christusherrschaft und Kirche im Kolosserbrief, NTS 11, 1964/65, 203-216.

---

25 Die Gottessohn-Christologie wird nur durch 1,13 belegt; ὁ υἱὸς τῆς ἀγάπης ist ungewöhnlich, vermutlich Reflex des bekannteren ὁ υἱὸς ὁ ἀγαπητός (Mk 1,11par; 9,7par; 12,6par). Handelt es sich um eine „hebraisierende Wortverbindung" (so E. Lohse, Kolosserbrief 74) ? Vgl. aber auch PsSal 13,9: υἱὸς ἀγαπήσεως. Der Genitiv ist feierlicher als das bloße Adjektiv; da der Kontext möglicherweise auf (Tauf-)Überlieferung zurückgeht, mag liturgischer Hintergrund vorauszusetzen sein (so P. Pokorný, Kolosserbrief 45).

H. Löwe, Bekenntnis, Apostelamt und Kirche im Kolosserbrief, in: Kirche, FS G. Bornkamm, hg. v. D. Lührmann u. G. Strecker, Tübingen 1980, 299-314.

1. Der Leib Christi

Die spezifische Eigenart des Kolosserbriefes gegenüber dem paulinischen Schrifttum kommt am deutlichsten im Verständnis des Christusleibes zum Ausdruck. Ist diese Vorstellung auch in der Theologie des Paulus vorgeformt, so zeigt sie doch im Vergleich mit ihr charakteristische Unterschiede. Paulus spricht vom Leib Christi nur im paränetischen Zusammenhang (1 Kor 6,15f; 12,12ff; Röm 12,4ff). Hier ist Einfluß des stoischen Organismusgedankens erkennbar (die christlichen Gemeindeglieder müssen wie die Glieder des menschlichen Leibes untereinander auf Ausgleich und Zusammenspiel bedacht sein, da ihre Gemeinschaft nur auf diese Weise ‚funktioniert'). Ein ontologischer Hintergrund sollte nicht bestritten werden, aber er ist nicht betont. Demgegenüber hat der Verfasser des Kolosserbriefes den Christusleib primär als ein ontisches Phänomen verstanden; von hier aus ist auch das Verständnis der christlichen Gemeinde präjudiziert.

Traditionsgeschichtlich lassen sich zwei Linien unterscheiden:

1. Die frühchristliche Bekenntnistradition. Sie sagt die Heilswirklichkeit von Kreuz und Auferstehung Jesu Christi aus (vgl. 1 Kor 15,3b-5a u.a.). Abweichend hiervon nennt der Kolosserbrief nicht allein den Tod Jesu, sondern die Inkarnation als das entscheidende Heilsereignis (2,9: ‚in ihm wohnt die ganze Fülle der Gottheit σωματικῶς'). Dem entspricht, daß der Tod Jesu ausdrücklich mit dem ‚Leib seines Fleisches' in Verbindung steht (1,22). Das paulinische Kerygma ist ausgearbeitet: Es ist die somatische Erscheinungsweise Jesu Christi insgesamt, die eine heilschaffende Bedeutung besitzt, nicht aber allein der Kreuzestod.

2. Darüber hinaus hat die *Christologie des Christushymnus* auf den Leib-Christi-Gedanken einen entscheidenden Einfluß ausgeübt.

Von diesen beiden Voraussetzungen her gestaltet sich die eigenständige Leib-Christi-Anschauung des Kolosserbriefes. Sie unterscheidet sich von der Auffassung der Paulusbriefe in dreifacher Hinsicht:

1. Ist nach paulinischem Denken Christus mit seinem Leib identisch, so stellt der Verfasser des Kolosserbriefes *Christus als Haupt* (κεφαλή) und die Kirche als Christusleib (σῶμα) einander gegenüber. Dies hebt die übernommene Durchdringung von kosmischem Christus und Weltall nicht auf (vgl. 1,16-19), sondern verdeutlicht, daß die universale Kirche als Christusleib an der Herrschaft des Christus über die Weltmächte Anteil hat (vgl. 2,10). So ergibt es sich aus der Verbundenheit der Christen mit ihrem Herrn (2,19).

2. Aufgrund der Zuordnung von Kirche und kosmischem Christus ist das paulinische Organismusmodell überwunden. Die christliche Gemeinde versteht sich nicht als eine Summe von einzelnen Menschen, die jeweils charismatische Funktionen ausüben und dadurch das Ganze des Christusleibes darstellen (vgl. 1 Kor 12,12), sondern in Entsprechung zum kosmischen Christus als eine *universale ontische Größe*. Anders als bei Paulus ist ἐκκλησία nicht primär die Orts-, sondern die Gesamtkirche. Grund und Ziel ihres Seins ist der inkarnierte und erhöhte Christus. Ihre Zugehörigkeit zum präexistenten und kosmischen Herrn impliziert die Deutung der Kirche als eines Raumes, der dem Zugriff der Weltmächte entzogen ist, und läßt sich später als präexistente Wesenheit verstehen (Eph 5,29-32; 2 Clem 14,1ff). Ihr universaler Charakter wird in der Stellung des Apostels und in seinem Auftrag zur Völkermission konkret (1,24-29).

3. Neu ist gegenüber der paulinischen Soma-Konzeption schließlich der Gedanke des *Wachstums*, der das Bild vom Wachstum des menschlichen Körpers auf die Gemeinde als den Leib Christi in ihrem Verhältnis zum Haupt Christus anwendet. Das gottgeschenkte Wachstum des Leibes vollzieht sich vom Haupt her (2,19). Ist hierdurch die Einheit zwischen Christus und Gemeinde ausgesagt und zugleich auf ihre notwendigen Konsequenzen aufmerksam gemacht, so ist damit auch die Völkermission gefordert, da das Evangelium ‚in der ganzen Welt Frucht bringt und ... wächst' (1,6). Zwischen einzelnen Gemeindegliedern und der Gesamtkirche wird nicht getrennt, vielmehr ist das Wachstum der Erkenntnis Gottes im einzelnen Christen Teil des Wachstums der universalen Kirche (1,10; demgegenüber 2 Kor 10,15: nur individuelles Wachstum des Glaubens).

2. Der Apostel

Der Apostel Paulus wird dreimal namentlich erwähnt.[26] Die paulinische Tradition wirkt ein, wenn das Apostelamt auf ‚den Willen Gottes' zurückgeführt (1,1; wörtlich übereinstimmend mit 2 Kor 1,1; vgl. nur 1 Kor 1,1) und auf die Vergangenheit der Tätigkeit des Apostels als eines ‚Dieners am Evangelium' Bezug genommen wird (1,23; vgl. 1,25). Hervorragend ist die Stellung der universalen Lehre (1,28: „in aller Weisheit, damit wir *jeden Menschen* vollkommen machen in Christus"); ihr Ziel ist die ‚Festigung im Glauben' (2,7); sie soll die Gemeindeglieder veranlassen, in eigener Verantwortung Lehre und Ermahnung weiterzugeben (3,16).

---

26 1,1.23; 4,18 – im Vergleich mit den echten Paulusbriefen eine deutliche Hervorhebung; vgl. demgegenüber je einmal in Röm 1,1 und Phil 1,1.

Inhalt der apostolischen Lehre und Verkündigung (vgl. 1,28: καταγγέλλομεν νουθετοῦντες ... διδάσκοντες) ist das ‚Evangelium' (εὐαγγέλιον), das neben dem ‚Glauben' (πίστις) zu den Grundsteinen gerechnet wird, auf denen die Gemeinde aufgebaut ist (1,23). Die Verkündigung begründet sich aus der umfassenden Christuswirklichkeit (1,15-20). Im Anschluß an die Trias ‚Glaube, Liebe, Hoffnung' konzentriert sich das Evangelium als das ‚Wort der Wahrheit' auf die Hoffnung, die ‚in dem Himmel aufbewahrt' wurde und nun durch den Apostel kundgemacht wird (1,4f). Die Leiden Christi sind nach Kol 1,24 noch nicht in ihrem Ausmaß erfüllt. Diese erfüllt jetzt der Apostel Paulus. Damit setzen sich die Leiden Christi in dem Geschick des Apostels fort. Ist dem Apostel das Wort Gottes zur Verkündigung übertragen worden (1,25; vgl. 3,16: ‚Wort des Christus'), so ist dieses mit dem ‚Geheimnis' (μυστήριον) identisch, das nach der Zeit der Verborgenheit nun der Gemeinde enthüllt, nämlich von dem Apostel ‚offenbart' wird (1,26; 4,3f). Das geoffenbarte Geheimnis ist mit Christus als dem Herrn der Kirche identisch (1,27; 2,2). Paulus unterscheidet zwischen sich und Christus, da er auf das vergangenheitliche Christusgeschehen zurückverweist.[27] So entspricht es der ‚Ökonomie Gottes' (1,25), die als weitere Bestandteile der Verkündigungskette die Mitarbeiter des Apostels (z.B. Epaphras: 1,7; 4,12) und Gemeindeglieder (4,7-11) legitimiert, die wie der Apostel an der Verbreitung der Botschaft mitwirken. Daß die Verkündigung über die angeschriebene Gemeinde hinausreichen soll, zeigt sich an der Mahnung, den vorliegenden Brief der Gemeinde zu Laodizea weiterzugeben (4,16).

Ist der Apostel vorwiegend als Diener und Lehrer der Kirche gezeichnet, so auf dem Hintergrund der Gefangenschaftssituation (4,3.18). Hierdurch bedingt ist der Apostel ‚im Fleisch abwesend', aber ‚im Geist' hat er mit seinen Lesern Gemeinschaft (2,5; vgl. 1 Kor 5,3). Die ‚Leiden' des Gefangenen sind jedoch nicht durch das Bewußtsein von Trennung und Unterdrückung bestimmt, sondern der Kampf, der am Gefangenschaftsort ausgetragen werden muß, dient dazu, die Gemeinde zu trösten und in der Liebe zu festigen (2,1f; vgl. 2 Kor 1,4ff). Zeigt sich der Apostel darin als ‚Diener der Kirche' (1,25), so kann er in der Leidenssituation Freude empfinden; denn er füllt in seinen Leiden (παθήμασιν) für die Kirche als den Leib Christi „die Mängel der Bedrängnisse des Christus" (τὰ ὑστερήματα τῶν θλίψεων τοῦ Χριστοῦ) aus (1,24). Die nachpaulinische theologische Position äußert sich hier in zweifacher Hinsicht:

1. Das apostolische Leiden geschieht ‚für' die Gemeinde (ὑπὲρ ὑμῶν); kann auch der historische Apostel sein Leidensgeschick in der Weise begreifen, daß dieses für die Gemeinde Trost bedeutet, so behauptet er doch niemals, daß

---

27 Vgl. 1,13f.23.

sein Leiden ‚zugunsten' der Gemeinde geschieht. Dies erinnert vielmehr an die christologischen ὑπέρ-Formeln[28], durch die das Eintreten Jesu für die sündigen Menschen ausgesagt ist. Daß die Not der Gefangenschaft des Apostels ähnlich der Passion Jesu als Leiden zugunsten anderer verstanden und dadurch Paulus gleichsam zum *Christus prolongatus* wird[29], so daß das Apostelbild des Kolosserbriefes auf dem Weg zur Darstellung des Paulus als eines aus der kirchlichen Gemeinschaft herausgenommenen Heiligen ist, zeigt sich

2. an der Tatsache, daß die Fortsetzungs- und Stellvertretungsfunktion des Apostels sprachlich deutlich artikuliert ist.[30] Auch wenn hierdurch die sühnende Wirkung des Todes Jesu nicht gemindert werden soll[31], so versteht der Verfasser das Gefangenschaftsleiden des Apostels doch als Fortsetzung und Ergänzung des Leidens Jesu.[32] Dies ist in der Vorstellung begründet, daß der Bereich des kosmischen Christus mit der Kirche als seinem Leib auch die Person des Apostels und ihr Geschick umschließt.[33]

---

28 Vgl. Röm 5,6.8; 8,32; 14,15; 1 Kor 5,7 v.l.; 11,24; 15,3 u.ö.

29 Hierbei kann der Verfasser an genuin-paulinische Vorstellungen anknüpfen; so werden die Bedrängnisse (θλίψεις) der Gemeinde bzw. des Apostels (2 Kor 1,4f) in umgekehrter Wortwahl in Kol 1,24 als Ausfluß der Christusleiden (παθήματα) gedeutet; Paulus selbst versteht sich als Teilhaber der Christusleiden (Phil 3,10 u.ö.) und trägt die ‚Wundmale Jesu' an seinem Leib (Gal 6,17).

30 ἀνταναπληροῦν hat die Bedeutung von ‚stellvertretend ausfüllen' (Bauer-Aland, Wb. 144); der Ausdruck ‚Mängel der Bedrängnisse des Christus' weist auf ein Nichtvollendetsein der Passion Jesu hin, ist also nicht soziologisch zu interpretieren, als ob die ‚Mängel' die materielle Armut und Erniedrigung des Apostels bezeichnen, die als Bedrängnisse des Christus ausgelegt werden; vgl. U. Wilckens, ThWNT VIII 598; zu Recht H. Merklein, Theologie 30. Vgl. noch das Verständnis dieser Stelle bei Bauer-Aland, Wb. 144: „Er nimmt auf sich, was sie (die Gemeinde) noch nicht gelitten hat" – dies aber widerspricht dem Genitiv τοῦ Χριστοῦ; vorauszusetzen sind die ‚Mängel der Bedrängnisse des Christus', nicht der Gemeinde, die nämlich nach Auffassung des Kolosserbriefes als ‚Erfüllte' (πεπληρωμένοι) bezeichnet werden kann (2,10).

31 Vgl. vielmehr 1,14.20.22 – allerdings spricht der Kolosserbrief im Unterschied zu Hebr 7,27; 9,12; 10,10 niemals vom ἐφάπαξ des Christusgeschehens!

32 Mit H. Schlier, ThWNT III 143, sind die παθήματα des Apostels und die θλίψεις des Christus sachlich gleichzusetzen.

33 Vgl. 1,17f.27. – Nach P. Pokorný, Kolosserbrief 83, ist zu parallelisieren: „Das Erfüllen der noch ausstehenden Christustrübsale" (1,24) entspreche im Grunde „dem Erfüllen des Wortes Gottes" (1,25); doch ist letzteres nicht identisch mit dem Leidensgeschick des Gefangenen, sondern bezieht sich auf die Verkündigung des Apostels; beiden Aussagen ist gemeinsam, daß es um die Ausfüllung von etwas noch nicht zu Ende Gekommenen geht (vgl. anders Röm 15,19).

Läßt sich durch einen Vergleich mit der *gegnerischen ‚Philosophie'* (2,8) die Verkündigung des Apostels und damit die theologische Konzeption des Kol deutlicher profilieren? Es sollte zugestanden werden, daß der Verfasser kaum mehr als einige Einzelheiten nennt, die sich nur mühsam zu einem Ganzen zusammenfügen lassen. Sogar die grundlegende Frage ist umstritten, ob es sich um eine christliche oder um eine nichtchristliche Lehre handelt; nur im ersten Fall lassen sich Verbindungslinien zum Christushymnus (1,15-20) ziehen und für die Rekonstruktion der häretischen Lehre auswerten. Darüber hinaus ist zu bedenken, daß die Polemik des Verfassers keineswegs nur die gegnerische Terminologie reflektiert, sondern eigene Interpretamente einbringt, nicht zuletzt auch hier paulinischem Sprachgut verpflichtet ist. So dürfte die Bezeichnung der gegnerischen Philosophie als einer ‚Überlieferung von Menschen' (2,8) von Paulus beeinflußt sein (vgl. 1 Thess 2,13; Gal 1,11f), und der ‚terminus technicus' στοιχεῖα τοῦ κόσμου (2,8.20) kann sehr wohl auf die (paulinische)[34] Kennzeichnung der galatischen Irrlehre zurückweisen (vgl. Gal 4,3.9). Von hier aus ist es nicht unwahrscheinlich, daß die Gegenüberstellung der ‚Weltelemente' und des ‚Christus' auf die an Paulus gebundene Auslegung des Verfassers zurückgeht. Da spezifisch-christliche Elemente im übrigen nicht festzustellen sind, dürfte die Gegenüberstellung nicht einen inklusiven, sondern einen exklusiven Sinn haben und die kolossische Häresie nichtchristlichen Ursprungs sein, auch wenn vorausgesetzt ist, daß sie auf Christen eine besondere Anziehungskraft ausgeübt hat (2,20). Die Strukturelemente sind, soweit zu erkennen, nicht auf den hellenistischen Synkretismus zu begrenzen, sondern weisen auch auf jüdische Grundlagen hin. Ein integraler Bestandteil scheint die ‚Engelverehrung' (2,18: θρησκεία τῶν ἀγγέλων) gewesen zu sein; diesen dämonischen Mächten gebührte demutsvolle Unterwerfung (ebd.). Hieraus folgte eine bestimmte ‚gesetzliche' Verhaltensweise: Beschneidung (2,11), Askese (2,23), Beobachtung von Speisevorschriften, Fasten, Neumonden und Sabbaten (2,16.21). Öffnete die Verehrung der überirdischen Mächte (vgl. noch 2,10.15) zwar den Zugang zu höheren Welten, so stellt der Verfasser dagegen das Bekenntnis zum kosmischen Christus, welcher der Herrscher über alle Gewalten ist: Die geforderten kultischen Praktiken sind nichts anderes als ‚selbstgewählter Gottesdienst' (2,23), demnach bestenfalls auf etwas Vorläufiges ausgerichtet. Dagegen wird die Überwindung der Weltmächte durch Christus im Glauben der Gemeinde nachvollzogen (2,20); sie hat die Zusage des Kampfpreises (2,18). Solche Auseinandersetzung kann sich der Waffen bedienen, die der

---

34 Vgl. hierzu Ph. Vielhauer, Gesetzesdienst und Stoicheiadienst im Galaterbrief, in: J. Friedrich-W. Pöhlmann-P. Stuhlmacher (Hgg.), Rechtfertigung, FS E. Käsemann, Göttingen 1976, 543-555.

Christushymnus bereitstellte, ohne daß dieser eine Grundlage für die Verständigung mit den philosophisch gebildeten ‚Räubern' (2,8) bieten konnte.[35] Gemeinsam ist allenfalls der Gemeinde des Christushymnus wie der kolossischen Häresie eine Beziehung auf dieselben kosmischen Elemente; doch wissen Gemeinde und Verfasser, daß diese in Christus ihren Herrn gefunden haben.

3. Die Taufe und das neue Leben

Die Taufe wird im Kolosserbrief nur 2,12 erwähnt.[36] Hier ist sie als ‚Mit-Christus-Begrabenwerden' und ‚Mit-Christus-Auferwecktwerden' verstanden worden. Ein Vergleich mit Röm 6,4 zeigt, daß nach paulinischer Auffassung die Gemeindeglieder in den Tod Christi getauft und mit Christus begraben wurden, weiterhin, daß wie Christus von den Toten auferweckt wurde, so auch die Glaubenden an der Auferstehung teilhaben sollen (Röm 6,5).

Auch wenn es noch nicht überzeugend gelungen ist, in Röm 6,3f eine vorpaulinische Traditionseinheit eindeutig abzugrenzen[37], so sollte doch nicht zweifelhaft sein, daß Paulus hierbei auf eine Überlieferung zurückgreift, die auch in Kol 2,12 (und Kol 3,1-4) herangezogen worden ist. Begründung:

a) Die innere Logik der Argumentation macht wahrscheinlich, daß am Anfang der Traditionsgeschichte ein Überlieferungsstück steht, das ungebrochen von dem ‚Mitbegrabenwerden und Mitauferwecktwerden mit Christus' gesprochen hat und sekundär von Paulus durch den ‚eschatologischen Vorbehalt' modifiziert worden ist; denn dieser ist für die folgende Paränese (Röm 6,12ff) grundlegend.

b) Die frühchristliche Überlieferung hat eine Verbindung zwischen der Taufe und der Auferstehung hergestellt (1 Kor 15,29; vgl. 1 Petr 3,18-22). Dem Auferstehen in der Taufe entspricht auch der Terminus ‚Wiedergeburt'.[38]

c) Eine pneumatisch oder enthusiastisch begründete präsentische Soteriologie hat es vermutlich in der korinthischen Gemeinde gegeben. Sie hatte eine Leugnung der zukünftigen Totenauferstehung zur Folge (1 Kor 15,12; vgl. 2 Tim 2,18: Vorwegnahme der Auferstehung); doch ist nicht anzunehmen, daß Paulus in Röm 6 sich von einer solchen Gruppe abgrenzt.

---

35 Gegen E. Schweizer, Kolosserbrief 104, wonach die Gegner dieses Lied mitsingen konnten; auch Ph. Vielhauer, Geschichte 193: Christus wäre danach durch die kolossische Häresie als höchste Spitze der kosmischen Hierarchie eingeordnet worden.

36 Hier der seltene Ausdruck βαπτισμός; anders die Lesart βαπτίσματι.

37 Vgl. dazu oben A III c 2; zudem U. Schnelle, Gerechtigkeit und Christusgegenwart. Vorpaulinische und paulinische Tauftheologie, GTA 24, Göttingen [2]1986, 77.

38 Joh 3,3.5; vgl. auch Eph 5,14; weitere Belege bei Pokorný, Kolosserbrief 109.

d) Das religionsgeschichtliche Umfeld bietet zahlreiche Parallelen zur Vorstellung von einer antizipierten Auferstehung (z.B. NHC II 3; der Gnostiker Menandros bei Iren Haer I 23,5 soll die Taufe mit der Auferstehung gleichgesetzt haben).

Die Gegeneinwände können demgegenüber nicht überzeugen; denn für das Traditionsstück kann die Alternative ‚nicht zeitlich, sondern ontologisch'[39] nicht in Anspruch genommen werden, vielmehr ist die Ontologie des präsentischen Heils in den zeitlichen Horizont eingeordnet.[40]

Das ‚Mit-Christus-Auferstehen' ist demnach eine vorpaulinische Beschreibung des gegenwärtig erfahrenen, die Zukunft vorwegnehmenden neuen Lebens, wie dies auch für die korinthischen Pneumatiker vorauszusetzen ist. Paulus selbst bestreitet die präsentische Heilserfahrung im grundsätzlichen nicht, wenn er sie unter den eschatologischen Vorbehalt stellt. Daß der Verfasser des Kolosserbriefes eine ontologisch geprägte Auslegung des Christuskerygmas kennt, zeigt sich nicht nur in 2,12, sondern auch 3,1-4, wo – hätte die paulinische Formulierung Pate gestanden – die Aussagen des eschatologischen Vorbehalts nähergelegen hätten. Hier greift der Verfasser demgegenüber ein zweites Mal mit ‚ihr seid mitauferweckt worden' auf die Auferstehungsontologie zurück (3,1); ihr entspricht das ‚ihr seid gestorben' (3,3): Auch hier ist die Vorgegebenheit des Mitsterbens und Mitauferstehens mit Christus deutlich artikuliert, nun aber nicht primär als Beschreibung des Taufvorgangs, sondern als Ausgangspunkt der ethischen Forderung; denn aus der indikativischen Feststellung, daß die Auferstehung mit Christus schon geschehen ist, und der dialektischen Spannung, wonach das zukünftige Leben jetzt in Christus verborgen und später in Herrlichkeit offenbar werden wird (3,4), folgt die Verpflichtung, daß der Christ in Christus sein Leben so führen soll, wie er als Angenommener sich begreift (2,6; 3,5ff). Das neue Leben der Christen versteht sich also aus der Grundlegung der Christusoffenbarung. Im Anschluß an den Lobpreis des kosmischen Christus war schon festgestellt worden, daß – wie es das Revelationsschema besagt – ‚die bösen Werke' abgetan sind und das Ziel der Versöhnungstat Christi die Heiligkeit, Untadeligkeit und Unbescholtenheit der christlichen Gemeinde ist (1,22). Da die Glaubenden mit Christus den Weltmächten abgestorben sind (2,20), ergibt sich als notwendige Konsequenz, das ‚zu töten', was der irdischen Welt zuzurechnen ist (3,5). So entspricht es dem gegebenen Faktum, daß der alte Mensch

---

39 Vgl. G. Sellin, „Die Auferstehung ist schon geschehen". Zur Spiritualisierung apokalyptischer Terminologie im Neuen Testament, NT 25, 1983, 220-237; 222.

40 Beispiel: EvPhil NHC II 3, 73,1-5: „Wenn man nicht zuerst die Auferstehung empfängt, während man noch lebt, wird man beim Tode nichts empfangen."

ausgezogen und der neue Mensch angezogen wurde, und der Forderung, sich dem Bild des Schöpfers anzupassen.[41]

Im Anschluß an die hellenistisch-jüdische Überlieferung hat die christliche Gemeinde katalogartige Aufreihungen gestaltet, welche ethische Forderungen enthalten, etwa Laster- und Tugendkataloge.[42] Im Kolosserbrief sind zweimal fünf ‚Laster' aufgezählt worden. Der erste Katalog nennt die unsittlichen Verhaltensweisen, welche die heidnische Welt kennzeichnen (3,5: Unzucht, Unkeuschheit, Leidenschaft, böse Begierde, Habsucht, die mit Götzendienst gleichgesetzt wird), der zweite böse Handlungen, welche das Leben in den christlichen Gemeinden beeinträchtigen (3,8: Zorn, Wut, Bosheit, Lästerung, Schmährede). Dem werden fünf Tugenden gegenübergestellt (3,12: Barmherzigkeit, Gütigkeit, Demut, Sanftmut, Langmut).

Darüber hinaus bezeugt erstmals im Neuen Testament der Kolosserbrief eine christliche Haustafel (3,18-4,1; vgl. sodann die sich auf diesen Text beziehende Parallele Eph 5,22-6,9). Dies zeigt gegenüber der Situation der paulinischen Briefe eine fortgeschrittene ethische Situation für die christlichen Gemeinden an. Offenbar unter dem Einfluß der nachlassenden Naherwartung und einer damit verbundenen positiven Einstellung zur ‚Welt' und zu den Problemen der menschlichen Gesellschaft war es der christlichen Generation nach Paulus nicht mehr möglich, der Frage auszuweichen, wie sich die Stände der christlichen Gemeinde zueinander verhalten sollten. Die kleinste soziologisch greifbare Einheit ist das ‚Haus' (οἶκος). Auf die hier entstehenden Konflikte geht die christliche Haustafel ein[43], die sich an die Bewohner der christlichen Haushalte wendet (Frauen und Männer, Kinder und Eltern, Sklaven und Herren) und sie zum Gehorsam und zu gegenseitiger Rücksichtnahme ermahnt. Vorausgesetzt ist die patriarchalische Herrschaftsstruktur, wie diese die Anfänge des Griechentums prägt. In den ‚ungeschriebenen Gesetzen' (νόμιμα ἄγραφα), d.h. in der volkstümlichen ethischen

---

41 Vgl. 3,9f. – Entsprechend 3,11, wo offenbar die Tauftradition von Gal 3,26-28 vorausgesetzt ist.

42 Vgl. dazu Pseudo-Phokylides, Sentenzen, bes. 132-152; schon Gal 5,19-21; Röm 1,29-31 u.ö.

43 Im eigentlichen Sinn nur Kol/Eph; dagegen greift 1 Petr 2,13-3,7 über die Grenzen des Hauses hinaus und bezieht auch das Verhältnis zum Staat ein. Demgegenüber respektiert die ‚Gemeindetafel' 1 Joh 2,12-14 nicht die Haussituation, sondern geht auf das Verhältnis von alten und jungen Männern sowie auf die Kinder ein; vgl. G. Strecker, Die neutestamentlichen Haustafeln, in: H. Merklein (Hg.), Neues Testament und Ethik, FS R. Schnackenburg, Freiburg 1989, 349-375. – Teilparallelen finden sich 1 Tim 2,8-15 (Anweisungen für Männer und Frauen), Tit 2,1-10 (alte und junge Männer, Frauen, Sklaven).

Tradition des frühen Griechentums liegen die Wurzeln dieser Überlieferung. Sie wurde von der griechischen Philosophie systematisiert und von Stoikern in den Zusammenhang einer naturgesetzlich motivierten sozialen Pflichtenlehre gestellt. Das hellenistische Judentum geht der christlichen Überlieferung voraus, wenn es das stoische mit alttestamentlich-jüdischem Gedankengut (Dekalog, alttestamentlich-monotheistischer Gottesglaube) verbindet. Der Kolosserbrief ist inhaltlich von einer vorgegebenen (mündlichen) christlichen Überlieferungsschicht abhängig, von der einige Grundzüge durch den Vergleich mit 1 Petr erhoben werden können. Demgegenüber ist der Verfasser des Epheserbriefes von der Haustafel des Kolosserbriefes literarisch abhängig und hat diese in Richtung auf eine zeitlose christliche Ethik ausgearbeitet. Beiden Schriften gemeinsam ist die Spannung zwischen präsentischer Eschatologie des Christusgeschehens und der konkreten Weltzuwendung. Auf dem Hintergrund der Auseinandersetzung mit der gegnerischen ‚Philosophie' werden im Kolosserbrief die bestehenden sozialen Verhältnisse zugleich bestätigt und in der Beziehung auf den kosmischen Christus transparent (vgl. 3,18.20.22-24; 4,1).

Es entspricht der präsentischen *Eschatologie* des Kolosserbriefes, daß die Ethik durch die vertikale Dimension bestimmt ist. Ist die christliche Gemeinde als Christusleib zugleich ‚in Christus' (vgl. 2,10), so vollzieht sich das ethische Verhalten in Distanz zur Welt und in der Zuwendung zum kosmischen Christus (vgl. 3,1: „Suchet, was oben ist"). Wer mit Christus gestorben ist, der ist gehalten, auch die Glieder abzutöten, die ihn an die Erde fesseln (3,5). Jedoch ist hiermit nicht die traditionelle horizontale Perspektive in Vergessenheit geraten, die dem apokalyptischen Weltbild entstammt. Ist auch von einer Naherwartung der Parusie Christi nicht die Rede, so ist doch – wie schon deutlich wurde – das vom Apostel zu verkündigende Evangelium aufs engste mit dem Begriff ‚Hoffnung' verbunden (1,5.23). Die Vorschriften der kolossischen Irrlehrer können mit dem Hinweis abgetan werden, daß sie nur ‚ein Schatten des Zukünftigen' sind, also die endgültige Überwindung der Häresie durch die künftige Erscheinung des Christus erfolgen wird (2,17). Auch der Wachstumsgedanke ist, wenn er auf die Aussaat des Evangeliums bezogen wird (1,6), zwar realistisch auf das ‚Fruchtbringen' in der gegenwärtigen Gemeinde ausgerichtet, aber doch für die endzeitliche Zukunft offen (vgl. 1,10; 2,19). Auch das Ausfüllen der ‚Bedrängnisse Christi' durch den Apostel (1,24) hat diese Dimension; denn die Vorstellung vom ‚Christus in euch' impliziert für die Glaubenden die Hoffnung auf eine Vollendung in Herrlichkeit (1,27). Daher gilt für die Gegenwart die Mahnung, daß man ‚die Zeit auskaufen' soll (4,5; vgl. den Zusatz in der Parallele Eph 5,16: „denn die Tage sind böse"). Es gilt, jetzt die Zeit als Gnadengeschenk Gottes zu nutzen, damit die kommende Offenbarung Jesu Christi für die Gemeinde eine Zeit ‚in Herrlichkeit' sei (3,4).

II. Hinwachsen auf Christus – Epheserbrief

H. SCHLIER, Christus und die Kirche im Epheserbrief, BHTh 6, Tübingen 1930.
DERS., Der Brief an die Epheser, Düsseldorf [7]1971.
C.L. MITTON, The Epistle to the Ephesians. Its Authorship, Origin and Purpose, Oxford 1951.
H. HEGERMANN, Die Vorstellung vom Schöpfungsmittler im hellenistischen Judentum und Urchristentum, TU 82, Berlin 1961.
P. POKORNÝ, Der Epheserbrief und die Gnosis, Berlin 1965.
DERS., Der Brief des Paulus an die Epheser, ThHK X/2, Berlin 1992.
J. ERNST, Pleroma und Pleroma Christi, BU 5, Regensburg 1970.
E. KÄSEMANN, Das Interpretationsproblem des Epheserbriefes, in: ders., Exegetische Versuche und Besinnungen II, Göttingen [3]1970, 253-261.
K.M. FISCHER, Tendenz und Absicht des Epheserbriefes, Berlin-Göttingen 1973.
H. MERKLEIN, Das kirchliche Amt nach dem Epheserbrief, StANT 33, München 1973.
A. LINDEMANN, Die Aufhebung der Zeit. Geschichtsverständnis und Eschatologie im Epheserbrief, StNT 12, Gütersloh 1975.
DERS., Der Epheserbrief, ZBK 8, Zürich 1985.
J. ROHDE, Urchristliche und frühkatholische Ämter, TABG 33, Berlin 1976.
J. GNILKA, Der Epheserbrief, HThK X/2, Freiburg [3]1982.
F. MUẞNER, Art.: Epheserbrief, TRE 9, 1982, 743-753.
R. SCHNACKENBURG, Der Brief an die Epheser, EKK X, Neukirchen-Vluyn 1982.
H.E. LONA, Die Eschatologie im Kolosser- und Epheserbrief, fzb 48, Würzburg 1984.
E. BEST, Recipients and Title of the Letter to the Ephesians: Why and When the Designation „Ephesians"?, ANRW II 25.4, 1987, 3247-3279.
H. MERKEL, Der Epheserbrief in der neueren Diskussion, ANRW II 25.4, 1987, 3156-3246.

Die literarische Anlehnung an den Kolosserbrief ist besonders in der vorausgesetzten Situation (der Apostel als Gefangener: Eph 3,1; 4,1; 6,20) und dem zugrundegelegten Aufriß bis in Einzelheiten hinein festzustellen.[1] Allerdings ist anders als im Kolosserbrief der erste Hauptteil ein erweitertes Proömium (Lob Gottes, Dank, Fürbitte); doch ist in diesem Rahmen Raum für theoretische Ausführungen über Christus, Entstehung und Einheit der christlichen Kirche (1,3-3,21). Der zweite Hauptteil (4,1-6,20) ist wie im Kolosserbrief der apostolischen Mahnung gewidmet. Einen Großabschnitt nimmt die Haustafel ein (5,22-6,9); in ihr ist die literarische Vorlage des Kolosserbriefes im christologischen Sinn ausgearbeitet und die ethische Ausführung auf die Kirche aller Zeiten bezogen worden.

Zum eigenständigen Charakter trägt bei, daß nicht nur der Christushymnus des Kolosserbriefes ausführlich reflektiert ist (in 1,3-14), sondern auch im übrigen liturgisches Traditionsgut verarbeitet wurde (z.B. 1,20-23;

---

1 Vgl. die Synopse bei C.L. Mitton, The Epistle to the Ephesians 279ff.

2,4-10.14-18.19-22; 5,14). Mit Hilfe dieser vorredaktionellen Überlieferungen, aber ebenso unter Einsatz erheblicher eigener Aktivität des Verfassers, stellt der Epheserbrief eine über den Kolosserbrief hinausführende selbständige Entfaltung paulinischer Theologie dar. So zeigt es sich auch in der Aufnahme spezifisch paulinischer Wendungen[2]; doch wird bei der Verarbeitung dieser Begrifflichkeit auch der zeitliche und theologische Abstand zu Paulus sichtbar.

a) Christologie

Umfassender als die echten Paulusbriefe und auch als der Kolosserbrief bringt der Epheserbrief die *kosmische Dimension* des Christusereignisses zur Sprache. Der Begriff τὰ πάντα, der schon im Kolosserbrief das ‚Weltall' bezeichnet, das als Gottes Schöpfung angesehen wird (Kol 1,16f.20; Eph 3,9), wird in seinen Einzelelementen strukturiert. So wird genannt ‚in den Himmeln' (ἐν τοῖς ἐπουρανίοις) als der Ort, den Christus zur rechten Seite Gottes eingenommen (1,3.20; vgl. 6,9: ‚euer Herr ist in den Himmeln' <ἐν οὐρανοῖς>) und in dem auch die erlöste Gemeinde ihren Platz gefunden hat (2,6). Dieser Ausdruck wird auch auf den Sitz der ‚Gewalten und (Engel-)Mächte' sowie der bösen Geister (3,10; 6,12) angewendet. Darüber hinaus bezeichnet auch ‚Luftreich' (ἀήρ) die Heimat dämonischer Mächte (2,2). Unterschieden ist auch zwischen den ‚Himmeln' (οὐρανοί), die der Erlöser bei seinem Wiederaufstieg durchschritten hat (4,10), und der ‚Erde' (γῆ) als dem unteren Teil des Universums, den Christus bei seinem Himmelsabstieg betritt.[3] Die einzelnen Sphären sind im allgemeinen nicht eindeutig voneinander abgegrenzt.[4] Doch zeigt auch die formelhafte Ausdrucksweise ‚Himmel und Erde' (1,10; 3,15), daß im Epheserbrief das gesamte *sichtbare und unsichtbare Universum der umfassende Ort* des Erlösungsgeschehens ist. Es herrscht eine räumliche Orientierung vor. Aber die Gegenüberstellung ‚dieser und der zukünftige Äon' (1,21; vgl. 2,2.7) dokumentiert darüber hinaus eine zeitliche Ausrichtung; sie sagt die *Ewigkeitsbedeutung* des Christusereignisses aus, wie dies die ältere Paulusschule noch nicht gekannt hat.

---

2 Vgl. die häufige Verwendung des Begriffs χάρις: 1,6f; 2,5.7f.; 3,2.7f; 4,7.29; bes. 2,5: „durch Gnade seid ihr gerettet"; auch 2,15: ‚Beseitigung des Gesetzes, das in Satzungen bestand'; 2,8f: Gegenüberstellung von Glaube und Werke; zu Eph 3,8 ist 1 Kor 15,9f (der Geringste unter allen Heiligen) zu vergleichen.

3 4,9; andere Auslegung: ‚Totenreich'; vgl. dazu J. Gnilka, Epheserbrief 209.

4 Gegen F. Mußner, Christus, das All und die Kirche, TThSt 5, Trier ^{2}1968, 28; ders., Art.: Epheserbrief 744. Im obigen Sinn auch H. Schlier, Der Brief an die Epheser 45f.

Wie im Kolosserbrief wird das *Christusgeschehen als das zentrale Heilsereignis* unter Aufnahme von traditioneller Begrifflichkeit ausgelegt.

1. *Das Kreuz Jesu* ist der Ursprungsort der Gemeinde. Hierdurch ist die Feindschaft zwischen Heiden und Juden wie auch die Trennwand zwischen Mensch und Gott überwunden (2,16) und ein allumfassender Friede gestiftet (2,15.17). Der Tod Jesu wird auch im Anschluß an die kultische Vorstellungswelt als Opfergabe interpretiert, die Christus aufgrund seiner Liebe zur Gemeinde Gott dargebracht hat (5,2), oder als das Vergießen seines Blutes, das Erlösung und Vergebung der Übertretungen bewirkt (1,7; vgl. 2,13). Ebensowenig wie im Kolosserbrief ist der Verfasser auf eine ‚Kreuzestheologie' festzulegen, vielmehr ist das ‚Fleisch' (σάρξ) des Christus der Ermöglichungsgrund für die Kirche aus Juden und Heiden in dem Sinne, daß nicht allein der Tod, sondern die *Inkarnation Christi* das entscheidende Heilsereignis ist (2,14). Hierdurch ist das Bürgerrecht des neuen Israel begründet worden (2,12), und hierdurch wird der heilige Tempel auf dem ‚Eckstein' (ἀκρογωνιαῖος) Jesus Christus errichtet (2,20f).[5]

2. Entsprechend dem urchristlichen Kerygma ist die Einheit zwischen Kreuzestod und Auferweckung Jesu Christi gewahrt und die Auferweckung mit der Erhöhung identifiziert (1,20; vgl. 1 Petr 3,22: Ps 110,1). Solche *Erhöhungschristologie* setzt die Vorstellung voraus, daß Christus vom Himmel herabstieg. Ist auch die Präexistenz Christi impliziert (1,4: Erwählung der Gemeinde ‚in ihm' vor Grundlegung der Welt), so ist sie doch im Unterschied zu Kol nicht betont (das Wort πρωτότοκος <Kol 1,15.18> fehlt im Epheserbrief), wohl aber wird hervorgehoben, daß das Christusereignis auf Gottes vorzeitlichen Entschluß zurückzuführen ist (1,9.11; 3,11) und Gottes Handeln sich in ihm wirksam zeigt (1,20). Nach seinem irdischen Auftreten ist Christus ‚über alle Himmel' hinaufgestiegen, um die Gefangenen zu befreien und alles in allem zu erfüllen (1,23; 4,8-10: Ps 68,19). Durch die Erhöhung hat er seine *kosmische Herrschaft* in Besitz genommen. Gott hat ihm den Platz zu seiner Rechten in den Himmeln gegeben (1,20), damit er über alle Mächte und Gewalten sein Herrscheramt ausübe und alles ihm unterworfen sei (1,21f). Solche ‚Heilsökonomie' Gottes zielt auf die ‚Erfüllung der Zeiten', die Gegenwart und Zukunft zugleich ist; denn in Christus ereignet sich die ‚Zusammenfassung des Alls'.[6]

---

5 Vgl. zum Problem: F. Mußner, Art.: Epheserbrief 750 Anm. 1; anders J. Jeremias, Der Eckstein, Angelos 1, 1925, 65-70.

6 Das Wort ἀνακεφαλαιοῦσθαι ist im christologischen Sinn nur Eph 1,10 für das Neue Testament belegt; es stammt aus der Rhetorik (vgl. Röm 13,9 = ‚recapitulatio') und ist von der Vorstellung der ‚Allversöhnung' (ἀποκαταλλάξαι) in Kol 1,20 zu unterscheiden.

3. Die Feststellung, daß alles in Christus zusammengefaßt ist, widerspricht nicht der Aussage, daß *Christus als Haupt* der Gemeinde als seinem Leib gegenübersteht, wie der Verfasser im Anschluß an den Kolosserbrief formulieren kann (1,22; 4,15; 5,23). Ist Christus als Haupt über die Gemeinde gestellt, so spiegelt sich darin seine herrscherliche Macht über das All. Letzteres ist wie die Gemeinde von ihm völlig bestimmt. Hiervon spricht das ‚Mysterium Gottes', das in Christus enthüllt worden ist (1,9f). Die kosmische Machtstellung Christi ist auf die endgültige Offenbarung in der Zukunft ausgerichtet (vgl. den Begriff ‚Hoffnung': 1,18; 4,4). So zeigt es auch die ekklesiologische Wachstumsterminologie: Christus ist als das Haupt das Ziel des Wachstums der Kirche. Diese ist im Verhältnis der Christen zueinander auf ihn hin orientiert (4,15f).

Das Verhältnis der Gemeinde zu Christus wird durch das *Bild von der Ehe* erläutert. Das ‚Geheimnis' von Gen 2,24 wird auf Christus und die Kirche gedeutet. Wie eine eheliche Partnerschaft ist die Beziehung zu Christus durch Liebe bestimmt (5,31f). In Ausarbeitung der Haustafel des Kolosserbriefes (3,18f) wird das Verhältnis von Männern und Frauen an der grundlegenden Verbundenheit von Christus und Gemeinde gemessen. Wie sich die Kirche Christus unterstellt weiß, so sollen auch die Frauen sich ihren Männern unterordnen. Diese werden andererseits ermahnt, ihre Frauen zu lieben „wie Christus die Kirche geliebt und sich für sie hingegeben hat" (5,22-25).

b) Ekklesiologie

Der Epheserbrief stellt in einer für das Neue Testament einmaligen Weise die Kirche als das Ziel des Christusgeschehens dar. Er läßt sich als ‚das Hohelied der Kirche' bezeichnen. Nur hier findet sich ein neutestamentlicher Beleg über die Präexistenz der Kirche (1,4), und einzigartig über den Kolosserbrief hinausführend, wird nicht nur der Christus, sondern auch die *Kirche als kosmische Größe* gefeiert. Mit Christus hat sie nicht nur an der Herrschaft über die kosmischen Mächte Anteil, sondern als sein Leib ist sie zugleich seines Wesens; sie ist die ‚Fülle' dessen, der ‚alles mit allem erfüllt' (1,23). So sehr auch die Menschheit in der Welt durch böse Gewalten bedrängt und bedrückt wird, in der Kirche sind auf unanschauliche Weise die durch Christus repräsentierte ‚Fülle' und der von ihm gestiftete Friede Wirklichkeit geworden. So wird es im Glauben an den einen Herrn anerkannt, wenn auch andererseits nicht die Realität der Welt übersehen wird und zugestanden ist, daß die zugesagte, ‚umfassende Fülle' der Gemeinde immer noch voraus ist (3,19).

Ist auch die Universalität und Integrität der christlichen Kirche eine eschatologische Wirklichkeit, so zeichnet sich diese doch ‚schon jetzt' ab, indem sich die Kirche als eine *universale, interethnische Größe* darstellt (2,13:

„ihr, die ihr einst fern wart, seid nahegekommen"; auch 2,17). Juden und Heiden sind in einem Leib mit Gott versöhnt worden (2,16). So reflektiert es sich im ekklesialen Selbstverständnis: Wer zur christlichen Gemeinde gehört, der zählt gemäß 2,19 nicht mehr zu den ‚Heimatlosen' (πάροικοι), sondern zu den ‚Hausgenossen Gottes' (οἰκεῖοι τοῦ θεοῦ). Als ‚zum Leib gehörend' (σύσσωμος) sind alle Christen der durch Christus begründeten Verheißung teilhaftig geworden (3,6). Die enge Verbindung der Kirche als des Christusleibes zum Haupt Christus verdeutlicht der Begriff ‚Bau' (οἰκοδομή; 2,21): Christus ist der alles krönende ‚Schlußstein' des Baues der Kirche (2,20); an ihm orientieren sich alle, die in der Gemeinde Verantwortung tragen und am ‚Werk des Dienstes' mitarbeiten (4,12).

Was die Funktion der *kirchlichen Ämter* angeht, so zeigen sich Verschiebungen gegenüber der Theologie des Kolosserbriefes und des Paulus. Im Kolosserbrief werden Gemeindeämter nicht erwähnt. Statt dessen wird eine direkte Verbundenheit der Gemeinde mit Christus behauptet (2,7: die Christen sind ‚in ihm verwurzelt und aufgebaut'). Demgegenüber deutet *Eph 4,11* mit der Auflistung ‚Apostel, Propheten, Evangelisten, Hirten und Lehrer' ein fortgeschrittenes Stadium der kirchlichen Verfassung an. Auch Paulus kennt eine Folgeordnung von Gemeindefunktionen, in der die Apostel und Propheten an der ersten Stelle genannt werden (1 Kor 12,28). Jedoch ist seine Amtsstruktur charismatisch bedingt[7], dagegen findet sich im Epheserbrief eine klare Unterscheidung: Die Apostel und Propheten[8] gehören als das ‚Fundament' (θεμέλιον) der Kirche einer zurückliegenden christlichen Generation an[9], während die Evangelisten, Hirten und Lehrer in der Gemeinde der Gegenwart Verkündigungs-, Leitungs- und Lehraufgaben wahrnehmen. Anders als in der paulinischen Überlieferung, die von einer göttlichen Einsetzung ausgeht, ist die Bestellung der Amtsträger im Epheserbrief auf den erhöhten Christus zurückgeführt. Die überragende Machtstellung des kosmischen Christus konkretisiert sich in seiner Gemeindeleitung.[10]

---

7 Vgl. 1 Kor 12,28b: Machttaten, Gnadengaben für Heilungen, Hilfeleistungen, Leitungen, Glossolalie. – Daß nach Eph 4,7 ‚jedem einzelnen die Gnade gegeben worden ist', wird nicht auf die Frage der Ämter bezogen, überträgt vielmehr das apostolische Selbstverständnis (1 Kor 3,10; Röm 12,3) auf jeden getauften Christen.

8 ‚Propheten' werden auch 3,5 neben den Aposteln als Empfänger der Offenbarung des Geheimnisses genannt; im Unterschied zu Kol 1,26, wonach die Offenbarung des Geheimnisses allgemein ‚den Heiligen' zugesprochen wird. Gemeint sind im Epheserbrief christliche, nicht alttestamentliche Propheten, wie die Nachordnung im Verhältnis zu den Aposteln wahrscheinlich macht.

9 2,20; anders 1 Kor 3,11: Christus als das Fundament; vgl. auch 1 Kor 3,10: Paulus legt als ‚kluger Architekt' das Fundament.

10 Vgl. zur Christozentrik des Eph auch 2,16: Die Versöhnung geht von Christus aus; anders dagegen Kol 1,20.

Die Aufgabe, die den Amtsträgern anvertraut ist, bezieht sich vor allem auf die Verkündigung. Ihr Inhalt ist die *friedenstiftende, heilbringende Botschaft.* Die Friedensverkündigung bezieht sich nicht nur in einem äußeren Sinn auf einen politischen oder zwischenmenschlichen konfliktfreien Raum, sondern auf den kosmischen Friedensschluß, der auf den Ebenen des Makro- und Mikrokosmos alle Kräfte zu einer alles versöhnenden Einheit zusammenschließt (2,17; vgl. auch 3,8f). Da solche Einheit nicht nur vorgegeben, sondern immer wieder aufgegeben ist, kann die Kirche mit einem ‚vollkommenen Mann' verglichen werden, der sich in einem fortgeschrittenen, aber unabgeschlossenen Reifezustand befindet. Dieser richtet sich auf Christus und damit auf das Erreichen der ‚Fülle Christi' aus (4,13). – Die Botschaft der Kirche kann auch mit dem Begriff εὐαγγέλιον umschrieben werden. Das ‚Evangelium' ist auf Christus bezogen; denn sein Inhalt ist ‚das Geheimnis Christi' (3,4ff; 6,19). Als das ‚Wort der Wahrheit' vermittelt es das eschatologische Heil (1,13) und Anteil an der Verheißung (3,6). Aufgrund seiner universalen, Anfang und Ende des christlichen Lebens umspannenden, Einheit stiftenden Ausrichtung kann es ‚das Evangelium des Friedens' genannt werden (6,15).

Auch die *Taufe* als der das Leben des einzelnen Glaubenden in der Kirche begründende Initiationsakt ist eine wesentliche Aufgabe der Amtsträger. Sie wird einmal ausdrücklich genannt im Zusammenhang einer möglicherweise aus der Gemeindeliturgie stammenden Trias-Formel ‚ein Herr, ein Glaube, eine Taufe' (4,5). Die christliche Gemeinde wird demnach konstituiert durch den erhöhten, kosmischen Christus, durch den auf das Wort der Verkündigung antwortenden Glauben und nicht zuletzt durch die Taufe; denn im Taufbekenntnis spricht der Täufling sein Glaubensverständnis aus, und die Taufe wird unter Anrufung des Namens Jesu Christi vollzogen (Apg 2,38; 10,48; vgl. Mt 28,19). Auf frühchristliche Taufüberlieferung geht vermutlich die Bezeichnung ‚versiegeln' (σφραγίζειν) zurück[11], auch wenn im Epheserbrief lediglich von der ‚Versiegelung durch den Geist' gesprochen wird (1,13; 4,30); denn nach urchristlicher Auffassung ist der Geist die Taufgabe.[12] Aus diesem Grunde ist das ganze Leben der Gemeinde ein pneumatisches (vgl. 1,3: ‚geistlicher Segen'; 5,19: ‚geistliche Lieder'). Der in der Taufe verliehene Geist ist die Grundlage für das rechte Gebet (6,18); er leitet die Verkündigung des Wortes Gottes, das als ‚Schwert des Geistes' bezeichnet wird (6,17), wie auch die historische Grundlegung der Verkündigung durch Apostel und Propheten geistgewirkt ist (3,5). Für alle Christen gilt, daß der

---

11 In der nachneutestamentlichen Überlieferung ist ‚Siegel' (σφραγίς) ‚terminus technicus' für die Taufe: 2 Clem 7,6; 8,6; Herm sim VIII 6,3; IX 16,3ff.

12 Vgl. Apg 2,38; 8,15ff; 10,47f; Joh 3,5; Tit 3,5.

Geist in ihnen Weisheit und Erkenntnis schafft und die Herzen erleuchtet (1,17f). Insbesondere ist der Geist der Garant der kirchlichen Einheit: Die Gemeinde ist aufgerufen, die Einheit des Geistes durch das Band des Friedens zu bewahren (4,3). Dem einen Geist muß die Einheit des Leibes Christi entsprechen (4,4); die Gemeinde ist hierzu stets neu aufgerufen; denn der Geist öffnet den Weg in die Zukunft. Als das ‚Angeld unseres Erbes' (1,14: ἀρραβὼν τῆς κληρονομίας) vermittelt er den Zugang zur Wohnung Gottes (2,22).

Die Verbindung zwischen Geist und Taufe zeigt sich in der Begründung und Darstellung des neuen Lebens, wie dieses mit dem Bild vom Ablegen des alten und dem Anziehen des neuen Menschen erläutert wird (4,22ff im Anschluß an Kol 3,9ff). Zweifellos steht Taufunterweisung im Hintergrund. Schon Paulus versteht die Taufe als das ‚Mitkreuzigen des alten Menschen' (Röm 6,6) und kennt die Folgerung, die sich hieraus für den Getauften ergibt, nämlich ‚durch Erneuerung des Sinnes sich zu verwandeln' (Röm 12,2). Im Eph ist es der Geist Gottes, der die Erneuerung des Menschen nach seinem inneren Wesen bewirkt (4,23f.30). Hierdurch geschieht eine Neuschöpfung (vgl. 2 Kor 5,17), d.h. das ‚Anziehen des neuen Menschen' (4,24; vgl. Gal 3,27; Röm 13,14: Anziehen Christi). Das neue Leben ist demnach nur aufgrund eines Anfangs möglich, der mit der Taufe gesetzt ist. Hierdurch beginnt die geistgewirkte Erneuerung, ein Herrschaftswechsel von der Nichtigkeit zur Sinnhaftigkeit, von der Unsittlichkeit zum lauteren Wandel, von der Unwissenheit zur Gotteserkenntnis, von der Lüge zur Wahrheit.[13]

Ebenfalls aus der Tauftradition stammt das Zitat 5,14, wenngleich die präzise literarische Herkunft des Zitats bislang keiner befriedigenden Lösung zugeführt werden konnte:

ἔγειρε, ὁ καθεύδων,	Wach auf, du Schläfer,
καὶ ἀνάστα ἐκ τῶν νεκρῶν,	und stehe auf von den Toten,
καὶ ἐπιφαύσει σοι ὁ Χριστός.	dann wird dir der Christus als Licht aufgehen.

13 Die scheinbar nahestehende Formulierung, daß ‚die beiden in ihm zu einem neuen Menschen' geschaffen werden (2,15), ist nicht anthropologisch auszulegen, bezieht sich auch nicht auf die Taufe, sondern hat einen ekklesiologischen Sinn; sie reflektiert die Überwindung der Feindschaft zwischen Juden und Heiden (2,11ff; vgl. 2,16: „damit er beide in einem Leib mit Gott versöhne"). Steht paulinisches Gedankengut im Hintergrund (vgl. den Begriff ‚Neuschöpfung': 2 Kor 5,17; Gal 6,15), so ist neben der Gegenüberstellung zu den Heiden das kosmologische Schema des Eph mit zu bedenken. Auch die Durchbrechung der ‚Scheidewand' (2,14) läßt die Vorstellung von dem Sieg des aufsteigenden Christus über die kosmischen Mächte anklingen (4,8ff).

Es handelt sich im Eph um einen Weckruf an den bereits erneuerten Menschen. Dieser wird aufgerufen, sich vom Vergangenen zu lösen und auf Christus auszurichten (vgl. 5,15ff). Paulus verwendet ähnlich, allerdings in eschatologischer Zuspitzung, in der Paränese das Bild des Erwachens vom Schlaf (Röm 13,11f; 1 Thess 5,5ff). Der Hintergrund ist nicht mythologisch-gnostisch, sondern hellenistisch-synkretistisch unter Einschluß von der Gnosis nahestehenden Texten, aber auch von Mysterienüberlieferung.[14] Im gegebenen Kontext handelt es sich um Gemeindeparänese, die den Zusammenhang mit der Taufe nicht mehr nachvollzogen hat.[15]

In verhältnismäßig freier Anlehnung an den Kolosserbrief werden die Fragen der *Ethik* behandelt.[16] Wie dort finden sich *Lasterkataloge*: 4,18f (das unsittliche Leben der Heiden); 4,28-31 (Mahnung an die Gemeinde, nicht den Heiligen Geist zu betrüben, sondern recht zu wandeln); 5,3ff (Gemeindeparänese); ferner *Tugendkataloge* in 4,32 und 5,9 (vgl. zu letzterem Gal 5,22). Wie sich schon zeigte, ist die *Haustafel* (5,22-6,9) im Anschluß an Kol 3,18-4,1 ausgeführt; hierbei ist sowohl der Christozentrik als auch der Tendenz zur Zeitlosigkeit der spätneutestamentlichen Ethik Ausdruck gegeben. Im Rahmen der neutestamentlichen ethischen Überlieferung originell ist das ausgeführte Bild von der *Waffenrüstung* Gottes (6,10-20).

Lasterkataloge: Eph 4,31 modifiziert Kol 3,8, indem die Folge auf zweimal drei Glieder erweitert wurde. Hinzugekommen sind ‚bittere Stimmung' (πικρία) und ‚Geschrei' (κραυγή); letzteres Wort ersetzt die αἰσχρολογία in Kol 3,8 und nimmt plastischer auf das Treiben in den Gemeindeversammlungen Bezug. Es handelt sich jeweils um Sünden gegen die christliche Gemeinschaft, die das Miteinanderleben erschweren. Der Verfasser will sagen, daß die zwischenmenschlichen Beziehungen in der Gemeinde frei von Spannungen sein müssen, wie sie durch böse Stimmungen oder verbale Aggression verursacht werden. Hierdurch wird der Ruf zur Einheit der Gemeinde aufgenommen (4,25).

Eph 5,3-8 ist in enger Anlehnung an Kol 3,5 gestaltet. Einige Wörter wie ‚Schändlichkeit' (αἰσχρότης), ‚dummes Gerede' (μωρολογία) und ‚Witzelei' (εὐτραπελία) sind im übrigen Neuen Testament unbekannt und offenbar entsprechend dem Kontext eingefügt: Nicht Lüge, sondern Wahrheit soll in der Gemeinde herrschen (4,25 vgl. Sach 8,16); überdies soll aus eurem Munde kein schlechtes Wort ‚herausgehen'

---

14 Vgl. E. Norden, Agnostos Theos 258 Anm. 1.

15 Vgl. zur Wirkungsgeschichte die Weiterbildung bei ClAl Prot IX 84, welche den Ursprung in der Taufliturgie bestätigen kann; auch syrDid 21.

16 Vgl. zur Ethik des Eph: U. Luz, Überlegungen zum Epheserbrief und seiner Paränese, in: Vom Urchristentum zu Jesus, FS J. Gnilka, hg. v. H. Frankemölle u. K. Kertelge, Freiburg 1989, 376-396.

(4,29); auch wird im folgenden vor den ‚leeren Worten', die Verführung bewirken, gewarnt (5,6). Gegenüber Kol 3,5 besteht eine Verschärfung der Warnung darin, daß nicht allein Untaten gemieden, sondern schon auf den guten Ruf der Gemeinde geachtet werden soll. Der Heilsstand der Gemeinde beinhaltet Verpflichtung zum Tun dessen, was sachlich geboten ist (5,3f); denn die ‚Heiligen' (5,3) sind zur Nachahmung Gottes verpflichtet (4,32; 5,1ff). Die abschließende futurisch-eschatologische Warnung, daß die Sünder am Reich Christi und Gottes keinen Anteil haben werden (5,5), ist für die urchristliche Katalogüberlieferung stilgemäß (vgl. 1 Kor 6,9f; Gal 5,21; vgl. Apk 21,8) und besagt, daß der Verfasser den futurischen Aspekt nicht preisgibt; er weiß, daß der kosmische Christus das eschatologische Erbe in seiner Präsenz verbirgt (1,14; vgl. 1,11).

Tugendkataloge: Der Tugendkatalog des Kolosserbriefes ist im Epheserbrief spezifisch verarbeitet worden, wenn in 4,2 nur die drei Begriffe ‚Demut', ‚Sanftmut', ‚Langmut' aufgeführt werden. Am Anfang des paränetischen, zweiten Hauptteils weist die übergeordnete Mahnung, „der Berufung würdig zu leben, mit der ihr berufen seid" (4,1) auf die christologische Begründung dieses Rufes zurück (1,18; vgl. 4,4). Wie im Kol konkretisiert der Tugendkatalog die Forderung, aus der Berufung die notwendigen Konsequenzen zu ziehen, und steht in enger Beziehung zur Mahnung an die Gemeindeglieder, aufeinander Rücksicht zu nehmen und in Liebe einander zu tragen (4,2b). Es handelt sich um die ‚Liebe', die aus der ἀγάπη θεοῦ lebt und sich im soteriologischen Christusereignis und in der vorzeitlichen Erwählung manifestiert (2,4; 1,4). Grundsätzlich nicht anders als im Kol intendiert der Verfasser des Eph die Einheit der Gemeinde. Jedoch deutet schon der Sprachgebrauch einen sachlichen Unterschied an: Eph bezeichnet nicht die Liebe als das ‚Band der Vollkommenheit', sondern spricht vom ‚Band des Friedens', das die ‚Einheit des Geistes' garantiert (4,3). Darin werden die Vorstellungen des Kol aufgenommen. Ist der kosmische Christus ‚unser Friede' (2,14; vgl. 2,17), so manifestiert das Christusgeschehen eben diesen Frieden und begründet und bewirkt die Einheit der christlichen Gemeinde, während Kol von den Herzen der Glaubenden spricht, in denen der Christusfriede herrschen soll. Ist der Kol stärker individual-ethisch, so Eph stärker ekklesial-ethisch akzentuiert. Beides entspricht der paulinischen Tradition – auch Eph 4,32 könnte zu den Tugendkatalogen gezählt werden, reiht jedoch keine Tugendbegriffe katalogartig aneinander, sondern ist sprachlich und inhaltlich Bestandteil der übergeordneten Paränese. Auffallend ist die Verwandtschaft mit Kol 3,12: Nach der verkürzten Aufnahme des Tugendkataloges des Kol in Eph 4,2 werden die restlichen Stücke in der hier vorliegenden Paränese verwendet. Dabei kehren die Substantive aus Kol 3,12 adjektivisch wieder. Die Mahnung, gütig, liebevoll und vergebungsbereit zu sein und dadurch in der Liebe zu ‚wandeln', wird wie im Kol durch die in Christus erfahrene Vergebung begründet (4,32b; 5,2); sie weist auf das Vorbild des gnädigen Gottes, wie es im Christusgeschehen verdeutlicht worden ist, und auf die ‚Gnade Gottes' (1,6f; 2,5ff) zurück. Hierdurch ist der paulinische Grundgedanke zur Geltung gebracht, daß die Offenbarung der Gnade Gottes im Christusgeschehen das ethische Leben der Glaubenden bestimmen muß.

Unabhängig vom Kol wird in Eph 5,9 die Trias ‚Güte, Gerechtigkeit, Wahrhaftigkeit' genannt. Sie ist inhaltlich aus den Paulusbriefen bekannt (vgl. Gal 5,22; Phil 4,8 u.ö.). Religionsgeschichtliche Parallelen finden sich sowohl im Hellenismus (Luc Piscator 16) als auch in der jüdischen Literatur (1 QS VIII 2); vgl. nur Mi 6,8. Die Trias hat im Kontext ein besonderes Gewicht. Beschrieben werden die ‚Früchte des Lichtes'. Trotz der deskriptiven Form ist der Katalog paränetisch gemeint; er folgt unmittelbar auf den Imperativ: „Wandelt als Kinder des Lichtes" (5,8). Der Heilszustand der Gemeinde verlangt das Sich-Distanzieren von den ‚nutzlosen Werken der Finsternis'. Christliches Leben steht ständig unter der Forderung, zu prüfen und zu unterscheiden, was böse und was gottwohlgefällig ist (5,10f).

Die Haustafel (5,22-6,9)[17]: Eine Verchristlichung der Haustafeldarstellung im Verhältnis von Mann und Frau bietet Eph 5,22-24, wenn die Mahnung zur Unterordnung an die Frauen ausdrücklich auf Christus als das Haupt der Gemeinde bezogen und von hier aus die Überordnung der Männer begründet wird (vgl. dazu 1 Kor 11,3). Konsequent ist die Weisung an die Ehemänner, ihre Frauen zu lieben, in den christologischen und ekklesiologischen Kontext hineingestellt (5,25.28). Die geforderte Haltung wird durch die Liebe des Christus gegenüber seiner Gemeinde motiviert und mit dieser verglichen (V.25: „wie der Christus"; vgl. V.23).

Zum Verhältnis Eltern – Kinder (Kol 3,20f und Eph 6,1-4) übernimmt Eph die christologische Formel ‚im Herrn', die schon Kol aus dem paulinischen Sprachgebrauch übernommen hat. Im Bereich des Kyrios verbinden sich die traditionellen Ordnungselemente zu einem neuen Sinngefüge. Das rechte Verhalten der Kinder geschieht in der Verantwortung, wie sie vom Christen durch die Begründung der Existenz aus dem Christusgeschehen und durch den Zusammenhalt mit der Gemeinde des Kyrios erwartet wird. Eph 6,1-4 ist eine deutliche Erweiterung und zugleich Modifizierung von Kol 3,20f. Der universale Aspekt der Mahnung ist eingeschränkt (Kol 3,20a: ‚in allem' ist nicht übernommen worden), und statt der theologischen Begründung Kol 3,20b („denn dies ist dem Herrn wohlgefällig") begründet ein Hinweis auf das ‚Gerechte' die Gehorsamsforderung. Der Blick richtet sich auf die allgemein anerkannte, auch im profanen Bereich gültige Forderung von allem, was recht ist. Das alttestamentliche Gesetz ist von argumentativer Bedeutung (V.2f: Ex 20,12). Die Gehorsamverpflichtung der Kinder gegenüber den Eltern nimmt das atl. Gebot wahr und hat Gottes Zusage für sich. Verstärkt ist die Wendung an die Väter (gegen Kol 3,21) mit dem Verbot, die Kinder zum Zorn aufzureizen (Eph 6,4). Positive Aufgabe der Väter ist es, ihre Kinder ‚in Erziehung und Zurechtweisung des Herrn' (ἐν παιδείᾳ καὶ νουθεσίᾳ κυρίου) aufzuziehen, womit wohl einerseits die Erziehung des Kleinkindes gemeint ist, während andererseits der Appell an Einsicht und Erkenntnisvermögen auf die Erziehung der schon verständigeren Söhne oder Töchter abzielt. Es ist die Erziehung gefordert, die in der Autorität des Kyrios geschieht, daher auch in der Weise, die der Kyrios gebietet.

Eph 6,5-9 schließt sich ebenfalls der Reihenfolge aus Kol 3,22-4,1 an und wendet sich dem Verhältnis von Sklaven und Herren zu. Es ist trotz der Ausführlichkeit der ursprüngliche Skopos erhalten geblieben: Die Aufforderung an die Sklaven zum Gehorsam gegenüber den ‚Herren nach dem Fleisch' (V.5) und in reziproker Entsprechung die Mahnung an die Herren, sich ebenso zu verhalten (V.9). Unmißverständlicher als in Kol 3,22 ist der christologische Aspekt ausgesprochen: Der Gehorsam der

---

17 G. Strecker, Die neutestamentlichen Haustafeln (Kol 3,18-4,1 und Eph 5,22-6,9) in: H. Merklein (Hg.), Neues Testament und Ethik, FS R. Schnackenburg, Freiburg 1989, 349-375.

Sklaven soll den Herren ‚wie dem Christus' entgegengebracht werden (V.5). Der Skopos ist eindeutiger auf Christus als den Herrn der Gemeinde ausgerichtet (vgl. V.6: ‚Sklaven Christi'). Darüber hinaus ist die Paränese verschärft, wenn die Sklaven ‚mit Furcht und Zittern' ihren Dienst leisten sollen. Es geht vor allem um die Verpflichtung der Sklaven auf das Gute; auch hier ist wie sonst in der Haustafel des Eph die Wechselseitigkeit der Ermahnung nachdrücklich unterstrichen (vgl. 6,4.9). Beide, Sklaven und Herren, werden auf die apokalyptische Konsequenz ihres Tuns verwiesen. Die bestehenden sozialen Verhältnisse werden zugleich bestätigt und durch die Beziehung auf Christus transparent gemacht und auf diese Weise relativiert. Die Haustafeln des Kol wie auch des Eph enthalten beide eine eschatologische Spannung, die einerseits durch die präsentische Christologie und eine hieraus folgende Ekklesiologie begründet ist und die andererseits die konkrete Weltzuwendung zum Gegenstand hat. Im Eph ist die Haustafel durch eine stärkere Tendenz zur Zeitlosigkeit gekennzeichnet, die den Weg zu einer theologischen Ethik vorbereitet, in der der Kirche unabhängig von den Wechselfällen der Geschichte allgemein gültige ethische Weisungen gegeben werden.

Die Waffenrüstung (Eph 6,10-20): Im Anschluß an die umfangreiche Haustafel Eph 5,22-6,9 folgt ein paränetischer Abschnitt[18], in dem die Adressaten dazu aufgerufen werden, die ‚Waffenrüstung Gottes' anzuziehen (6,11.13), um gegen die listigen Anschläge des Teufels bestehen zu können (6,11). Es liegt die mythische Vorstellung einer ‚Waffenrüstung Gottes' zugrunde, mit der die Glieder der Gemeinde einen eschatologischen Kampf gegen die teuflischen Gegenmächte durchzustehen haben.[19]

In diesem Abschnitt finden sich zahlreiche Anklänge an alttestamentliche Motive (Sap 5,15ff; Jes 11,5; 59,17), doch ist bereits bei Paulus von einer geistlichen Rüstung die Rede (1 Thess 5,8; 2 Kor 6,7; Röm 6,13; 13,12). In dem Gebrauch der Bilder ist eine eschatologische Verschiebung gegenüber Paulus feststellbar. Paulus spricht in 1 Thess 5,8 – nicht wie Eph 6,17 vom ‚Helm des Heils', sondern – vom ‚Helm der Heilshoffnung'. Die Hoffnung gehört mit zur Waffenrüstung Gottes; so ist der eschatologische Vorbehalt bei Paulus deutlicher gewahrt. Der Verfasser des Epheserbriefes will mit diesen Ausführungen zur Waffenrüstung, die den Briefschluß einleiten, die Struktur des christlichen Lebens als ständige Bewährung der Gabe abschließend in Erinnerung rufen. Der Abschnitt mündet dann 6,18-20 in die Aufforderung zum Gebet ein.[20]

---

18 J. Gnilka, Epheserbrief 305, sieht hierin (wie in 4,24) ‚Taufparänese'.

19 Vgl. zum religionsgeschichtlichen Hintergrund den Exkurs bei M. Dibelius, An die Kolosser. Epheser. An Philemon, HNT 12, Tübingen ^{3}1953, 96f; sowie H. Schlier, Der Brief an die Epheser 291-294.

20 So zeigt sich im Aufbau von Eph 5,21-6,20 die enge Anlehnung an die Vorlage des Kol: Folgt in Kol 4,2-4 auf die vorangegangene Haustafel (Kol 3,18-4,1) die Aufforderung zum Gebet, so schiebt Eph zwischen Haustafel (Eph 5,21-6,9) und Gebetsparänese (Eph 6,18-20) den Passus über die Waffenrüstung ein (Eph 6,10-17).

c) Eschatologie

A. Lindemann[21] vertritt die Auffassung, der Verfasser des Eph radikalisiere die paulinische Eschatologie, indem er die Zeitdimension in die Raumdimension überführe.[22] Eine wirklich futurische Eschatologie liege nicht vor. Zwar gebe es Anklänge an traditionell futurische Eschatologie[23]; diese seien aber der eigenen präsentisch-eschatologischen Konzeption untergeordnet. So meine der αἰών μέλλων in Eph 1,21b nicht „den ‚kommenden Äon' der Apokalyptik"[24], sondern bezeichne eine „‚persönliche' Macht mit räumlichem, nicht mit zeitlichem Herrschaftsbereich".[25] Eph 4,30, wo vom ‚Tag der Erlösung' die Rede ist, wird von Lindemann daher so gedeutet, „daß die Christen am ‚Tag der Erlösung' als bereits Erlöste durch das Siegel erkannt werden".[26] Der Verfasser des Epheserbriefes vollziehe also eine „bewußte Enteschatologisierung"[27].

So sehr die präsentische Eschatologie im Eph dominiert, so muß doch Lindemanns Interpretation entgegengehalten werden, daß die futurische Eschatologie nicht wirklich aufgehoben ist. Wie 6,10ff zeigt, ist die Gemeinde noch nicht am Ziel. Sie muß dazu aufgerufen werden, sich für den Kampf zu wappnen. Eph 1,12.18 und 4,4 zeigen an, daß die eschatologische Hoffnung eine Grundbestimmung des christlichen Lebens ist. Eph 2,21f; 4,16 machen ebenso deutlich, daß die Gemeinde im Wachsen und Bauen begriffen ist. Auch muß man fragen, ob der ‚Tag der Erlösung' (Eph 4,30) nicht doch als ein Beleg für das Festhalten an der futurischen Komponente der Eschatologie anzusehen ist. Die Aufforderung, die Zeit auszukaufen, weil es böse Zeit ist (Eph 5,16), kann als Festhalten an der futurischen Eschatologie betrachtet werden, weil die Qualifikation der letzten Zeit vor der Parusie als Zeit besonderer Drangsal ein gängiger Topos der Apokalyptik (2 Thess 2,3-12; Mt 24,15-22) ist. Einige Textstellen lassen also zumindest mehrere Deutungen zu. Trotz der Akzentuierung der präsentischen Eschatologie will der Verfasser des Eph den Zukunftsaspekt nicht eliminieren.[28]

---

21 A. Lindemann, Die Aufhebung der Zeit.

22 A. Lindemann, a.a.O. 209f: „... der Zukunftsaspekt der paulinischen Theologie ist zugunsten reiner Gegenwartsaussagen aufgehoben. Auch die Unterwerfung der Mächte ist nicht mehr als ein Ereignis in der Zeit verstanden, sondern sie kommt ihm nur in ihrem räumlichen Aspekt in den Blick ..."

23 A.a.O. 193.

24 A.a.O. 210.

25 Ebd.

26 A.a.O. 231f.

27 A.a.O. 236.

28 Gegenüber A. Lindemann spricht H.E. Lona, Eschatologie 442, von der Zukunft als von der Epiphanie der Gegenwart: „Von Gegenwart und Zukunft des Heils wird nur im Zusammenhang mit der Wirklichkeit der Kirche gesprochen."

III. Die gesunde Lehre – Pastoralbriefe

J. ROLOFF, Apostolat – Verkündigung – Kirche, Gütersloh 1965.
DERS., Der erste Brief an Timotheus, EKK XV, Zürich-Einsiedeln-Köln-Neukirchen-Vluyn 1988.
M. DIBELIUS-H. CONZELMANN, Die Pastoralbriefe, HNT 13, Tübingen [4]1966.
N. BROX, Die Pastoralbriefe, RNT 7,2, Regensburg [4]1969.
C. SPICQ, Saint Paul. Les Épîtres Pastorales I-II, EtB, Paris [4]1969.
P. TRUMMER, Die Paulustradition der Pastoralbriefe, BET 8, Frankfurt 1978.
H. v.LIPS, Glaube – Gemeinde – Amt. Zum Verständnis der Ordination in den Pastoralbriefen, FRLANT 122, Göttingen 1979.
G. HOLTZ, Die Pastoralbriefe, ThHK 13, Berlin [3]1980.
L.R. DONELSON, Pseudepigraphy and Ethical Argument in the Pastoral Epistles, HUTh 22, Tübingen 1986.
B. FIORE, The Function and Personal Example in the Socratic and Pastoral Epistles, AnBib 105, Rom 1986.
W. SCHENK, Die Briefe an Timotheus I und II und an Titus (Pastoralbriefe) in der neueren Forschung (1945-1985), ANRW II 25.4, 1987, 3404-3438.
M. WOLTER, Die Pastoralbriefe als Paulustradition, FRLANT 146, Göttingen 1988.
E. SCHLARB, Die gesunde Lehre. Häresie und Wahrheit im Spiegel der Pastoralbriefe, MThSt 28, Marburg 1990.

a) Zur Situation

Die Einordnung der Pastoralbriefe in die neutestamentliche Theologie setzt eine Entscheidung in der Frage voraus, ob die beiden Briefe an Timotheus und der Brief an Titus authentische Schriftstücke des Apostels Paulus sind, wie die Präskripte nahelegen. Bejaht man diese Frage, so ist man gezwungen, wegen der unleugbaren Spannungen zur Chronologie des Paulus über Apg 28 hinausgehend eine zweite römische Gefangenschaft zu postulieren. Diese würde auf eine erneute, in der Apostelgeschichte nicht bezeugte Wirksamkeit des Paulus in Kleinasien (vgl. 1 Tim 3,14; 2 Tim 4,13; Tit 3,12) gefolgt und Ursprungsort und Anlaß dieser Schriften gewesen sein, deren formale und inhaltliche Unterschiede zu den zweifelsfrei echten Paulusbriefen sich dann durch den Entwicklungsgedanken erklären ließen: Die umfangreichen Präskripte 1 Tim 1,1-2; 2 Tim 1,1-2; Tit 1,1-4 wie auch die sprachliche und theologische Eigenart wären in diesem Fall Kennzeichen für eine fortgeschrittene Entwicklungsstufe der Theologie des Apostels. Jedoch ist eine entwicklungsgeschichtliche oder eine psychologische Erklärung schwerlich geeignet, der Eigenständigkeit der Pastoralbriefe im Vergleich mit den übrigen Schriften des Corpus Paulinum gerecht zu werden. Insbesondere die Aussagen, die paulinische Sprach- und Vorstellungswelt reflektieren, lassen an überkommenes, schon abgegriffenes Traditionsgut denken; sie gehören einer späteren Zeit an und verdeutlichen, daß der Verfasser auf eine sich verselbständigende, sekundäre Tradition der Paulusschule zurückgreift, offenbar dieser selbst zuzurechnen ist und von den kleinasiatischen Gemeinden als den indirekt angesprochenen Adressaten Verständnis für diese Fortschreibung des paulinischen Gedankengebäudes erwarten konnte. Die nicht selten geäußerte einschränkende Vermutung, ein ‚Sekretär' des Apostels habe diese Schriftstücke im Namen des Paulus verfaßt, löst das vorliegende Problem nicht wirklich; die Sekretärshypothese bestätigt lediglich, daß es sich nicht um ursprüngliche paulinische Briefe handelt.

Die Namen der Briefempfänger sind aus der neutestamentlichen Überlieferung bekannt. *Timotheus* stammt nach der Darstellung der Apostelgeschichte aus Lystra in Lykaonien; er war der Sohn eines Griechen und einer Judenchristin (Apg 16,1; vgl. ausführlicher 2 Tim 1,5). Paulus bekehrte ihn (1 Kor 4,17), wählte ihn zum Begleiter auf seiner Missionsreise und soll ihn aus diesem Grunde beschnitten haben (Apg 16,3). In der Apostelgeschichte (17,14f; 18,5; 19,22; 20,4) wird er als ständiger Paulusbegleiter genannt; er ist Mitabsender vieler Paulusbriefe (1 Thess 1,1 par 2 Thess 1,1; 2 Kor 1,1.19; Phil 1,1; Phlm 1,1), befand sich demnach mit Paulus am Gefangenschaftsort (vgl. auch die Erwähnung in Röm 16,21: Gruß des Mitarbeiters Timotheus) und wurde von dem Apostel gegenüber der Gemeinde zu Philippi mit hohem Lob bedacht (Phil 2,19ff). – Anders das Bild des Timotheus in den Pastoralbriefen, das der nachapostolischen Generation zugehört. Hatte Timotheus nach dem Zeugnis der Paulusbriefe die Gemeinde zu Thessalonich aufgerichtet (1 Thess 3,2f) und in Korinth im Sinn des Paulus gelehrt (1 Kor 4,17; 16,10f), so wird er nun zum Empfänger apostolischer Weisungen, der der Autorität des Apostels völlig untergeordnet ist (1 Tim 1,3f; 6,11ff). Er wird zum Vorbild des Glaubens für die Gemeinde (1 Tim 1,18; 2 Tim 1,5ff), zum Mittler und beispielhaften Vertreter der gültigen Gemeindeordnung (1 Tim 3,15; 5,1ff) und zum Streiter für die rechte Lehre gegen die Häretiker (1 Tim 4,6ff; 2 Tim 1,13f u.ö.).

Titus wird in der Apostelgeschichte nicht erwähnt, obwohl er Reisegefährte des Paulus zum Apostelkonvent gewesen ist (Gal 2,1f) und in den Auseinandersetzungen mit der korinthischen Gemeinde dem Apostel zur Seite gestanden hat (2 Kor 2,13; 7,6f.13ff; 8,23). Das Schweigen der Apostelgeschichte ist vermutlich aus dem harmonisierenden heilsgeschichtlichen Interesse ihres Verfassers zu erklären. Entgegen der Darstellung der Apostelgeschichte ist darüber hinaus gesichert, daß Titus am Zustandekommen der Kollekte für die Urgemeinde zu Jerusalem beteiligt war (2 Kor 8,6.16ff; 12,18). Als geborener Grieche (Gal 2,3) gehört er zur ersten heidenchristlichen Generation, die den Anfang der gegenüber dem Judenchristentum sich verselbständigenden heidenchristlichen Kirche bilden sollte. – Nach Aussage der Pastoralbriefe wurde Titus von Paulus bekehrt oder ordiniert (Tit 1,4: „echtes Kind nach dem gemeinsamen Glauben"; vgl. 1 Tim 1,2). Er ist in Dalmatien (2 Tim 4,10) und auf Kreta tätig, um die Strukturen des Gemeindelebens zu errichten oder zu festigen (Tit 1,5). Ähnlich wie Timotheus ist er mit der Verbreitung der ‚gesunden Lehre' beauftragt (Tit 1,9; 2,1; vgl. 1 Tim 6,3.20; 2 Tim 1,13). Der durch seine Lehre und Ermahnung erhobene Autoritätsanspruch soll durch sein eigenes Vorbild (Tit 2,7), aber auch durch die Solidarität des Apostels mit seinem Mitarbeiter (2,15) gestützt werden. Dies alles besagt: in den Pastoralbriefen sind die Briefempfänger Timotheus und Titus Gestalten der nachapostolischen Zeit, in der versucht wird, an ihrem Beispiel die Probleme von Rechtgläubigkeit und Ketzerei durch den Rückgriff auf die apostolische Tradition zu bewältigen.

Als Ursprungssituation ist die Gefangenschaft des Paulus in Rom vorausgesetzt (2 Tim 1,8). Hier soll der Apostel vor Gericht gestellt, aber ‚aus dem Rachen des Löwen gerettet' worden sein (2 Tim 4,16f). Dennoch hat er den Tod vor Augen (2 Tim 4,6). Da eine zweite römische Gefangenschaft des Paulus nirgends, auch nicht in den vorliegenden Schriftstücken erwähnt ist, denkt der pseudonyme Verfasser offenbar an die einzige, aus der Apostelgeschichte bekannte Haftzeit des Apostels in Rom. Die Einzelheiten lassen sich mit der Historie nicht in Einklang bringen – ein Hinweis, daß dem Verfasser fromme Phantasie die Feder geführt hat. So ist zwar ein (dreijähriger) Ephesusaufenthalt des Paulus in der Apostelgeschichte bezeugt (19,1ff; 20,31) und auch, daß der Apostel von dort nach Mazedonien weiterreiste (Apg 19,21; 20,1f); jedoch widerspricht die Angabe, Timotheus sei in Ephesus zurückgelassen worden (1 Tim 1,3ff), der Darstellung in Apg 19,22, wonach Timotheus gemeinsam mit Erastus von Ephesus nach Mazedonien vorausgeschickt wurde (vgl. auch 2 Kor 1,1: Timotheus befindet sich mit Paulus in Korinth; Apg 20,4: er gehört zur Begleitung des Paulus auf der Reise nach Jerusalem).

Auch die Notiz, Paulus habe Titus zwecks Errichtung der Gemeindeordnung und zur Bekämpfung der Ketzer auf Kreta zurückgelassen (Tit 1,5) und zu sich nach Nikopolis (in Epirus?) beordert (Tit 3,12), ist historisch nicht zu verifizieren, da die Seereise des Paulus von Caesarea nach Rom zwar die Insel Kreta als Teilziel ansteuerte, diese jedoch nur vorübergehend berührte, die dann aber statt der Landung in Phönix witterungsbedingt auf Malta unterbrochen wurde (Apg 27-28). Daher sind entgegen Tit 1,5 paulinische Gemeindegründungen auf Kreta nicht wahrscheinlich zu machen.

Daß der Briefempfänger Timotheus von Paulus in Troas hinterlegte Besitzstücke nachbringen konnte (2 Tim 4,13), ist ebenfalls unwahrscheinlich, weil er nach dem Bericht der Apostelgeschichte den Apostel auf der Fahrt nach Jerusalem begleitete (Apg 20,4) und sogar mit anderen Gefährten nach Troas vorausgesandt wurde, um dort mit der übrigen Reisegesellschaft wieder vereinigt zu werden (Apg 20,5f). Auch Trophimus befand sich nach dieser Überlieferung in der Nähe des Paulus (Apg 20,4); als ephesinischer Heidenchrist war er der unmittelbare Anlaß der Verhaftung des Apostels (Apg 21,29f); anders 2 Tim 4,20, wonach er infolge Krankheit in Milet zurückblieb. – Kein Zweifel, daß diese Angaben mit dem aus den echten Paulusbriefen und der Apostelgeschichte rekonstruierbaren historischen Bild nicht zu vereinbaren sind. Sie haben die Aufgabe, die Person des Paulus späteren christlichen Generationen zu vermitteln, insbesondere seine in den Gemeinden anerkannte Autorität für die Lehre einer Kirche in Anspruch zu nehmen, die sich neuen Herausforderungen gegenübergestellt sah.[1]

b) Christologie

1. Das Christuslied 1 Tim 3,16

R. Deichgräber, Gotteshymnus und Christushymnus in der frühen Christenheit. Untersuchungen zu Form, Sprache und Stil der frühchristlichen Hymnen, StUNT 5, Göttingen 1967.
W. Stenger, Der Christushymnus 1 Tim 3,16, TThZ 78, 1969, 133-148.
Ders., Der Christushymnus 1 Tim 3,16. Eine strukturanalytische Untersuchung, RSTh 6, Regensburg 1977.
K. Wengst, Christologische Formeln und Lieder des Urchristentums, StNT 7, Gütersloh ²1973, 156-160.
W. Metzger, Der Christushymnus 1. Timotheus 3,16, Fragment einer Homologie der paulinischen Gemeinden, AzTh 62, Stuttgart 1979.
St.E. Fowl, The Story of Christ in the Ethics of Paul. An Analysis of the Function of the Hymnic Material in the Pauline Corpus, JSNT.S 36, Sheffield 1990, 155-194.

Wie die echten Paulusbriefe nehmen auch die Pastoralbriefe Gemeindetraditionen auf, mit denen der Verfasser seine christologischen Anschauungen zu verdeutlichen sucht.[2] So wird 1 Tim 3,16 ein hymnisches Traditionsstück überliefert:

	(Christus Jesus),
ὃς ἐφανερώθη ἐν σαρκί,	der offenbart wurde im Fleisch,

1 Vgl. zu den Einleitungsfragen besonders N. Brox, Pastoralbriefe 9ff; dagegen z.B. G. Holtz, Pastoralbriefe 19f; J. Jeremias, Die Briefe an Timotheus und Titus, NTD 9, Göttingen ¹²1985, 7-10.

2 Siehe unten. – Zu unterscheiden sind hiervon die biographischen Notizen, die der pseudepigraphischen Briefsituation entsprechen und weitgehend der literarischen Intention des Verfassers zu verdanken sind. Vgl. dazu P. Trummer, Paulustradition 114-116.

ἐδικαιώθη ἐν πνεύματι,	gerechtfertigt im Geist,
ὤφθη ἀγγέλοις,	erschienen den Engeln,
ἐκηρύχθη ἐν ἔθνεσιν,	verkündet unter den Völkern,
ἐπιστεύθη ἐν κόσμῳ,	geglaubt in der Welt,
ἀνελήμφθη ἐν δόξῃ.	aufgenommen in Herrlichkeit.

Der hymnische Charakter zeigt sich in den sechs Zeilen, die drei antithetische Parallelismen enthalten. Hierbei ist jeweils in chiastischer Konstruktion (a b/ b a/ a b) die himmlische (Geist, Engel, Herrlichkeit) und die irdische (Fleisch, Völker, Welt) Sphäre einander gegenübergestellt. Stilgemäß ist der Einsatz mit dem Relativpronomen ὅς; er verweist auf ein vorausgesetztes ‚Christus Jesus' (vgl. Phil 2,6; siehe 1 Tim 3,13). Die Gliederung ist umstritten. E. Norden hat vorgeschlagen, den Text entsprechend einem vermuteten altägyptischen Thronbesteigungsritual zu gliedern: (1) Begabung mit göttlichem Leben, (2) Präsentation und (3) Einsetzung in die Herrschaft[3], jedoch lassen sich allenfalls die erste und die letzte Zeile im Sinn eines zeitlichen linearen Geschehens (Inthronisation als Himmelsaufstieg) deuten. Die erste Zeile sagt auch nichts über eine ‚Begabung mit göttlichem Leben', sondern setzt die Präexistenz des Christus voraus und bezieht sich auf die Inkarnation, die als Epiphanie interpretiert ist.[4] Zwei Auslegungsmöglichkeiten bieten sich an:

1) Nach der Aussage über die Inkarnation (Z.1) ist von Zeile 2 (Gott spricht das Urteil ‚gerecht' über Christus aus; dies kennzeichnet seine neue himmlische Existenzweise ‚im Geist') an vom himmlischen Sein Christi die Rede (vgl. 1 Kor 15,44; 1 Petr 3,18b). Hiergegen ist jedoch einzuwenden, daß erst Zeile 6 die Erhöhungsvorstellung deutlich artikuliert.[5]

2) Geht man von der zuletzt genannten Beobachtung aus, dann müßten die Zeilen 1-5 das Sein des Inkarnierten vor der Erhöhung beschreiben – ebenfalls eine schwierige Vorstellung, auch wenn zu Einzelheiten auf synoptische

---

3 E. Norden, Die Geburt des Kindes, 116-128; vgl. Ph. Vielhauer, Geschichte 42.

4 Vgl. Joh 1,5.14ff. – Der Gedanke der ‚Offenbarung' scheint die Parallele des Revelationsschemas nahezulegen, wie dieses z.B. 1 Kor 2,7-10; Kol 1,26; Eph 3,4-6.8-12; auch 2 Tim 1,9f; Tit 1,2f; 1 Petr 1,20f vermuten läßt; vgl. W. Stenger, Christushymnus 129ff; E. Schlarb, Gesunde Lehre 151-160; jedoch ist die typische Gegenüberstellung ‚einst – jetzt' in unserem Text auch indirekt nicht ausgesagt.

5 Daß Zeile 6 lediglich ein „zusammenfassendes Gegenstück zur Eingangszeile" sei (H. Conzelmann, Theologie 99), ist wegen des konkreten ‚aufgenommen' nicht wahrscheinlich zu machen; dieses sagt vielmehr die Aufnahme des Christus in die göttliche Herrlichkeit aus.

Paralleltexte verwiesen werden kann (vgl. zu Z.3: Mk 1,13). – Tatsächlich lassen die Zeilen 2-5 eine Alternative zwischen der irdischen und der himmlischen Erscheinung des Präexistenten nicht zu. Sein Sein ‚im Geist', seine ‚Rechtfertigung' als der göttliche Erweis seiner eschatologischen Integrität (Z.2) ereignet sich schon in seinem irdischen Auftreten als der Offenbarer (Joh 6,63; anders Joh 16,10: Erhöhung zum Vater als Erweis der Gerechtigkeit des Sohnes). Der die Auslegung entscheidende Zielpunkt ist die irdisch-himmlische Universalität des Christusgeschehens, wie es im Zusammenspiel von Zeile 1 und 2 oder von Zeile 1 und 6 ausgesagt ist. Das Auftreten vor den Engeln, die Christusverkündigung unter den Völkern und die Tatsache, daß die Verkündigung Glauben fordert, ist nicht auf bestimmte Phasen des Erhöhungsvorgangs zu begrenzen, sondern gibt der universalen Geltung des einen Christusgeschehens Ausdruck. Wirklichkeit und Anspruch des präexistenten, irdischen und erhöhten Christus sind allumfassend. Es gibt nichts, was sich seiner geheimnisvollen Gegenwart entziehen könnte (V.16a).

Ist der Christushymnus Bestandteil des frühchristlichen Liedgutes, das der Verfasser vorgefunden hat, so lassen sich über die ursprünglich implizierten theologischen, die Christologie überschreitenden Inhalte nur Vermutungen anstellen.[6] Die vorausgesetzte Soteriologie mag (ähnlich wie dies für Phil 2,6ff zutrifft) noch aus dem Gegensatz Fleisch-Geist bzw. Fleisch-Herrlichkeit erschlossen werden. Die redaktionskritische Frage, welche Funktion der Hymnus im Kontext des 1 Tim hat, ist nicht leicht zu beantworten, da Verbindungslinien zum unmittelbaren Kontext kaum zu ziehen sind; denn die voraufgehenden Verse entsprechen dem Gesamtduktus des Schreibens.

a) Reflexion der brieflichen Situation: Ankündigung des Kommens; daher sollen die Anweisungen die Zeit der Abwesenheit des Apostels überbrücken (V.14-15a).

b) Ekklesiologischer Rahmen: Die Anweisungen beziehen sich auf das rechte Verhalten im ‚Haus Gottes', das mit der ‚Gemeinde des lebendigen Gottes' gleichgesetzt ist; diese ist ‚Säule und Fundament der Wahrheit' (V.15b).

c) Christologische Überleitung: Jesus Christus ist das ‚große Geheimnis der Frömmigkeit' (V.16a). Diese Kennzeichnung nimmt die Termini ‚Geheimnis des Glaubens' (V.9) und ‚Wahrheit' (V.15) auf, ohne differenzieren zu sollen. Gemeint ist, daß der im Hymnus angerufene und gepriesene Christus der eigentliche Gegenstand des Glaubens ist. Das Folgende spricht vom Abfall der Häretiker, ohne daß ein inhaltlicher Zusammenhang mit dem Christuslied erkennbar ist (4,1ff).

Der 1. Timotheusbrief verbindet mit Mahnungen zum persönlichen Verhalten des Timotheus Elemente der Gemeindeordnung und – damit sich

---

6 Auszuschließen ist, in Mk 16,12-19 eine Sachparallele zu vermuten; denn dort handelt es sich um mehrere (nachmarkinische) Berichte über Erscheinungen des Auferstandenen (zu C. Spicq, Saint Paul. Les Épîtres Pastorales I 231).

überschneidend – Anweisungen zur Ketzerbekämpfung. Im paränetischen Kontext finden sich nicht selten christologische Aussagen (z.B. 1,15f; 2,5f; 3,13; 4,6; 5,11; 6,14). Diese sind verhältnismäßig unverbunden in die Paränese hineingestellt. Reflexionen über den Zusammenhang von Christologie und Ethik, von Indikativ und Imperativ finden sich so gut wie gar nicht. Dies läßt erkennen, daß Grund, Maßstab und Ziel des ethischen Verhaltens der Christus ist, der in die Welt kam, um die Sünder zu retten (vgl. 1 Tim 1,15 trad.).[7]

2. Gott und Christus

Wie das Christuslied 1 Tim 3,16b anzeigt, greift der Verfasser der Pastoralbriefe auf Überlieferungen zurück, die im frühchristlichen Gottesdienst verwendet worden sind. Dies gilt auch für die Gottesvorstellung. Traditionell ist zweifellos das zweigliedrige Bekenntnis, das den einen Gott und einen ‚Mittler' Jesus Christus zum Gegenstand hat (1 Tim 2,5f; vgl. 1 Tim 1,1; Tit 2,13; 3,4-7). Wird schon hier eine *Theozentrik* spürbar, so findet sich diese deutlicher in Lobpreisungen, in denen Gott als ‚König der Könige' (1 Tim 6,15b-16) oder als ‚Retter' (σωτήρ), der seine Gemeinde berufen hat (2 Tim 1,9f), bezeichnet wird. Die von der Christologie isolierten Gottesprädikate sind nicht so sehr alttestamentlich-jüdisch[8] als vielmehr griechisch-hellenistisch geprägt.[9] Daß Gott Subjekt des eschatologischen Heils für die Menschen ist, zeigt seine Funktion als Spender von Furchtlosigkeit (2 Tim 1,7) und von ‚Umkehr zur Erkenntnis der Wahrheit' (2 Tim 2,25). Er ist die Instanz, vor der das ethische Verhalten verantwortet werden muß (2 Tim 2,15). Er ist nicht nur der Schöpfer, dessen Werke gut sind (1 Tim 4,4), sondern der Grundstein der rechten Lehre (2 Tim 2,19); und es ist nur konsequent, daß ihm Hoffnung (1 Tim 5,5; 6,17), Glaube (Tit 3,8) und Bekenntnis (Tit 1,16) entgegengebracht werden.

---

7 Zu Recht stellt St.E. Fowl fest, daß in 1 Tim 3,16b Gottes Aktivität in Christus betont wird und hierdurch der Gegensatz von Schöpfer und Schöpfung überbrückt ist. Daher sind auch asketische Praktiken nicht notwendig, um die Barriere zwischen Mensch und Gott zu überwinden (a.a.O. 185-187; vgl. auch 207-209: „A suggestion for re-casting the indicative/imperative problem in Paul.").

8 Vgl. aber die Termini ‚Name Gottes' (1 Tim 6,1), ‚Haus Gottes' (1 Tim 3,15), die frühzeitig in die christliche Gemeindesprache eingegangen sind.

9 Vgl. die Begriffe σωτήρ, ἐπιφάνεια (s. unten); μακάριος (1 Tim 1,11); ἄφθαρτος, ἀόρατος (1 Tim 1,17); σωτήριος (Tit 2,11); ἀψευδής (Tit 1,2); μέγας (Tit 2,13) u.a. – Zu Recht betont V. Hasler, Epiphanie und Christologie in den Pastoralbriefen, ThZ 33, 1977, 193-209; 197, daß hierin der „aufgeklärte Hellenismus" zum Ausdruck kommt.

Entsprechend ist nicht so sehr die alttestamentlich-jüdische als vielmehr die griechisch-hellenistische Vorstellungswelt für den religionsgeschichtlichen Vergleich heranzuziehen, wenn Gott als σωτήρ bezeichnet[10] und hierdurch sein souveränes rettendes Handeln gegenüber der Menschheit ausgesagt wird. Seine Rettungstat ereignet sich in Jesus Christus, realisiert sich im Leben der Gemeinde (Tit 3,5: Taufe) und gilt allen Menschen (1 Tim 4,10; vgl. 2,4; Tit 2,11). Solche universalistische Dimension ist auch ohne die Hypothese verständlich, der Verfasser wende sich hierin gegen eine gegnerische Lehre, wonach ‚das Heil nicht allen Menschen gilt'.[11] Auch läßt sich nur entfernt der hellenistische Herrscherkult als religionsgeschichtlicher Hintergrund für diese Vorstellung namhaft machen. Der Begriff ist in den Pastoralbriefen christianisiert und zu einem genuinen Ausdruck christlicher Erlösungstheologie geworden. Im Einklang mit der frühchristlichen Überlieferung ist das Heilshandeln Gottes nicht isolierter Gegenstand der theologischen Reflexion; es ist nicht von dem Christusereignis getrennt, sondern in dieses einbezogen. So zeigt es neben den eben genannten Texten besonders Tit 3,4-7, wonach die ‚Güte und Menschenliebe Gottes, unseres Retters,' erschienen ist und er ‚durch Jesus Christus, unseren Retter,' den heiligen Geist ausgegossen hat. Auch Jesus Christus kann mit dem Gottesprädikat σωτήρ bezeichnet werden (2 Tim 1,10; Tit 1,4; 2,13; 3,6); denn das Ziel seines Kommens ist, ‚die Sünder zu retten' (1 Tim 1,15).

Daß der Schwerpunkt des theologischen Denkens auf dem Christusereignis liegt, macht auch die ἐπιφάνεια/ἐπιφαίνεσθαι-Begrifflichkeit deutlich. Zwar ist Gott Subjekt der ‚Offenbarung'; denn es ist die ‚Gnade Gottes', die allen Menschen als rettende Wirklichkeit ‚erschienen' ist (Tit 2,11; vgl. 3,4), und der ‚untrügliche Gott', der seine vor ewigen Zeiten ausgesprochene Verheißung verwirklichte, indem er sein Wort ‚offenbarte' und dem Apostel zur Verkündigung anvertraute (Tit 1,2f). Auch wartet die Gemeinde auf die Zukunft der ‚Offenbarung der Herrlichkeit des großen Gottes'; aber diese ist zugleich die Offenbarung der Herrlichkeit ‚unseres Retters Jesus Christus' (Tit 2,13), und sie wird in das heilsgeschichtliche Zeitschema eingeordnet, wonach die Heilszeit (terminus technicus: καιροῖς ἰδίοις = ‚zur rechten Zeit') zuerst im irdischen Auftreten Jesu Christi sich offenbart (Tit 1,3)[12] und in Zukunft von Gott bei der Parusie ‚unseres Herrn Jesus Christus' heraufge-

10 Sechs Belegstellen gegenüber vier christologischen in den Pastoralbriefen; vgl. W. Foerster, Art.: σωτήρ C-D, ThWNT VII 1014-1018; 1014f.1017f.

11 So W. Foerster, ThWNT VII 1017.

12 Vgl. auch 1 Tim 2,6; anders V. Hasler, Epiphanie und Christologie in den Pastoralbriefen 199: „der zu seiner Zeit ... die Erscheinung Christi ‚zeigen' wird".

führt werden wird (1 Tim 6,14f). Die heilsgeschichtliche Struktur wird an der Tatsache erkennbar, daß die Offenbarung Gottes als rettendes Heilsereignis[13] in den beiden Erscheinungen Jesu Christi, seiner irdischen wie auch seiner zukünftig himmlischen, sich realisiert; sie hat also einen christologischen Zielpunkt: die irdische Erscheinung Jesu Christi, „der den Tod vernichtet hat" (2 Tim 1,10), und ebenso die kommende Parusie. Diese Erwartung motiviert die ethische Mahnung (1 Tim 6,14; 2 Tim 4,1.8); ihr Gegenstand ist die Erfüllung der christlichen Hoffnung (Tit 2,13).

Gegenstand der heilsgeschichtlichen Interpretation der Person Jesu Christi ist auch die Darstellung des Auftretens des Irdischen. Im Anschluß an die evangelische Überlieferung[14] wird nicht nur die Inkarnation (1 Tim 3,16) ausgesagt, sondern auch die Zugehörigkeit zur Nachkommenschaft Davids (2 Tim 2,8; vgl. Mt 1,6.17ff; Röm 1,3), das Bekenntnis vor Pontius Pilatus (1 Tim 6,13), Sühntod (1 Tim 2,6; Tit 2,14 u.ö.), Jesu Auferweckung von den Toten (2 Tim 2,8) und die Erwartung Jesu Christi als des Richters der Lebenden und der Toten (2 Tim 4,1; Tit 2,13f; vgl. Apg 10,42; Röm 2,16).

Dieses Interesse an der Person des Irdischen deutet auf eine verbreitete christologische Überlieferung in den nachpaulinischen Gemeinden, ohne daß diese über das Angeführte hinausgehend festzumachen ist. Gegenüber den Paulusbriefen zeigen auch die *Christustitel* ein fortgeschrittenes Entwicklungsstadium.[15] Anstelle des von Paulus nicht selten gebrauchten Christustitels (das titulare ὁ Χριστός nur 1 Tim 5,11) überwiegt die Verwendung Χριστὸς Ἰησοῦς (1 Tim 1,1.15; 2,5; 4,6; 5,21; 6,13 v.l.; 2 Tim 1,10; 2,3; 4,1; Tit 1,4; 2,13 v.l.); daneben auch Ἰησοῦς Χριστός (1 Tim 1,16; 6,13; 2 Tim 2,8; Tit 2,13). Unverkennbar ist der Zusammenhang mit der paulinischen Tradition in der ἐν-Begrifflichkeit: Die Verwendung ἐν Χριστῷ Ἰησοῦ erinnert an die ‚in Christus'-Terminologie der paulinischen Briefe (vgl. 1 Thess 2,14; 4,16), auch weil in der Darstellung des apostolischen Leidens die Christusgemein-

13 Vgl. D. Lührmann, Epiphaneia. Zur Bedeutungsgeschichte eines griechischen Wortes, in: G. Jeremias-H. W. Kuhn-H. Stegemann (Hgg.), Tradition und Glaube. Das frühe Christentum in seiner Umwelt, FS K.G. Kuhn, Göttingen 1971, 185-199; 196.198.

14 Es finden sich Anklänge an die synoptischen Evangelien; vgl. 1 Tim 5,18 mit Mt 10,10; Lk 10,7; 1 Tim 1,15 mit Lk 5,32; 19,10; 2 Tim 2,12a mit Mt 10,22; 2 Tim 2,12b mit Mt 10,33; Lk 12,9 u.ö.; C. Spicq, Saint Paul, Les Épîtres Pastorales I 228ff; F.W. Horn, Glaube und Handeln in der Theologie des Lukas, GTA 26, Göttingen [2]1986, 87.223.256f.

15 Ein ungeklärtes traditionsgeschichtliches Problem folgt aus der Beobachtung, daß die Pastoralbriefe im Unterschied zur frühchristlichen liturgischen wie auch paulinischen Überlieferung den Titel ‚Gottessohn' nicht verwenden.

schaft hervorgehoben wird.[16] Es ist klar, daß sich die Christusprädikation wie bei Paulus nicht nur auf den Irdischen, sondern auf den Erhöhten bezieht (vgl. 1 Tim 3,16; 2 Tim 2,10ff). Jedoch kennen die Pastoralbriefe keine Formel, die ausdrücklich von dem In- oder Mit-Christus-Sein spricht. Sie verbinden vielmehr die paulinische ‚in Christus'-Vorstellung nicht mit persönlichen, sondern mit abstrakten Begriffen. Während Paulus ‚Glaube' und ‚in Christus' fast tautologisch verwendet, gebrauchen die Pastoralbriefe den Ausdruck πίστις ἐν Χριστῷ (1 Tim 1,14; 3,13; 2 Tim 1,13; 3,15), um auszusagen, daß Glaube und Frömmigkeit der Gemeinde in Jesus Christus ihren Grund und Bestand haben. Die sprachliche Differenzierung zwischen ‚Glaube' und ‚in Christus' (bzw. ‚durch Christus') erinnert an die gleichfalls nachpaulinische Unterscheidung von Glaube und Werk im Jakobusbrief (Jak 2,14ff), ohne die zugrundeliegende paulinische Vorstellung, die Einheit von Glaube und Christusgemeinschaft, preisgeben zu wollen. Vielmehr ist der soteriologische Aspekt hervorgehoben: ‚In Christus Jesus' ist das Leben verheißen (2 Tim 1,1) und ‚die Gnade' verliehen worden (2 Tim 1,9; vgl. 2 Tim 2,1); ‚durch' bzw. ‚in Christus' erlangen die Auserwählten die Rettung und werden mit der ‚ewigen Herrlichkeit' begabt (2 Tim 2,10). Die Einheit des Bestimmtseins durch Christus mit dem ethischen Verhalten sagt die Wendung ‚vom frommen Leben in Christus Jesus' (2 Tim 3,12: εὐσεβῶς ζῆν ἐν Χριστῷ Ἰησοῦ) aus; sie verbindet christliche Elemente mit genuin-paganer (griechischer) Begrifflichkeit und macht darin den geistesgeschichtlichen Standort des Verfassers sichtbar.

Zum κύριος-*Titel*. Die Verwendung als Gottesprädikat ist vor allem dort nachweisbar, wo ein alttestamentlicher Text (auch indirekt) zitiert wird (2 Tim 2,19: Num 16,5 <MT: יהוה>; auch 2 Tim 2,7: vgl. Spr 2,6) oder im Hintergrund steht (2 Tim 4,14; vgl. Ps 62,13; Spr 24,12 – jeweils ohne den Terminus κύριος). Ist hier im Anschluß an die alttestamentliche Vorstellungswelt Gott, der Schöpfer oder Richter, mit dem Titel ‚Herr' bezeichnet, so ist andererseits wie in den echten Paulusbriefen der Übergang zur Christologie fließend, wie ja Jesus Christus oftmals mit Gottesprädikaten versehen werden kann. So mag man fragen, ob Gott oder Christus als aus der Verfolgung rettender ‚Herr' gepriesen wird (2 Tim 3,11) und ob der Beistand von Gott oder Christus erhofft wird (2 Tim 4,17f). Unbestreitbar ist, daß der Verfasser bei der Verwendung des Kyrios-Prädikates in erster Linie an Jesus Christus denkt. So legt es sich für den abschließenden Segenswunsch nahe (2 Tim 4,22: „Der Herr sei mit deinem Geist"; vgl. v.l.: ‚Der Herr Jesus Christus'; auch Gal 6,18: ‚unser Herr Jesus Christus') und wird durch Zusammenstellungen wie κύριος Ἰησοῦς Χριστός (1 Tim 6,3.14) oder Χριστὸς Ἰησοῦς κύριος (1 Tim 1,2.12; 2 Tim 1,2) bestätigt. Ist die christliche Gemeinde die Gemeinschaft derer, die ‚den Herrn anrufen' (2 Tim 2,22), so ist hiermit zweifellos der Name Jesu Christi gemeint (vgl. 1 Kor 1,2); ihm weiß sich

16 2 Tim 2,9f; s. 2 Kor 13,4; Phil 1,12ff; vgl. auch die σύν-Konstruktionen in 2 Tim 2,11f.

der Apostel zum Dienst verpflichtet (2 Tim 2,24: δοῦλος κυρίου; vgl. auch Jak 1,1), und die Gemeinde erwartet ihn als den ‚gerechten Richter', der am künftigen Gerichtstag allen, die seine Erscheinung liebgewonnen haben, den Siegeskranz verleihen wird (2 Tim 4,8).

c) Ekklesiologie

1. Der Apostel

Ist die Christologie nicht auf die Wiedergabe von formelhaftem Gut beschränkt, sondern einer lebendigen, fortgeschrittenen und weiter zu entfaltenden paulinischen Tradition verpflichtet, so läßt sich auch die Ekklesiologie der Pastoralbriefe nicht auf den engen Begriff ‚Amtsparänese' festlegen. Vielmehr legen die Anweisungen für den Klerus Rückschlüsse auf das ekklesiale Selbstverständnis nahe, insofern die Amtsträger als Teil der Gemeinde begriffen und an den für sie bestimmten Mahnungen der dogmatische und ethische Horizont von Ideal und Wirklichkeit des gemeindlichen Lebens abzulesen ist. Der Weg zur Großkirche des zweiten Jahrhunderts ist hiermit deutlich beschritten worden. Indem die pseudepigraphische Orientierung die apostolische Generation als den historischen und sachlichen Ausgangspunkt des theologischen Denkens herausstellt, wird das für die Pastoralbriefe spezifische Geschichtsbewußtsein erkennbar. Allerdings gelten (anders als Eph 2,20) nicht die Apostel in ihrer Gesamtheit als das Fundament der Kirche, sondern es ist die Person des Paulus, von der sich Glaube und Ordnungen der Kirche ableiten. Dieser allein trägt den Titel ‚Apostel Christi Jesu'[17]; als ‚Herold und Apostel, Lehrer der Völker' (1 Tim 2,7) ist ihm die Verkündigung des ‚Evangeliums von der Herrlichkeit des seligen Gottes' aufgetragen worden (1 Tim 1,11). Diesen Auftrag hat er in einem gesamtkirchlichen, globalen Horizont erfüllt.[18] Wie die epigonale Formel ‚entsprechend meinem Evangelium' (κατὰ τὸ εὐαγγέλιόν μου) anzeigt[19], ist das Christuskerygma Gegenstand seiner Botschaft. Das ‚Evangelium' ist mit der ‚gesunden Lehre' identisch[20], die sich am Guten und Vernünftigen orientiert (vgl. 1 Tim 3,2;

---

17 1 Tim 1,1; 2 Tim 1,1; Tit 1,1 v.l.; vgl. 2 Kor 1,1; Gal 1,1.

18 1 Tim 1,3: Ephesus, Mazedonien; 2 Tim 1,15: Asien; 1,17: Rom; 4,20: Korinth, Milet; Tit 1,5: Kreta; 3,12: Nikopolis.

19 2 Tim 2,8; vgl. Röm 2,16; 16,25 – beides vermutlich nachpaulinisch.

20 1 Tim 1,10f; ἡ ὑγιαίνουσα διδασκαλία auch 2 Tim 4,3; Tit 1,9; 2,1; vgl. den Ausdruck ‚gesunde Worte' (ὑγιαίνοντες λόγοι): 1 Tim 6,3; 2 Tim 1,13; vgl. auch Tit 2,8 (Sing) λόγος ὑγιής; ‚gute Lehre' (καλὴ διδασκαλία): 1 Tim 4,6 – der Terminus διδασκαλία erscheint von 21 ntl. Belegen 15mal in den Pastoralbriefen.

Tit 1,8; 2,2.5.12). In Auseinandersetzung mit der krankmachenden Lehre der Häretiker ist es das Anliegen des Apostels, das ihm anvertraute ‚Lehrgut'[21] weiter zu vermitteln, damit es auch zukünftig bewahrt werden kann. Seine Lehre intendiert, ‚Frömmigkeit' (εὐσέβεια) zu bewirken, die das christliche Leben des einzelnen wie das der Gemeinde insgesamt kennzeichnet[22] und durch die christlichen Tugenden wie Glaube, Liebe, Geduld und Sanftmut ausgezeichnet ist (1 Tim 6,11).

Der christlichen Lebensführung dient die Person des Apostels als Vorbild. Er trägt beispielhaft vor und verwirklicht in seiner Haltung das, was für die gegenwärtigen wie auch für die künftigen christlichen Generationen verbindlich ist.[23] Für die nachpaulinische Zeit ist neben der Abwehr der Irrlehre das apostolische Vorbild insbesondere für die Begründung und Aufrechterhaltung kirchlicher Ordnungen von Bedeutung. Ist das Gesetz ‚gut' (1 Tim 1,8), wie in Aufnahme der paulinischen Überlieferung (Röm 7,12.16), aber in hiervon abweichender, spätpaulinischer Interpretation gesagt wird, so meint dies, daß im Unterschied zu falscher Lehre und sittenlosem Tun (vgl. 1 Tim 1,3f.9f) die im Glauben erfahrene οἰκονομία θεοῦ (1 Tim 1,4: ‚Heilserziehung' oder ‚Heilsordnung Gottes') das gottgewollte Ziel christlichen Lebens und kirchlicher Organisation ist. Hierzu bringt der Verfasser eine Reihe von konkreten Anweisungen: Der Apostel verbürgt die Notwendigkeit von bleibenden kirchlichen Ordnungen; er selbst begründet durch Handauflegung an Timotheus eine ‚successio apostolica' (2 Tim 1,6). Allerdings ist diese auf die Folge gegenüber dem Apostolat des Paulus beschränkt und die spätere kirchliche Sukzessionsvorstellung noch nicht ausgebildet (vgl. anders 1 Clem 42,1-5; 44,2f.5), da Handauflegung und die hierdurch bewirkte Verleihung der Gnadengabe an den Apostelschüler auch in der Verantwortung des Presbyteriums stehen (1 Tim 4,14; vgl. 5,22; Hebr 6,2). Und so sehr auch die scheinbar festumrissene παραθήκη den Inhalt des Lehrauftrags zu bestimmen scheint, so wenig ist doch das pneumatische Element ausgeschlossen, da das ‚anvertraute Gut' ‚durch den in uns wohnenden heiligen Geist' bewahrt wird.[24]

---

21 παραθήκη, eigentlich juristisch = das Depositum; das dem Apostelschüler zur Bewahrung anvertraut wurde (1 Tim 6,20; 2 Tim 1,14); vgl. 2 Tim 1,12: παραθήκη μου; auch das Verb παρατίθημι: 1 Tim 1,18 (das Gebot ‚anvertrauen'); 2 Tim 2,2: die apostolische Lehre soll der Apostelschüler ‚zuverlässigen' oder ‚gläubigen' Menschen zur Weitergabe anvertrauen (= Ansatzpunkt der Lehrsukzession).

22 Vgl. den Ausdruck ἡ κατ' εὐσέβειαν διδασκαλία: 1 Tim 6,3; vgl. 1 Tim 2,2; 4,7 u.ö.

23 Vgl. 1 Tim 1,16: Der Apostel ist ein Vorbild (ὑποτύπωσις) für alle, die in Zukunft zum christlichen Glauben geführt werden; 2 Tim 1,13: „Vorbild der gesunden (= vernünftigen) Worte, die du von mir gehört hast."

24 2 Tim 1,14; vgl. zum Geistbegriff: 1 Tim 3,16; 4,1; 2 Tim 1,7; Tit 3,5.

Das stabile Element der kirchlichen Verfassung findet sich im wesentlichen in der Ämterordnung. Der *Bischof* (1 Tim 3,1-7; Tit 1,7-9), dessen Standesspiegel allgemein anerkannte ethische Kriterien nennt, soll untadelig, nüchtern, besonnen, würdig, gastfrei sein; daneben spezielle Anforderungen erfüllen: geschickt im Lehren, kein Neugetaufter, im Besitz eines guten Zeugnisses von den Außenstehenden, ‚Mann <nur> einer Frau'. Vermag er seinem eigenen Haus vorzustehen, so läßt sich vermuten, daß er auch als ‚Verwalter Gottes' (Tit 1,7: οἰκονόμος θεοῦ) für die Gemeinde Sorge tragen wird. Sein Amt ist durch Lehre (Wortverkündigung), Gemeindeleitung, auch durch Diakonie bestimmt, ein Hinweis auf sakrale Funktionen findet sich nicht. Umstritten ist, ob die Pastoralbriefe die Vorstellung eines monarchischen Episkopates kennen[25] oder ob der Bischof auf der Stufe des Presbyteriums steht und bestenfalls ein ‚primus inter pares' gewesen ist. Für letzteres spricht, daß die Standesspiegel der Presbyter und des Bischofs weithin einander gleichen. Da aber die Pastoralbriefe vom Bischof nur im Singular, von den Presbytern dagegen im Plural sprechen, ist zumindest der Weg in Richtung auf ein monarchisches Bischofsamt der katholischen Kirche beschritten.[26]

Die persönlichen Qualifikationen der *Presbyter* (1 Tim 5,17-19; Tit 1,5f) entsprechen denen des Bischofs. Auch sie müssen für ihr Lehramt bestimmte persönliche Eignungen moralischer und intellektueller Art mitbringen. Sie werden ebenfalls durch Handauflegung eingesetzt (1 Tim 5,22) und von der Gemeinde besoldet (1 Tim 5,17f: Dtn 25,4). Es handelt sich demnach um eine Amts-, nicht um eine Altersbezeichnung (im Unterschied zu 1 Tim 5,1). – Auf die *Diakone* (1 Tim 3,8-13) finden die gleichen Kriterien Anwendung, welche für den bischöflichen Standesspiegel kennzeichend sind. Auch sie sollen einen guten Leumund haben, verheiratet sein und ihren Häusern vorbildlich vorstehen. Über den Bischofsspiegel hinausgehend werden ethische Anforderungen auch an ihre Frauen gestellt.[27] Der Apostelschüler Timotheus, der sonst wie Titus unmittelbar vom Apostel mit dem Lehramt und der Organisation der Gemeinde betraut ist und zwischen dem Apostel und den Bischöfen bzw. Presbytern eine Mittelfunktion einnimmt (vgl. 1 Tim 1,3ff.18f;

---

25 So H. v. Campenhausen, Kirchliches Amt und geistliche Vollmacht, BHTh 14, Tübingen ^{2}1963, 116-134.

26 Vgl. schon IgnEph 3-6; die Auskunft, der in den Pastoralbriefen erscheinende Singular ‚der Bischof' (1 Tim 3,2) sei im generischen Sinn zu verstehen, überzeugt nicht, da ein gleicher generischer Singular für die Amtsbezeichnungen der Presbyter und der Diakone nicht belegt ist.

27 1 Tim 3,11; es ist nicht wahrscheinlich, daß hier ‚Diakoninnen' gemeint sind; vgl. vielmehr die analogen ethischen Maßstäbe, die sich auf die älteren Frauen beziehen: Tit 2,3.

2 Tim 4,1ff; Tit 1,5), wird selbst als ein ‚guter Diakon Jesu Christi' bezeichnet, dessen Speise ‚die Worte des Glaubens und der guten Lehre' sind (1 Tim 4,6). Es ist auffallend, daß die drei Gemeindeämter Bischof, Presbyter und Diakone nur getrennt erwähnt werden: Entweder Bischof und Diakone (1 Tim 3,1-13) oder die Presbyter allein (1 Tim 5,17-19) oder die Presbyter mit einem anschließenden Bischofsspiegel (Tit 1,5-9). Dies legt nahe, daß die Pastoralbriefe erstmals das Zusammenwachsen von zwei verschiedenartigen kirchlichen Organisationsstrukturen bezeugen: einerseits der Presbyterialverfassung, die aus der jüdischen Synagoge hervorgegangen ist, andererseits der bischöflichen Verfassung, die in den hellenistischen Gemeinden beheimatet ist. Ihre Anfänge werden schon von Paulus bezeugt, wenn dieser ‚Aufseher' und ‚Diakone' als Amtspersonen erwähnt, die offenbar mit der Sammlung von Hilfsgeldern beauftragt waren (Phil 1,1; 4,10-20). Die dreifach gegliederte Ämterstruktur Bischof-Presbyter-Diakone ist erstmals in den Ignatiusbriefen, also zu Anfang des zweiten Jahrhunderts, für Kleinasien eindeutig belegt (IgnPhil 7,1 u.ö.).

2. Die Gemeinde

Obwohl die kirchliche Ordnung stark betont ist, kommt doch schon in der Beschreibung der Ämter das Selbstverständnis der Gemeinde zur Sprache. Darüber hinaus werden gemeindliche Strukturen erkennbar, welche die Tendenz zur Entfaltung einer ‚Amtskirche' begrenzen und gegenüber dem Wirken des Geistes offenstehen (2 Tim 1,14 u.ö.). Eine Zwischenstellung zwischen Amt und Gemeinde nimmt der Stand der *Witwe* (χήρα; 1 Tim 5,3-16) ein. Stehen die Witwen in der allgemeinen Ethik der neutestamentlichen Zeit auf einer unteren Stufe der sozialen Skala und sind sie mit den Waisen Gegenstand besonderer Fürsorge (Jak 1,27; Apg 6,1ff), so setzen die Pastoralbriefe demgegenüber erstmals das Bestehen eines gemeindlichen Witwenstandes (Viduat) voraus. So ist es in der späteren Kirche häufiger belegt.[28] Die urchristliche Überlieferung kann hierbei an altestamentlich-jüdische Tradition anknüpfen, wonach die Witwen und Waisen in besonderer Weise unter dem Schutz Gottes stehen (Ex 22,22; Dtn 24,17ff). Auch in den Pastoralbriefen ist der karitative Gesichtspunkt ausschlaggebend, wenn unterschieden wird zwischen den Witwen, die vermögend sind, Angehörige haben oder gemeinsam in einem Haus mit einer Mitchristin leben, welche sie unterstützt,

---

28 PsClem Rec VI 15,5: ‚ordo viduarum' neben den übrigen ‚ministeria ecclesiae'; auch ConstAp 21; Testamentum Domini I 40ff; ausführlich zur nachneutestamentlichen Entwicklung G. Stählin, Art.: χήρα, ThWNT IX 448-454.

die also finanziell versorgt sind, und anderen, die allein stehen und ,ihre Hoffnung auf Gott setzen' (1 Tim 5,5). Unterschieden wird auch zwischen älteren und jüngeren Witwen. Während die letzteren heiraten, Kinder gebären und den Haushalt führen sollen und aus diesem Grund auf eine gemeindliche Unterstützung nicht angewiesen sind, können die älteren, wenn sie mindestens 60 Jahre alt, nur mit einem Mann verheiratet gewesen und auch sonst gut beleumundet sind, in die amtliche Witwenliste eingetragen werden (1 Tim 5,9f). Aufgabe der in den gemeindlichen Witwenstand aufgenommenen ,wirklichen Witwen' (1 Tim 5,3) ist es, in Bitten und Gebeten unablässig tätig zu sein.[29] Wie spätere Kirchenordnungen ausdrücklich feststellen, sind sie dadurch nicht grundsätzlich von der Gemeinde geschieden, sondern nehmen Verpflichtungen wahr, wie sie allen Christen zu eigen sind (vgl. Ägyptische Kirchenordnung 7,6).

Ist die Entstehung des Witwenstandes im wesentlichen als Ergebnis christlichen sozialen Handelns zu interpretieren, so kommt in solcher karitativen Fürsorge das Wesen der Gemeinde zur Sprache. Diese selbst wird in übernommenen Termini bezeichnet: als ,Heilige' (1 Tim 5,10: ἅγιοι), ,Geliebte' (1 Tim 6,2: ἀγαπητοί), ,Erwählte' (2 Tim 2,10; Tit 1,1: ἐκλεκτοί), vor allem als Gemeinschaft der ,Gläubigen' (πιστοί).[30] Über die Begründung dieser Prädikate ist nicht reflektiert worden. Sie haben oftmals ihre ursprüngliche Bedeutung verloren und werden in einem abgeflachten Sinn tradiert. So hat die Selbstbezeichnung ,Auserwählte' nicht mehr einen ursprünglichen apokalyptischen Charakter, da sie zwar die Ausrichtung auf das Endheil, nicht aber die Präsenz des Heils einschließt (2 Tim 2,10). Auch der Terminus πιστοί meint nicht so sehr die glaubende Annahme des zugesprochenen Heils als vielmehr das Treu- oder Zuverlässigsein, wie es der frommen ethischen Lebensführung entspricht.[31] Daß diese Lebensführung nicht ungefährdet ist, ergibt sich aus dem Vergleich der Kirche mit einem ,Haus'. So wie der Bischof seinen Hausstand vorbildlich verwalten soll, so muß er entsprechend der ,Gemeinde Gottes' vorstehen (1 Tim 3,5: ἐκκλησία θεοῦ, auch 1 Tim 3,15). So sagen es auch die Verhaltensregeln an den Apostelschüler Timotheus.

---

29 1 Tim 5,5; vgl. auch ConstAp 21; Didask III 5,1.

30 1 Tim 3,11; 4,3.10.12; 5,16; 6,2; 2 Tim 2,2; Tit 1,6.

31 Vgl. 1 Tim 1,12; 3,11; 2 Tim 2,2; entspr. bedeutet πίστις nicht nur den christlichen Glaubensstand (1 Tim 1,2.4f.19b; 4,1; 5,8; 6,10.12; 2 Tim 1,5 u.ö.) oder den Inhalt der Glaubenslehre (1 Tim 4,1.6), sondern auch die Zuverlässigkeit, wie sie den Christen auszeichnet (1 Tim 1,19a) und neben anderen christlichen Eigenschaften steht (neben der ,Liebe' und/oder anderen ethischen Verhaltensweisen: 1 Tim 4,12; 6,11; 2 Tim 2,22; 3,10; Tit 2,2). Aufschlußreich ist auch die Modifizierung der paulinischen Trias ,Glaube, Hoffnung, Liebe' (1 Kor 13,13) zu ,Glaube, Liebe, Heiligung, Besonnenheit' (1 Tim 2,15).

Er sollte wissen, wie man sich im ‚Haus Gottes' (οἶκος θεοῦ) recht verhalten muß (1 Tim 3,15). Hier ist die ‚Gemeinde Gottes' als ‚Säule und Grundfeste der Wahrheit' verstanden worden, im Unterschied zu 1 Kor 3,11 (Christus als Fundament), und dadurch eine Konfrontation zu den Falschlehrern angedeutet (vgl. 1 Tim 4,11ff). So wird es 2 Tim 2,19-21 ausgeführt, wenn die Kirche mit einem großen Haus, das wertvolle und weniger wertvolle, reine und unreine Gefäße enthält, verglichen wird. Die Kennzeichnung der Irrlehre als ‚Krebsgeschwür' (V.17) schließt nicht aus, daß Gelassenheit und Nüchternheit das Verhältnis zu den Häretikern bestimmen sollen (V.20); jedoch liegt auf der Forderung, sich von der Unreinheit fernzuhalten, das entscheidende Gewicht (V.21).

Ein wesentliches Anliegen der Pastoralbriefe ist die Bekämpfung der *falschen Lehrer.* Hier zum ersten und im Neuen Testament einzigen Mal wird der Begriff ‚Gnosis' als häresiologischer Terminus verwendet (1 Tim 6,20: ἀντιθέσεις τῆς ψευδωνύμου γνώσεως). Die schon von F.C. Baur geäußerte Vermutung, daß hiermit der Buchtitel der ‚Antithesen' Markions reflektiert sei[32], hat jedoch am Text keinen Anhaltspunkt, so daß man (entsprechend dem voraufgehenden Ausdruck ‚haltlose Geschwätze') richtiger mit „Widersprüche der fälschlich sogenannten ‚Gnosis'" übersetzen sollte. Auch ist nicht zu erkennen, daß sich der Verfasser einem spezifisch gnostischen Erkenntnisbegriff konfrontiert sieht (trotz Tit 1,16) oder ein bestimmtes gnostisches System vor Augen hat. Eine mythologische Gnosis, wie sie im zweiten Jahrhundert durch Satornil, Basilides oder Valentin repräsentiert wird, ist (noch) nicht sichtbar. Wohl aber werden konkrete Angaben über die entgegenstehende Lehre gemacht. Diese enthält eindeutig jüdische Elemente. So rechnet der Verfasser des Titusbriefes mit ‚Verführern aus der Beschneidung' (1,10) und weiß, daß diese jüdische Mythen und Menschengebote verbreiten (1,14; vgl. 1 Tim 4,7; 2 Tim 4,4). Auch daß ‚Gesetzeslehrer' (1 Tim 1,7) auftreten und daß über das (alttestamentliche?) Gesetz Streitigkeiten ausgetragen werden (Tit 3,9), ferner Disputationen über ‚Geschlechtsregister' (1 Tim 1,4; Tit 3,9) oder Askese (1 Tim 4,3), speziell die Enthaltung von Speisen (1 Tim 4,3; vgl. Tit 1,15; dazu aber Röm 14,20; Lk 11,41), könnten auf einen jüdischen Hintergrund deuten. Wenn jedoch andererseits die Gegner das Heiraten verbieten (1 Tim 4,3; vgl. dazu auch die positive Kennzeichnung der Ehe: 1 Tim 2,15; 3,2.12; 5,14; Tit 2,4) oder erklären, daß die Auferstehung schon geschehen sei (2 Tim 2,18; vgl. Just Apol I 26,4; Iren Haer I 23,5; II 31,2), so läßt sich eher an gnostische Sektierer denken, die auf Grund eines dualistischen Konzeptes eine durch Erkenntnis in der Gegenwart erfahrene Welt-

32 F.C. Baur, Die sogenannten Pastoralbriefe des Apostels Paulus aufs neue kritisch untersucht, Stuttgart-Tübingen 1835, 26f. So auch W. Bauer, Rechtgläubigkeit und Ketzerei 229; Ph. Vielhauer, Geschichte 228.237.

überwindung für sich behaupten. Weniger eindeutig ist ihre Bezeichnung als ‚falsche Geister' oder als Anhänger von ‚Dämonenlehren' (1 Tim 4,1). Bei der Darstellung der gegnerischen Gruppe verwendet der Verfasser das überkommene, auch in der Schule des Paulus vorgegebene Waffenarsenal der Ketzerbekämpfung; so in der kritischen Feststellung, daß diese ihre ‚Frömmigkeit' als Erwerbsquelle nutzen (1 Tim 6,5; Tit 1,11; vgl. 1 Petr 5,2; 1 Thess 2,5; 2 Kor 7,2; 12,17f; 2 Petr 2,3), oder in den sich überschlagenden Vorwürfen, daß sie ‚aufgeblasen' seien (1 Tim 6,4; vgl. 2 Tim 3,4), in krankhafter Sucht Streitfragen austragen und sich Wortgezänk hingeben (1 Tim 6,4; 2 Tim 2,14), daß sie heuchlerisch auftreten und Lügen verbreiten (1 Tim 4,2) – Aussagen, die sich auch in der usuellen Paränese der Lasterkataloge finden (vgl. 1 Tim 1,9f; 2 Tim 3,2ff. – Tit 1,12: Zitat des Dichters Epimenides aus Kreta), aber auch in der Ketzerbekämpfung angewendet werden können (1 Tim 6,4f; vgl. 2 Tim 3,2-4 mit 3,5.13). Der Gedanke, daß Häretiker notwendig einen unsittlichen Lebenswandel führen, ist in der Häresiologie zu einem feststehenden Topos geworden. Er kündet sich in den Pastoralbriefen mit der Mahnung an die Apostelschüler an, in der rechten, gesunden Lehre zu bleiben und diese auftragsgemäß zu vertreten (1 Tim 4,12ff; 2 Tim 3,14ff; Tit 1,5ff; 2,1ff); dagegen gilt die Lehre der Gegner als krankmachend, ungesund (1 Tim 6,4). Zum Topos frühchristlicher Ketzerpolemik ist darüber hinaus die Anspielung zu rechnen, wonach die heuchlerischen ‚Lügenredner' ‚in der letzten Zeit' auftreten werden.[33] So ereignet es sich ‚schon jetzt', in der Gegenwart der Gemeinde. Die falsche Lehre antizipiert das Endgeschehen. Weil die Warnung vor der Irrlehre in Hinsicht auf die zukünftigen Ereignisse offen ist, ist es nicht möglich und auch nicht beabsichtigt, über die zukünftig erscheinenden Häresien präzise Angaben zu machen (vgl. auch Apg 20,29f). Dies schließt es aus, die häresiologischen Aussagen der Pastoralbriefe auf eine bestimmte Gruppe, etwa eine ‚jüdische Gnosis' einzugrenzen, stellt vielmehr die antihäretischen Ausführungen auf die Ebene des Allgemeinen und kennzeichnet damit die Aufgabe für die Leser, je in ihrer Zeit nach den konkreten Erscheinungsformen der Häresien Ausschau zu halten.

Für die Lebensführung der Gemeinde kann der Apostel Maßstab und Richtschnur sein. Wird sie wie der Apostel verfolgt (2 Tim 3,11f), so soll sie sich an seinem Vorbild orientieren (1 Tim 1,16 u.ö.; vgl. schon 1 Kor 4,16). Dies wird eindrucksvoll durch den hymnisch gestalteten Abschnitt 2 Tim 2,11-13 verdeutlicht, der möglicherweise in V.11-12 auf eine ältere Tradition zurückgeht und den dialektischen Zusammenhang von Leiden und Herrlichkeit ausspricht:

---

33 1 Tim 4,1f; 2 Tim 3,1ff; vgl. Mk 13,21-23 par Mt 24,23ff; 1 Joh 2,18; 4,3; 2 Petr 2,1ff; Jud 4ff.

11 Zuverlässig ist das Wort: Wenn wir mitgestorben sind, werden wir auch mitleben;
12 wenn wir aushalten, werden wir auch mitherrschen;
wenn wir verleugnen, wird auch jener uns verleugnen;
13 wenn wir untreu sind, so bleibt jener doch treu; denn er kann sich selbst nicht verleugnen.

Nicht nur dem Apostel, sondern allen Christen ist die Gemeinschaft mit Christus zugesprochen (V.10). Dies wirkt sich in der Weise aus, daß der Apostel sein Schicksal als Gefangener ‚um der Auserwählten willen' auf sich nimmt, damit dadurch die Ausbreitung des Evangeliums gefördert wird (2 Tim 1,8; vgl. Phil 1,12ff). Die Interpretation des apostolischen Leidens geschieht in Aufnahme der paulinischen Tauftradition (Röm 6,4ff.8). Sie bezieht alle Christen ein (1. Person plur.). Vollzieht sich im Martyrium die Christusgemeinschaft, so begründet sich hierdurch die Hoffnung auf das ewige Leben. Die Dialektik der paulinischen Tauftheologie (Röm 6,4; vgl. anders Kol 2,12) ist erhalten geblieben. Neu aber ist, daß der christologische Bezugspunkt übergeordnet wird: Gericht (2 Tim 2,12b; vgl. Mt 10,33) und Heil (2 Tim 2,13).[34] – Beides ist Gegenstand der Christusverkündigung und Bestandteil des ‚zuverlässigen Wortes'[35], durch das die verfolgte und durch Häresien bedrohte Gemeinde (2 Tim 3,12) zu Geduld und zur Treue gegenüber dem verkündigten Wort der Wahrheit aufgerufen ist (2 Tim 2,15). Daß die Gemeinde der Pastoralbriefe um ihr äußeres und inneres Bedrohtsein weiß, macht es unmöglich, daß sie in einer satten Bürgerlichkeit versinkt und die von ihr geforderte ‚Frömmigkeit'[36] als eine introvertierte, sich selbst genügende fromme Lebensführung begreift. Das ‚ruhige und stille Leben', das sie im Gebet für die Regierenden für sich erbittet (1 Tim 2,1f), ist nicht mit biedermeierlicher Beschaulichkeit zu verwechseln. Es ist vielmehr ein unerreichtes und faktisch unerreichbares Ziel, das sie ständig vor Augen haben muß. Gewiß bemüht sich diese Gemeinde, nach Möglichkeit ohne Anstoß zu leben und das in ihrer hellenistischen Umwelt anerkannte ‚Vernünftige' (vgl. Tit 2,12) und ‚Anständige'[37] zu verwirklichen. Jedoch schließt dies nicht

---

34 Die Unterscheidung von ‚Verleugnung' (= ‚Abfall') und ‚Untreue' (= ‚Rückfall' hinter die Taufgnade; vgl. C. Spicq, a.a.O. II 750 <zu 2 Tim 2,13>) ist unklar; das Bekenntnis zur Treue Christi kann an alttestamentliche Bilder von der Treue Gottes anschließen (vgl. Dtn 7,9; Röm 3,3f).

35 πιστὸς ὁ λόγος auch 1 Tim 1,15; 3,1; 4,9; Tit 3,8; vgl. zum formelhaften Charakter dieser Wendung: N. Brox, Pastoralbriefe 112ff (zu 1 Tim 1,15).

36 1 Tim 4,7f; 6,3.5f; 2 Tim 3,5; Tit 1,1. – Die deutsche Übersetzung ‚Frömmigkeit' bezeichnet entsprechend dem ursprünglichen Wortsinn die den Glaubenden angemessene Denk- und Verhaltensweise.

37 σεμνότης: 1 Tim 2,2; 3,4; Tit 2,7.

prinzipiell eine weltförmige Haltung ein. Trotz des Sicheinlassens auf diesen Äon (1 Tim 6,17ff; Tit 2,12), wie es auch in der Etablierung von kirchlichen Ordnungen spürbar wird, ist doch die nicht welthafte Eigenart der eschatologischen Botschaft, wenngleich durch apostolische Tradition und kirchliche Institution legitimiert, nicht aufgegeben und im Gegenüber zur Häresie und Welt[38] behauptet. Hierzu trägt nicht zuletzt der Anschluß an die paulinische Überlieferung bei, wie er in der Unterscheidung von Indikativ und Imperativ erkennbar wird[39] oder auch in der Überzeugung, daß die ‚Gnade Gottes' (χάρις), die das Leitprinzip des christlichen Handelns darstellt,[40] das für die Pastoralbriefe typische theologische Profil mitgestaltet hat.[41]

IV. Wider die eschatologischen Falschlehrer – 2. Thessalonicherbrief

H.J. Holtzmann, Zum zweiten Thessalonicherbrief, ZNW 2, 1901, 97-108.
W. Wrede, Die Echtheit des zweiten Thessalonicherbriefes, TU NF 9.2, Berlin 1903.
E. v.Dobschütz, Die Thessalonicherbriefe, KEK X, Göttingen⁷1909 (Nachdruck 1974 mit einem Literaturverzeichnis von O. Merk, hg. von F. Hahn).
A. v.Harnack, Das Problem des zweiten Thessalonicherbriefes, SPAW.PH 31, Berlin 1910, 560-578.
M. Dibelius, An die Thessalonicher I.II. An die Philipper, HNT 11, Tübingen³1937.
E. Schweizer, Der zweite Thessalonicherbrief ein Philipperbrief?, ThZ 1, 1945, 90-105.
H. Braun, Zur nachpaulinischen Herkunft des zweiten Thessalonicherbriefes, ZNW 44, 1952/53, 152-156; wieder abgedruckt in: ders., Gesammelte Studien zum Neuen Testament und seiner Umwelt, Tübingen ³1971, 205-209.
B. Rigaux, Saint Paul. Les Épîtres aux Thessaloniciens, EtB, Paris 1956.
W. Schmithals, Die Thessalonicherbriefe als Briefkompositionen, in: E. Dinkler (Hg.), Zeit und Geschichte, FS R. Bultmann, Tübingen 1964, 295-315.
Ders., Die historische Situation der Thessalonicherbriefe, in: ders., Paulus und die Gnostiker, ThF 35, Hamburg 1965, 89-157.

---

38 Vgl. noch 2 Tim 4,10: ὁ νῦν αἰών = ‚die jetzige Weltzeit'; 1 Tim 6,7: κόσμος = ‚Welt'.

39 Vgl. 1 Tim 2,1-7; 2 Tim 1,13f; 2,19; Tit 3,7f.14.

40 Tit 2,11f; vgl. 1 Tim 1,14; 2 Tim 1,9; 2,1.

41 Der Text 2 Tim 2,11-13 zeigt an, daß das Verhältnis zu Paulus nicht vereinfachend unter das Stichwort ‚Kreuzestheologie' gestellt werden kann, die bei Paulus, nicht aber in den Pastoralbriefen belegt sei. Zur Literatur: A. Schlatter, Die Kirche der Griechen im Urteil des Paulus. Eine Auslegung seiner Briefe an Timotheus und Titus, ³1983 (²1958, 15); P. Trummer, Paulustradition 116-141; W. Schenk, Die Briefe an Timotheus 3416ff.

O. CULLMANN, Der eschatologische Charakter des Missionsauftrages und des apostolischen Selbstbewußtseins bei Paulus. Untersuchung zum Begriff des κατέχον (κατέχων) in 2. Thess. 2,6-7, in: ders., Vorträge und Aufsätze 1925-1967, hg. von K. Fröhlich, Tübingen 1967, 305-326.

W. TRILLING, Untersuchungen zum zweiten Thessalonicherbrief, EThSt 27, Erfurt 1972.

DERS., Der zweite Brief an die Thessalonicher, EKK XIV, Neukirchen-Vluyn 1980.

DERS., Die beiden Briefe des Apostels Paulus an die Thessalonicher. Eine Forschungsübersicht, ANRW II 25.4, 1987, 3365-3403.

A. LINDEMANN, Zum Abfassungszweck des Zweiten Thessalonicherbriefs, ZNW 68, 1977, 35-47.

E. BEST, A Commentary on the First and Second Epistles to the Thessalonians, BNTC, London [2]1977.

W. MARXSEN, Der zweite Thessalonicherbrief, ZBK 11.2, Zürich 1982.

R. JEWETT, The Thessalonian Correspondence. Pauline Rhetoric and Millenarian Piety, Philadelphia 1986.

G.S. HOLLAND, The Tradition that You received from us: 2 Thessalonians in the Pauline Tradition, HUTh 24, Tübingen 1988.

P. MÜLLER, Anfänge der Paulusschule: dargestellt am 2. Thessalonicherbrief und am Kolosserbrief, AThANT 74, Zürich 1988.

F.W. HUGHES, Early Christian Rhetoric and 2 Thessalonians, JSNT.S 30, Sheffield 1989.

PH. VIELHAUER-G. STRECKER, Apokalyptik des Urchristentums. Einleitung, in: W. Schneemelcher (Hg.), Neutestamentliche Apokryphen II, Tübingen [5]1989, 516-547.

L. HARTMAN, The Eschatology of 2 Thessalonians as Included in a Communication, in: R.F. Collins (Hg.), The Thessalonian Correspondence, BEThL 87, Leuven 1990, 470-485.

E. KRENTZ, Traditions Held Fast: Theology and Fidelity in 2 Thessalonians, in: R.F.Collins (Hg.), The Thessalonian Correspondence, BEThL 87, Leuven 1990, 505-515.

O. MERK, Überlegungen zu 2 Thess 2,13-17, in: C. Mayer-K. Müller-G. Schmalenberg (Hgg.), Nach den Anfängen fragen, GSTR 8, 1994, 405-414.

a) Zur Echtheitsfrage

Seit zu Anfang des 19. Jahrhunderts J.E.Chr. Schmidt[1] die These aufstellte, daß aufgrund der abweichenden Eschatologie der 2. Thessalonicherbrief ein authentischer Paulusbrief nicht sein könnte, ist die Frage der Echtheit bzw. der Unechtheit des 2 Thess ständig neu gestellt und mit unterschiedlichen

---

1 J.E.Chr. Schmidt, Vermutungen über die beiden Briefe an die Thessalonicher, in: Bibliothek für Kritik und Exegese des Neuen Testaments II, Hadamar 1801, 380-386 (vgl. den Wiederabdruck bei W. Trilling, Untersuchungen 159-161).

Ergebnissen beantwortet worden. Im folgenden wird die Ansicht zugrundegelegt, daß das Schreiben nicht von dem Apostel Paulus abgefaßt wurde, sondern in der Schule des Paulus (im weiteren Sinn des Wortes) entstanden ist.[2] Hierfür spricht vor allem die Tatsache, daß – wie W. Wrede in einer eindringenden Untersuchung gezeigt hat – der 1 und 2 Thess in ihrem Aufriß weitgehend miteinander parallel gehen.[3] Beide Briefe nennen Silvanus und Timotheus als Mitabsender, berichten von Verfolgungen und Bedrängnissen der Gemeinde; sie setzen voraus, daß die Gemeindesituation in Thessalonich im großen und ganzen stabil ist. Schwerpunktmäßig behandeln beide Briefe das Problem der Eschatologie, und sie wenden sich gegen ‚unordentliche' Gemeindeglieder. Von einigen, allerdings inhaltsreichen Ausnahmen abgesehen, ist der 2 Thess mit dem 1 Thess deckungsgleich:

1 Thess	2 Thess	
1,1-10	1,1-12	Präskript, Proömium
2,1 – 3,10		Persönliche Notizen: Gemeindegründung, Sendung des Timotheus
3,11-13	2,13-17	Segenswunsch
4,1-12	3,1-5	Allgemeine Paränese
4,13 – 5,11	2,1-12	Belehrung über die Parusie
5,12-15	3,6-12	Gegen die Unordentlichen
5,16-28	3,13-18	Schlußmahnungen und -grüße

Darüber hinaus sind theologische Argumente geltend zu machen, welche für die Sekundarität des 2 Thess gegenüber den echten Paulusbriefen sprechen.[4] Von hier aus erübrigen sich die zahlreichen Versuche, das Nebeneinander von zwei Paulusbriefen mit im wesentlichen identischem Inhalt durch Zuweisung an verschiedene Adressaten oder durch Quellenteilungen zu erklären.[5] Die literarische Abhängigkeit ist nicht in jedem Fall so eng wie die

2 Vgl. hierzu Ph. Vielhauer, Geschichte 95-100; W. Trilling, Der zweite Brief an die Thessalonicher 22-26.

3 W. Wrede, Echtheit (hier die Tabellen, die die Übereinstimmungen zwischen beiden Briefen präzise festhalten).

4 H. Braun, Die nachpaulinische Herkunft.

5 So etwa A. v.Harnack, Das Problem: Beide Briefe richten sich an verschiedene Gruppen in derselben Gemeinde: Der 1 Thess an die Heidenchristen, der 2 Thess an die Judenchristen in Thessalonich. Nach M. Dibelius, An die Thessalonicher 49, ist der 1 Thess insonderheit an einen bestimmten Kreis in der Gemeinde gerichtet. E. Schweizer, Der zweite Thessalonicherbrief, nimmt unterschiedliche Gemeinden als Empfänger von 1 und 2 Thess an. Der zweite Brief sei nach Beröa (Goguel) bzw. nach Philippi (Schweizer) gerichtet und durch Austausch nach Thessalonich gelangt. Aber 2 Thess 2,15 gibt doch deutlich zu erkennen, daß er

des Epheserbriefes vom Kolosserbrief, aber es sind auch wörtliche Parallelen erkennbar (vgl. z.B. 2 Thess 1,1f mit 1 Thess 1,1 oder 2 Thess 3,8 mit 1 Thess 2,9). Aufschlußreich ist, daß die persönlichen Partien des 1 Thess (2,1-3,10), darunter auch das nachdrücklich ausgesagte Verlangen des Paulus, daß er die Gemeinde wiedersehen möchte (3,10), vom Verfasser des 2 Thess nicht übernommen worden sind. Statt dessen sind die paränetischen und apokalyptischen Inhalte des 1 Thess breit ausgeführt, so daß der 2 Thess den Charakter eines apostolischen Mahn- und Lehrschreibens erhalten hat.[6]

Die Absicht des Verfassers läßt sich aus dem redaktionellen apokalyptischen Abschnitt 2,1-12, der aus dem Aufriß des 1 Thess herausfällt, erheben. Vorausgesetzt ist das Bekenntnis der gegnerischen Lehrer: „Der Tag des Herrn ist da bzw. steht bevor" (2 Thess 2,2).[7] Indem sie mit ‚Weissagung, Wort oder

---

einen früheren Brief nach Thessalonich voraussetzt. Die Zuweisung nach Philippi bezieht sich auf ein angebliches Zitat von 2 Thess 1,4; 3,15 in Polykarp, Phil 11,3f; diese These wurde von A. Lindemann, Abfassungszweck, mit Recht in Frage gestellt. W. Schmithals rekonstruiert aus den beiden Thessalonicherbriefen vier echte und ursprüngliche Paulusbriefe nach Thessalonich (in Aufnahme von Anregungen von W. Lütgert, Die Vollkommenen in Philippi und die Enthusiasten in Thessalonich, BFChTh 13, Gütersloh 1909; W. Hadorn, Die Abfassung der Thessalonicherbriefe in der Zeit der dritten Missionsreise des Paulus, BFChTh 24,3/4, Gütersloh 1919).

6 Nach W. Trilling, Untersuchungen 157, ist der 2 Thess „kein ‚Brief' an eine konkrete Gemeinde, sondern ein allgemeines ‚apostolisches' Mahn- und Lehrschreiben." Allerdings ist zu bedenken: Auch wenn die spezifischen Ausführungen in der Eschatologie und in der Ethik bezüglich der ἄτακτοι durch den 1 Thess vorgegeben sind, so zeigt der 2 Thess doch „den Willen zur Deutung, zur Erklärung für Gemeindeglieder, die auch mit 1 Thess und dessen Sachfragen vertraut sind" (O. Merk, Überlegungen 412), demzufolge, daß „in 2 Thess ein Verfasser begegnet, der mit der aus 1 Thess bekannten Gemeinde vertraut sein muß und daß dieser Autor in einem den Apostel Paulus unterstützenden Sinne weiterführend und interpretierend schreibt" (413).

7 Diese erste Übersetzung des Perfekts mit Bauer-Aland, Wb. 538. Über die genaue Interpretation dieser Aussage entscheidet der Kontext. Man hat entweder an ein gnostisches oder apokalyptisches Verständnis zu denken. W. Schmithals, Gnostiker 146-150, hat Beziehungen zu den Enthusiasten in Korinth hergestellt und auf die vergleichbare Interpretation der Auferstehung in 2 Tim 2,18 verwiesen. Die Gegner hätten eine radikal präsentische Eschatologie vertreten. Demgegenüber ist darauf verwiesen worden (Ph. Vielhauer, Geschichte 94), daß ἐνίστημι auch ‚bevorstehen' heißen kann (auch als Part. Perf. oder als Aorist in 1 Kor 7,26; Jos Ant 4,209). Dann könnte man die Parole im Sinne einer akuten apokalyptischen Nächsterwartung verstehen. Schon W. Wrede, Untersuchungen 49f, hatte auf die interessante Parallele des Bischofs in Pontus verwiesen, der das Gericht innerhalb eines Jahres mit den Worten ὅτι ἐνέστηκεν ἡ ἡμέρα τοῦ κυρίου angekündigt hatte (Hipp Comm in Dan IV 18f). Wenn er sich hierbei auf 2 Thess 2,2 bezieht, so hat

Brief' (2 Thess 2,2) auftritt, sucht sich die Gegnerschaft zu legitimieren. Die Einzelheiten sind undeutlich. Ist beabsichtigt, den hier genannten ,Brief wie von uns' (ὡς δι' ἡμῶν) mit dem 1 Thess zu identifizieren? Hierdurch wäre der 1 Thess von dem Verfasser unseres Schreibens möglicherweise als Fälschung dargestellt worden[8], um ihn den Gegnern als Argumentationsbasis zu entziehen. Hat man also den 1 Thess als Beleg für die Ansicht, daß der Tag des Herrn ,unmittelbar bevorsteht', erneut ins Gespräch gebracht? Der Verfasser des 2 Thess jedenfalls will weder den 1 Thess verdrängen noch ihn als

---

er jedenfalls den Text als apokalyptische Ansage des nahe bevorstehenden Tags des Herrn verstanden. Problematisch an der gnostischen Deutung ist ohnehin, daß der apokalyptische Terminus ,Tag des Herrn' in einem spiritualisierenden präsentischen Verständnis nicht belegt ist. Es mag sein, daß Verfolgungen, von denen 2 Thess 1,4 spricht, die traditionell zu den Vorzeichen des apokalyptischen Enddramas gehören, die akute Nächsterwartung begünstigt haben. Sicher ist das nicht, da bereits 1 Thess 2,14 von Leiden sprach (allerdings nicht das Stichwort διωγμός, διώκειν). Jedenfalls spricht 2 Thess 1,5 – einer direkten Parallele zum 1 Thess entbehrend – den Verfolgungen im Zusammenhang des Endgeschehens einen ,zeichenhaften' Charakter zu. Ebenfalls ist nicht sicher, ob die in 2 Thess 3,6-12 angesprochene Arbeitsscheu im Zusammenhang mit apokalyptischem Überschwang zu interpretieren ist. B. Russell, The Idle in 2 Thess 3,6-12: An Eschatological or a Sociological Problem?, NTS 34, 1988, 105-119, bietet hingegen in einer sozialgeschichtlichen Interpretation den Versuch, den Gegensatz von arbeitenden und wohlhabenden Christen aufzuzeigen.

8 So A. Hilgenfeld, Die beiden Briefe an die Thessalonicher, ZWTh 5, 1862, 249-251; jetzt wieder A. Lindemann, Abfassungszweck. Es ist unerheblich, ob man ὡς δι' ἡμῶν auf Weissagung, Wort, Brief insgesamt, oder ausschließlich auf Brief bezieht, in jedem Fall warnt der Verf. des 2 Thess seine Gemeinde vor der Gefahr, daß die ,Gegner' entweder mit paulinischer Autorität in ihrem Sinn argumentieren. (Hierbei wird, sofern der in 2,2 angesprochene Brief der 1 Thess sein sollte, dieser Brief als eine von den Gegnern hervorgebrachte ,Fälschung' abgetan; so Bauer-Aland, Wb. 1792: „eine erlogene, jedenfalls objektiv falsche Eigenschaft ... ein Brief als <wäre er> von uns".) Oder es wird die auf diesen Brief sich stützende Interpretation als Verführung und Täuschung (2,3) zurückgewiesen, weil sie zu eschatologischer Beunruhigung und Sinnesverwirrung führt. Problematisch an der Verdrängungshypothese ist u.a., daß 2 Thess 2,15 sich positiv auf den früheren ersten Brief (= 1 Thess) bezieht. Der persönliche Schlußgruß in 2 Thess 3,17 kann nicht unbesehen als Argument für die Verdrängungshypothese verwandt werden. Zwar fehlt in 1 Thess ein solcher Gruß (wie auch in Röm, 2 Kor, Phil), aber er findet sich zugleich in Gal 6,1; Phlm 19; Kol 4,18; 1 Kor 16,21, so daß der Verf. hier einer häufig bezeugten Konvention der paulinischen Schule folgt. Wenn allerdings der 2 Thess mit diesem Authentizitätszeichen den in 2 Thess 2,2 angesprochenen 1 Thess als nicht authentisch ,verdrängen' will, also als ein gefälschtes Dokument durch eine Fälschung zurückgewiesen werden soll, dann wäre vom 2 Thess als von einer ,Gegenfälschung' zu sprechen (dazu W. Trilling, Der zweite Brief an die Thessalonicher 158-160).

Fälschung abqualifizieren, wohl aber die spezifische Interpretation dieses Briefes durch die Gegner korrigieren.[9] Daher legt er seinen Ausführungen in Entsprechung zum Vorgehen der Gegner als Basis die Ausführungen des 1 Thess zugrunde.

b) Eschatologie

Da die Paulusbriefe im grundsätzlichen und durchgehend auf dem Standpunkt der Nah- oder Nächsterwartung stehen, mußte die unerfüllt gebliebene Parusiezusage für die nachfolgenden Generationen zu einem dringlichen Problem werden. Dies ist offenbar neben dem Auftreten der Gegner auch der Anlaß, weshalb der Verfasser des 2 Thess einen *apokalyptischen Fahrplan* in den ihm vorliegenden Aufriß des 1 Thess eingeschaltet hat (2,1-12). Seine Absicht ist es, dem Mißverständnis entgegenzutreten, der Tag des Herrn stehe in unmittelbarer Zukunft bevor. Freilich scheint es sich hierbei um eine Differenz innerhalb der Paulus – Schule bzw. in der sachgemäßen Interpretation des paulinischen Erbes zu handeln. Sowohl die ‚Gegner' tragen ihre Lehre mit einem Bezug auf einen paulinischen Brief vor (2 Thess 2,2), als auch der Verfasser des 2 Thess, der durch Anlehnung an den 1 Thess und durch den Schlußgruß (2 Thess 3,17f) seine Bindung an Paulus klar zu erkennen gibt.[10] Daß sich die Gemeinde auf eine unbestimmte Wartezeit einstellen muß, legt sich aus den verschiedenen Stufen der apokalyptischen Zukunft nahe.[11]

Der Verfasser wendet gegen die Meinung, der Tag des Herrn stehe unmittelbar bevor bzw. sei da, folgendes ein: Zuerst müsse der große Abfall kommen (2,3a)[12], sodann – zeitlich dem großen Abfall voraufgehend – der Antichrist (‚der Mensch der Ungesetzlichkeit, der Sohn des Abfalls') erscheinen (2,3b), erst dann werde Christus wiederkommen. Zwar sei das ‚Geheimnis

---

9 So überzeugend W. Trilling, Der zweite Brief an die Thessalonicher 24f.

10 Anders W. Trilling, Der zweite Brief an die Thessalonicher 27: „Der uns unbekannte ... *Verfasser* stammt wohl nicht aus einer ‚paulinischen Schule' ..."

11 W. Trilling, Der zweite Brief an die Thessalonicher 71f, erkennt zwei Überlieferungsschichten in 2,1-12. Hiernach gibt der Verf. in V.3b-4.8-10a „eine für den Autor und die Adressaten bereits ‚traditionelle' Anschauung über den Antichristus" (71) wieder. In V.5-7.10b-12 nennt Verf. hingegen selbst die ihm relevanten Aspekte innerhalb des apokalyptischen Fahrplans. P. Müller, Anfänge 43, erkennt die zwei Schichtungen an, spricht sich aber gegen klare literarkritische Scheidungen aus.

12 Vgl. zum Motiv des Ansturms der Feinde auf das Gottesvolk: Dan 11,31-39; Jub 23,14-23; äthHen 91,7; AssMos 5; 4Esr 5,1f; CD 1,20; 5,21; 8,19; 19,6.32; 1 QpHab 2,1-6.

der Gesetzlosigkeit' und mit ihm die Nähe der Endereignisse schon wirksam (2,7), aber die Parusie des Antichristen werde noch durch eine retardierende Größe aufgehalten (τὸ κατέχον V.6, ὁ κατέχων V.7) und könne erst nach deren Beseitigung erfolgen. Alle Züge in diesen Bildern sind traditionell, neu ist die Akzentuierung des Traditionsmaterials im Sinne einer Dämpfung der Naherwartung. Der retardierenden Größe, einmal als Neutrum τὸ κατέχον, einmal als Maskulinum ὁ κατέχων, kommt daher ein besonderes Interesse zu.[13] Die politische Deutung, erstmals wohl von Irenäus bezeugt, erkennt in dem Katechon das römische Reich. Hierbei wird das vierte Weltreich aus Dan 2 und 7 mit dem römischen Reich, dieses wiederum in der Gestalt des Kaisers mit dem κατέχων identifiziert. Jedoch ist diese Deutung weithin aufgegeben worden, da die jüdische und christliche Apokalyptik im römischen Reich nicht eine aufhaltende Größe, sondern den Inbegriff der Gottfeindschaft gesehen hat. Die politischen Züge sind auch in 2 Thess 2,4 erst mit der Gestalt des Antichristen thematisiert, nicht aber bereits bei dem Katechon. Dem steht eine von O. Cullmann vorgetragene heilsgeschichtliche Deutung gegenüber: τὸ κατέχον deute auf das Evangelium und seine Verkündigung, die vor dem Ende (vgl. Mk 13,10) den Heiden vorgetragen werden müsse, ὁ κατέχων beziehe sich hingegen auf Paulus, dessen Tod den Auftakt zum Erscheinen des Antichristen gebe.[14] Schließlich hat A. Strobel in ‚Katechon' einen terminus technicus für die in Gottes Plan einberechnete Parusieverzögerung erkannt, so sei letztlich Gott selbst der/das Katechon.[15] Bleibt man hingegen bei dem Wort κατέχον/κατέχων und seiner Verwendung in der Literatur, so sind etwa in einem ägyptischen Gebet Horus ὁ κατέχων δράκοντα und in einem Zauberpapyrus Michael ὁ κατέχων, ὃν καλέουσιν δράκοντα genannt. Es handelt sich also um mythische Gestalten, die den göttlichen Gegenspieler gebunden halten (vgl. auch Apk 20,1-10). Kann der Verf. des 2 Thess aber wirklich voraussetzen, daß seine Leser wissen, worum es sich bei dem Katechon handelt (so V.6)? Denkbar ist, daß eine absichtlich mysteriöse Anspielung vorliegt. Da aber der/das Katechon gleichwie der Antichrist in das Geheimnis des Verderbens hineingehört, das

---

13 Vgl. hierzu den informativen Exkurs „Die ‚aufhaltende Macht'" bei W. Trilling, Der zweite Brief an die Thessalonicher 94-105.

14 Dieser Auslegung ist bereits vielfach widersprochen worden; vor allem durch den Kommentar von B. Rigaux, Saint Paul 276f. Unter der Voraussetzung der Unechtheit des 2 Thess ist diese Auslegung ohnehin nicht haltbar; nach dem Tod des Paulus ist der Antichrist nicht gekommen.

15 A. Strobel, Untersuchungen zum eschatologischen Verzögerungsproblem auf Grund der spätjüdisch – urchristlichen Geschichte von Habakuk 2,2ff, NT.S 2, Leiden 1961; ähnlich R.D. Aus, God's Plan and God's Power: Isaiah 66 and the Restraining Factors of 2 Thess 2:6-7, JBL 96, 1977, 537-553.

weggeschafft wird (V.7), so wird dieser retardierende Faktor eine negative Macht sein. Dies schließt nicht aus, daß der/das Katechon eine von Gott selbst bestimmte Größe ist, ohne freilich mit Gott identisch zu sein. Die Funktion des Katechon ist es also, die Erscheinung des Antichrists aufzuhalten bis zu einem determinierten Zeitpunkt (V.6b). Insofern kann von dieser Funktionsbestimmung her gesagt werden, daß der Begriff des Katechon für die notwendige Parusieverzögerung steht „und als solcher ohne einen näheren Inhalt“[16] ist. Eine Differenzierung zwischen maskulinischer und neutrischer Deutung des Katechon entfiele bei dieser Auslegung.[17]

Die Datierung dieser kleinen Apokalypse 2 Thess 2,1-12 (ohne die sog. sekundäre Schicht) ist unsicher. Das Motiv der Tempelschändung (2,4) kann nicht für eine Abfassung vor 70 n. Chr. in Anspruch genommen werden. Abgesehen davon, daß es sich um traditionelle, hier kombinierte Motive handelt – einerseits das ‚sich in den Tempel setzen', andererseits das ‚sich zu Gott machen' – , so spricht die mit der Fiktion paulinischer Verfasserschaft gegebene zeitliche Ansetzung des Schreibens vor 70 gegen eine zeitgeschichtliche Auswertung der Tempelnotiz.

Folgt man nun dem apokalyptischen Fahrplan, so wird sich nach der Beseitigung des Katechon vor dem großen Abfall die Offenbarung des Menschen der Bosheit, des Sohns des Verderbens, ereignen. Diese letzte Zeit ist gekennzeichnet durch ἀνομία (V.3.7.8), ἀδικία (V.10.12), ψεῦδος (V.9.11). Zuletzt tritt der Kyrios Jesus dem Widersacher entgegen und vernichtet ihn, um denen, die von Anbeginn an erwählt sind (V.13f), die Rettung zu vermitteln. In 2 Thess 2,3-12 verschmelzen die beiden Antichristtraditionen zu einer einzigen Gestalt. V.4 verwendet das Motiv des hochmütigen Gewaltherrschers aus Dan 11,36, während V.9f die auf Dtn 13,2-6 zurückgehende Lügenprophetentradition aufnimmt. Die Gewichtung liegt im 2 Thess auf der Bedrohung durch Abfall zur falschen Lehre. Die eschatologische Konzeption des 2 Thess ist unmittelbar evoziert worden durch das Auftreten der Propheten, die unter Berufung auf Paulus die dringliche Nähe, wohl kaum aber die Gegenwart des Tags des Herrn verkündigen. Der Verf. des 2 Thess trägt vielmehr eine Begründung der Parusieverzögerung vor, die sowohl diese ‚Gegner' widerlegen, als auch dem um sich greifenden Verzögerungsbewußtsein eine theoretische Grundlage geben soll.

Hierbei ist ein gegenüber dem 1 Thess verschärfter Determinismus innerhalb des apokalyptischen Denkens zu beobachten. Der endzeitlichen Grup-

---

16 A. Strobel, Untersuchungen 101.

17 P. Müller, Anfänge 50, hingegen: „ ... ist bei dem Neutrum an eine von Gott bewirkte Größe, bei dem Maskulinum an deren Repräsentant zu denken. Das Neutrum meint dabei Gottes Zeitplan und die darin eingeschlossene Parusieverzögerung.“

pe der Glaubenden, die von Gott durch die Verkündigung des Evangeliums ‚erwählt' worden ist als Angeld (ἀπαρχή) für das endzeitliche Heil (2,13f), steht die Gruppe der ‚Verlorenen' gegenüber, die von Gott selbst mit der ‚Macht der Verführung' zum ‚Glauben an die Lüge' bestimmt worden ist (2,10-12). In dieser streng theozentrischen Verstockungstheorie klingt auch eine Antwort auf die Frage nach dem ausbleibenden Missionserfolg und dem Leiden der Gemeinde an. Das kommende Gericht bringt eine Umkehrung des gegenwärtigen Leids zur Erleichterung bzw. Strafe und Trübsal den Verfolgern (1,5-9).[18]

c) Die apostolische Norm

Es ist ein grundsätzliches Kennzeichen des 2 Thess, daß die Leser des Briefs ihre Orientierung an der Autorität und an der Überlieferung des Paulus als der apostolischen Norm finden sollen. Dies wird schon an der Tatsache erkennbar, daß der Verfasser sich in literarischer Hinsicht an der Vorgabe des 1 Thess, an seinem Aufbau und seinem Inhalt orientiert. Es wird also der 1 Thess weder verdrängt noch ergänzt, sondern in spezifischer Weise aufgenommen und in Hinblick auf die Gegner weitergeführt, allerdings ohne den 1 Thess als Vorlage direkt zu zitieren.[19] Ein äußerer Hinweis für diese Bindung an die paulinische Norm in nachpaulinischer Zeit ist in dem Sachverhalt zu sehen, daß der 2 Thess keinerlei persönliche Notizen (Reisepläne, Ortsangaben, Grüße, persönliche Umstände) nennt. Der Schlußgruß ‚mit der eigenen Hand' (2 Thess 3,17) fungiert – anders als in 1 Kor 16,21; Gal 6,11; Phlm 19 – als Authentizitätszeichen, ist daher Hinweis auf die pseudepigraphe Situation. Die angesprochene Bindung an die apostolische Norm ist an zahlreichen Umstrukturierungen gegenüber den paulinischen Briefen erkennbar. Die Gemeinde wird exklusiv verwiesen auf τὸ εὐαγγέλιον ἡμῶν (2,14), es ist die maßgebliche παράδοσις (2,15; 3,6), die von Paulus durch Wort und Brief (2,15 setzt fraglos den 1 Thess voraus) übermittelt worden ist. Der Ausdruck ‚die Überlieferungen, über die ihr belehrt worden seid, sei es durch ein Wort oder durch einen Brief von uns' (2,15) hat keinerlei Entsprechung in den paulinischen Briefen. Die Zusammenstellung von ‚Wort und Brief' steht für die paulinische mündliche und schriftliche Überliefe-

18 Paulus wendet dieses apokalyptische Umkehrungsmotiv in seinen Briefen sonst nie in der Funktion an, um die Gemeinde zu trösten.

19 Vgl. O. Merk, Überlegungen 413. Gegen die Verdrängungstheorie spricht auch, daß sie sich allenfalls auf die eschatologischen Aussagen des 1 Thess beziehen, alle weiteren Themen des Vorgängerbriefes jedoch unberücksichtigt ließe.

rung, die zur Glaubensnorm geworden ist. Der Bezug darauf kommt einer Rechtsnorm in der Gemeinde gleich (3,14). Die gesteigerte Verbindlichkeit der paulinischen Norm zeigt sich sodann im Griff zu παραγγέλομεν (2 Thess 3,4.10.12; Paulus nur in 1 Kor 11,17; 1 Thess 4,11 und in 1 Kor 7,10 in Bezug auf den Kyrios) und παρελάβοσαν παρ' ἡμῶν (3,6) als Begriffen der Traditionsvermittlung im Gegenüber zu παρακαλοῦμεν (1 Thess 4,1.10; 5,11.14). Auch der 1 Thess hatte zur Nachahmung des Paulus aufgerufen (1,6), jetzt aber ist Paulus der τύπος der Nachahmung schlechthin (2 Thess 3,9 in Anlehnung an 1 Thess 1,7), dem man nachfolgen ‚muß' (2 Thess 3,7).

Betrachten wir abschließend inhaltliche Akzentuierungen der apostolischen Norm. Es ist bei dem kurzen und situativen Schreiben nur möglich, gewisse Schwerpunkte festzustellen. Daß dominante Themen der paulinischen Theologie wie die Rechtfertigungslehre, die Israelthematik, die Kreuzestheologie, die soteriologische Interpretation des Todes und der Auferwekkung Jesu fehlen, obwohl sie im 1 Thess teilweise angesprochen sind, soll daher nur konstatiert sein. Der selbstverständlich gebrauchte und vorausgesetzte christologische Hoheitstitel des 2 Thess ist κύριος (1,1.7.8.12; 2,1.8.13.14.16; 3,3.5.6.12.16.18). Die gegenwärtige Stellung des Erhöhten kommt kaum in Blick, alles ist ausgerichtet auf seine eschatologische Funktion im apokalyptischen Endgeschehen (1,5.8; 2,1), auf die Parusie und den Sieg über den endzeitlichen Widersacher (2,8). Bei der Verwendung des Kyrios – Titels fallen einige wenige Unterschiede zu 1 Thess auf: Theologische Attribute sind auf Christus übertragen worden; so in 1 Thess 1,4 (ἠγαπημένοι ὑπὸ <τοῦ> Θεοῦ) zu 2 Thess 2,13 (ἠγαπημένοι ὑπὸ κυρίου). 2 Thess 1,9.12; 2,14 sprechen von der δόξα κυρίου, während 1 Thess 2,12 und das weitere paulinische Schrifttum den Begriff der δόξα überwiegend Gott vorbehalten, allenfalls in von Gott abgeleiteter Weise von der δόξα κυρίου reden (2 Kor 3,18; 4,4.6). 2 Thess 3,16 spricht von Christus als dem ‚Herrn des Friedens', 1 Thess 5,23 von dem ‚Gott des Friedens'. Diese Übertragung theologischer Attribute auf Christus ist, wie H. Braun gezeigt hat[20], typisch für die zweite christliche Generation. Demgegenüber scheinen die theologischen Aussagen eher in den Bahnen des 1 Thess zu verlaufen, dessen Erwählungstheologie aufgenommen und interpretiert wird.[21] Die Gemeinde steht in gegenwärtiger Relation zu Gott, der ihr Gnade, Barmherzigkeit und Friede schenkt (1,2), der sie erwählt und im Geist geheiligt hat (2,13), sie geliebt und ihr Trost gegeben hat (2,16).

---

20 H. Braun, Zur nachpaulinischen Herkunft.

21 Vgl. F.W. Horn, Das Angeld des Geistes 148, zum 1 Thess: „Nicht der Kyrios Christus ist der gegenwärtig wirkende Herr der Gemeinde, sondern Gott selber. Der Kyrios ist im 1. Thess der endzeitliche Retter (1,9), er übt aber gegenwärtig keine Herrenstellung aus."

Konkret angewendet wird die Vorgabe der apostolischen Norm im Hinblick auf ‚jeglichen Bruder, der unordentlich lebt und nicht nach der Lehre, die ihr von uns empfangen habt' (3,6). Orthodoxie und Orthopraxie sind im apostolischen Vorbild gegeben. 2 Thess 3,11a (vgl. auch V.6) geht von dem aus, was der Verf. gehört hat[22]: Etliche in der Gemeinde ‚führen einen faulen Lebenswandel', sie arbeiten nicht, sondern ‚tun Unnützes'. Die Motivation und das Verhalten dieser Gemeindeglieder können kaum präzise erhellt werden.[23] Der 2 Thess begegnet dieser Erscheinung mit einer apostolischen Anordnung, die in 3,7-9 das apostolische Vorbild thematisiert und als verpflichtendes Vorbild hinstellt. Das Wissen, daß Paulus freiwillig in seinen Gemeinden auf Unterhalt verzichtet hatte, um seinen Lebensunterhalt durch Arbeit zu bestreiten (1 Kor 9), wird überführt in ein absichtliches Beispiel des Apostels, eine παράδοσις, die zeitlos die Arbeitsethik der Gemeinden bestimmen soll. Sie wird zusammengefaßt in einer wohl aus jüdischer Überlieferung stammenden Sentenz „wer nicht arbeiten will, der soll auch nicht essen" (3,10), die nun aber als apostolische Weisung ausgegeben wird und zur Folge hat, daß „Anlaß und Maßnahme in keinem ausgewogenen Verhältnis zueinander ... stehen."[24] Verständlich wird diese Darlegung unter den pseudepigraphen Bedingungen: Es wird über die konkrete Situation hinaus im Rückgriff auf Paulus als der apostolischen Norm Orientierung unter veränderten Umständen gesucht und gegeben.

---

22 W. Trilling, Der zweite Brief an die Thessalonicher 144, vermutet, es sei die Absicht des Abschnitts, „an diesem Beispiel das ‚Prinzip' und die Dignität apostolischer Tradition auch formal zu demonstrieren". Dagegen allerdings 152: „Daß ein ‚Mißstand' vorliegt und die ganze Passage nicht durchwegs fingiert ist (wozu ich eine Zeit lang neigte), kann wohl schwerlich bezweifelt werden."

23 Daß die Arbeitsscheu eine Folge der apokalyptischen Naherwartung oder der gnostischen Lebenseinstellung sei, wird immer wieder behauptet. Dann hätte die Verkündigung der Gegner einige in der Gemeinde bereits überzeugt. Aber der Hinweis, μετὰ ἡσυχίας solle jetzt gearbeitet werden (3,12), darf nicht überinterpretiert werden, da er von 1 Thess 4,11 abhängig ist.

24 So mit Recht W. Trilling, Der zweite Brief an die Thessalonicher 152.

F. EINE BOTSCHAFT MIT UNIVERSALEM ANSPRUCH – DIE KATHOLISCHE BRIEFLITERATUR

I. Christus, der wahre Hohepriester – Der Hebräerbrief

F.J. SCHIERSE, Verheißung und Heilsvollendung. Zur theologischen Grundfrage des Hebräerbriefes, MThS.H 9, München 1955.

E. KÄSEMANN, Das wandernde Gottesvolk. Eine Untersuchung zum Hebräerbrief, FRLANT 55, Göttingen [2]1957.

G. BORNKAMM, Das Bekenntnis im Hebräerbrief, ThBl 21, 1942, 56-66, wieder abgedruckt in: ders., Studien zu Antike und Christentum, GAufs. 2, BEvTh 28, München [2]1963, 188-203.

E. GRÄßER, Der Glaube im Hebräerbrief, MThSt 2, Marburg 1965.

DERS., An die Hebräer, EKK XVII 1+2, Neukirchen-Vluyn 1990.1993.

DERS., Aufbruch und Verheißung. Gesammelte Aufsätze zum Hebräerbrief, BZNW 65, Berlin-New York 1992.

S. NOMOTO, Herkunft und Struktur der Hohenpriestervorstellung im Hebräerbrief, NT 10, 1968, 10-25.

F. SCHRÖGER, Der Verfasser des Hebräerbriefes als Schriftausleger, BU 4, Regensburg 1968.

G. THEIßEN, Untersuchungen zum Hebräerbrief, StNT 2, Gütersloh 1969.

O. HOFIUS, Katapausis. Die Vorstellung vom endzeitlichen Ruheort im Hebräerbrief, WUNT 11, Tübingen 1970.

A. VANHOYE, La structure littéraire de l'Épître aux Hébreux, SN 1, Paris [2]1976.

DERS., L'Épître aux Ephésiens et l'Épître aux Hébreux, Bib 59, 1978, 198-230.

DERS., Literarische Struktur und theologische Botschaft des Hebräerbriefs, SNTU 4, 1979, 119-147; 5, 1980, 18-49.

H. ZIMMERMANN, Das Bekenntnis der Hoffnung. Tradition und Redaktion im Hebräerbrief, BBB 47, Köln-Bonn 1977.

F. LAUB, Bekenntnis und Auslegung. Die paränetische Funktion der Christologie im Hebräerbrief, BU 15, Regensburg 1980.

W.R.G. LOADER, Sohn und Hoherpriester, WMANT 53, Neukirchen-Vluyn 1981.

H.J. DE JONGE, Traditie en exegese: de hogepriester-christologie en Melchizedek in Hebreën, NedThT 37, 1983, 1-19.

H. BRAUN, An die Hebräer, HNT 14, Tübingen 1984.

M. RISSI, Die Theologie des Hebräerbriefes, WUNT 41, Tübingen 1987.

H. HEGERMANN, Der Brief an die Hebräer, ThHK 16, Berlin 1988.

H.-F. WEIß, Der Brief an die Hebräer, KEK XIII, Göttingen 1991.

H. LÖHR, Umkehr und Sünde im Hebräerbrief, BZNW 73, Berlin-New York 1994.

a) Der christologische Auftakt: Die kosmische Erhebung des präexistenten Gottessohnes

(1,1-5)	
1 Πολυμερῶς	Nachdem Gott vielmals
καὶ πολυτρόπως πάλαι	und auf viele Weise
ὁ θεὸς λαλήσας	in der Vorzeit zu den Vätern
τοῖς πατράσιν ἐν τοῖς προφήταις	durch die Propheten geredet hatte,
2 ἐπ' ἐσχάτου τῶν ἡμερῶν τούτων	hat er am Ende dieser Tage
ἐλάλησεν ἡμῖν ἐν υἱῷ,	zu uns geredet durch den Sohn,
ὃν ἔθηκεν κληρονόμον πάντων,	den er zum Erben von allem eingesetzt hat,
δι' οὗ καὶ ἐποίησεν τοὺς αἰῶνας.	durch den er auch die Welten gemacht hat;
3 ὃς ὢν ἀπαύγασμα τῆς δόξης	der als der Abglanz der Herrlichkeit
καὶ χαρακτὴρ τῆς ὑποστάσεως αὐτοῦ,	und Ebenbild seines Wesens, da er das
φέρων τε τὰ πάντα	All durch das Wort seiner Kraft trägt,
τῷ ῥήματι τῆς δυνάμεως αὐτοῦ,	sich,
καθαρισμὸν τῶν	nachdem er (die) Reinigung
ἁμαρτιῶν ποιησάμενος	von den Sünden bewirkt hatte,
ἐκάθισεν ἐν δεξιᾷ	zur Rechten der Erhabenheit
τῆς μεγαλωσύνης ἐν ὑψηλοῖς,	in den Höhen gesetzt hat;
4 τοσούτῳ κρείττων	(und) er ist um so viel mächtiger
γενόμενος τῶν ἀγγέλων·	als die Engel geworden,
ὅσῳ διαφορώτερον παρ' αὐτοὺς	um wieviel mehr der Name,
κεκληρονόμηκεν ὄνομα.	den er geerbt hat, sie überragt.
5 Τίνι γὰρ εἶπέν ποτε τῶν ἀγγέλων·	Denn zu welchem von den Engeln
υἱός μου εἶ σύ,	hat er jemals gesagt: „Du bist mein Sohn,
ἐγὼ σήμερον γεγέννηκά σε;	ich habe dich heute gezeugt"?
καὶ πάλιν·	Und wiederum:
ἐγὼ ἔσομαι αὐτῷ εἰς πατέρα,	„Ich werde ihm Vater sein,
καὶ αὐτὸς ἔσται μοι εἰς υἱόν;	und er soll mir Sohn sein"?

Der formal gewichtige Auftakt des Hebräerbriefes[1] ist in hymnischem Stil abgefaßt.[2] Hierzu tragen bei die Parechese oder Alliteration des griechi-

1 Es handelt sich nicht um einen Brief, sondern um einen Traktat, selbst wenn man den Briefschluß (13,18.22-25) für ursprünglich hält. Jedoch ist auffallend, daß im Korpus des Hebr hierzu keine brieflichen Entsprechungen bestehen und allein an dieser Stelle paulinischer Einschlag festgestellt werden muß. Daher verdient die These, daß der Briefschluß – vielleicht aus Anlaß der Kanonisierung des Hebr – sekundär hinzugefügt wurde, nach wie vor Beachtung; vgl. W. Wrede, Das literarische Rätsel des Hebräerbriefes, FRLANT 8, Göttingen 1906, 68-70; A. Vanhoye, La structure littéraire 219ff; ders., Prêtres anciens, Prêtre nouveau selon le Nouveau Testament, Paris 1980, 82-263; G. Strecker, Literaturgeschichte 58.69f.

2 Vgl. zum Folgenden: E. Gräßer, Hebräer 1,1-4. Ein exegetischer Versuch, in: EKK Vorarbeiten 3, Neukirchen-Vluyn 1971, 55-91; wieder abgedruckt in: ders., Text und Situation, Gütersloh 1973, 182-228.

schen Textes (V.1)[3], die Häufung von Relativpronomina (V.2-3) und von Partizipien (V.3). Sprachlich abgehoben ist V.4 durch die Korrelativa (‚umso viel – um wieviel mehr'). Auf diesem Vers ruht der Schwerpunkt der Periode. Die Feststellung, daß der Sohn ‚mächtiger als die Engel' ist, wird in V.3d („er hat sich gesetzt") inhaltlich vorweggenommen. Die besondere Stellung des Gottessohnes wird durch vier verschiedene Aussagerichtungen veranschaulicht, die zugleich den umfassenden Rahmen darstellen, der für das christologische Denken des Hebräerbriefes eine grundlegende Bedeutung besitzt.

1. Temporale Dimension (V.1-2a)

Das Christusgeschehen hat eine weit zurückreichende Geschichte. Das Reden Gottes, mit dem es identisch ist, geschah schon in alttestamentlicher Zeit, im Wort der Propheten Israels an die Väter des Glaubens (vgl. 11,2.4ff). Am Ende dieser heilsgeschichtlichen Epoche, und dies meint zugleich: am Ende dieses Äons, ereignete sich das Offenbarungswort Gottes im Sohn. Dies bedeutet für die christliche Gemeinde, die von diesem Wort angesprochen und ins Leben gerufen ist, daß sie mit Christus in der Äonenwende steht, auch wenn sie um eine sich dehnende Zeit, insbesondere um ihre Distanz zum irdischen Jesus weiß (vgl. 2,3).

2. Kosmologische Dimension (V.2b-3b)

Der Sohn steht am Anfang und am Ende des Kosmos:

α) Er ist als der ‚Erbe von allem' (κληρονόμος πάντων) das Ziel des Weltgeschehens. So ist es durch den Akt seiner gottgewirkten Inthronisation begründet worden (vgl. V.3d.4b) und motiviert die Hoffnung aller „Berufenen, welche die Verheißung des ewigen Erbes erhalten" sollen (9,15; vgl. 1,14; 6,12).

β) Er steht als Schöpfungsmittler am Anfang des Kosmos; denn Gott hat durch ihn die Welten (αἰῶνας) erschaffen. Daher eignet ihm Präexistenz, wie dies nach jüdischem Verständnis für die Weisheit Gottes (Weish 9,2) oder nach philonischer Sicht für den göttlichen Logos[4] zutrifft. Solche Mittlerschaft intendiert i.w. nicht, Gottes Souveränität und Distanz gegenüber der

---

3 ‚Parechese' = lautlicher Anklang verschiedener Wörter. – Alliteration: mehrere Wörter beginnen mit demselben Buchstaben; so hier fünfmaliges π; auch Mt 5,3-6; 2 Kor 6,10; vgl. Bl.-D.-R. § 488,2.

4 Vgl. Philo All III 96; SpecLeg I 81; Migr 6; Sacr 8.

Welt zu wahren, sondern sie ist durch das christologische Interesse begründet, die Erhabenheit des Sohnes hervorzuheben.[5]

γ) Er manifestiert im Kosmos das Sein Gottes. Die Begriffe ‚Abglanz der Herrlichkeit' (ἀπαύγασμα τῆς δόξης) und ‚Ebenbild seines Wesens' (χαρακτὴρ <auch Stempel, Abdruck> τῆς ὑποστάσεως) entstammen der jüdisch-hellenistischen Emanationenlehre (für die Weisheit: Weish 7,25f; für den göttlichen Logos: Philo Conf 97; Fug 12); sie verdeutlichen die Nähe des Sohnes zum höchsten Wesen, seine Einheit mit Gott: In ihm begegnet Gottes Herrlichkeit.[6]

δ) Er bewahrt die Schöpfung. Die Überbrückung der Distanz zwischen Gott und Welt erfolgt in der antiken Vorstellungswelt oftmals durch Zwischenwesen, die nicht nur die Schöpfung mitgestalten, sondern diese auch bewahren; so die göttliche Weisheit (Weish 8,1; 10,4), „die Macht des (präexistenten, göttlichen) Schwures" (äthHen 69, 15.25), der ewige, alles durchwaltende Logos (Philo Fug 112; Agr 51; Her 188). Die Bezeichnung der geschaffenen Welt als ‚das All' (τὰ πάντα) läßt eine hellenistische Struktur erkennen.[7] Daß dem kraftvollen göttlichen Wort solche die Schöpfung erhaltende Funktion zugesprochen wird, läßt nicht nur daran denken, daß nach Gen 1,3.6 u.ö. Gottes machtvolles Wort die Ursache der geschaffenen Welt ist, sondern auch daran, daß der Sohn mit eben diesem Wort identisch gedacht sein kann (vgl. Philo Conf 97) und daß das ‚durch die Engel gesprochene Wort' sich in der Gemeinde wirksam zeigt (Hebr 2,2; 4,12).

3. Soteriologische Dimension (V.3c)

Der Sohn hat die Reinigung von Sünden bewirkt. Nach alttestamentlicher Anschauung ermöglicht ‚Reinigung' (καθαρισμός) kultische Integrität, Zugang zum Heiligtum und Zugehörigkeit zum Gottesvolk (Ex 30,10). Hier ist an das Auftreten des irdischen Gottessohnes gedacht und vorwegnehmend sein sühnendes hohepriesterliches Tun ausgesagt (vgl. Hebr 9,11ff). Durch

---

5 Vgl. zur Präexistenz-Christologie: N. Walter, Geschichte und Mythos in der urchristlichen Präexistenzchristologie, in: H.H. Schmid (Hg.), Mythos und Rationalität, Gütersloh 1988, 224-234; H. Hegermann, Die Vorstellung vom Schöpfungsmittler im hellenistischen Judentum und Urchristentum, TU 82, Berlin 1961, 95f.110ff; G. Schimanowski, Weisheit und Messias, WUNT II 17, Tübingen 1985.

6 Vgl. den analogen Gebrauch des εἰκών-Begriffs in Kol 1,15par.

7 Vgl. JosAs 8,3; Corp Herm 13,17; Herm sim VII 4; schon V.2b. Weitere Belege bei Bauer-Aland, Wb. 1277.

die Hingabe seines Blutes, durch sein makelloses Selbstopfer[8], wird Befreiung von den Sünden und Heiligung seines Volkes bewirkt. Ist auch Jesu Tod am Kreuz nicht erwähnt, so ist er doch mit seiner sühnenden Wirkung vorausgesetzt (vgl. 9,12; 10,10.12-14; 12,2; 13,12).

4. Inthronisation (V.3d-5)

Der Hebräerbrief kennt die Vorstellung der Auferweckung bzw. Auferstehung Jesu von den Toten nicht. Die Erhöhung des Sohnes erfolgt unmittelbar vom Kreuz aus. So stimmt es zu der Aussage, daß der himmlische Hohepriester Jesus durch sein Blut das himmlische Heiligtum betreten hat (9,12; vgl. 10,20). Die Erhöhung ist in Aufnahme von frühchristlich-liturgischer Überlieferung (Mk 14,62; Röm 8,34; 1 Petr 3,22), besonders von Ps 110,1 (109,1 LXX), mit dem Prädikat ‚er hat sich zur Rechten der Erhabenheit in den Höhen gesetzt' ausgesagt.[9] Es handelt sich um den präexistenten Gottessohn, daher ist hiermit nicht die Adoption, sondern die Inthronisation, die (Wieder)Einsetzung in die kosmische Machtstellung gemeint, welche die Überlegenheit des Sohnes über die Engel einschließt.

So wird es durch ein Schriftzitat begründet (V.5: Ps 2,7 LXX; vgl. auch Hebr 5,5). Damit beginnt eine Folge von sieben alttestamentlichen Zitaten, welche auf die griechische Bibel zurückgehen und in der Verwendung der (runden) Siebenzahl schriftgelehrte Prägung zum Ausdruck bringen. Nachdem die Erhöhung des Gottessohnes durch den Schriftbeweis erwiesen und ausgeführt worden ist (vgl. zu V.5b: 2 Sam 7,14a), erfolgt mit V.6 ein neuer Einsatz. Die Wiedereinführung des Erstgeborenen in die Welt (εἰς τὴν οἰκουμένην) läßt die Schöpfungsmittlerschaft des präexistenten Gottessohnes anklingen (V.2b-3b; vgl. Kol 1,15), meint aber wie auch die folgenden Zitate die künftige Parusie. Der Präexistente ist der Postexistente (Hebr 1,10-12; vgl. V.2bα). Der Verfasser kann zwar in seiner Schriftinterpretation an die allegorische Methode der jüdisch-hellenistischen Exegese anknüpfen,

---

8 Vgl. 9,14; zur reinigenden Bedeutung des Blutes vgl. Lev 16,14ff.30; 17,11.

9 Vgl. noch Mk 12,36par; 16,19; Kol 3,1; Eph 1,20. – Siehe auch Hebr 1,13; 8,1; 10,12; 12,2. – Zur Verwendung von Ps 110,1 vgl. F. Hahn, Christologische Hoheitstitel 126-132; M. Hengel, Psalm 110 und die Erhöhung des Auferstandenen zur Rechten Gottes, in: H. Paulsen-C. Breytenbach (Hgg.), Anfänge der Christologie, FS F. Hahn, Göttingen 1991, 43-73; ders., ‚Setze dich zu meiner Rechten!' Die Inthronisation Christi zur Rechten Gottes und Psalm 110,1, in: M. Philonenko (Hg.), Le Thrône de Dieu, WUNT 69, Tübingen 1993, 108-194; Ph. Vielhauer, Zur Frage der christologischen Hoheitstitel, ThLZ 90, 1965, 569-588, Sp. 577f zu Ps 110,1.

jedoch bewegt er sich bei der vorgetragenen ‚messianologischen' Auslegung im genuin-christlichen Überlieferungsbereich.[10] Er bekennt sich dazu, daß der präexistente Gottessohn seine Überlegenheit bei seinem künftigen Kommen nicht nur über die Engel erweist, sondern seine Herrschaft über alle kosmischen Mächte aufrichten wird.[11]

Daß im Kern ein frühchristliches Überlieferungsschema zugrunde liegt, zeigt ein Vergleich mit dem Christuslied des Philipperbriefes:

Phil 2		Hebr 1
V.6	Vorzeitlichkeit	V.1-2a.2b-3b
V.7 (-8)	Erniedrigung (Kreuzestod)	V.3c
V.9	Erhöhung	V.3d-5
V.10-11	Parusie	V.6-13

b) Christologie: Der himmlische Hohepriester[12]

Die 17 Belegstellen im Hebräerbrief für die Bezeichnung Jesu Christi als eines ‚Hohenpriesters' (ἀρχιερεύς <μέγας>) gehen sämtlich auf den Verfasser des Hebräerbriefes zurück (Hebr 2,17; 3,1; 4,14.15; 5,1.5.10; 6,20; 7,26.27.28; 8,1.3; 9,7.11.25; 13,11). Der gegenteilige Versuch, diesen christologischen Titel von einer älteren frühchristlichen Bekenntnisformel literarisch abzuleiten, kann sich nur scheinbar auf 3,1 und 4,14f berufen, wo in Verbindung hiermit der Begriff ὁμολογία gebraucht wird. Doch daß der Verfasser an dieser Stelle eine gegebene Formel zitiert[13], ist unwahrschein-

10 Vgl. oben Anm. 9. – Die jüdisch-messianologische Auslegung ist durchweg spät. Zu V.5b findet sich keine frühjüdische Entsprechung. Die PsSal (17,26.31.41) beziehen Ps 2,8f auf den Messias ben David (vgl. Hebr 1,13), jedoch nicht Ps 2,7 (Hebr 1,5a). Zu V.13 vgl. auch TestHiob 33,3 (Datierung 1. Jh. v. – 2. Jh. n. Chr.).

11 Vgl. bes. V.13f; zitiert ist Ps 109,1 LXX; in diesem Sinne auch 10,12f; vgl. die Entsprechung in der futurisch-eschatologischen Ausrichtung von 1 Kor 15,23-28.

12 Zur Christologie des Hebr: E. Gräßer, Zur Christologie des Hebräerbriefs, in: Neues Testament und christliche Existenz, FS H. Braun, Tübingen 1973, 195-206; F. Laub, ‚Schaut auf Jesus' (Hebr 3,1), in: Vom Urchristentum zu Jesus, FS J. Gnilka, Freiburg 1989, 417-432; H. Hegermann, Christologie im Hebräerbrief, in: Anfänge der Christologie, FS F. Hahn, Göttingen 1991, 337-351; J. Roloff, Der mitleidende Hohepriester, in: ders., Exegetische Verantwortung in der Kirche, Göttingen 1990, 144-167.

13 So z.B. G. Bornkamm, Bekenntnis; S. Nomoto, Herkunft und Struktur 11f; H. Braun, An die Hebräer 71.

lich, da der Ausdruck hier den aktiven Sinn eines nomen actionis hat (= das ‚Bekennen'; so auch 10,23; entsprechend das Verb 11,13 und 13,15) und sich auf den Bekenntnisakt der Gemeinde bezieht. Dieser richtet sich auf den ‚Gesandten und Hohenpriester' Jesus Christus aus, ohne daß eine feststehende Glaubensformel der Anlaß ist.

Ist der Titel frühzeitig in christlicher liturgischer Überlieferung verwendet worden[14], so ist seine theologische Ausarbeitung trotz vorhandener Anknüpfungspunkte in der Vorstellungswelt des hellenistischen Judentums[15] der Exegese des Verfassers zu verdanken, der Ps 110 ausdrücklich aufnimmt (vgl. 5,6; 7,21: Ps 110,4; allerdings erscheint hier der Begriff ‚Priester', nicht ‚Hoherpriester'), den Titel mit dem vorgegebenen christologischen Schema, insbesondere der Niedrigkeits- und Erhöhungschristologie verbindet und durch Gegenüberstellung zum alttestamentlich-irdischen Hohenpriestertum das hohepriesterliche Amt des Gottessohnes interpretiert.

Das Bild des himmlichen Hohenpriesters wird in typologischer Schriftauslegung unter Anwendung der Kategorien ‚Entsprechung, Überbietung und Andersartigkeit' entfaltet, wobei nicht ein bestimmter Text des Alten Testaments, sondern allgemein die Vorstellung vom Amt des alttestamentlichen Hohenpriestertums im Hintergrund steht (Ex, Lev, Num); so in der chiastisch strukturierten Argumentation 5,1-10, und auch in der Parallelisierung 7,27f, wie ein Vergleich verdeutlichen kann:

Kap. 5:

alttestamentlicher Hoherpriester	himmlischer Hoherpriester
V.4 von Gott berufen	V.5 von Gott gezeugt (Ps 2,7)
V.(1).3 Opferdarbringung	V.7 Bitten und Flehen
V.2 Schwachheit (vgl.7,28)	V.8 Leiden
V.1b für Menschen eingesetzt	V.9 für alle, die ihm gehorsam sind
V.1a aus Menschen genommen	V.10 von Gott benannt als Hoherpriester nach der Ordnung Melchisedeks (vgl.V.6: Ps 110,4)

Kap. 7:

V.27a tägliches Opfer für	V.27b ein für allemal (ἐφάπαξ) sich

14 Vgl. den Sprachgebrauch in 1 Clem 36,1; 61,3; 64,1; IgnPhld 9,1; Polyk 12,2 (sempiternus pontifex); MartPol 14,3.

15 Vgl. Philo Fug 108f; Som I 214.219; II 188f u.ö.; im Judentum ist die Vorstellung von einem messianischen oder himmlischen Priestertum (seltener: Hohenpriestertum) verbreitet; vgl. die kritische Sicht und die Belege bei H. Braun, An die Hebräer 73f (Lit.).

die eigenen Sünden	selbst geopfert (4,15; 7,26: ohne Sünde)
V.28a Einsetzung durch das Gesetz als Mensch in Schwachheit	V.28b Einsetzung durch Eidschwur (Gottes) als Sohn in in Ewigkeit vollendet

Analog dem alttestamentlichen Hohenpriester Aaron ist auch der himmlische Hohepriester ein von Gott Berufener (5,5). Auch er muß Opfer darbringen, aber es bedeutet eine Überbietung bzw. Andersartigkeit im Verhältnis zum irdischen Hohenpriester, wenn von seiner Opferdarbringung gesagt wird, daß sie sich nicht auf Gaben und Sühnopfer, sondern auf seine Bitten und sein Flehen bezieht, wie diese in Gethsemane vorgetragen wurden (5,7). Während das aaronitisch-levitische Hohepriestertum der menschlichen ‚Schwachheit' verhaftet ist, hat sich der Christus ‚in den Tagen seines Fleisches' dem über ihn verhängten Leidensgeschick in Gehorsam gegenüber seinem Vater unterworfen (5,7f). Ist der irdische Hohepriester für die Menschen eingesetzt, um sie zu entsündigen, und ist er von menschlicher Herkunft, so ist der himmlische der Urheber des Heils für alle, die ihm Gehorsam leisten; er ist ‚Hoherpriester nach der Ordnung Melchisedeks' (5,9f). Zur Andersartigkeit des himmlischen Hohenpriesters trägt bei, daß er als Sündloser ‚ein für allemal' sich selbst zum Opfer brachte, während die aaronitisch-levitischen Hohenpriester sowohl für die eigenen Sünden als auch für die des Volkes täglich opfern mußten (7,26f). Sind diese durch das mosaische Gesetz als Menschen und in menschlicher Schwachheit zu ihrem Amt bestellt, so jener durch göttlichen Eidschwur als Sohn in Ewigkeit (7,28).

Eigenständig ist auch die Interpretation des Hohenpriestertums Christi durch die alttestamentlich-jüdische Melchisedeküberlieferung. Auf dem Höhepunkt der Argumentation des Hebräerbriefes, zu Beginn des λόγος τέλειος, der ‚vollkommenen Lehre' (7,1-10,18), wird *Melchisedek* als König von Salem und Priester des höchsten Gottes vorgestellt (7,1-28). Herangezogen ist Gen 14,18-20, um am Beispiel des Priesterkönigs Melchisedek insbesondere dessen Überlegenheit über Abraham und Levi (7,4f), die überragende Stellung Christi als des himmlischen Hohenpriesters zu verdeutlichen. Ist dieser wie Melchisedek nicht priesterlicher Herkunft und nicht durch das Gesetz, sondern durch göttlichen Eidschwur zum Hohenpriester bestellt, so ist er auch nicht dem Tod unterworfen, vielmehr aufgrund der Kraft des unzerstörbaren Lebens der wahre Hohepriester in Ewigkeit (7,16f.26-28).

Die Deutungen, die sich mit der Melchisedeküberlieferung verbinden, besitzen eine faszinierende Spannweite; die Gestalt Melchisedeks ist im Alten Testament mit dem Jerusalemer Königtum verbunden – Ps 110 spricht von der Inthronisation des davidischen Königs – und hat im Verlauf der jüdischen und christlichen Überlieferungsgeschichte eine vielfältige Deutung erfahren.[16] Dies gilt schon für die vorchristliche Zeit. Die Interpretation der Überlieferung schließt nicht nur an den alttestamentlichen Genesistext an, sondern setzt relativ alte jüdische, besonders hellenistisch geprägte Schriftauslegung voraus; in 7,3 mag speziell ein nichtchristliches Traditionsstück (Liedfragment?) angezogen sein. Schon im hellenistischen Judentum wird Melchisedek gelegentlich mit einem ‚Hohenpriester' identifiziert (Philo Abr 235: ὁ μέγας ἱερεὺς τοῦ μεγίστου θεοῦ). Hier begegnet auch die doppelte Namensdeutung (vgl. zu Hebr 7,2: Philo All III 79f; Jos Ant I 180f). Hellenistisch geprägt ist ferner die Vorstellung von der Vater- und Mutterlosigkeit Melchisedeks (V.3); auch sie ist nicht unmittelbar auf den alttestamentlichen Text zurückzuführen (obwohl vermutlich aus der Tatsache erschlossen, daß dort die Eltern Melchisedeks nicht erwähnt sind), sondern entspricht der Methode hellenistisch-jüdischer Schriftinterpretation (vgl. Philo Ebr 61 zu Gen 20,12: die Stammutter Sara sei ἀμήτωρ). Ähnlich belegt die griechische Überlieferung die Göttin Athene mit der Bezeichnung ‚mutterlos' (vgl. Philo Op 100; Lact Inst I 7,1) oder Hephaistos mit dem Terminus ‚vaterlos' (ἀπάτωρ: Pollux Onom III 26; vgl. Anthol Palat 15,26; PGM 5,282), um ihre göttliche Herkunft auszusagen. Entsprechend gilt für Melchisedek, nicht irdischen Bedingungen unterworfen, sondern göttlichen Wesens zu sein. Der übernatürliche Charakter wird auch durch den Ausdruck ‚ohne Stammbaum' (ἀγενεαλόγητος erstmals im Hebräerbrief) ausgesagt. Dies meint nicht allein ‚ohne priesterlichen Stammbaum', wenngleich schon in der jüdisch-samaritanischen Melchisedek-Tradition eine latente antilevitische Spitze vorhanden gewesen sein wird, sondern bezeichnet allgemein die Unmöglichkeit, Melchisedeks Herkunft auf menschliche Weise abzuleiten. So ist es auch im Vergleich mit dem Gottessohn ausgesagt. Daß er „dem Gottessohn gleichgestaltet" (V.3: ἀφωμοιωμένος τῷ υἱῷ τοῦ θεοῦ) geworden ist, macht deutlich, daß Melchisedek nicht Typos des Gottessohnes ist, sondern umgekehrt die präexistente Wirklichkeit des himmlischen Hohenpriesters dem Priesterkönig Melchisedek inhärent ist; eine Deutung, die in der philonischen Identifizierung Melchisedeks mit dem ‚wahren Logos' bzw. dem ‚priesterlichen Logos' (Philo All III 80.82) eine Parallele hat.[17]

Neben der Melchisedek-Tradition ist die Vorstellung vom Hohenpriestertum Christi durch *weitere Traditionsstücke* inhaltlich gefüllt worden. Grundlegend ist das Schema des Himmelsabstiegs und Himmelsaufstiegs, wie es im christologischen Auftakt ausgeführt ist (1,1-5). Darüber hinaus ist die urchristliche Überlieferung vom Sühntod Jesu bekannt (vgl. 5,3; 7,27 mit Röm 3,25); auch die Erhöhungsvorstellung (‚sitzend zur Rechten Gottes' 1,3; 8,1; 10,12; 12,2) ist nicht nur auf Ps 110,1, sondern auf alte christliche Tradition zurückzuführen (vgl. Röm 8,34). Hiermit verbunden ist das ‚Ein-

16 Vgl. dazu H. Windisch, Der Hebräerbrief, HNT 14, Tübingen [2]1931, 61-63; H. Braun, An die Hebräer 136-140.

17 Vgl. zur Schriftauslegung im Hebr allgemein und zu Melchisedek: F. Schröger, Der Verfasser des Hebräerbriefes; H. Löhr, ‚Heute, wenn ihr seine Stimme hört …'. Zur Kunst der Schriftanwendung im Hebräerbrief und in 1 Kor 10, in: ders./ M. Hengel (Hgg.), Schriftauslegung, WUNT 73, Tübingen 1994, 226-248.

treten' des Erhöhten für die Seinen (2,17; 7,25; vgl. 1 Joh 2,1). Dagegen sind Bezüge zur Überlieferung vom *irdischen Jesus* spärlich, wie dies allgemein für die neutestamentliche Briefliteratur zutrifft.[18] Lediglich 2,9 und 5,7f[19] lassen die Frage stellen, ob Passionstradition im Hintergrund steht (vgl. Mt 26,38-46parr Gethsemane). Hierzu mag auch die Verbindung von Leiden und Versuchung Jesu zählen (2,18). Jedoch sind wirkliche Kenntnisse über den historischen Jesus nicht zu erheben. Auch die Feststellung, daß Jesus ‚außerhalb des Tores' gelitten hat (13,12), selbst wenn sie von älterer Tradition beeinflußt sein könnte, ist nicht als historische Aussage gemeint, sondern aus Lev 16,27 deduziert (vgl. 13,11). Und die Nachricht, daß Jesus ‚aus Juda' stammt (7,14), reicht über die Kerygmatradition, wonach Jesus der Davidsohn ist, nicht hinaus (vgl. Röm 1,3; Apk 5,5). Soweit sich diese Aussagen auf den irdischen Jesus beziehen, sind sie dem mythologischen Schema eingeordnet, wonach der Irdische der inkarnierte, präexistente Gottessohn ist.

Daß eine entwickelte christologische Tradition vorausgesetzt ist, zeigt sich an den *Christustiteln*. Das absolute ‚Sohn' (υἱός: 1,2.8; 3,6; 5,8; 7,28) erinnert an johanneischen Sprachgebrauch. Anders aber als im JohEv ist die Beziehung zum Vater nicht ausgeführt, wie auch der Sendungsgedanke fehlt.[20] Formal hiervon ist zu unterscheiden ‚mein Sohn' (υἱός μου), das nur im Zitat Ps 2,7 LXX erscheint und sich auf die Inthronisation bezieht (1,5; 5,5). Aufs ganze gesehen sind ‚(der) Sohn' und ‚mein Sohn' gleichbedeutend mit ‚Gottes Sohn' (υἱὸς τοῦ θεοῦ: 4,14; 6,6; 7,3; 10,29), und beides ist wiederum austauschbar mit dem Begriff ‚Hoherpriester' (vgl. einerseits 5,8-10; 7,28; andererseits 4,14; 5,5f; 7,3). Demnach ist die Sohnesterminologie von dem Schema Himmelsabstieg und -aufstieg bestimmt (vgl. 1,2), wie denn auch der Erhöhte ‚Gottessohn' genannt wird (10,29).

Demgegenüber treten andere im Neuen Testament gebräuchliche Christusprädikate zurück. ‚Menschensohn' fehlt wie bei Paulus (scheinbare Ausnahme: 2,6; jedoch benutzt das Zitat Ps 8,5 LXX das Wort nicht titular); auch der Titel ‚Davidsohn' ist nicht vorhanden. ‚Herr' (κύριος) kann sowohl Gottes- (7,21; 12,14 u.s.o.) wie auch Christusbezeichnung sein; letzteres wird durch den Genitiv ‚unser' (7,14) verdeutlicht oder mit dem Eigennamen ‚Jesus' verbunden (13,20) und bezieht sich auf den Irdischen (2,3; 7,14). Daneben tritt das einfache ‚Jesus' in den Vordergrund als Bezeichnung für den himm-

---

18 Dazu F. Laub, ‚Schaut auf Jesus'; J. Roloff, Der mitleidende Hohepriester.

19 Zur umstrittenen Textüberlieferung und ihrer Deutung vgl. A. v. Harnack, Zwei alte dogmatische Korrekturen im Hebräerbrief, SPAW.PH, Berlin 1929, 62-73; im einzelnen: H.J. de Jonge, Traditie 11f; W.R.G. Loader, Sohn und Hoherpriester 97ff.

20 Eine weitere formale Entsprechung ergibt sich aus 1,8f: Wie Joh 1,18; 20,28 wird Jesus ‚Gott' genannt; dies allerdings nur im Zitat von Ps 44,7f LXX.

lischen Gesandten und Hohenpriester (3,1; auch 4,14 neben ‚Sohn Gottes'), also nicht lediglich für den historischen Jesus, vielmehr für den Inkarnierten (sein Todesleiden: 2,9; 10,19; 13,12), den Anfänger und Vollender des Glaubens (12,2), den Bürgen und Mittler der Neuen Ordnung (7,22; 12,24), der in das himmlische Heiligtum voraufgegangen ist (6,20). Als Eigenname wird auch ‚Christus' gebraucht (3,6; 9,11.24), doch zeigt der verhältnismäßig häufige Artikel, daß die titulare Verwendung überwiegt (Nominativ: 5,5; 9,28; Genitiv: 3,14; 6,1; 9,14; 11,26). Die Verbindung ‚Jesus Christus' kennzeichnet den Präexistenten, Irdischen und Erhöhten als den die Zeiten umfassenden Träger des Heilsereignisses (10,10; 13,21; bes. 13,8: „Jesus Christus gestern und heute, derselbe auch in Ewigkeit").

Das Werk Christi wird auf der Grundlage der Diatheke-Vorstellung entfaltet. Das Wort διαθήκη kennzeichnet nicht ein Vertrags- oder Bundesverhältnis zwischen Gott und Menschen, sondern stellt zwei ‚Ordnungen' einander gegenüber: die des Sinai-Gesetzes und die ‚bessere Ordnung' des Christus.[21] Es stehen sich gegenüber die alte Ordnung des levitischen Priestertums, die auf der Grundlage eines schwachen und nutzlosen Gesetzes errichtet ist, und die Ordnung des himmlischen Hohenpriesters Christus, die einen Wechsel des Gesetzes herbeiführt (7,12.18). Dieser ‚Priester in Ewigkeit' öffnet den Menschen den Zugang zu Gott (7,24f). Anders als der schattenhafte, mit Fehlern behaftete Zeltgottesdienst, dessen Aufgabe es ist, den künftigen rechten Gottesdienst entsprechend dem Urbild (τύπος), das Mose auf dem Berg schaute, im voraus abzubilden (8,5f), erfüllt die durch den himmlischen Hohenpriester heraufgeführte neue Ordnung die Vorankündigung von Jer 31,31ff (vgl. 8,8-13). Das erste Zeltheiligtum (9,1) ist mit seiner blutigen Opferdarbringung nur vorläufig. Durch den Begriff ‚Verheißungen' (ἐπαγγελίαι) ist die gesamte Geschichte des alttestamentlichen wie auch des neutestamentlichen Gottesvolkes implizit bestimmt. Die Verheißung kann jedoch nicht am geschichtlichen Ablauf demonstriert oder durch eine historische Sukzessionskette aufgewiesen werden. Die Heroen des Volkes Israel gelten als ihre beispielhaften Träger. Abraham erhält sie direkt von

21 Der terminus technicus διαθήκη (LXX-Übersetzung für בְּרִית) begegnet im Hebr 17mal (von 33 ntl. Belegen). Er bezeichnet das ‚Testament', das beim Tod eines Erblassers in Kraft tritt (9,16f), vor allem die von Gott gegebene ‚Willenserklärung' oder ‚(Ver-)Ordnung'. Letzteres ist die im Hebr vorherrschende Fassung, wobei der alten, am Sinai gegebenen (9,20), die neue, durch Christus begründete Ordnung gegenübergestellt ist (8,8; 9,15; 10,29 v.l.; 12,24; vgl. 7,22; 8,6; 13,20). Die nicht selten anzutreffende Übersetzung ‚Bund' oder ‚Vertrag' ist durchgehend inkorrekt. Allein zu Hebr 9,4 (und Apk 11,19) läßt sich überlegen, ob das hiermit gegebene, formelhafte traditionelle Verständnis durch den Begriff ‚Bundeslade' wiedergegeben werden darf (vgl. Bauer-Aland, Wb. 367).

Gott (6,13; 7,6; 11,17; vgl. 11,33). In festem Zutrauen (πίστει) zu der ihm gegebenen Zusage läßt er sich im ‚Land der Verheißung' nieder (11,9), erlangt jedoch wie die übrigen alttestamentlichen Glaubenszeugen ihre Erfüllung nicht (11,13).

Hier greift das ‚Werk' des himmlischen Hohenpriesters ein. Christus ist der ‚Mittler einer besseren Willenserklärung', des ‚neuen Testaments'. Er ist der ‚Urheber des Heils' (2,10; vgl. 5,9); er begründet die ‚besseren Verheißungen' (8,6; vgl. 7,22; 9,15). Wird sein Dienst in Entsprechung und Entgegensetzung zu dem des alttestamentlichen Hohenpriesters entfaltet, so wirken bei der Interpretation des Todes Jesu im wesentlichen zwei Überlieferungsströme zusammen:

1. die alttestamentliche Überlieferung; so Lev 16, wonach der alttestamentliche Hohepriester am Versöhnungstag für sich selbst und sodann für die Sünden des Volkes das Opfer darbringt und dieses Opfer jährlich wiederholt werden muß (9,7; vgl. 7,27; 10,3). Im Gegensatz hierzu die Interpretation des Hebräerbriefes, wonach der himmlische Hohepriester Christus sich selbst als Opfer darbringt und hierdurch ein für allemal eine ‚ewige Erlösung' beschafft hat (9,12; vgl. 13,20).

2. die christliche Tradition, in der der Tod Jesu im allgemeinen, auch dem hellenistischen Denken bekannten Sinn als Sühnopfer gedeutet wird; so in der Vorstellung vom *Blut Jesu Christi*, das die Gewissen reinigt (9,14) und den Zugang zum Heiligtum erschließt (10,19; vgl. 9,12). Hat diese Vorstellung einen weit zurückreichenden christlichen Hintergrund (vgl. Lk 22,20; Röm 5,9; Eph 1,7; 1 Joh 1,7), so auch der *Opfergedanke*, wie er in der ὑπέρ-Konstruktion impliziert ist: Christus hat *für* die Sünden (ὑπὲρ ἁμαρτιῶν) ein für allemal ein Opfer dargebracht (10,12; vgl. 7,25; 9,24). So entspricht es urchristlicher Formelsprache (vgl. 1 Thess 5,10; Tit 2,14 u.ö.), auch der Sühnemittelvorstellung in Röm 3,25 (ἱλαστήριον). Das hohepriesterliche Erlösungswerk umfaßt das irdische Sein des Christus und wirkt bis in die Gegenwart der Gemeinde fort.[22]

Die Gemeinde, die auf das Wort des himmlischen Hohenpriesters hört, ist nicht perfekt. Sie befindet sich auf dem Wege, folgt dem Beispiel Abra-

22 Bedingt durch die divergierenden christologischen Traditionselemente (Präexistenz, Inkarnation, Erhöhung) wird die Frage, zu welchem Zeitpunkt das Heilswerk Christi einsetzt, im Hebr nicht exakt beantwortet. Übergeordnet ist das Bekenntnis zum himmlischen Hohenpriester, der in seiner Person Vergangenheit, Gegenwart und Zukunft umgreift und als solcher „eine ewige Erlösung erlangt hat" (9,12; vgl. H. Braun, An die Hebräer 32f, Exkurs: Die chronologische Aporie der Hb-Christologie).

hams und aller anderen Glaubenszeugen nach (6,12) und nimmt in Ausdauer (ὑπομονή) den Willen Gottes wahr (10,36; 12,1).

c) Ekklesiologie: Das wandernde Gottesvolk

Die christliche Gemeinde kann sowohl als ‚wanderndes' (E. Käsemann, Das wandernde Gottesvolk) als auch als ‚wartendes Gottesvolk' (O. Hofius, Katapausis) vorgestellt werden.[23] Denn die Gemeinde des himmlischen Hohenpriesters *wartet* auf die Heilsverkündung, da sie sich auf die ‚zukünftige Welt' ausrichtet (2,5: οἰκουμένη μέλλουσα); sie versteht sich als Erbin der ‚besseren Verheißungen' (8,6); denn sie ist die Gemeinschaft derjenigen, die zum ‚ewigen Erbe berufen sind' (9,15) und das Heil (σωτηρία) erben sollen (1,14; vgl. 5,9). Das konkrete Ziel dieser Hoffnung ist die ‚Ruhe' (κατάπαυσις), d.h. die himmlische Belohnung, die Gott seinem Volk als ewiges Erbe zugesagt hat (4,1ff). Solches Hoffnungsgut kann auch als Sabbatfeier (σαββατισμός) bezeichnet werden (4,9), als Vaterland (11,14), als die (himmlische) Stadt (11,16) oder als ein den Wechselfällen der Geschichte nicht ausgesetztes ‚unerschütterliches Reich' (12,28). Erwartet wird die eschatologische Zukunft, die entsprechend dem apokalyptischen Geschichtsdrama mit der Vorstellung vom himmlischen Lohn (10,35), von der Auferstehung der Toten und vom ewigen Gericht verbunden ist (6,2; 11,35b), aber entsprechend der vorausgesetzten christologischen Anschauung primär die heilvolle Begegnung mit dem wiederkommenden Christus ist (9,28).

Die christliche Gemeinde ist aber nicht nur als auf die kommende Heilsverwirklichung wartend dargestellt, sondern sie begreift sich auch als eine in der Endzeit und durch die Zeiten *wandernde* eschatologische Gemeinschaft; denn die ihr gegebene Verheißung richtet sie nicht nur auf das Endziel der Geschichte aus, sondern begleitet sie ständig auf ihrem Weg durch die Zeit. Hierdurch ist ihr Geschichtsverständnis bestimmt. Sie blickt zurück auf das sie konstituierende eschatologische Ereignis, auf das ein für allemal vollzogene sühnende Handeln des himmlischen Hohenpriesters Christus, welcher ‚am Ende dieser Tage' (der alttestamentlichen Propheten) aufgetreten ist (1,2) und „beim Abschluß der Weltzeiten zur Aufhebung der Sünde mittels seines Opfers offenbar geworden ist" (9,26). Andererseits blickt sie auf die Verwirklichung ihrer Heilshoffnung voraus und steht somit in der Dialektik des ‚doch schon' und des ‚noch nicht' des Heils. Die gegenwärtig wirksame Heilszusage beruft sich nicht nur auf das zurückliegende Christusgeschehen; dieses hat

23 Dazu jetzt: E. Gräßer, Das wandernde Gottesvolk – Zum Basismotiv des Hebräerbriefs, ZNW 77, 1986, 160-179.

vielmehr eine ekklesiologische und anthropologische Konsequenz. Es besagt, daß sich die christliche Gemeinde als das ‚Haus Christi' versteht (3,6). Durch den Opfertod Christi ist sie ‚geheiligt' und eben dadurch mit Christus zur Bruderschaft verbunden (2,11.17). Als brüderliche Gemeinschaft, die sie in ihrem Selbstverständnis ist (vgl. die Anrede ἀδελφοί: 3,1.12; 10,19; 13,22), weiß sie sich im Besitz der Verheißung und hält an diesem ihrem ‚Bekenntnis der Hoffnung' fest (10,23). Ihre zuversichtliche Hoffnung (vgl. 6,11), in das himmlische Heiligtum einzugehen, ist christologisch begründet; denn sie ist durch das Blut Jesu von ihren Übertretungen befreit worden und hat die Vergebung der Sünden empfangen. Eben deshalb kann sie für sich selbst ‚schon jetzt' eine immerwährende Vollendung behaupten (10,14.16ff). Daß solche Heilsgegenwart nicht von ihr selbst beschafft, sondern durch das Christusgeschehen zugeeignet worden ist, zeigen auch das Sakrament der Taufe und die Handauflegung, die neben der ‚Umkehr von den bösen Werken' und dem ‚Glauben an Gott' zu den Bestandteilen der Elementarunterweisung zählen (6,1f). Deshalb kann die Gemeinde ‚Zuversicht' haben, auf die Hilfe Gottes vertrauen und ohne Furcht unter den Menschen ihr Leben führen (13,5ff).

Daneben bestimmt das ‚noch nicht' der ausstehenden Heilsvollendung den Weg der Gemeinde. Nicht alternativ ist die Frage zu entscheiden, ob eine Nah- oder eine Fernerwartung vorausgesetzt ist. Zweifellos blickt der Hebräerbrief auf eine weiter zurückreichende Geschichte der christlichen Gemeinde zurück – wie auch die zu vermutende Entstehungszeit (letztes Viertel des 1. Jh.) wahrscheinlich macht –, und die Mahnung, Ausdauer zu üben, verweist auf leidvolle Erfahrungen in der Vergangenheit (10,32ff; vgl. 6,12). Auch der Zustand der Erschöpfung und Ermüdung des christlichen Lebens (10,25) oder des Abfalls (3,13) zählt zu den Kennzeichen der gemeindlichen Wirklichkeit. Hier setzt die betonte Aufnahme der traditionellen Naherwartungshoffnung ein: „Der Tag naht“[24]. Es vergeht nur noch „eine ganz kurze Zeit, dann wird der, der kommen soll, kommen und nicht zögern“ (10,37: Zitat aus Jes 26,20 und Hab 2,3). Solche Naherwartung setzt ähnlich wie bei den Synoptikern voraus, daß die Unmöglichkeit erkannt ist, den Zeitpunkt des Kommens des Herrn im voraus zu berechnen. Man muß sich von seinem Kommen überraschen lassen. Die Ankündigung des drängenden Hereinbrechens dieses Ereignisses hat die Aufgabe, die Notwendigkeit des rechten christlichen Verhaltens hic et nunc zu begründen. Hat hierbei auch die horizontal-eschatologische Dimension Priorität (9,28; 12,26), so wird doch auch die

---

24 Hebr 10,25; gemeint ist der Gerichtstag; vgl. 10,30; ἡμέρα ist schon in der älteren ntl. Literatur terminus technicus für den Tag des Endgerichts: 1 Thess 5,2.4; Phil 1,6.10; 2,16; vgl. auch Mt 7,22; 10,15; Lk 21,34ff u.ö.

vertikal-eschatologische Blickrichtung zur Geltung gebracht: Der himmlische Hohepriester Jesus „lebt alle Zeit, um für sie einzutreten" (7,25; vgl. 4,14f; 9,24). Jeder einzelne Zeitabschnitt, den die Gemeinde auf ihrem Weg durch die Geschichte zurücklegt, ist von dem vorausgegangenen und zugleich gegenwärtigen sühnenden, sie befreienden Erlösungsgeschehen, das der himmlische Hohepriester in sich verkörpert, bestimmt.

Im ‚schon jetzt' der Verwirklichung des eschatologischen Heils unterscheidet sich die christliche Gemeinde vom alttestamentlichen Gottesvolk. Sie hat den Zugang zum ‚Berg Zion, der Stadt des lebendigen Gottes, zum himmlischen Jerusalem' gefunden (12,22); denn das Blut Jesu hat für sie die endgültige, neue Willenserklärung Gottes, das ‚Neue Testament' vermittelt.[25] Die eschatologische Qualität ihres Bewußtseins ist maßgebend für die Lebensführung eines jeden Christen. Fehlt auch die paulinische Differenzierung zwischen Indikativ und Imperativ (Gal 5,25), so begründet und begleitet doch die horizontal- und zugleich vertikalbegriffene eschatologische Dimension das ethische Verhalten.[26] Nur unter der Voraussetzung der Heiligung durch das vergangenheitliche Christusgeschehen, des himmlischen Hohenpriestertums Christi, der das Sein der Gemeinde in der Gegenwart qualifiziert, und der Erwartung von künftigem Gericht und Heil ist verständlich, daß und wie der Hebräerbrief den ethischen Imperativ ausformt. Dabei ist die Exodusgeneration die Negativfolie, von der sich die an die christliche Gemeinde gerichtete Paränese abhebt. Diese hat wegen ihres Unglaubens und Ungehorsams (4,2.6.11) und für ihre Übertretungen die gerechte Vergeltung erhalten (2,2); sie ist nicht zur Vollendung gekommen (9,9; 10,1). Auf diesem Hintergrund richtet sich an die christliche Gemeinde die Mahnung, das Angebot nicht zu verachten, auf die Botschaft zu hören und die Zielrichtung nicht aus den Augen zu verlieren (2,1.3). Sie soll die Anfangsgründe der Unterweisung zurücklassen und sich der Lehre vom rechten Wandel zuwenden (5,13f). Hierzu zählt die Möglichkeit, zwischen gut und böse zu unterscheiden (5,14), die Warnung vor dem ‚bösen Herzen des Unglaubens' (3,12), die Mahnung, Liebe und gute Werke zu vollbringen (10,24; vgl. 6,10). Solche Paränese ist um so wichtiger, als die christliche Gemeinde, anders als dies vom alten Israel behauptet wird, sich vom bösen Gewissen befreit (10,2.22; vgl. 9,14) und im Besitz eines ‚guten Gewissens' weiß.[27] Doch ist sie nicht vollkommen; sie ist

---

25 Hebr 12,24; zum Begriff Diatheke s.o. F I b.

26 Die Folge Indikativ-Imperativ ist angedeutet z.B. 3,7 (διό) -> 3,6; auch 4,14a (15) -> 4,14b.16. Zur Einordnung der ethischen Aussagen in die Theologie des Hebr: H. Löhr, Umkehr und Sünde im Hebräerbrief.

27 Hebr 13,18. – Es ist allerdings auffallend, daß der Ausdruck καλὴ συνείδησις nur an dieser Stelle im Hebr erscheint; ein Hinweis, daß 13,18.22-25 dem sekundären Briefschluß zuzurechnen ist.

aufgerufen, die ,uns umgebende Sünde' abzulegen und im Wettkampf (ἀγών), der ihr aufgetragen ist, sich zu bewähren (12,1). Angesichts vieler Bedrängungen, die nicht auf eine bestimmte (Verfolgungs-)Situation einzugrenzen sind, muß sie sich um Standhaftigkeit (ὑπομονή) bemühen und sich dem ,Willen Gottes' ständig zur Verfügung stellen (10,36). Diesen erfährt sie auch in der ihr auferlegten ,Züchtigung' (παιδεία: 12,4ff). Der alttestamentlich-weisheitliche Hintergrund (vgl. 12,5f: Prov 3,11f) macht die ethische Ausrichtung erkennbar. Handelt es sich auch nicht um eine sittliche Bildung, so doch um eine von Gott gewirkte ,Erziehung' des Menschen, wozu Leiden und Verfolgung beitragen. Solche Züchtigung hat keine Sühne schaffende Wirkung; das heilschaffende Kreuzesleiden des Todes Jesu geht ihr voraus (vgl. 5,8f; 2,9f). Dem Bild vom Wettkampf entspricht, daß die göttliche ,Pädagogik' nicht selbst das Ziel, sondern der Weg zum Ziel, dem ,ewigen Leben', ist (12,9). Dieser Weg ist nicht nur mit Freude, sondern auch mit Mühe und Anstrengung verbunden. Segensreich aber ist die Konsequenz solchen Ertragens: ,die friedvolle Frucht der Gerechtigkeit' (12,11).

Ein Schlüsselbegriff für das Menschenverständnis des Hebr ist πίστις.[28] Ist ,Glaube' eine „Verwirklichung von dem, was man hofft, ein Beweis für das, was man nicht sieht" (11,1), so handelt es sich doch nicht nur um eine theoretische, sondern um eine im konkreten Alltag zu vollziehende Haltung, für die die ,Wolke von Zeugen' im Ablauf der zurückliegenden Geschichte vielfältige Beispiele gegeben hat (11,1-12,1). Im Gegensatz zum paulinisierenden Schlußteil (13,18.22-25) ist Glaube nicht im paulinischen Sinn ,Rechtfertigungsglaube', der ohne menschliches Zutun, allein aus Gnade übereignet wird, sondern ein Verhalten, wie es in der hellenistisch-jüdischen Überlieferung als ,Tugend' bekannt ist.[29] Daher ist auch die Verbindung zum Gerechtigkeitsbegriff eng (vgl. 11,7: ,Gerechtigkeit, die dem Glauben eigen ist'). Allerdings ist der von der christlichen Gemeinde geforderte und praktizierte Glaube an Christus orientiert und steht unter der Voraussetzung des christologisch-soteriologischen Indikativs des vom himmlischen Hohenpriester beschafften Heils, der Sündenvergebung (12,2).

Einen Höhepunkt der paränetischen Unterweisung bringt die Feststellung, daß eine zweite Buße ausgeschlossen ist. Weder Abgefallene noch schwere mutwillige Sünder können ,zur Buße wieder erneuert werden' (6,4-6; 10,26-31; 12,16f). Die Einmaligkeit des Opfers Christi läßt keine wiederholte Vergebung für grobe Sünden zu. Vor diesem Hintergrund ist die Notwendigkeit

---

28 Ausführlich: E. Gräßer, Der Glaube im Hebräerbrief; Th. Söding, Zuversicht und Geduld im Schauen auf Jesus. Zum Glaubensbegriff des Hebräerbriefs, ZNW 82, 1991, 214-241.

29 Vgl. Philo Migr 44; Virt 215f; Her 93f; Mut 181f; Conf 31; Abr 268.

der gegenseitigen Ermahnung und eines unbedingten ethischen Verhaltens zu sehen. Dies spiegelt die nachapostolische Situation wider, in der die Probleme der innergemeindlichen Disziplin zunehmend an Bedeutung gewinnen, und eröffnet eine rigoristische Bußpraxis, deren Anfänge bei Paulus (1 Kor 5,1-13) und im Matthäusevangelium (18,15-18) auszumachen sind, die in 1 Joh 5,16f eine Parallele aufweist und in der Weigerung, abgefallene Christen in die Gemeinde wiederaufzunehmen, durch Montanisten (2. Jh.) und den römischen Presbyter Novatian (3. Jh.) eine konsequente Ausführung gefunden hat.

II. Mitleiden mit Christus – 1. Petrusbrief

R. Perdelwitz, Die Mysterienreligionen und das Problem des 1. Petrusbriefes. Ein literarischer und religionsgeschichtlicher Versuch, RVV 11.3, Gießen 1911.

E.G. Selwyn, The First Epistle of St. Peter, London [2]1947 (repr. 1974).

R. Bultmann, Bekenntnis- und Liedfragmente im ersten Petrusbrief, CNT 11, 1947, 1-14; wieder abgedruckt in: ders., Exegetica, Tübingen 1967, 285-297.

H. Windisch – H. Preisker, Die katholischen Briefe, HNT 15, Tübingen [3]1951.

E. Lohse, Paränese und Kerygma im 1. Petrusbrief, ZNW 45, 1954, 68-89; wieder abgedruckt in: ders., Die Einheit des Neuen Testaments, Göttingen 1973, 307-328.

F.W. Beare, The First Epistle of Peter. The Greek Text with Introduction and Notes, Oxford [3]1970.

G. Delling, Der Bezug der christlichen Existenz auf das Heilshandeln Gottes nach dem ersten Petrusbrief, in: Neues Testament und christliche Existenz, FS H. Braun, hg. von H.D. Betz und L. Schottroff, Tübingen 1973, 95-113.

H. Goldstein, Paulinische Gemeinde im Ersten Petrusbrief, SBS 80, Stuttgart 1975.

Chr. Wolff, Christ und Welt im 1. Petrusbrief, ThLZ 100, 1975, 333-342.

H. Millauer, Leiden als Gnade. Eine traditionsgeschichtliche Untersuchung zur Leidenstheologie des ersten Petrusbriefs, EHS.T 56, Frankfurt 1976.

L. Goppelt, Der Erste Petrusbrief, hg. von F. Hahn, KEK XII/1, Göttingen 1978.

F. Schröger, Gemeinde im 1. Petrusbrief. Untersuchungen zum Selbstverständnis einer christlichen Gemeinde an der Wende vom 1. zum 2. Jahrhundert, Passau 1981.

J.H. Elliott, A Home for Homeless. A Sociological Exegesis of 1 Peter. Its Situation and Strategy, Philadelphia 1981.

N. Brox, Der erste Petrusbrief, EKK XXI, Neukirchen-Vluyn [2]1986.

H. Frankemölle, 1. Petrusbrief, 2. Petrusbrief, Judasbrief, NEB NT 18 und 20, Würzburg 1987.

E. Cothenet, La Première de Pierre: bilan de 35 ans de recherches, ANRW II 25.5, 1988, 3685-3712.

K.H. Schelkle, Die Petrusbriefe. Der Judasbrief, HThK XIII/2, Freiburg [6]1988.

W.L. Schutter, Hermeneutic and Composition in 1 Peter, WUNT II/30, Tübingen 1989.

A. Reichert, Eine urchristliche Praeparatio ad Martyrium, BET 22, Frankfurt 1989.
F.-R. Prostmeier, Handlungsmodelle im ersten Petrusbrief, fzb 63, Würzburg 1990.
E. Schweizer, Zur Christologie des ersten Petrusbriefes, in: Anfänge der Christologie, FS F. Hahn, hg. v. C. Breytenbach und H. Paulsen, Göttingen 1991, 369-381.
R. Feldmeier, Die Christen als Fremde. Die Metapher der Fremde in der antiken Welt, im Urchristentum und im 1. Petrusbrief, WUNT I 64, Tübingen 1992.

Die folgenden Ausführungen setzen voraus, daß es sich bei dem 1 Petr um ein pseudepigraphes Rundschreiben aus dem Ausgang des 1. Jh. an die kleinasiatische Christenheit handelt, welches ihr in wachsenden Bedrängnissen Hoffnung zusprechen und deren konkrete Gestalt im Alltag benennen will. Es stehen daher weder die christologischen Aussagen noch die Beschreibung der Leidenssituationen der Christen an sich im Mittelpunkt, vielmehr soll die Gemeinde in Entsprechung zum vorbildlichen Verhalten Christi Mut und Hoffnung in ihrer Bedrängnis finden.[1]

Das die Forschung lange Zeit beschäftigende Thema einer literaturgeschichtlich zu bestimmenden ‚baptismalen Grundlage des 1 Petr' kann hier ausgeklammert werden, da die kritischen Einwände gegen diese These bereits mehrfach überzeugend vorgetragen worden sind. Seitdem R. Perdelwitz im Zusammenhang seiner religionsgeschichtlichen Forschungen 1911 in dem Abschnitt 1,3 – 4,11 eine Taufrede erkannt hatte, schloß sich in der Folgezeit in einer „rapiden Eskalation"[2] eine form- und motivgeschichtliche Präzisierung dieser Einsicht an. Es ist nicht zu bestreiten, daß zu den Traditionen des 1 Petr Taufaussagen gehören, allein ist es abwegig, den 1 Petr als im Kern liturgischen Text mit schmaler brieflicher Rahmung zu verstehen.[3]

---

1 Diese Themabestimmung mit N. Brox, Der erste Petrusbrief 17. Demgegenüber hat K.H. Schelkle, Die Petrusbriefe 3, das Thema des Briefes als „ein Wort an die Kirche angesichts bereits beginnender und künftig noch wachsender Bedrängnisse" bestimmt. L. Goppelt, Theologie des Neuen Testaments, hg. von J. Roloff, Göttingen ^{3}1978, 493, hat dem energisch widersprochen, um in der „Frage nach der Verantwortung der Christen in der Gesellschaft" das eine Thema des 1 Petr zu finden; so bereits ders., Prinzipien neutestamentlicher Sozialethik nach dem 1. Petrusbrief, in: Neues Testament und Geschichte, FS O. Cullmann, Zürich/Tübingen 1972, 285-296. In ders., Der erste Petrusbrief, ist der zweite Hauptteil 2,11 – 4,11 mit ‚Verwirklichung des Christseins in den Strukturen der Gesellschaft' überschrieben. Demgegenüber trägt N. Brox, Der erste Petrusbrief 17f, mit Recht die Kritik vor: „Aber der 1Petr, der deutlich die interne Sprache einer soziokulturell völlig unbedeutenden Minderheit spricht, übersteigt nicht in der Weise die Situation und Möglichkeit der urchristlichen Szene, daß er ‚die Gesellschaft' als Feld christlicher Verantwortung entdeckte..."

2 So N. Brox, Der erste Petrusbrief 20.

3 Die Ergänzung von H. Preisker zu dem Kommentar von H. Windisch, Die katholischen Briefe 156-162, findet etwa in 1,3 – 4,11 den Ablauf eines Tauf-

a) Die Abfassungsverhältnisse

Das Präskript nennt Πέτρος ἀπόστολος Ἰησοῦ Χριστοῦ (1,1) als Absender des Schreibens, und er stellt sich in 5,1 zusätzlich noch als μάρτυς τῶν τοῦ Χριστοῦ παθημάτων vor. Auch wenn 5,1 nicht notwendig auf Augenzeugenschaft der Passion Jesu zu beziehen ist, so wollen beide Aussagen zweifelsfrei auf den Jünger Jesu Simon Petrus deuten. Gleichwohl müssen gegen die Annahme petrinischer Verfasserschaft aus vielerlei Gründen schwerwiegende Bedenken vorgetragen werden.

Der 1 Petr bedient sich einer gewählten griechischen Sprache (vgl. die rhetorischen Fragen in 2,20; 3,13; 4,18; die Partizipialkonstruktion in 1,3-12; antitaktische und syntaktische Wortspiele in 1,8.10; 2,2.25; 3,4.6; die Parallelismen in 1,14f.18f.23; 2,16; 5,2f; den Gebrauch des Optativs in 3,14.17 u.a.). Dies und die ausschließliche Verwendung der LXX verwundern bei einer Rückführung des Schreibens auf den Herrenjünger Petrus, der nach Apg 4,13 ungebildet und nach Mk 14,70 am aramäischen Dialekt Galiläas erkennbar war.[4] Ob man auch hätte erwarten können, daß Petrus sich mit seinem wirklichen Namen Simon in der Absenderangabe vorgestellt hätte, mag dahingestellt sein, da er nur unter dem Namen Petrus bzw. Kephas im Christentum bekannt geworden ist. Obwohl der Brief das Leiden Christi anspricht, fehlt ein persönlicher Bezug des Autors auf die Passion Jesu, deren Zeuge er zu sein vorgibt (5,1)[5]. Darüber hinaus wird überhaupt ein Hinweis

---

gottesdienstes der römischen Kirche festgehalten. Der Taufakt sei zwischen 1,21 und 1,22 erfolgt. W. Bornemann, Der erste Petrusbrief – eine Taufrede des Silvanus?, ZNW 19, 1919/20, 143-165, geht von einer ursprünglichen Taufrede im Anschluß an Ps 34 aus, die Silvanus in einer kleinasiatischen Stadt um 90 n. Chr. gehalten hat. M.E. Boismard, Quatre Hymnes Baptismales dans la Première Épître de Pierre, LeDiv 30, Paris 1961, hat in den Texten hymnischen Charakters (1,3-5; 2,22-25; 3,18-22; 5,5-9; 1,20; 4,6) Elemente der Taufliturgie erkannt. F.L. Cross, I. Peter. A Paschal Liturgy, London 1954, schließlich sprach in einer eigenwilligen Konnotation von dem im 1 Petr bezeugten πάσχειν zu Passa von dem 1 Petr als einer Passa-Tauf-Eucharistie, die anläßlich eines Ostergottesdienstes verlesen werde.

Die Forschung im Anschluß an Perdelwitz ist referiert bei N. Brox, Der erste Petrusbrief 19-22. Kritik an dieser Hypothese auch bei G. Strecker, Literaturgeschichte 70f.

4 Dieses Argument hat freilich nur einen relativen Wert, da Galiläa in neutestamentlicher Zeit zweisprachig war. Andreas, der Bruder des Petrus (Mk 1,16), und dieser selbst (Σίμων) tragen griechische Namen. Nur Apg 15,14 und 2 Petr 1,1 bezeugen die semitische Namensform Συμεών.

5 N. Brox, Zur pseudepigraphischen Rahmung des ersten Petrusbriefes, BZ 19, 1975, 78-96;80f, äußert sich jedoch kritisch zur Auswertung dieser Stelle im Sinne einer reinen Augenzeugenschaft.

auf die Zeit der Nachfolge Jesu vermißt. Es mutet befremdlich an, daß Petrus, der zumindest zeitweise Antipode paulinischer Theologie war, in einem Schreiben mit ausgeprägtem ‚Paulinismus'[6] als Autor begegnet. Schließlich ist zu bedenken, daß der 1 Petr an Gemeinden adressiert ist (1,1), die nach unserer Kenntnis nicht für das petrinische, sondern eher für das paulinische Missionsgebiet stehen.[7]

Im Zusammenhang der Verfasserfrage ist gleichfalls über die Absenderangabe ἀσπάζεται ὑμᾶς ἡ ἐν Βαβυλῶνι συνεκλεκτή (5,13) zu handeln. Babylon könnte hier wie auch in syrBar 67,7; Sib 5,143.159; Apk 14,8; 16,19; 17,5.9; 18,2.10.21 als Kryptogramm für Rom stehen, das von jüdischer Seite erst nach der Erfahrung des ersten jüdischen Kriegs mit Babylon gleichgesetzt wurde.[8] Da das Martyrium Petri aber wohl vor 70 zu datieren ist, kann 5,13 demnach nicht positiv im Sinne eines Zeugnisses für den Romaufenthalt des Herrenjüngers für die petrinische Verfasserschaft ausgewertet werden. Aber will es im 1 Petr, der doch zum loyalen, ehrerbietigen Verhalten gegenüber dem Kaiser auffordert (2,13-17), als apokalyptische Botschaft, als Kryptogramm gelesen werden? Das ist wenig wahrscheinlich. Es steht eine metaphorische und nicht eine kryptographische Sicht im Vordergrund: Babylon steht wohl für Rom, steht darüber hinaus aber für das, was Rom für die kleinasiatischen Christen bedeutet. Gleichwie die Adressaten als ‚Fremdlinge' (1,1; 2,11) angesprochen werden, so gründet diese Exilexistenz in der Übermacht von Babylon/Rom „als ... Ort der extremen Glaubenssituation"[9]. Der Gruß von der ‚römischen' Gemeinde[10] setzt möglicherweise die Tradition des rö-

---

6 Das Stichwort ‚Paulinismus' sei hier zunächst genannt, ohne damit spezielle Vorgaben zu verbinden (vgl. dazu unten F II d). H. Hübner, Biblische Theologie des Neuen Testaments Band 2, Göttingen 1993, 387ff, stellt den 1 Petr als ‚Höhepunkt der Wirkungsgeschichte der paulinischen Theologie' dar.

7 Es ist ein reines Postulat, wenn C.P. Thiede, Simon Peter. From Galilee to Rome, Exeter 1986, 155, wegen 1 Petr 1,1 eine petrinische Mission in den dort genannten Provinzen/Landschaften in der Zeit vor dem Apostelkonvent voraussetzt.

8 Hierzu C.-H. Hunzinger, Babylon als Deckname für Rom und die Datierung des 1. Petrusbriefes, in: Gottes Wort und Gottes Land, FS H.-W. Hertzberg, hg. v. H. Reventlow, Göttingen 1965, 67-77. Demgegenüber hat C.P. Thiede, Babylon, der andere Ort. Anmerkungen zu 1. Petr 5,13 und Apg 12,17, Bib 67, 1986, 532-538, im Interesse des Nachweises petrinischer Verfasserschaft darauf verwiesen, daß bereits bei Petronius, Satyricon (spätestens 61 n. Chr. entstanden), Babylon umgangssprachlich als Chiffre für den sittlichen Verfall Roms bezeugt sei.

9 N. Brox, Der erste Petrusbrief 43. Diese These ist aufgenommen und weitergeführt worden von F.-R. Prostmeier, Handlungsmodelle 123-126.

10 Demgegenüber vertritt M. Karrer, Petrus im paulinischen Gemeindekreis, ZNW 80, 1989, 210-231; 226 erneut die These, συνεκλεκτή bezeichne eine Mitauserwählte, d.h. eine bei Petrus in Rom befindliche Christin.

mischen Aufenthalts Petri voraus (vgl. I Clem 5,4; IgnRöm 4,3), aber es muß nach dem Gesagten zweifelhaft sein, ob hiermit primär petrinische Verfasserschaft angezeigt sein will.

Ein Teil der vorgebrachten Einwände gegen die Annahme petrinischer Verfasserschaft muß allerdings nicht ins Gewicht fallen, wenn die Empfehlung in 5,12 διὰ Σιλουανοῦ ὑμῖν τοῦ πιστοῦ ἀδελφοῦ ... ἔγραψα im Sinne der Sekretärshypothese verstanden wird. Demnach hat der Begleiter des Paulus auf der zweiten Missionsreise (Apg 15,40; 2 Kor 1,19), wohl der aus Jerusalem stammende Silas/Silvanus (Apg 15,22), der wie der in 1 Petr 5,13 genannte Markus demnach gleichfalls (zu Markus: Eus HistEccl III 39,15) Hermeneut des Petrus war, den 1 Petr im Auftrag des Petrus geschrieben.[11] Befremdlich an der Sekretärshypothese ist einerseits die Selbstempfehlung (5,12).[12] Andererseits deutet die Wendung γράφειν διά τινος nicht zwingend auf einen Sekretär, da der Ausdruck überwiegend den Briefüberbringer benennt (so IgnRöm 10,1; IgnPhld 11,2; IgnSmyr 12,1; Pol 14,1; Apg 15,23 von Silvanus).[13] Auch 2 Petr 3,1 erwähnt keinen Sekretär, sondern ausschließlich Petrus als Verfasser des ersten Schreibens. Daher ist es wohl möglich, daß in dem 1 Petr als einem pseudepigraphen Schreiben diejenige Tradition Darstellung findet, die mit den beiden Namen Petrus und Silvanus in Verbindung gebracht wird.[14] Dennoch handelt es sich um ein pseudepigraphes

---

11 Die sog. Sekretärshypothese wird ausführlich dargelegt und in aller Vorsicht als ‚denkbar' erachtet von L. Goppelt, Der erste Petrusbrief 30-37; ders., Theologie 491. Nach Goppelt schreibt Silvanus „einige Zeit nach dem Ende des Petrus" (Der erste Petrusbrief 348). Die Namen Petrus und Silvanus seien „kein Postulat pseudonymer Schriftstellerei" (Der erste Petrusbrief 69). Vielmehr wende der Brief diejenige Tradition an, für die diese beiden Namen stehen. Zugleich bezeuge das Beieinander von Petrus und Silvanus (als eines Paulusschülers) die Synthese von Traditionen, die in der kirchlichen Entwicklung vollzogen worden seien. K.H. Schelkle, Die Petrusbriefe 134, nimmt einen „erheblichen Anteil" des Silvanus an der vorliegenden Gestalt des Briefes an.

12 L. Goppelt, Der erste Petrusbrief 348, erwägt, daß diese Empfehlung nicht als Selbstempfehlung und ebenso nicht als Empfehlung des (bereits verstorbenen) Petrus aufzufassen ist, sondern eine Einschätzung der römischen Gemeinde wiedergibt.

13 N. Brox, Der erste Petrusbrief 242f; anders allerdings Bauer – Aland, Wb. 333. Nach L. Goppelt, Der erste Petrusbrief 347, schließt δι' ὀλίγου, das sich auf den Briefinhalt bezieht, dieses Verständnis aus. Außerdem sei nicht vorstellbar, daß ein einzelner Bote Überbringer des Schreibens für alle in 1,1 genannten Provinzen sei.

14 Gegenwärtig mehren sich die Stimmen, die eine ‚Petrus – Schule' in Rom vermuten und den 1 Petr als Produkt dieser Schule ansehen: vgl. M.L. Soards, 1 Peter, 2 Peter, and Jude as Evidence for a Petrine School, ANRW II 25.5, 1988, 3827-3849; O. Knoch, Gab es eine Petrusschule in Rom?, SNTU 16, 1991, 105-127; J.H. Elliott, A Home 270ff.

Schreiben aus dem Ausgang des ersten Jahrhunderts, das a) sich das zeitgenössische Bild von Petrus als eines römischen Märtyrers zu eigen macht; b) um seine Beziehung zu Markus weiß (Apg 12,12) und c) sich das in Apg 15,22 festgehaltene Zeugnis über Silvanus als eines verläßlichen Briefüberbringers zuordnet.[15] Hierbei ist ein ökumenischer Anspruch des Schreibens nicht zu übersehen. Der Verfasser führt der Absenderangabe Petrus zwei maßgebliche Exponenten (Silvanus, Markus) der paulinischen Mission zu, und sein Brief ist das erste große Schreiben, das nach eigenem Anspruch von Rom aus an die kleinasiatische Christenheit gerichtet ist.[16]

Der Brief richtet sich ‚an die erwählten Fremden in der Diaspora in Pontus, Galatien, Kappadozien, Asien und Bithynien' (1,1). Gleichwie der Verfasser aus der römischen Perspektive zu schreiben vorgibt (5,13), so werden in 1,1 nicht Landschaftsnamen, sondern aktuelle römische Provinzbezeichnungen gewählt worden sein.[17]

Unter den Begriff des Leidens (πάσχω), der zwölfmal gebraucht wird (2,21.23; 3,18; 4,1 in Bezug auf Christus; 2,19.20; 3,14.17; 4,1.15.19; 5,10 in Bezug auf die Christen; dazu noch in 5,9 παθήματα), werden unterschiedliche Sachverhalte subsumiert: Die Spannweite geht von dem ungerechtfertigten Leiden des christlichen Sklaven (2,19f) bis zum Leiden ὡς Χριστιανός, wegen des Christseins (4,16). Die Ausführungen des 1 Petr begegnen nicht

---

15 Überzeugende Darlegung der pseudepigraphischen Abfassungsbedingungen durch N. Brox, Zur pseudepigraphischen Rahmung.

16 Wenn es sich bei dem 1 Petr um ein pseudepigraphes Schreiben handelt, dann kann nicht unbesehen davon ausgegangen werden, daß Rom wirklich der Abfassungsort ist (so L.Goppelt, Theologie 491; ders., Erster Petrusbrief 66 u.a.). Es kann sich ebenso gut um den Anspruch handeln, in Rom geschrieben worden zu sein (so N. Brox, Der erste Petrusbrief 42). W. Bauer, Rechtgläubigkeit und Ketzerei im ältesten Christentum, BHTh 10, mit einem Nachtrag hg. v. G. Strecker, Tübingen [2]1964, 110f.220f, erkennt ein Manifest der römischen Gemeinde an die kleinasiatischen Christen.

17 Problematisch an der Provinzhypothese ist u.a. die Aufteilung von Pontus und Bithynien in zwei Provinzen, da Pontus in christlicher Zeit mit Galatien bzw. mit Bithynien zu einer Doppelprovinz vereinigt wurde. Allerdings wurden lokale Landtage beibehalten. 72 n. Chr. wiederum wurde Galatien mit Kappadozien vereint. 1 Petr 1,1 gibt also nicht die korrekten Namen der Provinzen wieder, kann daher in der Datierungsfrage nicht zur Präzisierung beitragen. Auch kann in der Abfolge der Provinzen keine Reiseroute des Briefüberbringers wiedererkannt werden, da keine Städte genannt sind (gegen R. Riesner, Die Frühzeit des Apostels Paulus, WUNT 71, Tübingen 1994, 255 Anm. 38). Nicht erwähnt sind die Provinzen Lykien, Kilikien, Pamphylien bzw. die Landschaften Phrygien, Pisidien, Lykaonien. Der Verfasser hat fast den gesamten kleinasiatischen Raum im Blick, der mit dem paulinischen Missionsgebiet in wesentlichen Teilen identisch ist.

als unmittelbarer Reflex einer ausgebrochenen Leidenszeit. Vielmehr sind die Erfahrungen der Gemeinde bereits insofern reflektiert, als sie in eine deutliche Beziehung zum Leiden Christi gesetzt worden sind (2,21-25; 3,18; 4,1), als notwendiger Ausdruck der Diasporasituation christlicher Existenz begriffen (1,1; 2,11) und in einer apokalyptischen Perspektive als letzte, aber kurze Prüfung akzeptiert werden (1,6f; 5,4.8.10), da sie auf Gottes Willen zurückgehen (1,6; 3,17).[18] Weil die Christen sich in ihrem Verhalten von ihrer Umwelt unterscheiden (2,11-18; 3,1-4.7.16), werden sie gegenwärtig verleumdet (καταλαλέω 2,12; 3,16), ertragen Übel und leiden Unrecht (2,19; in ihrer Allgemeinheit ist die Sentenz nicht auf die Sklavenparänese zu begrenzen), werden geschmäht (ἐπηρεάζω 3,16). Die heidnische Umwelt ist geradezu befremdet über den veränderten Lebensstil (vgl. den Lasterkatalog in 4,3), kann dem aber nur Lästerung (βλασφημέω 4,4) entgegensetzen. Für die christliche Gemeinde bedeutet dies Trauer (1,6; 2,19) und Versuchung (1,6; 4,12). Der Gegensatz der christlichen Gemeinde zur Welt wird am Schluß des Schreibens in immer dramatischeren Formen beschrieben[19], so daß die Frage gestellt werden muß, ob neben der sozialen Diskriminierung von seiten der Umwelt eine möglicherweise darauf sich beziehende behördliche Nachstellung erkannt werden kann. 4,12 spricht von einer Feuersbrunst (πύρωσις)[20], 5,8 von einem Widersacher (ἀντίδικος)[21]. Sucht man nach zeitgeschichtlichen Entsprechungen einer verschärften Verfolgungssituation für die christliche Kirche in Kleinasien, so können nur die Jahrzehnte der römischen Kaiser Domitian bis Trajan in Betracht kommen. Vor allem der Briefwechsel zwischen Trajan und Plinius (Plin, Ep X 96f), dem Statthalter von Bithynien/Pontus, scheint Parallelen zu der in 1 Petr reflektierten Situation abzugeben.

---

18 Vgl. hierzu die Ausführungen von F.-R. Prostmeier, Handlungsmodelle 136, die das ‚triadische Kalkül des 1 Petr', nämlich ‚Pragmatik, apokalyptisches Artikulationsraster und schriftstellerische Fiktion' betonen.

19 N. Brox, Der erste Petrusbrief 33: „Die deprimierenden ... Demütigungen ... werden ganz groß dimensioniert: als Angriff des großen Widersachers selbst (5,8f), als globales Geschehen (5,9b), als Ereignis des die Geschichte abschließenden Gerichtes Gottes (4,17)." A. Reichert, Eine urchristliche Praeparatio 46-59, weist Thesen, die in 4,12 einen literarischen Neueinsatz des Verf. sehen, ab.

20 Während dieser apokalyptische Begriff in Apk 18,9.18 das endzeitliche Verbrennen Babylons meint, bezeichnet er in 1 Petr 4,12 die Prüfung der Glaubenden, die in Wahrheit ein Mitleiden mit Christus (vgl. V.13) darstellt.

21 Der Begriff bezieht sich in der Regel auf den Prozeßgegner im Rechtsstreit (Bauer-Aland, WB. 147). Wenn in 1 Petr 5,8 der Teufel mit diesem Attribut versehen wird, dann sind möglicherweise die Befragungen vor heidnischen Gerichten wegen des Christennamens (1 Petr 4,16) im Blick, in denen über die staatliche Instanz hinaus eine letzte, teuflische Gefährdung erkannt wird.

Christen werden von ihren Mitbürgern denunziert und müssen sich wegen ihres Christennamens vor dem Statthalter verantworten (1 Petr 4,15f; Plin, Ep X 97).

Angesichts dieser Situation legt der Verf. seinen Gemeinden eine Christologie vor, die sowohl das Heilswerk Christi, welches die Gemeinden aus der Welt herausgerufen hat, als auch eine Nachfolgeethik des Mitleidens mit Christus betont.

b) Christologie

Die Christusprädikate des 1 Petr: Χριστός erscheint titular in 1,11.19; 2,21; 3,16.18; 5,10.14; in 4,13; 5,1 mit Artikel; in 1,2.3.7.13; 2,5; 3,21; 4,11 in der Verbindung Ἰησοῦς Χριστός. Für die Verwendung in 1,19; 2,21; 3,18; 4,1.13; 5,1 ist der Kontext der Passionsterminologie und -theologie bestimmend. In 1 Petr 3,15 ist τὸν Χριστόν in das LXX-Zitat (Jes 8,13) eingefügt worden. Als eher unspezifisches christologisches Formular begegnet ἐν Χριστῷ in 3,16; 5,14. Κύριος (1,3.25; 2,3.13; 3,12.15) ist mit Sicherheit nur in 1,3 und 3,15 auf den erhöhten Christus bezogen, bei allen weiteren Belegen ist theologischer Sprachgebrauch wahrscheinlich. Obwohl Jes 53 in 1 Petr 2,24 zweifelsfrei zitiert ist, wird von dem Titel ‚Gottesknecht' kein Gebrauch gemacht.

Weitere christologische Prädikate sind ποιμήν (2,25), λίθον ζῶντα (2,4), λίθον ἀκρογωνιαῖον ἐκλεκτὸν ἔντιμον (2,6), ἀμνός (1,19), δίκαιος (3,18). 3,22 nennt die Herrenstellung Christi ‚zur Rechten' Gottes. Ob in 4,5 an Gott oder an Christus als ‚Richter der Lebenden und der Toten' zu denken ist, kann kaum mit Sicherheit entschieden werden. Als christologische Prädikation jedenfalls fand diese Aussage Eingang in das apostolische Glaubensbekenntnis.

Weitgehend in traditionellen Wendungen werden stellvertretendes Leiden (2,21; 3,18) und mittels der Metapher des Blutes (1,2.19) bzw. der Wunden (2,24) der heilvolle, stellvertretende Tod Christi angesprochen. 1,3; 3,21 nennen die Auferstehung Jesu, 1,21 seine Auferweckung durch Gott. 1,7f. 11.13.20; 4,13; 5,1.4.10 blicken voraus auf die Parusie Christi, die deutlicher etwa als die gegenwärtige Herrenstellung Christi in Blick kommt. Dem korrespondiert die Betonung der ‚Hoffnung' (1,3.13.21; 3,5.15) der Glaubenden in Hinblick auf den Tag der Parusie, der zugleich das bevorstehende Ende der Leidenszeit anzeigt.[22]

---

22 N. Brox, Der erste Petrusbrief 22, betont zu Recht, daß die eschatologische Ausrichtung unter dem Stichwort Hoffnung den 1 Petr deutlicher prägt als die Taufaussagen.

Es ist ein Kennzeichen der Christologie des 1 Petr, daß eine positive Zuordnung zwischen Stellvertretung und Nachahmung Christi besteht. 2,21 bringt das ‚für euch' mit dem ‚Vorbild', der ‚Nachfolge in den Fußtapfen' in einen unmittelbaren Zusammenhang.[23] Daher haben im 1 Petr viele Christusaussagen einen unmittelbaren Zusammenhang mit ekklesiologischen Beschreibungen[24]: Christus als ‚Lamm' (1,19) vergießt sein Blut und begründet so die ‚Herde' (5,2f; vgl. auch 2,25 ‚Schafe' als ekklesiologischer Terminus), gleichwie Christus zugleich ‚Hirte' (2,25), ‚Erzhirte' (5,4) der Gemeinde ist. Christus ist ‚Gerechter' (3,18), gleichwie die Gemeinde aus ‚Gerechten' (2,19; 3,14.18; 4,18) besteht. Sie sind ‚lebendige Steine' (2,5), wie auch Christus ‚lebendiger Stein' (2,4) ist.

Positive Zuordnungen bestehen natürlich vor allem in der Leidenstheologie. Obwohl das Leiden Christi ein stellvertretendes ist (2,21; 3,18), so sind doch er (2,21.23; 3,18; 4,1) und Gemeinde (2,19f; 3,14.17; 4,1.15.19; 5,10) insofern im Leiden verbunden, als es notwendiger Durchgang zur δόξα ist (1,11 für Christus; 4,13; 5,1.10 für die Gemeinde). Dem Aufstieg Christi in den Himmel (3,22) entspricht die Erhöhung der Glaubenden (5,6), und beide Male kommt dem Geist im Erhöhungsvorgang bzw. im Stand des Erhöhtseins eine besondere, wenn auch nicht eindeutig zu klärende Funktion zu (3,18; 4,6). Es ist deutlich, daß die Entsprechungen weit über den Bereich einer ethischen imitatio Christi hinausgehen, vielmehr das Heilsgeschehen insgesamt umfassen. Die weitestgehende Entsprechung findet sich hierbei im Sündenverständnis. Christi ursprüngliche Sündlosigkeit setzt 2,22 voraus. Nur so erfüllt er die an ein vollkommenes Opfer gestellte Bedingung und kann also ‚unsere Sünden' (2,24) an das Kreuz tragen. Beides, ursprüngliche Sündlosigkeit und stellvertretendes Leiden, ist keine menschliche Möglichkeit. Wohl aber erwartet der Verfasser des 1 Petr, daß es auch in der Gemeinde mit Blick auf Christi Gesinnung heißt: ‚wer am Fleisch gelitten hat, hat aufgehört mit der Sünde' (4,1).[25]

---

23 E. Schweizer, Christologie 376f: „Eine Christologie, die das ‚Für uns' Jesu beschreibt, begründet also eine Christologie, in der Jesus Modell oder besser ‚Spur' für Nachfolger ist, ...wobei die christologische Aussage in der Regel formal nachgeordnet ist."

24 Vgl. zum folgenden Schweizer, a.a.O. 374-376.

25 Die vom Verf. beabsichtigte Zuordnung des Aorist im Vordersatz zum medialen Perfekt im Nachsatz ist nicht mit letzter Sicherheit nachzuvollziehen. Die Differenz zur paulinischen Auslegung in Röm 6,7 besteht darin, daß für Paulus der Tod, nicht aber das Leid von der Sünde befreit. Auch besteht keine völlige Entsprechung zu Christus, da er ja als Sündloser gelitten hat. Der Anschluß in V.2 zeigt die Zielrichtung der Argumentation: Das ‚Fleisch' ist als eine negative Größe verstanden, als Ort der Begierden, die dem Willen Gottes nicht entsprechen. Im

1. Die christologischen Traditionen

In 1,18-21; 2,21-25 und 3,18f(-22) verknüpft der Verfasser Christusformeln mit Ausführungen über die christliche Existenz. Eine Rekonstruktion dieser fragmentarisch erhaltenen Formeln zu geschlossenen Hymnen oder Liedern ist kaum möglich.[26] Der Verfasser greift auf einen Strom eigenständiger christologischer Gemeindeüberlieferung zurück und ordnet ihn in seinem Schreiben der Paränese und Paraklese zu.

1 Petr 1,18-21:

18 εἰδότες
ὅτι οὐ φθαρτοῖς, ἀργυρίῳ ἢ χρυσίῳ, ἐλυτρώθητε
ἐκ τῆς ματαίας ὑμῶν ἀναστροφῆς πατροπαραδότου
19 ἀλλὰ τιμίῳ αἵματι ὡς ἀμνοῦ ἀμώμου καὶ ἀσπίλου Χριστοῦ,
20 προεγνωσμένου μὲν πρὸ καταβολῆς κόσμου
φανερωθέντος δὲ ἐπ᾽ ἐσχάτου τῶν χρόνων
δι᾽ ὑμᾶς
21 τοὺς δι᾽ αὐτοῦ πιστοὺς εἰς θεὸν
τὸν ἐγείραντα αὐτὸν ἐκ νεκρῶν καὶ δόξαν αὐτῷ δόντα,
ὥστε τὴν πίστιν ὑμῶν καὶ ἐλπίδα εἶναι εἰς θεόν.

18 Ihr wißt,
daß ihr nicht mit vergänglichen Dingen, mit Silber oder Gold, losgekauft wurdet
aus eurem nichtigen, von den Vätern übernommenen Wandel,
19 sondern durch das kostbare Blut Christi als eines fehllosen und unbefleckten Lammes,
20 ausersehen vor Grundlegung der Welt,
am Ende der Zeiten erschienen um euretwillen,
21 die ihr durch ihn zum Glauben an Gott gekommen seid,
der ihn von den Toten auferweckt
und ihm Ehre gegeben hat,
so daß sich euer Glaube und Hoffnung auf Gott richten.

Zur Auslegung: Die Hypothese eines vollständig vorliegenden Christusliedes ist wegen der stilistischen Uneinheitlichkeit ausgeschlossen. Der Parallelismus

---

Blick auf die Gesinnung Christi kommt es zur Einsicht, daß das Leiden die Begierden im Fleisch zurückdrängt. Letztlich will 1 Petr 4,1f also die Erfahrung des Leids positiv interpretieren, nicht aber eine Sündlosigkeitstheorie vortragen. Die soteriologische Sündenaussage des 1 Petr bietet 2,24 (ἁμαρτία im Sing.). 4,1 zeigt, daß die Gemeinde faktisch kein sündenfreier Raum ist, wohl aber im Leiden Sünden (im Sinne von Begierden; ἁμαρτίαι im Pl.) aufhören; vgl. zu dieser Auslegung L. Goppelt, Der erste Petrusbrief 267-272; K.H. Schelkle, Die Petrusbriefe 114.

26 Der Rekonstruktionsversuch von R. Bultmann, Bekenntnis- und Liedfragmente, arbeitet mit erheblichen Textumstellungen. 1,20 wird an den Anfang von 3,18f.22 gesetzt, „wenngleich das eine bloße Vermutung bleiben muß" (295).

V.20 stört die Prosa der V.18f.21. Die Einzelaussagen des Textes folgen unterschiedlichen urchristlichen Traditionen, die der Verfasser durch εἰδότες als den Gemeinden bekannt voraussetzt. Aber auch die redaktionell redigierende Hand des Verfassers ist nicht zu übersehen[27], so daß von der Vorstellung eines festen Hymnus oder Liedes Abstand zu nehmen ist. Mit λυτρόω[28] wird in einem übertragenen Sinn die Metapher eines Freikaufs durch Lösegeld angesprochen.[29] Es ist mit dem passivischen Gebrauch des Verbs vorausgesetzt, daß Gott den Kaufpreis bezahlt. Er besteht allerdings nicht in Geld, sondern in dem Blut Christi. Damit verknüpft der Text die Vorstellung des Loskaufs mit derjenigen von der sühnenden Kraft des Opferblutes, die unabhängig von der Loskaufvorstellung im Neuen Testament im Blick auf den Tod Christi bezeugt ist (Joh 19,36; 1 Kor 5,7: Christus als das Passaopferlamm), aber in 1 Kor 6,20 und Apk 5,9 auch in Kombination mit ihr erscheint. Schließlich wird Christus hier wie auch in Joh 1,29.36 (ἀμνός) und in Apk 5,6.8.12f; 6,1.16 u.ö. (ἀρνίον) Lamm genannt, welches die von der Tora geforderten Bedingungen der Makellosigkeit (Ex 29,1; Lev 23,12f; Ez 43,22f) erfüllt.[30] Es ist nicht gesagt, weshalb es eines Opferlammes zum Loskauf bedurfte. Ein vorgängiges Fehlverhalten der Glaubenden ist nicht direkt angesprochen. Der Loskauf hat befreit von der zurückliegenden Geschichte, die als verhängnisvolles Schicksal in heidnischer Ausrichtung angesprochen wird.[31] In dem Parallelismus V.20 kann ein Fragment eines Christus-

---

27 Von insgesamt dreizehn Belegen für ἀναστροφή im Neuen Testament finden sich acht in den beiden Petrusbriefen (1 Petr 1,15.18; 2,12; 3,1.2.16; 2 Petr 2,7; 3,11) im Sinne von ‚way of life' (N. Brox, Der erste Petrusbrief 80).

28 Der im soteriologischen Sprachgebrauch häufig bezeugte Wortstamm λύτρον (Mk 10,45), λυτρόω (1 Petr 1,18; Tit 2,14), λύτρωσις (Hebr 9,12), ἀντίλυτρον (1 Tim 2,6), ἀπολύτρωσις (Röm 3,24; 1 Kor 1,30; Eph 1,7; Kol 1,14; Hebr 9,15) ist hier also vom Kontext her nicht im allgemeinen Sinn als Erlösung, sondern als Loskauf zu interpretieren; vgl. als parallele Begriffe λύειν (Apk 1,5) und ἀγοράζειν (1 Kor 7,23; Apk 5,9).

29 Neben der griech.-hell. Loskaufterminologie liegt möglicherweise auch eine Anspielung auf Jes 52,3LXX (καὶ οὐ μετὰ ἀργυρίου λυτρωθήσεσθε) vor.

30 ἄμωμος wird sowohl auf die Fehlerlosigkeit der Opfertiere (Lev 23,12f; Num 6,14), aber auch auf den menschlichen Lebenswandel bezogen (Eph 1,4; 5,27 u.ö.). In Bezug auf Christus neben 1 Petr 1,19 noch Hebr 9,14. ἄσπιλος hat keine alttestamentliche Entsprechung in den Gesetzeskorpora; vgl. aber im NT als ethischer Begriff : 2 Petr 3,14 (neben ἄμωμος), Jak 1,27. Beide Begriffe zeichnen Christus a) als makelloses Opferlamm, da er die Vorgaben der Tora erfüllt und b) als ethisches Vorbild, an dem die Gemeinde Orientierung finden kann.

31 μάταιος kann neben ‚nichtig' auch die heidnische Vergangenheit, die heidnische Welt bezeichnen; gelegentlich auch die Götzen (Apg 14,15).

liedes nur vermutet werden.[32] Von der Chronologie des Christusereignisses her paßt es nicht recht als Anschluß an V.18f, da nach der Erlösung durch Christi Blut nun Christi Präexistenz in Blick kommt. Im Hintergrund der Aussage steht das sog. Revelationsschema, welches die gegenwärtige, endzeitliche Offenbarung anspricht, der eben eine vorzeitliche Festsetzung korrespondiert (vgl. Röm 1,25f; 1 Kor 2,7.10; Kol 1,26; Eph 3,5.9f; 2 Tim 1,9f).[33] Das Heilsgeschehen kommt zum Ziel (V.20 Ende) in der christlichen Gemeinde (δι᾽ ὑμᾶς), die Glauben und Hoffnung ganz auf denjenigen Gott richtet, der Jesus von den Toten auferweckt hat (V.21)[34]. Sie steht am Ende der Zeit und ist Teilhaber des Endgeschehens.

1 Petr 2,21-25:

21 εἰς τοῦτο γὰρ ἐκλήθητε,
ὅτι καὶ Χριστὸς ἔπαθεν ὑπὲρ ὑμῶν
ὑμῖν ὑπολιμπάνων ὑπογραμμὸν
ἵνα ἐπακολουθήσητε τοῖς ἴχνεσιν αὐτοῦ,
22 ὃς ἁμαρτίαν οὐκ ἐποίησεν
οὐδὲ εὑρέθη δόλος ἐν τῷ στόματι αὐτοῦ,
23 ὃς λοιδορούμενος οὐκ ἀντελοιδόρει,
πάσχων οὐκ ἠπείλει,
παρεδίδου δὲ τῷ κρίνοντι δικαίως·
24 ὃς τὰς ἁμαρτίας ἡμῶν αὐτὸς ἀνήνεγκεν
ἐν τῷ σώματι αὐτοῦ ἐπὶ τὸ ξύλον,
ἵνα ταῖς ἁμαρτίαις ἀπογενόμενοι
τῇ δικαιοσύνῃ ζήσωμεν,
οὗ τῷ μώλωπι ἰάθητε.
25 ἦτε γὰρ ὡς πρόβατα πλανώμενοι,
ἀλλὰ ἐπεστράφητε νῦν ἐπὶ τὸν ποιμένα
καὶ ἐπίσκοπον τῶν ψυχῶν ὑμῶν.

21 Denn dazu seid ihr berufen;
auch Christus hat für euch gelitten,
euch ein Leitbild hinterlassen,

---

32 R. Bultmann, Bekenntnis- und Liedfragmente 293, vermutete, 1,20 stelle den Beginn des Christusliedes in 3,18f.22 dar, δι᾽ ὑμᾶς schließlich sei Zusatz des Redaktors.

33 Während in der Regel das Revelationsschema von der Offenbarung des Geheimnisses des Geistes, der Weisheit, der Gnade spricht, ist es hier also auf Christus bezogen. Da der Zielpunkt des Revelationsschemas die endzeitliche Offenbarung ist, verbieten sich Spekulationen über die in 1 Petr 1,20 ausgesagte Präexistenz Christi.

34 Auch V.21 greift auf eine traditionelle, urchristliche Aussage zurück; vgl. als Parallelen die Auferweckungsformeln in Röm 8,11; 2 Kor 4,4; Gal 1,1; Kol 2,12 u.a.

damit ihr nachfolgt seinen Fußtapfen.
22 Er tat keine Sünde,
und kein Trug wurde in seinem Mund gefunden:
23 als er geschmäht wurde, schmähte er nicht wieder,
als er litt, drohte er nicht,
er übergab alles dem, der gerecht richtet.
24 Er hat unsere Sünden selber an seinem Leib auf das Holz getragen,
damit wir, den Sünden abgestorben, der Gerechtigkeit leben.
Durch seine Wunden seid ihr heil geworden.
25 Denn ihr wart wie irrende Schafe,
aber jetzt seid ihr hingewandt zu dem Hirten und Hüter eurer Seelen.

Zur Auslegung: Im direkten Anschluß an die Sklavenparänese begegnet ein ‚Christuslied' (V.21-25), welches in diesem Kontext die These aus V.19, daß ungerechtes Leid Gnade Gottes ist, begründen soll. Auch bei diesem Text ist von einem Hymnus oder Lied nur mit Einschränkung zu sprechen, da die Tradition allenfalls annähernd rekonstruiert werden kann.[35] Eine gewisse Strukturierung ergibt sich durch die vier Relativsätze, die auf V.21b (‚Christus hat für euch gelitten') bezogen sind. V.22 und 23a bieten je einen Parallelismus membrorum. V.24a.b sprechen abweichend vom Kontext in der 1.Pers. Pl. und nicht in der 2. Pers. Pl. Schließlich fällt der durchgehende Bezug auf das vierte Gottesknechtlied aus Deuterojesaja nach der LXX auf (vgl. V.22/Jes 53,9; V.23/Jes 53,7.12; V.24a.b/Jes 53,4.12; V.24c.25/Jes 53,5f). Als redaktionelle Zusätze des Verfassers werden V.21a.c.d.25 mit relativer Sicherheit, möglicherweise auch V.23c.24c.d anzusehen sein.

Die Veranlassung, dieses ‚Christuslied' mit der Sklavenparänese zu verbinden, kann für den Verfasser sowohl in der Überschrift ‚Christus hat gelitten' (V.21)[36] als auch in den an die Passion Jesu erinnernden Aussagen des V.23 gelegen haben.[37] Freilich geht das Christuslied als vorgegebener Text über diesen konkreten Anlaß hinaus (vgl. nur V.24). Seine Besonderheit muß einerseits in der Verbindung der ὑπέρ - Formel[38], die im Text durch V.24 illustriert wird, mit der christologischen Auslegung des Gottesknechtliedes gesehen werden, was im Neuen Testament ausschließlich hier in diesem

35 L. Goppelt, Der erste Petrusbrief 205, schließt die Möglichkeit, eine Vorlage auszugrenzen, aus; vgl. ebd. 204-207 den Exkurs zu ‚Struktur und Herkunft des Christusliedes in 2,22-25'.

36 Nach N. Brox, Der erste Petrusbrief 135, hat das Stichwort ἔπαθεν die Übernahme der Tradition in den Briefzusammenhang ausgelöst. Dies bedeutet zugleich, daß das textkritische Problem damit von der Sache her entschieden ist.

37 So L. Goppelt, Der erste Petrusbrief 205.

38 Zur ὑπέρ - Formel: G. Barth, Der Tod Jesu Christi im Verständnis des Neuen Testaments, Neukirchen -Vluyn 1992, 41-47.

Christuslied begegnet.[39] Im deuterojesajanischen Gottesknecht wird Christus erkannt, der die Sünden der Menschen an das Kreuz trägt, dessen Wunden Heilung bewirken. Andererseits sind die vorbildhaften Züge des unschuldigen Leidens Jesu (V.22.23ab), die nicht das Christuslied insgesamt kennzeichnen, vom Verfasser bewußt auf die Leidenssituation der (Sklaven und der) Gemeinde hin ausgelegt worden. Der Weg Christi gilt als ein den Sklaven hinterlassenes Beispiel (ὑμῖν ὑπολιμπάνων ὑπογραμμόν), welches ihren Weg prägen soll. Hierbei greift der Verfasser – neben ihm außerhalb der Evv. nur noch Apk 14,4 – auf den synopt. terminus technicus (ἐπ-) ἀκολουθεῖν zurück. Eine imitatio – Ethik liegt damit nicht vor. Nach dem Tod Jesu ist der Begriff der Nachfolge ohnehin nur noch in einem übertragenen Verständnis aufrechtzuhalten[40], andererseits schließt der christologisch – soteriologische Überschuß des Christusliedes eine vollständige menschliche imitatio aus.

1 Petr 3,18f.22:

18 ὅτι καὶ Χριστὸς ἅπαξ περὶ ἁμαρτιῶν ἔπαθεν,
δίκαιος ὑπὲρ ἀδίκων,
ἵνα ὑμᾶς προσαγάγῃ τῷ θεῷ
θανατωθεὶς μὲν σαρκὶ
ζῳοποιηθεὶς δὲ πνεύματι·
19 ἐν ᾧ καὶ τοῖς ἐν φυλακῇ πνεύμασιν πορευθεὶς ἐκήρυξεν,
22 ὅς ἐστιν ἐν δεξιᾷ (τοῦ) θεοῦ
πορευθεὶς εἰς οὐρανὸν
ὑποταγέντων αὐτῷ ἀγγέλων καὶ ἐξουσιῶν καὶ δυνάμεων.

18 Denn auch Christus hat einmal für die Sünden gelitten,
als Gerechter für Ungerechte,
damit er euch zu Gott hinführe,
wurde getötet nach dem Fleisch,
wurde lebendig gemacht nach dem Geist.
19 Dabei ging er zu den Geistern im Gefängnis und predigte.

39 Wenn man, wie L. Goppelt, Der erste Petrusbrief 206f, die ὑπέρ - Formel und ihre Verbindung mit dem Gottesknechtlied aus einer Interpretation Jesu seiner bevorstehenden Passion deutet, dann muß erklärt werden, weshalb diese Interpretation erstmals in einem jungen neutestamentlichen Schreiben aufgenommen, vom übrigen Urchristentum jedoch übergangen worden ist. Diese Frage ist auch an die These (200) zu richten, daß die für Paulus unübliche christologische Verwendung des Verbs πάσχειν auf die palästinische Kirche, möglicherweise auf Jesus selbst zurückgehe.

40 Auch ἴχνος ist in allen neutestamentlichen Belegen (Röm 4,12; 2 Kor 12,18; 1 Petr 2,21) in einem übertragenen Sinn bezeugt.

22 Er ist zur Rechten Gottes,
nachdem er in den Himmel gegangen ist,wobei ihm
Engel, Mächte und Gewalten unterworfen worden sind.

Zur Auslegung: Diejenigen Analysen, die in 3,18-22 eine ältere Vorlage rekonstruiert haben, erkennen in der Regel in 1,20 (Präexistenz des Christus) bzw. 3,18a (das Leiden des Christus) deren Anfang, in 3,22b (die Unterordnung der Mächte) ihren Abschluß. Welche Aussagen aus 3,18-22 jedoch darüber hinaus der Vorlage zugeführt und in welcher Abfolge sie angeordnet werden sollen, wird recht unterschiedlich beantwortet.[41] Hält man sich an eine Chronologie der Christologie, dann wird in den V.18f.22 eine 1 Tim 3,16 vergleichbare Tradition zu vermuten sein. Sie liest sich wie eine Vorstufe des späteren zweiten Artikels des Credos: ‚gelitten', ‚gestorben' (V.18), ‚niedergefahren zur Unterwelt' (V.19), ‚auferstanden' (V.21), ‚aufgefahren zum Himmel', ‚sitzend zur Rechten Gottes' (V.22). Die Auswirkung dieses Christusweges betrifft nicht allein die Glaubenden, sie greift vielmehr über bis in die Unterwelt (V.19) und kommt zum Ziel in der Unterwerfung aller Mächte (V.22). Die gegenwärtige Forschung verzichtet überwiegend auf die präzise Rekonstruktion einer Vorlage, um von einer Kombination traditioneller Aussagenketten zu sprechen. Sie besitzen ihre eigene Vorgeschichte, da die Aussagen nicht durch die Thematik des 1 Petr bedingt sind.

Zu den Einzelaussagen des Christushymnus: Das Leiden[42] Christi war einmalig (zu ἅπαξ vgl. Röm 6,10: τῇ ἁμαρτίᾳ ἀπέθανεν ἐφάπαξ). Sein Tod war eine stellvertretende Sühne für die Sünden der Ungerechten, so daß Christus selbst, der im Geist zum Leben gebracht worden ist[43], die Glauben-

41 Vgl. den Überblick bei L. Goppelt, Der erste Petrusbrief 239-242.

42 Die von gewichtigen Textzeugen gebotene Lesart ἀπέθανεν entspricht urchristlichen Bekenntnisaussagen (Röm 6,10; 1 Kor 15,3). Wenn der Verf. des 1 Petr diese Sterbensaussage im Sinne seiner Leidenstheologie in eine Passionsaussage verändert hat (ἔπαθεν), dann hätten diese Textzeugen nachträglich an die Sterbensaussage angeglichen.

43 Eine präzise Interpretation des Parallelismus θανατωθεὶς μὲν σαρκὶ ζῳοποιηθεὶς δὲ πνεύματι ist schwierig. Eine dichotomische Aufgliederung Christi in Fleisch und Geist (so wieder K.H. Schelkle, Die Petrusbriefe 103f) steht in Spannung zu der Auferstehungsaussage in V. 21. Wenn man allerdings bewußt ζῳοποιηθείς noch von der Auferstehungsaussage (V.21f) abhebt (so H. Windisch-H. Preisker, Die katholischen Briefe 71), dann könnte ein zeitlicher Zwischenraum im Blick sein, in dem Christus als zum Leben gebrachter Geist vom Tod befreit in der Unterwelt verkündet und hernach aufersteht. Hierbei müßte ἐν ᾧ (V.19) sich auf πνεύματι zurückbeziehen. Dies jedoch ist unwahrscheinlich, da ἐν ᾧ in 1 Petr (1,6; 2,12; 3,16.19; 4,4) als temporale Konjunktion (‚dabei') gebraucht ist (N. Brox, Der erste Petrusbrief 170; anders Bauer – Aland, Wb. 527 zu 3,19). Wahrscheinlich liegt daher eine semantische Verschiebung in dem Parallelismus: Der

den zu Gott führt (V.18).[44] In V.19-21 spricht der Verfasser einen vorgegebenen frühjüdischen Motivzusammenhang an und interpretiert ihn in Hinblick auf das Werk Christi und die Taufe. Entscheidend ist Christi Verkündigung an die Geister im Gefängnis (vgl. F II b 3). Schon in der frühjüdischen Noah- und Henoch – Überlieferung besteht ein Zusammenhang von ‚Gefangenschaft, Predigt, Sintflut'. Dies ermöglicht den Übergang zur typologischen Deutung der Rettung aus der Flut zur Zeit Noahs auf die Taufe in der Gegenwart. Das Sakrament stellt äußerlich die Beseitigung des Körperschmutzes dar, schenkt aber mehr. Es rettet (σῴζει) die Taufe durch die Auferstehung Jesu Christi. In V.21 spricht der Verf. mit συνειδήσεως ἀγαθῆς ἐπερώτημα εἰς θεόν möglicherweise nicht nur ein spezifisches Taufverständnis, sondern auch einen liturgischen Brauch an. Das Hapaxl. ἐπερώτημα kann in diesem Kontext schlecht mit ‚Frage' übersetzt werden.[45] Daher wird der Begriff häufig mit dem lateinischen *stipulatio* (‚vertragliche Vereinbarung') in Verbindung gebracht und auf ein Taufgelübde, eine Verpflichtung zu einem deutlich veränderten Leben bezogen.[46] Andererseits hat man an die *abrenuntiatio* (die Absage an den Teufel, die Götter, das alte Leben) gedacht, deren Spuren in die judenchristliche Tauftheologie zurückreichen.[47] In beiden Fällen handelt es sich um eine Selbstverpflichtung des Täuflings, deren erhofftes Ziel das ‚gute Gewissen' ist. Der Christushymnus schließt im Anschluß an die Auferstehungsaussage (V.21) mit dem Ausblick auf die Würdestellung Christi zur Rechten Gottes.[48] Wenn hier die ‚Reise zum Himmel' nochmals genannt ist, nachdem bereits V.21 die Auferstehung angesprochen hat, so mag dies daher zu verstehen sein, daß Christus auf der Himmelsreise ‚die Engel, Mächte und Gewalten' sich unterworfen hat.[49]

Tod vollzog sich am Fleisch, das Lebendigmachen aber instrumental durch den Geist (Gottes); vgl. dazu F.W. Horn, Das Angeld des Geistes 101f.

44 Da Christus selbst die Hinführung übernimmt, weicht 1 Petr 3,18 leicht von Hebr 10,19-22 (Christus eröffnet den Weg ins Allerheiligste zu Gott) bzw. Röm 5,2 (Christus erwirkt den Zugang zur Gnade) ab.

45 W. Schenk, EWNT II 53f; L. Goppelt, Der erste Petrusbrief 259.

46 So N. Brox, Der erste Petrusbrief 178f.

47 L. Goppelt, Der erste Petrusbrief 259f.

48 Vgl. Eph 1,20; Hebr 1,3; 8,1; 10,11; 12,2; Röm 8,34; Apg 2,34. Die Aussage lehnt sich an Ps 110,1 an (dazu F. Hahn, Christologische Hoheitstitel 109-112).

49 Während also 1 Kor 15,23-28; Hebr 2,5-9 die Unterwerfung der Mächte zukünftig von Christus erwarten, behaupten Kol 2,10-15; Eph 1,20-22; Pol 2,1 (bzw. die Quelle, die er mit πιστεύσαντας anspricht) und 1 Petr 3,22 deren bereits erfolgte Entmachtung. R. Bultmann, Bekenntnis- und Liedfragmente 290: „Es ist die charakteristisch gnostische Auffassung vom Heilswerk als einem kosmischen Erlösungswerk, die hier überall zugrunde liegt. Sie unterscheidet sich von der älteren urchristlichen Anschauung, die aus der jüdischen Apokalyptik stammt."

2. Der Abstieg Christi in das Reich des Todes

F. SPITTA, Christi Predigt an die Geister (1 Petr 3,19ff). Ein Beitrag zur neutestamentlichen Christologie, Göttingen 1890.

K. GSCHWIND, Die Niederfahrt Christi in die Unterwelt. Ein Beitrag zur Exegese des Neuen Testaments und zur Geschichte des Taufsymbols, NTA II/3-5, Münster 1911.

B.REICKE, The Disobedient Spirits and Christian Baptism. A Study of 1 Pet. III. 19 and its Context, ASNU 13, Stockholm 1946.

J. JEREMIAS, Zwischen Karfreitag und Ostern. Descensus und Ascensus in der Karfreitagstheologie des Neuen Testaments, ZNW 42, 1949, 194-201; wieder abgedruckt in: ders., Abba, Göttingen 1966, 323-331.

W. BIEDER, Die Vorstellung von der Höllenfahrt Jesu Christi. Beitrag zur Entstehungsgeschichte der Vorstellung vom sogenannten Descensus ad inferos, AThANT 19, Zürich 1949.

W.J. DALTON, Christ's Proclamation to the Spirits. A Study of 1 Peter 3:18 – 4:6, AnBib 23, Rom 1965.

DERS., The Interpretation of 1 Peter 3,19 and 4,6: Light from 2 Peter, Bib 60, 1979, 547-555.

H.-J. VOGELS, Christi Abstieg ins Totenreich und das Läuterungsgericht an den Toten. Eine bibeltheologisch – dogmatische Untersuchung zum Glaubensartikel ‚descendit ad inferos', FThSt 102, Freiburg 1976.

A. GRILLMEIER, Der Gottessohn im Totenreich. Soteriologische und christologische Motivierung der Descensuslehre in der älteren christlichen Überlieferung, in: ders., Mit ihm und in ihm. Christologische Forschungen und Perspektiven, Freiburg ²1978, 76-174.

Die Aussage des Apostolikums, Christus sei ‚hinabgestiegen in das Reich des Todes', greift wohl auch zurück auf 1 Petr 3,19f (4,6), ist aber als Glaubensartikel erstmals in der sog. vierten Formel von Sirmium aus dem Jahr 359 aufgenommen worden.[50] Die Verkündigungsabsicht von 1 Petr 3,19f ist von den Einzelaussagen her kaum präzise zu erfassen. Daß das einleitende ἐν ᾧ sich wohl nicht auf πνεῦμα (3,18) zurückbezieht, sondern als Konjunktion zu verstehen ist (wie in 1,6; 4,4), wurde bereits in der Auslegung von 3,18-22 erwähnt. Dies impliziert, daß der Abstieg Christi ins Totenreich, in das Gefängnis[51] zur Verkündigung an πνεύματα, von dem Auferweckten angetreten wurde, nicht jedoch zeitlich zwischen Karfreitag und Ostern von Christus in seiner ‚Geistexistenz'.

---

50 Vgl. hierzu den Exkurs bei N. Brox, Der erste Petrusbrief 182-189 (mit partiellem Abdruck der Texte), der auch deutlich macht, daß für die Formelbildung die Aussagen aus dem 1 Petr aufgrund sprachlicher Differenzen nicht maßgeblich waren.

51 φυλακή steht für die ‚Unterwelt als Gefängnis der Verstorbenen', ohne daß sich dieser Begriff etwa von jüdischen Spekulationen über jenseitige Aufenthalts- und Verdammnisorte her näher präzisieren ließe.

In der Gegenwart stehen sich hinsichtlich der Bestimmung der πνεύματα zwei Auslegungen gegenüber:

a) Die Geister im Gefängnis werden bezogen auf die unbußfertigen Zeitgenossen Noahs.[52] Πνεῦμα stehe hier, wie auch in 4,6, gleichbedeutend mit ψυχή und beziehe sich auf die weiterlebenden Seelen der Verstorbenen des Sintflutgeschlechts, die sich an einem jenseitigen Strafort befinden (so auch 2 Clem 6,8). Da nach rabbinischer Auslegung das Sintflutgeschlecht aber ‚keinen Anteil an der Auferstehung' hat (Sanh 10,3a), würde 1 Petr 3,19f die Heilswirkung des Todes Christi also auch auf diesen Teil der Menschheitsgeschichte ausdehnen.[53] Christus wäre, wie 4,6 klarer zeigt, der Bote des Evangeliums an die Verstorbenen.

b) Die zweite Auslegung greift die religionsgeschichtlichen Anregungen aus F. Spittas Werk ‚Christi Predigt an die Geister' auf, welches den Einfluß des Buches Henoch auf frühchristliche Literatur (z.B. Jud 6.13; 2 Petr 2,4) bedenkt. Hier sind die πνεύματα die gefallenen Engel aus Gen 6,1-4.[54] Der diesem Text zugrundeliegende Mythos ist in der jüdischen Literatur vielfach bedacht worden (äthHen 10-16; 19; 21; Jub 5,6; syrBar 56,13; 1 QGenApk 2,1.16; CD 2,16-21) und auch für Teile des frühen Christentums als bekannt vorauszusetzen.[55] Nach äthHen 18,11 – 19,1; 21,10; syrBar 56,13 u.ö. werden die gefallenen Engel in einem Gefängnis festgehalten. Henoch erhält den Auftrag, zu ihnen zu gehen, um ihnen zu verkünden, sie werden keine Vergebung finden (äthHen 12,5). In einem direkten Zusammenhang mit der Ausdeutung von Gen 6,1-4 findet sich in der jüdischen Literatur (äthHen 10,2.22; 67,4-13; Weish 14,6; Jub 5 u.ö.) nun auch ein Hinweis auf die durch diese Engel verschuldete Sintflut, was natürlich unmittelbar durch die Vorgabe der Textabfolge von Gen 6-8 bedingt ist. Während also die Verbindung der Geister im Gefängnis mit der Sintflutgeschichte in der jüdischen Tradition vorgegeben ist, muß in der typologischen Ausdeutung der Sintflut zur christlichen Taufe eine (etwa 1 Kor 10,1-13 nahestehende) christliche, vom Sakrament ausgehende Schriftauslegung erkannt werden.

---

52 Diese Auslegung ist zu unterscheiden von derjenigen altkirchlichen Tradition, die in den Zeitgenossen des Noah die alttestamentlichen Gerechten gesehen hat, die sich noch vor Einbrechen der Flut bekehrt haben.

53 So vor allem L. Goppelt, Theologie 507f; ders., Erster Petrusbrief 249f.

54 Diese Gleichsetzung von πνεύματα und Engeln ist in neutestamentlicher Zeit belegt: Hebr 1,14; Lk 10,20; Apk 1,4; 3,1 u.ö.; äthHen 10,15; 13,6; 15,11; 19,1.

55 Vgl. zum folgenden vor allem den Kommentar von N. Brox, Der erste Petrusbrief 168-176 (hier auch Nachweise der sprachlichen Übereinstimmungen zwischen dem jüdischen Mythos und der neutestamentlichen Verarbeitung in 1 Petr 3,19f); zustimmend O. Merk, EWNT II 719f.

In der christlichen Rezeption der jüdischen Auslegung des Engelfalls und seiner Verbindung mit der Sintflut tritt Christus an die Stelle Henochs, um in der Unterwelt zu verkünden. Hierbei liegt freilich auf dem Verkündigungsinhalt ebensowenig Gewicht[56] wie auf dem kosmologischen Aspekt, der Christus zum Herrn der Unterwelt macht.[57] Daher muß ernsthaft die Frage gestellt werden, ob der Zugriff zu dieser jüdischen Überlieferung sich hier entscheidend von der Typologie ‚Sintflut – Taufe' hat leiten lassen, da allein dieser Aspekt in der Anwendung auf die Gemeinde einer aktualisierenden Auslegung zugeführt wird. Die wenigen Geretteten aus Noahs Arche – acht Seelen inmitten gottfeindlicher, zum Untergang bestimmter Umwelt – stehen sinnbildlich für die kleinasiatischen bedrängten Gemeinden. Auf jeden Fall aber ist deutlich, daß jegliche spekulative Ausdeutung der Hadesfahrt fernliegt.[58]

c) Ekklesiologie

Der Verfasser spricht die Adressaten als ἐκλεκτοῖς παρεπιδήμοις διασπορᾶς (1,1), ὡς παροίκους καὶ παρεπιδήμους (2,11; vgl. auch 1,17) an. Die angesprochene Fremdlingschaft ist bereits als gesellschaftliche Ausgrenzung in Blick gekommen. Diesem soziologisch zu beschreibenden Sachverhalt korrespondiert andererseits die Erwählung durch Gott als theologische Ursache der Fremdlingschaft (1,1f; 2,4-10; 5,10.13).

Ursprünglich ist bei πάροικοι καὶ παρεπίδημοι an die Beschreibung eines sozialen und nicht eines spirituellen Status zu denken; so die lk Verwendung der Begriffe in Bezug auf Abraham (Apg 7,6) und in Bezug auf Mose (Apg 7,29) als Fremde ohne Bürgerrecht im fremden Volk (vgl. auch Weish

56 Κηρύσσειν (Hapaxl. in 1 Petr) ist im neutestamentlichen Sprachgebrauch auf keinen spezifischen Verkündigungsinhalt festgelegt. Ob Christus wie Henoch Unheil oder im Gegensatz zu Henoch Heil verkündet hat, ist eindeutig nicht zu entscheiden. Diejenige Auslegung, die den Abstieg Christi in das Reich des Todes zwischen Karfreitag und Ostern datiert, dürfte strenggenommen noch nicht an eine Heilsbotschaft denken.

57 Als Erwägung in Verbindung mit dem ersten Aspekt bei N. Brox, Der erste Petrusbrief 175; L. Goppelt, Theologie 508. K.H. Schelkle, Die Petrusbriefe 107, betont die Überordnung Christi über Henoch.

58 1 Petr 4,6 darf nicht mit 1 Petr 3,19f harmonisiert werden. Der Gedanke des descensus ist allenfalls schwach vorausgesetzt. Die Verkündigung richtet sich an ‚Tote', nicht an Geister bzw. Engel. Soll auf dem Hintergrund von Leiderfahrungen Gottes Theodizee angesprochen werden, die auch jenseits der Grenze des Todes ein gerechtes Gericht schenkt?

19,10; 3Makk 7,19; Apg 13,17). Der in 1,1 hinzugefügte Begriff διασπορά unterstützt dieses soziale Verständnis, insofern er ursprünglich die zersprengte Judenschaft unter der Heidenwelt im Blick hat. Allerdings findet sich auch in der frühchristlichen Literatur eine Spiritualisierung der Begriffe (Hebr 11,13; Eph 2,19; Diog 5,5). Sie hat eine Auslegungstradition begründet, derzufolge der 1 Petr die Christen als solche anredet, die „als Erwählte der Welt entnommen sind". „Die Kirche ist ihrem Wesen nach in der Welt immer in der Fremde und in der unterlegenen Minderheit."[59] Demgegenüber haben vor allem N. Brox und J.H. Elliott[60] die genannten Begriffe nicht primär spirituell, sondern als soziale Beschreibungen der faktischen Verhältnisse gedeutet. Nicht die Ferne von der himmlischen Heimat begründet die Fremdlingschaft, sondern die Distanz- und Trennungserfahrungen zur heidnischen Umwelt. Zwar spricht auch 1 Petr 1,4 von den himmlischen Erbteil, verbindet diese Aussage jedoch nicht mit der Beschreibung der Fremdlingschaft. Die Berufung durch Gott zur christlichen Gemeinde begründet also die Fremdheit in der Welt und diese findet Gestalt in Ausgrenzung, Verleumdung und Leiden.

Allerdings scheinen die Grenzen zur feindschaftlich begegnenden Umwelt noch nicht so geschlossen gezogen zu sein, daß ‚missionarisches Verhalten' ausgeschlossen wäre. 1 Petr 3,1 spricht konkret den Fall der Ehe einer Christin mit einem Heiden an, 2,18-25 das Schicksal eines christlichen Sklaven unter einem heidnischen Herrn. 2,15 und 3,15 betonen die Aufgabe des Glaubens- und des Tatzeugnisses vor der heidnischen Umwelt.

Die beiden genannten leitenden ekklesiologischen Aspekte – Erwählung von Gott und Ausgrenzung durch die heidnische Umwelt – werden in 1 Petr 2,4-10 grundsätzlich erörtet.[61] Die Ausführungen orientieren sich an den traditionellen Bildern des ‚Steines bzw. des heiligen Hauses' (V.6-8) und des ‚Gottesvolks' (V.9-10).

In V.6-8 sind drei alttestamentliche Zitate grundlegend: Jes 28,16; Ps 118,22; Jes 8,14. Diese Zitate begegnen im NT üblicherweise im Zusammenhang des christologischen Schriftbeweises und in der Auseinandersetzung mit Israel. Die V.4f interpretieren die Zitatenreihe vorweg in der vom Verf. beabsichtigten Richtung und stellen Entsprechungen her. In V.9-10 schließt sich eine midraschartige Auslegung alttestamentlicher Motive (vor allem Ex 19,6) an. V.4-6.9-10 sprechen direkt die christliche Gemeinde an, V.7f innerhalb des ‚Schriftzitats' (V.6-8) die Ungläubigen.

59 K.H. Schelkle, Die Petrusbriefe 20.

60 N. Brox, Der erste Petrusbrief 56f; J.H. Elliott, Home 21-49.

61 Es handelt sich wiederum, wie alttestamentliche Zitate, Motive und Stichworte nahelegen, um einen stark traditionsgebundenen Text, ohne allerdings eine literarische Tradition vor der Abfassung des Schreibens ausmachen zu können.

Die ekklesiologischen Prädikate stehen in einer Entsprechung zu Christus, dem ‚lebendigen Stein' (V.4), dem ‚auserwählten, kostbaren Eckstein' (V.6): die Glaubenden sind ‚lebendige Steine', ‚geistliches Haus', ‚heilige Priesterschaft' (V.5). Allerdings wird im folgenden die Bau- und Wachstumsmetaphorik im Gegensatz zu der üblichen Verwendung dieses Motivbereichs nicht weiter verfolgt. Der Akzent liegt vielmehr darauf, daß Christus als der Eckstein zu einem ‚Stein des Anstoßes und einem Fels des Ärgernisses' für die Ungläubigen wird (V.7f mit Ps 118,22; Jes 8,14). Für diese Interpretation wird ein ekklesiologischer Nebengedanke nicht auszuschließen sein: Christus und Christen stehen gemeinsam einer feindschaftlichen Welt gegenüber.

1 Petr 2,5 nennt als ekklesiologisches Prädikat ἱεράτευμα ἅγιον, 2,9 βασίλειον ἱεράτευμα. Beide Belege sind zur Begründung des ‚allgemeinen Priestertums aller Gläubigen' in Anspruch genommen worden[62], allerdings wohl zu Unrecht. Denn dieser Text will nicht eine Aussage zu klerikalen Befugnissen machen, sondern die Christenheit mittels des priesterlichen Bildmaterials als ausgesonderte Gruppe ansprechen. Im übrigen weiß der Verf. in 5,1-4 um Ämterstrukturen in seiner Gemeinde.

Das Recht der Übertragung der alttestamentlichen Prädikate ‚auserwähltes Geschlecht', königliche Priesterschaft', ‚heiliges Volk', ‚Volk des Eigentums' auf die Kirche gründet in der Berufung (V.9), die gleich einer Neuschöpfung die ehemaligen Heiden von der Finsternis zum Licht geführt hat. Hierbei wird das atl. Zitat Hos 2,25 ganz von der Israelfrage (so Röm 9,25f) abgelöst und auf die Kirche bezogen: Sie ist diejenige Größe, an der sich Gottes Gnadenwahl zum Volk Gottes im Gegenüber zu den Heiden vollzogen hat.

Über die äußere Gestalt der Kirche spricht der Verf. nur andeutungsweise. Es wird ausschließlich das Amt der ‚Ältesten' (5,1-5) genannt.[63] Ihre Aufgabe ist es, ‚die Herde zu weiden' (5,2). Die paulinische Episkopoi-/Diakonoi-Ordnung findet hingegen keine Erwähnung. Andererseits jedoch kann der Verweis auf das χάρισμα, das ein jeder empfangen hat (4,10), nur als Rückwirkung paulinischer Gemeindeordnung verstanden werden. Es fällt auf, daß die Charismen auf Predigt und Dienst begrenzt werden und daß also die ursprünglich wohl bestimmenden enthusiastischen Charismen (1 Kor 12,28b) keine Erwähnung mehr finden.

62 Vgl. dazu den Exkurs bei N. Brox, Der erste Petrusbrief 108-110.

63 Ausführlich zu diesem Text: J. Roloff, Themen und Traditionen urchristlicher Amtsträgerparänese, in: H. Merklein (Hg.), Neues Testament und Ethik, FS R. Schnackenburg, Freiburg 1989, 507-526.

d) Zum Paulinismus des 1. Petrusbriefes

H. GOLDSTEIN, Paulinische Gemeinde im Ersten Petrusbrief, SBS 80, Stuttgart 1975.
A. LINDEMANN, Paulus im ältesten Christentum. Das Bild des Apostels und die Rezeption der paulinischen Theologie in der frühchristlichen Literatur bis Marcion, BHTh 58, Tübingen 1979.

Der 1 Petr enthält eine Vielzahl von Berührungen mit dem Corpus Paulinum: a) das Eingangsformular des 1 Petr folgt dem Vorbild der pl Briefe. b) Die in 5,12f genannten Silvanus und Markus sind Mitarbeiter der pl Mission. c) Die Aufforderung, mit dem Kuß (der Liebe) zu grüßen (5,14), folgt einer Anweisung im pl Eschatokoll (heiliger Kuß: Röm 16,16; 1 Kor 16,20; 2 Kor 13,12; 1 Thess 5,26). d) Der 1 Petr hat Übereinstimmungen mit dem Röm und dem Eph. Sie gehen aber in keinem Fall so weit, daß man von einer literarischen Abhängigkeit sprechen muß.[64] e) Der 1 Petr verwendet die von Paulus in die urchristliche Literatur eingeführte Formel ἐν Χριστῷ (3,16; 5,10.14). f) Der 1 Petr gebraucht wie Paulus das sog. ‚Einst – jetzt – Schema' (1,14f) und das sog. ‚Revelationsschema' (1,20). Aufgrund dieser und weiterer Beobachtungen wird mit Recht die Frage nach dem Paulinismus des 1 Petr gestellt.

Der große Kommentar von E.G. Selwyn[65] hat in umfassenden Nachweisen dargelegt, daß der 1 Petr aus einer breiten urchristlichen Tradition schöpft, die nicht allein auf den paulinischen Strom zu begrenzen ist. Eine möglichst präzise Einordnung dieser Tradition und des Verhältnisses des Verf. des 1 Petr zu ihr bedarf noch genauer Analysen. Hinsichtlich des sog. Paulinismus des 1 Petr können jedoch folgende Feststellungen getroffen werden. Der Vergleich des 1 Petr mit dem Corpus Paulinum darf keinesfalls die authentischen paulinischen Briefe allein zur Grundlage haben. Wenn es sich bei dem 1 Petr um ein relativ spätes Schreiben am Ende des 1 Jh. handelt, dann ist in dieser Zeit das Paulus–Bild und die maßgebliche Paulus–Theologie durch die deuteropaulinischen Schriften und die Apg repräsentiert. Die Feststellung, daß wesentliche Merkmale der Theologie der paulinischen Hauptbriefe im 1 Petr nicht aufgenommen sind, kann demnach einem analogen Verblassen in den deuteropaulinischen Schriften und der Apg entsprechen, kann aber ebenso gut als Zeugnis für eine vor- bzw. frühpaulinische Theologie (im 1 Petr) gewertet werden, in der diese Merkmale noch nicht bestimmend sind.[66]

---

64 Vgl. die Zusammenstellung bei L. Goppelt, Erster Petrusbrief 48-51. Hingegen hält H. Hübner, Biblische Theologie 2, 387, daran fest, daß der 1 Petr „die Schriften des corpus Paulinum gekannt hat."

65 E.G. Selwyn, The First Epistle of St. Peter.

66 So mit Recht N. Brox, Der erste Petrusbrief 51: „Dieses Fehlen kann aber ganz anders auch als Indiz dafür genommen werden, daß man hier in einem chronolo-

Der 1 Petr ist kein Zeuge der paulinischen Rechtfertigungslehre. Es wird sowohl der Begriff δικαιοσύνη θεοῦ vermißt (δικαιοσύνη in 2,24; 3,14 in anderer Verwendung, δικαιοῦν fehlt), als auch jegliche Gesetzeskritik. Von den reichlichen πίστις (1,5.9.21;5,9)/πιστεύειν (1,8;2,7) - Aussagen erinnern etwa 1 Petr 1,8 an 2 Kor 5,7, 1 Petr 1,21 an Röm 4,24, 1 Petr 2,7 an 1 Kor 1,18. Andererseits aber bietet 1 Petr 1,9 mit der Bestimmung, das Heil der Seelen sei das Ziel des Glaubens, einen für Paulus fremden Aspekt. Ein deutlicher Hinweis für den geschichtlichen Standort des Verf. und seinen Abstand zur paulinischen Theologie ist der vollständige Ausfall der Israel – Thematik. Es ist weder die Verwurzelung der Kirche in Israel, noch der Gegensatz von Israel zur Kirche, der den Verf. beschäftigt, sondern derjenige von der heidnischen Umwelt zur Kirche (vgl. 2,4-10). Sara und Abraham stellen in 3,6 ein zeitloses ethisches Beispiel für die christlichen Frauen und Männer dar. Schließlich bezeugen der Verf. des 1 Petr und Paulus unterschiedliche Amtsstrukturen (presbyterial bzw. episkopal).

Weil also „die Sprache des Briefes paulinischer ist als sein Inhalt“[67], wird von einem Paulinismus des 1 Petr nur in begrenztem Maße zu sprechen sein. Die Brennpunkte des 1 Petr jedenfalls, die Leidensthematik und die Christusnachfolge, haben keine direkte Voraussetzung in der paulinischen Theologie. Mit Lindemann wird anzunehmen sein, daß der Verf. wohl ein „Zeuge eines grundsätzlich nicht paulinisch orientierten Christentums“ ist, der aber von paulinischer Überlieferung, eventuell auch von paulinischen Briefen beeinflußt worden ist.[68]

III. Orientierung an den Anfängen – Judasbrief und 2. Petrusbrief

H. Windisch – H. Preisker, Die katholischen Briefe, HNT 15, Tübingen ³1951.

E. Käsemann, Eine Apologie der urchristlichen Eschatologie, in: ders., Exegetische Versuche und Besinnungen I, Göttingen ⁶1970, 135-157.

T. Fornberg, An Early Church in a Pluralistic Society. A Study of 2 Peter, CB.NT 9, Lund 1977.

F. Hahn, Randbemerkungen zum Judasbrief, ThZ 37, 1981, 209-218.

R.J. Bauckham, Jude, 2 Peter, WBC 50, Waco 1983.

Ders., Jude and the Relatives of Jesus in the Early Church, Edinburgh 1990.

---

gisch nachpaulinischen Schreiben auf traditionsgeschichtlich vorpaulinische Theologie stößt..., die vom Streit um das Gesetz (noch?) nicht tangiert war...“

67 N. Brox, Der erste Petrusbrief 50.

68 A. Lindemann, Paulus 260.

G. SELLIN, Die Häretiker des Judasbriefes, ZNW 77, 1986, 206-225.

K. BERGER, Streit um Gottes Vorsehung. Zur Position der Gegner im 2. Petrusbrief, in: Tradition und Re-Interpretation in Jewish and Early Christian Literature. FS J.C.H. Lebram, StPB 36, Leiden 1986, 121-135.

K.H. SCHELKLE, Die Petrusbriefe. Der Judasbrief, HThK XIII/2, Freiburg [6]1988.

F. WATSON, Invention, Arrangement and Style. Rhetorical Criticism of Jude and 2 Peter, SBL.DS 104, Atlanta 1988.

P. DSCHULNIGG, Der theologische Ort des Zweiten Petrusbriefes, BZ 33, 1989, 161-177.

A. VÖGTLE, Christo-logie und Theo-logie im zweiten Petrusbrief, in: C. Breytenbach und H. Paulsen (Hg.), Anfänge der Christologie. FS F. Hahn, Göttingen 1991, 383-398.

H. PAULSEN, Der zweite Petrusbrief und der Judasbrief, KEK XII/2, Göttingen 1992.

R. HEILIGENTHAL, Zwischen Henoch und Paulus. Studien zum traditionsgeschichtlichen Ort des Judasbriefes, TANZ 6, Tübingen 1992.

W. SCHRAGE, Die Briefe des Jakobus, Petrus, Judas, in: ders./H.R. Balz, Die ‚katholischen' Briefe, NTD 10, Göttingen [14]1993.

Jud und 2 Petr sind unter den neutestamentlichen Schriften diejenigen Dokumente, denen in der Auslegungsgeschichte am entschiedensten mit Sachkritik begegnet wurde, deren Aufnahme in den neutestamentlichen Kanon beständig als Problem empfunden wurde.[1] Will man diesen beiden kurzen Briefen gegenwärtig gerecht werden, dann ist ihr spezifisches Sachanliegen vor aller Kritik zu erheben. Beide Schriften werden hier zusammen behandelt, weil sie literaturgeschichtlich wegen der weitgehenden Aufnahme des Jud in den 2 Petr voneinander abhängig sind, aber auch aus inhaltlichen Gründen: Jud und 2 Petr mahnen in spätneutestamentlicher Zeit im Gegenüber zu anderen christlichen Lehrern in den Gemeinden eine grundsätzliche und in Sachfragen spezifische Orientierung an den apostolischen Anfängen an.[2]

---

1 Nach der altkirchlichen (vgl. nur Eus HistEccl III 3,4; 25,2), mittelalterlichen und reformatorischen Kritik (dazu H. Paulsen, Der zweite Petrusbrief 42f) hat in diesem Jahrhundert vor allem E. Käsemann im Zusammenhang der ‚Frühkatholizismusdebatte' schärfste Vorbehalte formuliert: ders., Begründet der neutestamentliche Kanon die Einheit der Kirche?, in: ders., Exegetische Versuche und Besinnungen I 214-223; ders., Eine Apologie der urchristlichen Eschatologie, ebd. 135-157; ders., Paulus und der Frühkatholizismus, ebd. II 239-252. Weitgehende Zustimmung zu Käsemanns Argumentation bietet W. Schrages Kommentar zu Jud und 2 Petr.

2 H. Paulsen, Der zweite Petrusbrief 91, im Hinblick auf die Rückkehr zur Autorität des Vergangenen im 2 Petr: „Was dies aber theologisch bedeutet, hat der Vf. gezielt ausgesprochen im Begriff des Erinnerns."

a) Literaturhistorische Voraussetzungen

Der literarische Charakter des *Jud* entspricht am ehesten demjenigen eines Traktats für eine bestimmte Situation[3], auch wenn das Schreiben an keiner Stelle auf eine einzelne Gemeinde begrenzt werden kann. Nach Präskript (V.1-2) und Darlegung von Anlaß und Thema (V.3-4), auf welche die Mahnung (V.20-23) bezogen ist, bietet V.5-19 im Stil eines Midraschs eine Irrlehrerpolemik. In ihr sind alttestamentlich-jüdische Traditionen (V.5-7.9. 11.14-15) und urchristliche Prophetie (V.17-18) mit spezifischen Interpretationen des Verfassers (V.8-10.12-1316.19), die sich auf die Irrlehrer (οὗτοι) beziehen, kombiniert worden.[4] Der Verfasser des Traktats stellt sich als ‚Judas, Knecht Jesu Christi, Bruder des Jakobus' vor (V.1). Hierbei ist zweifelsfrei an den Herrenbruder Judas zu denken (vgl. Mt 13,55; Mk 6,3; Eus HistEccl III 19-20,1), der möglicherweise auch zu den von Paulus in 1 Kor 9,5 genannten missionierenden Brüdern Jesu zu zählen ist. Auch wenn gegenwärtig wieder bedenkenswerte Argumente vorgetragen werden, diese Absenderangabe als authentisch zu interpretieren[5], so überwiegen im Traktat doch eine Vielzahl von Hinweisen, die für ein pseudepigraphes Schreiben sprechen. Es ist vor allem die Aussage des V.17, die eine Zeit der durch die Apostel vorhergesagten und in der Erinnerung zugänglichen Worte von der eigenen Gegenwart des Verfassers Judas, der sich hier wohl nicht zu den Aposteln zählt, trennt.[6] Der Verfasser schreibt im Namen des im Ausgang des 1. Jh. noch bekannten Herrenbruders Judas (Hegesipp bei Eus HistEccl III 19,1-20,1; 32,5) und bezieht sich zusätzlich auf die Autorität des Herrenbruders Jakobus. Der Traktat stellt sich somit in eine spezifische, judenchristliche Tradition, wohl kaum allein, um somit eine hinreichende Autorität für den Inhalt zu gewinnen, sondern vielmehr, weil mit dieser Tradition

---

3 G. Strecker, Literaturgeschichte 72, in Zustimmung zu M. Dibelius, Geschichte der urchristlichen Literatur, TB 58, München 1975 (Neudruck), 133ff.

4 Zur Struktur des Textes: R. Bauckham, Art.: Jude, Epistle of, in: Anchor Bible Dictionary III 1098-1103.

5 Vgl. wiederum die Argumente bei R. Bauckham, Jude 1101f, mit der Schlußfolgerung: The letter of Jude „could very plausibly be dated in the 50s, and might be one of the earliest of the NT writings." Auch R. Heiligenthal, Zwischen Henoch und Paulus 157, erachtet die christlichen Elemente der Theologie des Jud als theologiegeschichtlich alt.

6 Deutlich H. Paulsen, Der zweite Petrusbrief 79, gegenüber R. Bauckham, Jude, 2 Peter 103, der aufgrund des ὑμῖν in V.18 davon ausgeht, daß die Apostel persönlich der Gemeinde die Verkündigung überbracht hätten. Dieser in V.18 genannte Inhalt der apostolischen Botschaft gehört aber zum Basiswissen aller urchristlichen Gemeinden (2 Petr 3,3; Mt 7,15; Apg 20,29f; 1 Tim 4,1 u.ö.).

eine Entgegensetzung zur Verkündigung, wie sie von den Irrlehrern vorgetragen wird, bereits verbunden ist. Es sind mithin ekklesiologische Aspekte, die zur Pseudepigraphie geführt haben. Diese Tradition wird zusätzlich gespeist durch eine breite jüdische Überlieferung, aus der die Rezeption der Henochliteratur herausragt.[7]

Der *2 Petr* will nach eigenem Anspruch (2 Petr 3,1), aber wohl auch aufgrund der formalen Gestaltung (Präskript, Proömium, Schlußwendung) ein Brief sein. Allerdings ist dieser Brief durchsetzt mit Elementen der Gattung ‚Testament' (Hinweis auf den in einer Offenbarung eröffneten baldigen Tod des Apostels 1,12-14; Verpflichtung auf seine Worte 1,19; 3,2).[8] Der bald scheidende Apostel Petrus, der als in der Zeit Jesu autorisierter Zeuge auftritt (1,18), schreibt seinen Brief als Testament an ‚alle, die mit uns denselben teuren Glauben empfangen haben' (1,1). In der Abschiedssituation mahnt er zur Rückbesinnung auf die Anfänge (1,12f; 3,1), tritt aber gleichzeitig als Träger einer besonderen Offenbarung für die Endzeit auf (3,3). Es handelt sich zweifelsfrei um ein pseudepigraphes Schreiben im Namen des (längst verstorbenen) Apostels Petrus.[9] Seine Abschiedsworte, deren Voraussagen ja in der Gegenwart in Erfüllung gehen (3,3f), sollen die Gemeinden an die Norm des Ursprungs des christlichen Glaubens binden.

Der Verf. des 2 Petr läßt den Jud, den er in wesentlichen Teilen seinem Schreiben inkorporiert, die wesentliche Quelle seines Briefes sein.[10] Daneben scheint er eine im Umfang unbekannte Sammlung der paulinischen Briefe vorauszusetzen (3,15f), sowie möglicherweise den 1 Petr (vgl. 2 Petr 3,1). Für den geschichtlichen Standort im 2. Jh. sprechen auch die Berührungen mit

---

7 Vgl. im einzelnen die Nachweise bei R. Heiligenthal, Zwischen Henoch und Paulus.

8 G. Strecker, Literaturgeschichte 73, mit Ph. Vielhauer, Geschichte 595: „Testament in Briefform".

9 In der neueren Forschung tritt kein Kommentar für die Authentizität des 2 Petr ein. Es wird im Gegenteil dieses Schreiben überwiegend als das jüngste Schreiben des Neuen Testaments erachtet. Neben 1,1 und 3,1 soll vor allem der Hinweis auf die Teilhabe an der Verklärungsszene (1,18) die Fiktion petrinischer Verfasserschaft stützen. Allerdings wird diese Fiktion nicht konsequent durchgehalten, da nach 3,4 die Väter – zu denen Petrus doch zählt – bereits entschlafen sind. Die Wahl des Pseudepigraphons Petrus steht im Kontext einer breiten petrinischen Literatur im 2. Jh. (Petrusakten, Petrusapokalypse, Petrusevangelium). Die Zuordnung zu 1 Petr in 2 Petr 3,1 ist formal, sie begründet keine wirkliche inhaltliche Nähe beider Schriften.

10 Vgl. die Synopse bei H. Paulsen, Der zweite Petrusbrief 97f; sowie zur Quellenfrage grundsätzlich J.H. Elliott, The Second Epistle of Peter, Anchor Bible Dictionary V 283f.

jüdisch-apokalyptischen und frühchristlichen Schriften dieser Zeit.[11] Das literarische Verhältnis des 2 Petr zu Jud bedarf einer über das Formale hinausgehenden Erklärung. Es ist anzunehmen, daß der Jud für den Verf. des 2 Petr ein Fundament war, seinen Kampf gegen die Irrlehrer zu formulieren, auch wenn zwischen der vorausgesetzten Situation beider Schreiben Akzentverschiebungen zu konstatieren sind. Ersetzen wollen[12] hätte der Verf. des 2 Petr den Jud nur können, wenn ihm dieses Traktat im Original vorgelegen hätte.

b) Der ein für allemal gegebene Glaube

Die Theologie des Jud bewegt sich in einer „eigentümlichen Spannung zwischen dem Eingedenken des Vergangenen und der Antithese zur Häresie".[13] Der Verfasser pflegt keine offene Auseinandersetzung mit der Gegnerschaft, die er ἀσεβεῖς (V.4; vgl. auch V.15.18) nennt, sondern verpflichtet die sich zu ihm haltenden Christen auf den überlieferten Glauben (V.3.20). Nach V.12 besteht Abendmahlsgemeinschaft mit der Gegnerschaft, wenn auch nicht spannungsfrei (ἑαυτοὺς ποιμαίνοντες). Man muß vermuten, daß den separatistischen Tendenzen (V.19.22-24) mit dem einfachen Rekurs auf das Traditionsprinzip langfristig nicht begegnet werden konnte.

Eine möglichst präzise Bestimmung der Gegnerschaft muß also versucht werden, um die theologische Ausrichtung des Jud verstehen zu können.[14] Nach V.4 sind die Gegner von außen in die Gemeinden eingedrungen (vgl. zu dem ntl. Hapaxl. παρεισέδυσαν sachlich noch Gal 2,4; 2 Tim 3,6)[15], gehören ihr aber gegenwärtig noch an (V.12). Nicht zum üblichen häresiologischen

---

11 Vgl. R. Bauckham, 2 Peter 149-151; J.H. Elliott, The Second Epistle of Peter 283f. Gegen P. Dschulnigg, Der theologische Ort, können die synoptischen Anspielungen im 2 Petr eine sachliche Nähe des 2 Petr zum Matthäusevangelium nicht nachweisen.

12 So H. Paulsen, Der zweite Petrusbrief 99: 2 Petr wolle Jud „begrenzt ersetzen", „faktisch überflüssig" machen.

13 So H. Paulsen, Der zweite Petrusbrief 51; ähnlich F. Hahn, Randbemerkungen 211: „Ausbildung und Verteidigung der Tradition stehen im Zusammenhang mit der Gefährdung durch die Irrlehre."

14 Vgl. G. Sellin, Häretiker; R. Heiligenthal, Zwischen Henoch und Paulus 128-155; F. Wisse, The Epistle of Jude in the History of Heresiology. Essays on the Nag Hammadi Texts, FS A. Böhlig, NHS 3, Leiden 1972, 133-143; R. Bauckham, The Letter of Jude. An Account of Research, ANRW II 25.5, Berlin - New York 1988, 3791-3826.

15 Da der Vorwurf, ursprünglich nicht zur Gemeinde zu gehören, traditionell ist (vgl. neben den o.g. Belegen auch 1 Joh 2,19), kann V.4 (gegen G. Sellin, Häretiker 222) die These, es handle sich um Wanderpropheten, alleine nicht tragen.

Inventar zählt der Vorwurf: τὴν τοῦ θεοῦ ἡμῶν χάριτα μετατιθέντες εἰς ἀσέλγειαν (V.4b). Hier scheint den Gegnern ein Vorwurf gemacht zu werden, dem bereits Paulus ausgesetzt war (Röm 3,8; 6,1.15): Die Verkündigung der Gnade begründe im Zusammenhang mit einer antinomistischen Einstellung ein ausschweifendes Leben. Daher und in Verbindung mit den moralischen Anspielungen in V.7.12.16.18 hat man in der Gegnerschaft häufig ein libertinistisches Element erkannt. Die moralische Diskreditierung ist jedoch fester Bestandteil der Ketzerpolemik, und sie mag durch die Perspektive eines noch in jüdischer Überlieferung verankerten, jedoch im paganen Umfeld lebenden Judenchristen abermals verstärkt worden sein. Daneben ist der Vorwurf, der als Anwendung der ersten alttestamentlichen Beispiele (V.5-7) gewonnen wird, zentral: Die Gegner ‚mißachten die Herrschaft und lästern die Herrlichkeiten', d.h. sie verachten die Engelmächte. Dieses Verhalten ist vermessen, da die Gegner – so jedenfalls die Interpretation des Verf. in V.10 – sich in ihren blasphemischen Äußerungen über den Erzengel Michael stellen, um Gottes Richterrolle einzunehmen. Für den Judasbrief hingegen ist die Wertschätzung der Engel zentral, wie seine diesbezügliche Rezeption der alttestamentlich-jüdischen Überlieferung bezeugt (vor allem in V.6f.9.14f)[16]. Gegenüber diesem fundamentalen theologischen Differenzpunkt tritt die ethisch-moralische Disqualifizierung der Gegner als eigenes Thema zurück, sie ist vielmehr eine sekundierende Argumentation, die den nicht-orthodoxen Standort der Gegner offenbart.

Es ist zu vermuten, daß diese Gegnerschaft ihre entscheidende Prägung im Kontext des Paulinismus erfahren hat. Dies deutete bereits die mögliche Anspielung auf die paulinische Gnadenlehre in V.4 an. Sodann hält Jud 19 den Gegnern das Attribut ‚ψυχικοί, πνεῦμα μὴ ἔχοντες' entgegen. Dies ist kaum anders zu verstehen als ein Reflex auf die Debatte des Paulus mit den korinthischen Enthusiasten, die sich als Pneumatiker von den Psychikern distanzieren (1 Kor 2,14f; 15,44). Der Anspruch der in paulinischer Tradition stehenden Enthusiasten wird in Jud 19 (wie möglicherweise auch in Jak 3,15) in sein Gegenteil verkehrt. In den Kontext des Paulinismus gehören Debatten um die Haltung der Glaubenden zu den Engeln (vgl. nur in 1 Kor 6,3; 13,1; Kol 2,18). In den Gemeinden, in denen Jud und 2 Petr gelesen wurden, ist nach 2 Petr 3,15f das Problem der rechten Interpretation der paulinischen Briefe aktuell. Wird daher die Gegnerschaft im Jud mit guten Gründen als in paulinischer Tradition stehend zu vermuten sein, dann kommt der pseudepigraphen Verfasserangabe ‚Judas,...Bruder des Jakobus' eine signifikative Bedeutung zu: Es wird auch von der Jakobustradition her im Gegenüber zu den in paulinischer Tradition stehenden Gegnern argumentiert.

16 Vgl. die Einzelnachweise zur jeweils zu vermutenden jüdischen Tradition bei G. Sellin, Häretiker; R. Heiligenthal, Zwischen Henoch und Paulus 95-127.

Die Theologie des Judasbriefes ist durch eine Orientierung an den Anfängen gekennzeichnet. Es wird die Gemeinde aufgerufen, sich zu erinnern (V.17; vgl auch V.5), es wird Bezug genommen auf die zurückliegende Epoche der Worte der Apostel (V.17), verwiesen auf den einmal (ἅπαξ) zu einem bestimmten Zeitpunkt übergebenen Glauben (V.3), und es sind auch die gegenwärtigen Zustände in der Gemeinde mit der zurückliegenden apostolischen Voraussage (V.18) hinreichend zu erklären. Es ist geboten, die theologischen Erwartungen an ein so kurzes Traktat nicht zu überfrachten. Gleichwohl sind gewisse Akzentuierungen unverkennbar.

Die πίστις erscheint in Jud 3 als ein klar umrissener Bestand von Lehraussagen, die zu einem bestimmten Zeitpunkt – wohl durch die Apostel (V.17) – allen ‚Heiligen' (= den Glaubenden) übergeben worden sind. Mit dem Traditionsprinzip erscheint der Glaube als fides quae creditur, auch wenn im Jud, anders als in 2 Petr 3,19-21, die Tradition noch nicht als schriftliche Größe in Blick kommt.[17] In der Einordnung in diesen ‚hochheiligen Glauben' (V.20) setzt sich die Gemeinde von den Irrlehrern ab, gleichwie das Verhalten der Irrlehrer als Abspaltung (V.19) von dem auf diesem Glauben beruhenden Bauwerk (V.20) begriffen wird. Es ist sehr wahrscheinlich, daß zu diesen Lehraussagen, die Gegenstand der πίστις sind, auch diejenigen jüdischen Überlieferungen zählen, die in V.5-16 aufgenommen und in Hinblick auf die Gegner interpretiert worden sind. Hierbei kommt der Henochliteratur ein besonderer Stellenwert zu. Die Gegner scheinen dieser Tradition nicht mehr folgen zu wollen.

Signa ecclesiae sind nach Jud 20f Glaube, Gebet, Liebe, Hoffnung. V.14f zitiert und kommentiert eine Textform von äthHen 1,9[18], um an einer apokalyptischen Parusieerwartung – wohl im Gegenüber zu den Gegnern, deren Verhalten durch Murren und Skepsis angesichts des Verhaltens Gottes bestimmt ist (V.16) – festzuhalten. In den Henochtext ist κύριος eingefügt worden, um die Theophanieaussage in einen christologischen Text überführen zu können. Der Parusiechristus erscheint mit den heiligen Zehntausenden, was auf die Engelbegleitung[19] zu deuten ist, um Gericht über die Gottlosen zu halten. Hierbei handelt es sich um die Einlösung des in V.4 bereits

---

17 F. Hahn, Randbemerkungen 209-211.

18 Die textgeschichtliche Rückfrage nach der oder den von Jud verwendeten Henochversionen ist bislang zu keiner eindeutigen Entscheidung geführt worden. Es ist möglich, daß Jud eine eigene Textform repräsentiert (so H. Paulsen, Der zweite Petrusbrief 74f).

19 Vgl. neben den alttestamentlich-jüdischen Aussagen (Sach 14,5; äthHen 1,9) als frühen urchristlichen Beleg für diese Vorstellung 1 Thess 3,13 (so auch T. Holtz, Der erste Brief an die Thessalonicher, EKK XIII, Neukirchen - Vluyn 1986, 146f). Hingegen ist in Did 16,7 bereits an die Christen als Begleitung des Herrn gedacht.

angesprochenen Gerichts über die ἀσεβεῖς, die zur Gemeinde gehörenden Irrlehrer. Dieses Gericht kann nicht wirklich als ‚nach den Werken' verstanden werden. Das Urteil bezieht sich zwar einerseits auf Wortsünden, blasphemische Rede gegen Christus, und Tatsünden, in denen sich der häretische Standort zwangsläufig offenbart. Den Glaubenden andererseits begegnet im Gericht das Erbarmen Jesu Christi (V.21; bereits im Präskript V.1 ist die endzeitliche Bewahrung der Glaubenden angesprochen). Zwar weiß auch Jud 24, daß die geforderte ethische Reinheit am Tag des Gerichts gegenwärtig wohl die eigene Anstrengung (V.23b) beinhaltet, aber ohne Gottes Fürsorge nicht zu erreichen ist (so bereits 1 Thess 5,23f; Kol 1,22; Eph 5,27).[20] Obwohl der Verf. die eigene Zeit als letzte Zeit begreift (V.18), da sich in seiner Gegenwart die prophetische Ansage des Auftretens der Irrlehrer erfüllt hat (V.4.18), kann er die nun folgende Endzeit in V.21.25 recht unapokalyptisch als ‚ewiges Leben bzw. Ewigkeit' ansprechen.

Für den Jud scheint Engelverehrung integraler Bestandteil christlicher Theologie zu sein. Dies ergibt sich nicht allein aus der positiven Inanspruchnahme diesbezüglicher jüdischer Traditionen, sondern vor allem aus der Entgegnung zur Engelverachtung der Gegner. Das zwischen dem Verf. des Jud und seinen Gegnern verhandelte Problem thematisiert eine in vielen neutestamentlichen Briefen angesprochene Sachfrage. Ist mit Jesu Christi Überordnung über die Engel (Kol 1,16; 1 Petr 3,22; 1 Tim 3,16; Hebr 1,14) zugleich eine der Gläubigen anzunehmen, wie es Röm 8,38; 1 Kor 6,3; Hebr 2,16; 1 Petr 1,12 nahelegen? Können die Gläubigen Anteil an der Engelgemeinschaft im Gebet haben (1 Kor 13,1)? Oder ist der Engelwelt weiterhin Verehrung zu erbieten (so die in Kol 2,16-18 angesprochenen Irrlehrer, für die mit der Engelverehrung auch Speisetabus und ein Festkalender verbunden sind)? Die positive Haltung zu den Engeln wird als ungebrochenes jüdisches Erbe zu erklären sein, wie es auch in der Übernahme einer Gerichtsfunktion der Engel bei der Parusie Christi (V.14) erkennbar wird.[21]

---

20 Nach R. Heiligenthal, Zwischen Henoch und Paulus 124, vertritt Jud „eine altertümliche Erhöhungschristologie, die noch ohne eine Konzeption vom Versöhnungstod Christi auskommt und die sich spannungslos in die herkömmliche jüdisch-apk. Angelologie einfügt." In diesem Urteil sind die Möglichkeiten der argumenta e silentio arg strapaziert worden. Immerhin weiß doch auch Jud von der Feier des Agape-Mahls in seinen Gemeinden. Ist es vorstellbar, daß in spätneutestamentlicher Zeit dieses Mahl ohne Bezug auf den Versöhnungstod Jesu gefeiert wurde?

21 Präzisere Bestimmungen bieten G. Sellin, Häretiker 222: „So scheinen mir die Häretiker des Judasbriefes in einer paulinischen Tradition zu stehen, deren ältestes Zeugnis der Kolosserbrief darstellt." R. Heiligenthal, Zwischen Henoch und Paulus 157, bestimmt die Trägerkreise des Jud unter christlichen Pharisäern, „die Teile der Henochüberlieferung als einen wesentlichen Bestandteil ihrer Tradition ansahen."

Die christologischen Aussagen des Jud scheinen beständig theologischen Aussagen subordiniert zu sein (so in V.1.4.21.25). Der irdische Jesus findet keine Erwähnung, der Blick richtet sich auf den Erhöhten (V.4.25) und Kommenden (V.1.21), dessen Parusie heilvoll ist, weil sie das ewige Leben schenkt (V.21). Der maßgebliche christologische Titel des Jud lautet' Ἰησοῦς Χριστός (V.1.4.17.21.25), außer im Präskript immer mit dem Zusatz κύριος ἡμῶν. Ungewöhnlich ist die christologische Verwendung der Gottesbezeichnung δεσπότης (V.4; als christologische Bezeichnung in 2 Petr 2,1 rezipiert); vgl. aber auch die Christologisierung der Theophanieaussage in V.14 durch Eintragung des Hoheitstitels κύριος, der in V.5.9 Gottesprädikat bleibt.

Der Vorwurf[22], es handle sich bei dem Jud um ein frühkatholisches Schreiben, ist nur bedingt aufrecht zu halten. Eine ausgeführte Amtsstruktur etwa ist nicht erkennbar. Der Jud ist als ein eigenständiges Zeugnis judenchristlicher Theologie auszulegen, das der Verfasser des 2. Petrusbriefes in seiner Zeit aufgenommen und zum Basistext seines Schreibens gemacht hat.

c) Die Apologie der urchristlichen Eschatologie

Der 2 Petr spricht mehrfach das Auftreten von Irrlehrern an (2,1: ψευδοδιδάσκαλοι; 3,3: ἐμπαῖκται), deren Lehre recht eigentlich als Anlaß des Briefes angesehen werden muß.[23]

Im Zentrum der gegnerischen Lehre steht eine Kritik der traditionellen Eschatologie, was zugleich Konsequenzen für die Christologie hat (2,1). Auch wenn der Verf. des 2 Petr die gegnerischen Argumente nicht als Zitate aufführt, so scheint man doch nach 3,4 nach (der Erfüllung) ‚der Verheißung der Parusie Christi' gefragt bzw. nach 3,9 von der ‚Verzögerung (der Erfüllung) der Verheißung' gesprochen zu haben. Beide Aussagen stehen innerhalb der Argumentation der Gegner in einem engen Zusammenhang mit der Tatsache, daß die Väter[24] gestorben sind. Dem Spott über die traditionelle

22 Massiv S. Schulz, Die Mitte der Schrift. Der Frühkatholizismus im Neuen Testament als Herausforderung des Protestantismus, Berlin 1976, 293. Kritisch dazu: R. Bauckham, The Letter of Jude, ANRW II 25.5, 3791-3826; 3804.

23 Es wird der von H. Frankemölle, 1. und 2. Petrusbrief, NEB 18, Würzburg ^{2}1990, eingeschlagene Weg, die Gegner nicht mehr einer gnostischen oder libertinistischen Häresie zuzuweisen, sondern den 2 Petr als Dokument einer zunächst innerkirchlichen Krise zu lesen, der sachgemäße sein.

24 Von der pseudepigraphen Abfassungssituation her ist nur eine Beziehung auf die erste christliche Generation (=οἱ πατέρες) sinnvoll. Zu dieser Generation zählt auch Petrus, der in dem jetzt vorliegenden Schreiben – in einem Anachronismus – zu der Grundfrage christlicher Eschatologie im Angesicht der bereits gestorbenen Väter und der nicht erfüllten Verheißung Stellung nimmt.

Eschatologie, von den Gegnern möglicherweise als μύθος (1,16) abgetan[25], korrespondiert eine aufklärerische Lehre, die sich als Skepsis gegenüber einer weltgeschichtlichen Enderwartung äußert (3,3-5). Mit den im Judasbrief genannten Gegnern verbindet sie wohl auch eine Verachtung der Engel (2,10). Schließlich verdient besondere Aufmerksamkeit, daß diese Gegner – Lehrer innerhalb der Gemeinden (2,1: ψευδοδιδάσκαλοι) – sich insbesondere auf die paulinischen Briefe berufen (3,16), diese aber in der Perspektive des Verf. nicht sachgemäß verstehen, während seine eigene Theologie sich in Übereinstimmung mit ‚unserem lieben Bruder Paulus' (3,15) befindet. Ein mit dem Paulinismus möglicherweise in Verbindung stehendes Kennzeichen der gegnerischen Lehre ist aus der Sicht des Verf. die ‚Freiheitsbotschaft' (2,19).

Wenn somit auch bestimmte frühchristliche Voraussetzungen der Gegnerschaft in Blick kommen, so stehen ihre Anfragen dennoch in einem umfassenderen Kontext zeitgenössischer jüdischer, paganer und christlicher Auseinandersetzung mit Eschatologie bzw. mit der Verzögerung der Parusie, die sich als Skepsis apokalyptischer Modelle äußert.

2 Clem 11,2(-4) zitiert eine jüdische apokryphe Schrift, die die Rede der Zweifler zu Wort kommen läßt: „Dies haben wir längst gehört auch schon zur Zeit unserer Väter, wir aber warten von Tag zu Tag und haben nichts von dem geschaut." Die Targumversion B zu Gen 4,8 (repräsentiert durch Tosefta 90) läßt Kain sagen: „Nicht gibt es ein Gericht, und nicht gibt es einen Richter, und nicht gibt es eine andere Weltzeit, und nicht gibt es guten Lohn für die Gerechten, und nicht gibt es Einforderung von den Frevlern." Neben diesem jüdischen Hintergrund[26], in dem sich eine intensive Beschäftigung mit dem Faktum der ‚Parusierverzögerung' artikuliert, ist vielfach auf den zeitgenössischen Epikureismus[27] und auf die Rezeption und Auseinandersetzung mit ihm in der Stoa[28] verwiesen worden, so daß also „nicht bestimmte

---

25 So W. Grundmann, Der Brief des Judas und der zweite Brief des Petrus, ThHK 15, Berlin ³1986, 80f.

26 Weitere Belege bei H. Windisch – H. Preisker, Die katholischen Briefe 101; H. Paulsen, Der zweite Petrusbrief 151-158.

27 Zum epikureischen Hintergrund: J.H. Neyrey, The Form and Background of the Polemic in 2 Peter, JBL 99, 1980, 407-431; J.H. Elliott, Peter, Second Epistle of 285.287.

28 K. Berger, Streit um Gottes Vorsehung 124f, hat insbesondere auf Plut De sera numinis vindicata verwiesen (Text in Übersetzung bei K. Berger – C. Colpe, Religionsgeschichtliches Textbuch zum Neuen Testament, TNT 1, Göttingen 1987, 314f). Hier thematisiert Plut den Vorwurf der ‚Langmut Gottes' (vgl. in 2 Petr 3,9: βραδύνω, βραδύτης), um ihn positiv zu entkräften: Die Langmut Gottes schenkt Zeit zur Umkehr (vgl. 2 Petr 3,9).

exotische Häresien im Hintergrund (stehen), ...sondern verbreiteter Skeptizismus...“[29]

Demgegenüber verweist der Verf. des 2 Petr vor aller Apologetik urchristlicher Eschatologie zunächst in dem auf das Proömium folgenden Teil 1,12-21, der das Thema des Briefes benennt, auf die Ohren- (1,18) und Augenzeugenschaft[30] (1,16) der Verklärung Jesu, aus der sich die Gewißheit der zukünftigen Parusie Christi ergibt. Hierbei ist die zurückliegende Kundgabe der δύναμις καὶ παρουσία (1,16) noch nicht notwendig auf die Wiederkunft Christi zu beziehen. In der Schau der μεγαλειότης hat der Verf. exklusiv τὴν τοῦ κυρίου ἡμῶν Ἰησοῦ Χριστοῦ δύναμιν καὶ παρουσίαν gesehen, und sie ist für ihn Vorabbildung der zweiten, für alle offenbaren Parusie.[31] Das Proömium nennt in 1,11 die anthropologische Seite der Enderwartung: den Eingang in das ewige Reich (εἰς τὴν αἰώνιον βασιλείαν) unseres Herrn und Heilands Jesus Christus.

Die eigentliche Apologie der Eschatologie in 3,5-13 greift ausschließlich auf traditionelle, jüdische und christliche, aber auch antiepikureische Argumente zurück: a) Der gegnerischen These, daß seit dem Beginn der Schöpfung sich nichts verändert habe, wird mit dem Verweis auf das Ende der ersten Schöpfung in der Sintflut begegnet (vgl. bereits 2,5). Gleichwie die erste Schöpfung durch Wasser ihr Ende fand, so die gegenwärtige durch Feuer[32] (3,5-7). b) Die menschlichen Zeitvorstellungen sind mit der Geschichtsmächtigkeit Gottes nicht verrechenbar (3,8; aufgenommen ist Ps 90,4). c) Die scheinbare Verzögerung ist in Wahrheit ein Hinweis auf die Geduld Gottes, die Zeit zur Umkehr gewährt (3,9; vgl. Hab 2,3 und die sich anschließende jüdische Auslegungstradition; Röm 2,4). d) Der ‚Tag des Herrn‘[33] kommt ‚wie ein Dieb‘, d.h. der Faktor Zeit bleibt unberechenbar (3,10; vgl.

---

29 K. Berger, Streit um Gottes Vorsehung 135.

30 Der Begriff ἐπόπτης (ntl. Hapaxl.) bezeichnet in der Mysteriensprache die Eingeweihten des höchsten Grades (dazu Bauer – Aland, Wb. 619).

31 παρουσία ist in 3,4.12 auf die Wiederkunft Christi zu beziehen. Ausführlich zur Begründung: H. Paulsen, Der zweite Petrusbrief 118; weitere Belege aus dem 2. Jh. zur Vorstellung der ‚zwei Parusien Christi‘ bei W. Bauer – H. Paulsen, Die Briefe des Ignatius von Antiochia und der Polykarpbrief, HNT 18, Tübingen ^{2}1985, 87, zu IgnPhld 9,2.

32 Die Vorstellung eines endzeitlichen ‚Weltenbrandes‘ hat aus der griech.-hell. Überlieferung in die jüd. Literatur Eingang gefunden (Sib 4,172; 5,159.211.531; 1QH 3,29), die ihrerseits wohl wieder Vermittler an christliche Apokalyptik und Eschatologie gewesen ist; ausführlich mit Belegen H. Windisch-H. Preisker, Die katholischen Briefe 103; K.H. Schelkle, Die Petrusbriefe 226 Anm. 1.

33 Vom Kontext her ist bei ‚Tag des Herrn‘ an den ‚Tag Gottes‘ zu denken.

1 Thess 5,2; Apk 3,3; 16,15). e) Das ethische Verhalten der Gläubigen kann die Ankunft des Endes herbeiführen (3,11f; vgl. Sanh 97b/98a).

Die Parusie Christi (3,4), der Tag des Herrn (3,10), das ‚Kommen des Tages Gottes' (3,12) wird auf der bildlichen Ebene nur mit wenigen Strichen, die in großer Nähe zu bekannten jüdischen und christlichen Vorstellungen stehen, als Ende der Zeit und Gericht über die Schöpfung angesprochen (V.10). Die eigentliche Erwartung zielt auf eine Neuschöpfung, die durch δικαιοσύνη (3,13) ausgezeichnet ist. Das Parusiegeschehen selbst wird aus der Darstellung ausgeklammert, gleichwie ein Rekurs auf urchristliche Parusieworte vermißt wird. Vielmehr argumentiert Verf. in 3,5-13 ausschließlich von dem Handeln Gottes her.[34]

Die Summe der Argumente für das Festhalten an einer Enderwartung läßt keinen Zweifel daran aufkommen, daß wirklich eine Apologie der urchristlichen Eschatologie vorliegt. Da der Verf. sich grundsätzlich entschieden hat, Orientierung an der Vergangenheit zu suchen, ist sein Weg wohl konsequent. Allerdings deutet das Faktum der Vielzahl der Argumente, die der Verf. unterschiedlichen Feldern entleiht, auch an, daß er selbst teilhat an der Problematik einer überzeugenden Begründung für die Nähe und Gewißheit der Parusie in der gedehnten Zeit. Der Verweis auf die Verklärungsszene und die hier gewonnene Erkenntnis impliziert, daß die Hoffnung eine christologische Grundlegung hat, auch wenn der Zusammenhang zwischen Verklärung und Parusie im einzelnen nur angedeutet wird.[35] Daneben liegt in dem ‚prophetischen Wort'[36] (1,19) eine zuverlässige Größe vor, welche die gegnerischen Einwände widerlegen und die Parusieerwartung bekräftigen kann. Der Verf. nimmt für sich in Anspruch, die rechte Auslegung der Schriften zu kennen. Im Blick auf die Schrift, das Alte Testament, gleichen die Gegner denjenigen Spöttern, für die 3,4 analoge Fragen (ποῦ ἐστίν...; vgl. Mal 2,17LXX; Jer 17,5LXX u.ö.) charakteristisch sind. Darin aber besteht die

---

34 Nachweise bei A. Vögtle, Christo-logie und Theo-logie 392f.

35 Gegen E. Käsemann, Apologie 143, der in der Eschatologie des Briefes jede christologische Orientierung vermißt.

36 Der προφητικὸς λόγος (1,19) soll die alttestamentlichen und christlichen Schriften kennzeichnen. In 1,20 ist sodann aus dieser umfassenden Einheit die Gruppe der alttestamentlichen Propheten im Blick, sowie das Problem der rechten Auslegung. Die Absicht des Verf., wo er in 1,20f auf die Auslegung zu sprechen kommt, hat A. Vögtle, Christo-logie und Theo-logie 387f, wohl recht bestimmt: „Mit 1,20f will er ... versichern, daß er sich keiner eigenmächtigen Auslegung schuldig macht, wenn er zur Verteidigung des Parusieglaubens mit atl. und altbiblischer Verbal- und Realprophetie ... argumentiert, weil diese ... von Gott stammt."; vgl. auch ders., ‚Keine Prophetie der Schrift ist Sache eigenwilliger Auslegung' (2 Petr 1,20b), in: ders., Offenbarungsgeschehen und Wirkungsgeschichte, Freiburg 1985, 305-328.

Selbsttäuschung (1,9; 2, 10.12.14.18), daß die gegenwärtige Zeit als in Gottes Langmut gegebene Zeit zur Buße verkannt wird. Die in Kap. 2 breit beschriebenen moralischen Defizite der Gegner illustrieren diese Selbsttäuschung auf einer anderen Ebene, ohne daß jedes Detail mit einem realen Hintergrund in Verbindung gebracht werden darf.

Man wird dem Anliegen des 2. Petr nicht gerecht, wenn seine Botschaft auf eine Apologie der Eschatologie reduziert wird. Hier ist die Orientierung an der Ursprungssituation des christlichen Glaubens deutlich, daneben aber sind von diesem Ansatz abweichende Umstrukturierungen der urchristlichen Botschaft unverkennbar.

Innerhalb der christologischen Aussagen des 2 Petr begegnet in 1,1.11; 2,20; 3,18 der Titel σωτῆρ ᾿Ιησοῦς Χριστός, dieser Titel in 1,11; 2,20; 3,18 zudem in Verbindung mit ὁ κύριος ἡμῶν (letzterer Titel zudem in Verbindung mit ᾿Ιησοῦς Χριστός in 1,8.14.16). Aus Jud 4 ist der δεσπότης in 2,1 als christologischer Titel übernommen. Außer in der Verklärungsszene (1,17f) kommt der Irdische nicht in Blick. Die für Jud konstatierte Zuordnung von theologischen und christologischen Aussagen verblaßt in 2 Petr (nur 1,1.2), aber es ist in 1,3f.17; 3,18 die Übereignung von Attributen Gottes an Christus bezeugt.

Der Glaube, die πίστις, erscheint in 1,1.5 als fides quae creditur, die zugeteilt worden ist (λαγχάνω). An ihre Stelle scheint in existentieller Hinsicht die ἐπίγνωσις getreten zu sein (1,2.3.8; 2,20; auch γνῶσις in 1,5.6; 3,18 und γινώσκειν in 1,20; 3,8). Objekt der Erkenntnis ist zumeist Jesus Christus (1,2.8; 2,20; 3,18). In 1,5-7 ist die Erkenntnis (γνῶσις) in einem Kettenschluß, der überwiegend Gemeinplätze hellenistischer Ethik nennt, als christliche Lebensäußerung neben Glaube (πίστις), Tugend (ἀρετή), Mäßigkeit (ἐγκράτεια), Geduld (ὑπομονή), Frömmigkeit (εὐσέβεια), Bruderliebe (φιλαδελφία), Liebe (ἀγάπη) genannt. Diese positive Verankerung der Erkenntnis innerhalb der Frömmigkeit schließt im Grunde aus, daß das Thema der ‚Erkenntnis' aus dem Vorstellungsbereich der Irrlehrer sekundär übernommen worden ist.[37]

Eine im Neuen Testament singuläre Beschreibung des Heils bietet 1,3f mit der Zuspitzung, daß den Glaubenden die Verheißung, ‚Teilhaber der göttlichen Natur' zu werden, gegeben ist. Dieser Text – als Begründung der Heilsaussage mit der Aufnahme des Stichwortes ἐπίγνωσις noch dem Prä-

---

37 So z.B. W. Hackenberg, EWNT II 64; vgl. dagegen überzeugend die positive Verwendung von ἐπίγνωσις in 1 Tim 2,4; 2 Tim 2,25; 3,7; Tit 1,1; Hebr 10,26; 1 Klem 59,2 u.ö. (dazu K.H. Schelkle, Die Petrusbriefe 186), sowie zu den traditionsgeschichtlichen Voraussetzungen als Begriff der Konversionsliteratur: H. Paulsen, Der zweite Petrusbrief 105.

skript zuzuordnen – ist „gesättigt mit Anschauungen und Wendungen der hellenistischen Frömmigkeit“[38]

Versucht man die Struktur des Satzes zu entzerren, dann ergeben sich folgende Aussagen: a) Die göttliche Macht (Christi; V.2 Ende) hat uns (wohl allen Glaubenden; nicht exklusiv den Aposteln V.1) alles gegeben, was zum Leben und zur Frömmigkeit dient (V.3a). b) (‚Alles' ist zugänglich) in der Erkenntnis des Gottes, der uns berufen hat in eigener Herrlichkeit und Kraft (V.3b). c) (δι' ὧν = durch seine eigene Herrlichkeit und Kraft) wurden uns die kostbaren und größten Verheißungen geschenkt (V.4a), d) damit ihr (διὰ τούτων =) durch die Verheißungen Teilhaber der göttlichen Natur werdet (V.4b), e) und so flieht vor der Vergänglichkeit des Kosmos, dessen Kennzeichen die Begierde (ἐπιθυμία) ist (V.4c).

Die V.3f schreiben also letztlich der göttlichen Macht Christi die Gabe des Heils, die in der ἐπίγνωσις wahrgenommen wird und Verheißungen beinhaltet, zu. Was diese aussagen, spricht V.11 an: Den Eingang in die ewige Herrschaft unseres Herrn und Heilands Jesus Christus.[39] Was diese aber beinhalten, sagt V.4b: Die Teilhabe an der göttlichen Natur. „Die Flucht aus der Vergänglichkeit, der durch Gottes Kraft geschenkte Anteil an der göttlichen Natur, das Leben in Gott, Erkenntnis Gottes und unvergängliches Wesen machen den Inbegriff hellenistischer Frömmigkeit aus...“[40] Es ist jedoch nicht zu übersehen, daß diese ‚Vergottung' des Glaubenden nicht sakramental oder gnostisch vermittelt wird, sondern Verheißungsgut bleibt (vgl. auch die futurische Perspektive in 1,11). Insofern wird ein möglicher Gegensatz zu den apokalyptischen Aussagen aus 2 Petr 3 relativiert. Unbeschadet der massiven Apologie der apokalyptischen Eschatologie scheint den Verf. ja auch an anderen Stellen eine eher individualisierende, unapokalyptische Eschatologie zu bestimmen (vgl. nur 1,14.19[41]), ohne daß diese Aussagen notwendig als

38 So H. Windisch – H. Preisker, Die katholischen Briefe 85 (Exkurs: Hellenistische Frömmigkeit im II Petr).

39 V.4c nennt die Kehrseite dieses Eingangs in die ewige Herrschaft Christi, nämlich die Trennung von dem Kosmos.

40 H. Windisch – H. Preisker, Die katholischen Briefe 85. Die Grundstruktur der Aussage 2 Petr 1,3f findet sich so bereits bei Plat Theaet 176ab, sodann sich hierauf beziehend und zugleich wohl als vermittelnde Größe für das Christentum bei Philo Fug 62-64 u.ö.

41 Das Aufgehen des Morgensternes ‚in euren Herzen' läßt davon absehen, in 1,19b eine eigentliche Anspielung auf eine messianische Interpretation von Num 24,17, die etwa in CD VII 19f; 1 QM XI 6f; 4 QTest 12f; TestJud 24,1 bezeugt ist, wiederzufinden, belegt vielmehr, daß für den Verf. eine Zuordnung von apokalyptischen Überlieferungen zu individual-eschatologischen Aussagen möglich war.

Rezeption und Interpretation von gegnerischer Theologie auszulegen wären.[42] Daß gegenüber einer solchen Vergottungsaussage von einer Mitte des urchristlichen Zeugnisses her theologische Sachkritik angebracht und notwendig ist, weil auch innerhalb der Eschatologie Gott der Herr der Neuschöpfung bleibt und sie nicht in ihn aufgeht, hat E. Käsemann[43] nachdrücklich angemahnt.

IV. Das vollkommene Gesetz der Freiheit – Der Jakobusbrief

J.H. Ropes, A Critical and Exegetical Commentary on the Epistle of St. James, ICC, Edinburgh 1916 (= 1954).

F. Hauck, Der Brief des Jakobus, KNT 16, Leipzig 1926.

A. Meyer, Das Rätsel des Jacobusbriefes, BZNW 10, Gießen 1930.

H. Schammberger, Die Einheitlichkeit des Jakobusbriefes im antignostischen Kampf, Gotha 1936.

H. Windisch-H. Preisker, Die Katholischen Briefe, HNT 15, Tübingen ³1951.

J. Cantinat, Les Épîtres de Saint Jacques et de Saint Jude, SBi, Paris 1973, 9-263.

F. Mußner, Der Jakobusbrief, HThK XIII/1, Freiburg ³1975.

R. Hoppe, Der theologische Hintergrund des Jakobusbriefes, fzb 28, Würzburg 1977.

W.H. Wuellner, Der Jakobusbrief im Licht der Rhetorik und Textpragmatik, LingBibl 43, 1978, 5-66.

M. Dibelius-H. Greeven, Der Brief des Jakobus, hg. v. F. Hahn, KEK XV, Göttingen ⁶1984.

U. Luck, Die Theologie des Jakobusbriefes, ZThK 81, 1984, 1-30.

M. Hengel, Jakobus der Herrenbruder – der erste ‚Papst'?, in: Glaube und Eschatologie, FS W.G. Kümmel, Tübingen 1985, 71-104.

H. Frankemölle, Gesetz im Jakobusbrief, in: K. Kertelge (Hg.), Das Gesetz im Neuen Testament, QD 108, Freiburg 1986, 175-221.

Ders., Der Brief des Jakobus, ÖTK 17/1+2, Gütersloh 1994.

W. Popkes, Adressaten, Situation und Form des Jakobusbriefes, SBS 125/126, Stuttgart 1986.

W. Schrage-H. Balz, Die Katholischen Briefe, NTD 10, Göttingen ¹³1986.

42 So allerdings H. Köster, Art.: φύσις, ThWNT IX 269. Demgegenüber ist zu bedenken, daß diese Vergottungsvorstellung dem Neuen Testament zwar mit Ausnahme von 2 Petr 1,4 fremd ist, aber in der apologetischen Literatur des 2. Jh. zunehmend wichtig wird (H. Paulsen, Der zweite Petrusbrief 108f) – auch dies ein Argument für die zeitliche Spätansetzung des 2. Petr. Es ist in diesem Zusammenhang auch zu bedenken, daß die oft erwähnte Übernahme hellenistischer Terminologie im 2 Petr nicht auf den sprachlichen Bereich reduziert werden darf, da sie immer – möglicherweise in einem vom Verf. bewußt intendierten apologetischen Sinn – auch mit Inhalten verbunden ist.

43 E. Käsemann, Apologie.

W. PRATSCHER, Der Herrenbruder Jakobus und die Jakobustradition, FRLANT 139, Göttingen 1987.
F. SCHNIDER, Der Jakobusbrief, RNT, Regensburg 1987.

a) Abfassung und traditionsgeschichtlicher Zusammenhang

Das unter dem Namen des ‚Jakobus, des Sklaven Gottes und des Herrn Jesus Christus' (1,1), überlieferte Schreiben wurde von einem unbekannten Verfasser, nicht von dem Herrenbruder Jakobus verfaßt. Der Herrenbruder hatte als einziger unter den verschiedenen Trägern gleichen Namens in der Urchristenheit ein so großes Ansehen, daß die Inanspruchnahme seines Namens als Pseudonym in der späteren Zeit verständlich ist. Daß solche Zuweisung, die in anderen pseudo-jakobäischen Schriften Parallelen hat[1], nicht den historischen Tatsachen entspricht, ist – nachdem in der neueren Exegese die gegenteilige Ansicht wieder an Boden gewinnt[2] – hier noch einmal kurz zu begründen: Gegen die Abfassung des Jakobusbriefes durch den aus einfachen Verhältnissen stammenden Herrenbruder spricht zunächst die gepflegte Gräzität des Schreibens, das trotz semitischer Spracheinflüsse sich gegenüber den Anforderungen der griechischen Rhetorik aufgeschlossen

1 Beispiele: Protev (vgl. O. Cullmann in: W. Schneemelcher, NTApo I^6 334-349); Apokrypher Brief des Jakobus (NHC I 2:1,1-16,30 = Apokryphon des Jakobus; vgl. D. Kirchner, in: W. Schneemelcher, a.a.O. I 234-244); zwei Apokalypsen des Jakobus (NHC V 3:24,10-44,10; 3:44,11-63,32). Über den Herrenbruder Jakobus handeln die Anabathmoi Jakobou (vgl. PsClem Rec I 43ff, Epiph Haer XXX 16), Passio bzw. Martyrium Jacobi (vgl. R.A. Lipsius, Die apokryphen Apostelgeschichten und Apostellegenden, Braunschweig 1883f, I 145f.178.180; II 2, 250ff) und die antiken bzw. altkirchlichen Berichte bei Jos Ant XX 9,1 u.a. (s.u. Anm. 6). – Als Garant der unverfälschten Überlieferung wird er genannt bei ClAl, Hypotyposen (bei Eus HistEccl II 1,3f); bei Naassenern (Hipp Ref V 7,1; vgl. auch EvThom 12); weiteres bei R.A. Lipsius, a.a.O. II 2, 238ff; ausführliche Diskussion der Belege durch W. Pratscher, Der Herrenbruder.

2 Vgl. F. Mußner, Der Jakobusbrief 8; auf evangelischer Seite waren die letzten einflußreichen Vertreter dieser Position: A. Schlatter, Der Brief des Jakobus, mit einem Begleitwort von F. Mußner, Stuttgart ^{3}1985; und G. Kittel, Der geschichtliche Ort des Jakobusbriefes, ZNW 41, 1942, 71-105; jetzt wieder: M. Hengel, Der Jakobusbrief als antipaulinische Polemik, in: Tradition and Interpretation in the New Testament, FS E.E. Ellis, Tübingen/Grand Rapids 1987, 248-278. Konsequent ist nach der extremen Position von J.A.T. Robinson, Redating the New Testament, London 1976, der Jak das älteste Schriftstück im ntl. Kanon. Vgl. demgegenüber K. Aland, Der Herrenbruder Jakobus und der Jakobusbrief, in: ders., Neutestamentliche Entwürfe, TB 63, München 1979, 233-245.

zeigt[3]; denn wenn auch in Jerusalem zur Zeit Jesu die aramäische bzw. hebräische, lateinische und griechische Sprache in Gebrauch waren[4], so lassen Sprachschatz und -stil des Jakobusbriefes doch mehr als eine nur oberflächliche Bekanntschaft mit dem Griechischen, wie es in den Städten des Reiches als Umgangssprache verwendet wurde, erschließen.[5] Darüber hinaus stand nach neutestamentlichem Zeugnis der Herrenbruder Jakobus auf ritualgesetzlichem Boden (Apg 15,13ff; 21,18ff) und suchte als späterer Leiter der Urgemeinde auf die urchristlichen Gemeinden auch des hellenistischen Raumes zugunsten der jüdischen Observanz Einfluß zu nehmen (vgl. Gal 2,12). Vermutlich aus diesem Grunde wurde ihm der Beiname ὁ δίκαιος (‚der Gerechte') beigelegt.[6] Dagegen vertritt der Verfasser des Jakobusbriefes auch nicht andeutungsweise eine zeremonialgesetzliche Haltung. Es wird sich darüber hinaus im folgenden zeigen, daß die Herrenwortüberlieferung im Jakobusbrief eine nicht ausreichende Grundlage für die Annahme darstellt, der Verfasser repräsentiere ein frühes Stadium der Tradierung des Jesusgutes; und auch, daß das Verhältnis zu Paulus nicht das eines Rivalen um die Führung der Kirche ist, vielmehr eine direkte Bekanntschaft mit Paulus und den paulinischen Briefen nicht erschlossen werden kann. Schließlich: Die Tatsache, daß die ‚Echtheit' des Schreibens noch zur Zeit des Euseb in der Kirche umstritten war (Eus HistEccl II 23,24f), ermutigt nicht, die Abfassung dem Herrenbruder zuzuerkennen, zumal eine konkrete Situation nicht erkennbar ist, die den Schluß auf die Jerusalemer Urgemeinde als Ursprungsort erleichtern würde.

---

3 Einzelnachweise bei Martin Dibelius, Der Brief des Jakobus 33-37; F. Mußner, Der Jakobusbrief 26ff.

4 Vgl. J.A. Fitzmyer, The Languages of Palestine in the First Century A. D., CBQ 32, 1970, 501-531.

5 Aus sprachlichen Gründen schließen die Verfasserschaft des Herrenbruders u.a. aus: A. Jülicher-E. Fascher, Einleitung in das Neue Testament, Tübingen 1931, 205; J.H. Ropes, Commentary 49ff; A.H. McNeile, Introduction to the New Testament, Oxford 1927, 192; H. Windisch, Die Katholischen Briefe 35f; Ph. Vielhauer, Geschichte 568f. – Auch die eindringende Untersuchung von J.N. Sevenster, Do You know Greek? How Much Greek could the First Jewish Christians have known?, NT.S 19, Leiden 1968, gelangt trotz einer entgegengerichteten Tendenz nur zu dem Ergebnis: „Obwohl absolute Sicherheit in diesem Punkt nicht erreicht werden kann ..., kann die Möglichkeit nicht länger ausgeschlossen werden, daß ein palästinischer Judenchrist des 1. Jahrhunderts n.Chr. eine Epistel im guten Griechisch geschrieben hat" (191). Die Wahrscheinlichkeit, daß diese Möglichkeit eintrat, ist – wie das von Sevenster herangezogene ekzeptionelle Beispiel des Josephus (Ant XX 262-265) zeigt – außerordentlich gering.

6 Hegesipp bei Hieron, VirInl 2; EvThom 12; Hegesipp bei Eus HistEccl II 1,3; 23,4-6; vgl. dazu H. Kemler, Der Herrenbruder Jakobus bei Hegesipp und in der frühchristlichen Literatur, Teildruck einer theol. Diss., Göttingen 1966.

Abgesehen von dem Präskript hat das Schreiben keinen Briefcharakter.[7] Wie diese archaisierende Ausdrucksweise der Adresse (‚an die zwölf Stämme in der Diaspora') anzeigt, richtet es sich an eine universal-christliche, nicht auf eine konkrete Situation festzulegende Leserschaft.[8] Daher kann auch die Zeit der Abfassung nicht genauer erhoben werden; sie ist wegen der sachlichen Nähe zu anderen urchristlichen Schriften nur ungefähr auf die letzten Jahrzehnte des ersten Jahrhunderts anzusetzen. Seiner Form und seinem Inhalt nach ist der Jakobusbrief ein *paränetischer Traktat.*[9] Die in ihm ausgesprochene ‚Lehre' befaßt sich ausschließlich mit theoretischen Problemen der Ethik, z.B. dem Verhältnis von Glaube und Werken, steht also im Dienst der praktisch-paränetischen Zielsetzung, wie auch die häufig direkte Anrede ‚geliebte Brüder'[10], die benutzten Bilder und Vergleiche sowie zahlreiche Imperative beweisen.[11] Die asyndetische, durch Stichwortanschluß geprägte Kompositionstechnik entspricht einer Anreihungsparänese und trägt zum unpersönlichen Charakter des Jakobusbriefes bei. Dennoch handelt es sich

7 Jak 1,1. – Allerdings finden sich im Jak der Briefliteratur analoge Elemente (vgl. F.O. Francis, The Form and Function of the Opening and Closing Paragraphs of James and I John, ZNW 61, 1970, 110-126); jedoch sind diese nicht nur für Briefe, sondern auch für andere literarische Gattungen nachzuweisen; das Wort μακάριος (1,12.25) ist zum Beispiel nicht mit εὐλογητός in 2 Kor 1,3 zu parallelisieren, also nicht Bestandteil eines Brief-Proömions, sondern hat seine nächsten Parallelen in den Psalmen und vor allem in der Weisheitsliteratur: Ps 1,1; 33,9; 40,1; 83,6; 93,12; 110,1; Spr 8,34; 28,14; Sir 14,1.20; Jes 56,2 LXX u.ö.

8 Vgl. Jak 1,1 mit 1 Petr 1,1. – Die Schwierigkeit, den Standort des Verfassers wie auch der Adressaten genauer einzugrenzen, ist nicht nur in der schriftstellerischen Absicht begründet, die Gesamtkirche zu erreichen, sondern auch durch die Überschneidung dieser Intention mit konkreten Erfahrungen (wie sie etwa im Thema ‚Arm und reich' reflektiert sind: 1,9ff; 2,1ff), darüber hinaus mit spezifischen Aussagerichtungen des übernommenen Gutes, die dem Kontext nicht wirklich eingepaßt wurden (vgl. etwa die prophetisch-apokalyptische Polemik gegen die Reichen, die dem ethischen Stil des Jakobus nicht nur formal widerspricht: 5,1-6).

9 Vgl. dazu G. Strecker, Literaturgeschichte 72; ders., Art.: Jakobusbrief, EKL[3] 2, 1989, 794f.

10 ἀδελφοί μου ἀγαπητοί: 1,16.19; 2,5; vgl. ἀδελφοί μου: 1,2; 2,1.14; 3,1.10.12; 5,10 (v.l.).12.19; ἀδελφοί: 4,11; 5,7.9.

11 Von den 108 Versen des Jakobusbriefes haben 54 eine imperativische Fassung; vgl. G. Eichholz, Jakobus und Paulus, TEH 39, München 1953, 34; hierher gehören auch die imperativischen Partizipien (1,3.6; fraglich dagegen die imperativische Interpretation des Partizips Aorist: 1,21; 3,1; 5,14), die für den vermuteten semitischen Hintergrund des Jak nicht in Anspruch genommen werden sollten; ebensowenig das Fehlen des genetivus absolutus, da dieser primär in den erzählenden Büchern des NT anzutreffen ist.

um mehr als nur um eine ‚Aphorismensammlung'[12]; denn die einzelnen Sprüche sind teilweise in Spruchketten nach inhaltlichem Zusammenhang miteinander verbunden; auch wenn der Kontext nur selten die Stringenz einer brieflichen Argumentation, wie sie aus der paulinischen Paränese bekannt ist, erhält, so wird hieraus doch jedenfalls deutlich, daß der Verfasser um Sacheinheiten bemüht ist.[13]

Verschiedenartige religionsgeschichtliche Einflüsse prägen die Paränese des Jakobus, wie sich schon an der unterschiedlichen Sprachfärbung zeigt: Neben Elementen eines gepflegten Griechisch, das eine nahe Verwandtschaft zur hellenistisch-philosophischen Diatribe aufweist (vor allem 2,14ff; 4,11), stehen Semitismen, die zu einem Teil als Septuagintismen zu erkennen sind.[14] Der geistige Raum, in dem und für den der Verfasser seine Botschaft ausspricht, ist also weitgedehnt. Dem entsprechen die Inhalte der Paränese. Pauschal läßt sich sagen, daß sie die ethische Tradition reflektieren, die zum Erbe des alttestamentlich- und hellenistisch-jüdischen Kulturbereiches gehört und ohne Kontinuitätsbruch in die urchristliche Überlieferung Eingang gefunden hat. Im einzelnen legt es sich nicht nahe, einer bestimmten Traditionsrichtung den ausschließlichen Vorrang einzuräumen. Zweifellos lassen sich Traditionsstücke aus der hellenistisch-jüdischen Weisheitsüberlieferung nachweisen. Die pragmatische Ethik der hellenistisch-jüdischen Weisheitslehre hat im Jakobusbrief nicht nur Sachparallelen.[15] So erscheint an zwei Stellen

---

12 So noch Bl.-D.-R. § 463.

13 Zum Aufriß: Beachtenswert, aber künstlich ist der Versuch von A. Meyer, Das Rätsel des Jacobusbriefes, in Entsprechung zu den zwölf Stämmen Israels, von Ruben bis Benjamin, das Schreiben in zwölf Abschnitte aufzugliedern. Einen größeren Anklang hat der Versuch von M. Dibelius, Der Brief des Jakobus gefunden, wonach drei Spruchreihen (1,2-18: von Versuchungen; 1,19-27: vom Hören und Tun; 5,7-20: wechselnde Themen), zwei Spruchgruppen (3,13-4,12: gegen Streitsucht; 4,13-5,6: gegen weltlich gesinnte Kaufleute und Reiche) und drei Abhandlungen (2,1-13: vom Ansehen der Person; 2,14-26: von Glauben und Werken; 3,1-12: von der Zunge) zu unterscheiden sind. An dieser nicht nur formal, sondern auch inhaltlich begründeten Disposition ist abzulesen, daß die Komposition des Jakobus stärker ausgearbeitet ist, als dies aus Dibelius' Exegese, die im wesentlichen von der Isoliertheit der Sprüche ausgeht, erschlossen werden kann. Vgl. R. Walker, der auf den Unterschied zwischen konkreter (z.B. 1,2-4.26f; 3,1.3-12; 4,11f; 5,7ff) und genereller Paränese (1,22-25; 2,10-12.14-26) hinweist (Allein aus Werken. Zur Auslegung von Jakobus 2,14-26, ZThK 61, 1964, 155f). Allerdings bleiben die Grenzen zwischen spezieller und allgemeiner Paränese fließend (vgl. z.B. 2,8f); für die Bestimmung des theologischen Profils ist von den allgemeinen Aussagen auszugehen.

14 Vgl. im einzelnen J.H. Ropes, Commentary 10-16; F. Mußner, Der Jakobusbrief 30f.

15 Die Übereinstimmungen wurden hervorgehoben von U. Luck, Weisheit und Leiden, ThLZ 92, 1967, 254-256. – Vgl. besonders Jak 1,2ff mit Weish 3,4f; 6,12-

die Anschauung von der göttlichen Sophia als einer fast personhaften Größe, bezeichnenderweise jedoch nicht im Zusammenhang eines ausgeführten Weisheitsmythos, sondern in der Ausrichtung auf die ethische Differenzierung von Recht und Unrecht.[16] Ein literarisches Abhängigkeitsverhältnis zur Sapientialiteratur ergibt sich nicht. Die Übergänge zur weiteren hellenistisch-jüdischen Überlieferung sind fließend. Daß die letztere den religionsgeschichtlichen Urgrund der Paränese des Jakobus darstellt, zeigen zahlreiche Traditionsstücke: die Zitierung von alttestamentlichen Geboten nach der Septuaginta (2,11: Dekalog), die Verhältnisbestimmung von arm und reich; spezieller die alttestamentlichen Überlieferungsstoffe, die abweichend vom Alten Testament eine selbständige traditionsgeschichtliche Entwicklung zurückgelegt haben, ohne christlicher Herkunft zu sein.[17] Auch die an alttestamentliche Prophetie erinnernden Drohworte (5,1ff: gegen die Reichen) oder apokalyptische Vorstellungen (1,12; 4,12; 5,3.7f) gehen letztlich auf diese Grundlage zurück. Daneben sind stoische Überlieferungen von Einfluß gewesen, besonders in der Bildsprache, welche die Paränese erläutert.[18] Schließlich und vor allem hat die urchristliche ethische Überlieferung die Paränese des Jakobus geprägt. Sie ist das letzte, entscheidende Durchgangsstadium der Traditionsstücke, auch wenn daneben eine direkte Aufnahme von nichtchristlichem ethischem Material nicht ausgeschlossen werden darf.

Die traditionsgeschichtliche Disparatheit des ethischen Gutes wird besonders bei der Untersuchung der Frage sichtbar, ob bzw. inwieweit *Herrenwortüberlieferung* Verwendung gefunden hat. Nach kritischer Sichtung der

---

21; Sir 4,17 (LXX); 1,4f mit Weish 9,1ff (vgl. Mt 11,29); 1,10 mit Sir 10,13-22; Koh 10,6; Jes 40,6f; 1,12.25 mit Dan 12,12 (Theod.); Weish 3,5f; 5,16; 1,19 mit Sir 5,13; Koh 5,1; 7,9; Av I 15; Jak 3,15.17 mit Spr 2,6; Weish 7,15ff; 9,13ff; 4,6 mit Sir 3,20f; Spr 3,34; 29,25 (LXX); 4,10 mit Hi 5,11.

16 Jak 3,15.17 (die Weisheit, die von oben herabkommt, im Unterschied zur irdischen, psychischen); vgl. äthHen 42,1-3 (Abstieg und Rückkehr der Weisheit und ihre Gegenüberstellung zur ‚Ungerechtigkeit'); dazu F. Christ, Jesus Sophia. Die Sophia-Christologie bei den Synoptikern, AThANT 57, Zürich 1970, 48ff.

17 So die Wiedergabe des Eliagebetes in 5,17: Nach 1 Kön 18,1 wird die angekündigte Trockenheit im dritten Jahr beendet; anders die bei Jak (und Lk 4,25) vorausgesetzte Elialegende, die eine Dürreperiode von 3 1/2 Jahren zählt (vgl. u. zu 5,17).

18 Vgl. zu 1,6 (‚Meereswoge'): Dio Chrys Or 32,23; schon Demosth Or 19,136; zu 1,23 (‚Spiegel'): Epict II 14,21; Sen Nat I 17,4; zu 3,3ff (‚Zunge'): nicht nur der ‚optimistische', sondern auch der für Jak charakteristische ‚pessimistische' Klang ist in der griechisch-stoischen Überlieferung vorgegeben: Dio Chrys Or 12,34; 36,50 (Vergleich mit einem Schiff bzw. einem Wagenlenker); Lukrez, rer nat IV 860ff (Herrschaft über den Körper): Epict I 12,26 (kleine Ursache, große Wirkung); zu 3,11f (Unvereinbarkeit von süßem und bitterem Wasser an einem Brunnen; verschiedene Früchte an einem Baum); Epict II 20,18; Plut Tranq 13; Sen Ep 87,25; vgl. H. Windisch, Die Katholischen Briefe 25 („stoische Schultradition").

von G. Kittel aufgeführten Textstellen und Elimination von deutlich sekundärem synoptischem Gut verbleiben 27 Belege, deren größter Teil sich an die Bergpredigt anzuschließen scheint.[19] Eine eingehendere Prüfung ergibt, daß die Probleme außerordentlich verschieden gelagert sind. Dieses Spruchgut läßt sich in fünf Gruppen aufgliedern:

1. Auszuscheiden aus der Diskussion sind die Texte, für die weder eine sprachliche noch eine sachliche Parallele zur Herrenworttradition wirklich zu erkennen ist. *2,6:* Daß die Reichen ihre Schuldner bedrücken, hat in Lk 18,3 allenfalls eine sachliche Entsprechung; eher ist an Am 4,1; 8,4 als traditionsgeschichtlichen Hintergrund zu denken. Ebensowenig ist *5,9a* mit Mt 5,22 und 7,1 zu vergleichen; handelt es sich dort um die innergemeindliche Klage über das Unrecht, das die Gemeinde ertragen muß (vgl. auch das ‚innere Seufzen' in Röm 8,23), so im Matthäusevangelium um die Mahnung, einander nicht unrecht zu tun. Schließlich hat das Zitat hellenistisch-jüdischer Herkunft in *1,17* („Alle gute Gabe und jedes vollkommene Geschenk kommt von oben herab, von dem Vater der Lichter") in Mt 7,11 eine nur schwache Parallele; seine Struktur und Sprache verweisen auf eine selbständige jüdische Tradition (vgl. besonders zum Ausdruck „Vater der Lichter": ApkMos 36.38; TestAbr 7,6; Philo Ebr 81).

2. Nicht Jesus, sondern *frühchristliche* Überlieferung reflektieren die folgenden Belegstellen: *1,6* (vom nichtzweifelnden Glauben); zu Mt 21,21 par besteht kein enger Zusammenhang, da bei Jakobus das Bild vom Bergeversetzenden-Glauben nicht verwendet wird; andererseits ist διακρίνεσθαι in der Bedeutung von ‚zweifeln' nicht im vorneutestamentlichen Sprachgebrauch nachweisbar, also Bestandteil der Sprache des urchristlichen Glaubens (vgl. noch Jak 2,4; Röm 4,20; 14,23; Apg 10,20; Jud 22). *2,14-26* (Glaube und Werke): Hierzu finden sich jüdische Parallelen, wie sie auch Mt 7,21; 25,35f vorausgesetzt sind; jedoch bezieht sich Jakobus auf eine spezifisch christliche, von Paulus beeinflußte Rechtfertigungsdiskussion (s.u.). *5,9b* („Der Richter steht vor der Tür") dokumentiert urchristliche apokalyptische Tradition (vgl. Mk 13,29; Apk 3,20); ebenso *5,7* („Seid geduldig, Brüder, bis zur Parusie des Herrn"), wenngleich es sich beide Male um sekundäre Verchristlichung eines ursprünglich jüdisch-apokalyptischen Motivs handelt (vgl. Mal 3,1; äthHen 1,3ff; 92ff; TestJud 22,2). *5,12* führt auf eine vorsynoptische, aber gegenüber der ursprünglichen Antithese Mt 5,33-34a dennoch sekun-

19 Vgl. G. Kittel, Der geschichtliche Ort des Jakobusbriefes, ZNW 41, 1942, 71-105 (bes. 84-94); M.H. Shepherd, The Epistle of James and the Gospel of Matthew, JBL 75, 1956, 40-51; F. Mußner, Der Jakobusbrief 42-52 (bes. 48-50); W.D. Davies, The Setting of the Sermon on the Mount, Cambridge 1964, 401-404; J. Cantinat, St. Jacques 27f.

däre Überlieferungseinheit zurück. *5,19f* (Mahnung, dem irrenden Bruder nachzugehen) reflektiert die urchristliche Gemeindeordnung, die eine Parallele in Mt 18,15ff hat; hierbei ist in jeweils unterschiedlicher Weise jüdischer Einfluß festzustellen.

3. Die Mehrzahl der Textstellen ist nicht den Gruppen 1 oder 2 zuzurechnen. Jedoch ist auch hier die ‚Jesustradition' nicht die einzig mögliche Quelle. So ist zu den folgenden Belegen ein *hellenistischer Einschlag*, wie er auch im übrigen für Jakobus nachzuweisen ist, festzustellen: *1,5* („Er soll von Gott ... bitten, und ihm wird gegeben werden"; vgl. 4,3): Anders als Mt 7,7 ist trotz passivischer Konstruktion der Gottesname nicht vermieden[20]; inhaltlich ist die Bitte um σοφία gemeint, wie sie in der Weisheitsüberlieferung des hellenistischen Judentums tradiert wird (z.B. Weish 7,7; 9,4; zum alttestamentlichen Hintergrund auch 2 Chr 1,10 <Bitte um Weisheit>; Jer 29,12 <Gebetserhörung>. *1,23* verbindet die Gegenüberstellung von Hören und Tun[21] mit dem Bild vom Spiegel, das in der hellenistisch-ethischen Unterweisung verbreitet ist (z.B. Sen Nat I 17,4; Epict II 14,21). *3,12:* Daß der Feigenbaum keine Oliven, der Weinstock keine Feigen trägt, ist ein Bild, das nicht nur Mt 7,16 par, sondern allgemein in der hellenistischen Welt bekannt ist (z.B. Sen Ep 87,25; Plut Tranq 13; Epict II 20,18; Philo Aet 66). *4,13-15:* Das Konstruieren von Plänen für die Zukunft wird nicht nur Mt 6,34, wozu abgesehen von dem Wörtchen αὔριον keine sprachliche Brücke besteht, abgelehnt, sondern auch Spr 27,1; Sir 11,19 und in vielen einschlägigen Texten des hellenistischen Judentums. *Zu 5,5* (Verurteilung des ‚Schwelgens' und ‚Prassens' der Reichen) ist nur inhaltlich Lk 16,19 und 21,34 zu vergleichen, ein sprachlicher Zusammenhang ergibt sich nicht. Vielmehr: σπαταλᾶν (‚schwelgen') ist im Neuen Testament nur noch in den Pastoralbriefen, in denen gleichfalls hellenistisches Sprachgut Aufnahme gefunden hat, bezeugt (1 Tim 5,6; vgl. auch Sir 21,15 LXX); ferner Barn 10,3 (die Reichen werden mit Schweinen verglichen, die im Überfluß lebend ihren Herrn nicht kennen; ähnlich <von Schafen, die es sich auf der Weide wohl sein lassen> Herm sim VI 1,6; 2,6); das Verb τρυφᾶν (‚prassen') ist ein neutestamentliches Hapaxlegomenon; vgl. auch Herm sim VI 4,1f.4; 5,3-5 (von den Reichen); im abwertenden Sinn auch Sir 14,4 LXX.

4. Einige Texte repräsentieren den Traditionsstrom der *‚Armenfrömmigkeit'*, der außer bei Jakobus vor allem im lukanischen Geschichtswerk neutestamentlich belegt ist, jedoch bis in das Alte Testament und das vorneutestamentliche Judentum zurückreicht.[22] *2,5ff:* Ein Vergleich mit der Selig-

20 Entsprechend 4,10 gegen Mt 23,12 par.

21 Siehe unten zu 1,22 (vgl. Mt 7,24).

22 Vgl. dazu unten F IV d.

preisung der Armen in Lk 6,20 (Mt 5,3) legt sich nicht nahe; denn bei Jakobus ist ein entsprechender Makarismus nicht belegt, wohl aber ist auf Lk 12,16ff; 16,19ff und andere neutestamentliche Perikopen hinzuweisen, die der Sendung Jesu an die Armen und Entrechteten Ausdruck geben; darüber hinaus aber auch auf die vorchristliche alttestamentlich-jüdische Tradition, wonach die Armen und Bedrückten Gottes Zuwendung erfahren: Ps 37; Jes 57,15; 61,1ff u.ö. (s.u.). *5,1:* Das Drohwort gegen die Reichen hat im Weheruf Lk 6,24 keine wörtliche Entsprechung; zu *5,2* (Vergänglichkeit des Reichtums) findet sich in Mt 6,19f eine nur inhaltliche Parallele (vgl. zum Bild von den Motten und dem Rost auch Jes 51,8); in diesen Zusammenhang gehört auch 5,5 (dazu der vorige Absatz).

5. Verschiedenartig sind schließlich die folgenden Texte, die zwar Berührungen mit der synoptischen Überlieferung zeigen und am ehesten auf Jesusgut zurückschließen lassen, aber doch inhaltlich, teilweise auch sprachlich einen alttestamentlich-jüdischen Hintergrund besitzen. *1,22* (vgl. 1,23.25): Der Gegensatz zwischen Hören und Tun des Wortes begegnet auch Mt 7,24.26; jedoch ist das Gleichnis vom Hausbau nicht bei Jakobus bezeugt. Die Entgegensetzung selbst ist nicht nur der urchristlichen ethischen Überlieferung bekannt (vgl. Mt 7,21; Röm 2,13), sondern schon im Alten Testament (z.B. Dtn 30,8ff; Ez 33,32), wie auch in der späteren jüdischen Tradition vorhanden (vgl. M. Dibelius, Der Brief des Jakobus 109). *2,13:* Der Spruch von der Barmherzigkeit, die sich ‚gegen das Gericht rühmt', hat nicht nur in Mt 5,7 eine Parallele (allerdings erwähnt Jakobus einen entsprechenden Makarismus nicht), sondern auch sonst in urchristlicher Paränese (vgl. Jak 3,17; Mt 9,13; 12,7; 18,21ff; 25,34ff; Lk 10,37; Röm 12,8 u.ö.), aber auch im Alten Testament (z.B. Spr 17,5) und in späterer jüdischer Überlieferung (z.B. Sir 28,4; Tob 4,9-11; Ps.-Phokylides XI; Shab 151b). *3,1-12:* Diese Mahnungen gipfeln in der Aufforderung, die Zunge unter Kontrolle zu halten; sie lassen nicht nur an Mt 12,36f als Parallele denken, sondern verbinden weisheitlich-ethische Überlieferung des Judentums und griechische Diatribe (vgl. Sir 5,13; 19,16; 25,8; 28,17 LXX; 1 QS X 21ff; Av I 17). *3,18:* Daß ‚Frieden' und ‚Frucht der Gerechtigkeit' zusammen gehören, ist nicht im Makarismus Mt 5,9 gesagt, wohl aber Jes 32,17 und Hebr 12,11. *4,4* läßt sich nicht primär mit dem Wort über Mammons- oder Gottesdienst (Mt 6,24par) vergleichen, sondern weist im ersten Teil auf alttestamentlich-jüdische Wurzeln zurück (vgl. zur übertragenen Bedeutung von ‚Ehebruch': Jes 57,3f; Ez 16,15ff; auch Mt 12,39 par); schon darin ist der eschatologisch-ethische Gegensatz ‚Gott – Welt' enthalten, der im zweiten Teil ausgesprochen und nicht nur Mt 6,24, sondern auch Röm 8,1ff; 1 Joh 2,15ff; 2 Clem 6,3; Philo Her 243; Jos Ant IX 14,1 zu parallelisieren ist. *4,9:* Die Umkehrung des Lachens in Trauer begegnet auch im traditionsgeschichtlich späten Weheruf Lk 6,25; während in Jakobus eine ethische Mahnung vorliegt, handelt es sich bei Lukas um eine prophetische

drohende Voraussage (ähnlich Am 8,10). *4,10:* Daß Selbsterniedrigung zur Erhöhung führen wird, sagt auch Mt 23,12 par; der Spruch findet sich ähnlich 1 Petr 5,6; er stammt aus alttestamentlicher Überlieferung (vgl. Hi 22,29; Ez 17,24; 21,31; Spr 3,34; 29,23). *4,17* (Sünde ist es, wenn man das Gute kennt, aber es nicht tut) hat in Lk 12,47 allenfalls eine inhaltliche Parallele. Daneben stehen zahlreiche Texte aus neutestamentlicher (Joh 9,41; 13,17; 2 Petr 2,21), alttestamentlicher (Hi 31,16-18), hellenistisch-jüdischer (Philo Flacc 7) und rabbinischer Überlieferung (LevR 25); daher hat auch zu dieser Stelle die synoptische Tradition nur die Bedeutung einer von vielen möglichen Sachparallelen. *5,17:* Der Verweis auf die Bitte Elias um Trockenheit hat in Lk 4,25 keine Entsprechung, wohl aber die Angabe, daß die Trockenperiode 3 1/2 Jahre andauerte; so ist es 1 Kön 18,1 (,im dritten Jahr') nicht gesagt; vielleicht hat die Zeitangabe von Dan 7,25; 12,7 eingewirkt; möglich ist, daß Jakobus und Lukas unabhängig voneinander auf eine jüdisch-exegetische Grundlage zurückführen.

Als Ergebnis ist festzuhalten: Die Untersuchung der sog. Herrenwortüberlieferung deckt dieselben traditionsgeschichtlichen Strömungen auf, die im übrigen bei Jakobus festzustellen sind: ethische Mahnungen von primär alttestamentlich-jüdischer Herkunft, wobei hellenistisch-jüdische Elemente hervortreten, aber auch heidnisch-hellenistische und frühchristliche Einflüsse nicht zu leugnen sind. Weder die Benutzung des Matthäusevangeliums oder eines der übrigen kanonischen Evangelien noch die der Q-Quelle sind für Jakobus nachzuweisen. Bei einzelnen Parallelen zum synoptischen Spruchgut läßt sich vermuten, daß sie auf vorsynoptische Tradition zurückgehen (z.B. 1,22; 4,9f; 5,12); freilich ist eine eindeutige Abgrenzung zwischen nichtchristlicher und frühchristlicher Überlieferung nicht zu vollziehen. Daher kann auch die Frage, ob in diesen Belegen echte Jesusworte verarbeitet worden sind, nur gestellt werden. Gegen eine bejahende Antwort spricht, daß im Jakobusbrief niemals die Form eines Herrenwortes erscheint – es ist eine intelligente, aber gewaltsame Auskunft, wenn man mit F. Hauck gerade darin ein Zeichen für lebendige, dem historischen Jesus besonders nahestehende mündliche Überlieferung sehen will[23] -, und gegen die Behauptung, Jakobus lasse ,Geist vom Geiste Jesu' erkennen[24], spricht entscheidend, daß für die Verkündigung des historischen Jesus eine prophetisch-apokalyptische Aussagerichtung vorauszusetzen ist, die dem Bereich des Judentums zugehört, während der Verfasser des Jakobusbriefes ethisch-weisheitliches Denken repräsentiert, das – trotz seiner Anleihen an die paränetische und apokalypti-

23 F. Hauck, Der Brief des Jakobus 12.

24 F. Mußner, Der Jakobusbrief 31.

sche Überlieferung des Judentums – durch das Medium der christlichen Tradition geprägt ist. Seine Zielsetzung ist, gestützt auf die Autorität des Herrenbruders, der christlichen Gemeinde seiner Zeit, die als das neue Israel in der Zerstreuung lebt (1,1), verbindliche ethische Weisung und hierdurch Zielsetzung und Unterstützung auf ihrem Weg zu vermitteln.

b) Begründung der Ethik: Das vollkommene Gesetz der Freiheit

Wie sich aus der vielfältigen Traditionsschichtung ergibt, ist der Jakobusbrief also nicht einfach aus seinen jüdischen Voraussetzungen zu erklären; vielmehr handelt es sich um eine *genuin christliche Schrift.* Schon das Präskript setzt in einer abgeschliffenen Formel die Kyrios-Christologie voraus, wie sie aus anderen Briefeingängen des Neuen Testaments bekannt ist.[25] Dabei ist der Christustitel zum Eigennamen geworden (vgl. schon 1 Thess 1,1.3; 5,9.23.28). Der Glaube richtet sich auf den ‚Herrn Jesus Christus', den erhöhten Kyrios, dessen Wesen durch eschatologische Herrlichkeit bestimmt ist.[26]

Wenn auch über den Inhalt des Christusbekenntnisses nichts weiter gesagt wird, so ist doch deutlich, daß das Credo von der apokalyptischen Orientierung der Ethik des Jakobusbriefes nicht abzutrennen ist. Die apokalyptischen Aussagen sind ein weiteres Kennzeichen für den nichtjüdischen, christlichen Charakter des Schreibens. Analog der gleichzeitigen frühchristlichen Literatur ist das Parusieverzögerungsbewußtsein vorausgesetzt (5,7; vgl. auch die Mahnungen zur ‚Geduld', die mit einem längeren Zeitraum bis zum Ende rechnen: 1,3f; 5,11), daneben der urchristliche Ruf: „Die Parusie

---

25 Vgl. zu Jak 1,1: 1 Thess 1,1; Röm 1,1-4; 2 Petr 1,2. – κύριος bezeichnet also in 1,1 und 2,1 wie auch gelegentlich an anderer Stelle bei Jak den erhöhten Herrn der Gemeinde; allerdings ist der Übergang zur Gottesbezeichnung fließend; letztere ist jedenfalls 1,7; 3,9; 4,10.15; 5,4.10f vorausgesetzt.

26 Jak 2,1; die Auslegungsschwierigkeit besteht nicht nur darin, daß abgesehen von 1,1 im Jak nur hier die Bezeichnung τοῦ κυρίου ἡμῶν Ἰησοῦ Χριστοῦ erscheint, sondern vor allem in der grammatischen Beziehung von τῆς δόξης. Zu gewaltsam ist der Vorschlag von F. Spitta und H. Windisch, wonach ἡμῶν Ἰησοῦ Χριστοῦ als Interpolation zu streichen wäre. Nicht befriedigt auch die Auskunft, τῆς δόξης sei als zweiter Genitiv von τοῦ κυρίου abhängig (entsprechend der Konstruktion in 1 Kor 2,8); dies würde die Doppelung der Genitive nicht hinreichend erklären und eine Wiederholung des Kyriostitels postulieren. Textgeschichtlich zu schwach belegt ist die Voranstellung von τῆς δόξης, unmittelbar im Anschluß an τὴν πίστιν (so u.a. die syrische Überlieferung – offenbar eine sekundäre Glättung). Am wahrscheinlichsten: Wie die Stellung nahelegt, interpretiert der Ausdruck als genetivus qualitatis den voraufgehenden Namen Ἰησοῦ Χριστοῦ (vgl. Hebr 9,5).

des Herrn ist nahe!" festgehalten.[27] Daß die apokalyptische Zukunftserwartung ein wesentliches ethisches Motiv ist, zeigt sich an der ausdrücklichen Einschärfung der Verantwortung der Gemeinde in Hinsicht auf das künftige Urteil (2,12f): Der Richter steht vor der Tür (5,9); er wird retten oder richten (4,12). Hervorgehoben ist, daß der Stand der christlichen Lehrer einen besonders strengen Gerichtsspruch zu erwarten haben wird (3,1). Das Endgericht[28] wird unnachsichtig die Verfehlungen ahnden (das Richten des Bruders: 5,9; Eidschwur und Unwahrhaftigkeit: 5,12; vgl. auch das Gericht an den Reichen: 5,1-6), aber auch die guten Taten belohnen (Verheißung des ‚Kranzes des Lebens': 1,12; der Erbschaft des Reiches: 2,5).

Sind in den apokalyptischen Aussagen vorgegebene jüdische Elemente in den christlichen Horizont einbezogen worden, so gilt dies, wenn auch zu einem geringeren Ausmaße, für die Anspielungen auf die *Taufe*. Wurde nach alttestamentlicher Anschauung über Israel der Gottesname ausgerufen und das Volk hierdurch zum Eigentum Jahwes erklärt[29], so ereignet sich Ähnliches für die christliche Gemeinde: Bei der Taufe ist über den Täufling ‚der gute Name' ausgesprochen, offenbar der Name des Kyrios Jesus Christus.[30] Er weiß sich hierdurch mit Christus verbunden und zu dessen Eigentum erklärt. Bleiben auch weitergehende Schlüsse auf eine Taufparänese, die Jakobus vorgelegen habe, hypothetisch, so ist doch festzustellen, daß Taufe und Erwählungsgeschehen zusammenfallen.[31] Die Taufe ist als Übereignung an Christus Grundlegung des christlichen Seins; wie denn auch die Nachstellungen, die die Gemeindeglieder erleiden, als gegen Christus selbst gerichtet verstanden werden (2,7 als Auslegung von 2,6b). An die Taufe erinnert auch

---

27 Jak 5,8; vgl. Phil 4,5; 1 Petr 4,7; Apk 1,1.3; 22,20; Did 10,6; 16,1-7; IgnEph 11,1; Herm vis II 2,5ff; Barn 4,9; 2 Clem 12,1-6; 16,3.

28 Zur Terminologie: κρίσις kann sowohl einen neutralen (2,13) als auch einen negativen (5,12) Sinn haben, wie ja auch der κριτής Rettung und Vernichtung bringt (4,12; vgl. 5,9). Trotz seines neutralen Sprachgebrauchs in 2,12 besitzt das Verb κρίνειν einen negativen Akzent (5,9). κρίμα bezeichnet das vernichtende Gerichtsurteil (3,1). Profane Verwendung: 4,11f (κρίνειν im negativen Sinn); 2,4 und 4,11 (κριτής); 2,6 (κριτήρια = Gerichtshöfe).

29 Dtn 28,10; Jes 43,7; Jer 14,9; 2 Chr 7,14; 2 Makk 8,15.

30 Jak 2,7; vgl. Apg 2,38; 8,16; 10,48; 19,5; ferner Gal 3,27; 1 Kor 1,15; Röm 6,3. – Auch die Salbung eines Kranken mit Öl geschieht ‚im Namen des Herrn' (5,14); κύριος meint hier den erhöhten Christus; christliche Überlieferung hat trotz des Anschlusses an das Alte Testament (Apg 2,21: Joel 3,5; Apg 15,17: Am 9,12) den Ausdruck ‚Anrufen des Namens (des Herrn)' weithin christologisch interpretiert und als Bezeichnung für das christliche Gebet verwendet (1 Kor 1,2; Apg 22,16).

31 Jak 2,5.7; vgl. G. Braumann, Der theologische Hintergrund des Jakobusbriefes, ThZ 18, 1962, 401-410; 409f.

die Feststellung, daß Gott „nach seinem Willen uns durch das Wort der Wahrheit geboren hat (ἀπεκύησεν), so daß wir so etwas wie eine Erstlingsfrucht seiner Schöpfungen" geworden sind (1,18). Das Sakrament der Taufe ist danach nicht nur soteriologisch interpretiert, als das Neuwerden des Menschen, sondern zugleich in einen kosmischen Zusammenhang hineingestellt (ähnlich Röm 8,21): Die Getauften sind durch das ‚Wort der Wahrheit', das seine Kraft durch das Sakrament erweist, in eine neue Existenz versetzt, die nicht nur für sie Heil bedeutet, sondern zugleich die Hoffnung des gesamten Kosmos trägt.[32]

Das ‚Wort der Wahrheit' ist nicht nur an das Sakrament gebunden; es wird auch durch die Verkündigung übereignet. Indem es ‚Wahrheit' vermittelt, scheidet es die Gemeinde vom ‚Irrtum' (5,19). Es ist das ‚eingepflanzte Wort', das durch Taufunterricht, aber auch allgemeiner durch die Predigt zugesprochen wird (1,21; vgl. Barn 9,9). Solches Wort enthält eschatologische Verheißung und ethische Weisung. Es genügt nicht, es zur Kenntnis zu nehmen, sondern es verlangt Verwirklichung durch die Tat. Erst hierdurch führt es zu der in ihm angelegten eschatologischen Konsequenz, der ‚Rettung der Seelen' (1,21-23; vgl. Barn 19,10), und nur durch solche Aktivität entspricht die Gemeinde dem ihr von Gott verliehenen Geist.[33]

---

32 Vgl. zum Bild von der Taufe als einer (Wieder-)Geburt: 1 Joh 3,9; Joh 3,5; Röm 6,4; Tit 3,5; 1 Petr 1,23. – Das Wort ἀποκύειν findet sich außer Jak 1,15.18 nicht im Neuen Testament; im außerneutestamentlichen Sprachgebrauch allgemein vom Gebären der Frau; in der Beziehung auf Gott auch ClAl Paed I 6,45 (ἀποκυηθέντες ... ἀναγεννηθέντες); von der kosmischen ‚Zeugung': PsClem Hom VI 4,3; 5,1.3; 12,1. Der Gedanke der Zeugung aus Gott ist besonders im hellenistischen Judentum (Philo) belegt; vgl. H. Windisch, Die Katholischen Briefe 122f, zu 1 Joh 3,9. – Zur kosmischen ‚Neuschöpfung' auch C.-M. Edsman, Schöpferwille und Geburt. Jak 1,18. Eine Studie zur altchristlichen Kosmologie, ZNW 38, 1939, 11-44; G. Schneider, Neuschöpfung oder Wiederkehr, Düsseldorf 1961. Nach H. Schammberger wäre in 1,18 bewußt auf ‚gnostische Gedanken' in verkirchlichender Weise Bezug genommen (Die Einheitlichkeit des Jakobusbriefes 58-63) – eine unwahrscheinliche Annahme. – G. Braumann (a.a.O. 406) zählt außerdem zur urchristlichen, durch Jak verarbeiteten Tauftradition: 1,21; 2,14; 4,12; 5,15.20; als Begründung wird darauf verwiesen, daß in diesen Belegen jeweils das Verb σῴζειν erscheint; jedoch kann dieses auf den Taufakt nicht eingeschränkt werden.

33 Jak 4,5b; dies die einzige Stelle, an der Jak vom πνεῦμα (θεοῦ) spricht (vgl. noch 2,26: Geist des Menschen), offenbar als Zitat (Hexameter) aus einer unbekannten Schrift. Der ursprüngliche Sinn bleibt dunkel. Im Rahmen des Kontextes ist zu interpretieren: Der von Gott geschenkte Geist soll den Menschen veranlassen, sich eindeutig gegen die Leidenschaften der Welt und für die Forderung Gottes zu entscheiden.

Ist der Jakobusbrief ein paränetischer Traktat, so kann er insgesamt als ‚anredendes Wort' verstanden werden, genauer: als eine Weisheitsbelehrung, als Konkretion der ‚Sophia'. Wird diese auf das Gebet der Glaubenden hin geschenkt (1,5), ist sie eine Gabe, ‚die von oben kommt' (3,15.17), so erfüllt sich ihre Funktion in der ethischen Mahnung: Wer Weisheit besitzt, der übt auch vollkommene Geduld (1,4f) und weiß sich zur Verwirklichung der ‚Sanftmut' verpflichtet.[34] Irdische und himmlische Weisheit schließen einander aus wie Laster und Tugenden. Zählen zu jenen Eifer- und Streitsucht, Unordnung und jede böse Tat[35], so zur ‚Weisheit von oben' Reinheit, Friedfertigkeit, Nachgiebigkeit, Folgsamkeit, Barmherzigkeit, gute Früchte, Unparteilichkeit und Aufrichtigkeit (3,17). Die Vermutung, solche Abgrenzung stehe im Zusammenhang mit der Konfrontation gegenüber einer gnostisch-libertinistischen Weisheitslehre, läßt sich weder inhaltlich noch aus der Bezeichnung der irdischen Weisheit als ‚psychisch' oder ‚dämonisch' begründen.[36] Der Alternativkatalog bringt vielmehr zum Ausdruck, daß die Weisheit, indem sie den Weg des rechten Tuns lehrt, der falschen Lehre immer entgegensteht. Folgt der Mensch der rechten Weisung, so wird er zu einem ‚vollkommenen' (τέλειος) bzw. ‚vollständigen' (ὁλόκληρος) Wesen, d.h. er verwirklicht die Ratschläge der Weisheit nicht nur qualitativ, sondern umfassend (1,4; vgl. zu ὁλόκληρος auch 1 Thess 5,23: umfassend im ethischen Sinn). Indem sie ‚Unreinheit' und ‚Sünde' ausschließt, aber mit der ‚Heiligung der Herzen' identisch ist, löscht solche Ganzheit menschliche Zwiespältigkeit aus (4,8: δίψυχοι; vgl. 1,8).

Wird der Mensch durch die Leitung der Weisheit ‚einfältig' und daher ‚vollkommen', so entspricht er darin dem *‚vollkommenen Gesetz der Freiheit'* (1,25: νόμος τέλειος ὁ τῆς ἐλευθερίας; vgl. 2,12) bzw. dem ‚königlichen Gesetz' (2,8: νόμος βασιλικός), d.h. dem Gesetz, das von Gott wie einem König gegeben ist[37], das aber auch einen königlichen Rang besitzt, da es eine befreiende Wirkung hat und auf die künftige βασιλεία verweist.[38] Dieses Ver-

34 Jak 3,13: ἐν πραΰτητι σοφίας; ebenso 1,21 (P, 1852).

35 Jak 3,16; zur (unsicheren) Bedeutung von ἐριθεία (Streitsucht, Eigennutz); vgl. Bauer-Aland, Wb. z.St.

36 Vgl. ἐπίγειος, ψυχική, δαιμονιώδης (3,15); H. Schammberger, Einheitlichkeit 33ff; U. Wilckens, ThWNT VII 526; man setzt bei dieser Annahme voraus, daß Jak die gnostische Lehre mit deren eigenen Waffen bekämpft; jedoch sind die genannten Ausdrücke nicht genuin gnostisch; vgl. F. Mußner, Der Jakobusbrief 171f.

37 Vgl. K.L. Schmidt, ThWNT I 593.

38 Jak 2,5; als ‚Tora des Messias' versteht das ‚königliche Gesetz' W.D. Davies, Setting (vgl. Anm. 19) 405. – Die hier gebrauchte Terminologie erscheint sonst nicht im NT und ist auch für die ntl. Umwelt nicht zu belegen. Dem Versuch von E. Stauffer,

ständnis des Gesetzes ist von der gleichzeitigen geläufigen heidenchristlichen Vorstellung weit geschieden, wonach das jüdische Gesetz als versklavendes Joch verstanden wird, das durch die Christusverkündigung beseitigt worden ist (Apg 15,10; Barn 2,6). Jakobus vertritt demgegenüber eine eigenständige Position, die den Einfluß jüdischer Überlieferung nicht verleugnet; wird doch auch im Judentum der Tora eine befreiende Wirkung nachgesagt[39]; freilich kennt auch die stoische Unterweisung den Gedanken, daß Gehorsam gegenüber Gott zur inneren Freiheit führt.[40] Anders als in der jüdischen Tradition findet sich im Jakobusbrief keine Bejahung des alttestamentlich-jüdischen Zeremonialgesetzes; allerdings auch nicht eine nur innerliche ‚Gesinnungsethik'. Vielmehr bezeichnet das Gesetz der Freiheit *die konkrete ethische Forderung, wie sie im Alten Testament begründet und durch die Weisheitslehre des Jakobus ausgelegt wird.* Hiermit ist klar, daß die Freiheit, die Jakobus lehrt, nicht am Gesetz vorbeigeht, sondern sich durch Gesetzeserfüllung ereignet. Im Gegensatz zu der Kernaussage der paulinischen Theologie stehen Gesetzesgehorsam und Freiheitsbewußtsein in einem positiven Verhältnis zueinander. Die Aussage, daß Christus das Ende des Gesetzes sei (Röm 10,4), ist für Jakobus nicht nachvollziehbar[41], wie auch das Gesetz der Freiheit nicht mit der Norm des Christus (νόμος τοῦ Χριστοῦ) in Gal 6,2 identifiziert werden darf. Anders als der paulinischen Glaubensnorm (Röm 3,27) wohnt dem Freiheitsgesetz des Jakobus eine gesetzeskritische Haltung nicht inne. Die ethische Forderung des Gesetzes erhebt vielmehr einen ungebrochenen, totalen Anspruch. Nach alter jüdischer Regel läßt die Übertretung eines einzigen Gebotes am ganzen Gesetz schuldig werden (vgl. Av III 9); so sagt es auch Jak 2,10: In der Verwendung des ‚usus elenchticus legis' besteht zunächst eine Übereinstimmung mit den paulinischen Parallelen[42]; aber Jakobus zieht doch nicht die Folgerung, daß das Gesetz kein Heilsweg ist, sondern stellt die überlieferte jüdische These in den Zusammenhang der paränetischen Mahnung (2,8-13): Das Heil kommt durch das Gesetz. Das Gesetz ist mit dem ‚Evangelium' identisch!

---

den Ausdruck ‚Gesetz der Freiheit' für die Qumranliteratur nachzuweisen (Das „Gesetz der Freiheit" in der Ordensregel von Jericho, ThLZ 77, 1952, 527-532), ist begründet widersprochen worden von F. Nötscher, „Gesetz der Freiheit" im Neuen Testament und in der Mönchsgemeinde am Toten Meer, Bib. 34, 1953, 193f; vgl. H. Braun, Qumran und das Neue Testament I 279f.

39 Av III 6 (‚Die Tora befreit vom Joch des Sieges und der irdischen Verhältnisse'); VI 2 (‚Denn ein Freier ist nur der, der sich mit der Tora befaßt').

40 Z.B. Sen Vita 15.

41 Gegen J. Cantinat, Saint Jacques 111.

42 Gal 3,10 (vgl. Dtn 27,26); Gal 2,18; 5,3; Röm 2,25.27; zum jüdischen Hintergrund vgl. noch Philo All III 241; PsClem Hom XIII 14,3.

Wie verhält sich das ‚Gesetz der Freiheit' zum ‚Liebesgebot'? Ist ersteres mit dem ‚königlichen Gesetz' gleichzusetzen, so legt sich nahe, eine Identifizierung mit dem Gebot der Nächstenliebe (2,8) zu vollziehen. Jedoch erscheint dieses nur als eine Gesetzesforderung neben anderen; eine prinzipielle Reflexion über die ‚eigentliche' Aussage des Gesetzes hat der Verfasser nicht versucht. Obwohl er neben dem Gebot der Nächstenliebe (nach Lev 19,18) auch die Verpflichtung des Christen zur Gottesliebe kennt (1,12; 2,5), ist das Doppelgebot der Liebe nicht thematisch behandelt und – anders als Mt 22,40 – nicht als Summe des Gesetzes bezeichnet.[43] Das ‚Gesetz der Freiheit' als das ‚königliche Gesetz' meint vielmehr „das Gesetz, von dem jedes Gebot einen Teil bildet"[44]. Daß zu ihm neben der Forderung der Nächstenliebe weitere Einzelgebote gehören, zeigt die Aufzählung in 2,8ff, die Unparteilichkeit, Einhaltung des sechsten und fünftes Gebotes empfiehlt, als Beispiele für die verschiedenen Forderungen des ‚ganzen Gesetzes', die sämtlich in gleicher Weise erfüllt werden müssen (2,10f). Hätte der Verfasser auf das Liebesgebot als den umfassenden Inhalt des ‚Gesetzes der Freiheit' bewußt abheben wollen, so wäre zu erwarten gewesen, daß er am Schluß des Textabschnittes hierauf auch Bezug genommen hätte. Der abschließende Appell, ‚Barmherzigkeit' zu üben, fügt sich zwar, darin dem übergreifenden Kontext (2,1ff) entsprechend, sachlich der Forderung, den Nächsten zu lieben, ein, nimmt aber diese nicht terminologisch auf. So mag es durch Anschluß an Traditionsgut veranlaßt sein[45], ist aber zugleich ein Zeichen, daß im Jakobusbrief eine Überordnung des Liebesgebotes als der gesetzlichen Hauptforderung nicht beabsichtigt ist. Bestenfalls läßt sich aufgrund des Gefälles dieses Abschnittes sagen, daß der Verfasser auf dem Weg ist, das Gebot der Nächstenliebe als den wesentlichen Bestandteil der für die Christen verbindlichen Gesetzesforderung darzustellen. Seine Absicht, den gesamten Inhalt des alttestamentlichen Gesetzes, selbstverständlich ohne dessen ritualgesetzliche Bestandteile, für verbindlich zu erklären, verhindert, die letzte Konsequenz zu ziehen und das Liebesgebot als Maßstab für die Verbindlichkeit und als Summe des Alten Testaments zu deklarieren.[46]

---

43 Mit Recht verweist C. Spicq, Agapè dans le Nouveau Testament (3 vol.), Paris I 1958, 189, auf die Tatsache, daß das Substantiv ἀγάπη bei Jak nicht, das Verb ἀγαπᾶν nur dreimal belegt ist. Hieraus ergibt sich allerdings nicht ein Argument für den Frühansatz des Jak, sondern richtiger ein Hinweis, wie sehr dieser der jüdischen bzw. frühchristlichen ethischen Tradition verpflichtet ist.

44 M. Dibelius, Der Brief des Jakobus 133.

45 Vgl. H. Windisch, Die Katholischen Briefe 16.

46 Gegen R. Schnackenburg, Die sittliche Botschaft des Neuen Testaments, Freiburg 1954, 285; K.-G. Eckart, Zur Terminologie des Jakobusbriefes, ThLZ 89, 1964, 521-526; 523.

Die Frage nach der Begründung der Ethik in der Theologie des Jakobus braucht nun nicht mehr ausdrücklich gestellt zu werden. Wenn auch der Jakobusbrief ein christliches Schreiben ist und das Bekenntnis zum Christuskerygma voraussetzt, so wird doch nicht über das Verhältnis des christologischen Indikativs zum ethischen Imperativ reflektiert. Die Konzentration auf die weisheitliche Belehrung, die Ausrichtung des Wortes der Wahrheit, d.h. die Auslegung des Gesetzes der Freiheit, scheint für den Verfasser die Besinnung auf eine diesem allen vorausgehende, die praktisch-paränetische Intention begrenzende Motivation der Ethik zu erübrigen. Soweit überhaupt eine Begründung der Ethik versucht wird, ist sie mit dem weisheitlich-apokalyptischen Horizont des Schreibens, mit der Erwartung des Gerichtes beim zukünftigen Erscheinen des Kyrios verbunden. Das Fehlen der ethischen Begründung aus dem vergangenheitlichen Christusereignis entspricht einem spezifisch theologischen Anliegen des Verfassers, nämlich seiner Verhältnisbestimmung von Glaube und Werken.

c) Glaube und Werke[47]

Von diesem Problem handelt in ausführlicher Auseinandersetzung mit einer vorgegebenen christlichen Position der Abschnit *2,14-26*. Der Abschnitt ist thematisch eigenständig; trotz des unbestreitbar paränetischen Anliegens ist die Verbindung zum Kontext nicht einfach additiv, sondern bewußt gestaltet: Die Einschärfung der Verantwortung vor dem Gericht (2,13) wird mit der Mahnung, Glauben nicht ohne Werke zu haben, aufgenommen (V.14). Die Forderung, die Armen in der Gemeinde nicht gering zu achten (V.2ff) und Barmherzigkeit zu üben (V.13), findet eine Fortsetzung in dem Beispiel für den ‚werkelosen Glauben', wie es fehlende Mildtätigkeit gegenüber be-

47 Literatur: M. Dibelius, Der Brief des Jakobus 163-168 (Exkurs: Glaube und Werke bei Paulus und Jakobus); E. Lohse, Glaube und Werke. Zur Theologie des Jakobusbriefes, ZNW 48, 1957, 1-22, = ders., Einheit des Neuen Testaments, Göttingen ²1976, 285-306; G. Eichholz, Glaube und Werke bei Paulus und Jakobus, TEH 88, München 1961; R. Walker, Allein aus Glauben. Zur Auslegung von Jak 2,14-26, ZThK 61, 1964, 155-192; U. Luck, Der Jakobusbrief und die Theologie des Paulus, ThGl 61, 1971, 161-179; F. Mußner, Der Jakobusbrief 146-150 (Exkurs: Die Rechtfertigung des Menschen nach Jakobus); D. Lührmann, Glaube im frühen Christentum, Gütersloh 1976, 78-84; R. Heiligenthal, Werke als Zeichen, WUNT II/9, Tübingen 1983, 26-52; Chr. Burchard, Zu Jakobus 2,14-16, ZNW 71, 1980, 27-45; G. Lüdemann, Paulus der Heidenapostel II, FRLANT 130, Göttingen 1983, 194-205.

dürftigen Mitchristen darstellen würde.[48] Das Stichwort ‚Glauben haben' in V.14 weist auf V.1 zurück. Darüber hinaus sind die Anklänge an die paulinische Vorstellungswelt, die sich schon im voraufgehenden finden (V.10), in diesem Abschnitt von besonderer Wichtigkeit. Ist hiermit schon deutlich geworden, daß der Passus einer übergreifenden Komposition eingeordnet ist, so zeigt sich dies auch in den anschließenden Ausführungen: Die Gerichtsankündigung (3,1) nimmt 2,13 auf, und die Warnung vor Mißbrauch der Zungen (3,2ff) ist 1,19.26 vorbereitet. Der Verfasser hat also das Thema ‚Glaube und Werke' in den paränetischen Kontext absichtsvoll hineingestellt und diesen hierdurch in Richtung auf eine grundsätzliche Problematik zu vertiefen versucht.

Die zugrundeliegende *Intention* wird durch die einführende Frage kenntlich: „Kann der Glaube (ohne Werke) retten?" (V.14). Zielpunkt dieser Fragestellung ist nicht allein, die Notwendigkeit von guten Werken hervorzuheben, vielmehr die theologische Unmöglichkeit der Trennung von Glaube und Werken nachzuweisen. Die Ausführung erfolgt in der Form einer dialogartigen Belehrung, die Einflüsse des stoischen Lehrvortrages verrät. Charakteristisch der Ausdruck: „Was nützt es?" (V.14.16)[49]; auch die Zitierung von fingierten Gesprächspartnern: „Wenn jemand behauptet ..." (V.14); „Glaubst du ..." (V.19); „Willst du nun erkennen, du dummer Mensch ..." (V.20). Rhetorisch formuliert ist auch der Einwand eines fingierten Gegners, gewöhnlich ‚Sekundant' genannt, der aber – auch wenn er sich auf die Seite der Werke stellt – die Trennung von Glaube und Werk zu befürworten scheint und damit der eigentlichen Intention des Verfassers widerspricht, wonach dargestellt werden soll, daß Glaube ohne Werke nutzlos ist.[50]

Für das vorausgesetzte *Glaubensverständnis* ist der Hinweis auf den Glauben der Dämonen charakteristisch, die bekennen, daß es einen Gott gibt und

---

48 Jak 2,15f; das Problem, ob es sich um ein ‚Beispiel' oder um einen ‚Vergleich' handelt, wird unwichtig, wenn man zugesteht, daß das Thema ‚Glaube ohne Werke' die Darstellung durchdringt und die Frage nach einem zugrundeliegenden Fall, auf den der Verfasser anspielt, nicht zu stellen ist (vgl. M. Dibelius, Der Brief des Jakobus 139).

49 Vgl. zu τί (τὸ) ὄφελος: Epict I 4,16; 6,3f.33; II 17,20; III 1,30; 7,31; 10,7; 24,51 u.ö.; auch Sir 41,14; Philo Post 86.

50 Zur Stimme dieses Gegners gehört nicht nur die Gegenüberstellung: „Du hast Glauben – ich habe Werke", deren beide Teile die theologische Stellung des Jak nicht wiedergeben (V.18a), sondern vermutlich auch die folgende antithetisch konstruierte Ausführung: „Zeige mir deinen Glauben ohne Werke" – „ich will dir aus meinen Werken den Glauben zeigen" (V.18b); jedenfalls spricht sich auch darin die Absicht des Verfassers nicht aus, dem es ja nicht um die Erkennbarkeit des Glaubens aus den Werken (so z.B. Mt 7,16.20), sondern um die These ‚Glaube nicht ohne Werke' geht.

dennoch ‚zittern' (V.19). Obwohl der Inhalt dieses Bekenntnisses vom Verfasser ausdrücklich anerkannt wird, ist für ihn ein solches auf das theoretische Bekennen beschränktes Glauben nicht heilvoll, weil sich mit ihm der notwendige Gehorsam nicht verbindet. Jakobus lehnt also einen rein theoretischen Glauben nicht ab – dieser ist vielmehr für sein eigenes Verständnis des πίστις-Begriffs charakteristisch -, wohl aber bestreitet er die These, es könne durch Glauben allein Rettung geben (V.20; vgl. V.14). Die implizite antipaulinische Spitze dieser These ist nicht zu verkennen, auch wenn nicht direkt gegen Paulus polemisiert wird. Man steht zu sehr im Bann der paulinisch-reformatorischen Theologie, wenn man behauptet, daß „nach Jakobus nur ein Glaube (rechtfertigt), der sich in den Werken der Liebe als wirklicher Glaube erweist"[51]; dies gilt selbst dann, wenn man solche Position ausschließen und feststellen möchte, daß der Glaube des Jakobus ‚passiv-nomistisch als christliche Gesetzesfrömmigkeit' zu verstehen sei.[52] Für den Verfasser des Jakobusbriefs ist vielmehr kennzeichnend, daß er die Trennung von Glaube und Werken zu überwinden sucht, aber terminologisch ohne eine solche Trennung nicht auskommt und gerade darin in Widerspruch zum Glaubensbegriff des Paulus gerät, wonach Glaube und Tat unauflöslich zusammenfallen (vgl. Gal 5,6).

Die sachliche Antithese gegenüber Paulus ist besonders an dem Abrahambeispiel abzulesen; denn hierdurch will der Verfasser den Nachweis führen, daß der Mensch aus Werken gerechtfertigt wird, ‚nicht aus Glauben allein' (V.24). Hier deutet sich an, daß eine vorgegebene ‚paulinische' Position polemisch vorausgesetzt ist.[53]

In dem Unterabschnitt 2,21-23 werden die Schriftworte Gen 22,2.9f (Isaaks Opferung) und 15,6 (Abrahams Glaube) herangezogen. Nicht so sehr in dieser Zusammenstellung, als vielmehr bei der Interpretation unterscheidet sich der Verfasser sowohl von der alttestamentlich-jüdischen Überlieferung als auch von der Auslegung des Paulus.

1. In *Gen 15,6* ist Unterscheidung von Glaube und Werk unbekannt. Der Glaube als das ‚feste Zutrauen' Abrahams zum Verheißungswort Jahwes wird als ‚Gerechtigkeit' begriffen. Es führt zu einer Eintragung von paulinischen Gedankengängen in den AT-Text, wenn moderne Exegese feststellen möchte, „daß allein der Glaube den Abraham ins rechte Verhältnis zu Gott gesetzt habe".[54]

2. Auch die Überlieferung des *nachalttestamentlichen Judentums* kennt eine Alternative Glaube-Werke nicht. Vielmehr gilt Abraham als Repräsentant der frommen

---

51 So F. Mußner, Der Jakobusbrief 150.

52 R. Walker, Allein aus Glauben, ZThK 61, 1964, 189.

53 Vgl. Gal 2,16; Röm 3,28.

54 G. v.Rad, Das erste Buch Mose, ATD 3, Göttingen 1958, 156.

Haltung schlechthin. Er hält die Gebote Gottes und ist auch in der Versuchung Gott gegenüber ‚treu' (Verbindung von Gen 15,6 und 22,1-19: 1 Makk 2,25; Sir 44,19-21 LXX; Jub 18,11 und 25; vgl. Jub 23,10; 24,11). Soweit in diesem Zusammenhang von dem ‚Glauben' Abrahams gesprochen wird, ist dieser als ‚Treue' bzw. als Entsprechung zum Gebot Jahwes verstanden (vgl. Mekh Ex 14,15 [35b]; 14,31 [40b]; Bill III 200).

3. Einem verbreiteten *frühchristlichen Denken* entspricht die Weise, in der im Hebr vom Glauben Abrahams gesprochen wird. Abrahams Glaube ist als ‚Gehorsam' interpretiert und dem ‚geduldigen Ausharren' parallel gestellt, und zwar ohne daß Begriff oder Vorstellung der Werkgerechtigkeit in den Blick kommen (Hebr 6,13ff; 11,8ff.17; vgl. Barn 13,7; 1 Clem 10,6f).

4. Erst *Paulus* hat auf der Grundlage von Gen 15,6 an der Gestalt Abrahams die Alternative ‚Glaube oder Werke' darzustellen versucht. Daß Abrahams Glaube als Gerechtigkeit angerechnet wurde, bestätigt danach die These, daß Gottes rechtfertigendes Handeln dem Menschen ohne Vermittlung des Gesetzes und ohne menschliche Vorleistung zugeeignet wird. Abraham ist in der Exegese des Paulus zum Prototyp des rechtfertigenden Glaubens ohne Werke geworden (Gal 3,6; Röm 4,3).

5. Das Abrahambeispiel des *Jakobusbriefes* repräsentiert in der Verbindung von Gen 22,1ff und 15,6 jüdisches und christliches Überlieferungsgut (zu letzterem besonders: Hebr 11,17; 1 Clem 10,6f); auch die Bezeichnung Abrahams als ‚Freund Gottes' (Jak 2,23) hat auf der Grundlage von Gen 18,17 und vor allem von Jes 41,8 (vgl. 2 Chron 20,7; Dan 3,35 LXX) in jüdischer (CD 3,2; Jub 19,9; 30,20; vgl. Bill III 755) und in christlicher Überlieferung (z.B. 1 Clem 10,1; 17,2) Parallelen. Analog dieser Tradition übernimmt Jakobus die Vorstellung, daß das Vorbildliche in der frommen, Gott gehorsamen Verhaltensweise Abrahams zu sehen ist. Anders als bei den jüdischen und frühchristlichen Belegen ist ein besonderes Interesse an der Entgegensetzung von Glaubens- und Werkgerechtigkeit bekundet. Abrahams Werke (ἔργα) stellen die Grundlage für seine ‚Rechtfertigung' dar. Sein Glaube wirkte lediglich mit seinen Werken zusammen und wurde aufgrund der Werke ‚vollkommen' (V.22f). Diese Formulierungen sind nicht isoliert von der Rechtfertigungslehre des Paulus entstanden und wollen eine eigene Position gegenüber einer ‚paulinischen' Überlieferung artikulieren.

Dasselbe Ziel verfolgt der Hinweis auf die Prostituierte Rahab, die die israelitischen Kundschafter vor der Einnahme Jerichos bei sich aufnahm und zum Dank gemeinsam mit ihren Angehörigen von den siegreichen Eroberern verschont wurde (V.25; vgl. Jos 2,1-24; 6,17.22f.25). Jüdische Quellen feiern Rahab als Vorbild guter Werke, denen sie ihre Rettung verdankt (Midr Ruth 2; Ber 4,1; Bill I 21f). In der frühchristlichen Literatur wird sie als Glaubensbeispiel lobend erwähnt (Hebr 11,31; 1 Clem 12,1-8). Da er auf den Glauben Rahabs nicht Bezug nimmt, sondern ihre Geschichte als Exempel für die Rechtfertigung aufgrund von Werken zitiert, modifiziert Jakobus auch hier die ihm vorgegebene Überlieferung. Es ist nicht zufällig, daß er statt ἐσώθη (Jos 6,25) ἐδικαιώθη liest: Das Problem der Rechtfertigung ist von ihm erstmals mit der Gestalt Rahabs verbunden worden (V.25).

Refrainartig, nur zum Teil in der sprachlichen Ausdrucksweise variiert, kehrt die These ständig wieder, daß der Glaube ohne Werke tot ist (2,17.

20.24.26). Zum Glauben muß also das *Werk des Menschen* hinzukommen. Nicht durch Glauben allein, sondern nur in Verbindung mit den Werken erlangt der Glaubende Vollkommenheit (V.22). Jakobus lehrt demnach ein synergistisches Heilsverständnis, in dem Glaube und Werke einander additiv zugeordnet sind. Entscheidendes Anliegen des Verfassers ist darzustellen, daß Glaube und Werke zusammenwirken müssen. Dabei entspricht es dem theoretischen Glaubensverständnis[55], daß eine innere Beziehung zwischen beiden nicht aufgewiesen wird, und dem paränetischen Interesse, daß auf den ‚Werken' der Akzent ruht. Es ist also nicht gut zu bestreiten, daß Jakobus, wenn auch theologisch nicht durchdacht und in polemischer Auseinandersetzung, einem Leistungsdenken Raum gibt.[56] Denn zwar behauptet er nicht eine ‚Selbsterlösung' des Menschen, sondern weist der Taufe und dem durch diese wirkenden ‚Wort der Wahrheit' eine grundlegende Bedeutung für das Leben des Christen zu (1,18); er kennt das Walten Gottes, welcher dem Sünder auf das Gebet hin Vergebung gewährt (5,15). Jedoch ist die Sünde nicht eine radikale Macht, die alles menschliche Tun zum Scheitern verdammen könnte. Und Gott ist nicht zuletzt der Richter (4,6.12), der dem Menschen eine unbedingte Verpflichtung auferlegt, nämlich das Geforderte zu tun, als Voraussetzung für die Gabe des ‚Kranzes des Lebens' (1,12). Obwohl Jakobus nicht ausdrücklich leugnet, daß dem Glauben eine rechtfertigende Kraft zukommt[57], nimmt er doch diese Position nicht ein. Sie ist für ihn unmöglich, weil sie seinem Glaubensverständnis und der Betonung der Notwendigkeit von guten Werken widerstreiten würde. Anders als in der Theologie des Paulus ist der ethische Imperativ nicht durch einen voraufgehenden soteriologischen Indikativ begründet und begrenzt, die Rechtfertigung nicht dem Glauben, sondern der Tat des Menschen zugesprochen. Uneingeschränkt gilt: „Seid Täter des Wortes und nicht Hörer allein. Ein Werktäter ... wird in seinem Tun selig sein" (1,22.25).

---

55 Anders F. Mußner, Der Jakobusbrief 146: „Die Werke resultieren für Jak notwendig aus einem lebendigen Glauben"; dieses Verständnis läßt sich jedoch schwerlich durch Berufung auf 2,18b und 22 stützen; denn V.18 kennzeichnet nicht die Position des Verfassers (s.o.), und in V.22 bestätigt der Gebrauch der Verben συνεργεῖν und τελειοῦν das additive Verhältnis von Glaube und Werk. – Zu weit in Richtung auf eine sachliche Verbindung von Glaube und Werk führt auch die Formel: „Der Glaube wird durch die Weisheit wirksam", wonach also im Verständnis des Jak der Glaube als solcher auf das Werk hin angelegt wäre (zu U. Luck, Der Jakobusbrief und die Theologie des Paulus 178).

56 Dies und das Folgende gegen F. Mußner, Der Jakobusbrief 147f.

57 So F. Mußner, a.a.O. 147; vgl. aber 2,11: „Kann etwa der Glaube ihn retten?" Die vorausgesetzte Antwort müßte lauten: ‚Nein!' – Der Glaube als solcher, wie er im vorliegenden absoluten Sprachgebrauch als theoretisches Phänomen zu verstehen ist, vermittelt im Sinn des Jak nicht die Rechtfertigung.

Soweit man der Ansicht ist, der Jakobusbrief sei vor der Zeit des Paulus geschrieben worden, wird man die Behandlung des Themas ‚Glaube und Werke' von der paulinischen Rechtfertigungslehre traditionsgeschichtlich abtrennen müssen. Ist jedoch, wie oben dargelegt wurde, der Jakobusbrief ein Zeugnis für eine entwickelte frühchristliche Literaturstufe und eine ausgeführte christologische Anschauung, so ist der Traktat der paulinischen Theologie zeitlich nicht voranzustellen. Dann legt sich die Wahrscheinlichkeit nahe, daß die paulinische Rechtfertigungsvorstellung auf Jakobus direkt oder – wahrscheinlicher – indirekt von Einfluß gewesen ist. Für diese Folgerung sprechen vor allem zwei Gründe: 1. Obwohl jüdischer Traditionsstoff die Paränese des Jakobusbriefes weitgehend bestimmt, ist im zeitgenössischen Judentum die theologische Trennung von Glaube und Werk undenkbar. 2. Schwerlich ein Zufall ist die herausragende Verwendung des Abrahambeispiels, auch wenn es bei Jakobus und Paulus in jeweils entgegengesetzter Tendenz zitiert wird.

Daß das vorliegende Problem in den wissenschaftlichen Kommentaren noch nicht umfassend genug untersucht wurde, liegt in der Tatsache begründet, daß entweder der Jakobusbrief in die paulinische Zeit datiert[58] oder als mehr oder weniger zusammenhanglose Vereinigung von paränetischem Spruchmaterial verstanden wird, so daß das Verhältnis des Jakobus zu Paulus und zur paulinischen Tradition allenfalls in Verbindung mit der Auslegung von 2,13ff zur Sprache kommt (M. Dibelius, H. Windisch). Daher verdient das eben genannte Problem als Bestandteil der Frage nach der Stellung des Jakobus zur frühchristlichen Tradition eine umfassendere Beachtung.

In diesem Zusammenhang die folgenden Feststellungen zum terminologischen Problem:

Es finden sich auffallende Parallelen zum paulinischen Sprachstil. κατακαυχᾶσθαι: Das Wort ist abgesehen von einem Inschriftenbeleg nur im Neuen Testament, und zwar bei Paulus (Röm 11,18) und Jak (2,13; 3,14) nachgewiesen. Das negative Verständnis (3,14) stimmt mit der Paulusstelle überein. – καυχᾶσθαι erscheint im Neuen Testament nur in paulinischen und deuteropaulinischen Schriften, außerdem im Jakobusbrief, und zwar im Zusammenhang einer eschatologischen Paradoxie (1,9f: „Der niedrige Bruder rühme sich seiner Höhe, der Reiche seiner Niedrigkeit"; anders der negative ethische Sprachgebrauch in 4,16); vgl. 2 Kor 12,9 (sich der Schwachheit rühmen). – καύχησις: im Neuen Testament nur bei Paulus und Jakobus; vgl. zu 4,16 (‚Böser Ruhm') besonders Röm 3,27. – δικαιοσύνη θεοῦ: im ethischen Sinn 1,20 (entsprechend Mt 6,33); anders der paulinische Sprachgebrauch (Röm 1,17; 3,5.21ff u.ö.), der möglicherweise polemisch vorausgesetzt ist. – δικαιοῦσθαι: die Stellen 2,21.24f lesen sich wie eine Antithese zu Röm 4,2; vgl. auch Röm 3,20; Gal 2,16; 3,11.24 und die ‚deuteropaulinischen' Belege Apg 13,38f; Tit 3,7. – ὅλον τὸν νόμον: in 2,10 meint der Ausdruck die absolute Gesetzesforderung wie Gal 5,3 (vgl. Gal 3,10). Trotz vorhandener Parallelen in der jüdischen Überlieferung[59] ist bezeichnend, daß sowohl Paulus (vgl. Gal 2,18; Röm 2,25.27) als auch Jakobus (2,9-12) hiermit den ‚usus elenchticus legis' verbinden (in unterschiedlicher Weise: nach Paulus bereitet die absolute Gesetzes-

58 So F. Mußner, a.a.O. 19: Keine Kenntnis der Paulusbriefe.

59 Vgl. M. Dibelius, Der Brief des Jakobus 135f.

forderung negativ die Gerechtigkeit aus Gnade vor, bei Jakobus verstärkt sie die Mahnung, Barmherzigkeit zu tun). – ἀκροαταί und ποιηταὶ λόγου (bzw. νόμου): 1,22 (vgl. 4,11) und Röm 2,13 (beide Male wird die unbedingte Verpflichtung, die das Gesetz auferlegt, hervorgehoben).

Andere Übereinstimmungen sind weniger aufschlußreich; sie können teilweise auf den Paulus und Jakobus gemeinsamen jüdischen bzw. frühchristlichen Hintergrund zurückgeführt werden. Sοκληρονόμοι τῆς βασιλείας: 2,5 (in Hinsicht auf die Armen in der christlichen Gemeinde); vgl. Gal 5,21; 1 Kor 6,9f; 15,50 (+ θεοῦ; im negativen Zusammenhang der ethischen Warnung). – κύριος τῆς δόξης: 2,1 (?); vgl. 1 Kor 2,8. – προσωπολημψίαι: 2,1; vgl. Röm 2,11 (Sing.; Kol 3,25; Eph 6,9). – ἡδοναί: 4,1; vgl. Gal 5,17; Röm 7,23. – ἐπιθυμία: 1,14f; vgl. Röm 1,24; 6,12; 7,7f; 13,14. – τοῖς ἀγαπῶσιν αὐτόν: 1,12; 2,5; vgl. 1 Kor 2,9. – στέφανος τῆς ζωῆς: 1,12; vgl. 1 Kor 9,25 (auch Apk 2,10). – καρπὸς δικαιοσύνης: 3,18 (+ ἐν εἰρήνῃ); vgl. Gal 5,21; Phil 1,11 (bes. Hebr 12,11). – Vgl. ferner zu 1,2-5 (Bewirken der Geduld): Röm 5,3-5; zu 2,5 (Erwählung der Armen in der Welt): 1 Kor 1,26f.

Schwerlich ist aus diesen Wort- und Sachparallelen die Folgerung zu ziehen, Jakobus habe die paulinischen Briefe gekannt; denn es finden sich keine Pauluszitate. Die Verwandtschaft ist nicht so eng, daß eine direkte Abhängigkeit angenommen werden könnte. Sie ist durch die Annahme zu erklären, daß Jakobus über eine traditionsgeschichtliche Zwischenstufe von der Rechtfertigungslehre des Paulus erfahren hat; vermutlich von paulinistischen Kreisen, die Paulus' Rechtfertigungsbotschaft dahingehend mißverstanden, daß der Glaube ohne menschliche Tat rechtfertigt. Sie abstrahieren den paulinischen Glaubensbegriff, welcher das Sein und die christliche Aktivität in der Agape einschließt, zu einem theoretischen ‚Fürwahrhalten'. Möglicherweise zogen sie hieraus libertinistische oder quietistische Konsequenzen, weil sie sich den Problemen des ethischen Tuns enthoben fühlten. Ist dem Verfasser eine solche Position vorgegeben, so wird verständlich, weshalb er wiederholt die These einschärft, daß der Glaube ohne Werke tot ist und keine Heilsbedeutung besitzt. Jakobus versucht den Gefahren entgegenzuwirken, die für das christliche Denken und Handeln aus einer falsch verstandenen paulinischen Rechtfertigungslehre entstehen.[60]

Indem er eine paulinistische Theologie zurechtrückt, ist Jakobus nicht selbst zu einem Pauliner geworden; vielmehr ist er durch seine überscharfe

---

60 Nach E. Trocmé reflektiert Jak das Gegenüber von hellenistischen zu paulinischen Gemeinden; Jak bekämpfe ein intellektualistisches Glaubensverständnis der Pauliner (Les Églises pauliniennes vues du dehors: Jacques 2,1 à 3,13, in: F.L. Cross (Hg.), StEv II, Teil I (TU 87), Berlin 1964, 660-669). Fraglich bleibt, inwieweit die Position der Pauliner zu rekonstruieren ist, insbesondere, ob Jak die Problematik des Glaubensverständnisses der Pauliner an der Unordnung des Gemeindegottesdienstes und an der Vielzahl ihrer falschen Lehrer hat aufweisen wollen (so a.a.O. 665f).

Forderung der Werke von Paulus nicht weniger weit entfernt als dessen Interpreten, die er bekämpft:

1. Obwohl Jakobus von einem ,usus elenchticus legis' weiß (2,9ff), gelangt er anders als Paulus nicht zur Infragestellung des Gesetzes. Er erkennt vielmehr eine ungebrochene Kontinuität zwischen dem ethisch verstandenen Gesetz des Alten Testaments und dem ,Gesetz der Freiheit', das für die Paränese grundlegend ist, an.

2. Da Jakobus die ungebrochene Forderung des Gesetzes als verbindlich akzeptiert, betont er einlinig die Notwendigkeit von guten Werken. Analog der (hellenistisch-)jüdischen[61] und der frühchristlichen Tradition[62] sind ,Werke' die ,conditio sine qua non' des Heils (2,24.26). Ist Jakobus darin von dem für Paulus typischen Sprachgebrauch geschieden (wonach der Ausdruck ἔργα primär eine negative Bedeutung hat; ,Werke des Fleisches': Gal 5,19; ,Gesetzeswerke': Gal 2,16; 3,2.10; Röm 3,20.28), so gebraucht er doch wie dieser die im Judentum unbekannte theologische Differenzierung zwischen ,Glaube' und ,Werken' (Jak 2,21ff; Röm 4,2.6); sie bestätigt die Feststellung, daß ein traditionsgeschichtlicher Zusammenhang zwischen Paulus und Jakobus besteht.

3. Trotz der Bekämpfung des paulinistisch-solipsistischen Glaubensverständnisses übernimmt Jakobus – indem er ausspricht, daß zum Glauben die Werke hinzukommen müssen – unverändert den ihm vorgegebenen nachpaulinischen theoretischen Glaubensbegriff.[63] 2,20 („Glaube ohne Werke ist nutzlos") ist begrifflich nicht mit Gal 5,6 („In Christus ... der Glaube, der durch die Liebe tätig ist") zu vereinbaren. Charakteristisch ist die begriffliche und damit auch sachlich mögliche Trennung von Glaube und Werk. Auch wenn dies der eigentlichen Intention des Verfassers widerstrebt: durch den Anschluß an eine gegnerische Position hat mit Jakobus ein unpaulinischer, intellektualistischer ,Glaubens'-Begriff in den neutestamentlichen Kanon Eingang gefunden.[64]

---

61 Vgl. Ps 15,2; 18,21; Jon 3,10; syrBar 14,12; 51,7; 69,4; 85,2; 1 Esr 8,83 LXX; 4 Esr 8,33; 9,7f; Philo Sacr 78; Jos Ant IX 22.

62 Vgl. besonders die Pastoralbriefe: 1 Tim 5,10.25; 6,18; Tit 2,7.14; 3,8; auch 2 Clem 6,9 u.ö.

63 Dies wird auch daran erkennbar, daß πίστις an anderer Stelle der ethischen Tradition entsprechend ,Vertrauen' (1,6; 5,15) bzw. ,Treue' (1,3) bezeichnet; mehr im technischen Sinn: 2,1.5. Auffallend demgegenüber der Gebrauch des Verbs πιστεύειν: nur 2,19 als (theoretisches) Fürwahrhalten!

64 Dies ist der Grund, weshalb der Reformator Martin Luther den Jakobusbrief als eine ,stroherne Epistel' bezeichnete und entgegen der überlieferten Reihenfolge an die vorletzte Stelle der ntl. Briefe setzte (WA DB 7,384f; WA II 425,10ff; XII 268,17ff; WA TR 5,157).

d) Arm und reich

Unter der Vielzahl der Einzelmahnungen des Jakobusbriefes, die im neutestamentlichen und frühchristlichen ethischen Schrifttum zahlreiche Parallelen haben, nimmt die Erwähnung des Problems ‚arm und reich' (1,9-11; 2,1-7; 5,1-6) einen hervorragenden Platz ein. Offensichtlich handelt es sich um ein Thema, das für den Verfasser von aktuellem Interesse ist, obwohl andererseits, wie sich unten zeigen wird, in den Texten Traditionsgut verarbeitet wurde, so daß nicht sämtliche Aussagen situationsbezogen sind und das Verständnis des Verfassers wie auch seiner Leserschaft nur unter Schwierigkeiten rekonstrukiert werden kann.

1. Ausgangspunkt muß hierbei die Mahnung zur Unparteilichkeit sein (2,1ff), die mit dem Kontext inhaltlich verklammert ist; nach oben durch den sachlichen Zusammenhang mit 1,27[65], nach unten durch die inhaltliche Verbindung mit dem Thema ‚Glaube und Werke', das allerdings einen formalen und teilweise auch sachlichen Neuansatz markiert (2,14ff). Freilich ist der Abschnitt 2,1-13 in sich nicht geschlossen, da von 2,8 an das Problem ‚arm und reich' durch eine grundsätzliche Besinnung über die Verbindlichkeit des Gesetzes überhöht wird. Daher ist die Forderung, nicht parteiisch zu sein, das eigentliche Thema nur von *2,1-7* als Darstellung der mit dem ‚reinen und unbefleckten Gottesdienst' gegebenen Aufgabe (1,27). Diskutiert wird ein Einzelfall, der die Mahnung erläutert: Wenn ein Reicher in die Versammlung[66] der christlichen Gemeinde kommt, so wird er gegenüber einem Armen bevorzugt behandelt und erhält einen Ehrenplatz. Diese Bevorzugung (προσωποληµψία) stellt der Gemeinde ein schlechtes Zeugnis aus; denn sie folgt darin ‚bösen Erwägungen' (V.4). Vielleicht ist dieses Beispiel in Anlehnung an stoische Unterweisungspraxis von dem Verfasser erfunden worden.[67] Allerdings ist mit dieser Feststellung die weitergehende Frage noch nicht beantwortet, wie sich reich und arm in der vom Jakobusbrief vorausgesetzten christlichen Gemeinschaft zueinander verhalten.

Daß es sich hierbei um ein echtes Problem handelt, zeigt die Drohrede gegen die Reichen *(5,1-6)*. Auch hier ist die Kontextverbindung traditions-

---

65 Die Verbindung der Motive von 1,27 (Rücksichtnahme auf Witwen und Waisen) und 2,1 (Unparteilichkeit) auch Sir 32,15-17 LXX.

66 συναγωγή (V.2) hier wohl nicht = Versammlungsort, sondern (Gemeinde-)Versammlung; so entspricht es dem etymologischen Wortsinn; auch Apg 13,43; Herm mand XI 9.13; IgnPol 4,2; die Übersetzung mit ‚Synagoge' würde den zeitgeschichtlichen Ort des Jak verkennen.

67 Vgl. M. Dibelius, a.a.O. 120-122; F. Mußner, a.a.O. 117.

gegeben.[68] Darüber hinaus sind die in diesem Abschnitt genutzten Motive zum großen Teil traditionell. Formal handelt es sich um einzelne, verschiedenartige Drohworte, deren gemeinsame Aussagerichtung durch die apokalyptische Gerichtsankündigung gekennzeichnet wird: Motten und Rost, welche die Schätze zerstören, sind nicht nur Zeichen der Vergänglichkeit des Reichtums, sondern auch Gerichtszeugen, die gegen die Reichen aussagen werden.[69] Am Gerichtstag werden die Reichen der Vernichtung ausgeliefert werden (V.3b); denn sie haben ‚in den letzten Tagen' für sich Schätze gesammelt, d.h. trotz des bevorstehenden Endes nur an sich selbst gedacht.[70] Künftige Belastungszeugen werden vor allem die Arbeiter sein, denen der gerechte Lohn für ihre Arbeit vorenthalten wurde.[71] Daher wird das Gericht wie ein ‚Schlachttag' über die ‚Mörder des Gerechten' hereinbrechen.[72] – Zweifellos verbietet die traditionelle apokalyptische Struktur solcher Aussagen, in diesem Zusammenhang jeweils nach einer zugrundeliegenden konkreten Situation zu fragen. Dies gilt auch für das Problem, ob nur außenstehende Reiche verurteilt werden oder auch an innergemeindliche Verhältnisse gedacht ist. Dennoch ist der Abschnitt für das Verhältnis der christlichen Gemeinde des Jakobus zu den wohlhabenden Kreisen im grundsätzlichen aufschlußreich. Es besteht eine unüberbrückbare Distanz zwischen einer Gemeinde, die sich zum sozialen Engagement verpflichtet weiß (vgl. V.6; auch 1,27; 2,8ff u.ö.), und der selbstsüchtigen Lebenshaltung der Besitzenden. Das futurisch-eschatologische Gefälle des Textes macht klar: Für das eigennützige Streben der Reichen gibt es keine Hoffnung! – Nicht weniger

---

68 Vgl. zum Zusammenhang von 4,13-16 (Planungen der Kaufleute) mit 5,1 (Vergänglichkeit des Reichtums): äthHen 97,9f; auch Apk 18,10ff.

69 Jak 5,3a; das Perfekt in V.2-3a hat in Anlehnung an alttestamentlich-prophetischen Sprachgebrauch eine futurische Bedeutung; so legen es auch die folgenden futurischen Verbformen nahe; vgl. Bl.-D.-R. § 344.

70 Jak 5,3d: ἐν ἐσχάταις ἡμέραις (sonst nicht in Jak) auch Jes 2,2; Jer 23,20; Ez 38,16; Dan 2,28; Apg 2,17 (vgl. Joel 3,1-5); 2 Tim 3,1; Did 16,3; Barn 4,9; 6,13; 12,9; 16,5; IgnEph 11,1.

71 Jak 5,4; zum atl. Hintergrund vgl. bes. Dtn 24,15; Hi 31,38-40; Tob 4,14.

72 Jak 5,5f. – ἡμέρα σφαγῆς ist zwar durch den Aorist ἐθρέψατε nicht als futurische Größe auszuweisen, auch ist ἐν nur unter Schwierigkeiten im Sinn von εἰς zu interpretieren. Dennoch ist die Deutung von H. Windisch und M. Dibelius im Sinn von ‚Unglückstag', obwohl durch den unmittelbaren Kontext scheinbar nahegelegt, nicht überzeugend zu begründen, zumal äthHen 100,7 keine wirkliche Parallele bietet. Im AT bezeichnet der Ausdruck den Gerichtstag Jahwes (Jer 12,3b; vgl. 32,34; Ps 35,13 LXX). Diese Bedeutung gibt an unserer Stelle den futurisch-eschatologischen Charakter des übergeordneten Abschnittes wieder. Gemeint ist: Die Schwelgerei der Reichen hält nicht nur ‚bis zum', sondern noch ‚am' (zukünftigen) Schlachttag an.

konsequent-apokalyptisch begründet ist die anschließende Mahnung an die Gemeinde, bis zur Parusie des Kyrios auszuharren (5,7-11). Sie erkennt sich in dem Bild des unschuldig Leidenden, des Gerechten, der dem Unrecht gegenüber nicht zum Widerstand aufgerufen ist, vielmehr darin die Haltung von ‚Langmut' und ‚Geduld' verwirklicht.[73]

Ebenfalls von grundsätzlicher Bedeutung, traditionsgeschichtlich aus den Quellen der alttestamentlich-jüdischen Weisheitsüberlieferung abgeleitet, der Abschnitt *1,9-11*: „Der niedrige Bruder rühme sich seiner Hoheit, der Reiche aber seiner Niedrigkeit ..."[74]. In beiden Fällen handelt es sich um verbindliche Mahnungen: an den Armen, daß er sich von seiner trostlosen Lage nicht überwältigen, sondern das ihm verheißene, in einem frommen Denken und Tun realisierte Heilsgut zum Ruhmesgegenstand werden läßt; an den Reichen, daß er sich nicht überhebt, sondern seiner Niedrigkeit bewußt ist. Letzteres ist keine ironische Zumutung, sondern die Aufforderung, die Hinfälligkeit des menschlichen Lebens zu bedenken und daraus die notwendigen Folgerungen zu ziehen. – Damit ist deutlich, daß es in diesem Abschnitt nicht nur um apokalyptische Belehrung, auch nicht nur um ethische Weisung geht, sondern um die Darstellung der Paradoxie, wie sie in der menschlichen Existenz nach dem Verständnis des Jakobusbriefes realisiert werden soll.[75] Hierbei werden weisheitliche Argumente verwendet.[76] Vor dem Forum der göttlichen Weisheit als dem alleingültigen Maßstab menschlichen Lebens (1,5) ist die Erkenntnis der Vergänglichkeit des Reichen Anlaß genug, ihn zur Demut anzuhalten. Dagegen wird in der Aussage, daß ‚der arme Bruder' sich seiner Hoheit rühmen solle, darüber hinausgehend das Motiv der ‚Armenfrömmigkeit' wirksam.

2. Die Frage, ob bzw. inwieweit die genannten Texte situationsbezogen sind und das Verhältnis von arm und reich in der christlichen Gemeinde reflektie-

---

73 Vgl. zu Jak 5,6: Mt 5,39; δίκαιος im christlichen Sinn auch Jak 5,16; der Zusammenhang von Unterdrückung der Gerechten durch die Reichen mit einer apokalyptischen Gerichtsdrohung auch Jes 3,13f; äthHen 96,4-8; 99,15; Weish 2,19f. – Eine Beziehung des Textes auf den Messias Jesus als den ‚Gerechten' (Apg 3,14; 7,52; vgl. Jes 53,7 u.ö.) ist auszuschließen, da für Passion und Hinrichtung Jesu nicht gut die ‚Reichen' verantwortlich gemacht werden können.

74 Schon die LXX identifiziert ταπεινός: Ps 73,21; 81,3; 101,18 (v.l.); 112,7 LXX; Am 8,6; Jes 61,1 (v.l.); Jer 22,16; Spr 30,14; Sir 13,21f LXX.

75 Ähnlich 2,5: Die Armen sind ‚im Glauben reich'; ihnen als ‚denen, die Gott lieben', ist das Erbe des Reiches verheißen. – Die hier gemeinte ‚Umwertung der Werte' ist also an die ethische Verwirklichung gebunden.

76 V.10f: Zitatanspielung an Jes 40,6f, vielleicht unter Einbeziehung von Hi 15,29f. Zur Sache vgl. bes. Sir 10,14-18 (Gericht über den Reichen als den Hochmütigen, Anerkennung der Armen).

ren, läßt sich nun mit größerer Sicherheit beantworten. Wenn auch Jakobus den ‚Armen' gegenüber eindeutige Sympathie bekundet, ist doch der Begriff πτωχοί nicht als ekklesiologische Selbstbezeichnung gefaßt, die die christliche Gemeinde insgesamt charakterisieren würde. Entgegen verbreiteter Anschauung ist solcher Würdename für die Jerusalemer Urgemeinde nicht nachzuweisen, vielmehr handelt es sich um einen Titel, den das spätere Judenchristentum sich zugelegt hat.[77] Er ist auch für die Gemeinde des Jakobus nicht vorauszusetzen. Dieser unterscheidet vielmehr deutlich zwischen den Armen, die sich in der Gemeinde befinden (2,5), und der Gemeinde selbst (2,6). Andererseits ist nicht anzunehmen, daß die Reichen ausschließlich außerhalb der Gemeinde stehen; zwar wird im Unterschied zum Armen der Besitzende nicht mit ἀδελφός bezeichnet (1,9f); dies ist jedoch nicht eine absichtsvolle Differenzierung, vielmehr zeigen beide Seiten der paradoxen Formulierung, daß nicht nur der Arme, sondern auch der Reiche zu einer dem ‚Wort der Wahrheit' entsprechenden, sachgemäßen Haltung hingeführt werden soll. Und da auch im ‚fingierten Fall' (2,2ff) mit der Möglichkeit gerechnet wird, daß ein Wohlhabender in die Versammlung der christlichen Gemeinde Eingang findet, zeigt sich die Vermutung einer absoluten Scheidung von Gemeinde und Reichen als zu schwach begründet. Allerdings ist nicht unwahrscheinlich, daß die radikale Polemik in 5,1ff (vgl. auch 2,6f), soweit sie nicht einfach Traditionsgut wiedergibt, überwiegend außerchristliche Verhältnisse anspricht; jedoch wäre sie schwerlich zu einem Bestandteil eines paränetischen Traktats, wie ihn Jakobus darstellt, geworden, wenn die Frage des Verhältnisses zum Besitz nicht auch ein die Gemeinde unmittelbar angehendes, also innergemeindliches Problem wäre.[78] Der Verfasser rechnet also mit Besitzenden in der christlichen Gemeinschaft, und er widersetzt sich ihrer Aufnahme nicht. Eben deshalb kommt es ihm darauf an, seiner Leserschaft einzuschärfen, daß Wohlstand nicht zu einem die christliche Gemeinde beherrschenden Faktor werden darf.[79] Eine solche Position fügt sich gut in die für den Jakobusbrief vorauszusetzende Abfassungszeit ein.

---

77 Vgl. G. Strecker, Das Problem des Judenchristentums, Nachtrag zu W. Bauer, Rechtgläubigkeit und Ketzerei im ältesten Christentum, BHTh 10, Tübingen ²1964, 274f. Zum Problem ferner: L.A. Keck, The Poor among the Saints in the New Testament, ZNW 56, 1965, 100-129; ders. The Poor among the Saints in the Jewish Christianity and Qumran, ZNW 57, 1966, 54-78; F.W. Horn, Glaube und Handeln in der Theologie des Lukas, GTA 26, Göttingen ²1986, 39-49.

78 Man kann auch fragen, ob 5,9 im gegebenen Kontext (das Seufzen der Brüder gegeneinander) das Problem von arm und reich einbezieht und als innergemeindliches kennzeichnet.

79 Vgl. noch das Beispiel der Kaufleute, die mit Plänen befaßt sind, Handel zu treiben (4,13ff); sie werden ermahnt, sich entsprechend der ‚condicio Jacobaea' (V.15)

Akut ist die Frage der Einbeziehung von besitzenden Kreisen in die Gemeinde in Herm (vis III 9,4ff; sim II 1ff; vis II 3; mand III 3). Ist dort die Einordnung der Reichen, zu denen sich offenbar der Verfasser zählt, schon weitgehend vollzogen, so steht sie bei Jakobus noch in den Anfängen.[80] Das soziale Problem, das durch das Nebeneinander von arm und reich in der christlichen Gemeinde gestellt ist, kündigt sich im Jakobusbrief also erst an.

Daß Jakobus das Wort πτωχός nicht nur im materiellen, sondern zugleich im eschatologischen Sinn interpretiert (2,2ff), daß er also ‚arm' und ‚fromm' gleichsetzt, macht ihn neben Lukas zu einem weiteren hervorragenden Repräsentanten jener urchristlichen Strömung, die ihre Wurzeln in der alttestamentlich-jüdischen Armenfrömmigkeit hat.

Vgl. zur *Erwählung der Armen* (1,9; 2,5): Jes 61,1; Jer 20,13; Zeph 3,11-13; Ps 40,18; 86,1f; 109,22.31; 132,15; 140,13; Sir 35,16; PsSal 10,6; 15,1; Lk 6,20.

Soziale Verantwortung für die Armen (1,27): Dtn 24,14ff; Lev 19,13; Am 4,1; 5,11; Mal 3,5; Spr 14,21.31; Mk 10,21parr; Mt 6,1-4; Apg 2,44f; 4,32ff; 6,1.

Verurteilung der Reichen und des Reichtums (1,10ff; 2,6; 5,1ff): Jer 5,26ff; Mi 6,11ff; Pred 5,9ff; Spr 15,15f; 23,4f; Sir 11,18f; äthHen 97,8-10; PsSal 1,4-8; Mk 10,25parr; Lk 6,24; 12,16-21; 16,19-31; 1 Tim 6,17ff.

Wie sich oben zeigte, stellen diese Elemente einer theologisch motivierten pauperistischen Konzeption Jakobus nicht so ausschließlich auf die Seite der Armen, daß ausgeschlossen würde, Reiche könnten Angehörige der christlichen Gemeinde sein. Andererseits kommt Jakobus freilich den Besitzenden nicht so weit entgegen, daß er nicht bewußt das überkommene Armenpathos seine Paränese gestalten ließe. Zugang zur Gemeinde kann der Reiche offenbar nicht ohne eine tiefgreifende Überprüfung seines Verhältnisses zum Besitz erhalten (vgl. 1,9ff). Im Ansatz wird hier eine sozialpolitische Stellungnahme sichtbar; ein sozialkritisches Urteil, das ‚mit Maßen' Anwendung findet; denn trotz der scheinbar kompromißlosen Distanzierung von den Reichen (5,1ff) ist doch der Gegensatz von arm und reich ein- und untergeordnet der

---

zu verhalten. Selbstverständlich sind sie nicht einfach mit den Reichen gleichzusetzen; jedoch geht auch aus diesem Beleg hervor, daß der Verfasser Besitzbürger und das Streben nach Gewinn in der Gemeinde voraussetzt.

80 Die unterschiedlichen Äußerungen des Jak zu den Reichen dürften – neben der für Jak typischen Abhängigkeit von der Tradition – vor allem darauf zurückzuführen sein, daß das Problem sich noch nicht in einer besonders drängenden Form stellte. Daß Jak sich einer zu weitherzigen Aufnahmebereitschaft durch die Gemeinde entgegenstemmt (M. Dibelius, Der Brief des Jakobus 44) bzw. die Reichen „der Gemeinde fernhalten" will (M. Dibelius, Der Hirt des Hermas, HNT ErgBd. IV, Tübingen 1923, 555), ist eine den Text zu freizügig interpretierende Vermutung.

alles umschließenden ethischen Forderung, die für die christliche Gemeinde in ihrer Gesamtheit verpflichtend ist.

Die Paränese des Jakobus läßt sich als ekklesiologische Ethik verstehen, die dem praktischen Anliegen nachzukommen sucht, das christliche Gemeinschaftsleben zu regeln. Dennoch wäre das Urteil zu hart, wollte man behaupten, Jakobus lehre eine ‚Konventikel-Ethik'[81]. Denn obwohl die Gemeinde des Jakobus sich bewußt von der ‚Welt' distanziert[82] und um die Ordnung ihrer eigenen Angelegenheiten bemüht ist[83], so steht doch der Ausbildung eines introvertierten, konventikelhaften Selbstverständnisses die kirchlich-universale Ausrichtung des Traktats entgegen, dessen Verfasser sich ausdrücklich an die Gesamtkirche mit ihren unterschiedlichen soziologischen und theologischen Schattierungen wendet (1,1). Darüber hinaus: Obwohl ein missionarischer Impetus nicht sichtbar wird, ist klar, daß der Anspruch der göttlichen Sophia, d.h. des Gesetzes der Freiheit, auf das Jakobus seine Leser verpflichtet, nicht an den Grenzen der bestehenden Gemeinde endet; wie denn auch nach Auffassung des Jakobus das eschatologische Gericht nicht nach dem ‚Glauben' bzw. der Gemeindezugehörigkeit, sondern nach den ‚Werken' fragen wird (2,12ff) und die Hoffnung der Gemeinde zugleich die Hoffnung der gesamten Schöpfung in sich schließt (1,18). Sind hierdurch die Grenzen eines Konventikel-Christentums gesprengt, so auch durch die tatsächliche Normierung der Ethik. Die zahlreichen Parallelen zur Paränese des Jakobus, vor allem in der hellenistisch-jüdischen Überlieferung, lassen erkennen: An die Taten der christlichen Gemeindeglieder wird im wesentlichen derselbe Maßstab angelegt, der für die nichtchristliche Umwelt gültig ist. Ist dies durch den weisheitlichen Horizont der Ethik des Jakobus begründet, so ist dieser zugleich die Basis für die grundsätzliche Solidarität der Gemeinde mit der Welt.

Seit W. Bousset die Gemeinde des Jakobus als Beispiel für ein ‚entschränktes Diaspora-Judentum' wertete[84], ist diese mißverständliche Bezeichnung häufig wiederholt worden. Demgegenüber wurde festgestellt, daß Jakobus bewußt christliche Theologie treiben will und sein theologischer Horizont auch dort, wo hellenistisch-jüdisches ethisches Traditionsgut Aufnahme gefunden hat, durch christliche Überlieferung geprägt ist. Allerdings, wenn man die ‚Christlichkeit' an den christologischen Bestandteilen mißt,

---

81 So M. Dibelius, Der Brief des Jakobus 48.

82 Vgl. 1,27; 2,5; 4,4. – Auf der Grundlage von 3,15 läßt sich dieser Gegensatz als ethischer Dualismus bezeichnen, dem jedoch Grenzen gezogen sind.

83 Vgl. bes. die Regeln zur Gemeindeordnung (5,19f u.ö.).

84 W. Bousset, Kyrios Christos. Geschichte des Christusglaubens von den Anfängen des Christentums bis zu Irenäus, FRLANT 21, Göttingen ^{4}1935, 289ff.

die Jakobus aufweist, dann ist R. Bultmanns Urteil nicht leicht abzutun, daß nämlich „das spezifisch Christliche auffallend dünn ist“[85]. Um diese These zu bestreiten, genügt es nicht, für die Theologie des Jakobus eine besondere Nähe zur Verkündigung Jesu zu behaupten; wie nachgewiesen wurde, ist die direkte Übernahme von echtem Jesusgut durch Jakobus nicht wahrscheinlich. Der Terminus ‚christlich' ist für Jakobus auch dann einzuschränken, wenn man ihn durch einen Vergleich mit Paulus motivieren wollte. Die Spannungsgeladenheit und Tiefe der paulinischen Theologie ist dem Verfasser fremd geblieben. Das Fehlen eines kritischen Gesetzesverständnisses, eines radikalen Sündenbegriffs, der Einsicht in die Dialektik der menschlichen Existenz, der Eingrenzung des Imperativs durch einen christologisch-soteriologischen Indikativ – dies alles läßt den Abstand unüberbrückbar erscheinen. Allerdings zeigte sich, daß Jakobus' Position nicht durch einen bewußten Gegensatz zu Paulus bedingt ist, sondern das Ergebnis einer Auseinandersetzung mit einem übersteigerten Paulinismus darstellt, der Paulus' These von der Rechtfertigung des Menschen ‚durch den Glauben allein' entstellte und Glauben und Ethik als miteinander unvereinbar trennte. Bei solcher Gegenüberstellung wird das theologische Verdienst des Jakobus sichtbar, das darin besteht, daß er durch die ungebrochene Direktheit der ethischen Forderung, die er wie Matthäus lehrt, jedes intellektualistische Mißverständnis des christlichen Glaubens, die Vernachlässigung von ethischer Verantwortung, zurechtweist und – indem er die vorchristliche jüdische und frühchristliche ethische Tradition zur Geltung bringt – die Bedeutung der konkreten Tat für das christliche Leben unüberhörbar verkündet.

---

85 R. Bultmann, Theologie 496.

ALLGEMEINES LITERATURVERZEICHNIS

H. BALZ, Methodische Probleme der neutestamentlichen Christologie, WMANT 25, Neukirchen-Vluyn 1967.

C.K. BARRETT – C.-J. THORNTON, Texte zur Umwelt des Neuen Testaments, Tübingen ²1991.

W. BAUER, Rechtgläubigkeit und Ketzerei im ältesten Christentum, mit einem Nachtrag hg. v. G. Strecker, BHTh 10, Tübingen ²1964.

DERS., Griechisch-deutsches Wörterbuch zu den Schriften des Neuen Testaments und der frühchristlichen Literatur, hg. v. K. u. B. Aland, Berlin ⁶1988.

J. BECKER, Paulus. Der Apostel der Völker, Tübingen 1989.

K. BERGER – C. COLPE (HGG.), Religionsgeschichtliches Textbuch zum Neuen Testament, TNT 1, Göttingen 1987.

H. BRAUN, Qumran und das Neue Testament (2 Bde.), Tübingen 1966.

F. BÜCHSEL, Theologie des Neuen Testaments, Gütersloh ²1937.

R. BULTMANN, Exegetica. Aufsätze zur Erforschung des Neuen Testaments, hg. v. E. Dinkler, Tübingen 1967.

DERS., Die Geschichte der synoptischen Tradition, FRLANT 29, Göttingen ⁹1979.

DERS., Glauben und Verstehen. Gesammelte Aufsätze, Tübingen I ⁸1980, II ⁵1968, III ³1965, IV ³1975.

DERS., Theologie des Neuen Testaments. Durchgesehen und ergänzt von O. Merk, Tübingen ⁹1984.

H. CONZELMANN, Grundriß der Theologie des Neuen Testaments, bearb. von A. Lindemann, Tübingen ⁵1992.

DERS. – A. LINDEMANN, Arbeitsbuch zum Neuen Testament, UTB 52, Tübingen ¹⁰1991.

O. CULLMANN, Die Christologie des Neuen Testaments, Tübingen ²1958.

A. DEIẞMANN, Licht vom Osten. Das Neue Testament und die neuentdeckten Texte der hellenistisch-römischen Welt, Tübingen ⁴1923.

M. DIBELIUS, Die Formgeschichte des Evangeliums, hg. v. G. Bornkamm, Tübingen ⁶1971.

P. FEINE, Theologie des Neuen Testaments, Leipzig ³1919 (= Nachdruck Berlin ⁸1953).

J. GNILKA, Neutestamentliche Theologie. Ein Überblick, NEB Ergänzungsband, Würzburg 1989.

DERS., Jesus von Nazareth. Botschaft und Geschichte, HThK.S III, Freiburg 1990.

DERS., Theologie des Neuen Testaments, HThK.S V, Freiburg 1994.

L. GOPPELT, Theologie des Neuen Testaments, hg. v. J. Roloff, Göttingen ³1991.

F. HAHN, Christologische Hoheitstitel. Ihre Geschichte im frühen Christentum, FRLANT 83, Göttingen ⁴1974.

DERS., Methodenprobleme einer Christologie des Neuen Testaments, VF 15, 1970, 3-41.

M. HENGEL, Judentum und Hellenismus. Studien zu ihrer Begegnung unter besonderer Berücksichtigung Palästinas bis zur Mitte des 2. Jhs. v.Chr., WUNT 10, Tübingen ³1988.

F.W. HORN, Das Angeld des Geistes. Studien zur paulinischen Pneumatologie, FRLANT 152, Göttingen 1992.

DERS. (Hg.), Bilanz und Perspektiven gegenwärtiger Auslegung des Neuen Testaments, BZNW 75, Berlin – New York 1995.

H. HÜBNER, Biblische Theologie des Neuen Testaments. Bd. 1 u. 2, Göttingen 1990.1993.

J. JEREMIAS, Neutestamentliche Theologie, Teil 1: Die Verkündigung Jesu, Gütersloh ³1979.

E. KÄSEMANN, Exegetische Versuche und Besinnungen I.II, Göttingen ⁶1970.³1970

J. KAFTAN, Neutestamentliche Theologie. Im Abriß dargestellt, Berlin 1927.

H. KÖSTER, Einführung in das Neue Testament im Rahmen der Religionsgeschichte und Kulturgeschichte der hellenistischen und römischen Zeit, Berlin – New York 1980.

W.G. KÜMMEL, Das Neue Testament – Geschichte der Erforschung seiner Probleme, OA III.1, Freiburg – München ²1970.

DERS., Einleitung in das Neue Testament, Heidelberg ²¹1983.

DERS., Die Theologie des Neuen Testaments nach seinen Hauptzeugen. Jesus – Paulus – Johannes, GNT 3, Göttingen ⁵1987.

J. LEIPOLDT – W. GRUNDMANN, Umwelt des Urchristentums, Berlin I ⁸1990, II ⁷1986, III ⁶1987.

H. LIETZMANN, Geschichte der Alten Kirche I-IV, Berlin I ³1953, II ²1953, III ²1953, IV ²1953.

E. LOHSE, Grundriß der neutestamentlichen Theologie, ThW 5, Stuttgart ⁴1989.

D. LÜHRMANN, Auslegung des Neuen Testaments, ZGB, Zürich 1984.

O. MERK, Art.: Biblische Theologie II. Neues Testament, TRE 6, 1980, 455-477.

E. NORDEN, Die Geburt des Kindes. Geschichte einer religiösen Idee, SBW 3, Leipzig – Berlin ²1931.

DERS., Agnostos Theos. Untersuchungen zur Formengeschichte religiöser Rede, Darmstadt ⁴1956.

M. POHLENZ, Die Stoa. Geschichte einer geistigen Bewegung, Göttingen ²1959.

B. REICKE, Neutestamentliche Zeitgeschichte, Berlin – New York ³1982.

R. REITZENSTEIN, Die hellenistischen Mysterienreligionen nach ihren Grundgedanken und Wirkungen, Leipzig – Berlin ³1927.

J. ROLOFF, Neues Testament, Neukirchener Arbeitsbücher, Neukirchen-Vluyn ⁴1985.

K.H. SCHELKLE, Theologie des Neuen Testaments I-IV/2, KBANT, Düsseldorf 1968-1976.

A. SCHLATTER, Die Theologie des Neuen Testaments I-II, Stuttgart 1909.1910.

W. SCHMITHALS, Einleitung in die drei ersten Evangelien, Berlin – New York 1985.

R. SCHNACKENBURG, Neutestamentliche Theologie, BiH 1, München ²1965.

DERS., Die Person Jesu Christi im Spiegel der vier Evangelien, HThK.S IV, Freiburg 1993.

W. SCHNEEMELCHER (Hg.), Neutestamentliche Apokryphen in deutscher Übersetzung, Tübingen Bd. I ⁶1990, Bd. II ⁵1989.

U. SCHNELLE, Antidoketische Christologie im Johannesevangelium. Eine Untersuchung zur Stellung des vierten Evangeliums in der johanneischen Schule, FRLANT 144, Göttingen 1987.

DERS., Einleitung in das Neue Testament, Göttingen 1994.

S. SCHULZ, Die Mitte der Schrift. Der Frühkatholizismus im Neuen Testament als Herausforderung an den Protestantismus, Stuttgart 1976.

E. SCHÜRER, Geschichte des jüdischen Volkes im Zeitalter Jesu Christi, 3 Bände, Leipzig [3+4]1901-1909.

DERS., The History of the Jewish People in the Age of Jesus Christ (175 B.C.-A.D. 135). A New English Version Revised and Edited by G. Vermes and F. Millar, Vol. 1-3/2, Edinburgh 1973-1987.

A. SCHWEITZER, Die Mystik des Apostels Paulus, Tübingen [2]1954; wieder abgedruckt in: ders., Ausgewählte Werke IV, Berlin [2]1973, 15-510.

E. STAUFFER, Die Theologie des Neuen Testaments, Stuttgart [3]1947.

H. STRACK – P. BILLERBECK, Kommentar zum Neuen Testament aus Talmud und Midrasch, 6 Bde., München 1926-1961.

G. STRECKER, Der Weg der Gerechtigkeit. Untersuchung zur Theologie des Matthäus, FRLANT 82, Göttingen [3]1971.

DERS. (Hg.), Das Problem der Theologie des Neuen Testaments, WdF 367, Darmstadt 1975.

DERS., Eschaton und Historie. Aufsätze, Göttingen 1979.

DERS. – J. MAIER, Neues Testament – Antikes Judentum, GKT 2, Stuttgart 1989.

DERS., Literaturgeschichte des Neuen Testaments, Göttingen 1992.

P. STUHLMACHER, Biblische Theologie des Neuen Testaments, Bd. 1. Grundlegung. Von Jesus zu Paulus, Göttingen 1992.

PH. VIELHAUER, Ein Weg zur neutestamentlichen Christologie, in: ders., Aufsätze zum Neuen Testament, TB 31, München 1965, 141-198.

DERS., Geschichte der urchristlichen Literatur, Berlin – New York 1975.

H. WEINEL, Biblische Theologie des Neuen Testaments, GThW 3.2, Tübingen [4]1928.

A. WEISER, Theologie des Neuen Testaments II. Die Theologie der Evangelien (Studienbücher Theologie 8), Stuttgart 1993.

W. WREDE, Über Aufgabe und Methode der Sogenannten Neutestamentlichen Theologie, Göttingen 1897.

DERS., Paulus, Religionsgeschichtliche Volksbücher 1, Halle 1904 (= [2]1907), wieder abgedruckt in: K.H. Rengstorf (Hg.), Das Paulusbild in der neueren deutschen Forschung, WdF 24, Darmstadt [3]1982, 1-97.

TH. ZAHN, Grundriß der neutestamentlichen Theologie, Leipzig 1928.

REGISTER

(in Auswahl)

Stellenregister

a) Altes Testament

b) Neues Testament

Joh

Apg

Röm

1 Kor

2 Kor

Gal

Eph

c) Übriges Schrifttum

Sachregister